毕节年鉴

2020

BIJIE YEARBOOK

毕 节 市 人 民 政 府 主 办
中共毕节市委党史研究室
毕节市地方志编纂委员会办公室 编

方志出版社
Publishing House of Local Records

毕节市地方志编纂委员会

顾　　问　周建琨

主　　任　张集智

常务副主任　谢培午

副 主 任　高扬宗　张青杰　高隆礼　唐光甫　吴南剑　赵建雪

主　　编　高隆礼

副 主 编　唐光甫　赵建雪　吴南剑

执行主编　吴南剑

执行副主编　田　平

责任编辑　罗　静　饶艳兰　孙云红　周　芬　龙　艳

编辑说明

一、《毕节年鉴》系中共毕节市委领导、毕节市人民政府主办，毕节市史志办征编的公开出版发行的地方综合性大型权威资料工具书。

二、《毕节年鉴》创刊于2002年，每年一卷。2020年卷《毕节年鉴》坚持以马列主义、毛泽东思想、邓小平理论、“三个代表”重要思想、科学发展观和习近平新时代中国特色社会主义思想为指导，坚持辩证唯物主义和历史唯物主义的立场、观点和方法，全面、系统、翔实地记载了2019年度毕节市政治、经济、文化、社会等方面的成就、经验，为社会各界了解、研究毕节提供地情资料。

三、2020年卷《毕节年鉴》共设38个部类，即特载、特记、专文、文件选编、大事记、毕节概貌、领导名录、中共毕节市委、毕节市人大及其常委会、毕节市人民政府、政协毕节市委员会、纪检监察、民主党派与工商联、社会团体、军事、法治、经济管理与监督、财政·税务、统计·审计、金融、农业、工业、招商引资、经济开发区·产业园区、城建·环保、旅游、交通·邮电、商贸服务业、教育、科技、文化·体育、史志·档案、广播电视·新闻、卫生、社会生活、企业之窗、县区概况、统计资料。

四、2020年卷《毕节年鉴》所用稿件均由市直各工作部门、各县区、军分区、省属驻毕节单位、各民主党派和人民团体提供，《毕节市2019年国民经济和社会发展统计公报》系市统计局提供。各部门提供的数据经过认真核对，但因统计口径与资料来源不同，有的数据可能不尽一致，使用时请以统计部门的数据为准。农业用地为保持传统习惯，仍以亩（1公顷＝15亩）表示。封面图片由毕节日报社原摄影记者聂宗荣提供，封底图片由金海湖新区政治部提供。

五、2020年卷《毕节年鉴》在征编过程中，得到各级领导、有关部门、社会各界的关心和支持，在此深表感谢。由于编者水平有限，肯定存在不少问题和遗漏，恳请读者及各单位见谅并提出宝贵意见。

▲ 献礼国庆，祝福祖国　　　　（毕节试验区杂志社　提供）

▲ 红色经典诵读　　　　（陈再雄　刘继明　朱　欣　摄）

▲ 缅怀先烈　　　　　　　　　　（王纯亮　摄）

不忘初心　牢记使命

BUWANGCHUXIN　LAOJISHIMING

▲ 舞动中国，舞出中国梦　　　　　　　　　　（陈再雄　摄）

重要会议
ZHONGYAOHUIYI

▲ 7 月 19 日，中共毕节市委二届五次全会召开　　（王纯亮　摄）

▲ 11 月 23 日，中共毕节市委二届六次全会召开　　（陈再雄　摄）

走进高铁时代

ZOUJINGAOTIESHIDAI

▲ 12 月 16 日上午 8 点，首趟列车 C6021 从毕节高铁站发出　　（金海湖新区　提供）

▲ 成贵高铁 12 月 16 日正式运营，毕节站正式投入使用　　（聂宗荣　摄）

▲ 成贵铁路西溪大桥　　（聂宗荣　摄）

▲ 成贵铁路鸭池河大桥　　（聂宗荣　摄）

▲ 行驶在成贵高铁毕节段的动车　　（王纯亮　摄）

农村产业革命

NONGCUNCHANYEGEMING

▲ 村民在金沙县西洛街道办事处的葡萄园进行疏果　　（王纯亮　摄）

▲ 村民在七星关区观音桥办事处红堰社区大棚内采收平菇　　（王纯亮　摄）

▲ 工人在贵州威宁经济开发区一家苹果企业分选包装车间分拣苹果　　（王纯亮　摄）

▲ 海马贡的采茶路上　　（章国纲　摄）

▲ 金沙县安底镇宏盛养蜂农民专业合作社采用“统一提供蜂群、统一技术指导、统一蜂蜜回收、统一包装销售”等方式，打造金沙县的优质蜂蜜品牌 （聂宗荣　摄）

▲ 金沙县禹谟镇金坝村一家制醋企业内，工人查看酱香醋晒制情况 （王纯亮　摄）

▲ 纳雍县寨乐镇革新社区红托竹荪种植基地 （黄忠贵　摄）

▲ 七星关区高效农业示范园区内芳香四溢的玫瑰花 （陈再雄　摄）

▲ 七星关区生机镇庆坪村脐橙采收 （王纯亮　摄）

▲ 七星关区朱昌镇宋伍村茶叶和蔬菜基地全貌（黄忠贵　刘宇浩　尚宇杰　摄）

农村产业革命

NONGCUNCHANYEGEMING

▲ 全市 2019 年农业产业结构调整推进会总结会议 （王纯亮　摄）

▲ 威宁自治县农投集团双龙镇水潮万亩三白蔬菜基地 （聂宗荣　摄）

▲ 威宁自治县雪榕集团食用菌菇生产基地　（聂宗荣　摄）

▲ 炫目的油菜花海　（刘宇浩　摄）

▲ 黔西县素朴镇百花村刺梨种植示范　（程　红　摄）

▲ 织金县猫场镇成为全国皂角米加工集散地　（聂宗荣　摄）

▲ 6 月 18 日，易地扶贫搬迁人员在七星关区碧海阳光移民新城智慧温室内劳作　（王纯亮　摄）

▲ 七星关区碧海阳光移民新城一家藤编微型加工厂内，一名搬迁人员正在劳作。为确保搬迁群众搬得出、稳得住、能致富，七星关区积极在易地扶贫搬迁新区内及周边新建学校、社区卫生服务站、扶贫车间等，奋力做好易地扶贫搬迁群众就医、就学、就业等，确保将安置点建成搬迁群众的幸福家园　（王纯亮　摄）

▲ 威宁自治县龙场镇易地扶贫产业点　（聂宗荣　摄）

脱贫攻坚

TUOPINGONGJIAN

▲ 金海湖新区双山镇红星村曾因山高坡陡、交通不便，被称作“双山西藏”，组组通公路建设后，打通村庄发展“命脉”　（金海湖新区　提供）

▲ 金海湖新区恒大安置区，孩子们尽情玩耍　　（王纯亮　摄）

▲ 织金县平远新城安置点　　（尚宇杰　摄）

▲ 全国扶贫日捐赠活动现场　　（宋　霞　摄）

▲ 召开扶贫开发领导小组会议　　（王纯亮　摄）

▲ 七星关区碧海阳光移民新城安置点　　（聂宗荣　摄）

▲ 贵州德邦能源科技有限公司　（王纯亮　摄）

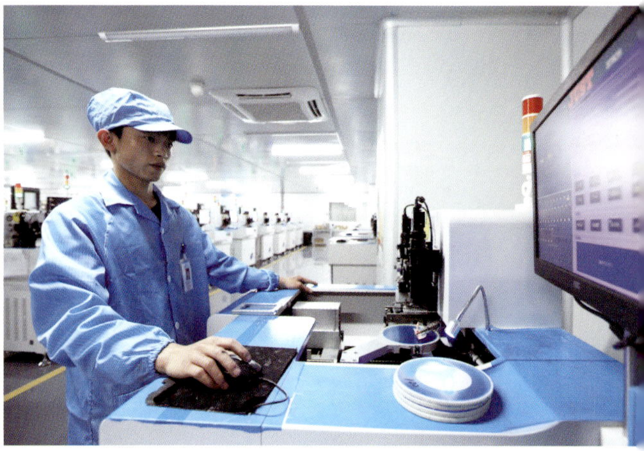

▲ 贵州联尚科技有限公司　（王纯亮　摄）

经济结构调整

JINGJIJIEGOUTIAOZHENG

▲ 京福服装有限公司生产车间　（王纯亮　摄）

▲ 锂电池生产线　（章国纲　摄）

▲ 黔西电厂5号机汽机平台（黔西电厂　提供）

▲ 开展招商引资工作 （金海湖新区 提供）

▲ 七星关区明钧玻璃生产车间 （王纯亮 摄）

▲ 七星关区贵州华亨麻业有限公司亚麻纺织项目生产线 （王纯亮 摄）

▲6月30日，连接贵州省威宁彝族回族苗族自治县中水至石门高等级扶贫公路通车，作为贵州省20个极贫乡镇之首的石门乡，脱贫攻坚迈入“快速车道” （聂宗荣 摄）

▲贵黔高速、黔织高速、黔大高速、黔金高速黔西互通 （聂宗荣 摄）

▲ 夹岩水库大坝施工现场 （王纯亮　摄）

重大项目建设

ZHONGDAXIANGMUJIANSHE

▲ 全市首个5G移动基站开通 （中国移动毕节分公司　提供）

“五城同创”

WUCHENGTONGCHUANG

▲ “三下乡”活动吸引大批群众到场观看　　（邓　杰　摄）

▲ 5 月 19 日，古筝爱好者在七星关区同心城市公园演奏古筝　　（王纯亮　摄）

▲ 模范代表上台接受礼遇　　（宋　霞　摄）

▲黔西县中坪乡营盘村美丽乡村建设　　（聂宗荣　摄）

▲人人争做城市主人翁、个个都为“创卫”做贡献　　（宋　霞　摄）

城乡新貌

CHENGXIANGXINMAO

▲ 具有浓郁回族风情的威宁县秀水镇贵烟村　　（马勋勇　摄）

▲ 山城秋色　　（聂宗荣　摄）

▲ 黔西县杜鹃社区乌螺坝美丽乡村　　（王纯亮　摄）

▲ 同心城市公园　（王纯亮　摄）

▲ 威宁县五里岗街道欣园社区阳光馨区　（王纯亮　摄）

▲ 远眺德溪大桥　（王纯亮　摄）

▲ 威宁县板底乡彝族风格小城镇一角　（王纯亮　摄）

▲ 大方县理化乡大塘村，老党员李光忠夫妇带领群众让石旮旯长出致富杜仲林 （王纯亮　摄）

▲ 纳雍县大坪箐湿地公园 （王纯亮　摄）

▲ 七星关区拱拢坪国有林场一角 （尚宇杰　摄）

▲ 黔西县碗厂沟国有林场，刘光熙、刘中华父子在林间巡逻 （王纯亮　摄）

▲ 纳雍县厍东关乡退耕种植经果林 （聂宗荣 摄）

▲ 威宁自治县盐仓镇，国家重点工程生态环境建设综合治理工程生态林 （王纯亮 摄）

全域旅游

QUANYULVYOU

▲ 百里杜鹃高端精品民宿——环境优雅的花舍养生度假酒店 （李 霓 李金贵 陈再雄 摄）

▲ 游客在百里杜鹃景区观赏杜鹃花 （王纯亮 摄）

▲ 游客在人民公园观赏西府海棠 （王纯亮 摄）

▲ 百里杜鹃彝山花谷 （聂宗荣 摄）

▲ 百里杜鹃金坡景区　　（黎万钊　摄）

▲ 织金古城平远古镇——湖水潺潺　　（聂宗荣　摄）

▲ 游客在韭菜坪景区赏景　　（王纯亮　摄）

民生事业

MINSHENGSHIYE

▲ 毕节金海湖新区职教城一角。近年来，在中华职业教育社的帮扶下，新区职业教育发展迅猛，各种软硬件设施不断完善　（杨　华　摄）

▲ 毕节市统一战线“泛海助学行动”工作会议　（中华职教社　提供）

▲ 表演舞蹈　《竹林深处》（宋　霞　摄）

▲ 毕节市特殊教育学校学生展示自制的手工艺品　（王纯亮　摄）

▲ 毕节一中俯瞰　（王纯亮　杨　森　摄）

▲ 毕节市幼儿园举行迎“六一”主题活动　（王纯亮　摄）

▲ 七星关区第二实验学校的小学生在绘彩蛋　（王纯亮　摄）

民生事业

MINSHENGSHIYE

▲ 黔西县莲城街道综治中心工作人员正在为群众办事 （王纯亮　摄）

▲ 黔西县甘棠镇综治中心工作人员正在为群众调解纠纷 （王纯亮　摄）

▲ 黔西县大关镇法治文化长廊 （王纯亮　摄）

▲ 黔西县谷里镇法治工作人员正在工作 （王纯亮　摄）

▲ 法治宣传义演（王纯亮　摄）

▲ 经贵州省司法厅、贵州省民政厅、贵州省法治宣传教育工作领导小组办公室联合评选，百里杜鹃管理区鹏程管理区桥头社区入选贵州省第五批“省级民主法治示范村（社区）”
（百里杜鹃管理区宣传部　提供）

▲ 警民议事
（毕节市公安局　提供）

▲ 向企业员工宣传公路相关的法律法规
（王纯亮　摄）

民生事业

MINSHENGSHIYE

▲ 2019 年"洲俱杯"四国职业篮球冠军赛（黔西站）开赛　　（黔西县史志办　提供）

▲ 大方县达溪镇中心卫生院　　（李全贵　摄）

▲ 科普宣传启动仪式现场　　　　（刘继明　摄）

▲ 学习宣传“最美退役军人”　　　　（陈泽劲　张　宇　摄）

▲ 赫章县水塘堡乡签约医生为患者测量血压　　　　（王纯亮　摄）

民生事业

MINSHENG SHIYE

▲ 老年人文艺演出 （杨　欢　摄）

▲ 新时代文明实践"乌蒙号角·智慧列车"行动工程送文下乡百场文化演出 （聂宗荣　摄）

▲ 送体育下乡 （陈再雄　摄）

目录

特 载

特 记

专 文

文件选编

大事记

毕节概貌

领导名录

中国共产党毕节市委员会

毕节市人大及其常委会

毕节市人民政府

中国人民政治协商会议毕节市委员会

民主党派与工商联

中国共产党毕节市纪律检查委员会
毕节市监察委员会

社会团体

军 事

法 治

经济管理与监督

财政 · 税务

统计 · 审计

金 融

农 业

工　业

招商引资

经济开发区 · 产业园区

城建·环保

旅　游

交通·邮电

贸　易

教 育

科　技

文化·体育

史志·档案

广播电视·新闻

卫 生

社会生活

企业之窗

县区概况

统计资料

索　引

中共毕节市委二届五次全会在七星关举行

中国共产党毕节市第二届委员会第五次全体会议，于 2019 年 7 月 18 日至 19 日在七星关举行。

出席全会的有市委委员 42 人、市委候补委员 6 人。

全会由市委常委会主持。市委书记周建琨作了讲话。

全会听取和讨论了周建琨受市委常委会委托作的工作报告，审议通过了《中共毕节市委毕节市人民政府关于贯彻落实省委十二届五次全会精神深入推进农村产业革命确保按时打赢脱贫攻坚战的实施意见》。市委副书记、市长张集智就《实施意见（讨论稿）》向全会作了说明。

全会充分肯定市委二届四次全会以来市委常委会的工作。一致认为，在以习近平为核心的党中央和省委坚强领导下，市委常委会坚持以习近平新时代中国特色社会主义思想为指引，深入学习贯彻党的十九大、十九届二中、三中全会精神和习近平总书记对贵州对毕节重要指示批示精神，全面贯彻落实省第十二次党代会、省委十二届历次全会精神，牢固树立“四个意识”、坚定“四个自信”、做到“两个维护”，以“打赢攻坚战、建设示范区”为工作总纲，按照“113攻坚战”总体部署，总揽全局、协调各方，率先垂范、奋发有为，团结带领全市各族干部群众，不忘初心、牢记使命、感恩奋进，全市呈现出脱贫攻坚纵深推进、经济质效持续向好、社会大局和谐稳定、社会事业明显进步、干部群众精神振奋、党的建设不断加强的良好局面，向着决战脱贫攻坚、决胜同步小康迈出了更加坚实的步伐。

全会指出，习近平总书记高度重视毕节试验区脱贫攻坚工作，去年7月18日专门作出重要指示，强调“要尽锐出战、务求精准，确保毕节试验区按时打赢脱贫攻坚战。”现在离2020年按时打赢脱贫攻坚战只有不到一年半的时间，初心使命所系，严峻形势所迫，突出问题所逼，必须来一场深刻的思想革命，真正重视起来、高度紧张起来、深刻警醒起来，全面凝聚“确保按时打赢”的思想共识，以“等不起”的紧迫感、“慢不得”的使命感、“坐不住”的责任感，担当去为，创新去为，公而忘私去为，带领群众拔掉“穷根”，全力夺取脱贫攻坚战全面胜利。

全会强调，面对严峻的脱贫形势和艰巨的脱贫任务，老方法已不能适应现实需要，必须来一场精准的战术革命，全面贯彻“确保按时打赢”的战略要求，准确把握“确保按时打赢”的作战目标，深度聚焦“确保按时打赢”的作战重点，精准运用“确保按时打赢”的作战方法，严格落实“确保按时打赢”的作战要求，从战略设计入手，从战术打法着眼，坚决确保按时打赢脱贫攻坚战。

全会强调，要全面夯实“确保按时打赢”的产业支撑，来一场纵深的产业革命，牢牢抓住“夏秋决战”时机，对照“八要素”找差距强弱项，全力把农村产业革命向纵深推进。要围绕“确保按时打赢”选准产业，抓好500亩以上坝区产业发展，支持发展易地扶贫产业，大力发展林下经济，用好恒大援建大棚，因地制宜发展优势产业，确保除政策兜底之外的所有建档立卡贫困人口在今年内实现产业联结全覆盖、通过产业促进收入达标全覆盖。要大力推广“龙头企业＋合作社＋农户”组织方式，引育并重壮大农业龙头企业，全力办好农民专业合作社，着力完善利益联结机制，确保贫困群众能够长期受益。要切实强化产销对接，积极拓宽销售渠道，健全市场流通体系，大力发展农村电子商务，推动农业接二连三。要全面加强技能培训和科技服务，实施质量兴农战略，主动适应市场化、信息化和消费升级的需求。要注重加强县级统筹，强化县级主体责任，统筹各方资源力量，围绕重点产业和“八要素”建立完善县（区）领导领衔推进工作机制，实现所有要素和重点产业全覆盖。

全会强调，要持续聚焦深度贫困地区，来一场高效的质量革命，高质量补短板，高效率抢进度，高标准抓整治，全面攻克“确保按时打赢”的最后堡垒。要聚焦“两不愁三保障”持续发力，全面补齐安全饮水、教育扶贫、医疗卫生、住房保障、基础设施短板，坚决打赢补齐贫困短板之战。要聚焦“五个专项治理”持续发力，再来一次深入的大遍访、全面的大清查、彻底的大整改，坚决打赢提高脱贫质效之战。要聚焦“智志双扶”持续发力，突出教育引路，加强政策引导，强化自治引领，坚决打赢激发群众内生动力之战。

全会强调，毕节能否“确保按时打赢脱贫攻坚战”，核心在干部，关键在作风。要敢于较真碰硬、真抓实干，来一场彻底的作风革命，全面筑牢“确保按时打赢”的组织保障。要压实责任扛起担当，真督实考“督”出担当，营造氛围激励担当，在解决站位不高、担当不够问题上实现革命性突破。要着力在抓具体、抓深入、抓实绩上下功夫，在解决形式主义、官僚主义问题上实现革命性突破。要着力加强党的政治建设、干部队伍建设、基层组织建设，在解决基础不牢、功能弱化问题上实现革命性突破。

全会按照《中国共产党章程》《中国共产党地方委员会工作条例》有关规定，表决批准彭容江、陈永祥、黄家忠、陈旭4人辞去二届市委委员职务。

各县（自治县、区）党政主要负责人向市委、市政府签订了脱贫攻坚责任状。

全会号召，要更加紧密地团结在以习近平为核心的党中央周围，坚持以习近平新时代中国特色社会主义思想为指导，聚焦“确保按时打赢”目标不动摇，不忘初心、牢记使命、感恩奋进，尽锐出战、务求精准、自我革命，举全市之力发起总攻，坚决夺取脱贫攻坚战全面胜利，为建设新时代全面小康美丽毕节而努力奋斗！

全会在雄壮的国际歌声中胜利闭幕。

中共毕节市委二届六次全会在七星关举行

中国共产党毕节市第二届委员会第六次全体会议，于2019年11月23日至24日在七星关举行。

出席全会的有市委委员44人，候补委员6人。

全会由市委常委会主持。市委书记周建琨作了讲话。全会深入学习贯彻党的十九届四中全会和省委十二届六次全会精神，审议通过了《中共毕节市委关于深入学习宣传贯彻落实党的十九届四中全会省委十二届六次全会精神推进治理体系和治理能力现代化的实施意见》。市委副书记、市长张集智就《实施意见（讨论稿）》向全会作了说明。

全会指出，党的十九届四中全会，是在新中国成立70周年之际、在“两个一百年”奋斗目标历史交汇点上，召开的一次具有开创性、里程碑意义的重要会议。会议充分肯定了党的十九届三中全会以来中央政治局的工作，专题研究坚持和完善中国特色社会主义制度、推进国家治理体系和治理能力现代化问题并作出若干重大决定，是以习近平为核心的党中央从政治上、全局上、战略上的考量，是立足当前、着眼长远作出的重大决策，充分体现了以习近平为核心的党中央高瞻远瞩的战略眼光和强烈的历史担当。习近平总书记就《决定（讨论稿）》向全会所作的说明和在第二次全体会议上的重要讲话，深刻分析了国内外形势的发展变化，深刻阐明了坚持和完善中国特色社会主义制度、推进国家治理体系和治理能力现代化的重要性和紧迫性，围绕坚定中国特色社会主义制度自信深入回答了一系列方向性、根本性、全局性重大问题，提出了一系列新思想新论断新要求，进一步深化了对中国特色社会主义规律的认识，是马克思主义国家制度建设和国家治理理论的创新发展，为坚持和完善中国特色社会主义制度、推进国家治理体系和治理能力现代化提供了科学指南和根本遵循。党的十九届四中全会审议通过的《决定》，从党和国家事业发展的全局和长远出发，深刻回答了“坚持和巩固什么、完善和发展什么”这个重大政治问题，深刻阐明了坚持和完善中国特色社会主义制度、推进国家治理体系和治理能力现代化的重大意义、总体要求、总体目标、重点任务和根本保障，是新时代坚持和完善中国特色社会主义制度、推进国家治理体系和治理能力现代化的政治宣言和行动纲领。省委十二届六次全会，从战略和全局高度对我省深入学习宣传贯彻党的十九届四中全会精神、加快推进治理体系和治理能力现代化作出全面部署，充分体现了省委坚决做到“两个维护”、不折不扣贯彻落实中央决策部署的思想自觉、政治自觉和行动自觉，为我们学习贯彻党的十九届四中全会精神指明了方向、提供了遵循、作出了示范。

全会强调，全市各级党组织和广大党员干部要切实提高政治站位，把学习宣传贯彻党的十九届四中全会精神与省委十二届六次全会精神结合起来，从树牢“四个意识”、坚定“四个自信”、做到“两个维护”的高度，全面深刻领会中央全会的重大意义和精神实质，全面筑牢贯彻落实的思想根基。要深刻领会党的十九届四中全会的重大历史意义、理论意义、战略意义，切实增强贯彻落实的自觉性、坚定性；要准确把握党和国家事业发展取得的历史性成就、国家制度和国家治理体系的显著优势、《决定》提出的总体目标、《决定》作出的重大部署、国家制度和国家治理体系执行的根本保障，不断筑牢全面贯彻落实中央全会精神的科学理论基石；要倍加珍惜来之不易的制度成果，以历史的眼光、世界的视野、实践的视角理解制度自信，全面增强制度自信的底气，以更加自信的精神状态奋力开创毕节试验区新未来。

全会强调，我们党在领导人民坚持和完善中国特色社会主义制度和国家治理体系的实践中，形成了科学系统、弥足珍贵的经验和规律，要坚持正确方向，准确把握推进国家治理体系和治理能力现代化的原则方法。要坚持以党的全面领导为根本，自觉贯彻党总揽全局、协调各方的根本要求，确保制度制定、完善和执行始终保持正确方向；要坚持以为人民服务为初心，既紧紧依靠人民推动完善治理体系，又立足保障广大人民根本利益、满足人民对美好生活的向往提升治理能力；要坚持以全面深化改革为路径，既以制度自信坚定全面深化改革的勇气，又以全面深化改革推动治理体系和治理能力更加完善更加成熟；要坚持以分类执行落实为生命，毫不动摇把党和国家根本制度、基本制度、重要制度坚持好、巩固好，与时俱进把各方面制度机制完善好、发展好，不折不扣把各项制度机制遵守好、执行好，自觉尊崇制度、严格执行制度、坚决维护制度。

全会强调，地方治理体系现代化是国家治理体系现代化的重要组成部分，要在全面贯彻落实中央明确的“13 个坚持和完善”的基础上，注重立足实际，紧密结合我市“113 攻坚战”部署，为推进国家治理体系现代化作出毕节贡献。要着力完善“大党建”统领体系，坚定不移拥戴核心维护核心，始终坚持党的全面领导，持之以恒厚植基层基础，纵深推进全面从严治党，推进党的全面领导落到实处。要着力深化“大扶贫”工作体系，推进“尽锐出战”常态化、“务求精准”具体化、“按时高质量打赢”标准化，坚决确保按时高质量打赢脱贫攻坚战。要着力构建“大发展”推进体系，健全重大项目建设推进机制，全面提升产业发展质效，加快民生事业发展，推进贯彻新发展理念示范区建设，持续以新发展理念引领经济高质量发展。要着力筑牢“大安全”保障体系，深化法治毕节平安毕节创建，纵深推进扫黑除恶专项斗争，着力提升乡村治理水平，推进风险防范化解常态化制度化，全力营造和谐稳定的社会环境。

全会强调，办好中国的事情，关键在党，关键在人。要坚持党管干部原则，坚定不移贯彻新时期好干部标准，着力在增强学习本领、政治领导本领、改革创新本领、科学发展本领、依法执政本领、群众工作本领、狠抓落实本领、驾驭风险本领“八种本领”上下功夫，全面提升毕节试验区广大干部的治理能力和治理水平，奋力开创新时代毕节治理新局面。

全会指出，学习宣传贯彻党的十九届四中全会和省委十二届六次全会精神，是当前和今后一个时期的重要政治任务。要加强组织领导，迅速掀起学习宣传贯彻热潮。各级党委（党组）要高度重视、精心组织，主要负责人要切实担负起第一责任人责任，亲自安排推动，带头学习宣讲，加强督促调度；各有关部门要发挥优势、积极履职，合力把学习宣传贯彻工作做深做实。要精心组织学习培训，把学习全会精神作为党的理论武装工作的重点任务，与“不忘初心、牢记使命”主题教育有机结合起来，分期分批对党员干部进行系统培训，确保学习培训全覆盖。要全力抓好宣传宣讲，结合当前正在开展的脱贫攻坚大普查工作，组织精干力量深入各领域各行业，充分利用新时代农民（市民）讲习所等平台，以群众喜闻乐见的方式，将党的十九届四中全会精神和省委十二届六次全会精神传达到脱贫攻坚一线，传递到千家万户；要把制度自信教育贯穿国民教育全过程，营造坚定中国特色社会主义制度自信的浓厚氛围。

全会按照《中国共产党章程》《中国共产党地方委员会工作条例》有关规定，决定批准王向东、石子友2人辞去中共毕节市第二届委员会委员职务。

全会号召，全市各级党组织和广大党员干部要更加紧密地团结在以习近平为核心的党中央周围，坚持以习近平新时代中国特色社会主义思想为指导，深入学习宣传贯彻党的十九届四中全会和省委十二届六次全会精神，不忘初心、牢记使命，感恩奋进，加快把国家治理体系和治理能力转化为毕节试验区治理效能，为确保按时高质量打赢脱贫攻坚战、努力建设贯彻新发展理念示范区注入强大力量。

市纪委委员和有关方面负责人，市第二次党代会代表中的部分基层代表等列席会议。

毕节市第二届人民代表大会第四次会议关于政府工作报告的决议

（2020年1月10日毕节市二届人大四次会议第三次全体会议通过）

毕节市第二届人民代表大会第四次会议，听取和审议了市长张集智代表市人民政府所作的《政府工作报告》。会议充分肯定市人民政府2019年的工作，同意报告提出的2020年政府工作主要目标任务，决定批准这个报告。

会议认为，2019年，市人民政府在省委、省政府和市委的坚强领导下，在市人大的监督支持下，以习近平新时代中国特色社会主义思想为指导，认真学习贯彻党的十九大和十九届二中、三中、四中全会精神，扎实开展“不忘初心、牢记使命”主题教育，深入贯彻落实习近平总书记对贵州对毕节重要指示批示精神，坚持稳中求进工作总基调，坚持新发展理念，坚持高质量发展，以供给侧结构性改革为主线，统筹推进稳增长、促改革、调结构、惠民生、防风险、保稳定各项工作，“三大攻坚战”取得新成效、经济结构调整取得新进展、项目建设迈出新步伐、城乡面貌发生新变化、改革开放增添新活力、民生事业获得新改善，呈现出脱贫攻坚取得阶段性成效、农村产业革命纵深推进、交通运输进入“高铁时代”、重大项目建设取得突破、全域旅游成效初显、“五城同创”步伐加快、生态建设再创佳绩、群众安全感满意度明显提升等多个方面的亮点，基本完成市第二届人民代表大会第三次会议确定的目标任务，为按时高质量打赢脱贫攻坚战、建设贯彻新发展理念示范区奠定坚实基础。

会议指出，2020年是全面建成小康社会第一个百年奋斗目标和“十三五”规划的收官之年，是毕节试验区确保按时高质量打赢脱贫攻坚战的决胜之年，是毕节发展史上具有里程碑意义的一年，节点特殊、意义重大、使命光荣。新的一年，市人民政府要坚持党的领导，树牢“四个意识”、坚定“四个自信”、做到“两个维护”。要坚持贯彻新发展理念，加快《毕节试验区贯彻新发展理念示范区建设规划》编制，把创新、协调、绿色、开放、共享的新发展理念贯穿到全市工作方方面面。要坚持问题导向、目标导向、结果导向，严守各项工作底线，明确各项工作时间进度，确保高质量打赢脱贫攻坚战。要按照“东部率先、中部崛起、西部攻坚”的思路，稳中求进推动区域梯度发展。要坚持转变作风，切实抓具体抓深入，落实“五步工作法”，以“钉钉子”精神抓好中央和省、市各项重大决策部署贯彻落实。

会议要求，围绕2020年主要预期目标，市人民政府要以习近平新时代中国特色社会主义思想为指导，全面贯彻党的十九大和十九届二中、三中、四中全会及省委十二届历次全会精神，坚决贯彻党的基本理论、基本路线、基本方略，深入贯彻习近平总书记对贵州对毕节重要指示批示精神，认真落实中央经济工作会议和省委经济工作会议的决策部署，坚持稳中求进工作总基调，坚持新发展理念，坚持以供给侧结构性改革为主线，坚持以改革开放为动力，推动高质量发展，坚决打赢三大攻坚战，守好发展和生态两条底线，深入推进三大战略行动，持续推进“113攻坚战”，统筹推进稳增长、促改革、调结构、惠民生、防风险、保稳定，扎实做好稳就业、稳金融、稳外贸、稳外资、稳投资、稳预期工作，保持经济持续健康发展和社会大局稳定，确保按时高质量打赢脱贫攻坚战，确保全面建成小康社会和“十三五”规划圆满收官。

会议号召，全市上下要更加紧密地团结在以习近平为核心的党中央周围，在省委、省政府和市委的坚强领导下，牢记嘱托、感恩奋进，开拓创新、顽强拼搏，坚决按时高质量打赢脱贫攻坚战，彻底撕掉毕节千百年来的绝对贫困标签，与全国、全省一道全面建成小康社会，以优异成绩向第一个百年奋斗目标献礼！

毕节市第二届人民代表大会第四次会议关于毕节市2019年国民经济和社会发展计划执行情况与2020年国民经济和社会发展计划草案的决议

（2020年1月10日毕节市二届人大四次会议第三次全体会议通过）

毕节市第二届人民代表大会第四次会议，审查了市发改委受市人民政府委托提交的《毕节市2019年国民经济和社会发展计划执行情况与2020年国民经济和社会发展计划草案报告》及毕节市2020年国民经济和社会发展计划草案。会议同意毕节市第二届人民代表大会财政经济委员会的审查结果报告，决定批准《毕节市2019年国民经济和社会发展计划执行情况与2020年国民经济和社会发展计划草案报告》，批准毕节市2020年国民经济和社会发展计划。

毕节市第二届人民代表大会第四次会议关于毕节市2019年全市和市本级预算执行情况与2020年全市和市本级预算草案的决议

（2020年1月10日毕节市二届人大四次会议第三次全体会议通过）

毕节市第二届人民代表大会第四次会议，审查了市财政局受市人民政府委托提交的《毕节市2019年全市和市本级预算执行情况与2020年全市和市本级预算草案的报告》及2020年全市和市本级预算草案。会议同意毕节市第二届人民代表大会财政经济委员会的审查结果报告，决定批准《毕节市2019年全市和市本级预算执行情况与2020年全市和市本级预算草案的报告》，批准毕节市2020年市本级预算。

毕节市第二届人民代表大会第四次会议关于毕节市人大常委会工作报告的决议

（2020年1月10日毕节市二届人大四次会议第三次全体会议通过）

毕节市第二届人民代表大会第四次会议，听取和审议了市人大常委会主任周建琨受市二届人大常委会委托所作的《毕节市人大常委会工作报告》。会议充分肯定市人大常委会2019年各项工作，同意报告提出的2020年主要任务，决定批准这个报告。

会议要求，市人大常委会要在中共毕节市委的领导下，在省人大常委会的指导下，高举习近平新时代中国特色社会主义思想伟大旗帜，深学笃用党的十九大和十九届二中、三中、四中全会精神，认真贯彻落实习近平总书记关于坚持和完善人民代表大会制度的重要思想，以及对贵州对毕节对地方人大及其常委会工作的重要指示批示精神，始终坚持党的领导、人民当家作主和依法治国有机统一，始终树牢“四个意识”、坚定“四个自信”、做到“两个维护”，紧紧围绕中央、省委重大决策部署和市委“113攻坚战”总体安排，依法履行宪法法律赋予的职责，牢牢把握正确政治方向，服务决战决胜脱贫攻坚，纵深推进立法工作，扎实提升监督质效，充分发挥代表作用，持续加强自身建设，不断推进新时代我市人大工作与时俱进、完善发展，不断推动人民代表大会制度优势转化为毕节试验区治理效能，奋力谱写确保按时高质量打赢脱贫攻坚战、建设贯彻新发展理念示范区的人大篇章，以优异成绩向第一个百年奋斗目标献礼。

毕节市第二届人民代表大会第四次会议关于毕节市中级人民法院工作报告的决议

（2020年1月10日毕节市二届人大四次会议第三次全体会议通过）

毕节市第二届人民代表大会第四次会议，听取和审议了毕节市中级人民法院院长任明星所作的《毕节市中级人民法院工作报告》。会议充分肯定了毕节市中级人民法院过去一年的工作，同意报告提出的2020年工作重点，决定批准这个报告。

会议要求，毕节市中级人民法院要坚持以习近平新时代中国特色社会主义思想为指导，深入贯彻落实党的十九大和十九届二中、三中、四中全会精神，认真贯彻落实省委十二届六次全会和市委二届六次全会精神及各项决策部署，在市委的坚强领导下，始终坚持司法为民、公正司法，忠实履行宪法和法律赋予的职责，全面服务保障脱贫攻坚，持续深化司法体制配套改革，扎实推进智慧法院建设，推进审判体系和审判能力现代化，充分发挥审判机关职能作用，为毕节试验区按时高质量打赢脱贫攻坚战、建设贯彻新发展理念示范区作出新的更大贡献！

毕节市第二届人民代表大会第四次会议关于毕节市人民检察院工作报告的决议

（2020 年 1 月 10 日毕节市二届人大四次会议第三次全体会议通过）

毕节市第二届人民代表大会第四次会议，听取和审议了毕节市人民检察院代理检察长张宇所作的《毕节市人民检察院工作报告》。会议充分肯定了毕节市人民检察院过去一年的工作，同意报告提出的 2020 年工作安排，决定批准这个报告。

会议要求，毕节市人民检察院要坚持以习近平新时代中国特色社会主义思想为指导，深入贯彻落实党的十九大和十九届二中、三中、四中全会精神，认真贯彻落实省委十二届六次全会和市委二届六次全会精神及各项决策部署，在市委的坚强领导下，始终坚持司法为民、公正司法，忠实履行宪法和法律赋予的职责，全面服务保障脱贫攻坚，持续深化司法体制配套改革，全力构建“四大检察”新格局，推进检察体系和检察能力现代化，充分发挥检察机关职能作用，为毕节试验区按时高质量打赢脱贫攻坚战、建设贯彻新发展理念示范区作出新的更大贡献！

中国人民政治协商会议第二届毕节市委员会第五次会议决议

（2020 年 1 月 10 日政协第二届毕节市委员会第五次会议通过）

中国人民政治协商会议第二届毕节市委员会第五次会议，于 2020 年 1 月 7 日至 10 日在七星关区举行。

会议以习近平新时代中国特色社会主义思想

为指导，全面贯彻中共十九大和十九届二中、三中、四中全会精神，深入贯彻习近平总书记关于加强和改进人民政协工作的重要思想和省委十二届六次全会、市委二届六次全会精神，在中共毕节市委的领导下，紧扣全市按时高质量打赢脱贫攻坚战、全面建成小康社会和努力建设贯彻新发展理念示范区等中心工作和重大问题，坚持发扬民主和增进团结相互贯通、建言资政和凝聚共识双向发力，认真协商议政、建言献策、凝聚共识，是一次牢记嘱托、感恩奋进、团结民主、务实高效、汇聚力量、增强信心的大会。会议风清气正、成果丰硕、圆满成功。

中共毕节市委高度重视，周建琨书记出席开幕会和闭幕会，并在开幕会上发表了重要讲话，充分肯定全市各级政协组织和广大政协委员过去一年的工作，对做好新时代全市政协工作提出了新的要求。强调要加强思想政治引领，在深学笃用新思想中把牢新时代人民政协工作的正确方向；要围绕中心服务大局，为“打赢攻坚战、建设示范区”贡献政协力量；要着力担实政治责任，大力推进人民政协协商民主建设；要严明政治纪律规矩，为政协正确履职提供坚强保障。讲话振奋人心，催人奋进。委员们倍受鼓舞，倍感振奋，一致表示要认真学习、深刻领会，抓好贯彻落实。市委、市人大、市政府领导同志出席会议。

会议听取讨论张集智市长所作的政府工作报告，听取讨论市中级人民法院、市人民检察院工作报告及其他报告。会议审议并批准杨宏远同志代表政协第二届毕节市委员会常委会所作的工作报告，会议审议并批准肖远福同志受政协第二届毕节市委员会常务委员会委托所作提案工作情况报告。会议审议并同意市政协提案委员会关于市政协二届五次会议提案审查情况的报告。全体委员坚持为国履职、为民尽责的情怀，展现了新时代政协委员的新形象。

会议认为，过去的一年，在市委的坚强领导下，市政府坚持稳中求进工作总基调，坚持新发展理念，坚持高质量发展，以供给侧结构性改革为主线，统筹推进稳增长、促改革、调结构、惠民生、防风险、保稳定各项工作，排难而上、奋力拼搏，完成了市二届人大三次会议确定的目标任务，为按时高质量打赢脱贫攻坚战、建设贯彻新发展理念示范区奠定了坚实基础。政府工作报告总结成绩实事求是，提出2020年经济社会发展总体要求和主要目标，符合中央、省的要求，切合毕节实际。对2020年重点工作安排和推进政府治理能力现代化，紧扣发展主题，思路清晰，目标可行，措施有力，委员们表示赞同，对按时高质量打赢脱贫攻坚战、彻底撕掉毕节千百年来的绝对贫困标签、全面建成小康社会充满信心。委员们对各方面取得的成绩给予高度评价。

会议认为，过去一年，市政协及其常委会以习近平新时代中国特色社会主义思想为指导，深入学习贯彻习近平总书记关于加强和改进人民政协工作的重要思想，在中共毕节市委的坚强领导和省政协的有力指导下，团结全体政协委员和社会各界人士，紧紧围绕中共毕节市委决策部署，找准定位、服务大局，主动作为、履职尽责，圆满完成了二届三次会议确定的各项目标任务，为助推“打赢攻坚战、建设示范区”贡献了政协力量。市政协二届三次会议以来，常委会围绕“113攻坚战”，在提升提案质量、增强提案办理实效、提高服务水平上取得了新成绩。会议同意常委会工作报告作出的2020年工作安排，要求常委会认真组织实施。

会议指出，2020年是全面建成小康社会和“十三五”规划的收官之年，是脱贫攻坚的决战决胜之年。在新的一年，市政协常委会要以习近平新时代中国特色社会主义思想为指导，深入学习中共十九大和十九届二中、三中、四中全会精神，全面贯彻落实习近平总书记关于加强和改进人民政协工作的重要思想及中共中央对做好新时代人民政协工作的新要求，全面贯彻落实省委十二届六次全会、市委二届六次全会精神，把坚持和发展中国特色社会主义作为巩固共同思想政治基础的主轴，把服务实现“两个一百年”奋斗目标作为工作主线，把加强思想政治引领、广泛凝聚共识作为中心环节，在中共毕节市委的坚强领导下，坚持团结和民主两大主题，准确把握人民政协性质定位，发挥专门协商机构作用，围绕实现第一个百年奋斗目标、“三大攻坚战”“六稳”工作及市委、市政府中心工作凝心聚力、履职尽责，推动建言资政和凝聚共识双向发力，为助推全市按时高质量打赢脱贫攻坚战、努力建设贯彻新发展理念示范区贡献政协力量。

会议强调，要增强制度自信，在筑牢共同思想政治基础上更加有为；要完善协商民主，在发挥专门协商机构作用上更加有为；要广泛凝聚共识，在汇聚改革发展磅礴力量上更加有为；要围绕中心任务，在全力助推决胜脱贫攻坚上更加有为；要恪守初心使命，在加强人民政协自身建设上更加有为，奋力开创政协工作新局面。

会议号召，全市各级政协组织、政协各参加单位和广大政协委员，要更加紧密地团结在以习近平同志为核心的党中央周围，以习近平新时代中国特色社会主义思想为指导，进一步增强“四个意识”、坚定“四个自信”、做到“两个维护”，践行“懂政协、会协商、善议政，守纪律、讲规矩、重品行”的重要思想，在中共毕节市委的坚强领导下，牢记嘱托，感恩奋进，只争朝夕，不负韶华，为把人民政协的制度优势转化治理效能，助推毕节试验区按时高质量打赢脱贫攻坚战、努力建设贯彻新发展理念示范区作出政协新的更大贡献。

特记

政府工作报告

（2020 年 1 月 7 日在毕节市第二届人民代表大会第四次会议上）

市长　张集智

一、2019 年工作回顾

2019 年是新中国成立 70 周年。我们在市委的坚强领导下，在市人大、市政协的监督支持下，坚持以习近平新时代中国特色社会主义思想为指导，认真学习贯彻党的十九大和十九届二中、三中、四中全会精神，扎实开展“不忘初心、牢记使命”主题教育，深入贯彻习近平总书记对贵州对毕节工作重要指示批示精神，坚持稳中求进工作总基调，坚持新发展理念，坚持高质量发展，以供给侧结构性改革为主线，统筹推进稳增长、促改革、调结构、惠民生、防风险、保稳定各项工作，排难而上、奋力拼搏，基本完成市第二届人民代表大会第三次会议确定的目标任务，为按时高质量打赢脱贫攻坚战、建设贯彻新发展理念示范区奠定了坚实基础。2019 年，预计地区生产总值增长 7.6%，规模以上工业增加值增长 6%，社会消费品零售总额增长 6.5%；金融机构存款余额 1902 亿元、贷款余额 1860 亿元，存贷款余额增长 8.38%；城镇常住居民人均可支配收入达 32640 元、增长 9.2%，农村常住居民人均可支配收入增长 10.3%，突破万元大关。

呈现出八个方面的亮点。

一是脱贫攻坚取得阶段性成效。大方县脱贫摘帽，七星关区、织金县达到脱贫摘帽标准。减少贫困人口 32 万人，贫困发生率下降到 1.54%。

二是农村产业革命纵深推进。调减低效玉米 202.93 万亩，创建省级 500 亩以上样板坝区 11 个、达标坝区 68 个。农产品“七进”“毕菜进京”“毕菜进渝”“毕菜进粤”产销对接活动成效明显，海外销往越南、老挝、迪拜等国家和地区有新突破，“乌蒙山宝·毕节珍好”“威宁三白”等农特产品品牌效应不断提升。

三是交通运输进入“高铁时代”。成贵高铁建成通车。铁路运营里程 538 公里，高速公路通车里程 981 公里，毕节机场旅客吞吐量突破 121 万人次，大交通带来毕节格局的大改变。

四是重大项目建设取得突破。夹岩水利枢纽工程大坝顺利封顶，中石化织金煤制聚烯烃项目进入场平施工，威赫 660 兆瓦超超临界发电项目开工建设。

五是全域旅游成效初显。成功承办第十四届贵州旅游产业发展大会，中国气象学会授予“毕节·中国花海洞天避暑福地”称号，百里杜鹃管理区和黔西县全域旅游示范区创建通过省级验收，织金洞景区通过 AAAAA 级景区景观质量评审，新增 AAAA 级景区 1 家，织金古城入选贵州文化旅游十大新地标。

六是“五城同创”步伐加快。全国文明城市创建通过国家第一轮测评验收，国家卫生城市创建通过国家级综合评估，国家环境保护模范城市创建通过省级预评估，全国双拥模范城市创建通过省级验收，省级园林城市创建通过评审。南山体育公园、天河广场等“19456 工程”建成使用。

七是生态建设再创佳绩。完成造林绿化 125 万亩，治理石漠化 169.8 平方公里、水土流失 93.12 平方公里，预计森林覆盖率 57%。市林业局获评“全国生态建设突出贡献先进集体”。

八是群众安全感满意度明显提升。“扫黑除恶”有力有效，打掉涉黑组织 12 个、涉恶犯罪集团（团伙）45 个，查封扣押冻结涉案资产 3.23 亿元。刑事案件、命案、“盗抢骗”案件同比分别下降 4.09%、36.36% 和 9.65%，群众安全感、满意度分别达 98.89% 和 98.25%，从全省挂末分别上升到第六位和第五位。

工作成效主要体现在六个方面。

（一）“三大攻坚战”取得新成效。一是脱贫攻坚深入推进。全力打好“四场硬仗”，狠抓新一轮“五个专项治理”，深入开展“联县帮乡驻村入户”，预计 441 个贫困村出列。产业和就业方面，蔬菜、茶叶、食用菌、皂角等 12 个农业特色优势产业裂变式发展。建档立卡贫困劳动力就业 6.6 万人，“十大员”就业扶贫专岗累计在岗 8.16 万人，实现易地扶贫搬迁有劳动力家庭“一户一人”以上就业。交通和流通方面，提级改造普通国省道 307 公里，启动县乡公路路面改善提升工程 1646 公里，新改建农村公路 559 公里，“组组通”硬化道路 14640 公里，建成安全生命防护工程 4003 公里。建成运营物流园 4 个、冷库 183 个，新增库容 6.92 万吨。干部培训和群众培训方面，累计完成培训 23.85 万人次。饮水安全、义务教育、基本医疗和住房安全保障有力。建成农村饮水安全项目 895 个，解决 109.1 万人饮水安全。贫困人口义务教育资助实现全覆盖，贫困家庭辍学学生动态清零。健康扶贫基本达到“3 个三”标准，实现贫困人口应保尽保、应助尽助、应报尽报。基本完成农村危房改造、老旧住房透风漏雨整治和人畜混居整治，提前完成“十三五”规划 28.5 万人易地扶贫搬迁。帮扶力度持续加大。中央统战部、各民主党派中央、全国工商联实施帮扶项目 384 个，广州对口帮扶实施项目 62 个，深圳对口帮扶有力推进；恒大集团帮扶资金累计到位 70 亿元，金元集团、盘江集团等结对帮扶深入推进。二是风险防控措施有力。严格落实政府性债务管理“七严禁”，积极稳妥化解存量债务，守住了不发生系统性政府债务风险底线。安全生产事故起数和死亡人数同比下降8.7%和6%。三是污染防治成效明显。中央环保督察“回头看”、省委环保督察反馈问题有序整改。中心城区和县城环境空气质量优良天数比率达97%以上；千人以上集中式饮用水源水质达标率100%，国控、省控河流断面水质优良比例达100%；启动中心城区生活垃圾分类处理试点，农村垃圾收运覆盖率81.5%。启动长江经济带污染治理试点项目5个，有序推进30个山水林田湖草保护修复项目。

（二）经济结构调整取得新进展。一是农业基础地位不断夯实。粮经比调整到38∶62，经济作物占比提升2个百分点。收购烟叶114.9万担，上等烟比例达72.72%、增长9.16%。市农业农村局获评“全国农业农村系统先进集体”。二是工业转型升级步伐加快。十大百亿级工业产业实现产值800亿元，新增上规入统工业企业81户。新建成大中型煤矿19处，新增产能750万吨；生产煤炭4500万吨、增长7.6%。发电478亿千瓦时、增长7.4%。黔希煤化工实现产值11.71亿元。卷烟、白酒实现产值79.5亿元、增长5.5%。产业园区实现工业增加值300亿元。毕节经开区获批省级高新技术产业开发区。三是现代服务业加快发展。旅游人次和旅游总收入增长20%。电商网络零售额增长41.7%。电信业务总量全省第三、增速全省第一。国家电投贵州金元威宁能源股份有限公司在新三板挂牌，实现上市企业“零突破”。

（三）项目建设迈出新步伐。一是项目谋划取得实效。综合项目库入库项目9187个，总投资3.9万亿元。绿色产业扶贫投资基金获批65.32亿元，银行审批额度全省第二。二是产业招商力度加大。推进“千企引进”和“产业大招商”，引进500强企业12家、优强企业285家，重点产业招商引资到位资金606亿元。三是项目建设扎实推进。新开工亿元项目185个。821个省市重大项目完成投资1159亿元。完成“六网会战”投资280.4亿元、产业项目投资240.72亿元、民生项目投资115.7亿元等。

（四）城乡面貌发生新变化。《毕节市城市总体规划（2019年修订）》获省批复。新增城镇道路110.31公里、绿地602.8公顷、城市公共停车位4277个，建成海绵城市项目11个。开工改造棚户区9101户、建成6129户，销售商品房566.36万平方米、增长11.67%。预计常住人口城镇化率47.58%。编制《毕节市乡村振兴战略规划》，启动“十百千”乡村振兴示范工程。推进“厕所革命”，建成农村户用卫生厕所20.35万户、村级公共卫生厕所774个。

（五）改革开放增添新活力。“放管服”改革扎实推进，行政权力和行政许可事项分别减少41.7%、22.1%，行政审批办理时限减少50%以上，企业开办、不动产登记时间分别缩减到3个、5个工作日内。信用综合指数连续19个月全省排名第一、首次进入全国30强。市级政务服务事项100%进驻政务大厅，“一窗式”分类受理事项达70%，政府服务环境第三方评估全省第一。毕节海关挂牌成立，外贸进出口总额完成2.1亿美元、实际利用外资增长37.18%。民营经济市场主体达43万户，民营经济增加值占GDP比重60.1%。

（六）民生事业获得新改善。实施“全面改薄”等教育工程项目学校389所，消除义务教育学校大班额1173个，学前教育三年毛入园率、九年义务教育巩固率、高中阶段教育毛入学率分别达89.07%、92.18%、90.23%。贵州工程应用技术学院入选“2019年全国创新创业典型经验高校”。市二医投入使用，市一医双山分院、市妇幼保健院加快建设。城镇新增就业8.51万人，登记失业率3.25%。成功举办乌蒙文化节·第七届文化艺术系列大赛。新增多彩贵州“广电云”用户9.5万户。社会救助兜底保障体系不断完善。纳入城乡低保67.57万人，发放城乡低保等困难群众基本生活救助金25.8亿元。64个养老服务项目建成投入使用。市民政局获评“全国民政系统先进集体”。天然气管道达314公里，连通6个县（区），中心城区管道天然气居民生活用气价格从每立方米3.9元调至3.05元，非居民用气价格从每立方米3.91元调至3.27元。

一年来，我们坚决落实全面从严治党要求，坚决落实上级和市委决策部署，自觉向市委汇报工作，主动向市人大常委会报告工作、与市政协开展协商，办理省人大代表建议和政协委员提案21件、市人大代表建议和政协委员提案585件，办复率、满意率均达100%。审计、统计、司法行政、民族宗教、外事、侨务、国防教育、人防战备、退役军人、体育、双拥、对台、气象、老龄、残疾人、妇女儿童、地方志等各项工作全面进步。

过去一年取得的成绩，是以习近平为核心的党中央掌舵领航、亲切关怀的结果，是省委、省政府坚强领导和关心支持的结果，是全国统一战线、广州市、深圳市和各级各界倾力帮扶的结果，是在市委坚强领导和市人大、市政协的监督支持下，各族干部群众团结一心、艰苦奋斗、苦干实干的结果，是历届市委、市政府一任接着一任不懈奋斗的结果。成绩来之不易，必须倍加珍惜！在此，我代表市人民政府，向人大代表、政协委员，向各民主党派、工商联、无党派人士、各人民团体，向驻毕人民解放军、武警官兵、驻毕单位、离退休老领导老同志和所有关心支持毕节发展的社会各界人士，致以崇高的敬意和衷心的感谢！

在肯定成绩的同时，我们也清醒看到，在外部环境复杂严峻、风险挑战明显上升、经济下行压力加大、各种制约因素增多的情况下，年初确定的地区生产总值、工业等预期增长目标未能全面实现。脱贫任务更加艰巨，还剩12.5万农村贫困人口，占全省40.6%，纳雍、威宁、赫章3个深度贫困县还未脱贫摘帽，都是难中之难、坚中之坚。财政收支矛盾较为突出，一些地方政府隐性债务规模较大，存在违约风险。社会治理、煤矿安全生产等领域问题隐患突出。国有企业实体化转型缓慢，市场主体投资乏力。常住人口城镇化率偏低。政府系统执行力、落实力有差距，还存在形式主义、官僚主义。对这些发展和前进中的问题，我们将切实加以解决。

二、2020年经济社会发展总体要求和主要目标

2020年，是全面建成小康社会和“十三五”规划收官之年，是脱贫攻坚决胜之年。政府工作总体要求是：以习近平新时代中国特色社会主义思想为指导，全面贯彻党的十九大和十九届二中、三中、四中全会及省委十二届历次全会精神，坚决贯彻党的基本理论、基本路线、基本方略，深入贯彻习近平总书记对贵州对毕节工作重要指示批示精神，认真落实中央经济工作会议和省委、市委经济工作会议的决策部署，增强“四个意识”、坚定“四个自信”、做到“两个维护”，坚持稳中求进工作总基调，坚持新发展理念，坚持以供给侧结构性改革为主线，坚持以改革开放为动力，推动高质量发展，坚决打赢“三大攻坚战”，守好发展和生态两条底线，深入推进“三大战略”行动，持续推进“113攻坚战”，统筹推进稳增长、促改革、调结构、惠民生、防风险、保稳定，扎实做好“六稳”工作，保持经济持续健康发展和社会大局稳定，确保按时高质量打赢脱贫攻坚战，确保全面建成小康社会和“十三五”规划圆满收官，以优异成绩向第一个百年奋斗目标献礼。

主要预期目标是：3个深度贫困县全部摘帽，剩余12.5万农村贫困人口全部脱贫，脱贫成果全面巩固提升；地区生产总值增长8.5%左右；万元地区生产总值能耗降低2.75%，森林覆盖率

达60%；常住人口城镇化率达49%以上；城镇新增就业8.5万人，城镇、农村常住居民人均可支配收入分别增长9%、10.3%，居民消费价格指数、节能减排指标控制在国家、省下达计划范围内。

在具体工作中，牢牢把握以下五个方面：一是坚持党的领导。把推动中央决策落实作为增强“四个意识”、坚定“四个自信”、做到“两个维护”的具体行动，贯穿政府工作全过程、各领域，认真落实省委部署，坚决服从市委领导、维护市委权威、落实市委决策。二是坚持贯彻新发展理念。认真贯彻落实习近平总书记“7·18”重要指示精神，加快《毕节试验区贯彻新发展理念示范区建设规划》编制，把创新、协调、绿色、开放、共享的新发展理念作为政府工作的指挥棒，以新发展理念推动高质量发展，以各项工作的高质量保证事业发展的高质量。三是坚持问题导向目标导向结果导向。坚持“三个导向”，是推进高质量发展、做好各方面工作的基本遵循。坚持问题导向，搞清楚突出问题是什么、主要症结在哪里，严防死守脱贫攻坚、民生保障、安全生产、政府债务和金融风险底线；坚持目标导向，紧扣脱贫攻坚、全面小康、“十三五”规划目标，明确时间进度、确保目标实现；坚持结果导向，用高质量打赢脱贫攻坚战、推动经济社会高质量发展的实绩向党中央、省委和全市人民交出圆满答卷。四是坚持稳中求进推动区域梯度发展。“稳中求进”是我们干好经济工作的总基调，必须“稳”字当头，以进促稳。按照“东部率先、中部崛起、西部攻坚”的思路，东部的金沙县是全国西部百强县、黔西县率先精彩脱贫，两县区位、产业、交通等基础条件较好，要确保高质量巩固脱贫攻坚成果，要在建设贯彻新发展理念示范区上走前列，要在新型工业化、新型城镇化、农业现代化、旅游全域化、乡村振兴上走前列、当标杆、作示范，发展速度高于全市平均水平。中部的七星关区、大方县、织金县、百里杜鹃管理区、金海湖新区区位优势十分明显，要充分抓住“高铁时代”带来的区位格局大转变机遇，确保高质量巩固脱贫攻坚成果，确保贫困人口全部脱贫，要在建设贯彻新发展理念示范区上求突破，要在新型工业化、新型城镇化、农业现代化、旅游全域化、乡村振兴上走前列，发展速度略高于全市平均水平。加快七星关、金海湖、大方同城化步伐，打造高铁辐射带特色城镇组群，形成新的增长极。西部的纳雍、威宁、赫章3个深度贫困县，要对照国家现行脱贫标准，咬定目标，背水一战，坚决攻克深度贫困堡垒，确保按时高质量打赢脱贫攻坚战，要积极创造条件，做好和乡村振兴战略的衔接。五是坚持转变作风。抓具体抓深入是形式主义、官僚主义的克星。政府工作靠作风吃饭、凭数据说话，必须坚持把“五步工作法”作为推动工作落地落细落实的“方法论”和关键招，以“大党建”统领“大扶贫”“大安全”“大发展”，严格执行“四到工作制”，用好“周调度跟踪、月小结提示、季通报约谈”工作机制，层层压实责任，激发干部群众保持久久为功、善作善成的韧劲，担当作为、奋力争先的拼劲，研究问题、破解难题的钻劲，用“钉钉子”精神抓好落实。

三、2020年重点工作

（一）坚决打好三大攻坚战。突出抓重点、补短板、强弱项，确保高质量打赢脱贫攻坚战，实现污染防治攻坚战阶段性目标，牢牢守住不发生系统性区域性风险底线。

一是坚决确保高质量打赢脱贫攻坚战。开展好脱贫攻坚挂牌督战工作，落实好“联县帮乡驻村入户”工作机制，深入推进深刻的思想革命、精准的战术革命、纵深的产业革命、高效的质量革命、彻底的作风革命“五场革命”，进一步落实一户一工作清单、一村一脱贫方案，完善产业扶贫清单、就业扶贫清单，确保产业或就业全覆盖，集中人力、物力、财力打好深度贫困歼灭战。聚焦“两不愁三保障”常态化筛查整改。重点筛查建档立卡贫困人口、困难户、超生少报户、没有公安户籍农户，确保不漏一户、不落一人。严格落实控辍保学“双线”责任制和“七长”负责制，加强控辍保学，开展早婚早育专项治理，确保贫困家庭适龄儿童上学“一个都不能少”；严格落实“三重医疗”保障制度，对照医疗服务能力“三达标”和医疗服务人员“三合格”，开展乡镇卫生院、村卫生室达标创建“回头看”，确保群众“有地方看病、有医生看病、有制度保障看病”。解决好农村危房改造、老旧住房透风漏雨整治、农村人畜混居整治遗留问题，加大易地扶贫搬迁工作力度，确保新增4万人易地扶贫搬迁6月底前搬迁入住，让贫困群众住上“放心房”。抓好农村饮水安全工程后续管护，落实“三个责任”，健全“三项制度”，让群众喝上“放心水”。巩固脱贫成果防止返贫。坚持“四个不摘”，确保财政专项扶贫资金投入力度不减，财政涉农资金整合力度不减，贫困村第一书记和驻村工作队不撤，保持帮扶干部与贫困群众的结对关系。开展已脱贫摘帽县“回头看”。建立健全返贫监测机制，及时开展补短板和回头帮。强化扶志扶智，增强群众内生动力，有效防止返贫致贫。全力做好易地扶贫搬迁“后半篇文章”。扎实推进后续扶持“五个体系”建设。做好旧房拆除和复垦复绿工作，充分利用退耕还林和国储林项目，整合资源盘活“三块地”，实现搬得出、稳得住、能致富。统筹用好各方帮扶资源。深入贯彻落实统一战线参与毕节试验区建设座谈会精神，积极汇报争取，大力推进东西部扶贫协作和对口支援工作，结合产业、教育、医疗、人才、市场协作等需求，项目化、清单化推动帮扶协作落地见效。强化扶贫资金监管，切实发挥最大效益。认真总结宣传脱贫攻坚成果。全方位多角度发现、培树脱贫攻坚典型，全面总结宣传脱贫攻坚宝贵精神、巨大成就、成功经验、先进事迹，讲好“英雄辈出”的脱贫攻坚故事，传递正能量，增强群众感恩意识。

二是坚决打好污染防治攻坚战。坚持生态优先、绿色发展，牢牢守好发展和生态两条底线，推动生态环境质量持续好转。抓好环保问题整改。实行“一问题一台账一方案”，落实“三个100%”核查机制，按时完成中央、省委生态环保督察及“回头看”反馈问题和信访问题整改。打好污染防治“五场战役”。打好蓝天保卫战役，抓好扬尘、柴油货车、工业企业大气、燃煤治理和煤炭消费减量替代污染治理攻坚行动，县级及以上城市环境空气质量优良天数比率达97%以上。打好碧水保卫战役，严格落实“水十条”和“河（湖）长制”，深入开展乌江、珠江上游生态屏障保护、集中式饮用水源保护等攻坚行动，深化草海水环境综合治理，中心城区、城镇污水处理率分别达95%、85%，国省控地表水河流断面优良比例和千人以上集中式饮用水源地水质达标率达100%。打好净土保卫战役，开展土壤污染防治和修复、工业企业污染防治、垃圾污染防治等攻坚行动，完成重点行业企业用地污染状况调查、耕地质量类别划分。打好固废治理战役，开展固废排查整治，建成威宁、金沙垃圾焚烧发电项目，新增垃圾日处理能力1600吨；扎实推进垃圾分类处理工作，打造3个以上垃圾分类示范区。打好乡村环境整治战役，实施“四在农家·美丽乡村”小康升级行动，加大农村人居环境综合整治力度。实施“绿色毕节”行动。加快国家储备林项目建设。完成造林绿化200万亩，治理石漠化219平方公里、水土流失90平方公里。实现市县乡村四级“林长”全覆盖。推进长江经济带试点城市、山水林田湖草生态保护修复项目建设，加快推进矿山生态修复。

三是坚决打好防范化解重大风险攻坚战。风险无处不在、风险无时不有。坚决防范化解政府债务风险和金融风险。市县（区）要搭建专业化资本运营公司，盘活存量资产，优化资源配置，提升资产价值。严格落实“七严禁”，用好“八个一批”“14条措施”，“精准拆弹”，牢牢守住政府债务风险底线。推动国有企业市场化实体化转型，加快政府投资项目“投转固”工作。加强地方金融监管。坚决防范化解安全生产风险。全面停止30万吨/年以下煤矿生产，扎实开展瓦斯防治综合治理，严厉打击非法违法行为。紧盯煤矿和非煤矿山、交通运输、旅游、消防、危化品、建筑施工、地质灾害、食品药品等重点行业领域，开展安全生产集中整治，深入推进“百日攻坚行动”，坚决防范和遏制较大以上事故发生。坚决防范化解社会领域风险。坚持和发展新时代“枫桥经验”，依法做好信访、人民调解和行政调解工作。推进“大案要案”“打伞破网”“打财断血”攻坚战，夺取扫黑除恶专项斗争压倒性胜利。完善社会治安防控体系，营造良好社会治安环境。

（二）全力推动经济高质量发展。紧紧扭住发展第一要务，坚持质量第一、效益优先，加快现代化经济体系建设，努力推动经济高质量发展。

一是千方百计推进农村产业革命。深入践行“八要素”，在巩固调减成效的基础上，实现低效籽粒玉米应调尽调。注重引进有实力的龙头企业参与结构调整、注重国有公司参与结构调整、注重合作社和能人带动参与结构调整，防止为调而调、防止产业选择不精准而调、防止群众工作粗暴方法简单而调，强化领导示范、产业示范、规模示范、管理示范、效益示范，扎实推进乡乡镇镇农业园区建设，加快实现“六个转变”，农产品加工转化率达46%，确保农业增加值增长6%。突出抓好产业选择。实施“55441111”农业特色产业提升工程，在耕作条件较好的地方特别是以500亩以上坝区为重点，大力发展食用菌、香葱、商品蔬菜、辣椒、南瓜、马铃薯等短平快特色优势产业，再打造样板坝区20个、达标坝区92个；在地形破碎的陡坡耕地发展茶叶达100万亩、刺梨达100万亩、皂角达100万亩、改良核桃达100万亩等，努力实现经济价值、生态价值、旅游价值、社会价值“四个最大化”。持续抓好150万亩基本烟田规划保护，种植烤烟55万亩、收购烟叶120万担以上。突出抓好技术保障。实现500亩以上坝区技术服务团队全覆盖，每个重点产业有一个专家团队或技术推广服务团队。把服务结构调整实绩作为农技人员考核主要内容，与评先选优和职称评聘挂钩，推行低职高聘、高职低聘。突出抓好产销对接。着力打造“乌蒙山宝·毕节珍好”“威宁三白”农产品品牌，线上线下共同发力。继续开展农产品集中采购配送，推进农产品“七进”。推动我市农产品进入省内农贸市场和省直学校、企业、机关食堂。充分发挥粤港澳大湾区“菜篮子”工程毕节配送中心作用，借力广州江楠果菜、广州耀泓、深圳海吉星等销售窗口，继续在贵阳、广州、深圳、成都、重庆等地设置蔬菜窗口，持续推动农特产品进粤、进京、进川渝等。不断扩大海外市场。

二是千方百计扩大有效投资。牢固树立抓项目就是抓投资、抓经济、抓发展、抓民生的理念，充分发挥有效投资对稳增长的关键性作用，力争固定资产投资增长8%以上。加快建设一批项目。以“六网会战”为重点，加快推进756个省市重大工程和重点项目建设，力争完成投资985亿元。紧盯长江经济带项目、飞雄机场二期、威宁草海机场、夹岩水利枢纽工程等320个续建项目，形成更多实物工程量。进一步抓实87个收尾项目建设，扎实做好竣工验收、手续办理、“投转固”有关工作，推动尽快投产达产。充分发挥国有企业投资主体作用，整合行业主管部门和国有公司资源，促进资源变资产、资源变资金、资源变股权，推动国有公司实体化转型，确保市级国有公司完成固定资产投资100亿元以上。加快开工一批项目。聚焦项目资金、土地、环评等要素保障，列出时间表、路线图、责任人，力争864个项目尽快开工，其中亿元项目180个以上。谋划争取一批项目。抢抓中央“补短板”政策，按照省委、省政府支持毕节试验区建设46项政策，高质量谋划包装一批重大项目。大力推行PPP模式，围绕教育卫生、交通运输、城镇建设、文化旅游、生态建设等领域精选包装一批项目，千方百计引进社会资本。大力引进一批项目。推进“产业大招商”，围绕12个特色优势农业产业和10个百亿级工业产业精准招商，强链补链延链，完成重点产业招商引资到位资金630亿元以上，引进500强企业3家以上。

三是千方百计推进工业提质增效。推进“千企改造”“千企引进”双千工程，加快构建新型工业体系，新增规模以上工业企业100家，力争规模以上工业增加值增长9%。“立足煤”。推进煤炭产业高质量发展，加快15个在建煤矿建设，力争新增产能705万吨/年、煤炭产量达4700万吨。完成煤矿综合机械化改造22个、机械化率达96%，实现年产30万吨以上生产矿井智能化改造全覆盖，降低安全风险，提高煤矿产能。“做足煤”。推进煤电协调发展，完成电煤保供2515万吨以上，发电490亿千瓦时。加快黔希煤制乙二醇产能释放，推进下游二甲醚、碳酸二甲酯项目建设，力争食品级二氧化碳项目建成投产。加快中石化织金聚烯烃项目建设，力争纳雍煤制清洁燃料项目获核准。“不唯煤”。积极支持帮助金沙窖酒、金沙斗酒、毕节大曲、春秋酒业等白酒企业提升规模、做强品牌，加快培育中小型白酒企业；挖掘卷烟增长潜力。烟酒产业实现产值83亿元以上。加大市领导领衔推进十大百亿级工业产业力度，新型能源化工、先进装备制造、大数据电子信息、新型建材、特色食品等产业实现产值876亿元。不断壮大产业园区平台，实现工业总产值800亿元。进一步清理“僵尸企业”，为新项目落地腾挪空间。

四是千方百计发展现代服务业。抢抓成贵高铁开通机遇，在全域旅游、商贸物流、康养避暑等领域培育新的增长点。社会消费品零售总额增长11%以上。大力发展全域旅游。围绕“吃、住、行、游、购、娱”等要素，发展温泉产业，开发避暑度假、户外运动、乡村旅游等多元产品，让游客食之放心、住之安心、行之顺心、游之舒心、购之称心、娱之开心。力争织金洞成功创建5A级景区，新增4A级景区4家，提升“洞天福地·花海毕节”品牌影响力。持续壮大消费市场。以毕节、大方、黔西高铁站为中心，引入社会资本，发展现代物流、商业服务、休闲娱乐、避暑地产、康养小镇、商务办公等临站经济，培育经济发展新动能。发展“夜间经济”，培育娱乐、保健、体育、餐饮等服务产业。加快发展商贸物流。加强乡镇加油站、连锁企业、批发市场建设，新增限额以上批零住餐商贸流通企业60家。加大冷链物流中心和预冷设施建设力度。加快毕节国际内陆港建设，引进优强商贸流通加工企业，努力建设川滇黔区域结合部物流中心。持续发展金融服务业。推进“引金入毕”，确保民生银行毕节分行如期开业。支持金沙县、纳雍县、威宁自治县信用联社改制。金融机构贷款余额增长16%左右。推进农业保险提标增品扩面，实现特色农产品目标价格保险县区全覆盖。支持企业上市挂牌，力争在贵州股交中心挂牌企业260家以上。推进养老服务业改革发展。引进国内外先进养老模式和优强企业，开工建设市级1000个床位养老服务示范机构，建成七星关区、黔西县、金沙县、织金县、纳雍县、威宁自治县等示范型养老服务机构，推进农村敬老院提质增效，养老机构集中入住率达50%以上，特困老人集中供养率达50%以上。

五是千方百计推进新型城镇化。践行绿色发展理念，做好国土空间总体规划编制，统筹实施新型城镇化与乡村振兴战略，完成城镇建设投资520亿元以上，建筑业总产值增速9%左右，提升城镇建设“六度”。做大做强中心城区。加快七星关、金海湖、大方同城化步伐，推进七星大道、内陆港大道、文阁大道、新双大道、双飞大道、双水大道等城市骨干道路建设；引入优质教育、医疗资源，打造一批高品质学校、医院和康养机构；加快完善文化、体育、休闲、金融、商贸等配套服务设施，大力推进“五城同创”；力争完成大方撤县设区；增强中心城区集聚能力。加快县城扩容提质。按照全市城镇体系总体规划要求，坚持“新区做加法、老城做减法”，加快黔西县南部新区、金沙县新城区、织金县绮陌新区、百里杜鹃管理区花海文化城等10个城市新区建设，实施金沙县井冈山路和松江路、织金县宝桢大道和金福大道、纳雍县鼎丰路等100个城镇路网项目，全力拓展县城空间；推进棚户区、老旧小区改造，加快县城配套基础设施建设，建成城镇燃气管网55公里，提升县城承载力和辐射力。全面落实因城施策，促进房地产开发投资合理增长。完成黔西撤县设市。建设特色小镇。实施小城镇“8+X”项目配套提升工程，启动16个省列示范小城镇“三变改革”和环境综合整治试点，培育创建5个省级特色小镇（小城镇）。加大土地非法交易和违法建设打击力度，在基础条件好的乡镇实行统一规划、统一建设、统一管理，引进房地产开发，探索国有企业统规统建。开展农村集体经营性建设用地、农民住房和宅基地“房地一体”不动产登记。推进乡村振兴。完成乡村振兴战略规划编制，实施“1个县12个乡镇130个村”示范工程。守住生态保护红线、永久基本农田、城镇开发边界三条控制线。坚决杜绝污染项目落地，提高自然资源利用率。禁止侵占永久基本农田进行各类建设。实施好乡村规划，打造有山有水、依山傍水、显山露水的绿色新村。抓好垃圾、污水、厕所三个治理。坚持减量化、资源化、无害化，整县推进10个县（区）农村垃圾收运处置体系建设，农村垃圾收运覆盖率达90%以上。坚持分散化、生态化、小型化，因地制宜推进农村污水治理；大力推进农村“厕所革命”；农村畜禽粪污综合利用率达75%以上。抓好主导产业、乡风文明制度、村级班子三个环节。坚持“市场所需、本地适宜”原则发展优势主导产业，进一步扩大规模，走出一条现代山地特色高效农业新路。坚持自治、法治、德治相结合，制定一套乡风文明治理有效的制度。加强村级组织建设，培养一批懂农业、爱农村、爱农民的新型三农人才队伍。

六是千方百计深化改革扩大开放。加快体制机制创新，以改革释放动力、以开放增添活力。持续深化“放管服”改革。深入推进简政放权，依法下放、取消、承接一批行政审批权力，审批时限压减60%以上，企业开办时间压缩至2个工作日，新增市场主体5万户。大力推行“双随机一公开”监管、信用监管和“互联网+监管”。市县政务服务事项80%实现“一窗分类”受理，力争网上可办率达100%。深入推进政务数据“聚通用”，实现电子政务办公网到村。全面推广证明告知承诺制。完善政务服务“好差评”建设。全面贯彻落实《优化营商环境条例》和“13项改革举措”，推进第三方测评反馈问题整改，加大问题通报曝光和追责力度，深化公共资源交易改革，努力打造“市场化、法治化、国际化”营商环境新高地。积极扩大开放。抢抓广州、深圳对口帮扶优势，学习借鉴深圳建设中国特色社会主义先行示范区经验，积极引进优质贸易企业，带动其他企业出口，进出口总额有较大增长，外商投资企业办理时间压减至2个工作日。积极融入黔中经济圈、成渝地区双城经济圈。不断壮大民营经济。落实中共中央、国务院支持民营企业改革发展的意见，持续开展领导干部服务重点项目、重点企业行动，用好“服务民营企业直通车”和政务服务“一号通”热线，切实帮助企业解决困难问题。积极争取国家、省融资担保基金支持，缓解民营企业、中小企业融资难融资贵问题。坚决落实减税降费政策，建立清理和防止拖欠民营企业账款长效机制。加快培育民营企业“个转企、企转规、规转股、股转上”。

（三）大力增进民生福祉。经济下行压力越大，越要重视保民生，必须坚持以人民为中心的发展思想，努力提高人民群众的获得感、幸福感、安全感！

一是坚持教育优先发展。实施学前教育普惠提质行动计划，完成城镇小区配套建设幼儿园专项治理任务，创建市级示范幼儿园达100所，学前三年毛入园率达90%。推进义务教育城乡一体化改革发展，加强易地扶贫搬迁安置点学校、乡村小规模学校和寄宿制学校建设，有效缓解“大班额”问题；落实义务教育学校管理标准，九年义务教育巩固率达95%。实施普通高中普及攻坚计划，高中阶段教育毛入学率达91%，推动市实验高中、赫章一中“申示”和毕节民中“升类”工作。实施职业教育兴黔富民行动计划，加强职业教育院校建设。推进贵州工程应用技术学院“双一流”建设。支持和规范民办教育发展。完善特殊教育随班就读保障体系。落实国家减轻中小学教师负担相关政策，全面落实义务教育教师工资待遇，继续争取国家特岗计划。扎实推进师德师风建设。

二是加快健康毕节建设。推进“百院大战”，建成市一医双山分院、市妇幼保健院、七星关区第二人民医院，基本建成金沙县人民医院和妇幼保健院，千人医疗卫生机构床位数达6张。继续实施“万名医生”培训计划，千人执业（助理）医师数达2.5人、执业注册护士数达3.14人，万人全科医生数达2人。推进县域医共体建设，促进医疗资源下沉。深化医疗、医保、医药“三医联动”，推进药品、医药器材集中带量采购和使用。努力完善中医药卫生服务体系。支持民营医院健康发展。

三是深入推进人力资源开发。落实国务院进一步做好稳就业工作的意见，支持企业开发就业岗位，促进高校毕业生、退役军人、农民工多渠道就业创业。深入推进“大众创业、万众创新”，大规模开展职业技能培训。开发利用“十大员”就业扶贫专岗，解决好农村“三无两有”贫困劳动力就业。建好农民工实名制管理及信息平台，依法处置拖欠农民工工资问题。加快人才培养引进，落实引进人才优惠政策，营造良好的育才、引才、用才环境。落实企业人员参加社会化职称评审相关政策，探索创新企业职工职称评聘机制。

四是推进文体事业发展。办好乌蒙文化旅游周·第八届文化艺术系列大赛。推进市级以上文保单位“四有”全覆盖。支持市博物馆创建国家二级馆，启动长征国家文化公园规划项目建设。推动群众体育、竞技体育与体育产业协调发展，编制体育旅游示范区发展规划并启动实施。加快建设市老干部活动中心、市老年大学。

五是织牢社会保障网底。抓好留守儿童（困境儿童）关爱保护工作，严格落实监护人责任。加强特殊困难群体救助保障，织密扎牢民生保障“安全网”。持续抓好城乡低保工作，实现应保尽保。全面实施统一的城乡居民医保制度，强化基金监管，保障基金安全。加强价格监管，严厉打击价格违法行为。重视群众“菜篮子”“米袋子”。加快越秀集团100万头生猪养殖项目建设，扎实抓好保供稳价工作。稳妥推进殡葬改革。

要把人民群众的小事当成自己的大事，从人民群众的操心事、烦心事、揪心事做起，扎实办好十个方面的民生实事：（1）建成城乡幼儿园30所；（2）企业职工培训1.2万人、贫困劳动力全员培训9万人以上，转移农村劳动力就业10.22万人，新增生态护林员2.11万人；（3）建成威宁自治县、赫章县各1个产前筛查机构，金沙县中医院创建为三级中医院；（4）棚户区改造6600户，建设城市公共停车位3000个；（5）继续推进“厕所革命”，建设改造农村户用厕所2.5万户、改造（新建）农村公共厕所710个、新建和改建城镇公共厕所65座、旅游厕所20座；（6）完成农村公路安全生命防护工程2000公里；（7）农村电影公益放映2.72万场、送戏下乡100场，新增多彩贵州“广电云”用户6万户；（8）建成绿色健身步道500公里，建设13个社会足球场；（9）建设食品智慧化监管平台，学校覆盖率达50%，新增“雪亮工程”前端监控点2000个、“人像识别”1000路；（10）冷库库容达17万吨，冷链物流车220辆。

支持军队、武警部队建设和监察委、法院、检察院工作。进一步加强审计、统计、司法行政、民族宗教、外事、侨务、国防教育、人防战备、退役军人、双拥、对台、气象、老龄、残疾人、妇女儿童、地方志等工作。

我们将对标对表“十三五”规划，实现圆满收官。加强与国家、省相关部门的对接，启动“十四五”规划编制，科学描绘好未来五年经济社会发展宏伟蓝图。

四、着力推进政府治理能力现代化

坚持以政治建设为统领，增强“四个意识”、坚定“四个自信”、做到“两个维护”，把不忘初心、牢记使命作为必修课，确保政治过硬、信念过硬、能力过硬、责任过硬、作风过硬，全力提升政府履职能力和水平。

一是建设效能政府。把抓落实作为政府开展工作的根本，始终坚持抓具体抓深入，落实好省政府“效能提升年”部署，增强专业能力、弘扬专业精神，提升执行力、创造力和公信力。严格落实工作岗位责任制、督查问效制、责任追究制，确保干出实打实的新成效、干出群众认可的好口碑。大力精简文件、会议，规范督查检查考核，切实减轻基层负担。

二是建设法治政府。深入贯彻全面依法治国基本方略，强化尊法学法守法用法，着力加强全国法治政府建设示范创建工作。深入推进“法治毕节”创建，全面推行行政执法“三项制度”，做到“法定职责必须为、法无授权不可为”。坚持依法决策，做到重大行政决策公众参与、专家论证、风险评估、合法性审查、集体讨论决定。自觉接受人大的法律监督和工作监督、政协的民主监督以及舆论监督和社会监督，加强审计监督，全面推进政务公开，让权力在阳光下运行。

三是建设节俭政府。建立健全预算绩效管理体系，做到花钱必问效、无效即问责。市级部门带头加强支出管理，非刚性、非重点项目支出平均压减18%，公用经费平均压减15%，把更多资金用于脱贫攻坚和民生改善，以政府的“紧日子”“苦日子”换取人民群众的“好日子”。

四是建设廉洁政府。严格落实中央八项规定及其实施细则。认真落实“一岗双责”，加强对公共资金、国有资产、国有资源等重点领域监管，持续推进扶贫领域、民生领域、工程建设领域、涉黑涉恶领域专项治理，坚决整治群众身边的不正之风和腐败问题，全力打造廉洁政府，持续巩固风清气正的政治生态和社会生态。

2020年是毕节发展史上极为重要、具有特殊意义的一年。相约2020，我们精神振奋、信心十足！让我们紧密团结在以习近平为核心的党中央周围，在省委、省政府和市委的坚强领导下，牢记嘱托、感恩奋进，开拓创新、顽强拼搏，确保按时高质量打赢脱贫攻坚战，彻底撕掉毕节千百年来的绝对贫困标签，与全国全省一道进入全面小康社会！

毕节市城乡规划条例

（2018年12月21日毕节市第二届人民代表大会常务委员会第十五次会议通过
2019年3月29日贵州省第十三届人民代表大会常务委员会第九次会议批准）

第一章 总 则

第一条 为了实施《中华人民共和国城乡规划法》《贵州省城乡规划条例》等法律、法规，结合本市实际，制定本条例。

第二条 本市行政区域内制定、修改和实施城乡规划，在规划区内进行建设活动及对建设活动实施的监督管理，适用本条例。

本条例所称的城乡规划包括城镇体系规划、城市规划、镇规划、乡规划和村寨规划。

第三条 城乡规划的编制，应当依据国民经济和社会发展规划，与土地利用、生态环境保护等规划相衔接，符合毕节试验区长远发展的需要。

第四条 制定和实施城乡规划，应当坚持以人民为中心，统筹实施新型城镇化战略与乡村振兴战略，体现地域文化、特色文化、民族文化，坚持生态优先、绿色发展、因地制宜、合理布局、节约用地、集约发展和先规划后建设的原则。

第五条 市人民政府管理城乡规划工作的部门负责本市行政区域内相关规划管理工作。县级人民政府管理城乡规划工作的部门负责本行政区域内的城乡规划管理工作。

市人民政府管理城乡规划工作的部门负责中心城区规划管理工作；市辖区人民政府管理城乡规划工作的部门负责中心城区范围以外的规划管理事项。

前款所称中心城区，是指市人民政府所在地城市主导功能的集中承载地区。

第六条　市、县（区）成立城乡规划委员会，镇、乡成立城乡规划管理委员会，市、县（区）成立城乡规划督察委员会。

城乡规划委员会、城乡规划管理委员会由人大代表、政协委员、专家、辖区公众代表及本级人民政府有关职能部门人员组成，人大代表、政协委员、专家和公众代表委员总和人数比例不得低于委员总数的二分之一。

城乡规划督察委员会由本级人民代表大会有关专门委员会有关人员、人大代表、政协委员、城乡规划督察员、专家及辖区公众代表组成，城乡规划督察委员会组成人员不得由城乡规划委员会、城乡规划管理委员会组成人员担任。

第七条　市、县（区）的城乡规划委员会负责审查评估本行政区域内城乡规划制定和修改工作中涉及的重大事项。

镇、乡的城乡规划管理委员会应当执行城乡规划委员会议定的事项。

市、县（区）的城乡规划督察委员会应当对城乡规划委员会议定事项的实施、城乡规划管理委员会的执行情况和相关单位执行与规划有关法律、法规的情况进行督察。

第八条　在城乡规划区内进行矿产资源开采的，不得影响城乡规划的实施。开采企业应当采取措施，依法对开采区以及塌陷区进行综合治理和生态修复。

第九条　县级以上人民政府应当将城乡规划编制和管理经费纳入本级财政预算。

第十条　鼓励研究、推广和应用城乡规划先进技术，推进城乡规划标准化、信息化建设，提高城乡规划的科技水平和管理效能。

第二章　城乡规划的制定

第十一条　各级人民政府应当依法组织编制城镇体系规划、城市总体规划、镇总体规划、乡规划和村寨规划。

第十二条　城市规划区内的镇、乡、村寨以及镇、乡规划区内的村寨不再另行划定规划区。城市建设用地以外的镇、乡、村寨应当根据上位规划的要求编制镇、乡、村寨规划。

市级城市总体规划建设用地以外的镇、乡、村寨规划，由市辖区人民政府组织编制，经市人民政府管理城乡规划工作的部门审核，报市人民政府备案。

第十三条　城市规划确定的重要片区、重要节点、主要景观轴线、主要交通干道以及特定区域应当开展城市设计，城市设计应当对城市空间的总体形态、风貌特色、开发强度、公共空间、视线通廊、建筑高度、体量、色彩等内容提出规划控制要求。城市设计的内容应当纳入控制性详细规划指标体系，作为编制详细规划的依据。

第十四条　村寨规划包括村域规划和居民点建设规划。行政村应当编制村域规划，行政村范围内 30 户以上的村寨应当根据村域规划编制居民点建设规划，30 户以下的村寨可以结合实际提出管控要求。

村寨规划的规划期限一般为 10 年，镇、乡人民政府应当在村寨规划到期前完成修编。

第十五条　镇、乡人民政府应当将村寨规划草案予以公示，公示时间不得少于 30 日，村寨规划草案经村民会议或者村民代表会议讨论通过后，由镇、乡人民政府报县级人民政府批准。

第十六条　市人民政府管理城乡规划工作的部门应当会同有关部门组织制定农村住房建筑设计导则，编制农村住房设计通用图册，报市人民政府审批。

第三章 城市规划的实施

第十七条 城市建设和发展应当保护自然资源和生态环境，严格控制建设用地总量和强度，合理确定建设规模和时序。

城市新城区应当按照中开发强度控制，优先建设市政基础设施和公共服务设施。

城市老城区应当按照低开发强度控制，保护历史建筑和传统风貌，严格控制新建商业项目，降低建筑密度，改善人居环境。

第十八条 县级以上人民政府应当依法划定和公布城市绿线，保护绿地。

县级以上人民政府管理城乡规划工作的部门应当会同有关部门开展生态修复和城市修补，山体、绿地周边区域应当按照低开发强度控制，严格控制城市天际线，将山体轮廓融入城市天际线。

县级以上人民政府管理城乡规划工作的部门在实施建设项目工程规划许可时，应当会同管理绿化工作的部门同步审查绿化景观设计。建设单位或者个人应当按照批准的绿化景观设计方案实施绿化景观建设，并同步交付使用。

第十九条 县级以上人民政府应当依法划定和公布城市蓝线，保护城市水体。

县级以上人民政府管理城乡规划工作的部门应当会同有关部门加强河道及河道沿线管理，科学划定河道两侧禁建区域，严格控制河道沿线建筑的密度、高度、退距等规划条件。

第二十条 县级以上人民政府应当划定和公布城市紫线，保护历史文化和民族文化。

历史文化名城应当整体保护，保持传统格局、历史风貌和空间尺度，不得改变与其相互依存的自然景观和人文环境。

在历史文化名城、名镇、名村、街区、文物保护单位规划划定的环境协调区域内进行建设的，规划许可机关在核发建设工程规划许可证或者乡村建设规划许可证前，应当征求管理文物工作的部门的意见。

第二十一条 县级以上人民政府管理城乡规划工作的部门应当对所审批的建设工程加强管理，根据实施进度进行分阶段检查。在房屋建设工程开挖基槽、基础完工、地面首层完工、顶层封顶时，建设单位或者个人应当向县级以上人民政府管理城乡规划工作的部门申请放验线核查。

第二十二条 建设项目应当统一规划。需要分期建设的，经县级以上人民政府管理城乡规划工作的部门同意后，可以分期申请办理建设工程规划许可证。

建设单位应当按照规划要求配置绿地、幼儿园、学校、停车场、新能源车辆充电设施、农贸市场、公共交通站、消防设施、环卫等公共服务设施和物业管理、养老服务、卫生服务、社区办公服务用房等配套设施，并与主体工程同时规划设计、同时竣工验收、同时交付使用，不得改作他用。

第二十三条 地下空间的开发和利用，应当统一规划，统筹兼顾防灾减灾、人民防空、地下管网等基础设施建设的需要，并与地面设施建设合理衔接，提高空间资源的综合利用效益。

开发利用城市公共绿地地下空间的，应当符合建设规范，不得改变公共绿地性质，地下空间顶部覆土厚度应当满足乔木正常生长需要。

任何单位和个人未经批准，不得擅自新建地下空间，不得擅自改变建设工程规划许可确定的地下空间用途、范围、高度、层数和建筑面积等内容。

第二十四条 各类管线应当与所依附的道路、桥梁、隧道、轨道等市政工程同步规划、同步设计、同步实施。不能同步实施的，应当预留相应的空间。

新建、改建、扩建城市道路和新区建设，应当按照地下综合管廊专项规划的要求，配套建设地下综合管廊。已建设地下综合管廊的区域，地下管线应当进入地下综合管廊。

第二十五条 鼓励商业楼和住宅楼分开建设，居住小区的商业服务设施应当集中独立布置。

建筑物商业用房与住宅用房面积比的确定和

调整，由县级以上人民政府管理城乡规划工作的部门根据城乡发展的阶段性需求提出意见，报本级人民政府审批。

建筑物、构筑物的所有权人、使用权人不得擅自改变规划许可的使用性质，确需改变的，应当报县级以上人民政府管理城乡规划工作的部门批准。

第二十六条　新建、改建、扩建的大型民用建筑等重大建设项目，建设单位应当编制交通影响评价报告，对该项目交通影响评价报告的有关审查意见作为项目设计的依据。

第二十七条　城镇规划建设用地范围内，农户因住房困难确有建房必要，根据规划不宜安排农村住宅用地的，可采取集中安置、产权置换、异地迁建等方式予以解决，具体办法由市人民政府制定。

城镇规划建设用地范围内村（居）民符合下列情形之一的，有关镇、乡人民政府和街道办事处应当指导村（居）民委员会以村级组织或者农村集体经济组织为单位，按照城市规划要求，采用统规统建、多户联建、集中联片等多种方式进行异地迁建。

（一）实际居住人口人均居住面积达不到最低标准的；

（二）原有住房或者宅基地被实际占用，未实施安置或者货币补偿的；

（三）原有住房属于危房或者原有住房因自然灾害等原因灭失或者处在易发自然灾害区域的；

（四）其他需要异地迁建的。

第四章　镇、乡、村寨规划的实施

第二十八条　镇、乡人民政府应当指导村（居）民委员会做好村寨规划实施、农村居民住宅建设管理和各类公共设施的建设维护工作，保持村容村貌整洁，建设美丽宜居乡村。

第二十九条　在镇、乡、村寨规划区范围内进行建设活动的，应当办理规划许可证。

在镇、乡、村寨规划区范围内进行建设的，不得破坏自然资源和生态环境，不得擅自破坏山体，改变溪流的自然走向。

在编制镇、乡、村寨规划时，镇、乡人民政府应当确定殡葬区域，合理规划和建设公墓。

第三十条　乡村建设规划许可应当明确建设地块位置、用地范围、建筑使用性质、建筑面积、建筑高度、建筑风格、外观形象等内容。

乡、村寨规划区内村（居）民住宅的乡村建设规划许可证可以委托镇、乡人民政府核发。

委托镇、乡人民政府核发乡村建设规划许可证的，村（居）民申请住宅建设应当按照以下程序办理：

（一）村（居）民持户口证明文件、建房申请等材料向村（居）民委员会提出申请，由村（居）民委员会在10日内组织审查并形成书面意见报镇、乡人民政府审核；

（二）镇、乡人民政府应当自受理申请之日起20日内组织规划建设等有关部门实地踏勘，提出审核意见；

（三）镇、乡人民政府应当自受理申请之日起30日内，对符合法定条件及标准的，办理乡村建设规划许可证，并报县级人民政府管理城乡规划工作的部门备案；对不符合法定条件及标准的，不予办理并书面说明理由，逾期不说明理由的，视为同意，并在10日内核发。

第三十一条　县级人民政府管理城乡规划工作的部门应当加强对乡村建设规划管理人员的培训，指导镇、乡人民政府做好乡村建设规划管理工作。

镇、乡人民政府应当建立乡村建设规划许可证申请流程公开机制，公开申请人名单、申请条件、审批程序、审批结果等信息，接受社会监督。

村（居）民住宅建设应当符合农村住房建筑设计导则要求，选用镇、乡人民政府根据本地特色提供的农村住房设计通用图册，采取集体集中建房与村民个人自建住房相结合的办法，鼓励集体集中建房。

镇、乡人民政府应当引导村民住宅建设向基础设施较为完善、公共服务设施较为完备的中心村集中。

第五章 城乡规划的修改

第三十二条 经依法审定的重要地段控制性详细规划、重大公益性建设项目修建性详细规划及其规划设计方案不得擅自修改。

确需修改的，在报经原审批机关批准前，应当提请本级人民代表大会或者人民代表大会常务委员会决定。

第三十三条 修改城乡规划时，不得将山体、公园绿地、防护绿地、湿地、河道等公共性、公益性用地修改为经营性用地。不得擅自减少控制单元内已确定的教育、医疗、文化、体育、交通等公共服务设施用地规模，修改具体指标时应当在控制单元内进行综合平衡。

第三十四条 控制性详细规划有下列情形之一的，可以依法组织修改：

（一）因重大基础设施、公共服务设施、项目建设对控制性详细规划控制区功能和布局产生影响，确需修改的；

（二）因总体规划发生变化，对规划控制区的功能和布局产生重大影响，确需修改的；

（三）经评估、论证，原控制性详细规划确需修改的；

（四）法律、法规规定的其他情形。

第三十五条 经依法审定的修建性详细规划、建设项目规划设计方案不得擅自修改，在不损害公共利益、公共安全的前提下，符合下列情形之一的，可以按照法定程序进行修改：

（一）因生态工程保护、地质灾害和其他涉及公共利益原因致使无法按照修建性详细规划、建设项目规划设计方案建设的；

（二）因控制性详细规划的修改导致无法按照修建性详细规划、建设项目规划设计方案建设的；

（三）城市规划实施和重点工程需要调整的；

（四）增加公共设施、公共绿地的；

（五）确需修改原修建性详细规划、建设项目规划设计方案的其他情形。

第三十六条 依法修改修建性详细规划或者建设项目规划设计方案，应当按照下列程序进行：

（一）建设单位或者个人向县级以上人民政府管理城乡规划工作的部门提出书面申请并说明变更的理由；

（二）县级以上人民政府管理城乡规划工作的部门应当组织专家对调整的必要性和规划方案的合理性进行论证；

（三）在媒体上进行公示，采用多种形式征求利害关系人的意见，必要时应当组织听证；

（四）经专家论证、征求利害关系人的意见后，县级以上人民政府管理城乡规划工作的部门应当依法提出修改建议并附论证、公示、听证等相关材料报原审批机关批准；

（五）经批准后应当重新核发建设工程规划许可证，并修正建筑红线图、建筑设计平面图等规划材料。

第三十七条 国有土地使用权划拨或者出让后，确需变更用地性质、容积率、建筑限高等规划条件，但拟调整的规划条件不符合划拨或者出让地块控制性详细规划要求的，应当先修改控制性详细规划，符合地块控制性详细规划要求的，按照以下程序办理：

（一）建设单位或者个人向县级以上人民政府管理城乡规划工作的部门提出书面申请报告，说明调整的理由并附拟调整方案，调整方案应当表明调整前后的用地总平面布局方案、主要经济技术指标、建筑空间环境、与周围用地和建筑的关系、交通影响评价等内容；

（二）县级以上人民政府管理城乡规划工作的部门应当就是否需要收回国有土地使用权征求

有关部门意见，并组织技术人员、相关部门、专家对修改规划条件的必要性进行专题论证；

（三）县级以上人民政府管理城乡规划工作的部门应当在政府网站、本地主要媒体和项目现场进行公示，征求规划地段内利害关系人的意见；

（四）县级以上人民政府管理城乡规划工作的部门依法提出修改或者不修改建议，并附有关部门意见、论证、公示等情况报县级以上人民政府批准；

（五）经县级以上人民政府批准后，县级以上人民政府管理城乡规划工作的部门方可办理后续的规划审批，并及时将变更后的设计条件抄告土地管理部门。

第六章 监督检查

第三十八条 县级以上人民政府应当定期向本级人民代表大会常务委员会报告城乡规划工作的实施情况。

县级以上人民代表大会常务委员会应当对城乡规划工作的执行情况开展视察、执法检查、专题询问等监督工作。

第三十九条 城乡规划中涉及生态环境、自然资源和民族历史文化保护等对公共环境、公众利益可能产生重大影响，或者社会争议较大的建设项目，市、县（区）人民政府应当提请本级人民代表大会常务委员会审议。

第四十条 城乡规划委员会根据市、县（区）人民政府的委托，就本行政区域内城乡规划制定和修改工作中的重大事项进行审议，其审议结果作为市、县（区）人民政府及相关职能部门决策的重要参考。城乡规划委员会应当制定工作规则。

市、县（区）城乡规划督察委员会应当建立事前、事中、事后监督检查机制，采取巡查、集中检查等方式开展监督活动，监督活动形成的督察意见交本级人民政府处理。

第四十一条 县级以上人民政府应当建立城乡规划管理有关部门参加的规划监督检查与执法联动机制。

违法建设行为经依法认定后，县级以上人民政府管理城乡规划工作的部门和镇、乡人民政府应当及时向社会公布，将违法建设行为信息录入规划建设诚信系统进行管理，并书面告知有关部门。

第四十二条 县级以上人民政府及其管理城乡规划工作的部门应当将城乡规划编制和修改以及容积率、用地性质等规划条件变更，纳入重大事项集体决策范围，实行决策事项终身负责制。

第四十三条 镇、乡人民政府和街道办事处应当建立违法建设片区负责制和日常巡查制度，指导村（居）民委员会及物业服务企业开展巡查工作，发现违法建设行为的，应当劝阻，并于24小时内向县级以上人民政府管理城乡规划工作的部门或者其他有关部门报告。

供水、供电等生产经营企业及其他组织或者个人不得为正在实施的违法建设行为提供服务。

负有查处职责的主管部门或者镇、乡人民政府和街道办事处应当书面通知供水、供电等生产经营企业依法停止供水、供电服务。

镇、乡人民政府应当加强对规划建设行为的管理，依法查处违法建设行为的，有关单位或者部门应当予以配合，具体办法由镇、乡人民政府制定。

第四十四条 任何单位和个人有权向县级以上人民政府管理城乡规划工作的部门或者其他有关部门举报、控告违法建设行为，受理部门接到举报或者控告后应当在10日内将处理情况反馈举报人或者控告人。

接受举报、控告的有关部门，应当为举报人、控告人保密。

第七章 法律责任

第四十五条 县级以上人民政府有关部门有

下列行为之一的，对直接负责的主管人员和其他直接责任人员依法给予处分：

（一）擅自改变总体规划确定的公共绿地用地性质的；

（二）在城市绿线、城市蓝线、城市紫线内违法增加营利性商业设施的；

（三）未依法实施规划管理的其他行为。

第四十六条　县级以上人民政府管理城乡规划工作的部门及镇、乡人民政府有下列行为之一的，对直接负责的主管人员和其他直接责任人员依法给予处分：

（一）未依法组织编制、修改、公示城乡规划，或者编制、修改城乡规划后未经批准即行实施的；

（二）未依法公布应当公布的规划审批事项的；

（三）未依法组织制定农村住房建筑设计导则、编制农村住房建筑设计通用设计图册的；

（四）对违法建设行为，不予查处或者接到举报后不依法处理的；

（五）违反控制性详细规划，擅自批准更改建设项目用地性质、容积率、绿地率等规划条件的；

（六）法律、法规规定的其他行为。

第四十七条　建设单位或者个人擅自调整容积率进行建设的，县级以上人民政府管理城乡规划工作的部门应当责令停止建设；尚可采取改正措施消除对规划实施的影响的，限期改正，处以建设工程造价5%以上10%以下的罚款；无法采取改正措施消除影响的，限期拆除；不能拆除的，没收实物或者违法收入，可以并处建设工程造价10%以下的罚款。

第四十八条　建设工程未经验线，或者验线不合格擅自开工的，由县级以上人民政府管理城乡规划工作的部门责令停止建设，限期改正；逾期不改正的，由县级以上人民政府管理城乡规划工作的部门对建设单位处以1万元以上5万元以下罚款，对个人处以2000元以上1万元以下罚款。

第四十九条　供水、供电等生产经营企业为正在实施的违法建设行为提供相关服务的，由县级以上人民政府管理城乡规划工作的部门责令限期改正，没收违法所得；逾期不改正的，处以2万元以上20万元以下罚款。

其他组织或者个人为正在实施的违法建设行为提供水、电等相关服务的，由县级以上人民政府管理城乡规划工作的部门责令限期改正，有违法所得的，没收违法所得；逾期不改正的，处以2000元以上1万元以下罚款。

第五十条　在镇、乡、村寨规划区内未依法取得乡村建设规划许可证或者未按照乡村建设规划许可的规定进行建设的，由镇、乡人民政府责令停止建设、限期改正；逾期不改正的，可以拆除。

第五十一条　建筑物、构筑物所有权人、使用权人未经批准改变规划许可使用性质的，由县级以上人民政府管理城乡规划工作的部门责令限期改正；逾期不改正的，自逾期之日起按照每日每平方米处以5元以上20元以下罚款。

第五十二条　对违反城乡规划法律、法规，不符合城市容貌标准、环境卫生标准的建筑物或者构筑物，由县级以上人民政府管理城市市容和环境卫生工作的部门会同管理城乡规划工作的部门责令有关单位或者个人限期改正；逾期不改正的，可以拆除。

第五十三条　违反本条例规定的其他行为，法律、法规有处罚规定的，从其规定。

第八章　附　则

第五十四条　本条例自2019年7月1日起施行。

毕节市织金古城保护条例

(2019年8月29日毕节市第二届人民代表大会常务委员会第二十一次会议通过
2019年9月27日贵州省第十三届人民代表大会常务委员会第十二次会议批准)

第一章　总　则

第一条　为了加强织金古城的保护，传承优秀传统文化，根据《中华人民共和国文物保护法》等有关法律、法规，结合实际，制定本条例。

第二条　在织金古城保护范围内居住、游览和从事生产经营、工程建设、旅游开发以及保护管理等活动，适用本条例。

涉及文物、非物质文化遗产和古树名木的保护和管理，按照有关法律、法规的规定执行。

第三条　织金古城的保护和管理应当遵循科学规划、保护优先、合理利用、统一管理的原则，保持历史真实性、风貌完整性、文化延续性。

第四条　市人民政府负责对织金古城的保护、管理和利用工作进行监督指导。

织金县人民政府全面负责织金古城保护、管理和利用工作；建立协调机制，统筹解决织金古城保护、管理和利用中的重大问题；编制织金古城保护名录。

织金古城管理机构具体负责织金古城保护、管理和利用工作。

织金县人民政府自然资源、文化和旅游、综合行政执法等有关部门和织金古城所在地的街道办事处，按照各自职责共同做好织金古城保护管理和利用工作。

第五条　市人民政府和织金县人民政府应当将织金古城的保护、管理和利用纳入国民经济和社会发展规划，并将经费列入本级财政预算。

第六条　鼓励单位和个人开展与织金古城保护相关的科学研究、学术交流、技术创新、人才培养、宣传教育、志愿服务等工作。

对在织金古城保护管理中作出突出贡献的单位和个人，按照国家和省有关规定予以表彰和奖励。

第二章　规划与建设

第七条　织金县人民政府应当组织编制织金古城保护规划和控制性详细规划，依法报经批准后公布实施。

织金古城实行分区保护，分为核心保护区、建设控制区、风貌协调区，具体范围由织金县人民政府根据织金古城保护规划划定并公布。

第八条　经依法批准的织金古城保护规划和控制性详细规划，应当严格实施，不得擅自修改。确需修改的，应当组织论证并广泛征求意见，报原审批机关批准。

第九条　织金古城内的各类建设活动，应当符合织金古城保护规划和控制性详细规划要求，保持传统格局、空间尺度和历史风貌。

第十条　织金县人民政府应当按照低开发强度严格控制织金古城内建设总量，降低建筑密度，限制建筑高度，增加公共绿地，优化空间布局，拓展城市功能，改善人居环境。织金古城内用地应当优先作为公共绿地、广场、停车场等城市公共开放空间及社会公益性用地。

第十一条　织金县人民政府应当采取措施，

逐步恢复织金古城内传统街巷、街区等重要区域的历史风貌、建筑特色。

第十二条 织金古城核心保护区内，除建设必要的基础设施和公共服务设施外，不得进行新建、扩建活动。现有与织金古城历史风貌、传统格局不相协调的建筑物、构筑物应当予以改造或者拆除。对建筑物、构筑物所有人造成损失的，应当依法给予补偿。

织金古城建设控制区、风貌协调区内，新建、改建、扩建的建筑物、构筑物应当符合织金古城相关规划的建设控制要求，不符合织金古城相关规划要求的已有建筑物、构筑物应当逐步予以改造或者拆除。对建筑物、构筑物所有人造成损失的，应当依法给予补偿。

第十三条 织金县人民政府自然资源主管部门应当会同织金古城管理机构等有关部门组织制定织金古城规划管理技术规定和织金古城建筑修缮设计导则，编制织金古城建筑设计通用图册，明确织金古城内建筑物、构筑物的高度、体量、外观和色彩。

织金古城内建筑物、构筑物檐口高度实行分区梯级控制，核心保护区不得高于 12 米；建设控制区不得高于 24 米；风貌协调区不得高于 36 米。

第十四条 织金县人民政府应当配套完善织金古城内各类市政公用设施，新建或者改造供水、排水、燃气及电力、通信、有线电视等管网设施应当入地埋设。现有管网设施入地埋设确有困难的，架空线路及其附属设施应当规范有序。

第三章 保护内容与措施

第十五条 织金古城保护对象主要包括：

（一）织金古城传统格局和历史风貌；

（二）贯城河历史街区和新华路历史街区；

（三）贯城河、双堰塘、鱼山等构成织金古城空间形态特色的河湖水系与历史山体自然环境风貌；

（四）古树名木；

（五）财神庙、文昌阁、东山寺、南门塔等庙阁寺塔；

（六）廻龙潭、四方井等潭泉古井；

（七）廻龙桥、月华桥等古桥；

（八）谌家大院、邓家大院等传统名居和历史建筑；

（九）文庙、丁宝桢祠堂等遗址遗迹；

（十）宫保鸡丁、织金水八碗等烹饪技艺；

（十一）织金石雕、砂陶、苗绣等传统技艺；

（十二）织金傩戏、文琴戏、苗族喊歌等传统戏曲和传统音乐；

（十三）其他保护对象。

第十六条 织金县人民政府应当以界碑、标牌等方式对织金古城分区范围和保护对象设置保护标志。保护标志的设置应当符合法律、法规的规定和相关标准的要求，并与织金古城风貌协调一致。

任何单位和个人不得擅自设置、移动、涂改或者损毁保护标志。

第十七条 织金古城保护名录应当包含保留完好名单、濒危名单、毁损灭失名单和分类保护方案等。

编制、调整织金古城保护名录，由织金古城管理机构会同有关部门组织专家论证并向社会公示，报市人民政府批准后公布。

第十八条 织金古城内禁止下列行为：

（一）擅自拆除、迁移、占有或者损坏文物保护单位和历史建筑；

（二）在历史建筑、传统民居上实施刻画、涂污；

（三）损坏或者擅自迁移、拆除传统民居；

（四）占用或者损毁公共设施、设备；

（五）在商业经营活动中使用高音喇叭、大功率音响器材或者采用其他产生噪声、严重影响周围环境的方式招揽顾客；

（六）露天焚烧垃圾；

（七）占用道路或者占用公共场地摆摊设点从事经营活动；

（八）放养畜禽和散放犬类；

（九）法律、法规禁止的其他行为。

第十九条　除依法批准的公共服务设施、公共基础设施建设外，禁止在织金古城内挖掘、侵占和破坏山体。

因自然因素或者建设遭到破损的山体以及存在地质灾害隐患的山体，应当及时修复治理，消除安全隐患，恢复山体自然景观和生态功能。

第二十条　织金县人民政府按照自愿、公平、合法的原则，可以采取收购、入股、产权置换等方式，对织金古城内的历史建筑、传统民居进行保护和利用。

织金县人民政府应当按照织金古城保护规划的要求负责历史建筑和传统名居的维护和修缮。

第二十一条　织金县人民政府文化和旅游主管部门应当与不可移动文物的所有人、使用人或者管理人签订文物安全责任书，明确保护和管理责任。

国有不可移动文物的使用人或者管理人不明确的，织金县人民政府采取聘请文物保护员等方式加强保护管理。

单位和个人使用和管理不可移动文物，应当遵守不改变文物原状的原则，负责保护建筑物及其附属文物的安全。

第二十二条　织金县人民政府应当加强对财神庙等全国重点文物保护单位的保护和利用，对保护范围内已有与保护无关的建筑物、构筑物依法拆除。对建筑物、构筑物所有人造成损失的，应当依法给予补偿。

织金县人民政府文化和旅游主管部门应当会同织金古城管理机构、织金古城所在地的街道办事处加大对财神庙等全国重点文物保护单位的日常看护力度和检查巡查频次，安装视频监控、自动报警、灭火、防雷、防蛀等设施。发现损坏或者存在安全隐患的，应当立即采取临时救护措施，并在24小时内向上级文物行政主管部门报告。

第四章　传承与利用

第二十三条　织金县人民政府应当制定文物、历史建筑、传统民居以及非物质文化遗产的传承利用办法，弘扬织金古城历史文化。

第二十四条　织金县人民政府应当定期发布织金古城内鼓励类、限制类和禁止类的经营项目目录，引导织金古城业态合理布局，给予鼓励类项目相应的政策扶持或资金支持。

第二十五条　织金县人民政府及有关部门应当对织金古城传统文化、艺术、历史故事、历史人物、民俗、地方风情和传统产品加强保护和宣传。鼓励和支持社会资本对织金古城资源进行保护性利用，完善配套设施，支持发展地方特色、文化创意和旅游度假等相关产业。

第二十六条　鼓励织金古城内的居民依法从事与织金古城保护相适应的经营活动，展示当地传统生产生活方式，开展民俗文化活动，参与织金古城保护利用。

第二十七条　鼓励和引导单位和个人在织金古城内依法从事以下活动：

（一）开办博物馆、图书馆、美术馆、纪念馆、乡愁馆、非物质文化遗产展示馆；

（二）兴办文化创意产业；

（三）经营民俗客栈、特色餐馆，发展旅游服务业；

（四）研究开发具有地方特色的饮食文化；

（五）制作和经营织金石雕、砂陶、苗绣、蜡染等非物质文化遗产产品及其他特色旅游商品；

（六）组织织金傩戏、文琴戏、苗族喊歌和苗族跳花节等传统文艺和民俗表演；

（七）其他有利于织金古城保护和历史文化传承、传播的活动。

第五章　监督与管理

第二十八条　织金县人民政府应当每年向本级人民代表大会常务委员会报告织金古城保护管理工作情况。

织金县人民代表大会常务委员会应当对织金古城保护管理情况开展视察、执法检查、专题询问等监督工作。

第二十九条　织金县人民政府应当将织金古城保护工作纳入政府年度目标绩效考核。

第三十条　织金县人民政府公安交通管理部门应当会同织金古城管理机构划定织金古城内机动车禁行区、限行区和单向交通区域，设置完善路障、监控和指示标线标牌，依法对织金古城内通行车辆采取限制或者禁止措施，逐步改善织金古城内交通状况。

第三十一条　织金县人民政府应急主管部门应当会同织金古城管理机构检查、督促消防责任单位和其他保护责任人依法建立消防安全制度，落实消防安全责任，组织开展消防安全宣传、教育、培训和演练，普及消防安全知识。

第三十二条　织金古城内消防设施、消防通道应当按照消防技术规范设置，并与周边环境相协调。确因保护需要，无法按照标准和规范设置的，由织金县人民政府应急主管部门会同自然资源主管部门制定防火安全保障方案，并指导相关单位采取补救措施。

织金古城内的消防安全责任人应当做好消防安全工作，按照要求配备必要的消防设施和器材，确保消防、救护等应急通道畅通。

第三十三条　织金古城内建筑物、构筑物、道路、管线、照明和其他设施，需要维护、修缮、改建、新建的，建设单位或者个人应当根据织金古城保护规划制定实施方案，并向织金古城管理机构备案，报有关部门审批。

第三十四条　在织金古城内从事经营活动的单位和个人，应当按照织金古城产业政策和布局规划，在指定地点和范围内从事经营活动。

利用已经核定为文物保护单位的传统民居从事经营活动或者发展其他产业的，应当根据其级别报相应的文化和旅游主管部门备案。

第三十五条　鼓励运用大数据、云计算、互联网、物联网等现代信息技术，提高织金古城保护、管理和利用水平，推动织金古城保护与现代科技融合发展。

第六章　法律责任

第三十六条　违反本条例第十六条规定，擅自设置、移动、涂改或者损毁保护标志的，由综合行政执法部门责令限期改正，逾期不改正的，对单位处以1万元以上5万元以下罚款，对个人处以1000元以上1万元以下罚款。

第三十七条　违反本条例第十八条规定的，由综合行政执法部门按照下列规定处罚：

（一）在历史建筑、传统民居上刻画、涂污的，责令恢复原状或者采取其他补救措施，处以50元罚款；

（二）损坏或者擅自迁移、拆除传统民居的，责令停止违法行为，恢复建筑物、构筑物原状；有违法所得的，没收违法所得；对个人并处以5000元以上1万元以下的罚款，对单位并处以1万元以上5万元以下罚款；造成严重后果的，对个人并处以1万元以上5万元以下罚款，对单位并处以5万元以上10万元以下罚款；

（三）采用高音广播喇叭或者其他发出高噪声的方式招揽顾客的，责令改正，拒不改正的，对高音广播喇叭等音响器材先行登记保存，对个人处以500元以下罚款，对单位处以1000元以上1万元以下罚款。

（四）露天焚烧垃圾的，责令改正，对个人处以500元以上2000元以下罚款，对单位处以1万元以上10万元以下罚款；

（五）占用道路或者占用公共场地摆摊设点从事经营活动的，责令限期改正；逾期不改正的，处以20元以上200元以下罚款；

（六）放养畜禽和散放犬类的，责令限期改正；逾期不改正的，处以50元以上500元以下罚款。

第三十八条　违反本条例第十九条第一款规定，在织金古城内挖掘、侵占和破坏山体的，由自然资源主管部门责令停止违法行为，限期恢复原状，无法恢复的，应当委托有治理能力的单位进行治理，所需费用由违法者承担。有违法所得的，没收违法所得；造成山体破损的，对个人并处以5000元以上5万元以下罚款，对单位并处以10万元以上50万元以下罚款；造成损失的，依法承担赔偿责任。

违反本条例第十九条第二款规定，山体修复治理责任人对破损山体不予修复治理的，由自然资源主管部门责令限期修复治理。逾期不修复治理或者修复治理不符合要求的，自然资源主管部门可以指定有治理能力的单位代为治理，所需费用由违法者承担，对个人处以1000元以上1万元以下罚款，对单位处以1万元以上10万元以下罚款；对引发地质灾害不予治理的，对个人处以5000元以上5万元以下罚款，对单位处以10万元以上50万元以下罚款；造成损失的，依法承担赔偿责任。

第三十九条　织金古城管理机构、相关行政部门及其工作人员，违反本条例规定，不依法履行监督管理职责，玩忽职守、滥用职权、徇私舞弊，尚不构成犯罪的，对直接负责的主管人员和其他直接责任人员依法给予处分。

第四十条　违反本条例规定的其他行为，法律、法规有处罚规定的，从其规定。

第七章　附　则

第四十一条　本条例自2020年1月1日起实施。

毕节市人民政府关于印发毕节市 2019 年法治政府建设工作要点的通知

（毕府发〔2019〕12 号）

毕节市 2019 年法治政府建设工作要点

为全面推进依法行政，加强法治政府建设，现就 2019 年法治政府建设工作安排如下：

一、依法全面履行政府职能

（一）深化行政审批制度改革。对现有审批和许可事项，能取消的坚决取消、能下放的尽快下放。将企业开办时间压缩至 3 个工作日，工程建设项目审批服务时间压缩至 80 个工作日，不动产登记办理时间压缩至 5 个工作日，查封、异议、变更、预告等登记业务实现即时办理，低压居民办电时间压减至 3 个工作日，低压非居民办电时间压减到 5 个工作日，办水办气时间大幅压缩，申请费、手续费等于法无据的收费一律取消。（牵头单位：市政府办公室、市自然资源和规划局、市住房城乡建设局、市市场监管局、市能源局）

（二）加强清单动态管理。市直部门将调整

后的权责清单目录向社会公布。完善权力清单、责任清单、行政审批中介服务事项清单、职业资格目录清单和收费基金目录清单动态管理，对行政审批中介服务事项、职业资格目录、行政审批中介服务收费、行政事业性收费、政府定价经营服务性收费、政府性基金清单实行动态调整。执行全国统一的市场准入负面清单制度，推动“非禁即入”普遍落实。（牵头单位：市政府办公室、市发展改革委、市财政局、市人力资源社会保障局）

（三）建立健全优化行政权力运行流程机制。各级各部门及时启动行政权力运行流程图的动态调整工作，科学制定并优化办事流程，防止非许可事项变成许可事项。完成市直部门行政权力运行流程图调整和公布工作。（牵头单位：市政府办公室）

（四）切实转变政府职能。积极推行“多评合一、联合评审”试点和“先建后验”管理模式试点，对国家鼓励类企业投资项目探索不再审批，对不新增用地技改项目推行承诺备案制，推动最终实现“零审批”管理。完善市场决定价格机制，做好动态管理政府定价目录相关工作。（牵头单位：市发展改革委、市市场监管局）

（五）加强市场监管。全面实施“多证合一、一照一码”登记制度改革，深化“证照分离”改革试点。推进注册登记便利化，全面实施企业登记全程电子化改革。创新监管理念和方式，推动实现市场监管领域“双随机、一公开”监管全覆盖。依法整治“红顶中介”“灰中介”“黑中介”。加大对非法经营行为的查处力度，对发现的腐败行为和线索，及时移送纪检监察机关。加强社会信用体系建设和征信信息运用，完善守法诚信褒奖机制和违法失信行为惩戒机制。（牵头单位：市政府办公室、市发展改革委、市市场监管局、市民政局、市商务局）

（六）优化公共服务。优化提升综合性实体政务服务大厅“一站式”功能，实现企业和群众必须到现场办理的事项“只进一扇门”。全力推进“一网通办”，年底前实现市、县政务服务事项网上可办率达80%以上。建立政务服务评价制度，实现办件和评价信息集中公开。深化证明事项清理工作，对确需保留的证明，实行清单管理，清单之外不得索要证明。推进公共服务提供主体和提供方式多元化，确需政府参与的，实行政府和社会资本合作模式，年底前建立健全政府和社会资本合作制度体系。建立健全政府购买公共服务制度。（牵头单位：市政府办公室、市发展改革委、市政府政务服务中心、市司法局、市财政局、市工业和信息化局、市机关事务局、市公共资源交易中心）

（七）强化生态环境保护。建立完善生态环境损害赔偿改革相关制度，大力推动生态环境损害赔偿改革工作任务落实。坚决打好污染防治五场战役，深入开展14项污染防治攻坚行动，严密组织“守护多彩贵州·严打环境犯罪”执法专项行动，推动跨区域、跨流域环境联合执法、交叉执法。全面开展领导干部自然资源资产离任审计。（牵头单位：市生态环境局、市审计局）

二、完善依法行政制度体系

（八）完善政府立法体制机制。完善政府立法立项机制，力争启动1个地方性法规草案或政府规章立法项目。积极配合市人大常委会、省司法厅做好地方立法有关工作。（牵头单位：市司法局）

（九）加强规范性文件监督管理。全面强化行政规范性文件合法性审核，严格违法制发规范性文件责任追究。创新备案审查工作，强化备案纠错功能和实效。做好公民、法人或其他组织提出规范性文件审查建议的回复工作。建立健全审查专家库，建立以法治机构为主体，专家、学者为补充的审查机制。（牵头单位：市司法局）

三、健全依法决策机制

（十）加强行政决策制度建设。认真贯彻落实《重大行政决策程序暂行条例》，年底前健全依法决策制度体系，推动领导干部掌握法治思维和法治方式，完善决策制度、规范决策程序，明确决策主体、事项范围、法定程序、法律责任，规范决策流程，严格按照公众参与、专家论证、风险评估、合法性审查、集体讨论决定的法定程序作出决策，强化决策法定程序的刚性约束，确保行政决策公信力和执行力。（牵头单位：市司法局）

（十一）完善行政决策论证评估机制。健全行政决策咨询论证专家库，提高专家论证和风险评估质量。建立完善部门或委托第三方评估、专家咨询论证、公众参与相结合的风险评估工作机制，把风险评估结果作为决策的重要依据。建立完善重大行政决策后评估工作机制，跟踪决策执行情况和实施效果。（牵头单位：市司法局）

（十二）深入推进法律顾问制度。进一步推行政府法律顾问制度，加大决策合法性审查力度。把法律顾问和公职律师参与决策过程、提出法律意见作为依法决策的重要程序。不断完善外聘政府法律顾问工作机制，聘请政府法律顾问所需经费列入同级财政预算予以保障。（牵头单位：市司法局、市财政局）

四、坚持严格规范公正文明执法

（十三）改革行政执法体制。加快推进市场监管、生态环境保护、文化市场、交通运输、农业等综合执法队伍改革，理顺行政执法体制，加强事中事后监管，切实解决多头执法、多层执法、执法扰民、基层执法力量不足等问题。（牵头单位：市级行政执法部门）

（十四）完善行政执法程序。认真执行省级执法部门编制行政执法自由裁量权细化标准，按要求理顺行政强制执行体制，规范行政强制执行程序。健全行政执法和刑事司法衔接机制，完善案件移送标准和程序，坚决克服有案不移、有案难移、以罚代刑等现象，准确、及时打击违法犯罪行为，维护市场经济秩序。（牵头单位：市级行政执法部门）

（十五）创新行政执法方式。贯彻落实《国务院办公厅关于全面推行行政执法公示制度执法全过程记录制度重大执法决定法制审核制度的指导意见》和省的实施意见，在全市全面推行行政执法“三项制度”。充分运用“云上贵州”平台，通过大数据技术，推动行政执法信息化建设，建立完善行政执法信息收集、部门互联互通和信息共享机制。不断完善“毕节市行政执法‘三项制度’信息平台”建设。（牵头单位：市发展改革委、市司法局、市工业和信息化局）

（十六）加强行政执法监督。严格确定不同部门及机构、岗位执法人员的执法责任，加强行政执法监督，落实行政执法责任制和行政执法过错责任追究，建立健全常态化的责任追究机制。深入开展行政执法案卷评查，加强典型行政执法案例宣传。建立健全投诉举报、情况通报等制度，坚决排除对执法活动的干预，防止和克服部门利益和地方保护主义，防止和克服执法工作中的利益驱动，惩治执法腐败现象。（牵头单位：市司法局）

（十七）严格行政执法人员资格管理。建立健全行政执法人员平时考核制度，科学合理设计考核指标体系，考核结果作为执法人员职务级别调整、交流轮岗、教育培训、奖励惩戒的重要依据。严格行政执法人员持证上岗和资格动态管理，未经执法资格培训并考试合格，不得授予执法资格，不得从事执法活动。（牵头单位：市司法局）

（十八）全面落实行政执法责任制。建立领导干部违法干预行政执法记录和处理制度，依法处理妨碍行政机关正常工作秩序、阻碍行政执法人员依法履职的违法行为。执法经费由各级政府纳入本级政府预算，保证足额拨付。改善执法条件，合理安排执法装备配备、科技建设方面的投入。严格执行罚缴分离和收支两条线管理制度，严禁下达或者变相下达罚没指标，严禁将行政事业性收费、罚没收入同部门利益直接或者变相挂

钩。（牵头单位：市级行政执法部门、市财政局）

五、强化对行政权力的制约和监督

（十九）健全行政权力运行制约和监督体系。健全政务诚信约束和问责，把政务履约和守诺服务纳入政府绩效评价体系。年底前建立公职人员诚信档案，依法依规将公职人员个人有关事项报告、廉政记录、年度考核结果、相关违法违纪违约行为等信用信息纳入档案。坚持用制度管权管事管人，年底前完善各方面监督制度，确保行政机关按照法定权限和程序行使权力。（牵头单位：市人力资源社会保障局、市发展改革委、市司法局）

（二十）自觉接受监督。认真执行向本级人大及其常委会报告工作制度、接受询问和质询制度、报备政府规章制度。各级政府要健全知情明政机制，政府相关部门要按规定向政协定期通报有关情况。依法执行人民法院生效裁判。健全行政机关依法出庭应诉制度和人民法院司法建议、人民检察院检察建议反馈制度。（牵头单位：市司法局）

（二十一）加强内部监督。完善政府内部层级监督，改进上级行政机关对下级行政机关的监督，加强对政府内部权力的制约，建立健全常态化、长效化监督制度。进一步规范招标投标、政府采购、公共资源交易等平台运行管理。进一步完善审计制度，健全有利于依法独立行使审计监督权的审计管理体制。（牵头单位：市审计局、各行业主管部门）

（二十二）全面推进政务公开。完善政府信息公开制度，拓宽政府信息公开渠道。认真执行市政府新闻发布工作办法，完善政府新闻发言人、突发事件信息发布等制度。依法及时办理公民、法人或者其他组织提出的政府信息公开申请。（牵头单位：市政府办公室、市政府政务服务中心）

六、依法有效化解社会矛盾纠纷

（二十三）健全行政纠纷化解机制。构建完善行政调解、行政裁决、行政复议、行政诉讼有机衔接、相互协调的多元化纠纷解决机制。健全行政调解制度，加强行业性、专业性调解组织建设。推进涉法涉诉信访法治化建设，完善律师参与化解和代理涉法涉诉信访案件机制。规范信访工作程序，畅通群众诉求表达、利益协调和权益保障渠道，维护信访秩序。严格实行诉访分离，推进通过法定途径分类处理信访投诉请求，引导群众在法治框架内解决矛盾纠纷，完善涉法涉诉信访依法终结制度。（牵头单位：市信访局、市人力资源社会保障局、市司法局）

（二十四）加强行政复议和行政应诉工作。依法办理行政复议案件，依法应诉，进一步提高行政应诉质量。加强行政应诉队伍建设，推动行政应诉机构设置、人员配备符合规定要求，并与所承担的应诉工作任务相适应。落实行政复议和行政应诉案件办案场所和有关装备、车辆保障，行政复议经费和行政应诉经费列入本级政府预算。认真贯彻落实省制定的有关行政复议错案责任追究制度。（牵头单位：市司法局、市财政局）

七、全面提高政府工作人员法治思维和依法行政能力

（二十五）加强法治教育培训。完善学法制度，市县两级人民政府每年至少举办一期领导干部法治专题培训班，每年至少举办两期法治专题讲座。市行政学院将宪法与行政法等法律法规列入干部教育必修课。完善公务员教育培训规划，加大对公务员初任培训、任职培训中法律知识的培训力度。2019 年继续通过与政法院校和科研机构合作，组织两期以上推进法治政府建设专题培训班，切实提高法治政府建设工作专职人员素养，培训所需经费列入财政预算。（牵头单位：市司法局、市财政局）

（二十六）完善法治能力考查测试制度。加强对领导干部任职前法律知识考查和依法行政能力测试，将考查和测试结果作为领导干部任职的重要参考。依法组织新任命国家工作人员进行宪

法宣誓。探索推行公务员晋升依法行政考核制度，强化考核结果运用。（牵头单位：市司法局、市直有关部门按职责分工分别负责）

八、组织保障和落实机制

（二十七）加强组织领导。各级政府及其部门每年召开法治政府建设工作会议，出台年度法治政府建设工作要点。市县两级政府常务会议每年至少听取两次依法行政工作汇报，及时解决存在的突出问题。市县两级政府及时主动向党委报告法治政府建设中的重大问题。严密组织开展法治政府建设示范创建活动。（牵头单位：市司法局）

（二十八）落实第一责任人责任。各级政府及其部门主要负责人要严格履行推进法治建设第一责任人职责，加强对法治政府建设的组织领导，制定工作规划和年度工作计划，为推进法治建设提供保障、创造条件。各级政府每年第一季度要向同级党委、人大常委会和上一级政府报告上一年度法治政府建设情况，政府部门每年第一季度要向本级政府和上一级政府有关部门报告上一年度法治政府建设情况，并向社会公开。（牵头单位：市司法局）

（二十九）强化考核评价和督促检查。突出问题导向，科学设定考核指标，严格组织实施法治政府建设情况的督查考核和专项检查，对工作不力、考核落后的，及时约谈、责令整改、通报批评。（牵头单位：市司法局）

（三十）大力推进法治信息化建设。建立法治建设信息收集、部门互联互通和共享机制，按照省的安排部署，建立统一的法治政府建设信息平台，推动法治建设专业数据、政府部门管理数据、公共服务机构业务数据、互联网数据集成应用，发挥整体效能。（牵头单位：市工业和信息化局、市司法局）

大事记

1月

2日，经国家人力资源和社会保障部、全国博士后管委会批准设立博士后科研工作站，实现毕节市博士后科研工作站“零”的突破。

3日，中国人民政治协商会议第二届毕节市委员会第三次会议在毕节开幕，会期四天。会议应出席委员494人，实到441人，符合规定人数。会议听取各分组会议审议《关于〈政协第二届毕节市委员会常务委员会工作报告〉的决议（草案）》《关于〈政协第二届毕节市委员会第二次会议以来提案工作情况报告〉的决议（草案）》《政协第二届毕节市委员会提案委员会关于政协第二届毕节市委员会第三次会议提案审查情况的报告（草案）》《政协第二届毕节市委员会第三次会议决议（草案）》、反映社情民意情况汇报。协商讨论《毕节市人民政府工作报告》《毕节市2018年国民经济和社会发展计划执行情况及2019年国民经济和社会发展计划草案的报告》《毕节市2018年全市和市本级预算执行情况及2019年全市和市本级预算草案的报告》《市中级人民法院工作报告》和《市人民检察院工作报告》。会议于3月6日闭幕。

是日，市二届人大三次会议举行召集人会议、预备会议、召开主席团第一次会议，会议由周建琨主持。会议应到代表563人，实到代表523人，符合规定人数。会议听取报告，选举产生主席团成员。

是日，都（匀）香（格里拉）高速公路重要路段六（盘水）威（宁）高速正式建成通车，毕节又增加一条通往四川、云南等西部地区的通道。此高速为贵州省海拔最高的高速公路，高速开通后从六盘水到威宁不到1小时，从六盘水到云南昭通只需2小时。

4日，毕节市第二届人民代表大会第三次会议开幕。大会由周建琨主持。应出席本次会议代表563人，实际出席526人，符合法定人数。会议期间审议《政府工作报告》，听取市人大常委会工作报告、市中级人民法院工作报告、市人民检察院工作报告，表决市二届人大三次会议选举办法草案、关于调整市人民代表大会有关专门委员会设置的决定草案和市人大监察和司法委员会（市人大民族宗教委员会）组成人员名单草案。会议于3月6日闭幕。

6日，2018年度改善医疗服务典型经验交流推广会在北京召开，毕节市第一人民医院获“2018年度改善医疗服务示范医院”称号。

7日，毕节市政府与中成集团、国开行贵州分行战略合作框架协议签约仪式在毕节举行。

11日，毕节市第二届人大常委会第十六次会议召开。会议审议通过《补选毕节市出席贵州省第十三届人民代表大会代表办法（草案）》，听取《关于提请补选毕节市出席贵州省第十三届人民代表大会代表的议案》及相关人事任免案。补选出毕节市出席贵州省第十三届人民代表大会代表，依法表决通过有关人事任免案。

15日，中国共产党毕节市第二届委员会第四次全体会议举行，出席全会的有市委委员45人、市委候补委员6人。全会听取和讨论了市委常委会工作报告，审议通过《中共毕节市委毕节市人民政府关于毕节市市级机构改革的实施意见》《中国共产党毕节市第二届委员会第四次全体会议决议》。

18日，贵州联通在全省各市（州）率先开通5G实验网，这意味着全省民众已经可以感受到5G带来的极致体验。

21日，市委全面深化改革委员会第一次会议召开。

22日，贵州省10个骨干水源工程集中开工，工程总投资56.67亿元，建成后将新增供水能力9786万立方米，解决6.75万农村人口饮水问题，并新增改善灌溉面积11.5万亩。

是日，成贵铁路云贵段位于黔西县与清镇市交界处的鸭池河特大桥上铺轨过半。

23日，毕节市首个5G体验基站开通仪式暨综合应用场景展示新闻发布会在毕节联通公司举行，毕节市首个5G体验基站开通。

24日，由贵州昆仑天然气有限公司投资建设的遵义至赫章天然气管道项目遵义至七星关段正式投产，标志着毕节城区正式进入管道天然气时代。

25日，毕节市旅发委数据显示，2018年全市接待游客量达1亿人次，实现旅游收入833亿元，两项指标同比增长均超30%以上。

26日，毕节市七星关区朱昌镇特色食品产业园5万公斤“毕节白萝卜”由七星关区碧秀佳蔬菜种植专业合作社打包装车运往深圳装船出口迪拜。

26日至27日，河南省周口市委书记、市人大常委会主任刘继标率周口市党政考察团到毕节市，就脱贫攻坚工作进行实地考察。

28日，中国石化毕节油库项目开工仪式在金海湖新区举行，中石化毕节油库项目正式开工。

是月，纳雍山外山茶叶有限公司荣获了贵州茶行业史上第一个绿茶类特别金奖。

是月，纳雍供电局申报的“一种可防飞鸟撞击的无人机”“变压器瓦斯继电器自动排气装置”两项实用新型专利创新成果，相继获得国家知识产权局专利证书。

是月，毕节市大方、黔西、纳雍、赫章4个县获“贵州省森林城市”称号。

2月

1日，毕节市第二届人大常委会第十七次会议召开。会议听取和审议了有关人事任免案，表决通过了机构改革后新组建、机构名称或主要负责人变更的市人民政府工作部门主要负责人的任命。

是日，市委召开全市机构改革调整配备及有关干部任免职集体谈话会议。

3日，毕节市召开2018年主要统计数据新闻发布会。2018年全市经济运行继续保持总体平稳、稳中有进的良好态势。毕节市在全省经济发展综合测评中排第五位，比2017年提升3位，是2013年以来取得的最好位次。

是日，七星关区获得2019年度第一批中央财政专项扶贫发展资金12766万元，其中贫困县、贫困村、贫困人口因素资金12307万元，深度贫困村资金459万元。而金海湖新区、岔河镇3个深度贫困村的51万元，则由区财政直接划拨。毕节市春节假日旅游接待工作取得良好成绩，全市共接待游客363.03万人次，同比增长37.31%，实现旅游综合收入29.9亿元，同比增长36.35%。

13日，《人民日报》头版头条以《脱贫攻坚看海雀》为题，详细报道了毕节市赫章县河镇乡海雀村绝地突围34年，从被视为“不适宜人类居住”到逐渐摆脱贫困，朝着美丽乡村转变的伟大创举。报道在全市广大干部群众中引发强烈反响。

14日，毕节市应急管理局挂牌成立。

是日，威宁自治县户外运动爱好者李英发现一块距今约2.5亿年的二叠纪时期四射珊瑚化石。

19日，市委农村工作会议暨全市扶贫开发、农村人居环境整治及脱贫攻坚“春季攻势”工作会议召开。会议以电视电话形式开到乡（镇、街道）。

25日，毕节市2019年补短板强基础项目集中开工仪式在金海湖新区举行。

27日至28日，市第二届人大常委会第十八次会议召开。会议传达学习习近平总书记在省部级主要领导干部坚持底线思维着力防范化解重大风险专题研讨班上的重要讲话精神和省十三届人大二次会议精神。听取和审议《毕节市人民政府办理市人大常委会2018年度专项工作报告审议意见的报告》和《毕节市人民代表大会常务委员会代表资格审查委员会关于个别代表资格的报告》，并对市人民政府办理审议意见情况进行测评，测评结果为满意；审议修改《毕节市人民代表大会常务委员会人事任免暂行办法》，表决通过了有关人事任免案。

28日，市委常委会召开（扩大）会议，传达贯彻全省易地扶贫搬迁后续工作推进会精神，专题研究毕节市易地扶贫搬迁后续工作。

是日，全市民营经济发展大会召开，会议强调把牢正确方向，凝聚发展共识，以更大力度推动民营经济高质量发展。

是月，2019年贵州省射击冠军赛在毕节市体育运动学校射击馆落幕，来自贵阳、遵义、毕节等市以及省射管中心培训班、省实验中学等单位的123名运动员参加角逐。毕节队获金牌9枚、银牌8枚、铜牌3枚。

是月，黔西县经省人民政府同意，命名为“贵州省园林县城”，这是毕节市首个获此殊荣的县，也是全省继安顺市镇宁自治县后第二个获此殊荣的县。

是月，威宁自治县南方马铃薯专业合作社，获得“国家农民专业合作社示范社”称号。

是月，市商务局数据显示，2018年，毕节市电子商务网络零售额达48349.50万元，实现增长翻一番，同比2017年增长104.70%，增速跃居全省第三，同比2016年增长298.94%。

是月，毕节市林业局数据显示，2018年全市完成造林绿化128.79万亩，林业产值突破300亿元。

是月，在贵州省第十届运动会和2018年贵州省青少年武术散打锦标赛中，分别代表毕节参加田径、篮球、乒乓球、跆拳道、拳击、游泳、武术散打、武术等项目的张廷、文东洋、谢申华、潘雨豪、明诗浩、龙超等26名青少年运动员成绩突出，达到了国家二级运动员等级标准。根据国家体育总局《运动员技术等级制度》的规定，毕节市体育局授予张廷等26名运动员“国家二级运动员”称号。

是月，贵州省第五届全省中小学图书馆（室）先进集体和先进工作者评优活动结束，金沙中学开明图书馆获全省中小学图书馆（室）先进集体称号。

3月

1日，市督查考核局正式挂牌成立。

是日，市工业和信息化局（市大数据发展管理局）挂牌成立。

5日，毕节市中心城区环境综合整治“19456”工程项目——天河广场地下停车场开始投入使用。

7日，市能源局挂牌成立。

是日，“2018互联网+毕节全域旅游成果展”在毕节市举行。

8日，大方县原马场区委书记、全省“敬业奉献道德模范”刘安国因病医治无效逝世，享年87岁。

9日，以“绿水青山变‘金山银山’”为主题的2019年全国两会贵州代表团集中采访活动在北京举行。

7日至10日，2018互联网+毕节全域旅游成果展在毕节市同心大厦广场举行，活动展示了2018年毕节全域旅游取得的成绩。

14日至15日，省委常委、省委宣传部部长慕德贵率队到毕节市大方县和黔西县调研基础能源产业振兴行动工作，并召开交流座谈会。

19日，国家文化和旅游部在上海召开的公共文化产品供给侧改革现场交流会上，对第三批国家公共文化服务体系示范区进行了命名授牌，毕节市成功摘得国家公共文化服务体系示范区的“金牌匾”。

19日至20日，共青团广州市委赴毕节考察，开展青年创业就业帮扶行动、“健康直通车”义诊活动、“情系远山”双师课堂走进毕节公益教育帮扶等活动，并就相关领域协作工作进行座谈。

19日至21日，全国人大常委会副委员长陈竺率农工党中央调研组到大方县开展定点扶贫工作调研。

20日，受省委改革办委托，由省政协委员、中鼎资信公司董事长石校瑜带队的全面深化改革第三方评估组一行到毕节市，对2018年毕节全面深化改革工作情况开展评估。

28日，全市乡镇以上主要领导干部坚持底线思维着力防范化解重大风险专题研讨班在市委党校开班。

29日至30日，全国政协副主席、农工党中央常务副主席何维率农工党中央调研组到大方县开展定点扶贫工作调研。

是月，文化和旅游部、财政部公布了第三批国家公共文化服务体系示范区（项目）。其中，毕节市成功列入第三批国家公共文化服务体系示范区名单。

是月，毕节市住房公积金管理委员会数据显示，2018年，全市住房公积金缴存总额165.92亿元，同比增长22.87%；全市住房公积金各项业务指标保持持续稳定增长态势。

截至2月，毕节市821个重大工程和重点项目到位资金214.7亿元，完成投资136.2亿元，为年度投资目标的12.3%，占一季度投资目标的62.2%，其中287个省重点项目到位资金116.1元，完成投资71.4亿元，占年度投资目标的12.3%，占一季度投资目标的63.2%。

4月

1日，2019年全省能源项目集中开工仪式暨加快煤矿建设现场推进会在织金县召开。

2日，全市“三个大兴”活动暨防范化解重大风险工作调度会议召开，会议传达了省委《防范化解重大风险工作方案》精神，对“三个大兴”活动和重大风险防范化解工作进行安排部署。

3 日，草海环境整治检查暨全省人大环资工作会议在威宁自治县召开。

是日，省委常委、省委统战部部长、省清洁高效电力产业振兴领导小组组长严朝君率省清洁高效电力产业振兴调研组到毕节市调研。

5 日至 7 日，毕节市全市共接待游客 325.92 万人次，实现旅游综合收入 31.64 亿元。

9 日至 10 日，省委宣传部副部长、省精神文明办主任李朝卉率调研组到毕节市调研指导全国文明城市创建工作并召开座谈会。

10 日至 11 日，市委书记周建琨率队赴上海市卫生健康委考察学习，到东方航空集团、百联集团联华超市等企业开展产业大招商活动。

12 日，全市史志工作会议召开。市委常委、市委宣传部部长何云江出席会议并讲话，副市长王泉松主持会议。

是日，全市 2019 年未成年人思想道德建设工作推进会召开。

13 日至 14 日，江西省委副书记、赣州市委书记李炳军率江西省赣州市考察团一行到毕节市，实地考察脱贫攻坚工作。江西省委副秘书长李绪先，贵州省委办公厅副主任、省财经委员会办公室副主任王朝晖，毕节市委副书记、市长张集智陪同考察。

13 日至 17 日，全国政协副主席、民盟中央常务副主席陈晓光率民盟中央调研组到贵州省考察调研“推动数字经济与实体经济深度融合、促进经济高质量发展”以及民盟各级组织帮扶毕节市七星关区情况。

16 日至 17 日，广州市委组织部副部长、市人社局党组书记、局长郭志勇率广州市人社、高校等相关部门组成的考察组一行到毕节市，开展对口帮扶合作工作。

18 日，全市共青团参与易地扶贫搬迁后续工作现场推进会在赫章县召开。

是日，全市退役军人事务工作领导小组第一次会议召开。

19 日，毕节市创建国家环境保护模范城市工作汇报暨反馈会召开，毕节市创建国家环境保护模范城市通过省级预评估。

是日，毕节市卒中联盟成立大会在毕节市第一人民医院举行，会上为毕节市卒中急救地图揭牌，标志着毕节市卒中急救地图正式启用。

20 日，广州市·毕节市东西部扶贫协作党政联席会议在毕节市赫章县召开。广东省委常委、广州市委书记张硕辅，贵州省委常委、省委组织部部长李邑飞出席会议并讲话。毕节市委书记周建琨主持会议。

19 日至 20 日，毕节市医学会呼吸病学分会第二届年会暨呼吸病学学术论坛在毕节市举行。

22 日，国务院安委会赴毕节考核巡查安全生产和消防工作汇报会召开。

23 日，中央扫黑除恶第 19 督导组第一下沉小组组长董小刚率组到毕节市公安局督导扫黑除恶专项斗争工作。

是日，国务院安委会考核组分两个小组到七星关区、大方县考核巡查 2018 年度安全生产和消防工作。

23 日至 24 日，贵州省委常委、省委统战部部长严朝君率队到赫章县调研脱贫攻坚情况。

24 日至 25 日，应急部副部长、国家煤矿安监局局长黄玉治率队到毕节市黔西县、大方县和百里杜鹃管理区调研督导煤矿安全生产工作。

26 日，全市易地扶贫搬迁后续工作现场推进会在织金县召开。

24 日至 28 日，第二届全国青年运动会皮划艇项目决赛在四川省武胜县举行，来自全国 39 所体育运动学校的 692 名运动员参赛。毕节市体育运动学校派出 9 名运动员代表参赛，取得 5 金 2 银 3 铜的好成绩。

29 日至 30 日，毕节市第二届人大常委会第十九次会议召开。会议听取和审议《毕节市人民检察院公益诉讼工作情况报告》《毕节市企业国有资产管理情况报告》，审议通过《毕节市饮用水水源保护条例修正案》《毕节市人民代表大会常务委员会代表资格审查委员会关于个别代表的代表资格的报告》，表决通过有关人事任免案。

是月，市委书记、市人大常委会主任周建琨率队赴河南省郑州市河南能源化工集团开展考察招商活动。

5月

1日，全市煤矿安全生产工作现场会在织金县召开，对煤矿安全生产工作进行再部署、再强化、再落实。

6日，毕节市各地多所学校开展纪念五四运动100周年系列主题活动。

7日，市委书记、市人大常委会主任周建琨，市委副书记、市长张集智率团赴深圳市，与恒大集团就蔬菜瓜果产业扶贫、肉牛养殖产业扶贫可持续发展问题进行座谈。恒大集团董事局主席、党委书记许家印出席会议并讲话。

8日，毕节市绿色生态产业招商引资推介会在中国北京2019年世界园艺博览会举行。此次推介会，毕节以现代山地特色高效农业、山地旅游业、大健康医养等三大类绿色生态产业为主，共对外发布40个招商项目，项目总投资248.6亿元。

是日，毕节市2019年“洞天福地·花海毕节”旅游推介会在2019年中国北京世界园艺博览会举行。此次推介会，毕节推出“洞天福地·花海毕节”八条精品旅游线路以及艺术家聚焦毕节、景区联票、旅行社奖励、暑期学生等四项旅游优惠政策。北京市主流新闻媒体、北京市旅行社、毕节市旅游企业等100余人参加推介会。

是日，广州市·毕节市扶贫协作党政联席会在穗召开。广东省委常委、广州市委书记张硕辅，毕节市委书记任周建琨出席会议并讲话。

9日，省发改委、省林业厅、省水利厅下发《关于下达重点区域生态保护与修复专项2019年中央预算内投资计划的通知》，下达全省8个市（州）中央预算内总投资5亿元，规划治理石漠化面积1000平方公里。其中，毕节市下达中央预算内投资1.05亿元，占比21%，规划治理石漠化面积210平方公里，投资建设规模位居全省首位。

11日，在江苏昆山举行的第四届扬子江年度青年诗人奖颁奖仪式上，毕节市80后诗人徐源凭借刊于《扬子江》诗刊2018年第6期的《尚水，尚水》（散文诗节选）荣获第四届扬子江年度青年诗人奖。

14日，毕节市第二次归侨侨眷代表大会召开。大会审议通过市侨联第一届委员会工作报告，选举产生新一届市侨联委员会。

16日至17日，省委书记、省人大常委会主任孙志刚深入威宁自治县调研检查脱贫攻坚工作。他强调，要深入贯彻落实习近平总书记对毕节试验区的重要指示精神，牢记嘱托、感恩奋进，切实做到尽锐出战、务求精准，确保按时打赢脱贫攻坚战，以实际行动树牢“四个意识”、践行“两个维护”、诠释对党的绝对忠诚。

17日，毕节市社科联第一次代表大会召开。省社科联党组书记、副主席包御琨，市委副书记张翊皓出席会议并讲话，市领导何云江、王鹏朝、杨海琰、蒋从跃出席会议。

19日，贵州省气瓶信息化充装试点工作在毕节市鑫达充装站进行。调试工程师报告各项程序顺利完成后，标志着贵州省气瓶信息化充装试点工作率先在毕节试点成功。

20日，毕节市与华润万家有限公司举行产销对接会暨合作框架协议签约仪式。根据协议，华润万家有限公司每年将从毕节市采购生猪、土鸡、白萝卜、茶叶等10余种优质农特产品，助力全市20余万名群众增收，5万户贫困户脱贫。

是日，全市第一家肿瘤治疗示范中心——七

星关区人民医院“微天使工程”肿瘤微创治疗示范中心正式投入使用。

22日，在成贵铁路毕节市大方县区间管段，验收工作人员对电气化接触网首件工程进行了检测验收。

是日，在贵州省第三届古树茶斗茶赛上，纳雍县山外山茶业有限责任公司生产的“彝岭苗山”牌古树红茶荣获红茶类金奖。

24日，主题为“5G＋旅游 智慧产业 慧创未来”的2019中国国际大数据产业博览会毕节分会场在七星关区开幕。

是日，主题为“5G＋旅游 智慧产业 慧创未来”的2019中国国际大数据产业博览会毕节分会场开幕。

25日，在2019中国国际大数据产业博览会毕节分会场举办之际，中国联通毕节分公司同期举办“5G公众日开放日”活动。活动通过线上报名的方式，吸引了500余位市民到现场零距离体验5G。

28日，《毕节市城乡规划条例》施行前准备工作联席会召开。

29日，在射击世界杯德国慕尼黑站女子10米气手枪项目比赛中，毕节籍运动员钱微以580环的成绩顺利进入决赛，为中国射击队获得一个2020年东京奥运会的参赛席位。

31日，毕节市同心社会工作发展中心的14名志愿者到毕节市第一人民医院，开展“195大病救助”宣传活动。同心社是一个专业社会组织，通过“互联网＋公益”的模式，为有需求的贫困大病患者提供公募平台、筹款推广等多方面专业快捷实效的救助服务。

是月，贵州省2019年第一批科技创新券兑现项目公示，全省共有31家企业获得创新券兑现，兑现金额为533万元。其中，毕节市8家企业获得兑现，占全省总数的26%，兑现金额94万元，占全省兑现总额的18%。

6月

1日，毕节市委、市政府印发《毕节市专项督查考核备案办法》，强化统筹协调，严控督查考核总量和频次，剑指督查考核中的形式主义、官僚主义，切实为基层减负松绑。

6月10日起，毕节市将根据中国人民银行总行及中国人民银行贵阳中心支行的统一部署，全面取消企业银行账户许可。

11日，毕节市文化广电旅游局数据显示，2019年1至5月，全市市旅游业快速发展，共接待游客5200万人次，同比增长36%以上。

12日，毕节市防汛抗旱指挥部启动防汛三级应急响应，并派出工作组到纳雍县检查指导抗灾救灾工作。

14日，全国公安系统一级英雄模范马金涛先进事迹报告会在毕节召开。

18日，副省长王世杰带领省卫生健康委、自然资源厅、生态环境厅、水利厅、应急管理厅等相关部门负责人到黔西县开展中央环保督察反馈问题整改督查暨六冲河省级河长巡河活动。

17日至19日，贵州省委副书记、省长谌贻琴深入毕节市纳雍县开展脱贫攻坚蹲点调研，走进最贫困的乡、最边远的村、最困难的农户，与战斗在一线的干部群众共同研究打赢脱贫攻坚战的具体办法措施。

20日，市委常委会召开会议，传达学习省委副书记、省长谌贻琴在毕节市纳雍县蹲点调研时的讲话精神，研究贯彻落实意见。

20日至22日，全国人大常委会副委员长、民建中央主席郝明金率队到黔西县开展脱贫攻坚和贯彻新发展理念示范区建设调研。

24日，全市脱贫攻坚“五个专项治理”暨“两不愁三保障”工作专题调度会召开。

25日，全省公安交管“两个教育”助推“放管服”现场推进会在毕节召开，省公安厅交管局、各市（州）交管局负责人参加会议。

27 日至 28 日，市二届人大常委会第二十次会议召开。

27 日至 28 日，由国家肉牛体系毕节综合试验站、毕节市肉牛产业协会主办的毕节市肉牛产业协会第二次会员代表大会暨肉牛养殖技术培训交流会在大方县召开。

是月，省科技厅公布 2019 年纳入省级管理的众创空间名单，全省有 7 家入选，毕节市黔西县“同心志行”众创空间名列其中。

7月

1 日，全省脱贫攻坚“七一”表彰大会结束后，毕节市紧接着召开全市脱贫攻坚“七一”表彰大会，表彰近年来毕节市脱贫攻坚战线上涌现出的优秀共产党员和先进党组织。

2 日至 3 日，上海市委统战部与致公党上海市委联合到毕节开展社会服务帮扶活动并召开座谈会。

3 日，“新型政党制度 70 年”论坛暨中国政党制度研究中心第 17 届年会在毕节市开幕。全国政协副主席邵鸿出席开幕式并讲话。全国政协常委李惠东、全国政协常委张道宏、省政协副主席陈坚分别在开幕式上致辞。中央社会主义学院负责人围绕新型政党制度与新型民主政治作主旨报告，部分国内政党制度研究专家学者围绕中国共产党领导下的多党合作和政治协商制度的优越性进行交流发言。

3 日至 4 日，全国政协副主席、九三学社中央常务副主席邵鸿率队在毕节市开展深度贫困地区教育脱贫攻坚调研。

8 日，市委书记、市人大常委会主任、市委财经委员会主任周建琨主持召开市委财经委员会第一次会议，强调全面加强党对经济工作的领导，奋力推动全市经济高质量发展。

是日，市委书记、市人大常委会主任、市委外事工作委员会主任周建琨主持召开市委外事工作委员会第一次会议并讲话，强调要加强党对外事工作的集中统一领导，坚持围绕中心服务大局，不断开创新时代毕节外事工作新局面。

8 日至 9 日，全国人大常委会副委员长、民盟中央主席丁仲礼率队深入毕节市开展脱贫攻坚调研。

9 日，市委副书记、市长张集智主持召开市二届人民政府第 91 次常务会议，学习有关会议和文件精神，安排部署有关工作，听取脱贫攻坚“五个专项治理”、《毕节市人民政府职责要点和底线清单》、全市经济发展重点工作综合督导情况等工作汇报，会议还研究了其他事项。

是日，毕节首个法律服务机器人“大牛”在毕节市信访局接访大厅正式上岗。

13 日，第十二届中华全国工商业联合会扶贫工作委员会第二次全体会议在毕节织金县召开。

16 日，毕节 6 名少年入选贵州省“新时代好少年”。

18 日至 19 日，市委二届五次全会在七星关举行，会议要求深入推进“五场革命”，确保按时打赢脱贫攻坚战。

19 日，由贵州省标准化院、贵州省农业科学院、贵州大学质量与食品工程学院、贵州省农产品质量安全检测中心相关人员组成的专家组，对大方冬荪、大方豆干（大方手撕豆腐）两个地理标志产品进行地方标准评审，最终通过专家评审。

22 日，市委、市政府召开全市 2019 年半年经济工作会议，毕节市 2019 年上半年主要统计数据发布：上半年，全市完成地区生产总值 1037.38 亿元，同比增长 9.7%，增速比全国（6.3%）高 3.4 个百分点，比全省（9.0%）高 0.7 个百分点，排全省第三位。从三次产业来看，第一产业增加值 175.41 亿元、同比增长 5.6%、排全省第三位，对全市经济增长的贡献率为 7.5%，拉动经济增长 0.7 个百分点；第二产业增加值468.98亿元、同比增长9.8%、排全省第五位，对全市经济增长的贡献率为49.6%，拉动经济增长4.8个百分点；第三产业增加值392.99亿元、同比增长10.9%、由上年同期的全省第2位提升到第一位，对全市经济增长的贡献率为42.9%，拉动经济增长4.2个百分点。三次产业结构比为16.9∶45.2∶37.9。

是日，国家知识产权局地理标志精准扶贫西部宣讲团走进毕节。

是日，“最美奋斗者”学习宣传活动组委会公布722名“最美奋斗者”候选人信息，其中，毕节市文朝荣、喻朝芬两名先进典型入围候选人。

23日，赫章县野马川镇毛栗村殷家沟发生山体垮塌，造成3人遇难，4人失联。灾害发生后，省、市、县党委政府迅速启动应急预案，组织抢险救援。消防、武警、公安、应急、自然资源、交通、卫生健康等部门火速奔赴垮塌现场，各司其职、通力协作，开展救援工作。

是日，毕节海关挂牌成立。

是日，毕节市七星关区普降大到暴雨，田坎乡24日凌晨3时左右更是出现小时雨强达116.9毫米的短时强降雨，过程累积雨量达148.5毫米。强降水造成田坎乡境内多条公路垮塌，多处地灾隐患点出现险情，区委、区政府夜调度指挥，迅速组织15户52名群众紧急转移避险。

是日，为助力精准扶贫、发展毕节卫生，毕节市红十字会接受基蛋生物科技股份有限公司捐赠300台价值1509.09万元的荧光免疫定量分析仪（Getein1100、Getein1600）。捐赠签约仪式在毕节市人大二楼会议室举行。

25日，省政府近日批复，原则同意《毕节市城市总体规划（2010—2030年）》（2019年修订）。

28日，贵州工程应用技术学院彝学研究院院长王明贵研究员所著的首部彝文书法研究专著《毪书编年史》，由贵州出版集团、贵州人民出版社出版发行。

8月

1日，广州市荔湾区教育组团帮扶毕节市七星关区第一教育集团揭牌仪式暨广黔同心录播室揭幕仪式在毕节二中举行。

2日，全市脱贫攻坚“夏秋决战”行动暨产业发展和500亩以上坝区建设现场推进会召开。

是日，2019年穗毕教育对口帮扶座谈会在七星关区召开。

是日，毕节市全面开展青贮玉米收储工作，保证肉牛饲草料供给，全市共收储的30余万吨青贮玉米，按400元每吨计算，可为当地群众带来1.2亿余元的经济收入，有力助推脱贫攻坚。

5日至7日，省人大常委会党组书记、副主任孙永春率省人大常委会执法检查组到毕节市对《贵州省大扶贫条例》《贵州省人民代表大会常务委员会关于深入贯彻落实省委十二届三次全会精神依法推动打赢脱贫攻坚战的决议》贯彻实施情况开展执法检查，并召开座谈会。

6日，大方县油杉河景区玻璃栈道正式开通运营，面向广大游客开放。

12日至13日，省委副书记、省长谌贻琴赴深度贫困县赫章县，结合开展“不忘初心、牢记使命”主题教育，调研脱贫攻坚工作。她强调，要深入学习贯彻习近平总书记对毕节试验区工作重要指示精神，全面落实省委部署要求，尽锐出战、务求精准，坚决打好“夏秋决战”，全力以赴攻克深度贫困堡垒，一鼓作气夺取脱贫攻坚全面胜利。

13日，毕节市工程建设项目审批管理系统正式上线试运行。

13日至14日，七星关经济开发区和威宁自治县农村信用合作联社分别获全国模范劳动关系和谐工业园区和全国模范劳动关系和谐企业荣誉牌匾及证书。

15日，毕节市面向粤港澳大湾区“菜篮子”联盟企业招商推介会在广州举行。来自粤港澳大湾区“菜篮子”联盟的160余家企业代表、毕节市相关部门负责人及各县（区）有关负责人参加会议。此次活动现场签约16个项目，签约金额31.69亿元。

16日，5G手机在毕节正式发售。

17日，中国致公党第十五届中央常务委员会第八次全体会议在毕节召开。

是日，全国政协副主席、致公党中央主席、中国科协主席万钢率致公党中央调研组到毕节市调研，并召开致公党中央参与毕节试验区建设工作座谈会。

18日至20日，副省长魏国楠率队到毕节市七星关区、威宁自治县调研易地扶贫搬迁、教育发展、基层治理和环境治理等工作。

19日，毕节归化220千伏变电站顺利投运。

19日至20日，广东省委书记李希，省委副书记、省长马兴瑞率广东省党政代表团到贵州省考察扶贫协作，在毕节举行两省扶贫协作工作联席会议。

20日，由贵州省通信管理局、贵州省财政厅、贵州省大数据发展管理局联合举办的全省2019年电信普遍服务动员大会暨试点项目签约仪式在毕节市举行。

21日，根据2018年中国赤水河流域生态保护治理发展协作推进会《毕节共识》关于“加强流域内省、市、县三级政协联动”精神，云南省昭通、贵州省毕节和遵义、四川省泸州四市政协组成主席联合视察组，对赤水河流域污水治理情况进行联合视察。毕节市政协主席杨宏远加视察。

22日，“壮丽70年·奋斗新时代”贵州省庆祝新中国成立70周年系列新闻发布会——“毕节，从试验到示范：70周年脱贫攻坚连战连捷”在省政府新闻发布厅举行。

23日，全市文物安全工作电视电话会议召开，为进一步贯彻落实全省文物安全电视电话会议精神，对全市文物安全工作进行再动员、再部署、再落实。

24日，毕节彝族舞蹈《铃铛舞》亮相央视。

25日，首届百里杜鹃中国国际康养文旅研讨会落幕。

26日，38集重大革命历史题材电视剧《伟大的转折》在中央电视台综合频道黄金时段首播。

28日至29日，毕节市第二届人大常委会第二十一次会议召开。会议传达学习习近平总书记对地方人大及其常委会工作作出的重要指示及栗战书委员长在纪念地方人大设立常委会40周年座谈会上的讲话精神，听取和审议《毕节市2019年1－6月国民经济和社会发展计划执行情况报告》《毕节市2018年全市和市本级财政决算（草案）及2019年上半年预算执行情况报告》《2018年度毕节市市本级预算执行和其他财政收支审计工作报告》《毕节市脱贫攻坚工作情况报告》《毕节市人大常委会执法检查组关于检查〈贵州省大扶贫条例〉贯彻实施情况的报告》，审查和批准了毕节市2018年市本级决算，表决通过了有关报告的审议意见和有关人事任免案，对《织金古城保护条例（草案）》进行了第二次审议并表决通过；会议还结合听取和审议《毕节市脱贫攻坚工作情况报告》《毕节市人大常委会执法检查组关于检查〈贵州省大扶贫条例〉贯彻实施情况的报告》相关情况，召开联组会议对全市脱贫攻坚工作进行专题询问。

29日，位于纳雍县和七星关区交界处的夹岩水利枢纽工程主坝填筑封顶，工期比预计提前了4个月。大坝的封顶，标志着夹岩水利枢纽工程大坝主体建设进入后续阶段，为明年实现下闸蓄水奠定了基础。

30日，副省长卢雍政率队到黔西县和织金县，就第十四届省旅游产业发展大会筹备工作进行调研，并主持召开调度会听取筹备工作情况汇报。

是日，全国第十届残运会游泳赛场，来自贵州毕节的残疾人运动员何聖羔在参加女子S5级50米仰泳决赛时，以42秒69的成绩创造了新的全国纪录。

是月，《周素园年谱》出版发行，《周素园年谱》由王葆和先生编撰，毕节市史志办、市档案馆共同编辑，中国市场出版社出版发行。

是月，省政府批复同意毕节市部分行政区划调整。同意织金县设置惠民街，金沙县设置民兴街道，威宁自治县设置开华街道、雄山街道，大方县设置九驿街道、归化街道、鹏程街道，纳雍县设置宣慰街道、利园街道、珙桐街道，赫章县设置汉阳街道、金银山街道、七家湾街道。

是月，成贵高铁鸭池河特大桥“四电”进入施工冲刺阶段。

是月，毕生高速金银山互通正式通车，沿路车辆可从该互通进出厦蓉高速。

是月，毕节东火车站投入运营11个月货运量突破50万吨。

9月

2日，市委全面深化改革委员会第八次会议暨基层党建提质攻坚行动推进会议在织金县召开。

3日，贵州省林科院与威宁自治县林业局合作的经济林试验基地在威宁县国家良种基地挂牌成立。

4日，全市产业园区助推脱贫攻坚工作推进会在纳雍县召开。

6日，毕节市中药材产业助推脱贫攻坚会在七星关区召开。此次“贵洽会”活动全市共促成37个项目成功合作，总签约金额102.34亿元，现场集中签约了28个项目，签约金额80.44亿元。

10日，毕节市“不忘初心、牢记使命”主题教育部署会议召开。

10日至11日，第四届长征论坛在毕节举行，来自国内的相关专家学者、红军后代代表、有关论文作者代表以及党史部门代表等100余人，围绕“弘扬长征精神，决胜脱贫攻坚”这一主题，共话革命传统、共论长征历史、共议脱贫攻坚。

16日，国家农业绿色发展先行区建设协调小组办公室发布《第二批国家农业绿色发展先行区名单公示公告》，毕节市金沙县名列其中。

16日至18日，广州风行集团考察团一行到毕节就畜牧养殖项目进行考察并召开座谈会。

18日，由中国国际扶贫中心主办、贵州省扶贫开发办公室承办的澜湄合作减贫能力提升项目研修班考察座谈会在毕节市举行。

20日，百里杜鹃管理区首家乡级商会百纳乡商会成立，并按程序选举产生商会第一届会长、副会长、秘书长，共有企业团体会员50家，个人会员80个，会员主要为百纳乡内的民营企业、个体经济，涵盖有矿产资源、交通运输、商贸物流、餐饮、旅游等行业。

23日至24日，省委常委、省委政法委书记时光辉率队到毕节调研新中国成立70周年大庆安保维稳工作并召开座谈会。

26日，深圳·毕节扶贫协作联席会议在毕节召开。

27日，贵州省副省长卢雍政率队到威宁自治县调研中央环保督察反馈问题整改及草海综合治理工作。

28日，第十四届贵州旅游产业发展大会在毕节市织金县平远古镇举行。省委书记、省人大常委会主任孙志刚宣布开幕。省委副书记、省长谌贻琴，中国贸促会副会长张慎峰致辞。

是日，第十四届贵州旅游产业发展大会文旅农商产品展销会启动仪式在织金平远古镇举行。此次展销会主要展示展销贵州农特产品、旅游商品、文化创意产品、非遗产品、特色小吃等。共有227家文旅农商类参展商参展，其中，文旅产品类参展商117家，农特产品类参展商110家。此外，在美食区还有70余家贵州知名小吃参展。展销会共展出198个类别，1509个商品品种。文旅类有186个类别1236个商品品种，农特产品有12个类别273个商品品种。

29日，全省旅游扶贫工作推进会在毕节市织金县召开。省委书记、省人大常委会主任孙志刚出席会议并讲话。

是日，省委书记、省人大常委会主任孙志刚，省委副书记、省长谌贻琴在织金县召开专题会议，听取毕节市未脱贫摘帽的七星关区、织金县、纳雍县、威宁自治县、赫章县脱贫攻坚工作情况汇报。

10月

1日，毕节各地纷纷举行升国旗仪式，庆祝新中国成立70周年。

6日，全市农产品产销对接工作专题调度会召开。

9日，综合检测列车通过毕节站。当日，成贵铁路兴文（宜宾）至贵阳段开始联调联试。全长632公里的成贵铁路为客运专线，是我国“八纵八横”高速铁路网的重要组成部分，设计时速为250公里/小时。

12日至13日，市委书记周建琨率毕节市代表团赴山东省威海市招商引资，考察学习文明城市创建、社会治理、产业发展等工作。

16日，第三届乌蒙山农特产品交易会暨2019年毕节市农产品产销对接会在大方县奢香古镇举行。

17日，市委副书记、市长张集智主持召开市二届人民政府第97次常务会议，审议《毕节市全面推进垃圾分类处理工作实施方案》，还研究了其他事项。

24日至25日，首届“中国·冰雹论坛”技术研讨会在威宁自治县召开，来自中国气象局、南京大学、南京信息工程大学、成都信息工程大学、陆军工程大学和新疆、四川等9省（区）气象部门的50余名教授、专家、科研人员参加会议。

25日，省委常委、省委秘书长刘捷到毕节市大方县和金海湖新区调研生态畜牧业发展工作。

25日至26日，山东省淄博市农业部门组织由当地多家知名企业、相关部门负责人组成的农业产业考察团，到毕节市开展考察活动。

28日至30日，全省2019年东西部扶贫协作推进会暨项目观摩总结会议在毕节市举行。7个帮扶城市援黔工作队和贵州省有关部门负责人参加会议。会上，上海、大连、苏州、杭州、宁波、青岛、广州7个帮扶城市扶贫协作部门负责人，省直部门、市（州）、县，企业代表作交流发言。

30日，选派市直单位县处级领导干部到深度贫困县担任驻乡帮扶工作队队长动员培训会议召开。

是日，毕节市青年工作联席会议第一次全体会议召开。

30日至31日，毕节市第二届人大常委会第二十二次会议召开。

是月，《毕节地区通志》正式出版发行，该志书由毕节市地方志编纂委员会编纂，方志出版社出版。全书共10卷650万字二十六篇118章435节，志书全面客观详实地记载了毕节政治、经济、文化、风俗民情等方面历史与现状，是毕节最完整、最系统的地情百科全书。

是月，毕节市25家企业被纳入“贵州省2019年拟认定高新技术企业名单”，自此，全市有效期的高新技术企业数量增至42家。

是月，毕节市七星关区拱拢坪国有林场获得“中国森林康养林场”称号。

是月，毕节市获补助资金1639万元，将用于支持社区和居家养老服务业发展，进一步推进试点改革。

11月

2日，毕节市青年作家曹永新书《世上到处都是山》首发。

4日至5日，贵州省举办志愿服务文化周暨第二届志愿服务项目大赛，毕节市志愿服务项目获银奖。

7日，毕节市在金海湖新区与省同步举行2019年四季度重大工程项目暨基础设施“六网会战”项目集中开工仪式。

9日，毕节市政府与广州越秀集团签约100万头生猪养殖项目，该项目签约是贯彻落实贵州·广东扶贫协作工作联席会议精神的重要成果，也是毕节广州两地扶贫协作的示范性项目。

9日至10日，由国务院扶贫办组织的全国扶贫经验交流示范基地观摩交流活动走进毕节，并召开全国扶贫经验交流示范基地观摩交流会。

9日至10日，贵州省党政代表团在深圳市学习考察，与深圳市召开扶贫协作工作座谈会，毕节市政府、深圳市政府签署了战略合作框架协议。

11日，广州市花都区卫生健康系统到织金县开展医疗帮扶全覆盖动员活动。

15日，副省长卢雍政率队到毕节市开展第四季度服务重点企业和项目专项行动。

18日，由毕节市人民政府、贵州省商务厅主办的贵州·毕节绿色农产品北京产销对接洽谈推介活动在北京新发地国际农产品会展中心举行。活动吸引了北京市310余家农产品批发商，现场形成50余份“三白”蔬菜、精品蔬菜、毕节鸡蛋、食用菌及调味品采购协议，采购金额达3.9亿元。

20日，毕节市政府研究通过《毕节市中心城区管道天然气定价方案》。在该方案中，毕节市中心城区管道天然气销售价格作了大幅调整，居民生活用气价格从每立方米3.90元调整为每立方米3.05元，降幅达22%。非居民用气价格从每立方米3.91元调整为每立方米3.27元，降幅达16.4%。

19日至22日，九三学社全国机关建设暨2019年交叉检查工作总结交流会议在福建泉州召开。九三学社毕节市委以99.8分在九三学社全国机关建设市级组织排名第一。

23日至24日，中国共产党毕节市第二届委员会第六次全体会议在七星关举行。出席全会的有市委委员44人，候补委员6人。会议审议通过《中共毕节市委关于深入学习宣传贯彻落实党的十九届四中全会省委十二届六次全会精神推进治理体系和治理能力现代化的实施意见》。

24日至26日，国家肉牛牦牛产业技术体系专家组曹兵海、李俊雅、张继瑜、黄必志、赵改名一行到毕节市调研肉牛产业发展情况并召开座谈会。

26日，民革中央定点扶贫工作会在纳雍县召开。全国政协副主席、民革中央常务副主席郑建邦出席会议并讲话。

25日至27日，中央统战部副部长、全国工商联党组书记、常务副主席徐乐江率队到毕节市织金县考察调研脱贫攻坚工作，并出席贵州省“千企帮千村”精准扶贫行动提质增效推进会，为第二批“千企帮千村”行动观摩项目授牌。

28日，贵州省文化和旅游厅公示贵州省第一批拟入选全省乡村旅游重点村名录乡村名单。毕节市金海湖新区响水乡青山村、百里杜鹃管理区鹏程街道鹏程社区、大方县羊场镇陇公村、七星关区碧海街沙锅寨社区、金沙县柳塘镇金新村、织金县官寨乡屯上村、纳雍县化作乡枪杆岩村入选。

是日，在第四届巫山神女杯艺术电影周闭幕式上，以黔西县、大方县、七星关区等黔大毕革命根据地为主要拍摄地的电影《极度危机》荣获优秀故事片奖。

29日，贵州省首届青年词曲作家研修班在大方开班。

30日，全省卫生健康系统党的十九届四中全会和省委十二届六次全会精神宣讲暨健康扶贫工作会在毕节市召开。

是日，在海南举行的2019年“白沙杯”全国男子拳击冠军赛暨金腰带争霸赛57公斤级决赛中，毕节籍选手常勇不畏强手、勇于拼搏，勇夺57公斤级冠军及拳王金腰带。

是月，中央文明办发布“中国好人榜”，贵州省2人入选。毕节市70岁老党员赵起友获评“助人为乐”好人。

12月

2日至3日，省纪委省监委成立5个指导组深入毕节市，就市委、市政协党组、市纪委监委、七星关区、大方县、纳雍县召开宫晓农案“一案一整改”警示教育大会和专题民主生活会进行指导。

8日，国家优质工程奖总结表彰大会在北京召开。会议对获得2018－2019年度国家优质工程奖项目进行了表彰。毕节法朗沟特大桥获“国家优质工程奖”。

16日，成贵高铁全线贯通，成贵高铁是中国西部高铁大通道南北贯通的最紧要一环，至此，我国西北经西安、成都、贵阳、广西可直达我国东南。成贵高铁起于四川省成都市，途经眉山市、乐山市、宜宾市，云南省昭通市威信县、镇雄县，以及贵州省毕节市，终至贵阳市，线路全长648公里，设计时速每小时250公里。其中成都至乐山段已于2014年底先期开通运营，乐山至宜宾段于2019年6月开通运营。新建宜宾至贵阳段线路全长372公里，设宜宾西、长宁、兴文、威信、镇雄、毕节、大方、黔西、清镇西、白云北、贵阳东等11座车站，除宜宾西、贵阳东外其余车站均为新建。长宁、兴文、威信、镇雄、毕节等云贵川接合部均是历史上首次迎来高铁。

成贵高铁是中国“八纵八横”高速铁路网兰州（西宁）至广州通道的重要组成部分。线路在成都枢纽与西成高铁、成渝高铁连接，在贵阳枢纽与贵广高铁、沪昆高铁连接，沿途的川南宜宾、滇北昭通、黔西毕节等地区结束了没有高铁的历史。这对进一步缩短我国西南、西北地区与华东、华南地区的时空距离，助力区域脱贫攻坚，加快城市群建设，推动西部大开发等具有重要意义。

是日，贵州·毕节绿色农产品重庆产销对接洽谈推介活动在重庆市双福国际农贸城举行。

是日，中国移动毕节分公司启动成贵高铁毕节段专项网络覆盖工程。毕节段高铁沿线通信基站全部开通，实现了130公里网络全覆盖。

16日至17日，毕节市委副书记、市长张集智率队到重庆开展招商考察活动。

19日，竞争力智库、中国信息化发展研究院联合发布《中国县域旅游竞争力报告2019》。毕节市大方县、织金县入选2019中国旅游百强县市。

20日，全省易地扶贫搬迁安置点文化服务体系建设现场推进会在黔西县举行。

24日，《毕节市织金古城保护条例》新闻发布会召开，毕节立法保护织金古城，《毕节市织金古城保护条例》自2020年1月1日起施行。

25日，纳雍至赫章高速公路建设项目开工仪式在龙场镇举行，公路全长53.9公里。

25日至26日，毕节市第二届人大常委会第二十三次会议召开。会议传达学习党的十九届四中全会精神、省委十二届六次全会精神和市委二届六次全会精神；听取和审议《毕节市人民政府关于毕节市2018年度市本级预算执行和其他财政收支情况审计查出问题整改情况的报告》《毕节市城市园林绿化条例（草案）》；表决通过《毕节市人民政府关于毕节市2018年度市本级预算执行和其他财政收支情况审计查出问题整改情况的报告》《毕节市人民代表大会常务委员会关于〈毕节市人民政府关于毕节市2018年度市本级预算执行和其他财政收支情况审计查出问题整改情况的报告〉的审议意见（草案)》《毕节市人大常委会代表资格审查委员会关于个别代表的代表资格的报告》《毕节市人民代表大会常务委员会关于召开毕节市第二届人民代表大会第四次会议的决定（草案)》，毕节市第二届人民代表大会第四次会议有关事项及有关人事任免案。

26日，大方县野螺沟水库蓄水条件通过验收，水库总投资29892.26万元，总库容为932.71万立方米，设计水库总供水量955.2万立方米。

27日，毕节市消防救援支队举行挂牌仪式。

是日，2019年贵州绿色农产品深圳产销对接暨黔货·年货采购节活动在深圳市海吉星农产品批发市场举行。

31日，毕节市二届人民政府第106次常务会议，讨论《政府工作报告》《毕节市2019年国民经济和社会发展计划执行情况与2020年国民经济和社会发展计划草案的报告》《毕节市2019年全市和市级财政预算执行情况及2020年全市和市级财政预算草案的报告》等文稿。

是月，市发改委数据显示，毕节市在抓好存量在建重大项目复工督查调度的同时，紧抓增量项目前期工作，1月毕节市报省新开工亿元项目28个，总投资227.2亿元，开工项目个数排名全省第三，总投资排名全省第二。

是月，省科技厅对2018年科技奖励申报情况进行公示，在形式审查合格的248项中，毕节市获5项省科学技术奖公示。

是月，国家林业和草原局印发通知，认定毕节市乌蒙腾菌业有限公司、七星关区放珠镇森茂林业专业合作社、威宁县哲觉镇兴茂种养殖专业合作社为“国家林下经济示范基地”，全国获此殊荣的有175家单位，其中贵州省占有9家，毕节市占全省的三分之一。

是月，以“绿色·标准·传承·创新”为主题的2019年贵州省秋季斗茶赛落下帷幕，毕节九洞天绿茶脱颖而出，夺得绿茶类金奖。

是月，国家文物局公布2019年“弘扬优秀传统文化、培育社会主义核心价值观”百项集中宣传推介展览项目，毕节市博物馆“人类起源·乌蒙史话”展览成功入围，这是贵州省唯一一家，也是毕节文博展览首次亮相全国平台。

是月，省财政厅下达2019年省级财政专项扶贫发展资金1.15亿元，其中，毕节市获专项资金858.5万元，具体安排情况为：毕节市本级2万元，七星关区48万元，黔西县9.5万元，金沙县7.5万元，织金县1万元，纳雍县246万元，赫章县544.5万元。

是月，省财政厅下达2019年中央财政城镇保障性安居工程专项资金70025万元，其中毕节市获5681.65万元。该资金将用于改造城镇老旧小区。

毕节概貌

地理概况

【地理位置】 毕节市地处北纬26°21′~27°47′，东经103°36′~106°44′。位于贵州省西北部，扼川滇黔三省交通要冲，北接四川泸州市，西邻云南昭通市、曲靖市，东靠贵州贵阳市、遵义市，南接贵州六盘水市、安顺市，为乌江、赤水河、北盘江的发源地。地形地貌独特，自然资源丰富，小区气候宜人，开发前景广阔。

【建制沿革】 毕节市秦为蜀郡属地，汉为益州之牂牁、犍为两郡所辖，晋属益州、朱提郡，唐代置牂牁、乌撒部，宋代置罗氏鬼国辖乌撒部、毗那部，元代分属“亦溪不薛”（蒙古语，意为水西之地）宣慰司、乌撒乌蒙宣慰司所辖，明代分属水西宣慰司、乌撒军民府、永宁宣抚司和乌撒卫、毕节卫、赤水卫、永宁卫。清康熙五年（1666）置大定（今大方）府、黔西府、平远（今织金）府、威宁府，康熙二十二年（1683）改黔西、平远二府为州隶属大定府，康熙二十六年（1687）改大定府为州隶属威宁府，雍正七年（1729）升大定州为府，领黔西、平远、威宁三州和毕节县、水城厅。民国废府置县，中华人民共和国成立前夕为贵州省第四行政督察专员公署，辖毕节、大定、黔西、金沙、织金、纳雍、水城、威宁、赫章9县。1936年，中国工农红军二、六军团长征进入毕节，在区内建立中华苏维埃人民共和国川滇黔省革命委员会，领导创建黔西北革命根据地。

中华人民共和国成立初期，成立贵州省人民政府毕节区行政督察专员公署，辖毕节、大方、黔西、金沙、织金、纳雍、水城、威宁、赫章9个县。

1955年，威宁改置威宁彝族回族苗族自治县；1958年，大定县更名为大方县；1970年，水城县划归六盘水市。是年毕节专区改为毕节地区，辖毕节、大方、黔西、金沙、织金、纳雍、威宁、赫章7个县1个自治县。1992年，建镇并乡撤区后，全地区撤销原县与乡之间的89个区镇建置，改原736个乡镇为245个乡镇。1994年，毕节县撤县设市（县级）。2007年，组建贵州百里杜鹃风景名胜区党工委和管委会，为地委、行署正县级派出机构，对百里杜鹃风景名胜区实行统一领导和管理。2011年12月27日，撤销毕节地区设立地级毕节市，同年撤销县级毕节市成立七星关区。2015年12月，将毕节经济开发区和原双山新区整合组建成立金海湖新区，为市委、市政府派出的正县级机构。2019年，全市辖七星关区，大方、黔西、金沙、织金、纳雍、威宁、赫章县，百里杜鹃风景名胜区，金海湖新区。

【区域面积】 毕节市地处滇东高原向黔中山原丘陵过渡的倾斜地带。全市总面积近26848.51平方公里，占贵州省总面积的15.25%。其中七星关区位于市中北部，川滇黔三省交界处，面积3410.89平方公里，占全市面积的12.7%；大方县位于市中部，乌江支流六冲河北岸，面积3500.11平方公里，占全市面积的13%；黔西县位于市东部，地处鸭池河之西，面积2555.14平方公里，占全市面积的9.5%；金沙县位于市东北部，隔赤水河与四川省古蔺县相望，面积2523.23平方公里，占全市面积的9.3%；织金县位于市东南部，地处乌江上游三岔河与乌江支流六冲河之间，面积2865.26平方公里，占全市面积的10.68%；纳雍县位于市中南部，地处滇东高原与黔中山原的过渡地带，面积2452.32平方公里，占全市面积的9.13%；威宁彝族回族苗族自治县位于市西部，地处滇东高原东延部分，面积6298.73平方公里，占全市面积的23.5%；赫章县位于市西部，滇东高原向黔中丘原的过渡斜坡地带，面积3242.74平方公里。占全市面积的12.08%。

【地质地貌】 毕节市地层出露较齐全，从元古界震旦系至新生界的第四系地层均有分布。地质构造复杂，褶皱断裂交错发育。岩溶地貌形态多样，在区内分布次序为：东部峰林、谷地、峰丛、缓丘、洼地—中部峰丛、槽谷、丘陵洼地—西部高原、岩溶、缓丘、盆地。境内出露的岩石以沉积岩为主。面积2.49万平方公里，占全市总面积的92.81%；岩浆岩较少，约0.19万平方公里。占全市总面积的7.19%。沉积岩中以碳酸盐岩类居多，占全市总面积的62.2%，煤系砂页岩占15.6%，紫色砂页岩和紫红色砂泥岩占12.9%，泥质岩类占2.1%。市内地势西高东低，山峦重叠，河流纵横，高原、山地、盆地、谷地、平坝、峰丛、槽谷、洼地、岩溶湖等交错其间。境内平均海拔1600米，最高处位于赫章县珠市彝族乡的小韭菜坪，海拔2900.6米；最低处位于金沙县与仁怀县、四川省古蔺县交界的赤水河谷鱼塘河边，海拔457米。西部威宁县和赫章县的西部、西北部和西南部平均海拔在2000～2400米之间，属高原、中山地带，为境内第一级阶梯；赫章县东部、七星关区、大方县、黔西县、纳雍县、织金县西部平均海拔在1400～1800米之间，属中山地带，为境内第二级阶梯；金沙和黔西两县、织金县东部平均海拔在1000～1400米之间，属低中山丘陵地带，为境内第三级阶梯。

【山脉河流】 毕节市是一个多山区，境内主要山脉有西部的乌蒙山、北部的大娄山、西南部的老王山。乌蒙山位于赫章县西部和威宁彝族回族苗族自治县境内，其山系是牛栏江、白水河、北盘江和乌江的分水岭；大娄山脉西起赫章县东部，向东经七星关区、大方县北部，进入金沙县，延伸到遵义市境内，其山脉在毕节市境内是乌江水系和赤水河水系的分水岭；老王山山脉呈西北—东南走向，西北端与乌蒙山东支相接，向东延伸到六盘水市的水城、六枝一带，为乌江上游三岔河与珠江水系北盘江的分水岭。全市河长大于10千米的河流有193条，分别流入乌江、赤水河、北盘江、金沙江4大水系。属长江流域乌江水系的主要干流有偏岩河、野济河、六冲河、三岔河；属赤水河水系的有赤水河；属金沙江水系的有牛栏江、白水河；属珠江流域的有北盘江上游的可渡河。市境内属长江流域的流域面积2.56万平方公里。属珠江流域的流域面积1239平方公里，分别占全市总面积的95.3%、4.61%。其中乌江水系流域面积1.78万平方公里，金沙江水系流域面积4901平方公里，赤水河系流域面积2943平方公里，分别占全市总面积的66.2%、18.3%、10.9%。

【气候】 境内气候特别是夏无酷暑、冬无严寒，季风气候比较明显，降雨量较为充沛，立体气候突出。全市各县区多年（1951—1998）平均温度在10℃~15℃之间，最高为金沙县。最低为威宁彝族回族苗族自治县；年日照时数在1096—1769小时之间，最多为威宁彝族回族苗族自治县；无霜期245~290天，金沙、织金两县最长；年均降水量在849~1399毫米之间，最多为织金县，最少为赫章县。海拔相对高差大，垂直气候变化尤为明显，山上山下冷暖不同，高原平地寒热各异，利于多种动植物生长。

2019年，毕节市年平均气温为14.2℃，比多年同期平均值偏高0.8℃，年平均降水量为1135.4毫米，比历史同期偏多11.1%；年平均日照时数为1112.9小时，比历史同期偏少10.8%。2019年，毕节市主要气象灾害有低温雨雪凝冻、阴雨寡照、大雾、大风、冰雹、暴雨、干旱、秋风和秋绵雨。

人文历史

毕节市历史悠久。在历史的长河中，毕节各族人民在这片土地上创造了丰富的历史文化。

毕节市具有光荣的革命传统。1934年1月，中共毕节地下党第一个支部诞生，成为中共毕节地下组织的有生力量。1935年2月5日，中央红军长征途中在七星关林口镇鸡鸣三省村召开中共中央政治局常委分工会议，决定张闻天接替博古在党中央负总责，巩固了毛泽东在党和红军中的领导地位。1936年2月，红二、六军团挺进黔西北，组织建立革命政权。2月8日，中华苏维埃人民共和国川滇黔省革命委员会在大定（今大方）县成立，17日，川滇黔省革命委员会迁至毕节县城。1936年2月，贵州抗日救国军在毕节成立。红军转战毕节期间，领导建立8个区、95个乡、村苏维埃政权和95个游击队，境内5000多名青壮年参加红军。1998年，贵州省划定革命老区时，毕节地区8县市中划为革命老区的就有毕节、大方、黔西、金沙、纳雍、赫章、威宁7县市。新中国成立后，全区迅速刷新了解放前满目疮痍的局面，社会主义革命和社会主义建设日新月异地向前发展。特别是1978年中共十一届三中全会召开后，全市深入贯彻落实党的一系列改革开放方针政策，促进生产力的快速发展。毕节市是1988年6月国务院批准建立的“开发扶贫、生态建设、人口控制”试验区。试验区建立32年来，在“开发扶贫、生态建设、人口控制”，促进岩溶贫困地区经济社会可持续发展方面发挥了“小试验、大方向，作示范、探路子”的作用。

2014年5月15日，习近平总书记对毕节试验区作出重要批示，赋予了毕节试验区“为贫困地区全面建成小康社会闯出一条新路子”“在多党合作服务改革发展实践中探索新经验”的历史使命。2018年7月18日，习近平总书记对毕节试验区作出重要指示，要求“确保按时打赢脱贫攻坚战，努力建设贯彻新发展理念示范区”，为新时代试验区改革发展赋予了新的历史使命，指明了前进方向，注入了强大动力。

自然资源

【水能资源】 全市年降水总量277.96亿立方米，每平方千米平均降水103万立方米；年径流变化在300~1000毫米之间，河川径流总量多年在130亿立方米左右。水能资源理论储量221.21万千瓦，其中属长江流域的214.67万千瓦，属珠江流域的6.54万千瓦。可开发装机容量160.08万千瓦，占理论蕴藏量的70.2%。

【生物资源】 市境内有苔类植物近100种，蕨类植物34科130种，裸子植物9科22种，被子植物155科1809种，粮食作物21种950个品种，其中豆类7种277个品种；油料作物7种64个品种；蔬菜有56种395个品种；药用植物1000多种，主产半夏、天麻、茯苓、党参、杜仲；有各类草场745万亩，野生牧草45科378种，森林覆盖率56.13%；畜禽种类多，黔西马和可乐猪驰名全国；鱼类74种，脊椎动物387种，黑颈鹤、白鹤属国家珍稀保护鸟类。全市有7个县区属全国生漆基地县，5个县区属全国烤烟基地县，2个县属全国核桃基地县。

【矿产资源】 境内有煤、铁、铅锌、硫、黏土、高岭土、铝土、磷、硅石、重晶石、砂岩、石膏、稀土、彩石、白云岩、锑、镍、钴土、锰、铜、萤石、碧石、玛瑙等40种矿源。其中煤储量364.7亿吨，居贵州全省之首；铁矿探明含储量2.27亿吨，占全省探明储量的51.7%；铅锌矿查明中型矿床3个、小型矿床13个；硫铁矿有大型矿床4个、中型矿床1个；磷块岩储量14.3亿吨，织金县为省内四大磷基地之一。至2009年已开发的矿产资源有煤、铁、硫、铅锌、磷、锰、铜等30多种。

【旅游资源】 毕节市地处乌蒙山腹地，年平均气温13.4℃。生态良好，森林覆盖率达56.13%；空气清新，年空气优良天数353天；夏季清新凉爽，全市夏季平均气温仅为20.9℃，旅游度假避暑舒适期长；旅游资源丰富，有世界地质公园1处，AAAA级以上景区7个，国家森林公园5个，国家重点文物保护单位8处，国家级非物质文化遗产7个，非常适宜开展避暑度假旅游。

国家级风景名胜区织金洞，为世界上开发供游览的最大最美溶洞，与黄果树、龙宫、红枫湖组成贵州西部的旅游黄金环线；国家级森林公园百里杜鹃，总面积125.8平方公里，杜鹃品种达60余种，阳春季节，繁花似锦；国家自然保护区草海，是与滇池齐名的高原淡水湖之一，面积27.5平方公里，有鸟类155种，其中属国家一级保护的5种、二级保护的11种，草海被誉为云贵高原的明珠，“鸟的乐园”；国家级风景区“九洞天”，7公里伏流连九洞，集古、奇、秀、险、幽于一体；西电送重点工程洪家渡水电站建成后，形成蓄水面积80多平方公里的高原湖泊支嘎阿鲁湖（原名水西湖），湖光山色，美不胜收，经开发将变成一道亮丽的旅游风景线；贵州屋脊赫章韭菜坪风景名胜区，面积26.5平方公里，有贵州第一峰、千亩石林、万亩草场，自然景观秀美、奇险，更有浓郁的民族风情点缀，是第五批省级风景名胜区；赫章野马川、纳雍总溪河樱桃熟坠枝头，金沙、黔西连片金黄油菜花绽放时，更是人们踏青的去处；赫章可乐、威宁中水是古夜郎文明探幽寻秘之地；七星关城区中华苏维埃人民共和国川滇黔省革命委员会旧址、林口镇“鸡鸣三省”等红色旅游景点，是进行爱国主义、革命传统教育的圣地。此外，市内广阔的岩溶地貌，绮丽的自然风光，众多的名胜古迹，著名的革命遗址，浓郁的民族风情，均是旅游开发的宝贵资源。

民族　人口

【民族】　境内居住有汉、彝、苗、回、布依、白、蒙古、壮、侗、黎、满、瑶、土家、哈尼、傣、景颇、仡佬、京、维吾尔等45（含未识别民族）个民族。据“六普”资料统计，少数民族人口占全市总人口的25.88%。

【人口】　2019年，全市年末户籍人口937.76万人，比上年末增加7.48万人。其中，城镇人口338.53万人，户籍人口城镇化率36.10%，比上年末提高0.83个百分点。年末常住人口671.43万人，比上年末增加2.82万人，常住人口城镇化率44.30%，比上年末提高1.96个百分点。全市出生人口10.3万人，出生率13.75‰；死亡人口5.09万人，死亡率7.25‰；自然增长率6.5‰。

领导名录

姓名后加“＊”号的，是年内因提拔、调离、免职、换届、机构调整、离退休等原因而免职。

中国共产党毕节市委员会

书　记　周建琨

副书记　张集智　张翊皓

常　委　卢　林　石永忠　王　彤（女）

肖发君　何云江　崔英魁

张　平＊　吴东来　姜建静（挂职）

王鹏朝（挂职）　杨伟强（挂职）

秘书长　黄光江（兼）

常务副秘书长　张青杰

副秘书长　张青杰　傅立勇（兼）　唐晓晖（兼）

罗太瑜（兼）　颜　岭（兼）　文　景

陆有斌　胡智光

信息综合室主任　胡智光＊

中共毕节市委办公室（毕节市档案局）

主　任　黄光江（兼）

副主任　吴新江

市档案局局长　文　景（兼）

毕节市人民代表大会常务委员会

主　任　周建琨

副主任　王炳荣　杨海琰（女）　黄光江

杨新江　吴学军　罗昌琪

秘书长　杨亚军＊　冯兴忠

常务副秘书长　余刚跃

副秘书长　何家友　曾　珊＊（女）　易　鹏＊

机关党委书记　曹琴香（女）

法制委员会(法制工作委员会)

主任委员(主任)　陈应华
副主任委员(副主任)　李兆鸿

选举任免联络委员会

主任委员　李云贵
副主任委员　陈　坤*

财政经济委员会

主任委员　雷先用
副主任委员　赵德琼(女)

教育科学文化卫生委员会

主任委员　聂　焱
副主任委员　张　军

监察和司法委员会(民族宗教委员会)

主任委员　罗高峰
副主任委员　刘红燕(女)

农业与农村委员会

主任委员　万兴银(女)
副主任委员　安　旺

环境与资源保护委员会

主任委员　李　琼*(女)
副主任委员　安　艳

信访办公室

主　任　周　杰
副主任　卢兴云

毕节市人民政府

市　长　张集智
副市长　吴东来　姜建静(挂职)　王鹏朝(挂职)
李玉平　丁翊强　蒋从跃*
姚　东(挂职)　王治军　王泉松
吴　凡*(女、挂职)　丹　彤
谢培午
秘书长　黄家忠*　高扬宗
常务副秘书长　李永喜
副秘书长　游新建*　李　军　李永喜
邓　林*　黄海刚　盖　斌
曾凡亚　文　超

毕节市人民政府办公室(毕节市外事办公室)

党组书记、主任　高扬宗
党组副书记　李永喜
党组成员　盖　斌　曾凡亚　黄海刚　文　超
副主任　幸　勇　赵伟长

毕节市人民政府金融服务办公室

主　任　袁　薇(女)

毕节市人民政府发展研究中心

副主任　吴森绪　文　超*

中国人民政治协商会议毕节市委员会

主　席　杨宏远
副主席　马培译　肖远福　秦天志
辜康乐　蒋从跃　陈　波
付业春(女)　安　南
秘书长　谢祥贵
常务副秘书长　林　勇
副秘书长　刘祖荣　吕　鸣*(女)　黄宇新
机关党委书记　郭寒燕(女)

智力支边联系领导小组办公室

主　任　张　玮
副主任　顾　军

研究室

主　任　赵祖禹

副主任　黄　茜(女)

提案与法制委员会

主　任　董安碧

副主任　刘　燕(女)

经济与科技委员会

主　任　李　焱

副主任　王　漫(女)

民族与宗教委员会

副主任　祝朝靖

人口资源环境委员会

主　任　杨孝忠

副主任　胡国祥

教育卫生体育委员会

主　任　姜咏梅(女)

副主任　张道科

文化文史与学习委员会

主　任　吴学梅(女)

副主任　徐　永*

中国共产党毕节市纪律检查委员会、毕节市监察委员会

书　记(主　任)　王　彤(女)

副书记(副主任)　胡良华*　聂　勇　熊家军　王宗宇

纪委常委　熊遴箐*　阮　腾　杨初林(女)　赵德宏　詹　文　易晓华

监委委员　阮　腾　杨初林　赵德宏　张　萍(女)易晓华

办公室主任　向　勇*　吴　伟

案件管理室主任　陈　锋

纪检监察干部监督室主任　袁　琦*(女)　朱仁达

党风政风监督室主任　周先远*

组织部部长　刘　利*　王明学

宣传部部长　吴　伟*　谢　迪

第一监督检查室主任　万　勇

第二监督检查室主任　王　敖

第三监督检查室主任　张　冀

第四监督检查室主任　白　鹤*　周登璋

第五审查调查室主任　孙　珲

第六审查调查室主任　何　君

第七审查调查室主任　张　俊

信息技术保障室主任　邱　平

案件审理室主任　杨志江

信访室主任　万月平(女)

中共毕节市委巡察工作领导小组办公室

主　任　阮　腾

副主任　周照峰　刘元晖

中共毕节市委第一巡察组

第一巡察组组长　刘　跃

第一巡察组副组长　赵　鹏

中共毕节市委第二巡察组

第二巡察组组长　朱　钧

第二巡察组副组长　袁中传

中共毕节市委第三巡察组

第三巡察组组长　赵焕国

第三巡察组副组长　李立新

中共毕节市委第四巡察组

第四巡察组组长　谌浩业

第四巡察组副县长级巡察专员　贺　凯

中共毕节市委第五巡察组

第五巡察组组长　李龙舟* 曾　珊
第五巡察组副组长　杨晓平

中共毕节市委第六巡察组

第六巡察组组长　王晓园
第六巡察组副组长　徐清敏*(女)　熊廷权

市纪委市监委派驻第一纪检监察组

第一纪检监察组组长　马昭伦
第一纪检监察组副县长级专职纪检监察员
　　聂　鑫*(女)
　　杜培伦

市纪委市监委派驻第二纪检监察组

第二纪检监察组副县长级专职纪检监察员
　　韦　琨*(女)
　　聂　鑫(女)

市纪委市监委派驻第三纪检监察组

第三纪检监察组组长　甘红梅*(女)　卢建新
第二纪检监察组副县长级专职纪检监察员　费　明

市纪委市监委派驻第四纪检监察组

第四纪检监察组组长　丁　君*
第四纪检监察组副县长级专职纪检监察员　李　强

市纪委市监委派驻第五纪检监察组

第五纪检监察组组长　沈　融
第五纪检监察组副县长级专职纪检监察员　刘世春

市纪委市监委派驻第六纪检监察组

第六纪检监察组组长　向　勇
第六纪检监察组副县长级专职纪检监察员　李玉龙*

市纪委市监委派驻第七纪检监察组

第七纪检监察组组长　杨　军*
第七纪检监察组副县长级专职纪检监察员　王　华

市纪委市监委派驻第八纪检监察组

第八纪检监察组组长　王应树

市纪委市监委派驻第九纪检监察组

第九纪检监察组组长　黄　莉*(女)　韦　琨(女)
第九纪检监察组副县长级专职纪检监察员　周登璋*

市纪委市监委派驻第十纪检监察组

第十纪检监察组组长　袁正义
第十纪检监察组副县长级专职纪检监察员　吕进泽

市纪委市监委派驻第十一纪检监察组

第十一纪检监察组组长　高英策
第十一纪检监察组副县长级专职纪检监察员
　　黄道先(女)

市纪委市监委派驻第十二纪检监察组

第十二纪检监察组组长　林科俊*　陈　江
第十二纪检监察组副县长级专职纪检监察员　李　刚

市纪委市监委派驻第十三纪检监察组

第十三纪检监察组组长　卢建新*　林科俊

市纪委市监委派驻第十四纪检监察组

第十四纪检监察组副县长级专职纪检监察员　陈　颖*

市纪委市监委派驻第十五纪检监察组

第十五纪检监察组副县长级专职纪检监察员　费　明*

中共毕节市委工作部门
(含部门管理机构)

中共毕节市委组织部

部　长　石永忠
常务副部长　邱旭忠

副部长　高扬宗*　关凤晶*(女)　陈　洁
　　　　宋乃新　郑　荣　黄克卫　张　猛
部务委员　宋乃新*　刘　朝　朱　翃　薛　成

中共毕节市委党的建设办公室(市党员干部现代远程教育工作领导小组办公室)

副主任　李　庄　张　猛*

中共毕节市委宣传部

部　长　何云江
常务副部长　郑　荣*(女)　王丽佳
副部长　李　丽(女)　郭　波　朱光伦

中共毕节市委新闻宣传工作办公室(市政府新闻办)

主　任　谢　迪*(女)　朱光伦

毕节市精神文明建设指导委员会办公室

主　任　李　丽(女)

《毕节试验区》杂志社

主　编　李　霓(女)
副主编　朱光伦*　杨　超

中共毕节市委统战部

部　长　黄光江
常务副部长　廖碧江*(女)
副部长　张玉杰　秦保卫*　朱宇翔　甘红梅

中共毕节市委政策研究室(毕节市开发扶贫生态建设试验区办公室、毕节市发展研究中心)

主　任　傅立勇
副主任　郭　凯　孙卫义　陆有斌*　黄家懿

毕节市全面小康建设办公室

主　任　张柳青

中共毕节市委政法委员会

书　记　王治军
常务副书记　何志勇*　唐晓晖
副书记　廖碧江(女)　周　勇
政治部主任　冉学荣

中共毕节市直属机关工作委员会

书　记　徐霞辉*　石永忠
常务副书记　徐霞辉
副书记　罗奇志(女)
纪工委书记　李立新*　白　鹤

中共毕节市委老干部局

局　长　关凤晶*(女)　陈　洁
副局长　杨丽萍(女)　徐仁龙

毕节市机构编制委员会办公室

主　任　刘祖虹(女)
副主任　龙尚清　刘先炜*　慕学平

中共毕节市委、市政府接待处

处　长　陈　洁*(女)
副处长　路仕兵

毕节市督查考核局

局　长　江耀波(女)
副局长　王学亮　张　丽　熊　凯

中共毕节市委机要和保密局(毕节市国家密码管理局、毕节市国家保密局)

局　长　黄成林*

毕节市机关事务管理局

局　长　姚庆丰
副局长　徐道泽　何　跃　郑　敏(女)

毕节市信访局

局　长　唐晓晖
副局长　曾明祥*　张忠平　杨　珉*

唐凌宇　刘祖梅马　吉*

毕节市三级联动视频接访(调处)中心

主　任　唐晓晖
副主任　张忠平　杨　珉*

中共毕节市委直属事业单位

中共毕节市委党校(毕节市行政学院、毕节市社会主义学院、中共毕节市委讲师团)

党委书记、常务副校(院、团)长　王向东*
副校(院、团)长　谭太富　高扬宗*(兼)
　　赵德虎
纪委书记　蔡　燕(女)
教育长　赵德虎＊　卜令冲
纪委副书记(监察室主任)　谢春林
办公室主任　李　亚
组织人事处处长　张树洁(女)
学员工作处处长　周凌秋(女)
基础理论教研部主任　王洪云
多党合作理论与实践研究所所长　罗　恺
公共管理教研部主任　魏　鸿(女)
经济管理教研部主任　王学权
财务处处长　王洁凤*(女)
信息处处长　邹科军
校刊编辑部主任　孔令举
基层党校工作处处长　吕世丹(女)
工会主席　姜　文*　陈　勇
对外培训处处长　赵庆宏*
行政处(保卫处)处长　袁　静
图书馆馆长　史会荣(女)

毕节市老年大学

校　长　陈　勇
副校长　王方杰*　李　波　丁　君

毕节日报社

社　长　张培立
总编辑　施　毅
副社长　李建生
副总编　刘靖林　禄炳宪　刘　瑾

中共毕节市委党史研究室(地方志编纂委员会办公室)

主　任　高隆礼
副主任　唐光甫　吴南剑　赵建雪

毕节市人民政府工作部门(含所属单位)

毕节市发展和改革委员会

主　任　付　波
副主任　雷明礼　林文启*　杨正友(兼)
　　付立云　李　嵩
总经济师　杨　军*
总规划师　徐会琼*(女)

毕节市铁路(机场)建设办公室

主　任　雷明礼

毕节市工程咨询中心

主　任　陈黔方

毕节市教育局(中共毕节市委教育工作委员会)

市委教育工委书记　何云江
市委教育工委副书记　王泉松*　谢培午
　　王发礼
市委教育工委专职副书记　张　赟
局　长　王发礼
副局长　朱德贵　张　锦*(女)　马　锷

毕节市考试管理中心

主　任　袁礼礼

毕节市教育科学研究所

所　长　孙　华*

毕节市人民政府教育督导室

副县级督学　何友国

毕节市中华职业教育社

专职副主任　夏　青(女)

毕节市科学技术局

局　长　侯长英
副局长　郭　毅　郭绍源　张　阳
　　　　彭斯春*(女)
党组成员　阮培均

毕节市工业和信息化局(毕节市大数据发展管理局)

局　长　桂祥友
副局长　秦保卫　鲁茂言*　刘剑锋　龙盛君
蔡成武
总经济师　张永洪*
总工程师　蔡成武*

毕节市民营经济发展局(市中小企业局)

局　长　杨　雄

毕节市煤矿勘测设计院

院　长　吴家文*

毕节市能源综合行政执法支队

支队长　刘　永

毕节市民族宗教事务局

局　长　王丽佳*(女)　朱宇翔
副局长　刘田向　沈　允(女)　黄义泉
　　　　王天军*

毕节市公安局

局　长　王治军
常务副局长　周兵志
副局长　吴安宁　李　旭
政治部主任　伍仕国
机关党委书记　赵　琳(女)

毕节市公安局洪家渡分局

局　长　吴孟虎
政　委　贺沛权

毕节市公安局交警支队

支队长　方　向
政　委　吴　畏

毕节市公安局禁毒工作支队

政　委　方昱民

毕节市公安局特(巡)警支队

支队长　王子能
政　委　刘贵彬

毕节市公安局警务保障支队

政　委　杨丽娟(女)

毕节市公安局法制支队(直属公安局)

政　委　王森林

毕节市公安局国内安全保卫支队

支队长　宋　宣
政　委　罗高翔*

毕节市公安局经济犯罪侦查支队

支队长　尹　平
政　委　黄成龙

毕节市公安局治安警察支队

支队长　林　义
政　委　杨　杰

毕节市公安局刑事侦查支队

支队长　张智军
政　委　唐　彬

毕节市公安局技术侦察支队

支队长　王　冬

毕节市公安局监所管理支队

支队长　蒙乔生
政　委　禄　杰

毕节市公安局出入境管理分局

局　长　王雪琴(女)
政　委　赵小吉

毕节市公安局网络安全保卫支队

支队长　李　响
政　委　朱品海

毕节市公安局警务督察支队

支队长　黄晓咏(女)
政　委　何万学

毕节市公安局人民警察培训学校

校　长　牛国强
政　委　杨　芳(女)

毕节市公安局审计处

处　长　何万林

毕节市公安局警卫处

政　委　罗永义

毕节市公安局维稳支队

支队长　周晓波*
政　委　孙方成

毕节市市场监督管理局(毕节市知识产权局)

局　长　李洪应
副局长　罗孝军　林学方　陈　锐　王桂全*
　　　　徐志安*　李　卫
党组成员　龙　勇　高　峥
食品安全总监　高　峥
总工程师　王文军*

毕节市退役军人事务局

局　长　杨晓铁
副局长　李　敏　罗康国

毕节市民政局

局　长　熊灿平
副局长　孟天明*　武绍勇　彭晓刚　王仕康

毕节市司法局

局　长　张玉梅*(女)　何志勇
副局长　廖秋曦　张　维　滕明波　周　锋
　　　　徐忠琴*(女)　栾亚庆*
政治部主任　廖秋曦*(女)

毕节市强制隔离戒毒所

第一政委　张玉梅(女、兼)　何志勇
所　长　谭学明
政　委　吕厚明
副所长　郑　毅　程龙毅
纪委书记　周凌祥(女)

毕节市财政局

局　长　何友谊
副局长　陈天吉　周玉龙　段锡钧　周　庆*
总会计师　周玉龙*

毕节市国库支付中心

主　任　朱晓虹(女)

副主任　王仁东　熊　培

毕节市国有资产监督管理委员会

主　任　骆丽红
副主任　何永芬(女)　温鼎明

毕节市人力资源和社会保障局

局　长　高扬宗*　郑　荣
副局长　梅品伦　杨　熙*(女)　祝朝卫
　　　　王天军
党组成员　杨题龙

毕节市劳动保障综合行政执法支队

支队长　蔡定成

毕节市劳动人事争议仲裁院

院　长　徐　锋

毕节市社会保险事业局

局　长　邱　伟

毕节市就业局

局　长　周碧英(女)

毕节市生态环境局(省垂直管理单位)

局　长　吉　焕

毕节市自然资源和规划局(省垂直管理单位)

局　长　孙小井

毕节市住房和城乡建设局

局　长　朱永德*　严　琪
副局长　张　旭(女)　李永新　王　军
　　　　李　红*(女)　吴至衡*
总工程师　王　军*

九洞天国家重点风景名胜区管理局

局　长　彭　雄

副局长　王成云　彭　旭　尚跃康

支嘎阿鲁湖管理处

处　长　彭　旭

毕节市交通运输局(毕节市交通战备办公室)

局　长(主任)　林　松
副局长(主任)　何运军　王邦富　肖远勋
　　　　　　　张　勇　龙　华(兼)
总工程师　张　勇*

毕节市地方海事局(毕节市航务管理处)

局(处)长　欧　涛

毕节市道路运输局(毕节市城市公共客运交通管理局)

局　长　陆明朝

毕节市公路处(毕节市农村公路养护中心)

处　长　王端贵

毕节市农业农村局

局　长　卢　瑶*　胡书龙
副局长　潘国元　王　峰　刘红梅
党组成员　赵力永　郑元红　陈　林
总农艺师　郑元红*

毕节市农业科学研究所

党委书记　王　嵩
所　长　王　嵩*　刘朝峰
副所长　张时龙　梅　艳(女)
纪委书记　李雪松

毕节市人民政府烟草办公室

主　任　张　雪(女)

毕节市水务局

党组书记　潘　智*　卢　瑶

局　长　丹　彤* 卢　瑶
副局长　刘　宗　陈大新* 聂宗敬* 赵咏梅
党组成员　安龙生
总工程师　安龙生*

毕节市水土保持办公室(毕节市世行贷款/欧盟赠款水土保持项目办公室、毕节市水土保持生态环境监测站)

主　任　孟天友

毕节市水利工程管理处

处　长　刘显达

毕节市夹岩水利枢纽工程建设处

处　长　宋怀春

毕节市勘测设计研究院

党总支书记　付淑贤*(女) 聂宗敬
院　长　颜　勇* 聂宗敬

毕节市商务局

局　长　谌贻勇
副局长　刘　念　王显斌　曾凡亚*(女)
周云祥
总经济师　王显斌*

毕节市投资促进局

局　长　骆丽红*(女) 游新建
副局长　喻兴忠　胡　媛(女) 吕　勇

毕节市利用外资和招商引资项目代办服务中心

主　任　党廷海

毕节市卫生健康局

局　长　吴大敏* 陈德奉
副局长　袁顺国　路　敏　孙　晓　吴　勇
蒋　志* 赵丽娅*(女,兼)

毕节市红十字会

会　长　王泉松
专职副会长　邓　韬
秘书长　李　梅(女)

毕节市爱国卫生运动委员会办公室

主　任　李林有

毕节市计划生育协会

专职副会长　曾家权
秘书长　韩　荣(女)

毕节市扶贫开发办公室

主　任　颜　岭
副主任　付立铭* 刘敬东　黄　春　胡　松
吴至衡
总经济师　胡　松*

毕节市外资项目管理中心(毕节市社会扶贫办公室)

主　任　刘泽宏

毕节市审计局(省垂直管理单位)

局　长　王雄伟

毕节市林业局

局　长　喻祖常
副局长　高守荣　袁朝仙(女)
党组成员　赵　伟　聂祥军　糜小林(女)
总工程师　糜小林*(女)

毕节市防治石漠化管理中心

主　任　金　宇

毕节市城市绿化管理办公室(毕节市林场管理办公室)

主　任　顾国斌

毕节市文化广电旅游局

局　长　何正芳

副局长　甘德富　施正军　舒　英(女)
党组成员　陈如新　糜祖跃　郭云翔

毕节市广播电视信息网络中心

主　任　糜祖跃

毕节市广播电视台

台　长　李文均
副台长　刘　杰*　王应军　叶光良　李德品
总编辑　叶光良

毕节市文物局

局　长　郑远文

毕节市图书馆

党支部书记　罗　军
馆　长　余　波

毕节市文化市场综合行政执法支队

支队长　赵　翔

毕节市体育运动学校(毕节市体育职业学校、毕节双山实验中学)

党支部书记　王秀春(女)

毕节市体育局

党组书记　薛占润
局　长　张　超
副局长　蒋　林　朱卫国

毕节市动物疫病预防控制中心

主　任　龙冬梅(女)

毕节市农业综合行政执法支队

所　长　潘定垒(女)

毕节市牧科所

党委书记、所长　王明进

毕节市牧垦场

党委副书记、场长　罗应禾

毕节市应急管理局

局　长　陈　华
副局长　周选明　邹　敏(女)　周龙俊
党组成员　谢明富

毕节市统计局

局　长　王世雄
副局长　胡晓敏(女)　王　彦*　杨安群(女)
　　　　周　琴(女)
总统计师　周　琴*(女)

毕节市食品药品检验所

所　长　李富国

毕节市人民防空办公室

主　任　袁　锋
副主任　李　刚　李　红

毕节市人民政府政务服务中心(市政府采购中心)

主　任　明忠琴(女)
副主任　张和萍(女)　王泽松

毕节市人民政府直属事业单位

毕节市供销合作社联合社

主　任　谢江道
副主任　钟希霞(女)　胡昭伦

毕节市生态移民局

局　长　罗太瑜
副局长　唐学智　杨正友　徐　萍*(女)

毕节市住房公积金管理中心

主　任　罗晓平

副主任　张华青　马　林

毕节市档案馆

馆　长　徐　永

副馆长　周晓茹*(女)　王生才

毕节市公共资源交易中心

党组书记　司　晋

主　任　程　静(女)

副主任　高　锐

毕节市人民政府驻外办事处

北京联络处

主　任　吕　飞

副主任　丁　荣

广州办事处

主　任　罗光前

副主任　孔凡文

重庆办事处

主　任　赵国红

深圳办事处

副主任　张明发

上海联络处

主　任　黄采军

贵阳办事处

主　任　谭齐贤

副主任　张道富

苏州办事处

主　任　张建军

军队武警部队

中国人民解放军毕节军分区

党委书记、政委　张　平*　聂学政

党委副书记、司令员　邓仲林

党委常委、纪委书记、副司令　叶良兵

党委常委、战备建设处处长　刘　锐

党委常委、纪委副书记、政治工作处主任　王华国

党委委员、保障处处长　商　坤*　王太琪

党委委员、动员处处长　杨建军

中国人民武装警察部队毕节市支队

党委书记、政委　黄　夷

党委副书记、支队长　杨　旭*　王永明

党委常委、副政委　叶　斌

党委常委、副支队长　陈劲松*　汪祖超*

张崇清　齐锋义

党委常委、参谋长　廖　君

党委常委、政治工作处主任　刘国武

党委常委、保障处处长　何柏江*　吴炳红

毕节市公安消防支队

党委书记、政委　彭　权*

党委副书记、支队长　孟吴恒*　贺　凯

党委常委、副支队长　周正华*

党委常委、司令部参谋长　石明雄*　高　峰

党委常委、政治处主任　曹慧剑

党委常委、后勤处处长　张　箭

党委常委、防火监督处处长　陈源源

毕节市人民检察院

检察长　石子友*　张　宇

副检察长　王荣波　廖显东　陈恩志

政治部主任　郭正元

机关党委书记　王　燕(女)

检察委员会专职委员　王义平
案件管理办公室主任　谢家英(女)

毕节市中级人民法院

院　长　任明星
常务副院长　吴建忠
副院长　肖国勇　陆　川　张百灵
政治部主任　江友福*　罗丽群(女)
执行工作局局长　谌珊珊
审判委员会专职委员　张远忠

民主党派

民盟毕节市委员会

主　委　刘祖荣
专职副主委　谢　霓(女)
副主委　武　卉(女)　陈业强　周建华

农工党毕节市委员会

主　委　辜康乐
副主委　李舒波　庞小林　徐全华　刘发志

九三学社毕节市委员会

主　委　周正军
副主委　程　静(女)　王　峰　宋　毅
　　　　张景兴

民建毕节市工作委员会

主　委　秦天志*　丹　彤
专职副主委　罗同昱
副主委　丹　彤*　唐玉萍(女)

民革毕节市工作委员会

主　委　肖远福
专职副主委　张贤芬(女)
副主委　郭正权　李　军

民进毕节市工作委员会

主　委　罗庆军*　张　超
专职副主委　莫艳雄
副主委　张　超*　杨　兵

致公党毕节市工作委员会

主　委　安　南
副主委　王　力　吴　灵

群团部门

毕节市总工会

主　席　王炳荣(兼)
党组书记　陈明江
副主席　钱　旭　彭　菊(女)

青年团毕节市委员会

书　记　饶　萍(女)
副书记　彭　婷*(女)　马永江

毕节市青年联合会

主　席　彭　婷*(女)　马永江

毕节市妇女联合会

主　席　徐书云(女)
副主席　黄文碧(女)　张　敏(女)

毕节市科学技术协会

主　席　谢平贵
副主席　罗　丽(女)　陈　岚(女)
党组成员　孙　超

毕节市工商联(商会)

党组书记　秦天志*　张玉杰
主　席(会长)　秦天志
副主席(副会长)　付漫江(女)　马永义

毕节市社会科学界联合会

主　席　曾加伦

副主席　黄华玉(女)　李　军

毕节市文学艺术界联合会

主　席　刘群峰*　刘汉文

副主席　杨春明　郭　波*　刘　奇

毕节市残疾人联合会

理事长　张　春

副理事长　王思华　张　霞(女)

毕节市归国华侨联合会

主　席　张　友

学　校

贵州工程应用技术学院

党委书记　令狐荣锋

党委副书记、院长　王建平

党委副书记　汤宇华

纪委书记　索绍新

副院长　虬在溪　向贤礼　李　琳

毕节职业技术学院(毕节市农业学校)

党委书记　龙泽玉

党委副书记、院长　池　涌

党委副书记　钟　声

纪委书记　安永红(女)

副院长　杨　慧　傅于川*　高守军　易　鹏

组织(人事)部长(处长)　张治国

毕节医学高等专科学校(毕节市卫生学校)

党委书记　颜　勇

党委副书记、校长　杨永学

党委副书记　肖朝荣

纪委书记　黄莉军*(女)　汤应洪

副校长　黎　梅(女)　王景舟　许　海

组织(人事)部长(处长)　徐贵祥

毕节幼儿师范高等专科

党委书记　石承钧

校　长　卢凤鹏

党委副书记　杨　帆

纪委书记　何　勇*

副校长　赵昌伦　陈忠勇　黄　瑛*(女)
　　　何　勇

毕节市工业学校(市农业机械学校、毕节市水利电力工程学校、市水利电力技工学校)

党委书记、校长　胡忠健*

副校长　付善华　朱厚渊　漆顺刚

毕节市信息工程学校(毕节市财贸学校、毕节市财政经济干部学校)

党委书记、校长　丁诗勇*　张　鹏

纪委书记　杜培伦*

副校长　张　鹏*　叶宇赤

毕节市广播电视大学

党委书记、校长　张安瑾

副校长　王小兵　张纯朴

毕节市第一中学

党委书记　覃珍贵

校　长　屈小锋(女)

纪委书记　彭　艳(女)

副校长　黄　河*　张用周　谢　军*　龙泽惠
　　　黄世虎

毕节市民族中学

党委书记　邱国援*

校　长　邱国援*　孙　华

纪委书记　邓　梅(女)
副校长　王　祥*　丁　宇　金　莉(女)
　　田贞明

毕节市实验高级中学(毕节市师范学校)

党委书记　吴浩亮*　赵英才
校　长　赵英才*　谢　军
纪委书记　陶祥湘
副校长　王　祥　高庆平　田贞明*　王友云

毕节第二实验高中(黔西旅游学校)

校　长　林　琳

毕节第三实验高中(威宁草海艺术学校)

党委书记　肖良宪*
校　长　范光留*

毕节市特殊教育学校

校　长　罗　旭

医疗单位

毕节市第一人民医院

党委书记　陈文智*　刘仁才
院　长　陈文智*　武　卉
纪委书记　许明军
副院长　刘仁才*　武　卉(女)*　徐全华
总会计师　陈　煦

毕节市紧急救援中心

主　任　徐全华

毕节市第二人民医院(毕节市红十字医院)

党支部书记　王继华*(女)　王宝仁
院　长　王　刚

毕节市第三人民医院(市传染病医院)

院　长　龙　训

毕节市中医院

党委书记　吴国春(女)
院　长　陈德奉*
纪委书记　黄玉龙
副院长　李　军　李珍武
总会计师　葛传俊

毕节市疾病预防控制中心

主　任　许文明
副主任　刘　宁　陈世清

毕节市卫生健康综合行政执法支队

支队长　周建礼
副支队长　侯尚军　杨　康

毕节市妇幼保健院(毕节市妇幼保健计划生育服务中心、毕节市妇产医院、毕节市儿童医院)

党支部书记　张义丽*(女)　王继华
院　长　卢　萍(女)

毕节市中心血站

党支部书记　杨　芊(女)
站　长　杨孝义

省管单位

毕节国家安全局

党委书记、局长　＊＊＊
党委副书记、政委　＊＊＊
副局长　＊＊＊＊＊＊

毕节银监分局

党委书记、局长　李建国
副局长　喻德海　李志远*
纪委书记　祖　毅*
党委委员　祖　毅*

中国人民银行毕节中心支行

党委书记、行长　李　刚
副行长　岳长春　吴维旭　段丽疆(女)
纪委书记　李　毅
工会主席　胡高文

工商银行毕节分行

党委书记、行长　徐志刚
党委副书记、副行长　徐志刚*
党委委员、副行长　姚宏彪　刘亚松(女)　谢武兵
纪委书记、工委主任　李　斌

农业发展银行毕节分行

党委书记、行长　樊晓东
副行长　李俊懿
纪委书记、副行长　吴道庆*　聂媛洁(女)
党委委员　张达军

农业银行毕节分行

党委书记、行长　蒋承业
副行长　蔡建平*　向东海*　赵云霞(女)　陈世林
纪委书记　姚　欣(女)*　傅　鹏
资深客户经理　蔡　军
资深专员　刘章渠　廖淑萍　谢　武

建设银行毕节分行

党委书记、行长　吴生祥
副行长　张迎春(女)*　朱荣祥　张力川　吴　江
纪委书记　李　靖

中国银行毕节分行

党委书记、行长　罗　军
党委委员、副行长　刘　燊*　王若兰(女)
副行长　黄　楠(女)
党委委员、纪委书记　宋华云
党委委员　肖　黎

贵州省农村信用联合社毕节办事处

党工委书记、主任　张金禄
党工委委员、副主任　彭　锟

中国邮政储蓄银行毕节市分行

党委书记、行长　龚教波
副行长　许　欣　张海明*　陈思学
党委委员、纪委书记、副行长　童思强

贵州银行毕节分行

党委书记　周　炼
党委副书记、副行长　周　炼*
副行长　陈　谊*　孟　伟　陈明勇
纪委书记　陈　谊
行长助理　胡　赟

贵阳银行毕节分行

党委副书记、副行长　顾　波
纪委书记、风险官　陈剑挥
党委委员、行长助理　苏　谦
党委委员　肖　军

交通银行毕节分行

党委书记、行长　刘　顺
党委委员、副行长　庄茂筑
党委委员、行长助理　杨　涵*　陈　海
行长助理　陈　杨

毕节发展村镇银行

党支部书记、董事长　王　旭
党支部副书记、行长　佘俊芬(女)

中国人民财产保险毕节分公司

党委书记、总经理　张明忠*　农　刚

副总经理　杨经邦　李　丽(女)　夏　炜*
总经理助理　夏　炜*　王　鑫
纪委书记　杨经邦

中国人寿毕节分公司

党委书记、总经理　杨代煜*　赵红艳
党委委员、副总经理　杜　江*　王志刚*　史洪全
党委委员　史洪全*

太平洋人寿保险毕节中心支公司

党委书记、总经理　李　红*　贺伟杰
党委委员、副总经理　黄霞贵

太平洋财产保险毕节中心支公司

党委书记、总经理　尹　刚
总经理助理　徐　奎
工会主席　刘一鸣

毕节市税务局

党委书记、局长　罗玉平
党委副书记、副局长　杨　毅
党委委员、副局长　谭景林　周　进(女)　李学智
吕　磊　邹智国
党委委员　朱光华
党委委员、总经济师　邱　飞
党委委员、总会计师　张　平
党委委员、纪检组组长　王　鹏
总会计师　付启华

国家统计局毕节调查队

党组书记、队长　杨　伟*
副队长　王桂林　夏荣国
纪检组组长　陈劲松*　王瑞远

毕节市公路管理局

党委书记　黄正华
局长　黄正华*　王瑞远
副局长　杨青海　王瑞远*
工会主席　陈元达*
总工程师　周发恒
纪委书记　张　萍(女)

毕节市烟草专卖局(公司)

党委书记、局长、经理　陈文相*　彭　宇
党委副书记、副局长、副经理　彭　宇*　祝朝东
副局长　祝朝东*
纪委书记　蒙朝先(女)*　李　明
副经理　翟　欣*　华　沙*　张正林*
文　赟　何　轶
总会计师　张万林*　刘正模

中国移动通信集团毕节分公司

党委书记、总经理　李洪平
党委委员、副总经理　吴待志　王　庆　邹　昕
纪委书记　邹　昕

中国电信毕节分公司

党委书记　丁曼佳*
党委副书记　龙宪春(女)
总经理　王林松
副总经理　龙宪春(女)　孙　胜　张　祥*
陈　伟
纪委书记　张　祥*　陈　伟
工会主席　孙　胜
财务总监　龙宪春(女)

中国联合网络通讯有限公司毕节分公司

党委书记、总经理　左雷鸣
副总经理　章　力　吴　悦　杨咏萍(女)
纪委书记、纪检组组长　刘　宁

新华书店

党委书记、总经理　王　健

党委副书记、副总经理　王伟强
总副经理　董昌明*　黄　山

中石化毕节分公司

党委书记、经 理　罗学祥*　苏　丹
副经理　丁　松*　吴坚友
副书记、纪委书记、工会主席　陆　永

毕节市邮政管理局

党组书记、局长　龙　华
纪检组组长、副局长　王冬梅(女)

中国邮政集团毕节分公司

党委书记、总经理　钟学俊
纪委书记　潘　洪
副总经理　邹　勇*　黄　华*　王福来

毕节市气象局

党组书记、局长　王彦春*　田　兰
副局长　刘　佳
纪检组组长　王　琼(女)

毕节供电局

党委书记　李涟叶
执行董事　李涟叶*
党委副书记、局长　张金荣
副局长　李涟叶　王远鹏　邓　松*　杨永谦
　　沈　毅　严奉军
纪委书记　黄　健
工会主席　王远鹏

贵州华电毕节热电有限公司

党委书记、董事长　左世伟*　李浪艇
党委副书记、总经理　杨　伟*　左世伟
副总经理　李煜涵*　俞开红
副总经理、工会主席　万有强
纪委书记　叶永奎

贵州中烟工业有限责任公司(毕节卷烟厂)

党委书记、厂长　赵科文
党委副书记、副厂长　赵科文*(全面主持工作)
副厂长　范从军　王　潇
纪委书记　刘　刚
工会主席　卢　镝

毕节监狱

党委书记、监狱长　罗元昌
党委副书记、政委　王兆义
副政委　张雪雯(女)
副监狱长　杨昌富　沈承献　孙思发　肖良佳
　　张帮兴
政治处主任　黎德军
纪委书记　张雪雯(女)*　全中亮

贵州草海国家级自然保护区管理委员会(中共贵州草海国家级自然保护区工作委员会)

党工委书记　肖发君(兼)
党工委副书记、主任　陈　波(兼)
党工委委员、常务副主任　冯兴忠*
党工委委员、副主任　赵　毅　李　茂
党政办(政治部)主任　臧宁波
综合执法处(执法局)处长(局长)　丁开斌
环境监测处处长　刘　文
项目管理处处长　崔炳鸿

市属国有企业

贵州草海保护开发投资有限责任公司

党委副书记、董事长　郭　鹏
党委副书记、副董事长、总经理　苟　耿
纪委书记　袁龙盘
副总经理　陈朝昀　高　峰

毕节市水务投资(集团)有限责任公司

党委副书记、董事长　王　红*　周　庆

党委副书记、副董事长、总经理　唐圣胪*　王岳
副总经理　杨　平
总工程师　周亚驰
监事会主席、工会主席　徐晓元
专职副书记　尹　伟(女)
纪委书记　郭家雄

毕节旅游开发(集团)有限公司

党委书记、董事长　孙思清
副董事长、总经理　罗　丰
专职副书记　王靖云
副总经理　黄小松
纪委书记　张星元
总规划师　胡传梗

毕节市工业能源投资建设有限公司

党委书记、董事长　吴参化
党委副书记、副董事长、总经理　曾　义
专职副书记　陈祖云
副董事长　李守跃
副总经理　张　勇　向仕光
纪委书记　王　林
总经济师　范贤富

毕节市医疗投资有限责任公司

党委书记、董事长　朱大庚
副董事长、总经理　黄　勇
专职副书记　陈跃进
纪委书记　封陆军
监事会主席　黄　能
总会计师　刘胜祥

毕节市商贸投资有限责任公司

党委书记、董事长　段彰厚
党委副书记、副董事长、总经理　蔡安刚
专职副书记　王长春
纪委书记　李　熹

毕节市建设投资有限公司

党委书记、董事长　张立华*(兼)　陈乔友
党委副书记、副董事长、总经理　陈乔友*
副总经理　韦嘉洪
专职副书记　周礼卫
纪委书记　刘　涛
监事会主席　高安居

毕节市信泰投资(集团)有限公司

党委书记、董事长　张立华*　胡文化
党委副书记、总经理　胡文化*
副董事长　汪晓芸*(女)
专职副书记　王　羽(女)
副总经理　刘元刚
总会计师　刘　明(女)
纪委书记　何文林
监事会主席　胡晓涛

毕节市交通运输有限责任公司

党委书记、总经理　穆　建
副总经理　罗成琪　陆春晖　程　强*

毕节飞雄机场有限责任公司

党委书记、董事长　吴晓君
副董事长、总经理　晏学义
党委副书记　王　红
纪委书记　赵　艺(女)

毕节市交通建设集团有限责任公司

党委书记、董事长　杨小虎
党委副书记、副董事长、总经理　王旭东
党委副书记　周　鹏*　吴学相
副总经理　蒋红全　陈业强　周大国
总工程师　杨　春
监事会主席　吴学相*

纪委书记　李　宾

毕节市洪欣城市建设投资有限公司

董事长　张　华

毕节市泰信融资担保(集团)有限公司

董事长兼总经理　蒋才勇
专职副书记　陈祥峰
纪委书记　陈俊涛

毕节市农业投资发展有限责任公司

董事长　马友省
副董事长、总经理　黄　健
专职副书记　支从兵
副总经理　唐圣胪　洪　林
纪委书记　吴学亮

县区党委、人大常委会、人民政府、政协、纪委、人民法院、人民检察院、公安局

毕节市七星关区

区　委

书　记　崔英魁
副书记　胡敬斌　郑建旭
常　委　严　琪*　何万学*　袁　媛(女)
　　　　赵德文　敖　祥　周　仁　陈　俊
　　　　易晓华*　叶　荣　陈估猛　张万泽

区人大常委会

主　任　周　延
副主任　张　媛(女)　胡家敔　张　骅
　　　　肖世华　胡卫国　吕艺华

区人民政府

区　长　胡敬斌
副区长　严　琪*　王大庆　李　萍(女)
　　　　陈　俊　肖玉明*　夏　冬　陈亮欢

区政协

主　席　葛传彦
副主席　王林中　燕金祥　江晓燕(女)
　　　　周遵林　熊　雄　邓　庆

区纪律检查委员会、区监察委员会

书　记(主任)　易晓华*　赵德文
副书记(副主任)　刘　贵　王　驰*　王　鑫
区人民法院院长　禄智华
区人民检察院检察长　刘　永
区公安局局长　何万学*　周　仁
区委党校常务副校长　熊　宁

七星关区天河风景名胜区管理处

党委书记　毛家兴*
处　　长　丁世远

七星关经济开发区党的工作委员会、管理委员会

书　记　崔英魁(兼)
副书记、主任　胡敬斌(兼)
专职副书记　张和国
副主任　李永红　米　良*　宋尚万

大方县

县　委

书　记　佘　龙
副书记　陈　萍(女)　杨志成*　张　锦
常　委　曹代发　赵德文*　黄海鸣　刘　海*
　　　　黄　莉　雷文军　章　育*(女)
　　　　李天智　寇　炯*　杨忠强　秦　勇
　　　　张　雄

县人大常委会

主　任　陈祖军
副主任　刘丰俊　李义军　唐　婧(女)

万兴智（女） 刘玉华 李春阳

县人民政府

县　长 陈　萍（女）
副县长 曹代发 穆　峰 黄洪江 周登印
何　逆 秦　勇* 聂　跃

县政协

主　席 袁家艺
副主席 张　琳* 陈亚林 杨章贤 姜　涛*
陈　倩（女） 李启英（女） 章　育（女）

县纪律检查委员会、监察委员会

书　记（主任） 赵德文* 黄　莉
副书记（副主任） 杨卓智 郑修敏（女）
县人民法院院长 张　敏
县人民检察院检察长 张大中

县公安局

局　长 何　祥* 康　海
政　委 康　海* 罗高翔

大方县慕俄格古城管理处

处　长 吴　亮

大方县油杉河风景区管理委员会

主　任 聂　跃*

大方经济开发区党的工作委员会、管理委员会

书　记 佘　龙（兼）
副书记、主任 陈　萍（女，兼）
专职副书记 牛平志
副主任 居明旺 龙盛学

黔西县

县　委

书　记 卢　林
副书记 杨汉华 胡书龙* 杨志成
常　委 管庆良* 李学军* 樊章宣 李　旭*
向　阳* 蒋景毅 孔令文* 张　铭
敖登雪 刘　海 林晓晖

县人大常委会

主　任 邬　江*
副主任 殷从隆 李学军 赵维举* 杨开祥
敖西洛 杨　曦 林　琴（女）

县人民政府

县　长 杨汉华
副县长 管庆良* 敖登雪 赵　璞 曾　科
曾　红* 刘丹丹*（女） 朱绍顺

县政协

主　席 罗智琼（女）
副主席 卓永发 焦　静（女） 汪伦碧（女）
罗　成 戴湘远

县纪律检查委员会、县监察委员会

书　记（主任） 樊章宣
副书记（副主任） 周文渊 夏　立
县人民法院院长 薛卫东
县人民检察院检察长 卓英武

县公安局

局　长 李　旭*
政　委 李　松
县委党校常务副校长 杨智平

黔西经济开发区党的工作委员会、管理委员会

书　记 卢　林（兼）
主　任 杨汉华（兼）
副主任 何大伦 汤　进

金沙县

县委

书　记　谢培午*　梁　铮
副书记　李　涛　禄　斌
常　委　吴学静*　罗培林　杨家凯　陈　勇*
熊　伟　刘汉文*　余本涛　陈　超
赵福美(女)　蒋显虹

县人大常委会

主　任　蒙　敏(女)
副主任　陶明森　曾庆军*　赵宝庆　任仕宇
罗守先(女)　李超军　李洪强

县人民政府

县　长　李　涛
副县长　吴学静*　罗培林　周益军　周劲松
袁　琦　詹世顺　王正益

县政协

主　席　魏其凯
副主席　李文俊　吴　炜　王治明　吴玉艳(女)
李开伟

县纪律检查委员会、县监察委员会

书　记(主任)　杨家凯
副书记(副主任)　陈　肖　李　智
县人民法院院长　张　涛
县人民检察院检察长　肖莉红(女)

县公安局

局　长　余本涛
政　委　陈光电

金沙三化同步统筹发展改革试点办公室

主　任　罗华明

金沙经济开发区党的工作委员会、管理委员会

书　记　谢培午*(兼)　梁　铮
副书记、主任　李　涛(兼)
专职副书记　吴学静*
副主任　王体端　赵福海

织金县

县委

书　记　杨　桦
副书记　潘发勇　徐开焱　王兴明*(挂职)
常　委　陈　坤　朱宇翔*　刘　美*(女)
雷文军*　何林峰　付　晓*　周晓波
袁　靓*　李　义　刘　利　胡明武
周先远　付正祥

县人大常委会

主　任　陈石光
副主任　任志艳(女)　刘　美　陈忠远*　武　信
刘玉芳　吴　超　付正祥*

县人民政府

县　长　潘发勇
副县长　朱宇翔*　陈　坤　张光品　陈致靖
杨　军　袁明琴(女)　胡明武*
王　刚

县政协

主　席　刘麦青(女)
副主席　兰　薇(女)　何世举　朱一川
胡常艳(女)　陈昌海　李劲松

县纪律检查委员会、县监察委员会

书　记(主任)　雷文军*　周先远
副书记(副主任)　王佳焕*　李　熹*
县人民法院院长　李　斌

县人民检察院检察长　翟培友

县公安局

局　长　付　晓*　周晓波
政　委　祝光辉
县委党校常务副校长　杨大禹

贵州织金洞风景名胜区(贵州织金洞国家地质公园)管理局

党委书记　徐开焱*
局　长　安太敏(女)
副局长　宋文胜　黄开俊　张　筠
专职纪检书记　刘建元
总工程师　刘志荣

织金县织金古城管理处

处　长　陈正祥

织金经济开发区党的工作委员会、管理委员会

书　记　杨　桦(兼)
副书记、主任　潘发勇(兼)
副书记　王兴明
副主任　张青灿　陈　华

纳雍县

县　委

书　记　彭华昌
副书记　许晓鹏　何　旭
常　委　敖登雪*　邓　林　付　晓　陈永平
　　　　张兴华*　袁　靓　张忠奎
　　　　郭　宇*(女)　张　勇　周　仁*
　　　　高朝阳　罗　晶

县人大常委会

主　任　胡丰华
副主任　周训荣*　王道森　杨兴华　杨　怡
　　　　张习渊*　张　慧(女)　李劲全

县人民政府

县　长　许晓鹏
副县长　敖登雪*　邓　林　郭太军*　宋邦达
　　　　阮　琼(女)　鲍曙光*　刘　朝*
　　　　王瑞岗　陈　勇*

县政协

主　席　苏　毅
副主席　王海英(女)　王佳永　陈仕才
　　　　杨　毅　张　伟　胡卫华

县纪律检查委员会、监察委员会

书　记(主任)　袁　靓
副书记(副主任)　陈　燕　何玉洪
县人民法院院长　罗庆山
县人民检察院检察长　邓　斌

县公安局

局　长　周　仁*　付　晓
政　委　明泽磊

纳雍经济开发区党的工作委员会、管理委员会

书　记　彭华昌(兼)
副书记、主任　许晓鹏(兼)
专职副书记　陈　林
副主任　王玲琳　罗春燕(女)

威宁自治县

县　委

书　记　肖发君
副书记　陈　波　王荣猛
常　委　禄　云　陈晋徽　曾　红　杨云娥(女)
　　　　马仲华　曾贵勇　肖良宪　王仁东*

县人大常委会

主　任　刘青松(女)

副主任　吴丹玫(女)　周　乾　罗兴义
　　　　王义国　余崇忠　王　梅(女)

县人民政府

县　长　陈　波
副县长　禄　云　杨华忠　朱云川
　　　　马丽飞(女)　杜远仙　潘卫东

县政协

主　席　禄　俊
副主席　金丽华(女)　马鸿恩　陈兴志
　　　　李正超　徐　勇　许如龙　王才军

县纪律检查委员会、县监察委员会

书　记(主任)　曾贵勇
副书记(副主任)　詹朝勇　张功达
县人民法院院长　马　跃
县人民检察院检察长　安　聪

县公安局

局　长　陈晋徽
政　委　禄再辉

威宁经济开发区党的工作委员会、管理委员会

书　记　肖发君(兼)
副书记、主任　陈　波(兼)
副书记　禄　云(主持党工委日常工作)
副主任　杨志伟(主持管委会日常工作)
　　　　李　旭

威宁县委党校

常务副校长　陈　红

威宁高原草地试验站

副站长　罗永宽

赫章县

县　委

书　记　刘建平
副书记　胡　海　刘　军
常　委　刘　庆　张红星　安　玲(女)
　　　　于　刚　杨洪武　熊　伟*　向　阳
　　　　于吉科

县人大常委会

主　任　禄炳军
副主任　李廷贵　孙　霞(女)　管庆国
　　　　赵　春　朱祖云　张清维

县人民政府

县　长　胡　海
副县长　刘　庆　马武军　张世文　唐　瑜(女)
　　　　杨昌举*　徐　磊　刘先炜

县政协

主　席　李兴华
副主席　王郁春　张　政　王润丽(女)　刘宗祥
　　　　陶继鸿　张丽君(女)

县纪律检查委员会、县监察委员会

书　记(主任)　祝长远*　向　阳
副书记(副主任)　李保军*　陶光奇　刘佳祥
县人民法院院长　卯向方
县人民检察院检察长　彭祥安

县公安局

局　长　杨洪武
政　委　韦晓松*

赫章县妈姑矿区社区服务管理局

书　记　王治坤
局　长　周安涛

赫章县产业园区党的工作委员会、管理委员会

书　记　周志刚

赫章县阿西里西风景名胜区管理处

处　长　罗　刚

贵州百里杜鹃管理区
（百里杜鹃国家级森林公园、百里杜鹃自然保护区）

党工委

书　记　李　涌*　张　东
副书记　张　东*　林　江
委　员　李孝荣　陈敬书　禄　斌*　赵　勇
　　　　杨　军　林　江　沈其敏　滕明波*
　　　　张　俊*　黄晓黎（女）　鲍曙光
　　　　彭　婷

管委会

主　任　张　东
副主任　禄　斌*　杨　军　杨　超　罗冠宇
　　　　聂忠兴

人大工委

主　任　李孝荣
副主任　李忠琼（女）

政协工委

主　任　陈敬书
副主任　陈　红*

纪工委

书　记　沈其敏
副书记　张　翼　樊顺雄

毕节金海湖新区（毕节经济开发区）
党的工作委员会、管理委员会

党工委

书　记　赵　伟
副书记　马祥宏　彭玉祥
委　员　卢文蔚　韦晓松　毛家兴　刘国栋
　　　　袁中传*　谢品邦*

管委会

主　任　马祥宏
常务副主任　毛家兴
副主任　成　虎　程朝文　吴文茂　李学海*
　　　　曾　艳（女）　周　锋
总工程师　张修德*　蒲　晟

注：此干部名录为干部任职经历记载，不作任何排序依据。

中国共产党毕节市委员会

市委工作综述

【概述】 2019年，中共毕节市委在以习近平为核心的党中央和省委的坚强领导下，坚持以习近平新时代中国特色社会主义思想为指导，深入贯彻落实党的十九大，十九届二中、三中、四中全会精神和习近平总书记对贵州对毕节重要指示批示精神，全面贯彻落实省委十二届历次全会精神，牢固树立“四个意识”、坚定“四个自信”、做到“两个维护”，按照“113攻坚战”总体部署，团结带领全市各族干部群众，不忘初心，牢记使命，感恩奋进，全市呈现出脱贫攻坚纵深推进、经济质效持续向好、社会大局和谐稳定、社会事业明显进步、干部群众精神振奋、党的建设不断加强的良好局面，为全面建成小康社会和实现第一个百年奋斗目标打下了坚实基础。全年完成地区生产总值增长8%；城镇、农村常住居民人均可支配收入分别达32638元和10364元，分别增长9.2%、10.8%；一般公共预算收入130.25亿元，增长0.1%；500万元以上固定资产投资增长0.9%；规模以上工业增加值增长5.3%；社会消费品零售总额增长6.3%。

【扎实开展“不忘初心、牢记使命”主题教育】 牢牢把握主题教育根本任务，认真贯彻“守初心、担使命，找差距、抓落实”总要求，坚持“四个贯穿全过程”和“理论学习有收获、思想政治受洗礼、干事创业敢担当、为民服务解难题、清正廉洁作表率”的目标导向，坚决做到“四个到位”，带领全市12489个党组织结合工作实际开展学习教育、调查研究、检视问题、整改落实，推动主题教育取得重大成果、达到预期目标。全市各级党组织和广大党员干部在学习贯彻习近平新时代中国特色社会主义思想中提高了真信笃行、知行合一的能力，增强了守初心、担使命的思想、政治和行动自觉，凝聚起“打赢攻坚战、建设示范区”的磅礴力量。

【持续强化党的创新理论武装】 始终把学习贯彻习近平新时代中国特色社会主义思想作为首要政治任务，对习近平总书记发表的重要讲话、作出的重要指示，以及中央和省委作出的决策部署，市委都第一时间组织传达学习贯彻。累计召开45次市委常委会会议、7次理论中心组集中学习研讨会和全市领导干部大会等，持续跟进学习习近平新时代中国特色社会主义思想最新理论成果，带动全市700余个党委（党组）开展集中学习研讨4900余次，依托“学习强国”平台，引导9.4万名党员干部参与学习。组织宣讲党的十九届四中全会和省委十二届五次、六次全会精神等5000余场（次），习近平新时代中国特色社会主义思想更加深入人心，不断转化为打赢脱贫攻坚战的自觉行动。

【深入贯彻习近平总书记对毕节试验区工作重要指示精神】 始终坚持把习近平总书记“7·18”重要指示作为指导全市各项工作的总纲，持续深化“牢记嘱托、感恩奋进”教育，广泛开展“打赢攻坚战、建设示范区，毕节怎么干”大讨论活动。市委理论学习中心组聚焦重要指示精神开展专题学习，带动全市各级党组织开展集中学习研讨1万余次，全市上下“确保按时高质量打赢脱贫攻坚战”的信心决心更加坚定，“建设贯彻新发展理念示范区”的思路举措更加清晰。

【对标对表落实中央和省委决策部署】 坚持对标对表、落细落实中央和省委决策部署，召开市委二届四次、五次、六次全会，深入贯彻落实党的十九大，十九届二中、三中、四中全会精神以及省委十二届历次全会精神，结合“113攻坚战”研究部署具体工作举措，坚决把中央和省委决策部署体现在行动上、落实到工作中。认真抓好省委书记孙志刚、省长谌贻琴等领导历次深入毕节调研讲话精神的贯彻落实，深入贯彻落实省委、省政府《支持意见》和2019年8月16日省委常委会专题会议精神，由市委主要领导带队，加强同省直部门沟通对接、争取支持，全力推动省委、省政府支持政策落地见效。

【决战脱贫攻坚】 召开市委二届五次全会，部署开展“五场革命”，逐县召开会议、分类部署脱贫攻坚工作，推动减少贫困人口32.06万人，贫困发生率下降到1.54%，实现441个贫困村出列，大方县按国定标准顺利实现脱贫摘帽，七星关区、织金县迎接国家脱贫验收工作扎实推进。围绕“尽锐出战”强化攻坚力量。建立“联县帮乡驻村入户”工作机制，明确6名市委常委分别联系纳雍、威宁、赫章3个深度贫困县；市四大班子其他成员分别定点帮扶1个以上贫困乡镇，149个市直部门联系帮扶3个深度贫困县所有乡镇，从市直单位选派92名县处级干部到3个深度贫困县担任驻乡帮扶工作队队长；选派3297名第一书记和驻村干部进驻815个深度贫困村和贫困发生率高于10%的村开展帮扶。围绕“务求精准”优化攻坚打法。实行“一村一脱贫方案”“一户一工作清单”机制，实现有扶贫开发任务的3590个村制定脱贫攻坚行动方案全覆盖。指导乡村两级按照“五个一批”脱贫路径分析归类，实行挂图作战，因户精准施策。实行帮扶工作“四项清单”管理制度（产业到户扶贫清单、贫困户就业扶贫到户清单、脱贫攻坚到户工作清单、贫困户档案资料清单），切实做到目标精准、打法精准。围绕“脱贫质效”突破攻坚重点。全力推动补齐“两不愁三保障”短板，实施895个饮水安全攻坚决战项目，基本解决了109.1万人的饮水不安全问题；全面落实教育扶贫政策，资助贫困家庭学生10万人次，落实资助资金2.6亿元；对不达标的47个乡镇卫生院、1048个村卫生室进行集中整治，全部配齐763个无合格村医的村卫生室医生；全面完成16451户农村危房改造任务和22735户老旧住房整治任务，并配套实施“三改”；全面完成易地扶贫搬迁任务28.5万人，新增4万人安置点建设加快推进，后续扶持“五个体系”持续完善；东西部扶贫协作深入推进；全面完成国家、省脱贫成效考核反馈问题整改，“五个专项治理”成效明显，脱贫质效全面提升。围绕“夺取全胜”压实攻坚责任。坚决扛起脱贫攻坚重大政治责任，认真执行市县抓落实工作机制，累计召开51次常委会会议、扶贫开发领导小组会等研究脱贫攻坚工作。实行脱贫重大问题“提级研判”机制，市、县、乡三级党委和政府分别按季、月、周调度推进脱贫攻坚工作，研究解决具体问题，层层压紧压实主责。组建3个督导组长期蹲点纳雍县、威宁县、赫章县开展督导，派出2个督导组负责督导七星关区、织金县脱贫摘帽工作。出台《毕节市脱贫攻坚问责实施细则》，调整因脱贫攻坚不力、能力不足的县（区）县处级干部2名、乡镇（街道）党政正职75名。

【农村产业革命】 紧紧围绕“八要素”要求补短板强弱项，大力调减低效玉米种植面积，推动全市农村产业发展实现革命性突破。产业布局取得突破。深入实施“55441111”〔注：种植马铃薯500万亩、养殖500万头（以牛单位计），种植特色经果林400万亩，种植蔬菜400万亩，种植中药材400万亩，种植茶叶100万亩，种植皂角100万亩，种植刺梨100万亩。〕农业特色产业提升工程，由市级领导领衔推进12个特色优势产业发展和坝区农业产业结构调整，坚持县级统筹推动，促进产业规模化布局。创新发展易地产业扶贫，布局形成了一批规模化、商品化生产基地，培育壮大了一批特色优势产业。全年调减低效玉米202.93万亩，创建省级500亩样板坝区11个、达标坝区68个，实现农业增加值468亿元，同比增长6.3%，为稳增长、促脱贫作出了重要贡献。组织方式持续优化。大力推广“龙头企业+合作社+农户”组织方式，引进和培育龙头企业420家，采取“国有公司主导主建、经营主体主管主销、村合作社主耕主种”运营方式，扩大龙头企业产业覆盖面。全面推行村党支部领办合作社做法，对全市7701个“空壳社”进行全面清理整顿和规范提升，促进龙头企业、合作社、农民形成紧密相连的产业发展共同体。产销衔接成果丰硕。由市级统筹，市委、市政府主要领导带队到山东考察学习蔬菜产业发展，到北京、重庆、广州、深圳等地举办毕节农产品推介活动，全力推动“毕货出山”。累计销售农产品154.21万吨，销售额达113.53亿元。威宁“三白”等蔬菜远销海外。

【工业经济发展】 深入推进新型工业化带动战略，十大百亿级工业产业完成产值864.5亿元。大力推进煤、电、烟、酒等传统产业转型升级，深入实施“千企改造”，做大做强五大新兴产业，产业园区发展加快，实现工业增加值300亿元。民营经济健康发展，实现民营经济增加值1360亿元以上，占GDP比重达到60%以上。

【第三产业发展】 着力构建以大旅游为支柱的现代服务业格局，成功举办全省旅游产业发展大会，织金洞创建AAAAA级景区通过国家文化和旅游部景观质量评审，黔西中果河创建AAAA级景区顺利通过验收，5个景区创建AAAA级通过景观质量评审，新增AAA级景区10家，新增床位1万个。旅游接待人数1.2亿人次，同比增长21%，实现旅游综合收入1107亿元，同比增长33%。消费市场持续活跃，交通运输、仓储、物流、批发、零售、金融、房地产等业态加快发展。

【项目建设】 坚持以重大项目建设为抓手，采取挂牌督办方式，加快推进重大项目建设。全年新开工亿元项目185个，总投资1041亿元。821

个省市重大项目完成投资1159亿元。完成“六网会战”基础设施投资280.4亿元，产业项目投资240.72亿元，夹岩水利枢纽大坝顺利封顶，中石化织金煤制聚烯烃项目开始平场，成贵高铁全线通车，威宁草海机场、威赫电厂实质性开工建设，遵义至赫章天然气管道等项目建设完成，新开工中小型水库9座，有效投资不断扩大。

【统筹城乡协调发展】 坚持把“五城同创”作为推动城镇化的重要载体和经济社会发展的重要引擎，持续做美城市、做特乡村。全国文明城市创建通过国家第一轮测评验收，卫生城市创建通过国家级综合评估。城镇基础设施投资225亿元，特色小城镇建设完成投资130.22亿元，建成海绵城市项目11个，完成棚户区改造6129户，常住人口城镇化率提升到47.58%。七星关区、金沙县整县推进小城镇建设试点通过第三方评估验收。谋划推动乡村振兴，明确1县12乡130村作为乡村振兴示范。强化农村建房规划控制工作，确保村庄规划建设有序、良性发展。

【污染防治攻坚战】 坚决贯彻习近平生态文明思想，牢牢守住发展和生态两条底线，全力打好污染防治攻坚战。认真落实环保督察整改政治责任，中央环保督察反馈问题全部整改完毕；生态环保督察“回头看”交办的373件环境信访件完成整改369件，反馈的9个问题已逐一制定整改方案推进整改；省委环保督察反馈的20个问题完成整改17个，交办的371件信访件全部整改完毕；生态环保督察“回头看”交办的154个信访件完成整改111件；长江经济带生态环境警示片曝光的2个问题整改完毕。集中力量打好污染防治攻坚战，中心城区和各县城空气质量优良天数比率均达97%以上，严格落实“河长制”责任，全市国控、省控河流断面水质优良比例和县级以上、千人以上集中式饮用水源水质达标率均达100%，入围长江经济带污染治理先行先试示范城市。纵深推进绿色毕节行动，国家储备林项目顺利获批，完成造林绿化125万亩，治理石漠化面积169.8平方公里、水土流失93.12平方公里，森林覆盖率预计达到57%。

【防范化解重大风险攻坚战】 始终把防范化解重大风险贯穿到工作的各方面、全过程，紧盯政治、民生保障、城市建设、公共安全、安全生产、地质灾害、经济金融、工作作风、媒体舆论等领域风险，切实做到风险可控、底线不破、大局稳定。始终把防范化解政治风险摆在首位，破获邪教组织案（事）件4起，查处网上危害政治安全事件26起，圆满完成新中国成立70周年大庆等重大安保任务；高度重视防范化解经济领域风险，市委常委会坚持每季度听取一次政府性债务管理工作情况汇报，认真落实政府性债务管理“七严禁”措施和“八个一批”防范化解措施，牢牢守住了政府性债务“不冒泡、不出事”的底线。

【扫黑除恶专项斗争】 中央扫黑除恶督导组反馈的问题全部整改完毕，“回头看”反馈的共性问题有序推进整改、交办的涉黑涉恶线索已全部办结；以“零容忍”态度依法打击群众深恶痛绝的15类黑恶势力犯罪，全年共打掉涉黑组织16个，涉恶犯罪集团42个，涉恶犯罪团伙23个，查处涉黑涉恶腐败和“保护伞”、履职不力案件105件153人，党纪政务处分78人，组织处理27人，移送司法机关13人。

【“法治毕节”创建】 加强社会治安综合治理，持续强化严打整治，全市刑事案件、命案、“盗抢骗”案件同比分别下降4.09%、36.36%和9.65%，新增吸毒人员同比下降64.71%，破获一批毒品犯罪大案要案，缉毒工作获公安部通报表扬。纵深推进法治政府示范创建工作，毕节作为全省唯一一个地级市上报中央依法治国办参加全国法治政府建设示范创建评估。加强特殊人群服务管理，健全公共安全体系，依法打击恶意拖欠农民工工资行为。持续推进重大不稳定风险、涉法涉诉信访积案、突出信访矛盾三大“百日攻坚战”，群众安全感、满意度分别达98.89%和98.25%。

【改革开放与招商引资】 坚持以开放倒逼改革、以改革促进开放，加快聚集高质量发展要素。加大重点领域改革力度，圆满完成机构改革，累计召开11次市委深改委会议，明确18个方面52项改革举措，加快打通制约发展的“痛点”“难点”“堵点”。全面推进体制机制创新，坚持“抓点做样、示范带动”工作方法，积极打造“改革样板”带动发展，农村基层党建、城市社区建设等重点领域改革纵深推进、成效明显。扎实推进“放管服”改革，行政权力和行政许可事项分别减少41.7%、22.1%，行政审批办理时限减少50%以上。全面落实“减税降费”政策，降低企业各类成本26亿元以上，减税15.5亿元。持续提升全域开放层次水平，深化与统一战线、广州、深圳等对口帮扶资源的对接合作，加快推进毕节·广州产业园建设，全力打造承接广州产业转移基地。以成贵高铁为纽带，加快全域开放步伐，积极融入成渝经济圈、粤港澳大湾区、长江经济带发展。毕节海关挂牌成立，毕节农产品走出国门，进一步强化了国际交流合作。全年实现外贸进出口总额2.1亿美元，实际利用外资增长37.18%。持续增强创新驱动能力，深入实施创新驱动发展战略，加快创新平台打造，贵州毕节经济开发区获批为省级高新技术产业开发区，正全力推进申报国家高新区工作，七星关黔西北产业园获批2019年度全省唯一一个新型工业化产业示范基地。带动实施科技支撑及成果转化等科技项目30余个，高新技术企业达40家，新增22家。深入实施大数据与实体经济融合，广泛应用“大数据+”模式，服务农产品产销、工业智能化改造、服务业和政务服务便利化升级，进一步提升全市数字化、信息化水平。深入实施“千企引进”，引进重点产业项目687个，重点产业招商引资到位资金606亿元。

【民生社会事业】 持续加大教育、医疗、文体等民生事业投入，实施“全面改薄”、易地扶贫搬迁安置点配套学校等项目389个，消除义务教育学校大班额1173个。全面推进“百院大战”建设，市二医投入使用，市一医双山分院、市妇幼保健院加快建设，大力推进县级公立医院“5+2”重点学科建设，建成县域医疗卫生共同体24个。依法处理早婚早育问题3起。大力发展文化体育事业，推动群众体育、竞技体育与体育产业协调发展，有效巩固提升国家公共文化服务体系示范区创建成果。深入实施全民参保计划，不断完善社会救助兜底保障体系，纳入低保、特困人员、困境儿童等各类保障69万余人，累计发放各类救助保障资金26.66亿余元，实现应保尽保。深入推进养老服务业改革发展，64个养老服务项目建成投入使用。持续加强价格监测调控，强化猪肉等保供稳价工作，落实各类困难群体临时价格补贴175万余人次、金额近5400万元，切实筑牢贫困群众基本生活保障底线。坚持实施就业优先战略和更加积极的就业政策，实现城镇新增就业8.5万人、登记失业率降至3.27%；“十大员”就业扶贫专岗累计在岗8.16万人；组织输出4180名贫困劳动力到广东就业，促进易地扶贫搬迁劳动力就业9.24万人，实现已搬迁稳定入住的有劳动力家庭“一户一人”以上就业目标。大力推进创业孵化平台和基层创业就业平台建设，全面落实创业担保贷款政策，发放创业担保贷款3.92亿元，扶持高校毕业生、复退军人、农民工等就业困难人员创业5148人，带动就业1.09万人；鼓励事业单位人员领办创办农业发展项目137个，带动就业1.05万人。对1.29万毕业生求职创业进行补贴，发放补贴资金

1294.3万元。创建市级创业孵化示范基地8家，返乡创业人数及比例均位列全省第一。

【党的政治建设】 坚持以党的政治建设引领党的其他建设，结合“不忘初心、牢记使命”主题教育进一步强化政治洗礼、政治检视，教育引导全体党员干部牢固树立“四个意识”、坚定“四个自信”、做到“两个维护”，进一步严明政治纪律和政治规矩，坚决防止“七个有之”，严肃查处违反政治纪律规矩问题，确保各项工作始终沿着正确方向前进。

【压实管党治党责任】 坚持把落实管党治党政治责任作为最根本的政治担当，年初召开“大党建”工作会议和市纪委全会对党的建设、群团工作和党风廉政建设进行安排部署，专题听取市人大、市政府、市政协、市法院、市检察院五家党组和市纪委市监委工作汇报，部署开展市直部门政治生态研判，抓实县区和市直部门党委（党组）书记抓党建工作述职评议，对县区履行全面从严治党责任情况进行监督检查，层层压实管党治党责任。持续推动中央、省委巡视反馈问题整改，中央巡视反馈的96个问题整改完成率为97.9%，省委第五巡视组反馈的128个问题已全部整改完毕。

【基层组织建设】 深入开展新时代基层党建提质攻坚行动，扎实推进基层党组织标准化建设，建立村级党委19个、党总支716个，划分党小组9526个，在产业链、合作社等建立党支部2252个。排查整顿软弱涣散基层党组织471个，调整不胜任工作的乡镇班子成员41人，调整贫困村和脱贫攻坚重点村党组织书记437人、村委会主任80人，564个村实行支书主任“一肩挑”。全面推行村党组织领办合作社，村集体经济积累总量达到8.24亿元，机关、国企、学校、医院、易地扶贫搬迁安置点、非公企业、社会组织等领域党的建设扎实推进。

【干部人才队伍建设】 坚决执行《党政领导干部选拔任用条例》，按照“凡提四必”要求，从严把好干部政治关、廉洁关，新提拔配备县处级干部80名、交流调整272名，新提拔40岁以下年轻干部12名、女干部10名、少数民族干部21名、党外干部3名。对1903名干部廉洁自律情况进行审查，对91名干部暂缓提拔（使用），对全市149名领导干部进行谈话提醒，对74名领导干部进行诫勉处理。坚持严管和厚爱结合、激励和约束并重，从严强化领导干部监督管理，坚持“三个区分开来”，推进公务员职务与职级并行，激励广大干部担当作为。

【宣传思想文化】 坚持党管意识形态原则，市委常委会累计召开8次会议研究部署意识形态工作，将意识形态工作列入年度工作要点，纳入主题教育专题民主生活会对照检视内容。旗帜鲜明唱响主旋律，紧扣新中国70华诞主题主线，开展“我和我的祖国”系列群众性宣传活动和“牢记嘱托、感恩奋进”宣传，精心组织重大外宣活动，营造了良好舆论氛围。大力弘扬社会主义核心价值观，强化群众性精神文明创建，传播社会正能量。严密管控各类谬论杂音和网络谣言，切实守好网络、高校、出版等各类阵地，牢牢掌握意识形态工作领导权、话语权、主动权，成功处置“6·26”重大网络谣言等35起重大敏感网络舆情。

【统一战线】 深入贯彻落实统一战线参与毕节试验区建设座谈会精神，中央统战部、各民主党派中央、全国工商联12位党和国家领导人先后到毕节视察指导，全国统一战线52位副部级领导70人次到毕节试验区开展帮扶调研活动。全力抓好统一战线帮扶项目实施，完成统一战线帮扶项目387个。全面抓好中央宗教督查反馈意见整改，深入开展宗教问题排查整治，依法管理宗教事务，支持宗教团体加强自身建设，宗教领域持续和谐稳定。

【民主政治建设】 始终坚持党的领导、人民当家作主、依法治市有机统一，全力支持市人大依法履行监督职责，支持市政府依法行政，支持市政协参政议政，支持“两院”公正司法。民族、社科、文联、残联、科协、党史、对台、外事、老干部等工作有序推进。工会、共青团、妇联各项改革深入开展。党管武装工作和国防后备力量建设取得新进展，军民融合发展不断深入，团结协作、万众一心攻坚的良好局面持续巩固。

【正风肃纪反腐】 强化作风建设，扎实开展“三个大兴”活动，兴“三风”、纠“四风”、转作风，一体推进不敢腐、不能腐、不想腐。严肃查处违反中央八项规定精神问题139起，查处形式主义、官僚主义突出问题119个，严格落实“基层减负年”工作部署，市级发文、开会、督查考核次数分别同比下降33.0%、32.5%、54.1%。开展脱贫攻坚“两不愁三保障”“五个专项治理”专项监察和监督检查。查处扶贫民生领域问题2104个，党纪政务处分1209人，移送司法机关14人。围绕中央、省委规定的11个方面专项整治内容和茅台酒专项整治任务，累计整治各类问题3257个，处理干部977人。认真抓好宫某某案“一案六地”同步整改教育工作。深化运用监督执纪“四种形态”，处理党员干部6734人次。坚持有案必查、有腐必惩、有贪必肃，立案2041件，结案1835件，处分2087人，挽回经济损失4691.2万元。2019年，全市党风廉政建设综合得分为89.45分，全省排名第4位，取得了党的十八大以来最好的成绩。

（供稿：市委办公室）

组织工作

【概述】 2019年，在市委的坚强领导和省委组织部的精心指导下，全市组织系统坚持以习近平新时代中国特色社会主义思想为指导，深入学习贯彻党的十九大精神和十九届历次全会精神，以及习近平总书记对毕节试验区工作的重要指示批示精神，学习贯彻省委十二届历次全会、市委二届历次全会精神，按照全国、全省、全市组织工作会议和组织部长会议的安排部署，突出以党的政治建设为统领，扎实推动干部队伍、基层党建、人才工作等各项任务落细落实。探索创新“四项措施”“五查五看”“六学模式”深化主题教育；探索开展“五分类”工作机制、“党建+积分”模式等推进易地扶贫搬迁后续扶持；建设毕节“智慧组工·干部云”平台提升组织工作信息化水平等得到有关领导认可和《中国组织人事报》《人民网》《贵州日报》等中央、省级媒体宣传报道，为全市按时打赢脱贫攻坚、建设贯彻新发展理念示范区提供了坚强组织保证。

【坚持聚焦“主题主线”，着力确保主题教育扎实开展纵深推进】 一是围绕“五个先行”，超前谋划先学先改。先行谋划部署，6月5日前，市委常委会议先后传达学习中央政治局会议部署开展主题教育有关精神，并对先学先查先改工作进行部署。先行学习领会，市委及时传达学习中央、省委主题教育工作会议精神，示范带动各级党组织先行学习主题教育工作会议精神和必读篇目，组织发放学习资料2.23万余册。先行深入调研，市级领导带头深入乡村调研800余次，带动各级领导干部深入基层一线和扶贫联系点调研25.8万余次。先行查找问题，全市10个县（区）和108家市直部门共查找问题1031个，有针对性制定整改措施1047条。先行整改落实，成立全市主题教育专项整治工作领导小组，下设12个专项整治工作专班，狠抓专项整治任务落实，在第二批主题教育正式启动前整改落实583个。二是突出“市委统揽”，以上率下高位推动。市委高度重视，带头推动落实。市委常委会坚持以上率下、高位推动，多次召开常委会议，专题听取主题教育工作进展情况汇报。建立工作机构，强化业务培训。组建领导小组办公室，并下设6个职能组，抽调40余人集中办公，抽调60名干部组建10个市委巡回指导组并先后2次开展业务培训。提前充分准备，启动及时迅速。市委于9月10日召开动员部署电视电话会议，对全市主题教育进行安排部署，全市10个县（区）、108家市直部门也及时召开了动员部署会。强化新闻宣传，营造舆论氛围。新华社、人民网、“学习强国”平台等中央级媒体刊播毕节市稿件176条次，《贵州日报》等省级媒体刊播570条次。三是聚焦“四项措施”，注重统筹一体推进。聚焦理论武装，统筹抓好学习教育。市委理论学习中心组围绕8个方面专题，开展2次学习研讨，在9月底前完成了5~7天的集中学习教育，示范带动全市11.5万人次接受革命传统教育，11.7万人次接受形势政策教育，14.2万人次接受先进典型教育，7.1万人次接受警示教育。聚焦脱贫攻坚，统筹抓好调查研究。市委市政府主要领导深入乡村领题调研脱贫攻坚工作并召开调研成果集中交流会，带动各级党员领导干部深入脱贫攻坚帮扶联系点和基层一线开展调研。聚焦群众关切，统筹抓好问题检视。市委常委会征求意见座谈会共征求到意见建议113条，梳理归纳为76条，书面征求意见建议27条，梳理归纳为24条。市级专线电话共收到群众来电来信342件，已办结144件。认真办理省主题教育征求意见专线电话等转办件21件。聚焦专项整治，统筹抓好整改落实。认真梳理习近平总书记对毕节试验区重要指示批示精神贯彻落实情况，制定整改措施12条并已全部整改落实。针对省委主题教育办公室梳理反馈的巡视巡察、审计检查、督办督查中涉及毕节市的问题，细化分解为6个方面94个问题，制定整改措施229条，已整改落实48个。四是结合实际探索，提升主题教育质量。细化“四项措施”按周调度，形成主题教育“1+4+1”工作方案，按周推进四项重点措施落实。突出“六个领域”分类推进，同步抓好基层党支部的学习教育和检视整改。推出“六学模式”深学细悟，推动习近平新时代中国特色社会主义思想往深里走、往心里走、往实里走。探索“五查五看”精准指导，使全市主题教育沿着规定路线走，按照标准要求抓。

【坚持聚焦“两个维护”，着力推动党的政治建设有力推进全面加强】 一是落实“两个维护”更加自觉。认真组织学习贯彻习近平新时代中国特色社会主义思想，组织各级党员干部、村第一书记、驻村干部、农民讲师等，利用院坝会、板凳会等形式，深入宣讲习近平新时代中国特色社会主义思想，广大党员干部“四个意识”更加牢固，“四个自信”更加坚定，落实“两个维护”更加自觉。二是思想理论武装更加强化。举办“习近平新时代中国特色社会主义思想专题研讨班”2期、培训干部72人，在市委党校春秋季10个主体班次中均设置了习近平新时代中国特色社会主义思想、党的十九大精神等课程。示范带动各地各单位按照干部管理权限集中培训村（社区）党组织书记13917人次、其他领域党组织书记16284人次，培训农村党员28.6万余人次，实现所有党员干部学习培训全覆盖。三是党内政治生活更加严肃。持续推进“两学一做”学习教育常态化制度化，以支部“主题党日”为载体，推动“三会一课”、组织生活会和民主评议党员、党员领导干部双重组织生活等基本制度的落实。是年，全市各党支部共开展“主题党日”活动13.2万次，1.2万余个党支部将于年前全部召开组织生活会。

【坚持聚焦“好干部”标准，着力建设高素质专业化干部队伍】 一是突出用人导向，努力打造高素质骨干队伍。坚持政治首位，提拔重用牢固树立“四个意识”，坚定“四个自信”，做到“两个维护”，全面贯彻执行党的理论和路线方针政策，忠诚干净担当的干部。坚持把重实干重实绩的用人导向树起来，让想干事、能干事、干成事的干部受到和重用，重视在脱贫攻坚等改革发展稳定一线和重大项目建设等工作中培养锻炼干部。坚持树立在脱贫攻坚一线考察识别和选拔任用干部的鲜明导向，引导和激励广大干部在脱贫攻中担当作为。二是注重源头培养，持续改善干部队伍结构。扎实抓好机构改革部门领导班子配备工作，为15个市委工作部门、35个市政府工作部门调整配备干部243名。按照“全面提高、重点培养、大胆使用”的原则培养“四类干部”，年内新提拔40岁以下年轻干部12名、女干部10名、少数民族干部21名、党外干部3名。市、县、乡三级机关公开招录公务员（选调生）218人。面向脱贫攻坚中表现优秀的村干部、大学生村干部、第一书记和驻村干部定向招录乡镇公务员230人。做好定向北京大学等23所高校招录选调生工作。完成147名非领导职务干部职级套转工作，完成10个县（区）和70个市直单位机关单位、参公事业单位职级职数审批工作。三是加强日常监管，从严从实监督管理干部。对全市149名领导干部进行谈话提醒，对74名领导干部进行诫勉处理。对县区20名乡科级干部“带病提拔”过程进行了倒查，对15名相关责任人进行了问责。抽查核实领导干部个人有关事项报告404人，填报不一致44人，诫勉或者取消考察资格17人。是年，联合市委巡察办对18个市直部门选人用人工作开展巡察，发现选人用人问题43个，提出整改措施60余条。扎实开展整治干部精气神不够，患得患失，不担当不作为专项工整治工作，对4名履职不到位的县级干部进行了组织调整。四是强化教育培训，精准补齐能力素质短板。组织实施“新时代学习大讲堂”103期、培训干部72.2万余人次，举办“脱贫攻坚大讲习大培训”11期，培训干部24.4万余人次，大力提升各级干部抓产业发展和脱贫攻坚的能力本领。举办坚持底线思维防范化解重大风险专题研讨班，培训各级党政主要领导干部610人。运用广州、深圳对口帮扶项目举办专题培训班11期，培训干部564人。

【坚持聚焦“按时打赢”，着力推动抓党建促脱贫攻坚工作落细落实】 一是围绕攻坚需要建强攻坚队伍。建立贫困县、脱贫攻坚重点乡镇领导班子、重点村和贫困村“两委一队三个人”履职情况定期分析研判制度，2018年7月以来，共调整充实县（区）班子成员116人、脱贫攻坚重点乡镇班子成员41人、贫困村和脱贫攻坚重点村党组织书记437人、村委会主任80人。稳步推进564个村实行支书主任“一肩挑”。扎实开展驻村帮扶不扎实专项治理，精准选派11231名驻村人员，组建2218个驻村工作组。落实“帮县联乡驻村入户”机制，新增选派103名市直单位干部到3个深度贫困县定点帮扶，选派92名市直单位县处级领导干部到3个深度贫困县的92个乡镇担任驻乡帮扶工作队队长。二是围绕攻坚需要优化组织设置。在全市3280个行政村建立党委19个、党总支716个、党支部2545个，在产业链、合作社、龙头企业、生产小组建立党支部2252个，在村党支部下划分党小组9526个，其中在深度贫困村民组建立党支部454个、党小组3889个。组织763个先进村帮扶763个贫困村，对全市527个深度贫困村实现帮扶全覆盖，推动攻坚力量再下沉。三是围绕攻坚需要补齐弱项短板。深入实施农村党建“七大工程”，进一步巩固农村基层组织推动脱贫攻坚的物质基础。2018年，共排查清理受过刑事处罚、存在“村霸”和涉黑涉恶等问题的村“两委”干部292人。2019年共排查整顿软弱涣散基层党组织471个，提质改造村级组织活动阵地2266个，将村干部人均月报酬提高到2660元。全面推行党支部领办村集体合作社，探索建立“村社一体”合作社发展集体经济，初步消除了集体经济“空壳村”，村级集体经济积累总量达到8.24亿元。是年，组织发展新党员5083名，其中农民党员3127名。四是围绕攻坚需要推进其他领域党建。围绕易地扶贫搬迁后续扶持“五个体系”建设，着力加强安置地党的建设，在129个安置点同步建立街道党工委10个，成立党总支9个、党支部115个，划分党小组126个，创新探索“五分类”工作机制、“党建+积分”模式，做实易地扶贫搬迁“后半篇文章”。统筹推进非公和社会组织、国有企业、城市、机关、学校、公立医院等各领域党建工作。五是围绕攻坚需要加大党员教育培训。围绕脱贫攻坚、扫黑除恶、党支部标准化规范化建设等内容，举办村党组织书记、村第一书记和驻村干部等示范培训班7期、培训1076人。依托新时代文明实践中心（所、站）、远程教育站点等平台培训农村党员28万余人次。

【坚持聚焦“人才扶贫”，着力集聚脱贫攻坚各方面优秀人才】 一是实施科技人才联乡帮村计划。选派科技副职149人、科技特派员217人、农业辅导员560人深入基层开展科技帮扶，开展培训2906场次，培训群众87000余人次，推广新技术452项，推广新品种529个。二是实施领创项目示范引领计划。充分发挥各类专业技术人才优势，鼓励支持147名事业单位人员领办创办农业发展项目137个，共投入资金7.87亿元，解决就业1.05万人。三是实施乡土人才扶贫带富计划。组织开展第三批乡土人才扶贫带富先锋申报评选工作，为乡土人才创业审批用地2362亩，拨付项目资金50万元，创建经济实体512个，吸纳群众就业1082人。四是实施情系毕节人才回归计划。深入实施“雁归兴毕”“万凤还巢”行动，促进农民工返乡创业就业，大力扶持和鼓励自主创业。五是实施圆梦小康专家行动计划。组织370所城区学校对口帮扶基层393所学校、137家城区医院结对帮扶395家基层医院。组织市级人才团队深入对口帮扶基地开展培训35场次，组织851名专家深入基层开展培训2196场次。六是实施农业专家精准服务脱贫攻坚。围绕全市12个主导产业组建产业扶贫技术专家组，选派1724名科技人员参与农业专家精准服务脱贫攻坚。为全市贫困村、深度贫困村精准匹配农业专家，为贫困发生率在10%以上的乡镇组建产业扶贫技术小分队，组织各专家组深入基层开展培训350余场、培训群众8800余人次，帮助解决群众困难问题500余个。

【坚持聚焦“政治过硬”，着力建设模范部门和打造过硬队伍】 一是实施岗位练兵，打造“学习型”组工。组织全体干部参加了革命传统教育、先进教育、警示教育，重温入党誓词。创新开办智慧党建“有声”图书馆，扫码收听习近平新时代中国特色社会主义思想、习近平总书记讲话等内容。组织开展理论中心组集中学习13次，集中研讨4次，推动习近平新时代中国特色社会主义思想入脑入心。通过开展“科长上讲台”、专题培训等学习20余次。围绕庆祝新中国成立70周年，组织开展知识竞赛、演讲比赛、登山比赛、足球比赛、文艺演出等文娱活动，让组工干部在比学赶超中自觉养成自主学习习惯。二是践行为民路线，打造“为民型”组工。深入开展“三个大兴”活动，制定年度调研计划，结合主题教育调查研究，部班子成员牵头成立课题调研组，每年完成1个重点调研课题。部务会成员分别联系帮扶1个村，每月到村开展调研指导工作1次以上，各科（室）参与联系帮扶1个村，选派2名县级干部、8名科级干部开展联乡驻村帮扶工作，建立“4321”结对帮扶机制，深入开展走访调研，帮助贫困群众解决生产生活困难。截至2019年，部务会成员围绕干部队伍、人才队伍、基层组织建设和组织部门自身建设存在的问题深入调查研究，撰写调研报告4篇。三是从严教育管理，打造“勤廉型”组工。坚持从严治党先治部，切实加强对全体组工干部的严格要求、严格教育、严格管理和严格监督。抓党纪党规学习，由部务会成员、科长轮流通过组工视频系统开展专题讲座学习。采取谈话提醒、定期汇报等方式，时常给干部打预防针、作提醒，让咬耳扯袖成为常态，适时敲钟鸣耳，提高拒腐防变能力。

【坚持聚焦“老干助贫”，着力推动老干老教和关工委工作】 以政治建设为统领，切实加强全市离退休干部党建工作，离退休干部党组织标准化规范化建设扎实推进。深入开展“不忘初心、牢记使命”主题教育，推动老干部工作更好融入党的建设大局。严格落实离退休干部的政治待遇和生活待遇，满腔热忱做好离退休干部的服务保障工作，让老干部在政治上有荣誉感、组织上有归属感、生活上有幸福感。聚焦决战脱贫攻坚、决胜同步小康，组织离退休干部参与产业扶贫、教育扶贫、关爱青少年等活动，制作《乌蒙山上不老松、银辉闪耀党旗红》老干部增添正能量助力脱贫攻坚宣传片，营造“打赢攻坚战、建设示范区，离退休干部在行动”的良好氛围。积极探索创新新时代老年教育发展新模式，老年教育办学质量和水平进一步提高。全力推进关心下一代工作，全市关工委工作得到中国关心下一代委员会主任顾秀莲的批示点赞，得到省关工委领导和市领导的充分肯定。

（供稿：市委组织部）

宣传工作

【概述】 2019年，在市委的正确领导和省委宣传部的大力指导下，全市宣传工作坚持以习近平新时代中国特色社会主义思想为指导，认真学习贯彻落实习近平总书记关于宣传思想工作的重要思想、对毕节的重要批示指示精神，增强“四个意识”，坚定“四个自信”，做到“两个维护”，牢记嘱托、感恩奋进、守正创新，全面贯彻落实中央、省委、市委关于宣传思想工作的安排部署，用好省委宣传部《关于支持毕节试验区按时打赢脱贫攻坚战建设贯彻新发展理念示范区的工作方案》明确的项目资金政策，切实承担起“举旗帜、聚民心、育新人、兴文化、展形象”的使命任务，为确保按时打赢脱贫攻坚战、建设贯彻新发展理念示范区提供了思想保障、舆论支持、精神动力和文化条件。

【理论武装工作】 一是理论学习持续加强。持续将学习习近平新时代中国特色社会主义思想引向深入。市委理论学习中心组带头，开展集中学习研讨7次，带动全市700余个党委（党组）开展集中学习研讨4900余次。引导9.4万余名党员、干部下载使用“学习强国”学习平台APP。组织学好用好《习近平新时代中国特色社会主义思想学习纲要》等重要辅导读物。二是理论研讨不断深入。开展“干部思想解放行动”，全市10个县（区）、100余家市直单位开展学习研讨4000余次，参与人数12万余次，组建宣讲团500余个，宣讲场次4800余次，参与人数14万余次，建立健全修订完善工作机制460余个。“毕节试验区建设贯彻新发展理念示范区对策研究”课题被列入省社科规划重大委托课题。三是宣讲讲习深化拓展。市委主要领导带头，组建集中宣讲团（组）开展党的十九届四中全会、省委十二届五次、六次全会、市委二届五次、六次全会精神等集中宣讲7000余场，70余万人次参加学习。持续深入开展“七进”讲习宣讲活动，深化“牢记嘱托·感恩奋进”教育，深入开展新时代文明实践“乌蒙号角·智慧列车”行动工程，开展宣传宣讲5万余场次，150万余名干部群众受益。

全市广大干部群众感恩奋进的精神力量不断凝聚。

【意识形态工作】　一是坚决扛起主体责任。市委常委会将意识形态工作列入年度工作要点，成立意识形态工作领导小组，统筹抓全市意识形态工作。市委先后8次召开常委会会议开展学习和研究部署意识形态工作。市委宣传部通过督查调研等方式，对10个县（区）、100余家市直单位进行分类指导。二是切实巩固阵地安全。健全完善《毕节市新闻媒体管理实施办法》等制度办法，从制度层面抓实媒体单位和媒体从业人员管理。强化文化阵地管控，采取日常监管、联合执法等有效形式，先后对1000余家互联网经营单位、歌舞娱乐场所等进行4次重点排查，检查文化旅游市场经营单位2700余家次。三是着力防控重大风险。研究制定《全市意识形态领域风险防范化解工作预案》，明确意识形态领域风险点以及防范化解责任。组织全市县处级以上党员领导干部观看警示教育片，及时研究处置意识形态领域苗头性倾向性问题。做好印刷、出版物发行单位等年度核验工作，组织开展打击侵权盗版专项行动，查处侵权盗版案件6起。四是大力推进整改落实。深入推进中央、省委、市委巡视巡察发现意识形态领域问题整改落实。完成中央、省委巡视反馈市委涉及意识形态领域方面问题整改落实，督促黔西县、金沙县完成省委巡视反馈涉及意识形态领域存在问题整改落实，督促市直相关单位开展市委第五轮巡察反馈涉及意识形态领域存在问题整改落实。

【宣传舆论工作】　一是内宣浓墨重彩。开设“在习近平新时代中国特色社会主义思想指引下——新时代 新气象 新作为”“牢记嘱托·感恩奋进”“壮丽70年 奋斗新时代”“脱贫攻坚春季攻势”等专题专栏50余个，刊播稿件3万余条。深入挖掘优秀楷模、最美人物、身边好人、道德模范等先进典型，刊播相关稿件670余条，耿展宇等先进典型引起强烈反响。二是外宣形成声势。借助“2019中国·贵州百里杜鹃国际杜鹃花节”等活动，协调邀请中央、省级主流媒体和省外知媒体及国际知名媒体50余家到毕节调研采访，协调组织市外新闻媒体赴毕节调研采访800余人次，在中央、省级主流媒体刊播有关毕节经济社会发展的稿件1400余条（中央主流媒体刊播500余条），《人民日报》刊发的《脱贫攻坚看海雀》等重头报道、深度报道、典型报道反响强烈。三是新闻发布不断加强。积极做好应急发布工作，及时组织开展宣传阐释，回应社会关切。围绕市委、市政府的中心大局，全市组织开展2019中国·贵州百里杜鹃国际杜鹃花节等23场新闻发布会。四是助力脱贫攻坚持续推进。紧紧围绕决战脱贫攻坚，省委宣传部支持帮助协调中央电视广告播出赫章核桃免费广告，省主要媒体、网站制作刊播毕节贫困县乡农特产品及工艺品免费广告13次，市级媒体策划刊播全市农特产品免费广告35期，宣传推介农特产品52个。五是媒体融合激发活力。县级融媒体中心建设任务全面完成，报纸、电视、电台、APP、微信公众号等采编发新闻生产流程优化为一套新闻生产流程，初步形成“一体策划、一次采集、多种生成、多元传播”工作格局。

【网络舆论工作】　一是主流舆论引导持续强化。各级网站、新媒体开设“壮丽70年·奋斗新时代”等专题专栏30余个，刊发相关新闻稿件1.5万余条（幅）。协调邀请人民网等省内外主流媒体赴毕深入调研采访，推出《绝壁凿出幸福渠》等原创稿件560余条。大方县核桃乡木寨村入选中央网信办组织的“看美丽乡村·庆70华诞”大型主题直播活动，直播活动在全国各类直播平台上同步推送后，短时间内点击播放量达950万次。报送网评文章200余篇，其中报送的《牢记初心使命，围绕“好”字发力》《让红色基因代代相传》两篇文章被省委网信办推荐到《全国优秀网评选（双月刊）》上刊发。二是网络安全基础不断夯实。梳理登记各类网络信息基础设施 80 余个，网络安全等级保护备案 130 余个，组织全市 120 家行政企事业单位开展关键信息基础设施自查自纠，对 8 家单位开展了网络安全检查。组织开展网络安全培训 3 期，培训 440 余人（次）。抓好“全民国家安全教育日”“国家网络安全宣传周”宣传活动，开展网络安全知识进社区、进校园等宣传活动 3 次，发放宣传资料 2 万余份。三是网络安全治理有效开展。开展网络生态治理专项行动，依法依规开展网络舆情处置工作。积极推动县级融媒体中心申领互联网新闻信息服务许可工作，8 个县级融媒体中心取得“互联网新闻信息服务许可证”，策划开展“文明办网·文明上网·守法用网”等系列主题活动，市级 3 家网站签订文明办网·文明上网责任书，网吧业主签署承诺书 210 余份。

【精神文明建设工作】 一是注重先进典型引领。“身边好人”上榜数为历年最多，14 人荣登“中国好人榜”、39 人荣登“贵州好人榜”。大方县陈敏荣获“第七届全国道德模范提名奖”，文朝荣入选全国“最美奋斗者”，基层干部文正友等 65 余名典型被省委宣传部列为“贵州脱贫攻坚群英谱”。广泛开展“扣好人生第一粒扣子”主题教育实践活动，推荐获评全省“新时代好少年”6 名，评选全市“新时代好少年”108 名。组织开展“传承红色基因”系列教育，向省推荐“童心向党”歌咏诵读节目 38 个、童谣 34 首、“祖国好·家乡美”书画作品 196 幅，开展“清明祭英烈”“向国旗敬礼”活动 4300 余场次。二是加强社会主义核心价值观建设。深入践行“毕力同心·节义善行”志愿服务理念，广泛开展“志愿 365·文明益行动”主题实践活动，全市注册志愿者达 97 万余人，联合团市委开展 2019 年毕节市“3·5 学雷锋”“绿色酷跑·文明家园”志愿服务活动月活动，向省推荐学雷锋志愿服务“四个 100”先进典型 5 个。联合有关职能部门针对 19 个方面的诚信缺失突出问题进行集中治理，组织开展“诚信建设万里行”主题宣传活动，组织评选诚信经营门店和诚信示范街区。七星关区德溪公园被省委宣传部评为省级社会主义核心价值观建设示范点。组织开展“弘扬我们的价值观·家家户户贴春联”主题活动，书写赠送 20 万副楹联惠及 8 万农户。推动各级各类新闻媒体刊播公益广告，指导各地新增一批上档次、接地气的景观式公益广告。乡村（社）、学校等广泛开展“图说我们的价值观”公益宣传活动，建社会主义核心价值观文化墙、展板 25 万平方米，着力打造主题“街头、村头正能量”。三是深化群众性精神文明创建。评选文明乡（镇）29 个、文明村 357 个、“文明单位”108 个、“文明家庭”100 户、“十佳十星级文明户”10 户、“文明校园”47 所。加强农村易地扶贫搬迁安置点的文明创建，实施农村人居环境整治“百千工程”行动，持续开展“推进移风易俗·树立文明乡风”活动，完成向 33226 户贫困家庭赠送电视机工作，围绕庆祝新中国成立 70 周年组织开展“文明家庭祝福祖国”等活动。开展文明家庭创建示范点建设，推荐黔西县大关镇七里村和林泉镇海子社区为省级示范点，将 11 个全市乡村振兴示范引领村作为市级示范点。四是推进公共文化服务体系建设。黔西县挂牌成立新时代文明实践中心 1 个、实践所 31 个、实践站 344 个，开展“幸福小院”等实践活动 1000 余场次，七星关区、黔西县、织金县被列入全国建设新时代文明实践中心第二批试点，建设工作稳步推进。在纳雍县、赫章县建设“农民文化家园”村综合文化服务中心建设项目 40 个、乡镇精神文明活动中心 1 个。新建乡村学校少年宫项目 8 个。广泛开展“我们的节日”主题活动，承办贵州省 2019 年“我们的节日·端午”主题文化活动，开展中秋、重阳市级示范活动，各县（区）

开展“我们的节日”活动1000余场次。持续推进戏曲进校园，组织开展“新时代心悦读·共建书香毕节”主题活动。农家书屋各项工作持续推进。五是广泛开展宣传教育。以“我和我的祖国”为主题，广泛开展文化活动、主题宣讲、演讲比赛、同唱国歌、摄影作品展览、优秀电影电视剧展播等群众性主题宣传教育活动。《我和我的祖国》文艺快闪活动在城乡广泛唱响，上百万名干部群众参与表达爱国情。30万余人（次）党员干部、青年学生和群众代表利用清明、十一等时间节点，到中华苏维埃人民共和国川滇黔省革命委员会旧址等革命纪念地接受革命传统教育。六是深化文明活动。切实履行统筹协调职责，及时制定“五城同创”“文明在行动·满意在贵州”责任分解方案，逐级压实工作责任。统筹安排督查考核，实行半年一考核机制，对督查、考核中发现的问题，实行销号整改，全年累计督查城乡环境卫生点位240余个，通过市电视台《直通百姓》栏目曝光乡镇10个。及时回应群众关切，成功转办群众反映问题91起并反馈办理回复，通过多彩贵州网征集的36个不满意问题已全部整改回复。

【文产文艺工作】 一是抓项目建设。发挥好省委宣传部支持毕节市310万元和市级500万元文化产业发展资金作用，支持8个文化产业项目，积极推动纳入“十三五”省级重点文化产业的12个项目建设。优化整合全市文化产业项目库，目前，全市拥有文化产业项目40个。二是抓深化改革。积极谋划《关于推进市属国有文化企业薪酬绩效改革实施意见》“1+3”改革机制文件（征求意见稿），力促出台实施。协调市文化体制改革专题组（文化广电旅游局）承担的“文化旅游市场综合行政执法改革”改革工作上会研究出台相关文件。三是抓培训展示。精心组织“乌撒烤茶”、织金苗族蜡染刺绣等茶企和民族文化企业在深圳文博会展示展销。组织参加2019年中国（贵州）国际民族民间工艺品·文化产品博览会。组织文化企业、市场主体等品参加全省文化产业十佳系列评选。大方县彝风漆器开发有限公司高光友获2019年贵州省文化产业“十佳人物”称号。四是抓群众性文化活动。市、县开展“三下乡”集中示范活动30余场（次），受益人数达10余万人（次）。实施“送文化下乡百场演艺工程”，深入全市边远贫困乡村完成文艺惠民活动100余场，线上线下受众达16余万人次。开展庆祝新中国成立70周年系列庆祝活动166余场次，成功举办2019年“我和我的祖国”第四届中国西南（黔西）合唱节。举办毕节市第四届春节联欢晚会等，频频推出的系列文化活动增添了浓浓的节日氛围。按时完成农村电影公益放映工作下达任务放映场次共2.7万余场，观众达109.6万余人次。在易地扶贫搬迁安置点开展主题宣传文化活动2500余场（次），20万搬迁群众参与。五是抓文艺精品创作。电影《文朝荣》入选贵州省第十五届精神文明建设“五个一工程”，歌曲《一起幸福》获提名，歌曲《幸福路上》获省重点创作项目扶持。毕节红色历史的主题电影《极度危机》在全国上映，电视剧《民为天之丁宝桢》拍摄工作有序推进。

【机关建设、干部队伍建设工作】 全面落实管党治党政治责任，以党的政治建设为统领，把“两个维护”作为加强党的政治建设的关键一环，推动全市宣传思想战线增强“四个意识”、坚定“四个自信”，始终在政治立场、政治方向、政治原则、政治道路上同以习近平同志为核心的党中央保持高度一致。严肃党内政治生活，严明政治纪律和政治规矩，加强党风廉政建设和反腐败工作，将党建工作与业务工作同安排同部署，压紧压实干部职工工作职责，做到党建工作和业务工作“两手抓、两手硬”。抓好机构改革，做好机关党委换届，选举产生纪委班子，进一步理顺工作机制。认真抓好“不忘初心、牢记使命”主题教育，截至2019年，围绕8个专题开展5次6天专题集中学习研讨，部机关3个党支部连续开展30余次“经典晨读”，领导班子成员深入基层开展调研，形成调研报告7个，班子及班子成员按要求检视问题并制定整改措施进行整改落实，严格按要求开展专项整治，并将专项整治发现的问题列出检视问题一并整改。结合“四力”教育实践活动相关要求，选派两人到县区挂任宣传部副部长和融媒体中心副主任，从县区推荐两名同志到省相关媒体跟班学习；选派6名优秀年轻年轻干部到脱贫攻坚一线培养锻炼。进一步加大培训力度，举办11期培训班，培训宣传干部1400余人，选派200余人参加中央、省、市调训，增强全市宣传文化人才队伍素质。

（供稿：市委宣传部）

统一战线工作

【概述】 2019年，在中共毕节市委的坚强领导下和中共贵州省委统战部的有力指导下，毕节市委统战部坚持以习近平新时代中国特色社会主义思想为指导，团结带领全市统一战线深入学习宣传党的十九大精神和习近平总书记系列重要讲话精神，认真贯彻落实习近平总书记对毕节试验区工作重要指示批示精神和全国、全省统战部长会议精神，全面落实省市重大战略决策，紧紧围绕“打赢攻坚战、建设示范区”的总体部署和年度目标任务，广泛凝聚统一战线力量助力脱贫攻坚，充分调动统一战线资源深化多党合作，扎实做好全市统一战线各领域工作，各项工作健康有序推进，取得了新成绩新进展。

【加强政治建设，坚决做到“两个维护”】 2019年，毕节市委统战部部务会始终坚持正确的政治路线、政治立场、政治方向和政治道路，在思想上、政治上、行动上同党中央保持高度一致。教育引导全体干部职工树牢“四个意识”、坚定“四个自信”、坚决做到“两个维护”，始终坚持以习近平新时代中国特色社会主义思想为指引，不断加强政治历练、提高政治能力。一是强化理论武装。高度重视班子成员自身修养的提升，扎实推进“两学一做”学习教育常态化、制度化，扎实开展“不忘初心、牢记使命”主题教育，通过中心组集中学习等形式，深入学习习近平新时代中国特色社会主义思想和习近平总书记对毕节试验区工作的重要指示批示精神，特别是深入学习了党的十九届四中全会、中共贵州省委十二届六次全会、中共毕节市委二届六次全会精神，要求部务会成员通过学习、实践增强自我净化、自我完善、自我革新、自我提高的能力，树立正确的世界观、人生观、价值观和事业观，不断提升品德、官德和人格。二是落实民主集中制。认真执行民主集中制，坚持重大问题集体讨论、集体决定，倍加重视营造团结奋进的工作氛围，做到干事创业一条心、推动工作一盘棋、助力发展一股劲。三是带头廉洁从政。坚持抓领导与作示范并重，带头执行中央八项规定及其实施细则、贵州省委十项规定和毕节市委有关规定，结合“不忘初心、牢记使命”主题教育，深入扶贫联系点开展调研、助推脱贫攻坚。带头廉洁自律，认真学习、模范遵守《中国共产党廉洁自律准则》等各项规定，主动报告廉洁自律情况和个人重大事项。带头接受监督，自觉将上级组织监督、同级纪委监督、舆论媒体监督、干部群众监督作为推进责任落实、改进作风、强化廉洁自律的重要手段。

【广泛凝聚统一战线力量助力脱贫攻坚】 2019年，毕节市委统战部始终突出脱贫攻坚目标导向，聚集统一战线各方力量，全面助力脱贫攻坚，取得实质性成效。强化帮扶项目组织实施。扎实推进《统一战线帮扶毕节试验区资金项目跟踪管理暂行办法》落实，将中央统战部办公厅印发的《统一战线参与脱贫攻坚2019年工作要点》《统一战线参与脱贫攻坚2019年项目计划》进行责任分解，召开3次统一战线帮扶项目现场推进会，对贯彻落实中央统战部、贵州省委统战部关于统一战线支持毕节试验区发展的有关工作进行安排部署和推进落实，保障帮扶项目最大限度发挥效益。2019年统一战线参与毕节试验区脱贫攻坚项目计划共171项，截至12月底，统一战线在毕节试验区共实施脱贫攻坚帮扶项目434个（其中新建项目422个、续建项目12个），已完成项目387个，正在实施项目47个，项目涉及资金共计24863.07万元，累计完成投资16032.93万元。深入推进“千企帮千村”扶贫行动。认真组织开展全市“千企帮千村”遍访工作，严格按照“四个一批”（清理退出一批、核实补登一批、新进增加一批、打造示范一批）要求，通过督查调研和实地走访，对企业结对帮村的有关情况进行遍访，共清退作用发挥不好的企业166家、核实补登35家、新进增加147家，精准建立台账，常态跟踪管理。认真做好全国“万企帮万村”行动抽查迎检工作，织金县代表贵州省接受全国工商联交叉检查，得到检查组的认可和好评。截至12月底，全市共有749家企业帮扶1021个贫困村，累计投入帮扶资金共55.4亿元，受益贫困人口26.9万人。深入推进东西部扶贫协作。不断加强与广州统一战线的协调对接，促成广州市工商联协调资金500万元支持织金县后寨乡、中寨镇、自强乡等地乡村基础设施建设。组织市县工商联负责同志赴广州市统一战线考察回访，积极争取各方面支持，广州统一战线在威宁县炉山镇援建图书馆一座，捐赠价值10万元的电脑和100盏路灯，并围绕半夏等中药材种植开展产业扶贫。全力做好脱贫攻坚联系点帮扶工作。选派1名班子成员和5名年轻干部赴赫章县河镇乡、结构乡开展驻乡、驻村帮扶工作，对脱贫攻坚“一达标两不愁三保障”存在的短板进行遍访调查，帮助指导乡镇采取有力措施推进脱贫，助推按时高质量打赢脱贫攻坚战。发挥统一战线联系广泛的优势，累计协调投入资金158.2万元支持脱贫攻坚联系点加快补齐“两不愁三保障”短板，向脱贫攻坚联系点贫困户捐赠300余床御寒过冬棉被。强化统一战线考察联络服务工作。切实加大与中央统战部、各民主党派中央、全国工商联的对接汇报工作力度，坚持市、县主要领导每年至少一次带队赴中央统一战线汇报工作机制，对接汇报取得较好成效。完成全国统一战线领导98批次1770余人次到毕节试验区开展帮扶调研活动的服务联络工作，其中，省部级以上领导52位、70人次，副国级以上领导12位，促进帮扶调研活动取得实效。

【强化民主党派建设深化多党合作】 2019年，毕节市委统战部充分发挥“党外人士之家、党外人士之友”的纽带和引领作用，切实加强民主党派队伍建设，有效提升各市级民主党派促进政党协商、提升服务改革的能力和水平。加强民主党派组织建设。切实贯彻落实新修订的《各民主党派中央关于新时代组织发展工作座谈会纪要》精神，指导各民主党派市县级组织按规定做好成员发展工作，2019年新发展民主党派成员45人。提请市委常委会专题研究，将7家民主党派市级组织年度工作经费统一增加至30万元，为各民主党派市级组织发展增强了保障。切实加强党派组织建设，协调做好党派班子及干部配备工作。强化政党协商工作。紧扣基层发展的重大问题，认真筹备政党协商相关事宜，大力落实政党协商保障措施，有效保障政党协商成效。牵头制订《中共毕节市委关于加强政党协商的实施方案》《中共毕节市委2019年政党协商计划》，2019年毕节市委共召开5次市级民主党派政治协商会。提升服务改革能力。始终把深化多党合作改革作为多党合作示范区建设的重点任务，制定《关于组建统一战线加力脱贫攻坚服务团，探索助推试验区乡村振兴新路子的实施意见》，11月17日经市委深改会议研究通过，正推进组建统一战线帮扶项目服务团、党派专家服务团、非公有制经济人士农村产业发展服务团工作，搭建市内统一战线参与脱贫攻坚新平台，积极引导各民主党派成员、民营企业、社会组织等参与脱贫攻坚。

【扎实做好统一战线各领域工作】 2019年，毕节市委统战部紧盯社会热点和广大群众普遍关注的问题，结合毕节试验区统一战线工作实际，大力推进重点工作落实。扎实推进民族和宗教工作。以铸牢中华民族共同体意识为工作主线，认真落实中办、国办《关于全面深入持久开展民族团结进步创建工作铸牢中华民族共同体意识的意见》和省的有关实施意见，完善市委、市政府相关领导联系少数民族代表人士制度，进一步深化民族团结进步繁荣发展示范区创建工作。继续巩固2018年全市宗教工作“迎督查抓整改”成果的基础上，以全面抓好2018年中央宗教工作督查反馈问题整改为中心，制订印发《毕节市贯彻落实中央宗教工作督查反馈意见整改方案》，全面抓好迎接中央统战部于近期对毕节市宗教工作的暗访督查“回头看”迎检工作。积极开展省委宗教工作领导小组督办清单的5项工作。将宗教工作督查纳入市委、市政府督查内容，印发《毕节市委宗教工作领导小组关于对宗教工作实行常态化暗查暗访、调度通报、约谈问责的通知》，采取分县区包保和市级抽查、县区自查、县区交叉检查等方式对督查整改情况进行暗查暗访，严格实行一周一调度、一月一研判、一季一通报制度。以抓好2019年宗教团体换届工作为载体，完成毕节市佛教协会、毕节市伊斯兰教协会、毕节市基督教协会（三自爱国委员会）三个宗教团体的换届工作。扎实推进党外知识分子工作。加强党外知识分子联谊会、留学人员联谊会的建设，分层分类完善新的社会阶层党外代表人士信息库，并实行动态管理。探索组建党派专家服务团，积极引导党外知识分子和新的社会阶层人士发挥优势，最大限度聚集试验区建设的正能量。扎实推进港澳台侨海外统战工作。认真筹备并圆满召开了毕节市第二次归侨侨眷代表大会，顺利完成了毕节市侨联换届工作，配齐配强了领导班子。组织开展新一轮的全市港澳台侨海外人士情况摸排统计，不断强化动态跟踪管理，持续打造“侨爱工程”品牌。2019年，争取到上海杉树公益基金会、浙江新华爱心教育基金会等涉侨爱心组织资助毕节贫困学生200名，资助金额172.5万元。选派2名外派教师赴泰国支教。同时，加大对困难归侨侨眷的关心帮扶力度，向困难归侨侨眷发放生活补助2.4万元。圆满完成国台办批准对台重点交流项目“民族记忆之旅——毕台基层代表交流活动”，成功组织开展“台湾农业交流团赴毕考察活动”“台湾文化交流团赴毕交流活动”，通过活动的开展，让台湾同胞感受到毕节试验区经济社会发展和丰富多彩的文化，引导更多台湾同胞增强一个中国的认识，以交流促感情，实现心灵契合，让两岸民众的心灵拉得更近。扎实推进统一战线宣传信息工作。制定和印发《新媒体时代毕节试验区统一战线宣传信息工作联席会议制度》《中共毕节市委统战部关于进一步加强统一战线宣传信息工作的意见》和《中共毕节市委统战部宣传信息工作管理办法》，对全市统一战线宣传信息工作情况实行“月通报”制度，对“毕节试验区统一战线”微信公众平台和门户网站进行改版提升，有效规范了全市统一战线宣传信息工作流程、标准、报送渠道和考核奖惩，形成市、县、乡三级联动的“大统战宣传格局”，在全市统战系统形成“你追我赶、比学赶超”的良好氛围，真正形成“宣传推动工作、工作促进宣传”的良性循环。统筹全市统一战线和各科室资源力量，申报省级重点课题3个、市级重点课题4个、省级实践创新成果5个，全面完成2019年度省、市重点课题和实践创新的组织报送工作。其中，报送省级的3个课题中，《抗日民族统一战线的先驱实践地毕节》理论研究成果被省委统战部研究室作为全省两篇之一推荐到中央统战部参评，《毕节试验区“三保障、三强化、三监督”推进统一战线帮扶体制机制创新》的实践创新成果被省委统战部宣传信息处作为全省三篇之一推荐到中央统战部参评。扎实推进贯彻新发展理念示范乡镇建设。指导各县区结合对口帮扶党派情况，选择13个乡镇作为新发展理念示范区建设示范点，下发《中共毕节市委统战部关于切实抓好2019年贯彻新发展理念示范乡镇建设的通知》，积极推进试点示范工作。同时，加大向民主党派中央、全国工商联对接汇报力度，积极争取智力支持。民建中央指导黔西县编制《黔西县建设新发展理念示范区中长期（2019－2035）规划》。民进中央出台《关于支持毕节试验区夯实贯彻新发展理念示范区建设的意见》（进中办发〔2019〕1号）。农工党中央在大方县举办“贯彻新发展理念 实施乡村振兴”干部培训班。民革中央、民盟中央、致公党中央、九三学社中央、台盟中央对新发展理念示范乡镇进行初步对接，拟将选择的示范乡镇作为试点给予支持和指导。

【自身建设】 2019年，毕节市委统战部立足全市统战工作实际，切实加强干部队伍建设、作风建设和制度建设，不断提高统战干部的能力水平。加强队伍建设。建立完善常态化培训机制，组织开展各级各类统战干部培训班，全面提升干部队伍的综合素质和业务能力。结合工作实际，优化机关干部配置，机构改革后及时对部机关科室负责人进行了明确，对各科室（单位）的工作人员进行了调整优化。2019年8月9日至11日，与中央统战部《中国统一战线》杂志社联合举办“中国统一战线新时代理论政策宣传直通车暨毕节试验区统战干部综合能力提升培训班”，培训统战干部和统战成员代表130多名。加强作风建设。结合“不忘初心、牢记使命”主题教育活动要求，以“大兴调查研究之风、大兴真抓实干之风、大兴勤俭节约之风”活动为抓手，在统战系统不断深化“作风革命”，着力提升干部解决问题的能力，切实锻造一支“政治上坚定、精神上振奋、业务上精通、作风上过硬”的统战队伍。加强制度建设。注重研究各项工作的内在规律，认真总结经验做法，进一步强化制度、完善规章、规范秩序，今年以来建立完善了《中共毕节市委统战部部务会议事规则》等16个内部管理制度，对“三重一大”事项，严格执行议事规则和决策程序，不断强化制度执行，有效规范机关运行和办事流程，推动机关工作持续向制度化、规范化、精细化、科学化迈进。

【坚决扛起主体责任，全面深入从严治党】 是年，毕节市委统战部紧紧围绕新时代党的建设总要求，深入抓实抓好各条战线、各个领域、各个环节的党建工作，持续巩固山清水秀的政治生态。一是严格落实主体责任。全面落实党风廉政建设主体责任，从严管好班子带好队伍，深入推进党风廉政建设，坚持定期研究党风廉政建设工作，按有关要求和程序对部机关党委进行换届选举，成立了部机关纪委，并配备了专门人员负责相关工作。二狠抓党风廉政建设工作。毕节市委统战部部务会始终把勤政廉政建设作为推进各项工作的前提和基础，认真贯彻执行党员领导干部廉洁从政有关规定，全面贯彻落实中央八项规定及其实施细则、省委十项规定、市委有关规定要求，坚持把党风廉政建设责任制的落实纳入重要工作日程，与其他重点工作一起安排、一起检查、一起考核，在市委统战部形成了“班子抓、抓班子，领导抓、抓领导”的党风廉政建设和反腐败工作格局。三是守牢意识形态阵地。毕节市委统战部部务会高度重视抓好意识形态工作，专题研究意识形态工作特别是涉及民族宗教、对台工作、网络宣传等方面意识形态领域的工作，建立了意识形态联席会议制度，严格落实意识形态工作责任制。重点加强网络意识形态阵地管控，牢牢把握网络意识形态工作的主导权，最大限度壮大网上正能量。

（撰稿：周明宽）

机构编制工作

【概述】 2019 年，毕节市委编办坚持以习近平新时代中国特色社会主义思想为指导，深入落实中央、省委、市委、市委编委和市委组织部的各项工作部署，采取有力措施，统筹兼顾，精准发力，扎实抓好机构编制各项工作，努力为毕节“高质量打赢脱贫攻坚战、建设贯彻新发展理念示范区”提供坚强的体制机制保障。2019 年工作得到省政协副主席、市委书记、市人大常委会主任周建琨同志批示肯定；市委编办党支部获省委表彰为全省脱贫攻坚先进党组织；机构编制信息宣传工作连续 2 年获中央编办通报表彰，连续 3 年名列全省第一，得到省委编办主任彭旭批示肯定。

【党政机构改革】 根据中央和省委关于市县机构改革的部署和安排，市委编办以习近平新时代中国特色社会主义思想为指导，切实增强“四个意识”，坚定“四个自信”，做到“两个维护”，提请成立市委、市政府主要领导为双组长的市委深化机构改革领导小组和党委口、政府口及县（区）机构改革 3 个专项协调组，加强对机构改革工作的组织领导。市级共设置党政机构 50 个。市委设置机构 15 个，其中，纪检监察机关 1 个（市纪委市监委机关），计入机构限额的工作机关 12 个（市委办公室、市委组织部、市委宣传部、市委统战部、市委政法委、市委政研室、市委网信办、市委编办、市直机关工委、市委巡察办），列入市委机构序列的机构 2 个（市信访局、市督查考核局）；市政府设置工作部门 35 个（市政府办公室、市发展改革委、市教育局、市科技局、市工业和信息化局、市民宗局、市公安局、市民政局、市财政局、市人力资源社会保障局、市自然资源和规划局、市生态环境局、市住房城乡建设局、市交通运输局、市水务局、市农业农村局、市商务局、市文化广电旅游局、市卫生健康局、市退役军人局、市应急局、市审计局、市国资委、市市场监管局、市能源局、市体育局、市统计局、市医保局、市人防办、市扶贫办、市机关事务局、市金融办、市生态移民局、市林业局）。各县（区）均设置党政机构 37 个。其中，党委机构 10 个（七星关区 11 个），政府机构 27 个（七星关区 26 个）。除中央和省委要求对应设置的机构外，各县（区）结合实际，在机构限额内设置党政工作机构 2 个（信访局、综合行政执法局）。同时，市、县两级严格对标对表中央和省的要求，制定“三定”规定，对部门职能职责、领导职数、内设机构等事宜进行规范，于 3 月底前全部印发实施。通过机构改革，加强了党的领导，优化了机构设置和职能配置，推进了政事分开，初步形成系统完备、科学规范、运行高效的机构职能体系，总揽全局、协调各方的党的领导体系，职责明确、依法行政的政府治理体系。

【综合行政执法体制改革】 根据中央和省对综合行政执法改革的安排部署，市委编办结合机构改革职责调整情况，研究提出毕节市综合行政执法机构设置方案，经市委常委会审议后，报省委编办批复实施，市级设置市综合行政执法监察支队、市生态环境保护综合行政执法支队、市劳动保障综合行政执法支队、市文化市场综合行政执法支队、市应急管理综合行政执法支队、市市场监管综合行政执法支队、市能源综合行政执法支队、市农业综合行政执法支队、市交通运输综合执法支队、市自然资源和规划综合执法支队、市卫生健康综合执法支队、市宗教事务执法支队等 12 支执法队伍，均为副县级机构规格。同时，指导县（区）结合实际推进综合行政执法体制改革，已行文批复各县（区）设置12支综合行政执法队伍，均为副科级机构。

【事业单位规范调整】 根据中央和省关于事业单位规范调整的要求，经编委领导同意，印发《中共毕节市委机构编制委员会办公室关于调整规范市直事业单位的通知》（毕市机编办〔2019〕12号），对市直452个（含百里杜鹃管理区、金海湖新区）事业单位进行全面梳理，指导部门按照优化协同高效的原则，积极稳妥地开展事业单位规范调整工作。截至2019年底，市直事业单位承担的行政职能已按中央和省的要求全部回归机关，全面完成纳入规范调整的183个事业单位审核工作，并完成市生态移民服务中心、市互联网信息服务中心、市新闻媒体联络服务中心、市商贸物流和电子商务发展中心、市矿产资源勘查中心、市国土空间规划编研中心、市城乡规划技术中心、市土地收购储备中心、市矿权收购储备中心、市地理信息中心、市残疾人服务中心、市服务职工中心、市工人文化宫、市社科服务中心、市文艺创作中心、市法学会、市政法干部培训中心、市生态环境突发事件应急中心、市生态环境监控中心、市固体废物处置中心、市生态环境宣教中心、市生态环境项目服务中心、七星关区等8各县（区）生态环境监测站、市老干部服务中心、市妇女儿童活动中心、市人大机关服务中心、市政协机关服务中心、市建筑设计施工质量监督管理站、市新型墙材革新建筑节能服务中心、市建筑工程施工安全服务中心、市棚户区改造服务中心、市电子政务内网服务中心、市保密技术服务中心、市人防指挥信息保障服务中心、市机关事务管理局服务中心、市统计科研教育中心、市统计资料服务中心、市统计辅助调查中心、市社情民意调查中心、市计算中心、市文化艺术服务中心、市公共文化和旅游发展服务中心、市金融服务中心、市巡察服务中心、市计划生育困难家庭扶助中心、市国有企业发展服务中心等53个科级事业单位规范调整工作。

【机构编制调整】 根据工作需要，严格按机构编制管理程序和规定，抓好机构编制调整等工作。撤销贵州百里杜鹃管理区预防职务犯罪工作办公室、大方县公安局鸡场派出所、市地方海事局支嘎阿鲁湖分局、市水政监察支队、市统计执法支队、市财政稽查分局、市节能减排监察支队、市整顿和规范市场经济秩序领导小组办公室、市商务综合执法支队等9个机构。设立贵州百里杜鹃管理区退役军人服务中心、毕节金海湖新区第二小学、市通关服务中心、市军队离退休干部服务中心、威宁彝族回族苗族自治县综合行政执法局等机构。对贵州百里杜鹃管理区民政局、毕节金海湖新区社会事务管理局、市退役军人事务局办公室加挂牌子。对市军队离退休干部服务管理中心、大方县公安局高店派出所、织金县妇幼保健计划生育服务中心、金沙县计划生育妇幼保健院、市水库和生态移民信息中心、市妇幼保健计划生育服务中心等机构进行更名。调整贵州工程应用技术学院等6个机构或其内设机构领导职数。对市纪委市监委机关等27个机构的编制进行调整。调整市一医院、市幼儿园、市土肥站、市民中等单位的编制结构。对市民中、市一中、市实验学校、市实验高级中学等单位内设机构进行调整。重新核定市发展改革委等68个单位机关工勤编制。

【机构编制统计年报】 按照省委编办统一要求，市委编办认真组织开展全市机构编制统计年报工作，汇总核实全市1529个行政单位、6880个事业单位基础数据，全面完成2018年度机构编制统计年报工作。

【编制年审和工资统发人员审核】 根据工作安

排，市委编办认真组织开展编制证年审和工资统发人员审核工作。及时完成市直480余家单位机构编制证年审工作。于2019年1月底完成市直机关事业单位及县（区）法检系统17156名工资统发人员审核，并及时做好有人员变动的单位的数据更新工作。

【机构编制信息化建设】 一是及时对机构编制实名制管理系统数据进行更新。共对市直480多家机关事业单位的机构编制实名制网络管理系统及台账数据进行更新，确保了数据的真实性、准确性；每月按时向省编办报送全市机关事业单位机构实名制管理信息系统数据与2018年年报数据对比情况。二是继续推广使用省编办和市政府OA智能办公系统网上传输电子公文，共通过OA系统接收公文1927个（其中批办性文件1602个，阅知性文件325个），发送公文167个，提高工作效率，节约了行政成本。三是抓好域名注册、续费及党政机关、事业单位网站开办审核、资格复核和网站标识管理工作。四是组织开展机构编制云平台“权责清单”管理系统基础数据录入工作，全市共录入并审核通过权责清单46194条（其中市直录入权责清单3462条）。五是强化信息报送工作。积极报送工作信息，得到中国机构编制网等有关媒体的采用。其中，中国机构编制网采用市委编办报送的信息20篇，贵州省人民政府网采用21篇，贵州机构编制网采用21篇，《毕节日报》、毕节市人民政府网等媒体采用市委编办报送的稿件80篇次。

【事业单位登记管理】 按时完成市直170家事业单位法人年度报告公示，并按照“双随机一公开”要求，对市恒信公证处等5家市直事业单位法人公示信息进行实地核查；按规定程序办理市直事业单位设立登记3件，法人变更登记34件；办理机关、群团和事业非法人统一社会信用代码证书相关事项变更57件次。

【机构编制督查】 核实掌握相关情况，完成市直违规超编、政策性超编、领导职数管理等问题台账的录入工作；及时更新市直及各县（区）副县级以上机关事业单位领导职数台账、市直副厅级及以上事业单位领导职数台账，按要求上报省委编办；按省委编办要求组织县（区）开展议事协调机构清理和规范整顿工作，8个县（区）共清理出议事协调机构2097个、撤销1610个、保留487个；针对威宁县制定党政机构“三定”规定中出现核定的领导职数大于行政编制数和纳雍县制定部门“三定”规定中内设机构设置过多等问题，下发了整改通知，督促抓好整改落实。

【职责要点审核】 根据《中共毕节市委办公室印发关于聚焦履行职责“两要点两清单”加强干部教育培训的实施方案的通知》（毕委办字〔2019〕1号）要求，毕节市委编办结合实际印发《关于审核市直机关及直属事业单位职责要点有关事宜的紧急通知》，集中全办人员力量，分成6个审核组，对市直机关、直属事业单位职责要点进行集中初审，于4月下旬完成99个机构职责要点审核工作，及时报送市“两要点两清单”工作专班，并根据市“两要点两清单”工作专班要求，再次组织对上述单位职责要点进行修改完善，全面规范部门履职行为。

【机关服务能力建设】 核准市直机关事业单位空编情况，按有关规定及程序审核办理市直相关单位367名增员手续，办理232名科级领导职数审核手续。认真筹备召开市委编委第一、第二次会议，研究了机构编制有关问题。梳理、研究市直单位代市委、市政府草拟的100余份相关文件（征求意见稿），对涉及机构编制事项的内容提出意见建议，及时按要求进行回复。承办人大代表建议7件，政协委员提案5件，相关人大代表和政协委员反馈意见均为满意。

【"不忘初心、牢记使命"主题教育】 市委编办按照"守初心、担使命、找差距、抓落实"的总要求，及时成立工作领导小组，召开部署会议，扎实推进"不忘初心、牢记使命"主题教育，切实做到"学习教育、调查研究、检视问题、整改落实""四个贯穿始终"。一是扎实抓好学习教育。组织开展理论中心组学习研讨5次，带领全体干部职工原原本本学习习近平新时代中国特色社会主义思想、习近平总书记系列重要讲话精神等，围绕党的政治建设、全面从严治党、理想信念、宗旨性质、担当作为、政治纪律和政治规矩、党性修养、廉洁自律等8个专题开展交流研讨，领导班子成员均作研讨发言。充分利用"学习强国"、红色资源、警示教育基地等平台载体，开展革命传统教育、形势政策教育、警示教育，帮助党员干部准确掌握形势政策，真正做到理论学习有收获，思想政治受洗礼。二是扎实抓好调查研究。第二批"不忘初心、牢记使命"主题教育启动以来，办领导班子成员分别领题，深入单位扶贫联系点威宁县海边街道、纳雍县昆寨乡宋家沟村、部分易地扶贫搬迁安置点及部分市直单位调研9天，走访群众79人次，协调解决问题9个，形成调研报告3篇。三是扎实抓好问题检视。认真开展专项整治，通过召开专题检视会、座谈会、个别访谈、发放征求意见函、自我查找等方式，深入检视问题，真正把自己摆进去、把职责摆进去、把工作摆进去。领导班子检视出问题8个，班子成员共检视出问题24个，已全部整改落实并长期坚持。四是扎实抓好整改落实。坚持即知即改，立行立改，针对检视查找出的突出问题，深入剖析原因，结合实际制订具体可行的整改方案，及时抓好整改落实。在此基础上，梳理形成领导班子和班子成员检视剖析材料，召开民主生活会，开展批评与自我批评，达到红脸出汗、排毒治病的效果。

【党的建设】 市委编办严格按相关规定，组织开展单位党支部换届选举工作，并按市委、市委党建办和市直机关工委的部署，组织抓好党支部规范化建设。一是注重加强领导。多次召开室务会议研究部署党建工作，结合实际制定《2019年中共毕节市委编办党的建设工作要点》并组织实施。二是注重落实组织生活会制度。2019年初，组织召开2018年度领导班子民主生活会、支部组织生活会及开展民主评议党员等工作，单位领导班子成员及全体党员均认真查找问题，开展批评与自我批评，针对查找出的问题，制定整改措施，切实抓好整改。三是注重推进脱贫攻坚。按照市委部署，扎实抓好联系点帮扶工作。2019年办领导班子成员到单位扶贫联系点开展调研共24天，与乡村干部一起商讨帮扶村脱贫方案和产业发展等事宜，开展遍访贫困户工作，走访群众112人次，督促挂职帮扶干部和驻村干部按照"一达标、两不愁、三保障"要求落实好相关工作。单位节约办公经费近10万元帮助扶贫联系点解决有关问题。其中，6万余元用于帮助宋家沟村解决驻村及法治毕节创建经费，为贫困群众缴纳农村合作医疗保险费，为贫困户购买家具、走访慰问等；3万余元用于帮助海边街道解决办公费、慰问贫困群众等。协调市直有关单位帮助联系点解决项目资金23万元，民革贵州企业家联谊会副会长杨奇文捐赠资金5万元（用于宋家沟村贫困群众医疗救助），协调市红十字会捐赠扶贫联系点价值4.7万多元的物资。经过不懈努力，截至2019年底，威宁县海边街道仅有12户贫困群众还未出列，宋家沟村仅有7户15人还未脱贫出列。四是注重规范管理。组织中心组学习5次、召开支部党员大会及开展主题党日活动12次，进一步提升干部职工政治理论素养。按要求抓好党课、党费收缴及党组织规范化建设等工作。五是注重开拓创新。继续抓好"干部风采·晒实绩"栏目，通过晒实绩的方式，推出一批作风硬、工作实、业绩优的好干部，在全办树标兵、立榜样，激发干部职工比学赶超的工作热情和干事创业的激情。

【意识形态工作】 市委编办根据工作需要及时调整意识形态工作领导小组成员，制定单位2019年意识形态工作实施方案、工作要点、工作计划等，抓实抓好意识形态工作。按要求定期向市委报告意识形态工作，并配合市委宣传部做好有关专题督查工作；建立市委编办支部微信群，办主要领导、分管领导、支委委员及时发声，加强沟通，引导党员发挥正能量。组织开展“维护意识形态安全”专题学习2次，围绕习近平总书记在全国宣传思想工作会议、党的新闻舆论工作座谈会、哲学社会科学工作座谈会等有关讲话精神，积极撰写工作信息4期。

【党风廉政建设】 2019年，市委编办坚持从严管党治党，严格落实党风廉政建设工作责任制，全面压实主体责任，努力做到真管真严、长管长严。一是注重抓好学习教育。开展理论中心组学习、主题党日活动等，组织干部职工认真学习习近平新时代中国特色社会主义思想、习近平总书记系列重要讲话精神、中纪委十九届三次、省纪委十二届三次全会、市纪委二届四次全会、《中国共产党纪律处分条例》《中华人民共和国监察法》等精神；办领导为单位职工讲廉政党课3次，带头学廉、讲廉、守廉，进一步筑牢廉政思想防线。二是注重抓好日常监管。年初及时召开会议，对2019年党风廉政工作进行安排部署。先后召开4次会议，专题研究解决有关问题，深入推进单位党风廉政建设工作。印发《工作要点》，制定目标任务分解表，组织签订责任书，层层压实党风廉政建设工作责任。单位主要领导对党风廉政建设工作作出6次批示，分管领导对党风廉政建设工作作出9次批示，班子成员经常与分管科室负责人和工作人员谈心谈话，了解思想状况，指出存在问题，督促整改，推动主体责任全面落实。开展提醒约谈3次，单位主要负责人约谈班子成员3人次，分管领导对科级干部提醒约谈15人次。认真落实报告制度，全年共研究重要人事任免4件，大额度资金使用4件，均按程序报告第一纪检监察组。全年没有巡视（巡察）反馈问题，没有接受组织约谈、函询、问责或因“四风”被查处的情况。三是注重严肃纪律规定。严格落实中央八项规定、省委和市委十项规定，以及省市全面禁酒有关规定等。组织开展领导干部在企业、社团兼职及干部参与茅台酒经营的自查清理；认真开展津贴补贴发放及行政福利费使用、差旅费、公务接待、超职数配备领导干部等专项整治工作，进一步规范管理。

【三个大兴活动】 按照市委安排部署，持续深入推进“三个大兴”活动，深化“打赢攻坚战、建设示范区、编办怎么干”大讨论活动，进一步加强机关作风建设。2019年，除涉及机构改革文件外，市委编办仅发文25个；领导班子成员共开展调研76天，走访党员355人次，走访群众240余人次，协调解决重点问题20个，形成调研报告4篇；继续压缩“三公经费”，按季度报送并公示三公经费使用情况，2019年前三季度，市委编办三公经费支出84305.86元。四是注重加强制度建设。修订完善单位议事决策、财务管理、党风廉政建设责任、公务接待管理、公务用车管理、考勤等19个制度，制定了市委编办加班误餐补助办法，进一步扎紧党风廉政建设的制度笼子。

（供稿：市委编办）

政策研究

【概述】 2019年，在市委的坚强领导下，市委政研室以习近平新时代中国特色社会主义思想为指导，不忘初心、牢记使命，树牢“四个意识”，坚定“四个自信”，做到“两个维护”，深入学习贯彻党的十九大、十九届二中、三中、四中全会精神，习近平总书记对贵州和对毕节工作的重要指示批示精神，省委十二届五次、六次全会以及市委二届五次、六次全会精神，围绕中心，服务大局，认真落实市委“抓具体抓深入”工作要求，在以文辅政、全面深化改革、试验示范等方面做了大量工作，扎实推进全面从严治党，认真履行意识形态工作责任制，加强机关党建，抓好干部队伍建设，推出一批好文章，推行一批好举措，推介一批好成果，政研工作在全市年度目标绩效考核中获“一等奖”，全面深化改革工作在省督察考评中获全省“第一名”。

【重要文稿起草】 牢固树立精品意识，坚持用精益求精的态度，认真做好文稿起草、修改和审核等工作。先后参与或组织起草了市委二届五次全会实施意见、深圳市与毕节市战略合作框架协议、市委二届六次全会实施意见、市委主要领导在中央社会主义学院省级和副省级党委统战部副部长培训班上的报告以及在市委深改委会上的讲话等重要文稿20余篇；向省委政研室报送《毕节市深入推进农村产业革命的工作情况报告》《毕节市脱贫攻坚工作情况报告》《毕节市生态文明建设情况综合报告》等综合性文稿10余篇。

【调查研究】 深入践行“四到工作制”，通过研究问题，着力破解难题。认真履行“大兴调查研究之风”活动牵头单位职责，完成日常联络服务、工作调度、阶段性总结、年度考核等工作；积极谋划和组织完成全市2019年度全市重点课题调研任务，全年立项课题143个，经组织评审结题128个，其中优秀课题10个、良好课题58个、合格课题60个，并优选67篇调研成果汇编成册，印发各县区、各市直单位学习参考。充分发挥参谋助手作用，组织力量对“特惠贷”风险、农村婚恋乱象、南瓜种植、毕节中心城区蔬菜种植、践行“塘约经验”等开展专题调研，形成了一批高质量调研报告并通过《政研专报》（全年共编印11期）的形式呈送相关市领导参阅，有的调研报告得到上级领导的批示肯定，有的转化为决策文件。市委书记周建琨在《毕节市南瓜种植情况调研报告》上签批：“调研报告很好。玉平同志可牵头开一个会，要针对存在问题，采取过细扎实措施，确保南瓜种植助民增收。”市长张集智在《毕节中心城区“菜篮子”市场调研报告》上签批：“很好！请书龙同志组织研处并回复我！”等。在省全面深化改革优秀调研成果评选中，政策研究室选送的《摘掉“贫困帽”如何“不感冒”——关于建立健全稳定脱贫长效机制研究》《农民专业合作社运行发展现状研究——以毕节市为例》2篇调研报告获“优秀奖”。

【全面深化改革】 对标对表抓改革。依托市委深改委会议，及时传达贯彻中央、省委改革会议精神和有关改革文件精神。全年服务召开市委深改委会议11次，对中央5次、省委4次深改委会议精神全面传达贯彻，听取10个县区、9个市直部门、1个乡镇、2个村（社区）改革汇报，审议通过的18个方面的改革举措均向深改会作“答辩式”起草说明。坚持问题导向，拟定需要改、推得动、改得好的议题，通过反复论证可行性后列入全年工作要点，2019年市级共明确16个方面52项改革举措。制定深改委成员领衔推进重大改革项目暂行办法，明确各级领导干部带头搞调研、抓试点、推典型，由市领导领题重大改革事项29个。将市领导分管工作和主抓改革结合起来，完善“管改一体”工作机制，设立18个专项小组、30个专题组。细化措施推改革。将“重大改革事项推进力度不够”作为风险点列入全市重大风险防范化解责任清单，由市风险办以周报、月报形式进行调度。建立“1+N”专题设置方式和会议审议机制，全年谋划的16个方面改革事项，14个以“1+N”形式推进。建立向深改委主任的“报告单”、向分管领导的“提示单”、向牵头部门的“催办单”动态提示机制，倒逼改革任务有序推进。全年发出催办单15份。采取“观摩调研+现场会议”方式，把深改会开成院坝会，开到群众家门口，组织深改委成员现场办公、现场督察。全年召开改革现场会4次，开门搞改革的毕节实践得到省委深改委的认可，重庆市委改革办专门转发学习。创新“基层评判、群众打分”的改革成效评议机制，通过实地观摩，对城市社区建设改革成效进行座谈评议和测评打分，反响良好。增强力量助改革。以机构改革为契机，将原全面深化改革领导小组调整为委员会，市、县均设改革办主任、常务副主任、专职副主任，县区党委（党工委）办公室明确一名副主任主抓改革办工作。把提升改革队伍综合素质和业务水平作为凝聚改革合力、推动改革举措落实落地的重要途径。邀请省委改革办领导对全市改革系统分管领导和业务人员作“充分发挥信息和新媒体作用助推改革”专题培训，市县170多人参训。建立“改革办+督查考核局+改革事项牵头和参与部门”的“1+1+N”联动督导机制，深入指导改革工作开展。全年与市直部门联合对县区改革指导12次。

【试验示范工作】 积极推动示范区建设。对习近平总书记“7·18”批示贯彻落实情况进行总结上报。积极配合省发改委推进建设贯彻新发展理念示范区规划编制工作，按要求收集报送规划编制的相关资料。积极参与国务院发展研究中心中国基金会开展“毕节市建设贯彻新发展理念示范区课题研究”，课题评审会于7月4日在贵阳召开，专家组一致同意课题通过评审，为规划编制提供了参考。积极推进农改试验课题。完成“以农村社区为基本单位的村民自治”试点试验课题的总结，与市农业农村局配合国家试验区办公室委托的第三方专家组对“村（居）社区自治”试验课题进行评估验收。参与推动大方县、纳雍县开展健全党组织领导下的自治、法治、德治相结合的乡村治理体系改革试验试点工作。按照机构改革要求，做好农改试验职能划转相关工作。认真做好联络协调服务。认真做好试验区专家顾问组赴毕考察的协调服务工作，配合专家顾问组在黔西县素朴镇古胜村开展国家星火计划项目试验示范工作，协调推动古胜村综合文化服务中心建设，并给予10万元资金支持。全力推动试验区专家顾问组换届工作，起草了第六届毕节试验区专家顾问组组建方案，积极通过多种途径和方式，向中央统战部、省委有关领导及省委统战部汇报请示，相关换届工作正有序推进。

【信息宣传】 把信息宣传作为展示形象、助推工作的关键一招，不断建立完善信息总结提炼、报送推送等工作机制，全面加大典型经验信息的总结提炼。充分调动县（区）和部门搜集撰写、总结提炼、推荐报送信息的主动性、积极性。是年，编发《毕节试验区改革发展》专刊11期，采编调研文章和工作信息180余篇。建立改革系统“人人都是专职信息员”机制，全年向省报送改革信息1300余篇，《贵州改革情况交流》采用17篇，列全省第二，《贵州改革工作动态》采用79篇；在《毕节改革》微信公众号上推送信息241期1000余条。

【基层帮扶】 不定期召开室务会研究解决驻村工作中的困难和问题，建立室领导班子成员轮流到驻村帮扶联系点指导推动工作和驻村干部定期向室领导班子报告工作机制。及时调整驻村工作队员，先后选派1名班子成员到威宁自治县迤那镇担任驻乡工作队长，1名副县级干部到纳雍县董地乡挂任乡党委副书记、兼新华村第一书记，2名科级干部分别到纳雍县昆寨乡高峰村任第一书记、威宁县迤那镇挂职乡党委副书记并联系该乡中海村。竭力支持资金物资，支持昆寨乡帮扶资金15万元用于完善乡便民服务中心建设，累计为3个帮扶联系点解决驻村工作经费11万元；购买107套床上用品“四件套”帮助帮扶村贫困群众改善脱贫形象；协调市红十字会向昆寨乡卫生院及其分院捐赠2台价值8.5万元的荧光免疫定量分析仪，毕节旺达服装厂为董地乡新华村石关小学捐赠校服300多套，市残联为帮扶村捐赠残疾人器具48套等。认真开展联系社区文明城市创建工作，支持洪山社区文明城市创建资金1万元。

【自身建设】 室领导班子切实加强自身建设，认真履行全面从严治党责任，严格落实意识形态工作责任制，扎实开展“不忘初心、牢记使命”主题教育，取得了较好成效，并作为市委第四巡回指导组经验交流的推荐单位。注重加强干部队伍能力建设，圆满举办全市党委政研系统“三项基本技能”（计算机、公文写作、演讲比赛）练兵活动，选拔6名队员组队到贵阳参加全省集中竞赛，有2名选手分获公文写作二等奖、三等奖；坚持室领导分管工作月通报和科室工作月报告制度，实时互通工作信息，及时查找和解决工作难题，推动工作有效开展；经常组织干部积极参加各类学习培训，认真组织开展“科长上讲台”活动，着力推动政研干部能力素质向“一专多能”发展。

（撰稿：卢永吉）

督查考核

【概述】 市督查考核局是机构改革中将原市督查督办局和实绩考核办整合成立的市委工作机关。2019年，在市委、市政府的坚强领导下，认真学习领会习近平总书记关于“没有督查就没有落实，没有督查就没有深化”的重要论述，按照市委书记周建琨对督查考核工作要忠诚履职、大胆履职、有效履职、干净履职的指示精神，全局紧紧围绕市委市政府中心工作，以“六强六促”发挥督查“助推器”和考核“指挥棒”作用。

【强化作风建设，促进形象提升】 一是抓党建提高战斗力。把抓班子带队伍作为重要抓手，严格落实领导干部“一岗双责”。机构成立后立即建立局党总支和两个党支部，接着成立局工会、妇女小组等群团组织。落实从严管治党要求，认真执行“三会一课”制度，切实开展“不忘初心、牢记使命”主题教育，增强“四个意识”、坚定“四个自信”、做到“两个维护”，扎实履行主体责任，忠诚担当，主动作为。局党总支组织全体党员到“鸡鸣三省”开展纪念建党98周年活动、到“川滇黔省革命委员会旧址”等基地进行党性教育。局工会紧扣新中国成立70周年开展了系列活动，包括书法比赛、乒乓球比赛、登山、知识抢答赛等，营造积极向上、团结奋进氛围，增进友谊，增强凝聚力。积极参加市直机关工委组织的“我和我的祖国”演讲，督查考核局获三等奖。二是抓融合提高凝聚力。局设置督查考核一至四科，将督查考核职能深度融入每个科室，做到督与考同步进行，实现事的融合。将原督查与原考核人员优化组合，做到人尽其才，实现人的融合。针对人员来自不同部门的实际，及时做好思想教育、理顺关系、提升素质等工作，做到事合人聚、心齐气顺，实现心的融合。三是抓管理提高落实力。全局探索推进“四张清单工作法”，以清单式管理增强工作的执行力和落实力，确保人人有事做，事事有人抓，不断提高管理效率效果效能。全年召开局长办公会21次、局班子碰头会27次、科室比晒工作清单40次。班子议定目标清单。按照“有重点、分步骤、强措施”的方法，局班子根据年度工作计划和实际召开局长办公会、碰头会，明确每周工作清单，促进工作有序开展。科室制定责任清单。科室根据清单拟定工作方案，明确责任人、目标要求、完成时限，实行“办结销号”制。每周比晒工作清单。每周通过干部职工会或微信群比晒一次工作完成情况，保证清单任务圆满完成。年终评定绩效清单。年底由局长办公扩大会对工作清单完成情况进行综合评定，评定情况直接与干部年度考核、提拔重用、评先评优挂钩。通过以周促月、以月促年，在全局营造比学赶超、争当先进的干事创业氛围。

【强化三定督查，促进决策落实】 一是围绕贯彻落实党的政策，实施定期督查。2019 年对中央、省制定出台的重要文件、重要会议和重大督查活动及市委、市政府重要工作安排及时进行任务分解，明确工作推进的责任主体和时间节点。对“7·18”习总书记对毕节试验区工作作出重要指示精神、省市《政府工作报告》和省委省政府主要领导在毕调研讲话等 42 项重点工作的督查调度。起草制定了《毕节市迎接国务院第六次大督查工作方案》《毕节市迎接国务院第十三督查组实地督查工作方案》，通过一工作一专项服务组工作模式，做好国务院大督查的迎检和实地督查期间的服务、协调和督导等工作，工作得到督查组充分肯定。认真办结完成国务院督查室网上转办的 41 件转办件。按照“一个问题、一名领导、一抓到底”要求落实落细工作措施，市县协调联动，高效运转，较好完成省委省政府第五督查组综合实地督查工作。二是围绕市委市政府中心工作，实施定位督查。党委、政府的重大决策、重大工作部署就是我们开展督查工作的重点。为此，针对市委、市政府每一个阶段的中心工作具有重点突出、涉及面广、时间要求紧等特点，使督查工作主动与之相适应，把市委、市政府文件进行分解立项、明确落实的时限要求、建立责任制。全年共对 14 个市委、市政府文件进行责任分解，下发督办通知和工作提示单 43 个，编辑工作简报 27 期，有效推动全市中心工作的贯彻落实。三是围绕全市工作的重点问题，实施定点督查。先后组织开展了脱贫攻坚、环境污染治理、农业产业结构调整等专项督查，对一季度经济重点工作、上半年 17 项经济发展重点工作、全市前三季度经济发展重点指标完成情况等综合督导，为市委市政府正确决策提供了可靠依据。办结全国政协提案、省政协提案、市“两会”建议提案 46 件，满意率为 100%。

【强化四个举措，促进提质增效】 把领导批示落实到位，是督查的重要职责，是提高党的执政能力、维护党的形象的具体体现。对领导批示件和交办事项，先深刻领会领导的批示精神，强化四个举措，实行一件一策、限时办结，做到件件有着落、事事有回音。一是快。本着“快办、快查、快结”的原则，当日事当日结，一般批示件实地督查完的次日交报告，重大督查件实地督查完的 3 个工作内交报告，确保及时完成。二是深。就是深入一线督查，采取“一竿子插到底”的方式，不发通知、不打招呼、不听汇报、不用陪同接待、直奔基层、直插现场，既查问题，又发现经验，提出可操作的对策建议。三是实。就是坚持实事求是、严肃认真的态度。全局督查主要采取暗查的方式进行，常常是暗访了解真相，明察补充核准问题。还开展体验式督查。督查中一律不接受督查对象宴请，一律不接收督查对象馈赠，一律不提与督查无关的要求，一律不参加影响公正督查的活动。力求将情况及时、准确反馈，既报喜又报忧。四是精。就是操作精细。工作中既督任务、督进度、督成效，又查认识、查责任、查作风。除紧急情况，没有方案不同意督查，未经培训不开展督查。督查前吃透政策制定方案，督查中及时梳理总结完善方案，督查后认真分析查找存在的问题和对策。形成 45 个专项报告，得到领导签批 37 件次。

【强化考核创新，促进履职尽责】 一是创新考核管理。推进督考一体，突出正向激励和负向惩戒的实绩考核导向，出台《毕节市目标绩效督查考核实施方案》，完善《毕节市目标绩效正负面清单考核管理办法》，建立“年终目标考核+动态跟踪督查考核+正负面清单考核”管理模式，切实考核县区和部门工作实绩。二是实行差别考核。采取分层分类的差别化考核，有效促进各地各部门认真履职。将市直单位按职能职责分6个类别考核，10个县区分东、中、西3个方阵考核，贫困县和非贫困县的考核各有侧重，提高纳威赫3个深度贫困县脱贫攻坚考核权重。三是突出重点考核。为实现全市经济发展增比进位的工作目标，着力抓好经济发展综合指标体系中地区生产总值核算支撑指标的考核，拟定《毕节市目标绩效考核管理补充办法（试行）》，正按程序送审。为落实好省对市（州）考核的多项指标有具体分值要求，原县区考核总分已不能满足相应的分值需要，全年将县区考核总分由100分调整为400分（大扶贫、大安全、大发展、大党建各100分）。四是精简考核指标。坚持“考少、考精、考重点”原则，大幅精简留痕指标、取消导向不明指标、优化完善考核指标体系。2019市直部门目标管理考核总项较2018年少432条，压缩精简比例为24%，共修改完善892条指标。

【强化基层减负，促进担当作为】 为切实贯彻落实好中央办公厅《关于解决形式主义突出问题为基层减负的通知》和省委的安排部署，解决当前督查考核中存在名目繁多、多头重复、频率过高、重留痕轻实绩等问题，大幅度压缩数量和频次，确保对县乡村和厂矿企业学校的督查检查考核事项减少50%以上的目标。一是在力量上做加法。对同类事项或同一时间段开展的督查考核进行合并，从各行各业中挑选骨干参加督查考核，并优化组合，除紧急情况，没有方案不批准督查考核，未经培训不开展督查考核。二是在数量上做减法。能撤销的坚决撤销、能合并的坚决合并，取消导向不明、增加基层负担的督查考核事项，严控督查考核频次。2019年市级督查检查考核计划99项，减少52.63%。三是在成效上做乘法。5月在全省率先制定出台《毕节市督查考核备案办法》，加强对市直各部门督查考核知识培训，统筹协调，合并同类项、拦截多余项，提高工作效能，做到成果共享。人民网、搜狐网等11家媒体以《瘦身督考减负担，强化落实增效能》为标题，对全市的创新做法进行宣传报道。贵阳市督办督查局专程到毕节学习调研。四是在负担上做除法。对市直部门和县区督查检查考核工作进行月梳理汇总和季分析研判，加强过程管控，市级1－10月开展的督查检查考核事项较2018同比减少202项，减少53.58%。

【强化“三个大兴”，促进脱贫攻坚】 一是聚焦“三个大兴”活动深化开展。围绕全市深化“三个大兴”活动推进大会的要求，紧扣风险防范、干部思想解放等“六项行动”重点拟定印发《2019毕节市“三个大兴”活动工作要点》，组织对10个县区和71个纳入工作考核的市直部门活动涉及工作落实进行全覆盖督导调研，压茬推进活动开展，确保力度不减、标准不降。在“不忘初心、牢记使命”主题教育中，将“三个大兴”活动作为全市开展主题教育的创新做法持续推进，以活动工作动态和专报等方式及时展现部门和县区工作开展的好经验和好做法，对县区和部门活动推进情况实行月调度、季小结和半年会议总结。截至2019年，市活动办已编发工作动态26期，形成专报2期。市县乡村四级践行“四到工作制”开展调研52万余人次，解决群众反映强烈的重难点问题7.5万余个。市级发文数量同比下降30.17%，召开会议数量同比下降42.1%。二是聚焦石门乡脱贫攻坚。一名副局长担任市委驻石门乡工作组组长，工作组紧密结合石门实际，帮助该乡理清工作思路，明确工作重点和方向。工作组走访全部14个村，走访贫困户486户，撰写工作报告4篇，帮助石门乡查找脱贫攻坚工作问题和短板30个，并积极协调督促解决。三是聚焦帮乡驻村脱贫攻坚。野马川镇尖山村是市局驻村工作联系点，云贵乡是市局挂职联系点。截至10月底，市局共召开专题会议5次，走访群众247人次，协调资金603万元在云贵乡发展1200亩紫皮大蒜，带动群众种植4000余亩。督促加快威宁县城至云贵通乡油路提升改造建设，解决企业多年拖欠云贵乡群众菊花款35万元等。市局4个班子成员，有2个驻村帮扶；全局8个科级干部，有3个驻村帮扶。市局除做好3个点的脱贫攻坚外，积极组织开展好全市脱贫攻坚战督查考核，尤其是对石门、董地、新发、昆寨、河镇5个乡脱贫攻坚工作定期督查，推动其在脱贫攻坚中精彩出列。

（供稿：市督查考核局）

老干部工作

【工作概述】 2019年，在市委的坚强领导下，在省委老干部局和市委组织部的正确指导下，以习近平新时代中国特色社会主义思想为指导，深入开展“不忘初心、牢记使命”主题教育，深入学习习近平总书记对贵州对毕节工作重要指示批示精神和关于老干部工作的重要论述，坚持聚焦中心、服务大局，用心用情服务，创新推动落实，各项工作取得明显成效。

【党委政府高度重视，切实加强对老干部工作的领导】 全市各级党委政府把老干部工作列入重要议事日程，经常研究老干部工作，过问老干部之事，多次对老干部工作作出批示，解决老干部工作中存在的困难，并对新时代老干部工作提出更高的要求。每逢重大节日，市委、市政府主要领导率四大班子领导走访看望老干部。市委书记周建琨、市长张集智亲自主持召开全市工作情况离退休干部通报会，向老同志通报全市工作情况，认真听取老同志们所提的意见建议。各县（区）党政主要领导和分管领导带头联系、经常走访离退休干部，推动离退休干部工作转型发展、科学发展，形成党委和政府统一领导、组织人事部门牵头抓总、老干部工作部门组织实施、有关部门各司其职、社会各方积极参与的多方联动工作机制，为新时代离退休干部工作提供了组织保障。

【以政治建设为统领，离退休干部党的建设扎实推进】 全市各级各部门坚持以习近平新时代中国特色社会主义思想为指导，扎实开展“不忘初心、牢记使命”主题教育，统筹推进离退休干部政治建设、思想建设、党组织建设，广大离退休干部“四个意识”更加牢固，“四个自信”更坚定，“两个维护”更加坚决。一是政治建设进一步加强。各级老干部工作部门坚持把政治建设摆在首位，把践行“两个维护”作为最重要的政治责任，引导老同志严守党的政治纪律和政治规矩，争当全面从严治党的坚定支持者和模范践行者。深入开展“不忘初心、牢记使命”主题教育，通过集中宣讲、专题辅导和支部学习等方式组织老同志深入学习领会习近平新时代中国特色社会主义思想，党的十九届二中、三中、四中全会精神，省委十二届五次、六次全会和市委二届五次、六次全会精神，《习近平关于“不忘初心、牢记使命”重要论述选编》和习近平总书记对贵州对毕节工作的重要指示批示精神等，引导老同志坚决维护习近平总书记在党中央的核心、在全党的核心地位，坚决维护党中央权威和集中统一领导，自觉在思想上政治上行动上同以习近平为核心的党中央保持高度一致。二是思想建设进一步提高。各级老干部工作部门充分发挥各级老年大学、老干部活动中心的主阵地作用，认真开展专题教育培训。各地充分利用丰富的红色文化资源开展党性教育，组织老同志参观革命遗址、重温入党誓词，引导老同志始终坚定革命理想，永远跟党走。举办市直离退休干部“不忘初心、牢记使命”主题教育读书班，邀请省委政策研究室原副主任吴祖平教授为市直离退休干部作“不忘初心、方得始终”专题讲座，引导老同志坚守初心使命、永葆忠诚本色、继续做全面从严治党的坚定支持者和模范践行者。开展“我看新中国成立70周年新成就”专题调研，组织引导广大离退休干部畅谈新中国成立70周年来的发展变化，广泛凝聚起老同志与党同心同德的思想共识。三是党组织建设进一步优化。以提升组织力为重点，召开离退休干部党建工作推进会，安排部署离退休干部党支部标准化规范化建设，认真学习贯彻落实《中国共产党支部工作条例（试行）》、黔党办发〔2019〕2号文件精神，制订下发《关于进一步加强离退休干部职工党支部标准化规范化建设的通知》。举办离退休干部党支部书记“不忘初心、牢记使命”专题培训班，进一步增强离退休干部党支部书记抓党建工作的能力。加强离退休干部党组织建设，凝聚起老同志们助力脱贫攻坚的强大合力，创新设置党组织的做法得到肯定，如：黔西县探索创新在贵阳易地建立了离退休干部党支部，大方县在关工委中建立离退休干部党支部。

【坚持精细化服务，离退休干部幸福感获得感不断增强】 各级老干部工作部门坚持精准服务理念，着力在精细化、优质化、便利化、个性化上下功夫，不断提升老干部工作的服务质量和水平，切实做到了政治上尊重、思想上关心、生活上照顾，全心全意为老同志办实事做好事解难事。一是待遇落实更优化。春节、七一、国庆节等重大节日期间，各级党委政府主要领导都带队走访慰问老干部，针对老干部个性化需求，在健康体检、知识讲座、医疗费报销审核和组织参观考察等方面都做到更加精准、更加科学、更加合理。2019年以“我看新中国成立70周年”为主题，组织老干部到铜仁、织金县的参观考察，老同志们纷纷为新中国成立70周年来各地经济社会取得的巨大变化点赞。市长张集智对老同志参观考察情况报告作出批示：“很好，要多组织类似活动，这些老同志是我市建设示范区的宝贵财富。”二是特困帮扶更精准。加大对特殊困难的老干部及老干部遗孀的帮扶力度，让特困老干部及老干部遗孀充分感受到市委、市政府的关怀，组建了8个工作组到老干部家走访，对老干部及老干部遗孀存在的困难进行登记、研判、分类，确定困难类别后调整帮扶面，提高帮扶资金，使帮扶更加精准。在春节、“七一”、国庆节等重大节日期间，共帮扶慰问特殊困难老干部和老干部遗孀100余人次，发放帮扶资金26.5万元。各县区也加大帮扶力度，共帮扶特殊困难老干部及老干部遗孀300余人次，帮扶资金50余万元。三是活动开展更丰富。以新中国成立70周年为契机，开展了“庆祝新中国成立70周年”——我和我的祖国老干部“快闪”活动、书画摄影作品展、门球赛、羽毛球赛等活动，组织老干部参加“芳华谱新曲·欢歌新时代”2020第三届贵州退休好春晚活动，极大地丰富了老同志们精神文化生活，凝聚起老同志们一心向党、同心共筑中国梦的思想共识，唱响共产党好、社会主义好、改革开放好、伟大祖国好的时代主旋律，发出了好声音。

【突出价值取向，离退休干部作用发挥成效凸显】

紧紧围绕市委、市政府中心大局，按照“自觉自愿、量力而行、安全便利、发挥专长”的原则，积极组织动员老干部为全市“打赢攻坚战、建设示范区”发挥余热、献智出力。一是脱贫攻坚彰显正能量。继续深化实施助力脱贫攻坚“311工程”三年行动，把老专家结对创建“产业发展示范点”、离退休干部党支部结对创建“党建扶贫示范村”、离退休干部结对创建“脱贫攻坚示范户”引向深入。请贵州电视台制作《乌蒙山上不老松、银辉闪耀党旗红》老干部增添正能量助力脱贫攻坚宣传片，在中组部老干部局网、省委老干部局网及微信公众号上转发，起到了很好的宣传效果。宣传片得到市委市政府领导的充分肯定，市长张集智批示：“很好！衷心感谢各位老领导对脱贫攻坚工作的关心支持，为确保按时高质量打赢脱贫攻坚战增添了非常好的正能量！衷心感谢各位老领导长期以来对市委政府工作的支持、理解！代我向各位老领导谢意、问好。”常务副市长吴东来批示：“感谢老干部辛苦付出，向老同志学习致敬。”组织部长石永忠批示：“感动！感谢老同志们，您们在助推全市按时高质量打赢脱贫攻坚战中做出了卓有成效的成绩。望在新的一年决战决胜中继续发光发热，贡献应有的力量。”二是专题调研释放正能量。围绕“我看新中国成立70周年”主题，成立4个调研组赴各县区开展“我看新中国成立70周年新成就”专题调研，老同志们结合亲身经历，热情讴歌了新中国70年来发生的巨大变化和取得的辉煌成就，点赞对毕节试验区成立30多年来取得的成绩。开展“老干部（老年教育）工作如何为老龄事业发展提供可资借鉴的经验”专题调研，撰写的调研情况报告得到市委、市政府领导的充分肯定，市委书记周建琨的批示：“开展这样的调研很有意义，要持续共同推动老龄事业发展，要多做贡献”。市长张集智批示：“很好”。组织部长石永忠批示：“3331措施很好，要稳步推进抓好落实。”三是科技培训增添正能量。充分依托各级关工委农村科技培训专家组发挥老科技专家特长优势，采取“科技培训＋联系科技服务示范基地＋联系科技示范户”措施，围绕产业结构调整和青年农民需求，深入开展科技培训、提供科技服务。市关工委全年共争取到培训经费150万元，在大方县、威宁县、赫章县、百里杜鹃、金海湖新区等地举办了优质肉牛养殖、中药材、核桃种植管理、无公害蔬菜种植技术和乡村旅游培训班，培训青年农民7.5万人，为助力脱贫攻坚增添了正能量。四是关爱青少年发挥正能量。各级关工委坚持立德树人根本任务，开展“腾飞中国，辉煌70年”主题教育1300多场、家风家教200多场、法制教育宣讲1400多场，深入推进“一评三管好”活动。围绕脱贫攻坚工作，共争取到省关工委和社会各界关爱资金120余万元，扎实抓好学前教育“双助”行动、留守儿童家长培训，关心关爱青少年中的弱势群体。全市323名五老网吧监督员，开展网吧监督701次，规劝未成年406人次。“五老”人民陪审员参与涉及未成年人案件152件，帮助失足青少年1285人。五是选树典型凝聚正能量。以全国、全省表彰离退休干部先进集体和先进个人的评选推进工作为契机，在全市推荐上报的5个离退休干部先进集体和7个离退休干部先进个人获省级表彰，让先进典型在广大老同志中树起“风向标”，产生积极的影响，彰显榜样的力量，大力营造“打赢攻坚战、建设示范区，离退休干部在行动”的良好氛围。

【加强干部队伍建设，履职尽责能力全面提升】

主动适应老干部工作的新形势新要求，切实加强自身建设，努力打造一支“内强素质外塑形象”的老干部工作队伍。一是信息化建设更加完善。借助省老干部局“数字黔老”离退休干部工作服务管理平台，完成市委老干局、市委办、市公安局、黔西县的信息化建设试点工作。邀请省委老干部局信息宣传处处长杨旭艳、多彩博虹科技有限公司项目经理丁茂梅两位为全市老干部工作信息化队伍作专题培训，切实提升信息宣传队伍的能力和水平，为全市更好地做好“数字黔老”贵州省离退休干部工作服务管理平台的推广应用、全面铺开离退休干部信息化建设提供了坚实的基础保障。二是读讲赛活动持续开展。为更好地在“不忘初心、牢记使命”主题教育中进一步激励党员干部不忘初心，立足岗位，积极向上的工作激情，开展“不忘初心、牢记使命”主题教育“好书分享”读书会，全局干部职工分享《初心》《共产党员的力量》《为什么出发》《幸福都是奋斗出来的》等好书30余本。开展“不忘初心、牢记使命，做新时代合格的老干部工作者”主题演讲比赛，13名干部职工积极参加比赛。开展4次“不忘初心、牢记使命”主题教育应知应会知识和中央、省委和市委主题教育相关基础知识测试，4个支部55名党员参加。通过开展各种活动，进一步推动了主题教育往深里走、往实里走，全体干部职工在活动中达到以读促学、以讲促学、以考促学、以学促用的目的，更好地让党员干部在活动中坚守初心和使命，强化责任和担当，进一步增强干部职工“提笔能写、开口能讲、问策能答、遇事能办”的能力。三是帮扶工作扎实有效。局领导班子成员多次带队深入党建扶贫联系点、社区帮建工作联系点开展调研和慰问帮扶工作，邀请老专家到扶贫联系点调研指导产业结构调整、培训农业实用技术，联系医疗专家到联系点开展义诊活动等，争取到恒大帮扶资金12万元，从局办公经费中挤出10万元，向团市委、市关工委等部门争取贫困大学生帮扶资金3万余元，分别帮扶七星关区千溪乡中屯村10万元，威宁县盐仓镇营洞村15万元用于助力脱贫攻坚工作。为七星关区洪山街道拥军社区解决创文创卫、“读书日”活动、爱心小屋志愿服务站等相关活动经费6万元。组织干部职工深入各联系点开展“不忘初心、牢记使命”主题教育志愿服务活动100余人次，为联系点群众解决揪心事烦心事操心事50余件，深受广大群众的好评。四是作风建设更加严明。深入学习张富清、黄大发、文朝荣、姜仕坤、余留芬、邓迎香、黄文秀、耿展宇等优秀共产党员先进事迹以及全省、全市“七一”表彰的脱贫攻坚先进典型，以先进典型为镜，用典型事迹教育人、引导人，形成学习先进、争当先进的良好风尚。召开全局干部职工警示教育大会，传达王晓光、宫晓农等违纪违法案例，将宫晓农案纳入主题教育警示教育和对照检视内容，组织观看《一抓到底正风纪——秦岭违建别墅整治始末》，以反面典型为鉴，教育广大党员干部从中汲取深刻教训，保持为民务实清廉的政治本色。对机构改革后重新任免的科级干部进行集体廉政谈话，切实强化责任担当、筑牢廉洁自律防线，教育和监督广大党员干部随时打扫思想灰尘，守住精神高地，涵养忠诚干净担当的政治品格，进一步淬炼广大党员干部保持为民务实清廉的政治本色，强化了党员干部自我净化、自我完善、自我革新、自我提高的政治自觉。

（撰稿：陈　洁）

市直属机关工作

【概述】　2019年，市直机关工委积极引导市直机关各级党组织和全体党员干部自觉提高政治站位，牢固树立“四个意识”，坚定“四个自信”，坚决做到“两个维护”，带头做到“三个表率”。

【抓理论学习，理论武装取得新进展】　一是充分利用“学习强国”平台学习宣传习近平新时代中国特色社会主义思想。对76个直属机关党组织开展了“学习强国”平台业务培训，定期和不定期下发“学习强国”学习平台工作提示单，对学员活跃数和使用效率进行重点提示，确保在职党员学习效果和全覆盖。二是切实推进理论学习中心组对习近平新时代中国特色社会主义思想的学习。组织开展8次中心组集中学习讨论，重点学习习近平新时代中国特色社会主义思想和党的十九大精神，习近平总书记对贵州对毕节重要指示批示精神等。三是严格落实“三会一课”主题党日、民主生活会等党内生活制度，严肃党内政治生活。主要领导及班子成员坚持以普通党员身份参加组织生活，给市直机关党务干部及工委党支部全体党员上党课9次，结合重点工作开展主题党日活动，进一步凝聚了市直机关广大党员力量，激发了组织活力，夯实了党建基础。

【抓党建活动，提振机关党员干部精气神】 一是组织开展纪念建党98周年系列活动。下发《关于开展纪念建党98周年系列活动的通知》，组织市直各党组织开展“新党员入党宣誓、老党员重温入党誓词”活动、“七一”表彰活动、“不忘初心跟党走，牢记使命争先锋”主题党日活动、“脱贫攻坚”遍访活动、“红色教育基地重温红色记忆”等活动，教育引导广大党员干部以更加饱满的热情、更加昂扬的斗志、更加务实的作风，为全面夺取脱贫攻坚决战之年根本性胜利提供坚强的组织保障。二是组织开展中华人民共和国成立70周年系列活动。7月18日，结合实际组织举办市直机关“我和我的祖国”主题演讲比赛，40个直属党组织选拔的50名机关党员从自身工作职责，谈与祖国共成长的故事，教育引导市直机关广大党员干部立足岗位职责，充分发挥模范带头作用。三是组织开展推荐省市评选表彰工作。组织市直属党组织推荐“全省脱贫攻坚优秀共产党员”6名，“全省脱贫攻坚优秀党组织书记”3名，“全省脱贫攻坚先进基层党组织”6个；推荐“全市脱贫攻坚优秀共产党员”10名，“全市脱贫攻坚先进基层党组织”5个，进一步营造了比学赶超的良好氛围。四是推进机关在职党员进社区服务活动。进一步推进在职党员进社区报到服务，构建机关在职党员“工作在单位、活动在社区、奉献双岗位”新机制。是年，市直属机关党组织到社区报到开展结对共建党组织81个、开展志愿服务的在职党员共2225名，报到率80%，帮助社区解决实际困难178个，投入帮扶资金200余万元。

【抓责任落实，推进“两个责任”落地见效】 一是进一步强化机关党建工作领导。代市委起草、由市委下发《中共毕节市委关于加强新时代机关党的建设工作的实施意见》，明确市县（区）直机关工委书记由同级党委常委担任，直属机关党委书记由党的工作机关、部门党组（党委）主要负责同志担任。同时，全面实行机关党建工作“清单制”管理。4个县级机关工委书记已经落实到位，37市级直属机关党委、11个直属党总支、16个直属党支部已经落实到位。二是抓好党组织书记述职评议考核。3月8日，召开2019年市直机关党的建设工作会议暨2018年度市直部门党组（党委）、机关党委书记述职评议会议，采取会议述职和书面述职方式，组织市直部门党组织书记述职测评工作。三是进一步加强市直机关纪检监察工委建设和市直部门机关纪委建设。与市纪委市监委联合下发《关于明确市直机关纪检监察工委及内设机构职责的通知》《关于加强市直单位机关纪委建设的实施意见》，对机关纪委的工作职责、机构设置进行明确，理顺部门机关纪委与市直纪检监察工委、部门派驻纪检监察组的关系。已建立机关纪委44个。

【抓教育培训，提高机关党务干部和党员素质】 2019年共举办培训班3期，共计1160余人次。一是党务干部培训。7月3－5日，举办市直机关党务干部示范培训班，对400名市直党组织机关党委书记、专职副书记、直属机关党总支部、党支部书记进行专题培训。9月30日举办市直机关、事业单位党支部书记“不忘初心、牢记使命”主题教育专题培训班，市直机关事业单位党支部书记600余人参加了培训。二是发展对象培训。11月13日在市委党校举办2019年市直机关发展对象培训班，市直属党组织161名发展对象参加培训。三是红色教育和警示教育。组织市直机关76名党务干部和161名发展对象到鸡鸣三省革命传统教育基地和市检察院警示教育基地开展红色教育警示教育，并组织开展专题党课讲授。

【抓组织建设，机关党建基层基础不断夯实】 一是加强党支部标准化规范化建设。下发《关于加强党支部规范化建设的指导意见》和《机关党支部工作标准》，通过开展机关党支部标准化规范化建设示范试点、召开推进会议等方式，加强党支部标准化规范化建设。二是规范党组织设置。为确保机构改革顺利推进，集中开展市直机关基层党组织党建大调研活动，下发《关于规范设置市直部门机关党组织的通知》，对直属党组织在机构改革中“建并撤”进行了详细规定，确保没有一个支部、没有一名党员正常的组织活动、组织关系受到影响。三是创新党组织设置，抓好外出务工人员党建工作和社会组织党建工作。7月上旬，市直机关工委在深入广州、贵阳等地调研基础上形成《关于毕节外出务工人员党建工作的调研报告》，市委书记周建琨在市直机关工委呈报的调研报告上批示“思路很好、要积极推动”。10月初，创新设立毕节市政府驻广州办事处、深圳办事处和贵阳办事处三个综合党委，负责毕节市在广东省、贵阳市的外出务工人员的党建工作，推动外出务工人员党建促劳务经济持续健康发展。同时，设立市民政局综合党委、市体育局综合党委和市民政局综合党委对行业协会和社会组织党建工作进行归口管理，进一步推进行业协会和社会组织党建工作。四是做好机关党组织按期换届选举、党员发展、党费收缴使用和管理工作。5月下发《关于规范设立机关基层党组织及选举工作的指导意见》，对市直机关基层党组织设置和选举程序进一步规范和明确，指导完成了44个机关党委、11直属党总支和19直属党支部的换届、改选工作，发展党员63名，制定《市直机关工委留存党费使用和管理办法》，对党费收缴、下拨、使用、管理等进行规范。

【抓主题教育，推进全面从严治党落地落实】 一是提前谋划启动。制定主题教育实施方案，9月11日召开主题教育动员会议，工委书记石永忠亲自作动员部署，市委第六巡回指导组副组长黄茜出席并作指导讲话。成立由工委书记石永忠任组长的领导小组，下设办公室，把责任落实到人。同时，成立4个市直机关直属党组织“不忘初心、牢记使命”主题教育巡回指导组，对市直属机关76个直属党组织主题教育进行巡回指导。二是压紧压实责任，强化学习效果。下发《关于市直机关党组织进一步开展好主题教育有关工作的通知》，购买《“不忘初心，牢记使命”优秀共产党员先进事迹选编》800册和《习近平关于“不忘初心、牢记使命”重要论述选编》8000册，组织市直属各党组织组织所属党员认真学习。围绕党的政治建设、全面从严治党、理想信念、宗旨性质、担当作为等8个方面安排集中学习研讨。开展六次集中学习研讨，班子成员撰写发言提纲24篇。三是多载体丰富学习内容。组织全体党员干部到纳雍县枪杆岩红色教育基地进行革命传统教育，引导教育党员干部弘扬革命精神，加强党性修养，激扬不忘初心、牢记使命，奋力走好新时代长征路的奋斗精神。集中观看有关专题讲座，同时组织全体党员学习《学习强国》“70年中国发展的世界意义”五个专题。四是多维度开展调查研究。由工委班子成员带头成立四个调研组，针对有效破解机关党建“灯下黑”和党建助力脱贫攻坚等专题进行调研，完成调研报告4篇，并召开调研成果交流研讨会。五是多渠道检视问题。通过发放征求意见函、上级点、基层提等方式查找出存在问题8个，对照党章党规查找问题并逐条逐项列出整改清单，真刀真枪解决问题，确保主题教育取得成效。已整改完成6个。

【抓脱贫攻坚，确保如期打赢脱贫攻坚战】 一是抓好市直机关驻村帮扶工作。下发《关于市直党组织落实脱贫攻坚帮扶工作存在问题进行整改的通知》，要求市直属党组织扎实开展驻村联系点帮扶工作。从工委管理的清缴留存党费中划拨了160余万元支持市直属党组织用于帮助脱贫攻坚联系点村级活动阵地建设和发展村集体经济。

二是全方位落实脱贫攻坚帮扶措施。帮助纳雍县猪场乡乐咪营村解决驻村工作经费2万元、帮扶资金6万元、价值10余万元的办公座椅30余套、文件柜4个。元旦春节期间，共发放慰问品慰问金6万余元。按照市委的统一部署，选派干部到新增扶贫联系点赫章县达依乡挂职帮扶。帮助解决工作经费1万元、帮扶资金30万元、价值10余万元的体育运动器材一套。三是认真开展节庆走访慰问。组织慰问因公牺牲党员家属8户，全国优秀党务工作者2人，中华人民共和国成立前参加工作的老干部66人，市直下岗困难党员50人，翠西社区贫困党员、老党员、困难群众20人，驻村联系点纳雍县猪场乡乐咪营村贫困党员、老党员、困难群众50人，共计发放慰问金22.8万元。

（撰稿：刘　军）

党校教育

【概述】　2019年，中共毕节市委党校以习近平新时代中国特色社会主义思想为指导，围绕中央、省委、市委重要工作部署，紧密结合“打赢攻坚战、建设示范区”的试验区区情和坚持贯彻落实全面从严治党，拼搏进取，开拓创新，各项工作得以圆满完成。

【突出“重点”，抓好干部教育培训】　一是圆满完成主体班培训计划。全年共举办中青班、民干班、团干班、党外班、关工委培训班、民族宗教工作专题培训班、生态环保工作专题培训班、妇女工作专题培训班、习近平新时代中国特色社会主义思想专题研讨班（2期）、公务员初任培训班（3期）等10个班次，共培养干部1136人次。二是多层次开展各类专题班教学。2019年共举办和承办了全市乡镇以上主要领导干部坚持底线思维着力防范化解重大风险专题研讨班、全市推进“用学术讲政治”专题研讨班、全国两会知识培训班、“弘扬爱国奋斗精神、建功立业新时代”专题研修班、全市“以人民为中心”形势政策教育专题讲座、“不忘初心、牢记使命”主题教育专题培训班、“不忘初心、牢记使命”主题教育专题党课、省委宣讲团赴毕节宣讲十九届四中全会和省委十二届六次全会精神等班次43个，培训各类干部12225人次；承接和举办“脱贫攻坚大讲习”11期、“新时代学习大讲堂”专题培训104期、时代前沿专题讲座7期，共培训14150人次。三是坚持领导干部上讲台制度。2019年市委书记周建琨，市委副书记、市长张集智，市委副书记张翊皓，市委常委、常务副市长吴东来，市委常委、市委组织部部长石永忠，市委常委、市纪委书记王彤，市委常委、市委宣传部部长何云江，副市长姚东，省社科联党组书记、副主席包御坤等10位领导到党校为学员做专题辅导。四是扩大涉外班次规模。2019年，学校承接内蒙古赤峰统战干部培训班、内蒙古锡林郭勒盟县处级干部脱贫攻坚专题培训班、广西柳州市城中区人大常委会培训班、湖北武汉蔡甸区统战系统干部培训班、深圳南山区委先模人物“不忘初心·牢记使命”党性教育（毕节）培训班等18期脱贫攻坚、多党合作理论与实践、党性教育的涉外培训班，培训学员1043人次。

全年共举办各类班次193个，培训学员总计28554人次。

【扫清“盲点”，抓好学员管理】　一是强化纪律管理。根据中央组织部和省委党校关于干部教育培训的相关规定，制定了有关工作制度并印发学员。校纪委不定期对各班次教学、生活、意识形态等内容进行督查。抓实授课教师、指导员、校纪委、学员单位相结合的立体考勤模式，有效对学员的学习情况进行管理。二是强化党性意识。强化和规范班级阵地建设，在各班次成立支委，定期召开支委会议，规范党员政治生日议程。营造各班次良好的政治氛围。三是强化思想教育。邀请市委主要领导、市内外相关专家到党校为学员作专题辅导和讲座。着力提升学员政治站位和思想认识水平。

【打造“亮点”，抓好科研咨政】 一是服务全市中心工作开展科研。2019年围绕“7·18”重要指示精神、多党合作、脱贫攻坚、乡村振兴、建设贯彻新发展理念示范区等毕节当前重点关注的议题，发布了28项全市党校系统课题，组织全市党校系统教职工进行申报，最终立项26个。二是校领导领题调研作表率。学校4位领导班子成员牵头申报毕节市政研室课题《关于推进“毕货出山”的调查与思考》《毕节市推进乡村振兴战略的对策建议》《毕节发展全域旅游的对策建议》《毕节市建设贯彻新发展理念示范区的路径选择—绿色发展的现状与思考》完成结项；由校领导亲自牵头，带领全体教师到全市各县区开展“脱贫攻坚及乡村振兴”专题调研。三是扩宽渠道开展科研交流。积极组织教师利用好党校社科联平台申报各类课题，参与省内外科学研究活动。2019年申报省社科联理论创新课题2项，省委党校课题3项，省哲学社会科学规划办公室课题1项，省社会主义学院课题1项，毕节市社科理论研究课题14项，6个获得立项。四是组织撰写出版专著。围绕毕节红色文化这一主题，时任市委党校党委书记王向东亲自牵头主编，组织市委党校教授罗恺，副教授曾美海，青年骨干教师陆恩永、谭鑫、赵泽仙等到各个县区开展实地调研、资料收集和撰写，完成学术专著《毕节红色基因》即将出版。

【把握“焦点”，抓好党的政治建设】 一是突出政治引领。制订《中共毕节市委党校2019年党的建设工作要点》，召开党的建设工作会议，对全年工作进行安排部署，进一步突出政治引领。二是强化政治学习。利用党委会议、党委理论学习中心组学习研讨、各党支部党课、每周一小时学习平台等开展《中共共产党党校（行政学院）工作条例》精神等政治理论学习，不断提高干部职工政治能力水平。三是激发党组织活力。以党支部为单位，组织全体党员深入七星关区洪山街道办事处拥军社区开展“书香校园·党校悦读沙龙”“第九次读书交流会暨第24个世界读书日送书送读进社区”；组织党员参加社区环境卫生集中整治和退伍军人“光荣之家”挂牌；在党性教育基地纳雍县枪杆岩开展清明节“缅怀革命先烈，传承红色精神”等主题活动。

【突破“难点”，抓好党风廉政建设】 一是注重制度先行。制定《中共毕节市委党校2019年党风廉政建设工作要点》和《中共毕节市委党校2019年全面从严治党“两个责任”监督管理系统责任分解》等文件作为学校2019年党风廉政建设工作依据。二是巩固监督力度。校党委班子成员分别与分管处室主要负责人开展党风廉政建设交心谈话，全面掌握全校党风廉政最新状况。三是加强警示教育。利用每周1小时学习平台，向全体教职工传达可公开的全市违背党风廉政案例，组织全体党员干部到市检察院预防职务犯罪警示教育基地开展现场警示教育，筑牢全体教职工纪律红线。

【点明“要点”，抓好意识形态主体责任】 一是强化能力提升。围绕中央、省委、市委有关意识形态工作要求，通过举办全市推进“用学术讲政治”专题研讨班、习近平新时代中国特色社会主义思想专题研讨班、全市党校系统社科联科研骨干培训班等。进一步抓实意识形态领域工作，强化党校教师意识形态管理与上好思想政治课业务能力，落实意识形态工作责任制。二是强化教学主阵地管理。严格将“党校姓党”的办学原则挺在前面，完成2019学年新课试讲。在第十二届中国管理科学大会获得“中国管理创新先进单位”荣誉称号。三是强化内部宣传阵地管理。校机关党委和校工会组建中共毕节市委党校党员群和中共毕节市委党校工会会员群，并由校机关党委和校工会进行管理监督。由校办公室负责校园网站、毕节市委党校微信公众号日常管理，校刊编辑部负责管理《毕节党校研究》，刊载信息实行“个人自查，处室领导审核，分管领导把关，主要领导监督”的信息审核流程，严把校内信息政治关和质量关。

【找准“痛点”，抓好队伍建设】 一是完善校内管理体系。按照中央、省、市上级部门机构改革的相关要求，2019 年 3 月市委讲师团职能划入党校，加挂市委讲师团和市社会主义学院牌子。增设了党史党建教研部、理论政策宣讲处和统战理论教研部，将经济管理教研部更名为经济学教研部，在现代科技教研部加挂应急管理教研部牌子。二是坚持“人才强校”战略。2019 年引进党的学说与党的建设、科学社会主义与国际共产主义运动、会计学等硕士研究生 3 名。三是加强队伍能力建设。组织全市党校系统骨干教师参加 2019 年春季全省哲学社会科学教学科研骨干研修班、全省党校系统“用学术讲政治”专题研修班（第一期）、全省党校系统骨干讲习员培训班、全省基层理论宣讲骨干培训班、全省党校系统红色文化教学骨干专题研修班、全省党校系统“不忘初心，牢记使命”专题研修班、党校和高校思政课教师综合素质提升班、全国党校（行政学院）系统用学术讲政治教研骨干培训班等 17 个主题班的培训，外出培训教师 50 人次。

【服务“热点”，“三个大兴”工作持续推进】 一是大兴调查研究之风。校党委书记、常务副校长王向东先后 4 次到学校扶贫联系点开展扶贫调研工作；副校长谭太富，纪委书记蔡燕、副校长赵德虎、机关党委书记李远志、教育长卜令冲也分别前往大河乡、雉街乡开展扶贫调研和对口帮扶。二是充实扶贫力量。响应市委号召和学校扶贫联系点工作实际，2019 年加派李默勇、伍雪净等两人到学校扶贫联系点开展脱贫攻坚工作；11 月 1 日至 12 月 31 日，学校副校长赵德虎、理论政策宣讲处处长谢中林、基础理论教研部主任王洪云等县处级干部到赫章县的雉街、兴发、威奢三个乡担任驻乡工作队队长，极大充实了基层脱贫攻坚力量。三是为民解困落到实处。为七星关区大河乡官房村官房组饮水工程拨付补助款 9 万元修建蓄水池，当地群众吃水难问题获得切实解决。此外还帮助解决了官房村党建经费 3 万元，七星关区大河乡拉乐村通组路硬化补助款 10 万元，七星关区大河乡官代河村通组路补助款 4 万元，为大河乡援建垃圾池经费 6 万元，为赫章县雉街乡大凉山村援建人饮工程项目款 10 万元，拨付雉街乡脱贫攻坚经费 3 万元等。2019 年学校拨到扶贫点的帮扶资金总计 45 万元，切实为老百姓办实事好事，助力全市脱贫攻坚。

【强化思想政治建设，严守政治纪律和政治规矩】 一是开展主题教育，提高政治站位，严守党的政治纪律和政治规矩。校党委领导班子高度重视“不忘初心、牢记使命”主题教育，紧扣“守初心、担使命、找差距、抓落实”的总要求，将学习教育、调查研究、检视问题、整改落实贯穿始终。校党委班子成员认真研读《习近平新时代中国特色社会主义思想学习纲要》《习近平关于“不忘初心、牢记使命”重要论述选编》《中国共产党党内重要法规汇编》《不忘初心、牢记使命主题教育红色故事集》《党的十九大以来查处违纪违法党员干部案件警示录》《党的十八大以来习近平总书记对贵州工作的重要指示》和习近平总书记最新重要讲话指示批示精神，党的十九届四中全会、十二届省委六次全会、二届市委六次全会精神，最新党规党纪、中央省委市委重大决策部署及会议精神。校党委中心组聚焦“八个主题”开展集中学习专题研讨。党委主持工作的领导给全体党员上专题党课，其他班子成员给所在支部的党员上专题党课。党委班子成员带头开展调查研究，统筹解决一批事关教职工和脱贫攻坚联系点群众切身利益的困难和问题；围绕“四个对照”“四个找一找”“四个推动解决”，聚焦“八个方面”深刻检视问题；在专题民主生活会上认真自我剖析和严肃开展批评；对查找出的问题，提出整改措施，明确整改时限，逐步抓好整改落实。通过开展主题教育，校党委领导班子及成员树牢初心，进一步提高理论政策水平、政治敏锐性和政治鉴别力，提高政治站位，进一步坚定理想信念，增强“四个意识”、坚定“四个自信”，坚决做到“两个维护”，做到“四个服从”。自觉在思想上政治上行动上同以习近平同志为核心的党中央保持高度一致，严格遵守党的政治纪律和政治规矩，坚决贯彻执行中央、省委、市委重大决策部署。二是研读党章党规，把握政策规定，严格执行中央八项规定精神。校党委领导班子及班子成员认真研读中央八项规定及实施细则、习近平总书记关于从严治党系列重要讲话和在十九届中纪委三次全会上的重要讲话精神、《中国共产党党内重要法规汇编》等，深刻领会精神实质，熟悉掌握从严治党纪律和政策规定，结合党校实际切实贯彻落实。同时，坚持按照党的组织原则和党内政治生活准则办事，带头执行党的“六大纪律”，切实做到遵守纪律无特权，要求别人不做的，自己首先不做，要求别人做到的，自己首先做到，严格执行中央八项规定及实施细则精神，做到令行禁止。三是坚持党校姓党，占领主阵地，落实意识形态责任制。校党委领导班子高度重视意识形态工作，坚持党校姓党，把意识形态工作纳入党委重要议事日程、纳入党建工作责任制，要求分管教学科研、涉意识形态处室的班子成员加强对分管领域意识形态风险防控点的管控，占领主阵地，确保在教学科研、宣传宣讲工作中坚持党校姓党。严把课堂教学内容关，坚持党校课堂讲纪律，确保校园无“杂音”，始终将马克思主义基本理论教育、习近平新时代中国特色社会主义思想作为党校理论教育的主体，确保党理论教育和党性教育内容占到主体班总课时的70% 以上。始终坚持党校姓党，坚持一切教学活动、一切科研活动、一切办学活动都坚持党性原则、遵循党的政治路线，坚持以党的旗帜为旗帜、以党的意志为意志、以党的使命为使命，严守政治纪律和政治规矩。加强对校网站、QQ 群、微信群舆论监控，强化意识形态监管。

【切实履行管党治党主体责任，推进党风廉政建设及反腐败工作】 一是统筹谋划部署，明确目标任务。校党委领导班子严格按照市委、市纪委的要求，于年初及时召开党委会专题研究部署从严治党、党风廉政建设和反腐败工作，安排制定工作要点。校纪委（监察室）根据《毕节市2019 年纪检监察工作要点》，结合党校实际，及时起草《中共毕节市委党校 2019 年党风廉政建设工作要点》提交校党委研究。校党委于 5 月 9 日召开 2019 年党的建设暨党风廉政建设工作领导小组会议，部署全校党的建设、廉政建设和反腐败工作。二是签订责任书，压实从严治党责任。校纪委（监察室）拟定班子成员、重点处室、其他处室 2019 年党风廉政建设责任书。党委书记与班子成员、班子成员与分管处室主要负责人、处室主要负责人与干部职工签订党风廉政建设责任书 90 余份，层层传导压力，使党的建设和党风廉政建设有人负责、落到实处。党委书记切实担负起第一责任，认真统筹谋划和组织推动从严治党工作落实；班子成员切实履行“一岗双责”，将从严治党工作与业务工作同安排、同部署、同检查，加强对分管处室干部职工教育管理，协助党委落实从严治党主体责任；各处室主要负责人“看好自己的门，管好自己的人”，认真落实从严治党的直接责任。三是加强思想建设，筑牢反腐防线。为落实全面从严治党要求，采取多种形式开展廉洁教育和警示教育。理论学习中心组、党支部学习党章党规党纪，全体党员到市检察院警示教育基地接受警示教育，用王某某、蒲某、袁某某、宫某某等违纪违法反面典型案例开展警示教育等3次。及时向全体干部职工传达中央、省委、市委从严治党有关文件、会议精神和通报，加强教育和警示提醒。在春季、秋季主体班设置党风廉政相关课程，开展党风廉政教育专题讲座。在重要时间节点提醒全体教职工遵守“六大纪律”和严格执行中央八项规定精神。督促各党支部纪检委员加强对党员的监督。通过教育提醒，全体教职工和主体班学员接受了思想洗礼、净化了思想，提高了对从严治党重要性的认识，筑牢了反腐倡廉防线。四是加强作风建设，持续整治“四风”。严肃整治形式主义、官僚主义突出问题。结合党校实际，认真贯彻落实习近平总书记关于坚决整治形式主义、官僚主义的重要讲话和批示精神，校纪委（监察室）牵头组织校党委班子成员、各处室认真查找校党委在形式主义、官僚主义方面存在的突出问题，采取有效措施加以整改。严格执行中央八项规定精神。严控“三公经费”支出，持续整治公款接待、违规购买使用公车、滥发津补贴和领导干部违规兼职取酬等问题。严格执行考勤管理规定。坚持执行指纹考勤制度、去向报告制度、请销假制度，严格工作纪律。采取定期不定期检查，对违反相关规定的干部职工严肃查处、通报曝光。严格会风会纪。中心组、党支部及全体教职工集中学习会均严格执行签到制度。严格执行中组部、省委组织部、市委组织部有关加强干部在党校学习培训期间管理的规定。严格考勤管理和学员管理，杜绝主体班学员公车陪读、公款吃喝和找人顶替培训等问题，对学员学风、作风进行检查。认真开展扫码“作风评价”工作。五是加强风险防控，强化权力监督。建立廉政风险内控机制，形成党委决策—责任处室执行—党风廉政建设主体责任办公室备案—纪委（监察室）监督的流程，加强对办公室、财务处、组织人事处、行政处、对外培训处等重点处室和重点岗位风险防控点的监督。校党委书记、常务副校长做到“五个不直接分管”，坚持民主集中制原则，“三重一大”事项坚持党委会集体研究决策，集体研究“三重一大”事项64项次。大额经费使用均按权力清单运行，“三公经费”、“三重一大”事项、人才引进、职称评定、党务等均按规定及时公开公示，增强工作透明度，自觉接受全体干部职工监督。

（供稿：中共毕节市委党校）

老年大学

【概述】 2019年，毕节市老年大学以深入学习贯彻习近平新时代中国特色社会主义思想、党的十九大精神和习近平总书记在贵州省代表团重要讲话精神为主线，统筹推进全市老年教育工作有序发展。

【突出政治引领】 2019年毕节市老年大学通过突出政治建校工作，确保全市各级老年大学深入学习贯彻习近平新时代中国特色社会主义思想、党的十九大精神和习近平总书记对贵州工作系列重要指示批示精神，认真学习贯彻习近平总书记对老年教育工作的重要论述，认真学习贯彻省、市老教工作会议精神。全市各级老年大学坚持以情况通报、集中宣讲、形势报告等为抓手，以老年大学（学校）讲习所为依托，以祭扫革命先烈重温先烈事迹为载体，推动学习教育进课堂、进支部、进社团，教育引导老年学员始终做到政治坚定、思想常新、信念永存，始终同以习近平总书记为核心的党中央保持高度一致。全市老教工作者坚持增强“四个意识”，坚定“四个自信”，坚决做到“两个维护”，坚持党对老年教育工作的领导，多措并举建强组织体系，着力提升组织力，充分发挥党组织政治功能，有效扩大党的组织和工作覆盖面。通过加强政治建设、思想建设、党组织建设推动老年教育党建工作。

【校舍修建工作】 在市老年大学校舍建设工作中，市委常委、常务副市长吴东来，市委常委、市委组织部部长石永忠到市老年大学开展工作调研，并召开专题会议研究部署市老年大学校舍修建工作。2019年校舍修建工作已完成地质勘探工作。

【提升办学能力】 在市委领导的关心下，2019年市老年大学春季学期开设专业18个、21个教学班，专业人次2364人，招收学员715人，毕业学员299人，评选优秀学员50人，建立健全教学档案21册。秋季学期开设专业20个，26个教学班，专业人次3007人、招收学员882人。金沙县老年大学搬迁至新校区，并投入30万元专项经费对老年大学进行装修改造。2019年9月，大方县老年大学恢复开班办学，秋季学期共招生317名。市老年大学将深入开展“三个大兴”活动发挥在老年教育工作中，组成3个调研组对全市老年教育开展工作调研。在此次调研过程中，调研组通过督促指导县区老年大学推进规范化办学工作、与县区分管领导开展工作交流推进解决县区在办学中遇到的困难和问题、与社区学校学员开展交流了解学习需求、了解老年教育在助推脱贫攻坚中作用发挥等形式，推动全市老年教育工作发展。七星关区老教办对全区42个乡镇（街道办事处）开展全覆盖工作调研，掌握教育现状，对基层老年学校办学存在的困难和问题进行梳理，提出解决问题和困难的工作思路和措施并行文报上级部门。2019年第三季度全市各级老年学校共388所，老年远程教育点70个，在校学员4.35万人，老年人入学率为3%，乡镇老年学校建校率为90.07%。

【丰富活动内涵】 春节期间，各级老年大学赴基层开展送春联、送福字活动，共撰写春联、福字7000余幅，既丰富基层精神文明也发挥了宣传老年教育工作的作用。市老年大学组织各级老年大学参加由省老年书画研究会主办的“庆祝中华人民共和国成立七十周年”和“贵州省九市州五届四次老年书画联谊会（展）”活动。通过面向全市老年大学学员征集书画作品，供征集书画作品100余幅，并从中遴选36幅优秀书画作品参加全省书画展。2019年，市老年大学组织乒乓球班学员参加毕节市第三届庆“五一”职工乒乓球比赛并获得最佳组织奖；组织诗词、普通话、二胡班参加洪山街道拥军社区题为“党群心连心．同心诵经典”暨庆祝第23个世界读书日的主题党日活动并表演了诗词朗诵、二胡齐奏等文艺节目；组织普通话班学员参加拍摄人社局宣传片《人社服务暖民心》；组织健身球班参加全省健身球操比赛，获得二等奖；组织摄影班参加全国摄影大赛，获得三等奖；组织武术班参加贵州省第八届老年人运动会获得拳、剑一等奖；组织交谊舞班参加全国健身交谊舞及广场舞大赛获成人A组第二名，创编体育舞第二名；组织柔力球班参加贵州省第八届老年人运动会，获得全能第二名。

【围绕中心服务大局】 在脱贫攻坚帮扶工作中按照尽锐出战的要求，市老年大学将富有农村工作经验的年轻党员干部选派到帮扶点七星关区野角乡天星村担任村第一书记，结合帮扶点实际，抓好基础设施建设、安全住房建设、产业结构调整、农村环境整治等“十三个强力推进和十三个巩固提升”等工作开展。引进社会力量参与脱贫帮扶物资和现金共计21.7万元，落实中央第一批扶贫资金贫困户实施项目补助152800元，完成全村两硬化院坝3300平方米，串户路6000米。全村主饮水管道安装33120米，入户分管32200米，新修280方量水池2个，维修水池使用5个，全村达到通水条件，削减玉米种植1503亩，通过引进种植经营主体发展刺梨种植，全村集中连片种植刺梨1203.3亩、脆红李680亩、秋冬产业结构发展“短平快”白菜60亩、大蒜260亩，结对关爱留守儿童74名。同时学校还做好对帮扶干部的关爱工作，为单位驻村干部购买人身意外保险，组织体检，走访慰问家属，兑现浮动工资。校班子成员每月都深入到驻村点同驻村干部交心谈心，共同推进脱贫攻坚工作。在驻村工作开展的同时，市老年大学还积极发动组织驻村点老年人参与到老年教育中来，以老村干、老党员、老致富能手等为骨干，组织开展老年教育工作，发挥化解群众矛盾纠纷的优势积极开展信访维稳工作、扫黑除恶宣传、向群众发放预防电信诈骗宣传资料1400份。

【推进党风廉政建设】 学校始终坚持把党风廉政建设工作纳入领导班子的重要议事日程，始终坚持与业务工作同研究、同部署、同考核。班子成员在职责岗位上，切实履行“一岗双责”，要求在抓好分管业务的同时，按照工作分工，还要负责抓好分管范围内的党风廉政建设工作，从而在全校形成“一把手负总责、分管领导各负其责、谁主管谁负责”的工作格局。一是加强学习，学习贯彻习近平新时代中国特色社会主义思想、党的十九大精神和习近平总书记对贵州、毕节工作的重要指示批示等精神，强化“四个意识”、坚定“四个自信”、做到“两个维护”。二是制定党风廉政建设工作目标，学校主要领导与班子成员、分管领导与分管科室负责人与层层签订了党风廉政建设责任书，层层抓落实，强化党风廉政建设责任制。三是严格按照“三重一大”有关规定，接受市第一纪检组的监督。凡是涉及单位重大经费开支，重大事项决定都邀请市第一纪检组有关同志全程参与专题会议。四是按照市第一纪检组要求，及时将权力运行备案清单、会议研究的重大事项以及各项党风廉政建设工作信息等事项积极报市第一纪检组备案，落实全面从严治党主体责任。五是按照市委《干部约谈常态化实施办法》规定，不定期对干部职工进行约谈。通过经常性约谈，切实增强抵御腐败的能力。六是认真贯彻落实中央八项规定和省委、市委十项规定精神，严格执行《党政机关厉行节约反对浪费条例》、《党政机关国内公务接待管理规定》和省、市配套规定，从严控制资金使用，反对铺张浪费，没有违纪违法的现象发生。七是谨记“警示教育”意义，筑牢拒腐防变思想防线。加强警示教育是强化党的纪律建设的客观要求，让干部职工真正把纪律规矩内化于心、外化于行，使干部职工拧紧世界观、人生观、价值观这个“总开关”。

【开展“不忘初心、牢记使命”主题教育】 市老年大学在开展“不忘初心、牢记使命”主题教育过程中，始终把“守初心、担使命、找差距、抓落实”的总要求贯彻全过程。深学笃用习近平新时代中国特色社会主义思想，深入学习贯彻习近平总书记对贵州对毕节工作的重要指示精神，推动广大党员干部全面系统学、深入思考学、联系实际学，牢固树立新时代意识、感恩意识、奋进意识，不断增强“四个意识”、坚定“四个自信”、做到“两个维护”，筑牢信仰之基、补足精神之钙、把稳思想之舵，牢记嘱托、感恩奋进，凝聚攻坚克难、干事创业的强大精神力量，实现理论学习有所获、思想政治受洗礼、干事创业敢担当、为民服务解难题、清正廉洁作表率。通过学习教育，原原本本对标学、列出专题集中学、四项教育、理论知识测试、多种形式广泛学习等形式围绕习近平新时代中国特色社会主义思想，习近平总书记对贵州对毕节的重要指示批示精神，坚持读原著、学原文、悟原理，推动学习贯彻习近平新时代中国特色社会主义思想往深里走、往心里走、往实里走。通过调查研究，了解民情、掌握实情，研究破解难题的实招、硬招。10月中旬由校领导班子成员带队分为2个调研组深入到基层，以召开调研座谈会、开展个别走访等形式，坚持问题导向，掌握第一手资料，撰写形成《创新老年教育方式，巩固脱贫攻坚成果——在生态移民安置点开办老年学校的探索》《关于驻外办事机构及驻外干部监管情况的调研报告》《巩固提升办学水平 推进老年教育工作新发展》三篇调研报告。学校于11月5日召开交流研讨会，对老年教育如何围绕中心服务大局，助力全市按时打赢脱贫攻坚，如何巩固提升办学水平推进老年教育工作新发展形成下步工作思路，并对破解老年教育在发展中遇到的问题和困难提出对应的对策措施。通过检视问题，以开门搞教育的形式，广开言路、畅通渠道，采取自己找、群众提、集体议、上级点等方式，严格对照中央、省委、市委明确15个方面的专项整治要求以及检视问题安排部署深入检视查摆，并认真对照检视问题及整改台账相关要求，切实将检视出来的15个问题进行归类、建立台账，确保检视问题和专项整治问题清楚明白、互不混淆。班子检视问题共8个，已经整改8个。班子成员共检视问题27个，已经整改27个。

（撰稿：李兰军）

接待工作

【概述】 2019年，市委市政府接待处全体干部职工提高政治站位，强化责任落实，从严执行规定，精准精细服务，圆满完成了各项接待任务。2019年，全处共完成接待任务214批5119人次，其中，接待党和国家领导人13人次，省部级领导170人次（含省委省政府主要领导共10次），厅局级领导540人次，县处级及以下领导3291人次，客商1106人次。圆满完成了李希（中央政治局委员、广东省委书记）、尤权（中央书记处书记、中央统战部部长）、陈竺（全国人大常委会副委员长，农工党中央主席）、丁仲礼（全国人大常委会副委员长，民盟中央主席，中国科学院副院长）、郝明金（全国人大常委会副委员长，民建中央主席）、蔡达峰（全国人大常委会副委员长，民进中央主席）、万钢（全国政协副主席，致公党中央主席，科学技术部部长）、陈晓光（全国政协副主席、民盟中央常务副主席）、苏辉（全国政协副主席，台盟中央主席）、郑建邦（全国政协副主席，民革中央常务副主席）、何维（全国政协副主席，农工党中央常务副主席）、邵鸿（全国政协副主席、九三学社中央常务副主席）、高云龙（全国政协副主席，中华全国工商业联合会主席）等党和国家领导人赴毕节考察或出席活动的接待任务，同时还完成“民革中央定点帮扶工作会议”“中国致公党第十五届中央常务委员会第八次全体会议”“贵州省第十四届旅游产业发展大会”“市委二届六次全会”等大型会议和活动的接待工作。同时还完成了市党政代表团赴广东省、山东省考察拜访的后勤保障工作。

【工作部署】 一是做好对接联络。每次接到任务通知后，加大对接联络，及时了解日程安排，考察目的等重要信息，加强与相关单位的联系，及时向领导报告任务筹备和推进情况，及时提请相关领导解决工作中存在的困难和问题。二是抓好选点备点。及时与来宾单位沟通，严格按照相关要求，选择代表性强的考察点，准确了解考察点相关信息，严格把关，确保信息无误。三是细化工作方案。根据来宾要求和毕节实际，制作详细周密的接待方案，安排部署相关工作。四是狠抓执行落实。认真梳理各个节点的细化方案，逐一督促落实，针对问题逐项销号。

【精细服务】 一是了解接待对象。接待工作中，一切从来宾的角度出发，通过查阅接待档案或是多渠道了解来宾民族、职业、文化背景、生活习惯和饮食习惯等，使来宾有宾至如归之感。二是注重接待细节。按照“接待工作无小事，细节决定成败”的工作理念，周密安排，合理部署，认真检查准备每一个环节，确保顺利、舒适、温馨。三是倾注感情工作。融“情”于接待工作当中，做到接待用心、以情感人。要求每一位参与接待的同志换位思考，立足于来宾的角度，站在服务试验区改革发展的高度，充分考虑来宾感受，力争使赴毕节的每一位来宾都感到温暖。四是突出地方特色。紧紧围绕考察、餐饮、住宿等重点服务内容，充分融入毕节的历史文化、民族文化、红色文化、民俗文化、工艺文化、饮食文化等方面，突出毕节特色，展示毕节风采，形成毕节特色接待文化。

【严守规定】 在注重实际效果方面，严格围绕调研目的安排考察点，既安排工作开展较好的地方，也安排工作开展滞后的地方，不避重就轻，不逃避问题，保证考察点的真实性。在减少陪同人员方面，严格遵守“市、县只安排1位负责同志陪同”的规定，所有警卫接待任务均只邀请市委或市政府主要领导陪同考察，其他接待任务，协调1名市领导陪同考察；安排陪餐时，严格按照“接待对象在10人以内的，陪餐人数不得超过3人；超过10人的，不得超过接待对象人数的三分之一”的规定请领导陪餐。在简化接待方面，没有张贴悬挂标语横幅，没有铺设迎宾地毯，没有组织专场文艺表演，没有赠送各类纪念品或土特产，没有安排宴请，没有上高档菜肴，所有接待任务一律不上酒。

【建章立制】 一是完善接待制度。强化对原有接待工作制度的修订完善工作。制定《毕节市重大接待任务工作流程》《毕节市重大接待任务工作标准》《毕节市公务接待人员行为规范》等制度，做到重大接待任务有章可循，按章行事。二是规范接待流程。严格按照工作流程开展接待服务，建立重要接待工作总结通报机制，每一个重要接待任务结束后，及时组织干部职工集中学习，进行分析总结，持续优化完善接待工作流程和服务标准。向相关县区和市直部门反馈任务执行中存在的问题和不足，督促提升整改。在总结部分重要接待任务的基础上，梳理出台毕节市委市政府接待处《重要接待任务二十四“要”》。三是严管经费支出。坚持“从严、从细、从简”，接待活动结束后如实填写并附上接待任务公函，由接待人员、处领导、市委办分管领导三级签字确认，严格按财务规定办理报账手续。

【队伍建设】 一是加强理论学习。拟定《接待处2019年干部职工理论学习计划》，由全处干部职工轮流担任主持人，并指定5~6名发言人作8分钟以上专题发言，取得了良好的效果。二是组织外出考察。请市委办分管负责同志牵头，分别赴省内遵义、六盘水等市州考察学习，出发前大家就公务接待中存在的薄弱环节进行讨论梳理，提高了考察效率。三是注重业务指导。多次开展接待礼仪培训，围绕政务接待中的仪表和礼节，既讲授礼仪理论知识，又开展现场教学示范。充分利用执行重要接待任务的机会，培养锻炼一批接待业务骨干，通过实战演练，提升公务接待的能力和水平。

（供稿：市委市政府接待处综合科）

机关事务管理

【概述】 2019年，市机关事务管理局在市委、市政府的坚强领导下，切实担负起市委、市政府和市级机关“后勤部”的重要职责，坚持围绕中心、服务大局，紧紧围绕“管理科学化、保障法制化、服务社会化”目标，找准职能定位，拿出实招硬招，推动机关事务管理高质量发展，为确保按时打赢脱贫攻坚战、努力建设贯彻新发展理念示范区提供了坚实的后勤保障。

【党建工作】 深入学习贯彻习近平新时代中国特色社会主义思想，始终把学习贯彻习近平新时代中国特色社会主义思想和习近平总书记对贵州对毕节重要指示批示精神作为首要政治任务，建立每周五学习制度，坚持党组理论中心组集中学习研讨制度，是年，开展党组集中学习40余次，中心组研讨学习7次，党员和干部职工集中学习40余次。积极推广应用“学习强国”APP学习平台，26名党员全部注册并参与学习，推动机关学习党的创新理论蔚然成风。坚定不移贯彻落实中央、省委和市委系列决策部署，中央、省委、市委召开的重要会议，习近平总书记作出的最新重要讲话、重要指示批示，都第一时间组织传达学习，不折不扣贯彻落实中央、省委和市委决策部署，实现与中央、省委和市委步调一致、同频共振。扎实开展“不忘初心、牢记使命”主题教育，认真落实中央、省委和市委部署，紧紧围绕“守初心、担使命，找差距、抓落实”总要求，将“四项重点措施”贯穿主题教育全过程，担当作为的作风进一步涵养形成，抓具体抓深入抓落实的责任意识更加深入人心，实现了主题教育理论学习有收获、思想政治受洗礼、干事创业敢担当、为民服务解难题、清正廉洁作表率目标。

【物业管理】 强化绿色机关建设，对现有绿化范围（包括市行政办公中心，市科技文化中心，同心大厦）进行全面养护，完成集中管理区域绿化植被整体施肥12次，补种小型灌木14000余株。强化日常安全监管，对集中管理区域内电梯、消防和空调等设施设备进行专业维护保养，完成各项报修2822次，电梯巡检144次，空调巡检262次，配电系统巡检1026次，建立完善设备档案和维保记录。提升管理服务水平，扎实推进全市视频会议系统改造，即将投入使用。圆满完成市“两会”“全市大党建工作会议”“市委二届五次、六次全会”“国务院安委会赴毕节考核巡查安全生产和消防工作汇报会”等大中型会议服务150余次。

【办公用房管理】 从严开展装修审批，统筹机关办公和公共服务需求，守牢“厉行节约，注重庄重朴素、经济适用，节约能源资源”底线，全年办理装修审批事项5个，统筹安排涉改部门集中办公30余家，有效缩减办公用房租金30万元。着力优化办公用房布局功能，将市公安局腾退的办公用房调配给市机要保密局作为技术服务用房，节约建设资金4000余万元；协调推动军地联合指挥中心基础设施建设，完成军地联合指挥中心候会室设计和加装电梯设计、地勘、预算等工作，候会室已投入使用，电梯正在建设中；完成桂花路原市公安局老办公楼维修改造，调剂给市退役军人事务管理局使用；推进毕节海关综合办公楼功能化维修改造工作。扎实推进“厕所革命”，深入贯彻习近平总书记关于“厕所革命”的重要指示精神，充分发挥牵头抓总作用，坚持每月调度行政、企事业单位厕所建设进度。

【公共机构节能管理】 强化节能宣传，在全国节能宣传周、低碳日和贵州生态日期间，大力开展以“绿色发展·节能先行”和“低碳行动·保卫蓝天”为主题的节能宣传活动，节能意识深入人心。大力推广节能降耗，全市人均综合能耗、人均水耗、单位建筑面积能耗同比分别下降8.9%、3.8%、6.6%，较好完成省下达下降2.5%、3.5%和2.5%的目标任务。抓实示范创建，构建“以强化组织领导为关键，以强化制度建设为依托，以强化重点环节为抓手”的“1+1+N”模式，深入开展“节约型公共机构示范单位”创建，荣获由国家机关事务管理局、国家发改委和财政部联合授牌的“国家级2017—2018年节约型公共机构示范单位”荣誉称号。

【公务用车管理】 从严编制配备计划，对超标准、超编制公务用车一律不予列入购置计划，未列入购置计划的车辆一律不予审批。2019年，全面审核同意配备更新公务用车198辆（其中按程序上报省机关事务管理局审批越野车65辆，获批59辆）。加大信息化建设力度，启用毕节市公务用车信息化管理服务平台，将市级党政机关及参公事业单位保留的332辆公务用车纳入信息化平台监管，对行车轨迹、运行费用等进行全过程痕迹管理，推进公务用车“标识化”“信息化”建设。创新“三定”管理模式，制定印发《关于实施公务用车定点加油、定点保险、定点维修的通知》，将市级党政机关保留的422辆公务用车纳入“三定”管理，进一步规范管理公务用车，节约公车运行费用，拒绝“车轮上的腐败”，每年将节省财政资金200余万元。

【国有资产管理】 加大宣传推广力度，通过门户网站、微信公众号、912广播电台等平台，扩大租赁信息宣传推广面，面向社会公开发布招租信息，采取网上竞租方式对集中管理的门面进行出租。强化国有资产出租管理，全年共收取租金2812.38万元，根据市政府安排已划转给毕节市信泰投资公司1960.62万元，剩余资金将按规定上缴和划转。强化经营性资产巡查维修，严格按照维修程序对管理的经营性资产进行维修和登记，确保经营性资产保值增值。对市级机关事业单位经营性资产原权属证照不清的开展确权，办理有关产权手续。

【机关后勤服务管理】 持续巩固食堂改革成果，进一步加大市行政办公中心机关食堂管理力度，牵头抓好市直机关单位食堂“三白”采购工作，通过企业统一配送方式采购“农产品进机关食堂”710吨、958万元。强化干部交流用房管理，安排专人负责洪山市级交流干部楼，滨湖小区10套、洪南路顺兴苑干部交流用房的日常管理，为广州对口帮扶毕节市工作组、市委、市人大、市政府、市政协、市纪委等单位交流干部提供暂住用房，并做好房屋日常保洁、维修和维护工作，确保干部交流用房管理有力有序。扎实做好重要调研接待保障服务，受理用车申请900余次，调派车辆3554架次，安全行车159.54万公里，圆满完成各项保障任务。

【脱贫攻坚】 认真开展帮扶指导，局党组成员累计47次深入纳雍县昆寨乡岩上村和威宁自治县观风海镇箐河村调研指导工作；协调黔西县大关镇组团赴岩上村开展全排全查，查找问题20余个；组织局机关全体干部职工自带干粮，深入两村开展脱贫攻坚“大筛查”，走访贫困群众250余户，筛查反馈问题10余个。着力助推产业扶贫，按照市农特产品“七进”机关食堂的要求，通过定点采购方式由市行政办公中心机关食堂向昆寨贫困乡、金海湖新区、七星关区朱昌镇等乡镇合作社农产品生产基地采购农产品150余吨，采购金额200万余元。强化资金项目支持，全年挤出自身办公经费12万元，协调市发改委、市交通运输局、市农业农村局、市林业局、市生态环境局、市体育局、市红十字会等有关部门投入150余万元，助推两村基础设施建设、产业发展，加快补齐短板。

（撰稿：罗昌隆）

毕节市人大及其常委会

【概述】 2019年是中华人民共和国成立70周年，是地方人大设立常委会40周年，也是毕节试验区确保按时高质量打赢脱贫攻坚战的关键之年。是年，在市委的坚强领导下，在省人大常委会的有力指导下，市人大常委会高举习近平新时代中国特色社会主义思想伟大旗帜，坚持党的领导、人民当家作主和依法治国有机统一，深入学习贯彻党的十九大和十九届二中、三中、四中全会精神，以及省委十二届六次全会、市委二届六次全会精神，紧紧围绕市委“113攻坚战”决策部署践行初心使命、依法担当履职，圆满完成市二届人大三次会议安排的各项任务，不断推动新时代我市人大工作与时俱进、创新发展，不断推动人民代表大会制度优势转化为毕节试验区治理效能，为按时高质量打赢脱贫攻坚战、建设贯彻新发展理念示范区贡献人大力量、谱写人大篇章。

【坚持党的领导，牢牢把握正确政治方向】 市人大常委会始终旗帜鲜明讲政治，树牢“四个意识”，坚定“四个自信”，做到“两个维护”，把党的领导贯穿人大工作全过程。强化创新理论武装，筑牢党的领导思想自觉。紧密结合“不忘初心、牢记使命”主题教育的开展，深入学习贯彻习近平新时代中国特色社会主义思想和习近平总书记关于坚持和完善人民代表大会制度的重要思想、对贵州对毕节对地方人大及其常委会工作的系列重要指示批示精神，推动理论学习有收获、思想政治受洗礼。强化提高政治站位，筑牢党的领导政治自觉。坚持请示报告与依法履职相统一，主动将人大重要工作、重大事项向市委请示报告，更加善于把人大工作置于全市改革发展稳定大局中谋划和推进。坚持党委决策与人大决定相统一，依法对国民经济发展、财政预决算等作出决定，更加善于使党的主张通过法定程序成为国家意志。坚持党管干部与人大任免相统一，全年任免干部、接受辞职、补选代表、终止代表资格132人次，更加善于使党组织推荐的人选通过法定程序成为国家机关领导人员。强化主题教育推动，筑牢党的领导行动自觉。坚持把主题教育与人大工作融合开展，将学习教育、调查研究、检视问题、整改落实贯穿人大工作方方面面，推动主题教育成果转化为贯彻落实中央、省委和市委重大决策部署的行动自觉，聚焦市委中心大局担当作为，围绕脱贫攻坚、经济发展、环境保护、法院执行、公益诉讼、城市园林绿化、居家养老、教育发展等开展立法和监督工作。全年共召开市人大常委会会议 8 次，听取和审议专项报告 13 件，组织开展调研视察、执法检查、工作评议、专题询问 60 余次。开展的《贵州省大扶贫条例》和污染防治执法检查、专题询问脱贫攻坚、代表履职平台建设、文明城市创建立法调研等多项工作得到省人大常委会领导和市委领导批示肯定。

【坚持精准聚焦，戮力同心决战脱贫攻坚】 市人大常委会深入学习贯彻习近平扶贫思想，把按时高质量打赢脱贫攻坚战作为人大履职的重中之重，全力推进“大扶贫”。突出精准监督支持，推动政府强弱项补短板。深入全市 10 个县区对脱贫攻坚短板、易地扶贫搬迁、产业结构调整等开展专题调研，对《贵州省大扶贫条例》和《贵州省人民代表大会常务委员会关于深入贯彻落实省委十二届三次全会精神、依法推动打赢脱贫攻坚战的决议》贯彻执行情况开展执法检查。对全市脱贫攻坚工作开展专题询问，针对存在问题形成专题询问审议意见，推动政府部门抓实问题整改。突出联系帮扶督导，用心用情谋实事解难题。主任会议成员以上率下开展联系帮扶、调研督导，督促落实各项扶贫政策和帮扶措施，积极向广州人大、广汽集团和有关部门争取帮扶资金，帮助主任会议成员帮扶联系点和机关脱贫攻坚联系点实施村卫生室提质改造工程、安全饮水蓄水池建设工程、种养殖产业项目等，选派 4 名县处级干部、3 名科级干部投身脱贫攻坚主战场开展督查和帮扶工作，积极为民服务解难题。突出代表示范引领，当好群众代言人贴心人。持续深入开展“脱贫攻坚，代表在行动”主题活动，推动代表围绕“两不愁三保障”、环境卫生整治、产业结构调整、基础设施建设、基层治理等问题深入走访群众 10 万余人次，开展专题调研、集中视察等履职活动 1000 余场，积极为民代言、为民建言、为民履职。2019 年，全市各级人大代表涌现出一批先进典型，其中 23 名代表获得中央、省委和市委表彰。

【坚持立法主导，着力提高依法治市水平】 市人大常委会坚持立良法、促发展、保善治，为推进毕节试验区治理体系和治理能力现代化发挥法治保障作用。着眼提升发展质量，积极推进立法工作。立足延续织金古城历史文脉，全力开展制定类项目《毕节市织金古城保护条例》立法工作，经考察借鉴、听取意见、论证修改，2019 年 9 月 27 日，《条例》经省十三届人大常委会第 12 次会议批准通过，自 2020 年 1 月 1 日起正式施行，这是毕节市取得立法权以来首个历史文化保护方面的地方性法规，切实为织金古城的保护、管理和利用提供法律遵循。紧扣城乡规划发展，做好《毕节市城乡规划条例》的宣传发布、贯彻实施工作，该《条例》是立法法修改后贵州省首个地方性城乡规划条例，在城市规划、镇乡村寨规划的实施及修改等方面具有诸多创新，自 2019 年 7 月 1 日起正式施行以来，不断推动解决毕节市城乡规划发展不平衡、不充分的问题。立足水源保护，对《毕节市饮用水水源保护条例》进行修正，启动并完成该《条例》的立法后评估，以更高标准、更严要求推进饮用水水源保护。聚焦“五城同创”重大部署，将调研类项目“毕节市城市园林绿化条例”调整为制定类项目，组成调研组赴省内外调研考察，《条例（草案）》已通过常委会第 23 次会议第 1 次审议。积极开展文明城市创建、居家养老服务立法调研，为不断满足人民对美好生活的需求、推动高质量发展发挥立法作用。着眼维护法制统一，积极加强备案审查。认真开展规范性文件合法性、合理性审查，召开全市规范性文件备案审查工作会议，邀请专家学者开展专题业务培训，完成备案审查信息平台建设并投入使用。全年共备案审查规范性文件70件，向省人大常委会报备规范性文件6件，做到有件必备、有备必审、有错必纠，切实维护宪法法律尊严、弘扬宪法法律精神。着眼维护公平正义，积极推进法治建设。持续深化“法治毕节”创建，支持和推动“法治政府”建设，2019年9月，毕节市作为全省唯一一个地级市参加全国“法治政府”建设示范市（州）创建评审。围绕法院执行、检察院公益诉讼开展调研，推动维护社会公平正义。加强与市监委的沟通，做好听取专项报告的准备工作。开展扫黑除恶专项斗争调研视察，推动平安毕节建设。组织开展国家宪法日座谈交流，营造学法遵法守法的浓厚氛围。

【坚持紧扣中心，有力提升依法监督效能】 市人大常委会围绕全市改革发展稳定大局和社会普遍关切加强监督，着重在环境保护、五城同创、经济发展、民生改善等方面依法履职。紧盯生态文明建设监督发力。对全市生态环境保护工作开展调研并听取审议工作报告，对省人大常委会关于依法推进打好污染防治攻坚战、开创百姓富生态美多彩贵州新未来的决议贯彻执行情况开展执法检查。开展市级义务植树点建设工作调研，对市级河流进行巡河。主任会议成员对各县区生态环保督察反馈问题进行指导督导。开展毕节市城市园林绿化立法调研，查找问题、分析问题、推动立法。紧盯经济运行发展监督发力。围绕计划执行、财政预决算等开展调研并审议审查工作报告。开展预算联网监督工作调研考察，逐步完善预算联网监督平台系统建设。推动建立全市各级人民政府向本级人大常委会报告国有资产管理情况制度，开展企业国有资产管理情况调研并听取审议工作报告。围绕财政扶贫资金管理使用开展专项审查监督，加强审计查出突出问题整改督导。紧盯社会民生保障监督发力。专题调研全市教育工作并听取审议工作报告，对全市教育工作开展评议。组建市人大社会建设委员会，围绕反家庭暴力、未成年人保护、居家养老服务等开展调研，组织召开全市人大社会建设工作座谈会，推动社会建设监督工作开好头、起好步。扎好民族宗教和外事侨务工作，开展国家民族区域自治法执法检查和《贵州省华侨权益保护条例》立法调研。抓好人大信访工作，维护群众合法权益。

【坚持代表主体，推动人大制度优势转化】 市人大常委会始终尊重代表主体地位，服务代表履职，通过代表作用的发挥把人民代表大会制度优势转化为毕节试验区治理效能。聚焦跟踪督办，增强代表建议办理质效。坚持把代表建议的提出和办理作为推动制度优势转化的有效载体。在人代会召开前，及时向各选举单位发送协助代表提出议案建议的通知。在人代会召开期间，对各代表团加强培训指导。在闭会期间强化督办，市二届人大三次会议期间，共收到代表提出建议217件、审议发言建议59条，市人大常委会将其中社会高度关注的9件确定为主任会议成员督办件，全年代表议案建议办复率、沟通率和满意率均达100%。聚焦平台建设，畅通代表联系选民渠道。坚持把建好管好用好代表履职平台作为推动制度优势转化的重要渠道。建好履职平台，指导各县区建设代表联络站、代表工作站等2471个，探索创新至少选择1个移民搬迁集中安置点设立代表联络室。管好履职平台，加强队伍建设，注重建章立制，推动代表工作规范化制度化。用好履职平台，推动代表围绕脱贫攻坚、民生保障等认真履职。聚焦服务保障，提升代表依法履职水平。坚持把服务保障代表履职作为推动制度优势转化的重要途径。抓好闭会期间活动开展，组织代表围绕中心工作和社会关切开展调研视察。抓好履职培训，举办专题培训班，提升代表理论素养和履职能力。抓好经费保障，及时拨付代表活动经费和工作经费。抓好代表工作机制建设，健全深化常委会联系代表、代表联系群众制度，推动代表紧跟核心、紧扣中心、紧贴民心。

【坚持强基固本，全面提高自身建设水平】 市人大常委会始终把加强自身建设摆在重要位置，全力建设思想政治过硬、纪律作风过硬、履职能力过硬的人大机关。推进思想政治建设，做拥戴核心维护核心的表率。始终将习近平新时代中国特色社会主义思想作为指导人大工作的根本遵循，带头拥戴核心、维护核心、紧跟核心，严格遵守党的政治纪律和政治规矩，全面抓好巡视整改、党风廉政建设、意识形态、机关党建、机关服务保障等工作，始终在政治立场、政治方向、政治原则、政治道路上同以习近平同志为核心的党中央保持高度一致。推进纪律作风建设，做遵守党规执行党规的表率。认真对照党章党规抓学习、找差距、促践行，认真贯彻执行中央八项规定及省、市十项规定精神，严格落实基层减负要求，持续改进文风会风。全力落实主题教育四项重点措施，持续推进“三个大兴”活动开展，切实把规矩意识、纪律意识、底线意识牢牢根植于心、践之于行，全力建设清正廉洁作表率的人大机关。推进履职能力建设，做勇于改革敢于创新的表率。积极开展“提升市人大常委会会议质效”改革，制定形成《毕节市创新机制提升市人大常委会会议质效实施方案》等“1 +3”制度，审议意见出台、审议意见督办等得到明显加强。深入推进机关机构改革和干部队伍建设，加强对百里杜鹃人大工委的领导和各县区人大工作的指导，修订完善各项议事规则和工作制度，不断构建科学民主、系统规范、权威高效的议事决策体系。

2019 年，在市委的坚强领导下，市人大常委会高举习近平新时代中国特色社会主义思想伟大旗帜，不忘初心、牢记使命，感恩奋进、顽强拼搏，不断推进毕节市人大工作与时俱进、完善发展，为确保按时高质量打赢脱贫攻坚战、建设贯彻新发展理念示范区作出积极贡献。

（撰稿：罗运欢）

毕节市人民政府

施政综述

【概述】 2019年，全市坚持以习近平新时代中国特色社会主义思想为指导，认真学习贯彻党的十九大和十九届二中、三中、四中全会精神，扎实开展“不忘初心、牢记使命”主题教育，深入贯彻习近平总书记对贵州对毕节工作重要指示批示精神，坚持稳中求进工作总基调，坚持新发展理念，坚持高质量发展，以供给侧结构性改革为主线，聚焦“113攻坚战”，建立“周调度跟踪、月小结提示、季通报约谈”工作机制，统筹推进稳增长、促改革、调结构、惠民生、防风险、保稳定各项工作，排难而上、奋力拼搏，为按时高质量打赢脱贫攻坚战、建设贯彻新发展理念示范区奠定了坚实基础。2019年完成地区生产总值1901.36亿元、增长8.0%，一般公共预算收入130.25亿元、增长0.1%，固定资产投资增长0.9%，规模以上工业增加值增长5.3%，社会消费品零售总额408.85亿元、增长6.3%；金融机构存款余额1902.14亿元、贷款余额1860.07亿元，存贷款余额增长8.5%；城镇常住居民人均可支配收入32638元、增长9.2%，农村常住居民人均可支配收入10364元、增长10.8%。

【“三大攻坚战”取得新成效】 一是脱贫攻坚深入推进。大方县脱贫摘帽，七星关区、织金县达到脱贫摘帽标准。减少贫困人口32万人，贫困发生率下降到1.54%。全力打好“四场硬仗”，狠抓新一轮“五个专项治理”，深入开展“联县帮乡驻村入户”，441个贫困村出列。产业和就业方面，蔬菜、茶叶、食用菌、皂角等12个农业特色优势产业裂变式发展。建档立卡贫困劳动力就业6.8万人，“十大员”就业扶贫专岗累计在岗8.13万人，实现易地扶贫搬迁有劳动力家庭“一户一人”以上就业。交通和流通方面，成贵高铁建成通车，铁路运营里程538公里，高速公路通车里程981公里，毕节机场旅客吞吐量突破121万人次，大交通带来毕节格局的大改变。提级改造普通国省道307公里，启动县乡公路路面改善提升工程1646公里，新改建农村公路559公里，“组组通”硬化道路14640公里，建成安全生命防护工程4003公里。建成运营物流园4个、冷库183个，新增库容6.92万吨。干部培训和群众培训方面，累计完成培训23.85万人次。饮水安全、义务教育、基本医疗和住房安全保障有力。建成农村饮水安全项目895个，解决109.1万人饮水安全。贫困人口义务教育资助实现全覆盖，贫困家庭辍学学生动态清零。健康扶贫基本达到“3个三”标准，实现贫困人口应保尽保、应助尽助、应报尽报。基本完成农村危房改造、老旧住房透风漏雨整治和人畜混居整治，提前完成“十三五”规划28.5万人易地扶贫搬迁。帮扶力度持续加大。中央统战部、各民主党派中央、全国工商联实施帮扶项目384个，广州对口帮扶实施项目61个，深圳对口帮扶有力推进；恒大集团帮扶资金累计到位70亿元，金元集团、盘江集团等结对帮扶深入推进。二是风险防控措施有力。严格落实政府性债务管理“七严禁”，积极稳妥化解存量债务，守住了不发生系统性政府债务风险底线。安全生产事故起数和死亡人数同比下降8.7%和6%。“扫黑除恶”有力有效，打掉涉黑组织12个、涉恶犯罪集团（团伙）45个，查封扣押冻结涉案资产3.23亿元。刑事案件、命案、“盗抢骗”案件同比分别下降4.09%、36.36%和9.65%，群众安全感、满意度分别达98.89%和98.25%，从全省挂末分别上升到第六位和第五位。三是污染防治成效明显。中央环保督察“回头看”、省委环保督察反馈问题有序整改。中心城区和县城环境空气质量优良天数比率达98.7%；千人以上集中式饮用水源水质达标率100%，国控、省控河流断面水质优良比例达100%；启动中心城区生活垃圾分类处理试点，农村垃圾收运覆盖率81.5%。启动长江经济带污染治理试点项目5个，有序推进30个山水林田湖草保护修复项目。

【经济结构调整取得新进展】 一是农业基础地位不断夯实。调减低效玉米202.93万亩，创建省级样板坝区11个、达标坝区68个。粮经比调整到38∶62，经济作物占比提升2个百分点。收购烟叶114.9万担，上等烟比例达72.72%、增长9.16%。农产品“七进”“毕菜进京”“毕菜进渝”“毕菜进粤”产销对接活动成效明显，海外销往越南、老挝、迪拜等国家和地区有新突破，“乌蒙山宝·毕节珍好”“威宁三白”等农特产品品牌效应不断提升。市农业农村局获评“全国农业农村系统先进集体”。二是工业转型升级步伐加快。十大百亿级工业产业实现产值864.5亿元，新增上规入统工业企业81户。新建成大中型煤矿21处，新增产能1035万吨；生产煤炭4555万吨、增长7.78%。发电479.2亿千瓦时、增长7.38%。黔希煤化工实现产值11.72亿元。卷烟、白酒实现产值80.93亿元、增长6.95%。产业园区实现工业增加值300亿元。毕节经开区获批省级高新技术产业开发区。三是现代服务业加快发展。成功承办第十四届贵州旅游产业发展大会，中国气象学会授予“毕节·中国花海洞天避暑福地”称号，百里杜鹃管理区和黔西县全域旅游示范区创建通过省级验收，织金洞景区通过AAAAA级景区景观质量评审，新增AAAA级景区1家，织金古城入选贵州文化旅游十大新地标。旅游人次和旅游总收入增长20%。网络零售额增长54.64%。电信业务总量全省第三、增速全省第一。国家电投贵州金元威宁能源股份有限公司在新三板挂牌，实现上市企业“零突破”。

【项目建设迈出新步伐】 一是项目谋划取得实效。综合项目库入库项目9187个，总投资3.9万亿元。绿色产业扶贫投资基金获批65.32亿元，银行审批额度全省第二。二是产业招商力度加大。推进“千企引进”和“产业大招商”，引进500强企业12家、优强企业285家，重点产业招商引资到位资金606.08亿元。三是项目建设扎实推进。新开工亿元项目185个。821个省市重大项目完成投资1159亿元。完成“六网会战”投资280.4亿元、产业项目投资240.72亿元、民生项目投资115.7亿元等。夹岩水利枢纽工程大坝顺利封顶，中石化织金煤制聚烯烃项目进入场平施工，威赫660兆瓦超超临界发电项目开工建设。

【城乡面貌发生新变化】 完成造林绿化125万亩，治理石漠化169.8平方公里、水土流失93.12平方公里，预计森林覆盖率57%。市林业局获评“全国生态建设突出贡献先进集体”。《毕节市城市总体规划（2019年修订）》获省批复。新增城镇道路110.31公里、绿地602.8公顷、城市公共停车位4277个，建成海绵城市项目11个。开工改造棚户区9101户、建成6129户，销售商品房566.36万平方米、增长11.67%。预计常住人口城镇化率47.58%。编制《毕节市乡村振兴战略规划》，启动“十百千”乡村振兴示范工程。推进“厕所革命”，建成农村户用卫生厕所20.35万户、村级公共卫生厕所774个。全国文明城市创建通过国家第一轮测评验收，国家卫生城市创建通过国家级综合评估，国家环境保护模范城市创建通过省级预评估，全国双拥模范城市创建通过省级验收，省级园林城市创建通过评审。南山体育公园、天河广场等“19456工程”建成使用。

【改革开放增添新活力】 “放管服”改革扎实推进，行政权力和行政许可事项分别减少41.7%、22.1%，行政审批办理时限减少50%以上，企业开办、不动产登记时间分别缩减到3个、5个工作日内。信用综合指数连续19个月全省排名第一、首次进入全国30强。市级政务服务事项100%进驻政务大厅，“一窗式”分类受理事项达70%，政府服务环境第三方评估全省第一。毕节海关挂牌成立，外贸进出口总额完成2.2236亿美元、实际利用外资增长37.14%。民营经济市场主体达43万户，民营经济增加值占GDP比重60.1%。

【民生事业获得新改善】 实施“全面改薄”等教育工程项目学校388所，消除义务教育学校大班额1173个，学前教育三年毛入园率、九年义务教育巩固率、高中阶段教育毛入学率分别达89.07%、92.18%、90.23%。贵州工程应用技术学院入选“2019年全国创新创业典型经验高校”。市二医投入使用，市一医双山分院、市妇幼保健院加快建设。城镇新增就业8.5万人，登记失业率3.26%。成功举办乌蒙文化节·第七届文化艺术系列大赛。新增多彩贵州“广电云”用户9.5万户。社会救助兜底保障体系不断完善。纳入城乡低保67.57万人，发放城乡低保等困难群众基本生活救助金25.8亿元。64个养老服务项目建成投入使用。市民政局获评“全国民政系统先进集体”。天然气管道建成314公里，七星关、大方、金沙、赫章、百里杜鹃、金海湖等6个县（区）具备接气条件，中心城区管道天然气居民生活用气价格从每立方米3.9元调至3.05元，非居民用气价格从每立方米3.91元调至3.27元。

（撰稿：汤　鑫）

政务服务

【概述】 2019年，毕节市人民政府政务服务中心在市委、市政府的坚强领导和高度重视下，在省人民政府政务服务中心的倾力指导下，在各级各部门的大力支持下，坚持以习近平新时代中国特色社会主义思想以及党的十九大精神为指引，坚决贯彻落实党中央、国务院和省委、省政府、市委、市政府深化“放管服”改革决策部署，各方面工作取得优异成绩。2019 年 4 月 16 日，整体工作获省人民政府政务服务中心以《暗访情况》通报方式向全省推广，“供标准化建设推进慢、动作小的有关地方参考借鉴”。市委书记、市人大常委会主任周建琨，市委副书记、市长张集智均在《暗访情况》通报上作批示表扬。全市推进实体政务大厅标准化建设取得的阶段性成效得到省人民政府政务服务中心的充分肯定，2019 年 7 月 16 日，全省 2019 年实体政务大厅标准化建设观摩会暨全省半年工作会议在毕节市召开。2019 年 11 月 14 日，市政务服务中心作为全省唯一一家市级政务中心参加贵州省政务服务工作发展历程的宣传片拍摄。2019 年，在中山大学《深化商事制度改革研究》课题组刊登在《南方都市报》APP 的《贵州省政务环境报告》（2019 年）中，抽取贵州三个市：贵阳、遵义、毕节作为评估对象，毕节市得分第一。市委书记周建琨、市长张集智再次作批示表扬。

2019 年，全市共办理行政审批和公共服务事项 976.5 万件，其中网上服务 511.9 万件，占办件总数的 52.4%；市级共办理行政审批和公共服务事项 218.2 万件，其中网上办理 183.5 万件，占办件总数的 84.1%。

【“一窗式”改革取得成效】 结合工作实际，对工作窗口（分为“综合前台窗口”和“后台窗口”）以及业务流程〔含取号与导办、咨询与受理、审批（审查）与决定、出件与评价〕等作了进一步的规范。对 44 个进驻部门（含企业 8 个）的窗口进一步优化设置，划分为八类：一是部门专窗类，包括公安专窗、公积金专窗、人社医保专窗、自然资源和规划、住建等专窗；二是“集成套餐服务”类，包括不动产集成套餐、公积金提取和贷款集成套餐、企业开办集成套餐；三是工程建设类，包括主要负责受理工程类事项的部门，同时还新增设“工程建设综合服务窗口”，将市级 20 个具有工程建设审批部门的 83 项审批业务实现“一窗”综合服务；四是社会事务类，包括民政、教育、应急管理等部门；五是文卫新类，包括文化旅游、新闻出版、卫健部门等部门；六是市场准入类，包括市场监管、交通运输等部门；七是综合窗口类，包括工信局、能源局等 12 个部门；八是企业服务类，包括水、电、气、邮政、广电网络、公交、银行、商务中心等企业。截至 12 月 31 日，已完成市级政务服务事项“一窗”分类受理 70% 以上目标。

【持续推进便民利民服务工作】 根据“放管服”改革工作要求和全省统一模板动态调整规范事项名称、完善办事指南。录入系统事项大项 3723 项 、办理项 4143 项，消除审批服务中的模糊条款、兜底条款。在市政府安排下，中心牵头编制“放管服”改革“七张清单”中“就近办理服务事项清单”，梳理市级“就近办理服务事项清单”共 61 项。持续开展“减证便民”行动，根据相关部委取消证明材料的相关要求，市级对应取消证明材料 74 项；配合市司法局开展“减证便民”行动，在贵州政务服务网（毕节市）站点公布证明材料保留清单和取消清单，其中市级无保留证明材料清单，取消证明材料 14 项。市级政务大厅落地 7 个“集成套餐服务”，2019 年办件量达 39060 件，压缩企业办事时限比例达 75.76%，降低了办事时间成本，提高办事效率。

【企业定制显成效】 中心制定出台《毕节市人民政府政务服务中心关于开展企业定制政务服务工作方案》，聚焦企业办事过程中可能遇到的政策法规不熟悉、审批手续繁杂、审批流程冗长等问题，有针对性地为企业提供政策解读、许可辅导、许可磋商、并联审批政务服务，确保企业办事“一次办成”，营造公平、便捷、高效的服务环境，有效助推经济社会发展。2019年，毕节市政务服务中心为3家企业开展了企业定制政务服务，获得企业一致好评，增强了企业办事的获得感和满意度。

【全力推进“一网通办”工作】 配合市工信局推进“一网通办”工作，开展政务服务事项“四级四同”关联工作，为跨层级、跨部门、跨区域“一网通办”打基础；统一事项办理标准，提升政务服务事项网上可办率，全市政务服务事项网上可办率88.04%，市本级为97.65%。

【开展政务服务“好差评”】 制定出台《毕节市人民政府政务服务中心关于开展政务服务“好差评”工作实施方案》，及时启动线上、线下办理事项“好差评”工作，采取短信服务评价、现场服务评价、电话抽查评价、召开座谈会听取评价、问卷调查评价等多方式进行。据统计，全年有2689名服务对象参与对窗口现场评价，满意以上的评价有2689条，满意率达99.89%。

【开展“三个大兴”活动】 认真执行“四到工作制”，政务服务中心班子成员带队，深入威宁县大街乡营中村、赫章县古基镇青龙村、七星关区大新桥办事处大桥社区以及各县（区）政务大厅窗口等基层走访调研40天，走访党员、群众251人。班子成员调研领题2个，形成调研报告2篇。开展“六项行动”，对政务大厅各类投诉等风险防范措施落实到科室，具体到个人，切实提高政务大厅工作风险防范意识；开展干部思想解放行动，加强对政务服务等各方面知识的系统学习，不断提高自身综合素质和业务工作能力，全年市政务中心开展政务服务业务大比拼活动三轮，共10次，参与比拼127人次；通过强化审批事项动态管理和审批流程跟踪，实现市、县级分厅与贵州省政务服务网数据的同步，逐步提高网上办事申报率，促进办事由“群众跑”向“数据跑”转变；加大督查力度，增加投诉受理渠道，努力提升群众满意度。紧盯中心工作的关键环节，一体推进不敢腐、不能腐、不想腐，实现干部清正、政治清明，推动全面从严治党。严格控制会议规模和时间，公务接待更规范；从严控制支出规模，规范支出渠道。

【党建工作】 1. 开展“不忘初心、牢记使命”主题教育。主题教育开展以来，中心紧扣学习贯彻习近平新时代中国特色社会主义思想这一主线，聚焦“不忘初心、牢记使命”这一主题，贯彻“守初心、担使命、找差距、抓落实”的总要求，严格执行党中央决策部署和省委、市委、市政府工作要求，坚持把学习教育、调查研究、检视问题、整改落实贯彻始终。认真制定中心《“不忘初心、牢记使命”主题教育工作的实施方案》，明确指导思想和工作任务、工作措施和工作步骤，提出具体要求，成立主题教育工作小组。中心主题教育领导小组尽职尽责，精心组织，一体推进，坚持抓思想认识到位、抓检视问题到位、抓整改落实到位、抓组织领导到位，确保主题教育的针对性、有效性和实效性，实现了“理论学习有收获、思想政治受洗礼、干事创业敢担当、为民服务解难题、清正廉洁作表率”的总体目标。2. 落实党建工作主体责任。2019年，中心党组认真落实党建工作主体责任，把党建工作和中心业务工作同谋划、同部署、同检查，党组书记作为党建工作“第一责任人”，带头思考和研究党建工作。3. 积极开展党风廉政和党建扶贫工作。2019年，召开党组会议研究和部署中心党风廉政建设、驻村扶贫等机关党建工作10余次，派出1名驻村干部到驻村联系点蹲点驻村，2名干部到新增扶贫点挂职扶贫，帮助扶贫点协调项目3个，协调到位资金28万元，参与协调项目一个，涉及资金274.65万元。中心向扶贫点拨付资金9万元，其中驻村工作经费2万元、扶贫工作经费7万元，走访慰问贫困户6次、发放慰问金1.78万元。召开党风廉政建设工作专题会议2次，制定《2019年党风廉政建设和反腐败工作要点》，层层签订目标责任书，严格落实“一岗双责”。严格执行中心党组《议事决策规程》等相关制度、主要领导“五个不直接分管”相关规定，涉及中心“三重一大”事项均通过集体研究决定。运用好党内谈话制度，2019年开展任前廉政谈话1次5人，预防提醒谈话3次8人。

4. 高度重视意识形态工作。召开意识形态专题党组会议2次，认真开展专项整治，梳理专项整治查摆问题34个，制定整改措施50条，按时完成整改，并制定《2019年落实意识形态责任制工作方案》，将意识形态工作纳入党组工作的重要日程。编辑印刷《制度汇编》（2019年版）并下发各科室、窗口遵照执行，为中心开展意识形态工作提供制度保障。成立了以主要领导为组长的网络意识形态工作领导小组，制定了中心《网络意识形态工作方案》，从源头上规范了网上信息传播。

（供稿：市人民政府政务服务中心）

毕节市人民政府驻北京联络处

【概述】 2019年，毕节市人民政府驻北京联络处在市委、市人民政府的正确领导下，在贵州省人民政府驻北京办事处等上级部门的关心指导下，紧紧围绕“113攻坚”“脱贫攻坚”等中心和重点，充分发挥驻外机构作用认真做好各项工作，“围绕中心、服务大局、立足本职、埋头服务、无私奉献”，在联络联系“跑部委”、依法纾解“搞维稳”、宣传推介“树形象”、招商引资“促发展”、政务管理“做服务”等方面作出了积极贡献。

【加强联络联系】 加强与全国政协、中央统战部、国家有关部委、各民主党派中央、全国工商联和毕节试验区专家顾问组的联络联系，全年陪同市领导和有省、市关部门负责人到中央统战部、最高人民检察院、国家林业和草原局、国家保密局、国家煤监局、中国气象协会等上级单位对接汇报工作20余次。2019年全国“两会”期间，专门邀请毕节试验区专家顾问组专家北京林业大学刘勇教授作为点评嘉宾出席了贵州省“绿水青山变金山银山”的专题新闻发布会。广泛联系北京市各界，加强与在京毕节籍人士的联系联谊，积极参加各类加强外交流协作、促进协同发展的有益活动，加强与兄弟市州驻京机构和驻地有关单位企业的联络联系。

【搞好信访维稳】 充分发挥驻京工作组的作用，加强信息收集整理，及时反馈有关情况，全力做好后勤服务保障工作，协同有关部门认真做好进京上访人员的接待处理、疏导劝返等工作，依法纾解各类信访问题，较好完成2019年信访维护工作目标任务，切实为有效维护首都和谐稳定作出了应有的贡献。

【广泛宣传推介】 提前对接、全程服务，积极配合省、市有关部门在北京地区举办“毕节市绿色生态产业招商引资推介会和毕节旅游推介会”“2019年京黔合作招商引资推介会”“贵州·毕节绿色农产品北京产销对接洽谈推介活动”等3次大型对外宣传推介活动，同时把宣传推介贯穿于驻外服务工作的始终，加强常态化的对外宣传推介，推动毕节市与驻地各界开展全方位、多层次经济协作合作。

【实现招商目标】 加强信息收集整理研判，主动对接、热情服务，积极推动项目落地。2019年对接项目信息转化为在谈项目信息的转化率为53%，在谈项目信息转化为签约项目信息的转化率为25%；在驻地开展专题招商推介活动4次，同时为市领导在驻地开展3次招商推介活动全程搞好服务；引进重点产业项目4个，实际到位资金3.3亿元，其中新建项目到位资金1.4亿元。

【推进“毕货进京”】 深入企业、基地、市场等一线开展“毕货出山”调研和农产品市场摸底，协调毕节农特产品产销对接，助力脱贫攻坚。2019年帮助协调60吨蔬菜销入北京市场、销售额50余万元。积极推动“黔货在京”消费平台建设相关工作，协调大方县、织金县、纳雍县、赫章县、威宁县5个县农特产品在“黔货在京”消费平台线上销售，茶叶、天麻、竹荪、黑山羊、可乐猪、荞制品等毕节农特产品在北京的市场占有额和销量稳步向好发展。

【规范接待服务】 督促指导毕节信泰公司、毕节禾禾酒店完善设备设施，规范服务管理，严格落实“勤俭高效、温馨周到”的要求，认真做好毕节市来京汇报工作、出差等公务活动的后勤保障和接待服务工作，为毕节市各级党政机关人员来京开展公务活动提供方便，2019年圆满完成公务接待1809人次。

【完成其他工作】 全力配合并重点督促毕节信泰公司认真做好在京国有资产管理工作，盘活资产。围绕“113攻坚”目标，加强风险防控，认真做好机要传送和保密等工作，认真落实法治建设等有关工作，实现全年全面安全稳定的目标任务，圆满完成市委、市政府临时交办的各项工作任务。

【狠抓学习教育】 在上级党组织的指导下，突出“不忘初心、牢记使命”主题教育，围绕“强化思想政治教育，提升政治站位”的目标，抓重要理论、抓党纪法规、抓“三会一课”，加强党支部学习教育和全体干部职工学习教育。2019年，共开展集中学习16次，开展党性教育2次，上党课3次，开展党风廉政警示教育2次，增强“四个意识”、坚定“四个自信”、做到“两个维护”，切实把“守初心、担使命、找差距、抓落实”的要求落实到具体的行动上。

【狠抓党风廉政建设】 认真落实市委巡查提出的整改要求，“建制度、立规矩、抓落实”，强化主体责任、强化制度建设、强化内部管理、强化问题整改，切实把党风廉政建设与中心工作同部署、同落实、同推进。2019年，结合实际修订完善16个制度，切实把“讲规矩、抓落实”作为常态化的要求；坚持“严管与厚爱”相结合，加强干部职工人文关怀和日常管理，严格执行财务、公务用车、接待服务等方面的规定和纪律要求，着力构建了和谐环境，不断规范提升驻外服务水平。

【狠抓意识形态】 制定《意识形态工作责任实施细则》，严格按照“层级管理”的要求逐步推进责任落地落实，将意识形态教育纳入集中学习研讨、党支部“三会一课”重要内容，强化教育引导，旗帜鲜明反对和抵制各种错误观点。开办了“毕节驻京”微信公众号、创办了《工作简报》，有载体、有形式、有内容地积极宣传毕节试验区，讲好毕节故事，传播正能量。

（供稿：毕节市人民政府驻北京联络处办公室）

毕节市人民政府驻上海联络处

【概述】 2019年，在市委、市政府的坚强领导下，坚持以习近平新时代中国特色社会主义思想为指导，认真学习贯彻党的十九大和十九届二中、三中、四中全会精神，扎实开展“不忘初心、牢记使命”主题教育，深入学习贯彻习近平总书记对贵州对毕节的重要指示批示精神，以“大党建”为统领，按照“113攻坚战”总体部署，紧紧围绕市委、市政府中心工作，充分发挥窗口、桥梁、纽带作用，认真做好对外联络联系和宣传推介、对内保障和服务及招商引资等工作，为毕节市打赢脱贫攻坚战、建设贯彻新发展理念示范区做出积极贡献。

【对外联络联系和宣传推介工作】 一是进一步加强与上海市委、市政府有关部门、长宁区委、区政府和相关部门的联络对接力度，定期不定期上门拜访、沟通和交流，畅通联络联系渠道，增强对上海市经济、科技、劳务、人才、商贸等信息掌握，做好沪毕经济技术交流合作的协调和服务等工作，为毕节市经济社会、资源禀赋、政策优势、民族文化、风土人情、旅游景观、气候生态等宣传推介打下坚实基础。二是进一步加强与上海市企业的联络联系，对接500强企业5家，意向性来毕考察3家，跟踪服务新城控股集团，力争落地毕节投资，拜访均和集团，初步达成来毕考察意见。三是进一步加强与上海市成功人士的情感铺垫。拜访成功人士22人次，全面介绍毕节市引人用人重人政策，为毕节“招才引智”工程引进高层次人才夯实前沿阵地。四是进一步创新宣传推介方式。创建“毕节市政府驻上海联络处”公众号和建立“毕节驻沪商友联谊会”“毕节市名特优农产品长三角交流群”等微信群，定期不定期推送毕节招商引资优惠服务政策、名特优农产品等信息，既宣传推介毕节政策，又宣传销售毕节乌蒙山宝农特产品，更增强同在沪毕节籍人士的信息联系和情感联络，为“雁归兴毕”工程打下良好基础。

【对内保障和服务工作】 一是全面完成市领导赴沪考察调研期间有关保障服务工作。二是积极参与市直和区（县）赴沪开展相关工作。参与对接考察30余次。三是协助做好“毕货出山”在沪展示点的选址和设计工作。按照市委市政府安排部署，结合市场规律和特点，指导和参与乌蒙山宝展示体验店策划、选址、设计、装修等系列工作，搭建“毕货出山”上海宣传窗口。

【招商引资工作】 一是全面完成招商引资任务。全年招商引资新签约项目4个，到位资金4.31亿元，完成目标任务数4亿元的107.75%。二是对接500强企业5家，报送500强企业信息3条，力争新城集团落地建设，力促均和集团赴毕投资考察，以500强企业发挥毕节优势打造标志性产业，引进和学习借鉴可复制管理经营经验，为毕节经济社会快速健康发展注入强大动力。三是报送行业龙头企业信息6条，力争2~3家投资建设，以龙头企业强大带动力解决精准扶贫建档立卡户劳动力就业，为全市按时高质量打赢脱贫攻坚战贡献力量。

【抓主题教育】 一是持续加强党的思想理论武装。结合“不忘初心、牢记使命”主题教育根本任务、总要求和具体目标，坚持把学习贯彻习近平新时代中国特色社会主义思想，认真学习贯彻党的十九大和十九届二中、三中、四中全会精神和省委十二届四次、五次、六次全会及市委二届四次、五次、六次全会精神，扎实开展“不忘初心、牢记使命”主题教育，深入学习贯彻习近平总书记对贵州对毕节的重要指示批示精神，学用结合、融会贯通，通过中心组集中学习研讨、“三会一课”、主题党日等形式第一时间传达学习，确保联络处各项工作沿着正确方向前进。二是坚定不移贯彻落实中央和省市系列决策部署。坚持以习近平新时代中国特色社会主义思想为指导，认真贯彻落实省委省政府、市委市政府决策部署，深入践行“五步工作法”，以“大党建”为统领，按照“113攻坚战”总体部署，立足打赢脱贫攻坚战、建设贯彻新发展理念示范区各项工作要求，坚持抓具体深入，主动作为抓好各项决策部署落实。三是强化整改，立行立改。照单全收二届市委第六轮巡察第二巡察组巡查发现反馈的四个问题，制定整改方案和整改清单，明确责任人，限期整改，按时向巡察组报告整改完成情况，立行立改。

【抓制度建设】 一是针对巡查反馈的问题，结合工作实际，及时制定《公务车辆使用和管理制度》在工作群内征求意见后印发执行；修改完善《办公制度》《招商引资工作制度》《接待工作制度》、《财务管理制度》等管理规定，使干部职工心中有准绳、行为有规范，做到身体力行，有令则行、有禁必止。二是针对《毕节市人民政府驻外办事处管理办法（征求意见稿）》，组织大家讨论形成一致修改意见后，以书面修改意见呈报政府办，既保障驻外办事处工作人员权益，又进一步明确驻外办事处职责，更为驻外办事处开展工作指明方向和提供依据。

【抓自身建设】 一是抓主题教育，提高政治理论素养。紧紧围绕“不忘初心、牢记使命”主题教育根本任务、总要求和具体目标，抓学习、抓落实、抓具体、抓深入，持续在学懂弄通做实上下功夫，坚决做到“两个维护”，牢固树立“四个意识”，切实坚定“四个自信”，提高全处工作人员政治理论素养。二是抓整改落实，绑紧规矩纪律之弦。规范完善党员活动室，认真开展“三会一课”和“主题党日”，加强“学习强国”学习，借助微信群推送链接学习等方式，常打“预防针”、常念“紧箍咒”，让全处人员知敬畏、存戒惧、守底线，不断绑紧规矩纪律之弦，习惯在受监督和约束的环境中工作生活。三是通过微信公众号、“毕货出山”上海窗口形象及推介会等各种平台，进一步加大对毕节新发展理念示范区宣传力度，强化服务和信息交流及情感联通，做好沪毕经济技术交流合作的协调和服务工作，凝聚在沪毕节籍人士强大合力，使联络处真正成为新时代毕节的窗口和毕节人的“家”。

（供稿：毕节市人民政府驻上海联络处）

毕节市人民政府驻贵阳办事处

【概述】 2019年全办在毕节市委、市政府的正确领导下，在省直各有关部门和驻地党委政府的帮助下，认真贯彻落实年初全市经济工作会议精神，对照市政府《驻外办事处、联络处工作目标管理责任书》的主要内容，切实履行工作职责，做了大量的实际工作。与此同时，紧紧围绕驻外办事处工作职能，坚持以习近平新时代中国特色社会主义思想为指导，增强“四个意识”、坚定“四个自信”、做到“两个维护”，贯彻落实党的十九大和十九届四中全会精神，认真开展“不忘初心、牢记使命”主题教育、贯彻落实（国发办［2015］8号）文件精神和省、市会议精神和中央八项规定、认真落实《贵州省公务活动全面禁酒的规定》，按照《党政机关厉行节约反对浪费条例》《党政机关国内公务接待管理规定》等法规制度，结合贵阳办事处的工作实际促进党风廉政建设、切实转变机构职能，认真学习《中国共产党处分条例》《中国共产党廉洁自律准则》，认真履行工作职责。按照市委、市政府的要求我办把协调联络、招商引资、维护稳定，作为全办工作的重中之重，树立良好的对外形象，积极协助各区县做好接待、上访群众工作，同时认真做好各级领导、有关专家学者、重要投资商的接待服务工作。继续抓好已在毕节市投资建设的大型企业的密切联系合作与协调工作，确保重点项目在毕节市的顺利开展；对内主要抓办事处管理，逐步完善科室各项岗位工作制度，进一步创新工作思路，强化基础工作，狠抓队伍建设，充分发挥办事处的职能作用，全方位提升办事处工作的整体服务水平，加强职工责任感，发挥办事处“窗口”的作用，逐步提高两个效益（社会效益、经济效益），较好地完成各项工作任务并取得明显实效。

【加强理论学习全面提高职工思想素质】 2019年，办事处结合驻地实际，继续认真学习了十九大和十九届四中全会精神，认真学习近平总书记系列讲话精神、认真开展“不忘初心、牢记使命”主题教育，认真落实中央八项规定和省、市十项规定，加强了对机关工作作风行为规范“四要十不准”的贯彻学习，并根据办事处工作的实际制定了接待工作“十不准”。是年，毕节市政府驻贵阳办事处按照中央和省、市、一系列重要要求，特别是习近平总书记重要讲话精神，紧密结合工作实际，把学习教育、调查研究、检视问题、整改落实贯穿主题教育全过程，注重把握好。通过切实改进作风，确保以过硬作风保证主题教育深入开展、落地见效，让办事处党员干部通过主题教育，理论学习有收获、思想政治受洗礼，进一步统一了思想认识，激发了干事创业的精气神。认真学习落实《党政机关厉行节约反对浪费条例》《党政机关国内公务接待管理规定》《贵州省公务活动全面禁酒的规定》《中国共产党处分条例》《中国共产党廉洁自律准则》。通过学习，一是使党员干部进一步深化了对当前形势任务的认识，加深了对党和国家重大理论与实践问题的理解和把握，切实增强了理想信念，坚定中国特色社会主义道路的坚定信念。通过这些学习不断了提高干部职工的思想政治水平。树立好良好的机关形象、提高机关的工作效能，进一步增强办事处干部职工的责任感。要求每位党员干部严格要求自己，严格管理自己，严格监督自己，做到勤奋工作，热情服务，严谨行为，宽以待人、严于律己、团结协作，和谐相处，无论是星期六星期天，还是白天晚上，只要有信访维稳和接待任务，办事处的同志都能按时到位，处置及时得当，接待热情周到，树立了良好的窗口形象。同时结合驻地特点和自身实际，按照党风廉政建设责任制和实行年度目标责任制考核要求，积极探索行之有效的工作运转机制，做到责任到位，分解到人，切实加强内部管理和督促检查，使各项工作得到健康有序地推进。是年，贵阳办事处结合驻地实际和毕节市外出务工人多流动党员多的情况，与市直机关工委积极协调配合创新成立毕节市政府驻贵阳办事处综合党委，充分发挥党员的先锋模范作用，退休在筑生活和在筑务工的流动党员有了一个学校活动的家。二是认真履职，接待协调联络工作成效显著。按照市委、市政府的工作部署，贵阳办事处结合驻地实际，充分履行职责。继续加强与省委、省人大、省政府办公厅、省政协、省直各有关厅局、贵阳市委、市政府的联系和协调，想方设法为全市经济发展牵线搭桥，促进毕节市与驻地间的交流，力争得到省直部门对毕节市的关心支持和帮助。同时，积极发挥办事处的协调作用，为来毕节市投资考察的领导、专家在贵阳期间与省委领导、省有关厅局和贵阳市委、市政府座谈，搞好协调联系工作。三是继续保持与在我市工作过的现在省直各部门工作的领导及老领导的联络联系，积极争取他们一如既往地对毕节市的发展给予大力的支持。四是强化服务意识，提高接待服务质量。根据市委、市政府的有关规定和管理办法，贵阳办事处加强职工思想政治和职业道德教育，狠抓内部管理，进一步转变工作作风，激发活力、提高服务质量。全年先后接待了试验区专家顾问组、各民主党派中央领导、中央统战部、台盟中央、农业部、新华社、中央电视台、河南省政府、广东省政府、深圳市党政代表团、河南省有关领导，以及国内外大型企业集团、知名企业家、省委、省政府办公厅及省直有关部门、市几大班子领导、市直有关部门负责人、毕节市委、市政府。全办周到、细致的服务，基本做到了让到毕节市考察的专家领导和出差到驻地的同志“乘兴而来，满意而归”。五是在国庆70周年、全国和省“两会”、省党代会议和在贵阳市举行的“中国2019数博会”“中国国际酒博会”等重大会议活动期间，全办按照市委、市政府的要求，在人员车辆紧张的情况下，全力以赴配合有关部门做好在贵阳的协调接待、信访维稳工作。是年，全办与各区县抽调的工作组一道，同心协力，加强在省委、省政府，火车站、机场、贵阳客车站等地点的巡查，加强与省信访局、省指挥中心、贵阳市维稳办的协调联系，成功处置和劝返毕节市上访人员1022批次、3012人，按时完成维稳期间的每日信息报送和全年维稳工作任务。六是随着毕节社会经济的发展，特别是成贵高铁的开通，到毕节参观学习考察的省内外领导、专家学者和到贵阳毕节开会、办事的领导较多，贵阳办事处接待任务极为繁重，在车辆有限的情况下，圆满完成市委、市政府领导安排的各项临时性接送任务，特别是各民主党派中央一行28人到毕节考察、毕节市党政代表团到省外考察学习52人、毕节市主要领导到贵阳走访省有关厅局36人、广东省和深圳市调研对口帮扶31人到毕节调研活动、出席贵州省庆祝新中国建立70周年系列新闻发布会的毕节市领导和县区领导一行25人。截至2019年12月全办共计接送来毕节市参观考察学习的省内外领导、专家学者829人次，办事处周到细致的接待服务工作得到了市领导的表扬。七是2019年毕节市外出务工人员贵阳服务中心在市委、市政府主要领导的直接关心和过问下，得到市直各部门、各区县及贵阳市有关部门的大力支持，在协调、宣传和维权保障等方面做了大量的工作，取得明显的社会和经济效益，得到市委、市政府主要领导的充分肯定。2019年11月接待来访咨询的农民工46人次、电话咨询67次、电话回访46次，解决农民工维权讨薪19人次、劳动纠纷12次，帮助追讨拖欠资金13万元。八是抓好贵阳办事处综合党委的党建工作和毕节市外出务工人员服务站的工作，调查掌握毕节市的务工人员在贵阳的分布及组合情况，提高务工党员认识、增强组织观念、提高就业本领、增加劳务收入，为他们排忧解难、维护合法权益。

【切实加大宣传服务力度，充分发挥窗口职能作用积极开展招商引资】 2019年，贵阳办事处紧扣市委、市政府的年度工作目标和试验区工作重点、政策，依托驻地特点和区域优势，采用适合自身条件的宣传方式，制作广告牌宣传毕节旅游业，酒博会期间发放宣传资料，通过不同的渠道、场合大力宣传毕节试验区，争取各方人士到我区考察投资。提高了毕节的知名度和美誉度，为毕节市的改革开放创造了有利条件。同时，积极主动做好大型项目的服务协调工作，为全区经济发展营造良好的投资形象，使到毕节市投资的大型骨干企业进得来、留得住。按照市委、市政府的工作要求，贵阳办事处把招商引资工作作为全年办事处的一项重要工作来抓。为此，全办充分调动和发挥办事处每一个同志积极性能动作用，依托驻地特点和区域优势，争取各方人士到毕节市考察投资。在招商引资中贵阳办事处同志根据毕节市经济建设的需要，大胆探索、努力探索寻求招商引资的新途径，新方法，全方位做好招商引资工作，积极引进省内外有相当实力的企业到毕节市发展。2019年全办开展招商引资，全年共对接联系有意向到毕节投资的省内外企业31家，促成签约项目4个，签约资金4.11亿元，完成到位资金2.55亿元，超额完成目标任务。还有一些企业还在谈判对接之中，全办的招商引资工作多次得到市委、市政府主要领导的好评。在招商引资工作中贵阳办事处充分发挥对外窗口作用，把大力推介毕节特色产品，积极配合旅游、农业等部门，以“洞天福地、花海毕节、避暑天堂”“乌蒙山宝、毕节珍好”开辟我市旅游工农业产品新市场和销售渠道，全力推介毕节市产品进入驻地城市和省外城市。

【密切关注上访动态，积极做好维稳工作】 2019年，贵阳办事处努力克服信访任务繁重，问题处理难度大等困难，全力协助配合省委、省政府群众中心和市信访工作组做了大量艰苦细致的劝返工作，国庆70周年、全国和省“两会”，以及在贵阳市举行在贵阳市举行的重大会议活动期间，贵阳办事处按照市委、市政府的部署，每一位同志保持24小时通信畅通，人员随叫随到，积极配合毕节市驻贵阳工作组有效地化解上访人的思想矛盾、维护了稳定，同时搜集汇总上访信息及时上报市委、市政府。在信访维稳工作中贵阳办事处做了大量卓有成效的工作，成功处置和劝返上访人员，较好地完成全年信访维稳工作任务，为毕节市社会经济建设做出了贡献。

（撰稿：文永东）

毕节市人民政府驻广州办事处

【概述】 2019年，在中共毕节市委、市人民政府和中共广州市委、市人民政府的共同领导下，在广州市协作办公室和毕节市有关单位的大力支持和帮助下，毕节市人民政府驻广州办事处认真贯彻学习习近平新时代中国特色社会主义思想和党的十九届四中全会精神，促进和加强毕节市与广州市的经济合作，推进区域经济的协调发展。是年，广州办事处在对口帮扶、招商引资、毕节特色农产品产销对接、信息报送、宣传推介、协调联络、劳务协作、保障服务、加强党风廉政建设等方面做了大量的工作，全面完成年初制定的各项工作目标计划，为促进毕节市和广州市的经济发展和社会进步做出了积极的贡献。2019年度市直部门目标考核被毕节“双考双评挂钩”考核管理领导小组评为一等奖，2019年度招商引资工作被毕节市招商引资扩大开放工作领导小组评为一等奖。

【对口帮扶工作】 是年，广州办事处积极开展和配合广州对口帮扶毕节的扶贫协作工作：（一）积极主动做好对接工作。1. 主动与广州市委办公厅、广州政府办公厅、广州市政协办公厅、广州市协作办、广州市发改委、广州市台办、广州市商务委、广州市委统战部、广州市教育局、广州市民政局、广州市总工会、广州市农业局、广州市旅游局、广州市体育局、广州市工商联、广州市国资委、广州市台联、广州市文电广新局等单位进行了工作对接。2. 加强与对口帮扶毕节市七县三区相对应的广州市天河区、增城区、南沙区、花都区、荔湾区、番禺区六区的对接工作，做好有关对口帮扶的对接和协调服务，为毕节市七县三区继续到广州对接对口帮扶工作奠定了良好的基础。3. 加强与广州市国资委属下的中国500强企业广药集团、雪松控股集团、广州汽车集团、广州建筑集团和广州无线电集团、广州岭南集团、广之旅国际旅行社、广州港集团、广州越秀集团等国有企业的联络联系和工作对接。4. 加强与广东省第一扶贫协作工作组和广州市对口帮扶毕节工作组以及广州市6区派驻毕节各县区干部的联络联系，共同做好广州市对口帮扶毕节的协调和服务工作。5. 做好中共毕节市委、市政府和市直单有关部门、各县区与广州市有关部门的协调服务工作，如是年5月8日至5月9日为中共毕节市委书记、市人大常委会主任周建琨，市委副书记、市长张集智率领的毕节市党政代表团到中共广州市委、市政府对接对口帮扶工作、考察企业和召开“广州·毕节对口帮扶工作联席会议”做好了接洽、联络联系和相关服务工作。（二）协助并陪同广州市总工会、广州市发改委、广州市商务委、广州市国资委、广汽集团、广州无线电集团、广药集团、广州建筑集团、广州港集团、天河区协作办等部门和有关企业到毕节考察和到有关单位进行扶贫协作工作对接，协助双方共同寻找对口帮扶合作的结合点。（三）对接工作取得成效。一是积极推动毕节·广州产业园区建设。广州、毕节两市已签订合作共建“毕节·广州产业园”框架协议，毕节市委、市政府出台《关于加快推进毕节·广州产业园建设和发展的实施意见》；“毕节·广州产业园”一期工程已由广州建筑集团开工建设，现已完成投资建设资金2.1亿元。金海湖新区出台《关于印发毕节·广州产业园招商引资优惠政策（暂行）》的通知，广州办事处和广州对口帮扶毕节工作组是年9月20日协助金海湖新区在广州组织召开了1场专场招商推介会，协助推进深圳市明德辉煌投资有限公司、广州高卓皮具有限公司、广州金域医学检验集团、广州江南市场“江南鲜品”、东莞市柳来实业有限公司橡胶制品生产等项目进入毕节·广州产业园区。二是积极推进了项目合作。积极协调引进广州唯品会通过“电商+非遗+扶贫”模式，帮助毕节贫困家庭妇女通过参与苗绣和蜡染手工艺品项目增收脱贫，对接在广东省的500强、行业龙头等优强企业，开辟优强企业联系绿色通道，组织广药集团、越秀集团等大型企业到毕节进行实地投资考察，截至12月10日，新增引进广东省企业28家，实现实际落地投资17.98亿元。积极推动广州江南果菜批发市场在毕节市投资16亿元建设规模化蔬菜种植基地、“中央大厨房”西南地区物流配送中心等项目。三是推动旅游产业的合作。根据毕节旅游资源丰富的优势，广州办事处加强与广州市旅游局的对接联系，推动广州市旅游局在旅游客源互送、宣传推介、资源开发、营销培训等方面与毕节进行了更加深入的合作，并取得了良好的效果。据不完全统计，截至是年12月8日，广州市文化广电旅游局组织了相关处室和广之旅、携程网、广州华城文化旅游集团、广州岭南国际旅行社、人民网广东站、《南方日报》等文旅企业、新闻媒体共30多人次到毕节开展旅游帮扶工作；两地签订《广州市文化广电旅游局、毕节市文化广电旅游局文化旅游合作发展框架协议书》，并争取到广州市20万元帮扶资金，用于支持两地游客互送、旅游专列、旅游宣传及项目建设；毕节市继续针对广东省游客实行国有收费景区订票全面优惠政策，并组织多家旅游企业到广州参加广州旅游博览会，毕节接待广东籍过夜游客4.45万人。四是推动和谋划劳务协作。是年，中国南方人才市场毕节分市场已经提供广州市100多家企业共3600多个用工岗位。两地合作共举办180期贫困劳动力劳务培训班，培训10480人次，通过培训实现贫困人数就业6361人。举行6场招聘会，提供13106个就业岗位，帮助1723人就业，其中建档立卡贫困户1000余人。是年还着力于加强贫困家庭“两后生”职业技能的培训，培训570人，培训后就业480人。开办的“广州港班”“广汽班”“雪松班”，共招收416名贫困家庭学生就读。广州援建毕节扶贫车间65个，吸纳贫困人口就业1823人。五是推进人才支援和教育卫生帮扶。截至12月底，广州市共选派31名党政领导干部到毕节市挂职，毕节市选派132名党政干部和401名专业技术干部到广州有关部门、区、学校、医院挂职。广州安排255名专家和专业人士协助毕节培训党政干部1172人次、专业技术人才4820人次。在教育方面，全市687所中小学与广州市结对全覆盖的基础上，并印发《毕节市教育组团式帮扶县区薄弱学校和薄弱学科攻坚战方案》。广州方面支持资金180万元用于组团帮扶师资培训和帮扶学校办学条件改善，选派赴毕节挂职人员44人，帮扶人员672人次，帮助毕节培训校长教师1.33万人次；毕节赴广州挂职65人，培训、交流考察学习达1037人次。在医疗卫生方面，目前广州市共计52家医疗卫生机构与毕节285个医疗卫生机构建立了对口帮扶关系，均结对帮扶全覆盖。广州为毕节各县区人民医院建设“5+2”重点学科已全面完成；“2+3+N”重点学科建设除大方、纳雍、赫章县中医院尚未建成外，其他县区均已全面建成。六是推进社会帮扶。推动广州市31家国有企业结对帮扶毕节市105个深度贫困村建立结对帮扶关系，社会各界捐助资金达10105万元。10月25日至27日，广州办事处组织广州德施普能源科技有限公司到全省极贫的威宁县新发乡、纳雍县董地乡开展帮扶活动，为贫困乡捐赠净水器、电饭煲、电暖桌等小家电，在贫困村免费安装太阳能路灯，捐赠小家电和免费安装太阳能路灯总金额210万元。七是加强区县对接。根据中央和省的有关要求，广州市6个经济强区与毕节市10个县（区）建立了结对关系，全面启动“携手奔小康”行动。结对区县均建立党政联席会议制度，完成了主要领导互访，探索了街镇社区与贫困乡镇和贫困村的结对工作。截至12月底，广州35个街镇社区与毕节市的25个乡镇、30个贫困村结对并签订结对帮扶协议，各项结对工作逐步有序展开。

【招商引资工作】 2019年，广州办事处按照“中共毕节市委办公室、毕节市人民政府办公室关于印发《市委市政府领导领衔推进十大百亿级工业产业工作方案》的通知”的要求，经过不断努力，广州办事处全面完成了年初制定的招商引资各项工作任务，主要做了以下工作：一是在项目完成方面，广州办事处主要根据“中共毕节市委办公室、毕节市人民政府办公室关于印发《市委市政府领导领衔推进十大百亿级工业产业工作方案》的通知”的要求开展招商引资工作。是年，广州办事处共引进落地项目8个，签约资金10.65亿元，实际到位资金6.6877亿元，占年度目标任务的191.08%，其中新建项目8个到位资金4.6877亿元，续建项目1个到位资金2亿元，目前还有在谈项目13个。二是在招商引资信息报送方面，广州办事处报送有关招商引资工作信息79条，报送项目对接信息40条，报送项目在谈信息25条，500强企业信息2条、报送新签约项目信息信息15条。三是在邀请客商到毕节考察方面，广州办事处共组织邀请了28批（次）共20余家广东省、广州市和外省的优强企业到毕节进行投资考察。四是引进3家中国500强企业项目落地毕节，一家是广药集团的广州王老吉药业股份有限公司投资2亿元建设“刺梨饮品、干品等深加工开发项目”；一家是广州金域医学检验集团股份有限公司投资1亿元在七星关区建设医学检测中心项目；另一家是广州越秀集团投资22亿元在毕节生猪养殖全产业链项目落地毕节。

【毕节优质农特产品产销对接工作】 2019年，广州办事处积极为毕节市的优质农产品开拓广东市场做好推进、宣传和推介工作：一是积极同广州市委机关事务管理局、广州市人民政府机关事务管理局和毕节市的优质绿色蔬菜供应企业对接联系，经过多方努力，毕节市七星关区茂源蛋鸡养殖有限公司、毕节水西兴黔产业发展有限公司、贵州江楠农业科技开发有限公司等三家企业生产的土鸡蛋、菜心、威宁“三白”、紫菜苔、土豆面条等成功进入广州市委机关食堂、广州市政府机关食堂和广州市环保局机关食堂。二是积极推动毕节市建设粤港澳大湾区“菜篮子”配送中心、生产基地和100万头生猪养殖基地等项目，通过与粤港澳大湾区市场需求的有效对接，促进农业产业结构调整，带动贫困人群就业，促进农户增收。积极配合有关单位和企业将毕节的优质农特产品、蔬菜、肉品导入广州的机关、市场和社区等，消费扶贫取得实实在在的成效。截至11月底，据不完全统计，毕节市在广州市场销售各类绿色优质农产品共计11.2万吨，销售金额约8.62亿元。三是积极协助配合毕节市商务局、毕节市扶贫办和有关企业组团参加“2019广州博览会”“广东东西部扶贫协作交易市场”展销会、“贵州绿色农产品风行天下”推介会和“第八届广州食品食材展览会”等国内国际展会，多方面多层次地宣传、推介、展示毕节优质农产品，推动了毕节农业产业的发展，助推“毕货入粤”。

【信息工作】 2019年，广州办事处认真地做好信息的收集、整理和反馈工作，共编印《广州工作简讯》22期，向广州市人民政府办公厅和广州市协作办公室提供了毕节市经济社会发展的有关信息33条，被广州协作网采用15条，超额完成了年初制定的工作任务。

【宣传推介】 为了宣传毕节试验区的新形象，展示毕节试验区的新风采，是年广州办事处在宣传毕节方面主要是加强了与广东省、广州市主流媒体的联系。据不完全统计，2019年，《羊城晚报》《南方都市报》《新快报》《广州日报》《信息时报》《番禺日报》《增城日报》广州协作网等报纸、刊物、网站刊载有宣传毕节内容的文章共36篇，广东电视台、南方电视台、广东人民广播电台、广州电视台等播放有关毕节地区内容的新闻达23次，编发广州办事处自媒体公众号18期。

【协调联络】 2019年，广州办事处积极主动地加强了与广东省、广州市党政部门、企事业单位、商会、协会和新闻媒体的交流和联系，提高办事处在广东省、广州市的办事能力和综合协调能力，切实做好了毕节市与广东省、广州市有关部门的接洽、协调、联系和沟通工作。一是具体承办完成中共毕节市委、市政府市级领导在广州开展有关公务活动，做好在回访工作中考察广州企业的接洽、联络、协调和有关服务工作，使中共毕节市委、市政府的领导圆满地完成回访和考察工作。二是为了宣传、展示毕节市绿色农产品，是年8月23日至26日，广州办事处与毕节市农委共同组织了毕节珍好农特产品开发有限公司、毕节谋康粗粮食品有限公司、大方县琼芳食品开发有限公司、贵州水西兴黔产业发展有限公司、金沙县禹谟沧木湾醋业有限公司、织金县糠骅农资集团有限公司、贵州织金县喇叭河绿色食品有限公司、贵州芦丁食品开发有限公司、大方顺丰生态农业专业合作社、纳雍云雾有机茶有限公司、纳雍县章氏食品有限公司、金沙贡茶茶叶有限公司、金沙县三丈水茶业有限公司、毕节市雨顺农业开发有限公司、贵州冠香坊调味食品有限公司、威宁县四江源种养殖专业合作社等二十多家企业组团参加了博览会。三是为毕节市委、市政府和市直各部、各县区在广东开展有关公务活动做好了接洽、协调、联络联系、沟通等工作28次。

【劳务协作】 认真贯彻落实市委、市政府关于农民工工作的各项决策部署和要求，深化思想认识、提高政治站位，把服务农民工工作摆在办事处工作的重要位置，结合珠三角毕节籍农民工群体人员规模大、分布范围广、从业领域多等实际，积极探索新思路新办法，切实把在珠三角一带务工的毕节籍农民工组织起来，努力让他们为自身脱贫致富奋发图强，为家乡打赢脱贫攻坚战贡献力量。发挥党组织向心凝聚作用、农民工服务站关心服务作用、信息员连心联络作用、农民工成功人士热心帮带作用等“四个作用”凝心聚合珠三角毕节籍农民工的经验做法，得到了市委主要领导批示肯定。一是为驻地毕节籍务工人员开展送温暖慰问服务。2019年1月15日、21日、25日与毕节市总工会、广州市总工会在广州市花都区、番禺区开展“慰问毕节籍在穗困难农民工活动”，并在广州市普乐威箱包有限公司召开了慰问座谈会，让毕节籍在穗困难农民工感受到来自毕节家乡党和政府的温暖和关怀，也让毕节籍在穗的困难农民工朋友感受到毕节、广州两地工会组织对它们的关注和关心。二是开展毕节籍优秀农民工关爱活动。5月12日，广州办事处与广州市总工会、毕节市总工会共同组织了“情暖农民工·共筑中国梦”的毕节籍优秀农民工广州一日游的关爱活动，组织45名毕节籍在广州、东莞、佛山、中山、惠州等地务工的优秀农民工代表一起参观广州农民工博物馆、第一次全国劳动大会旧址、广州地铁博物馆、广州塔，乘坐体验有轨电车和无人驾驶的广州APM线，并以茶话会的形式进行座谈交流，发放纪念礼物，让他们充分认识了解农民工历史和农民工在国家改革发展中的地位作用。三是组织珠三角毕节籍农民工流动党员过好组织生活。充分利用“七一”建党节、主题党日等机会，定期或不定期地组织珠三角毕节籍农民工党员开展组织活动，过好组织生活，增强农民工党员身份的荣誉感、组织上的归属感和凝聚力。6 月 30 日，在中国共产党建党 98 周年即将到来之际，组织 22 名在粤毕节籍农民工流动党员和入党积极分子代表，与广州办事处党支部党员一起到中共三大会址纪念馆和广州农民运动讲习所旧址瞻仰并重温入党誓词，集中学习习近平总书记“7・18”对毕节试验区工作重要指示精神和全国优秀共产党员文朝荣先进事迹，教育引导农民工党员树牢“四个意识”、增强“四个自信”、做到“两个维护”，不忘初心、牢记使命，立足自身岗位发挥党员的先锋模范作用。四是开展暑期亲情关爱成长营亲子活动。7 月 31 日至 8 月 4 日，广州办事处与广州市总工会、毕节市总工会共同组织了“感恩新时代・拥抱大湾区”的在粤毕节籍农民工及其子女的团聚亲子活动，活动历时 5 天，来自毕节市的 24 人参加了活动。五是为农民工排忧解难，帮助农民工处理劳资纠纷和维护合法权益。8 月，广州办事处协助解决在“广州港班”读书的大方县建档立卡贫困户学生孔韬脑内血管瘤重人疾病及时治疗及高昂的治疗费用问题，有效地防止贫困家庭因病返贫的情况发生，为全市脱贫攻坚工作作出应有贡献。8 月，大方县农民工余心田夫妻俩在佛山务工，因妻子唐平生病返乡治疗，工厂拖欠 3 万多元工资不予支付，广州办事处主要负责人得知此事后，派员同农民工服务站信息联络员到佛山，帮助余心田夫妻俩处理拖欠工资有关事宜，前往欠薪公司交涉，并向当地政府进行反映，使问题得到了及时有效的解决，让毕节籍农民工遇到困难有处找，感受到广州办事处就是自己在广州的“家”。

【开展“不忘初心、牢记使命”主题教育工作】 2019 年，广州办事处党支部认真贯彻落实中央、省委、市委关于“不忘初心、牢记使命”主题教育的决策部署，按照“守初心、担使命，找差距、抓落实”的总要求，坚持抓思想认识到位、抓检视问题到位、抓整改落实到位、抓组织领导到位，把学习教育、调查研究、检视问题、整改落实贯穿全过程，取得了成效。

【市委巡察组入驻广州办事处开展巡察工作】 根据中共毕节市委关于巡察工作的统一部署，11 月 12 日至 20 日，毕节市委第五巡察组对广州办事处领导班子成员和有关各项工作进行巡察。通过巡察，广州办事处立行立改制定有关管理制度，规范公文收发处理以及接待资料的补充完善，使得办事处工作更加规范化、制度化、科学化。

【大安全工作】 1. 平安建设。认真抓好风险防控，大力开展影响社会稳定的涉稳风险排查防范稳控化解工作，切实做好重大活动、重要敏感节点等时期重点群体、重点人员包保稳控工作，成功参与调解处置了贵州东海实业与广州康德斯贸易经济纠纷事件。认真抓好保密工作，没有发生重大失泄密事件，没有被国家、省保密局下发受控计算机核查通知，没有在非涉密计算机和互联网门户网站存储处理涉密信息。

2. 法治工作。认真开展法治单位创建，本单位没有发生命案、没有发生群体事件和重大舆情事件。扎实推进重点工作，没有发生公职人员违法、违法决策，违法行政、违法执行等行为。

（撰稿：罗光前）

毕节市人民政府驻苏州办事处

【概述】 2019 年，苏州办事处按照市委、市政府的安排和部署，在市政府办公室、派驻第四纪检监察组、市投资促进局和市有关部门的领导、督查、指导下，牢固树立“四个意识”，坚定“四个自信”，坚决做到“两个维护”，以大党建统领，坚持不懈把党风廉政建设与招商引资、联络联系和宣传推介、后勤保障服务等业务同安排、同部署、同检查，紧跟新时代驻外工作发展需要，继续推进职能转变，助力全市按时打赢脱贫攻坚战和经济社会发展。

【商会发展】 根据市委、市政府关于积极发展异地商会的指示精神，2015 年起酝酿在苏州成立毕节商会，一方面积极组织毕节籍有企业的同乡骨干，分片区广泛进行宣传发动和信息摸底排查登记，另一方面及时沟通市委统战部、市工商联和苏州市工商联，在争取两地主管部门的支持的情况下，通过召集毕节同乡企业联谊会，并邀请市工商联领导前来宣传指导。及时成立苏州毕节商会筹备组，设置筹备秘书处、会员发展部、后勤服务部，并明确职能和工作任务。已发展会员 80 多家，2017 年相关会员企业资料收集后报送苏州市工商联审查审核，批复成立苏州毕节商会筹备组。10 月，办事处领导参加商会筹备组会议 1 次，鼓励大家努力工作，尽快按照工商联要求发展会员，争取尽快成立商会；11 月，邀请苏州市工商联（总商会）联络处处长萧泰来到办事处，了解苏州毕节商会筹备工作进展情况。

【招才引智】 通过广泛联系收集，已建立蔡江（清华大学毕业、绿谷集团智能官、阿特门计算机公司总经理）等 13 人详细信息档案，报送市委组织部人才办、统战部、工商联、投资促进局，助推毕节发展。

【劳务工作】 通过苏州毕节商会筹备组、毕节在苏企业老乡联络微信群、接听电话等方式，与在苏务工、经商毕节同乡进行联系互动，提供查询户口迁移、营业执照办理、身份证补办等咨询服务，积极帮助他们解决在苏州生活发展方面遇到的实际问题，年内没有发生维权、上访事件。

【宣传推介】 通过参加商会会议和相关活动，向有实力、有意愿的会员、企业、客商发放毕节招商指南、优惠政策及项目资料 32 份。5 月 21 日，办事处领导专程拜访苏州最大商会——无锡商会，宣传推介毕节市情、投资环境，建立以商招商互动联系机制、邀请赴毕节考察投资，此次活动被《苏州锡商》专题报道刊载，12 月 6 日利用参加其年会扩大发送招商资料范围。利用参加苏州毕节商会筹备组会议机会，宣讲毕节扶贫攻坚工作成就、推介毕节产业招商项目并发放项目资料，号召筹备组成员企业在调整企业发展规划上，积极融入家乡建设和扶贫行动，以商招商帮助毕节发展。利用微信和参加同乡企业“贵州兴晟生态农业开发有限公司”和“黔朝盛杰贸易食品有限公司”两家公司挂牌仪式机会，推介毕节优质农产品。

【公务接待】 一是协助领导和部门在驻地开展公务活动。1 月，带领七星关区同志到张家港考察华宇纺织，成功引进该企业落户七星关开发区，现已建成投产。4 月，接待贵州茶叶协会会长（原省人大常委会副主任）禄智明，协助在苏州推销贵州茶；6 月，市委常委、市委组织部部长石永忠到办事处调研，听取工作汇报，充分肯定招商引资工作等取得的成绩。8 月，市政协副主席率 12 人代表团到苏州考察太湖湿地公园建设，市信泰投资公司等部门人员到苏州开展公务活动，办事处积极帮助联系安排好住宿酒店，联系有关单位和企业，尽可能提供帮助。二是招商引资广泛邀请苏州工商联、商会、协会、企业和客商到办事处，进行招商推介和项目对接、洽谈。全年公务和招商引资共计接待 386 人（次），接待费同比有较大下降。

【资产管理】 一直高度重视，明确专人进行管理。现办事处房屋划转工作因土地历史数据问题需等待苏州自然资源局处置，正在与市信泰投资公司办理委托管理手续，先行由他们进行托管。整体固定资产管理按照市国资局监管要求，年初开展了资产统计、上报内部控制报告和资产配置申报，年中进行处置，再按需购置使用；9月开展资产自查，12月开展资产盘活统计，每个月做资产月报表，门面租金坚持收支两条线上缴财政，没有截留挪用等违规行为。

【招商引资】 1. 有效信息报送。全年任务是报送《投资促进信息专报》有效信息60条。其中：对接信息35条；在谈信息20条；签约信息项目5条。实现对接项目信息转化为在谈项目信息转化率不低于50%、在谈项目信息转化为签约项目信息转化率不低于20%。完成有效信息报送105条，占任务的175%。其中：对接信息58条；在谈信息38条；签约信息项目9条；对接转化率65%，在谈转化率24%。

2. 开展招商活动。借助商协会集中开展招商推介活动3次，实际完成5次。

3. 引进项目。任务是引进产业项目5个，完成9个；引进重点产业项目3个，完成3个。

4. 到位资金。目标任务4亿元，实际完成年度到位资金4.6亿元，根据市投资促进局通报信息，前三季度连续在12个招商分局中排名第一，第三季度末综合评分70.63分。

【“不忘初心，牢记使命”主题教育】 办事处一名党员3月13日专门回市政府办公室参加一支部党员民主生活会，开展批评与自我批评、民主评议、听党课辅导。由于工作驻地远离支部，支部集中学习或开展活动通知时间无法赶回，主要以自学为主，学习习近平关于“不忘初心、牢记使命”重要论述选编、《中国共产党章程》《中国共产党廉洁自律准则》等，向支部提交对照党章找差距检视、主题教育个人对照检视、检视问题及整改清单、党员互提批评意见表、学习体会书面发言材料5篇。通过“不忘初心，牢记使命”主题教育，牢固树立“四个意识”，坚定“四个自信”，坚决做到了“两个维护”，思想上、政治上、行动上始终与习近平总书记为核心的党中央保持高度一致，确保学习教育入脑入心、落地生根。深入开展理想信念教育、党性党风党纪教育，严格落实党规党纪，强化政治纪律规矩意识，做到令行禁止，确保办事处党员干部忠诚干净担当。

【党风廉政建设】 根据市第四纪检监察组和办公室党组有关党风廉政建设的安排部署和会议精神，办事处领导认真学习中共贵州省纪委监察委、组织部2019年1月编印的《县委县政府“一把手”警示录》，参加市政府办公室9月6日召开的党风廉政建设情况通报及警示教育会，会上对照赵某某案情和北京联络处违纪情况查摆问题、自我剖析作表态发言。回来后及时召开职工会传达会议精神进行警示教育、要求职工对照岗位责任进行查摆、剖析和表态。同时还及时传达学习贯彻市委二届五次、六次全会精神，继续贯彻执行中央“八项规定”和省委、市委“十项规定”，要求办事处全体人员廉洁从政。组织领导干部职工学习中国共产党第十九届中央委员会第四次全体会议精神；持续开展领导干部利用茅台酒谋取私利问题自查自纠工作；办事处积极配合驻地扫黑除恶各项工作，办事处在公务活动过程中全面禁酒，没有新发现搞形式主义官僚主义、加重基层负担、文山会海、检查考核多频、漠视侵害群众利益的问题。

落实主体责任。按照“谁主管，谁负责”的原则，年初，办事处领导与市政府办分管副秘书长签订党风廉政建设责任书，办事处人员与办事处领导签订党风廉政建设责任书，临时聘用人员与办事处签订聘用劳动协议。将党风廉政建设方面的内容与业务工作同部署、同落实、同检查，重点围绕“四种形态”突出问题认真开展自查自纠，对工作中出现的一些苗头和问题及时予以教育与纠正。

整治“四风”问题。认真贯彻市政府办公室9月6日召开的会议精神，召开职工会通报市政府原常务副秘书长赵某某违纪违法案和北京联络处违纪问题，进行警示教育，要求办事处同志引以为戒，把党风廉政建设落实的日常工作中，防止类似问题的发生。办事处在平时学习、业务工作会议上，始终坚持把党风廉政建设同研究、同部署、同落实，把政治纪律挺在前面。按要求向市纪委市监察委报告党风廉政建设情况，认真如实填报了领导干部个人有关事项报告表、领导干部和中层干部参与茅台酒销售经营情况表、公款购买天价香烟自查情况统计表等，办事处没有接到信访、违纪、违法问题举报。

【“三个大兴”活动】 结合“不忘初心、牢记使命”主题教育，苏州办事处认真贯彻落实全市关于开展“大兴调查研究之风、大兴真抓实干之风、大兴勤俭节约之风”工作的相关要求，进一步加强办事处党员干部作风建设，提高依法依规依纪执政本领，以优良的党风政风树立办事处新形象。

大兴调查研究之风。办事处带着问题，扎实抓好调查研究，办事处由主任张建军带头，坚持将调查研究贯穿全过程，结合招商引资落地企业难点问题，有针对性地选择调研课题，确定办事处招商引资存在问题分析建议为调研课题，完成《关于招商引资工作存在问题的分析和建议》调研报告1篇，提供给市政府张集智市长召开招商引资专题会议参考。

大兴真抓实干之风。

一是办事处大兴真抓实干之风，党建引领、招商引资、后勤三大板块对办事处人员进行整合，解决办事处招商引资落地项目存在的问题和困难。2019年办事处引进项目8个，请进来考察10余次，走出去考察20余次，实现新引进项目代办服务全覆盖。

二是不忘初心，才能坚定信念，牢记使命，方能砥砺前行。办事处强化宗旨意识，牢记为民初心，切实把落地项目和相关企业高兴不高兴、答应不答应作为衡量学习教育成效的根本标准，加强落地项目跟踪、调度，强化要素保障，推进华宇毛纺项目、华晟钢化玻璃、红木家具等项目快速建设。

三是在健全完善制度的同时，围绕签订的目标责任书和临时工劳动协议，明确岗位责任，强化问效追责，具体工作提出时间要求和目标成效，落实“马上就办，真抓实干”专项行动，内务管理上，多年的文件档案全部整理归档，特别是招商引资具体工作中，坚决做到对客商有问必答，热情、周到的优质服务，努力优化营商环境。

大兴勤俭节约之风。严格标准厉行勤俭节约，树立办事处新形象。

一是精简办文办会。认真贯彻落实省市关于规范办公办会相关工作要求，切实提升站位，积极作为。着力提高办文质量、办会实效、办事能力，切实精简会议文件，减少会议活动，能不开的坚决不开，严肃会风会纪，不断提高会议质量和效率。除了特别紧急的工作除外不再单独对一项工作进行安排和召开会议。2019年印发文件13次，2018年印发文件13次，同比持平。

二是严格公务接待。明确公务接待时推行简餐和标准化饮食，在食堂接待为主，必要时可在餐馆接待，公务活动用餐以地方家常菜为主，不得使用鱼翅、燕窝等高档菜肴和用野生保护动物制作的菜肴。公务活动用餐严禁使用酒、香烟。接待住宿应当严格执行差旅、会议管理有关规定。省部级以上领导安排普通套间，厅级领导安排单间，其他来宾原则上一律安排标间。房间不额外增加摆放鲜花、洗漱用品、高档生活用品和豪华家具等设施。公务接待严禁出入会所、娱乐场所等，严禁用公款相互宴请，公务活动严禁饮酒。

三是严格控制“三公”经费支出。严格公务用车管理，严禁公车私用，全面压缩“三公”经费，办事处严格执行预算，从严从紧控制接待费用，没有另立名目扩大接待支出。2019 年前三季度“三公”经费为 7.4 万元，2018 年前三季度“三公”经费为 8.97 万元，同比下降 17.5%。确保办事处“三公经费”比上年有所压减。

【平安建设】 1. 风险防控。由于办事处地处苏州，毕节人不多，维稳工作任务较轻，安防工作重点主要放在楼房内外的安全保卫上，包括租赁办事处门面在内，邻里有纠纷及时进行调解，是年没有发生刑事治安案件等重特大案（事）件。

2. 保密工作。办事处至今无法接入办公室 OA 系统，主要是苏州电信系统不支持，涉密和重要文件都是专人到毕节收发。办公室加强电脑、文件、记录等管理，没有在非涉密计算机和互联网站存储、处理涉密信息，没有发现办公系统、文件泄密问题。

【法制工作】 2019 年，没有发生命案、群体事件和重大舆情事件；没有发生公职人员违法、违法决策、违法行政、违法执行等行为。

【“一票否决”工作】 2019 年，没有发生违反计划生育的问题，没有发生安全生产事故，没有发生信访维稳问题，没有发生综治问题。

（供稿：苏州办事处）

毕节市人民政府驻重庆办事处

【概述】 2019 年，驻渝办在市委、市政府的坚强领导和亲切关怀下，在政府办、投促局和市第四纪检组的正确指导和热情帮助下，与时俱进，开拓创新，紧紧围绕各项工作目标，内强素质，外树形象，充分发挥协调服务和内引外联的作用，转变职能，不断提升工作质量和效率，有序地推进各项工作任务。2019 年，驻渝办获得市目标考核一等奖。

【政务联络工作】 2019 年，办事处与重庆市各部门、各区县继续保持联系，根据市政府授权，代表市政府在市级层面与重庆市政府办公厅、市政协办公厅、机关事务局、商委、教委、林业局等交流联络 8 次以上；区县级层面与南岸区、沙坪坝区、江津区政府共交流联系 5 次以上；与重庆贵州商会、重庆市餐饮协会、火锅协会、旅游协会等共交流联系 7 次以上；与 500 强企业重庆金科集团、博赛集团、小康股份、新鸥鹏集团共交流联系 11 次以上；与独角兽企业和行业龙头企业猪八戒网络科技公司、大龙网科技集团有限公司共交流 5 次以上，全面完成邀请、约见重庆市及所辖区县领导，争取各方面支持帮助等工作任务。

【宣传推介工作】 办事处全年大大小小共对外推介毕节 60 多次。其中较大规模的推介活动有 8 次：一是 5 月配合市政府在重庆参加“中国西部投资贸易洽谈会”；二是与市商务局在重庆联合举办“毕节农特产品重庆（西南）对接推介会”；三是服务常务副市长吴东来在重庆考察猪八戒网络科技公司；四是 8 月协助副市长王朝鹏到重庆林业局考察经济林储备工作；五是 11 月参加省政府在重庆组织的畜牧业招商小分队，考察企业 8 家；六是服务市委组织部部长石永忠赴重庆考察调研社会治理工作；七是 12 月参加市委、市政府在重庆举办的 2019 年贵州 · 毕节绿色农产品产销对接洽谈推介活动的组织工作；八是完成 12 月市长张集智在重庆开展招商引资活动的一切工作安排。此外，还单独对接座谈企业四十多家，并通过办事处网站和毕节农特产品微信群发布毕节信息。

2019年，毕节农特产品营销工作持续向纵深推进。全年以毕节农特产品重庆营销联盟为抓手，以2019年贵州·毕节绿色农产品产销对接洽谈推介活动为平台，全年共对外实现销售额1.56亿元（其中，联盟直接销售额0.36亿元）；形成订单62份，2020年重庆将采购毕节蔬菜4.17亿元。

【协调服务工作】 一是年内共有10批次、98人次由省直相关部门和市委、政府领导和相关部门、县区领导带队的工作组（考察团）赴渝开展公务活动，本人认真履行“联络员”“服务员”职责，整个对接服务工作做到了零差错。二是多次到重庆相关企业实地调研，了解毕节籍农民工生产生活情况；11月25日，组织相关用工企业召开座谈会，向企业负责人宣讲相关政策法规和重庆劳务政策，切实为保障在渝毕节籍农民工权益提供服务。三是联系广东海淋环保科技有限公司派员赴纳雍县董地乡开展扶贫调研和捐赠活动，向董地乡捐赠REVES牌—R001型净水器器80台。捐赠的净水器全部供董地乡村公所、卫生室、养老院、学校、政府办公楼等公共场所使用，每台每天可供20～30人饮水，实现了该乡公共区域饮水安全全覆盖。

【信息工作】 向重庆市委办、市政府办及市机关事务局等有关部门报送《毕节信息》12期（共计60余条）。在办事处官网上发布信息超22条。向市政府领导提供经济信息1条。

【招商引资工作】 2019年，重庆办事处共引进项目落地5个，完成到位资金6.5亿元。

【党风廉政建设工作】 1. 落实主体责任。坚持一岗双责，坚持把党风廉政建设工作与业务工作同研究、同部署、同落实、同考核。年初，办事处每一名员工都签订廉洁从业责任书。进行集体廉政谈话，对每个岗位廉政目标的落实提出了要求。

2. 开展廉政教育。组织全体人员认真学习中央“八项规定”，省、市委“十项规定”、《中国共产党廉洁自律准则》《中国共产党纪律处分条例》等规章制度，旗帜鲜明、态度坚决地维护党纪的严肃性，依法行政、遵章守纪。

3. 严格执行“三重一大”。严格贯彻执行民主集中制，凡属“三重一大”事项都要在充分酝酿、研究讨论的基础上集体决定，根据实际需要甚至扩大到聘用人员列席。经自查，一年来，驻渝办无重大决策事项、无重要干部任免、无重要项目安排。大额资金的使用也经过集体讨论决定，购买单位机动用车与受托对信泰公司重庆部分房产进行维修均按相关程序上报获准后实施。

4. 扎实有效推进“三个大兴”活动。结合办事处实际，以招商引资工作为主业，以开拓毕节农特产品在重庆市场份额为突破口，以强化内部管理为保障，扎实有效推进“三个大兴”活动，始终做到了吼得出声音（宣传毕节）、引得进项目（招商引资引进5个项目）、卖得出山货（毕货出山）、降得下成本（公务接待较前年同比下降294.3%，较上年同比增加57%；公车费用较上年同比上升28%，前年同比下降195.8%），为“三个大兴”活动在办事处的有效开展提供了生动实践。

5. 专题进行“不忘初心 牢记使命”主题教育学习。重庆办通过专题进行“不忘初心 牢记使命”主题教育学习，加深对党和对工作的认识，坚定对党和国家的忠诚，激励对工作的热忱。办事处借此联系工作实际，将“毕货入渝”工作深入推进，增加毕节市农民的收益，为毕节市脱贫攻坚任务助力。

【大安全工作】 1. 平安建设与法治工作。2019

年，重庆办事处平安法治工作紧紧围绕市委、市政府的工作部署和安排展开，强化领导，不断创新，做好风险防控，全力推进社会稳定和社会和谐。在年初的工作安排会议上，就安全、计划生育等工作作了具体分工安排。重庆办事处没有出现群体事件、重大舆情事件和到京上访事件；没有出现大的社会矛盾、治安刑事案件和安全生产事故；没有出现公职人员违法、违法决策、违法行政、违法执行等行为；办公计算机严格按照市保密局的要求与规定使用：办事处没有发生重大失泄密事件，没有被国家、省保密局下发受控计算机核查通知；不存在在非涉密计算机和互联网站储存、处理涉密信息；涉密计算机没有出现违连接互联网情况。

2. “一票否决”工作。办事处将计划生育、安全生产、信访维稳、综合治理等工作纳入日常管理工作严格执行，采取预防在先、治理跟进的方式，程式化管理，有效地推进各项工作的完成。本年度没有发生超计划生育事件，没有出现安全生产事故，没有群体事件与到京上访事件以及治安刑事案件发生。

（供稿：市人民政府驻重庆办事处）

毕节市人民政府驻深圳办事处

【概述】 2019 年，在市委、市政府的正确领导下，在各县（区）、各部办委局的支持下，深圳办事处紧紧围绕全市经济社会发展大局和各项重点、中心工作任务，紧紧抓住东西部扶贫协作历史机遇，重规矩、抓规范，将常规工作做深；重实效、抓实干，将重点工作做实；重创新、抓创优，将亮点工作做精，努力承担起市委、市政府坚强有力的“形象窗口”、招商引资“桥头堡”和“指挥部”职责与重任，不断提升服务效能。2019 年，带领干部深入走访行业企业龙头 30 余家，加强对接实力商协会 20 余家，承办和保障大型会务 12 余次，上报业务主管部门招商引资动态信息 19 期，对接项目信息 40 余条在谈项目 20 余个，在谈 500 强企业 1 家（太平洋建设集团赫章旅游公路建设项目），带领客商回毕节考察 10 批 50 余人次；带领毕节市驻深圳招商分队拜访企业 200 余家，商协会 20 家。其中，有投资意向的企业 60 家，已赴毕节考察的企业 12 家，签订战略合作的企业 4 家，签订投资协议 1 家。新引进绿色动力集团环保股份有限公司垃圾清运环保项目落户金沙县、贵州巽林置业有限公司城市综合体落户金海湖新区、贵州绿城房地产开发有限公司城市综合体项目落户金海湖新区、闽裕置业有限公司城市综合体项目落户七星关区，签约资金 20.5 亿元。推进德帮能源科技有限公司电子元件生产、彩缤纷印刷包装公司生活用品纸生产、赫章县智慧赫章 PPP 项目、韭菜坪滑雪场建设、豪宇服装生产、金沙县垃圾清运处理、星原自动售货机生产，织金宏博昌荣传媒集团丁宝桢系列产品开发等 8 个项目建设。产生到位资金 8.57 亿元（含与市政府办联合招商 2.5 亿元）。其中：新建项目 3.68 亿元，续建项目 4.89 亿元。

【党风廉政建设】 2019 年，深圳办事处在市监委第四纪检组和市政府办公室党组的指导下，认真落实《中共毕节市人民政府办公室（市外事办）党组关于印发 2019 年党风廉政建设工作要点的通知》有关要求，结合工作实际，坚持以习近平新时代中国特色社会主义思想为指导，增强“四个意识”、坚定“四个自信”、做到“两个维护”，以党的政治建设为统领，全面贯彻落实党的十九大精神，认真学习贯彻十九届中央纪委三次全会、十二届省纪委三次全会、二届市纪委四次全会精神，严格执行中央八项规定、省市十项规定及实施细则，推进全面从严治党，认真落实“两个责任”，强化政治纪律、组织纪律、廉洁纪律、群众纪律、工作纪律、生活纪律，持续深化标本兼治，打造忠诚干净担当的干部队伍，大力营造风清气正的政治生态。不断加强党员干部的党风廉政学习，办事处领导充分发挥表率作用，确保了党风廉政建设工作的落实。组织学习《中国共产党廉洁自律准则》《中国共产党纪律处分条例》以及《关于新形势下党内政治生活的若干准则》《中国共产党党内监督条例》等，切实履行党风廉政建设主体责任，把纪律和规矩挺在前面，不断增强纪律意识、廉洁意识、规矩意识、看齐意识，按照中央、省委和市委的部署要求，利用组织生活的时间开展领导干部带头上党课，采取以会代训、以会代练、撰写学习心得体会、制作宣传板报等形式加强学习，以学促创、以学促建、以学促进，推动了各项工作有序开展。

【招商引资】 招商引资出“狠”招。一是紧紧扭住招商引资“牛鼻子”，精准发力，紧抓项目落地“生命线”，强化服务，把握环境保障“着力点”。与深圳市中亚集团签订战略框架合作协议，双方携手探索“以商招商”新模式，围绕利用相互资源为毕节产业服务，促进深圳产业转移，产业服务至毕节区域；推动毕节区域在中亚硅谷海岸城市形象展馆的建设和工作开展；为毕节区域在中亚召开招商推介会提供必要支持，双方共同在中亚定期举办贵州区域招商推介会，推动企业入驻毕节区域产业园区等方面开展合作。二是切实增强坐不住、等不起、慢不得的危机感，以请战的姿态、临战的状态、决战的心态，在招大引强上狠下功夫，带领贵州百名投促干部驻点深圳招商毕节分队开展好招商引资工作，在瓶颈化解上出狠招，迅速掀起新一轮招商引资热潮。三是借助“文博会”“高交会”“贵洽会”“旅游推介会”等重大会议，积极对接文化旅游、酒店地产等产业项目宣传推介；形成合力搞好服务。强化与部门、县区合力推进，为项目落地、跟踪服务等工作做好联络联系、信息反馈等工作，树立良好形象，促进“以商招商”“口碑招商”。在招大引强上狠下功夫，积极加强与商协会对接，借力“贵洽会”“面向粤港澳大湾区菜篮子联盟招商引资推介会”等大型活动，主动、积极精准对接。8 月 15 日，邀请 20 余家企业在广州参加“面向粤港澳大湾区菜篮子联盟招商引资推介会”。会后，联合纳雍县政府开展农特产品精准对接招商会并协助邀请了珠海市蔬菜集团等 10 余家参会。9 月 7 日－10 日，积极邀请深圳市政府及有关部门领导、商协会负责人参加我省贵洽会、酒博会等专场推介会。

【农超对接出“新”招，着力打通毕货入深大通道】 建立 100 人以上农特产品微信营销群 2 个，依托华润万家、海吉星生鲜批发市场、大晟云购管理有限公司等平台作用，积极推进“毕货出山”，积极与市商务局形成联动力量，共同携手华润万家有限公司探索“技术扶贫、教育扶贫、就业扶贫、生态扶贫、管理扶贫”等多管齐下的“华润万家消费扶贫”模式。5 月 20 日，华润万家有限公司与市政府签订了框架合作协议，协议明确，华润万家将为毕节带动 20 万群众增收、实现 5 万户贫困户脱贫。华润万家在毕节建立了 6 个消费扶贫性质的农超对接基地。在深圳、广州的 60 多家门店为毕节市设立了“消费扶贫农产品销售专区”。据统计，广东地区华润万家大卖场一周销售贵州农产的水果蔬菜 50 多吨，鸡蛋销售 60 多吨。华润万家将在深圳、广州、珠海等 600 多家门店设立毕节农产品销售专区，真正让毕节万吨农产品走上广州、深圳等珠三角城市家庭的餐桌。8 月 16 日，由市政府驻深办作为指导单位，纳雍团县委配合，华润万家策划的《华润万家携手“童”行 爱暖鹏城 华润万家关爱毕节儿童公益》活动正式启动，华润万家为孩子们免费提供往来深圳的机票，给每个孩子提供 1000 元的华润万家购物卡和学习用品，安排了有趣的体验活动获得了《深圳特区报》、《读特》、《深圳晶报》、深圳新闻网、今日头条、毕节发布、看见毕节、云上毕节等深毕两地多家主流、网络媒体关注转载。

【联络联系工作】 紧紧抓住东西部扶贫协作的历史机遇，有效巩固深圳毕节两地20余年来对口帮扶的成果，加强到深圳市委、市政府，深圳市委组织部、宣传部、人社局、市扶贫协作和合作交流办公室等单位和部门汇报交流，积极争取深圳市对毕节市开展最大力度的帮扶，在与深圳各级各部门建立起友谊的桥梁同时积极宣传推介毕节。真正发挥“毕节试验区”和深圳经济特区沟通的“桥梁”和“纽带”作用，切实树立好毕节的良好形象，为毕节市承接东西部产业转移打下基础。1月4日，协调服务深圳市政府党组成员陈彪一行赴深圳帮扶毕节项目点海吉星国际物流园考察调研；4月14日，促成深圳市发改委副主任余璟赴毕节金海湖、织金等县考察调研；4月26日，促成深圳市人社局局长孙福金一行赴毕节考察调研；7月28日，促成深圳市扶贫协作和合作交流办公室副巡视员林更斌一行赴毕节市七星关、金海湖、纳雍等县区开展考察调研；8月5日，促成毕节市织金县与深圳市盐田区脱贫攻坚交流座谈会召开；8月6日，促成毕节市人社局考察组赴深圳市人社局考察学习；9月25日，促成深圳市党组成员陈彪、深圳市对口协作办主任刘卫翔一行赴毕节考察调研。

【保障公务活动工作】 本着“无缝对接、精准服务”的原则，公务活动达到了“人人有车座、个个有服务、事事有回音、件件抓落实”的效果。一是不断修订和补充接待服务的程序、规范和标准，对干部进行经常性的礼仪和业务培训；二是坚决贯彻接待程序化、服务规范化、操作标准化的管理，努力推进人性化的服务理念。曾多次获深圳市委、政府及各部办委领导高度评价。全年保障市直有关部门和县区活动12次。截至2019年年末，共接待和服务市各级各部门领导干部赴深圳公务活动及招商引资考察等商务活动500余人次，保障车辆300余台次，承办和保障大型活动12次。

【内务管理】 坚持制度管人、制度管事、对事不对人，真正形成人人都在制度中、人人都在管理中的良好氛围，打造和谐、廉洁、高效工作队伍。一方面不断加强自身建设，强化内部管理，形成了高效、优质的运行机制，随着办事处人员不断增加，规模不断扩大，职能强化，分工细化，管理人员和服务人员也随之增加。同时积极做好梅林一村3套干部周转房维修改造收尾工作和尽快启动办事处办公楼的维修改造工作，提升办事处接待能力和形象，全办推行并严格执行“六化”管理，高标准推进工作开展（即：办公场所功能化、资料管理标准化、人员管理准军事化、办公形式无纸化、汇报工作数字化、安心留人情感化）。另一方面坚决贯彻落实中央八项规定、省委市委十项规定，结合自身实际创新建立“公共资产管理阳光台账、公共车辆管理阳光台账、公共经费管理使用阳光台账、公务接待阳光台账”等“四个阳光台账”。探索形成对公共资产、公车管理、公共经费、公务接待“四公”管理办法的“四个阳光台账”管理模式。多次受到市委、市政府、市组织部、市纪委及深圳市相关领导的高度认可。

（供稿：市人民政府驻深圳办事处）

中国人民政治协商会议毕节市委员会

【概述】　2019年是新中国成立70周年，是人民政协成立70周年，也是毕节试验区脱贫攻坚的决战之年。在中共毕节市委的坚强领导下，政协毕节市委员会以习近平新时代中国特色社会主义思想为指导，团结全市政协委员和社会各界人士，紧紧围绕市委中心工作，找准定位、服务大局，主动作为、履职尽责，紧扣市委“113攻坚战”战略部署，聚焦按时高质量打赢脱贫攻坚战，坚持发扬民主和增进团结相互贯通、建言资政和凝聚共识双向发力，圆满完成了二届三次会议确定的各项目标任务。

【强化思想政治引领，理论学习有新收获】　以开展第二批“不忘初心、牢记使命”主题教育为契机，发挥政协党组理论学习中心组的引领作用，增强“四个意识”，坚定“四个自信”，坚决做到“两个维护”。重点学习习近平新时代中国特色社会主义思想，学习党章和党内法规，学习习近平总书记在中央政协工作会议暨庆祝中国人民政治协商会议成立70周年大会上的重要讲话、习近平总书记对贵州对毕节试验区重要指示批示精神等，围绕党的政治建设、全面从严治党、理想信念、宗旨性质、担当作为、政治纪律和政治规矩、党性修养、廉洁自律等8个专题，开展12次集中学习研讨。

【突出政协三大职能，履职尽责有新成效】

（一）政治协商持续发力。就“全市乡村旅游发展”和“一府两院”报告开展了常委会议协商。建立“市长与政协委员协商座谈会”平台，市长、副市长先后与委员就“全市农业产业结构调整工作”“全市易地扶贫搬迁后续工作”“全市营商环境建设”开展了专题议政协商。与各民主党派、工商联和无党派人士就政协内部事务，对支持民主党派市级组织、市工商联、无党派人士在市政协发挥作用作出制度性安排开展了主席会议协商。就“全市生态文明法治工程实施”“全市基层医疗卫生人才队伍建设”“全市健康产业发展”“毕节市史前文化保护和利用”等议题开展了市政协各专门委员会对口协商。（二）民主监督精准助力。专项监督聚焦中心。市县区政协联合行动，紧扣“全市500亩以上坝区农业产业结构调整”主题，进行了春夏两轮专项监督，提出具体建议，有力助推全市产业革命；围绕“全市易地扶贫搬迁后续工作情况”进行专项监督，报告获市委主要领导签批印发各县区参阅。提案监督扎实推进。三次会议以来，民主监督类提案107件，占28.69%。社情民意信息监督及时有效。获市委、市政府主要领导及其他领导签批4期次，推动了有关问题的解决。视察监督开局良好。牵头组织云贵川三省昭通、毕节、遵义、泸州四市政协跨区域对赤水河流域乡镇污水治理情况进行联合视察并形成一年一主题联合视察共识，形成的《赤水河流域污水治理情况视察报告》获省政协领导签批。其他监督同步并举。市政协主席会议成员按市委市政府安排积极开展定点巡河、环保问题整改和安全生产专项督察等，市政协委员还多次应邀参加组织、人社、公安等部门招考监督工作。（三）参政议政及时给力。充分利用全会参政议政。市政协二届三次会议期间，委员通过分组会议、联组会议和大会发言，提出意见建议750余条；二届三次会议以来，共收到提案445件，立案、交办373件，办复373件，办复率100%。各民主党派、工商联积极参政议政，共提交集体提案33件、大会发言18篇。深入开展调研参政议政。主席会议成员、各专委会和广大政协委员，积极开展专题调研，形成高质量的调研报告，如《贯彻绿色发展理念大力推动森林康养产业发展调研报告》获省政协民宗委领导签批，《助推毕节市基层医疗卫生人才队伍建设情况调研报告》《关于毕节市史前文化遗址保护利用的调研报告》分别获市委、市政府主要领导签批。积极参与有关活动参政议政。市政协主席会议成员多次列席市委常委会议、市政府常务会议、市委市政府各项专题会议，市政协委员按要求多次参加市委、市政府及各部门座谈会、征求意见会等，积极建言献策。

【聚焦“确保按时打赢”，脱贫攻坚有新作为】

（一）抓好议题推动。市政协主席会议、常委会议、专委会紧扣脱贫攻坚选定协商议政、民主监督议题，围绕易地扶贫搬迁、农业产业结构调整、“两不愁、三保障”等议题，发挥政协职能作用，在建言资政和凝聚共识上双向发力。广大政协委员和政协干部深入脱贫攻坚一线考察调研，通过找问题、补短板、献良策、办实事，指导、帮助乡镇解决脱贫攻坚实际困难和问题，有力推动了脱贫攻坚工作。（二）抓好专项行动。持续推进政协系统脱贫攻坚“百千万行动”。市县区两级政协61名主席（副主席）挂帮62个乡镇、163个村，191个委员企业帮扶272个村，全市1999名政协委员结对贫困户6001户。（三）抓好示范带动。市政协主席会议成员率先垂范，经常深入扶贫联系点蹲点调研、把脉问诊，解决“两不愁、三保障”突出问题，推进“五个专项治理”，多方协调资金和资源给予支持和帮助。驻乡、驻村干部真驻实扶，认真履行派驻职责。政协委员和委员所在企业、市政协机关干部职工积极响应号召，热心捐赠钱物126万多元，市智力支边办争取资金66万元，支持纳雍县左鸠戛乡和威宁县黑石头镇脱贫攻坚。

【夯实政协工作基础，履职能力有新提升】

（一）强化界别工作。出台《政协毕节市委员会关于加强界别工作的实施意见》《政协毕节市委员会专门委员会联系界别、委员工作制度（试行）》并推动落实。设立24个“界别工作室”，在界别依托单位挂牌运行，搭建了活动平台，按“六个一”要求增强界别活力，推动政协工作向基层延伸，打通委员联系界别群众“最后一公里”。（二）突出委员主体。搭建委员履职平台，持续开展政协委员“四进四服务”活动，成立市政协委员联络服务中心，完善委员手机短信平台，加强委员联络联系。加强委员培训，选派政协委员参加全国政协、省政协等集中培训和市内大讲习、大讲堂128期、257人次。（三）加强机关建设。制定《毕节市政协机关规范权力运行制度》，对机关办文办会、行政、人事、财务管理等工作流程及风险防范进行细化，为政协履行职能提供制度保障。加强干部队伍建设，坚持严管与厚爱相结合、理论学习与实践锻炼相结合，不断提升干部综合素质和机关服务水平。

【加强党的全面领导，政协工作有新气象】 （一）突出政治领导。坚决扛起管党治党政治责任，认真贯彻落实中共中央关于新时代加强党的建设总要求和《关于加强新时代人民政协党的建设工作的若干意见》，扎实抓好"不忘初心、牢记使命"主题教育，牢固树立"四个意识"，坚定"四个自信"，坚决做到"两个维护"，切实把中央、省委、市委决策部署和对政协工作的要求落实下去，把全市各族各界群众决战贫困、推动改革发展的智慧和力量凝聚起来。（二）突出"一岗双责"。落实党员领导干部重大事项报告制度，按要求做好党务政务公开工作。进一步规范权力运行清单报备工作，制定并落实好机关"三重一大"制度。加强警示教育，以案为鉴、警钟长鸣，认真抓好宫晓农案"一案一整改"工作，深刻汲取教训，用身边人身边事，教育引导全市广大政协委员和干部职工严守政治纪律和政治规矩，增强法纪意识，永葆清正廉洁的政治本色。（三）突出制度建设。制定《毕节市政协党组理论学习中心组集中学习制度》《关于规范落实"三会一课"制度的实施细则》《毕节市政协党员领导干部参加组织生活会管理制度》等，不断推进政协党的建设工作制度化规范化程序化。（四）突出舆论宣传。在《人民政协报》《贵州政协报》及"中国网·中国政协频道""人民政协网""多彩贵州网"等各类媒体刊发市政协工作稿件100余篇次，编辑《毕节政协》4期近60万字300余幅图片，推送"毕节政协"官方微信公众号和上传市政协门户网站信息各160余期。认真落实意识形态工作责任，抓好意识形态工作。

【重要人事】 2019年2月召开政协第二届毕节市委员会第四次会议，选举杨宏远为中国人民政治协商会议第二届毕节市委员会主席、蒋从跃为中国人民政治协商会议第二届毕节市委员会副主席。

（供稿：市政协办公室）

民主党派与工商联

中国国民党革命委员会毕节市工作委员会

【概述】 2019年，民革毕节市工委在民革中央、民革贵州省委、中共毕节市委的领导下，在省市统战部门的指导下，围绕市委市政府的中心工作，充分发挥民革的职能作用，积极开展各项工作。

【思想建设】 发动全体党员采取集中学习与自学相结合的方式，认真学习贯彻中共十九大和十九届二中、三中、四中全会精神，以十九大报告作为民革尽职履责的纲领性文件；学习习近平总书记在贵州代表团重要讲话和对毕节试验区的重要指示批示精神，深刻领会习近平新时代中国特色社会主义思想的丰富内涵；学习中共中央、民革中央、中共贵州省委、民革省委、中共毕节市委等重要会议和文件精神，学习统一战线及多党合作的方针政策和理论知识，学习民主党派发展成员的相关规定，落实民革十三届二中全会和民革十三届八次中常会要求。通过不断学习，切实增强全市民革党员的政治意识、大局意识、核心意识、看齐意识，不断提高党员的思想政治理论水平，筑牢自觉同以习近平为核心的中共中央保持高度一致的政治思想基础。

【举办民革党员参政议政能力培训会】 3月5日，市工委在年初工作会议召开时举办参政议政能力提升培训会，邀请民革贵州省委专职副主委尹晓芬等现场为全市民革党员讲授参政议政相关知识，讲授民革党史等内容，通过集中培训学习，让参训党员更进一步增强学习意识和履职能力。

【深入开展“不忘合作初心，继续携手前进”主题教育活动】 一是按照民革中央、民革省委的有关要求，积极组织开展“观故居，走多党合作之路”和“不忘合作初心、继续携手前进”主题教育活动。5月26日至31日，10月29日至11月2日分别两次组织部分骨干党员到甘肃、陕西、江苏、上海、南京等部分党史教育基地、民革前辈故居开展“观故居，走多党合作之路”和“不忘合作初心、继续携手前进”主题实践教育活动，让民革党员充分了解中国革命的光辉历史、深刻领会民革前辈与中国共产党团结协作的优良传统。二是于6月30日举办庆祝中国共产党建党98周年、中华人民共和国成立70周年、全国政协成立70周年演讲比赛，9月23日组织民革党员到“鸡鸣三省”红色教育基地开展“不忘合作初心、继续携手前进”主题教育活动等，引导全市广大民革党员回顾中国革命和建设的艰苦历程，珍惜如今拥有的太平盛世，激发为实现中华民族伟大复兴的中国梦而自觉努力奋斗的决心和动力。通过开展主题教育活动，让参学党员深入了解民革党史，了解民革前辈为新中国的建立而作出的卓越贡献，学习民革前辈为民着想的伟大情怀。

【选派党员参加各类学习培训活动】 按照民革省委、中共毕节市委组织部、中共毕节市委统战部要求，认真选派党员参加中国统一战线新时代理论政策宣传直通车暨毕节试验区统战干部综合能力提升培训班，新任民革贵州省各市州州委（工委）委员、省直基层组织委员培训班（第四期），团结报社2019年度新闻舆论工作总结表彰会暨民主党派新媒体培训活动等各类学习培训。

【组织建设】 按照本党章程和各民主党派中央《关于进一步做好民主党派组织发展工作座谈会纪要》有关规定做好组织发展工作，积极吸纳优秀人士加入民革组织。全年上报批准新党员8名。

积极推进“民革党员之家”和示范支部创建建工作。按照民革中央民革省委安排，开展制度化、规范化的示范支部创建活动。申报“毕节民革党员之家”参加全国优秀民革党员之家评比，申报民革纳雍县工委三支部参加全国示范性支部创建评比。2019年新建“纳雍民革党员之家”。“毕节民革党员之家”入选全国优秀民革党员之家名录，民革纳雍县工委三支部入选全国首批示范性支部名录，均获民革中央表彰。

督促各支部认真做好党费的收缴、管理、使用工作，并向市工委汇报相关工作情况，同时定期向本支部党员公布党费收支情况，接受集体监督。

【调查研究与参政议政】 1. 两会期间组织民革党员中的各级人大代表、政协委员积极撰写提案建议、社情民意共60余件，市政协大会发言2篇。2. 加强参政议政能力培训。3月5日，市工委举办参政议政能力提升培训会，邀请民革贵州省委专职副主委尹晓芬同志现场讲授参政议政相关知识和提案建议撰写方法。3. 参加市政协组织的各类视察调研活动5次，形成报告5篇。4. 积极开展重点调研，共形成调研报告8篇。其中完成民革省委安排的重点课题调研两个，形成报告2篇，即“毕节市易地扶贫搬迁后续就业情况调研”“毕节市中医药发展情况调研”。完成市委统战部安排的重点研究课题2个，形成理论文章2篇，完成民革中央社会服务部安排的调研报告1篇，即“纳雍县安全饮用水情况调研报告”。参加民革省委领题“贫困地区农村集体经济组织模式与发展路径探索”的联合调研，完成子报告1篇。参加民革中央脱贫攻坚民主监督工作集中重点调研2次，形成2篇子报告提交民革中央。5. 发动各支部结合工作实际、围绕脱贫攻坚民主监督开展调研活动，并要求各支部于9月前提供一篇以上调研报告，共收到调研报告、提案建议案源、社情民意共15篇。6. 积极协助民革中央开展脱贫攻坚民主监督工作。2019年，围绕固定调研点和重点课题开展调研。按照《民革中央关于进一步加强定点扶贫工作的意见》和民革中央定点扶贫工作推进会精神，切实做好结对帮扶工作，研究纳雍县实现“一达标两不愁三保障”目标任务中存在的突出问题和困难，根据纳雍县脱贫攻坚实际，本着高位推进、精准发力的原则，全国民革组织又一次拉开了助推纳雍县高质量完成脱贫攻坚任务的序幕。民革市工委和纳雍县工委积极组织各支部全力配合协助做好对口帮扶工作，安排每个支部对应两个乡的对接协调工作，明确相对固定的联络员，跟踪了解服务相关帮扶项目的包装、落实、实施、汇总等相关工作。据初步统计：已在纳雍县落实帮扶项目42个，到位帮扶资金1300多万元。10月22日，民革广东省委组织各市委相关人员一行16人分成8个组到纳雍县新房乡对帮扶的22个项目进行验收。其他省级民革组织对帮扶乡的项目有的已竣工，有的正在紧张实施中。

【社会服务】 1. 发挥专业服务团体优势开展社会服务。8月17日，民革市工委企业家联谊会和法律服务中心前往毕节市招商花园城臻园小区开展法制宣传咨询活动，向社区居民进行普法宣讲，向群众提供法律咨询200余人次。市直三支部携手市肿瘤医院开展医疗扶贫慈善救助贫困肿瘤患者696人次，其中纳雍辖区内救助患者168人次，占比24%左右，救助金额约40万元。2. 发动全市13个支部结合各支部的资源优势开展扶贫济困活动。如：3月5日-6日，市直三支部到怡心苑养老院开展学雷锋志愿服务活动；3月14日，民革威宁县支部联合县人民医院到石门乡开展健康义诊活动和健康保健科普宣传；4月、5月、6月，民革贵工程支部开展关爱孤独症儿童宣讲、关爱、帮扶活动；春节期间，民革威宁县支部携手威宁县隆祥建筑工程有限公司、云南大宣装饰工程有限公司到新发乡箐脚村开展新春慰问活动，向贫困户捐款1500元，向新发乡养老院捐赠毛毯20床；3月8日，民革市直四支部携手纳雍县工委到纳雍县居仁街道敬老院开展慰问活动，给老人赠送生活物资；3月16日，市直四支部和民革纳雍县工委给纳雍县新房乡以角小学20名贫困学生赠送100本书籍，市直四支部拿出1000元党费捐给困难学生；5月27日，市直二支部到福利院开展慰问活动，捐赠价值3000元的生活物资；5月31日，民革金沙县支部到桂花乡柿花幼儿园开展“六一”慰问活动；民革纳雍县工委一支部组织捐款2万元，用于资助困难家庭品学兼优的学生；7月20日，民革纳雍县工委第一支部赴纳雍县新房乡中心小学、新房乡春晓幼儿园举办文艺会演活动，民革纳雍县工委第一支部副主委赵晓峰个人出资向新房乡中心小学捐赠活动资金人民币5000元，向新房乡春晓幼儿园捐赠书包200个，价值3600元，同时伊利牛奶经销商向新房乡中心小学和新房乡春晓幼儿园分别捐赠营养牛奶1200瓶、200瓶等。同时，联系社会爱心人士帮助品学兼优的困难学生。如：联系河北石家庄市民革企事业家赵洪波连续4年捐助的在毕节民中就读的肖伟2019年考取沈阳航空航天大学。此外，市直三支部主委杨奇文于2019年12月5日个人捐资5万元给纳雍县昆寨乡宋家沟村的贫困群众解决生活困难；民革纳雍县工委三支部副主委谭剑捐资4万元给勺窝镇务井村务井组修通一条长350米宽、3.5米的通组路，惠及农户14户52人，铺设饮水主管道600多米，入户饮水管道1300多米，解决了该组老百姓的饮水安全问题；市工委在机关办公经费紧张的情况下，努力挤出2万元分别给纳雍县化作乡箐上村、左鸠嘎乡拖歪村各支助1万元改善村办公条件等。3. 积极协助民革贵州省委参与民革中央与中共贵州省委省政府的联合招商工作的有关服务工作。

【促进祖国和平统一】 认真贯彻落实中共中央对台工作部署，积极探索与台港澳及海外的交流联谊机制，发挥民革的积极作用，创造条件组织开展祖统联谊活动，促进祖国和平统一。4月4日，组织党员干部看望台胞张建华、张美阳兄妹。8月1－2日，配合组织第三届“台湾励志青年赴大陆参访团”到纳雍参访。

【宣传工作】 利用“民革毕节市工委”微信公众号、民革市工委网站、印制季度工作动态纸质板等方式，积极总结、宣传全市民革组织工作开展情况。截至2019年，共编辑发布各类消息动态、工作信息125篇。向贵州民革报送工作简报信息34篇，向市委统战部报送并刊发信息14篇。

鼓励民革党员和机关工作人员积极撰写理论文章向社会媒体投稿。张贤芬撰写的《我与试验区生态建设》《情系乌蒙 聚力纳雍——民革中央定点帮扶纳雍县纪实》《不忘初心担使命 砥砺前行铸辉煌——关于学习贯彻习近平总书记“7·18”重要指示精神的思考》分别在贵州民革微信公众号或毕节试验区杂志刊登；周春荣撰写的《暖心长春》在贵州民革微信公众号刊登等。

【加强廉政建设、强化民革内部监督】 是年，民革毕节市工委领导班子认真执行中央八项规定，按照省委、市委相关纪律要求开展各项工作，坚持党和人民的利益高于一切的原则，时刻牢记全心全意为人民服务的宗旨和廉洁自律的要求，认真履行职责，严格依法行政。民革市工委监督委员会积极履职尽责，开展相关工作。

一是班子成员带头廉洁自律，树立良好形象。班子成员身体力行党风廉政建设各项规定，通过落实个人财产收入申报、述职述廉、民主评议等制度，自觉接受组织和群众监督。工作中，领导班子成员以自己的实际行动带动同志认真执行党的路线、方针、政策，廉洁自律，切实转变拖拉、散漫、推诿扯皮等不良工作作风，树立良好形象，成为表率。

二是落实党风廉政建设责任制，严格遵守党的纪律和国家的法律法规。深入基层支部、深入群众了解情况，征求和听取基层民革党员和群众的意见、建议，认真搞好调查研究，帮助群众解决和反应生产生活中的困难和问题，用实际行动践行中国共产党领导的“长期共存、互相监督、肝胆相照、荣辱与共”多党合作基本方针。

三是强化民革内部监督机制，抓好党员队伍廉洁自律教育。采取以会代训的形式，通过学习《习近平系列讲话》《民革章程》《中国共产党党章》《党风廉政建设》等有关内容及典型警示教育案例等，扎实开展党风廉政教育，增强民革党员干部遵纪守法、廉洁勤政意识，筑牢廉洁从政思想根基。

（供稿：民革毕节市工作委员会）

中国民主同盟毕节市委员会

【概述】 2019年，民盟毕节市委在中共毕节市委和民盟贵州省委的坚强领导下，在毕节市政协党组和中共毕节市委统战部等的关心支持下，团结所属组织和盟员，以习近平新时代中国特色社会主义思想为指导，聚焦“打赢攻坚战、建设示范区”履职尽责，自身建设不断加强，各项工作有序推进。

【自身建设】 1. 通过主委会议、全委（扩大）会议、基层组织生活会议等形式，运用微信平台、网站信息推送等方式，多渠道加强民盟组织的思想政治建设和对盟员的思想宣传教育，深入学习习近平新时代中国特色社会主义思想，学习中共十九大和十九届历次会议精神，学习习近平总书记对贵州对毕节的重要批示指示精神，学习中央、省和市有关会议精神，深入推进“不忘合作初心，继续携手前进”主题教育活动并开展理论宣讲、盟务干部培训、新盟员培训、调查研究等工作，扎实推进“民盟组织共建”“党盟共建”试点，稳步组织发展，推进班子建设、机关建设和制度建设，引导全市盟员树牢“四个意识”，坚定“四个自信”，做到“两个维护”，拥护中国共产党领导的多党合作和政治协商制度，进一步提高全市民盟基层组织的凝聚力和盟员干事创业的积极性。2. 完成民盟毕节市民族中学支部委员会及民盟七星关区工委所属6个基层组织的换届工作。3. 推进“中国民主同盟传统教育基地”“民盟中央美术院毕节分院”和“民盟中央美术院百里杜鹃创作基地”的建设。4. 帮助毕节市同心社会工作发展中心协调办公场地。5. 完成工勤岗位人员选聘工作，进一步充实机关力量。6. 进一步优化《民盟毕节市委领导班子成员岗位责任制》等制度，强化机关管理。7. 完成了综合办公室副主任配置工作。

【履职情况】 一是组织完成中共贵州省委委托民盟贵州省委“农村劳动力受教育及就业情况”在毕节8个建制县区范围的调研任务；二是牵头完成民盟贵州省委委托“贵州省文旅产品商业化模式探索”的调研工作；三是协调完成市重点调研课题“乡村振兴与毕节试验‘三大主题’的有效衔接”调研，调研报告在贵州省公开出版发行的统战理论期刊发表；四是参与完成市政协“500亩以上坝区农业产业结构调整”等调研工作；五是努力践行“三个大兴”，主要负责人到村（社区）调研80余次；六是完成“重视人才在乡村旅游发展中的作用”的调研；七是开展脱贫攻坚工作调研，积极帮助协调解决调研中发现的部分问题；八是开展主题教育调研，对发现的问题能及时整改的即着手整改解决，暂时不能解决的，收集整理作为下一步整改的一手资料。

【建言献策】 一是在省市县三级共提出人大代表建议、政协提案69件（省人大代表建议1件、省政协委员提案4件，市人大代表建议4件、市政协委员提案29件、民盟市委提案4件，县级人大代表建议1件、政协委员提案26件），其中民盟市委1件提案和1件市政协委员提案被市政协列为重点督办提案；二是按照安排，主委代表民盟市委在市政协二届三次全会上作大会发言1次；三是按要求参加有关会议，积极提出相应建议供有关方面参考；四是完成2020年省市县（区）“两会”提出建议、议案和反映社情民意以及大会发言等的准备工作。

【脱贫攻坚】 根据中共毕节市委、市人民政府6月初的安排，民盟市委牵头联系七星关区长春堡镇的脱贫攻坚工作：一是及时组织召开主委会议、全委会议研究扶贫工作；二是主委带领有关同志深入长春堡镇村（社区）走访调研；三是与市气象局、市中心血站举行联席会议，形成联动帮扶机制；四是组织市气象局、市中心血站、中共七星关区委统战部、七星关区卫健局、七星关区医保局以及长春堡镇党政负责人召开“三三联动”决战脱贫攻坚座谈会议，分析存在的困难、交流开展的工作、协商攻坚的措施；并陆续推进长春堡镇脱贫攻坚工作，筹集到帮扶资金89.5万元投入镇村帮扶决战；五是联系民盟中央，捐赠扶贫资金100万元到七星关区；六是协调交通部门投资和民盟浙江省委捐资共220.5万元用于长春堡镇等通村公路拓宽改造、水毁修缮、路面硬化；七是联系民盟省委，落实向七星关区长春堡镇、纳雍县董地乡等399户贫困户捐赠大米近20吨；八是联系通信企业帮助长春堡镇水营村等改善通信信号、协调市中心血站帮助长春堡镇沈家屯村等解决贫困户房屋漏水、室内粉刷及基本生活条件改善；九是组织盟员到市儿童福利院开展爱心慰问，送去价值2万多元的少儿用品及1.1万元的图书；十是中秋节到七星关区长春堡镇干堰村开展“三关爱”活动，为该村困境人群送去价值近2万元的100份月饼和100件衣物；十一是分别慰问百管区和七星关区5户贫困户，并送去羽绒服、毛毯、被子、大米等价值近千元的慰问品；十二是号召盟员到七星关区阿市乡中赛村开展“同心同德　助农扶贫　助力阿市”活动，现场购买圣女果128件，并积极帮助阿市乡圣女果种植基地联系销售渠道；十三是积极在七星关区和百里杜鹃管理区开展民主监督工作，助推统一战线帮扶资金的快速落地和规范使用；十四是协调民盟广州市委有关专家在七星关区桂花社区、长春堡镇政府、王官小学开展主题为《沟通中说话的方法》《农村集体三资管理与村务实务治理暨农村集体产权改革》《让孩子从小爱上国画》的专题讲座。

【乡村振兴】　一是继续与金海湖新区协作，推进梨树镇上小河村乡村振兴试点，协助推进200余万元初期投入采摘园建设；二是协调整合资金110万元，助力百里杜鹃管理区大水乡高潮村发展生态土鸡养殖；三是协调申报长春堡镇清丰村到阴底约29公里路段申报“县乡公路改造”项目约2900万元，待批；四是配合民盟中央，继续推进长春堡镇干堰村的发展。五是协调爱心企业为上小河村捐赠农村种植、养殖技术书籍近300本，价值5000元。

【助教工程】　一是联系民盟中央捐赠17万元援建长春堡镇王官小学微少年宫，捐赠17.895万元用于毕节市民族中学、毕节二中、毕节四中用于购置“双师课堂”设备，另捐赠30万元教育物资；二是协调民盟江苏省委、复旦大学等为七星关区捐赠奖教金10万元，培训教师660余人次、学生1500余人次；三是组织盟员教师到金海湖新区梨树中学、七星关区长春堡中学、林口中学、大方县对江小学、赫章县妈姑中学等开展教学示范及教师结对帮扶活动，培训师生2000余人次；四是协调“梦想之旅”学生励志公益讲座，分别在七星关区四中、六中以及黔西县职中举行，约9500多名师生聆听讲座；五是参与协调广州医科大学专家赴毕节医专培训教师近50人；六是协调科协立项10万元，支持长春堡镇中学建微科技馆；七是协调民盟青岛市委联系青岛市华泰公益基金会向七星关区八寨镇牧郎小学及乡村幼儿园捐赠8.5万元的教学设备；八是与毕节市同心社会工作发展中心共同为千溪乡捐赠价值8万元的学生运动服780套，为百里杜鹃管理区大水乡捐赠价值7万余元的校服701套；九是协调民盟贵州省委为百里杜鹃管理区大水乡捐赠价值3万元的学生运动鞋701双。

【康宁行动】　一是联系民盟中央协调西门子公司，为七星关区医院捐赠价值20万元的血液分析仪1台。二是对接民盟省委协调援黔专家闫勇教授在七星关区人民医院开展学术讲座，培训医务人员近400人次。三是推进凯帝医院回馈社会义诊救助活动，组织专家团队赴七星关区长春堡镇对脱贫攻坚一线109名干部职工进行免费体检，到亮岩镇、青场镇、岔河镇开展义诊服务群众1000余人次，开展义务助残、敬老、献血服务120余人次，免费收治聋哑、瘫痪、脑瘫病人30余例。四是深入推进远程医疗试点，落实民盟省委投入15万元资金，为七星关区长春镇、水箐镇、小吉场镇远程医疗试点提供支持；联系贵医附院先后派出全国知名专家4人到卫生院开设专家门诊，问诊60余人次，同时联动开展远程案例教学；推进乡镇卫生院开展村级问诊550例，村级远程案例教学培训96次，远程门诊122例；推进七星关区医院对乡镇开展远程医疗及培训，乡镇上传视频会诊61例、远程影像1815例、心电诊断1418例，面向35个乡镇（街道）远程案例教学16期5600余人次。五是推进成都市五医帮扶毕节市二医深度合作等。六是组织西门子医疗系统有限公司到七星关区人民医院就“守护天使”工程开展座谈交流，并实地查看捐赠设备使用情况。七是与毕节凯帝医院携手为长春堡镇10名脑梗、脑溢血后遗症患者进行手术治疗。

【社会工作】 充分发挥社会组织“毕节市同心社会工作发展中心”的作用，一是承接民政部门的“社工黔行”项目，获得资金54万元支持，正在纳雍县昆寨乡碓窝河村、威宁县五里岗社区移民安置点开展居家养老、日间照料等，服务1000余人；二是开展“筑爱地贫”项目，获得北京京妍公益基金会资金8万元，正在为贫困户地中海贫血患儿链接资金60万至98万元；三是运行“195大病救助项目”，共募集资金600余万元，用于救助贫困大病患儿37人；四是实施“少年强则国强”项目，捐赠七星关区大屯乡、大银镇、亮岩镇运动服1864套，折合资金18.43万元，受益学生1844人；五是立项“多彩课堂”项目，获妇联4.6万元资金支持，将分别在七星关区亮岩镇核桃社区、长春堡镇清塘社区开展，为近200名少年儿童服务；六是立项“四点半课堂”项目，获妇联2.5万元资金支持，将在七星关区柏杨林街道实施服务近100名少年儿童；七是 实施“三区人才计划”项目，获得资金18万元为纳雍县昆寨乡和威宁县黑石头镇培养社工4人、志愿者120余人，立项将在七星关区柏杨林和威宁县五里岗安置点实施，培养社工4人、志愿者120余人；八是协调民盟广州市委为桂花社区捐赠价值3.5万元图书和书画作品。

【法治创建】 根据毕节政法委9月初的安排，民盟市委牵头联系七星关区长春堡镇的法治创建工作：一是及时组织召开主委会议研究法治创建工作；二是主委带领有关同志深入长春堡镇村（社区）走访调研，选择合适的村（社区）打造法治创建示范点；三是与市气象局、市中心血站举行联席会议，形成联动帮扶机制；四是组织市气象局、市中心血站、中共七星关区委统战部、七星关区卫健局、七星关区医保局以及长春堡镇党政负责人召开“三三联动”法治创建座谈会议，协商工作安排，并筹集资金3万元投入法治创建示范村的打造；五是邀请盟内外法律专家赴长春堡镇分别开展了题为《农村集体三资管理与村务实务治理暨农村集体产权改革》《农村土地使用权流转法律实务探析》的专题讲座，培训镇村干部250余人次；六是与市气象局、市中心血站、市司法局携手利用赶集人员相对集中的时间在长春堡镇开展法律咨询和法律宣传活动，引导群众学法、用法，并发放《贵州省未成年人家庭促进条例》《毕节市城乡规划条例》等各种法律法规读本、法律宣传资料及各种宣传品近千份。

【表彰情况】 2019年，民盟毕节市委获民盟中央表彰为“民盟思想政治建设和宣传工作先进集体”“民盟中央群言杂志社2019年度优秀发行单位奖”、获民盟贵州省委表彰为“2019年贵州民盟参政议政工作先进单位”；民盟百里杜鹃管理区支部、民盟贵州工程应用技术学院支部、民盟毕节市直属综合二支部荣获民盟贵州省委表彰为“先进支部”；刘祖荣获民盟中央表彰为“民盟思想政治建设和宣传工作先进个人”；段元仁、宋朝、罗逢春、卢文藻、谌洪艳获民盟贵州省委表彰为“2019年度优秀盟务工作者”；郭翰、杨大亮、邵建书、武绍娟、赵雪获民盟贵州省委表彰为“2019年度优秀盟员”。

（供稿：民盟毕节市委）

中国民主建国会毕节市工作委员会

【概述】 2019年是中华人民共和国成立70周年、人民政协成立70周年、中国共产党领导的多党合作和政治协商制度确立70周年。在民建贵州省委和中共毕节市委的正确领导下，民建毕节市工委团结带领全市民建会员，坚持以习近平新时代中国特色社会主义思想为指导，深入学习贯彻中共十九大精神及《中共中央关于加强中国特色社会主义参政党建设的意见精神》等文件精神，认真落实民建贵州省委和中共毕节市委各项决策部署，围绕中心、服务大局，发挥优势、全面履职，各项工作取得新成绩，为毕节市经济社会发展作出了积极贡献。

【加强思想政治引领，夯实多党合作的共同思想政治基础】 始终以习近平新时代中国特色社会主义思想为指导，认真贯彻落实《民建中央关于加强会的思想政治建设的意见》，将思想政治建设贯穿各项工作始终，以“不忘合作初心，继续携手前进”主题教育活动为载体，重点加强领导班子思想政治建设，带头抓住“关键少数”，以上率下，引导会员牢固树立坚持走中国特色社会主义政治发展道路的决心和信心，教育引导广大会员筑牢思想根基，增强政治共识，有力夯实了多党合作的思想政治基础。

加强政治理论学习。始终把学习习近平新时代中国特色社会主义思想和中共十九大精神作为首要政治任务，通过深入基层支部宣讲、开展座谈交流、集中研讨、培训辅导、编印专题书籍、微信平台实时推送等多形式、全覆盖的学习活动，深入学习习近平总书记关于加强和改进统一战线工作的重要思想、关于多党合作的重要论述，跟进学习习近平总书记最新重要讲话文章、关于多党合作和民主党派工作的重要指示批示精神，推动学习贯彻往深里走、往心里走、往实里走，切实用新思想武装头脑、指导实践、推动工作。通过召开主委会、全委会、支部学习会等，及时学习中共十九届四中全会精神、全国“两会”精神，系统学习中共党史、国史、改革开放史、社会主义发展史、多党合作史，认真学习多党合作理论政策和优良传统、民建会史和章程，学习贯彻郝明金主席讲话精神，学习贯彻中共毕节市委二届六次全会精神。通过学习加强会员思想政治引导，增强“四个意识”，坚定“四个自信”，做到“两个维护”，夯实多党合作的共同思想政治基础。

深入开展主题教育活动。按照民建中央、民建贵州省委和中共毕节市委统战部关于主题教育活动的部署精神，第一时间召开“不忘合作初心，继续携手前进”主题教育活动动员部署会，成立主题教育活动领导小组，制定并下发《民建毕节市工委“不忘合作初心，继续携手前进”主题教育活动方案》，引导推动主题教育活动有效深入开展。坚持将学习教育、履职尽责、查找不足、整改提高贯穿主题教育活动全过程，坚持将主题教育活动与加强思想政治建设、参政议政、脱贫攻坚、服务会员企业深度融合；坚持将庆祝新中国成立70周年、人民政协成立70周年、多党合作协商制度成立70周年作为主题教育活动的生动实践，组织会员参加民建贵州省委纪念“三个70周年”歌咏会并获民建贵州省委表彰；组织会员赴毕节市七星关区林口镇“鸡鸣三省会议会址”红色教育基地开展“不忘合作初心、继续携手前进”主题教育活动。领导班子成员参加并指导各支部（专委会）开展主题教育集中学习13次，对9个支部（工委）走访全覆盖、到20多家会员企业走访，与110余名会员面对面交流座谈并征求意见，收集到14条意见建议和问题，形成问题清单，通过认真查找差距，深入检视问题，召开专题民主生活会研究落实整改问题，形成“大学习、大调研、大整改”氛围，推动主题教育活动高质量深入开展。全市民建正以主题教育的强大动力引导广大会员始终坚持中国共产党领导，进一步增进对中国特色社会主义道路的政治认同、思想认同、理论认同、情感认同，坚定政治信念、巩固政治共识。

发出毕节民建好声音。以宣传工作为抓手，加强向主流媒体投稿，管好用好微信公众号，形成多渠道广覆盖的宣传思想工作机制，深入挖掘会员在践行新型政党制度中履行职能、发挥作用的先进典型，做好民建特色工作的宣传报道，累计在相关媒体上发布信息200余条，发出毕节民建好声音，树立良好的参政党形象。

【全面加强组织建设，夯实组织基础】 始终以组织建设为基础，认真学习贯彻《中共中央关于加强中国特色社会主义参政党建设的意见》等三个文件精神，积极实施“人才强会”战略，通过着力加强领导班子、代表人士队伍建设，提高组织发展质量，强化会内监督，提升机关工作水平，增强各级组织的生机和活力，提高民建的整体素质。

认真落实三个文件精神。召开多次会议传达学习贯彻《中共中央关于加强中国特色社会主义参政党建设的意见》等三个文件精神，通过深入解读、引导全市民建组织深刻领会核心要义，明确适应新形势新要求的高质量组织工作思路，狠抓文件的贯彻落实。领导班子成员带队走进基层支部，与支部领导班子成员及骨干会员座谈，通过以会代训、实地调研、工作指导等方式推动全市各级组织狠抓三个文件的学习贯彻落实，着力建设适应新时代要求的中国特色社会主义参政党。

实施人才强会战略。认真贯彻落实民建全国组织建设工作会议精神，按照《各民主党派中央关于新时代组织发展工作座谈会纪要》要求，坚持组织发展方针原则，按照民建省委制定《年度组织发展规划》《组织发展标准》及《组织发展规程》，严格考察、审核、报批程序，把好入口关，高质量做好组织发展工作，着力提高会员整体素质。2019 年共发展新会员 8 人，全年会员发展率 3.5%。会员年龄介于 22～42 岁，其中新的社会阶层会员 1 人、非公企业会员 3 人，国有企业会员 1 人，高等院校会员 1 人，政府机关会员 1 人、司法机关（法院）会员 1 人。在发展会员的同时，加大会员培训培养力度，组织、推荐会员参加民建省委举办的各类培训，建立多层次的代表人士队伍信息库，深入县区组织调研，认真做好代表人士的发现、培养、推荐工作，通过夯实人才基础，高质量建设代表人士队伍。

加强基层组织建设。创新工作思路，按民建省委的安排，开展走进县区组织、走进基层支部、走进会员企业“三走进”活动，就基层组织建设及会员企业发展进行深入调研，解决实际困难，推进自身建设。通过开展“三走进”活动，实现管理下沉、服务下沉，切实增强对基层组织工作指导力度；同时建立了 8 个“民建会员之家”，新成立了“参政议政、经济、文化、妇女、法制”等 5 个专门委员会，基层组织建设得到进一步加强。

深化会内监督工作。以深入开展“不忘合作初心，继续携手前进”主题教育活动为契机，按照《民建贵州省委监督委员会“不忘合作初心，继续携手前进”主题教育活动监督指导工作方案》，积极配合民建贵州省委主题教育活动第一监督指导组对毕节开展主题教育活动的督导，就开展学习教育、“三走进”工作、查找问题落实整改、领导班子民主生活会、述职评议和会风建设等情况向督导组进行了汇报，并按督导组的意见进行了整改。

提高机关工作质量。认真贯彻落实民建全国秘书长和办公室主任会议精神，把制度建设、制度落实和提高机关工作质量摆在更加突出位置。切实加强了制度建设和制度落实。通过制度规范和坚持不懈的集中学习、组织培训，机关干部履职能力和服务水平明显提升，参谋助手、统筹协调和后勤保障职能得到充分发挥。在市委统战部的关心下，办公室人员得以配齐，财务工作、联络联系、服务接待、办文办会、档案管理、廉政建设等机关工作均取得了新的成效。

【围绕中心协商建言，开创参政议政工作新局面】 始终围绕中心、服务大局，发挥民建特色优势，深入开展调查研究，切实履行好参政议政、民主监督和参加中国共产党领导的政治协商职能，在建言资政和凝聚共识上双向发力，在会协商、善议政方面取得了明显成效。

多措并举增强履职本领。以提高履职能力建

设为支撑，召开民建毕节市工委参政议政联席会议和专门委员会工作会议，完善以领导班子为核心、专委会和基层组织为依托的工作网络，多措并举推动参政议政工作提质增效。

建言资政有新作为。认真准备、积极参加市委、市政府、市政协组织召开的协商会、座谈会、征求意见会等，分别就“改善政商环境，促进民营经济健康发展”“乡村旅游发展现状”开展调研，并在相关会议上发言、提出意见建议。在市政协二届三次全会上，民建毕节市工委围绕城市建设、产业发展、道路交通、生态环境等方面共提交党派提案4件，党派发言材料5篇，会员提交提案41件。其中《关于加大对民营经济发展支持力度的提案》被列为工业类1号提案，由市政协副主席牵头督办；《关于加快全市高速公路服务区（停车区）建设的提案》被列为交通运输类1号提案；《关于集中展示同心文化元素的提案》被列为其他类1号提案，由市政协文化文史与学习委员会督办。

课题调研务实有效。科学确定调研课题，周密制定调研计划，精心组织调研活动，集智聚力提出高质量的意见建议。是年民建毕节市工委承担了市委统战部重点调研课题《关于建设毕节新发展理念示范区的思考》，通过与市委政策研究室合作，先后到雄安新区、浙江安吉等地调研，广泛学习借鉴，圆满完成课题任务。

民主监督突出重点。一是参加市政协主席会议确定的“全市500亩以上坝区农业产业结构调整监督性视察”“全市异地扶贫搬迁后续工作监督性视察”，并在市长委员协商会上汇报视察情况，为我市农业产业结构调整、异地扶贫搬迁等工作建言献策。二是按照市委统战部的安排，对黔西县、赫章县统一战线帮扶项目开展4次民主监督，对相关项目实施中存在的问题向市、县统战部门作了反馈，并向实施单位提出整改建议。三是把监督与帮扶工作统一起来。赫章县结构乡中山村作为民建市工委的脱贫攻坚民主监督点，除经常性地深入中山村对贫困户识别、现存贫困户情况、脱贫计划及措施等方面的情况进行监督调研外，还针对该村新建办公楼缺乏资金购买办公设备的情况，从有限的办公经费中挤出部分资金给中山村购买办公设备，促进脱贫攻坚工作开展。四是对民建会员企业中天金融集团捐赠1亿元帮扶赫章县结构乡教育、卫生综合体项目建设情况搞好专项民主监督、作好跟踪服务，协调相关部门解决项目建设中存在的农房拆迁难、缺水、砂石供应不畅等困难。

【深化“六个参与”，聚力脱贫攻坚有新作为】 2019年，民建毕节市工委全力协助民建各级组织到毕节开展各类帮扶活动，汇集民建资源力量，深化“六个参与”，聚力黔西县持续开展“1+10+N”脱贫攻坚帮扶工作，并将帮扶内容辐射到其他县区。所做工作得到了民建中央的充分肯定，并获民建中央2019年脱贫攻坚“先进集体”表彰。

以产业扶贫为抓手，扎实推进脱贫攻坚。一是依托贵州省酱香型白酒行业高速发展的优势，找准酿酒用高粱种植缺口较大这一切入点，民建贵州省委组织会员企业在黔西县实施5万亩红缨子高粱种植项目，民建辽宁省委向黔西县锦星镇东庄村捐赠15万元支持东庄村发展高粱种植产业，由企业提供农资并实行保底价格收购。二是民建贵州省委向黔西县五里乡新法村捐赠20万元产业发展资金用于300亩辣椒种植项目，并组织会内专家开展种植技术培训2次。三是民建北京市通州区委向花溪乡沙坝村捐赠价值5万元的花种，发展花卉种植业。四是民建重庆市委向五里乡化布村捐赠沃柑种植项目资金20万元，带动群众持续增收。

以教育扶贫为根本，助学助教齐发力。在民建中央和各级民建组织的支持下，内引外联，实施了一批以助学、助教为重点的教育扶贫项目。一是开办特殊班级。民建贵州省委出资30万元在黔西县开办“思源教育移民班”，帮助50余名易地移民搬迁、贫困学生走出大山在县城完成初中学业；在黔西县开办“华贵保险自强班”，资助贫困学生50名。二是实施捐书助学项目。联系民建中央中华思源工程扶贫基金会扬帆公益基金向黔西、纳雍两县102所学校，共配备77237册图书，价值约96.7万元；联系“善易行公益基金”为全市28所边远小学捐赠图书，现金沙县石场乡构皮小学和金海湖新区响水乡海子小学每个学校1200册图书已经捐赠到位，其他学校正在募捐中；民建贵州省委九支部携手基金会向黔西县五里小学捐赠图书840册，为每个班级建立读书角。三是组织开展教师培训。民建中央协调优质教师资源赴赫章对480名中小学教师进行为期2天培训，民建上海市委组织黔西县40名中小学教师赴上海进行为期14天的培训，并解决全部培训费用，为提升基层教学质量、阻断贫困代际传递带来希望。四是开展关爱乡村学生行动。民建毕节市工委组织企业委员会及部分爱心会员出资向赫章县三所小学捐赠校服652套，向威宁县中海小学捐赠校服260套及部分体育器材。

以医疗扶贫为基础，防止因病致贫因病返贫。民建中央组织民建上海市委、民建北京市西城区委、中国平安医疗专家在黔西开展义诊和学术交流活动4次，为黔西县群众进行免费体检，并对150余名乡村医生进行公共卫生、妇幼保健、急诊急救等方面的知识培训，有效缓解贫困群众看病就医问题。

以政策扶贫为契机，形成帮扶合力。为进一步助推黔西建设贯彻新发展理念示范区，民建毕节市工委主要领导多次随民建贵州省委领导赴民建中央汇报有关工作，深入黔西县调研，组建“建设贯彻新发展理念示范区”专题组，帮助黔西县制定《建设新发展理念示范区规划纲要》。在民建中央支持下，分别在北京、贵阳、黔西召开了3次黔西县建设新发展理念示范区规划纲要专题论证会，听取专家意见，修改完善规划纲要，为进一步推动乡村振兴、绿色发展、人力资源开发、体制机制创新，助力黔西县实现向贯彻新发展理念示范区的新跨越奠定坚实基础。

以智力扶贫为户增收致富能力。民建贵州省委组织科技专家服务团赴黔西县开展精品水果、蔬菜等种植技术培训5次，开展田间指导，培训100余名农户，帮助农户解决种植难题、提高种植收益。

以定点帮扶为重点，整合资源谋求实效。民建毕节市工委主要领导多次带队赴市工委联系帮扶的黔西县五里乡调研，协调民建贵州省委为新法村投入产业发展和基础设施建设资金50余万元，协调市卫健部门培训五里乡卫生院医生使用先进医疗器材，并就五里乡存在的问题列出清单，分步协调解决。本着监督与帮扶并重的原则，联系农技专家帮助赫章县结构乡中山村培训果树种植技术，帮助中山村解决部分办公经费用于购买办公用品，助力脱贫攻坚工作的开展。

（撰稿：李本树）

中国民主促进会毕节市工作委员会

【概述】 2019年，民进毕节市工委在民进贵州省委、中共毕节市委的领导下，中共毕节市委统战部的指导下，坚持“有思有行、顺势而为、开拓进取、求是创新”的工作方针，秉持“为执政党助力、为国家尽责、为人民服务”的责任心和使命感，以习近平同志新时代特色社会主义思想为指导，认真学习贯彻中央、省、市有关会议文件精神，努力加强自身建设，积极开展调查研究，切实履职尽责。

【思想共识】 2019年，民进毕节市工委以主委会议、全委（扩大）会议、会员培训等方式深入学习贯彻习近平新时代中国特色社会主义思想和中共十九大精神、中共十九届四中全会精神，民进会章会史和历届中常会精神以及中共贵州省委十二届五次全会、中共毕节市委二届五次、六次全会精神，按照习近平总书记提出对民主党派的“四新”“三好”要求，传承弘扬民进光荣历史和优良传统，不断增强“四个意识”、坚定“四个自信”、做到“两个维护”，切实把思想和行动统一到以习近平同志为核心的党中央决策部署上来，切实提升民主党派五种能力。积极引导会员继承和发扬民进优良传统、努力做到“双岗建功”。以深入开展“不忘合作初心，继续携手前进”主题教育活动为主线，扎实开展好学习教育，以加强理论武装强化责任担当，切实增强民进会员思想政治共识。

【自身建设】 2019 年是民进“基层组织建设”主题年，根据民进中央、民进省委基层组织建设主题年工作要求扎实开展基层组织建设年活动。一是加强组织领导。成立了民进毕节市工委基层组织建设主题年活动领导小组，以主委为基层组织建设第一责任人，结合民进毕节市工委工作实际制定工作方案，加强对基层组织建设主题年活动的组织领导。二是紧盯“强组织、增活力、有作为”目标。积极协商统战部，配齐班子；认真开展会员谈心谈话活动，从思想上引导会员，激发会员的热情，立足双岗，努力建功。三是坚持问题导向，围绕班子成员存在的问题认真查找差距，及时整改到位，提高效能。四是强化基层队伍建设，按照人才强会战略，市工委积极组织会员参加民进中央、民进省委及当地统战部门组织的各类学习培训，进一步促进会员思想政治共识，提高“五种能力”。在民进中央组织建设表彰工作中，民进金沙县文卫支部获民进全国先进组织表彰，民进金沙县教育支部主委陈耿获民进全国组织建设先进个人表彰。

【履职能力建设】 一是履行好参政党参政议政职能。紧紧围绕中共毕节市委市政府中心工作，结合民进教育文化出版传媒界别优势和作用，聚焦毕节试验区热点难点开展调查研究，发挥民进会员中的人大代表、政协委员优势平台，向市县提交提案建议 30 余件，基层支部调研文章被毕节市政协二届三次全会选为大会发言材料。深入开展调研，组织各基层组织完成调研课题 6 件，其中，会员张荣冠的调研文章《乡村传统文化的传承与振兴》获中国中文核心期刊、中国人文社会科学核心期刊《贵州民族研究》刊载。另外，还积极参加政党协商、政协协商和相关会议，增强做好建言献策工作。

二是开展好统一战线帮扶项目民主监督工作。严格按照《统一战线帮扶毕节试验区资金项目跟踪管理暂行办法》（毕党办发〔2018〕23 号）和《支持市级各民主党派、工商联开展统一战线帮扶项目专项民主监督的工作方案》（毕委统通〔2019〕4 号）文件要求，认真做好统一战线帮扶项目民主监督情况开展调研。特别是民进各级组织在金沙县开展帮扶活动中教育物资设备捐赠情况进行专项督查。2019 年，市工委领导班子已多次带队赴金沙县开展此项调研工作。另外，积极参加中共毕节市委统战部组织的统一战线帮扶毕节试验区工作情况专题调研工作、市政协主席会议确定的“全市 500 亩以上坝区农业产业结构调整监督性视察”“全市异地扶贫搬迁后续工作监督性视察”等工作助推脱贫攻坚进程。

三是扎实开展社会服务工作。深入毕节市七星关区望城社区走访调研，开展春节慰问活动，为 3 户贫困户送去慰问金 1500 元，打造文化墙 30 平方米；持续参与金沙县化觉镇帮扶工作，参与帮扶工作组深入化觉镇调研 2 次，做好化觉镇和平村的结对帮扶工作，入村回访 2 次，组织走访慰问化觉镇和平村 4 户贫困户，发放大米 4 袋；组织金沙县工委参与金沙县清池镇阳波村低保提标民主评议会，对新增纳入的两户群众进行了入户核实，并资助 2000 元为清池镇阳波村委会食堂购置了餐桌椅，改善驻村干部的生活环境。对金沙县桂花乡柿花村村民未领取危房改造补助款的群众反映进行正确引导，有效化解矛盾；为一名先天性心脏病患者联系医院进行治疗，指导其通过网络发起筹款活动；捐赠金沙县桂花乡柿花村幼儿园价值5000元的学习用品一批；指导基层组织开展好己亥（2019）年民进全国“春联万家”活动，免费为群众送春联2800余幅，“福”字1150余幅，绘画30余幅；共开展同心助学活动6次，捐赠价值共6万余元书包、图书等学习用品，同时也指导各基层组织开展好送医送教下乡活动；协调企业家会员捐赠金沙县发改局29.1万元支持其重点项目管理系统开发；组织金沙工委深入金沙县易地扶贫搬迁点学校，积极探索建立长效帮扶机制，与实验小学共建“彩虹苑”书法培训班，组织书法教师每周到实验小学开展书法教育学，招收25名贫困家庭学生进行免费培训。

四是开展好定点扶贫联系工作。根据中共毕节市委办公室、市人民政府办公室《关于市级定点扶贫联系点调整优化的通知》(〔2019〕-23)要求，选派1名同志作为帮扶工作联络员，负责做好金沙县桂花乡帮扶工作。同时，选派了2名企业家会员作为桂花乡“名誉村主任”持续参与该乡脱贫攻坚帮扶工作。此项工作按照通知要求有序推进中，市工委领导班子成员已多次率队金沙县桂花乡开展调研工作，并从市工委工作经费中列支了5万元支持该乡脱贫攻坚工作。此外，还组织金沙县工委包保桂花乡柿花村贫困户4户；协调企业家会员捐赠桂花乡回龙社区扶贫资金2万元，为3户贫困户安装户内用电线路；协调企业家会员捐赠桂花乡及桂花乡滥坝村电脑1台、打印机1台、A4纸20件、电脑耗材6套用于其政府办公；协调企业家会员帮助桂花乡滥坝村的村民与仁怀市酒厂、公司达成了高粱收购意向，按7.8元/公斤的价格收购，共计收购10.5万公斤。

五是协助做好民进各级组织赴毕帮扶联络联系工作。2019年，民进中央、民进江苏、安徽、山东、贵州省委、民进厦门市委、民进广州荔湾区总支等赴毕开展了送教捐赠活动共37次，其中捐赠物资242.0775万元，捐赠资金12.9万元，捐赠图书3100本，捐赠书画作品5幅，培训教师10724人次，学生4830人次，医护人员140人，组织教师外出培训19次，培训教师185人，组织39名学生到贵州惠水盛华职业学院和上海临港科技学校就读中职。

（供稿：民进毕节市工委）

中国农工民主党毕节市委员会

【概述】 2019年是中华人民共和国成立70周年，中国人民政治协商会议成立70周年，也是中国共产党领导的多党合作和政治协商制度确立70周年。在这一特殊历史节点，中共中央支持各民主党派、无党派人士开展“不忘合作初心，继续携手前进”主题教育活动。是年，农工党毕节市委会在中共毕节市委和农工党贵州省委会的领导下，在中共毕节市委统战部的指导支持下，坚持以习近平新时代中国特色社会主义思想为指导，深入学习贯彻中共十九大和十九届二中、三中、四中全会精神，扎实践行新型政党制度，以开展“不忘合作初心、继续携手前进”主题教育活动为载体，聚焦健康毕节和美丽毕节建设，扎实推进各项参政履职工作，全面加强新时代高素质中国特色社会主义参政党建设，各项工作取得良好效果，为毕节试验区“打赢攻坚战、建设示范区”作出了应有的贡献。

【深入开展“不忘合作初心，继续携手前进”主题教育活动】 “不忘合作初心，继续携手前进”主题教育活动启动以来，农工党毕节市委会以深化理论学习为基础，以抓实扶贫调研为载体，以深入检视问题为契机，以狠抓整改落实为驱动，坚持密切联系实际、坚持问题导向，努力把学习教育、调查研究、检视问题、整改落实等四项重点措施贯通起来，有机结合、统筹推进。一是成立农工党毕节市委“不忘合作初心，继续携手前进”主题教育活动领导小组。由主委任组长，副主委任副组长，11个支部主委任成员，设置办公室在市委会机关，承担领导小组日常工作。专职副主委兼任办公室主任，机关全体干部为办公室成员。二是制订《农工党毕节市委会深入开展“不忘合作初心继续携手前进”主题教育活动实施方案》。《方案》坚持高标准、严要求，确保“规定动作”做到位，准确把握主题教育活动的目标任务、基本要求、工作原则和工作重点。同时，结合自身实际，拟定了切实可行的重点内容，体现“自选动作”有特色。促进主题教育活动有序推进、深入开展。三是迅速启动主题教育活动。2019年8月29日，召开农工党毕节市委“不忘合作初心，继续携手前进”主题教育活动启动仪式暨农工党毕节市委廉洁风险预警提示活动动员大会。动员大会之后，多次召开主委办公会议，研究实施《方案》的具体内容和时间，逐项加以落实。

【突出学习教育，强化思想政治引领】 市委会坚持把政治建设摆在首位，突出思想政治引领，以习近平新时代中国特色社会主义思想为指导，扎实开展“不忘合作初心，继续携手前进”主题教育活动，不断深化政治交接，多党合作共同思想政治基础进一步夯实。制定并实施了学习制度，主委会每月集中学习1次；市委会机关每周一集中学习1次；党员同志通过文献资料、“学习强国”APP、中国农工民主党、贵州农工、毕节农工微信公众号等多种形式加强自学（毕节农工微信公众号全年编发主题教育活动学习资料109期）。一是强化政治理论学习。召开主委会议（全年共召开12次）、全委（扩大）会议（全年共召开5次）、主委办公会、机关学习会进行专题学习研讨。通过培训班、报告会、座谈会、诗歌朗诵、征文等多种方式，深入学习宣传习近平新时代中国特色社会主义思想、中共十九大及十九届二中、三中、四中全会，中共贵州省委十二届六次全会，中共毕节市委二届六次全会精神，认真学习习近平、汪洋、尤权等党和国家领导人对毕节试验区的重要讲话和批示精神，学习贯彻中央、省、市统战工作会议精神、统一战线参与毕节试验区建设座谈会精神，贵州省支持毕节试验区按时打赢脱贫攻坚战建设贯彻新发展理念示范区推进大会会议精神，切实学懂弄通做实，自觉武装头脑、凝聚共识、指导实践、推动工作。结合学习全国两会精神，深入学习领会习近平总书记关于统一战线、多党合作和人民政协的重要论述，学习贯彻落实中共中央《关于加强社会主义协商民主建设的意见》《中共中央统一战线工作条例》《中共中央关于加强中国特色社会主义参政党建设的意见》《民主党派代表人士队伍建设规划（2018－2027）》《各民主党派中央关于新时代组织发展工作座谈会纪要》《中共贵州省委统战部中共毕节市委关于深入推进毕节多党合作建设的意见》《中共毕节市委关于加强新形势下统一战线工作的实施意见》等文件精神，对照“四新”“三好”的要求，引导广大党员牢固树立“四个意识”，不断增强“四个自信”，坚决维护习近平总书记的核心地位，坚决维护中共中央权威和集中统一领导，在思想上政治上行动上与中共中央、省委、市委和农工党中央、省委保持高度一致。二是深入加强理论和党史工作。坚持理论联系实际，开展践行新型政党制度、发挥人民政协界别作用等理论研究，承担市委重大理论调研课题“发挥多党合作优势、凝聚统一战线力量、为建设新发展理念示范区注入强劲动力的实践与探索”研究、市政协调研课题“改善营商环境、促进民营经济健康发展”并完成调研报告，努力为自身建设和履职实践提供理论支撑。

积极组织理论研究人员参与到省、市相关理论研究活动，市委会副主委李舒波当选为贵州省心理健康与核心素养教育学会副会长、毕节市家庭教育指导中心主任，毕节市未成年人心理辅导中心主任，被聘为毕节市文朝荣党性教育示范基地咨询专家；市委委员唐鹏程当选为农工党贵州省委理论与党史研究委员会副主任；党员高新岑、吴雪瑞、张健、高杨当选为理论与党史研究委员会委员。向市史志办上报 2019 年年鉴初稿；党员高新岑在《贵州政协报》《乌蒙论坛》《毕节春秋》发表理论文章 3 篇。

【突出全员参与，促进主题教育全覆盖】 一是领导班子建设全面加强。市委会领导班子认真贯彻民主集中制，落实集体领导和分工负责制，制定《领导班子成员联系基层组织和专委会分工》制度，班子成员利用参加调研、会议、活动等契机，加强对所联系基层组织和专委会的指导。进一步完善会议制度和议事规则，形成主委会、主委办公会、专题办公会等多层次议事架构。制定《关于市委会领导班子民主生活会的若干规定》，建立领导班子民主生活会制度。二是认真指导基层组织开展主题教育活动。领导班子成员分别深入到 11 个支部，指导开展主题教育活动，根据支部实际，着重把学习教育贯穿活动始终，不断巩固思想政治共识。着重找差距促整改，切实加强支部建设。对照农工党章程找差距促整改，加强支部建设，切实发挥基层组织作用，认真履行党员义务。对照农工党贵州省委关于开展支部达标争优活动要求找差距促整改，认真开展好各项活动。对照“人人心中有组织”“人人为发展做贡献”“人人立足本职建功立业”的要求找差距促整改，把党内组织生活与本职工作有机结合起来，热爱党派工作，在党内工作中发挥作用；做好本职工作，为毕节“打赢攻坚战建设示范区”做出积极贡献。将基层支部“支部达标争优”活动与主题教育活动相结合。对“支部达标争优”活动，进行了组织指导、督促检查、汇总呈报工作，促进了基层支部的建设。大方县工委、纳雍县支部和贵州工程应用技术学院支部被农工党贵州省委评为“示范性支部”，其余 8 个支部被评为“优秀支部”。加强党员的党性教育。适时选派党员参加各级培训班的学习，努力提高党员的政治理论和业务水平，以适应新时期履行参政党职能的要求。共选派 10 名党员参加省社会主义学院培训；主委辜康乐参加中共贵州省委组织部举办的“厅级干部研修班（第53 期)”学习，机关干部高萍参加了农工党省委举办的机关干部培训；党员高新岑参加了农工党省委举办的青年骨干党员培训班、参政议政能力提升培训班和省政协举办的地方政协干部、委员培训班学习。

【突出警示教育，筑牢拒腐防变的思想防线】 一是将廉洁风险预警纳入主题教育重要内容。10 月 9 日，组织农工党员副科级以上干部到毕节市反腐倡廉预防职务犯罪警示教育基地接受警示教育；组织召开农工党毕节市委廉洁风险预警剖析评估座谈会。要求农工党员副科级以上干部结合本职工作写出廉洁风险预警剖析材料。11 月 4 日，农工党贵州省委廉洁风险预警提示（毕节）活动在毕节举行。市委会主动把廉洁风险预警提示活动作为提升政治站位、激励队伍士气、催生战斗能力的重要抓手，进一步提高认识，守牢思想底线，采取多种形式将活动精神传达至每一名党员，尤其是骨干党员，进一步宣传发动，坚持挺纪在前，深入了解预警提示对象的实际情况，分析可能存在的廉洁风险点和苗头性问题，周密开展预警提示，确保落实到位，取得了阶段性成效。二是党内监督稳步开展。8 月 29 日，成立农工党毕节市委监督委员会，制定出台《中国农工民主党毕节市委员会监督委员会工作规则（试行)》，不断健全党内监督机制。加强作风建设，加大监督力度，做好对机关干部选拔任用、重大项目资金使用等工作的监督。推动领导班子谈心会等制度贯彻落实，促进了领导班子民主生活会、谈心会、述职和民主评议会扎实开展。监督委员会按程序认真研究了有关党员违纪的行为，向市委会建议开除违纪党员黄某的党籍、免去其基层支部相关职务。

【突出以开展活动为载体，寓教育于参与活动之中】 9月2日，组队参加“农工党贵州省委庆祝新中国成立70周年‘我和我的祖国’诗文吟诵比赛”，大方县工委荣获二等奖，市委会荣获三等奖。9月29日，在国庆节、重阳节到来之际，开展慰问在毕节的崔保庆、汪义强、李荣华、沈以能、廖再襄、縻克铨、李文珍等党龄在30年的农工党老党员活动。紧扣中华人民共和国成立70周年、中国人民政治协商会议成立70周年、中国共产党领导的多党合作和政治协商制度确立70周年等关键时间节点，举行征文活动。党员高新岑受邀参加贵州省“第四届哲学社会科学智库名家·贵州学术年会暨献礼新中国成立70周年·新时代统一战线的新发展暨新型政党制度建立70周年理论研讨会”并作大会交流发言。

【突出营造良好氛围，多种形式加大宣传力度】 通过深入调研，做好新形势下党员思想态势分析，有针对性地加强宣传教育，增进思想共识。加强宣传阵地建设和管理，引导党员干部积极正面发声，主委辜康乐率先垂范，在《毕节试验区》杂志等报刊上发表署名文章，弘扬主旋律，传播正能量。加大社会宣传力度，对履职成果和先进典型进行全方位、多角度深度报道，讲好多党合作故事。全年共编发开展“不忘合作初心、继续携手前进”主题教育活动简报118篇，在中央、省、市三级媒体（农工党中央网站、农工党省委《贵州农工》杂志、农工党省委网站、金黔在线、《贵州政协报》《毕节日报》等）发表宣传信息报道80余篇。在毕节试验区统一战线发表统战图说124条，发表单篇报道15篇。新闻宣传覆盖面和影响力稳步提升。同时征集全市农工党员在脱贫攻坚、党务工作、本职工作方面典型事迹，大力宣传优秀人物。通过形式多样的宣传，讲述好农工党好故事，传播好农工党好声音，展示好农工党好形象。在微信公众号编发了雷寿斌、肖欢、顾光绪、刘勇等党员“立足本职作贡献”的先进事迹。

【突出查找不足，努力整改提高】 市委会重点在领导班子中聚焦思想政治建设、组织建设、履职能力建设、作风建设、制度建设方面查找不足，广泛听取意见，发放征求意见表，列出问题清单，深入研究，逐项整改提高，将领导班子建设成为信念坚定、政治过硬、团结民主、工作高效、关系和谐、廉洁自律的领导集体。对领导班子成员，结合自己分管工作，主要针对政治把握能力、参政议政能力、组织领导能力、合作共事能力、解决自身问题能力的短板，深刻检视剖析，明确努力方向。通过召开专题民主生活会，开展批评与自我批评，查找不足，认真整改，共同提高。

12月3日，市委会召开“不忘合作初心、继续携手前进”加强“五大建设”提高“五种能力”领导班子专题民主生活会。开好民主生活会是“不忘合作初心、继续携手前进”主题教育活动的一项重要任务，市委会领导班子高度重视。会前，领导班子成员认真学习有关文件，并围绕主题开展多形式谈心谈话。在广泛征求意见的基础上，领导班子及成员就思想政治建设、组织建设、履职能力建设、作风建设、制度建设及廉洁自律等方面查找自身存在的差距和不足，结合征集到的意见建议，认真撰写了对照检查材料。会上，主委辜康乐代表市委会领导班子作对照检查报告，并带头作个人对照检查，主动接受班子成员的意见建议。各位副主委分别结合自己的思想和工作作个人对照检查发言，在总结工作基础上，查找自身不足，认真剖析根源，提出整改措施。班子成员之间坦诚交流，开展批评与自我批评，并对今后工作提出中肯的意见建议。

【突出履职尽责，以实际成效检验主题教育成果】

一是政治协商有新提高。积极参加各级各类协商会、情况通报会、征求意见会、党外人士座谈会等会议，围绕市委、市政府中心工作开展政治协商，提出意见和建议。完成市委2019年政党协商重大课题《发挥多党合作制度优势、助力毕节试验区建设贯彻新发展理念示范区－以大方县凤山乡为例》调研报告；完成市政协专题协商课题《改善营商环境、促进民营经济健康发展》《全市500亩以上坝区农业产业结构调整》《我市乡村旅游发展现状及对策——以大方县为例》等调研报告，在市政协常委会、副市长与委员协商座谈会上作了党派大会发言和协商发言。二是参政议政有新作为。在2019年两会上共提交大会发言3件，党派提案6件，界别提案1件，委员个人提案32件。其中市委会《关于大力发展远程医疗提升基层医疗服务能力的提案》《关于我市城市环境空气质量治理的提案》，党员唐鹏程、庞小林、刘发志、甘明静、陈一川、陈道忠、高新岑《关于加快推进我市易地扶贫搬迁安置地社会管理工作的提案》，党员燕翠萍《关于进一步发展壮大我市民营经济的提案》获得市政府分管副市长领衔督办；《关于大力发展远程医疗提升基层医疗服务能力》的调研报告获得农工省委部分采纳，作为农工省委在省两会上大会发言并获得省委书记孙志刚批示；开展“毕节市乡镇水体污染情况调研”“毕节市农村饮水安全问题调研”“毕节市医共体运行存在问题及建议”“毕节市职业教育助力精准扶贫调研”“毕节市新建本科院校转型发展存在问题和对策”“毕节市独生子女家庭养老保障调研”“毕节市易地扶贫搬迁工作后续保障调研”等，形成调研报告11篇；全年共提交社情民意23篇。专职副主委刘发志、党员余学伟荣获农工党贵州省委会2018－2019年度社情民意先进个人。三是民主监督有新贡献。按市委统战部要求，新增纳雍县骔岭镇为联系点，开展相关调研，深入了解贫困户生活现状、脱贫工作进度、政策落实等，深入查找脱贫攻坚中存在的“短板”和问题，提出对策和建议；在大方县开展2018年以来农工党中央及全国各级组织在大方县实施的统一战线帮扶项目落实情况的专项民主监督。参加市政协组织开展的500亩以上坝区产业结构调整和易地扶贫搬迁后续工作的监督性视察活动。四是社会服务有新成效。配合有关方面接待全国各级农工党组织和统一战线考察调研帮扶团队74次；明确大方县羊场镇为定点扶贫联系点；明确纳雍县化作乡益新村为与农工党贵州省委共建的“不忘合作初心、继续携手前进”主题教育活动实践基地。积极开展健康扶贫、教育扶贫、产业扶贫、公益扶贫、消费扶贫等活动21次，捐赠价值8.5万元医疗设备、价值3万元药品，教育扶贫资金2万元、价值5万余元教学设备，产业扶贫资金13.9万元，慰问物品和慰问金价值3万余元，号召党员参与消费扶贫购买大方县农特产品价值5万余元。协调贵州工程应用技术学院抽调6名骨干教师对口帮扶羊场镇拢公小学、坪坝小学。为羊场镇重大疾病和慢性病贫困户进行建档立卡精准治疗，为483名贫困户开展“精准医疗扶贫”活动，纠正诊治病例150例。开展环境与健康系列知识讲座走进新时代农民讲习所20场。参加市政协脱贫攻坚“百千万行动”，党员中的市政协委员结对帮扶贫困户53户。联系国农智库爱心企业卡尤迪生物科技有限公司向毕节市捐赠非洲猪瘟分子检测设备17台，价值400.18万元，助力毕节市疫控服务能力提升。

【突出经验总结，推动履职能力提升、自身建设提质】 对主题教育活动开展情况进行认真总结，总结好活动取得的成果，注重总结提炼主题教育活动中呈现出来的先进做法、亮点工作、典型事例、典型人物、先进经验，形成长效机制；对活动中涌现出来的先进典型进行表彰，以实际成效推动履职能力提升、自身建设提质。将主题教育活动与助力脱贫攻坚相结合，提炼多党合作助力脱贫攻坚的新经验，展示农工党参与试验区建设的新成效，激发广大农工党员参与试验区建设的积极性和主动性。

【配合农工党中央及全国各级组织参与大方县扶贫工作】 2019年，农工党中央及全国各级组织先后74批968人次到大方县开展考察调研及帮扶活动，实施脱贫攻坚帮扶项目137个涉及资金2277.76万元，其中现金捐赠类项目791.95万元，物资捐赠类项目1485.81万元。目前，已完成117个，正在实施19个，待实施1个。协调帮扶资金1.1亿元，捐赠各类帮扶资金及物资折款2500万元，引进资金885万元。培训各类人才2755人次，其中教师231人次，医卫人员1985人次，干部405人次，农技人员134人次。免费实施各类手术145例，开展义诊和疾病筛查2922人次，资助贫困学生504名，有力加快了大方县脱贫攻坚步伐。

【扶贫扶智，激发内生动力】 一是干部培训提素质。举办大方县“贯彻新发展理念实施乡村振兴干部培训班”、大方县“领导干部综合素质提升专题培训班”、大方县“乡科级干部学习贯彻习近平新时代中国特色社会主义思想专题培训班”、大方县“乡村振兴发展专题（浙江）培训班”等，培训干部405人。二是帮助培训教师。选派名师赴大方培训教师231人次。协调联系“独角兽领袖联盟”企业家、博鳌论坛企业家等农工党党外资源出资200万元，帮助培训200名山村教师。三是开展医技人员培训，共计培训1985人次。四是开展农技人员培训，共计培训134人次。

【聚焦贫困，补齐民生短板】 一是“同心圆博爱家园精准扶贫项目”成效明显。目前项目已获捐赠资金1864万元，发放生计金1179万元，回收生计金473万元，受益贫困群众1286户3858人。建成33个健康文化广场、37个励业帮扶基地、45个村级红十字会组织和服务站。二是助力健康扶贫。捐赠资金、医疗设备、药品等折款1505万元。联系医疗专家团队深入村组为贫困群众开展“精准医疗爱心行动送医上门”服务2922人次，精准治疗1034名患者。协调资金1亿元为恒大医院购买医疗设备和投入前期运营并拟将恒大医院打造成黔西北区域性医疗中心。捐赠296.5万元援建和提升改造1所卫生院业务用房、9个村卫生室。帮助县人民医院完成脑卒中病人的科研项目，建成神经内科、神经外科专科联盟，建成远程病房；协调北京天坛医院、中国疾控中心等帮扶大方县；争取大方县人民医院挂牌成为国家神经系统疾病临床研究中心、北京天坛医院网络成员单位，成为首都医科大学附属北京安贞医院专家工作站及“中国消除丙肝联盟公益项目”诊疗基地。三是推进教育扶贫。捐赠资金、物资674万元助推大方县教育发展。协调资金466.4万元援建小学、幼儿园等。协调捐赠99.4万元资助贫困学生504名。捐赠价值88.5万元的烘焙设备及电脑、图书、文具等教育物资。

【广泛联引，助推产业发展】 捐赠物资及资金159万元、引进资金885万元实施产业扶贫。一是引进江苏小龙虾养殖技术和先进的管理经验，采取“公司+基地+农户”的发展模式，建成小龙虾养殖基地500亩（二期500亩正在实施中），打造“乌蒙山泉水小龙虾”品牌，带动248户841人贫困户脱贫。二是帮助协调大方天麻酒获得国家药监局保健食品批号，带动大方天麻产业发展。三是联系恒喆文旅投与大方签署《“大方奢香国际风情节”地标性文体旅游项目合作框架协议书》，计划用5年时间，以“油杉河崔苏坝景区”为核心将大方打造为西南地区有代表性旅游目的地，已完成投资585万元。四是联系爱心企业捐赠50万元设立产业发展引导金，捐赠109万元产业扶助金及提供白芨苗、天麻种子等。五是助推方货出山。将“乌蒙农商城”“奇麟果商城”纳入农工党中央微信公众号进行推送，推动“乌蒙农商城”进入“央广小品购物”平台，帮助大方县销售农特产品价值60多万元。

【稳扎稳打，衔接乡村振兴】 一是帮助指导推动完成《大方县贯彻新发展理念示范乡镇建设工作方案》《大方县凤山乡贯彻新发展理念示范区建设规划纲要（2019－2022年）》编制，拟将凤山乡率先打造为示范乡。二是协调联系中国公益彩票基金会、乐施会，分别投入资金1000万元、51万元，在羊场镇新田村实施农村人居环境综合整治和综合扶贫项目，有力助推脱贫攻坚，加快乡村振兴。

市委会在2019年度毕节市市直目标考核中被评为一等奖。农工党中央对2019年在定点扶贫大方县工作中表现突出、成绩显著的单位和个人予以表彰，辜康乐、王若鹏被评为“2019年定点扶贫大方县先进个人”。

（撰稿：高新岑）

中国致公党毕节市工作委员会

【概述】 2019年，致公党毕节市工作委员会在致公党贵州省委会和中共毕节市委的坚强领导下，在毕节市政协党组和中共毕节市委统战部的关心支持下，团结全市致公党组织和致公党党员，始终牢固树立“讲政治、懂规矩、顾大局、办实事”意识，把“聚焦脱贫攻坚、贯彻新发展理念、发挥党派优势、助推改革发展”作为党派履行职能的出发点和立足点，时时关注大局，处处服务大局，自觉地把市工委的工作放在全市工作全局中去部署和推进，积极参政议政、勤谨履职、真情帮扶、服务发展。

【思想建设】 2019年，致公党毕节市工委把学习贯彻中央、省、市会议精神作为重要工作安排部署，确保为与全国同步建成全面小康社会目标提供思想保证、夯实思想基础。

高举社会主义伟大旗帜，树立党的领导核心意识。坚持中国共产党的领导，牢固树立“四个意识”，增强“四个自信”，做到“两个维护”；同中共中央在政治上思想上行动上保持高度一致，做到政治信仰不动摇、政治立场不含糊、政治方向不偏移，坚定中国特色社会主义道路自信、理论自信、制度自信、文化自信，不断提高致公党党员的政治觉悟，坚定理想信念，严守政治纪律。

加强理论武装，筑牢党派建言资政履职基础。致公党毕节市工委着力建设学习型组织，注重开展党员的思想政治教育、业务知识培训及履职能力建设等。一是深入学习强基础。建立以全委会、主委会、骨干党员专题会、支部党员会等学习形式，深入学习中共十九大精神、十九届四中全会精神、习近平新时代中国特色社会主义思想及习近平总书记对毕节新发展理念示范区批示精神、中央政协工作会议暨庆祝中国人民政治协商会议成立70周年讲话精神，深入领会致公党中央十五届九次常委会精神、致公党省委五届四次全体会议精神及省委十二届六次会议、市委二届六次会议精神等，进一步提升党员知情明政、建言资政的能力，夯实了履职思想基础。二是开展党员培训。是年，市工委组织优秀党员参加致公党省委会宣传信息员培训3人，参加致公党省委会参政议政骨干培训5人，组织骨干党员开展宣传信息员培训21人，不断提升党员队伍业务能力。

开展主题教育，做到内化于心外化于行。致

公党毕节市工委按照致公党中央、致公党贵州省委的安排部署，于9月启动“不忘合作初心、继续携手前进”主题教育活动，自主题教育活动启动以来市工委组织党员参加致公党贵州省委会赴重庆、韶山开展“不忘合作初心、继续携手前进”重温历史、牢记使命的主题教育活动，并组织党员召开了致公党毕节市工委宣传信息会议、参政议政会、党员培训会、主题教育推进会、专题学习会、民主生活会等，到毕节博物馆开展重温历史等活动。通过一系列活动的开展，党员围绕“守初心、担使命、找差距、抓落实”总要求，立行立改、抓好落实，更大限度调动党员投身中国特色社会主义事业的积极性、主动性和创造性，切实承担起中国特色社会主义事业亲历者、实践者、维护者、捍卫者的政治责任。

【组织建设】 致公党毕节市工委注重发挥党员的基础性作用，着力建立健全党员管理制度和工作机制，在组织建设上抓基层、打基础、牢根基。

注重党员素质，确保党员发展有质量。是年，市工委注重党员的吸收培养工作，优化党员队伍。一是大力发展新党员。本年度共发展党员8人，壮大了党员队伍，党员队伍文化层次较高、代表性强，充分体现了凝聚共识、智力汇聚优势，为致公党市工委发展增添了活力。二是优化党员结构。市工委注重发展在党政领导岗位锻炼过的无党派干部和部分政协委员加入组织，优化参政议政队伍建设。

强化支部建设，确保工作开展有基础。支部是致公党市工委“细胞”，是开展工作的基本单位，是宣传贯彻方针政策的重要平台，也是密切接触和服务群众、凝聚人心的前沿阵地，抓好基层组织建设意义重大。一是强化致公党支部建设。致公党毕节市工委共设立支部组织8个，其中市直综合支部1个、区工委1个、县区支部4个、学院支部2个。二是选优配强支部主委。“火车跑得快，全靠车头带”，支部“带头人”决定了支部工作层次，市工委选择一部分优秀的党员干部担任支部主委，定责任、定目标、定任务，进一步明确和细化支部主委的职责任务，充分发挥主体作用，夯实了工作的基础。

强化制度建设，确保工作开展有序。是年，市工委建立健全机关工作管理制度和党员管理制度，相继出台《致公党毕节市工委新闻宣传若干规定》《致公党毕节市工委优秀组织、优秀党员评选表彰办法》等；建立致公党毕节市工委宣传信息人员库、参政议政人才库，健全致公党毕节市工委专门委员会人员设置及工作职责，促进市工委工作规范有序高效开展。

强化委员管理，确保履职建言有保障。为确保在毕节市改革发展稳定大局中充分发挥致公党党员联系广泛、智力密集的优势，致公党毕节市工委根据所在界别市政协委员特点，建立市政协委员联系联络制度和委员履职情况跟踪制度，加强与政协第二届毕节市委员会中25名致公党党员的联系，采取定期、不定期相结合方式向委员开展资政活动，积极组织是致公党员的政协委员参与政协毕节市委员会、致公党毕节市工委参政议政工作，定时间、定目标、定任务，确保政协委员年度可提交1份政协委员提案或1篇调研报告，有市政协委员的支部须反映1期社情民意信息。

【政治协商】 2019年，致公党毕节市工委认真落实政治协商年度计划，致公党毕节市工委领导班子成员及政协委员，通过参加市政府、市政协、市直相关职能部门召开的专题协商会议、座谈会议等，开展各类协商活动7次，紧紧围绕全市政治、经济、政治、文化、生态建设等方面提出意见建议。

【民主监督】 2019年，致公党毕节市工委注重发挥民主监督职能作用，积极组织全市致公党党员围绕市委、市政府中心工作开展民主监督。

注重发挥职能作用，确保社情民意工作抓落实。是年，市工委积极组织全市致公党党员撰写社情民意信息，全年共提交社情民意信息8件，其中以党派名义提交社情民意信息5件，以政协委员个人名义提交3件，编发社情民意信息《关于畅通毕节市第一人民医院“生命通道”的建议》，将促进市一医交通通道拥堵问题的解决。

注重发挥委员作用，促进提案工作有实效。政协毕节市委员会第二届二次全体会议期间，市工委和25名市政协委员通过提案积极建真言献良策，共提交提案27件，提案内容围绕“决战贫困、提速赶超、同步小康”主基调，其中党派提案《关于农村土地流转存在问题的提案》《关于坚持绿色发展理念，促进文旅融合发展的建议》、个人提案《关于制定实施我市儿童早期教育服务发展规划的提案》《进一步做好医疗扶贫工作的提案》《关于解决群众不动产登记中历史遗留问题的提案》等涉及毕节市脱贫攻坚、社会保障、环境保护、生态建设、教育医疗等重要领域，承办单位高度重视、积极办理，现提案已全部办结，促成一批问题的解决。

【参政议政】 市工委围绕毕节市经济社会发展中的重点问题和人民群众关心的热点难点问题，注重开展调查研究，下基层倾听百姓声音，建言献策促进议政实效，通过政协提案、社情民意信息积极建言献策，促进参政议政出成果。一是开展专题调研。2019年，致公党毕节市工委组织党员参与开展“全市森林康养产业发展”专题调研；围绕《中共毕节市委2019年政党协商计划》要求，围绕统一战线服务脱贫攻坚开展调研；自行拟题开展专题调研，向致公党省委提交《关于加强养老服务业发展的建议》《做好垃圾分类处理，保护“绿水青山”的建议》等调研报告8篇，提交理论文章《民主党派参与脱贫攻坚民主监督浅析》1篇。二是积极参与中央和省调研任务。致公党毕节市工委积极发挥参政议政联系点的作用，先后参与致公党中央赴七星关区朱昌镇调研脱贫攻坚与乡村振兴工作；参与致公党省委赴七星关区茅坪村开展帮扶调研活动和助力茅坪脱贫攻坚推进会。三是丰富民主监督形式，积极参与政协监督性视察。市工委积极组织党员参与市政协监督性视察，围绕“毕节市500亩坝区农业产业结构调整”“易地扶贫搬迁安置入住后续情况”“毕节市乡村旅游情况”等工作深入县区、乡镇实地调查研究，并以致公党毕节市工委名义向致公党贵州省委会、政协毕节市委员会提交了调研报告，丰富了市工委民主监督、参政议政的内容和形式。

【社会服务】 2019年，致公党毕节市工委多措并举谋发展，思路创新促脱贫，通过“结对子、探路子、想法子”的合作共建方式开展社会服务工作。

思路创新促脱贫，同心共建结对子。一是开展合作共建。在致公党中央、致公贵州省委的推动下，积极协调致公党上海市委、闵行区委联系企业家赴毕节开展“黔货出山”帮扶活动，致公党上海市委及相关企业家分别于2月、7月赴毕节七星关区、赫章县对蛋鸡、黑山羊等优质农特产品进行调研考察，签订合作协议书，帮助农业企业与上海市场对接销售；与致公党广州市委结成友好共建关系，致公党广州市委带领广州商会赴毕节市金海湖新区岔河镇兴欣小学开展对口帮扶，捐赠少儿图书室“胜特”致公电子阅览室和价值6万元校服634套，协调贵州致福牧业集团公司在野角乡种植90亩燕麦草用于解决贫困户养牛青贮饲料。二是开展教育结对帮扶。在致公党上海市委积极协调下，上海新农合学校与七星关区思源实验学校签订结对共建协议；七星关区工委积极协调东部省市开展“一对一”结对帮扶，教育帮扶12所学校。

实地走访找差距，合力共推脱贫攻坚。一是

积极参与“大统战”推动“大扶贫”行动。深入致公党毕节市工委扶贫联系点七星关区田坝镇，开展调研并组织企业开展脱贫攻坚帮扶活动。二是做好脱贫攻坚补短板工作。组织党员顾荣贵向纳雍县左鸠戛乡捐赠现金10万元，党员宋敏捐赠价值50万元的绿化树；为扶贫联系点田坝镇兴旺村、朱昌镇双堰村、野角乡茅坪村“两不愁、三保障”补齐短板支持共6万元；为纳雍县左鸠戛彝族苗族乡脱贫攻坚补短板支持1万元；市工委还组织党员到田坝镇开展捐资助学，帮助贫困学生2名直至大学毕业完成学业；动员致公党党员向野角乡茅坪村捐赠羽绒服，致公党市工委向茅坪村捐赠价值2万元“爱心家具”20套。三是着力改善乡镇卫生室硬件设施。组织致公党党员捐资3.5万元对野角乡茅坪村卫生室进行维修改造，工程已全部完成并已投入使用，改善了村卫生室医疗条件。四是开展医疗帮扶。积极开展对扶贫联系点帮扶工作，主动联系毕节市红十字会参与联系点扶贫，通过海外捐赠项目分别向七星关区田坝镇、大屯乡、赫章县可乐乡、织金县实兴乡捐赠价值20万元的医疗器械，促进医疗帮扶有效果。五是开展统一战线帮扶项目民主监督工作。深入七星关区、金海湖新区实地走访，查看脱贫攻坚帮扶台账，对资料规范情况、项目进展情况进行民主监督。六是开展致福送诊活动。在各级致公党组织的协调下，致公党各级组织协调医疗专家共27名赴七星关区开展“致福送诊”活动4次，开展教学查房65人次，诊查患者236人次，手术示教10例，讲座14场，在医疗帮扶上助力毕节发展。七是教育帮扶上助力。经联系，致公党各级组织累计为七星关区教育发展捐赠价值43万元的教育用品及助学金。联系东部六省三市优质学校12所与七星关区学校签订帮扶协议。帮助七星关区25名数学教师赴上海培训；27名学生赴泸州开展青少年足球夏令营活动；10名教师赴南京培训

【其他工作】 致公党毕节市工委贯彻落实致公党中央、致公党贵州省委关于工作的安排部署，紧紧围绕全市改革发展中心工作，坚持“致力为公、侨海报国”理念，结合党派工作独特优势，充分发挥作用。一是承办好致公党中央第十五届八次常务委员会。在致公党贵州省委的正确领导下，致公党毕节市工委积极做好致公党中央十五届八次常委会的会议筹备、服务等相关工作，确保会议顺利召开。二是积极参与致公党贵州省委会赴七星关区茅坪村开展帮扶调研活动和助力茅坪村脱贫攻坚推进会，广泛动员党员参与决战脱贫攻坚，各项工作有较好的推进和落实，争取支持效果明显。三是积极参与省委会和东部省市致公党组织对接，进一步深化致福教育、致福医疗帮扶品牌，积极引进资源参与产业帮扶，推进双堰村、茅坪村“大统战”推动“大扶贫”工作。四是积极参与致公党贵州省委会组织的培训活动、“不忘合作初心、继续携手前进”主题教育活动、“同心筑梦、侨海报国”迎国庆活动等，为广泛凝聚共识、增强参政合力，提升党员理论水平和政策分析能力提供了智力保障。五是积极参与致公党贵州省委会赴七星关区、赫章县开展遍访监督。

（供稿：中国致公党毕节市工作委员会）

九三学社毕节市委员会

2019年，是新中国和新政协成立70周年，是五四运动100周年，是打赢脱贫攻坚战、全面建成小康社会的冲刺之年，是贯彻中共中央习近平总书记对、区“7·18”指示的开局之年。是年，全委协调并协助九三学社各级组织赴毕节市开展帮扶项目共40个，其中资金类项目10个，涉及资金157.99万，物资捐赠项目6个，折合资金34.6万元，累计涉及资金192.59万元。培训项目24个，其中医疗类4个，惠及403名医务

工作者，教育培训19个，惠及10622名师生，干部培训1个，惠及人数116人，在毕节试验区续写九三学社助力脱贫攻坚的壮丽篇章。是年，在九三学社贵州省委和中共毕节市委的领导下，在市委统战部的关心和指导下，加强思想政治引领，大力弘扬爱国民主科学优良传统，全面推进思想建设、机关建设、组织建设、社会服务、参政议政，承接做好九三学社参与毕节试验区支持工作，为助力毕节试验区“打赢攻坚战、建设示范区”不断开创工作新局面。

【深学笃用主题教育活动成果，思想建设得到新提高】 2019年，九三学社市委组织领导班子成员和全体社员、机关人员，通过多形式、多层次开展政治学习和社史教育，继续学习巩固中共中央习近平总书记对毕节试验区作出的“7·18”重要指示和统一战线参与毕节试验区建设座谈会精神，学习全国全省全市“两会”精神、中共贵州省委十二届六次全会精神、中共毕节市委二届六次全会精神，进一步增强“四个意识”，更加坚定“四个自信”，全力践行“两个维护”。通过开展“不忘合作初心，继续携手前行”主题教育活动，不断增强广大社员同志的使命感和责任感，全年召开6次主委会，4次全委（扩大）会议，8次主委办公会议，开展主题教育活动培训班2次，举办宣讲活动2次，开展主题教育项目观摩活动1次，社员参加累计430人次。号召全市社员参加“五四运动100周年”“中华人民共和国成立70周年”征文活动，共报送理论文章6篇。通过开展主题教育活动，全市各级社组织和广大社员“四个意识”“四个自信”“两个维护”明显增强，更加坚定自觉地维护以习近平同志为核心的党中央权威和集中统一领导，进一步加深广大社员对中国共产党领导的多党合作和政治协商制度的认识，思想建设得到新的提高。

【精益求精规范办公管理流程，机关建设取得新实效】 2019年，九三学社毕节市委被九三学社中央定为全国机关建设交叉检查单位，要按照社中央交叉检查工作的相关实施细则，认真查找存在问题，补齐短板，努力挖掘资源优势，做足亮点。九三学社中央机关建设第八检查组赴九三学社毕节市委开展检查时根据相关指标体系逐项查验，为九三学社毕节市委评出了99.8分的综合评分，另加分76分，与社绍兴市委等4个地市级组织并列全国第一名，在全国九三学社市级机关起到了表率作用。检查组充分肯定九三学社毕节市委在公文处理、档案管理、图书室建设、机关文化建设等方面的亮点，认为九三学社毕节市委机关建设工作是全国的优秀典型，走在全国前列，值得各地学习借鉴。一是根据《九三学社章程》及有关规定，在2016年机关试点建设的基础上，进一步完善工作职责、工作规程和工作制度，编印《九三学社毕节市委员会制度汇编》《九三学社毕节市委员会工作手册》。在工作职责方面，健全7类共10项制度；在工作规程方面，健全会议工作规程等3类共18项制度。在工作制度方面，健全机关学习制度、内部签报流程等13类共20项制度。在指导基层组织建设工作方面，健全市级组织社员发展程序、提案信息写作指导等共11类20项制度。二是公文起草力求规范，每份文稿精益求精，努力做到符合时代、紧扣法规、主题鲜明、内容清楚、表述精炼。公文签发注重把关，按起草人、综合办公室主任、专职副主委、主委的顺序逐级把关。公文印制力求规范，由社市委机关组织编写了“WORD公文排版助手程序”，把公文进行标准化规范，以1毫米误差作为规范标准，力求精益求精。三是在档案整理归档工作方面，组织人员按照档案管理要求，对所有档案进行全面整理、分类和编号，做到记录清楚，摆放整齐、管理有序。现存社员档案256卷，文书、会计、实物档案296卷、盒（册）。是年，全面完成社市委成立以来所有文书档案的数字化建设。四是建成图书阅览室，在现有图书的基础上，订购社史、社先进典型人物传记、《民主与科学》等一批与多党合作相关的报刊书籍，为机关干部和社员们提供了丰富的阅读资源，搭建起学习平台，并且安排专人负责保障图书室卫生。五是改造升级机关文化墙。展现九三学社历任领导、代表人物、先进事迹，九三学社历史沿革和老一辈九三人为国为民做出的突出贡献。展现九三学社帮扶毕节试验区简史和举全社之力对毕节试验区倾情倾智帮扶所取得的成绩。

【积极抢抓助推发展新机遇，社会服务更上新台阶】 2019年，九三学社毕节市委以脱贫攻坚工作为中心，积极抢抓九三学社中央及各级组织进一步对毕节试验区的帮扶机遇，加强与九三学社中央、省委和东部十省区组织联络联系，精心谋划，做好在毕开展活动的后勤保障，社会服务工作取得了明显成效。一是夯实创新做好联络联系。与九三学社中央及各省市组织等各方面的联络联系工作不断制度化、常态化，关系更密切、人脉更熟络、对接更有效。建立了联通上下、覆盖全国的社组织信息网络，及时反馈和总结各级组织参与毕节试验区建设的典型做法、成功经验，把各级组织帮扶情况及时反馈到各级各方面，进一步激发各级社组织对毕节试验区帮扶热度不退、力度不减。二是借助平台激发帮扶力量。由于今年九三学社中央在威宁县的挂职干部没有到位，九三学社毕节市委承担挂职干部对上对下的联络联系和协调的所有工作，协调资金为迤那镇完成4个卫生室的援建，协调18万元为威宁县九中完成心理咨询室建设，协调39万元帮助1名贫困残疾学生并护送到广州医院进行脊柱侧弯治疗等。三是按照“九三所能，毕节所需”原则，牵头对各级组织在毕节试验区的帮扶项目落实情况进行民主监督，分类建立项目库，形成项目清单，多次赴帮扶点进行跟踪督促。九三学社毕节市委先后6次深入到威宁县4个乡镇17个村、6个县直单位，通过听取情况汇报、查阅资料文件、召开座谈会、听取人民群众意见建议、填写问卷调查表等形式进行深入调研，就发现的有关问题及时向乡镇和县有关部门提出建议，确保九三学社的各类帮扶项目实施到位。

【发挥优势开展党派调研，参政议政获得新成果】

一是在各类重要会议和活动中建言献策。在列席中共毕节市委常委会议和参加中共毕节市委、市人民政府的重要会议和有关活动时，认真负责地提出意见和建议，为市委、市人民政府科学民主决策提供参考。二是在政协会议中建言献策。每次召开政协会议前，召集社员中的人大代表、政协委员，开展课题讨论、组织撰写。是年，提案议案的数量和质量得到突破，在市政协二届三次全体会议上提交大会发言2件、立案党派提案6件、个人提案19件。三是在开展专题调研中建言献策。为在建言资政和凝聚共识双向发力，九三学社毕节市委多次召开专题会议，全力抓好党派调研工作。由九三学社市委机关牵头进行2019年党派调研选题并赴全省6市3州开展实地调研，开展座谈10场，访谈8次，发放问卷200份，拟写了《落实人才聚集政策改善人才发展环境—毕节市高层次人才服务工作现状调查报告》和《贵州省特殊儿童家庭指导服务现状与建议》。其中《落实人才聚集政策改善人才发展环境—毕节市高层次人才服务工作现状调查报告》经过社市委委员集中讨论、个别修改后，报中共毕节市委。九三学社毕节市委还2次参与市政协关于500亩以上坝区农业产业结构调整的课题调研，并参加了3次座谈，参与起草《全市500亩以上坝区农业产业结构调整工作情况的报告》。参政议政工作取得了新成果。

【突出重点激发基层活力，组织建设迎来新气象】

一是加强班子建设，把班子成员的思想和行动统一到社市委的发展部署上来，要让班子成员清楚认识到抓好组织建设工作是本职，不抓是失职，抓不好是渎职的重要性。二是社市委机关干部和各支社、工委负责人都做组织发展的宣传员、服务员。各支社、工委各明确一名委员具体抓组织发展工作，将组织发展工作不留死角地延伸到全市三县一区的每个领域，坚决杜绝“事不关己、高高挂起”现象发生。三是加大对新老社员的思想教育。中共十九届四中全会、省委十二届六次全会和市委二届六次全会召开以后，九三学社毕节市委迅速传达学习贯彻，通过社市委专题召开主委扩大会议传达学习，各基层支社、工委召开会议学精神谈体会，以专题讲座、专题学习等方式把各支社主委、机关干部全部轮训一遍，以“不忘合作初心，继续携手前进”主题教育活动为载体，全面掀起思想教育的高潮，将中央、省、市传达的各种精神传递到每一个基层组织，渗透到每一个社员的细胞，以思想教育的强化来巩固基层组织的战斗堡垒。四是树立“为社聚才”的责任意识，做好组织发展工作。继续深入贯彻“人才兴社、人才强社”战略，认真抓好组织建设，社员结构不断改善，组织活力不断增强，是年新发展社员 11 人，平均年龄 39 岁。其中，硕士博士 2 人；具有高级职称 3 人，中级职称 4 人；科技教育卫生界人士 10 人，政府机关、党派机关、财经等界别共 1 人。截至 2019 年，有社员 265 名。五是 12 月 7 日完成毕节市综合支社和农业支社两个支社的换届工作，选举产生新一届委员会，完成了基层组织政治交接，进一步激活了基层组织活力。六是注重队伍建设和后备干部培训，先后指派 6 名社员和干部到社中央、省委党校、省社会主义学院和市委党校参加脱产学习。

【借力新兴媒体拓宽覆盖面，宣传工作开创新局面】 一是抓中心，造声势。紧跟省市中共党委、政府步伐，注重对九三学社在脱贫攻坚相关工作的报道，注重九三学社参与毕节试验区建设开展的各项工作报道，注重九三学社各级组织学习贯彻落实省市会议精神各种典型做法的报道，推出九三新人物、展示九三新风貌、推动九三学社工作上新台阶。二是抓典型，带全面。抓住典型人物和典型事迹，通过一个个鲜活的人物形象和感人事迹，宣传九三学社民主与科学的宗旨，宣传爱国主义、社会主义的巨大凝聚力和感召力，从而带动全面，达到宣传所要达到的社会效应。三是通过“九三学社毕节市委员会”公众号，定时与不定时发布九三学社毕节市委工作信息动态、时事方针政策。另外，为加强对中共十九大、十九届四中全会等的学习宣传力度，在九三学社毕节社员群内开展“指尖上的十九大”等学习宣传活动，并借力“毕节统一战线”等微信公众号进行新闻登载，同时借助社员个人朋友圈的力量，层层发力，争取社中央以及东部十省市各级九三的力量，形成“金字塔”式的宣传方式。具有九三气息的毕节在一夜之间响彻千山万水，走进北京上海等各大城市九三组织及统一战线。三是主动加强与上级主流媒体的沟通和协调，整合资源，畅通信息报送渠道，做好各级组织赴毕开展脱贫攻坚及教育、医疗帮扶和重大活动等信息报送，及时将有针对性、代表性、典型性和独创性的做法撰稿向地方媒体、省级媒体投稿报道，利用社省委的九三黔讯、毕节试验区联络联系动态、《毕节日报》等进行宣传。是年工作动态及简讯发布 82 期，在九三学社中央等多家网站、贵州省政协报等刊物登载宣传报道及理论文章 26 篇，相关会议活动在电视台报道 2 次，微信公众平台发送信息 81 篇阅读量达 1 万余次。

【对标找差查找不足，来年改进迈步新征程】

一是思想建设工作还需进一步加强，贯彻落实习近平新时代中国特色社会主义思想、习近平对毕节试验区的“7・18”批示精神还不够深，离“学懂弄通做实”还有较大差距。二是参政议政能力还需进一步提高，挖掘社员参政议政潜能、激发社员参政议政热情，为社员提供平台、搭建桥梁等工作机制和方法还不够多。三是社会服务工作还需进一步加强，机关在统筹及整合资源开展社会服务工作方面缺乏抓手，疲于应对各级社组织赴毕帮扶的大量协调及接待工作，在立足实际自主开展助力脱贫攻坚方面力量还不够足。四是组织建设工作还需进一步加强，存在对代表性人士的发展力度不够，基层组织凝聚力不强、支社活动开展不好、社员政治学习不深等问题。

（供稿：九三学社毕节市委员会办公室）

市工商业联合会

【概述】 2019年，在市委市政府的坚强领导下，在省工商联和市委统战部的指导下，市工商联紧紧围绕中心、服务大局，牢牢把握“两个健康”工作主题，坚持“政治建会、团结立会、服务兴会、改革强会”的工作方针，积极履职尽责，对上争取、对外联引、对内激活，突出重点、全面推进、打造品牌、扩大影响，有力助推全市民营经济高质量发展，为全市按时打赢脱贫攻坚战，建设贯彻新发展理念示范区贡献工商联力量。

【加强思想政治建设】 2019年，市工商联深入学习贯彻习近平新时代中国特色社会主义思想、党的十九大、十九届四中全会精神，全面落实习近平总书记对贵州对毕节重要指示批示精神及习近平总书记在民营企业座谈会重要讲话精神等，认真贯彻落实党中央、省委、市委各项决策部署，切实树牢“四个意识”，坚定“四个自信”，坚决做到“两个维护”。持续深入开展非公经济人士理想信念教育实践活动，引导民营企业家自觉做爱国敬业、守法经营、创业创新、回报社会的表率和践行“亲”“清”新型政商关系的典范，在政治立场、政治方向、政治原则、政治道路上始终同党中央保持高度一致，自觉做到听党话、感党恩、跟党走。

【扎实开展“不忘初心、牢记使命”主题教育】 2019年，市工商联在“不忘初心、牢记使命”主题教育中，强化理论学习。举行专题集中学习研讨5次7天，共计25人次参与，覆盖8个专题。收集发言材料25篇，通过多种学习形式，深化学习效果，开展形势政策教育、先进典型、革命传统等教育8次，志愿服务活动1次，主要领导上专题党课2次，举行主题教育知识测试1次，发放学习教材40余册，有力加深党员领导干部对新时代中国特色社会主义思想和党中央大政方针的理解，做到学深悟透、融会贯通。深入调查研究。结合市工商联工作重点难点开展调查研究，形成调研报告4篇，在调研中帮助解决群众“揪心事、烦心事、操心事”7个。对照检视问题。按照习近平总书记“四个对照”和“四个找一找”要求，广泛征求意见，对标对表查找问题，从思想、政治、作风、能力、廉政方面进行检视反思，发放征求意见表30余份，深入基层调研60余人次，征求意见建议11条，单位领导班子及班子成员检视问题15个，制定措施40条，整改到位23个。扎实开展好民主生活会。按照市委相关要求，精心撰写检视剖析材料，高质量召开市工商联党组班子民主生活会。五是狠抓问题整改。坚持问题导向，制定详细可行整改实施方案，明确责任人、整改时限和要求，狠抓问题整改落实，并定期通报整改情况，确保主题教育取得实效。

【落实意识形态工作责任制】 2019年，市工商联始终把意识形态工作摆在重要位置，明确意识形态工作职责分工，建立健全相关工作机制，推动意识形态工作责任落实到位，牢牢掌握意识形态工作的领导权主动权，始终确保正确政治方向。开展重大风险防范化解专项督查工作，制定督查方案开展督查，形成督查报告并向市委防范化解重大风险办呈报风险情况。同时，加强市直属商协会信教群众摸底统计，适时掌握非公经济人士信教情况动态，积极引导非公经济人士旗帜鲜明反对和抵制各种错误观点，确保意识形态安全。坚持“两个健康”工作主题，发挥“桥梁纽带”和助手作用，建好管好毕节试验区商会微信公众号、商会网站等宣传舆论阵地，切实加强对非公经济人士的政治引领和正面引导，推动构建“亲”“清”新型政商关系，营造风清气正的政治生态，进一步增强非公经济代表人士“四信”，引导他们跟党走、感党恩、听党话，为党的工作贡献非公经济智慧和力量。

【加强宣传教育引领】 2019年，市工商联加强非公经济先进典型宣传力度。与市商务局、贵州民族报社毕节记者站联合开展“毕节市首届年度最具商贸影响力人物暨品牌系列推介宣传活动”。推荐会员企业家参加“全国非公有制经济人士优秀中国特色社会主义事业建设者”“贵州省十大杰出青年企业家”“贵州省青年经济领军人物”“毕节市劳动模范”等评选。其中，中小企业商会会长荣获“贵州省十大杰出青年企业家”和“贵州省青年经济领军人物”称号。推荐企业家参与脱贫攻坚先进典型1个报省工商联。推荐奋战在脱贫一线的专家先进事迹1个报省、市人社部门。推荐5名优秀的青年企业家作为省工商联拟成立的贵州省工商联青年企业家委员会候选人；推荐1人到省工商联作为专门委员会候选人；推荐1人加入省工商联成长型企业家计划。加强非公经济人才队伍建设。推荐一批非公经济人士参加毕节市第六批市管专家的评选。组织开展培训工作，提升民营企业家素质。其中，组织商协会负责人、企业家代表35人次参加省级组织的“非公有制经济代表人士培训”“服务保障民营经济发展法律大讲堂”“商会组织负责人培训班”等班次学习培训。指导直属商会、市中小企业商会举办中小企业发展、保险业务知识培训，70多名会员参训。组织16名优秀企业家到陕西延安、贵州民大、上海交大参加省工商联组织的非公经济人士理想教育活动系列培训工作。

【大兴调查研究之风】 2019年，市工商联积极配合省工商联开展“规模以上民营企业”“民营企业防范化解风险大走访大调研”、2次“民营企业运行状况问卷调查”“民营企业和商（协）会法治建设和产权保护调研”等调研活动；针对民营经济发展现状、脱贫攻坚、商会建设等方面开展深入调查研究，形成《毕节市民营企业防范化解风险调查报告》《毕节市民营经济发展现状专题调研报告》等5篇调研报告，为市委市政府决策提供参考。

【夯实党建工作基础】 2019年，成立市工商联联合党委，指导毕节市中小企业商会、江西商会成立独立党支部，其他商（协）会组建4个联合党支部，实现党组织覆盖所属商（协）会，通过抓党建引领商（协）会组织健康发展。强化党建帮扶工作。持续开展“三个大兴”活动，切实践行“四到工作制”。深入帮扶联系点，通过走访调研、结对帮扶、扶持产业、组织爱心企业捐助慰问等形式开展帮扶工作。组织商协会到安乐溪乡开展教育扶贫，捐款4.5万元支助贫困大学生就学；组织干部职工到安乐溪乡营上村和营坪村开展大走访大筛查活动；组织干部职工春节前和“六一”儿童节到安乐溪乡丰岩村开展慰问活动；协调民营企业为安乐溪乡丰岩村建档立卡贫困户购买人身健康保险金出资2万余元；解决丰岩村外出考察学习经费1.5万元；引导毕节江西商会党支部与丰岩村党支部结对子，商会出3万元帮助丰岩村发展产业；出资20万元支持丰岩村发展半夏种植产业。协调广州市工商联企业家出资10万元用于威宁县石门乡河坝村发展猕猴桃种植；出资3万元解决河坝村村公所配套设施老旧问题；组织毕节凯帝医院到威宁县哈喇河镇开展义诊活动。

【推进“千企帮千村”行动】 2019年，市工商联积极促成全国工商联扶贫工作委员会第二次全体会议在织金县召开。积极争取省工商联更大支持，努力将未实现覆盖的深度贫困村纳入“千企帮千村”帮扶予以安排。与市扶贫办、市光彩事业促进会、毕节农业银行联合开展“千企帮千村”台账评估交流专项行动，对全市“千企帮千村”行动所帮扶的村走到、补全、纠错、评估，实现全覆盖。指导织金县工商联做好迎接全国“万企帮万村”精准扶贫行动台账交叉检查各项工作。截至2019年，全市共有749个民营企业帮扶1051个村，累计投入资金55.4亿元，受益贫困人口26.9万人，充分发挥民营企业在全市脱贫攻坚战中的重要作用。

【推进东西部扶贫协作】 2019年，市工商联与广州市工商联签署战略合作协议，开展了双方互访交流考察工作。抓好广州市工商联捐赠织金县自强、后寨、中寨等乡镇500万元建设扶贫车间建设和基础设施美化亮化工程建设，扶贫车间和基础设施美化亮化工程已全部完工。对接开展广州市工商联组织的金发科技公司、广州海印集团、广东海大集团等46家民营企业与威宁、赫章县59个贫困村结对帮扶工作，结对帮扶到位资金共155.2万元。

【注重商会建设交流】 2019年，市工商联加强商会组织建设。按照全联“五好”县级工商联创建标准，扎实有效开展创建工作，除威宁外7个县（区）工商联被全国工商联确认为“五好”县级工商联。召开市工商联执委会，调整充实工商联班子及执常委。按照全联“四好”商会创建标准，积极指导各县区和市直商协会开展创建工作。其中，毕节中小企业商会荣获全国工商联“四好”商会认定。全市工商联共有会员10294名，商协会251家（其中：市直属18家，县区233家），有北京、深圳、宁波、海口、广东、贵阳、昆明等异地毕节商会7家。加强商会交流合作。赴广东广州市、重庆市涪陵区、福建省福州、泉州、江苏省无锡、昆山，浙江温州等地工商联和商会进行考察交流学习，并对接做好湖北省孝感市工商联、北京毕节企业商会、广西女商会、广东省毕节商会赴毕投资考察等工作，进一步加强信息交流，实现工作交流互鉴，拓宽对外合作途径。

【营造良好法治环境】 2019年，市工商联开展民营企业和商（协）会法治建设和产权保护调查问卷填报，每个县区填报50份报省联。开展收集政府涉企业产权纠纷问题线索收集。与市宣传部、司法局开展“服务大局普法行”主题实践活动。上报14家在全市有代表性的非公企业名单到市司法局，要求企业配合好此次活动的工作开展。与市检察院建立依法保护企业家合法权益营造企业家健康发展法治环境专项工作衔接机制，开展“预防职务犯罪教育进商会”“检企共建推进依法治企”活动等，加强法治宣讲，搭建法律服务平台，促进新型“亲清”政商关系构建，为民营企业营造良好法治环境，促进民营经济健康发展。

【搭建服务合作平台】 2019年，市工商联积极服务民营经济发展。搭建政银企合作平台。联合市人行、市金融办等部门开展民营企业金融服务“七个一行动”，搭建银企沟通合作平台推进问题解决。与市建设银行举办银企座谈会。搭建交流合作平台。组织14家企业参加全国“万企帮万村”行动产业扶贫项目金融支持供需对接活动，其中2家企业得到银行意向授信6000万元；组织20余家企业70多种产品参加香港“第三届多彩贵州特色商品展览月”活动，其中五家企业与香港裕华百货达成供货协议，总金额 35 万元；组织部分县区优特农产品入驻“供港优品黔货出山”电商平台洽谈会。搭建人才队伍建设平台。与市人社局、民营经济发展局组织开展全市民营经济组织专业技术职务申报评审工作，市级收到评审材料 150 多份，其中 43 人通过评审；组织企业参加省第七届人才博览会现场洽谈招聘，收集企业人才、用工需求信息在“中国贵州人才交流合作网”发布。搭建招商引资平台。组织市工商联异地商协会 6 人参加毕节市绿色生态产业招商引资推介和旅游宣传推介活动。积极联引中国电建集团贵州工程公司下属盛华源能源科技公司投资赫章县 1200 兆瓦电伏发电项目，项目总投资 50 亿元。与市委统战部共同引进湖南兴业绿色能源股份有限公司在威宁县羊街镇开发光伏新能源项目，项目投资约 8 亿元，到位资金 6.5 亿元，市工商联招商引资分配 3 亿元，圆满完成 2019 年度招商引资到位资金 2 亿元工作任务。

【全面从严治党工作】 2019 年，市工商联充分发挥党组总揽全局、理清思路、统筹兼顾、协调各方作用，进一步健全完善党组议事会议制度，落实书记负总责、分管领导专门抓、部室负责人具体负责的“一岗双责”党风廉政建设责任体系。召开 2 次专题会议对党风廉政建设进行研究，层层组织签订党风廉政目标建设工作责任书，坚持正确选人用人导向，坚决落实“凡提四必”要求，提拔任用 2 名干部，形成正向激励机制。加强纪律建设，坚持以“两学一做”学习教育常态化、制度化为抓手，坚守领导干部双重组织生活和诫勉谈话等制度，认真学习贯彻《党章》《关于新形势下党内政治生活若干准则》等党内法规文件，增强遵守政治纪律和政治规矩意识。严格规范党内政治生活，认真落实民主集中制，严格落实党组理论中心组学习制度，扎实开展“三会一课”“主题党日”活动，按要求召开民主生活会、组织生活会，不断提高党员队伍的凝聚力和战斗力。加强党风廉政建设，在办文办会、接人待物上始终用制度约束，按规矩办事。完成封存处理接待用酒工作，开展干部职工通过“高档酒”“天价烟”获利情况排查清理工作，开展春节、清明、五一等节庆节假日期间“四风”问题的自查，没有发生违反规定的现象。开展“作风评价”行动，坚持用制度管人管事，制定并落实《正负面清单管理办法》，将干部职工考勤与年终考核、绩效补助等挂钩，有力推动干部作风大转变。认真落实领导干部个人重大事项报告、述职述廉、民主评议、谈话诫勉等制度。扎实有效推进党务政务公开工作，切实增强党务政务公开意识，着力促进党内民主建设，充分发挥党员群众监督作用，确保权利在阳光下运行。

【巡察反馈问题整改落实工作】 2019 年，市工商联党组高度重视市委巡察反馈意见，成立问题整改工作领导小组，认真做好巡察整改的部署、督办和落实工作。党组先后 5 次召开党组会专题研究巡察整改工作，研究制定了整改方案，明确抓好巡察整改工作的主要措施和整改要求。同时，将巡察反馈 12 个问题细化分解为 29 个细化方面问题整改任务清单，逐项制定整改措施，落实整改责任，明确整改时限。严格按照整改工作方案，再度厘清整改思路，挖掘问题痛点难点，重点发力，各个击破，并建立长效机制，推动巡察问题整改落实。巡察反馈问题已全部整改落实到位，整改工作取得较好成果，并已按照市巡察办要求，形成《关于巡察整改进展情况的通报》，在党内外进行公开，接受社会监督。

（供稿：市工商业联合会）

中国共产党毕节市纪律检查委员会
毕节市监察委员会

【概述】 2019年，毕节市纪委市监委忠实履行党章和宪法赋予的职责，坚持稳中求进，一体推进不敢腐、不能腐、不想腐，一体推进纪律检查体制改革、国家监察体制改革、纪检监察机构改革，一体推进更深层次更高水平的转职能、转方式、转作风，持续巩固发展毕节政治生态的绿水青山，纪检监察工作实现高质量发展，全面从严治党取得新突破、迈上新台，为全市各项事业发展提供了有力保障。省民调显示，人民群众对党风廉政建设和反腐败工作满意度达89.45分，同比增长4.26分，排名全省第四。

【坚持政治引领，践行“两个维护”更加深入】

聚焦主题教育强化政治担当。扎实开展“不忘初心、牢记使命”主题教育，坚持深学细悟习近平新时代中国特色社会主义思想和习近平总书记对贵州对毕节重要指示批示精神，学思用贯通、知信行统一，扎实推进学习教育、调查研究、检视问题、整改落实，有效解决违背初心和使命问题。市纪委常委会围绕党的政治建设、担当作为等8个方面，开展集中研讨学习共6次8天。形成纠治形式主义、官僚主义、助力脱贫攻坚等高质量调研报告46篇。委班子成员查找问题和不足共225个，制定措施248条，推动全市纪检监察机关践行初心使命结出丰硕成果。聚焦“七个有之”严明政治纪律。严格落实《中共中央关于加强党的政治建设的意见》，始终把严明政治纪律和政治规矩贯穿到监督检查、审查调查、巡察督查、追责问责各个环节，查处“党的领导弱化、党的建设缺失、全面从严治党不力”等问题216个，问责党组织44个，问责党员领导干部239名，党纪政务处分32人。聚焦“七个有之”，及时辨别清除“两面人”“两面派”，查处违反政治纪律和政治规矩的党员及国家公职人员61人。狠抓领导干部利用茅台酒谋取私利问题专项整治，查处领导干部违规收送使用茅台酒等问题24起，处理30人，党纪政务处分18人。聚焦同级监督净化政治生态。坚持同级监督与政治监督一体推进。市纪委市监委班子成员带队深入市“四大办”等单位和派驻纪检监察组，面对面调研督导“两个责任”落实。立足毕节试验区特殊的政治高地维护政治生态，把宫某某违纪违法案作为全市各级党组织加强政治建设的新警示，作为广大党员干部严明政治纪律的新镜鉴，作为纪检监察机关增强斗争精神的新教材。推动“一案六地”同步开展宫某某案“一案一整改”，现场警示教育领导干部近1000名。结合第二批“不忘初心、牢记使命”主题教育，全市1.3万余个党组织21万余名党员严格对照检视。协助市委开展全市政治生态分析研判，进一步维护毕节风清气正的政治生态。

【坚持人民立场，护航扶贫民生更加有力】 严肃整治漠视群众的“冷面人”。围绕群众操心事、烦心事、揪心事，深入开展漠视侵害群众利益问题专项整治，集中排查问题1306个，查处问题304件，党纪政务处分200人，涉及金额545.6万元。督促建立堵漏防患机制25个，“小事不管不会出事、大事不管作不了主”的不良现象得到有效扭转。全市查处漠视侵害群众利益的一个典型案例获得294万张微信投票，名列全省第二。严肃查处脱贫攻坚的“中梗阻”。紧紧围绕脱贫攻坚“一达标、两不愁、三保障”、农村饮水安全保障、“四场硬仗”及“联县、帮乡、驻村、入户”工作任务和要求，严格监督执纪问责，推进日常监督、专项监察、专项治理、一线走访系统化实施，全力护航脱贫攻坚。全市发现扶贫民生领域问题2202个，立案1332件1510人，党纪政务处分1211件1354人，移送司法机关14件14人，涉案金额5229.77万元，返还群众346.08万元，返还财政1054.31万元，问责处理履行“两个责任”不力人员340人，及时打通“中梗阻”，不断汇聚“生力军”，打好脱贫攻坚最后歼灭战。严厉打击涉黑涉恶的“保护伞”。按照“有黑有恶必有伞”的工作要求，坚持“一案三查”。把查深查透重点案件作为突破口，深挖党员干部和国家公职人员涉黑涉恶腐败、充当黑恶势力“保护伞”以及工作推动不力等“三类问题”，立案103件150人，党纪政务处分77人，组织处理27人，移送司法机关13人。七星关区公安分局打黑大队负责人王某等一批“官伞”“警伞”被绳之以法。

【坚持小切大建，整治“四风”问题更加彻底】

重点管住干部的“嘴”和“腿”。持续监督落实中央八项规定及其实施细则精神，以管住“嘴”和“腿”为切入点，加大规定刚性执行力度，以良好的党风政风带好社风民风、赢得党心民心。查处违反中央八项规定精神问题139起189人，同比上升16.5%、5.3%；党纪政务处分164人，同比上升3.7%。通报典型案例43批次148起。坚持问题导向，抓小管大，深入开展专项整治，查处违规公款吃喝立案11件18人、违规收送购买香烟问题5件9人。推动运用北斗导航定位系统，对市直部门及各县区四大班子335辆公车24小时全轨迹定位监控。公车私用、公款吃喝“地方病”“慢性病”得到有效遏制。重点整治形式主义官僚主义。坚持从政治高度，紧盯中央、省委和市委决策部署贯彻落实情况，坚决整治空泛表态、敷衍塞责、出工不出力、增加基层负担等问题。认真贯彻落实中央关于“基层减负年”和市委“三个大兴”活动的部署要求，精准出击、严查整治。全市纪检监察机关共查处形式主义、官僚主义问题119个，处理153人，党纪政务处分126人。监督保障基层减负执行，全市发文同比下降33%，召开会议同比下降32.5%，市级部门督查检查考核同比下降54.1%，为基层干部聚力发展松绑解压。重点构建群众“零距离”监督网。充分利用互联网优势，紧盯干部作风“顽疾”，搭建市级统筹、市县两级相互独立的“毕节市干部纪律作风扫码评价平台”，作风评价二维码一年365天“在线”，人人参与，人人监督，构建“全天候”“无缝隙”监督格局。全市1600余个单位2.7万余个科室（村居）纳入扫码评价监督范围，16万余名群众参与评价，调查处置群众负面评价投诉问题742个，问责处理干部522人，干部作风明显转变、办事效率明显提高。

【坚持精准出击，开展巡察监督更加有效】 管用长效的巡察机制逐步建立。把巡察工作摆在更加突出位置，主动适应新形势、准确把握新要求，突出机制建设，实施谋划部署“一盘棋”、组织推动“一股劲”、成果运用“一条心”。制定《关于一体推进全市巡察工作高质量发展的实施意见》《关于村级党组织巡察全覆盖的指导意见》《中共毕节市委巡察人才库人员选配与管理暂行办法》等，形成巡察监督和纪律监督、监察监督、派驻监督相互贯通的整体合力。本届任期内完成巡察覆盖率达71.43%，巡察“推动改革、促进发展”政治功能充分发挥。一体高效的巡察格局正在形成。强化责任担当，把准政治定位，把“两个维护”作为根本任务，加强上下联动，抓好横向沟通，一体推进巡察高质量全覆盖，着力构建更完善、更严密、更高效的工作格局。开展二届市委第五轮巡察暨县区交叉巡察，对18个市直单位、138个乡镇及县（区）直单位开展巡察，发现问题3307个、问题线索284件。开展二届市委第六轮巡察，对17个国有企事业单位开展常规巡察，对22个党组织开展脱贫攻坚“点穴式”巡察，发现问题515个、问题线索19件。聚焦脱贫攻坚“五个专项治理”，对18个深度贫困村开展专项巡察，发现问题292个、问题线索9件。通过采取“市级统筹主导、县区交叉配合”模式，有效破解“熟人社会监督难”问题。扎实有效的整改效应更加显著。采取“集中+单独”反馈方式，督促被巡察党组织履行整改主体责任，对巡视巡察整改不力、整改不到位的严肃追责问责，党纪政务处分7人，通报巡察典型案例13起。对二届市委第三轮巡察的8个市直单位、二届市委2018年提级巡察、联动巡视巡察、脱贫攻坚专项巡察的25个乡镇整改落实情况开展专项督查，督促反馈的895个问题完成整改670个。对省委第三轮、第四轮巡视的县区整改情况开展督查，发现问题86个。创新制定巡察建议书制度，向市委、市政府及相关职能部门提出建议，着力把巡察效果转化为监督治理效能。

【坚持务实管用，构建监督体系更加完备】 把日常监督严起来做到位。坚持日常监督常态化、近距离、可视化，综合运用信访受理、线索处置、约谈提醒、谈话函询、列席民主生活会、提出纪检监察建议等多种方式，把严管厚爱体现在日常、把提醒警示落实在经常。建成在职市管干部廉政档案，自主研发市级廉政档案系统。加大对谈话函询结果抽查核实力度，对实事求是者予以采信并及时澄清正名，对隐瞒事实、不如实报告者从严查处。严把党风廉政意见回复关，回复意见1955人次，否决91人。全市发出纪律检查建议书、监察建议书416份，督促案发单位制定完善制度289个。把“四种形态”用起来准到位。坚持“惩前毖后、治病救人”，严管厚爱结合、激励约束并重，精准运用“四种形态”处理党员干部7345人次，分别占比67.3%、27.7%、3%、2%，前两种形态占比高达95%，真正做到抓早抓小、防微杜渐，充分体现党的政策和策略，坚持讲政治与讲证据相统一，看事实与看态度相统一，从轻条件与从重要求相统一，取得了最大的政治效果、纪法效果和社会效果。把“三个区分开来”抓起来落到位。认真落实中央《关于进一步激励广大干部新时代新担当新作为的意见》，坚持尽职免责、失职追责，既防止问责不力，又防止问责泛化、简单化，让干事者放下思想包袱、轻装上阵。大方县委原书记张某某案涉案人员118人，按第一种形态处置105人，充分激发广大党员干部感恩组织、拼搏奋进，竭诚投身脱贫攻坚一线攻坚克难、建功立业的积极性，树立了鼓励干事、宽容失误的鲜明导向。

【坚持一体推进，高压惩腐势头更加强劲】 紧盯“关键少数”强震慑。坚持有案必查、有腐必惩、有贪必肃，减存量，遏增量，一体推进不敢腐、不能腐、不想腐的体制机制建设。全市接受信访举报7324件，处置问题线索5921件，立案2134件2568人，结案2067件，党纪政务处分2342人；移送司法机关64人，同比上升39.1%，挽回经济损失5669.6万元。立案查处党政班子成员253件305人，分别占全市立案件数、人数的11.86%、11.88%，其中查处党政一把手104件128人。查处县处级领导干部39件41人，查处案件数同比增长62.5%。共有53名违纪违法人员主动投案，同比增长278%，高压惩腐震慑效应凸显。围绕“线索清零”减存量。着力推进问题线索管理规范化，建立问题线索分办、督办、调度、处置反馈等系列制度，开展问题线索分办处置“双清零”，切实提高问题线索处置效率。接收和清理问题线索1579件，全部实现分办清零，及时给组织一个交代、给干部一个说明、给群众一个回应。突出“现场警示”抓整改。协助市委组织全市厅级领导干部开展廉政警示教育，编印脱贫攻坚领域典型案例警示教育读本，召开市县乡三级“脱贫攻坚领域突出问题整治”警示教育大会，组织党员干部旁听张某某、张某某、周某案庭审，“零距离”聆听法槌威严，现场接受警示教育。开展郑某某、蒋某、王某某等478个案件“一案一整改”，制作警示教育片《忏悔之音》《不做“两面人”》、微电影《迷失的灵魂》，用活资源、狠抓典型，推动以案促改、以案促建，做到警钟长鸣、警醒常在，强力督促幡然醒悟者现时交代问题，心存侥幸者及时收敛收手，冥顽不化者随时心惊胆战，有力推动构筑不想腐的政治自觉、思想自觉和行动自觉。

【坚持严管厚爱，干部队伍建设更加过硬】 切实抓好能力提升工程。围绕第二批“不忘初心、牢记使命”主题教育、纪检监察干部队伍建设年工作部署，按照“政治过硬、本领高强”要求，以党的政治建设为统领，以加强政治理论、政策法规和业务能力建设为重点，扎实抓好全员培训工作。2019年，市、县两级纪检监察机关分专题举办培训班62期培训干部6721人次，全员培训率100%，累计组织4000余人次干部参加全员培训应知应会知识测试，实现人员培训和业务培训、有形覆盖和有效覆盖的有机统一，省纪委省监委到毕节市纪委市监委组织测试平均分达91.14分，在全省名列前茅。着力提升案件审理能力，努力使每个案件都经得起实践、人民和历史的检验。2019年全省案件质量评查，毕节市合格率为100%、优秀率为55.9%，其中张某严重违纪违法案被评为“全省十佳精品案件”。全市纪检监察系统19个单位（部门）、105名干部因工作突出受到上级表彰。切实抓好结构优化工程。综合运用“职务提拔与职级晋升并轨运行、政治待遇与经济待遇同步推进、缺人补人与缺岗补岗互为补充”三项有效举措，激活纪检监察干部队伍“一池春水”。充实调整5名市纪委市监委领导班子成员，配齐配强7个县区17名纪委监委班子成员；提拔正科级领导干部19人，向市委推荐提拔县处级领导干部6人、进一步使用8人，晋升职级49人。市县两级纪检监察机关互派挂职锻炼干部15名，市纪委市监委系统内外交流轮岗干部64名。采取公开遴选、选调985高校毕业生、比选划转、差额考调、接收军转干部等方式充实干部65名。市纪委监委干部队伍中法律类、财经类和审计类专业人才99人，占比57.3%。切实抓好关怀激励工程。按照“班长走访班子成员、班子成员走访室部负责人、室部负责人走访干部职工”的原则，积极开展政治家访活动，深入干部职工家中走访慰问，切实了解和帮助解决工作和生活中存在的困难和问题。此外，还通过开办干部职工食堂，加强机关妇委会、工会建设等，切实增强干部职工归属感和凝聚力。切实抓好自我净化工程。坚持“打扫庭院”不护短、“刀刃向内不护犊”，市、县两级共收到纪检监察干部违规违纪问题线索281件，运用“第一种形态”处置147人，“第二种形态”5人，“第三种形态”2人。其中市纪委市监委受理问题线索107件，已办结96件。完善内控制度，及时修订《毕节市纪检监察机关干部监督办法（试行）》等制度。对不适合纪检监察岗位的干部及时进行组织调整。完成对两个县纪委和6个学校纪委的第一轮内部督查。开展纪检监察系统内部近亲属关系自查、经商办企业问题自查、履行职责专项自查，不断厚植纪检监察机关“净土”，着力锻造忠诚干净担当的执纪执法铁军，真正让“打铁的人”成为“铁打的人”。

（供稿：中共毕节市纪委办公室　毕节市监委办公室）

社会团体

总工会

【概述】 2019年，毕节市总工会坚持以习近平新时代中国特色社会主义思想为指导，深刻领会习近平总书记关于工人阶级和工会工作的重要论述，自觉以习近平总书记对贵州对毕节工作系列重要指示批示精神统领工作全局，立足“打赢攻坚战、建设示范区”的工作总纲，强化政治引领、突出主责主业、加强自身建设，各项工作成效明显。

【着力坚持党的领导，强化理论武装】 持之以恒推进理论学习。坚持把认真学习宣传贯彻习近平总书记在同中华全国总工会新一届领导班子成员集体谈话时的重要讲话和中国工会十七大、省工会十四大精神作为重要政治任务，与深入学习贯彻党的十九大和十九届二中三中全会、市委二届三次四次全会精神结合起来。用好“学习强国”学习平台，采取切实有效的措施，开展各具特色的学习宣传贯彻活动，在广大工会干部和职工中持续掀起学习宣传贯彻热潮，教育引导广大工会干部和职工进一步增强“四个意识”、坚定“四个自信”、做到“两个维护”，始终在思想上政治上行动上同以习近平同志为核心的党中央保持高度一致。扎实开展“不忘初心、牢记使命”主题教育。坚定不移推进党的政治建设。以党的政治建设为统领，坚决落实全面从严治党主体责任，推进工会系统党风廉政建设和反腐败工作。严格落实中央八项规定及其实施细则和省委、市委有关规定，驰而不息抓好工会作风建设，大兴“三风”，坚决防止“四风”特别是形式主义、官僚主义，巩固和发展工会系统风清气正、干事创业环境。加强调查研究和工运理论研究。市总班子成员分别带队深入基层开展调研，解决问题12个，共形成有质量的调研报告11篇。

【着力助推脱贫攻坚，充分发挥工会组织优势和作用】 围绕脱贫攻坚“四场硬仗”积极作为。深化工会助力脱贫攻坚，主动融入乡村振兴战略，不断把“拔穷根·助圆梦”“建工会·促就业”“雁归圆梦”行动和“护工就业行动”引向深入，通过开展“惠工贷”扶持示范企业、选树“创业之星”、培育“农民工匠”，推进农民工就地就业、返乡创业，促进搬迁群众“搬得出、稳得住、能致富”。积极推进乡镇、社区和中心安置点工会对规模较小安置点的工会组织覆盖，发展工会会员66553人。各级工会联合人社等多家单位举办“春风行动”等系列招聘会，拓展就业渠道，积极为有求职意向的易地扶贫搬迁家庭劳动力搭建就业平台，做好就业岗位引导安置工作。联络市内外200多家企业举办大型现场招聘会5场，为上万名贫困户、搬迁点待业劳动力等提供就业机会。重点针对适宜搬迁群众就业的劳动市场、岗位进行全面考察，开展护工培训，促进易地扶贫搬迁劳动力就近就业，确保搬迁群众稳定增收。用心用情做好帮扶服务工作。深刻领会习近平总书记关于扶贫工作的重要论述，落实省委书记孙志刚在威宁调研检查脱贫攻坚工作的讲话精神和市委书记周建琨对全市脱贫攻坚工作的要求，尽锐出战，选派了3名干部（其中2名科级）驻村帮扶，其中2名到驻村帮扶点赫章县铁匠乡铁匠和处卓驻村，1名到新增定点扶贫联系乡镇威宁自治县黑石头镇挂职。聚焦精准脱贫，认真落实“五步工作法”“四到工作制”，紧盯“两不愁三保障”，重点在培育内生动力、增强扶贫产业项目市场竞争力和可持续发展上下功夫。已筹资近200万元，为全市易搬点、扶贫联系点在危房改造、产业发展、工会阵地建设、农村人居环境整治、金秋助学、两节慰问、学校爱心之家建设等方面献计出力。

【着力突出建功立业，团结动员广大职工为实现高质量发展贡献智慧和力量】 深入开展劳动和技能竞赛。广泛深入持久开展“当好主人翁·建功新时代”主题劳动和技能竞赛。各级工会联合有关单位，在交通、教育、烟草、电力、卫生健康、农业、水利水电、税务等行业和部门，开展区域性劳动竞赛和重点工程、重点行业劳动竞赛和岗位练兵、技能比武。组队参加“水城春杯·一会三赛”2019年贵州省第二届评茶师职业技能大赛、第二届古树茶加工技能大赛暨第三届古树茶斗茶赛、旅游推介及农产品展销会，毕节市代表队获一项金质奖、两项优质奖和三个优秀奖。组队参加“雷公山高山绿·银球茶杯”2019年贵州省第八届手工制茶技能大赛，毕节市代表队获手工红条茶一等奖1名、手工红条茶三等奖1名、手工青茶（乌龙茶）三等奖1名、手工卷曲形绿茶优秀奖1名。深化绿色增效劳动竞赛。引导广大职工树立绿色发展理念，积极投身节能减排降耗行动，在打好污染防治“五场战役”、生态保护修复、培育壮大绿色产业中有效作为。加强节能环保形势教育，组织职工开展“建设美丽贵州我是参与者”全省职工生态环保安全知识网上竞答活动，强化职工节约环保意识，树立生态文明理念。弘扬劳模精神，厚值工匠文化。深化各层次劳模（工匠）创新工作室创建工作和“毕节工匠场”建设，为劳模（工匠）发挥作用搭建平台提供舞台。以劳模（工匠）创新工作室为引领，大力开展职工经济技术创新活动，激发职工创新活力。深化千名“毕节工匠”培育选树活动，抓好示范带动，助力精准脱贫。报市委、市政府表彰2019年毕节市劳动模范和先进工作者100名，弘扬劳模精神，掀起学习先进、争当先进的热潮，为打赢脱贫攻坚战凝聚正能量。

【着力思想政治引领，巩固党执政的阶级基础和群众基础】 切实加强和改进职工思想政治工作。深化以职业道德为重点的“四德”建设，广泛开展“培育好家风——女职工在行动”主题实践活动。坚持以社会主义核心价值观引领职工，深化“中国梦·劳动美——与共和国同成长、与新时代齐奋进”主题宣传教育，切实抓好庆祝新中国成立70周年宣传工作。全面落实意识形态工作责任制，牢牢掌握工会意识形态工作主导权。加强职工文化建设。积极推进省级职工书屋和全国职工书屋示范点创建，上报“省级职工书屋示范点”16个。开展“书香三八”读书征文等系列活动，全市160家单位上万名职工积极参与，收到征文172篇、家书127篇，表演阅读作品48个。开展“我和我的祖国 我与毕节试验区”网络读书征文活动，收到征文90余篇；职工周末篮球联赛一、二阶段共27支队伍400余人参加；乒乓球比赛18个单位27支队伍180余人参加；钓鱼比赛17支队伍120余人参加。组织参加了“时代新人说·我和祖国共成长”贵州省演讲大赛启动仪式暨“劳动筑梦”全省职工演讲比赛省级决赛，金海湖新区青龙街道办事处豪沟小学赵莉丽老师获得铜奖。

【着力做好维权服务，更好满足职工群众美好生活需要】 认真履行维权基本职责。积极支持参与全面深化改革特别是供给侧结构性改革，促进企业在加快出清过剩产能过程中依法履行民主程序，重点关注转岗安置职工、城镇困难职工、农民工等重点群体，进一步加强劳动人事争议的职工法律援助工作，健全完善职工维权体系。全市已建职工法律援助工作站10家。竭诚服务职工群众。积极参与工会就业创业服务月、“春风行动”、民营企业招聘周等工作，发放宣传资料两万多份；组织专场招聘会6场，提供就业创业服务3800人次，为360人次提供劳动维权和法律援助服务。两节送温暖活动中，全市工会共筹集慰问金335.61万元，共慰问困难家庭5828户。走访了69家困难企业。完善工会劳动保护监督机制。深化“安康杯”竞赛活动，共推荐参评优胜单位5个，组织工作优秀单位3个，优胜班组5个，组织工作优秀个人6个，优秀群众监督检查员10个，煤矿优秀家属协管员5个，获得省级表彰。在女职工就业保护、母婴温馨小屋建设、家政培训等方面持续发力。坚持维权维稳相统一。围绕“法治毕节”深入推进，坚持完善以职代会为基本形式的民主管理制度。深化工资集体协商工作，突出抓好行业集体协商，加强专职指导员队伍建设。加强机关、企事业单位民主管理制度化规范化建设，提升职工（代表）大会、厂务公开建制率，着力构建和谐劳动关系。全市已建工会的国有企业、国有独资企业、股份有限公司中的国有控股公司218个，厂务公开建制率100%；集体企业38个，厂务公开38个，建制率100%；非公企业基层工会2681个，厂务公开建制率97%。推进工会信访工作，加强劳动关系领域风险排查化解，坚决防止敌对势力煽动渗透破坏，坚决维护职工队伍和工会组织的团结统一，坚决维护企业和社会大局和谐稳定。健全工会服务职工体系。深化“1234”服务职工模式，不断丰富服务内容、创新服务方式、提升服务质量，为广大职工提供具有工会特点的普惠性、常态性、精准性服务。推进完善职工普惠服务，全市已发行工会普惠卡220995张，特约商户达176家，进一步增加了服务项目、充实了服务内容，惠及了广大职工。深化职工医疗互助活动，2019年参加互助活动单位857家，参加职工100059人，筹集资金500余万元，惠及患病职工307人。

【着力抓好改革创新，不断增强工会工作动力活力】 深化工会改革创新。始终坚持把增“三性”、去“四化”、强基层、促创新作为深化工会改革的主线，进一步创新工会服务职工群众的体制机制和方式方法，切实增强做好职工群众工作的能力和本领。扩大工会组织和工会工作有效覆盖。创新工会组织形式，完善工会组织体系，持续加强规范化建设，整体推进工会组建和会员发展。区域内国有及控股企业工会组建率已达

100%；25人以上企业建会2459家，建会率达97%，25人以下企业建会2930个，建会率达89%。推进货车司机等“八大员”群体入会和服务工作，全市273个“八大员”行业单位，建有工会组织的有178个，建会率65.2%。符合入会条件从业人员10547人，已经入会从业人员8980人，从业人员入会率85.1%。全市有基层工会组织8288个，工会会员1258928人，其中农民工有922141人。

（撰稿：祖维燕）

共青团毕节市委

【概述】 2019年，在市委、市政府的坚强领导下，在市直相关部门和各县（区）的支持下，共青团毕节市委坚持以习近平新时代中国特色社会主义思想为指导，结合“不忘初心、牢记使命”主题教育的开展，深入贯彻习近平总书记对贵州、对毕节和对共青团及青年工作的重要讲话和指示批示精神，深入学习党的十九大精神和十九届二中、三中、四中全会精神以及省委、市委重大决策部署，按照市委和团省委的总体工作部署，团结带领全体干部职工扎实苦干，开拓性地开展工作，圆满完成了各项目标任务。

【旗帜鲜明讲政治，牢牢把握正确的政治方向】 2019年，团市委班子成员深入学习贯彻习近平新时代中国特色社会主义思想和党的十九大精神，牢固树立“四个意识”，毫不动摇地坚持党对共青团工作的绝对领导、全面领导。坚定自觉地维护以习近平同志为核心的党中央权威和集中统一领导，坚决贯彻党的路线、方针、政策，坚决贯彻落实中央、省委和市委的各项决策部署。始终牢记党旗所指就是团旗所向，始终牢记共青团作为党的助手和后备军这个根本定位，始终牢记为党培养社会主义建设者和接班人这个政治任务，始终牢记为党巩固和扩大党执政的青年群众基础这个根本任务，始终牢记围绕中心服务大局这个工作主线，以坚定的政治信念履好职尽好责。

【突出理论学习，不断提升理论素养和履职能力】 注重理论素养提升。班子成员始终坚持用科学理论武装自己，通过个人自学、党组集中学习研讨、党组（扩大）学习等方式，认真学习习近平新时代中国特色社会主义思想和党的十九大精神，学习贯彻习近平总书记对毕节试验区工作重要指示精神，《习近平新时代中国特色社会主义思想纲要》《习近平关于不忘初心、牢记使命论述摘编》《习近平关于青少年和共青团工作论述摘编》等，认真学习贯彻落实省委、市委相关会议精神，全年共召开32次党组（扩大）学习会议、7次党组中心组学习研讨会议，12次支部学习会议等，通过政治理论学习，不断提升班子整体政治素养。

注重党性修养提升。认真学习《党章》《中国共产党纪律处分条例》《关于新形势下党内政治生活若干准则》《中国共产党问责条例》《中国共产党巡视工作条例》《中国共产党党内监督条例》《中国共产党支部工作条例（试行）》、中央八项规定及其实施细则、省委市委十项规定、相关党纪党规等，先后在清明期间组织全体干部职工赴烈士墓开展清明祭英烈暨重温入党誓词活动；在七一期间，组织全体领导干部赴鸡鸣三省接受红色教育，通过汲取红色基因，永守入党初心；开展先进典型学习活动，组织观看余留芬、黄大发等先进典型事迹，组织观看贵州第一个地下党支部书记、首任中共贵州省工委书记林青烈士战斗的青春、悲壮的牺牲、伟大的人生；到七星关区“川滇黔省革命委员会旧址”进行红色革命历史专题教育活动；到检察院廉政教育基地组织开展警示教育活动，集中收看警示教育片；开展党史教育活动，切实增强领导班子的党性修养和规矩意识。

注重业务能力提升。认真学习习近平总书记“7·2”讲话精神、在五四100周年纪念大会上的重要讲话精神、团的十八大、团十八届三中、四中全会精神和团省十四大、十四届三次、四次（全委）扩大会议精神，并通过网络学习、到广州团市委开展互学互访、召开会议交流等方式学习借鉴全国各地共青团好的做法，通过调查研究，注重向基层、向青年学习，在此基础上提升班子业务水平。班子成员结合重点工作，认真选题、深入开展调研，撰写调研文章6篇。

【突出政治堡垒作用，全面加强党的建设】 坚持民主集中制，积极营造良好的工作氛围。始终贯彻落实民主集中制，积极营造蓬勃向上、团结奋进的良好氛围。坚持做到重大决策、重点工程和重要管理制度都经过广泛征求党员和群众意见后，再由集体讨论决定，充分保障了决策的科学性和民主性。坚持在集体领导下的个人分工负责制，班子成员根据集体决策和个人分工，各负其责，形成了强大的合力。认真落实民主生活会制度，深入分析自身存在的不足之处，积极开展批评和自我批评，全年召开民主生活会1次，形成领导班子对照检查材料1份。定期不定期通过一对一谈话谈心、召开碰头会等方式沟通思想、善意提醒和教育批评，形成了工作上相互支持，思想上相互交流，政治上相互信任的良好氛围。

全面履行从严治党主体责任，营造良好政治生态。明确班子成员和中层干部在抓好业务工作的同时，对分管范围或科室贯彻落实党风廉政建设责任工作负责。党组班子将党风廉政建设工作与共青团业务工作同部署、同落实，专题研究党风廉政建设和从严治党工作4次，落实主体责任，确保有效落实党风廉政建设各项任务。“一把手”带头履行主体责任，做到重要工作亲自部署，重大问题亲自过问，重点环节亲自协调。班子成员“一岗双责”。班子成员自觉将党风廉政建设与业务工作结合起来，对分管范围内的党风廉政建设工作进行经常性自查。带头廉洁自律，狠抓机关抓作风建设。党组班子成员从自身做起，严于律己，廉洁从政，带头遵守党风廉政建设各项规定。认真贯彻落实“三个大兴”活动。要求全体干部职工改进会风、文风，勤俭节约，严格财经纪律和财务管理，严控“三公经费”支出。严格遵守和执行《廉政准则》各项规定要求，切实加强和规范机关公车管理，严禁公车私用；在办公用房方面实行资源整合，一室多用，办公用房配备均符合相关规定和标准；在会务接待上，严格按照中央“八项规定”和省委、市委“十项规定”标准进行规范。深化约谈常态化工作。运用监督执纪“四种形态”，深入推进干部约谈常态化，层层开展约谈，层层压实责任，2019年开展机关干部集中谈话2次，开展常态化约谈干部3人次，开展干部谈心谈话20余人次。强化权力运行监督。对“三重一大”事项严格执行集体研究。将团委中层干部、部室负责人及重点工作所涉及的服务对象纳入决策参与范围，并按时报备权力运行清单。认真落实党务公开制度，动态调整更新公开目录及公开内容，充分借助团市委“两微一网”（微信公众号、微博号、网站）进行公开。注重强化廉政风险防范管理工作，及时组织干部职工查找廉政风险点，并有针对性地制定防范措施，杜绝共青团工作“无钱无权无风险”的片面观念，将“软”任务化为“硬”指标，建立健全教育、制度、监督于一体的有效防控廉政风险新机制。

坚持边查边改，落实检视整改发现问题。采取群众提、自己找、上级点、互相帮、集体议等方式，深入查摆、主动认领问题。深入基层一线、企业、学校和社区，认真听取下级组织、分管领域和团员青年的意见建议。注重从涉及青年群众切身利益的具体工作中，从青年群众反映领导干部工作生活的细节小事中，筛查问题、找准症结。成立整改工作领导小组，由党组书记任组长，党组成员任副组长，明确领导小组下设办公室，负责日常工作以及沟通协调、督促检查、推动落实等事宜，确保检视问题整改各项任务落到实处。在整改过程中，党组切实担负起整改的主体责任，党组书记切实履行整改第一责任人的责任，针对班子查摆4个问题已整改结束并长期坚持；建立健全了意识形态工作方面制度3个，修订完善严格落实民主集中制、规范公务接待、加强脱贫攻坚工作等方面制度5个。

加强党支部建设，扎实推进“两学一做”常态化。常态化开展“两学一做”教育实践，深入学习党的理论、方针、政策以及党纪党规、法律法规，以“三会一课”、主题党日、警示教育等形式加强党支部建设全年规范开展“三会一课”、主题党日活动、支部学习会议等组织生活30余次，主要领导上党课2次。

【突出工作重点，严格落实意识形态工作责任制】 严格按照党的十九大提出的新要求新任务，落实中央、省委和市委关于意识形态工作责任制要求。抓好队伍，明确专人分管，专人负责，加强定期研究和辅导培训；守好阵地，严格共青团微信、微博和网站信息的审核把关；切实抓好意识形态和宗教领域巡视巡察整改在共青团系统的落实。切实做到守土有责、守土负责、守土尽责。一是强化组织领导，抓责任落实。明确党组书记是意识形态工作第一责任人，党组分管领导是直接责任人，其他成员按照“一岗双责”要求，抓好分管部室的意识形态工作。严格按照意识形态责任制的要求，结合共青团工作实际，制定了团市委意识形态工作实施方案。召开党组会议专题研究，定期听取研判意识形态工作新情况，并针对各部室不同职责，将任务落实到每一个干部身上，切实做到责任明晰、责任到人。二是强化理论武装，牢固树立“四个意识”。始终把“两学一做”学习教育常态化制度化作为重要抓手，深入抓好党员干部理论武装。把学习贯彻习近平新时代中国特色社会主义思想，与深入学习贯彻习近平总书记关于青少年工作重要论述结合起来；与省委十二届四次全会精神、市委二届四次全会精神结合起来，与团十八大、团省十四大精神结合起来；切实在学习上更加深入、在领会上更加透彻、在贯彻上更加自觉，在思想上政治上行动上同以习近平同志为核心的党中央保持高度一致。开展好“争做新时代向上向善好青年”“争做新时代好队员”“感恩奋进 青春建功新时代”等主题教育实践活动，广泛传播中华优秀传统文化。大力培育和践行社会主义核心价值观，使党员干部的政治意识、大局意识、核心意识、看齐意识不断增强，贯彻落实中央大政方针和省委、市委决策部署的政治自觉不断强化。三是切实加强宣传和舆论管控。整合青年之声、团属微博、微信、网站、网上共青团、今日头条等新媒体资源，建立线上宣传矩阵，引导广大团员青年用网、占网，凝聚青春正能量。同时，结合雷锋纪念日、清明节、青年节、建党节等重大节日和时间节点，发布话题，旗帜鲜明地开展网络舆论引导。四是认真落实巡视巡察整改任务。中央、省委巡视发现问题涉及宗教领域意识形态工作，及时组织召开党组会议研究部署，并组织召开全市共青团系统意识形态及宗教工作专题会议加以安排部署，并完成整改。

【坚持党建带团建，提升共青团工作成效】 提高政治站位，用新思想武装新时代青年，深化青少年思想引领。一是强化理论武装。整合资源，组建了60多名由团干部、基层优秀青年、机关专业干部的青年讲师团，结合习近平总书记在纪念五四运动100周年大会上的重要讲话精神，党的十九届四中全会精神，省委、市委相关会议精神，深入各高校、易地扶贫搬迁安置点、志愿者群体、驻村帮扶安置点、青年之家等开展宣讲100余场。二是强化青年大学习。围绕党的十九大精神、十九届四中全会精神、习近平总书记

“7·2”讲话精神、在纪念五四运动100周年大会上的讲话、“7·18”指示精神以及省市重要会议精神，组织发动全市团干部开展“青年大学习”活动，并获多次位居全省排名第一。举办2期学习习近平新时代中国特色社会主义思想青年马克思主义者培训班，覆盖332名团干部；全市基层团组织共开展主题团日、“三会一课”等集中性学习活动（含主题教育）3000余次、宣讲活动500多场，覆盖团员青年2.5万人次。三是强化节庆主题活动。“五四”期间，组织观看纪念五四运动100周年大会，以“青春心向党·建功新时代”为主题开展“六个一”示范活动，即特殊主题团日、十八岁成人礼、集中入团仪式示范活动、我的青春宣言征集活动、毕节市“英雄人物”故事征集以及脱贫攻坚微视频大赛，参与人数5000余人次，全市开展文艺会演、学习交流等活动100余场次。“六一”期间，开展“红领巾心向党”等系列活动450场次，覆盖少先队员21.6万人。“3·5学雷锋日”期间，举办志愿服务月启动仪式。清明期间，组织开展清明节祭扫等活动800余场次。国庆期间，组织团员青年集中收看中华人民共和国成立70周年庆祝大会、阅兵式和群众游行直播，并组织开展“听党话跟党走 做好新时代好少年”主题教育实践活动、“学习新思想，做好接班人”主题阅读活动等共计5094场次，覆盖全市近60万团员青年。四是强化先进典型选树。切实发挥典型示范引领作用，推荐全市优秀团员、优秀共青团组织、优秀志愿者等参与全国、全省评选，其中荣获全国五四奖章集体1个、全国优秀共青团干部1名，五四红旗团委1个；荣获全省优秀共青团干部6名、优秀共青团员8名、五四红旗团委5个、五四红旗团支部10个，贵州省第十二届中国青年志愿者优秀个人奖和组织奖、省级优秀志愿者、优秀县项目办、研究生支教团共20个，使全市广大团员、青年志愿者赶有目标、学有榜样。五是强化网络宣传引领。充分发挥团市委“两微一网”等新媒体作用，推送图文信息超850条，微信新增粉丝2万多人。同时，成立了“毕团子”新媒体工作室，集合新媒体专业人才，积极研究新媒体发展规律，用网络热词、表情包等青少年更愿意接受的表达方式，创作既深受青少年喜爱，又具思想引领功能的作品，最大限度地与青少年互动、引发共鸣，实现由独白式向对话式、由抽象式向形象式、由单一式向融合式的传播模式转化，以更好地吸引、凝聚青年。工作室原创了文章号召关爱快递、外卖从业人员的文化产品，引起社会强烈反响，微信和微博阅读量超过3.5万次；在毕节市即将启动垃圾分类处理工作之际，对毕节市启动的垃圾分类处理工作进行宣传作品《垃圾分类与我有“瓜”》在毕节市引起热议。推报外媒信息有10余篇获登人民日报、中国青年报、团中央网站、中国青年网、搜狐首页、腾讯网等，50余篇被省级媒体（如贵州日报、团省委网站、团省委微信公众号、新浪贵州等）报道或转载，近100篇被市级主流媒体报道或转载。因工作业绩突出、成效明显，4月，团市委在贵州共青团2019年度宣传思想文化工作专题培训班上进行经验交流发言。

聚焦脱贫攻坚，充分发挥共青团优势，积极投身“大扶贫”。一是认真谋划推动“大扶贫”。制定出台《毕节共青团投身脱贫攻坚工作实施方案》，实施共青团投身脱贫攻坚六个“1000+”系列行动。年初，组织召开毕节共青团投身脱贫攻坚工作部署会和共青团参与易地扶贫搬迁后续工作现场推进会，对共青团助力脱贫攻坚进行安排部署并推动落实。二是青年创业就业助推大扶贫。开展青年创新创业培训200名大学生；举办大众创业万众创新主题培训350余名青年学生。组织22家企业创业者参加“贵州创在青春创业投资基金”毕节宣讲会。依托本地脱贫攻坚夜校、青年工作站等阵地，开展创业服务活动190余场次，创业服务活动受益人数达8561人次。新建创业援助示范点24个，争取小微创业资金

222万元。联系相关企业解决1049名就业问题。组织三家企业赴广州市参加“青创杯”大赛，其中“毕货出山”获得“最青春创业之星奖”单项奖。三是医疗救助助推“大扶贫”。实施“爱佑童心”项目，联系南部战区总医院，整合社会公益基金，为全市200名贫困家庭先天性心脏病儿童进行义诊筛查，符合条件的68名患儿，分批赴广州接受免费手术治疗。四是春晖行动助推“大扶贫”。以实施春晖家园计划为抓手，不断夯实农村公共基础设施建设，按照“五位一体”的运行模式，实施市级春晖爱心水窖30口，每口补助5000元。开展春晖行动千人健步行活动，解决27名家庭贫困的骨科患者手术费用19万元。11月，由省委组织部、团省委、省文明办、省农村厅、省教育厅联合开展的第六届春晖行动系列表彰大会上共青团毕节市委获得先进集体荣誉称号，这也是毕节第二次荣获此殊荣。五是学业资助助推“大扶贫”。全市共募集到助学金1199.3万元，资助贫困学生2454名。六是驻村帮扶助推“大扶贫”。按要求选派两名科级干部到乡镇开展驻村和挂帮工作，单位班子成员带头到帮扶村调研走访15次210余户。筹集2万元资金，开展春节、元旦、“六一”“中秋”慰问活动。投入12万元，整合各类资金50余万元，修建春晖文化广场1个。协调资金6万元，为帮扶村购买各类文化设施。团市委选派驻村干部萧星获全国优秀共青团干部（驻村专项）、全省脱贫攻坚先进个人。七是志智双扶助推“大扶贫”。在深度贫困县、极贫乡镇、深度贫困村开办青年志愿者脱贫攻坚夜校13所，在建21所，开展扫盲继续教育、普通话推广、基本职业技能等培训，累计培训35444人次。八是东西部协作助推“大扶贫”。穗毕两地共青团实施六项帮扶行动，推动广州20家企业与20个深度贫困村结对，达成40余万元的资金帮扶。组织动员广州爱心企业捐赠了30万元用于贫困青少年助学项目；广州团市委联合唯品会开展“唯品公益助学活动”，出资20万元资助威宁县100名精准扶贫户家庭小学生。由广州唯品会赞助，与广州团市委联合组织200名贫困家庭的优秀少先队员赴广州开展为期1周的“花城有爱 穗毕同心”青少年研学活动，并与广州市200名学子进行结对帮扶，为贫困孩子开阔视野，立志成才起到了很好的激励作用。九是抓好易地扶贫搬迁后续工作助推“大扶贫”。在全市139个易搬点，建立团组织108个，不符合建团的建立青年服务队4支。设立阵地104个，配置干部及志愿者285名。开展政策宣传、环境卫生整治、特殊群体关爱、便民利民服务等志愿服务2037余次。打造“希望小课堂”工作品牌，开展学业辅导、心理疏导、励志教育等活动，服务留守儿童1000余人次。十是凝聚群团力量助推深度贫困地区脱贫攻坚。7月，共青团毕节市委牵头联合各群团组织起草《凝聚群团力量助推深度贫困地区按时打赢脱贫攻坚战工作实施方案》，以就业创业、学业资助、医疗救助、阳光护航、志智双扶、亮丽家园“六项行动”为抓手，围绕脱贫攻坚“两不愁三保障”考核标准，对应群众的所需所盼，开展28项活动。7月26日市委书记周建琨做出批示：“思路很好！望认真推动、不断总结、创造经验”。10月上旬，在赫章县召开毕节市凝聚群团力量助推深度贫困地区脱贫攻坚工作推进会。截至2019年全市共建成群团工作站92个（其中县城易地扶贫搬迁集中安置点建成群团工作站19个，极贫乡镇建成群团工作站20个，贫困发生率在30%以上的深度贫困村建成群团工作站53个），团市委在每个工作站至少有2名志愿者，共200余名志愿者参与服务，具体负责群团工作站的日常工作。

聚焦青年成长，坚持全方位关爱青少年，积极投身“大安全”。一是加强平台建设。充分发挥“12355”青少年服务平台心理咨询和法律援助核心功能，拓展工作领域，收集和反映青少年的意见呼声。中、高考期间，开通心理疏导专栏，积极推出相关信息，帮助考生及其家长解决心理及情绪问题。二是创新服务载体。依托全市青年之家、群团工作站团属阵地，实行“管理标准化、工作规范化、关爱常态化、运行项目化”模式，开展“青少年维权岗”、青少年法治宣传教育活动。全市共建成希望小课堂37个，课业辅导5826人次，开展法律宣传、安全自护教育活动450次，参与志愿者119名。三是整合资源，助力青少年成长。邀请广州专家赴毕节开展“为了明天·青春护航益起来”、防校园欺凌、防艾等活动等系列活动30场次，以讲座、现场提问互动等形式开展了中高考减压活动、在毕节市委党校大礼堂针对高考毕业的部分贫困户子女及其他毕业生举办了高考志愿填报专题讲座，覆盖人数800余人。在暑期整合大学生志愿者开展早婚早育宣传100余场次，覆盖15000余人；与南方周末集团、雪松集团联合筹集资金40万元，为毕节市青少年捐赠防校园欺凌、防性侵相关书籍2万余册。联合毕节市教育局开展“为了明天·青春护航益起来”女童防性侵讲师培训，共560名培训教师。以走出去、请进来的方式组织开展少先队辅导员培训，组织40名少先队辅导员赴广州参加“花城有爱 穗毕同心”少先队辅导员素质提升培训班，组织开展毕节市2019年少先队辅导员风采大赛，组建一支市级参赛队伍参加全省少先队辅导员风采大赛，并荣获5个项目中的一等奖3个、二等奖2个，毕节团市委获组织奖金奖。四是关爱新兴行业青年群体。开展了“关爱快递、外卖从业青年”7个一系列活动，整合社会资源为他们服好务、维好权，覆盖人员5000余人。有效凝聚新兴行业青年，为广大行业青年维权提供专业保障。五是开展“双零”社区创建。2019年，黔西县大兴社区、八块田社区、邬罗坝社区获全国第二批“双零”社区建设试点，在社区青少年权益保护、思想引领方面取得明显成效，并获团中央试点建设费用。

围绕党政要求，整合资源力量，积极投身“大发展”。一是积极参与“五城同创”。开展“绿色酷跑·文明家园”志愿服务活动，倡导广大市民在慢跑健身时捡拾身边的垃圾。每周末以高校大学生为主体在毕节市区车流量较大的路口，开展“文明交通周周行”志愿服务活动。组织各级团组织开展植绿护绿行动10场，植树造林近1000亩。组建环境卫生志愿服务队743支7560人，开展环境卫生整治活动1392场，覆盖农户39016户。二是积极参与“厕所革命”。积极引导社会参与志愿服务、参与“厕所革命”，全市正式挂牌“厕所开放联盟”的企事业单位、商户、餐馆等共计2867家。三是积极开展文明志愿服务。紧扣节日节点共组织动员各级团组织、社会组织和广大团员青年志愿者开展乡风文明、特殊困难群体关爱、医疗扶助关爱、敬老爱老等形式多样的学雷锋志愿服务活动434次，参与人数7370人，累计服务群众45226人，服务时长14000小时。四是积极开展团员青年到社区报到活动。组织动员团员青年到社区、到易地扶贫搬迁点报到，开展政策宣传、特殊群体关爱、社区融入、文化服务等志愿服务等市级示范活动6场，覆盖社区6个，参与团员青年500余人；全市共开展活动593场次，覆盖社区、村1347个，参与团员青年共9966人次，暑假期间，吸引毕节市内外大学生及部分高三毕业团员青年等900余人参与活动。

坚持党的领导，推进共青团改革和从严治团，以“大党建”统领“大团建”。一是从严发展团员。抓好智慧团建系统团员大摸底、团员信息大排查工作，严格入团程序标准，控制团员发展数量，提高发展质量，新发展团员2.7万名。目前，全市共有团员135607名，其中，学校领域107591名，占比79.34%。二是从严管理团的组织。进一步打牢基层基础，全面推进团组织覆盖。在全市273个乡镇（街道），建设团（工）委273个，覆盖率达100%；采取单独建或与附近村联合建设的方式建设村级团支部1047个。

推进学校“班团一体化”建设，建设学校领域团支部5450个，6个县区已经建立县级教育团工委，3个县区初中、5个县区高中、4个县区中职学校“班团一体化”实施班级比例达100%。三是强化易地扶贫搬迁点团建。在全市139个易地扶贫搬迁安置点中建设易地扶贫搬迁安置点团支部108个，不符合建团的建立青年服务队4人，设立阵地104个，共配置干部及志愿者285名。四是充实团的工作力量。推动各级团组织换届并充实工作力量，采取“专职、挂职、兼职”相结合的方式，配强县、乡、村三级团委班子成员，强化工作力量。全市各级团组织共配备了专职1114名、挂职15名、兼职9663名，并将西部计划志愿者中优秀的党员、团员作为基层团组织的工作力量。五是注重改革试点引领。经党中央书记处专题会议研究同意，共青团中央印发《共青团基层组织改革综合试点方案》，将毕节市赫章县列入全国18个共青团基层组织改革综合试点县之一。

（撰稿：张般培）

妇联

【概述】 2019年，毕节市妇联以习近平新时代中国特色社会主义思想为指导，深入学习贯彻党的十九大精神和十九届二中、三中、四中全会精神，全面贯彻习近平总书记对毕节试验区重要指示批示精神，认真落实市委“113攻坚战”的决策部署，严格按照中国妇女十二大确定的目标任务和省妇联十一届四次执委（扩大）会议的工作部署，全面深化妇联组织和妇联工作改革创新，团结并带领全市广大妇女积极投身试验区建设，求真务实、锐意进取，为试验区决胜脱贫攻坚、同步全面小康做出了积极贡献。

【聚焦理想信念，思想引领更加凝心聚力】 一是抓政治理论学习。结合“不忘初心、牢记使命”主题教育要求，扎实开展理论学习，坚决把讲政治放在首位，深学笃用习近平新时代中国特色社会主义思想，全年组织召开党组会议27次，中心组集中学习研讨会9次，主题党日活动12次，干部职工学习49次。二是抓党风廉政建设。按照市纪委、市监委2019年纪检监察工作要点要求扎实抓好落实，充分用好纪检监察云平台“两个责任”监督系统及权力运行监督系统，严格规范权力运行监督，推进“两个责任”的有效落实，召开党风廉政专题会议4次，开展廉政教育13次，开展警示教育1次。三是强化“三个大兴”活动。深入开展调查研究，完成《浅议如何发挥妇联组织在易地扶贫搬迁后续管理中作用的思考》《毕节市家庭教育现状及对策研究 》2篇重点调研课题，深入基层调研54天，走访人员1453人；厉行勤俭，严控“三公”经费，精简会议，目前召开全市会议2次。四是强化意识形态工作。制定《毕节市妇联意识形态工作责任制度》《毕节市妇联信息发布保密审查制度》，将意识形态工作纳入中心组理论学习，纳入党支部会议、干部职工会学习，加强网络监管，关注舆情动态，强化干部职工的政治警觉力和政治鉴别力。在干部职工中组织开展以“思想大解放·素质大提升·行动大担当”为主题干部思想解放大讨论活动，认真撰写讨论发言稿10余篇。全年在中央、省、市各级媒体刊发妇女儿童新闻60余篇次，借助毕节市妇女网站和市妇联微信公众号，发布信息253条。六是培育和选树优秀女性典型。全市共涌现出全国三八红旗手杨晓珍，全国巾帼建功标兵黄英、陈星，全国巾帼文明岗七星关区卫生计划生育局计划财务股、国家税务总局贵州毕节经济开发区税务局第一税务分局、黔西县税务局第一税务分局、赫章县人力资源及社会保障局等4个，全国巾帼建功先进集体大方县农牧局，全省三八红旗手杨林先、李思思、姚芳、李玉环等全国全省的先进典型，使广大妇女学有标杆、赶有目标，争做新时代追梦人。

【以“脱贫攻坚·巾帼行动”为统领，服务全市脱贫攻坚大局】 一是抓好易地扶贫搬迁后续管理助脱贫行动。开展“巾帼同心感党恩·追梦共聚新家园”为的主题“五抓五促”活动。即：抓宣传促感恩，抓妇建促服务，抓培训促就业，抓管理促文明，抓示范促发展。开展“巾帼心向党”政策、法律法规、家庭卫生和健康知识宣讲352场，普及人数29119人次；在移民安置点上成立妇联组织126个，共建立“妇女之家”121个，安置点妇联主席或专职副主席106人，兼职副主席175人，执委1185人；开展妇女特色手工、家政、创业就业技能培训65期，培训妇女3575人；评选“最美家庭”384户，“慈母贤妻孝女”435人，“持家、发展、家教、维权”四能女347名；在七星关区柏秧林安置点为600余名妇女开展乳腺免费筛查，争取省妇联项目经费30万元，在七星关区碧海街道柏秧林安置点阳光社区、赫章县白果街道金银山社区建立“家和巾帼调解室”；在织金县三甲平远新城安置点、大方县顺德办事处奢香古镇安置点建立“强妇建助发展”示范点。二是深入实施“锦绣计划”助脱贫行动。依托唯品会“唯爱妈妈”项目，积极推进织金县“电商+非遗+扶贫”工作模式，全年获唯品会订单500万元，带动1017户4000多人实现增收，其中贫困人口245户1225人；争取省“锦绣计划”项目资金43万元，建立巧手脱贫示范县项目1个、巧手脱贫基地项目2个、培训项目3个。三是实施巾帼家政助脱贫行动。全市现有“黔灵女”家政公司8家，开展育婴、家政、养老护理等培训1088人，带动896余名妇女就业，其中解决622名贫困妇女就业。四是创建巾帼示范基地助脱贫行动。创建毕节多彩黔灵女母婴护理咨询服务有限公司、织金县云龙科级有限公司为全省巾帼脱贫基地，获项目经费8万元，带动3979名妇女就业，其中建档立卡贫困妇女96人。五是深入开展农村卫生整治助脱贫行动。全市妇联系统共建农村卫生整治示范点135个，开展农村卫生整治巾帼志愿者进村入户指导宣讲等7819次，组织开展卫生评比399场次，评出好媳妇、好婆婆429名，持家女、发展女、家教女、维权女445名。六是抓好广州对口帮扶助脱贫行动。争取广州市妇联项目经费109.2万元，其中20万元经费用于脱贫攻坚农村卫生整治示范创建和救助贫困儿童，80.2万元用于慰问织金县贫困妇女儿童和脱贫攻坚短板补齐项目。与广州市妇联锦绣计划扶贫协作，在广州唯品会、海珠工艺美术职业学校、贵州巧姐民族传媒文化有限公司、蔡群苗族蜡染有限公司、贵州莫熙蜡染有限公司、纳雍县猪场乡丽多姿民族蜡染刺绣部、赫章县娜咪鲁民族文化有限公司，建立锦绣计划协作发展基地，开展手工技能培训，手工产品销售等方面的合作。争取唯品会为单亲、贫困母亲和孩子购买健康保险200份。七是开展驻村帮扶助脱贫行动。帮助解决联系帮扶点赫章县铁匠乡河山村和威宁县东风镇采拖村脱贫攻坚帮扶资金12.5万元，走访慰问贫困户、老党员、留守儿童、贫困母亲、优抚对象等各类人员80余人次，发放各类慰问物资价值3万余元，帮助解决困难问题13个。

【聚焦家教内涵，家庭文明建设更加活力迸发】

一是扎实推进未成年人思想道德建设，助推“五城同创”工作。今年市妇联投入10万元家庭教育工作经费，在七星关区、金海湖新区主城区开展百场家庭教育讲座进社区主题活动讲座。在七星关区、金海湖新区82个社区，开展家庭教育讲座146场次，覆盖了6400个家庭；在贵州工程应用技术学院挂牌成立家庭教育指导中心，组建34人的毕节市家庭教育骨干讲师团，并邀请了深圳市和家心理咨询技术服务中心的专家为学员开展培训3期，提升家庭教育骨干讲师教学水平和教学技能；联合深圳市和家心理咨询技术服务中心在七星关区桂花社区建立“家和驿站”心理健康辅导站，探索为社区妇女儿提供心理健康咨询和引导服务。二是弘扬家庭家教家风，促使家庭幸福和睦。组织弘扬家风，传承家教类大型活动2次，其中《毕节试验区万名“娘子军”给祖国母亲的一封信》获全省“十封家书”第四名；评选出14户“最美书香润德家庭”、10户“最美绿色生态家庭”、20户“最美拥军爱国家庭”，推荐上报100户“文明家庭”。其中2户获2019年度全国“最美家庭”荣誉称号。

【妇女儿童维权工作】 一是主动作为，依法维护妇女合法权益。全市妇联系统接待受理群众来电、来信、来访案件共计296件，处理292件，处理率达100%。救助患病妇女儿童7人，资助贫困大学生6人，资助资金4.9万元，切实维护妇女儿童合法权益。二是多措并举，推进留守儿童关爱工作。整合社会资源组建“儿童安全与性侵防治项目教育讲师团”；培育毕节市心理健康辅导专业人才，组建毕节市家庭心理服务个案分析小组，切实为留守儿童提供心理健康服务。三是争取项目，为妇女儿童办实事。实施农村妇女“两癌”救助项目，发放救助款204万元，救助204名患病妇女；争取各类关爱妇女儿童资金55.5万元用于妇女儿童的学习、关爱和资助妇女事业发展等。四是开展农村早婚早育治理工作。市妇联赴早婚早育试点纳雍县开展基层调研，参与市司法局“模拟法庭进校园”赴纳雍县羊场中学开展法治宣传等，指导县妇联加强宣传引导，提高家庭成员对早婚早育危害认识。

（供稿：市妇女联合会）

残　联

【概述】 2019年，市残联进一步高举习近平新时代中国特色社会主义思想伟大旗帜，深入学习贯彻党习近平总书记关于残疾人事业的重要论述和对贵州对毕节的重要指示批示精神，按照中央、省委、市委的重大决策部署，突出以脱贫攻坚统揽残疾人事业，大力培养残疾人创业就业、残疾人家庭自主创业及辅助性就业，加强康复培训、社会权益保障和东西部协作等，全面完成年度各项目标任务，为扎实推进新发展理念示范区作出积极贡献。

【切实履行管党治党主体责任】 全年党组中心组加强对习近平总书记系列重要讲话、党章党规等学习共23次，开展理论专题研讨8次、专题党课3次、支部主题党日活动12次等，切实增强党的群团工作政治性、先进性和群众性。全年共3次对残疾人意识形态领域工作进行听取汇报和分析研判；首家组织全市残联系统干部职工在市委宣传部理论科的指导和辅导下对意识形态工作进行培训；在5批次开展“英雄赞歌”全市残疾人脱贫攻坚典型励志巡讲宣讲（网络点击及现场观众累计近10万余人次）、3期21班次2000名残疾人各类需求创业就业培训及“三个大兴”活动中，强化国家各项惠残利民政策的广泛宣传，积极抢占残疾人意识形态宣传主阵地，推进广大残疾群众更加感党恩、听党话、跟党走；从“教育层面制度化、底层层面精细化、宣传层面常态化”不断加强未成年残疾人思想道德建设；全年通过“信、访、网、电”四位一体共处置残疾群众各类诉求件37件（次），办理率100%，及时解决一批残疾群众操心事、烦心事、揪心事。通过上述各类措施和载体，切实加强党对意识形态工作的领导权和话语权。全年共3次召开专题研讨会议听取党风廉政建设工作情况汇报，加强党的民主集中制执行情况、党的“六大纪律”和中央八项规定遵守情况、巡视巡察整改及上年度民主生活会问题整改落实情况等的分析研究和部署，切实履行党风廉政建设“一把手”第一责任人责任，班子成员“一岗双责”，更加牢固单位良好政治生态。

【打好残疾人脱贫攻坚战】 全年共创建农村扶贫基地22个（占任务的157%），安置残疾人就业247人；创业就业示范户31家（占任务的124%），安置残疾人就业214人，辐射带动516户残疾人家庭增收；共扶持386户贫困残疾家庭自主创业（占任务的183%）；累计创建残疾人辅助性就业机构10个，盲人按摩院117所。安置重度肢体、精神、智力及盲人等残疾人377人就业；培训各类残疾人2325人（占任务的130%）；建成残疾人转股分红经济实体13个，投入资金194.2万元，296人贫困残疾人参加分红；开发公益性岗位帮助1804人残疾人就业。通过各类扶持，新增残疾人各类就业1593人。通过数据监测，2019年全市残疾人计划脱贫1.8万人，实际达到20587人（占计划的143%）。

【推进残疾人民生事业】 教育方面：2019年残疾儿童义务教育入学率为96.04%。为已入园的残疾人儿童申报国家彩票公益金，共资助84人，投入资金25.2万元；资助“圆梦大学 励志成才”残疾大学新生阳光助学项目174人，投入资金34.8万元；共为150名残疾青壮年进行扫盲教育，共为11名盲人申报全国盲人医疗按摩考试。

康复方面：出台《毕节市残疾儿童康复救助实施办法》，全市累计建成41个康复机构，市康复中心、托养中心营运方式得到明确。共计为422名残疾儿童提供康复救助服务，为697名精神病患者提供服药和住院治疗，为5439名残疾群众进行了辅助器具适配，为26773名残疾人提供了基本康复服务。对24家社会康复机构进行了两次业务培训。

权益保障方面：全市共计72492名残疾人享受生活补贴、66009名残疾人享受护理补贴，共计发放资金9861万元；1510名残疾人享受机动轮椅车燃油补贴，626名贫困智力、精神和重度残疾人享受评定补助，为1587名符合条件的残疾人提供居家托养服务。全市累计办理残疾证296527人，办证率达79.42%，高于全省平均水平；出台《毕节市残疾人联合会关于进一步做好残疾人信访维稳工作的意见》、健全完善残疾人接访办信制度，市级层面年度办理残疾群众来信来访件37件290余人次，办理率100%；积极参与部门推进残疾人城乡基本医疗保险、基本养老保险等政策制度的落实工作。

文化体育方面：组织选拔全市残疾人运动员参加8月25日至9月1日在天津市举行的全国第十届残运会暨第七届特奥会，涌现了郭光荣、何聖羔等优秀残疾运动员，荣获2金、7银、2铜成绩。

东西部协作方面：毕节市残联与广州市残联签订《对口帮扶协议》，围绕“组织领导、产业合作、劳务协作、人才支援、资金支持和携手奔小康”六大任务，聚焦精准扶贫和精准脱贫。2019年获广州市残联扶贫资金200万元，为易地扶贫搬迁666户困难残疾人及1064户农村贫困重度残疾人进行了家庭无障碍改造。获广州花都区扶贫车间建设资金20万元帮助黔西县，带动17名贫困残疾人就业；获广州花都区帮扶资金50万元帮助织金县，用于贫困残疾人培训、贫困残疾人家庭老房整治、贫困残疾人养殖发展3个项目。获广州番禺区帮扶资金10.5万元帮助赫章县，用于贫困残疾人辅具适配、贫困残疾人创业就业2个项目。2019年10月，通过对接广州市残联引进残疾人儿童康复训练机构广州市小天康复训练中心落户七星关；广州市盲人协会对我市赫章县盲人进行按摩培训8名盲人输送到广州就业。

（供稿：市残联）

社科联

【概述】 2019年在市委、市政府的坚强领导和省社科联的有力指导下，市社科联认真贯彻落实党的十九大、十九届四中全会及各级宣传部长会议精神，以习近平新时代中国特色社会主义思想为指导，紧紧围绕纪念新中国成立七十周年及市委、市政府工作重点，立足毕节实际，突出社科特点，组织和动员全市广大社科工作者，广泛开展社科理论研究和宣传工作，取得了明显成效。

【“不忘初心、牢记使命”主题教育】 坚持把开展“不忘初心、牢记使命”主题教育作为一项重要政治任务，周密安排，精心组织，严肃对待，认真落实，学习教育、调查研究、检视问题、整改落实四项重点措施贯穿始终、环环相扣、成效明显。通过多种形式共发放征求意见函220余份，召开座谈会5个，征求到有效意见建议8条；开展集中学习20余次、集中研讨4次，进行了革命传统、形势政策、先进典型、警示教育、红色毕节等教育；扎实开展专题调研，起草调研报告3份；认真检视问题，边查边改、边学边改，按规定开展对照党章党规找差距工作，党组班子成员共查找问题83个，提出整改措施31条，相互提出批评意见18条。及时召开党组专题民主生活会，切实开展批评和自我批评，班子及班子成员共检视问题66个，提出整改措施88条。

【社科理论研究】 一是组织开展2019年度社科理论课题征集工作，共征集110项，立项58项，结项55项，其中资助经费课题25项（优秀等次5项，良好和合格等次各10项）。二是组织本单位全体干部职工，历时2个多月，深入全市10个县（区）的50余个乡镇开展《毕节市易地扶贫搬迁安置后续管理工作调研报告》《毕节市农村义务教育学生营养餐运行情况调研报告》《毕节市乡镇卫生院建设调研报告》3篇调研报告的调研撰写工作。3篇调研报告分别得到市委书记周建琨、市长张集智，省社科联党组书记包御琨签批肯定。三是与贵州工程应用技术学院、毕节职业技术学院开展联合课题研究，分别立项13项和8项。四是积极组织向省社科联推荐招标课题和联合课题，已立项3项。通过课题研究，形成了一批有深度、有高度、有温度的研究成果，为脱贫攻坚提供了理论支撑和智力支持。五是开展省第13次社科成果评选工作，征集作品32件，初评推荐18件。六是于11月29日召开“哲学社会科学智库名家 · 贵州学术年会 · 暨乡村振兴”毕节分会场会议，近百名社科工作者参加，4名人员围绕乡村振兴作主旨演讲。

【社科普及宣传】 一是继续抓好《乌蒙论坛》组稿、设计、校对、分发等环节工作，按时完成6期的编印、分发工作，共登载文章近120篇，计100万字。二是扎实抓好“毕节社会科学网”的管理、维护、内容更新工作，及时将《乌蒙论坛》所登文章和社科工作动态上传，将毕节社科网接入贵州宣传云，提升影响力，传播毕节好声音，收到了较好的传播作用。三是积极配合省社科联邀请贵州大学教授王秀峰深入纳雍县，就山地特色农业进行宣讲，向干部群众宣传党的方针政策、解惑释疑。四是组织市内社科专家、理论工作者深入黔西县协和镇、纳雍县羊场乡、大方县对江镇、百里杜鹃管理区、金海湖新区双山镇等就党的十九届四中全会、省委十二届五次、六次全会、市委二届五次、六次全会精神、产业结构调整、依法行政等进行宣讲培训，上下联动，县（区）及高校组织宣讲20余场次。组织市艺术摄影协会深入8个乡镇开展“摄影大讲堂 · 文军在行动”活动，推介贫困乡村资源优势。五是编印《调研毕节——2019年度社科理论研究课题选编》分送各级各部门负责人参考。六是分别将七星关区“鸡鸣三省会议”“大方县对江镇大方农民画传承室”创建命名为省级、市级“人文社科示范基地”，为传承红色基因、弘扬传统文化奠定基础。

【社科成果转化】 将社科专家、学者撰写的《毕节市刺梨产业发展对策建议》《对发展毕节市实体经济的几点建议》《对毕节历史文化资源开发的几点建议》等编印成《决策参考》7期，同时，组织部分社科专家深入赫章县平山镇调研并形成了《赫章县平山镇乡村振兴战略实施咨询报告》，呈送市四大班子领导参阅，起到良好的咨政作用。

【召开毕节市社科联第一次代表大会】 根据省、市巡视巡察反馈问题，增强“四个意识”，提高政治站位，克服人员少、办会经验不足、时间紧、要求高等困难，积极筹备召开市社科联第一次代表大会，选举产生市社科联领导班子，通过了市社科联章程。

【意识形态工作】 根据各级党委关于加强意识形态工作的部署以及巡视巡察所提问题要求，进一步增强政治意识，提高政治站位，切实加强对意识形态工作的领导，采取有力措施加强意识形态工作。及时调整意识形态工作领导小组，印发了年度工作计划，召开4次党组会议专题研究意识形态工作，规范了有关工作；按规定在民主生活会对照检视材料、述职述廉报告等材料中重点反映意识形态工作，将此项工作与其他工作同部署、同安排、同落实、同检查、同考核、同总结，真正做到思想上重视、行动上落实、措施上加强、效果上明显。

【党风廉政建设等】 一是党风廉政建设得到明显加强。调整分管领导，召开安排部署会议，层层签订了责任书；多次召开党组会议进行专题研究，“三重一大”及时报备，主动接受监督；按时上传有关文件；认真执行各项规定，无违纪违法行为。二是驻村帮扶工作有力推进。调整充实了羊场乡茅草坪村驻村第一书记和分管领导，新增赫章县六曲河镇草塘村为扶贫联系点，抽派党组成员、副主席及一位正科级干部驻乡帮扶；为2个村争取项目8个，资金26万元，从办公经费中挤出资金5万元资助村办公楼建设。三是“五城同创”建设得到加强。按有关要求，明确分管领导，深入社区广泛开展志愿服务，创文创卫工作齐头并进。四是机关党建更上一层楼。调整改选了党总支，由党组书记担任总支书记；组建成立了艺术摄影协会党支部，“三会一课”有序开展；按时按标准收缴党费。五是档案工作全面完成各级文件清退，2018年度文书档案清理归档。六是社会治安综合治理、机要保密、平安建设、工会等工作同步推进。

（撰稿：曾加伦）

文联

【概述】 2019年，毕节市文联在市委市政府的坚强领导下，在省文联的精心指导下，坚持以习近平新时代中国特色社会主义思想为指导，深入贯彻党的十九大和十九届二中、三中、四中全会精神，以及习近平总书记对贵州对毕节的历次重要指示批示精神，坚持以人民为中心的工作导向，立足深化改革工作，团结引领广大文艺工作者进一步深入生活、扎根人民，多出人才、多出精品，为发展繁荣毕节文艺事业作出了积极贡献。

【强化学习教育，思想政治干事创业合力】 市文联党组始终把学习贯彻习近平新时代中国特色社会主义思想作为理论武装工作的头等大事、首要任务，深入开展习近平新时代中国特色社会主义思想和党的十九届四中全会精神学习教育。加强对全市文联系统意识形态工作领导，制定和完善了文联意识形态工作制度，层层落实责任，坚决守好文联系统意识形态工作阵地。结合“不忘初心、牢记使命”主题教育活动，持之不懈抓好机关党建工作，进一步提升机关党建工作水平；严格落实八项规定和党风廉政建设目标责任制，开展警示教育，警示全体干部职工坚定理想信念，严守工作纪律，形成崇廉、尚廉的氛围。通过强化政治建设，不断增强干部职工树牢“四个自信”、坚定“四个意识”、坚决做到“两个维护”，团结带领干部职工将学习习近平新时代中国特色社会主义思想与全市“打赢攻坚战、建设示范区”战略布局和全市文联系统深化改革目标任务紧密结合，在学用结合上下功夫，在学以致用上做文章，不断完善发展思路，破解发展难题，提振干事创业精气神，不断开创文联工作新局面。

【聚焦中心工作，特色文艺活动精彩纷呈】 市文联充分发挥组织优势和人才优势，指导各市属文艺家协会围绕全面贯彻落实庆祝新中国成立70周年、“打赢攻坚战、建设示范区”，精心策划、认真筹备，组织开展各类主题文艺活动，创作重点文艺作品，聚焦聚力现实题材创作，组织开展内容丰富、形式多样的文艺主题活动，反映毕节经济建设和社会发展的崭新风貌、辉煌成果，讲好毕节故事。

配合举办“红色经典诵读”活动、“感恩奋进·祝福祖国”广场舞大赛活动、毕节市“建国70周年书法美术作品展”“庆祝中华人民共和国成立70周年书法美术作品展”等庆祝新中国成立70周年系列主题活动，积极营造共庆祖国华诞、共享伟大荣光、共铸复兴伟业的浓厚氛围，激发广大干部群众把爱国奉献精神转化为实际行动，不忘初心、牢记使命，争做新时代的追梦者和圆梦人。在七星关区同心公园美术馆展出“倒天河畔丽人多·十里青山入画来”书画摄影展，展出在全市范围内征集作品中评选出的优秀摄影作品70幅、书法作品70幅、绘画作品40幅。旨在通过文艺的形式，营造以文化传播文明、以文明引领文化的良好氛围，助推文明城市创建，展示毕节市朝气蓬勃、积极进取的良好精神风貌，同时引导和鼓励广大群众参与文明城市创建活动。在七星关区举办“聚焦脱贫攻坚 共建美好毕节”优秀摄影作品展，用摄影艺术生动直观展示毕节试验区三十年来建设发展成就，用镜头讲好毕节故事。在织金县举办毕节市首届楷书展，展出优秀作品70件，展示毕节市书法艺术创作水平。组织开展“扣好人生第一粒扣子”主题教育实践活动，面向全市中小学生征集童谣、书法、绘画作品共196件，深化“中国梦”和社会主义核心价值观教育，引导全市中小学生热爱中国、热爱家乡，传承中华优秀传统文化。组织举办第十二届中国音乐金钟奖毕节赛区选拔赛，选拔出6位美声、民族选手参加贵州省赛区选拔赛，其中许钰、敬毅然荣获省赛优秀奖。

【推动文艺惠民活动常态化品牌化】 元旦春节期间，积极打造毕节市“我们的中国梦·文化进万家”迎新春送春联文艺惠民活动，组织文艺志愿服务小分队深入基层一线为群众义写春联，营造浓厚节日氛围。配合省文联志愿服务团到黔西县锦绣花都易地扶贫搬迁安置点和莲城街道坪子社区等地开展“牢记嘱托·感恩奋进”多彩贵州百姓大舞台暨山地文艺轻骑兵走基层文艺慰问演出活动，受到当地群众的热烈欢迎和一致好评。开展“书法进校园”活动，将毕节市实验高中等学校作为试点，派遣专业志愿辅导老师，拓宽学生学习书法艺术的空间，促进传统文化的传承、推广和普及，使学校真正成为书法艺术生根发芽的沃土、摇篮。举办“我们的节日”元宵、清明、端午、中秋主题系列活动，把文艺活动带进社区、带进易地扶贫搬迁安置点，充分发挥文艺春风润物、教化人心的积极作用，弘扬中华传统节日内涵，广泛宣传社会主义核心价值观、脱贫攻坚工作、全市“五城同创”工作等。

【大力开展驻村帮扶工作】 2019 年，结合全市“三个大兴”活动的部署安排，市文联党组班子带头，到帮建点赫章县安乐溪县花秋村、威宁县陕桥街道孔山村开展政策宣讲、落实帮扶措施，全面了解脱贫攻坚工作、文化事业发展情况、意识形态领域等工作情况，与当地干部群众共同谋划、出言献策。并根据调研情况，及时为帮扶联系点提供了各 2 万元工作经费，帮助花秋村解决了约 6 万元的村级运转经费和垃圾清运项目经费，为花秋村和孔山村提供价值 3 万元的医疗仪器各 1 台，邀请市凯帝医院若干专家到孔山村为困难群众病患者开展义务诊疗。

【创新推动“文军扶贫”工作】 根据全省文联系统“文军扶贫”三年行动部署安排，为进一步发挥文军“扶智”与“扶志”的积极作用，积极探索文军扶贫新路，市文联党组以高度的政治责任感推进“文军扶贫”行动，组织开展全市文联系统“文军扶贫”工作大调研。党组班子带队到七星关区威宁自治县开展多次专题调研，撰写《守初心担使命 努力做好文军扶贫新课题》等多篇调研报告，进一步找准“文军扶贫”的路径和平台。在威宁自治县板底乡打造具有鲜明特色的“文军扶贫”示范点，同时新增大方县兴隆苗族乡菱角村作为毕节市摄影家协会的摄影创作基地，在威宁自治县举办全市散文培训班，多次组织市级文艺家协会组队到点开展调研采风，引导文艺工作者在深入生活中汲取素材、凝练感情、打磨精品，以饱满的艺术激情人民群众决战贫困的感人故事。

【推动文联深化改革工作】 为认真贯彻落实中央、省委和市委全面深化改革的总体部署，进一步加强和改进文联工作，适应新形势下文艺发展的新任务新要求，助推建设贯彻新发展理念的示范区，根据《中共中央办公厅关于印发〈中国文联深化改革方案〉的通知》和《中共贵州省委办公厅关于〈印发贵州省文联深化改革方案〉的通知》精神，结合毕节实际，在深入调研和广泛征求文艺界意见的基础上，市文联拟定《毕节市文联深化改革方案》，已经市委全面深化改革委员会第十一次会议审议通过。

【加强文联机关制度建设】 以推动巡察整改工作为契机，制定、完善包括《中共毕节市文联党组工作规则》《毕节市文联财务管理制度》《毕节市文学艺术界联合会意识形态工作管理办法（试行）》等 29 个工作制度，强化制度建设，充分发挥制度管事管人管钱的作用，确保文联内部管理规范有序运行。

【《高原》升级改版】 对《高原》进行了升级改版，制定了《〈高原〉刊物管理办法》，高质量办好《高原》双月刊。坚持把《高原》作为毕节本土作者挖掘、培养和宣传的阵地和展示毕节文化的文学刊物。在加强建设《高原》黔西北文学阵地的前提下，增加了书法、美术、摄影等其他艺术门类作品的展示。同时，结合当前市委、市政府中心工作和各阶段文联参与的活动等，利用刊物宣传力量，引导文艺家聚焦“打赢脱贫攻坚战、建设示范区”，创作更多讲述试验区改革实践、毕节好声音的优秀文艺作品。

（撰稿：谢　欢）

科　协

【概述】 2019 年，毕节市科协以习近平新时代中国特色社会主义思想为指导，全面贯彻落实中央、省委、市委有关会议精神和相关要求，牢固树立“四个意识”，坚定“四个自信”，坚决做到“两个维护”，在市委、市政府的领导和省科协的指导下，紧紧围绕中心工作，不忘初心、牢记使命、主动作为、感恩奋进，认真履行“服务科技工作者、服务创新驱动发展、服务公民科学素质提升、服务党委政府科学决策”工作职责，积极推进全市科协系统深化改革和科协组织能力提升建设，不断开创科协工作新局面，扎实推动科协工作和科协事业更好发展，为助力毕节打赢脱贫攻坚战、建成贯彻新发展理念示范区作出了应有贡献。

【扎实推动全民科学素质纲要实施】 认真落实2019年全国全民科学素质工作电视电话会议、贵州省全民科学素质工作领导小组第十二次会议精神，落实《毕节市全民科学素质行动计划纲要实施方案（2016—2020）》，围绕打赢脱贫攻坚战和实施乡村振兴战略，依托科普项目实施，推进科学技术普及，全面提升全民科学素质。切实履行毕节市全民科学素质工作领导小组办公室工作职责，组织召开毕节市全民科学素质工作领导小组第七次会议及联络员会议。将全民科学素质工作纳入对市直成员单位和县（区）政府的年度目标考核，有力保障了全市全民科学素质工作的有效推进。组织公众参与中国科协主办的全民科学素质网络竞赛，毕节市参赛达105287人、477052人次，人数位列全省第一名、人次位列全省第三名。组织公众参与省全民科学素质学习微信小程序学习竞赛，毕节市参赛人数115774人，位列全省人数第一名，4733182人次参赛，位列全省第一名。组织参加创新方法大赛贵州区域赛。推选的贵州中烟工业有限责任公司毕节卷烟厂“基于TRIZ理论的油渍烟丝检测及剔除方法”获全国二等奖。购买《公民科学素质200问》2万本、印制36000余件印有科普知识的物品用于科普宣传，促进了公民科学素质的提升。

【大力开展科普宣传活动】 组织科协系统干部职工参加毕节市文化科技卫生“三下乡”活动、知识产权宣传周、第十一个全国防灾减灾日、科技活动周等活动，开展科普宣传40余场，共发放宣传资料5万余份（册），科普宣传品1万多个，展出科普展板360块（次），开展义诊1500余人次，指导1200余名群众现场扫描、关注各类科普宣传微信公众号。举办科普知识讲座10场。组织举办2019年全国科技工作者日系列活动。邀请16家市直单位、25家学会的200余人科普志愿者参加了启动仪式。结合“双创活动周”开展科普宣传活动8场。组织开展2019年全国科普日活动。组织78家单位及科技工作者代表、科普志愿者代表、学生代表等300余人参加了主场活动，发放各类科普资料11000余份，宣传品4200余份，接受咨询1500余人次，义诊300余人次。科普日期间开展系列活动12场，3万多人参加了活动。

【推进青少年科技教育开展】 承办第六届全国青年科普创新实验暨作品大赛（贵阳赛区）并组织全市青少年参加比赛，获一等奖1项、二等奖1项、三等奖2项、优秀奖45项。组织参加“第五届贵州省青少年机器人竞赛”暨“第十九届中国青少年机器人竞赛（贵州赛区）选拔赛”，获一等奖2项、二等奖5项、三等奖9项，“优秀教练员”2名。组织参加第34届全国青少年科技创新大赛，获三等奖1项、基层赛事优秀组织奖1项。组织参加第34届贵州省青少年科技创新大赛暨第五届贵州省青少年科技节获一等奖12项、二等奖50项、三等奖100项，优秀组织奖2项。借助“迎新春”文化惠民系列活动、“青少年走进科技馆 体验科学魅力”活动等载体，做好科技馆展教工作。放映科普宣传片240场，举办科普讲解300余场（次），展出科普展板460块（次），发放科普宣传资料7000余册，共6万余人次参观科技馆。组织500余名学生参加中国数字科技馆举办的“科学连线”分会场活动。与自媒体科普联盟“科学声音”合作，利用网络直播形式举办远程科学知识讲座2场。举办“科学讲堂”讲座12期。举办毕节市第七届青少年科技创新大赛暨第一届青少年科技节，对921件参赛作品进行评审，评出各类奖项331个，优秀科技辅导员23个，优秀组织奖11个。组织开展学雷锋科普志愿者活动36场，580余人（次）志愿者参加了活动。组织500名小学生举办青少年科技夏令营1期。强化科技辅导员能力提升，组织参加第二届“科学大表白暨最美科技辅导员”趣味视频征集活动获全国“十佳作品奖”1项；组织参加第六届全国科技馆辅导员大赛贵州分赛区选拔赛，获展品辅导个人赛二等奖1名、三等奖2名，科学表演赛二等奖1个；组织200名教师举办了“毕节市创新大赛科技辅导员培训班”2期；组织7名优秀科技辅导员参加“贵州省首届青少年智能大赛”培训。认真做好农村中学科技馆管理，对14所农村中学科技馆进行积分制管理，量化考核。根据中国科技馆发展基金会排名，毕节市七星关区长春堡中学和青场中学均进入全国前十。

【深入开展反邪防邪工作】 指导县（区）反邪教协会建立了乡镇级反邪教分会和村级建立反邪教工作站。出资7万元购买印制反邪教科普宣传品3万余件。组织开展宣传活动20场，发放书籍8000余本、宣传品2万余份。邀请省反邪教协会专家在全市范围内举办反邪防邪专题科普讲座8场，组织1200人参加了学习。

【全力推进科普信息化建设】 出资20万元在毕节市广播电视台开办《科普视窗》栏目，播出52期。出资12万元在毕节日报社开设“创新发展·科普惠民”科普专栏，刊出52期。利用“科普毕节”微信公众号推送各类科技信息400多条。出资3万元在毕节试验区杂志社开设科普栏目12期。建设“科普中国”e站 个。

【不断夯实科普基础设施】 积极申报和实施重点科普项目。向省科协申报并获资助实施科普惠农兴村、社区科普益民、科普中国·百城千校万村行动等项目26个，共获资助资金194.4万元。组织实施市级重点科普项目31个，列支市级科普经费资助27.4万元。不断夯实科普示范（教育）体系。指导创建并命名市级科普示范基地40个、科普示范村40个、科普示范社区20个、科普教育基地建设20个、科技教育特色学校20所。

【全方位推进学会建设】 组织开展科技助力脱贫攻坚征文活动，共收到论文、调研文章38篇，通过专家评审，评出一等奖3个、二等奖5个、三等奖7个，并组织获奖论文作者召开了学术交流会。召开科技工作者座谈会，60名科技工作者代表参会，对科技工作者状况进行问卷调查。承办省科协高校青年学者论坛项目1个，组织贵州工程应用技术学院等市内5所高校100余名青年学者、学生参加论坛。资助市级重点学会学术项目12个，资金7.5万元。指导成立了毕节市卒中联盟等学会联合体。指导毕节市肉牛产业协会等3家学会（协会）进行换届。指导成立企业科协3家。资助市级重点学会学术项目12个，资金7.5万元。

【发挥科技工作者之家作用】 “全国科技工作者日”期间，走访慰问优秀科技工作者代表20人。其中市委、市政府分管联系领导带队慰问优秀科技工作者9人。推荐3名优秀科技工作者作为第十五届贵州省青年科技奖候选人。调整毕节市科普专家服务团成员，新团由234名科普专家组成。完成了覆盖市、县（区）两级有关部门和全市乡（镇、街道办）的科普宣传员队伍建设，明确了专兼职科普宣传员。

【充分运用科技助力脱贫攻坚】 认真落实三年提质脱贫攻坚计划，积极抓好驻村帮扶和脱贫攻坚工作。组织领导班子成员和干部职工每月深入脱贫攻坚工作联系点调研，开展党的政策理论宣讲，举办实用技术培训和科普宣传。在科普经费和科技馆经费中挤出20余万元支持联系点威宁县大街乡嘎基村和赫章县水塘堡乡塘口村开展脱贫攻坚工作。积极协调省科协及市直有关单位支持联系点项目9个（经费47万多元）。积极参与凝聚群团力量助推深度贫困地区按时打赢脱贫攻坚战，出资10.4万元支持七星关区柏杨林街道易地扶贫搬迁集中安置点、黔西县锦绣街道锦绣花都安置点、文峰街道惠风花园安置点开展群团工作站建设。市科协获“全省脱贫攻坚优秀基层党组织”表彰，驻村第一书记吴宽斌获“全市脱贫攻坚优秀共产党员”表彰。

【认真开展“不忘初心、牢记使命”主题教育】 组织召开主题教育领导小组会议5次，开展各类学习教育13次，257人次参加了学习。参观红色教育基地2次。拟写集中学习研讨发言材料28篇，组织各级党组织书记上党课7次。召开座谈会3场，征求到意见建议6条。深入基层调研2次，形成调研报告5篇。举办应知应会知识测试2场。检视查找问题24个，对梳理出的13个问题有针对性地制定整改措施，及时推进整改。组织召开主题教育专题民主生活，对党组班子和党组班子成员进行检视，开展批评和自我批评，对检视出来的问题制定整改清单和措施，进行整改落实。

【切实加强党的建设】 按照“五个规范”要求健全完善相关制度，认真抓好党的建设工作。将党建工作和科协业务工作同安排同部署同落实同考核。领导干部落实双重组织生活会制度，以普通党员身份参加基层党支部开展的学习、主题党日和组织生活会等。认真落实“三会一课”制度。每月组织开展“主题党日”活动1次以上。组织党员干部开展党务知识培训1期，50多名党员（含单位离退休党员、联系点党员代表）参加了培训。强化基层党组织建设，市科协党总支、离退休党支部按期进行了换届。组织各基层党支部开展标准化规范化达标建设，推荐市科技馆党支部参加市直机关工委各位组织开展的验收和示范认定。从严发展党员，2019年市科技馆党支部培养发展对象1名。按月收缴和规范使用党费，在单位公开栏对相关情况进行公示。支持市科协在职党员进社区报到服务联系点桂花社区1万元、松山社区1.5万元开展社区党建、“五城同创”等工作。组织在职党员深入帮扶社区开展学雷锋志愿服务、科普宣传等活动22次。组织党员捐款7890元，用于支持市科协脱贫攻坚联系点开展工作。组织举办迎新春党建知识竞答1次、清明节纪念革命先烈活动1场、纪念建党98周年系列活动1次，参观红色教育基地3次。利用市科协网站、电子显示屏宣传栏和微信公众号等为载体，以“主题党日”、快闪MV、参加升旗仪式、收看阅兵式等方式，举办庆祝宣传新中国成立70周年系列活动。

【全面落实从严治党】 认真履行全面从严治党工作“两个责任”，按照市纪委、市第二纪检监察组工作安排，扎实抓好相关工作的开展。及时向市纪委报送了《中共毕节市科协党组履行党风廉政建设主体责任和党组书记履行“第一责任人”职责情况报告》，对照市纪委市监委制定的《责任清单》，进行责任分解，明确领导班子及其成员和各室、部、馆抓反腐倡廉建设的责任，切实将责任落实到岗到人。坚持“一岗双责”，抓好职责范围内的反腐倡廉工作，层层签订落实全面从严治党“两个责任”责任书，做到党风廉政建设人人有责。组织召开党组会议6次、主席办公会议4次研究工作。坚持民主集中制原则，重大问题集体研究决定。凡涉及“三重一大”事项即及时向市第二纪检组领导汇报、请示，研究后及时备案。大力开展党性党风党纪和廉政警示教育，组织单位全体干部职工学习违法违纪案例交流讨论5次，组织干部职工到市检察院接受警示教育32人次，组织干部职工撰写学习心得40多篇。

【严格开展“三个大兴”活动】 认真践行“四到工作制”，深入基层调研10次，撰写调研报告4篇。加强作风纪律建设，推进“马上就办、真抓实干”专项行动。全面落实中央“八项规定”及其实施细则和省委、市委“十项规定”，严格管理干部职工。从严从简做好会议、发文、公务接待及督查考核等工作，实现数量、费用同比下降。

【强化意识形态管理】 强化意识形态工作领导和管理。组织召开党组会议5次贯彻和研究安排意识形态工作，将意识形态工作与科协业务工作同安排同部署。根据工作分工，按照“一岗双责”要求，领导干部和干部职工切实履行工作职责，认真抓好意识形态工作。明确党组班子成员在抓好职责范围内的意识形态工作同时，认真抓好分管科室的意识形态工作。党组班子及班子成员在召开民主生活会和述职报告中单独就意识形态工作进行了报告。强化党组对意识形态工作的领导和管理，建立市科协意识形态工作联席会议制度，落实责任到岗到人。制定完善相关管理制度5个。组织召开科技工作者座谈会4场，科技助力脱贫攻坚学术研讨会1场，承办青年科技工作者论坛1期。认真贯彻落实《全省科协系统贯彻落实“两个维护”工作方案》，切实开展四项“重点工作”，不断增强广大科技工作者的政治认同，团结引领全市科协工作者和科技工作者听党话跟党走，积极为社会经济发展建言献策、建功立业。

【推进科协系统深化改革】 积极推动实施科协系统深化改革实施方案，指导县（区）科协制定出台科协系统深化改革实施方案、换届和推进乡（镇、街道办）科协组织建设。组织领导班子成员集体调研形成调研报告3篇。聚焦科协工作主责主业，制定了市科协单位和岗位职能职责、底线清单。指导县（区）科协制定了“两要点两清单”。大力提升基层科协组织力“3+1”试点工作。认真制定“3+1”试点工作方案，组建工作领导小组，确定七星关区科协、大方县科协作为县级科协试点，2个县（区）科协试点确定了乡（镇、街道办事处）科协试点。组织各县（区）科协主席召开毕节市科协提升基层科协组织力“3+1”试点工作会议，组织调研组深入实地督促工作推进情况。

【加强宣传和信息工作】 利用全国科技工作者日、全国科普日等重要节点，对优秀科技工作者事迹和科协工作进行宣传。在庆祝新中国成立70周年活动期间，组织制作快闪MV《家国心·科普情》对科协工作进行宣传。利用各类媒体进行宣传。在毕节市广播电视台开办《科普视窗》栏目，播出52期。与毕节日报社开设“创新发展·科普惠民”科普专栏，刊出52期。利用“科普毕节”微信公众号推送信息400多条。与毕节试验区杂志社合作刊出12期。《毕节科普》杂志出版4期共4000册。全市科协系统组织报送信息315篇，获省科协采用201篇，获中国科协采用6篇。组织完成《毕节市科协志》编撰印刷工作，纪念毕节市科协成立60周年。

2019年，毕节市科协多项工作得到上级相关部门的表彰奖励。获中国科协、教育部、科技部等七部委表彰为“第34届全国青少年科技创新大赛基层赛事优秀组织奖”；获全国科技助力精准扶贫工程领导小组表彰为“全国科技助力精准扶贫工作先进团队”；获全民科学素质纲要实施工作办公室表彰为“2019年全民科学素质网络竞赛优秀组织单位”；获中国科协办公厅表彰为“2019 年全国科普日优秀组织单位”；获贵州省科协、教育厅、科技厅等七个部门表彰为“第 34 届贵州省青少年科技创新大赛优秀组织奖”；获贵州省科协表彰为“2019 年中国创新方法大赛贵州赛区优秀组织单位”；获贵州省全民科学素质工作领导小组办公室表彰为 2019 年“科学素质学习竞答”微信小程序参赛“市级优秀组织单位”；获 2019 年全省科协系统年度绩效目标考核一等奖；获毕节市 2019 年度绩效目标考核一等奖。市科协党总支获中共贵州省委表彰为“全省脱贫攻坚先进党组织”。

（撰稿：王　立）

红十字会

【概述】　在市委、市政府的坚强领导和省红十字会的精心指导下，毕节市红十字会以习近平新时代中国特色社会主义思想为指导，深入落实中国梦的伟大宏伟蓝图，以党的十九大精神为引领，弘扬“人道、博爱、奉献”精神，积极开展“三救三献”工作，按照“三基四力建设，树立良好公信力”的工作思路，进一步解放思想、广泛动员，开拓创新、锐意进取，奋力推进红十字事业发展。

【践行初心使命、强化党性修养】　根据《中共中央在全党开展“不忘初心、牢记使命”主题教育的意见》和《中共贵州省委关于在全党开展“不忘初心、牢记使命”主题教育的实施意见》的安排，紧紧围绕学习贯彻习近平新时代中国特色社会主义思想、紧扣习近平总书记关于“不忘初心、牢记使命”的重要论述，以县处级以上干部为重点，在全体干部职工中开展学习教育、调查研究、检视问题、整改落实，坚持读原文、看原著，认真领会习近平新时代社会主义思想理论精髓，做好调查研究、找差距检视、整体进入整改落实，实现理论教育与业务工作双促进。

【提高政治站位，推进全面从严治党】　1. 召开全市红十字会系统全面从严治党工作会议，构建党风廉政建设工作机制。2019 年 3 月 8 日，中共毕节市红十字党组召开全面从严从严治党专题会议，传达全省红十字会系统全面从严治党会议精神，研究党风廉政建设相关工作，决定于 3 月 18 召开全市红十字会系统全面从严治党工作会议。在全市红十字会系统全面从严治党工作会议上，党组书记邓韬作《坚决做到“两个维护”为全市红十字事业发展提供坚强保障》的讲话，从提高政治站位，切实理解深入推进全面从严治党向纵深发展；保持工作定力，准确把握全市红会全面从严治党面临形势的科学判断；压紧压实责任，不断强化新时代毕节红十字人的担当作为等三个方面作了安排部署。市纪委监委第十一纪检组高英策组长出席会议并作重要讲话，从强化“四个意识”，自觉践行“两个维护”上；严肃党内政治生活，在压实管党治党主体责任上下功夫；强化监督执纪，严肃查处违纪违规问题力度上；强化廉政风险防控，建立和完善制度措施上等四个方面进一步要求下功夫。会上，市红十字会党组与各县（区）红十字会签订全面从严治党目标责任书。

2. 层层签订责任书，压实全面从严治党主体责任。全面落实主体责任，坚持“两个维护”，班子成员切实履行“一岗双责”。制定《毕节市红十字会贯彻落实八项规定实施细则》《毕节市红十字会领导干部一岗双责制度》。年初党组书记与班子成员签订全面从严治党目标责任书，班子成员与分管科室签订目标责任书，压实全面从严治党主体责任。

3. 开展廉政风险排查。梳理单位廉政风险点，制定毕节市红十字会行政职权办事指南，公布办事流程，接受群众监督。制定救灾（救助）

资金分配流程表，在公示栏公示，接受社会监督。积极开展谈心提醒教育，坚持把党风廉政建设和各项业务工作一起部署、一起检查、一起落实。

【紧扣服务群众，实施“三个大兴”活动】 1. 大兴调查研究之风。按照“四到工作制”，围绕破解发展难题，针对“博爱家园”项目实施、人道资源募集、红十字核心业务开展等制定调研工作计划，规定领导干部必须带着问题调研。截至2019年，按规定完成调研工作任务，撰写调研报告2篇。

2. 大兴真抓实干之风。针对部分干部作风不扎实、责任心不强、不敢担当、推诿搪塞现象进行整治，开展了“马上就办、真抓实干”专项行动。调整了赫章县“博爱家园”项目实施点1个，调整了大方“博爱家园”项目资金1个，简化程序申请到中国红十字基金会白血病救助1人。

3. 大兴勤俭节约之风。全面贯彻中央“八项规定”和省市相关规定，从严从简做好精文简会工作。2019年发文26份、比上年同期减少27份；会议召开2次、比上年同期减少2次；无三公经费支出。

【围绕市委市政府中心任务，助力毕节扶贫攻坚】 1. 帮扶联系点工作。按照《中共毕节市委市人民政府办公室关于市级定点扶贫联系点调整优化的通知》要求，第一时间与扶贫点干部联系并深入扶贫点开展调研工作，第一时间向市政府提交调研报告，从助医、助学方面展开帮扶。到目前为止，威宁黑土河镇捐赠价值42500元荧光免疫分析仪1台、价值2680元/台净水器22台、向贫困户发放大礼包20个、向市直有关部门协调广场健身器材1套，捐赠物资折合人民币10.716万元（不含健身器材）；向赫章县哲庄坝镇捐赠价值42500元荧光免疫分析仪1台、价值2680元/台净水器2台、向贫困户发放大礼包20个，捐赠物资折合人民币5.386万元；共计为联系乡镇物资折合人民币16.102万元，从一定程度上提高诊疗水平和保证了饮水安全，助推联系乡镇扶贫攻坚。

2. 群团工作站工作。按照《毕节市凝聚群团力量助推深度贫困地区按时打赢脱贫攻坚战工作方案》要求，在19个县城易地安置点、20个极贫乡镇和53个贫困发生率在30%以上的深度贫困村设置群团工作站，以实施就业创业、学业支助、医疗救助、阳光护航、志智双扶和亮丽家园六项行动为抓手，紧扣“一达标两不愁三保障”和脱贫攻坚中的问题短板，结合红十字会具体实际开展工作。面向深圳安仕浦公司募集净水器、解决饮水安全问题。面向基蛋公司募集荧光免疫分析仪，装备20个极贫乡镇卫生院医疗，提高医疗服务能力。积极向省红十字会请求帮助，在省红十字会党组书记、常务副会长尹秋莲及其他领导同志的高度重视下，研究支持毕节建设群团工作站事宜，责成省红十字会基金会（以下简称“省红基会”）办理。红十字会于11月7－8日由党组书记邓韬带队赴省红基会对接工作。省红基会为我会推荐38个人道公益项目（“博爱助医”“博爱助学”“博爱助困”及产业扶植、环境保护等），正在由各群团和各部门单位进行研究和具体筛选。截至2019年，共在群团工作开展应急救护培训6次，受训人200余人，在一定范围内提高了受训人员在面对灾害来临时的自救互救能力；共为10群团工作站募集净水器10台（2680元/台），20个极贫乡镇卫生院募集荧光免疫分析仪20台（42500元/台），共计折合人民币87.68万元，彰显了群团工作站在脱贫攻坚中的作用。

【召开会员代表大会，彻底理顺组织关系】 在市委、市政府的关心支持下，毕节市红十字会第二次会员代表大会于2019年8月21日在毕节召开，会议规模207人，市委副书记张翊皓，省红十字会党组成员、秘书长邓守权出席开幕式并讲话，市人大常委会副主任杨海琰、副市长王泉松、市政协副主席辜康乐等领导出席。王泉松副市长主持开幕式。会议听取审议并通过了毕节市红十字会第一届理事会工作报告；审议通过《毕节市红十字会2019－2023年发展规划》；选举产生毕节市红十字会第二届理事会会长、专职副会长、副会长、秘书长、常务理事、理事，第一届监事会监事长、副监事长、监事。王泉松当选为毕节市红十字会第二届理事会会长。

【救灾备灾工作】 根据《贵州省红十字会应急救援预案》适时修订本级预案，启动应急预案，积极投入抗洪救灾工作，按时上报灾情。加强应急值班，实行节假日24小时值班制度，及时有效通过灾情管理系统上报灾情。

【社会救助工作】 一是开展“红十字春节博爱送万家”活动，省红十字会划拨物资86.012万元、广州市红十字会捐赠物资11.877万元、深圳市红十字会捐赠物资250.75万元，共计物资348.639万元投入慰问活动。慰问贫困家庭达3000余户，受益人口1万余人。二是开展小天使基金、天使阳光基金登记、审核、上报救助活动，年内20份，有9名患儿获得救助（3万元/人），共计获得小天使基金救助金27万元。三是开展“珠江缘”助学计划，春秋两学期救助贫困学生222人次，发放救助金28.23万元。四是毕节市红十字会“爱爱”专项基金救助，48名患者获得救助，发放基金27.75万元。

【应急救护工作】 以“5·8”“5·12”“6·14”等重大节假日为载体，在街道、学校、乡村、社区开展公益性救护知识培训；联合市安监局、教育局、市委党校等单位，将公益性救护培训工作推向学校、社区、工矿企业，要求各县（区）主动联系相关部门积极开展救护培训工作。全年完成19人的“中国红十字会救护师资证”持证培训。并通过救护师资作用完成31场次的应急救护培训宣传，普及群众14710余人次。

【无偿献血工作】 借助重大节日庆典这个载体，制作宣传专栏、宣传资料组织会员和志愿者进学校、社区、乡村和学校积极依法开展宣传发放宣传；主动与宣传部门联系，将红十字核心业务纳入“送文化下乡百场演艺”活动进行宣传，全年共计发宣传资料2万余份，招募无偿献血志愿者25563余人，献血量高达7694700毫升，为全市实现临床用血100%来自无偿献血的目标做出贡献。

【造血干细胞和人体器官遗体捐献工作】 召开2019年业务培训专题工作会议，学习《贵州省器官捐献管理条例》及造血干细胞志愿捐献的相关知识，安排部署2019年干细胞及器官遗体捐献工作。通过制作宣传展板、播放公益宣传片等，充分利用新闻媒体大力宣传红十字“人道、博爱、奉献”的精神和造血干细胞相关知识，组织志愿者走进大中职院校、社区农村举办造血干细胞相关知识讲座。全年开展造血干细胞宣传、讲座10余场次，造血干细胞志愿捐献者招募采样入库614人份，宣传、动员高分采样4人份，服务体检3人。

【组织宣传工作】 一是宣传工作，充分利用“5·8”世界红十字日、“6·14”献血者日、“12·1”预防艾滋病日这个载体，举办文艺演出、知识竞赛、知识抢答等丰富多彩活动开展宣传，组织志愿者进入社区、机关、学校开展宣传活动，发放《中华人民共和国红十字会法》和《中华人民共和国红十字标志使用办法》《红十字章程》读本及传染病预防、抗洪救灾、抗震救灾的避险知识1万余份，悬挂横幅20条，宣传展板5个，出动宣传车辆10余台次，100余名医师开展了义诊，就诊人数1830人。二是组织建设工作，全年新建基层组织237家，发展会员5291名，招募志愿者1036名。

【红十字青少年工作】 一是配合各学校认真地开展宣传国际人道法和红十字运动基本知识，进行“人道、博爱、奉献”的红十字精神教育和健康教育的红十字活动。二是认真贯彻落实《中国红十字会关于贯彻学校红十字工作规则的实施意见》文件精神，结合素质教育，大力宣传《红十字会法》，传播红十字运动基本原则和人道主义。三是组织大中专、中学生进入社区、学校、农村针对留守儿童开展谈心、辅导、做游戏等，帮助引导留守摆脱孤独不合群的坏习惯。四是带领青少年学生进入养老院和福利院，帮助老人和孤残儿童清洗衣物，培养青少年树立人道、博爱、奉献的善良之心，为社会传递正能量。

【对口帮扶工作】 一是回访广州市红十字会，并召开对口帮扶座谈会。二是《广州市红十字会毕节市红十字会对口帮扶框架协议》规定，派出19名专（兼）职干部、会员、志愿者赴广州市红十字会应急救护培训基地参加应急救护师资培训。三是实施“珠江源”助学项目，春秋两学期救助贫困学生222人次，发放救助金28.23万元。

【对外联络工作】 为拓展发展空间、拓宽工作范畴，助力精准扶贫，充分发挥红十字民间交流作用，积极促进爱心人士、爱心企业家捐赠款物救助贫困群众，促成基蛋生物科技有限公司、深圳安什浦科技有限公司签订捐赠协议红十字会和上海大丰基金会的主要领导赴毕捐款捐物。

【募捐筹资工作】 全市红十字会系统积极行动，利用感情筹资、关系筹资、项目筹资、网络筹资等形式募集款物参与脱贫攻坚。2019年全市募捐筹资款物3185.24万元，其中市级筹资2429.98万元、县（区）级筹资755.26万元，超额完成年初省会下达的目标任务。

（供稿：市红十字会）

侨 联

【概述】 2019年，市侨联围绕市委中心工作，紧扣“服务经济发展、依法维护侨益、拓展海外联谊、积极参政议政、弘扬中华文化、参与社会建设”六项基本职能，尽职担当、狠抓落实，圆满完成了本年各项目标任务。

【换届工作】 根据《中华全国归国华侨联合会章程》《毕节市侨联改革方案》有关规定，按市委常委会通过的《毕节市归国华侨联合会第二届委员会换届工作方案》扎实推进，在市委统战部的指导下，市侨联圆满完成代表推选考察、会务工作筹备、文字资料起草、会议选举、会后总结等工作任务，毕节市侨联二届委员会委员、常委、领导班子皆全票当选。

【侨联改革】 深入基层开展调研，起草《毕节市侨联改革方案》。2018年11月中共毕节市委全面深化改革领导小组会议审议通过，正式出台《毕节市侨联改革方案》。2019年5月，市侨联换届中，严格按照《毕节市侨联改革方案》中的规定，基层代表比例提高到70%以上，委员会中基层委员比例为60%、基层常委的比例为50%来筹备换届工作。并且把原来1名主席、1名副主席兼秘书长、1名兼职主席（占职数不占编制）调整为1名主席、1名专职副主席兼秘书长、5名兼职主席（兼职副主席不占编制、不占职数），切实增强市侨联领导班子队伍力量，为更好地开展侨联工作夯实了组织保障。

【侨情调研】 为更好地发挥党和政府联系广大归侨侨眷和海外侨胞的桥梁和纽带作用，进一步凝聚侨心侨智侨力，助力毕节市全面对外开放和经济社会发展，2019 年 7 月至 10 月，由市委统战部牵头，市侨联具体实施，在全市范围内开展了一次重点侨情摸底调研工作，进一步摸清基本侨情、完善基本侨情数据库。

【侨爱工程】 积极争取涉侨基金会、企业、个人赴毕节市开展捐资助学、医疗救助等公益事业，协助市民族中学、纳雍一中完成向上海杉树公益基金会、浙江新华爱心教育基金会申报 2019 年秋季学期高一新生“杉树班”“珍珠班”工作，督促相关学校完成资助贫困学生补助金发放工作。市民族中学、纳雍一中受资助学生 250 人，全年共接受资助资金 70 万元。新西兰中华教育基金会向黔西县铁石乡小学发放贫困助学金 1 万元。向市红十字会协调争取价值 10 余万元荧光免疫定量分析仪和净水器，为驻村点赫章县结构乡和河镇乡两地卫生室充实医疗器械。协调争取省侨联调剂 200 余件冬衣和被子发放给驻村帮扶点的贫困户，为脱贫攻坚战贡献应有的力量。

【为侨服务】 开展春节“送温暖、献爱心”慰问活动。慰问困难归侨侨眷 12 人，共计发放慰问金 2.4 万元；为在毕侨商排忧解难，美国侨商黄吉凤投资的纳雍县曙光乡桂兴煤矿在经营中存在的困难和问题，经市侨联向有关单位了解，应黄吉凤诉求，带领其拜访市长张集智，市长在听取有关汇报后，为其研判企业存在的问题，表示将大力支持该项目的实施。

【参政议政】 年初市“两会”上，侨联界别政协委员共提出提案 15 件，张友、孙澂提出《关于住房公积金账户定期自动划转还房贷》的提案获“优秀提案”；孙澂在年初的政协联组会上代表侨联界别发言，得到参会政协委员的一致认可和充分肯定。

【联谊交流】 依托“2017 年海外侨胞故乡行·走进贵州（毕节）”活动联络平台，不断扩大“朋友圈”，积极拓展海内外联谊交流。努力争取德国贵州商会拓宽足球学校合作项目，积极推动金海湖中德职业学院落地启动；积极与俄罗斯、北美、新西兰、法国、荷兰、柬埔寨等海外贵州商会对接和联系。

（撰稿：陈　艳）

毕节市中华职教社

【概述】 2019 年，毕节市中华职教社在市委、市政府和市委统战部的领导及省中华职教社的指导下，紧紧围绕市委、市政府工作中心，聚焦脱贫攻坚，积极以提升人口素质为目标，以推动“东西部协作”为重点，以“社 +”模式为抓手，推动职业教育扶贫及产业发展。

【强化政治学习】 积极组织社机关干部职工参加市委统战部组织开展的各项学习活动，深入学习贯彻党的十九大精神和习近平总书记对贵州对毕节工作系列重要指示批示精神等，并结合“不忘初心、牢记使命”主题教育活动开展，组织干部职工围绕职教社职能职责开展广泛的交流讨论，进一步提高政治站位、提升学习实效、深化学习成果。

【加强工作指导】 制定并下发《2019 年职教社工作要点》，加强对县区职教社工作开展的指导和调度，切实加强基层职教社组织的联络对接，有效提升基层职教社组织及人员的综合业务能力。依托“星期微课堂”微信平台，开展 3 期三个主题的业务培训活动，提升全市职教社系统干部职工素质。

【推动能力提升】 组织职业院校负责人、金海湖新区党政干部到北京、天津、等地交流学习3次17人次。组织指导各职业院校参加“第三届中华职教社教育创新创业大赛”，参赛项目5个，经专家组综合评审，毕节市中华职业教育社获得省优秀组织奖，毕节职业技术学院、毕节医学高等专科学校分别获得省三等奖和优秀奖。

【密切交流合作】 联系并促成上海第二工业大学与毕节职院成功签订《第二轮帮扶合作协议》，江阴职中与七星关区职中、毕节四中和毕节六中签订帮扶协议及生源地建设协议。联引天津、上海、云南省弥勒市、江阴职业技术学院等的优质职业教育资源与毕节市相关院校开展校校（企）合作、产业扶贫考察调研等活动7次，达成合作意向4项。推动了校校、校企合作，促进毕节市职业院校内涵提升，协调上海剑鑫教育集团与毕节市特殊教育学校开展校企合作，安徽、广西等职业院校与毕节职院航空学院开展校校合作。

【深入基层调研】 严格落实“三个大兴”活动要求，积极深入大方、威宁、赫章及金海湖等县（区）有关乡镇、村组开展产业扶贫及职业教育调研等16次，走访了解基层生产生活情况及群众困难和需求，开展涉及职业教育专题调研活动3次，组织撰写形成《关于我市职业教育助推脱贫攻坚的调研与思考》等方面的调研报告。

【关注群众发展】 针对脱贫攻坚工作中部分基层群众思想观念落后、信息资讯闭塞、劳动技能欠缺的实际情况，充分发挥职教资源优势，积极联引各界专家、名师等来毕传经送宝，引导群众转变发展观念，提升群众素质能力，激发群众参与脱贫攻坚的内生动力。组织开展“职教专家毕节行”“职教名师毕节大讲坛”智力帮扶活动2次，指导县（区）开展各类活动及培训18余次，累计培训贫困户1100余人次。组织并参与各类培训班3期，培训职教干部、骨干教师45人。

【抓实泛海助学项目】 按照“464”工作思路（紧盯“四个强化”、聚焦“六个精准”、力争“四个覆盖”）和“坚持助贫、鼓励优秀”及公平公正公开的原则，切实加强对“泛海助学行动”工作的程序化、规范化、制度化管理，统筹抓好缺口资金筹集工作，2019年“泛海助学行动”工作任务圆满完成，全市2300名优秀贫困新生获资助，资助金1150万元（其中，泛海控股集团资助553人276.5万元，省委统战部筹集资金资助1496人748万元，市、县统战系统筹集资金资助251人125.5万元）。其中，拟受资助学生中录取“985”“211”重点院校的贫困学子就有443人，占总名额的19.2%。加大“泛海助学行动”宣传及感恩教育，协调《毕节试验区杂志社》完成专题采访报道1篇，积极开展受助学生回访及座谈，激发受助学生的感恩情怀。

【统筹推进其他工作】 一是参与争取中央社会主义学院“新型政党制度七十周年”论坛暨中国政党制度研究中心第十七届年会筹备工作部署会在毕节召开，并配合搞好有关会务、接待等服务工作。二是参与完成安徽、上海、江苏等地统一战线赴毕节考察接待工作。三是参与完成了统一战线帮扶毕节试验区工作情况调研、宗教问题整改的督查工作、脱贫攻坚“大走访大筛查”活动等工作。四是完成“党外知识分子思想政治工作典型材料”文稿撰写、全市社会组织参与脱贫攻坚情况统计调查及材料、知联会社会组织监督管理检查工作及相关材料上报及年检工作等。五是积极抓好宣传工作，向研究室报送新闻稿件5篇，微课堂一期10篇。

（撰稿：程　丹）

军 事

毕节军分区

【概述】 2019年，毕节军分区全面贯彻习近平新时代中国特色社会主义思想和习近平强军思想，深入学习中共十九届四中全会精神和中央军委基层建设会议精神，按照上级党委首长部署要求和军分区党委“抓学习统思想、抓改革强担当、抓备战提能力、抓党建严纪律、抓安全促稳定、抓基层打基础”的工作思路，坚持创新突破、苦干实干、稳中求进，忠诚履职、担当作为、负重前行，部队全面建设持续进步，国防动员和后备力量建设实现新发展。

【加强站位引领，思想政治建设有新进步】 始终坚持用习近平新时代中国特色社会主义思想和习近平强军思想武装头脑、指导实践、推动工作，切实增强“四个意识”、坚定“四个自信”、做到“两个维护”，贯彻军委主席负责制。深入学习党的十九届四中全会和中央军委基层建设会议精神，严密组织开展“传承红色基因，担当强军重任”和“不忘初心、牢记使命”两项主题教育、党委中心组理论学习和党课辅导，建立每月“双周一次理论学习日”制度，跟进学习习主席最新讲话精神，围绕军委巡视巡察反馈问题自查整改和“四风问题”新动态，系统检思纠治形式主义官僚主义，全面彻底肃清郭徐房张流毒影响，持续推动学习贯彻进入部队建设、进入工作实践。着眼形势任务统筹抓好人才队伍建设，选送干部、士官、文职人员到国防大学等进行学习培训，交流转改、面向社会招考文职人员工作圆满完成，严密组织干部、士官退出现役，协调地方将转业干部安置到毕节市内实职领导岗位，全区上下保持了政治坚定、思想稳定。政治机关效应不断提升，全区全年共发表政研文章35篇、新闻32篇，其中《解放军报》3篇、《中国国防报》5篇、《中国民兵》3篇、中国新闻社4篇，省军区综合信息网上稿新闻128篇。

【聚焦练兵备战，军事斗争准备取得新成效】
坚决贯彻习近平主席号令，严格落实党委议训抓战各项制度，坚持班子成员带头参训、首长机关军事训练每周一练、每月一考，集智推出“部长精品课堂”。民兵训练严把训练计划审批关，采取“分区域、分时段”的方式探索基地化轮训模式训练。组织毕节市民兵应急营参加全省新时代群众性练兵比武活动，5人分获轻武器实弹射击、手榴弹投掷等个人单项第二名、第三名的好成绩。突出教官队伍建设抓实学生军训，组织教官进行集训考核认证，加强训练过程监管，安全圆满完成96所学校90229名学生军训任务。着力规范各级战备值班秩序和战备库室建设，及时修订各类方（预）案，补充完善各类战备器材，结合基干民兵入队训练扎实开展应急演练，部队应急处突和联合指挥能力有效提升，全年出动官兵、民兵圆满完成森林灭火、维稳执勤、矿难救援、抗洪抢险、火箭残骸回收等非战行动任务40余次。紧盯编组不合理、新质力量占比少、复退军人比率低等薄弱环节推进民兵调整改革，持续在编实建强、作为发挥上用心用劲。市民兵应急营在参加全省民兵应急拉动点验中综合成绩排名第四。

【着眼创新驱动，国防动员建设实现新发展】
调整健全市国动委各专业办公室，联合下发国防动员潜力调查实施方案，专题召开动员潜力调查部署会议和业务培训，协调军地单位收集各类潜力数据，完善了国防动员数据库。围绕提升专武干部履职主业能力，上下半年分别组织新任职专武部长、专武部长参加省级和军分区本级集训，较好地解决了基层专武干部“认识不够、业务不熟、能力不足”问题。以平时征兵准备为基础，以征兵“五率”为抓手，以提高兵员质量为核心，突出征兵体检站设置和信息化体检管理系统使用，突出全员签订责任、全员体检复查、全员役前训练等征集过程管控，贯穿全年落实廉洁征兵“零报告”和廉洁征兵监督员巡查等制度，坚守廉洁征兵底线，高标准完成年度兵员征集任务。

【突出集约规范，后装保障质效得到新提升】
紧贴形势任务修订完善各类后装战备方案预案，及时补充后勤战备物资器材。按照“党委统揽、财务统管、预算统控”原则，围绕备战打仗科学编制年度经费预算，完善财务管理规定，规范公务接待管理，集中财力保障战备训练落实。严格落实党委议财制度，坚持每季度组织1次全区财务集中办公和业务培训，持续深化巩固财务执法检查成果，查纠整治财务管理倾向性问题。深入开展枪支弹药账物不符清查整治和超存储寿命弹药收缴工作，逐枪逐弹准确清查核实装备数质量，收缴各人武部超存储寿命弹药到军分区集中统一保管。完成全区车辆装备安全环保检测和驾驶员年度审验，请领更换新式军车牌证，并向部分人武部配发了军车。集中组织全区干部（文职人员）、家属健康体检，为机关人员问诊60余次，跟踪保障送诊人员5次。稳妥推进师职以下干部住房超面积清理整治和擅自处置房地产问题整改工作，按计划完成超面积住户物理隔断整改任务。贯彻整风精神抓实地方目标绩效奖清退工作。

【强化服务宗旨，聚力参建参治展现新作为】
聚焦打赢“113攻坚战”目标，按照“精准识别、精准施策、精准发力”原则，深入开展“春风行动”“夏秋攻势”，采取分户包干、结对帮扶、责任到人的方式，落实月走访制度和各项帮扶措施，投入340余万元主要用于帮扶贫困村基础设施建设、安全饮水工程、产业项目扶贫、教育医疗帮扶等，持续定点帮扶的9个村309户1347人年底实现清零出列。积极投身双拥模范城市评选创建，配合市“双拥”办迎接了全省第九轮“双拥”模范城（县）检查考评验收，加强沟通联系、创新工作方法，与地方部门、企业等单位签订军民共建协议，开展“双拥”共建活动，组织民兵参与治安巡逻、街道清扫、环境治理等工作，走访慰问军烈属、困难党员及困难群众157人，协调市教育局优先安排13名现役官兵子女和150余名退役军人子女入学，编辑“双拥”简报32篇。坚持把国防和“双拥”教育纳入国民教育体系，融入部队年度教育规划，充分利用驻地红色资源和开展民兵整组、征兵宣传、学生军训等有利时机，深入党政机关、企事业单位、学校广泛开展爱国主义、国防教育系列活动100余场次，印发国防宣传手册1.5万余册，努力营造起全民支持国防建设的浓厚社会氛围。

【坚持依法从严，部队安全管理有了新加强】 坚决立起依法治军从严治军鲜明导向，结合学习贯彻新条令，扎实开展军容风纪检查、队列训练与会操和条令知识考核等配合活动，持续掀起群众性学法用法热潮。坚持党委议管抓管，及时调整充实安全委员会，制定《毕节军分区贯彻落实中央军委〈关于全面从严加强部队管理的意见〉的实施办法》，进一步规范军分区各级从严管理、安全管控制度措施。以深入开展安全大检查和“百日安全活动”为抓手，紧盯“人、车、枪、弹、密、酒、网”等17个关键要素风险评估，坚持每季度1次安全形势分析和安全综合检查，狠抓重要时期、重点人员、重要目标安全管控，突出安全防范能力建设购建营门指纹门禁系统和办公楼人脸识别系统，突出重点时段管控抓实“春节”“两会”、国庆70周年庆典等节假日和重要敏感时期的部队管理，部队安全稳定基础不断夯实。

（供稿：毕节军分区）

中国人民武装警察部队毕节支队

【概述】 中国人民武装警察部队毕节支队，是一支有着光荣传统和卓越功勋的英雄部队。前身可以追溯到八路军115师鲁西独立旅，由中国人民解放军第二野战军五兵团十六军四十七师一三九、一四〇、一四一团部分官兵组建而成，历经多次整编于1983年1月正式成立。自2018年1月1日起，武警部队实行新的领导指挥体制后，支队按新体制新编制运行。主要担负全市看守所和毕节监狱看守看押以及城市武装巡逻、武装押解、处突反恐、抢险救援等任务。支队机关位于毕节市七星关区鸭池镇营脚村。

2019年，支队紧跟中央军委、武警部队和总队党委决策部署，紧紧围绕为新中国成立70周年营造安全稳定环境这条任务主线，突出“加速观念更新、加紧能力提升、加固底基底蕴、加快建设发展”的“四加”工作指导一以贯之、久久为功，凝心聚力打基础，铆足干劲抓落实，笃定意志谋发展，部队忠诚可靠，任务完成圆满，内部安全稳定，全面建设稳中有进。

【深入贯彻新思想，在看齐追随中夯实忠诚根基】 立足特殊政治背景，始终扭住“人”这个关键要害，将强有力的思想政治工作贯穿全程，进一步筑牢忠诚之基、补足精神之钙、把稳思想之舵。一是突出用思想理论武装铸魂。紧跟习近平强军思想步伐，以“牢记训词、践行使命”专题教育起势开局，用好“一个读本、两个纲要”，严密组织党委中心组学习、体会交流和理论服务走基层活动，持续深化“主席话儿记心上”学习实践，以“三分制”“四个融入”为主要抓手，研发运用“学思践悟”手机APP，促进理论学习形成常态、形成机制、形成氛围。积极抓好“双百”微课讲授，集中组织试讲竞赛，推出示范微课，推动人人写教案、个个上讲台，广泛运用板报橱窗、军营广播、微信公众号、军职在线等学习宣传载体，持续抓好铸魂育人工作，确保理论上跟得紧、思想上看得齐、政治上过得硬。以担负武警部队“传承红色基因、担当强军重任”主题教育联系点为契机，围绕“五个专题”部署，扭住“红、新、实、强”四个关键环节，支队党委常委带头讲大课，点面结合，持续在“深化”二字上下真功使实劲，充分挖掘和运用驻地红色资源，积极开展“五红”“战史战例战将”故事会、烈士陵园重温军人誓词、“鸡鸣三省”会议遗址重走长征路等配合活动，在总队政治工作部的具体指导下，高标准完成“四个一”联系点任务，受到武警部队政治工作部充分肯定。严格落实总队“123456”教育模式，持续推进支队“五步法”实施，改善升级基层网络学习室、购买配发学习电脑，深入运用总队思想政治建设云平台，扎实抓好经常性思想教育，参加总队“四会”政治教员评比竞赛，1人被评为“十佳”、1人被评为优秀政治教员，支队运用总队云平台提升教育质效的做法在武警部队支队主官集训作经验交流。二是突出用新兴方法载体强心。围绕借助大数据优势提升心理服务工作质量，投入经费探索建成以多维度测查和主动预警为核心的心理服务站，严密组织官兵进行网上心理测查，精准掌握官兵心理指数，先后迎接总队其他支队及云南、广西、河北、甘肃等兄弟单位实地参观。深入开展“关注心理健康，争做阳光青年”和“思想大清查、心理大测查”活动，聘请专业心理顾问，邀请毕节职业技术学院心理专家为官兵授课，基本实现“基层心理骨干—支队心理医生—外聘心理顾问—院校心理专家”四级联动协作、常态服务掌控的态势，实践形成每周有排查、每月有教育、每季度有培训、重大时节有测查等长效机制，保证了心理工作的不断线。三是突出用先进军事文化育人。围绕“强能、塑形、育人”目标要求，体系化升级构建平语长廊、军史长廊、“双百”微主题墙、强军思想主题墙等政治文化环境格局。积极发挥“五个小队”作用，大力倡导人人有健康爱好、个个有特长强项，采取“走出去、请进来”“小培训、小会演”等做法，积极扭转“手机使用”代替“文化活动”“网络游戏”代替“精神世界”等不良现象。广泛开展基层群众性文化活动，制定“打造书香军营”10条措施，协调驻地图书馆建立“流动图书站”，推行“图书进军营、新书进班排、好书进抽屉、有声书进广播”模式，及时更新购置文化装备器材，营造浓厚政治氛围。承接总队基层政治工作试点观摩任务，精心精细做好现场观摩、经验介绍、交流讨论，得到总队党委首长及各兄弟单位好评。认真抓好新闻报道，积极宣扬好人好事和经验做法，推出武警部队“百名优秀士官”韦学佳等先进典型，先后在省级以上媒体上稿200余篇、强军网上稿400余篇。

【聚焦履行新使命，在备战打仗中提升制胜本领】

紧紧围绕“迎大庆、保大庆”任务主线，以“四月”活动为抓手，积极探索“小研究、小创新、小轮训、小考评、小规范”战斗力建设发展模式，狠抓实战实训、真打实备，努力提升履行“两个维护”使命任务能力。一是持续用劲立起打仗导向。深入学习贯彻习主席训词训令和军委的决定与条例，多波次开展集中学习、讨论辨析、对照检查和专项整改，积极与和平积弊斗争，归正备战打仗中心。始终树牢谋战思战的思维理念，做到一切工作向打仗聚焦，一切建设围绕打仗来规划，在选拔任用、评功评奖、资源配置等重要问题上向练兵备战倾斜，落实军事训练“一票否决”要求，严格兑现奖惩。近两年来，对连续10次以上参加“魔鬼周”的特战勇士、精武尖兵举办“勇士荣光”主题晚会，邀请官兵父母参与一起走红毯、登荣誉台，见证荣耀时刻，对军事考核不合格的干部推迟晋职、取消评先资格，对士官选晋考核不及格的一律不予选改，立起“训练有为、训练有功、训练有位”的鲜明导向。二是攻坚克难建强基础设施。持续推动“智慧磐石”工程建设，党委常委细化责任分工、逐个逐项攻关协调，讲清建设的政策规定、重大意义，最大限度争取支持，在驻地脱贫攻坚任务重、资金来源渠道窄的情况下，积极争取预算经费，安排专人沉到一线跟进指导抓建设。狠抓执勤隐患治理，投入经费改造哨位、更换钢网墙和刀刺网、对摄像头高清化升级。强力推进训练场地建设，投入经费用于支队靶场升级改造、教导队300米障碍场和综合训练场堡坎加固等建设任务，进一步升级拓展黔西、金沙、织金、纳雍中队训练场地。三是深钻细研规范勤务运行。持续推动“五防一体化”建设，制定《值班执勤十条措施》，落实每班提醒、每天通报、每周讲评、每月分析等制度，坚持每日执勤首长网上查勤、作战勤务席和战备督查席覆盖检查等要求，严密组织值班执勤培训，值班执勤秩序进一步正规，执勤“两病”得到有效纠治。积极开展“执勤战备训练日”活动，组织学习执勤法规、上级指示要求和事故通报，开展方案演练，研究方案计划，有效提升了官兵执勤能力。四是真抓实训增强练兵质效。坚持每月专题议训、每季度分析备战打仗形势、每月雷打不动开展军事训练检查，督导训练末端落实，立起从严治训“风向标”。扎实抓好教练员集训、卫士演习、新兵训练和第一季度“魔鬼周”承训任务，按照人员分类训、重点科目训、分批覆盖训的要求，严密组织勤训轮换和应急班集训考核，夯实部队遂行任务能力基础。持续推进军事职业教育，严格落实周学习、月通报、季考核，较好的完成既定学习目标，在线课程《武警部队机关公文与作战文书》结业率达97%。是年，圆满完成武装押解、联勤巡逻、国际杜鹃花节维护秩序执勤、扫黑除恶、扑救山林火灾和金沙、赫章县山体垮塌救援等临时勤务。

【切实立起新标准，在固强补弱中厚实底基底蕴】

落实“四个坚持扭住”要求，认真学习贯彻武警党委1号文件精神，围绕总队“一二三四五”抓建体系，坚持抓基层决心不动摇、力量不减弱、工作不断线，推动部队建设全面过硬。一是抓常态培训提能力。采取“总队集训、支队常训、在岗自训”的模式，深化总队《纲要》培训成果，严密组织基层干部轮训，搞好重难点科目示范教学，把机关基层捆在一起抓、绑在一起训，基层自主抓建能力进一步提升。结合开展“中队长之家”“指导员之家”活动，集智研究组训法、值班执勤和基层政治工作，抓好基层党支部书记和两个群众组织培训，帮助基层主官进一步理清思路、掌握标准、学会方法。积极开展“士官之家”、岗位实践活动，利用勤训轮换、季度考核、督导检查等时机，常态组织军事技能考核，对考核不合格的士官下达《整训通知》，明确时限抓整改，对连续3个季度考核仍不合格人员，依据《士官管理规定》进行处理，促进士官队伍主动自训、精武强能。二是抓精准帮建促平衡。按照总队要求，落实“一队一策”，采取党委常委重点帮、机关股室结对帮的方法，安排营以上干部深入基层蹲点帮建，面对面解疑释惑，手把手传帮带教，进一步提高帮建基层的精准度和实效性。持续巩固执勤二中队标杆示范引领建设质效，着力提升金沙、黔西、纳雍3个单位建设层次。三是抓帮难解困激士气。积极开展“基层减负年”活动，压减会议12次、文件数量58份、集体活动5个，删除QQ、微信工作群8个，提倡“机关多服务、基层少跑路”，切实为基层留足抓建时间和精力。强力推进“四心”工程，深化“五送”活动开展，全力抓好服务基层“十件实事”，积极办理官兵子女入学，困难官兵救济，家属随军、分居和未就业补助，巡诊，组织官兵及家属体检，为家庭涉法官兵提供法律服务，帮助官兵办理评残，真心实意帮难解困。结合开展基层调研活动，常委领导利用蹲点、考核、督查等时机深入基层传帮带，广泛听取官兵意见建议，收集整理基层困难问题，积极研究整改措施，明确责任时限，确保年内全部整改落实。四是抓传统培塑强内涵。基于对强军思想的学习理解，支队党委“一班人”围绕总队党委首长的殷切期望，传承“实”的精髓、注入“严”的要求、赋予“创”的内涵，全面培育“务实创业、求实创新、严实创优”的新作风，带领官兵朝着建设一流方向不断前行。通过升级改造支队史馆、梳理红色家谱、领导专题讲授、遂行任务培育、工作实践历练，凝聚形成“忠诚纯朴、英勇制胜、守纪自律、实干奋进、同心攻坚”五种团队优良传统，进一步激励官兵束心正行。

【贯彻落实新要求，在依法从严中筑牢安全基础】

着眼特殊形势要求，站在讲政治和全局的高度，坚持依法统建与抓安保稳无缝对接，确保大事小事都不出。一是突出示范引领促规范。着眼强化法规意识，按照“规范化干工作、精细化抓落实、经常化促养成”要求，以“条令年”活动为主要载体，严格落实“周有一日学训、月有一次考核、季有一场竞赛”，持续深化条令法规学习效果，官兵遇事找法、办事依法、事事守法的思想意识进一步增强，总队先后4次摘转了支队“条令年”活动做法。着眼强化率先垂范，坚持从党委机关严起，进一步规范机关院内管理、日常办公秩序和军事训练落实，常态检查讲评和公示排名，带动基层依法运转、官兵依法履职。着眼学习先进理念，借鉴经验做法，先后派出观摩组深入湖北、山西总队和遵义、铜仁支队参观见学，结合支队实际，组织召开现场观摩会，持续抓好成果转化，促进部队全面建、整体上。二是严格制度落实抓经常。按照安全工作“八个规范”要求，刚性落实制度规定，坚持从一日生活制度严起、从日常点滴抓起、从每名官兵做起，切实把制度落实当日子过，确保部队秩序正规、安全稳定。以更换《安全计时牌》为契机，持续开展群众性抓安创安活动，坚持每日翻安全计时牌、每周分析安全形势、每月开展专题教育、每年举行入馆挂牌仪式，做到安全教育时时搞、安全隐患处处查、安全警句天天念、安全法规月月学，让每名官兵成为创安全的主人、查隐患的主角、抓落实的主力。以“三查”机制为载体，突出重大节日、重要敏感时期以及“两个以外”，加大“四不两直”督查力度，进一步完善常态开展检查督导、跟踪问效，坚持实地检查不打招呼、通报讲评不留情面、纠治问题绝不迁就。三是扭住关键要害固防线。紧盯“人车枪弹酒、水火电毒密、贷赌黄游群”等重点，组织“三网”清查，开展专题辅导和警示教育，纠治整改多起“一人多机、一机多卡”问题，整治网上借贷，确保了网络阵地的安全稳固。扎实开展“抓规范、治违法、遏事故”车辆交通安全专项治理活动，2次邀请地方交管人员进行专题授课，对所有持照驾驶员技能考核一遍，严格私家车官兵“准驾证”核发，确保行车安全。扎实开展安全大检查、枪弹安全专项整治和“暑期百日安全竞赛”等活动，有效堵塞安全漏洞，确保了部队安全稳定。

【探索保障新举措，在服务打仗中提高质量效益】

树牢前勤意识，以“三个服务”为牵引，着力提升保障能力。一是拓宽融合式发展路子。认真贯彻落实武警部队后勤领域军民融合深度发展推进会议精神，拟制支队贯彻落实的方案计划，系统规划发展蓝图和实现路径，立足于当前现有的财务、医疗、运输、保障社会化等方面的合作成果，融合共享联勤支援力量，完善交通运力征集、通用物资储备、医疗救治、装备维修等军地融合保障模式，先后与驻地5家单位签订保障协议，不断提升应急保障能力。二是开展常态化应急训练。加强维稳行动任务保障研究，体系修订各类方案计划，完善“一组五队”抽组模式，加强常态演练，充实储备应急物资，着力提升运力投送、战地宿营、野炊制作等遂行保障能力。三是构建科学化管理模式。以提升后装法治化水平和保障效益为重点，精细规范工程建设、物资采购、经费报销等程序，全面推行小额零星物资军网商城集中采购，依托地方招标代理公司组织工程招标、大项物资采购，重点领域管控能力进一步加强。

【持续培育新风气，在全面从严中强化班子建设】

按照新时代党的建设总要求，深入学习贯彻上级党建会议精神，紧紧扭住作风和能力建设不放松，不断纯正部队风气。一是靠常态训练磨砺提升政治能力。依据武警部队党委《三十条》，制定支队《加强党员领导干部政治能力训练实施细则》，明确目标内容，规范方法路径，促进有效落实。注重在学习教育中强化提升，按照“学懂弄通做实”目标要求，党委“一班人”采取集中组学和个人自学的方式，持续抓好党的创新理论特别是习主席系列重要讲话精神的学习领会，不断提高政治素养、获得理论支撑；注重在岗位实践中摔打磨炼，班子成员自觉各司其职，认真履行本职，推动各项工作有效落实，尤其在赫章“7·23”山体滑坡救援、七星关区鸭池镇森林灭火等急难险重任务面前，主动靠前指挥，接受考验，砥砺担当精神、打仗意识；注重在政治生活中加钢淬火，严格落实“三会一课”、领导干部双重组织生活、民主评议党员等制度，虚心接受党内外群众的监督，不断改进和务实工作作风，围绕“四个带头”严密组织召开党委专题民主生活会，认真开展批评和自我批评，党委班子进取精神、担当精神、奋斗精神更强更足。二是抓实主题教育凝固初心本色。积极借鉴总队第一批“不忘初心、牢记使命”主题教育经验做法，按照“守初心、担使命，找差距、抓落实”总要求，突出“学、调、检、整”四个贯穿始终，注重规定动作与自选动作相结合，采取理论学习、专家授课、录像辅导和参观见学等方法，持续推动教育活动走深、走实。班子成员深入调查研究，带头作专题辅导和研讨交流，认真检视剖析问题，充分做好民主生活会个人对照检查的准备；广泛收集机关服务指导基层的意见建议，深入查摆整治党委机关存在问题，通过问题的整改落实，切实让官兵感受到教育活动的实效和成效。三是靠严守根本制度坚强集体领导。年初，结合支队党委班子调整，认真学习历届领导人关于民主集中制的重要论述和《民主集中制读本》等相关法规，深化思想认识，强化组织意识，确保“一班人”用党性管住个性，用沟通促进融合，用担当凝聚意志，用实效检验能力，有效提升党委把方向、统思想、抓大事的集体领导能力。坚持“集体领导、民主集中、个别酝酿、会议决定”原则，做到重大决策出台前深入开展调研，公开征求基层意见建议，集中集体智慧，充分发扬民主，鼓励班子讲真话、讲实话、讲心里话，在班子内部形成各抒己见、畅所欲言的良好氛围，确保科学决策、民主决策、依法决策。在人事安排、经费开支、工程建设等重大敏感事项上，坚持依法依规、公开公正。四是靠坚持以上率下推动正风肃纪。大力传承支队好家风，党委机关带头立说立行，率先垂范，以自身榜样推动部队作风建设向好发展，不断凝聚强军兴军的正能量。持续压实“两个责任”，常态运用监督执纪“四种形态”，先后4次组织重大节日、敏感时期明察暗访，为基层风气监督员颁发聘书和职责卡，着力纠治发生在官兵身边的“微腐败”。

【重大活动安保任务】 4月5日至5月5日，圆满完成百里杜鹃花景区清明节期间巡逻防控任务。5月31日至6月4日，与公安特警密切协同在各县（区）开展武装联勤巡逻。9月24日至10月7日，为切实做好庆祝中华人民共和国成立70周年期间社会面反恐维稳工作，毕节支队与公安部门密切协同，严密组织城市武装联勤巡逻。

【抢险救灾】 2月9日至10日，圆满完成赫章县朱明镇发生特大山林火灾扑救任务。3月29日至30日，圆满完成毕节市金海湖新区响水乡吊兰村山林火灾扑救任务。5月30日至6月2日，圆满完成毕节市金沙县新化乡新龙村仙人岩发生山体垮塌抢险救援任务。7月23日至27日，毕节支队圆满完成“7·23”赫章山体崩塌抢险救援任务。

【双拥共建】 1月20日下午，毕节市文联副主席杨春明一行7人，深入毕节支队执勤二中队营区，为官兵写春联、送祝福，将书香文化带进军营。1月23日下午，毕节市文化广电新闻出版局、毕节市退役军人事务局、毕节市军分区、毕节乌蒙演艺集团4家单位联合走进武警毕节支队，开展《毕节市2019年迎新春“我的中国梦”——文化进万家惠民活动》，与官兵共迎新春佳节。1月31日，贵州省监狱管理局吴道明副局长率慰问团一行6人到毕节支队慰问，致以新春节日祝福。1月31日，毕节市委书记周建琨深入纳雍中队慰问官兵，七星关区李昱副书记、郑建旭副书记慰问深入支队机关慰问支队官兵。7月29日上午，在八一建军节来临之际，毕节市委书记周建琨、市长张集智率市慰问团一行莅临武警毕节支队执勤二大队大方中队走访慰问官兵，向支队基层官兵送上节日的祝福。7月29日，为隆重庆祝中国人民解放军建军92周年，七星关区委、区政府与毕节支队联合举办军民联欢文艺会演。七星关区委副书记、区长胡敬斌及区人大、区政协相关领导出席，支队长王永明、政委黄夷及支队党委常委、驻毕部门单位和区人武部部分官兵一同观看了演出。9月1日至28日，毕节支队派出官兵圆满完成毕节职业技术学院、毕节一中、毕节市实验高中等学校9000余人次的军训任务。9月21日，毕节支队组织官兵在毕节市各区、县积极开展国防教育宣讲活动，普及国防知识。9月25日，毕节支队组织开展第六次“武警春蕾计划”捐资助学活动。9月30日，毕节支队官兵担负七星关区烈士陵园公祭活动任务。10月1日上午，毕节支队官兵担负毕节市组织的“庆祝中华人民共和国成立70周年”升旗仪式任务。

【脱贫攻坚】 2月27日，毕节支队官兵为大方县猫场镇联合村捐赠村民急需的生活设施200余件套，用最直接、最真诚的方式帮助驻地群众实际困难。5月29日，贵州总队在毕节市大方县黄泥塘镇第二小学隆重举行纪念援建“武警春蕾女童班”二十周年暨援建武警“八一”爱民学校授牌仪式活动，并赠送学生部分学习用品，设立8万元“春蕾”帮扶基金，总队政治工作部刘志峰主任出席授牌仪式，总队政治工作部陈东升副主任、宣传处处长杨雁冰，毕节市人民政府副秘书长曾凡亚、市教育局局长王发礼及大方县有关领导、支队主要领导及部分官兵、1999年首批“武警春蕾女童班”学生参加了活动。12月，毕节支队投入经费50万元帮助援建黄泥塘二小（八一爱民学校）体育运动场、阳光少年活动室和谈心室项目。毕节支队下属各大（中）队与驻地群众结成15个帮扶对子，积极助力驻地打赢脱贫攻坚战，帮扶的新庄村今年顺利脱贫，纳雍中队被武警贵州省总队表彰为贵州省双拥模范先进单位，支队副政委叶斌、赫章中队中队长杨志强被武警贵州省总队表彰为双拥模范先进个人。

【“魔鬼周”极限训练】 2月14日至20日，支队圆满完成总队毕节片区第一季度“魔鬼周”极限训练承训任务。12月10日至17日，支队圆满完成总队毕节片区第四季度“魔鬼周”极限训练承训任务。

【军营文化活动】 3月20日，毕节支队严密组织召开“传承红色基因，担当强军重任”主题教育动员部署会。4月19日，毕节支队严密组织

“双百”微课试讲竞赛活动。4月3日，毕节支队组织驻城区部队部分官兵前往驻地革命烈士陵园，开展缅怀先烈、重温入党誓词、宣讲革命先烈事迹等活动。5月4日，毕节支队广泛开展纪念“五四”运动100周年系列活动。5月8日，毕节支队组织官兵到鸡鸣三省开展“重走长征路”活动，5月10日，毕节支队与毕节市新华书店组织开展“流动图书进军营”活动，助力官兵成长成才。5月17日，毕节支队组织“讲战史、讲战例、讲战将”故事会。8月1日，毕节支队邀请官兵家属开展“家属进军营·共庆建军节”活动。9月10日上午开始，官兵代表备好鲜花，走访慰问了在毕节市职业技术学院、毕节工程技术应用学院等5所院校任职的8名教职工官兵家属，其余在外家属同时也利用同城速递的形式将鲜花送到各名军嫂手中，让每名教师军属切实感受到组织的关怀。12月20日，毕节支队组织官兵前往地方影院，观看以武警部队官兵为原型拍摄的电影《我为你牺牲》。

【英模单位表彰】 2019年，毕节支队连续26年实现“三无”，被武警贵州总队表彰为基层建设先进单位；执勤二中队被武警部队表彰为基层建设先进中队；支队参谋部被武警部队表彰为优秀参谋部；支队政治工作处被总队表彰为先进政治机关；支队参谋部作战训练股、政治工作处宣传保卫股和保障处后勤保障股被总队评为年度先进股室；执勤二中队被总队表彰为基层建设标兵中队；执勤二中队、赫章、黔西、纳雍和金沙中队被总队评为基层建设先进中队。

【英模个人表彰】 毕节支队执勤一大队赫章中队应急班班长韦学佳，2019年当选武警部队第六届“百名优秀士官”，个人先后荣立三等功2次，被总队表彰为“基层建设标兵个人”“执勤能手”“优秀教练员”“优秀带兵班长”。入伍以来，韦学佳始终坚持聚焦实战练军事、瞄准打赢强素质，在危急关头英勇果敢、冲锋在前，先后成功处置2起监管羁押人员企图逃脱险情，3次参加执行国家领导到黔视察重大安保和杜鹃花节巡逻防控任务，完成扑灭山林大火、“7·01”大方山体滑坡等抢险救援任务。他始终坚持把《军事训练大纲》和军事训练教材作为案头书、掌中宝，积极研训组训、创新创优，编写30多份训练教案，归纳总结“三人应急小组”快速出动“六步法”，有效提高应急出动效率。他始终坚持把部队当家来建、把战友当兄弟来看，以真心待战士、用真情暖兵心，先后带出21名训练骨干、4名战士荣立三等功、18名战士被评为“优秀士兵”、2名战士考上军校。其他：毕节支队支队长王永明被武警部队评为优秀团级指挥员；毕节支队参谋部政治协理员盛陆军被武警部队评为百日安全竞赛优秀个人。毕节支队参谋部副参谋长孟光辉，2019年被武警贵州总队记三等功。他爱岗敬业、履职认真、素质过硬，工作中善于总结思考，创新实践，注重搞好业务传帮带，积极发挥自身优长，利用卫士系列演习、战训法集训、勤训轮换等时机，给参谋传经验、教方法，努力提高参谋队伍业务素质。10月，原参谋长廖君调离岗位后，他主动靠前、勇挑重任，带领参谋部所有人员狠抓工作落实，努力当好参谋助手，从没有因个人困难和家庭琐事而分散精力，每逢节假日都坚守在岗位上值班加班，体现了高度的大局观念和强烈的奉献精神。毕节支队政治工作处宣传保卫股股长管庆胜，2019年被武警贵州总队记三等功。他政治信念坚定，履行职责认真，业务素质精湛，工作作风扎实，结合时代特点和支队官兵实际积极探索研究开展思想政治工作的新方法新措施，有力提升支队思想政治工作质效。2019年，先后完成“传承红色基因、担当强军重任”主题教育的“四个一”联系点任务，参与协调承办总队基层政治工作现场观摩会，积极推进落实总队思想政治建设云平台、心理服务大数据等试点建设，参与研发支队“学思践悟”理论学习 APP。他虽然家在驻地，但有时为了完成工作任务，经常连续几周坚守工作岗位，体现了一名共产党员的党性觉悟和责任担当。毕节支队执勤一大队执勤二中队中队长胡先进，2019 年被武警贵州总队记个人三等功并被评为基层建设标兵个人。他政治立场坚定，工作能力强，完成任务好，在执勤二中队任中队长 3 年来，中队连续 3 年被总队表彰为标兵中队，2016 年获得“总队优秀教练员”，2017 年取得支队指挥员比武第 1 名，并代表支队参加总队比武获得好评。作为军事主官，他率先垂范、亲力亲为，敢于叫响“看我的、跟我来”，带领班长骨干研训组训，中队军事训练进步明显，在各项比武考核中名列前茅，先后完成迎接武警部队副司令员于建华、副主任李吟的检查受到好评。9 月，总队参谋长深入中队检查指导，该同志因过硬的军事技能和“蒙眼”识兵得到点赞表扬。其他：毕节支队副支队长张崇清，毕节支队副政委叶斌获总队嘉奖；执勤一大队机动中队二班特种通信员兼司机徐勇波被总队评为基层建设标兵个人。

【武警部队总队领导调研】 1 月 29 日至 30 日，武警贵州省总队副司令员李沛率联合工作组深入毕节支队开展综合人检查。3 月 20 日，武警贵州省总队政委韩云鹏率总队工作组一行 3 人深入毕节支队对年度工作开展进行检查调研。3 月 22 日，武警贵州省总队政治工作部主任刘志峰率宣传处处长杨雁冰深入毕节支队检查指导。3 月 24 日，武警贵州省总队副司令员刘昌建深入毕节片区看望慰问第一季度“魔鬼周”极限训练官兵。5 月 31 日，武警部队政治工作部副主任李吟深入毕节支队检查调研主题教育、心理大数据试点工作。6 月 13 日，武警贵州省总队司令员华荣林率情报处处长程云、作勤处参谋张巽峰工作组一行深入毕节支队检查调研。7 月 3 日至 8 日，武警贵州省总队政治工作部副主任陈东升率参谋部部队管理处处长毛福立、作战勤务处刘超参谋、政治工作部人力资源处干事张毅、保障部卫生处程亮助理员一行 5 人，深入毕节支队考帮建。7 月 25 日，武警贵州省总队副政委李一峰代表总队党委首长及机关看望慰问奋战在抢险救援一线的支队官兵。9 月 4 日，武警部队政治工作部宣传局处长赵彬、干事李晓楠一行深入毕节支队就武警部队主题教育联系点任务推进情况进行检查指导。9 月 25 日至 26 日，武警贵州省总队司令员华荣林率工作组一行深入毕节支队检查指导。9 月 29 日上午，武警贵州省总队参谋长陈涛率总队工作组深入毕节支队 3 个临时勤务点，一线督导临时设卡勤务，慰问全体执勤官兵。10 月 14 日至 15 日，武警贵州省总队副政委李一峰率工作组一行 3 人，深入毕节支队检查调研。11 月 26 日，武警贵州省总队政委韩云鹏带领宣传处处长杨雁冰、干事李超深入毕节支队执勤一大队赫章中队检查指导。11 月 22 日，武警贵州省总队政治工作部主任刘志峰结合年终考察帮建，为毕节支队官兵全面宣讲党的十九届四中全会精神。

（供稿：武警毕节支队）

毕节市消防救援支队

【概述】 2019 年，毕节市消防救援支队在市委市政府和省消防救援总队领导下，围绕对标看齐、改革创新、精武强队、转型升级主基调，大力开展训词大学习、业务大培训、能力大提升、岗位大比武、作风大整治活动，完成了七星关“6·09”工地支架垮塌、赫章“7·23”山体滑坡、金沙“10·21”堡坎垮塌等救援任务和国庆 70 周年、第十四届贵州旅游产业发展大会等消防安保任务。全年共有 53 个集体、221 名个人受到记功和表彰奖励。

【消防改革】 2019 年，市消防救援支队紧密结合《深化党和国家机构改革方案》《组建国家综合性消防救援队伍框架方案》和上级改革部署，推进队伍改革转型。专题向市委市政府报告改制转隶情况，市委、市政府主要领导和分管领导分别听取转制过渡期工作汇报，调研指导消防工作，出席毕节市消防救援支队挂牌仪式。提请市政府下发了《关于进一步明确消防救援队伍转制过渡期间相关事宜的通知》，确保过渡期消防工作正常运行。

【班子队伍建设】 2019年，市消防救援支队深入开展“不忘初心、牢记使命”和“学训词、铸忠诚、创新业、立新功”主题教育，制定《为基层办实事计划》，结合《贵州省支持综合性消防救援队伍建设实施方案》精神，为35名指战员办理了地方户口，为18名指战员办理了地方身份证，为2名指战员协调办理了家属随调，协调17名指战员子女入学入托，为全市210名指战员悬挂“光荣之家”光荣牌，协调全市16个交通站点、16家医院、10个旅游景点、30个银行窗口开通消防救援人员优先通道。开展干部“业务大培训、能力大提升”培训，举办党组织书记“不忘初心·牢记使命”主题教育专题培训班。结合重大消防安保和建国70周年大庆，广泛唱响战地主旋律《我和我的祖国》，扎实开展“牢记初心使命、践行训词精神”“当好扛旗人、跑好第一棒”“青春心向党、建功新时代”等大讨论，走进红色革命教育基地开展主题党日活动。举办文朝荣先进事迹报告会，邀请国庆阅兵参阅人员王勇分享心得，举办“初心凝使命、奋斗释担当”主题演讲比赛，拍摄微电影《初心》获全省消防救援队伍“青春火焰蓝·闪耀新时代”主题微电影评比二等奖，编创精品文艺节目《赤胆忠诚》深受广大指战员好评。

【精准扶贫】 2019年，市消防救援支队按照市委市政府脱贫攻坚工作部署，联系帮扶七星关林口镇大寨村，上门走访13次，投入专项资金帮助建成微型消防站、实施安全饮用水工程改造和危房改造，帮助发展养牛和花椒种植；投入6万余元对林口镇年丰村开展结对帮扶，扶贫工作经验被应急管理部消防救援局主题教育简报刊登。常态化开展红水桶、红背篓“两红”服务行动150余次，帮助结对帮扶困难户解决生活困难。

【党风廉政建设】 2019年，市消防救援支队制定落实党风廉政建设“四张清单”，开展领导干部利用名贵特产特殊资源谋取私利问题专项整治。紧盯重大节假日党风廉政建设，开展警示教育和督导提醒，推动问题“大起底”、隐患“大排查”、顽疾“大整治”。落实党委集体理财制度，把控改制转隶期间大额经费开支，将资金投向队伍改制转隶升级的关键点上，全年实现资金安全“零事故”、财经违纪“零案件”、消耗性开支“零增长”。

【火灾防控】 2019年，市消防救援支队深入学习新修改的消防法，全面贯彻落实《消防安全责任制实施办法》。市人大立法将消防工作纳入《毕节市织金古城保护条例》内容，市政府常务会审定下发《毕节市小型经营性场所消防安全管理规定》，市、县两级机构改革中将消防职责写入“三定”方案。全市建成电动自行车集中充电区域78处、小型消防站2个、微型消防站1082个，新增市政消火栓152具，感烟报警器2314个、简易喷淋83套、消防卷盘92套，31家单位接入智慧消防管理，112家单位安装智慧用电管理系统，24家单位接入物联网消防安全远程监控系统，5个二类重点村寨接入农村消防综合管控平台。开展“防风险保平安迎大庆”专项行动和小型经营场所、易燃易爆场所、高层建筑、大型商业综合体等消防安全治理。省、市、县三级政府挂牌督办重大火灾隐患单位9家并全部整改完毕。全年检查单位1.6万家，发现火灾隐患2.8万处，督促整改火灾隐患或违法行为2.76万处，下发行政处罚决定书447份，临时查封142家，责令“三停”196家，罚款340.9万元，拘留21人。全市共发生火灾463起，亡8人，直接财产损失941.9万元。

【执法服务】 2019年，市消防救援支队不断深化消防“放管服”改革，建立“容缺”审批、审批提速、行业会商、邮寄送达等制度，实行一窗受理、一图告知、一次办结。推行“双随机一公开”消防监管，全面落实权力清单、责任清单，指导1259家重点单位落实“六个一”、6288家场所开展“三自主两公开一承诺”。全市消防救援机构开展上门服务指导2100余次，制定整改方案1920余份，解决问题1120个，约谈单位负责人890人次。完成消防设计审核验收职责移交工作。

【消防宣传】 2019年，市消防救援支队以消防宣传“八进”活动为抓手，举行庆祝习近平总书记授旗致训词一周年暨2019年“119”消防宣传月启动仪式，市长张集智在《毕节日报》发表《守初心担使命 共建美好家园》消防安全署名文章。全市9支代表队27名选手参加“防范火灾风险 建设美好家园”主题知识竞赛，1.2万名网友通过网络直播观看。张贴《关于消防车通道集中治理行动的通告》《关于人员密集场所防范重大消防安全风险加强消防安全管理的通告》、电动车和家庭火灾防范警示海报、“防风险保平安迎大庆”宣传挂图等资料，发放消防科普读物和宣传资料10万余份，制作宣传展板、标语600余块（条），开展应急逃生演练500余次，受益群众8万余人。在毕节市广播电视台、毕节日报社等开设消防专栏，开展火灾隐患曝光行动150余次，成立9支消防志愿服务大队，发展消防志愿者15755人，开展消防设施操作员培训5万余人次。

【应急救援】 2019年，市消防救援支队对标应急救援“主力军、国家队”职责定位，开展体能和游泳技能“达标清零”，推行“建账销号”机制，落实及格一个、返岗一个、销号一个“三个一”措施。举办全市消防救援队伍冬、夏2次岗位练兵大比武，参加全省消防大比武获得团体第四名和整建制积分第二名，被授予最佳组织奖。开展高层建筑火灾跨区域应急救援、地震救援、液化石油气槽车泄漏事故处置和抗洪救援等大型综合演练，总结全市常见的交通事故、水域事故、地质灾害、气象灾害等“十类灾害事故”及其特点，探索建设高层地下建筑火灾扑救、公路交通事故、危化品处置、水域救援、地质灾害救援、地震救援等专业队。全年全市消防救援队伍共接警出动1325起，出动车辆1483辆（次），出动警力9405人（次），抢救被困人员347人，疏散被困人员1352人，抢救财产价值2481.1万元。

【队伍管理】 2019年，市消防救援支队对标“两严两准”要求，开展新一轮正规化建设试点工作，规范队伍管理“四个秩序”。抓实“小远散、网电密、黄赌毒”等重点环节，开展“九无一创”“三治”工作和“百日安全创建”专项整治。建立安全隐患自查自报自改机制，推广应用行车安全系统，为各级岗哨配备“叫岗手环”，消防员手机全员安装监控软件。建立指战员家属“信息联络互通”和“共教共管共育”机制，突出抓好“一人一事、一事一案”思想工作和“重点人”摸排管控、帮扶转化。全年未发生安全事故。

【营房装备建设】 2019年，市消防救援支队购置消防车辆17辆、个人防护装备3289件（套）、抢险救援装备2747件（套）、灭火器材装备935件（套）。与10家个人防护、灭火装备、抢险救援及泡沫药剂生产企业、2家地方车辆维修企业签订联勤保障协议。金海湖消防大（中）队营房建成并投入使用；百里杜鹃消防大中队营房主体封顶；大方消防二中队营房建设采取分期建设模式，落实前期建设资金700万元；纳雍二中队营房项目完成初次装修；金海湖消防大队公寓房建成并投入使用；纳雍消防大队公寓房完成内部装修；百里杜鹃消防大队公寓房完成基础建设。

（供稿：市消防救援支队）

人民防空

【概述】 2019年，毕节市人民防空办公室在市委、市政府、军分区的领导下，在省人防办的指导下，在各县（区）人防办的共同努力下，全面贯彻习近平新时代特色社会主义思想、党的十九大精神、党的十九届四中全会精神、省委十二届六次全会精神和市委二届六次全会精神，认真学习贯彻习近平总书记对贵州、对毕节工作的重要指示批示精神和党中央、省委、市委决策部署，牢固树立“人民防空是国之大事，是国家战略，是长期战略”的目标要求，始终贯彻“五大理念”和军民融合发展战略，切实履行战时防空、平时服务、应急支援使命任务，在稳中求进中积极作为，各项人防工作有序推进，取得新的进步。

【夯实基础，人防工作实现新突破】 一是贯彻落实黔党发20号和毕党发36号文件精神。进一步对标对表各项要求，着重围绕加快转变人民防空发展方式、加强推进山地特色人民防空建设、提高人民防空核心能力等方面，补短板、强基础、促时效。二是严格落实项目审批。严格按照“双随机一公开”“三项制度”等要求建立行政执法全记录制度、行政执法公示制度及行政执法重大审核制度，充分公示权力清单和责任清单，实现阳光执法。健全程序严密、执行规范、制约有效的权力运行机制，加强审批事项事中事后监督；三是强化执法监督检查。依法依规组织对人防工程质量的情况检查，截至2019年9月中旬，全市人防工程建设项目质量监督均由省人防办质监站统一开展质监工作，期间市人防办密切配合其对在建人防工程建设项目检查共计30余次。9月下旬省人防办将人防工程质监权力下放市、县两级人防部门，因毕节辖区内无人防工程质监机构和专业技术人员，经办党组研究，市人防办主动担当作为，积极履职，抽调人手在工程项目稳步推进的前提下，确保质监管理的环节和步骤流程不断档，工程项目正常施工建设。

【防护工程落实】 一是推进配建工程建设。全面贯彻执行《关于贵州省防空地下建设标准和易地建设费征收管理的通知》（黔人防通字〔2015〕19号）和《贵州省人民防空办公室关于转发工程建设项目审批制度改革有关配套文件的通知》（黔人防通〔2019〕37号）文件要求，推进人防工程建设，结建工程增量提质，并积极落实人防配置要求，着力推进人员掩蔽工程及专业医疗救护工程建设。截至2019年底，市级中心城区收缴易地建设费900余万元。二是推进人防规划编制。市人防办严格按照黔党发〔2016〕20号和毕党发〔2017〕36号文件要求，及时开展《毕节市人防工程建设规划》编制工作，已完成初稿。

【提升防空能力】 一是推进防空袭体系建设。组织完成市、县（区）《人民防空袭方案》上报工作，目前，市级已报省办进行评审，县（区）经市委、市政府和毕节军分区批复同意，完成备案。二是完成人防电台改频、换代工作。根据省人防办关于人防系统短波电台改频、换代相关工作要求，市人防办高度重视，及时按要求进行采购，现已投入正常使用。三是提升通信警报信息化水平。根据《贵州省人民防空办公室关于加强全省人民防空警报器建设的通知》和《毕节市人民防空办公室关于进一步落实全市人防音响警报器建设的通知》要求，截至年末，全市共有人防音响警报器百余台，除落区警报器外，中心城区有较大新增，在提升警报器覆盖率的同时也严格保证资源的合理规划。2019年6月，为保证人防警报器在防洪抗汛工作中的紧急使用，对市、县、区防空警报器进行排查、维护、检修，设备良好率达100%。9月初，为保障“9·18”期间警告器鸣放覆盖率，市人防办及时组织专业技术人员对辖区内警报器进行及时检修、维护，并督促各县（区）开展覆盖式清查、维护，确保了期间警报器100%按要求鸣放。同时以“5·12”、“9·18”等活动为契机，将人防宣传力度落地落实，走进校园、向到基层，发放宣传手册、悬挂宣传标语，为群众宣传和讲解有关人民防空法律法规知识。强化宣传渠道，借助人防宣传栏、人防网站、《毕节日报》、毕节电视台、移动手机短信、毕节市政府网站等多种形式进行覆盖式的宣传。四是推进人防指挥工程建设。市级基本指挥所和地面应急指挥中心项目建设自启动以来，在市委市政府的领导下，在省人防办的关心指导下，已初步完成对七星关区甘堰塘地块的前期选址工作和项目建议书，现正积极协调相关部门，争取早日立项，开工建设。五是深化人防宣传教育。对人防工作中的亮点、事迹及时进行宣传报道，做到报刊有文、网络有贴。六是推进信息化实战演训。市办于7月9日，完成和重庆大渡口区、铜梁区、武隆区、石柱县、巫山县人防指挥通信联合演练。7月18－26日，按省办要求，赴黔南圆满完成人防机动指挥所跨区域执行一级火箭落区通信保障任务。七是落区工作稳中有进。圆满完成市级火箭残骸回收任务，并在任务中，共出动指挥车辆41余台，消防车5台，救护车10台，移动通信抢修车4台，民兵观察哨224人，疏散群众268870余人。由于各级指挥部人员的高度重视，组织严密，措施得当，保障到位，准备充分，在任务执行的整个过程中，无一安全事故发生。

【工作作风转变上实现新起色】 一是推进作风建设常态化。健全完善作风督查机制，组织开展多种形式的自查自纠活动，推动作风建设由运动式向常态化转变。促使干部职工加强作风建设成为自觉行动。二是深入一线服务基层。走工地、进现场，提前介入、跟踪服务。会同省人防质监站，对全市人防工程现场进行质量监督，并加强指导和服务。三是多措并举提振干部精气神。坚持“走出去”＋“引进来”的模式，开展中心组学习，内容丰富、讨论热烈、交流深刻；多次组织干部职工参加由国办、省办等组织的能力提升专题培训，做到学以增智、涵养素质；开展文明科室创建，形成全市人防风正心齐、干事创业、你追我赶、积极进取的氛围。

【党风廉政建设】 一是明确职责，加强组织领导。始终把党风廉政建设列入党组重要议事日程，摆在更加突出的位置，坚持“两手抓、两手硬”，与日常业务工作同部署、同落实、同检查、同考核。认真履行“一岗双责”，做到重要工作亲自部署，重大问题亲自过问，重点环节亲自协调，重要事件亲自督办。坚持定期分析和谈话制度，定期分析党员干部思想和党风廉政等情况，逐级开展廉政谈话。强化检查考核，有效推进党风廉政建设责任制的贯彻落实。二是注重教育，健全惩防体系。抓好党纪党规教育，认真组织学习习近平总书记系列重要讲话，采取专题授课、微型党课、分组讨论、参观廉政文化建设成果展和廉政教育基地警示教育、瞻仰红色革命遗址等接受革命传统教育等形式，广泛深入开展学习教育活动，强化全体干部职工廉洁意识和法制观念，夯实廉洁自律的思想基础，不断增强拒腐防变的能力。三是加强体系，提高党建实效。开展“四型”机关创建、“四型”党组织创建，紧密结合毕节市人防工作实际，进一步统一思想，提高认识，解决问题，不断增强领导班子及成员的执政能力，加强党风廉政建设（惩防体系）工作。全面推进以从严治党为“主轴”，以落实“两个责任”为主线，以监督执纪“四种形态”为路径，以深化“作风”为抓手，切实贯彻《准则》《条例》，落实主体责任，严明纪律规矩，坚持抓早抓小，监督权力运行，强化领导班子和干部队伍建设，严格落实“一把手”牵头、分管领导协作、科室负责人抓落实的责任工作体系。

（撰稿：冉　涛）

法 治

政法委

【概述】 2019 年，毕节市政法工作坚持以习近平新时代中国特色社会主义思想为指导，深入贯彻落实习近平总书记在中央政法工作会议上的重要讲话精神和《中国共产党政法工作条例》，紧紧围绕市委“大安全”工作部署，以提升群众安全感满意度为总目标，围绕“三找三抓”（找问题、找差距、找目标，抓统筹、抓效能、抓落实）理念强化工作举措，全力以赴做好护安全、保稳定、促和谐各项工作，纵深推进扫黑除恶专项斗争、扎实开展重大风险防范化解，持续深化“法治毕节”创建和“平安毕节”建设，努力为庆祝建国 70 周年和“打赢脱贫攻坚战、建设贯彻新发展理念示范区”创造安全稳定社会环境，全市没有发生有影响的重大案事件，社会大局稳定，人民群众安居乐业，全面完成各项任务，扫黑除恶专项斗争全省考核排名第 4 位，平安建设考评得分排名全省第 5 位，每 10 万人命案发案数和每万人刑事发案数明显低于全省平均值，人民群众安全感满意度近年来首次实现增比进位，为建设更高水平的平安贵州作出了重要贡献。

【全力维护国家政治安全】 一是完善维护国家政治安全工作机制。全市市县两级先后成立以市（县）党委（党工委）一把手为主任的党委（党工委）国家安全委员会，委员会下设办公室在市（县）政法委，明确办公室专职副主任及相关工作人员。并先后印发《中共毕节市委国家安全委员会工作规则（试行）》（毕国安办〔2019〕4 号）、《毕节市委国家安全委员会委员单位联络员工作制度（试行）》（毕国安办〔2019〕5 号）等四个国家安全机制制度，为建立健全国家安全体制机制不断努力，将国家安全体制机制建设作为推进全市国家安全工作的重要手段。二是加强情报搜集汇总研判处置。坚持重大节点、敏感时期维稳信息市县乡村“四级联动、每日排查”工作制度，建立重大节点、敏感时期重大不稳定问题清单制度。围绕清明、“六四”“七五”等敏感时间节点及“八一”、国庆七十周年大庆等重要节点，依托公安情报搜集研判网，结合各类高危人员、前科人员、重点人员的轨迹联查、情报信息分析等基础情报，对各类维稳信息和重大案事件信息进行深度研判，有效维护了敏感时间节点和重要节日全市社会大局稳定。三是严厉打击各种渗透和破坏活动。通过数据研判，获取更多深层次、预警性、行动性情报线索，支撑破获了“4·03”“4·07”等反宣案，及时有效处置“6·26”性侵网络舆情事件，得到公安部的肯定。四是加强重点人员教育管控。对“法轮功”等邪教组织重点人员全部按照包保人和被包保人“双实名”制责任，由政法部门领导负责，逐级逐人签订防控责任书，落实稳控责任，实现了新入毕关注人员见面核查率100%、数据采集率100%，在毕关注人员管控率100%，全年未发生因重点人员漏管失控引发重大事端的情况。五是加强国家安全宣传教育。将国家安全教育纳入市委党校主体班培训课程。积极采取“线上＋线下”宣传模式，双线推动国家安全宣传教育。线上，充分发挥市县两级主流媒体主渠道作用，加强维护国家政治安全的舆论导控工作；线下，通过开展“4·15”全民国家安全教育宣传活动，重点宣传法律法规、“12339”举报平台、“间谍就在我身边”等大众喜闻乐见、通俗易懂的内容，推动国家安全宣传教育进支部、进社区、进单位、进学校等。

【全力维护社会和谐稳定】 一是扎实开展重大风险防范化解工作。对“贵州省重大风险防范化解责任清单”中涉及毕节市的风险进行再排查、再梳理、再完善，在省交办137项的基础上，对自行排查的突出隐患纳入风险管理，确定全市需化解稳控的重大风险为288项，并进行责任分解，按层级和区域明确化解稳控责任。288项重大风险已全部化解稳控，化解稳控率100%。三个“百日攻坚战”（重大不稳定风险问题集中排查化解百日攻坚战、涉法涉诉信访积案化解百日攻坚战、2019年信访矛盾化解百日攻坚战）交办事项已100%化解稳控。对进京上访、越级上访事项，建立“五个责任清单”（合理诉求解决到位清单、困难帮扶救助到位清单、法律政策解释宣传教育到位清单、包保稳控责任落实清单、依法处理清单），做到底数清、责任清、措施清、结果清，确保控增量、减存量。二是强化特殊利益诉求群体稳控。认真开展涉稳风险排查防范稳控化解专项行动，重点加强对越自卫还击战退役人员、企业军转干、湘黔铁路建设民兵、民代教师、90年代末未分配大中专毕业生、失独家庭、高考政策加分问题等特殊利益诉求群体的稳定工作。多次成功劝阻了各类利益诉求群体的聚集活动。三是抓好重大事项社会稳定风险评估。建立社会稳定风险评估工作报告制度，积极探索重大决策社会稳定风险评估第三方评估机制，运用“贵州省投资项目（社会稳定风险评估）在线审批（备案）平台”在线甄别586件投资项目，全市共完成重大社会稳定风险评估报备事项18个(其中重大工程项目17个，其他重大决策1个)。四是强化社会面防控。聚焦重点节日和敏感节点，依托社会面警务联控网、进攻性巡逻盘查机制等社会治安防控资源，开展与武警联勤巡逻，进一步强化对城市街面、党政机关、金融网点、水电热气及重点路段、卡口及旅游景区景点等重点要害部位巡逻防控。五是完善应急处置机制。以扁平化、可视化指挥体系建设为龙头，加强应急处置预案、机制、手段建设保障，推动全市应急处置力量建设，常态化开展跨区拉动演练，适时开展现场应急处置演练及模拟警情测试，有效提升了全市应急处置能力，全年未发生袭击、破坏等案事件和安全事故。

【纵深推进扫黑除恶专项斗争及社会治安综合治理】 一是坚持提高政治站位，坚决落实中央、省委扫黑除恶专项斗争决策部署。市委、市政府始终把推进扫黑除恶专项斗争作为检视增强“四个意识”、坚定“四个自信”、做到“两个维护”的标尺，严格落实“一个带头、七个亲自”（带头提高政治站位、强化责任担当，亲自抓好中央督导组反馈问题整改、亲自推动大案要案攻坚突破、亲自推动依法严惩、亲自推动“打伞破网”、亲自推动“打财断血”、亲自推动形成协作配合齐抓共管的工作格局、亲自深入一线督察督导专项斗争）的要求，既“挂帅”又“出征”，对重大涉黑案件，多次到办案一线调研指导，听取专题汇报，研究解决困难问题。

二是强化工作措施，纵深推进扫黑除恶专项斗争。坚持破案攻坚。扫黑除恶专项斗争开展以来，共办理黑社会性质组织 17 个 300 人，恶势力犯罪集团、团伙 71 个 527 人，打财断血 3.54 亿余元，查处“三类问题”107 件 155 人，所有县区都实现了“见黑见恶见伞”。三是坚持综合治理，齐抓共管合力进一步增强。以扫黑除恶专项斗争为牵引，持续开展严打整治行动，深入推进“大安全”战略，全面净化治安环境。共立现行刑事案件 8742 起，同比下降 2.51%，立现行八类案件 828 起，同比下降 3.04%，立命案 42 起并全破、同比下降36.36%。破获毒品案件527 起，查处吸毒人员 3709 人，打击处理 364 人，缴获各类毒品 171.1 公斤、同比上升 242.26%，新增吸毒人员同比下降 64.71%；破获电信诈骗案件 1286 起；侦办涉黄涉赌刑事案件 175 起，刑拘 289 人。推动综治中心实体化建设，黔西110 社会联动中心“五联五化”机制逐步完善。全市 266 个乡（镇、街道）基本完成了以便民利民综合服务大厅、矛盾纠纷调处室、心理疏导室、视频监控室等“三室一厅”为重点的综治中心平台建设。8 月 8 日，市委在黔西县召开中共毕节市委深改委第七次会议暨综治中心建设改革推进会议，学习借鉴“枫桥经验”，以黔西县为试点，打造“110 社会联动中心”，该中心以联动单位为依托，以网格覆盖为载体，整合了“110”“119”“120”“122”“12315”“12345”等服务电话以及微信、微博、手机 APP、短信等群众诉求渠道，汇聚“天网工程”“雪亮工程”“人脸识别系统”和社会面视频资源等数据，探索形成“一个中心、一个平台、一条指令、一套机制、一管到底、一事双查”的工作模式，统一梳理、研判、分流中心接收到的基础信息，将其分为警务类、咨询类、政务类三类工作指令，推送至涉及部门处置办理，建立协调配合、应急联动、督办查究等工作机制，强化源头治理，提升服务群众能力。建立推广社会治理“两会”机制，充分发挥基层公安派出所“信息前哨”作用，在乡（镇、街道）探索设立了形式多样、内容丰富、务实管用的警民议事会、警务联席会“两会”工作机制，形成了具有毕节特色的群防群治、共建共治基层治理模式，累计召开上规模的“警务两会”9600 多场次，参与的基层干部职工约 1.5 万人次、群众 7 万人次，排查化解矛盾纠纷 2.1 万余件，化解重大安全风险 279 个，获取涉黑涉恶及其他违法犯罪线索 341 条。

【深入推进“法治毕节”创建】 认真学习贯彻时光辉书记在省委深化法治毕节创建推进会上的讲话精神，作出将“法治毕节”创建纳入市委深化改革项目推进的决定，全面推进“六大工程”（法治政府建设工程、公正司法天平工程、全民守法宣教工程、法治惠民服务工程、生态文明法治工程、法治监督检查工程）建设，行政机关依法行政能力不断提升，行政诉讼案件胜诉率达86.44%，市级法治政府建设示范创建进入全国50 强，法治毕节创建“6543”经验初步形成排查；检察机关加大法律监督力度，批准逮捕 6616 人，提起公诉 2846 人，同比分别下降 2.3% 和0.8%，其中追加逮捕 321 人，追加起诉 503 人，依法不批准逮捕2148人，决定相对不起诉978人；审判机关受理各类案件90156件，同比分别上升31.74%、30.25%，加大解决执行难力度，维护法律权威，受理执行案件21266件，执结15092件，同比分别上升36.41%和32.04%；全社会办事依法、遇事找法、解决问题用法、化解矛盾靠法的氛围逐渐形成，民间纠纷减少30%以上。依托“法治毕节”创建，构建有效的特殊人群服务管理模式，特别是针对长期困扰毕节的留守儿童问题，持续推进“合力监护、相伴成长”专项行动，通过劝返照料一批、劝导携带外出一批、委托监护一批、福利机构临时管护一批等“四个一批”措施落实留守儿童监护责任，批评教育、训诫不履行监护责任的父母及监护人102名，消除留守儿童安全隐患，全市现有留守儿童136329名，较年初减少111256名；接收刑释人员2819人，安置帮教率达100%，重新犯罪率低于3%；建成严重不良行为青少年教育矫治专门学校7所；艾滋病人关爱医院8所；流浪未成年人救助保护中心7个；打造8个阳光工程示范点8个，就业安置点62个；全方位、立体化对各类特殊人群开展服务管理。

【深化政法领域改革】　一是全面完成政法机关机构改革。按照机构改革要求，拟定《毕节市委政法委职能配置、内设机构和人员编制规定》，设置科室13个，调整岗位22人，配备市法学会专职副会长兼秘书长。二是深化司法体制改革。进一步完善审判监督管理机制，设立专业法官会议，在讨论案件过程中形成具有指导意义的规范性文件或典型案例，经审判委员会讨论通过后以会议纪要、通报等形式印发，促进全市法院“类案同判”，全力提升案件质效。省委编办审定并印发了毕节市8个基层法院职能配置及内设机构改革方案，基层法院的内设机构统一设置为10个，其中审判业务机构8个，非审判业务机构2个。检察机关积极探索推进捕诉一体、完善绩效考核机制、开展驻监管场所巡回检察、认罪认罚从宽、设立民事行政诉讼监督案件专家委员会等司法体制改革配套任务。三是加强执法监督，着力化解涉法涉诉信访案件。政法系统接处人民群众来信来访1305件，全部得到有效处理。律师参与化解和代理涉法涉诉信访案件工作常态化、规范化开展，政法部门律师坐班接处涉法涉诉信访案件865件次，为信访群众释法析理452件次，提出案件处理建议65条，参与化解涉法涉诉信访案件15件次。积极开展涉法涉诉信访“清仓见底”行动，完成15件“进京访”涉法涉诉信访案件和156件“赴省访”涉法涉诉信访案件情况梳理、清查和甄别，并建立动态台账管理。将国家司法救助工作融入脱贫攻坚，全市共拨付国家司法救助金507万元，救助98案138人。四是推进“放管服”改革，提高办事效率。优化交管服务。落实申请材料四个减免、简单业务一证即办、普通业务一窗通办等20条“放管服”改革措施，在全省率先实现了驾驶人审验教育和满分教育网上申请、网上认证、网上学习“两个教育”新模式。优化出入境业务办理。开通了织金、大方赴港澳台再次及签注业务，下调了部分证照办理费用，2019年共为群众减免费用349.11万元；进一步压缩证照办理时间，护照、港澳台通行证签发由9个工作日压缩至7个工作日，异地办证30天压缩至20天。优化治安管理业务，推进户籍业务100%进驻政务中心，政务服务中心和派出所均可办理户籍业务，实现群众跨乡（镇）异地申办居民身份证和换补领业务。

【深化政法智能化建设】　毕节市作为“雪亮工程”国家重点支持城市，按照“五个必建”（县域交界进出口必建、乡镇村居出入口必建、公路干道交叉路口必建、群众经常聚集区域必建、重点部位场所必建）的原则，确保每个乡（镇、街道）党委政府所在中心集镇公共安全视频监控探头不少于20个，每个行政村不少于5个，逐步实现乡（镇、街道）和行政村重点公共区域全覆盖。全市“雪亮工程”已完成2019年新增3000个视频监控建设任务，在案件侦破、治安防控、决策指挥、巡逻防范、服务群众等方面发挥了重要作用。推进立体化、信息化治安防控体系建设，织密架牢“七张网”（社会面警务联控网、信息技术感知网、情报搜集网、单位行业场所管控网、虚拟社会防护网、矛盾纠纷排查化解网、公共安全防护网），不断完善社会治安综合治理体制机制，着力提高预测、预警、预防和服务群众能力，努力提升社会治理社会化、法治化、智能化、专业化水平。全市建成“天网”监控点17157个，“雪亮工程”监控点21222个，人脸识别404路，整合社会单位视频监控资源29846余路，完成人脸识别355路，汇聚数据277亿条。

【加强政法队伍建设】 一是坚持把政治建设放在首位。全市政法机关坚持以党的建设为引领，坚持开展中心组学习和“三会一课”等系列党组织生活，认真召开领导班子民主生活会，着力整治机关党建和业务“两张皮”问题。扎实开展“不忘初心、牢记使命”主题教育，深入学习贯彻习近平新时代中国特色社会主义思想，深化以忠诚、为民、担当、公正、廉洁为主要内容的政法干警核心价值观教育，引导政法干警树牢“四个意识”，坚定“四个自信”，做到“两个维护”。二是不断强化政法队伍建设。紧紧围绕“四大职责任务”，切实建设革命化、正规化、专业化、职业化的政法队伍。强化教育培训，注重提升能力素养，组织开展扫黑除恶、维护国家安全等培训1万余人次。持续开展廉政风险防范和警示教育，建立司法人员廉政档案，加强对干警遵守党的政治纪律、政治规矩和各项规章制度的监督力度，做到抓早抓小，防微杜渐。深入打击黑恶势力“保护伞”，严防“灯下黑”，从严查处违法违纪案件，进一步提升全市政法机关公信力，树立政法队伍良好形象。三是加强政法宣传教育工作。着力打造政法新媒体，传播政法影响力，全市政法系统共开通32个官方微博、40个官方微信公众号、24个今日头条号、21个官方网站，发送各类信息0.9亿余条，其中赫章县委政法委的“夜郎政法”被中央政法委宣传教育局表彰为首届“四个一百”（100个优秀政法微信公众号、100个微博账号、100个头条账号、100个短视频账号）政法新媒体优秀头条号。

（撰稿：龚　鹏）

公　安

【概述】 2019年，毕节市公安机关在市委、市政府和省公安厅党委的坚强领导下，坚持以习近平新时代中国特色社会主义思想为指导，紧紧围绕新中国成立70周年大庆安保和“打赢攻坚战、建设示范区”中心任务，深入贯彻省公安厅“1332”工作部署，以“13796”工作思路统领全市公安工作，集全警之智、聚全警之力抓好防风险、保安全、护稳定各项措施落实，干好每一天、打好每一仗，全市政治社会大局持续稳定，治安形势持续向好，实现了“六个坚决防止、三个确保”目标。群众对社会治安的安全感和对公安机关的满意度分别达98.89%和97.37%，从全省挂末分别上升到第六位和第五位，全市公安目标考核在全省十个市州排名第四，提升四位，在市直机关目标管理考评中获一等奖。

【思想政治工作】 紧扣70周年大庆安保工作主线和“打赢攻坚战、建设示范区”中心任务，全力推进市局党委“13796”工作思路落地落实，大力加强公安队伍革命化、正规化、专业化、职业化建设，紧密结合队伍现状，不断创新和改进新时期队伍建设和思想政治工作的内容、形式和手段，努力打造了一支“政治过硬、业务过硬、素质过硬、纪律过硬、作风过硬”的公安队伍，为各项公安工作的高效有序推进提供了坚强的组织保障。理论武装不断强化。始终坚持把学习贯彻习近平新时代中国特色社会主义思想作为根本任务，深入学习宣传贯彻习近平总书记系列重要讲话精神、全国、全省公安工作会议精神，扎实开展“不忘初心、牢记使命”主题教育和“践行新使命、忠诚保大庆”实践活动，组织开展4次党委理论中心组学习探讨会，主题教育开展以来，已组织开展集中学习研讨7次，组织应知应会知识考试2次，把学习成果转化成了增强“四个意识”、坚定“四个自信”、做到“两个维护”的政治自觉、思想自觉和行动自觉。队伍建设不断加强。配合市委组织部套转晋升二级巡视员1人（次）、一级高级警长1人（次），一级调研员1人（次），二级调研员1人（次）；配合完成七星关、织金、纳雍、金海湖等县区公安局4名领导班子成员任免职；组织局机关一至四级高级警长（警务技术一至四级主任）共321个职位的晋升。严格落实“一报告两评议”制度，开展新任11名科级干部进行民主评议；完成25名科级干部转正考察，完成警务服务中心67名事业人员转正工作。完成2018年度全局公务员、工勤、事业人员年度考核；积极参加第七届贵州人才博览会，做好毕节市公安局警服中心2名高层次（硕士）人才引进工作；组织第二批15名援疆警力选派换防；做好2019年山东公安机关选派民警来黔挂职4名干部挂任职务安排，按照市委组织部要求做好5名县级干部挂职工作；办理2名民警辞职手续；完成监管留置场所新增47名看护人员招录工作。干部监督管理。完成领导干部配偶、子女及其配偶违规经商办企业情况报告表填报，组织局机关领导干部个人有关事项填报，完成51名县级领导干部个人事项报告信息系统录入。认真开展整治利用茅台酒谋取私利问题。全局无人涉及。双文明创建取得成效。在巩固已创建的11个省级文明服务标兵，16个市级文明服务标兵，16个省级文明示范窗口，51个市级文明示范窗口的基础上，成功创建1个省级文明示范窗口和1个省级文明示范标兵。从优待警落到实处。发放54名民警风险救助金和特别抚恤金79.1万元，办理公安民警职工人身意外伤害保险理赔110起，申请赔付金额187万余元。看望慰问老党员、因公受伤、患重大疾病或生活特别困难民（辅）警15人次，发放战时慰问金6万8千元。完成344名民警警务序列职务晋升工资调整。办理制作警察证622个、工作证59个。离退休干部“两个待遇”落实。制定民警退休荣誉仪式制度，颁发退休证书和荣誉勋章。为离退休干部订购《求实》《晚晴》《老年生活报》《健康报》等报纸杂志，通过微信平台推送习近平新时代中国特色社会主义思想重要论述和系列讲话，丰富老干部学习生活。及时为离退休干部报销医疗费用，按时发放退休工资及相关补助，组织老干部开展健康检查。开展走访慰问离退休干部及患重大疾病看望，凡离退休干部去世组织吊唁活动。教育培训常态化。开展新录用民警培训班1期，警衔晋升培训班6期、新任基层所队长（教导员）培训班1期，职务晋升培训班1期，教官培训班1期；辅警培训班1期，警务实战教官能力提升培训班1期，留置看护人员岗前培训1期，共培训748人；开展“三能”达标训前测试4487人，达标3711人，达标率为82.7%。加强素质强警，深化交流合作。选派5名民警赴山东公安机关跟班学习；接收山东公安机关4名同志到毕节挂职和帮助工作。抓好宣传树形象。发布对内宣传稿件1600余条，发布外宣稿件900余条，“舆情摘报”栏目转载外宣稿件637条，其中中央级稿件22条，省级503条，市级112条；毕节公安微信公众号更新消息260期，推送新闻稿件1108篇；毕节公安微博发布转载讯息1361条，新建毕节公安抖音号，发布原创视频作品85个，所有新媒体账号阅读量超106万次。先进典型不断涌现。推塑大方县公安局凤山派出所教导员陈敏获贵州省第六届道德模范孝老爱亲模范称号，黔西县公安局莲城派出所辅警卢方建获贵州省第六届道德模范见义勇为模范称号，陈敏获第七届全国道德模范提名奖；纳雍县公安局龙场派出所副所长李红当选“全国我最喜爱的人民警察”；七星关区强制隔离戒毒所民警张启明荣获“贵州省最美基层民警”；全省脱贫攻坚“七一”表彰大会上，百里杜鹃公安局鹏程派出所副所长聂鹏程获“优秀共产党员”，赫章县公安局珠市派出所所长路遥获“优秀基层党组织书记”，大方县公安局治安大队党支部获“先进党组织”；全市脱贫攻坚“七一”表彰大会上，黔西县公安局莲城派出所党支部、纳雍县公安局昆寨、猪场、左鸠戛派出所联合党支部、金海湖公安分局响水派出所党支部获“先进党组织”荣誉称号。公安特色文化繁荣发展。组织开展了“迎新春 保平安”主题拔河比赛、全市公安机关“礼赞祖国·歌颂忠魂”主题朗诵比赛、“我和我的祖国”主题摄影作品大赛、书画作品展、“致敬公安英雄”主题宣传、清明“为公安英烈擦亮警徽”祭奠；在贵州省第七届警察文化艺术周文艺会演活动中，选送8部作品获得1金5银2铜的好成绩，其中2部作品入围公安部选拔；统筹指导拍摄2部微电影《警花·魂》和《归途》，其中微电影《警花·魂》入围第四届“平安中国”微电影、微视频、微动漫比赛“最佳人气奖”提名。

【维护稳定】 政治安全持续稳定。以坚决打赢新中国成立70周年政治安全保卫仗为主线，加强情报网络建设，提高预警发现能力。持续强化反恐怖反分裂斗争。健全情报搜集渠道，形成专案、阵地、情报一体化特情网络，完善反恐合成作战机制和与周边省市协作联动机制，推动汇聚教育、医疗等行业数据，打牢情报导侦基础；深化隐患排查整治，暗访重要目标、重点部位，组织反恐安全教育培训60余场次、反恐普法50余场次，受教育群众10万余人；组织反恐演练50余次，不断提升处置涉恐事件的能力。抓好信访维稳工作。接待人民群众来信来访1705件次，积极开展律师参与接访群众330件次，化解信访积案18件。为信访人申请司法救助金175.98万元，救助38件信访案件，42名信访人，成功化解公安部集中交办张雪瑶涉香港信访积案等一大批疑难复杂信访案件。化解涉法涉诉信访积案254件、化解221件，其中公安部交办1件，化解1件；省委政法委交办14件，化解14件；省信访联席办交办2件，化解2件；省公安厅交办5件，化解4件；市信访联席办交办6件，化解4件；市公安局交办225件，化解195件。劝返进京非访，打击信访违法犯罪88件100人，有效遏制非访势头。加强网络安全，持续抓好意识形态领域斗争。工作得到肯定。

【严打犯罪】 全市立现行刑事案件11962起，同比下降4.09%，破3446起，破案率28.81%。其中立现行八类案件1027起，同比下降8.33%，破692起，破案率67.38%；立现行“盗抢骗”案件8118起，同比下降9.84%，破1382起，破案率17.02%；共刑拘犯罪嫌疑人5046名，提请批准逮捕4201名，抓获网上逃犯逃犯1505人。扫黑除恶专项斗争战果丰硕。以迎中央督导、抓问题整改为牵引，主要领导挂帅，落实“一带头七亲自”推进扫黑除恶纵深发展。按照“六进六有三提升”要求强化宣传攻势，解决群众知晓率低、行业参与度低问题。紧扣“三清零一整改”，组建480人的线索核查中心强力线索核查，办结中央督导组交办的104条涉黑恶线索，转化战果36条，立刑事案52起。层层传导压力，实行异地用警、提级管辖、大要案件领办，大案攻坚县区均有战果。侦办黑社会性质组织17个297人、恶势力犯罪集团（团伙）69个514人，“打财断血”3.37亿余元，刑事拘留2124人。与相关部门联合作战，重大案件同步上案，向纪监委推送“保护伞”线索62条161人，打掉“保护伞”37

人，公安机关立包庇、纵容黑社会性质组织罪2件15人；扫黑除恶成效排名全省第三。命案发案持续下降，破案率保持100%。坚定“命案必破”方向，树牢“命案可防”意识，全力开展“破现行命案、攻命案积案、追命案逃犯、防命案发案”工作。命案发案42起，同比下降36.36%，发一案杀死2人以上（含2人）的恶性命案4起，同比下降25%。集中清理历年命案积案和命案逃犯，综合运用各类技术手段，实时组织专家会诊，全力攻坚命案积案、缉捕命案逃犯。破获命案积案25起，同比上升25%；共抓获历年命案逃犯31名。其中，抓获10年以上的历年命案逃犯16名。命案攻坚工作全省第一。深化严打整治行动，全力遏制侵财犯罪。以“打团伙、打流窜、打累犯、打惯犯、破串案”为指导，周密部署，深入开展打击行动，主动发现、侦控经营、定点清除职业犯罪团伙。全力遏制“盗抢骗”多发性侵财犯罪，实现“盗抢骗”案件“一降两升”的目标。“盗抢骗”案件发案同比下降：立案8118起同比下降9.84%；起诉率、重刑率同比上升：共起诉“盗抢骗”侵财犯罪人数1173名，与前三年平均1103名同比上升6.35%，与去年起诉1019名同比上升15.11%；共判决盗抢骗嫌疑人1133名，其中判处5年以上的人数67人，重刑率为5.91%，与去年同期上升0.2个百分点。打击盗抢骗跨区域犯罪取得明显成效。报跨省线索33条，串并嫌疑人65名，串并案件376起。打击整治民族资产解冻类诈骗犯罪取得实效。强化侦查打击、源头治理、重点稳控和宣传教育工作，抓获犯罪嫌疑人19名，逮捕13名，确保3000余名涉案人员群体稳定。持续加强“地域性职业”外流犯罪整治力度。将4.32万重点人口纳入户籍地管控，动态管控外流重点人员数23036人，采集重点人员信息19883条，采集26.61万个家系44.12万人，抓获重点原籍地区盗抢骗在逃人员3291人，收押特殊群体292人，协作外地破案571起。严厉打击毒品违法犯罪，净化社会环境。围绕“紧盯警情、警种联动、合成作战”的工作思路，以深入开展“禁毒2019两打两控”“净边”专项行动、“扫黑除恶”专项行动、“5·14”堵源截流为契机，创新传统工作理念和方法，深入剖析新形势下毒品违法犯罪活动的规律和特点，确立了“一二三四五”总体工作思路（即建好禁毒合成作战专班“一个机构”，开辟线上和线下“两个战场”，牢固树立三找三抓，数据警务，紧盯警情、警种联动“三个理念”，建好用活双逢双查、情报研判、所队协作、案后研判“四个机制”，统筹推进打击互联网涉毒“净网”行动、打击外流贩毒“重点整治”行动、开展公开查缉“净边”行动、“涉毒扫黑除恶”行动和吸毒人员“清隐”行动等“五项行动”），坚持情报引领、摧网断链、挖根溯源的工作原则，着力在多警种合成作战、信息化开展工作、体系化进行打击上下功夫，逐渐扭转了缉毒执法工作滞后被动的局面。共破获毒品案件529起，缴获各类毒品171.1公斤，创历史新高，打击处理毒品犯罪嫌疑人678人，移送起诉768人，查处吸毒人员4699人，强戒吸毒人员2785人。确立部级毒品目标案件1起、省级毒品目标案件18起，破获部级毒品目标案件1起、省级毒品目标案件15起。缉毒执法工作在全省排名第二，禁毒工作多次得到了上级领导的肯定和表扬。3月11日，省委常委、省委政法委书记时光辉对毕节市破获陈某某特大贩毒案件批示肯定；4月22日，公安部禁毒局对毕节市侦破的“刘某江等人团伙贩卖毒品案”（部目标2018－649号）进行了通报表扬。12月10日，省厅禁毒总队就毕节市破获的张某涛、吴某、李某田、余某宇等4人特大运输毒品案发来贺电。郭瑞民副省长、闵建副厅长及毕节市党政主要领导多次对毕节市禁毒工作进行批示肯定。打击防控经济犯罪成效显著。排查9个涉众型经济犯罪利益受损群体、49名重点维稳对象、严格落实各项稳控措施，完成可疑金融线索核查6条，深入经营2条。上报各类预警信息30余篇，被省厅采用7篇；召开与市场监管、税务、烟草等行政执法部门联席会20余次，接收行政单位移送线索10条，完整反馈10条，其中立案2起，破案2起，发起查询13次。立案117起，破案43起，抓获123人，涉案金额39495.13万元，挽回经济损失1亿元。组织开展云端2019专项行动，通过数据侦查，发起全国集群战役8起，省内集群战役9起，接收全国集群战役打击任务144起，立案侦办162起，抓获142人。积极开展“猎狐2019”专项行动，成功劝返柬埔寨在逃人员1名，追逃完成率达100%。全力开展打击涉众型经济犯罪专项行动，破涉众型经济犯罪案件14起，涉案金额20815余万元，打击处理30人，及时侦办、稳妥处置了“沐丞系”“七福宝”等一批大要案件。开展涉税“百城会战”专项行动，成功发起涉税集群战役1起，破获1起涉案金额1.8亿余元的虚开增值税专用发票案。经侦工作在全省公安经侦目标绩效考评工作中取得排名第二好成绩，其中云端2019”专项行动总分排名第一。开展“3·15”“4·26”“5·15”等宣传活动。制作宣传展板173块，悬挂宣传标语157条，受理投诉23起，接受咨询12000余次，发放宣传册42000余份，集中销毁假酒、假烟等千余件，共计价值近百万元。深入开展专项行动，合力打击“盗油耗子”。深入整改落实国务院督查组反馈问题，结合实际，与相关部门联合开展盗抢机动车燃油专项行动整治工作取得明显成效。发盗窃机动车燃油案件35起，破获其中32起，现案破案率达到91.43%，超额完成省厅规定50%破案率的目标，深挖破获积案40余起，共抓获盗油嫌疑人27名，打掉团伙6个，捣毁窝点8个，查扣车辆8台，追赃挽损20余万元。探索创新工作模式，提升电诈打防能力。全市破获电信诈骗案件332起，同比上升21.61%，打掉团伙51个，抓获嫌疑人387名，同比上升133.13%，缴获涉案银行卡581张、手机卡769张，成功移送起诉案件636起，同比上升148.43%。对公安部部推线索开展二次研判，对可能涉及毕节市的涉案窝点信息开展深度研判打击，打掉窝点26个，抓获嫌疑人45名。成功止付银行账号2646个，止付金额4633万余元；冻结账号银行513个，冻结金额66万余元，返还冻结及涉案资金86万余元。主动作为预警阻骗，利用阻骗工具开展防范电信诈骗预警阻骗工作，共成功预警阻骗3600余起，预警处置民警多次在宾馆、银行成功劝阻受害人转账打款，有效降低全市电信诈骗发案、减少人民群众经济损失。不断强化打拐工作，维护妇女儿童权益。破获拐卖妇女儿童案件28起，解救被拐妇女儿童28名，销案300余起，找回失踪妇女儿童300余名，充分利用DNA技术比对，准确查找失踪/被拐卖儿童及其亲生父母，利用打拐DNA库比中100余名失踪/被拐儿童。充分发动群众，利用“三八”妇女节和“六一”儿童节期间开展反拐宣传活动。严厉打击枪爆违法犯罪。全面聚集“缉枪、治爆、净网”三大战役，深入开展打击整治枪爆违法犯罪专项行动，全市核查省联席办交办涉枪涉爆线索38条，立涉枪刑事案件62起，同比上升17%，破60起，同比上升15%，刑拘64人；查处涉枪治安案件56起，行政处罚56人；立涉爆刑事案件6起，同比上升25%，破5起，同比上升25%，刑拘11人，查处涉爆治安案件36起，行政处罚36人。其中威宁县成功抓捕公安部部督逃犯1名，完成抓捕任务；七星关分局侦办的王某等人非法持有枪支弹药案被打击整治枪支爆炸物品违法犯罪部际联席办列为全国打击整治枪爆违法犯罪专项行动第五批挂牌督办案件。收缴各类枪支426支，子弹1247发，管制刀具671把，收缴炸药11536千克，雷管87385发。通过开展全国公安机关集中统一销毁非法枪爆物品活动暨毕节分现场活动，集中销毁各类枪支300支，管制刀具596把。取得全省排名第三的好成绩。严厉打击文物犯罪。全市公安机关会同文物部门联合开展打击防范文物犯罪专项行动，坚决遏制文物犯罪案件的发生，切实保护国家文物安全。破获盗窃/破坏文物犯罪案件7起，打击处理犯罪嫌疑人6名，追缴文物6件。严厉打击整治黄赌违法犯罪。开展扫黑除恶打击整治黄赌违法犯罪专项行动，深挖涉黄涉赌黑恶势力及幕后保护伞、关系网，全力挤压黄赌违法犯罪活动生存空间，净化社会风气，维护社会和谐稳定。挂牌整治10个黄赌治安乱点，暗访发现涉黄涉赌线索27条，下达督办通知书5份；立涉黄刑事案件150起，同比上升71%，破案145起，同比上升76%，刑事拘留213人，移送起诉180人，查处涉黄治安案件441起，同比上升9%，治安处罚1057人，治安拘留888人；立涉赌刑事案件124起，同比上升77%，破案117起，同比上升75%，刑事拘留225人，移送起诉118人，查处涉赌治安案件941起，同比上升45.6%，治安处罚4236人，治安拘留1287人。其中，大方侦办的杨友华等人开设野外流动赌场案，仙指天堂养生会所组织妇女卖淫案，黔西侦办的蒋某平、蒋某勇等人强迫、组织卖淫案，尹某义等人利用养生会所容留卖淫案被省厅列为督办案件。七星关分局治安、网安、技侦、特巡警等多警种联动，成功侦办沈浩、陈南希等人利用网络开设赌场案，捣毁一网络赌博窝点，抓获犯罪嫌疑人6名。取得了全省排名并列第一的好成绩。严厉打击“食药环”违法犯罪。深入开展集中打击食药环犯罪“昆仑”行动，严打食品药品及破坏生态环境违法犯罪，有力维护保障人民群众身体健康和生命安全，配合食药监、工商、盐务、环境、农业农村等部门开展检查130余次，检查药店、超市、餐馆、酒店等300余家（次），协查公安部集群战役线索280余条，侦破食药类刑事案件62起，同比上升186%，办理食药类行政案件13起，采取刑事强制措施78人，行政拘留13人；侦破环境类刑事案件215起，同比上升268%，办理环境类行政案件10起，采取刑事强制措施235人，行政拘留10人。其中金沙县谢某生产、销售假药案，纳雍县吕某某、吕某某等人非法采矿案，威宁县牛棚镇马某某、马某某、刘某等人非法采矿案被省厅列为督办案件。赫章县公安局强化行刑衔接机制，加强与行政职能部门及检法机关的沟通协调，历时4个月成功侦破2019年全省第一起锌污染案件即水塘乡杨某某等人污染环境案。取得了全省排名并列第一的好成绩。严厉打击拒不支付劳动报酬违法犯罪。全力配合人社、住建等部门开展拖欠农民工工资专项排查检查210次，立拒不支付劳动报酬案21起，破获8起，采取刑事强制措施18人，涉及农民工1782人，涉案金额1800余万元，追回960万元，全力维护和保障农民工等群体的合法权益，确保社会稳定。

【治安防控】 危爆物品安全监管。全力推进电子数码雷管应用，全市通过系统审批炸药33378.38吨，雷管1279万枚，其中使用电子数码雷管281.34万枚，占比21.99%，比2018年同期上升了20.46%。强化爆破作业现场安全管理，督促指导县区治安部门充分运用钉钉平台加强爆破作业现场的监管，每一次施爆项目都必须全程在钉钉平台上报现场图片、文字情况说明，实行爆破作业全程监管，确保安全无疏漏。严格落实“五个一律”临时管控措施，确保民爆物品“不炸响、不丢失、不被盗”。全力做好市能源局函告年产30万吨以下52家煤矿火工品的停供及清理工作，清理收缴封存炸药96244.7公斤，雷管312550发；清退炸药20628公斤，雷管53050发（均为金沙县清退），为企业减少损失40余万元。强化旅店业寄递物流等特业场所治安管理。加强旅店业、留宿洗浴、歌舞场所等行业场所治安管理，采取明察暗访、突击检查、集中整治等方式督促旅馆业严格落实“四实登记”制度，上传旅客信息4158224条，查处涉黄涉赌等违法活动，处罚违规旅馆127家，取缔无证旅馆9家，停业整顿娱乐场所4家，查处黄赌毒案件106起，通过旅馆业管理系统联网报警抓获在逃人员247人。在全市推广应用手机APP上传住宿人员信息工作，为663家不具备安装应用旅馆业信息系统条件的有偿住宿场所安装应用手机APP，如实登记上传住宿人员信息113467条，进一步强化阵地控制，确保治安管理不留盲区、死角。加强寄递物流业治安管理，联合邮政管理局开展寄递物流安全管理专项整治行动，配合邮政管理局督导企业严格落实“三个100%”管理制度，签订《毕节市寄递企业确保国庆期间邮件快件寄递安全承诺书》510份，制定公安机关“禁寄目录”、严格落实“三个100%”警示警牌840份，侦办寄递物流刑事案件3起，查处行政案件74起，对74家单位下达行政警告处罚决定书。加强党政机关金融网点等重点单位要害部位安全保卫。督促指导县区加强单位行业场所管控网建设，1121家单位接入社会单位视频资源整合平台，推动落实单位行业场所安全监管主体责任，减少监管盲区。充分用好用活“钉钉”平台，督促指导各县区采取“上传检查工作图片、建立隐患记销台账、网上网下内外通报、重点工作提醒提示、纳入季度目标考评”等闭环式管理办法，提升民警对辖区重点单位要害部位的检查效果，夯实单位安全保卫基础工作。运用“钉钉”平台检查重点单位并录入632家（次），发现并督促整改安全隐患1643处，下达行政处罚决定书960份。强化公交客运、加油站点安全保卫工作。督促全市公交公司成立公交应急处突大队8个（其中专职2个、兼职6个），配备应急处突人员126人，督促指导营运企业配置安检设备11套，安装GPS车载摄像头604个、配备安全锤2416个、灭火器1208个、配备兼职安全员704名。侦破公安部挂牌督办的七星关“11·28”乘客殴打公交车驾驶员案件，组织召开以案说案警示教育会，切实维护公交安全稳定。开展对253个加油站点进行安全督导检查320余次，检查重点目标单位120余家，发现隐患52余处，现场整改30余处，限期整改20余处（均已整改完毕），开展安全教育培训60余场次。旅游景区景点安全。督促指导重点景区增配安全保卫人员22名，增设紧急报警设备8个，整治旅游治安乱点11处，查处涉及景区及游客类行政案件8起，治安处罚9人，排查化解景区内矛盾纠纷65起，排查管控治安重点人16人。圆满完成杜鹃花节暨全市旅游景区景点系列活动、省第十四届旅游发展大会暨市第十二届旅游发展大会等安全保卫工作任务。学校幼儿园安全。认真贯彻落实全国全省校园安全工作等相关会议精神，强化校园内部安全管理、强化校园安全隐患排查整治、强化法制宣传教育培训、强化涉校违法犯罪打击，全力确保中小学校和幼儿园师生安全。全市3364所学校配备专职保安员6400余人、配备防护装备2.5万件、安装视频监控设备2890套、安装“一键式”紧急报警器1130套。排查整治各类安全隐患6535处，进校园开展法制安全教育1520场（次），指导学校开展各类处置演练325场（次），打击取缔校园周边黑网吧、黑旅社、小歌舞厅、游戏室、麻将馆248家，排查化解涉校矛盾纠纷221起，妥善处置因涉校矛盾纠纷引发的不稳定事端17起，查处涉校治安案件143起，破获涉校涉生刑事案件1起，打击处罚违法犯罪人员145人。深入开展“扫黄打非”专项行动。组织检查出版物市场15家（次），清查印刷、复印等企业65家（次）；破获、查处制作贩卖、传播淫秽物品刑事案件3起，其中侵犯著作权案1起，制贩传播淫秽物品案2起，刑事强制措施2人，查处行政案件4件，行政处罚4人，收缴盗版、淫秽光盘、图书140余（张、册）。加强保安从业单位规范化管理。督促指导各县区50家保安公司组织开展保安员考试培训109次，制发保安员资格证5516个；排查整改保安从业单位不规范经营行为334处，下达限期整改通知书14份。为保安押运企业和银行业金融机构开展枪支培训

400余人次。圆满完成各项大型活动安全保卫。严格按照局党委的统一安排部署，严格落实“一个活动、一个领导、一个团队、一个方案、一系列措施”“五个一”安保工作措施，加强部门协作，强化市县、警种联动，认真履职尽责。全力协助和配合做好“A311”“A312”“A317”“A207”“A318”等12项警卫任务，确保安全。全面加强全国全省“两会”“青运会”“数博会”“一带一路”高峰论坛、“酒博会”、新中国成立70周年大庆等重大活动期间的社会面管控工作，确保社会治安大局稳定。圆满完成全市迎新春文体惠民系列活动、全市庆祝新中国成立70周年“增添正能量 共筑中国梦”“我和我的祖国”系统活动、元旦春节、清明节、端午节以及2019年高考、中考安保工作任务等121项大型群众性活动、重大节假日、重大会议等安全保卫工作任务，确保万无一失。

【防范化解重大风险】 防范化解重大风险，全力维护社会治安持续稳定。一是全方位无死角防范化解治安领域风险隐患。以专项整治与日常检查相结合，以“两节两会”、清明、五一、端午、国庆等重大节假日、重大活动及重要时段期间为重点，深入开展“百日行动”及安全生产大排查大整治，治安领域安全风险隐患大排查大整治，“践行新使命、忠诚保大庆”风险隐患排查整治、迎大庆防风险遏事故保安全风险隐患集中整治等专项整治行动，持续开展每季度、每月、每半月一次的日常检查，持续开展“双随机、一公开”执法检查，全面排查整治枪爆、散装燃油、宾馆旅店、洗浴场所、学校医院、寄递物流、景区景点等重点物品重点行业重点场所要害部位安全隐患4604条，整治化解较大风险隐患26条，重大风险3条，排查涉爆从业人员5473人次，行政处罚违规爆破作业单位16家，停业整顿5家，罚款151万元；处罚违规旅馆984家，取缔无证经营的黑旅馆26家，处罚18人。二是警种联动做好涉军涉访等重点人员群体稳控。严格执行市局专班研判机制，严格落实每日两研判两调度制度，以全国“两会”、对越自卫反击战40周年祭扫、70周年大庆安保维稳工作为主线，指导县区治安部门做好涉军涉访等重点人员群体源头稳控、线索排查收集和核查反馈工作。全面完成重大会议、重要时段、敏感节点期间涉访等重点人员群体稳控工作。三是部门协作加强肇事肇祸等重性精神病人管控。强化部门沟通协作，建立精神病人基本信息沟通和定期会商机制，联合卫计委等部门加强对重性精神病人的管控工作，全面摸排疑似精神病障碍患者27994人，协助卫计部门送院治疗精神病患者1563人；将2387名经卫计部门评估鉴定为3级以上重性精神病障碍患者录入全国重性精神病人管理信息系统进行管控；配合指导各县区建设安康医院19家治疗精神病患者4975人。发生涉疑似精神障碍患者案件1起。四是多措并举开展矛盾纠纷排查化解。全面落实分色分类管理、分级分责化解、责任倒查追究等工作措施，督促指导派出所协调职能部门多元化解征地拆迁、劳资纠纷、婚恋纠纷、邻里纠纷、环境污染、涉警等矛盾纠纷19868条，化解率达到99.75%，有效遏制“民转刑、刑转命”案件，严防引发个人极端暴力案事件和重大群体性事件。开好派出所“警民议事会、警务联席会”，各派出所共组织召开警民议事会、警务联席会9600余次，会议遍及全市278个乡镇（街道）、3701个村（居）、32411个村民小组，参与人次达160余万人次，收集群众工作意见13600余条，排查安全风险隐患7279处，推送“问题单”3661个，最大限度把矛盾解决在基层，化解在初始阶段，切实做到“知民情”“聚民智”“解民忧”“化民怨”。督促指导县区治安部门和公安派出所围绕辖区高发案件、突出治安问题、治安乱点、风险隐患、重点行业物品管理、重点人员群体管控等展开研判，找规律找特点查根源挖线索，形成预警性、线索性和资料性的情报信息，倒逼治安部门和基层派出所进一步加强和改进各项安全风险防范化解工作。

【公安改革】 “放管服”改革成效显著。治安部门：全面推进和规范治安部门“放管服”工作，督促县区开展自查自纠，通过“发现典型、以点带面、严肃追责”抓好落实，全力迎接国务院第六次大督查。全面推行政务中心办理户籍业务，各县区政务中心共设立户籍业务窗口37个，设置居民身份证跨省异地受理窗口11个开展对省外在黔公民居民身份证换领、补领工作，共受理跨省异地证3372个。6月1日起全省启动居民身份证省内跨所受理，全面实行居民身份证省内跨所通办业务。全面推行贵州省公安厅“互联网+公安”政务服务平台应用，通过服务平台处理群众提交户口、居民身份证、居住证等业务办件12407件，审核及时率为97.36%；通过平台处理申报保安员考试1750人，制发保安员资格证1334个。全面推行手机“钉钉”平台审批民爆物品“电子两证”，上传数据18340条，收到预警信息6400余条，为涉爆企业节约资金约112.32万元，得到各涉爆企业的一致好评。委托下放12项治安行政许可及服务事项，全面规范和公开委托下放行政事项的办事指南和流程，梳理并推行治安部门“放管服”改革“七张清单”，共受理许可非营业性爆破作业单位117家，许可审批爆破作业人员1764人，许可爆破作业项目213项，办理公章刻制单位3家，旅馆业226家，受理保安员证考试3120人。努力实现“网上办、就近办、马上办、一次办”，切实解决好群众“办事难、办事慢、来回跑、不方便”等突出问题。公安交管部门：创新便民举措，持续深化交管“放管服”改革。强力推进公安交管“放管服”改革36项新举措落地落实，实现公安车管业务就近办、快捷办，办事群众、企业的获得感和满意度不断提升。优化办理流程。推行“提前上岗”“限时服务”“延时服务”，实现“简单业务半小时办结”、18类车驾管业务全省一窗受理、一证即办、一次办结。严格执行车驾管业务“四个减免”，仅免费复印拓印一项就为群众节约费用646.13万元。推动业务向企业延伸。建立机动车登记服务站13家，警邮合作代办网点23家，警保合作代办网点7家，累计办理车管业务17万余笔，占全市车管业务的15.45%。2019年7月，主动上门为市县公交公司办理185台大型新能源公交汽车入户登记，为企业节约往返路费38万元，帮助企业快速领取政策补贴962万元。推动业务向基层延伸。将摩托车业务、六年免检、补换证等业务下放到乡镇综治中心或乡镇交警中队办理，设立基层公安交警中队车管业务办理点16个、乡镇综治中心车管业务办理点3个。推行车管业务进村入户，开展流动车管所下乡服务82余次，惠及群众3万余人，节约办事群众路费300余万元。推动业务向网络延伸。大力推广“互联网+交管”服务模式，利用“微信车管所”“网上车管所”、公安互联网等服务平台开展考试自助预约、补换牌证、安全教育网上学习等业务，累计通过互联网办理车驾管业务139.9万笔，占到总业务量的18%，有效解决了企业群众办事远、办事慢、办事难的问题。出入境部门：不断优化便民利民措施，提升服务水平。审批全市出入境证件97436件次，受理公民出国（境）25252人（次）；受理审批制作签证、签注、外国人居留许可6654件次，接待申请群众4万余人次。严格按照公安部国家移民局“只跑一次”“全国通办”工作制度要求，积极开展下放港澳签注权限、错时工作制、多种支付方式、更新自助便民设备建设等一系列便民利民措施，确保申请人只需到出入境接待窗口一次即可完成全部手续。减免费用、减少办证时限。根据公安部对出入境证件的收费调整：护照、港澳通行证共减免费用105.082万元。缩短办证时限。严格执行护照、港澳台通行证签发由9个工作日调整为7个工作日，省外异地办证30天调整为20天。共办理省外异地申请出入境证件1924人次，提供就近办理服务。

【公共安全】　公共安全领域监管全面加强。全市道路里程3.3万公里，其中高速公路981公里（年内开通六威高速134公里）、城市道路1802公里，国省干道3469公里，县乡村道21358公里。全市机动车、驾驶人保有量分别达99.3万、134.38万，较年初分别增长6.05%和4.62%。办理驾驶证业务36.4万笔，机动车类业务83.5万笔，查处各类交通违法243.19万起，同比增加39.48%；累计处理道路交通事故41141起（包括简易程序、一般程序），同比上升19.54%，事故造成463人死亡，同比下降6.28%，10409人受伤，同比下降6.40%，直接财产损失1.07933亿元，同比上升99.79%。全面推进交通安全综合治理。加强道路隐患排查治理。推动省市县级挂牌督办治理道路隐患共470处，排查事故多发路段102处，翻坠路段67处，马路市场265处，已全部通报相关部门治理。深入开展农村道路“一灯一带”建设，排查农村平交路口隐患224处，新建和修复农村平交路口减速带60处、信号灯6处，农村交通安全防范基础进一步夯实。强化人、车隐患滚动清零。采取信息提示、登门督促、严管倒逼等方式落地查车查人，共清理逾期未报废、未年检“两客一危”重点车辆38辆，逾期未审验、未换证AB类重点车辆驾驶人4260人，全市机动车状态正常率达99%，驾驶证状态正常率达98%。加强客运安全动态监管。依托“贵州省重点车辆监管平台”督促重点企业消除红色预警327起，解聘有严重违法行为的“问题”驾驶人18名，组织4504名重点驾驶人进行安全教育学习。以“联席会议”名义组织交通、公路等部门实地督查“两客一危”运输企业380家次、重点乡（镇、街道办）70家，高速公路服务区（停车区）14个，印发督办通知22期，督促整改各类交通安全隐患770处。扎实开展交通违法整治。推进“农村、城市、高速”三大板块治理，查处各类交通违法243.19万起，同比增加39.48%。持续开展酒驾违法整治。共查处饮酒驾驶3342起，同比增加47.48%，醉酒驾驶387起，同比增加195.42%。强力推动农村交通安全整治。争取各级党委政府累计投入45万元，建成警保合作交通安全劝导点24个，新招聘警保劝导员172人，利用“农村监管云平台”督促农村“两站两员”开展“跟场管理”3.0万次、“红白喜事打招呼”2.11万次。认真组织“逢五”“逢十”交通违法整治统一行动，查处无证驾驶7319起、客车超员63起、超速行驶38.37万起。强化城市交通疏堵保畅。结合道路交通文明畅通提升工程及创建全国文明城市工作，加强高峰时段交通疏导，加大交通违法整治力度，累计违法停车39.86万起、同比增加30.48%，涉牌涉证7.5万起、同比减少19.67%，不按交通信号灯通行7.62万起、同比增加99.79%，违反禁止标志标线35.49万起，同比增加31.6%。深化各类专项整治行动。强力推进“扫黑除恶”专项斗争，在业务办理中抓获在逃人员4名、吸毒人员1名，依托缉查布控系统成功拦截涉黑涉恶案件车辆1辆；配合农业农村部门设卡深化非洲猪瘟防控工作，查处违法改装运输生猪的车辆80余辆次，生猪700余头，积极配合交通运输部门开展打击非法营运专项行动，查处非法营运车辆800余辆次。全面加强重要节点交通安保。以新中国成立70周年大庆为主线，全力抓好重大节日节点交通安保措施落实。采用“路巡+网巡+空巡”模式，强化节日路面交通立体式防控。利用4G单兵图传、小鱼易连等设备加强路面勤务调度，提高了指挥的精准度和路面的管控效率。强化应急管理。完善部门联勤联动机制，整合气象、交警、路政、营运中心、景区管理等部门力量，提前将人员、装备摆放在人流集中、易发生交通事故和交通拥堵的路段，多部门联合勤务、联合巡防、联合处置，实现突发事件出警快、处置快、恢复交通快，极大地提高了节日期间交通管理应急处置水平。加强媒体宣传。积极挖掘各类新闻素材，依托权威媒体广泛开展公安交警典型事迹、正面形象宣传报道，在中央级媒体刊新闻稿件54条，较上年增加12.2%；在省级媒体刊播新闻稿件514条，同比增加43.2%，有效树立新时代毕节公安交警的新形象。结合各阶段工作重点，利用新媒体微博、微信发布恶劣天气路况信息、雨雾雪凝出行提示、节假日出行提示、本地案例和“放管服”便民信息3093条，官方头条号发布文章777篇，阅读量60万次；新开通官方抖音号，开展网络执法直播24场，发布视频15条，累计播放超过7.3万，为群众提供多、宽、广的信息渠道，全面织密了道路交通安全宣传教育这张“大网”。开展交通安全宣传“七进”活动1506场次，受教育人数达23.6万人；持续开展交通违法、事故案例、运输企业安全隐患“警示大曝光”。通过各级媒体报道曝光典型违法和事故200余条，七星关“女子掌掴公交司机获刑”“无证醉驾肇事判11年”等典型违法案例经媒体曝光后，引起强烈反响，起到强大的警示和震慑作用。推进执法规范化建设。推动全市公安交警执法办案活动一律进入办案区办案，向全市各基层交警大队配发无人机航拍系统共13套，向各直属大队统一配发高速公路事故处理防闯入预警系统共21套、电子显示警示系统共21套，基层大队执法办案能力水平不断提高。完善交通事故办理机制。指导大队开展疑难交通事故案件责任认定25起，完成交通事故复核案件156件，撤销率较去年下降8.41%，积极推动交通事故社会救助基金垫付，共垫付社会救助基金432.5万元，同比2018年增加263.9万元，上升157%，在指引民警办案思路，维护执法公平，化解矛盾纠纷等方面取得明显实效。强化案件评查。组织开展季度执法质量考评4次，路交通事故案件128件，危险驾驶案件40件，行政拘留案件168件，机动车和驾驶人档案各400件。组织参加全省执法质量考评工作4次，共有12件刑事案件、12件行政案件、机动车、驾驶人档案各40件参评。加强执法监管。充分利用执法监管云平台，对案件受案、立案、移送起诉、驾驶证吊销进行全过程监管，基层大队办案能力和案件质量大幅提升。

强化显性用警，常态化运行“135”接处警机制，模拟警情演练100余次；落实巡逻盘查“四项机制”，组织公安武警联勤巡逻6次，投入兵力警力20余万人次，公安特巡警加大常态化巡逻防控力度，有效挤压作案空间。强化路面防控，推动省市县挂牌督办治理道路隐患470处，查处各类交通违法243万余起，同比增长39.48%；发生一般程序处理交通事故3577起、死亡463人、伤4965人，分别下降5.40%、6.28%、7.65%。查处酒驾3342起、醉驾387起，查处酒驾、醉驾力度加大，与去年同比分别上升47.48%、195.42%；查处无证驾驶7319起、超速行驶38.37万起。

强化涉爆危险品监管，审批炸药40569.05吨、雷管1498.6万发，电子数码雷管使用占比24.43%，收缴封存停产煤矿库存炸药96万余吨、雷管31万余发。

强化特业管理，集中整治旅店业“四实登记”、寄递物流“三个100%”安全监管制度落实，处罚违规旅馆985家、寄递物流企业127家，接入单位视频资源1118家，推动落实单位行业场所安全监管主体责任。

强化安全隐患排查整治，排查整治重点行业、场所、要害部位安全隐患4604个，排查整治校园安全隐患6535处。强化“三非”人员打击，查处“三非”案件16起，查获“三非”外国人18人。

强化大型活动及景区景点安全保卫工作，完成二级警卫任务2起，三级警任务卫任务11起和省委、省政府主要领导赴毕调研重要安保6起，全国全省“两会”、杜鹃花节、省第十四届旅游发展大会等重大活动安保121场。

强化特殊人群管理，持续抓好肇事肇祸精神病人和留守（困境）儿童滚动摸排和跟踪管理，疑似精神障碍患者作案仅1起。大方县局创新加强“八类人员”管理，刑事发案同比下降34.59%，“八类案件”数同比下降14.53%。

【监所管理】 监管场所累计收押各类违法犯罪人员27840人次，其中看守所8478人次、拘留所17143人次、戒毒所2219人次。全市看守所押量较去年增长近38%，戒毒所、拘留所与同期基本持平。开展9次督导检查，当场整改安全隐患345处，下发整改通知书45份。开展视频巡查，发现一般安全隐患和问题547起，现场纠正和制止366起，有效消除监所安全隐患，确保全市监所的安全稳定，实现监所安全“零事故”。协助破案工作共获取线索2884条，破获案件1967起。其中获取涉黑涉恶案件线索数29条，移送办案机关破获案件7起，抓获涉恶涉案人员11名。现有6个监所“智慧监管”建设方案通过省厅评审，6个监所已正式开工。8个拘留所开展社会矛盾化解工作1233起，成功化解1102起，8个拘留所均设立心理咨询室、矛盾化解工作室，停访息诉22起，履行纠纷款项153.2万元。切实加强等级达标工作。金沙县戒毒所申报了标兵所，黔西、织金县戒毒所保一级所，创建黔西县、金沙县看守所2个一级所。

【执法规范化建设】 指导建成七星关、大方县、威宁县、纳雍县四县区公安局智能化执法办案中心。加大对各办案部门和派出所的受立案监督工作力度，受立案存在问题的案件从2019年一季度的149起，下降到四季度的52起，下降65%，杜绝刑事案件未如实立案问题。利用“贵州公安监督管理信息平台”随机抽取刑事、行政案件进行监督考评，执法质量大幅的提升，行政案件败诉、检察机关存疑不诉和法院无罪判决案件等大幅度下降。组织开展全市公安民警基本级执法资格考试，民警平均考试通过率达90%以上。抽调4名法制业务骨干，牵头负责“扫黑除恶”线索的专项核查；参与全市重特大、疑难涉黑涉恶案件的研判，抽调2名业务骨干直接参加涉黑专案办理；对招投标及洽谈议价询价程序的实施及采购合同的合法合规性进行审查。审核、审查重要文件20余份，审查市局相关部门对外签订的民事合同30余份。及时更新、完善并公布市公安局权责清单、权力运行流程图及公共服务事项清单。办理行政复议案件45件，办结38件（其中撤销4件）；办理刑事复核案件14件，撤销1件；办理信访案件6件；办理国家赔偿复议案件2件；审核指定管辖案件98件；下发执法监督建议书5份；出庭应诉15次。参与指导威宁马某某暂予监外执行、金沙县蒋某诈骗案、纳雍县徐某某寻衅滋事等10余起重特大疑难案件的办理；牵头核查中央扫黑除恶督导组转办的问题或线索7条；为监委、督察、信访等评查案件7件。

【基层基础建设】 积极开展中央预算内投资的强制隔离戒毒所、看守所、派出所项目的建设指导工作，基础设施建设“十三五”规划项目共计39个，已完工21个，装修施工中10个，主体施工中3个，基础施工中2个，场平完工1个，协调土地中2个。报送省厅基础设施建设“十四五”规划项目186个，项目总投资181723万元，其中业务用房2个，监管场所5个，派出所113个，公安检查站11个，交警项目31个，警务技能训练基地8个，警犬基地7个，执法办案中心9个。市本级项目建设有序推进中，业务技术用房项目建设已完工，各项验收工作有序进行，预计2020年12月31日前完成综合验收工作；强制隔离戒毒所项目内部装饰装修工程已完成90%；警犬基地、警务技能训练基地、看守所项目根据毕府专议〔2019〕12号会议精神，已缓建。

【队伍建设】 突出政治建警，整体提升队伍形象。聚焦“四个铁一般”过硬公安铁军目标，持续深化队伍建设。坚持政治引领。旗帜鲜明地把政治建设放在首位，狠抓理论武装，扎实开展“不忘初心、牢记使命”主题教育和“践行新使命、忠诚保大庆”实践活动，市局党委7次集中学习研讨，带动全警持续深入学习习近平新时代中国特色社会主义思想，增强“四个意识”、坚定“四个自信”、做到“两个维护”，筑牢“公安姓党”的思想根基；狠抓基层党建，深入抓好责任落实、职能发挥、组织和制度规范、阵地建设和“三会一课”，不断巩固和发挥了基层战斗堡垒作用。优化班子建设。完成市局党委以及七星关、大方等4个县区4名领导班子成员任免，组织市局机关一至四级高级警长（警务技术一至四级主任）321个职位晋升，“关键少数”作用进一步发挥。严格落实民主集中制和“三重一大”等规定，仅市局党委就组织5次党委中心组学习，召开2次民主生活会，不断强化班子“四个自我”能力。组织51名县级领导干部填报个人事项，驰而不息开展党员领导干部利用茅台酒等名贵特产和特殊资源谋取私利和违规插手参与经营问题专项整治。抓实素质提能。以实战需求为导向持续加强队伍素质培养，3711民警通过“三能”达标，通过率82.7%；组织完成了新警、警衔晋升、警务实战教官等9期853人培训；组织扫黑除恶、信息化、执法规范化、侦查业务、交管业务、巡逻防控等各类专业培训40余期5000余人次；选派5名民警赴山东跟班学习，选送15名民警援疆锻炼；主动在各类媒体唱响公安好声音，共内宣2000余条，外宣1.4万余条，阅读量达1080万余次，大方凤山派出所陈敏、纳雍龙场派出所李红、七星关强戒所张启明、赫章珠市派出所路遥等一批先进个人受到国家、省、市表彰。强化从严治警。坚持严在平时、管在日常，

严格落实党风廉政建设责任制，持续深化党风廉政建设教育和机制建设，压实压紧“一班人”“一岗双责”；运用监督执纪“四种形态”，市局党委书记带头对班子成员进行廉政谈话，市局党委班子成员对分管部门负责人廉政谈话共62人次；坚持刀刃向内，办结违法违纪案件44件，处理违法违纪民警58名，依法依规查处为黑恶势力充当保护伞的害群之马17名，其中七星关分局29名民警被立案调查，在全市公安队伍中形成正风肃纪强大震慑。深入推进“三个大兴”活动和基层减负年要求，深入整治形式主义、官僚主义和漠视侵害群众利益突出问题，队伍作风明显好转，未发生“大丑恶”问题。倾情爱警暖警。以习近平总书记对公安队伍的肯定、对从优待警的重要指示激励全警，市委召开全市公安工作会议并印发《关于加强新时代公安工作的落实措施》；完成“两个序列”改革，套改4400人、晋升3231人，晋升率73.49%，全年评授警衔495人，改革红利全面释放；实行常态表彰奖励，4个基层单位荣立集体二等功，25个基层单位荣立集体三等功，民警1人荣立一等功、17人荣立二等功、156人荣立三等功，组织送奖上门到岗12场次；倾情职业保障，为54名民警申报发放风险救助金53.1万元和特别抚恤金26万元，办理民警职工人身意外伤害保险理赔110起187万余元，落实离退休干部“两个待遇”，队伍的获得感、归属感持续增强。

【数据警务】 依托数据警务，加快推进了智慧公安建设。坚持把大数据作为推动公安工作创新发展的大引擎、培育战斗力生成的增长点，助推公安工作质量变革、效率变革、动力变革。引领全警深植数据警务理念。坚持把信息化应用作为推动公安工作新的增长点，组织召开了全市公安信息化建设应用培训及座谈会，进一步摸清底数，剖析问题，明确目标，厘清思路，凝聚共识，极大地推动全警建设信息化项目力度、运用信息化深度。上下协力推进信息项目建设。分类

分层分级建设立体化信息化治安防控体系“七张网”。建成“天网”监控点17934个，“雪亮”监控点20926个，重点部位人脸识别摄像机860台，车辆卡口2055套，电子围栏440个，WIFI前端采集8483个，350M集群高山基站74个，社会视频资源40800路；配备数字集群终端2500台，配备新一代移动警务终端2641台。汇聚治安、刑侦、交警、情报、网安等警种18类公安内部数据资源，自动采集汇聚医疗、水务、交通等社会行业部分结构化数据1亿余条，“乌蒙云”大数据中心数据达370亿余条。找准切口融合数据资源应用。充分发挥大数据、智能化、信息化在警卫安保工作中的作用，警卫安保工作从“粗放型”步入“精细化”，圆满完成“A317”“A207”和多起大型活动安保任务，为创新警卫安保工作新机制打下坚实基础。助力严格规范执法，对系统内刑事、行政案件考评全覆盖，未如实立案数从一季度的149下降到四季度52起，下降了65%，赫章县局下降达82%，有力遏制了刑事案件不如实立案问题；健全网上巡查制度，对386个单位4210个点位不间断视频巡查，发现并督导整改问题1636个；联合第十二纪检组督察3次，督导整改问题107个；整合交警、监管、禁毒部门信息系统开展专项督察，完成1.2万余名民警、辅警涉毒吸毒检测比对，核查醉驾执法案件发现并责令整改问题4个。

【刑事技术】 技术侦察成效显著。上报各类情报线索700余条，被公安部十二局采用14条，省公安厅技侦总队采用100条，获得省、部级领导批示18条，厅领导签字批示33条，获得省厅技侦总队转发调研文章6篇。加强与刑侦、扫黑、禁毒、国保、治安等相关业务部门联动，侦办各类案件701起，其中刑事案件485起，情报类案件216起，打掉各类犯罪团伙93个，共抓获各类犯罪嫌疑人1115人，挽回经济损失399余万元，缴获毒品138012.22克。办涉黑涉恶案件87起，办结36起，打掉涉黑涉恶团伙32个，抓获犯罪嫌疑人363人，收缴涉案车辆91辆，缴获涉案金额253余万元。加强刑事技术建设，提高打击犯罪质效。建成面积达4000平方米，集DNA、理化、痕迹、法医、声像、文检、电子物证、视频、技术管理等9个实验室的专业化、标准化、规范化刑事技术鉴定中心，其中DNA、理化两个实验室于2月被评定为“全国公安机关重点司法鉴定专业实验室”，12月通过公安部一级DNA实验室现场评审，同时，持续夯实刑事技术基础，现场勘查痕迹物证提取率达68.38%，全市男性家族排查系统建设完成率100%，平均家系采血完成率97.72%；两个项目参加首届刑事技术“双十计划”攻关创新大赛分获银奖和优秀奖，有力支撑了侦查破案。2019年，全市公安机关DNA、人像、指纹“三项破案会战”分别抓获犯罪嫌疑人263人、971人、320人，均位居全省前列。筑牢刑事技术基础，深化刑事技术建设。现场勘查质量进一步提升。出勘现场8534起，其中“盗抢骗”犯罪案件勘查率达到100%。现场勘查中提取到各类痕迹物证的案件5836起，提取率达68.38%。派出技术人员120余人次出勘（复勘）各类重特大刑事案件、疑难案（事）件及交通事故现场60余起，指导、参与侦破多起重、特大刑事案件。刑事检验鉴定能力显著提升。受理各类检验鉴定案件3534起，接收检材15819余份（个），出具各类检验鉴定文书3396份，充分发挥刑事技术的科技优势，为案件侦破和诉讼提供了强有力的技术支撑。完成了由中国合格评定国家认可委员会和公安部刑事侦查局组织开展的全国公安机关实验室能力验证（盲测）工作，取得100%“满意”的成绩。刑事技术信息化建设稳步推进。DNA规模化建库和男性家族排查系统建设工作同步推进，DNA规模化建库工作采集血样309627份；男性家族排查系统建设工作排查完成家系数290956个，绘制人员4971448人，家系排查完成率100%；完成采血家系284313个，采集血样472473份，平均家系采血完成率97.72%。“四项评定”工作取得新突破。刑事技术部门始终坚持把机构规范化建设作为重点工作来抓，紧紧围绕规范化、标准化、现代化、信息化、智能化的目标，着力提升刑事技术部门综合实力。2月，DNA、理化实验室被评定为第十批全国公安机关重点司法鉴定专业实验室。9月，市局DNA实验室申报一级DNA实验室，七星关、大方、黔西、织金技术室申报一级技术室；金沙、纳雍、威宁、赫章技术室申报二级技术室。12月24日，由公安部物证鉴定中心处长傅焕章带领的工作组到市局开展一级DNA实验室现场评审，通过评审，市局DNA实验室建设工作得到了考核组一行的高度评价。科研创新取得新突破。毕节市公安司法鉴定中心参加公安部开放课题《Y－STR多体系联合识别个体应用研究》、公安部技术研究计划项目《苯丙氨类化合物光子晶体检测芯片研制关键技术研究》、中央级公益性科研项目《苯乙氨及甲卡西酮类新精神活性物质的核磁共振定性定量检验研究》。申请参与《疑似毒品中哌嗪类的液相色谱、液相色谱—质谱检验方法》《血液中碳氧血红蛋白饱和度检验》等7项刑事技术重点标准专项工作的机会。在首届刑事技术“双十计划”攻关创新大赛中，毕节市《洞穴、天坑搜寻救援器》获得银奖，《DNA血卡智能管理与溯源技术的示范应用》获得优秀奖。加强警犬技术建设。8个建制县区分别开展警犬装备配发工作，并完成培训投入使用，共有警犬125头，其中刑侦犬47头、反恐处突犬22头、治安犬33头、搜爆犬20头、搜毒犬3头。民警在编数与工作犬数比例为36∶1。充分发挥警犬技术优势，共使用警犬13070头次，其中，开展巡逻和安保11730次，刑侦用犬580余次，安检690余次，派员参加“博鳌亚洲论坛”年会重大安保任务、“一带一路”高峰论坛重大安保活动、新中国成立“70周年大庆”安保活动等重大安保活动；处置各类突发性事件50余次，搜毒18次参与破获刑事案件40余起，警犬直接抓获犯罪嫌疑人16人；已成功组建一支20人20犬的安检搜爆团队；圆满完成全市警犬技术复训暨省厅复训考核工作，并取得优异成绩；圆满完成“践行新使命、忠诚保大庆”巡逻防控及武装查缉工作。

【脱贫攻坚】 牢记嘱托重任，全力助推了脱贫攻坚。深入学习贯彻习近平总书记对毕节“7·18”重要批示指示精神，全警动员、全警行动参与脱贫攻坚。细化脱贫攻坚责任落实。牢固树立“社会不稳、穷根难断”思想，把公安工作置于打赢脱贫攻坚战夺取全胜大局谋划推进，全力推动“1＋10”方案落实落地。持续深化“放管服”改革，推行“互联网＋公安”，网上办理身份证、户籍等业务1.3万件；推行钉钉审批民爆物品“电子两证”，为企业节约资金112万余元。全力以赴深入脱贫攻坚一线，局党委2次专题研究脱贫攻坚，市县公安机关“一把手”一线调研指导262次，全警自筹扶贫、慰问资金352万元，联系落地项目29个、资金567万元。强化影响脱贫问题整治。严打拒不支付劳动报酬犯罪，配合开展清欠工作210余次，立拒不支付劳动报酬案21起，涉农民工1782人，涉案金额1800余万元，追回960万元；处置涉毕扶贫负面信息518条、查处80余人次，预警阻止农村群众被骗3200余起，破获农村地区电信诈骗案178起，返还被骗资金100余万元；持续打击早婚早育涉及的违法犯罪，侦破强奸、拐卖等案件24起，打击处理27人。优化易地扶贫搬迁服务。持续深化户籍制度改革，开通9个易地扶贫搬迁跨乡镇安置点代办权限，引导全市127个移民安置点239853人户口转移，全市户籍城镇化率达到38.65%，同比上升3.38个百分点，超额完成省厅下达的37.52%任务目标的1.13个百分点；完成了无户口人员“清零专项行动”，排查人口信息360余万条，为无户口人员办理户口登记

32374人，纠正贫困人口户籍信息19145条，为贫困人口办理户口登记1119人；跟进做好安置点警务服务，在全市3000人以上的16个扶贫安置点建设警务室19个，创建“平安小区”28个。担起党建定点扶贫主责。全警行动，耕好39个乡134个村党建扶贫“责任田”，累计到各级帮扶点走访慰问31436人次；驻村蹲点，派出516名民警直接参与脱贫攻坚，其中143人专职参与扶贫，57人担任第一书记；结对帮扶，按警种、级别等，结对帮扶4731户19128人，已脱贫3895户15741人；推动就业，招聘劝导员172人分别安置到24个交通安全劝导点，招聘禁毒专干389人分别安置到乡镇（街道）和社区。

【机制创新】 创新“警务两会”，助力基层社会治理。探索创新警民议事会、警务联席会“警务两会”，前移警务、前移服务，搭建派出所与基层综治部门、村居组织共商共建平台，形成具有毕节特色的群防群治、共建共治基层治理新模式。全年累计召开“两会”9600余场次，涉及群众160余万人次，排查调解矛盾纠纷2.1万余条，收集群众意见1.2万余条，答复群众疑问6765人次，向党委政府推送“问题包”3661个，涉警信访同比下降7.5%。推进“110”接处警改革，提升服务群众效能。推动指导黔西县建成“110社会联动中心”，整合10类应急呼叫电话到“110平台”，形成三级联手、群众诉求受理阵地化，数据联网、群众诉求收集多元化，部门联通、群众诉求派送流程化，处置联动、群众诉求回应高效化，考评联管、群众诉求解决长效化“五联五化”机制，着力解决群众诉求，畅通“110”接处警渠道，分流非警务警情83.48%，打通了服务群众的“最后一米”。改革成果入选贵州省2019年全面深化改革优秀案例，网络投票结果排全省第一，得到国务院秘书长肖捷、司法部部长傅政华等领导肯定。创新警情研判机制，引领精准打防管控。树立数据警务和“紧盯警情、警种联动”理念，以警情数据为基础，按照“分类研判、汇总分析、精准防控、服务实战”原则，从治安维稳、刑事打击、安全管理、网络监测等四类警情入手，实行定期和不定期研判相结合，打造“多警联动、多位研判、多维掌控”的情报会商研判模式，推动警情与实战应用有机衔接，实现情报信息主导下的精准打击、紧密防范和精度管理，在信访维稳、重点人管控、重要警情跟踪督办等方面发挥良好作用。2019年，研判形成维稳情报分析14篇，预警信息80余期，发现赴省进京上访风险530人次，落地查清重点人员挑头煽动和响应8500余人次。创新“一三五”工作体系，提升禁毒扶贫成效。坚持治毒与治乱、治愚、治穷相结合，深入开展“脱毒脱贫工程”。做到一人不漏滚动摸排掌控，全市建档立卡涉毒贫困人口6932人，占2018年底全市建档立卡贫困人口总数的0.39%。同步抓戒毒康复、外流贩毒和宣传教育“三项工作”，有效防止复吸致贫，不断强化群众识毒、拒毒、防毒意识能力，全市外流贩毒被打击绝对数为331人，同比下降37.19%，大方县由国家禁毒委通报警示地区降为重点关注地区，威宁县取消了国家禁毒重点关注地区。采取阳光工程、医疗救治、爱心救助、严打犯罪和政府帮助等“五项措施”，全面提升禁毒扶贫工作效能，全市建档立卡涉毒贫困人员已脱贫6776人，脱贫率97.75%，禁毒扶贫工作取得阶段性成效。创新“三个三”机制，优化车管便民利民。创新引入社会力量参与车管业务，全面推行服务阵地向企业、向基层、向网络“三延伸”，业务办理流程、环境、服务“三优化”，队伍建设监管、研判、培训“三加强”，实现公安车管业务就近办、快捷办，有效解决了企业群众办事远、办事慢、办事难的问题。全市建立警企合作机动车登记服务站23家、“警邮”“警保”合作代办点30家，年业务办理量占总量的15.45%；设立基层公安交警中队车管业务办理点16个，开展流动车管所下乡服务82次，累计服务3万余人，网上车驾管业务139.9万余笔，占总业务量的18%；为企业节约往返路费38万元、帮助企业快速领取政策补贴962万元，为群众节约路费300余万元。

【辅警管理】 健全完善警务辅助人员管理制度，全面规范辅警队伍管理。根据贵州省人民政府办公厅《贵州省公安机关警务辅助人员管理办法（试行）》（黔府办发〔2017〕10号）对辅警进行管理，一是完善制定全市公安机关辅警管理的配套措施；二是严格按规定开展辅警招聘工作，杜绝违规招聘、使用辅警；三是督促县区按《中华人民共和国劳动法》等规定与劳务派遣机构、辅警签订相关用工协议或劳动合同，依法依规合理使用辅警。共有辅警9808名，进行24次招录、新招录1345名，开办培训班32次，培训1500余人。

（撰稿：向　平）

检　察

【概述】 2019年，在市委和省检察院坚强领导下，在市人大、政府、政协及社会各界的监督、支持下，全市检察机关坚持以习近平新时代中国特色社会主义思想为指导，全面落实“讲政治、顾大局、谋发展、重自强”检察工作总要求，聚焦试验区打赢“113攻坚战”决策部署，主动跟进、积极调整检察工作思路举措，深耕细植主责主业，强力推进“四大检察”，各项工作在稳进、落实、提升中取得新进展。

【突出重点抓好专项，着力服务省市工作大局】 坚持服务大局与依法办案相统一，紧跟形势发展，回应社会关切，以开展专项工作为抓手，当好“法治参谋、检察哨兵”，确保检察工作在打击犯罪、化解风险、促进发展上干实事、出实效。一是抓好扫黑除恶办案攻坚。紧盯涉黑涉恶重大案件、黑恶势力经济基础、背后“关系网”“保护伞”三大主攻方向，强化外联内合、挂牌督办、提前介入、线索深挖等措施，推动专项斗争横到边、纵到底。共批准逮捕黑恶势力犯罪嫌疑人401人，提起公诉449人；向公安机关提出依法查封、扣押、冻结涉案财物建议29件，向法院提出财产刑量刑建议25件，向监委、公安机关移送线索94条。严把法律监督关，确保案件定性、处理不“拔高”、不“降格”，改变侦查机关案件定性9件，追加逮捕76人，追加起诉52人、纠正遗漏犯罪事实32起。组织精干力量，同步介入、全程引导侦查取证，有力打击群众反映强烈、社会影响较大的金海湖新区某村原村支书吴某某等20人涉嫌黑社会性质组织犯罪，并在办案中配合相关部门深挖彻查、破网打伞15人，其中，县处级干部5人。该案作为2019年全省涉黑典型案件得到充分肯定。二是积极履职助力脱贫攻坚。围绕“精准脱贫”强化“精准监督”，部署开展服务保障打赢脱贫攻坚战专项工作，综合运用打击、监督、教育、保护等措施，全力打通服务脱贫“最后一公里”。批准逮捕危害精准扶贫、阻碍科学脱贫犯罪嫌疑人548人，提起公诉448人；加强对涉案建档立卡精准扶贫户、脱贫带头人的识别和保护，对涉贫“醉驾”、邻里纠纷等轻微犯罪，不批捕163人，不起诉87人，29名犯罪嫌疑人被建议变更强制措施后重返家园战贫斗困。探索“司法救助+办案帮助+活动扶助”多元扶贫救困模式，向因案致贫、因案返贫困难群众发放司法救助金127万余元，帮助342名农民工追回“血汗钱”394万余元；扎实开展“检察机关定点扶贫决战年”活动，选派百名检察干警担任公益法律顾问，为贫困群众、扶贫企业提供法律咨询502次，化解社会矛盾纠纷261件，帮助建立完善村规民约等制度47个，为帮扶点提供扶贫物资资金421万余元；立足法治推动产业结构调整和“造血”式扶贫，开展扶贫扶智、法治扶贫讲座48次，帮助联系点发展项目、集体经济企业40个，实现帮扶点脱贫摘帽1473户6433人。三是服务保障民营经济健康发展。在开展依法保护企业家合法权益营造企业健康发展法治环境专项工作中持续发力，继续深化"两长"、检律关系座谈会及"送法进企业"活动，增设网上通道和微信群，为企业提供立体化、精准化法律服务和司法保障。批准逮捕侵犯企业或企业家人身、财产权或经营自主权等合法权益刑事犯罪289人，提起公诉235人，杨某诈骗企业财产案被省检察院评为典型案例。更加注重帮助企业抵御经济下行风险，坚决防止"构罪即捕""入罪即诉"，对涉嫌犯罪企业家不批准逮捕94人，作出不起诉决定25人，依法建议变更强制措施48人，最大限度减少、避免办案活动对企业正常生产经营的不利影响。鑫旺公司承建某铁路滑坡整治工程，造成责任事故后积极赔偿。检察机关综合考虑企业过错、社会就业和地方发展，依法对企业当事人作出不捕决定，取得了"企业受教育、工程不拖延、纠纷全化解、经济得发展"的多赢共赢办案效果。经过两年来的探索实践，专项工作成效得到社会各界和省检察院充分肯定，省人大代表、政协委员、企业家代表专程来毕视察涉企专项等检察工作，10余家国家级、省级媒体发出毕节护商"好声音"，树立了试验区重商爱商护商的良好外部形象。四是持续强化生态环境检察保护。扎实开展渝川滇黔跨区域生态环境保护、"两长护河大巡察"等工作，建立会签跨省跨市检察协作、"两法"衔接机制，"检检联手、检政联合"护航生态格局初步形成，检察机关向破坏环境资源犯罪"亮剑"更加高效有力。共批准逮捕生态领域职务犯罪、破坏环境资源犯罪案件64人，提起公诉76人，监督立案27件。着眼生态修复推进"促青保绿"，督促落实补植树木、草地1557亩，持续督促恢复治理矿山400余个，增殖放流鱼苗8.5万尾；检察建议发出并得到采纳332件，督促行政机关整改落实河道堵塞、水体污染等问题18个；参与督导整改长江流域生态环境《贵州问题清单》涉毕重点问题线索2个，草海保护区整改效果得到中央媒体专题报道。

【惩治犯罪注重治理，着力推进平安毕节建设】

坚持把维护社会大局稳定作为首要政治任务，以新中国成立70周年庆祝活动为主线，履职尽责保安全、护稳定、防风险，确保检察工作在破解公共安全难题、参与社会治理、营造和谐稳定法治环境上守土有责、守土尽责。一是坚决维护国家政治安全和社会秩序。坚持"打防并举、以打开路，重点整治、以治促稳"方针，起诉故意杀人、绑架等严重暴力犯罪1103人，起诉"两抢一盗"等多发性侵财犯罪1369人，起诉"黄赌毒邪"犯罪928人。突出办理公安部督办的李某某等3人非法贩卖20余公斤毒品特大案，赵某某故意伤害5名儿童案，管某某因情行凶欲灭门、致女友家人"两死一伤"恶性杀人案等一批社会高度关注的重大案件。重拳打击电信网络等犯罪，起诉利用电信、网络实施犯罪21件78人，办理破坏社会主义市场经济秩序犯罪案件135件267人，王某、赵某某等30人组织、领导传销活动犯罪嫌疑人被绳之以法。二是全方位加强未成年人司法保护。依法严惩侵害农村留守儿童、校园暴力、强迫未成年人早婚早育、拐卖儿童及家庭暴力犯罪，批准逮捕913人，起诉827人，办理的孙某侵害儿童量刑畸轻抗诉案被评为全省检察机关加强未成年人司法保护典型案例。最大限度"教育、感化、挽救"涉罪未成年人，不捕不诉率位居全省前列，跟踪回访帮助迷途未成年人重返校园16人、考入大专院校5人。深入开展"送法进校园"巡讲活动，选派265名检察官兼任中小学校法治副校长，在校园安全管理、预防未成年人"早婚早育""控辍保学"、校园"霸凌"等领域传递检察关怀。黔西县检察院积极推进未成年人犯罪社会支持体系建设全国试点工作，打造全省首个“未成年人司法服务中心”，最高检、省检察院、上海政法学院多次组队派员参观指导和交流互鉴。三是坚定不移惩处职务犯罪。充分发挥指控犯罪、证明犯罪的检察反腐职能，建立对下分片指导、两级院联动审查办案机制，强化监检工作衔接与配合，共提前介入职务犯罪案件 13 件 13 人，提出书面审查意见 45 件次，退回补充调查 15 件次，决定逮捕 39 件 47 人，决定不起诉 5 件 7 人，决定起诉 38 件 46 人，法院已作出判决 22 件 22 人，无无罪案件发生。依法行使检察职能调整后刑事诉讼法赋予的 14 类职务犯罪侦查权，立案侦查 7 人，位列全省第一，成功查办监察体制改革后全省检察机关首例司法工作人员职务犯罪案件。四是深度参与社会综合治理。坚持底线思维，正确处理好依法办案与防范化解风险的关系，依法不批准逮捕 2296 人，不起诉 1210 人，适用刑事和解 1187 人，最大限度减少社会对立面，严防矛盾纠纷在检察环节累积、扩散、升级。主动应对群众多元化法治诉求，畅通“信、访、网、电”检民联系渠道，认真落实 7 日内程序回复、3 个月内办理过程或结果答复制度，确保群众“告状有门”“维权有路”，15 件涉检信访积案纠错化解率达 100%，连续 5 年保持涉检进京赴省“零上访”。在推进试验区治理体系和治理能力现代化中展现检察担当，结合办案深入分析查找隐患风险，提出检察建议，推进行业和社会治理，得到各级主要领导批示肯定 27 次。

【深化改革重塑职能，着力强化监督主责主业】

坚持“落实、稳进、提升”工作总基调，以推动法律监督提质增效为核心，稳健布局和推进“四大检察”，确保检察工作在深化改革、职能重塑中创新发展。一是努力做优刑事检察。积极构建以“捕诉一体”为核心，提前介入、认罪认罚从宽、巡回检察并重的刑事检察办案机制，批捕、起诉时间分别缩短 12. 3% 和 23. 7%；受邀或主动介入重大案件侦查 73 件，提出侦查建议 36 条，追漏追诉 764 人；认罪认罚从宽案件量刑建议采纳率高于全省平均水平，职务犯罪案件适用率全省第一。强化刑事诉讼活动及执行监督，监督撤案 84 人，监督立案 116 人，追加逮捕、起诉和遗漏罪行 824 人；纠正侦查、审判活动违法 159 件次；抗诉 34 件，法院已改判和发回重审 12 件；办理减刑、假释、暂予监外执行案件 995 件，纠正监管场所侵犯在押人员合法权益等违法情形 149 件，对 28 名社区服刑罪犯提出收监执行检察建议；羁押必要性审查后提出释放或变更强制措施建议并获采纳 451 人。二是努力做强民事检察。切实改变坐堂办案、书面审查的办案模式，建立上下一体、内部联动机制，以个案详查带动类案突破，拓展办案深度、广度。受理民事诉讼监督案件 475 件，以办理虚假民事诉讼案件为重点，向人民法院提出抗诉、再审检察建议 60 件，法院已改判 14 件；提出审理程序违法、执行活动监督检察建议 259 件；向公安机关移送犯罪线索 6 条，促成公安机关立案侦查虚假诉讼、非法吸收公众存款刑事案件 3 件。七星关区检察院、赫章县检察院依职权发现多起虚假民事诉讼案件线索，公安机关已开展刑事侦查工作。三是努力做实行政检察。充分发挥行政检察促进公正司法、促进依法行政作用，健全以“精细化”为导向的行政诉讼监督机制，受理行政检察案件 69 件，提请抗诉 1 件，对行政执法、审理活动等违法行为提出检察建议 133 件。牢固树立“双赢多赢共赢”“在支持中监督，在监督中支持”等理念，与公安、法院、司法及行政执法机关共建工作衔接和联动机制，强化“法治政府”建设监督，减少对抗抵触情绪，行政执法部门向检察机关移送案件线索数量同比上升 56. 7%。大方、金沙等县级检察院充分发挥检察建议释法析理、督促履职说理功能，探索发出“公开宣告”式、“清单”式检察建议，检察监督刚性进一步提升。四是努力做好公益诉讼检察。探索开展成贵高铁毕节段运输安全、沿线环境检察公益保护，持续推进“保护千家万户舌尖上的安全”等专项监督活动，主动聚焦“农村制售假药”“白皮猪脱检入市”“食品非法添加罂粟壳”等民生热敏问题，办理食品药品安全、生态环境资源、国有资产保护公益诉讼案件701件，同比上升215%。更加注重节约诉讼资源，推动行政单位主动履职纠错，超过83%的问题在诉前得以解决。对经诉前程序不能有效落实的，筛选典型案件提起公益诉讼32件，实现办理一案、警示一片。七星关区某小学26名学生集体食物中毒，依法对监管不到位的职能部门提起公益诉讼，警示带动8个行政机关积极履职、迅速开展校园周边“小饭桌”“流动餐厅”整改、取缔工作。

【自强自律接受监督，着力打造过硬检察队伍】

坚持打铁必须自身硬，以打造“四个铁一般”检察队伍为重点，转理念强定力担当作为，守初心担使命干事创业，确保检察人员在全面从严治党、全面从严治检中树牢“四个意识”、增强“四个自信”、做到“两个维护”。一是强化政治建检和素能强检。扎实开展第二批“不忘初心、牢记使命”主题教育，学思悟践习近平新时代中国特色社会主义思想，抢占意识形态高地，锤炼忠诚干净担当政治品格，推动新时代毕节检察高质量发展。新建经济犯罪、未成年人和公益诉讼检察等专业化内设机构，组织开展聘用书记员招聘工作，优化办案结构、整合人力资源、推动履职增效。加强学习型机关建设和学习型干部培养，大规模推进分层分类教育培训，探索“网络学习+实战锻炼”模式，干警讲政治、顾大局、善学习、会办案、懂科技等综合能力显著提升。二是强化机关作风建设。组建检务督察机构，对标对表省检察院党组巡视反馈意见，结合“三个大兴”活动，持续抓好去流毒、治乱象等专项清理和整改落实“后半篇文章”，深化检务督察及系统巡察，即知即改形式主义、官僚主义问题13个，建立会风会纪、机关事务、财务管理等长效机制12个。坚持刀刃向内，聚焦“四种形态”，定期研判机关政治生态，排查廉政风险点43个，对11名干警开展提醒谈话、批评教育或诫勉谈话，协助查办涉嫌犯罪退休检察人员1人。三是强化外部监督制约。自觉接受人大权力监督、政协民主监督，向市人大常委会专题报告公益诉讼工作，走访人大代表、政协委员86人次，接受各级人大代表视察等监督活动96人次，邀请代表委员及“三员”参加检察开放日、庭审和座谈64人次，参与案件评议评查37件次，采纳建言献策16条。自觉接受社会监督，通过“两微一端”发布检察信息2300余条，发布案件信息8398件，公开法律文书3357份；向律师推送案件信息1235次，接待阅卷568件次。

（撰稿：张　艳）

法　院

【概述】　2019年，全市法院坚持以习近平新时代中国特色社会主义思想为指导，在党委领导、人大监督、政府支持和政协民主监督下，在上级法院监督指导下，以开展“不忘初心、牢记使命”主题教育锤炼党员干警忠诚干净担当的政治品格，以学习贯彻党的十九届四中全会、省委十二届六次全会、市委二届六次全会精神为强大动力，更加坚定制度自信、激发奋进力量。全年共受理各类案件98532件，结案94069件，收、结案数创历史最高，同比分别上升31.85%和31.1%。其中，市中院受理各类案件11375件，结案10869件，同比分别上升30.43%和30.09%。

【以更大力度打击刑事犯罪，维护社会平安稳定】

全市法院牢固树立“大安全”意识，全力推进平安毕节建设。共受理刑事一审案件3441件，审结3264件，同比分别上升12.97%和10.72%。一是严厉打击黑恶势力犯罪。共审结涉黑涉恶一审案件38件，判处204人。坚持依法严惩方针，涉黑案件判处五年以上有期徒刑19人，占比54.29%，最高刑期有期徒刑二十五年；涉恶案件判处五年以上有期徒刑73人，占比43.45%，最高刑期死刑缓期二年执行。坚持打财断血，共判处罚金、追缴赃款赃物等价值1100余万元，判决没收个人全部财产11人。依法审判以赵某某为首的24人黑社会性质组织犯罪、以徐某为首的8人恶势力集团犯罪等案件。二是严惩影响人民群众安全感的突出犯罪。审结故意杀人、故意伤害、绑架、非法拘禁等案件432件，判处582人；审结“两抢一盗”、诈骗、敲诈勒索等案件813件，判处1166人；审结“黄赌毒”案件636件，判处875人。严厉打击强奸、猥亵、伤害妇女儿童和未成年人犯罪，审结此类案件417件，判处467人。七星关区法院审理的吴某掌掴公交司机案被中央电视台宣传报道。三是严惩贪污贿赂和渎职犯罪。始终保持对腐败犯罪的高压态势，审结此类案件44件，判处56人。依法审理从江县委原书记张某某受贿案，配合市纪委监察委开展警示教育，各县区党委、市直单位主要负责人及其配偶旁听庭审，取得良好的警示教育效果。四是加强人权司法保障。市中院严格贯彻《中华人民共和国主席特赦令》，落实上级法院部署，对九类对象255人裁定特赦。全市法院实现刑事案件律师辩护全覆盖，落实宽严相济刑事政策，判处缓刑、管制、单处罚金等非监禁刑472人，免予刑事处罚9人。

【以更实举措保障脱贫攻坚，切实服务中心大局】

全市法院始终把服务保障按时高质量打赢脱贫攻坚战作为最大政治任务，找准工作切入点精准发力。一是依法严惩涉农犯罪。依法从严惩处扶贫领域的贪污、受贿、玩忽职守等职务犯罪，审结此类案件16件，判处16人。坚决惩治非法集资、非法经营、合同诈骗等犯罪，防止人民群众财产遭受重大损失，审结此类案件33件，判处53人。二是妥善化解涉农纠纷。坚持新时代“枫桥经验”，最大限度把矛盾化解在基层，把问题解决在源头。深化“家事审判”改革，审结农村婚姻家庭纠纷案件12296件。大力化解邻里纠纷，审结财产损害赔偿和相邻权纠纷案件582件。依法保护农民合法权益，审结农村土地承包合同、宅基地使用权、土地承包经营权等纠纷案件426件。三是切实加强民生保障。依法快审快执民生领域案件，审结生产、销售有毒有害食品刑事案件4件，判处4人；审结追索劳动报酬、交通事故、医疗损害、赡养抚养抚育费用等民事纠纷案件4942件，执行到位金额4.42亿元，其中，涉农民工欠薪3.48亿元。四是加大司法救助力度。为贫困当事人缓、减、免交诉讼费90.32万元，发放司法救助金218万元，张倩倩申请司法救助案被最高法院评选为第一届人民法院国家司法救助典型案例。

【以更高标准贯彻新发展理念，助推示范区建设】

全市法院坚持主动适应经济发展新形势，服务经济高质量发展。共受理民商事一审案件59724件，审结57524件，同比分别上升32.46%和31.47%。一是着力优化营商环境。加强产权司法保护，审结所有权纠纷案件1933件，涉及金额5923万元；审结股权纠纷案件109件，涉及金额1.35亿元。维护市场交易安全，审结各类合同纠纷案件32588件，为合同纠纷案件中胜诉当事人执行到位金额16.8亿元，其中，为民营企业执行到位金额13亿元。二是着力防范金融风险。审结金融借款、债权转让、融资租赁、票据纠纷和保险纠纷案件2873件。推动“僵尸企业”市场出清，受理审查破产案件62件。妥善化解不良债权纠纷，审结民间借贷纠纷案件7575件，涉及金额17.11亿元。三是着力保护生态环境。为“草海”环境资源可持续发展制定12条司法保障意见，组织法官深入“百里杜鹃”等地开展生态环境司法保护讲座4次。审结污染环境、盗伐林木、非法捕捞水产品等犯罪案件54件，判处74人。市中院依法开庭审理由省政府指定省生态环境厅提起诉讼的全省第一例生态环境损害赔偿案。四是着力助推依法行政。共受理行政一审案件1419件，审结1353件，同比分别上升10.17%和8.67%。配合做好毕节市“法治政府”建设示范创建工作，与司法行政部门联合制定诉前协调办法，力促重大行政争议依法实质性化解。邀请40余家全市依法治市委员会成员单位主要负责人旁听行政诉讼庭审，促进行政机关更加注重执法程序规范。

【以更细服务落实人民司法需求，践行司法为民宗旨】 全市法院坚持以人民为中心的发展思想，着力提升人民群众司法获得感。一是全力兑现胜诉权益。巩固“基本解决执行难”成果，进一步加强失信惩戒，开展新一轮“雷霆风暴”执行行动和“黔山雷暴”毕节行动，共纳入失信被执行人名单8318人，限制高消费10097人，限制出境19人，罚款24人，拘留661人。共受理执行案件23102件，执结21386件，同比分别上升35.24%和40.46%，执行到位金额27.98亿元。《毕节市创新“四机制”破解法院执行难》的工作经验被《贵州改革情况交流》刊用，省法院院长韩德洋批示：“毕节的做法很有意义。请认真总结，在全省推广。”二是深化一站式诉讼服务。通过诉讼服务大厅、诉讼服务网、移动终端、12368诉讼服务热线等多渠道，为群众提供诉前调解、查询咨询、登记立案、信访接待等线上线下立体诉讼服务。推行网上立案便民举措，立案3431件，占全省法院网上立案总数的1/3；探索推动跨域立案服务，立案31件，方便人民群众异地提起诉讼。三是多元化解矛盾纠纷。坚持把调解贯穿审判工作始终，促进案结事了人和，以调解和撤诉方式结案31213件，占民商事一审案件结案总数的55.64%。针对矛盾纠纷多发易发领域，与人民调解、行业调解、行政调解对接，有效发挥司法确认“不收费、抗反悔、可执行、促效率”的特点，办理司法确认案件887件。四是加强巡回审判工作。在242个偏远行政村挂牌设立法官工作站，让人民群众在家门口获得法律服务，省法院专门发文对毕节中院予以通报表扬。以“车载法庭”“院坝法庭”“背包法庭”等形式丰富巡回审判模式，减轻群众诉累，增强法治观念，巡回审理各类案件3223件。

【以更新途径激发改革活力，提升审判质量和效率】 全市法院紧紧牵住司法责任制这个牛鼻子，切实增强改革的系统性、整体性、协同性。一是推进司法体制综合配套改革。强化院庭长监督管理职能和办案示范作用，两级法院院长、副院长带头办理大案难案，审结案件5018件。分类管理各类人员，各就其位发挥最大效能，晋升法官等级143名，晋升法官助理等级25名，对外招聘书记员275名。法官人均结案244件，审限内结案率99.39%。二是促进裁判规则及标准统一。市中院根据业务类型设立6个专业法官会议，为法官审理案件准确适用法律提供咨询参考意见。将专业法官会议和审判委员会会议相衔接，经审判委员会研究后形成具体指导意见或典型案例，促进全市法院“类案同判”。加大案件评查工作，在全省率先部署启动两级法院案件循环评查，共评查案件1527件。三是推动审判程序简捷高效。在立案环节实行案件繁简分流，让简案办理快起来，难案审理精起来，使纠纷通过最适当的方式解决。适用简易程序审结案件52978件，占刑事民事一审案件审结数的89.24%。市中院制订审理买卖合同纠纷、物业服务合同纠纷等六类案件的裁判指引，并组建专门速裁组，推进办案流程标准化、文书制作格式化，启动速裁程序结案959件。四是推动信息技术广泛应用。与公安、检察机关相互协作，推进跨部门办案平台试点工作，收转刑事一审案件3343件，通过网上文书反馈、电子换押应用、电子卷宗移送等有效提升刑事诉讼效率。市中院被省法院指定为“智慧执行系统”项目建设单位并下拨资金460万元，在全省法院先行探索可视化管理、移动执行、大数据分析、智能辅助执行等。织金县法院被省法院确定为“全省智慧法院试点”，建成“集约送达中心”成功实现网络送达法律文书833人次，为解决“送达难”探索新路。

【以更强自觉接受各方监督，推进阳光司法构建】

全市法院切实把自觉接受监督作为提升司法能力、树立司法公信的重要保证，以监督促改革、提质效。一是认真落实意见建议。市中院专题研究“两会”期间代表委员的12条审议发言建议，办理情况全部取得建议人“满意”回复。全市法院共承办和协办代表建议、委员提案16件，在“两会”之外向人大常委会、政协常委会议报告专项工作8次。市中院向市人大常委会作《毕节市中级人民法院执行工作情况报告》，获全票通过。二是切实加强监督联络。坚持“走出去”与“请进来”相结合，畅通联络渠道。全市法院通过电话、致函、走访等方式主动联络各级代表委员890人次，邀请各级代表委员到法院旁听庭审、见证执行、参观法院建设、参加座谈和新闻发布会等442人次。三是深入推进司法公开。制订全面深化司法公开总方案配套5个子方案，让审判权在阳光下运行。全市法院公开流程信息案件59648件，公开裁判文书50077份，开展庭审直播25506次，点播人数583万余人次。进一步保障人民群众有效参与司法，全市法院一审案件陪审率91.28%，比全省平均水平高6.09个百分点。四是积极开展司法宣传。市中院以新闻发布会形式，加大扫黑除恶专项斗争、打击恶意欠薪犯罪等宣传力度。全市法院持续以人民群众喜闻乐见的宣传方式生动讲述法治案例和法院故事，省级以上传统媒体和网络新媒体采编报道毕节法院工作177篇次，纳雍县法院微电影《初心日记》在全国法院第六届十佳微电影评选中获优秀奖。市中院被最高法院评为“在司法宣传工作中表现突出的人民法院”。

【以更严管理推进队伍建设，确保公正廉洁司法】

全市法院坚持全面从严治党从严治院，以过硬队伍保障审判执行工作健康发展。一是扎实开展主题教育。教育引导广大干警进一步提升增强“四个意识”、坚定“四个自信”、做到“两个维护”的政治自觉、思想自觉和行动自觉。围绕司法热点难点高标准高质量落实各项重点措施，大力开展诉讼便民不到位、案件超审限未结、卷宗未及时归档等28个问题的整改，以司法作风改进的程度、促进公正与效率的力度和人民群众的满意度检验主题教育成效。二是突出党建统领作用。充分发挥基层党建在队伍建设中的重要作用，健全党建工作责任体系，提升党支部战斗力、凝聚力，发展党员33名。市中院以庭室为基础重建18个党支部，选齐配强支部书记，突出党支部战斗堡垒作用和党员先锋模范作用，以党建带队建促审判。开展庆祝新中国成立70周年活动，团结带领广大干警爱党爱国、爱岗爱业。三是加强党风廉政建设。持续推进廉政教育和监督，强化执纪问责力度，引领干警做到讲规矩、守纪律、知敬畏、存戒惧。市中院对3名法官启动任职回避程序退出员额，调离审判一线；开展司法巡查“回头看”2次、审务督察19次；开展个别约谈4人，集体约谈4次46人，切实做到抓早抓小、防微杜渐。四是提升队伍素质能力。强化实务训练与实战演练，分类组织两级法院不同岗位人员开展“实战大练兵”，提升队伍业务技能。在第二届全国法院“百篇优秀裁判文书”“百场优秀庭审”评选中，市中院1篇裁判文书和黔西县法院1场庭审分别获奖。持续与浙江大学合作，组织培训干警320名，提升队伍综合素能。加强年轻干部培养，市中院选拔部门正副职 20 名，充分激发年轻干警干事创业的工作活力。全市法院获全国先进集体 3 个、先进个人 6 名；获全省先进集体 4 个、先进个人 35 名。

（撰稿：朱微伟　罗培栋）

司法行政

【概述】　2019 年，市司法局坚持以习近平新时代中国特色社会主义思想为指导，认真贯彻落实市委、市政府的决策部署，以打赢脱贫攻坚战、建设新发展理念示范区为目标，深入抓好依法治市、法治政府建设、普法宣传、矛盾纠纷化解，重点人员管理等工作，为全市打赢攻坚战、建设新发展理念示范区积极贡献司法力量。

【依法治市工作】　一是在省委依法治省委员会和市委的指导下，毕节市于2019 年4 月1 日在全省率先召开市级全面依法治市委员会第一次会议，成立市委全面依法治市委员会，依法治市委员会办公室设置在市司法局，制定下发有关工作规则，扎实推进依法治市工作。二是开展法治政府创建。为贯彻落实市委书记周建琨，市长张集智关于做好申报创建工作的批示要求，市委依法治市办（市司法局）成立由司法局局长任组长，副局长任副组长，市局相关科室负责人为成员的领导小组，下设 11 个工作专班，于 2019 年 8 月 5 日启动法治政府示范申报创建工作，积极主动与各县（自治县、区）政府（管委会）、市直有关单位对接协调，按要求收集汇总 100 项市县法治政府建设示范创建指标印证资料，拟写了自评报告，报请市委、市政府审议通过后，报请省委依法治省办初审。省委依法治省办根据各市州报送的有关资料和实地调研情况，经省委依法治省委领导同意，向中央依法治国办推荐毕节市作为全国法治政府建设示范创建候选地区。2019 年 11 月 8 日，中央依法治国办副主任、司法部部长傅政华赴毕节市黔西县调研“法治毕节”创建、法治政府示范创建和司法行政工作，对毕节市法治政府建设、公共法律服务体系建设、社会治理等工作给予肯定。

【法治政府建设】　一是落实第一责任人责任。党政主要负责人切实履行推进法治政府建设第一责任人职责，扎实推进法治政府建设，深入推进依法执政、依法行政。市委常委会、市政府常务会议多次研究法治政府建设工作，由市委依法治市办统筹开展法治政府建设与责任落实督察工作。二是推进行政立法。毕节市司法局牵头拟写《2019 年度立法工作计划》，对市住建局、市林业局等单位的立法项目进行论证，协调推进《毕节市城乡绿化管理办法》起草工作，力争 2020 年实现政府规章制定“零突破”。三是加强合法性审查。2019 年，完成市政府重大行政决策合法性审查 73 件，出具其他法律意见书 49 份。审核 42 件规范性文件草案，出具意见 200 余条，采用率 100%；向省政府、市人大常委会报备 22 件市政府规范性文件，备案率 100%。相关做法得到省司法厅肯定，并邀请江西省司法厅考察组赴毕节市调研。四是加强考核评价和督促检查。制定印发《毕节市 2019 年法治政府建设考核指标（县区政府）》《毕节市 2019 年法治政府建设考核指标（市直政府部门）》，将法治政府建设情况纳入考核指标体系，组织开展 2019 年法治政府建设考核工作。配合省督察组完成七星关区、纳雍县、织金县的食品药品执法司法专项督察和对七星关区、黔西县开展营造法治化营商环境保护民营企业发展专项督察工作；对各县（自治县、区）政府（管委会）和市直各单位开展法治政府建设和营造法治化营商环境保护民营企业发展进行全面督察。

【法律服务工作】　一是深入开展普法宣传。深入实施“七五”普法规划，并邀请广州司法局挂职帮扶同志、有关律师现场答复群众咨询，提升普法用法水平。2019年，开展法治宣传教育活动3664余场次，张贴标语1.77万幅，发放宣传资料344.63万份，受益群众807万余人次；纸质报刊宣传450余条，新媒体宣传2626余条；上报司法行政要情160余期，普法工作简报46余期，获得市级采用20余条，省级采用5条，中央依法治国办（司法部）采用信息5条。二是深入开展法律服务。全市法律援助中心接待咨询9260余人次，指派办理法律援助案件5906件。向司法部、省司法厅争取批准市恒信公证处获得全市首家涉外公证业务权限，办理南山公园治理搬迁等公证750件（涉外公证120件）。建立国家统一法律职业资格考试24小时咨询热线，受理咨询120余人次；向省司法厅报送251人法律职业资格审核材料。三是深入开展脱贫攻坚。市司法局主要负责同志率队赴广州市司法局对接扶贫协作工作，签订广州·毕节司法行政系统扶贫协作工作方案。广州市司法局先后选派两名专业人才赴毕节挂职帮扶，帮助毕节市完成律师培训任务。市司法局选派一人到广州市司法局，学习规范性文件审查工作经验。市局选派5人担任赫章县尖山等5个村任村第一支书，开展脱贫攻坚工作；市司法局每月至少组织开展一次以上结对帮扶活动，协调解决人、财、物方面的困难。

【矛盾纠纷化解工作】　一是强化人民调解。建立各类人民调解组织4065个，调解员1.97万人，实现乡镇（街道）、村（社区）全覆盖，调处纠纷7077件，调处成功6825件，调处成功率96.44%；全市律师参与化解和代理涉法涉诉信访案件2628件，释法析理2382件，引导信访人进入诉讼程序1791件，提供法律建议267条；建立矛盾纠纷及不稳定因素排查报送机制，完善“互联网+信访”工作模式，建设网上信访大厅，引入法律机器人和无人律所智能设备，提升法律服务便民化智能化。二是加强行政复议和行政应诉工作。全市司法行政系统设立行政复议、行政应诉机构，配备专业的行政复议、行政应诉人员，使机构设置和人员配备与所承担的工作任务基本相适应。2019年，全市各级行政复议机关共收到行政复议案件360件，在法定期限内已审结313件。行政复议案件数量与2018年同期相比减少268件，下降39%。全市各级行政机关行政诉讼一审案件1157件，审结1091件，开庭审理957件。其中，败诉148件，败诉率为13.56%，低于全国全省平均水平。

【重点人员管理工作】　一是做好强制隔离戒毒工作。强化民警纪律作风建设，开展警务督察20余次，教育培训25人次。制定扫黑除恶专项斗争治理方案，将有关人员纳入重点管控对象。开展送家书、法律宣传、品德教育、心理矫治等活动20余次，强化对戒毒人员的管理；收治强制隔离戒毒人员120人，无拒收和缓收，收治人数和处所人数基本持平。帮扶戒毒人员开展戒毒和脱贫方面的做法获得市委办信息专刊采用，并报省委办公厅。二是做好社区矫正人员管理工作。下发《2019年度毕节市社区矫正工作要点》等文件，开展社区矫正督促检查，有效预防和减少社区服刑人员重新违法犯罪。报送社区矫正案例87个，得到司法部采用12个。社区矫正“三位一体”做法被《贵州省政法动态》采用。三是做好安置帮教人员管理工作。全市接收刑释人员2819人，安置2819人，安置率100%，帮教2819人，帮教率100%，重新犯罪率低于3%，刑满释放人员未发生脱管、漏管、失控情况。

【行政执法监督】　一是推进行政执法体制改革。2019年，省委编办批复全市设立12支综合行政执法队伍；严格实施“罚缴分离”和“收支两条线”管理，使行政执法行为更加公平、公正。二是完善行政执法程序。健全行政执法和刑事司法衔接机制，各执法部门严格执行《毕节市行政执法与刑事司法衔接制度》及各部门制定的行刑衔接机制，维护市场经济秩序。三是规范行政执法行为。持续巩固行政执法“三项制度”推行成果，举办2019年行政执法“三项制度”培训会，提升行政执法“三项制度”执行力、进一步规范行政执法行为。四是加强行政执法监督。制定印发《毕节市行政执法投诉举报制度》《毕节市行政执法检查监督制度》《毕节市行政执法统计年报制度》等制度；印发《中共毕节市委全面依法治市委员会办公室关于在门户网站公布行政执法监督举报方式的通知》，在市司法局网站公告栏发布《关于公布行政执法监督举报方式的公告》，公告得到“黔微普法”“毕节市人民政府网”等微信微博的广泛转发。2019年办理行政执法监督案件3件，转办8件，开展行政执法权限协调1件。五是严格行政执法人员资格管理。规范行政执法证件管理，全面落实持证上岗、亮证执法的规定，坚决杜绝工勤人员、合同工、临时工等参与行政执法。六是加强行政执法保障。建立领导干部违法干预行政执法记录和处理制度，各级财政部门均划拨经费，为行政执法部门配备了无人机、数据采集终端、执法记录仪、摄像机、录音笔等装备设备。将市直相关行政执法部门行政执法经费列入市级财政预算，安排公用经费共计6026万元。

【行政权力运行监督工作】 一是完成市、县、乡三级行政权力运行流程图编制及公布工作。2019年，认真办理人大代表建议212件，办结率100%，满意率100%，支持人民法院依法受理和审理行政案件，行政机关负责人按规定出庭应诉，对涉及重大公共利益的案件、社会关注度高的案件、可能引发群体性事件的案件、检察机关提起的行政公益诉讼案件等，被诉行政机关负责人出庭率达100%。二是自觉接受监督。认真执行向本级人大及其常委会报告工作制度、接受询问和质询制度，自觉接受党内监督、人大监督、民主监督、司法监督；各级各部门党组（党委）切实履行主体责任，带头尊法学法守法用法，加强检查监督，严肃党纪政纪问责。三是加强内部监督。全市开展了市住房城乡建设局、市人防办主要领导经济责任审计和市本级2018年预算执行审计等14个审计计划项目，目前经济责任审计和部门预算执行审计项目已全部完成，相关部门按要求整改落实。四是全面推进政务公开。完善政府信息公开制度，及时在贵州政务服务网公布审批服务事项，精准编制公布办事指南，在贵州政务服务网上进行动态调整，推进行政权力事项标准化、规范化办理。

【党风廉政建设工作】 2019年，市司法局党组围绕学习贯彻党的十九大精神、习近平新时代中国特色社会主义思想、习近平总书记对贵州对毕节试验区重要指示批示精神，结合“不忘初心、牢记使命”主题教育开展，组织召开40余次党组会议、党小组学习会、干部职工会，深入学习党章党规党纪，强化领导干部宗旨意识，提升干部理论素养。认真按照中央八项规定及其实施细则的有关要求，研究制定干部作风整顿专项行动方案，修订完善财务管理、考勤纪律等制度，开展作风督查8次，落实从严管党治党责任，深入推进党风廉政建设。

（撰稿：左源江）

强制隔离戒毒

【概述】 2019年，在省戒毒局、毕节市委市政府和市司法局的坚强领导下，毕节强制隔离戒毒所党委率领各科（处）室、大队紧紧围绕全年工作思路和重点工作责任分解，以习近平新时代中国特色社会主义思想为指针，树牢“四个意识”、坚定“四个自信”、坚决做到“两个维护”，坚决贯彻执行党的十九大、十九届一中、二中、三中、四中全会精神，全面推进“不忘初心 牢记使命”主题教育，全面推进党建、队伍管理、扫黑除恶专项斗争及场所安全等工作，取得显著成绩。

【党的建设工作】 所党委和各支部始终把党的政治建设摆在突出位置，严明党的政治纪律和政治规矩，把党的政治建设抓细抓实抓出成效。认真落实民主集中制、意识形态工作责任制，坚决执行重大问题请示报告制度、个人重大事项请示报告制度，始终保持对党忠诚的政治品格，牢固树立“四个意识”，坚决做到“两个维护”。充分利用所党委会、中心组学习、“三会一课”等平台，突出学习贯彻习近平新时代中国特色社会主义思想，深入学习党的十九大精神和习近平总书记系列重要讲话精神以及对贵州对毕节工作的重要指示精神，以“不忘初心、牢记使命”主题教育为契机，把学习贯彻习近平新时代中国特色社会主义思想作为一切工作的重要前提，坚持读原著、学原文、悟原理，深入学、系统学、联系实际学，把习近平新时代中国特色社会主义思想根植到灵魂深处，始终做习近平新时代中国特色社会主义思想的坚定信仰者、忠诚实践者。严格落实党员领导干部民主生活会、组织生活会、民主评议党员等党内政治生活制度，用好批评和自我批评武器，切实增强党内政治生活的政治性、时代性、原则性、战斗性。积极推进党支部标准化、规范化建设，着力夯实党的基层基础。

【队伍建设工作】 一是加强学习教育培训，不断提高业务能力。统筹安排各类学习培训，扎实开展“不忘初心、牢记使命”主题教育。第二批“不忘初心、牢记使命”主题教育启动后，所党委以脱贫攻坚为总览，牢牢把握“守初心、担使命、找差距、抓落实”的总要求，认真研究部署，周密制定方案，深入扎实开展主题教育。通过集中学习研讨、革命传统教育、形势政策教育、庆祝新中国成立70周年系列主题党日活动，结合我所队伍建设和场所安全管理实际认真学习研讨、深入基层开展调查研究、深刻检视问题、狠抓整改落实，着力解决当前的突出问题，主题教育取得阶段性成果。认真开展“大练兵、大演练、大比武”活动。全年共参加省委组织部调训1人次，省戒毒管理局组织的处所级培训、执法实务培训、支部书记培训、优秀公务员培训、医疗、生产等岗位培训30余人次，参加市各类培训40余人次。二是加强中层领导建设，大力培养年轻干部。经市司法局党组10月15日进行民主推荐考察，拟提拔5名正科级领导和12名副科级领导，调整充实中层领导干部，切实解决中层干部职务与实际岗位严重错位的突出问题，配齐配强中层干部，加强中青年干部的培养，打造忠诚干净担当的队伍。三是加大从优待警力度，不断提升职业荣誉。严格落实带薪年休假制度，凡符合休假条件的民警职工，统筹安排休假，确因工作原因不能休假的，按有关政策规定报批发放补助。所工会对因公（工）负伤、生病民警职工进行慰问，逢年过节及生日时发放慰问品。每年组织全体民警职工及离退休干部职工开展健康检查，确保民警职工身体健康。积极配合相关部门建立紧急医疗救治“绿色通道”，确保民警职工伤病后得到及时有效的医疗救治，最大限度保障生命安全和健康。为退休的民警举行荣誉退休仪式，激励民警职工珍惜职业荣誉。积极开展警员职务套改和晋升工作，拓展民警职业发展空间，切实提高民警待遇，激发和调动民警工作积极性。全所共83名民警及时完成警员职务套改，其中职务高套人员35名。四是加强从严治警力度，营造良好政治生态。进一步强化纪律意识、规矩意识、责任意识，所纪委强化对民警职工“8小时”之外的监督，用好监督执纪“四种形态”，严格落实谈话提醒、批评教育制度，抓早抓小抓苗头，敢于担当尽责、勇于较真碰硬，发现问题及时提醒纠正，对违纪违法行为严肃查处。全年纠错诫勉约谈5人，通报批评6人。利用王某某、蒲某、袁某某等利用茅台酒谋取私利，原市司法局局长张某某违纪等典型案例开展警示教育，认真吸取教训，举一反三，引以为戒，不断巩固发展反腐败斗争压倒性胜利，保持高压反腐政治定力，推进不敢腐、不能腐、不想腐，不断营造风清气正的政治生态。认真开展警务督察，通过视频、现场、夜间等督察方式，全年共开展警务督察40余次。

【党风廉政建设工作】　加强纪律作风建设，不断提振队伍精神。深入推进纪律作风建设，治理队伍中存在的“庸懒散、慢浮拖”以及不担当、不作为、慢作为、乱作为等固症顽疾，积极营造纪律严明、作风优良、履职尽责、敢于担当的司法行政戒毒队伍，最大限度激发队伍活力，提升战斗力。严格执行中央八项规定和省委、市委十项规定精神、省委“全面禁酒令”等有关规定，提高政治站位，强化政治担当，以身作则、以上率下，弘扬党的优良传统和良好作风。坚定不移正风肃纪，狠刹“四风”，大兴“三风”。把刹住“四风”作为巩固党心民心的重要途径，坚决整治形式主义、官僚主义、享乐主义、奢靡之风突出问题，坚决禁止公款吃喝、收送礼品礼金、大办婚丧喜庆、滥发津贴补贴奖金等顶风违纪行为，持续保持正风肃纪的强大震慑。大兴调查研究之风、大兴真抓实干之风、大兴勤俭节约之风，进一步巩固作风建设成果，凝聚干事创业强大正能量。

【脱贫攻坚工作】　所党委班子成员全年累计到扶贫联系点督导、调研和走访20余人次，5个党支部集体走访慰问11次，党员及民警同志“四三二一”进村入户走访帮扶60余人次，教育科牵头，机关和大队民警分3批走访核实贫困戒毒人员家庭32户，足迹遍布毕节市所有县区；在警力严重不足的情况下，积极响应市委号召，增派两名年轻有为的民警参与驻村脱贫攻坚工作；全年累计拨付扶贫资金45万元、捐助扶贫款2.5万元，一大队党支部到驻村帮扶点开展“童心向党·感恩奋进”主题党日活动，捐助价值2500元的爱心棉被、爱心书包和文具盒等学习用品，并协调毕节市图书馆捐赠儿童期刊391册；所党委向7户贫困戒毒人员家庭发放产业扶贫款1.7万元。

【戒毒执法及场所安全保障】　一是坚决执行依法依规应收尽收，强化场所管理和戒毒执法，维护场所持续安全稳定。截至12月10日在册强制隔离戒毒人员497人，在所495人（2人在关爱医院住院治疗）。收治戒毒人员285人，解除强制隔离戒毒240人，转社区戒毒3人，转捕2人，转刑拘2人，退回3人，异所管理2人，收监1人。探视5人。二是各项专项活动成绩显著。深刻汲取黔东所“3·10”事故教训，全面排查、整治场所各类安全隐患，在“安全隐患百日专项整治方案”中，累计开展普查112次，突查20次，夜查123次，尿检458人次，监控回查35次，共计查处隐患15条，上级检查指出隐患和问题54条，均已整改落实，并于7月14日顺利通过省局验收；国庆安保行动期间累计开展普查110次，突查18次，夜查76次，尿检362人次，监控回查20次，查处隐患6条，上级检查指出隐患和问题20条，共查处火机4个，数据线2条，耳机线1条等违禁物品并全部整改完成，确保了国庆期间场所安全稳定；在“场所安全工作要求落实年”“违规品、违禁品清查”“打击枪支爆炸物品”等专项活动中，统筹抓好场所安全稳定工作；依法办理4名戒毒人员奖励性探视和1名因直系亲属病危和死亡外出探视，戒毒人员均按时回所；大队管理工作严格、文明、规范执法，未发生打骂、虐待戒毒人员事件，未收到戒毒人员关于民警执法问题的反映；认真落实戒毒人员信息采集和无缝对接工作得到省局肯定和好评。三是全方位提升教育戒治工作质量。按规定和要求完成教育适应期教育、康复巩固期教育、回归社会教育、社会化教育、职业技能培训、个别谈话教育、心理矫治、康复训练等日常业务工作；根据“5+1”教育管理要求，2019 年共计建立重点人员 13 人（其中：曾经涉黑涉恶在戒 3 人，涉案在戒 2 人，错误认知 5 人，疑似精神障碍 3 人），并落实教育戒治措施；分别与威宁县县府路社区和牛棚镇建立社区戒毒社区康复指导站，共同致力于对戒毒人员的社区戒毒社区康复指导工作，降低戒毒人复吸率；通过微信公众号和阳光小报及电视台法治栏目、省局“两微一站”等对禁毒戒毒工作进行宣传，采用戒毒人员现身说法与民警宣传队禁毒宣传相结合的形式，到市区大中学校开展禁毒宣传，着力推送科学化、个案化、靶向式的禁毒戒毒教育资讯，成立了戒毒人员宣传队，在“6·26”国际禁毒日开展汇报表演，用歌曲、乐器弹奏、情景剧等表演形式展现戒毒所教育戒治成果，举行“唱响禁毒歌 走好健康路 讲好禁毒好故事”禁毒宣传教育主题活动，坚持每周升国旗仪式、戒毒宣誓等，全面加强爱国主义教育。四是着力提高生活保障和医疗康复工作质量。通过狠抓食堂安全管理工作，全年场所无食物中毒和食源性疾病发生，实现所内重大疫情“零”事故；继续加强与毕节市第三人民医院、七星关区关爱医院、省强制隔离戒毒康复医院和毕节市第二人民医院的合作，建立医联体医共体，确保“绿色通道”的畅通，全年共检测 274 人，送诊 32 人次，使病情较重的戒毒人员能及时住院治疗，对新收入所的戒毒人员及时进行艾滋病的初筛检测，做到逢进必检，截共初筛检测 263 人，共尿检 500 人次；加强服务部的管理，保证戒毒人员正常购物需要，全年批零价差共计 25 万元。

【扫黑除恶工作】 扫黑除恶专项行动开展以来，通过深入宣传教育和抓细抓实，扫黑除恶斗争“第二战场”捷报频传，及时将涉黑涉恶线索、案件线索移送公安机关和纪检监察机关，全年扫黑除恶工作成绩居于全省司法行政戒毒系统领先地位。

【重大风险防范化解工作】 所党委多次协调有关部门，通过市政府〔2019〕14 号备忘录及有关会议明确，全所不在编职工在继续执行市政府〔2013〕31 号备忘录的基础上，按照全额拨款事业单位同类在编人员落实同等待遇，并参照 2012 年 8 月 8 日《明确洪山宾馆有关问题备忘录》的方式，按程序依法依规办理退休手续。极大地鼓舞职工士气，维护队伍的稳定。

【生产规划和场所建设工作】 一是加强习艺生产管理，不断提高生产效益。2019 年完成产值 205.76 万元，与上年同期比较增长 27.03%，超额完成省局下达的年增长 15% 的总体目标；实现增加值 183.49 万元，与上年同期比较增长 19.58%；生产收入：179.36 万元，与上年同期比较增长 16.89%；发放劳动报酬 78.96 万元；占生产收入的 46.27%，实现了工伤死亡零指标，无职业病情况发生，确保了生产安全。二是全面推进新所项目建设。截至 2019 年，新所项目主体完工，室内外装修及其他附属工程正在施工。累计到位资金 19275.5 万元，累计完成产值 1 亿元，累计拨付工程款 7500 万元。

【基本模式工作推进情况】 全面推进落实“全国统一的司法行政戒毒工作基本模式”，制定《基本模式》系列实施细则和管理考核办法，设立了四区（期）和“五大中心”，并明确中心负责人、工作人员及相关工作职责，分步实施和推进基本模式实体化运行。

【推进智慧戒毒工作】 一是投入 10 万元进行机

要保密系统分级保护建设，因省机要保密局未批准评审方案未完成分级保护工作。二是投入 8.6 万元完成智能枪弹库后续建设工作。三是投入 2 万元完成戒毒人员大楼 AB 门及智能阻车器建设。四是投入 27.7 万元完成政务办公终端通讯服务建设工作。五是投入 11.4 万元完成司法专网升级提速（100M）建设工作。六是投入 20 万元完成监控汇聚上传及视频点名系统建设工作。七是投入 5 万元完成五大中心办公环境建设工作。

【创新工作及亮点工作】 一是戒毒人员马彦平线索摸排、处置及管控、收监执行工作受到市、厅级领导高度肯定。二是创建“戒毒人员贫困家庭一二三”帮扶机制，所领导积极参与走访核实 32 户在戒戒毒人员家庭，核实因毒致贫、因毒返贫戒毒人员家庭 7 户，累计发放产业扶贫资金 17000 元，得到市委市政府高度肯定并申报 2019 年创新目标内容。三是继续搭建亲情修复平台，鼓励戒毒人员将习艺劳动报酬定期反哺家庭，全年累计向戒毒人员发放劳动报酬约 80 万元，戒毒人员自发反哺家庭资金累计 2 万余元。

【巡察整改】 为扎实抓好二届市委第五轮巡察第三巡察组巡察毕节强制隔离戒毒所党委反馈问题的整改工作，着力整治有章不循、有制不依、工作作风懒散，遏制“四风”现象反弹，落实中央八项规定、省委市委十项规定，进一步规范财经制度，形成良好的政治生态环境，所党委高度重视，专题召开党委会并成立巡察整改工作领导小组，下设 5 个整改专班，全面开展整改工作。截至目前，已经完成反馈 8 个方面 21 项 16 个问题的整改工作，其中对反馈的 5 个问题，举一反三，全面开展自查核实，分步项落实整改，修订完善长效机制，确保整改工作取得实效。

（供稿：毕节强制隔离戒毒所）

交通警察

【概述】 2019 年，全市各级公安交警部门坚持以习近平新时代中国特色社会主义思想为指导，深入学习贯彻落实党的十九大、十九届二中、三中、四中全会精神，紧扣“新中国成立 70 周年大庆安保”主线，戮力同心、开拓进取，以“干好每一天、打好每一仗”的奋斗姿态，全力净化路面交通秩序，压降道路交通事故，不断深化“放管服”改革，圆满完成新中国成立 70 周年大庆交通安保及全年公安交管各项工作任务。

【交通安全综合治理】 一是加强道路隐患排查治理。推动省市县级挂牌督办治理道路隐患 470 处，排查事故多发路段 102 处，翻坠路段 67 处，马路市场 265 处。排查农村平交路口隐患 224 处，新建和修复农村平交路口减速带 60 处、信号灯 6 处，农村交通安全防范基础进一步夯实。二是强化人、车隐患清零。“滚动”清理逾期未报废、未年检“两客一危”重点车辆 38 辆，逾期未审验、未换证 AB 类重点车辆驾驶人 4260 人，全市机动车、驾驶人状态正常率分别达到 99.1% 和 98.4%。三是加强客运车辆动态监管。以“市道路交通安全联席会议”名义组织交通、公路等部门实地督查“两客一危”运输企业 380 家次、重点乡（镇、街道办）70 家，高速公路服务区（停车区）14 个，督促整改各类交通安全隐患 770 处。是年，全市一般程序处理道路交通事故数、死亡人数、受伤人数同比分别下降 5.40%、6.28%、7.65%，未发生一次死亡 5 人上道路交通事故。

【道路交通环境整治】 一是持续开展酒驾违法整治。深化“天天有检查、周周有行动、节点强管控”的酒驾整治勤务模式，查处饮酒驾驶 3342

起，同比增加47.48%，醉酒驾驶387起，同比增加195.42%。二是强力推动农村交通安全整治。建成警保合作交通安全劝导点24个，新招聘警保劝导员172人，认真组织“逢五”“逢十”交通违法整治统一行动，查处无证驾驶7319起、客车超员63起、超速行驶38.37万起。三是强化城市交通疏堵保畅。扎实推进城市交通文明畅通提升工程，加强城区交通组织管理和交通秩序疏导维护，查处违法停车39.86万起，不按交通信号灯通行7.62万起，违反禁止标志标线35.49万起。四是深化各类专项整治行动。强力推进“扫黑除恶”专项斗争，在业务办理中抓获在逃人员4名、吸毒人员1名；配合农业农村部门设卡深化非洲猪瘟防控工作，查处违法改装运输生猪的车辆80余辆次，生猪700余头。积极配合交通运输部门开展打击非法营运专项行动，查处非法营运车辆800余辆次。是年，全市各级公安交警部门累计查处各类交通违法243.19万起，同比增加39.48%。

【公安交管“放管服”改革】　一是优化办理流程。推行“提前上岗”“限时服务”“延时服务”，实现“简单业务半小时办结”、18类车驾管业务全省一窗受理、一证即办、一次办结。严格执行车驾管业务“四个减免”，仅免费复印拓印一项就为群众节约费用646.13万元。二是推动业务向企业延伸。建立机动车登记服务站13家，警邮合作代办网点23家，警保合作代办网点7家，累计办理车管业务17万余笔，占全市车管业务的15.45%。三是推动业务向基层延伸。将摩托车业务、六年免检、补换证等业务下放到乡镇综治中心或乡镇交警中队办理，设立基层公安交警中队车管业务办理点16个、乡镇综治中心车管业务办理点3个。推行车管业务进村入户，开展流动车管所下乡服务82余次，惠及群众3万余人，节约办事群众往返路费300余万元。四是推动业务向网络延伸。大力推广“互联网+交管”服务模式，利用“微信车管所”“网上车管所”、公安互联网等服务平台开展考试自助预约、补换牌证、安全教育网上学习等业务，累计通过互联网办理车驾管业务139.9万笔，占到总业务量的18%。是年，全市累计保有机动车99.3万辆、驾驶人134.38万人，较年初分别增长6.05%和4.62%，全年公安交警部门办理驾驶证业务36.4万笔，机动车类业务83.5万笔。

【重要节点交通安全保卫】　以新中国成立70周年大庆为主线，坚持“最高标准、最严要求、最严密的措施”，全力抓好重大节日节点交通安保措施落实。一是强化指挥调度。强化节日期间“路巡+网巡+空巡”立体式交通防控模式，坚持领导带头、全警上路，利用4G单兵图传、小鱼易连等设备加强路面勤务调度，提高指挥精准度和路面管控效率。二是强化应急管理。强化部门联勤联动，整合气象、交警、路政、营运中心、景区管理等部门力量，提前将人员、装备摆放在人流集中、易发生交通事故和交通拥堵的路段，多部门联合勤务、联合巡防、联合处置，实现了突发事件出警快、处置快、恢复交通快，提高了交通管理应急处置水平。三是创新智能诱导模式。运用“大数据”手段，与高德、百度地图导航公司深度合作，在全省首家运用“智能交通诱导工作法”，通过手机导航科学、精准地诱导驾驶人错峰避峰出行，避开拥堵路段，在清明节百里杜鹃景区交通安保及全省第三届旅发大会交通安保中发挥了积极作用。四是重大交通警护卫工作万无一失。慎之又慎、细之又细，圆满完成了二级交通警护卫任务2起，三级警卫11起，省委书记、省长赴毕调研或参加相关活动交通警卫16次，全省旅发大会等重要交通安保任务15起，其他引导保畅任务30余起。

【交通安全宣传教育】　一是深化主流媒体宣传报道。依托权威媒体广泛开展公安交警典型事迹、正面形象宣传报道，在中央级媒体刊新闻稿件54条，省级媒体刊播新闻稿件514条。二是积极加强新媒体应用。利用新媒体微博、微信发布便民信息3093条，运用交警官方头条号发布文章777篇；新开通毕节交警官方抖音号，为群众提供更多、更宽、更广的信息渠道。三是创推动交通安全警示曝光。开展交通安全宣传“七进”活动1506场次，受教育人数达23.6万人；通过各级媒体报道曝光典型违法和事故200余条，引起群众强烈反响。四是全省首家推出“两个教育”网上学习。承办全省“两个教育”助推“放管服”现场会。相关工作经验在公安部《道路交通管理》杂志、省市级电视报刊、各大网络媒体和新媒体广泛报道。

【执法规范化建设】 深入推进“交通事故死亡和疑难案件集体研讨定责制度”，指导疑难交通事故案件责任认定25起，完成交通事故复核案件156件，撤销率较上年下降8.41%。推动交通事故社会救助基金垫付，全年垫付社会救助基金432.5万元，较上年上升157%。组织开展季度执法质量考评4次，涉及交通事故案件128件，危险驾驶案件40件，行政拘留案件168件，机动车、驾驶人档案各400件。利用执法监管云平台对案件受案、立案、移送起诉、驾驶证吊销进行全过程监管，公安交警办案能力和案件质量明显提升。

【队伍建设管理】 一是扎实开展“不忘初心、牢记使命”主题教育。组织交管局党委理论中心组学习活动19次、交管局集中政治理论学习14次、集中学习研讨8天200余人次，梳理并推动各类问题整改177个。将交管局8个党支部整合为3个党支部，成立高速五大队党支部，投入20余万元建成6个党员活动室，各党支部利用“三会一课”开展学习100余次。二是强化队伍管理。强化执行《毕节市公安交通管理局队伍建设管理规定》《毕节市公安交通管理局警务辅助人员管理实施细则（试行）》，清退违纪违规辅警人员4名。加强素质训练，认真组织参加“三能达标”培训、考试，达标率为98%。三是落实从优待警。完成185名民警执法勤务及17名民警警务技术套改任职，217名在职民警执勤津贴及加班补贴审批、养老保险及职业年金个人缴费基数申报工作。完成150名在职人员工资晋档晋级、20名民警警衔晋升工资调整审批，完成两个序列套改203名民警平套工资录入、139名民警晋升工资调整。强化表彰激励，广泛开展节日或战时慰问，队伍凝聚力、战斗力不断增强。

【驻村帮扶工作】 按“4321”走访要求，交管局28名科级以上领导干部遍访纳雍县法窝村建档立卡52户贫困户，帮助村民解决实际困难。投入14700元对法窝村村公所院坝进行硬化，帮扶法窝村村公所食堂2万元。民警众筹经费帮助法窝村把旧村公所改建成卫生室，结束法窝村无卫生室的历史，扶贫工作稳步推进。

（撰稿：文　江）

经济管理与监督

宏观经济管理与监督

【概述】 2019 年，毕节市发展和改革委员会在市委、市政府的坚强领导下，在各方的大力支持下，坚持以习近平新时代中国特色社会主义思想为指导，深入贯彻党的十九大精神和习近平总书记对贵州对毕节工作重要指示批示精神，扎实开展“不忘初心、牢记使命”主题教育，全面贯彻落实中央和省市各项决策部署，统筹推进稳增长、促改革、调结构、惠民生、防风险各项工作，全面落实“六稳”部署，群策群力、奋勇争先、攻坚克难、苦干实干，为促进全市经济社会持续健康发展作出了积极贡献。全市实现地区生产总值同比增长 8%，其中第一产业增加值同比增长 5.7%，第二产业增加值同比增长 6.8%，第三产业增加值同比增长 9.8%；固定资产投资同比增长 0.9%；规模以上工业增加值同比增长 5.3%；一般公共预算收入 130.25 亿元；社会消费品零售总额同比增长 6.3%；金融机构人民币存贷款余额同比增长 8.5%。

【经济运行分析监测】 毕节市发展和改革委员会始终注重把握大势、研判走势，不断加强经济运行分析监测，准确把握经济运行形势，主动当好市委、市政府参谋助手，为促进经济平稳健康发展建言献策。针对经济下行压力持续加大的形势，围绕年初市委、市政府确定的各项目标任务，深入践行“周调度跟踪、月小结提示、季通报约谈”调度制度，与市有关部门和单位密切配合，切实加强经济运行调度，认真扎实做好向市委、市政府定期汇报经济形势和月度、季度、年度经济工作建议，提出并报请出台系列政策措施，巩固了经济总体平稳的发展态势。2019 年，毕节市发展和改革委员会持续完善经济运行分析制度，密切跟踪经济运行中出现的新情况、新特点、新问题，强化年初人大通过的经济和社会发展计划的42项主要指标调度、监测。主动作为，积极开拓运行监测工作空间，针对“一季度开门红”“时间过半 任务过半”等对增比进位指标、GDP核算支撑基础指标进行监测和调度。

【规划编制工作】 毕节市发展和改革委员会不断加强协调，科学编制发展规划。启动毕节市建设贯彻新发展理念示范区规划编制工作，形成前期研究报告。及时开展“十四五”规划前期重大课题研究，形成《毕节市“十四五”规划编制基本思路》，为“十四五”规划编制打牢基础。牵头编制《毕节市乡村振兴战略规划》《毕节市大健康产业发展规划（2019—2025年）》《毕节市生态文明建设规划》等系列重大发展规划，持续优化全市产业结构，推动经济高质量发展。草拟制定《2019年国民经济和社会发展计划》《毕节市降本减负专项行动方案》《毕节市完善促进消费体制机制进一步激发居民消费潜力工作方案》等系列计划方案，为促进全市全面协调可持续发展提供了有力支撑。

【固定资产投资及重大项目建设】 一是项目谋划支撑有深度。抢抓新一轮西部开发机遇和基础设施领域补短板的历史契机，加强项目谋划，积极储备重大项目。扎实抓好全市综合项目库建设，全市综合项目库入库项目9187个，总投资3.9万亿元。争取中央预算内投资项目143个，获批资金34.42亿元。绿色产业扶贫投资基金获银行新增批复项目35个，批复投贷联动资金65.32亿元。获推送补短板重大项目359个，总投资2110.58亿元，拟融资1444.71亿元。二是重大项目推进有速度。以项目集中开工、项目观摩为抓手，加快推进重大项目建设，努力扩大投资规模。组织开展2019年补短板强基础项目集中开工仪式，全年新开工亿元项目185个，总投资1041亿元。821个省市重大项目完成投资1159亿元，其中319个省重点项目完成投资629.9亿元。成贵高铁正式通车运行，威宁草海机场实质性开工建设。夹岩水利枢纽工程大坝顺利封顶，中石化织金煤制聚烯烃项目进入场平施工，威赫660兆瓦超超临界发电项目获批列为国家电力示范项目，已正式开工建设。三是基础设施建设有广度。与相关部门密切协作，完成路网、水网、电网、油气网、地下管网、互联网“六网会战”基础设施建设投资280.4亿元，经济社会发展基础不断夯实。完成交通投资153.48亿元，铁路运营里程达538公里，高速公路通车里程981公里，飞雄机场旅客吞吐量突破121万人次。赫章至六盘水、镇雄至赫章、威宁至围仗3个在建高速公路项目有序建设。提级改造普通国省道307公里，启动县乡公路路面改善提升工程1646公里。完成水务投资60.14亿元，完成18座中小型水库的可研工作，新开工中小型水库7座。“气化毕节”取得新进展，遵义至赫章天然气管道项目全线贯通，中心城区实现通管道天然气目标。四是项目服务保障有力度。积极推进重大项目信息公开，全面践行“五步工作法”，充分利用市工程咨询中心等技术力量，切实加大项目谋划业务指导。围绕《政府投资条例》牵头开展项目基本建设程序系列培训，赴县区开展项目谋划和项目管理培训。依法依规推进权限内项目初步设计审批。开展招投标活动随机抽查，建立健全招投标联动机制、招投标投诉举报受理机制，不断规范招投标活动，做到有诉必接，有报必查，违法必究。

【产业结构调整工作】 一是大力推动农业产业结构优化。依托石漠化、千亿斤粮食、农村饮水安全巩固提升、坡耕地水土流失综合治理等项目，大力推动完善农村基础设施。积极配合推进全市326个省市县乡农业园区建设，探索推进农产品加工业、休闲旅游农业的发展，促进农村一、二、三产业融合。推动全市调减低效玉米

202.93万亩，马铃薯种植463.53万亩，建立种薯基地100.08万亩，实现农业增加值468亿元以上。粮经比调整到38∶62，经济作物占比提升2个百分点，农业产业结构不断优化。二是大力推动工业加快发展。传统产业稳步提升，十大百亿级工业产业实现产值800亿元，原煤产量4500万吨、增长7.6%；发电478亿千瓦时、增长7.4%。卷烟、白酒实现产值79.5亿元、增长5.5%。“千企改造”工程完成技改投资102亿元，建成投产或试生产项目100个。全市产业园区实现工业产值790亿元，工业税收55亿元，新开工产业项目120个。三是大力推动现代服务业发展壮大。支持传统批零住餐等服务业做大做强，引导新兴服务业健康发展。大力推进大健康医药产业发展，纳入省大健康“6个50”重点工程项目33项，完成投资68.76亿元。以“四转”工程为抓手，着力培育服务业增长点，实现“个转企”476户，“企转规”175户，“规转股”3户，“股转上”1户。全市市场主体总量45.31万户，同比增长17.67%。四是大力推动新兴产业加速发展。现代化工、基础材料等产业产值同比分别增长20%、28.43%。新型能源化工基地规划重大项目建设持续推进，黔希煤制乙二醇项目达产运行，完成产量26.78万吨、工业产值11.71亿元，中石化织金60万吨/年聚烯烃项目、织金新型能源化工基地热电联产动力站项目获得核准，纳雍200万吨/年煤制清洁燃料项目取得新进展。

【生态文明建设工作】 毕节市发展和改革委员会始终坚持生态优先，绿色发展理念，大力推进生态文明建设。制定印发《毕节市2019年度县（区）生态文明建设考核指标体系》，以42项工作任务为基础，按照指标化管理的方式“对标对表”推进工作。建立领导干部任期生态文明建设责任制，按照“谁决策、谁负责”和“谁监管、谁负责”的原则落实主体责任。完成市级“百千万”企业节能考核，严把节能审查关口。推动毕节成功列为4个全国“长江经济带污染治理先行先试示范城市”之一，为全省唯一入围城市，编制《长江大保护毕节市环境综合治理方案》，建立毕节市长江经济带项目库，总投资600亿元的项目储备工作有序推进。全面推进“厕所革命”，总投资10.5亿元、20.536万户（个）厕所建设改造任务全面完成。会同林业、水务等部门，完成造林绿化125万亩，治理石漠化面积169.8平方公里、水土流失治理93.12平方公里。草海综合治理稳步推进，启动实施工程项目48个，完成投资69.8亿元。

【价格监测调控工作】 全市居民消费价格指数累计涨幅1.6%，控制在国家规定的计划范围内。及时启动社会救助和保障标准与物价上涨挂钩联动机制，向全市低收入群体发放价格临时补贴资金。“非洲猪瘟”期间，加强对全市生猪价格监测频次，采取日监测日报告，密切关注疫情期间与人民群众生产生活密切相关的商品价格动态。印发《毕节市冻猪肉储备工作联席会议制度》，切实做好毕节市冻猪肉储备和保供稳价工作。出台《毕节市机动车停放服务收费管理办法（试行）》，规范机动车停放服务收费标准。景区降价、城镇生活垃圾处理收费、殡葬服务收费、政府部门涉企收费清理、中介机构收费清理等工作稳步推进。

【粮油保障工作】 不断加大粮油保障力度，聚焦群众“米袋子”，加强市场粮油价格监测预警，深入开展全市粮油各项督查检查，确保全市粮油有效供给和粮食安全。拟定出台《毕节市市级储备粮管理办法》，对市级储备粮油的管理、轮换等方面进行完善，初步探索建立由市储备粮管理公司实施统贷统还的储备体系。全年完成粮食新增储备规模2.82万吨，市县两级粮食储备总规模达10.42万吨，市级储备粮油轮换计划1.38万吨已全部完成轮换出库。粮食仓储基础设施建设不断推进，市级粮食仓储物流产业园即将进入主体工程施工阶段，累计完成投资约8000万元；织金县粮食综合产业园项目总投资1.25亿元，已全面完成场平工作及挡土墙建设；大方县粮食物流园区项目取得立项批复，项目正有序推进。

【深化改革工作】 一是不断深化重点领域改革。推进供给侧结构性改革，持续巩固“三去一降一补”成果，降低实体经济企业各类成本26亿元以上，公务用车制度改革深入推进。行业协会商与行政机关脱钩试点工作有效推进，机构改革任务圆满完成。社会信用体系加快建设，城市信用状况综合指数连续19个月排名全省第一、首次进入全国30强，“诚信毕节”新名片深入人心。二是不断增强区域合作联系。起草《毕节市〈渝黔合作先行示范区建设实施方案〉重点工作责任分工方案》，加强渝黔合作先行示范区建设。深圳市与毕节市合作框架协议正式签署，不断加强与广州、重庆、四川宜宾等友好城市协作，与黔中经济区、成渝经济区、粤港澳大湾区、泛珠三角区域等经济区的沟通联系进一步加强。

【民生工作】 毕节市发展和改革委员会精准助力脱贫攻坚，不断推进重大民生工程、民生项目，持续增进人民福祉。一是突出打好精准脱贫攻坚战。会同生态移民部门，全面完成“十三五”规划易地扶贫搬迁安置任务，新增4万人易地扶贫搬迁项目全面启动建设，争取中央预算内资金1.93亿元补齐易地扶贫搬迁工程教育医疗设施短板。争取以工代赈资金4500万元，支持3个深度贫困县“一县一业”产业扶贫项目建设，带动贫困人口脱贫增收。乡村振兴战略加快推动，“四在农家·美丽乡村”小康行动完成投资72.27亿元。全力做好驻村帮扶联系点赫章县安乐溪乡、威宁县猴场镇各项脱贫攻坚工作，协助赫章县安乐溪乡争取中央预算内资金687万元。二是突出抓好社会民生事业。成功申报成为全省两个优质普惠学前教育资源扩容建设试点城市之一。实施各类教育工程项目学校389所、单体714个，建成职教城14栋1512套教师公租房并投入使用。市二医投入使用，市一医双山分院、市妇幼保健院加快建设。天然气价格大幅调减，中心城区管道天然气居民生活用气、非居民用气每立方米价格分别下调0.85元、0.64元。三是突出抓好省市民生工程建设。2019年全市涉及省“1+7”民生工程完成投资158.57亿元，完成贫困县和深度贫困县申报省级农业科技园区、工伤保险参保、组组通公路等47项目标任务。市级重点民生实事完成投资10.01亿元，其中“十大员”就业扶贫专岗、公共停车位、旅游厕所等14项目标任务全面完成。

（供稿：市发改委）

自然资源和规划

【概况】 2019年1月，中共毕节市委将毕节市国土资源局职责，城乡规划局职责，以及市发展和改革委主体功能区规划职责、市水务局水资源、市畜牧水产局草原资源、市林业局森林资源及湿地资源调查和确权登记管理职责等整合，组建毕节市自然资源和规划局。

同年，新组建的毕节市自然资源和规划系统坚持“两统一”核心职责定位，聚焦“脱贫攻坚、生态文明建设、高质量发展、重大风险防范化解”四大主题和“113攻坚战”目标，扎实开展“不忘初心、牢记使命”主题教育，突出重点，奋力拼搏，全年工作成效呈现，亮点凸显。不动产统一登记延时服务、上门服务等集成套餐获省政务中心肯定并作优秀典型推广。驻村帮扶工作先后被天眼新闻和新华网贵州频道宣传报道，获社会好评。2019年度城乡建设用地增减挂钩节余指标跨省域调剂项目获省自然资源厅差别化政策支持。全市第三次全国国土调查成果均被自然资源部认定为优秀。

【耕地保护】 2019年，毕节市开展全市耕地保护年度自查，形成自查报告。全市到2020年耕地保有量任务数为91.2万公顷，基本农田保护面积75.73万公顷。2018年土地变更调查结果显示，全市2018年耕地面积为99.1万公顷，未突破91.2万公顷耕地保有量。上报建设用地涉及占用耕地858.99公顷，已落实耕地占补平衡764.71公顷；承诺补充耕地63.18公顷。启动基本农田储备区划定工作，完成市县核查和成果上报。启动实施新增耕地项目共125个，计划新增耕地1292.73公顷。已验收项目26个，预计新增耕地指标627.86公顷。

【土地利用】 2019年，毕节市上报建设用地65批次，面积1898.3129公顷，申请新增用地1703.4637公顷。其中城镇批次43个，新增1092.4713公顷；工业批次8个，新增185.9773公顷；单独选址项目14个，新增425.0151公顷。获批52批次，面积1679.4785公顷，新增用地1468.7399公顷。其中城镇批次33个，新增用地977.3481公顷；工业批次11个，新增用地450.1285公顷；单独选址项目7个，新增用地11.2633公顷；农村村民建房项目1个，新增用地30公顷。办理用地预审5宗，51.523公顷。

【不动产统一登记】 2019年，毕节市自然资源和规划系统全力推进不动产登记"5个工作日"办结服务，11个不动产登记中心（含市本级）均实现将不动产登记办理时间压缩至5个工作日以内，查封、异议、更名更址、预告等登记业务即时办。全市发放不动产证书40129本，证明64773本，共计104902本。积极推进农村房地一体化不动产权籍调查试点工作，完成农村房地一体权籍调查138691宗，已登记47836宗。开展毕节市中心城区城镇不动产权籍补充调查工作。

【脱贫攻坚】 2019年，毕节市自然资源和规划局积极争取省自然资源厅支持，获跨省域流转增减挂钩节余指标518.27公顷（占全省的43.2%），全部完成将为全市脱贫攻坚筹集资金23.32亿元。帮助大方县绿塘乡、纳雍县董地乡、左鸠嘎乡解决50余万元脱贫攻坚资金。会同纳雍县人民政府向省政府争取特殊政策，支持骔岭煤矿区矿山地质环境恢复治理暨地质灾害综合防治示范区建设工作，有效解决该项目约7.6亿元资金缺口困难。

【改革创新】 2019年，毕节市自然资源和规划局全面完成市县两级自然资源主管部门机构设置，落实职能配置、内设机构和人员编制，完成事业单位调整规范。稳步推进建设工程审批制度改革。

【第三次国土调查】 2019年，毕节市继续推进全国第三次国土调查工作。完成市级督察和县级成果全面自检、互检、核查工作，向国家上报县级调查成果，县级调查成果经省级检查，质量全部符合上报国家审核的要求。完成国家反馈应补充举证的40243个图斑外业补充举证和内业整改工作，上报整改成果，并按照国家和省的要求作好统一时点变更工作。

【生态修复】 2019年，毕节市开展山水林田湖草生态保护修复，列入贵州省乌蒙山区山水林田湖草生态保护修复重大工程项目共5大类63个，投资预算49.77亿元，2019年度批复25个子项目的实施方案上报备案。推进乌蒙山区域"兴地惠民"土地整治重大工程，涉及的4个子项目建设规模共7906.66公顷，审定投资金额为4.24亿元全部下达项目所在县。系统推进全市178个历史遗留矿山治理、长江经济带（贵州）44个废弃露天矿山核查治理。探索建立黔中水利枢纽工程涉及流域生态补偿机制，启动国土空间生态修复总体规划及专题规划编制。

【依法行政】 2019 年，毕节市自然资源和规划局依法依规做好行政诉讼、政务公开、土地例行督察整改、违法案件查处等工作。是年，处理行政诉讼 11 件。依法回复政府信息公开申请 14 件。完成大棚房疑似图斑核实 132054 个。完成 2018 年度土地矿产卫片执法监督检查工作。完成 2019 年季度土地矿产卫片外业核查和系统填报工作。开展中心城区市级审批规划项目监督管理，组织巡查 42 次，下达《责令停止违法行为通知书》15 份、《责成完善规划手续通知书》7 份，立案查处 1 件，结案 1 件。组织开展 105 个卫星遥感监测辅助规划督察图斑的核查工作，发现违法行为 57 件，按属地管理原则责成相关县（区）进行整改，处理涉强图斑 1 件。严厉打击非法采煤采矿，组织动态巡查 43221 次，出动车辆 10816 辆（次），发现非法采煤采矿窝点 21 口（次），全部关闭取缔。严厉打击违法建设，查处违法建设 3458 起，建筑面积 45.03 万平方米，拆除 1844 起，拆除建筑面积共计 19.18 万平方米。

【矿产资源管理】 2019 年，毕节市将 185 个绿色矿山建设指标落实到具体矿山并按照建设标准开展建设。下发《关于加快推进绿色矿山建设的通知》，对照自然资源部公布的 9 项行业《绿色矿山建设规范》及省自然资源厅《绿色矿山建设方案编写指导提纲》标准和要求，目前编制共完成 171 个建设方案，建设工作稳步推进。开展玄武岩、页岩气、“三稀”矿产资源、区域地质、水文地质、土地质量地球化学调查评价等工作。全面开展市级颁证陶瓷土、高岭土、大理石、重晶石、饰面石材等矿种找矿工作。

【地质灾害防治】 2019 年，毕节市集中力量开展地质灾害防治工作。查明地质灾害隐患 1391 处，共涉及 31203 户 14.73 万人，潜在经济损失约 44.49 亿元。审查通过中型以上地质灾害防治项目 28 个，其中特大型 3 个，大型 13 个，中型 11 个，应急项目 1 个。地质灾害防治全年无伤亡，全市 3 个单位获全省先进集体、5 人获全省先进个人，1 人获全省优秀群测群防员二等奖，6 人获得全省优秀群测群防员三等奖。

【测绘地理信息管理】 2019 年，毕节市自然资源和规划局完成全市 2019 年基础测绘计划编报、2019 年全市测绘地理信息市场检查、2018 年度测绘成果汇交等工作。开展农业产业结构调整遥感监测，完成玉米产业结构调整遥感监测任务。加强“数字毕节”地理空间框架建设项目成果应用，利用数字毕节地理空间框架建设项目成果“天地图 · 毕节”，完成城乡建设用地增减挂钩在线监管平台系统项目建设，在全省范围内首次提出运用天地图 · 毕节成果进行项目监管的创新性思路，开创了全省天地图成果运用于政府部门业务项目管理的先河。

【空间规划管理】 2019 年，毕节市自然资源和规划局积极推进国土空间规划管控工作。《毕节市城市总体规划》《威宁县县城总体规划》《织金县县城总体规划》分获省、市批复实施。编制完成《威宁县新发乡总体规划》《毕节市中心城区医疗专项规划》《毕节市中心城区城市照明专项规划》。开展《毕节市中心城区综合交通体系规划》《毕节市中心城区历史文化保护规划》《毕节市中心城区地下空间开发及利用专项规划》等市政府规划编制。落实规划管理，共依申请办理项目选址意见书 23 份，出具规划设计条件 135 份，核发建设用地规划许可证 84 份、建设工程规划许可证 60 份、规划竣工认可证 18 份、建设项目选址意见书 9 份，出具地块设计条件 1 份，批复规划设计方案 24 份、用地规划许可证 32

份、建设工程规划许可证21份。开展中心城区（七星关区、金海湖新区）建设项目历史遗留问题处置工作。

【主题教育】 2019年，毕节市自然资源和规划局按照“不忘初心、牢记使命”主题教育工作安排，成立领导小组，制定实施方案、全局集中学习计划和党组主题教育集中学习研讨方案。共组织党组理论学习中心组开展集中学习研讨16次，共计8天，参加学习人员370余人（次）。党支部集中学习32次，338人（次）参与学习。组织全局干部职工集中学习22次，参与学习人员达1080余人（次）。组织13场主题教育应知应会知识测试。开展革命传统教育、形势政策教育、先进典型教育和警示教育共17场，1440人（次）。按照习近平总书记“四个对照”和“四个找一找”要求，采取自己找、群众提、集体议、上级点等方式，紧密联系思想和工作实际，深入查摆自身存在的问题和不足，并认真加以整改。

【扫黑除恶】 2019年，毕节市自然资源局印发扫黑除恶专项斗争实施方案等，有序推进扫黑除恶专项斗争工作。开展矿产资源、征地拆迁、打非治违领导行业乱象整治，并根据中央第19督导组反馈问题，制定印发整改工作方案，对全市自然资源和规划系统扫黑除恶专项斗争存在的问题进行整改，有序推进扫黑除恶专项斗争工作。全市自然资源和规划系统收到线索126条：中央督导组、上级部门、扫黑办、公安机关及其他部门转办、交办线索49条，当年办结48条；全市自然资源和规划系统累计摸排线索77条，按照属地管理原则由各县区自然资源主管部门办理。

【重大风险防范化解】 2019年，毕节市自然资源和规划局根据省、市重大风险防范化解相关文件精神，印发工作方案、成立工作领导小组、设立工作专班，针对涉及领域积极开展风险排查，排查出风险点6项、共计16件，已全部化解。

【《毕节市城乡规划条例》施行】 2019年3月29日，《毕节市城乡规划条例》通过贵州省第十三届人民代表大会常务委员会第九次会议批准，同年7月1日起施行。

（供稿：毕节市自然资源和规划局）

国有资产监督管理

【概述】 2019年，市国资委坚持以习近平新时代中国特色社会主义思想为指导，全面贯彻落实党的十九大和十九届二中、三中、四中全会精神，省委十二届四次、五次、六次全会精神，市委二届五次、六次全会精神，全国、全省、全市国有企业党的建设会议精神，在市委市政府的坚强领导下，紧紧围绕国资监管、国企改革、脱贫攻坚等重点工作发力攻坚，较好地完成全年工作任务。

【构建监管制度体系】 一是建立组织机构。市国资委自2月份成立以来，完成了机关“三定方案”编制、干部转隶和办公阵地建设，逐步制订了机关议事规则、办文、考勤、财务管理、双项积分管理等12项制度，进一步理顺机关内部管理机制，保障了机关正常运转。二是完成授权监管。对市管11户企业经营发展、规划建设、资产运作等进行全面调研，根据调研情况，报请市政府研究同意，授权监管市信泰公司等11户市管企业（飞雄机场纳入市信泰公司重要子企业监管），完成企业章程变更工作。三是制定监管制度。修订完善印发《毕节市市管国有企业负责人业绩考核实施方案（2018－2020）》，优化企业负责人业绩考核指标。修订完善制定《毕节市国资委监管企业重大事项暂行管理规定》，进一步强化对监管国有企业发展战略规划、重大项目投资、经营业绩考核、企业改革改组、收益收取管理、人力资源及薪酬、国企党建等重大事项的监督管理。制定《毕节市国资委规范监管国有企业人力资源管理实施细则（暂行)》，规范监管企业人力资源管理工作。

【抓实企业经营管理】 一是有力防范化解风险。积极采取措施化解防范债务风险，成立市国资委债务风险防范化解工作专班，对全市债务形成资产进行了清理，对市管国有企业债务进行调度，建立企业债务监管台账，全面了解企业债务总量、还款计划以及债务风险点，指导协调督促企业有效化解债务风险。适时调度企业安全生产，加大监管企业重点行业领域安全隐患专项排查整治，建立健全安全管理台账，督促企业严格履行安全生产主体责任。督促监管企业偿还拖欠农民工工资、民营企业及中小企业账款，有力化解社会矛盾促进企业稳定发展。二是提升资产运营质量。梳理盘活资产，积极开展监管企业资产清理工作，摸清企业资产总量、结构和现状等，采取措施盘活处置闲置资产，提升资本运营效益。开展资产确权，已梳理市管国有企业需确权资产156项，完成资产确权44项，正在确权资产39项，剩余73项正在开展资产确权前期准备工作。划转处置资产，拟定第一批19处资产划转方案并报市政府研究同意，按照市政府批示积极对接市财政局和市机关事务管理局落实资产划转相关工作。资产保值增值，严格控制企业负债率，抓好企业经营管理，市管11户国有企业资产总额920.52元，负债总额530.30亿元，所有者权益390.22亿元，营业收入5.26亿元。三是着力推进改革发展。有序推进企业实体转型发展，按照“一企一策”要求，扎实推进监管国有企业实体化转型发展工作，2019年底，监管11户国有企业开展投资项目45个，计划总投资146.35亿元，年内已完成投资28.8亿元。推进国有企业退休人员社会化管理工作，制订《毕节市国有企业退休人员社会化管理工作方案》，组织开展摸底排查企业退休人员基本情况。推进市管国有企业公务用车制度改革，完成《毕节市市属国有企业公务用车制度改革实施方案（送审稿)》起草工作。召开全市国有资本“十四五”规划编制工作会议，组织实施全市第一个国有资本五年规划编制工作。

【加强管党治党力度】 一是抓好机关党建工作。制定2019年党建工作要点，完成了机关党支部组建及支委选举工作，召开党员大会16次、支委会议7次，党组领导班子成员上党课5次，开展主题党日活动7次、谈心谈话1次，全年完成收缴党费2016元，建立党员示范岗4个。严格执行民主集中制，召开党组会议32次、主任办公会议17次，集体研究决策重要事宜。二是抓实开展主题教育。召开完成“不忘初心、牢记使命”主题教育部署会、专题民主生活会、总结会，开展集中学习研讨8次、形势政策教育2次、先进典型教育3次、警示教育3次、革命传统教育1次、志愿者活动4次、知识测试4次，撰写调研报告3篇，编制信息简报16篇，完成党组领导班子及班子成员查摆存在问题和11项专项整治工作查摆存在问题整改工作，完成主题教育资料归档。三是落实意识形态工作责任制。召开3次党组（扩大）会、3次党组理论中心组学习会、5次工作部署会、2次形势政策教育会、2次分析研判会传达学习意识形态工作的有关要求，开展党的十九届四中全会、省委十二届五次全会、市委二届五次和六次全会宣讲6场，制作社会主义核心价值观等宣传标语标识在办公区域醒目位置进行张贴，组织市属国有企业开展“我和我的祖国”主题演讲比赛工作，做好机关门户网站、微信群、邮箱和QQ工作群等平台的监督管理。四是加强党风廉政建设。制定2019年党风廉政建设工作要点，全面落实党组织主体责任和班子成员“一岗双责”，主要领导与分管领、分管领导与科室负责人分别签订党风廉政建设责任书，层层传导工作压力，层层压实工作责任。召开2次党风廉政建设工作会议，开展警示教育3次，向联系纪检监察组报告5次“三重一大”事项，开展“天价烟”“茅台酒”“升学宴”的排查和“四风”整治等工作。

【全面推进国企党建】 一是政治引领持续强化。全面完成国有一级企业党建入章工作，强力推进国有独立法人子企业党建入章，督促指导企业坚决执行重大事项党委研究前置程序，切实发挥党组织把方向、管大局、保落实作用。全面推进“两个覆盖”，全市运转正常的244户国有企业（包含子企业）共建党委24个、党总支3个、党支部160个，达不到建立支部条件的全部下派了党建工作指导员。全面落实“两个1%”，全市国有企业共配备党务工作者272名，是年，已落实党组织活动经费520.28万元。扎实推进党支部标准化规范化建设，预计达标率达84%。全面落实党建工作责任，切实发挥考核指挥棒作用，分级分类将国企党建工作纳入考核体系，精心设置考核指标，压紧压实企业党组织和企业监管部门的责任。二是示范带动作用有效发挥。深入挖掘省市脱贫攻坚先进典型事迹进行宣传，促进党员模范作用充分发挥，引领386名积极分子向党组织靠拢。积极推行国企“党建品牌”“1+N”创建工作模式，组建品牌创建互助工作队并建立工作机制，形成了市交建集团公司“红星交建”、市旅游集团公司“洞天花海党旗红”、机场公司“先锋领航、红色驿站”、七星关区公交公司“党旗领航·情暖车厢”等一批开放的品牌创建体系，提升了国企党组织的创造力、战斗力、凝聚力。三是人才队伍建设初见成效。监管企业用工得到规范。按照必须、高效、瘦身、健体原则，对11户市管国有企业及所属企业用工总量进行核定。法人治理结构全面加强。督促指导企业加强党组织、董事会、经理层、监事会建设，不断完善法人治理结构。根据市委市政府有关人事调整，按照《中华人民共和国公司法》《中华人民共和国企业国有资产法》等法律法规，规范完善9名市管国有企业班子成员任免程序。人才培育深入推进。建立市管国有企业经营管理人才跟班学习制度，选派7名企业人才到相关单位跟班学习。举办经营管理、党务工作、扶贫能力提升等培训班3期，培训企业经营管理人员186人。组织企业参加各级调训，培训各类人才1600余人次。指导全市国有企业加强内部培训，共开展培训300余场8400余人次。优秀人才持续集聚。拓宽人才集聚渠道，通过公开引进、公开招考、实习遴选等方式，全市国有企业全年共集聚各级各类企业经营管理人才1720名。坚持正向激励用人导向，严格选人用人标准程序，提高人岗相适工作水平，结合实际选拔60余名企业优秀人才进入中层管理管理岗位，不断激发企业人才干事创业激情。

【助力打赢脱贫攻坚】 一是脱贫攻坚责任有效落实。定点帮扶威宁县龙场镇干河村和纳雍县维新镇水落冲村，协调落资金26.4万元解决干河村和水落冲村22个公益性岗位2年就业经费，协调项目资金10万元修建公益性文化小广场1个。发挥监管国有企业力量助力脱贫攻坚，2019年，监管11户国有企业共帮扶贫困村21个，派驻村干部19人，组织企业领导职工到贫困村开展调研256人次，走访慰问党员和群众2230人次，投入帮扶资金1088.17万元。二是东西部扶贫协作深入推进。组织监管11户国有企业相关负责人赴广州市国资委及其监管国有企业考察学习，围绕人才智力支持、项目合作开发、党支部结对共建三个方面，与广州市国资委签订了人才支援、干部培训、产业合作、企业合作、党支部共建五条措施的帮扶框架协议，并建立了联络联系、沟通协商、领导互访等机制。推动广州市国有企业与毕节市11户国有企业建立协作帮扶对子，借助广州市国有企业资金、人才、技术和市场等优势，支持我市贫困地区产业发展，打通毕节市农特产品销售渠道，助力打赢脱贫攻坚战。2019年，与广州市国有企业达成合作意向产业项目7个，已落地合作项目2个；促成帮扶意向2个，涉及帮扶资金40万元。三是国企龙头作用有效发挥。各企业发挥自身行业优势，强化龙头带动作用，深入推进农村产业革命，把一些投资项目与扶贫产业结合，建立产业扶贫利益联结机制，实现贫困户可持续增收。如：市旅游集团按照"共享经济+生态农庄+集体经济+精准扶贫"模式，将农村闲置房、闲置土地资源引入社会资本共建的休闲度假民宿项目；市商投公司采取生鲜农产品基地直采、开展威宁"三白"配送进机关和企事业单位食堂等方式，建设完善市内农产品配送体系；市泰信（担保）公司聚焦融资担保主业，切实帮助小微、"三农"主体解决融资难题，不断提升小微、农业经营主体带动农民增收致富的能力；市交建集团按照"龙头企业+合作社+农户"方式，在威宁县板底乡雄鹰村成立扶贫开发公司，带动村集体经济发展。

（供稿：毕节市国资委）

应急管理

【概述】 2019年是改革之年，改革前的毕节市应急管理局为原毕节市安全生产监督管理局，成立于2003年，主要负责全区（原毕节地区）安全生产工作的综合监管（煤矿安全监督管理除外），指导协调和监督有关部门所承担的各项安全监察、监督等十大项具体工作。2019年，按照中央、省委关于新一轮机构改革工作的统一部署和《毕节市机构改革方案》的要求，市人民政府2019年1月31日宣布毕节市应急管理局班子组成，标志着毕节市应急管理局正式组建，开始履职。2019年2月14日正式挂牌对外办公。2019年3月28日，毕节市委、毕节市人民政府下发了《中共毕节市委办公室毕节市人民政府办公室关于印发〈毕节市应急管理局职能配置、内设机构和人员编制规定〉的通知》（毕委办字〔2019〕37号），明确了毕节市应急管理局的性质、职能职责、机构设置、人员编制及调整规定。在市委市政府的坚强领导下，毕节市应急管理局始终坚持以习近平新时代中国特色社会主义思想为指导，深入贯彻落实习近平总书记、李克强总理关于安全生产、自然灾害防治及应急管理的系列重要论述，坚守"发展决不能以牺牲安全为代价"这条红线，认真落实"安全发展、改革创新、依法监管、源头防范、系统治理"的总要求，围绕"113攻坚战"中"大安全"这一要点，紧紧扭住坚决遏制重特大事故发生这个"牛鼻子"，抓机遇、补短板，突出重点、统筹兼顾，全面加强和改进安全生产工作，切实保障人民群众生命财产安全和有效维护社会和谐稳定，生产安全事故多发易发频发势头得到强力扭转，安全形势持续稳定向好。2019年，通过全市上下的共同努力，毕节市圆满完成省下达的年度各项安全生产工作目标任务，成功接受国务院安委会对省级政府安全生产和消防工作的延伸考核。全年全市共发生各类生产安全事故137起、死亡142人，同比分别下降8.7%和6.0%。其中，较大事故6起、死亡30人；未发生重大生产安全事故。

【职责定位】 新组建的毕节市应急管理局的主要职责是：负责全市应急管理工作，指导各地各部门应对安全生产类、自然灾害类等突发事件和综合防灾减灾救灾工作，负责全市安全生产综合监督管理和除煤矿之外的工矿商贸行业、危险化学品、烟花爆竹安全生产监督管理工作；组织指导协调全市安全生产类、自然灾害类等突发事件应急救援，承担市政府应对较大灾害指挥部工作，综合研判突发事件发展态势并提出应对建议，协助市委、市政府指定的负责同志组织较大灾害应急处置工作；依法行使全市安全生产综合监督管理职权，指导协调、监督检查市级有关部门和各地安全生产工作，承担市安全生产委员会日常工作；依法组织指导开展生产安全事故调查处理，监督事故查处和责任追究落实情况，组织开展自然灾害类突发事件的调查评估工作等十八项具体工作。相比改革前，毕节市应急管理局职责增加了除煤矿和职业安全健康监督管理以外的所有安全监管职责，增加市政府突发公共事件应急管理办公室职责，市公安局的消防管理职责，市民政局的救灾职责，市科技局的防震减灾职责，原市国土资源局的地质灾害防治、市水务局的水旱灾害防治、原市畜牧水产局的草原防火、市林业局的森林防火等相关职责，同时增加了市防汛抗旱、减灾、森林防火等指挥部（委员会）的职责。

【使命担当】 按照改革要求，毕节市应急管理局应加强、优化、统筹全市应急能力建设，构建统一领导、权责一致、权威高效的全市应急能力体系，推动形成统一指挥、专常兼备、反应灵敏、上下联动、平战结合应急管理体制。一是坚持以防为主、防抗救结合，坚持常态减灾和非常态救灾相统一，努力实现从注重灾后救助向注重灾前预防转变，从应对单一灾种向综合减灾转变，从减少灾害损失向减轻灾害风险转变，提高全市应急管理水平和防灾减灾救灾能力，防范化解重特大安全风险。二是坚持以人为本，把确保人民群众生命安全放在首位，确保受灾群众基本生活，加强应急预案演练，增强全民防灾减灾意识，提升公众知识普及和自救互救技能，切实减少人员伤亡和财产损失。三是树立安全发展理念，坚持生命至上、安全第一，完善安全生产责任制，坚决遏制重特大安全事故。

【责任落实】 是年，市委、市政府深入学习贯彻习近平总书记关于安全生产和贵州工作的重要批示指示精神，切实将《地方党政领导干部安全生产责任制规定》和省的《实施细则》等重要文件列为重点学习任务，按照“党政同责”“一岗双责”“三个必须”有关要求，研究制定毕节市的《实施办法》和具体工作措施。市委、市政府“逢会必讲安全”，全年共召开了40次会议研究部署安全生产工作，主要领导及班子成员带队调研检查安全工作79次，以上率下推动工作落细、落实。把安全生产列为“113”攻坚战“大安全”的重要内容，市委以毕党发〔2019〕19号文件印发《毕节市创新推进大安全战略的实施意见》，着力夯实安全管理责任，提升安全生产水平。市委周建琨书记担任市安全生产工作领导小组组长，市政府市长张集智担任市安委会主任，明确由市委常委、市政府常务副市长分管应急管理工作。机构改革后及时调整了市安委会组成部门，起草制定了各成员单位安全生产职责分工，细化安全生产权责清单，安全生产“党政同责、一岗双责”“三个必须”“齐抓共管”的工作格局基本形成。推动成立“1+23”指挥体系，成立了1个应急救援总指挥部和23个分指挥部，厘清了防与救、统与分的关系。明确“防的主体在行业、应急负责统筹，救的主体在应急、行业负责提供技术支持、专业队伍、物资保障”的运作模式。

【依法治安】 围绕“防风险、遏事故、保安全、促发展”的总体目标，认真制定年度监督检查计划，依法依规、有力有序开展安全生产执法检查。及时更新2019年权责事项清单，并在市政府门户网站上进行公布，“严格执法、廉洁执法、文明执法”已成为常态化监管模式。切实发挥市安委办综合协调作用，成立5个常年性综合暗访督查组，对全市10个县区开展经常性暗访督查，既查部门监管工作开展情况，又查企业主体责任落实情况，采取“周调度跟踪、月小结提示、季通报约谈、年考核评定”等有效管用机制，加大督查督办力度，推动工作有效落实。用好暗访督查结果，对发现存在重大风险隐患的企业，一律列为重点检查对象，情节严重的一律上报纳入联合惩戒或“黑名单”管理，对工作不认真、监管走过场，敷衍塞责甚至弄虚作假的相关监管干部严肃追责问责；对发生责任事故的，按照“四不放过”的原则严格依法调查，从严处理。对今年事故和死亡人数反弹的5个县区进行了约谈。督促县区做好一般事故查处。按照市人民政府安排，牵头调查4起较大事故和提级调查了1起一般事故，共移送司法机关追究法律责任18人，吊销证照7人，对监管人员党纪政务处分23人。深刻汲取江苏响水“3·21”特别重大爆炸事故及近年来省内外重大事故教训，深入开展警示教育活动，用身边事故教育身边人。强化社会监督，开通安全生产投诉举报专线电话（8312350）并实现24小时值守接听，依法核查处理安全生产举报投诉，全年共办结安全生产信访件38件。加强社会信用体系建设，开展守信联合激励和失信联合惩戒，将企业主体责任不落实造成较大事故发生的2家企业纳入联合惩戒对象进行了上报。

【风险防控】　认真落实国家、省、市关于打好防范化解重大风险攻坚战的工作部署，制订《毕节市安全生产风险防范化解方案》，组织开展区域性、行业性安全风险排查和辨识评估，严格分级管控并逐一落实防范措施。大力推进企业安全生产分级管控和隐患排查治理双重预防控制机制建设（“双控体系”建设）和基层安全生产网格化管理，持续推动企业主体责任落到实处，不断强化企业全员安全生产责任制落实落细落小，督促企业加强制度建设，企业风险观念、责任意识、管理水平不断提升。2019年，适逢新中国成立70周年，毕节市安委办组织开展一系列的“迎大庆防风险遏事故保安全”集中整治行动，确保了国庆70周年大庆期间的安全稳定。扎实开展集中打击非法运输经营成品油液化石油气专项行动和烟花爆竹“打非”工作，有序推进醇基燃料安全专项整治行动。全市共查处取缔危险化学品非法生产点1处和非法储存经营点37个、烟花爆竹储存经营点144个，收缴非法渠道危险化学品77.31吨、烟花爆竹9306件，罚款11.5万元。持续强化危险化学品安全综合治理工作，全面摸排全市危险化学品重大危险源状况，目前，全市6家危险化学品重大危险源企业已完成在线风险监测预警系统建设工作，已接入国家危险化学品应急管理平台，实现实时监控。

【宣传教育】　围绕“防风险、除隐患、遏事故”活动主题，精心组织开展2019年“安全生产月”和“安全生产毕节行”八个大项42个小项的系列内容新颖、形式多样、社会广泛参与的安全生产宣传教育活动，通过《毕节日报》、毕节电视台、《毕节试验区》杂志、毕节应急管理微信公众号等媒体面向社会、面向基层、面向企业、面向职工开展广泛宣传。认真组织开展安全生产进企业、进学校、进机关、进社区、进农村、进家庭、进公共场所“七进”活动。全市共组织15万余人次参加危险化学品安全知识网络有奖答题、安康杯竞赛，组织13万余人次开展地灾、消防、垮塌、高坠等各类应急演练，开展《生产安全事故应急条例》等法律法规宣贯20余场次，应急演练发放各类宣传资料50余万份，播放安全公益广告6万余条次。通过开展扎实的安全生产月活动，受教育群众达102万余人次，安全意识和安全理念更加深入人心。

【应急管理】　初步建成毕节市安全生产应急救援指挥中心并投入使用，指挥中心实行7×24小时全天候、无缝隙的领导带班值班和专职人员值守值班制度。每日清早制定调度会商计划（无一天遗漏），充分与重点行业主管单位和各县区沟通会商，掌握重点风险管控情况，下午形成日会商报告，按规定程序和渠道报送至省应急厅和市政府总值班室，并根据情况报市委办。开展全市应急资源普查，清理全市范围内的专家队伍、应急队伍、救援装备、避难场所、运输企业、医疗单位和水库地灾点煤矿3806处应急救援资源，录入应急系统形成“一张图”，确保随时方便调用和及时应急。

【防灾减灾救灾】 一是做好救灾应急物资储备。市本级和10个县（区）共储备救灾帐篷、救灾棉被、折叠床、单衣裤、棉衣裤、发电机、折叠桌椅等救灾物资10余个品种19.4万件，总价值5000余万元（可满足3万余人生活救助）。救灾物资储备库实行专人负责，一旦发生灾情，确保应急救灾物资调得出、用得上。二是做好灾情统计。是年，全市多次出现大风、冰雹、短时强降雨等灾害性天气过程，大部分区域不同程度遭受风雹、洪涝、滑坡等自然灾害，个别地方重复受灾严重，农作物、群众住房、基础设施、家庭财产等损失较大。全市10个县（区）208个乡（镇、街道）67.8万人受灾，因灾死亡5人、失踪4人，紧急转移安置6765人；农作物受灾面积40125.4公顷（绝收面积7983.3公顷）；倒塌房屋47户128间，严重损坏房屋169户411间，一般损坏房屋1512户2752间；造成直接经济损失6.27亿元。三是做好冬春生活救助。2018—2019年，全市共投入7597万元救助资金开展冬春生活救助工作，其中：发放救助资金7015.26万元、救助粮456吨、衣被3.027万件（床），共救助15.4538万户45.2051万人，其中现金救助39.5952万人、粮食救助2.5041万人、衣被救助3.1058万人，充分保障了受灾困难群众冬春期间的基本生活。四是做好汛期灾害应急救助。全年共投入自然灾害生活救助资金3478.2万元（其中：上级资金2565万元、市本级100万元、县级813.2万元），市级下拨救灾棉被868床、单人折叠床500张、四折折叠床800张、迷彩服4000套、折叠桌椅50套、应急移动厕所20个、发电机20台、帐篷灯20个、餐具20套、炒锅20个、电饭锅20个等救灾物资；县级下拨棉衣被5757件（床）、救灾帐篷264顶、折叠床598张、大米850公斤、菜油43桶，帮助灾区受灾群众紧急转移安置和临灾避险安置等临时生活救助工作。五是做好政策性农房灾害保险理赔和因灾倒损民房恢复重建。2019年省市县三级共投入统保资金1258.4万元，将149.81万户农户纳入政策性农房灾害保险统保范围，全市9.92万户农户自愿缴费进行参保，缴纳资金89.75万元。全市全年共理赔受灾农户2153户，理赔资金498.76万元。2019年全市因灾倒损民房需重建115户，需维修169户，截至年底，均已全部完成。六是做好防灾减灾宣传教育。充分利用“5·12”防灾减灾宣传周和“10·13国际减灾日”进行防灾减灾救灾的广泛宣传，动员全市1000余所中小学校集中组织开展防灾减灾主题宣传教育，开展地震逃生、消防、地质、卫生、山洪、突发性事件等各类演练550场次，投入宣传教育、演练经费131.2万元。

【防汛抗旱】 2019年是机构改革的第一年，防汛抗旱工作以新体制、新机构开展。为了整合应急、水务部门力量，形成合力，确保防汛抗旱各项工作有人抓、有人管、有人落实，确保应急和水务部门职责分工顺利过渡，市应急管理局、市水务局就解决当前防汛抗旱工作存在的问题进行协商研究，制定防汛抗旱联合联动工作机制，确保了工作联络顺畅、工作衔接顺畅、工作开展顺畅。机构改革后，市防汛抗旱指挥力量更加充实强大，除由市长担任指挥长外，分管应急、水务、农业的副市长担任副指挥长，市委、市政府39个相关部门主要负责人为成员，高位构建防汛抗旱组织指挥体系，统筹指挥和综合协调全市水旱灾害应急抢险救援工作。市、县、乡三级均落实了防汛抗旱行政责任人，水利部门落实全市水库水电站行政负责人、技术负责人和巡查值守“三个责任人”，建立覆盖全市的防灾减灾体系。2019年入汛以来，市应急局加强与气象、水务、水文、自然资源、农业农村、交通运输等部门的联合会商，及时发布险情灾情预警信息，遇重大灾情时直接叫应调度到一线，了解第一信息，提高响应时效，及时组织群众转移避险。加强水库水电站的防汛调度管理，组织召开落脚河水电站、洪家渡水电站、夹岩水利枢纽工程地区联合防汛会，组织相关县（区）、相关部门参加了乌江渡、构皮滩、索风营、东风、引子渡等大中型水库水电站联合防汛会，建立完善大中型水库水电站防汛联动机制、泄洪预警信息发布机制，充实联合防汛组织机构，明确各有关部门职责分工，讨论研究、协调解决联合防汛工作中存在的困难和问题，确保安全度汛。全市各级各部门共派出工作组242个10524人次开展安全隐患排查，市防汛抗旱指挥部对查出的隐患均逐一登记造册并派出督查组督促跟踪整改，确保隐患彻底整改消除。2019年，洪涝灾害致65.37万人受灾，5人死亡，3.838万公顷农作物受灾，直接经济损失5.36亿元，分别较近5年平均偏多47%、39%、81%、12%。但通过各级各部门通力协作，全力抢险救灾，全年实现减淹耕地1.937万公顷，避免粮食减收5.81万吨，减少受灾人口52万人，转移安置人员0.68万人，减灾经济效益2.73亿元。7月31日，赫章县庙沟水库发生大坝渗漏险情，市应急局、市水务局立即派出移动排水抢险力量赶赴现场开展排水抢险作业，将水库蓄水位降至死水位以下，顺利排除险情。2019年，受厄尔尼诺现象影响，我市气候异常，极端天气过程多，于4月12日提前进入汛期。全年共发生灾害性强降雨过程21次，出现特大暴雨7站次、大暴雨149站次、暴雨859站次。其中，5月25日的降雨过程是全年范围最广、强度最大的一次降雨过程，出现特大暴雨3站、大暴雨23站、暴雨112站。全年全市降雨接近常年但时空分布不均，降雨分布为860.5（威宁）~1553.7毫米（织金），平均降雨量1033.4毫米，较历年同期956.0毫米偏多7.3%。降雨总体呈现南部、中部较多，西部、东较少势态。与常年比较，织金偏多2.3成，大方偏多1.9成，赫章偏多1.0成，其余县区接近常年同期值。受降雨影响，黔西县鹅项颈，织金县后坝，金沙县西洛河、纳雍县红旗4座水库曾超汛限水位；七星关区宋官、倒天河、小鹅峰、银厂沟，大方县官田，黔西县鹅项井、苦鱼井、绿堰滩、龙家槽，金沙县胜天、长征、西洛河，织金县大新桥，纳雍县小坝，威宁县冒水、尖山、李子沟、杨湾桥，百里杜鹃管理区移山，金海湖新区落脚河等20座水库泄洪。汛期各中小河流监测河段水位涨幅0.5 ~1.0米共421站次，涨幅大于1米共157站次。其中涨幅最大为9月9日金沙县二道河抬石河段涨幅4.13米；织金县织金河化木尾河段3次涨幅超过2.5米。6—7月，水位上涨的河流相对较多、涨幅相对较大。

【地灾防治】 2019年，全市已查明地质灾害隐患1391处，主要以滑坡、崩塌、泥石流和地面塌陷为主，共涉及31203户14.73万人，潜在经济损失约44.49亿元。入汛以来，毕节市应急管理局认真贯彻落实上级部门对地质灾害防治工作的安排部署，下发《毕节市应急管理局关于开展地质灾害隐患排查的紧急通知》，编制《毕节市地质灾害应急预案》和《毕节市应急管理局较大地质灾害应急处置工作指南（内部试行）》。组织实施有序的临灾避险工作，做好突发性地质灾害应急抢险救援，指导金沙县新化乡新龙村仙人岩地质灾害点应急撤离避险160户481人，无人员伤亡。赫章县野马川镇毛栗村殷家沟“7·23”山体垮塌事故发生后，全局第一时间赶赴现场并组织抢险救援力量开展了持续8天的抢险救援，最大限度地减少人民群众的灾害损失。组建两批督查组深入到县、乡、村、组及隐患点对全市地质灾害防治工作进行督促检查，对督查检查发现的问题均对当地政府进行了现场交办并督促整改落实。

【防震减灾】 一是认真开展地震监测及震害防御。加强地震监测台站运行管理，确保监测正常运行。全年定期不定期对地震监测台站进行巡查维护，确保地震监测工作不间断。组织专业技术人员对2019年下半年及2020年度毕节市地震趋势进行研究。收集、整理本市及邻区2级以上测震数据和川滇黔交界的部分前兆资料，撰写了《毕节市2019年年中地震趋势研究报告》和《毕节市2020年度地震趋势研究报告》。切实履行市抗震救灾指挥部办公室职责，根据机构改革后各单位有关职能的划转情况，及时调整市抗震救灾指挥部（市防震减灾工作联席会议）成员单位及职责。二是开展科普宣传。在“4·22”地球日、“5·12”防灾减灾日、“安全生产月”“国际减灾日”宣传活动周及党员进社区和到扶贫帮扶点等重要窗口期，编印地震地灾科普宣传手册21000份进行广泛宣传，组织2000余名学生到省防震减灾科普教育基地进行科普体验。三是及时开展震灾应急处置工作。2019年6月17日22时55分，临近毕节市的四川省宜宾市长宁县发生6.0级地震，全市多地有不同程度的震感。地震发生后，网络上出现谣言，全局立即通过相关渠道及时向群众传递了真实情况，及时制止谣言的传播；同时，派出工作组，赶赴与四川接壤的七星关区团结乡、清水铺镇进行震灾调查，指导当地政府开展应急处置。配合毕节电视台、毕节日报社、“云上毕节”“看见毕节”等微信公众号开展防震减灾知识宣传。

【领导关怀】 2019年10月23日，市委书记周建琨到市局调研指导工作，对应急部门下一步如何切实履行好“大应急”职责和如何用大党建来统领大扶贫、大发展、大安全，切实打赢“113”攻坚战进行了明确指示。

（撰稿：彭定龙）

煤矿安全监察

【概述】 2019年，毕节煤监分局在贵州煤监局党组的坚强领导和市委市政府的关怀指导下，以习近平新时代中国特色社会主义思想为指导，认真学习贯彻党的十九大精神、党的十九届四中全会精神和习近平总书记重要讲话精神，坚持围绕中心、服务大局、凝聚力量，牢固树立红线意识、底线思维，紧密围绕国家局、省局和市委市政府工作部署，立足监察区域内煤矿点多面广、灾害严重等特点，强化煤矿企业主体责任落实，全力以赴防范煤矿事故发生，推动区域煤炭产业安全健康发展。

【持续强化思想政治建设】 毕节监察分局把政治理论学习与业务学习结合起来，与时俱进抓好学习教育，先后开展中心组（扩大）理论学习28次，重点学习了《党章》《中国共产党纪律处分条例》《中国共产党党内重要法规汇编》等党内法规；学习十九大报告、十九届四中全会精神、习近平总书记在“不忘初心、牢记使命”主题教育工作会议上的重要讲话及《习近平新时代中国特色社会主义思想学习纲要》《习近平关于“不忘初心、牢记使命”论述摘要》《中共中央关于加强党的政治建设的意见》等重要政治理论论述；学习了黄明3月27日在进一步加强安全生产工作视频会议上的讲话精神、十二届省纪委三次全会精神、贵州省委第十二届委员会第六次会议精神、副局长李万疆在2019年全国煤矿安全监管监察执法座谈会上的讲话精神及国家煤矿安监局党组《关于印发履行全面从严治党主体责任清单等6项制度的通知》《贵州煤矿安全监察局监察分局制度汇编》等应急管理部、国家局、省委省政府、省局重要会议精神、制度。分局党总支书记组织第一、二支部书记和党员干部对《中国共产党党员教育管理工作条例》进行学习研讨交流。专题学习传达《中共贵州煤矿安全监察局党组意识形态工作责任制实施细则（试行）的通知》《中共贵州煤矿安全监察局党组关于2019年意识形态领域问题分析研判情况的通报》等意识形态领域相关文件及会议精神，牢牢把握正确的政治方向，严守政治纪律和政治规矩，严守组织纪律和宣传纪律，坚决维护党中央权威，在思想上政治上行动上同党中央保持高度一致，把好方向、管好导向、守好阵地、建好队伍、建好机制，把意识形态工作与党的建设工作和煤矿安全监察工作紧密结合，同部署、同落实、同检查、同考核，引导党员干部增强"四个意识"，坚定干部"四个自信"，坚决做到"两个维护"，筑牢信仰之基，补足精神之钙，把稳思想之舵。

【深入开展"不忘初心、牢记使命"主题教育】 分局党总支紧紧围绕守初心、担使命，找差距、抓落实的总要求，坚持将学习教育、调查研究、检视反思、整改落实四项重点措施贯穿始终，及时组织召开"不忘初心、牢记使命"主题教育动员部署会议，将全体党员干部的思想统一起来，行动统一起来，力量集中起来。一是开展内容丰富、形式多样的学习研讨与实践活动。深入学习《习近平关于"不忘初心、牢记使命"重要论述选编》《习近平新时代中国特色社会主义思想学习纲要》《习近平总书记关于应急管理、安全生产重要论述摘编》《关于新形势下党内政治生活的若干准则》和《中国共产党纪律处分条例》等必学清单内容，不断提高理论素养、政治素养党。二是认真开展调查研究，重实效解难题。按照重实效解难题的原则，处级干部按照"六个围绕"结合自身职责确定调研专题，明确具体内容、调研地点、调研方式及时间安排，积极开展调查研究，形成调研报告，提出解决问题改进工作的思路举措30余条。三是多渠道检视问题，精确查找问题根源。分局建立了总支班子及成员、支部及党员检视问题清单和整改清单模板，要求把学习教育查找的问题、调查研究发现的问题、对照党章党规找出的问题、对照6个方面检视发现问题、征求意见反映的问题、上级巡视巡察指出的问题、专项整治发现的问题、谈心谈话提出的问题等逐条列入问题清单，明确责任领导、责任人和完成时限，对应制定整改措施，详细记录整改完成情况，对照自查发现问题20多条。四是认真梳理问题，积极落实整改。主题教育办公室认真梳理检视出来的问题共32条，其中承接省局12条，自查20条，收集到的意见建议10条，提出整改措施40条，坚持边学边查边改，对查摆出的问题建立台账、明确责任、倒排工期、销号管理，积极进行整改。

【加大执法力度，提高执法效能】 监察计划完成情况：分局共完成监察588矿次，下达各类执法文书3395份，查处各类隐患4916条，其中重大隐患25条，实施行政处罚335次（对煤矿企业处罚139矿次，对管理人员处罚196人次），责令停止作业133矿次，责令267个采掘工作面停止作业，停止使用相关设施设备286台，给予警告35矿次，罚款2471.75万元（其中监察罚款1316.4万元、事故罚款1155.35万元），责令停产整顿7矿次，暂扣安全生产许可证31矿次。事故查处情况：2019年，监察区域内发生生产安全事故10起，死亡23人。分局本着科学严谨、依法依规、实事求是、注重实效的原则，对事故进行了认真严肃的调查，对有关责任单位和责任人员进行了问责。行政许可情况：全年受省局委托，对监察区域内60处煤矿安全生产许可证延期开展现场审查，参与6处煤矿安全设施竣工验收进行核查，严把安全生产准入关口，指导煤矿合理部署采掘生产，解决采掘接替严重失调等问题，利用行政职能和服务手段促进全市煤矿优质产能安全释放。

【多举并措，切实保证安全生产】 一是善于抓住重点，在强化瓦斯灾害防治上狠下功夫。辖区338处矿井中，煤与瓦斯突出（含按突出设计和管理的建设矿井）矿井126处，占比37.3%；高瓦斯矿井152处，占比45%；低瓦斯矿井60处，占比17.7%。在2019年上半年预计恢复生产建设的142处矿井中，煤与瓦斯突出（含按突出设计和管理的建设矿井）矿井62处，高瓦斯矿井56处，低瓦斯矿井24处，瓦斯灾害始终是毕节煤矿安全生产的“第一杀手”。为此，分局一是督促各县区按照省政府印发的《贵州省煤矿瓦斯灾害防治攻坚行动方案》（黔府办函〔2018〕204号）要求深入开展瓦斯治理攻坚。重点督促煤与瓦斯突出矿井落实“可保必保、应抽尽抽”，已在百管委、金沙县和织金县推行开采保护层的调整工作。二是加大煤矿瓦斯超限督办力度。去年以来从毕节市安全监控中心引入瓦斯超限异常信息1000余条，分局立即核查，分类处置，把煤矿安全隐患消灭在萌芽状态。三是组织召开了全市煤矿瓦斯防治专题培训会暨《防治煤与瓦斯突出细则》宣贯会，会议邀请到国家局赴贵州明察暗访检查组、综合督查组专家孟刚作煤矿瓦斯灾害防治经验专题讲座。毕节市政府分管领导出席会议并作讲话，分局全体监察员、市能源局相关科室人员、各县区煤矿安全监管部门负责人、片区负责人和各煤与瓦斯突出矿井总工程师共160余人参加培训会。二是认真做好高风险煤矿安全“体检”及整改落实。按照国家局、省局对此项工作的部署和要求，分局结合自身实际，邀请毕节市能源局4名监管骨干长期参加分局“体检”执法工作，在一、二季度统筹开展开展了“体检”工作。共完成73处高风险煤矿的“体检”工作，收集报告73份，并组织人员对73份报告逐一进行审查修正、装订成册，送至煤矿及相关部门。下一步将运用好该成果，对报告中提出的问题是否整改，将作为监察工作的重点，对未认真落实问题整改的企业，将给予严厉的处罚。三是在抓好瓦斯工作的同时，切实做好防治水等其他灾害治理。2019年，监察区域发生8起一般事故，零敲碎打事故频发多发。这些事故暴露出煤矿企业在构建安全责任体系特别是现场安全管理上存在着突出问题。为此，分局重点督导各煤矿企业深刻吸取事故教训，强化“双基”管理。一是督促企业严格对标《贵州省煤矿安全生产“三项制度”》查缺补漏，构建符合本企业本矿井实际的安全生产责任体系，层层压紧压实安全生产主体责任。二是督促企业进一步强化顶板管理和机电运输管理“手指口述”现场安全确认，严格落实分局下达的《关于加强煤矿顶板安全管理工作的通知》（黔煤安监毕〔2019〕34号）文件要求，提高作业现场安全管控水平，确保各项安全措施在现场完全兑现落实。三是督促企业开展矿井水文地质条件和井田范围内采空区、废弃老窑积水等情况调查，综合采用物探、钻探、化探等综合探测技术，查明矿井、采区、采掘工作面的水文地质情况，制定可靠的防透水措施。四是严格30万吨/年以下煤矿处置。严格按照2019年9月16日全省“防风险 保安全 迎大庆”煤矿安全生产电视电话会议工作安排，分局牵头联合市能源局组织辖区内规模30万吨/年以下煤矿召开安全生产专题座谈会。采用逐矿问答的形式，摸清了各矿的手续批复情况、回采工作面剩余煤量、安全和人员保障情况、重大灾害治理情况、企业发展思路等。在广隆煤矿“12·16”事故以后，按照省、市有关工作要求，分局立即收回了已复产的7处30万吨/年以下煤矿的安全生产许可证。

【积极推动煤矿上级集团公司落实安全生产主体责任】 一是认真开展预防性基础技术监察，二季度，分局印发《关于开展2019年度煤矿预防性技术监察的通知》，并明确对集团公司7个大项43个小项监察内容，组织监察员对辖区正常运行的22家集团公司所属106处煤矿逐一进行分析研判，梳理出15个急需解决的问题。按照轻重缓急，及时调整监察计划，对风险较高、矛盾集中的36处煤矿提前开展检查或“回头看”工作，进一步推动集团公司对所属煤矿落实好安全生产主体责任。二是严厉打击煤矿“假集团”，辖区22家煤矿集团公司中，除大西南、金彩黔、朗月、天健、鲁中等少数公司有实际控制能力和管理能力外，其余大多数为松散型结构。为此，分局对凡是不具备《煤矿企业安全生产许可证实施办法》规定颁证条件的公司，并且只挂靠收钱、不履行责任的，均一律暂扣其安全生产许可证。三是严厉打击煤矿“假托管”，辖区煤矿采掘工程违规承包分包较为普遍，部分县（区）对出现的这些问题态度不坚决、手段不强硬，为此，分局对凡是涉及煤矿托管的，必须严格按照《国家煤矿安全监察局关于印发〈煤矿整体托管安全管理办法（试行）〉的通知》要求执行；同时要求监管部门对照《通知》要求认真审查承托方相应资质、能力、机构人员配备和规章制度建立等情况，对不符合要求的，一律取消其托管资格，且不得在辖区开展煤矿“托管”业务。

【立足国家监察职能，常态化督导地方煤矿安全工作】 按照《毕节市人民政府办公室关于进一步加强当前煤矿安全生产工作的通知》（毕府办函〔2019〕30号）工作部署，明确分局为3个县级政府煤矿安全生产工作考核主体，对县级政府安全生产工作开展常态化督导考核。2019年，分局累计对县级地方安全生产工作开展月度督导12次，对县级政府安全生产工作开展季度考核3次，考核过程中有效融入检查指导、下达监察建议书等工作，压紧压实地方监管责任。班子成员每季度至少与县级政府主要领导或分管领导进行1次面对面座谈，交换工作意见，形成常态化督导工作机制。2019年分局向问题较为突出的金沙县、织金县、纳雍县、黔西县、百管委、赫章县等6个县区政府分别下达7份《加强和改善安全监管建议书》，指出6个县煤矿安全生产存在的问题31条，提出加强安全监管建议35条，6个县区根据建议逐条制定了落实措施，并书面反馈了整改落实情况，取得良好效果。同时，针对各县（区、管委会）在煤矿安全工作中存在的问题，分别下达了2019年度监察情况通报，并将通报抄送各县（区、管委会）党、政一把手，督促地方切实落实好“党政同责、一岗双责”。

【协调落实扶贫资金，助力打赢脱贫攻坚战】 在全省脱贫攻坚战的关键时期，分局党总支积极作为，根据省局及毕节市扶贫工作安排部署，每月走访纳雍县勺窝镇、赫章县朱明镇扶贫联系点，实地进行调查研究，深入了解两个乡镇的贫困现状及需求，认真分析贫困根源，与乡镇政府共同研究行之有效的脱贫方式。通过联系辖区爱心煤矿企业，先后筹得扶贫款54.38万元及急需的水泥等扶贫物质，切实解决了纳雍县勺窝镇、赫章县朱明镇贫困村的产业发展、基础设施建设等难题。同时利用“慈善一日捐”等主题日积极组织开展捐款活动，所捐资金悉数用于脱贫项目。

（撰稿：马运国）

公共资源交易

【概述】 2019年，毕节市公共资源交易中心在省中心的关心指导下，在毕节市委、市政府的领导下，始终坚持“公开、透明、优质、高效”的原则，以公共资源交易电子化、运作规范化、效益最大化为目标，以全省公共资源交易互联互通平台建设为契机，强化服务，改革创新，各项工作顺利推进，并取得一定成效。

【交易基本情况】 2019年，市交易中心共完成交易项目1175宗，同比下降15.89%；交易金额376.5394亿元，同比下降63.98%；节约增值12.27亿元，同比下降5.3%。其中，建设工程交易项目417宗，交易额185.6425亿元，节约资金6.5975亿元；政府采购项目454宗，交易额87.4634亿元，节约资金0.9949亿元；产权交易项目97宗，交易额4.6805亿元，增值资金316万元；土地矿权交易项目207宗，交易额98.753亿元，增值资金4.646亿元。

【精简交易流程】 市交易中心严格根据法律法规对交易时限、交易节点的规定不断优化中心交易流程，以交易规则为牵引，以节点控制为重点精简细化交易流程和操作细则，实行各交易类别统一、标准的流程，以流程化建设推动中心服务提升。

一是实现“0到场”，将项目受理、场地预约、交易证明书起草等服务事项统一集中流转至项目联系人办理，项目从进场到出场，业主、中介、专家等交易各方均可直接通过业务系统、QQ业务群等进行网上办理，整个招投标过程中，除专家必须在现场监督下评审外，其他各方交易主体可以实现完全无须到场即可办结业务。

二是实现“0拖延”，中心以服务对象最方便为目标，对现行的交易节点进行再优化，取消全部签字环节，对可以不需要的节点一律删除，减少服务流程节点60%以上，大大便利服务对象，以建设工程招标为例，工程招投标项目完成时限由中心成立前的平均110余天逐步缩减至当前可实现法定最短时限完成交易，全部交易类别的进场项目都可以在法律规定的最短时限内完成，真正做到不拖延每一个项目的每一秒钟。

三是实现“0积压”，中心系统设置自动提示功能，对全部电子化交易环节实时提醒提示，凡属于中心操作环节，立即提醒、立即督办，对中心系统内的经办事宜要求即时办结，实现了中心任何一名工作人员的系统内没有任何积压任务，真正实现即时办结、高效便捷。

【全面减轻企业负担】 市公共资源交易中心坚持需求导向和问题导向，深入剖析市场交易各方主体需求痛点，提高服务效率、优化服务标准和服务流程，深化“放管服”改革，着力减轻企业负担。

一是全面取消文件费用，此前，由于对中介机构从业缺乏统一规范，进场交易的公共资源交易项目普遍存在文件费用过高的情形，甚至同一项目报名所需费用过万元的现象也屡见不鲜（同一项目资审文件3000元、招标文件3000元，图纸费5000元），给投标企业带来极大负担，针对这一情况，中心积极应对，结合《贵州省招标投标条例》规定，逐步降低文件费用标准，招标文件、图纸等全部免费网上公开，全面取消文件费和图纸费，经核算，全面取消文件费用后，中心共为全市投标市场企业节约标书成本8432万元。

二是全面取消进场交易服务费。中心成立之初，根据市政府相关文件精神，对进场交易项目收取交易服务费及场租费，争取为市场再减负，仅以2019年1至9月为例，就为服务对象节约成本5043.48万元。其中交易服务费减负5006.59万元，场租费减负36.89万元。

三是全面实现电子化，降低服务对象“跑趟”成本。此前，全省范围内的公共资源交易都是纸质化运行，发布公告时，中介机构需要到交易所在地发布公告，并驻守接受报名，而投标企业需要亲自到现场报名获取文件，在开标时，中介机构及投标企业也需亲自到现场参加开标。市公共资源交易中心在实现全电子化后，中介机构无须到现场，直接在网上即可完成公告发布、接受报名、开评标及公示事宜。投标企业也无须到达现场，直接在网上报名、下载文件、投递保证金及投标文件即可。自中心实现全电子化交易至今，中心交易项目共计涉及中介机构3200余人次，平均每人次办理工作6日（接受报名5日，开标1日），涉及投标企业27000余人次，平均每人次办理工作2日（报名及开标各1日），以交通及住宿费用200元/人·天计算，中心共计为市场企业节约“跑趟”成本1464万元。

【脱贫攻坚】 2019年，市公共资源交易中心紧跟市委、市政府安排部署，坚决打赢全市脱贫攻坚战，联系帮扶纳雍县新房乡平硐村、通作寨村及威宁县二塘镇，中心先后派出4名帮扶干部，其中3名驻村，1名挂职，派出人员中3人同时担任联系帮扶乡镇党委副书记。2019年，进入脱贫攻坚的关键时期，市公共资源交易中心党组更加重视决战决胜脱贫攻坚战，中心领导先后带队到中心联系点调研联系帮扶14次共85人次，专题研究驻村帮扶工作3次，听取中心驻村工作汇报9次并研究解决具体问题，为联系点村级组织协调解决具体困难20余件，帮助群众协调纠纷、保障民生等实事30余件，先后协调修建平硐村大桥、平硐村/通作寨村村居环境整治、平硐村/通作寨村村级文化阵地建设等12个项目，项目资金420余万元；组织结对帮扶，中心干部职工与中心联系点贫困户结对子，开展一对一走访活动6次，120余人次，覆盖联系点全部贫困户，在结对走访中，中心干部职工自发购买日用品、食品、衣物、家电等赠送贫困户；加强对驻村干部的关心关爱，对驻村干部高看一眼、厚爱一点，着力保障驻村干部福利待遇，组织驻村干部家属座谈会，认真解决驻村干部生活及家庭困难，为驻村干部真帮实驻扫清身后障碍，扎实开展好脱贫攻坚联系帮扶工作，助力全市坚决打赢脱贫攻坚战。

【加强党风廉政建设，认真落实主体责任】 2019年，市公共资源交易中心党组结合蒋某严重违法违纪“一案一整改”活动，深入开展中心党风廉政建设，把蒋某案件“一案一整改”警示教育作为毕节中心党风廉政建设工作的重要抓手和突破点，强化中心干部职工廉政思想建设，着力消除蒋某违法违纪对中心造成的恶劣影响，持续深入推进中心党风廉政建设。

一是认真落实主体责任和“一岗双责”。强化责任主体，将党风廉政建设与公共资源交易工作同部署、同落实、同检查；各部室负责人对本部室负“一岗双责”责任，坚持“管业务必须管党风廉政”要求，层层传导压力，加大党风廉政建设工作督促和检查力度，中心领导班子成员每半年向中心党组书记汇报一次“一岗双责”的落实情况，部室负责人每季度向分管领导汇报本部室的“一岗双责”责任的落实情况。深入开展交心谈心工作，要求“一岗双责”责任人做好交心谈心工作，交心谈心的范围为干部职工的思想、工作、学习、纪律、家庭、生活等方面，主要领导与分管领导谈心谈话，分管领导与分管部室谈心谈话。强化提高领导班子和部室负责人加强党风廉政建设的自觉性，对发现苗头性问题及时约谈相关人员，及时防治有关行为。

二是强化纪律规矩意识，深入剖析蒋某腐化堕落的原因。教育引导党员干部始终严守政治纪律和政治规矩，深刻认识违反政治纪律和政治规矩的严重危害性。通过领导班子民主生活会、党组中心理论学习组学习会议、全体干部职工学习大会、党支部学习会议等不同方式集中学习，交流发言，形成共识，深入分析研判蒋某腐化堕落的原因，消除蒋某案件造成的恶劣影响，共同促进中心廉洁素养的全面提高，将中心全员建设成为一支政治过硬、作风扎实、业务精湛、清正廉洁、服务规范、敢于担当的公共资源交易干部队伍，中心党组及党组成员对蒋某案件“一案一整改”及王晓光、蒲波案件认真进行了剖析和对照检查。通过加强理论学习、警示教育、交心谈心、批评和自我批评，增强大局意识、责任意识、服务意识和廉洁自律意识，进一步树立正确的世界观、人生观、价值观，坚守政治纪律和政治规矩。

三是着力转变工作作风，开展廉政文化进机关活动。通过开展蒋某案件警示教育，促进全体干部职工牢固树立服务为本的理念。完善修订《服务承诺制》《一次性告知制》《首问负责制》等行风效能制度，2019 年，中心共计制定完善印发内控制度及工作作风相关制度 34 件。结合中心公共资源交易工作特点，利用中心门头电子显示屏重点播放党风廉政教育宣传视频和图片、开辟公共资源交易法律法规宣传专栏、悬挂廉洁交易宣传展图等，使讲政治树新风、讲规矩守纪律在场内交易各方主体中入脑入心，规范场内交易行为。牢固树立交易工作服务大局、服务社会经济发展的理念。

（撰稿：向爱林）

毕节海关

【概述】 2019 年是毕节海关事业发展的开局之年，在贵阳海关党委的坚强领导下，在毕节市委、市政府的关心支持下，毕节海关守初心、担使命，立足市情、关情，围绕自身“小、边、新”特点，发扬艰苦奋斗的“边关精神”和“毕力同心”党建品牌精神，团结奋进，开拓进取，强基提质，履职尽责，全面推动事业向前发展。

【提高政治站位，夯实思想基础，突出政治建关】 深入学习贯彻党的十九大精神、十九届三中、四中全会精神、习近平新时代中国特色社会主义思想，坚决落实习总书记对海关工作的重要指示批示精神，坚定中国特色社会主义理想信念，树牢“四个意识”，增强“四个自信”，坚决做到“两个维护”，切实做到思想统一、意志统一、行动统一，不折不扣贯彻落实党中央、国务院作出的决策部署和总署党委、贵州省委省政府、贵阳海关党委、毕节市委市政府的工作安排，持续提高全体干部职工思想认识，强化理论武装，提高政治站位，为海关事业发展提供坚强政治保证。

【抓好支部建设，夯实党建基础，发挥引领作用】

（一）扎实开展支部标准化规范化建设，夯实党建基础。一是加强计划性，制定落实支部学习、活动和党员培养计划；二是加强规范性，认真落实“三会一课”，及时梳理党员培养历史遗留问题；三是及时整改支部规范化标准化考核存在的弱项和不足；四是制定《支部议事规则》等规章制度，完善支部制度体系。

（二）稳步推进“一支部一品牌”工作，打造特色品牌。引导广大党员立足岗位、敬业奉献，集思广益，结合辖区实际、中心工作深入挖掘品牌主题、丰富完善品牌理念、深化拓展品牌内涵，创建“毕力同心”支部品牌，不断提升支部的凝聚力、战斗力和创造力。

（三）扎实开展主题教育，入脑入心走深走实。一是切实抓好学习教育，以集中学习研讨、警示教育、讲述廉政故事、专题党课等方式，多措并举教育引导全体党员干部践行初心使命，内化、深化、强化理想信念；二是扎实推进调查研究，2019 年开展实地调研 30 余次，形成织金县皂角米产业发展专题调研报告、金沙回沙酒厂及毕节白酒产业发展专题调研报告，得到市政府主要领导、联系毕节海关的市领导的充分肯定；三是认真检视剖析问题，共查摆问题 32 个，制定整改措施 35 条，边查边改、立行立改；四是从严从实抓好整改，认真分析问题实质，深挖根源，做好任务分解，责任到人，列明时限，逐条逐项推进落实，32 个问题除开办新增海关业务问题，其余均已完成整改。

通过扎实开展主题教育，毕节海关全体人员践行“人民海关为人民”的理念，以切实的措施、优质的服务，帮助解决企业遇到的困难与问题。海关总署主题教育第五巡回指导组对毕节海关开展主题教育活动取得的成效给予肯定；毕节海关多措并举助力纳雍府茗香茶叶有限公司31.5吨茶叶（货值58.5万美元）销往香港、出口菲律宾，实现毕节茶叶的首次出口，为毕节海关送来了“为民服务解难题、助企发展敢担当”的锦旗，市政府充分肯定毕节海关助力企业开拓国际市场、大力支持企业发展的举措。

【全面从严治党，夯实廉政基础，建设清廉海关】
一是落实主体责任，将关区业务工作与党风廉政建设同步抓、同步检查、同步落实，组织全体党员签订《全面从严治党责任书》，组织制定《毕节海关加强领导班子自身建设八条规定》，持续加强班子建设，强化党员干部主体责任意识；二是抓廉政促勤政，杜绝吃拿卡要、徇私舞弊，严格落实首问负责制、限时办结制、“一次性告知”制度，真诚、真心、真情服务企业和群众；三是抓党风促政风，以警示教育、廉政党课等多种形式开展党风廉政建设，带头树立底线、红线意识，明确纪律要求，着力提升行风政风；四是加强廉政风险防控，定期开展廉政风险分析，制定廉政风险防控措施，通过双人作业、定期不定期抽查等方式强化对业务、财务报销、物资采购等重点领域的廉政风险防控力度；五是严守纪律规定，严格遵守《中国共产党党员领导干部廉洁从政若干规定》，严格执行中央“八项规定”精神，持之以恒反“四风”，持续整治群众身边的腐败和作风问题。通过认真履行从严治党责任，持续抓党风促政风、抓廉政促勤政，毕节海关行风政风有效提升，未发生徇私舞弊、吃拿卡要的情事，清廉海关形象有力彰显。

【树规矩明责任，夯实管理基础，打造准军队伍】
一是按照“三定”方案，完成职责分工。根据机构改革“三定”方案职责及科室设置要求，明确班子成员分工，完成科室人员调整，细化科室职责，制定岗位说明书，明确岗位工资要求。

二是落实上级管理要求，严格履行职责。及时传达学习贵阳海关关区工作会、从严治党工作会、形势分析会等会议精神，以及毕节市委、市政府相关会议精神，抓好贯彻落实；组织全员签订《保密承诺书》，明确保密要求；组织全员签订《杜绝酒驾醉驾承诺书》《杜绝酒驾醉驾倡议书》，杜绝酒驾醉驾；落实财经、公务用车、办公用房、聘用人员管理要求，加强财务报销、车辆、办公用房、聘用人员、食堂等的管理。

三是建章立制，打牢制度建设基础。深入贯彻落实十九届四中全会精神，推进制度创新，提升治理能力。梳理工作职责，树规立矩，制定《毕节海关党委议事规则》《廉政建设规定》等32个规章制度，逐步形成定位准确、科学完备、适用性强、操作性好的制度体系。

四是加强队伍管理，树立良好风貌。明确纪律要求，不养“三种人”：不养闲人——拿着工资就要做好工作，不养两面人——对党、人民、组织要忠诚，表里如一，不养吃里扒外之人——吃着党和人民的，谋自己的私利；加强准军建设，定期开展队列训练、内务规范检查，严明纪律部队要求，不断提升干部队伍作风和素养，树立毕节海关干部队伍良好风貌。

【勤学苦练实干，夯实业务基础，提高执法水平】
一是努力建设学习型海关。加强业务学习，建立健全学习制度和计划，开展“每周一课”学习法律法规、业务规范性文件；邀请贵阳海关业务专家现场指导，提升关员业务能力和执法水平；加强新增海关业务学习培训，分期分批安排6名同志赴贵安新区、筑城、龙洞堡机场海关跟班学习；鼓励关员参加继续教育及自学新知识、新技能，营造浓厚学习氛围。

二是做好已开办业务。认真履行好已开办检验检疫监管职责，落实“放管服”改革各项举措，持续优化营商环境，向企业释放改革红利，提高企业“获得感”。2019年，完成37家海关收发货人备案、5家出口食品生产企业备案、3家出境水果果园备案、5家供港澳蔬菜种植基地备案、2家出口食品原料种植场备案、1家出口禽蛋及其制品蛋禽养殖场备案、进口医疗设备和成套设备商品检验6批次、出口芸豆荞麦等产品检验检疫27批次、签发原产地证书3份。

三是落实专项工作。开展扫黑除恶专项斗争，营造公平健康有序的进出口市场环境；扎实开展打击走私“国门利剑2019”联合专项行动，重点打击“洋垃圾”走私、濒危物种及其制品走私，以“零容忍”的态度，切实强化监管；认真组织学习《海关全面深化业务改革2020框架方案》，严格按照要求做好推进落实。

【办实事出实效，夯实服务基础，助力毕节经济发展和脱贫攻坚】 一是因地制宜，出台措施促进毕节外向型经济发展。落实贵阳海关促进地方外向型经济发展精神，结合2019年毕节市政府工作报告及毕节外经贸发展实际，组织制定《毕节海关支持毕节外经贸发展十条措施》，支持毕节开发平台体系建设，支持毕节加工贸易、农业、畜牧业产业发展，优化营商环境，主动作为，促进毕节外经贸持续健康发展。

二是开展培训，帮助企业掌握进出口业务知识和政策。组织牵头与市商务局、税务局、农业农村局联合举办2期进出口业务培训班，参训人员共计220余人次。帮助企业掌握出口农产品基地备案、进出口报关、税收减免、加工贸易等相关业务流程和政策要求，受到企业好评，毕节市电视台、毕节日报等新闻媒体对“进出口业务知识培训班”进行采访、报道。

三是广泛调研，助力毕节产业和进出口企业发展。深入毕节各县区开展调研，摸底地方产业发展和企业生产经营状况，收集企业需求，2019年累计开展实地调研30余次，了解和帮助解决企业遇到的困难与问题，支持企业发展，以支持产业发展助力产业扶贫。

四是履职尽责，保障毕节畜牧业生产安全。以严格把关为前提，优化服务，对毕节重点项目——中禾恒瑞（贵州）有限公司进口牛冻精液进行监管，全力保障进口牛冻精液、第一代牛犊疫情疫病的监测防控，已累计检疫47.6万支牛精液，杜绝疫病传入毕节。

五是多措并举，积极助推毕节融入粤港澳大湾区“菜篮子”。会同市相关部门多次赴毕节各县区调研，摸底企业基地建设情况；组织业务骨干精心指导企业落实整改，做好基地备案；助力“第三届毕节试验区乌蒙山农特产品交易会”，对参加交易会的客商提供进出口业务指导、咨询服务及政策宣讲；支持毕节供粤港澳大湾区“菜篮子”配送中心建设。已成功指导贵州省织金县农耀农业开发有限公司等5家公司完成供港澳蔬菜种植基地备案，2019年累计完成农特产品相关资质备案16家，供港澳蔬菜种植基地、出口禽蛋及其制品蛋禽养殖场等多项备案均为首次办理。

六是牵线搭桥，助力毕节招商引资。为金沙经济开发区联系引进包装生产企业——深圳市森棋印刷有限公司。作为该项目的延伸，贵州省吉安商会牵头，贵州金沙酒业集团与赣商酒业发展有限公司签订战略合作协议，该项目将为金沙酒业集团拓宽华东六省一市销售渠道，预计每年可为金沙县增加税收亿元。

【争取党政支持，夯实保障基础，营造良好发展环境】 积极向市委、市政府请示汇报我关工作存在的困难，争取市委、市政府在办公、业务、生活用房、运行维护经费和事业编制人员等方面对我关的支持。加强与市相关部门联系沟通，加速推进我关办公楼各项建设、运行维护经费落实到位、事业编协勤人员落实到位等工作。

【抓引导重养成，夯实文化基础，营造干事创业

氛围】 拟定并在实践中不断完善治关理念，拓展载体，加强引导，夯实文化基础。一是培育家庭文化，开展政治家访，引导全体干部培育良好家风，发挥家庭监督作用，进一步将全面从严治党推向纵深；二是培树工作文化，明确工作时效性、质效性、执行力要求，把“马上就办、真抓实干”落到实处，作为工作作风日常养成；三是强化廉政文化，一方面通过学习强国、海关e课堂、支部活动等多种方式加强廉政教育，另一方面加强日常引导，将廉政纪律融入日常工作生活中，经常性开展谈心谈话、廉政提醒，强化“做人有底线、做事有红线”的意识，做到“三管住”：管住口、管住手、管住腿，做到不该吃的不吃、不该拿的不拿、不该去的不去，推动廉政文化建设由“虚”变“实”、由“少”变“多”、由“远”变“近”。持续增强全局观念和团队意识，形成整体合力，营造爱关如家、毕节海关一家亲的工作、生活和文化氛围。

（供稿：毕节海关办公室）

财政·税务

财 政

【概述】 2019 年，在市委、市政府的正确领导下，全市财政部门始终坚持党对财政工作的绝对领导，牢牢把握正确政治方向，围绕打赢脱贫攻坚战、建设贯彻新发展理念示范区新使命，聚焦推进全市高质量发展目标，坚持积极的财政政策加力提效，加强财政收支管理，落实减税降费政策，防范化解政府债务风险，强化预算绩效管理，全市财政运行总体平稳。

【切实加强财政收支管理】 2019 年，全市一般公共预算收入完成 130.25 亿元，同比增长 0.11%。其中，税收收入完成 94.06 亿元，同比下降 3.69%；非税收入完成 36.19 亿元，同比增长 11.49%。非税收入占比 27.79%。全市一般公共预算支出完成 689 亿元，同比增长 19.86%。其中，财政八项支出完成 519.98 亿元，同比增长 22.57%；民生类重点支出完成 511.87 亿元，同比增长 13.74%。

【认真落实减税降费政策】 成立减税降费工作领导小组，印发贯彻落实减税降费政策实施方案，强化与税务、人社、发改等部门的工作合力，深入开展非税收入征管及国家和省降费减负政策措施落实情况调研，扎实推进减税降费政策落地见效。同时，针对减税降费对收入增长的影响，一方面，多渠道筹集资金，加大预算统筹力度，积极盘活财政存量资金，抓好国有资源（资产）有偿使用收入，着力弥补收入减收缺口。另一方面，坚持过“紧日子”，在压缩行政经费 8% 用于支持教育精准扶贫的基础上，再压减一般性支出 5%、“三公”经费 3%，压减资金重点用于脱贫攻坚、防范化解债务风险等领域。

【大力支持脱贫攻坚】 市本级在财力十分薄弱

的情况下，千方百计筹集和安排扶贫产业发展、农业、林业、水利、医疗、教育、农村危房改造等脱贫攻坚方面资金6.72亿元。大力推进财政涉农资金统筹整合使用。加强扶贫资金管理使用不规范专项治理，2018年脱贫攻坚成效考核反馈的4个问题和2016—2018年中央和省巡视巡察、审计、检查、考核等发现的109个问题全部完成整改。紧盯“人、卡、钱”，扎实抓好惠民惠农财政补贴资金“一卡（折）通”专项治理。

【防范化解政府债务风险】 制订《毕节市政府隐性债务风险预警方案》《毕节市加快推进政府投资项目“投转固”工作方案》《毕节市政府性债务还本付息压力大整改方案》《毕节市政府隐性债务风险防范及舆情处置工作规范（试行)》，设立毕节市债务风险应急资金池，建立政府债务管理工作调度提示机制，认真抓好债券付息、再融资债券申报、债务公开等方面工作。围绕落实十四条化债措施，制定市本级2019年债务风险防范化解工作方案，成立6个工作专班，实行工作周调度制度，督促各债务单位按照“一个债务一个风险化解方案”的原则，分月制定债务还本付息计划表，细化实化债务化解资金来源，着力防范化解债务风险。

【加快推进财政体制改革】 持续深化财政预算一体化改革，聚焦信息化、规范化、精细化、科学化，全面优化全市财政预算一体化系统，在全省率先实现国库集中支付电子化管理全覆盖，进一步增强了财政预算管理效能。强化绩效管理，印发《毕节市预算绩效管理办法（试行)》《毕节市预算绩效目标管理实施细则》《毕节市预算绩效运行跟踪管理实施细则》《毕节市预算绩效评价实施细则》《毕节市预算绩效评价结果应用实施细则》，搭建“毕节市预算绩效管理系统”平台，开展全市财政资金绩效大调研。加快推进综合治税改革，深入开展税源大排查、税收大清理、机制大完善，探索健全综合治税各方面制度，不断提高依法组织收入的精准性。深入推进差旅电子凭证网上报销改革试点，市财政局充分运用“公务之家”手机APP平台，全面推广使用公务卡，实现了出差申请审批、费用支付报销、票据凭证储存全流程电子化、全环节可溯化管理。

【着力抓好财政管理】 加强预算管理，全面推行零基预算，按照“三保障、三优先”原则安排财政资金，落实财政预决算公开，严格预算刚性约束。大力推广PPP项目，全市录入财政部PPP综合信息平台审核通过项目160个，涵盖市政工程、交通运输、生态环保、医疗卫生等17个行业领域，总投资1400余亿元。现有国家示范项目6个，省级示范项目15个。加强政府采购管理，积极推进政府采购领域“放管服”改革，建成市级政府采购竞价系统。全面推进预算执行动态监控，规范财政资金支付管理。强化财政投资评审。加强中小企业财务会计管理及融资能力提升培训，全市培训1100余户1700余名中小企业法人和财务人员。指导全市1600余家行政事业单位完成2018年度内控制度报告编制工作。加强行政事业单位国有资产管理，认真开展资产配置、处置、检查等工作。加强法治财政建设，按照“谁执法谁普法”原则，建立普法责任清单，积极开展财政法治宣传教育。

（供稿：市财政局）

税　务

【概述】 2019年是新中国成立70周年，是国税地税机构改革后的开局之年。国家税务总局毕节市税务局坚持以习近平新时代中国特色社会主义思想为指导，勠力同心、迎难而上，创新思路，狠抓执行，各项工作稳中有进，成绩显著。

【组织收入】 严守收入原则，确保应收尽收贯穿税费征收始终，税收收入量增质优。受经济下行和大规模减税降费的影响，2019年全市组织收入面临巨大压力。面对挑战，国家税务总局毕节市税务局迎难而上、多管齐下，采取狠抓欠税追缴与稽查查补，扎实开展土地增值税清算，开展茅台酒、驾校、非煤矿山等行业专项清理，充分挖掘税收潜力，确保应收尽收。通过规范税收秩序、强化薄弱环节、控管重点税源等方式有效堵塞了征管漏洞。2019年，全市税务系统共完成各项收入270.95亿元。税收总量持续保持全省第三、税收增速全省第二，比上年上升一位。另外，征缴社会保险费收入44.1亿元。

【“不忘初心，牢记使命”主题教育】 坚持理论武装，确保“四项重点措施”贯穿主题教育始终，教育成效不断显现。始终把党的政治建设摆在首位，深入学习贯彻习近平新时代中国特色社会主义思想，坚持将“四项重点措施”贯穿主题教育始终，以税收工作成果检验主题教育成效。一是高要求抓好学习教育。举办主题教育读书班、研讨班13期，开展“铭记峥嵘税月，不忘初心使命”、主题教育应知应会“百题万人大考”等专题教育活动，确保理论学习入脑入心，确保学以致用。二是高标准抓好调查研究。深入走访扶贫联系点和基层税务分局察税情、查问题，开展座谈会19次，征集意见12条，检视发现问题16个，制定整改措施22条，班子成员开展调研并形成调研报告25个，通过市委政研室、市社科联结题验收课题5个，上专题党课12次。三是高精度抓好检视问题。对照党章党规，认真检视思想、工作、生活、作风等方面存在的差距与不足；围绕“放管服”改革、税收营商环境等6个方面，对煤炭和交通运输管理等重点工作开展问题检视，开展明察暗访21次，对减税降费等重点工作开展监督检查12次。四是高质量抓好整改落实。结合省局主题教育梳理“8+3”方面问题，认真落实省局部署的6项专项治理和市委市政府部署的2项专项治理，解决政治站位不高、形式主义官僚主义等问题。通过一体推进“四项重点措施”，进一步激发了推进毕节税收改革发展的强大动力，达到了理论学习有收获，思想政治受洗礼，干事创业敢担当，为民服务解难题，清正廉洁做表率的预期目标，取得了实实在在的教育成果。

【减税降费工作】 聚焦税收主题，确保精准落实贯穿减税降费始终，政策红利充分释放。市局注重抓统筹、抓协调、抓督导，各县（区）局注重抓具体、抓深入、抓落实，上下联动确保减税降费落地生根。一是强化统筹协调构建共治格局。及时向市委市政府汇报减税降费工作落实情况，成立毕节市减税降费工作领导小组，构建了“一组一办十小组”的组织领导体系，统筹各县（区）、各有关部门推进减税降费工作。二是全面宣传辅导确保应知尽知。采取多种方式持续为纳税人开展减税降费培训辅导，确保纳税人熟练掌握减税降费业务政策，全年共为419074户（次）纳税人提供宣传辅导服务，其中，开展面对面培训398期，培训纳税人59715户（次）；通过短信、微信、QQ等推送涉税政策信息309793条。通过办税服务厅、上门服务等提供面对面辅导26565个，提供电话辅导23001个。三是严格督导问责确保精准落实。制定减税降费专项绩效考评办法，组建5个常态化的督查督导工作组，按季对减税降费工作进行精准督导；开展减税降费“大清理、大排查、大走访”工作、减税降费自查整改专项再督查等活动，对基层作风纪律情况进行明察暗访，确保问题整改到位。2019年，全市减免各项税费30.17亿元，其中全市新增减税政策减税14.72亿元。在国务院第六次大督查和省委省政府大督查中均获得充分肯定。

【优化营商环境】 创新工作思路，确保高效便民贯穿纳税服务始终，营商环境持续优化。全面落实“便民办税春风行动”部署和要求，围绕纳税人办税需求，不断提高纳税服务质效，纳税人办税获得感和满意度更高。在2019年度全省纳税人满意度第三方测评中获得了全省第一名的好成绩。一是持续用好纳税信用助力企业发展。协助银行推广“云税贷”等依托纳税信用的信贷产品，联合金融机构开展“银税互动”助力小微企业发展活动，2019年共为3847户纳税人发放贷款18.49亿元。二是持续推动简政放权。在2018年已取消35项税务证明事项的基础上，进一步取消25项涉税证明；将增值税普通发票核定事项由限时办结改为即时办结，大幅缩短办理时间；压缩出口退税办理时限，确保审核办理正常出口退税的平均时间压缩在10个工作日以内。三是持续推出便民举措。大力推进“电子税务局”办理涉税业务；推出微信、支付宝、自助办税终端等多种方式缴纳社保医保费；建成9个自助服务大厅，安装自助办税终端机86台；推行资料“一次报送、容缺后补”，实现152项涉税事项办理“最多跑一次”；全面铺开“多彩宝”APP代开增值税电子普通发票工作。

【依法治税建设】 优化执法方式，确保公正规范贯穿税收执法始终，依法治税不断深化。一是抓牢抓实“三项制度”建设，把行政执法“三项制度”作为优化执法方式的重要抓手，“三项制度”做法在全国税收政策法规工作暨全面推行“三项制度”部署会议上进行重点交流研讨并获得税务总局孙瑞标副局长表扬性批示，开发的集成应用系统获全省推广运用。在12月13日召开的全省全面推行行政执法三项制度工作推进电视电话会上，七星关区局作了交流发言，是全省四家交流的单位之一。二是建强建全依法治税组织体系，修订完善全面依法行政领导体制机制，明确职能职责与议事规则。2019年市局党委听取全面依法行政工作汇报1次，领导小组召开会议3次。织金、大方、赫章三个单位被评为全省税务系统法治示范基地。三是从严从紧追究执法过错，共追究税收执法过错219人次，其中，批评教育192人次，责令作出书面检查23人次，通报批评3人次，取消评先选优1人次。税收执法过错责任追究在全省税务系统力度最大，切实增强了税务干部的执法风险意识、责任意识和纪律意识。

【税务干部队伍建设】 专注基础夯实，确保互补融合贯穿组织保障始终，业务队伍加速融合。一是抓实制度建设。以“规范管理年”为契机，健全和完善了行政管理、税收征管、纳税服务等77项制度，强化税收执法权、行政管理权的监督和制约。二是抓牢教育培训。定期开展政策解读视频培训会，组织开展“全员大测试”3次，市局组织培训25期1537人次，县（区）局组织培训172期10975人次，参加省局组织的培训班42期426人次。三是严格按照《党政领导干部选拔任用条例》规定，抓严干部选任。四是抓细分局建设。以“五小”建设为载体和抓手开展乡镇税务分局标准化建设，着力实现分局形象建设标准化、工作职责标准化、征收管理标准化、纳税服务标准化、队伍建设标准化、内务管理标准化、制度建设标准化。完成标准化分局建设7个，并召开现场观摩推进会，为下一步建设工作探索了经验、树立了样板，得到省局领导的充分肯定。五是抓好阵地建设。以“礴同”文化为核心，整合历史资料，建设完善文化展厅、文化走廊，创办《毕节税务》《礴同文化》，充分发挥文化引领作用。组建15类20个兴趣小组定期开展活动，举办“促融合 庆华诞 建功新税务”文艺会演，庆祝新中国成立70周年税收助力经济发展摄影图片展等活动，加快推进“四合”步伐。同时，注重加强意识形态阵地建设，共拍摄宣传视频5个，其中2个视频在全国税收公益广告评选中获奖；1个微电影在中央保密办、国家保密局作品征集中获奖，获得税务总局局长王军的点赞。

【全面推进从严治党】 坚持严抓实管，确保纵深推进贯穿全面从严治党始终，政治生态更加明朗。一是党委带头履职，推动两个责任落地生根。班子成员带头履职尽责，严格落实“选人用人责任、明纪纠风责任、预防监督责任、支持保障责任、管理示范责任”，召开党委会研究全面从严治党及反腐败工作，与各县区局主要负责人签订全面从严治党主体责任书，层层压实责任。二是聚焦突出问题，筑牢拒腐防变思想防线。制定完善《党委工作规则》等一系列党委、基层党组织建设制度，严格执行个人有关事项报告制度、民主集中制、重要情况通报制度等，着力构建不敢腐、不能腐、不想腐的有效机制。制定下发《科级主要负责人节假日遵规守纪情况报告制度》，加强对领导干部特别是“一把手”这个“关键少数”的监督，增强纪律意识和规矩意识。利用《警示录》《忏悔之音》开展警示教育，对全市税务系统发生的4件违法违纪案件开展“一案一整改”，教育干部职工深刻吸取教训，严守纪律规矩，切实做到知敬畏、存戒惧、守底线。三是持续正风肃纪，营造风清气正政治生态。持续抓住“关键少数”和“管住大多数”，运用“四种形态”处理296人；集中整治形式主义、官僚主义，对发现的10个问题要求主体责任部门严肃整改，开展落实中央八项规定精神检查10次。把内部监督挺在外部监督之前，全市税务系统政治生态持续加强、持续向好，实现了班子稳定、组织稳定、干部稳定。在市纪委监委全面从严治党“两个责任”落实情况考核中，获得99.8的高分，位居前列。

【文明创建】 全系统2个基层单位获得“全国巾帼文明岗”荣誉称号，1个单位获“全国青年文明号”，1个单位获得全国“七五”普法中期先进集体、1个基层单位获得全国税务系统先进集体称号，1人被省妇联表彰为全省2018年度“家庭美德之星”，市局机关团支部获省“五四红旗团支部”荣誉称号等。

【驻村帮扶】 全市税务系统着力抓实驻村帮扶工作，共派出驻村干部101名，其中驻村第一书记38名，直接投入资金898.5万元，引进帮扶资金137.4万元，扶持龙头企业和农村合作社6个，结对共建党支部10个，6个单位获得表彰，派出驻村干部被表彰11人次。

（供稿：国家税务总局毕节市税务局）

统计·审计

统 计

【概述】 2019 年，毕节市统计局在市委、市政府的坚强领导下，在省统计局的精心指导下，坚持以习近平新时代中国特色社会主义思想为指导，始终围绕全市经济工作中心强基础、谋发展、求突破，坚持依法统计、科学统计，致力于推动统计服务水平的提升，为经济社会发展提供更加精准、务实、便捷的统计信息、咨询、监督服务，奋力推进试验区统计改革发展新局面，为试验区打赢“113 脱贫攻坚战”做出应有的统计贡献。

【抓好统计数据质量，预防统计造假弄虚作假】 一是扎实开展统计造假问题专项整治。按照有关意见、规定、办法明确的各项防惩统计造假要求和市纪委市监委有关工作要求，印发《毕节市落实统计造假问题专项整治实施方案》，牵头在经济发展综合测评指标和 GDP 核算指标涉及的 24 家市直部门及 10 个县区党委、政府中开展统计造假问题专项整治，通过采取规范统计行为和方法、加强统计造假源头防控、强化统计数据质量内控机制、严肃问责统计造假责任部门和责任人等整治措施，严防统计上虚报浮夸、弄虚作假的问题，切实提高统计数据真实性，维护政府统计公信力。二是认真开展统计数据质量抽查核查。组织成立工业、投资、商贸、服务业四个工作专班，针对全市联网直报调查单位，采取查阅原始资料的方式，对 2019 年 1 - 7 月统计数据开展抽查核查，严防严惩统计造假弄虚作假，层层压紧压实统计数据质量，提高全市统计数据真实性。三是大力提升统计数据质量。加强对统计业务基础工作的规范性建设，科学制定各专业统计数据评估方案，对县区数据进行严格审核评估，实行统计数据下管一级，名录库维护下管一级，严把统计数据质量关。四是加大统计违法查处力度。认真落实统计执法检查“双随机”工作制度，2019年前三季度，市县统计部门共开展“双随机”统计执法检查30次（其中市开展4次、县区开展26次），检查企业236个（其中市检查24个、县区检查212个），涉及房地产、工业、投资、商贸、服务业等行业，发现统计违法行为26件（其中市发现11件、县区发现15件），立案查处统计违法案件15件（其中市立案查处5件、县区立案查处10件），对违法企业视其情节轻重分别给予了口头责令整改、责令改正、予以警告、并处罚金等处罚。通过严厉的执法检查，坚决防止和抵制在统计上弄虚作假，遏制“数字上的腐败”。

【做好统计监测，助力经济社会高质量发展】全市2019年完成地区生产总值1901.36亿元，同比增长8.0%。其中，第一产业增加值439.36亿元，同比增长5.7%；第二产业增加值520.67亿元，同比增长6.8%；第三产业增加值941.33亿元，同比增长9.9%。第一产业增加值占地区生产总值的比重为23.1%，第二产业增加值占地区生产总值的比重为27.4%，第三产业增加值占地区生产总值的比重为49.5%。全年农林牧渔业增加值464.4亿元，同比增长5.7%。规模以上工业增加值同比增长5.3%。固定资产投资同比增长0.9%。社会消费品零售总额同比增长6.3%。一般公共预算收入130.3亿元，同比增长0.2%，其中，税收收入94.1亿元，同比下降3.7%。一般公共预算支出689亿元，同比增长19.9%。金融机构人民币存款余额1902.14亿元，同比下降0.5%。金融机构人民币贷款余额1860.07亿元，同比增长17.6%。

【创新统计服务方式，提升统计服务质量】 一是丰富完善传统统计服务产品。不断丰富和完善《毕节统计年鉴》《统计月报》《领导干部手册》和《毕节市国民经济和社会发展统计公报》等传统统计服务产品，为各级各部门提供全面的统计咨询和服务。二是强化统计监测和预警分析服务。对经济社会发展各项指标进行预警、监测，实行数据报送“速报制”和经济运行预警制，既保障了统计服务及时性，又提升统计服务的质量和水平。三是做好新闻发布会服务。及时将经济社会发展情况向社会各界公布，围绕社会公众关注的热点问题，通过回答记者提问，积极正面解读统计数据，合理引导社会发展预期。四是拓展统计服务渠道。充分利用毕节市统计信息网、毕节统计发布（APP）、依申请公开等多元化方式及时做好统计数据发布工作。五是开展统计服务千企活动。按照省统计局的要求，对工业、投资、商贸、服务业等统计专业，均建立起了具体的服务企业清单，并定期上门开展服务活动。

【抓好统计普查调查，切实提升统计服务能力】

一是认真组织各项常规调查。圆满完成国民经济核算、名录库、农业、工业、投资、建筑业、商贸、服务业、能源、劳动力、工资、社会科技等常规统计调查，获得大量月度、季度、年度统计数据，为党委、政府科学决策提供了量化依据。二是认真开展新兴统计调查。做好新经济调查、大数据产业调查、电子商务统计监测、大扶贫监测、政府性资产清查等新兴统计调查活动，及时反映全市经济转型升级发展情况。三是积极做好社情民意调查。始终坚持服务决策、服务基层、服务民生，科学谋划，精心选题，截止11月底完成了“毕节市党风廉政建设社会民意调查”“2019年毕节市群众安全感调查”“环境满意度调查”“2019年市直领导班子和领导干部群众满意度调查”等调查任务。四是认真做好全国第四次经济普查。根据上级统计部门要求，严格按照国家、省的统一安排部署，圆满完成了第四次经济普查各项工作，通过国家、省的质量验收，经济普查工作受到省经普办的高度认可。

（供稿：市统计局）

国家统计局毕节调查队

【概述】 2019年，国家统计局毕节调查队在国家统计局和总队党组的正确领导下，在市委市政府的关心指导下，坚持以习近平新时代中国特色社会主义思想为指导，深入学习贯彻党的十九大精神、十九届历次全会精神和总书记对毕节试验区的重要批示、指示精神，不忘初心、牢记使命，在毕节调查队系统鲜明地提倡“功成不必在我、建功必须有我”的创业态度和“敢为天下先”的首创精神，以“六气同聚”为魂，以“奋力打造阳光调查队”为目标，聚焦毕节“113攻坚战”，攻坚克难、奋勇担当、争先创优，以更加激情的创业，更加务实的举措，全面完成各项工作目标任务。

【守好意识形态主战场，唱响思想建设主旋律】 毕节调查队以政治建设为统领，牢固树立“四个意识”、坚定“四个自信”，做到“两个维护”，始终同以习近平为核心的党中央保持高度一致。

一是把党的政治建设摆在首位。毕节调查队紧紧围绕坚持和加强党的全面领导，深入学习贯彻习近平新时代中国特色社会主义思想、党的十九大及十九届二中、三中、四中全会精神、总书记重要讲话、重要指示精神、习近平总书记在庆祝中华人民共和国成立70周年大会上的重要讲话精神、全国、全省、全市宣传部长会议精神。采取集中学习和个人自学相结合的方式，组织班子成员、干部职工认真学、反复学，切实做到内化于心、外化于形，坚决维护习近平总书记党中央的核心、全党的核心地位，坚决维护党中央权威和集中统一领导。7月9日，毕节调查队党支部和七星关调查队党支部联合开展党建知识测试。督促党员干部进一步学习政治理论和业务知识，提高党员学思践悟、牢筑初心的思想自觉和行动自觉。

二是示范带动，坚决贯彻落实中央八项规定精神。队领导认真履行职责，锲而不舍落实中央八项规定精神，把纠正“四风”作为严肃的政治任务，把管和治更多体现在日常，抓常、抓细、抓长。队领导以身作则、率先垂范，树立良好形象，党员干部履职尽责担当，遵规守纪守法，把落实中央八项规定作为一项严肃的政治任务，以案说纪、以案说法、以案说廉，教育引导党员干部坚守初心使命、筑牢思想防线。4月，检组长王泽伟以“加大作风建设力度，严防‘四风’问题反弹”为题上廉政党课；5月，组织辖区各县队班子成员，从“统计调查系统纪检监察机构设置及职责、建立健全惩治和预防腐败体系建设、党的纪律、廉洁自律”四个方面开展纪检监察工作培训；6月，组织辖区市县队班子成员、全体党员40余人，赴毕节市反腐倡廉预防职务犯罪警示教育基地参观学习。切实做到月月有警示，次次过节“打招呼”，让干部职工时刻绷紧廉洁自律的弦，时刻坚守中央八项规定精神。

三是“五个聚焦”扎实有效地开展“不忘初心、牢记使命”主题教育。毕节调查队党组严格按照中央的统一部署，全面落实国家局、总队和市委的安排和部署，紧紧围绕“守初心、担使命，找差距、抓落实”的总要求，坚持问题导向、目标方向，把学习教育、调查研究、检视问题、整改落实贯穿始终，进一步筑牢忠诚根基、解决突出问题、改进工作作风、激发担当作为，锤炼党员干部忠诚干净担当的政治品格，确保主题教育扎实深入开展。聚焦理论学习有收获，进一步提高党员干部理论素养。把学深悟透习近平新时代中国特色社会主义思想与学习贯彻习近平总书记对统计工作指示精神紧密结合起来，认真开展了6次集中学习研讨，干部职工主动撰写交流材料26篇，学习发言稿39篇，心得体会16篇，涉及从四个迫切需要的角度深刻理解为民服务解难题的现实紧迫性、增进对习近平新时代中国特色社会主义思想的政治认同思想认同情感认同、坚守苏区调查精神强化国家调查意识、增强服务本领决胜全面小康、砥砺初心勇担使命、以榜样的力量激励担当作为、坚定政治方向补足精神之钙、推动实现中华民族伟大复兴、坚决抵制统计造假弄虚作假维护良好统计生态等内容。聚焦思想政治受洗礼，进一步坚定党员干部理想信念。毕节队以“五个一”抓实理想信念教育，强化为民服务的使命担当，即观看一部红色电影、上好一次专题党课、重走一段长征之路、学好一个身边榜样、做好一件实事好事。聚焦干事创业敢担当，进一步激发党员干部创先争优的热情。毕节队党组队把“领导有正气、干部有士气、队伍有朝气、创业有勇气、调查接地气、管数有底气”这“六气同聚”的治队理念置入到主题教育中，要求每个党员都心怀“功成不必在我，建功必定有我”的信念。聚焦为民服务解难题，进一步强化党员干部宗旨意识。毕节队党组认真查找和解决在统计调查服务、密切联系基层、减轻基层负担方面存在的突出问题。队领导在大兴调查研究、大兴真抓实干、大兴勤俭节约方面做表率，忧建队之难、思强队之策。聚焦清正廉洁作表率，进一步增强了党员干部自我革新自我净化自我完善自我提高的政治自觉。盯着存量问题和检视出来的增量问题，认真开展8个专项整治，并结合总队巡察反馈问题“回头看”提出有效整治措施。要求每一位队领导在其位谋其政，在队忧队，增强斗争本领，带领全队心往一处想、劲往一处使，不折腾、不懈怠、不内耗。10月23日，总队党组纪检组长林嗣杰参加毕节调查队系统集中学习成果交流，肯定毕节调查队系统“市带县”学习交流精心组织、内容丰富、特色鲜明，队领导真正以上率下，在学懂弄通上下狠功夫。在调研环节，毕节调查队系统领导干部共提交了22篇调研报告。涉及党建工作和业务工作的有效融合、粮食和畜牧业统计数据的归口管理、如何强化队伍建设提高统计服务能力、防范统计造假提高统计数据质量、加强党风廉政建设构建良好政治生态等内容。11月13日，总队巡视员唐晓川一行赴毕节参加指导毕节调查队系统“不忘初心、牢记使命”主题教育调研成果交流会，指出毕节辖区调查队组织的调研，覆盖面广，形式多样，内容丰富，成果颇丰，都是实实在在的干货。11月20日，第二批“不忘初心、牢记使命”主题教育第七巡回指导组组长、国家统计局总经济师邢志宏一行到毕节市黔西县巡回指导“不忘初心、牢记使命”主题教育工作，毕节调查队市带县扩大主题教育成果做法得到巡回指导组的充分肯定。

【调查研究】 毕节调查队主动融入贵州和毕节脱贫攻坚的历史洪流中，切实做好定点扶贫联系街道的帮扶工作，班子成员轮流到威宁县六桥街道办事处和七星关区三板桥街道办事处点上调研，协助街道办事处党工委拓宽工作思路，改革创新扶贫方式，并分别拨付一定补助威宁县六桥街道办事处贫困户改善生活设施短板及三板桥街道大坡坪社区基层组织硬件设施建设。队党组把脱贫攻坚和乡村振兴战略作为毕节调查工作实现更大发展更多突破的重要机遇，自觉主动找准统计调查服务地方经济社会发展的切入点和着力点，带着感情、带着责任，积极做好统计调查服务。为深入了解全面实施乡村振兴战略背景下，毕节全市农村基础设施建设、农村社会事务、农村一、二、三产融合发展、生态文明、乡风文明、乡村治理等领域发展的现状和成效，总结好的经验，分析存在困难和问题，提出进一步实施好乡村振兴战略的对策建议，是年，国家统计局毕节调查队组织力量赴全市9个县区52个村，走访500余户，整理出470份有效调查问卷，有效地倾听到民声、采集到民意、汇集到民智，在深入开展实施乡村振兴战略专题调研中，形成17篇报告，统一报送市委、市政府和贵州调查总队，所有文稿全部被贵州调查总队内网采用，共有8篇分析报告被国家统计局网站采用。

【紧盯市场价格运行情况，快速提供价格监测预警服务】 毕节调查队充分运用价格指数“晴雨表”的监测功能，为市委、市政府和相关部门决策提供坚实数据保障。时刻关注居民消费价格走势，结合全省食品价格指数走势情况和毕节市食品价格变动趋势，对当前数据和未来几个月的走势进行分析评估，发现毕节市食品价格可能超过控涨线时，及时形成预警报告供市委、市政府和相关部门决策参考。为摸透毕节市“菜篮子”持续上涨的原因，毕节队积极、多次组织力量，对鲜菜、鲜果、猪肉等食品价格开展专题调研，切实找准食品价格指数上涨的根本原因，快速撰写调研报告，及时报送有关部门。

【以融入脱贫攻坚为机遇锻炼新人】 2019年通过公务员招考新录用到毕节辖区县级队的4名机动人员，在省直驻村工作队及毕节队主要负责同志的带领下，分赴七星关大坡坪社区、灵峰社区、治中村开展短期学习锻炼，提前感知民情，体悟民生，积累在艰苦环境下敢打硬仗、能打胜仗的能力。聚焦脱贫攻坚和毕节市委发出的“五场革命”动员令，队领导分赴各县区对省委十二届五次全会和毕节市委二届五次全会精神进行现场宣讲，激励调查工作者以最大的政治热情和时不我待的紧迫感、舍我其谁的使命感投入到确保按时打赢脱贫攻坚战的洪流中。

【首次召开新闻发布会解读上半年物价走势】 7月，由市政府新闻办组织，毕节调查队首次联合毕节市统计局在毕节电视台演播大厅召开新闻发布会，队长杨伟结合上半年CPI运行情况、运行特征、下半年走势分析三个方面正确解读引导社会各界认识上半年毕节物价走势。

【首次承担全市创文摸底测评工作，助力全国文明城市创建】 8月底到9月初，受市文明办委托，毕节调查队对毕节主城区和金海湖新区开展创建文明城市摸底测评工作。摸底测评工作参照全国文明城市测评暗访的一整套做法，从设计方案、调查问卷、制作卡片到随机抽点、分组等，都严格对照全国文明城市测评体系，力求按照国家测评的标准进行测评，不走样、不变形、不变通。共制定了30项测评卡片，涉及317项测评指标，测评涵盖全市主次干道、主要交通路口、学校等233处点位，抽选了12条公交线、12辆出租车进行随机暗访，并对全市30个社区720户居民进行问卷测评。此次测评，为毕节创建全国文明城市工作对标找差、及时整改提供方向。

【首次举办中国统计开放日活动】 9月20日，毕节调查队首次举办建队以来中国统计开放日活动，市直相关部门、高校和企业等各界代表以及媒体朋友应邀来到现场。活动通过组织嘉宾代表走进调查队、了解调查工作；阅览由毕节调查队汇编的精准扶贫、乡村振兴等系列重大调研课题成果；参观“数”看毕节民生、统计法治宣传、国家统计调查任务解读、统计调查轻骑兵风采等系列展板、展架；观看调查队工作日常、CPI介绍、住户调查宣传等视频，回顾了毕节民生经济发展成就，阐述了统计调查工作价值，展现了统计调查工作者勇于担当、乐于奉献的精神。

【组织辖区市县调查队15名统计人员参加国家统计局组织的统计执法资格证考试】 15名统计人员全部以优异成绩取得统计执法资格，成为全省9个市州获得统计执法资格证最多的地区，并且连续两年摘取桂冠，为净化不敢假、不能假、不想假的统计生态积累了组织优势和人才资源。

【首次打造法治村建设基地】 毕节市是贵州唯一的全国“法治政府”创建申办提名市，根据

11月24日全市法治政府建设示范创建工作推进会精神，毕节调查队着力打造三板桥街道办事处大坡坪社区法治创建示范点，并从人财务及政策等方面大力支持法治创建工作，协助三板桥街道加强亮点典型培育，总结提炼创建经验。

【“六个一”推动住户调查工作】 修订完善一系列文件。先后印发《毕节住户调查工作考核办法》《毕节调查队进一步规范住户调查基础工作的通知》，以更高的标准、更严的要求细化住户调查工作流程，规范调查样本管理，全面提高毕节住户调查基层基础工作。召开一个培训会。6月召开住户调查业务培训会，居民收支调查处副处长亲临会场指导工作，会议对住户调查中常见的问卷指标填写、记账规范、平台使用等问题进行了培训，要求各县区业务人员要进一步熟悉方案，掌握住户调查新形势下的新环境、新要求，确保住户调查数据质量过硬。开展一次基础工作大检查。7月历时半个多月的拉网式大检查，从制度建设、数据评估、基础工作保障、日常工作规范等多个方面进行，队领导分别带队抽查8个区县16个住户类调查点160户调查户的问卷及机账数据，成功走访了其中的139户调查户，入户成功率达到87%。通过梳理检查情况，及时发现基层队工作亮点，总结提出“二注重三管理”方法，以钉钉子的精神和洛细洛小的工作作风推动住户类调查工作质量严丝合缝。开展一次业务“大比武”。组织辖区县队开展业务包点人员口述家庭基本情况全域大比武大测试，领导班子成员带队深入辖区各县级调查队，实行调查点全覆盖测试，每个调查点随机抽取5户记账户，每户2个以上问题。通过现场测试，不断提高住户调查业务包点人员责任心与积极性，全面了解业务包点人员对调查点记账户家庭基本情况的熟悉程度。测试结果在全市进行了通报。组织一次优秀评选活动。为发挥党员的示范带头作用，6月，毕节队对9个县区18名党员辅调员、党员记账户进行优秀表彰，推动党建与业务工作的深度融合。开展一次交叉检查。毕节队于10月28日至11月6日以高标准严要求新举措组织开展四季度住户调查基础工作交叉检查，采取“2县查1县”方式，辖区内每两个县交叉组建成两个检查组同时对一个被检查县进行检查，并由市队全程陪同监督，严防各县在检查工作中存在的看情面、走形式等问题，确保交叉检查工作客观公正。在创新的检查方式下，市队与三个县区的住户调查工作者之间在每个检查点都得到充分的交流，分享了工作中值得借鉴的宝贵经验。

【“五个常抓”提升劳动力调查工作水平】 常抓培训指导，规范调查操作。9月，毕节调查队组织召开劳动力调查业务培训会，全市39名一线调查员参加会议，要求各县队根据调查需要不定期不定次数适时开展培训工作，市队参与、指导县队培训活动。常抓前期核户，铺平调查道路。积极参与县队调查样本的核户工作，对调查户地址进行认真比对，对空户原因仔细核查。同时，利用张贴调查公告、发放“致调查户”的一封信以及现场与住户交流，对群众进行劳动力调查工作解释、宣传。常抓调查督导，严控调查走偏。坚持每月陪访督导，采取全面督导与重点督导相结合的方式，以发现问题、提升工作为目标，通过查阅资料、随机询问、陪同入户等多种方式开展督导，以准确掌握基层工作实际情况。坚持问题导向，重点关注调查员的调查能力和入户登记表的记录。常抓数据审核，确保数据质量。充分运用平台系统审核和人工审核相结合的方式，对报表进行全面细致的审核，通过县队审核，市队再审核的方式，多层审核，层层把关，发现问题及时核实纠错，力争做到“零差错”。常抓问题总结，加强研判分析。数据审核验收结束后，及时总结整理“调查注意事项”，并通过QQ群组织县队业务人员探讨，加强与市就业局的沟通对接，及时掌握毕节市就业工作推进情况、政策落实情况，结合调查数据认真分析研判就业形势，形成分析报告。

【“五步走”从源头提升PPI调查数据质量】 一是查看企业台账。主要查看台账价格是否与原始凭证相符，台账数据来源是否真实可靠，产品采价是否同质可比，选取的规格品是否具有代表性。二是了解企业现状。与单位统计人员交流，了解企业商品价格走势、与上下游企业的关系，企业的产能产量以及盈利情况，存在哪些困难以及问题，采取了怎样的措施及办法。三是了解企业运作情况。通过了解企业的生产经营情况和发展前景，来判断企业是否能继续稳定上报，做好及时替换的准备。对于价格长期不变和价格变动较大的企业，通过现场查看上报规格品的出厂和购进凭证、主要产品销售订单等手段，探寻价格波动较大或长期不变的具体原因。四是实时监控企业联网直报。在企业联网直报的过程中，随时在线监控报送进度，对联网直报平台上出现的错误及时查找原因，联系出现错误的企业，消除存在的问题。五是严格审核企业上报报表。对企业的产品采价数据进行认真细致的审核，检查填报项目是否完整，价格填报是否准确，数据填报是否有误，对环比越界，审核发现错误等情况及时向企业统计人员了解情况，确保企业填报数据的真实、准确、完整。

【“四个坚决”落实消费价格调查工作要求】 一是坚决提高政治站位，把消费价格调查工作放在全队核心重心中心地位。毕节调查队始终把消费价格调查工作为“拳头产品”打造，充分运用价格指数“晴雨表”的监测功能，积极主动发声，为市委、市政府和相关部门决策提供坚实数据保障，向社会各界正确解读物价变动情况。二是坚决挺纪在前，时刻将严格落实统计法律法规和国家局、总队调查方案制度作为工作先导。毕节队始终把严格遵守统计法律法规，严格之执行国家调查制度，严格落实《意见》《办法》《规定》作为开展统计调查任务的先导，形成从上至下、由内而外的依法统计依法治统氛围，培养全体干部职工、乃至于一线采价员的法律法规意识，以铁的纪律保障实的数据。三是坚决做到“一线多面”，摸清摸实数据变化背后的实质。即时发现指数变化的异常立即深入一线开展调查走访，对一线发现的问题深挖根源，以问题为导向，进行横向纵向、政府和市场、供应和需求、生产和销售多个方面的了解分析，做到把问题说清楚、根源找准确。四是严格按照国家要求，积极稳妥地推动价格统计调查基期轮换工作。遵循价格指数编制的基本理论，审慎确定新一轮基期的基本分类、调查目录和代表规格品。通过了解和掌握当前产业结构、消费结构等实际情况和未来趋势，科学测算和调整权数，认真落实新增样本资料的可获得性，确保基础数据真实可信。

【“三转变”力促采购经理调查数据质量真实可信】 一是业务“重心下移”。转变以前在办公室“等”数据的工作模式，实地走访被调查企业，深入了解采购、生产经营状况和上报数据存在的问题。二是评估“关口前移”。转变原来面对电脑或电话沟通进行数据评估校验的方式，采取与企业负责人和授权填报人员面对面沟通，了解其行业发展状况，企业发展存在的问题和困难，从而为精准化审核、评估数据提供“第一手”依据。三是宣教“精准对接”。统计法治宣教工作由过去“大水漫灌式”向“精准滴灌式”转变，根据调查对象的性质，有针对性地宣传统计法律法规要点。

（撰稿：吴传龙）

审 计

【概述】 2019年，全市审计机关在市委、市政府和省审计厅党委的坚强领导下，以习近平新时代中国特色社会主义思想为指导，认真学习贯彻党的十九大精神和十九届二中、三中、四中全会精神，学习习近平总书记对贵州、对毕节、对审计工作的重要指示批示精神，紧扣全国、全省、全市经济工作会议和审计工作会议部署，准确把握新时代审计工作职责定位，坚持稳中求进工作总基调，深入推进“不忘初心、牢记使命”主题教育，始终把助推脱贫攻坚作为头等大事，主动服务大局，强化审计监督，真抓实干，敢于创新，推动全市审计工作取得新成效、彰显新作为、呈现新面貌。

2019 年，全市审计机关紧扣年度审计项目计划，认真落实“两统筹”要求，依法履行审计监督职责，围绕中心，服务大局，聚焦主业主责，有重点、有步骤、有深度、有成效地推动审计监督全覆盖。全年，共完成审计项目 94 个，查出主要问题金额 1838297 万元，其中：违规金额 245391 万元，管理不规范金额 1592794 万元，损失浪费 110 万元。审计处理处罚 753991 万元，其中：应上缴财政 315554 万元，应归还原渠道资金 330689 万元，应调账处理 100769 万元，应减少财政拨款或补贴 146 万元，应缴纳其他资金 6831 万元。审计促进整改落实有关问题资金 805752 万元，其中：增收节支 780383 万元，已缴纳其他资金 1597 万元，已调账处理金额 5326 万元。审计促进拨付资金到位 5785 万元，审计后挽回（避免）损失 149 万元。审计核减投资额 3541 万元。移送纪检监察机关及有关部门案件线索 40 件，涉案金额 7207 万元。2019 年，黔西县审计局荣获“全国审计机关先进集体”称号，受到审计署的表彰。毕节市审计局派驻纳雍县昆寨乡夹岩村第一书记罗刚获“全省脱贫攻坚优秀村第一书记”称号，中共毕节市审计局机关党总支获“全市脱贫攻坚优秀党组织”称号。

【财政预算执行审计】 以发挥财政资金使用绩效为目标，做“优”同级财政和部门预算执行情况审计。2019 年，全市审计机关相继完成本级预算执行及决算草案情况审计和地方金库资金收纳、划分、拨付及预算收入退库情况审计。通过审计，在促进依法行政、提高财政资金使用效益等方面发挥了重要作用。受市政府委托作《关于 2018 年度毕节市市本级预算执行和其他财政收支审计工作报告》，得到市人大常委会充分肯定。同时全市审计机关同步开展了部门预算执行情况审计，有效揭示了部门内部管理漏洞和资金使用方面存在的问题。审计发现：应缴未缴墙改基金 1675.91 万元，超规定发放评审费，虚报冒领工程项目款等问题。

【经济责任审计】 以健全权力运行制约和监督机制、促进地方治理能力和治理体系现代化、加强党风廉政建设、提高干部选拔任用和监督管理水平、促进经济社会健康发展为目标，全市开展经济责任审计共 24 项，涉及领导干部 38 人，其中毕节市审计局组织实施 4 项，涉及县处级领导干部 6 人。查出违规违纪金额 9031.70 万元，管理不规范金额 245547.88 万元。移送纪检监察机关及主管部门处理事项 18 件，涉及金额 8875.61 万元。存在的主要问题：住宅维修资金管理不规范、非税收入未按规定上缴国库、收入未入账形成“小金库”、虚报冒领财政资金、账务处理不规范、应收未收防空易地建设费、预算编制不规范、虚报冒领财政资金、公务用车运行维护费超预算支出等问题。

根据省审计厅统一组织，贵阳市审计局、遵义市审计局分别对百里杜鹃管理区、赫章县的党政主要领导进行了审计，审计查出违规金额 25894.31 万元，管理不规范金额 164613.35 万元，移送纪检监察机关及主管部门处理事项 1 件，涉及人员 1 人。

【领导干部自然资源资产离任（任中）审计】

根据省审计厅的统一安排，2019年领导干部自然资源资产离任（任中）审计采取委托部门和主管的审计机关不变，全省审计人员大交叉的方式进行审计。毕节市审计局两位党组成员任审计组长，带队对遵义市湄潭县和铜仁市德江县党政领导干部自然资源资产离任（任中）进行了审计，贵阳市审计局、遵义市审计局分别对毕节市百里杜鹃管理区、赫章县党政领导干部自然资源资产离任（任中）进行审计。重点审计国土资源、森林资源、矿产资源、水资源、生态环境保护等方面。查出的主要问题有：未严格执行水资源有偿使用制度、违规占用基本农田，未批先征违法用地，矿山企业未履行环境治理恢复义务，生产建设项目未办理环评审批手续，违法占用林地，饮用水源点一级保护区存在村民居住和生产活动，应收未收水土保持费，虚报完成造林任务，违规瞒报森林火灾，土地出让金未及时足额上缴财政等。

【扶贫资金审计】 全市审计机关紧扣脱贫攻坚这一重要政治任务，扎实推进扶贫资金审计，助力全市精准脱贫。一是组织实施对金沙县2017年至2018年扶贫资金管理使用、项目建设、实施效果以及政策执行情况审计。查出主要问题：虚开发票和回扣返点套取财政专项扶贫资金、超付工程款、扶贫项目管理不到位，审计移送案件线索1件，涉及资金34.40万元。二是统筹组织全市审计机关同步开展了纳雍、威宁、赫章3县所属极贫乡镇脱贫攻坚资金审计，以推动脱贫攻坚重大政策落地生根为目标，突出“精准安全绩效”，重点审计扶贫资金实际使用效果，确保扶贫资金真正用于脱贫攻坚，保障脱贫攻坚目标如期实现。

【专项资金审计】 为规范资金使用，强化资金监管，确保专项资金合法和高效使用，聚焦群众关心的重点领域，组织实施对住房保障、能源、拖欠企业款项等领域的专项资金审计：一是保障性安居工程跟踪审计。按照审计署的统一部署和省审计厅的工作安排。毕节市审计局组织全市44名审计人员分赴贵阳市等三个市（州）对2018年保障性安居工程项目建设、资金投入和使用绩效情况进行了审计，审计发现有关县（区）不同程度存在棚改范围和标准政策落实不到位等问题，揭示某区虚报拆迁补偿面积约3900平方米，骗取国家巨额资金1500多万元等问题，目前相关责任人已被立案查处。二是组织开展10个县（自治县、区）补交党费及2018年党费的使用管理情况审计，把省审计厅审计项目与市委组织部委托的审计项目统筹起来安排，节约了人力资源和审计成本，审计效率进一步提升。通过审计，及时有效地解决了党费收支管理工作中遇到的困难和问题，促进和规范了党费收支余管理。三是组织开展2019年第二季度清理拖欠民营企业中小企业账款情况审计，抽查市本级、大方县、金沙县所属共22家单位，抽查资金30，872.85万元。存在的主要问题是：多报拖欠账款、未按时清偿欠款、虚报已偿还欠款等。四是采取“上下联动”方式，组织大方、黔西等8个县级审计机关对2018年煤炭结构调整转型升级专项资金、中央服务业发展专项资金进行延伸审计，有效揭示了煤炭结构调整转型升级项目预算指标执行率低、滞留项目资金、挪用煤炭结构调整转型升级专项资金等问题。五是按照市委、市政府安排，对毕节市南部新区政府性收支余情况进行核查，审计报告获得市委主要领导批示。

【政府投资审计】 全市审计机关认真贯彻落实《审计署关于进一步完善和规范投资审计工作的意见》，重点围绕加强和改进政府投资建设项目管理、促进资金安全有效使用的目标，以规范基本建设程序，降低投资成本，提高投资效益，发挥审计监督作用为着力点，扎实推进新时期投资审计工作。毕节市审计局组织对毕节一中新校区建设项目竣工决算审计，送审金额65749万元，审定金额60588.27万元。审计发现：施工单位虚报工程量、虚报材料单价和建设单位履职不到位等问题，审计发现和处理违纪违规问题5个，涉及金额5207.76万元，非金额计量的问题5个。同时纳入审计的政府投资项目还存在预算编制不详细，投资超出采购预算、材料采购评价标准不规范等问题，如对毕节某棚户区改造项目竣工结算审计，送审金额为877.19万元，审定金额480.75万元，审减396.44万元，核减率45.19%。毕节市审计局对委托社会中介机构实施的政府投资审计项目17项进行复核，送审金额159827.86万元，审定金额140004.19万元。

【党建工作】 以习近平新时代中国特色社会主义思想为指导，增强“四个意识”、坚定“四个自信”、做到“两个维护”，进一步落实新时代党的建设总要求。一是坚持全面从严治党，以永远在路上的执着和坚韧，着力研究和解决全市审计机关党的领导弱化、全面从严治党不力的问题，努力推动党的领导更具凝聚力、战斗力、创新力，为审计事业高质量发展提供坚强的政治保证。二是突出党组政治功能，严格执行《党组议事规则》，重大事项均召开会议进行研究，做到决策民主化、科学化，充分发挥党组在审计工作中的领导核心作用。三是结合省审计厅党委和市委要求，在认真总结去年党建工作的基础上，主动思考，科学谋划，制定2019年党建工作要点，细化任务，压实责任。四是成立局机关党委和机关纪委，进一步增强党组织的凝聚力和战斗力，为促进各项工作任务的顺利完成提供坚强有力的组织保证。五是参与组建了市委审计委员会，进一步加强党对全市审计工作的领导，着力构建集中统一、全面覆盖、权威高效的审计监督体系，更好地发挥审计监督作用。六是强化思想建党，通过党组中心组学习、职工集中学习、“审计组+临时党支部”学习、个人自学等方式，深入细致学习习近平总书记对推进中央和国家机关党的政治建设的重要指示和《中共中央关于加强党的政治建设的意见》等精神，加强党员政治教育和理论武装，促进党员干部思想政治素质得到新的提高。七是结合市委“三个大兴”和“四到工作制”要求，制定了《毕节市审计局领导干部经常性基层调研工作制度》《毕节市审计局重点调研课题制度》，坚持调研工作常态化具体化。2019年，毕节市审计局班子成员深入驻村帮扶点和县级审计机关调研督查60余次，全面了解民情、体察民意、集中民力、解决问题、推动发展。八是组织党员干部到“鸡鸣三省”红色教育基地开展“重温红色记忆、传承红色精神”主题党日活动，亲身感受生动的革命传统和爱国主义教育，进一步增强了党员干部的理想信念和宗旨意识。九是成立局扫黑除恶专项斗争领导小组，强化责任担当，进一步健全工作机制，将扫黑除恶专项斗争工作融入审计监督全过程，提高审计在扫黑除恶工作中发现问题、深挖线索的水平和能力，积极与相关部门协作配合，为夺取扫黑除恶专项斗争压倒性胜利贡献审计力量。

【“不忘初心、牢记使命”主题教育】 根据市委第二批“不忘初心、牢记使命”主题教育办公室的安排，毕节市审计局认真传达学习中央、省委、市委相关会议精神，成立领导小组，制定实施方案，将学习教育、调查研究、检视问题、整改落实四项重点措施贯穿始终，切实推进主题教育走深做实。一是在前期认真学习、积极筹备的基础上，制定主题教育实施方案，并召开主题教育动员部署会议，对毕节市审计局党员干部进行了思想动员和工作部署。成立局党组书记任组长，班子成员任副组长，各科室负责人任成员的主题教育领导小组，形成一级抓一级、合力抓落实的工作格局。二是紧紧围绕学习贯彻习近平新时代中国特色社会主义思想等八个方面的主题内容，开展了为期一周的集中学习研讨；班子成员坚持先学一步、学深一点，先改起来、改实一点，同时积极担负领导指导责任，抓好分管科室的主题教育工作。相继开展党组书记讲专题党课、到毕节“红二、六”军团旧址进行革命传统教育、观看黄大发、文朝荣等先进典型报告视频、以王某某、蒲某、袁某某、宫某某等违法犯罪事实为反面典型教材作警示、邀请市委党校教授开展形势政策授课、到社区开展志愿者服务等活动，进一步激发了党员干部的荣誉感、责任感、使命感。三是认真落实主题教育“不划阶段、不分环节”要求，局党组坚持在学习期间，就着手研究调研工作，力争解决实际问题，制定了主题教育调查研究计划，确定了调研主题。所有班子成员深入县（区）审计机关和扶贫联系点进行调研，在听取广大党员干部、群众意见建议的同时，着力解决基层单位存在的突出问题和干部群众反映强烈的热点难点问题。

【意识形态工作】 积极培育和践行社会主义核心价值观，始终把握“两个巩固”根本任务，营造了意识形态工作齐抓共管的良好局面。一是研究制定《毕节市审计局2019年意识形态工作方案》，成立局意识形态工作领导小组，由局党组书记任组长，定期对意识形态领域工作进行有针对性的分析研判，牢牢掌握意识形态工作的领导权、管理权、话语权。二是紧紧围绕“三创三树”精神文明创建工作要求，广泛开展道德讲堂、志愿者服务、结对帮扶等文明创建活动，有力促进了审计干部践行社会主义核心价值体系的政治自觉、思想自觉和行动自觉。三是充分运用单位门户网站、公告栏、条幅展板等工具，广泛宣传审计文化成果，展示审计机关良好形象，扩大审计监督社会影响。根据上级审计机关工作部署，在全市审计系统开展的“我们的故事”系列主题宣传活动产生较大反响，审计干部纷纷通过音频、文字、图片等方式进行投稿，以小切口反映大背景、小故事反映大时代，充分展现党的十八大以来的审计工作生动实践、伟大成就和宝贵经验。

【党风廉政建设】 狠抓党风廉政建设，强化责任担当，营造风清气正、干事创业的良好环境。一是着力推动“一岗双责”落实见效。党组书记带头履行第一责任人职责，抓好班子、带好队伍、管好自己，全面推进党风廉政建设和反腐败工作。其他班子成员严格执行“一岗双责”，把党风廉政建设与分管业务工作摆在同等重要的位置，既当好廉政表率，又加强对分管领域的党风廉政建设，做到守土有责、守土负责、守土尽责。二是着力推动作风建设持续加强。作风建设，重在长效，贵在自觉。一方面，持续抓好中央“八项规定”，省、市“十项规定”及审计“八不准”工作纪律和“四严禁”工作要求的贯彻落实，在坚持中见常态，在建设中见效果。一方面，突出关键节点，抓住关键少数。注重元旦、春节、中秋等重要时间节点的作风建设，开展监督检查，保持高压态势，做到警钟长鸣。对出现的矛头性倾向性问题，局党组高度重视，及时对相关责任人进行了约谈。三是着力推动遵规守纪不断深化。坚持把政治纪律和政治规矩摆在首位，不断增强审计机关各级党组织和广大党员干部的廉洁自律意识。通过全员集中学习、廉政党课等形式，着力增强党章意识，引导广大党员干部严格遵守党章、坚持贯彻党章、切实维护党章。组织开展“党组书记上党课”活动，局党组书记以“对党忠诚”为主题，重点对“深刻领会和准确把握对党忠诚需增强‘四种意识’，要坚持以党章党规约束自己的行为”等方面内容进行讲解和分析，引导广大党员干部要始终做到对党忠诚，坚定理想信念，切实担负起为国而计、为民而审的重任。

【法治政府建设】 持续推进法治建设，注重依法审理，提升审计项目质量。一是注重把法治思维、法治方式贯穿到审计工作始终，自觉做到在法治之下做决策、想问题、搞审计，更好地发挥法治对审计的规范、引领和保障作用。制定了《毕节市审计局2019年“法治毕节”创建工作实施方案》，并下发各县（自治县、区）审计局，形成审计系统“法治毕节”创建工作整体合力，更好地推动“法治毕节”创建工作。二是注重制度建设，加强质量控制，全面提升审计质量。从严审计质量作为突破口，研究制定《审计项目质量控制审理工作制度》《审计项目审核复核制度》等11项质量控制制度，进一步强化审计系统内部监督职责，优化审计业务管理机制，规范全市审计机关和审计人员审计行为。三是组织开展优秀项目评选工作，达到互相学习，互相借鉴，互相启发，积累经验，推进全市审计项目质量进一步提升，不断提高审计业务水平的目的和效果。四是注重树立依法审理理念，严格审计项目复核审理，严把质量关、廉洁关、评价关，审计项目质量明显提高，审计监督保障作用更加明显。毕节市审计局和黔西县审计局开展和审理的国道321线黔西县朱家寨至驮煤河公路改造工程竣工结算审计项目，得到贵州省高级人民法院一审、最高人民法院两级法院认可，并经最终裁决，认可专项审计调查报告意见，核减财政资金5323.17万元。市委主要领导专门作出重要批示“审计局主动作为、敢于担当，维护国家利益，充分肯定。还望继续坚持，再作贡献”。

【审计事业建设】 优化职能配置，打牢“三立”基础，厚植审计人才成长沃土。一是结合改革审计管理体制、优化审计职责的机改要求，在原有8个科室的基础上增加了4个科室，同时增加了1名副县级的经济责任工作联席会议办公室主任职数；县级审计机关也在原有基础上增加10名副科级领导职数，夯实了基层审计工作基础。二是以审计署举办的全国审计机关集中整训为契机，成立集中整训班委，督促全市审计机干部强化学习，注重实效，把整训内容和工作实际结合起来，为更好地担当作为、履职尽责打好坚实基础。三是牢固树立“以审计精神立身，以创新规范立业，以自身建设立信”精神，切实加强审计干部队伍建设。坚持精准科学选人用人，坚持将从严要求贯穿始终，通过严把动议推荐关、考察关、决策关，完成局机关和下属参公事业单位共22名科级干部选拔任用工作，推荐了1名干部到省审计厅任职；同时加强科级干部轮岗交流，厚植审计人才成长沃土。四是在认真学习《公务员职务与职级并行规定》等文件的基础上，按照党管干部等原则，树立正向激励导向，全面推进全市审计系统职级套装及晋升工作。全市审计机关完成182名干部职级套转和111名干部晋升一级至四级主任科员工作，进一步激发了广大干部职工干事创业积极性。五是局党组书记、党总支书记和分管纪检的局领导坚持对新提拔任用的干部进行任前廉政暨工作动员谈话，鼓励各任职干部牢记使命、不负重托，以更高的标准严格要求自己，在新的岗位干出新的业绩。

【审计网格化管理工作】 为打造“全省一盘棋下的全市审计一盘棋”工作新模式，进一步提高全市审计工作质量和效率，市局借鉴城市管理“网格化”思路，制定《毕节市审计工作网格化管理办法（试行）》并印发全市审计机关。在前三季度的网格化管理工作中，局党组通过全覆盖调研掌握了县级审计机关在工作推动中最基础、最真实、最重要的信息；通过全问题排查帮助增强了县级审计机关工作进展中的薄弱环节和解决实际困难；通过全过程沟通强化对县级审计机关日常工作和审计业务的指导，从而提升整体协同力；通过全类别研判提高对全市审计事业发展方向的多维分析和宏观决策能力，进一步明确目标，逐步探索出全市审计系统从严治党共管、作风建设共推、干部队伍共建、审计项目共助、审计思路共享、疑难杂症共解的“毕节审计特色”

网格化管理有效路径，形成新时期审计工作齐抓共管强大合力。

【大数据审计工作】 树立科技强审思维，加强信息化建设和大数据审计工作，推进大数据审计取得新突破，一是由局分管领导带领相关业务骨干，赴广州、深圳和成都市审计局学习大数据审计的主要做法和成功经验，并形成《大数据审计考察调研报告》上报省审计厅。二是成立工作专班，积极与有关部门对接，开通专网接口，实现对100多家市直预算执行单位账务的实时查看和数据导出，并开发处理脚本，将导出的账套数据导入到审计人员的AO审计系统中，简化数据采集工作流程，为2020年的预算执行审计全覆盖工作打下了坚实基础。三是积极筹划数据分析平台、审计信息化平台建设。按“15868”工作思路，开发了1个电子数据审计实施系统，科学划分为5个实施阶段，在学习省审计厅2019年全覆盖审计成功经验的基础上，按8个模块创建完善了68个数据分析模型。按照“走出去、请进来”的思路，结合毕节实际，加大工作力度，积极探索大数据审计有效路径和规律，做出毕节审计特色。

【驻村帮扶工作】 围绕中心，服务大局，贯彻落实中央、省委、市委关于脱贫攻坚的工作部署，全力投入开展脱贫攻坚帮扶工作，一心一意为贫困村谋发展，为群众谋幸福。在继续帮扶纳雍县昆寨乡金珠村和夹岩村的基础上，又增派一名同志到威宁县草海镇郑家营村开展帮扶工作。坚持聚焦“两不愁三保障”，自我加压，精准发力，进一步提高脱贫质量。一是认真学习领会省委书记孙志刚、省长谌贻琴分别在威宁、在纳雍调研时的重要讲话精神，由局领导分别带队组成三个脱贫攻坚调研组，深入帮扶点了解脱贫攻坚情况、排查梳理存在的问题，并形成调研报告报局党组专题研究后，从办公经费中挤出45.37万元，用于解决三个贫困村在住房保障、基本医疗、基础教育、饮水安全等方面存在的短板。二是因地制宜帮助三个贫困村制定产业发展规划，按照大产业致富、小产业脱贫的发展思路，在巩固养蜂、养牛等老产业的基础上，发展种植“三白”、银杏等新产业，基本实现户户有增收项目，人人有增收门路。三是利用春节、“七一”建党节等时机，组织干部职工到贫困村开展走访慰问活动，向贫困党员和群众现场发放慰问物资合计2.1万余元，使他们真切感受党和政府的温暖。

（撰稿：蒋　贤）

金 融

中国人民银行毕节市中心支行

【概述】 2019年，毕节市中心支行深入贯彻习近平新时代中国特色社会主义思想和党的十九大精神，围绕上级行工作部署，按照“守住底线、稳中求进、创先争优”的工作主线，压紧压实全面从严治党主体责任，加强系统党的建设和内部管理，深入开展党风廉政建设和反腐败工作。同时，结合辖区实际执行稳健货币政策，深化金融助推脱贫攻坚，切实防范系统性金融风险，着力提升金融管理与服务水平，推动金融服务民营小微企业、服务实体经济，有力促进毕节试验区经济金融持续健康发展。

是年，毕节市金融机构各项存款余额1902.14亿元；各项贷款余额1860.07亿元，同比增长17.62%。其中，全市涉农贷款余额1197.84亿元，同比增长17.38%，累计发生跨境业务657.95万元。

【切实履行工作职责，促进辖区经济金融健康发展】 （一）贯彻执行稳健货币政策，引导货币信贷平稳适度增长。正确传导解读政策内涵，引导金融机构保持信贷总量合理适度增长。建立宏观调控预警监测机制，强化逆周期调控。强化存款准备金管理和定向降准监测，督促金融机构利用降准释放资金，支持小微、三农等领域。稳步推进供给侧结构性改革、扶贫小额信贷、民贸民品优惠利率贷款等政策。组织开展“金融服务坝区行”活动，引导金融机构精准对接500亩以上坝区金融需求，活动期间向坝区市场主体新增贷款2.51亿元，覆盖农户4.3万余户。

（二）纵深推进金融精准扶贫，进一步提升有效性和精准度。聚焦产业扶贫与深度贫困地区两个重点，推进脱贫攻坚“四场硬仗”。创新推进金融精准扶贫“深耕行动”，通过广排查、大宣传、强监督、全推广四项措施，拓展提升金融扶贫质效。启动以来，全市累计摸排27.21万户贫困户，新增贷款1.42亿元；摸排475家企业，新增贷款1.96亿元。通过“制定治理方案、突出重点要点安排部署、开展培训提高工作水平、强化监督确保工作落地落实、构建长效机制抓好问题整改”五项举措，切实做好金融扶贫政策落实不到位专项治理。是年，全市金融精准扶贫贷款余额543.7亿元，同比增长4.58%；深度贫困县精准扶贫贷款余额179.72亿元，同比增长13.67%，高于全市增速9.1个百分点。

（三）创新开展深化民营小微企业“七个一行动”，提升民营小微企业金融服务质效。联合金融办、财政局等部门实施“开展一次大走访行动、开好一场银企对接会、座谈会、开展一场政策业务培训、用好用活一批信贷产品、完善一套工作机制、创建一个金融服务示范点（岗）、搭建一个融资服务平台”七项行动，进一步提升毕节市民营和小微企业金融服务质量。通过对1184户中小企业开展财务会计和融资能力培训、成立实体企业金融服务团等形式，提升服务民营小微企业金融服务水平，推动中小企业在“新三版”直接融资实现零突破。截至12月末，全市小微贷款余额440.84亿元，较年初增加48.43亿元。全年小微企业贷款加权平均利率5.44%，同比下降27个基点。

（四）深化金融改革和金融管理，切实维护辖区金融稳定。实时掌握辖区金融机构动态，认真做好存款保险相关工作，扎实开展金融风险监测分析，积极发挥央行评级宏观审慎管理基础性作用，落实银行业金融机构重大事项“零报告”机制。全面落实外汇管理改革各项政策措施，优化外汇服务，规范市场主体交易行为。推广运用“互联网+”平台，推进外汇行政许可事项“网上一次办”。积极推进跨境投融资便利化，利用“美元定期存单+远期结汇”方式为企业办理远期结汇业务，降低客户汇率风险，截至12月末，全辖跨境收支总额1.29亿美元，同比增长2.29%，银行结售汇总额1.28亿美元，同比增长47.04%。完成对全市16家法人机构和142个银行、证券及保险业非法人分支机构的反洗钱评级工作，积极加强与公检法、纪监委等部门沟通协调，深入推进“一案双查”工作。督促辖区银行机构完成校园贷等非法金融活动排查，深入开展金融领域扫黑除恶专项斗争。

（五）加强金融服务基础建设，提升金融服务质量和效率。金融统计和研究工作扎实开展，继续保持统计数据“零差错”目标，重点课题获贵阳中支评审为“二等奖”，青年研究课题在全省人民银行系统“青年论坛”活动中荣获一等奖。全力打造“创满意”征信服务窗口，狠抓征信合规管理和信息安全工作，积极发挥在地方诚信建设中的积极作用，强化社会领域、公共服务领域信用监管，扎实推进诚信文化教育基地建设，实现城乡示范全覆盖。推进ACS稳定运行，加强账户实名、转账和可疑交易监测，完成“断直连”、打击无证经营、第三方支付机构和特约商户清单报备等工作，加强农村助农取款规范管理及非现金支付、手机支付和移动支付推广，多措施保障辖区取消企业银行账户管理改革顺利完成。以资金安全为核心，强化国库“事前、事中、事后”监督管理，夯实国库会计核算基础，加大国债宣传力度，做好国债发行兑付管理工作，累计销售国债8249.58万元，到期兑付储蓄国债3187.33万元。提升货币金银服务民生水平，“以需定调”合理投放各券别发行基金，推动反假货币信息化建设，2019年全市累计收缴假币创历史新高。稳步推进信息化建设，认真落实辖内金融业信息安全协调机制，组织开展2019年国家网络安全宣传周活动和2019年“金融标准 为民利企”质量月主题活动及相关培训。切实维护金融消费者合法权益，全年受理办结13件金融消费者投诉。利用电视、广播、报刊、新媒体等平台，多方位传播金融知识，新浪微博热点公益话题发布资讯7000余条，阅读量3000万余次，品牌系列微电影《无尽的谎言》浏览量超5000万次。

【加强党的政治建设，推进全面从严治党向纵深发展】　（一）压紧压实全面从严治党主体责任。认真落实中央和上级行党委管党治党各项决策部署，发挥好党委把方向、管大局、保落实的重要作用，切实保障和维护政令畅通，坚定不移地推动全面从严治党向纵深发展，不断增强“四个意识”、坚定“四个自信”、做到“两个维护”。中支党委和班子成员坚持严守政治纪律，按规矩办事、按制度用权，对涉及“三重一大”等重大事项，均在充分发扬民主、广泛听取意见的基础上由集体作出决定。通过制定工作要点、抓实目标任务措施、强化监督检查和跟踪督办，积极构建责任分解、监督检查、考核问责的完整链条，认真落实管党治党责任。

（二）坚持用习近平新时代中国特色社会主义思想统领工作。扎实开展“不忘初心，牢记使命”主题教育，认真做好学习研讨，深化理论武装，对标对表检视问题，从全面从严治党、防范化解金融风险、信用修复、金融精准扶贫等方面进行有针对性的实地调研，制定整改措施，切实解决服务群众“最后一公里”的问题。加强政治思想工作，认真落实党委中心组学习制度，有效发挥理论学习示范引领作用。抓好干部职工政治理论学习，切实推进“两学一做”学习教育常态化、制度化。加强宣传思想工作，扎实做好意识形态领域工作，形成党委部门和业务科室齐抓共管的格局。积极推动辖区新一轮文明单位创建工作，结合实际制定3年创建规划、2019年度工作方案，明确措施方法，夯实文明创建基础。

（三）严格党管干部原则和正确的用人导向。严明工作纪律，扩大选人用人工作监督检查范围，加强对县支行干部选拔工作的检查和指导，选优配强县支行领导班子。严肃党内政治生活，按照党员领导干部民主生活会开展的有关要求，按时召开2018年民主生活会和“不忘初心、牢记使命”专题民主生活会，严格落实双重组织生活制度。进一步强化党内监督，建立基层党建工作常态化督导机制，定期对支部组织生活进行检查考核，通过分解任务、实时跟踪，使支部日常工作更加扎实。强化教育培训，不断强化党务干部与党员思想教育，强化党员干部队伍的党性锤炼。深入开展党建帮扶工作，成立专项工作组，多次深入中支党建扶贫工作联系点开展蹲点调研和扶贫帮困活动。制订《毕节市中心支行领导干部轮战帮扶铜厂村的工作方案》，行领导按月轮值。先后共投入27万元作为生产启动资金，为贫困户购买鸡苗等生产要素，帮助农户发展养殖业。

（四）按照中央八项规定精神，深入推进作风建设。制定《毕节中支作风建设工作实施方案》，严格落实中央八项规定精神及实施细则、人民银行正风肃纪“十条禁令”等有关要求，督促全体干部职工高效履职、廉洁自律，培育优良作风。深入开展“四风”问题专项整治，针对存在问题形成工作台账，强化整改落实。加强干部职工教育管理，规范服务行为、提高服务效率、提升服务形象。畅通群众举报渠道，在征信大厅设置意见箱，开通作风建设扫码评价，获取群众对窗口服务评价满意度，增强服务群众意识、廉洁履职意识，维护基层央行良好形象。

【强化内部管理，完善工作机制，提高工作效能】（一）严格依法行政，推动法治央行建设向纵深发展。梳理形成《行政处罚权力清单》《行政许可权力清单》和《行政执法检查事项清单》，规范行政裁量权，约束权力运行。规范开展行政执法检查，依法实施行政处罚，行政执法行为合规合法，辖内系统未发生行政复议和行政诉讼案件。

（二）加大督查督办工作力度，推进重点工作统筹谋划。上线督查督办信息系统，将上级行和中支重点工作部署和专项督查纳入督办事项管理，依托信息化建设成效，提高督查督办质量和工作效率。为促进“规范管理年”深入推进，探索推行精细化管理模式，推动内部管理向标准化、规范化、程序化发展，提升行政管理效能。

（三）强化内审监督机制建设，完善内控管理和业务运行制度。以提高履职水平为重点，以控制业务风险为目标，深入开展各类专项审计，全年完成审计项目13个，对审计发现问题整改情况进行跟踪核查，督促被审计对象从业务条线管理上改进工作，促使审计成果运用价值最大化。

（四）严肃财经纪律，促进财务管理规范发展。切实把中央八项规定精神、财经纪律和财务制度变成铁的纪律和刚性约束，以规范人、财、物管理为重点，强化会计监督职能，完善会计财务规章制度，促进财务管理精细化。强化固定资产日常管理，加强对采购各环节的审核和监督力度，零差错圆满完成AIIS财务模块上线工作。

（五）严格制度执行，强化人员管理。严格执行要害岗位人员任职登记和轮岗审批等制度，每半年组织开展要害岗位人员考核工作。加强干部职工因私出国（境）管理，强化程序合规。

（六）建立完善办公制度，增强服务保障能力。促进政务工作规范有序，规范会议管理，提高议事效率。加强人防技防物防建设，提升保密管理规范化程度，经市委机要和保密局检查，保密工作整体评价为优秀。加强目标管理，促进县支行和机关各部门全面完成年度工作任务。认真做好新闻宣传、政务信息和网络信息工作。安全保卫工作有序开展，重点加强“七好”建设，确保安全无事故。完善后勤保障，加强公务用车管理，提高车辆运行效率，推进节能减排见实效。加强工会工作，推进职工民主管理，深化“职工之家”建设，积极开展文体活动，增强干部职工凝聚力。

【严肃执纪问责，有效落实党风廉政建设责任制】

（一）认真落实党风廉政建设责任制。按季召开党委专题会议，研究党风廉政建设和反腐败工作。督促履行“一岗双责”，强化班子成员对分管部门落实党风廉政建设情况的监督检查。

（二）深入推进廉政风险防控，加强干部职工管理。建立健全岗位（廉政）风险防控制度，梳理制定中支公权力清单和工作人员行为负面清单，进一步明确各部门在履职中职责边界和底线、红线。强化廉政风险防控，对岗位风险点进行梳理，实现风险动态管理。加强干部职工“八小时以外”管理，组织开展专项排查，及时掌握职工日常行为。

（三）强化反腐倡廉教育。强化廉政教育长效机制建设，中支党委书记、纪委书记为全辖干部职工讲廉政党课，按季通报人民银行系统和辖区违纪违法典型案例，组织党员领导干部到毕节市反腐倡廉预防职务犯罪教育基地开展警示教育，教育干部职工筑牢纪律意识和思想防线，进一步提升廉洁自律意识。打造廉政文化阵地，制作十九届中纪委三次全会精神等宣传展版，传递廉政元素，营造风清气正、廉洁高效的履职环境。

（四）切实开展巡察（回访）。修订党委巡察工作办法，制定巡察人才库管理暂行办法，建立巡察后备人才库，选定巡察人员，拟定巡察工作方案，成立巡察组，开展巡察培训，顺利完成了对辖区4个县支行的巡察（回访）。

（供稿：中国人民银行毕节市中心支行）

毕节银保监分局

【概述】 2019年，毕节银保监分局以习近平新时代中国特色社会主义思想为指导，认真落实银保监会、贵州银保监局决策部署和毕节市委市政府重点工作任务，坚持党对金融工作的集中统一领导，着力提高金融服务实体经济能力，坚决守住不发生系统性风险的底线，为毕节打赢脱贫攻坚战建设贯彻新发展理念示范区提供了有力的金融支撑。

截至2019年年末，全市银行业资产总计2382.75亿元，较年初增加134.90亿元，增长6.00%，较全省平均增速低2.05个百分点。负债总计2287.00亿元，较年初增加127.15亿元，增长5.89%；各项贷款余额1860.08亿元，较年初增加278.64亿元，增长17.62%，高于全省2.64个百分点；各项存款余额1881.41亿元，较年初减少17.44亿元，降幅为0.92%；全辖银行金融机构共实现盈利39.10亿元，较去年同期减少3.15亿元。毕节市银行业金融机构不良贷款余额为32.32亿元，较年初增加5.30亿元；不良贷款率为1.74%，较年初上升0.03个百分点，高于全省平均水平0.37个百分点，不良率居于全省第五位。保险业资产总额32.19亿元，较年初增加5.01亿元，增幅为18.43%；辖内保险机构2019年累计实现原保险保费收入36.49亿元，同比增长11.27%，增速高于全省1.54个百分点；保险业赔付支出17.48亿元，较去年同期增加0.62亿元，增速3.65%。

【坚定不移防范金融风险，多措并举促进稳健发展】　一是强化数据分析。向异常数据机构下发监管质询单；创建EAST模型筛选可疑数据，为机构监管精准发力；建立风险预警监测机制，加强对银行保险机构风险早期预警系统和客户风险系统的运用。二是紧盯重点领域，稳妥化解影子银行风险。将影子银行按照业务实质纳入监管，贯彻落实金融机构资管业务、同业业务、委托贷款等业务监管要求；通过对重点机构座谈、通报、督导和督查等形式整治车险市场过度竞争、违法竞争等市场顽疾，保险领域重点风险得到有效缓解；紧盯房地产市场风险，严防信贷资金通过供应链融资、挪用等形式违规流入房地产市场。三是做实资产质量，严密防范信用风险，持续巩固逾期90天以上不良贷款入账成果。督促辖内银行机构逾期90天以上贷款全部纳入不良贷款管理，截至2019年年末，全辖逾期90天以上贷款与不良贷款比例为79.21%。同时指导威宁富民村镇银行、贵州银行毕节分行、贵阳银行毕节分行及重庆银行毕节分行将逾期60天以上贷款纳入不良，要求农发行毕节市分行将逾期60天以上贷款纳入不良。四是严肃查处各类违规房地产融资行为，重点整治消费贷转化为购房贷和“首付贷”，有效抑制居民杠杆率。严厉打击挪用消费贷款、违规透支信用卡等行为，严控个人贷款违规流入股市和房市。五是严格控制新增不良资产，及时化解存量不良资产，夯实信贷资产质量，积极引导和督促金融机构加快不良资产处置，2019年辖内银行机构处置不良贷款16.56亿元。六是主动配合地方政府化解隐性债务风险。建立地方政府隐性债务实时跟踪监测机制，加大风险研判力度，支持配合地方政府研究由近及远化解存量债务的可行方案。七是组织开展满期给付和退保分析监测和风险排查，截至2019年年末，毕节市人身险业满期给付0.64亿元，同比下降58.45%。八是有效防范社会金融风险。组织开展银行保险机构非法集资风险排查整治和涉嫌非法集资广告资讯信息排查，严厉打击非法集资；及时向公安部门移送发现涉黑涉恶线索，配合做好扫黑除恶专项斗争，2019年1至12月，辖内各银行机构协助各有权机关查询66595次；冻结22646笔，金额52.63亿元；划扣3614笔，保障了7.13亿元资金安全。

【坚定不移推动服务实体，服务质效持续提升】

始终秉持“将服务辖内实体经济的发展作为金融工作的出发点和落脚点”理念，引导辖内金融资源配置到经济社会发展的重点领域和薄弱环节。一是持续加大辖内金融资源供给。截至2019年年末，各项贷款余额1860.08亿元，较年初增长278.64亿元。二是小微企业、民营企业融资难、融资贵得到有效缓解。通过采取金融服务民营企业现场检查、违规涉企服务收费专项检查、赴企业开展实地调研等措施，引导辖内银行业积极落实服务民营和小微企业各项工作要求，推动全市小微企业、民营企业金融服务向高质量发展。截至2019年年末，全市小微企业贷款余额534.23亿元，较年初增加60.29亿元，增长12.72%；民营企业贷款余额达86.07亿元。三是加强组织领导，落实监管引领，推动农产品价格指数保险落地签单，切实为农业生产经营主体提供收入保障。截至2019年年末，毕节试验区已实现农产品价格指数保险和收入保险县域全覆盖，为34家农业生产经营主体提供保险金额1.42亿元。四是督促银行机构科学调整信贷结构，实行有扶有控的差别化信贷政策，推动绿色金融政策的落实。截至2019年年末，辖内银行业绿色信贷项目96个，贷款余额91.55亿元，较年初增长4.02亿元，增幅4.59%。五是着力做好民生保障，建立生猪产业信贷统计制度，按月统计上报生猪养殖产业贷款情况，引导银行保险机构加大对生猪生产的信贷支持、推进生猪保险，不断推动辖内机构做好非洲猪瘟防控及支持生猪生产发展、稳定市场供应相关工作，积极支持我市生猪稳产保供，进一步提高银行保险业服务生猪生产的能力和水平。

【坚定不移整治市场乱象，合规意识不断增强】

深入开展“巩固市场乱象成果、促进合规建设”专项工作，持续加大案件查处力度，压实银行保险机构案件治理和防控的主体责任。一是全面总结、巩固2018年乱象整治成果。对辖内银行机构2018年深化整治银行业市场乱象工作中的问题整改、问责处理、机制建设三方面开展评估，确保机构整治责任到位、措施到位、整改到位、问责到位。二是着重日常监管，提升监管质效。通过日常监测和督促自查相结合，力促风险隐患早发现、早预警、早处置，针对银行保险金融机构自查发现问题，督促银行保险机构修订制度130个，累计问责614人次。三是全面督导检查，监管发力毫不手软。坚决打击违规授信、违规担保、违规代理、违规销售等行为，派出9个检查组对8家机构开展现场检查，发现问题234个，问题金额194.58亿元，处罚银行机构3家、高管2人，处罚金额130万元。四是严格落实“严控新增、压缩存量”的总体要求，通过加大对违规开展同业、表外业务等问题的整治力度，各银行机构同业、表外业务日趋规范。截至2019年末，同业资产规模同比下降27.45%，委托贷款同比下降0.06%；2019年辖内银行机构将表外业务转化为表内业务6.8亿元。通过深化整治银行保险市场乱象，切实巩固前期专项治理成果，持续保持监管高压态势，严肃惩处违法违规行为，着力引导银行保险业回归本源、专注主业、做精专业、合规经营、稳健发展，促进经济与金融的良性循环。

【坚定不移深化机构改革，金融生态持续完善】

一是推动法人机构治理体系升级。充分发挥章程引领作用，对照最新监管规定进一步指导机构修订公司章程、落实党委会研究“三重一大”与董事会依法行使决策职责的有机统一，不断完善公司治理架构，已督促15家农村中小银行机构修订章程。二是完善内控体制机制，坚守市场定位。开展公司治理专项检查，推动农村中小银行机构坚持正确改革方向，坚守服务“三农”和小微企业市场定位，针对“三农”和小微企业特殊需求提升服务匹配度和有效性。三是构建多层次、广覆盖、有差异的金融机构体系，进一步满足辖内实体经济多元化金融服务需求。截至2019年末，毕节全辖村镇银行8家，农村商业银行5家，农村信用合作联社3家，银行分支机构12家；各银行机构网点合计601个，银行机构网点已实现毕节市辖乡镇全覆盖，保险机构合计20

家。2019年，民生银行毕节分行、华安财产保险股份有限公司毕节中心支公司已获贵州银保监局筹建批复，预计在2020年上半年开业。四是持续关注金融消费服务，创造共赢新局面。组织开展非法集资、校园贷、电信网络诈骗、扫黑除恶等内容的金融知识宣传；不断畅通银行保险消费者投诉渠道，及时处置问题和诉求；商业养老健康保险发展迅速，保险消费者服务质效持续提升。

【坚定不移聚焦重点领域，精准施策助力脱贫攻坚】 2019年是落实习近平总书记7月18日对毕节试验区重要指示精神的开局之年，是决胜脱贫攻坚的关键之年。积极引导金融机构从优化金融服务供给机制、明确服务重点领域和薄弱环节、创新服务产品和服务模式、推动基础金融服务扩面提质、强化差异化监管引领等方面发挥独特优势助力脱贫攻坚。一是创新扶贫信贷和保险产品、加大扶贫领域信贷投入。截至2019年末，全市涉农贷款余额1197.84亿元，较年初增加177.36亿元，增长17.38%；全市贫困地区贷款余额1200.13亿元；全市扶贫开发项目贷款余额74.52亿元；易地扶贫搬迁贷款余额31.16亿元；全市扶贫小额信贷余额39.49亿元；扶持新型农业经营主体发展，扶贫龙头企业贷款2.69亿元。二是传导政策要求，推动农业保险机构加大对贫困地区农险费率和保额特惠力度，积极发展特色险种，扩大农业保险覆盖面。2019年，毕节市农业保险实现保费收入1.71亿元、同比增长16.68%，为62.63万户次农户提供风险保障192.26亿元，累计向6.57万户次农户支付赔款1.13亿元。三是督促辖内大病保险承办公司继续做好向建档立卡贫困群众和深度贫困地区倾斜政策服务。2019年1至12月，大病保险项目已为38.77万人次支付大病补偿金3.65亿元。其中，为全市30.89万人次的建档立卡贫困人口赔付金额1.86亿元。大病保险实现保费收入3.84亿元，赔款4.67亿元，累计惠及54.96万人次。

【坚定不移推进党的建设，从严治党成效显著】

始终坚持“围绕监管抓党建，抓好党建促发展”的原则，坚持党建工作和监管工作同谋划、同部署、同落实、同考核，把党的政治建设摆在首位，紧扣加强党的先进性建设和执政能力建设这条主线，凝心聚力，不断夯实基层党建根基，全面提升监管质效。一是突出“站位高”，以思想为引领。持续巩固党的十九大精神学习成果，深入学习十九届二中、三中、四中全会精神；落实意识形态工作责任制，组织开展干部职工网络行为专项排查、违反政治纪律问题专题警示教育；通过专题学习研讨、实地走访、党委成员上党课、举行主题演讲比赛、征文比赛等形式不断增强“四个意识”，坚定“四个自信”，做到“两个维护”，全年党委中心组学习习近平总书记系列重要讲话精神14次。二是突出“制度全”，加强党的组织建设。印发党建工作要点，细化分解任务；制定党委中心组学习规则实施细则；认真落实“三会一课”、组织生活会、民主评议党员等制度，有效提升党的组织生活质量。三是突出“基础强”，夯实党的基层建设。推动党支部标准化规范化建设，科学组建基层支部8个；党委班子成员定期对联系点开展调查研究和指导；开展交心谈心、廉政谈话及时了解掌握干部职工思想动态。2019年党委班子成员讲专题党课5人次，落实谈心谈话59人次，较上年增长12人次。四是突出“落地实”，党建与监管工作同步推进。立足“打造监管标杆、整治市场乱象”的理念，将临时党支部建在现场检查一线，带动检查组成员创先争优，确保项目检查如期保质保量完成，全年依托现场检查项目成立现场检查临时党支部2个，党员11人次；开展综合培训，将党建工作纳入培训内容，确保党建工作与监管工作同促进、同提高；以发挥党员先锋模范为着力点，全年发展3名监管科室业务骨干为党员。五是突出“效果好”，主题教育成效更加显著。扎实开展“不忘初心、牢记使命”主题教育，坚持问题导向，立行立改，取得实实在在成效，持续推动全面从严治党。主题教育期间，分局党委班子检视查摆问题14个，已全部整改完毕，为实现此次整改成果的最大化，完善常态化、长效化工作机制，分局修订完善制度建设6项。

【坚定不移强化廉政建设，持之以恒正风肃纪】 紧紧围绕监管中心工作，全面落实党风廉政建设和反腐败各项任务，积极营造风清气正的政治生态。一是严明纪律，确保中央八项规定成为刚性约束。制定印发毕节银保监分局系统非公务交往和落实中央八项规定精神实施细则，严格落实“零物质往来”铁律。开展形式主义、官僚主义专项整治、作风问题排查、节点作风建设，锲而不舍落实“八项规定”，紧盯“四风”问题。二是聚焦主体，推进“两个责任”落实到位。紧紧抓住党风廉政建设的“牛鼻子”，突出强化分局党委主体责任和纪委监督责任，通过召开党风廉政建设暨纪检监察工作会议、制定廉政建设工作要点、签订党风廉政建设责任书、开展警示教育等措施，不断深化廉政风险防控。三是强化责任，严肃监管履职问责。根据原贵州银监局巡视反馈意见开展监管履职问责调查，以实打实措施，做好巡视整改的“后半篇文章”。

【坚定不移创新内部管理，监管文化更加丰富】 一是严格执行银保监会、贵州银保监局关于“三定”方案的相关部署，建立符合现代金融特点、统筹协调监管、有力有效的内部管理机制，确保改革平稳过渡，做到机构改革与金融监管“两不误、两促进”，并以此为契机进一步优化干部资源配置，增强监管力量。二是有效发挥职务与职级的功能作用，通过职级套转、职级晋升、提拔干部等方式，进一步激励干部职工干事创业、担当作为。三是积极推进请休假制度、因私出国（境）、在职人员公务员工资调整等工作落实。四是丰富监管文化建设。举办迎新春文体活动、“快乐工作·健康生活”健步走活动、主题演讲比赛和主题征文活动等，营造分局奋发向上、拼搏进取的良好氛围；做好退伍军人登记及悬挂光荣牌工作，进一步激发干部职工拥军优属、保卫祖国、建设祖国的政治热情。

（撰稿：骆运进）

毕节市金融工作办公室

【概述】 2019年，毕节市金融工作办公室在市委、市政府的领导下，深入贯彻习近平新时代中国特色社会主义思想和十九大精神，围绕“确保按时打赢脱贫攻坚战，努力建设贯彻新发展理念示范区”的决策部署，全力推动金融服务实体经济、防控金融风险、深化金融改革各项工作。同时，深入推进全面从严治党，进一步提高履职能力，促进毕节经济金融持续健康发展。

【强化金融服务实体经济能力】 一是开展民营企业金融服务专项行动。加强金融服务，印发《毕节市深化民营和小微企业金融服务“七个一行动”工作方案》。加大产品宣传，收集汇总金融机构针对中小企业的信贷产品104个，提高企业对金融机构相关产品的知晓率。搭建银企交流平台，举办2019年毕节市银企对接洽谈会，市级金融机构及89家重点企业参与对接。开展走访企业活动，组织金融机构走访企业，创造条件提供资金支持。组建企业融资咨询服务团，发挥金融机构专业人员咨询指导作用，组建规模49人的企业融资咨询服务团，为企业免费提供融资咨询服务。二是指导国有企业和县区开展市场化融资。指导市属国有企业开展市场化流动资金贷款，融资到位资金6.3亿元。推动建行与各县区开展“新租贷”业务，实现投放6.1亿元。推动省政府主要领导在纳雍县蹲点调研座谈会上明确的重点工作任务落实，协调农发行加大对纳雍已上报项目支持力度，上报5个项目7.372亿元全部获得支持。推送易地扶贫搬迁后继融资项目44个，融资需求79.27亿元。三是用好用足省绿色基金助推农业产业结构调整。指导纳雍、织金、百里杜鹃管理区围绕“12+1”个特色优势产业，做好绿产基金项目申报，协调金融机构加大支持。四是推动农业保险提标增品扩面。聚焦500亩以上坝区农业产业结构调整，出台《毕节市500亩以上坝区政策性农业保险实施方案》，推动农业保险提标增品扩面，开办了包括种植、养殖等在内的20余个农业保险品种。五是大力发展资本市场。加快企业上市培育，2019年7月30日，全国中小企业股份转让系统批准同意威宁金元能源公司新三板挂牌，实现毕节市上市挂牌企业“零”的突破。推动234家企业在贵州股交中心挂牌，8家企业融资到位21.1亿元。六是完善融资担保体系。2019年新设立政策性担保公司1家、民营融资担保公司2家，实现政策性融资担保机构10个县（区）全覆盖。至2019年末，全市融资性担保公司18家，注册资本总额26.85亿元，在保余额26.15亿元，在保户数4028户。

【大力防控和化解金融风险】　一是防控扶贫小额信贷风险。印发《毕节市扶贫小额信贷“户贷企用”风险防控工作实施方案》等，制发扶贫小额信贷“户贷企用”风险提示函。开展扶贫小额信贷风险调研，形成《毕节市脱贫攻坚“特惠贷”使用存在问题及对策建议》调研报告。建立扶贫小额信贷“户贷企用”风险管理台账，指导督促相关县（区）抓好省委巡视和督查检查反馈问题的整改落实。全市扶贫小额贷款不良率在1%以内，风险总体可控。二是强化类金融机构监管。加强对融资担保公司、小额贷款公司等类金融机构监管，组织开展现场检查和非现场监管，做好融资担保公司、典当公司年检工作和小贷公司分类评级工作，对发现问题及时督促县（区）实施整改，约谈整改机构1家、清理退出2家。全面梳理2019年权责清单、权力运行流程图及审批事项样本。印发《在小贷、融资担保及典当公司中开展扫黑除恶专项行动实施方案》等方案，召开毕节市类金融机构扫黑除恶工作会议，组织对类金融机构进行全面摸排处置，统一安排部署“八类机构”扫黑除恶专项斗争，配合公安打击涉黑涉恶机构1家。三是做好非法集资风险防控。开展“5·15”防范非法集资集中宣传教育、涉金融领域失信和互联网金融风险专项整治等活动。组织防范非法集资宣传教育作品评选活动，“远离非法集资、享受幸福生活”等5个微视频作品获奖。完成“e租宝”集资参与人系统核实登记工作。

【推动地方金融改革创新】　一是做好“引金入毕”工作。协调做好民生银行毕节分行筹建工作，2019年10月正式获得筹建批复。二是推动农信社改制。督促加快推进金沙、纳雍、威宁信用联社改制组建农商银行。三是加快农村信用工程建设。协调省联社毕节审计中心，指导督促县（区）深入推进信用农户、信用村组、信用乡镇创建工作。目前已评定信用农户140.19万户，创建信用乡镇148个、信用村2897个、信用组22383个。四是加快融资平台建设。搭建毕节市中小企业信用融资服务平台并投入使用，切实缓解企业融资难问题。

（供稿：市金融工作办公室）

中国工商银行股份有限公司毕节分行

【概述】　2019年，中国工商银行股份有限公司毕节分行（以下简称工商银行毕节分行）坚持以习近平新时代中国特色社会主义思想为引领，在上级行党委和毕节市委、市政府的领导下，以服务地方经济社会发展为己任，全力推动各项业务稳步发展。截至2019年年末，工商银行毕节分行全辖共有20个网点，472名从业人员。各项存款余额201.27亿元，各项贷款余额204.95亿元。

【坚定不移推动全面从严治党】 工商银行毕节分行坚持党建工作引领，以学习贯彻习近平新时代中国特色社会主义思想为核心，以学习党的十九届四中全会精神为重点，以全面从严治党带动全面从严治行。一是开展好“不忘初心、牢记使命”主题教育。按照中央及上级行党委部署，及时启动全行主题教育工作。举办为期5天的“不忘初心、牢记使命”主题教育读书班，搭建线上线下一体化的学习平台，深入开展问题剖析和整改提升，通过主题教育不断提升党员领导干部政治思想建设，增强“四个意识”，坚定“四个自信”，做到“两个维护”。二是夯实基层党建工作基础。完成了将党支部建到部室工作，全行党支部数量由原来的16个增加到22个，有效推动“一岗双责”的落实。完善基层党支部系列考评办法，使党的建设工作更有抓手。举办“管理干部党性修养暨作风强化培训班”，开展纪念建党98周年主题活动和系列党日活动，不断提升全行党员队伍活力。三是坚持党建引领队伍建设和文化建设。进一步强化“党管干部”各项机制建设，营造“能者上、庸者下”的良好氛围。持续加强“责任 奋进 效益 和谐”的特色企业文化建设，不断打造提升队伍凝聚力。

【立足区域扎实服务实体经济】 为支持毕节试验区经济更好更快发展，工商银行毕节分行积极践行国有大行担当，加强对地方经济的融资支持力度，全年累计发放大中型企业项目贷款31.89亿元。一是聚焦产业发展，拓展金融服务模式。重点对大方扶贫开发企业中禾恒瑞（贵州）有限公司的安格斯牛养殖项目、威宁雪榕生物科技有限公司的食用菌种植项目、贵州省金沙县药芝林大药房有限责任公司的中草药种植项目及贵州金丽农业投资有限公司的金沙县两万亩茶叶基地茶产业扶贫项目进行融资支持。以特色产业为主体，贯穿农业生产、加工、流通和销售等各个关键环节，形成完整的农业产业链，推动形成农业特色产品规模化、标准化、品牌化，提高工商银行毕节分行金融信贷支持的承载力。二是围绕重点项目，精准发力助推脱贫。积极对接国家、省重点支持贫困地区基础设施建设项目扶贫，向纳雍、威宁、赫章三个辖内深度贫困县投放信贷资金余额为30亿元，金融支持覆盖极贫地区乡村教育、基础设施建设、环境改造等领域。三是助力小微企业，大力推进普惠金融。紧紧围绕“回归经济本源，支持实体经济、小微企业”的目标，深化小微和民营企业服务工作，实行“三减一降”机制，人民银行降准口径普惠贷款余额3.14亿万元。同时，推出泛交易贷、资产贷、税务贷、用工贷等各种场景网上小额贷款；创新推出针对卷烟零售商户“烟草贷”及小微民营医疗机构“毕节医保贷”特色线上纯信用融资产品，持续提升工商银行毕节分行普惠金融服务质效。

【聚焦关键提升金融服务品质】 一是聚焦客户需求，丰富金融产品体系。针对新业态下的金融消费者需求，不断丰富金融产品体系，提升金融服务效能。在个人贷款、信用卡、个人理财、个人结算、手机银行推广等方面持续发力，积极构建涵盖消费者衣食住行的金融生态圈。二是聚焦场景建设，助力智慧平台建设。投产了毕节市医保局、黔西县医保局、织金县医保局、织金县人社局、纳雍县机关食堂一卡通等项目，机构客户维护力度进一步提升。开展“智慧停车”“银校通”等B端场景拓展，利用金融产品为客户提供更加便捷的生活服务。三是聚焦客户满意度，提升服务品质。持续加大服务品质提升工作，努力打造人民满意银行。加强网点环境建设，为客户提供舒适的业务办理环境。推进广泛开展服务调查、第三方服务检查等工作，做好金融消费者权益保护工作，注重客户投诉，不断提升客户满意度。四是践行社会责任，传递工行好声音。紧紧围绕全市脱贫攻坚进程，加大对扶贫点的帮扶力度，为赫章县坪子村捐赠扶贫资金10万元。全辖各区县支行多次开展扶贫义务捐赠、义务植树、关爱贫困儿童及留守儿童等公益活动，积极传播工行温暖。同时，针对日益复杂的外部形势，积极开展金融知识普及、金融知识进万家、征信知识宣传普及等活动，不断提升金融消费者的风险防范意识，保护客户资金安全。

【守好底线全力化解风险】 工商银行毕节分行以实现各项业务稳健发展为目标，持续加大关键领域风险防控力度。一是全力化解信贷风险。加大贷后管理力度，加强客户走访频率，多渠道多形式了解客户生产经营情况、财务情况、项目建设情况等，全面掌握客户风险信息及偿付能力变化情况。大力推动不良资产清收处置，综合运用诉讼、资产证券化等手段提升清收成效。二是全力做好内控合规工作。更加突出风险导向，关注监管重点和案件防范的关键环节，在内控管理及制度管理、反洗钱工作、案件防范、合规文化建设等工作中取得持续进步。结合银行业实际开展了“扫黑除恶”专项治理工作，认真组织开展了第六轮安全评估工作。

（供稿：工商银行毕节分行）

中国农业银行股份有限公司毕节分行

【概述】 2019年，农行毕节分行认真贯彻落实全市工作部署，继续深化农总行支持毕节试验区发展差别化政策，紧紧围绕全市经济发展和脱贫攻坚大局，加大金融支持脱贫攻坚力度，深化“三农”和实体经济金融服务，助推试验区经济社会建设和脱贫攻坚。截至2019年12月31日，各项存款余额185.06亿元，较年初下降4.41亿元；2019年累放各项贷款114.83亿元，余额262.53亿元，较年初新增47.75亿元，较上年同期多增32.54亿元，存贷比高达142%；实现中间业务收入1.40亿元，同比多增3269万元，增幅达30.56%，排名全省农行第一。

【党建引领 强基固本促服务】 在“大党建”的引领下，严格根据“守初心、担使命，找差距、抓落实”的主题教育总要求，狠抓党的建设，不断优化改革，着力提升服务质量。一是抓好党内学习教育。拟定全年党委中心组学习计划，2019年开展了6次党委中心组学习，10次“不忘初心、牢记使命”主题教育集中学习研讨，对党章党规、习近平新时代中国特色社会主体思想、十九大精神及十九届四中全会精神等进行深入细致的学习。二是抓好基层党组织建设。辖内35个营业网点全部设立党支部，机关3人以上的部室也全部建立了党支部，已有67个基层党支部。同时，秉承“将骨干培养成党员、党员培养成骨干”的思路，2019年，发展党员10名，按期转正预备党员7名，发展对象26名，入党积极分子14名。发展维度均倾向于营业网点负责人、运营主管及业务骨干。三是抓好干部队伍建设。严格执行好干部的“五条标准”，坚持正确的用人导向，选好用好干部，优化调整干部队伍结构。四是抓好党组织量化考核。印发农行毕节分行基层党组织量化考核评价实施方案和党员积分制管理方案，根据方案积极推进“两项管理”。五是抓好党风廉政建设考核。制定党风廉政建设责任制考核方案，对支行、机关各部门进行量化考核，把落实党风廉政建设责任嵌入全行绩效考核体系，考核结果与综合绩效挂钩，与各支行党委领导班子经营奖励和领导干部个人收入挂钩，与领导干部任免考核挂钩。

【金融活水 灌溉“三农”促脱贫】 紧紧围绕试

验区重大项目建设、产业发展规划，通过金融“活水”的灌溉，为试验区基础设施建设、能源水利、旅游产业等提供源源不断的资金支持，为试验区脱贫攻坚工作提供了强有力的助力，使广大群众共享经济发展带来的实惠。是年，全行扶贫重点县贷款余额240.09亿元，较年初新增47.33亿元，完成计划的394.43%。精准扶贫贷款余额35.81亿元，较年初新增8.77亿元，完成计划的162.35%；带动服务贫困人口5.88万人次，较年初新增2.49万人次，完成计划的165.83%。同时，新增惠农e贷5.15亿元，完成计划的103.06%；惠农e贷完成额和完成率均位列全省第一，也是全省唯一完成计划的二级分行。一是支持地方重大项目建设。用好用活总、分行相关政策，围绕交通、能源等领域，投放贷款23.18亿元支持黔大东清、赫镇、赫六高速公路及叙毕铁路建设；威宁县光伏发电项目6.6亿元贷款和集团授信分割已获省分行、总行审批。二是加大贫困县信贷投放力度。授信8.8亿元支持大方棚户区改造项目，2019年实现投放50万元。三是积极支持农业产业发展。立足产业扶贫，结合地方特色产业，发放光头麦e贷1309万元、马铃薯e贷1520万元、金猪e贷161万元、“两烟”e贷3.04亿元、乡村旅游e贷3.41亿元。2019年支持“专业大户”“家庭农场”等农村新型农业生产经营主体472户3968万元。四是加快渠道建设。全行惠农卡发卡量达184万张，2019年新增3.86万张，惠农卡有效客户增加3.80万户。同时，新增惠农通工程电子机具485台，农村电子机具覆盖率达81.78%，超过了总行75%和省行80%的标准，惠农通服务点金融交易高达135万笔6.85亿元。

【严控风险 筑牢底线保发展】 一是加强信用风险管控。是年，全行不良贷款余额3.10亿元，不良率1.18%，不良率较年初下降0.15个百分点。法人不良贷款生成率为0.47%，到期贷款现金收回率98.77%；农户贷款不良率为2.01%，较年初下降0.41个百分点；个人不良贷款率0.58%，较年初下降0.27个百分点，全年核销处置个人不良贷款514.42万元、完成计划的102.88%；二是加强声誉风险管理。按照“分工明确、归口管理、部门协作、统一出口”的原则，建立各级行、各部门声誉风险首问责任制，完善声誉风险监测、处置工作机制，完成全行声誉风险排查，全年未发生声誉风险事项。三是加强印章管控。印章使用做到双人、专柜保管，并严格按照行内iTable用印审批流程使用印章，同时，2019年开展了专题行政印章印控仪使用培训，并已在12月份将印控仪全部分发到各支行，待上级行正式通知后，行政印章印控仪将全部投入使用。四是加强案防风控。认真开展“案防风控深化年”活动。拟定2019年案防工作任务清单，将全年工作任务细化到部门，围绕“四支利箭、一个办法”，严格考核评价，前移案防关口，进一步压实领导班子的案防责任。五是加强安保服务外包。立足于减少人力资源占用，实现风险转移。2019年，完成了全辖保安服务外包项目、机关大楼消防维保服务项目、全辖110远程报警系统服务项目及黔西农行上门收款箱包押运服务项目的采购。同时，在《贵州省第六轮银行业金融机构安全评估》中，农行毕节分行在全市29家银行业金融机构评估中排名第三，四大行排名第二，并荣获安全防范优秀单位称号。六是加强员工行为管理。通过家访、谈心谈话等方式及时掌握员工思想动态，依托行内“三线一网格”系统按月开展员工行为排查；不断规范员工因私出国（境）管理，全年审查审批员工因私出国（境）13人次，证照办理8人次；严格执行“四项制度”，定期对关键岗位人员轮岗情况进行监测，全面做好关键岗位人员的管理。

【夯实基础 优化管理稳经营】 一是从严治行力度进一步加大。通过运营条线非现场监控检查，案件风险排查，各条线尽职监督检查等，及时发现问题并处理相关责任人，不断加大“从严治党、从严治行”的力度。二是问题整改逐步提升。积极推进“不忘初心，牢记使命”主题教育检视问题的整改工作，2019年已全部完成整改；同时还完成了中央、总行及省行巡视反馈问题的整改工作。三是内控合规管理得到加强。全行深入开展合规文化建设相关活动，推动开展“行长讲案防”“行长讲双基”讲座10次，收集干部学习心得70余篇；持续做好法律审查，共出具法律审查意见书258份，提出法律风险防范意见493条，送审部门采纳率达100%。四是费用管控有效落实。严格执行中央八项规定实施细则以及厉行节约有关要求，深入推进节约管理，严肃财经纪律，严格制度执行，合规使用费用资源。全年业务招待费、业务宣传费、广告费、会议费等均控制在省分行下达的计划内。五是运营基础管理得到提升。按季开展运营业务尽职监督检查、“三化三铁”考评验收、辅导和帮扶等，2019年创建总行级运营基础管理先进单位2个、省行级1个，“三铁”单位14个，完成贫困县4个网点迁址购建、装修，完成9个网点原址局部改造。同时，按季组织“金手指俱乐部”成员进行运营业务技能集训，并在省农行比赛中获团体第一名的好成绩，实现该项比赛“三连冠”。

【人文关怀 家园文化聚人心】 一是做好困难员工关爱与管理，在日常的员工生病慰问、生日慰问、亲属去世慰问等基础上，不断做实困难员工的关怀，2019年共推荐报送困难员工123名，123名员工均不同程度得到了上级行的帮扶。二是做好职工之家的建设。通过不断下基层调研，2019年结合工作实际向省农行工会上报纳雍、赫章等五个食堂改造所需资金的请示，并完成职工之家各项设备老化情况的摸底调查，结合实际向上级行申请补助纳雍、威宁、赫章和大方支行工会经费共34.37万元，同时，纳雍支行和金沙安底支行分别获得模范职工之家和模范职工小家称号。三是盘活固定资产凸显人文关怀，改造天河路闲置房屋作为异地在毕无房员工生活用房。2019年，已通过盘活闲置资产和租赁等方式解决异地在毕无房员工10余人住房问题。同时，立足于改善乡镇网点员工住房环境，为大方鹏程支行租赁员工住房12间、纳雍阳长支行租赁5间，通过居住环境改善，解决员工实际问题，让员工安心为业务发展贡献力量。四是积极组织开展业余活动。组队参加省农行组织的篮球运动会，毕节银行业协会、省农行工会、省金融工会组织的健步走活动及本级行开展的垂钓活动等，先后有60人次获奖。

（供稿：农行毕节分行）

建行毕节市分行

【概述】 2019年，建行毕节市分行深入贯彻党的十九大精神和习近平总书记对毕节试验区工作的重要批示精神，紧扣市委打赢“113攻坚战”的部署，主动承担建设银行作为国有大型商业银行的社会责任，全力推动建行“三大战略”的落地，强化职责，提高站位，坚持以服务地方经济为己任，重点突出“确保按时打赢脱贫攻坚战，建设贯彻新发展理念示范区”的主题，全力助推毕节试验区经济发展。截至12月31日，一般性存款余额212.43亿元，各项贷款余额178.65亿元，信贷资产质量持续向好，不良贷款率0.33%，较年初下降0.07%。

【加快政策落地，助推脱贫攻坚】 为进一步加快助力脱贫攻坚步伐，在2017年争取到总行5条和省分行12条支持毕节试验区经济社会发展的差别化政策、涉农整合贷款特别授权的基础上，毕节分行向总行申请涉农整合贷款特别授权延期至2019年12月，得到总行的批复同意。截至2019年10月，分行本年累计发放9.16亿元棚户区及涉农贷款，覆盖七星关区、威宁、纳雍和金沙县。分行精准扶贫贷款余额29.44亿元，比年初新增6.81亿元，惠及数万贫困人口。

【创新业务模式，加大信贷投入】 一是助推脱贫攻坚。分行聚焦“两不愁，三保障”，在农村基础设施、棚户区改造、教育、卫生、电力、土地整治等领域审批项目19个，审批金额56.26亿元，已放款33亿元。二是助推农村产业革命。通过“公司+合作社+农户”模式，为“威宁县牛棚、迤那、雪山等7个乡镇矮化苹果产业示范基地建设项目”授信3.4亿元，已投放2亿元。三是助推实体经济发展。通过“惠懂你”、云税贷等平台和产品，实现“纯信用、全线上、零担保”申报及自动秒批模式信贷创新，实体经济小微企业贷款获得率、贷款覆盖面大幅提升。四是助推毕货上线毕货出山。通过打造“善融毕节扶贫馆”电子商务平台，对入驻的商户提供专项产品推广及融资计划，助力“毕货出山”。

【用好金融科技，破解社会痛点】 免费为全市60余家学校、医院、住建、社保等行政事业单位及烟草、水务等国有公司搭建便民、利民平台46个，投入资金3414万元，充分运用“金融+科技”力量改善营商环境，助推民生事业发展。配合“中国南方马铃薯博览会”在威宁举办，成立团队组建专班研发“马铃薯交易平台”，该项目已测试完毕，处于验收阶段。

【完善渠道建设，提高金融服务】 一是提高金融服务的科技含量。作为区域内首家率先引入银行智慧柜员机，分行以客户自助+柜员协助办理的工作模式，为每笔业务平均缩短1/3的业务办理时间，大大提高服务效率，深得客户与工作人员一致好评，共计布放智慧柜员机91台。二是加大网点渠道建设。2019年5月，建行威宁草海支行开门营业，成为威宁县第二个建行营业网点。在自助渠道方面，共实现自助银行47个，自助设备158台运营，实现每个行政县支行至少覆盖2~4个网点覆盖。三是通过产品创新，加大县域助农pos投放，累计投放百商银通机具1200台，增设乡镇“裕龙通”代办点178个，覆盖了所有重点乡镇，满足了农村客户群体金融服务需求。

【践行社会责任，体现企业担当】 一是陆续选派驻村干部到对口帮扶联系点驻点帮扶，从扶贫村基础设施建设、产业扶持、教育帮扶、扶贫济困等方面精准发力，实实在在为定点扶贫村精准脱贫做了一些看得见摸得着的事情。二是节约办公经费、发动员工捐款捐物、争取总行公益扶贫捐赠资金、清理党费拨付等用于改善农村生产生活条件、定点扶贫村文化广场建设、修缮各定点扶贫村党员活动室、更新党员教育设施、帮助村小学改善教学设施、对贫困学生实施帮助等近120万元。三是牵手建行亚洲、贵阳城北支行发动职工为威宁县板底乡新华小学捐款捐物16万元，改善教学环境。

【化解政府债务风险】 一是通过调整还款计划的方式，将毕节时空旅游文化发展有限公司2019年6月到期本金0.8亿元还款时间调整至2020年及2021年；二是积极申报“新租贷”产品化解地方政府隐性债务，截至11月已完成七星关区和赫章县新租贷项目上会审批，金额合计9.8亿元，其他县区新租贷正在收集完善资料、撰写申报材料过程中，拟申报授信金额合计16亿元。

（供稿：建行毕节市分行）

中国银行股份有限公司毕节分行

【概述】 2019年，是新中国成立70周年，也是中国银行毕节分行成立30周年。是年，毕节分行紧紧围绕贵州省分行2019年工作会议精神，认真践行总行发展战略和省行工作部署，深入贯彻落实“价值创造、转型发展”经营理念，抓业绩、控风险、化不良、强党建、转作风，全力以赴推进我行各项业务发展。

【服务地方公共设施】 持续助力毕节市第一人民医院做好银医通后续服务。毕节分行在毕节市第一人民医院18个收费窗口全覆盖安装了智能POS，收单量也从以前的每天20万元提升到每天100万元，在提升该院在全行的公司存款贡献的同时，也方便了广大市民的缴费需求。

以项目为带动，落实七星关区医院智慧医疗项目。七星关区医院与毕节支行有多年合作关系，主要单位资金及结算、员工绩效奖金代发均在毕节支行，为锁定未来合作期限，扩大合作广度，在省行行政事业中心、个金部的帮助下，毕节支行成功为区医院获得智慧医院医疗项目260万元的批复，从资金、技术、服务上给予医院更好的支持，帮助医院尽早获批三甲，该项目已成功落地。

助力毕节市医学高等专科学校打造智慧校园。积极争取省分行条线部门支持，协助解决毕节医专智慧校园建设需求，该项目已完工，在带动了毕节支行对公存款及手机银行月活的增长同时，也方便了学校师生的学费收缴工作。

为积极响应政府工作，实现在两年内基本取消全国高速公路省界收费站，实现不停车快捷收费，减少拥堵、便利群众的目标。毕节支行实行公私联动，对外积极对接市、区政府ETC小组办公室和市运管中心争取资源支持；对内制定ETC激励考核方案，奖励员工拓展ETC，各营业机构积极对接代发薪单位、公司客户、梳理中高端客户、信用卡客户通过外拓、电话方式联系办理ETC业务。截至12月末，毕节支行共完成ETC 2188户，完成率21.88%，全省排名第一。

【完善体制建设】 继续坚持人尽其才的用人观，“赢在中层”管理理念。结合业务发展加快及渠道建设加速，致力于中层后备干部队伍和专业技术队伍建设，加大人才培养开发力度。继续坚持“人尽其才、绩效导向、以德为先”的选人、用人机制，激发员工潜能，调动员工积极性，真正做到用能力选人、用业绩选人、用制度选人，用好关键人才。对纳入后备人才库管理人员分行列为重点培养人选，向后备员工倾斜。主要以40岁以下员工为主体，大胆启用优秀年轻干部。截至2019年分行经营网点负责人平均年龄由2018年42岁下降到32岁，逐步毕节支行实现干部队伍合理梯次结构。

积极落实效率优先、兼顾公平的人事费用配置机制。坚持费用配置的战略导向和效益导向，坚持“三个倾斜”资源配置原则，把职数、薪酬等资源向基层倾斜、向业务一线倾斜、向价值贡献大的单位、岗位和人员倾斜，让“想干事、能干事、干得成事”的员工获得荣誉与回报，激励全行员工建功立业的斗志。为体现“干多干少不一样，干好干坏不一样”，2019年分行在省行挣取的60万人事费用全部配置到基层网点，同时对分行相关部门专业性较强的岗位薪酬等级进行调整，以体现专业的价值贡献。

加强员工荣誉体系建设。2019年，持续开展单位内部荣誉文化建设工作，共评选营业机构“服务明星”24人、部门“服务之星”7人，明星网点3家，以此树榜样、学标杆，形成创先争优的良好氛围，有力推动分行各项业务发展。

【加强党建工作，扎实推进主题教育开展】 加强党建“双基”工作。中国银行毕节分行共有党的基层组织13个，其中党委1个，党支部12个。共有党员73名（在岗党员62名，退休党员11名），各机构已实现100%的党员覆盖，基层网点负责人是党员的比例达到89%，基层网点独立设置的党支部覆盖率达到85%。扎实做好党建基础工作，认真落实以“三会一课”为主要内容的组织生活制度，各支部每月召开党员大会，每季度召开支部委员会；认真贯彻民主集中制，开展批评与自我批评的优良作风，健全谈心谈话全覆盖。落实《中国共产党支部工作条例》，强调基层党支部的具体责任，党支部书记要履行好“一岗双责”。支部书记带头讲党课，积极推进微党课“融入日常，抓在经常”，要求每名党员轮流讲党课。4 月，分行党委将“每月第三周周一”确定为主题党日活动日。各支部在主题日组织学习，按时缴纳党费，党员轮流讲党课，开展党建活动。

强化政治责任，筑牢全面从严治党思想理论根基。年初，分行党委中心组率先组织学习《关于推进新时代中国银行全面从严治党的若干意见（2019 年版）》，并结合分行制定实施方案。通过 5 次中心组学习会议，学习《中国中央关于加强党的政治建设的意见》《中国共产党重大事项请示报告条例》等重要文件精神，学习习总书记系列讲话和总行关于“不忘初心牢记使命”主题教育动员部署大会上的讲话，分行 12 个党支部通过召开党员大会，积极跟进，深入学习。4 月 23 日，分行召开党建工作会议对全行工作进行部署，同时对 58 名党员进行了培训，自觉将全面从严治党到全面从严治行的精神贯彻落实到全行的业务发展和管理过程中。

扎实推进“不忘初心、牢记使命”主题教育。为有效落实总行、省行“不忘初心，牢记使命”主题教育方案部署，毕节分行于 2019 年 8 月底就启动了第二批主题教育学习，明确八个专题，召开十次主题教育专题学习会议。

在学习教育上，突出政治过硬，学原文、读原著、悟原理，强化理想信念，及时全面完整准确地将习总书记系列讲话精神、党的十九届四中全会精神学深悟透。在调查研究上，聆听基层声音，与党员座谈、与基层负责人座谈，面对面听取员工的意见建议，听取客户和监管部门的建议，能改则改，立查立改。在检视问题上，党委召开调研成果交流会，梳理在学习调研中查摆的问题。在整改落实上，建立问题清单和制定整改措施，明确了整改时限和整改责任人。通过基层调研、座谈走访、设置意见箱等形式，向各支部广泛征求意见建议，累计征求到 27 条，立查立改 3 个问题，涉及硬件设备、员工培训、项目产品、绩效清算等 12 个问题已明确整改措施和整改时限；涉及上下联动、基层减负、柜员设置等 4 个问题还在整改中；涉及人员不足、薪酬待遇、职业生涯等 8 个问题是基层员工反映最多最强烈的问题，也是长期关注的问题。

担当社会责任，做好党建扶贫工作。为协助推进毕节市同步小康驻村工作，加速推进扶贫攻坚步伐，根据毕节市委相关扶贫政策的要求，近五年来，毕节分行承接三个帮扶点，即大方县兴隆乡上坝村、纳雍县猪场乡增力村、赫章县野马川镇寨子村的帮扶任务。五年来毕节分行积极践行社会责任，累计向省分行申请精准脱贫项目资金 63.5 万元，其中：2015 年帮建大方县兴隆乡上坝村普子山便民桥修建项目 15 万元（该项目被中国红十字会授予“人道服务奖章”）；2016 年帮建大方县兴隆乡上坝村大棚蔬菜种植项目 15 万元；2017 年帮建纳雍县猪场乡增力村精准扶贫（养猪）项目 20 万元。因 2017 年毕节分行扶贫资金在地方政府财政账户周转周期过长，长期未落地，存在被挪用风险，毕节分行主动找县政府主要负责人协调后，款项终于回归，养猪场正式开始运作，产生经济效益。2018 年开始毕节分行采用直达方式，即能直接到贫困群众手中的慰问经费和扶贫工作办公经费 10 万元（其中：2018 年 4 万元，2019 年 6 万元）。年底，毕节市金融办公室又安排毕节分行 3.5 万元扶贫资金用于威宁县新丰乡贫困群众冬用被褥项目。

【风险内控管理】

加强资产质量管控。截至 12 月 31 日 ，不良资产较上年末增加 50 万元，不良率为 0.23%，与上年末持平。随着毕节分行个贷资产业务不断快速增长，个贷、银行卡不良管控压力逐步加大，分行个人业务清收中心，通过采取催收、法律诉讼、银行卡核销等清收措施，截至 2019 年 12 月末毕节分行零售贷款不良率为 0.2%，全辖二级分行最低水平；信用卡不量率 2%，较上年下降 0.52%，个金资产质量得到进一步提升。

做实反洗钱和制裁合规工作。一是加强反洗钱检查监督，持续开展客户尽职调查、制裁案例的非现场检查；二是落实《中国银行反洗钱全员培训计划》，组织条线部门拟定 2019 年反洗钱培训计划并督促落实；三是强化反洗钱机制建设，按规定召开反洗钱领导小组会议；四是提升反洗钱系统控制能力，配合上级行完成反洗钱事中系统的升级完善；五是做好反洗钱监测分析系统案例监测分析工作；六是加强系统红名单及可疑交易监控名单管控工作。

加强金融知识、消费者权益保护。分行认真做好全年消保宣传工作，由各部、各支行密切配合，积极开展了“宣传周”暨“3·15”金融消费者权益保护日宣传活动，在辖属各营业机构营业柜台摆放“金融消费者权益保护”宣传手册、征信业务知识读本宣供客户阅读，同时大堂经理对来分行办理业务的客户进行金融知识宣讲。在各营业机构张贴宣传海报。通过分行行内员工微信推送宣传，推送微信 169 次，阅读量 2100 次人。

【提升社会形象】 毕节分行综合业务用房至 1993 年投入使用以来，未进行过整体维修改造，存在金库不符合监管要求，水电线路老化杂乱，消防不达标、窗户破损，外墙砖脱落等安全风险，为消除安全隐患，改善营业办公环境，提升整体对外形象，今年对分行综合业务用房进行维修改造，年底前已全部完工，对外形象大大提升。同时，根据分行网点建设规划，年初顺利完成营业部装修工作，并于 2019 年元宵节正式对外营业，年末上报了 2020 年天河支行、迎宾支行及部分自助银行的装修改造方案。

积极参加贵州省总工会评选全国、贵州省五一劳动奖和全国、贵州省工人先锋号的评选工作，并获得“贵州省五一劳动奖状”“贵州省金融工会五一劳动奖章”两项荣誉。

配合市五城同创办，迎接全市五城同创检查工作。2019 年是新中国成立 70 周年的喜庆之年，也是毕节市“五城同创”工作全面提质之年。为把毕节试验区建成贯彻新发展理念示范区贡献一份力，毕节分行积极配合政府的各种宣传工作，并在后期的检查中得到检查组的肯定。

【强调安全生产】 分行认真按照省分行“守土有责、守土尽责”的工作要求，积极配合省行保卫部认真推进安全保卫、消防安全的各项工作，全面完成了元旦、春节、五一、国庆的安全保卫、消防安全工作任务。5 月以来，分行紧紧围绕第六轮安全评估检查内容开展整改工作，营业机构、分行大楼、金库的安防建设、整改实现了历史突破，基本上达到公安部 GA38—2015、GA745-2017 的标准要求，在市级银行业金融机构第六轮安全评估检查验收中取得了 97.87 分的好成绩。

（撰稿：胡安娜）

中国邮政储蓄银行毕节市分行

【概述】 分行始终坚持新发展理念和稳中求进总基调，坚持“高质量发展与合规发展不动摇，以高质量发展确保高效益高增速”的工作思路，坚决落实中央决策部署和集团、总行、省分行的重要决策决议，全面加强党建统领，深入贯彻“12345”方针，以中央巡视整改和“管理能力提升年”为抓手，稳步推进各项工作，全面提升经营管理能力。

【始终坚持党建第一政绩观，党建统领作用持续加强】 一是理论建设机制逐步完善，开拓思想支撑新局面。“学”“做”结合，“查”“改”贯穿，“不忘初心、牢记使命”主题教育深入开展，增强了党员干部守初心、担使命、找差距、抓落实的思想自觉和行动自觉。按照市分行2019年度党建工作指导意见及加强党的政治建设的具体措施开展各项工作，将“不忘初心、牢记使命”作为加强党的建设的永恒课题和党员干部的终身课题。坚持“三个第一时间”学习机制，结合“两学一做”学习教育常态化制度化，持续开展“大学习、大讨论、大落实”活动和“理论武装提升行动”，督促落实“三会一课”制度，运用“学习强国”“中邮先锋”和“中邮网院”三大平台开展培训教育，实现党员干部思想理论武装全覆盖。着力实施基层党组织达标工程和开展创先争优活动，夯实“强基固本”质量提升工程，开展基层党组织“共建、共享、共进”“党员政治生日”“党员承诺践诺”“合规——共产党员在行动”等主题活动。创新党建督导方式，党委委员及党委工作部门负责人以普通党员身份下沉到县支行党支部参加组织生活。干部员工“四个意识”进一步树牢，“四个自信”进一步坚定，“两个维护”进一步提升，党责业责共同融合推进。二是作风建设深入推进，干事创业意识逐步提升。全面启动集中整治机关“形式主义、官僚主义”突出问题攻坚战。以“提升能力保支撑、服务基层抓实效”为主题，将纠治“形式主义、官僚主义”与落实中央决策部署、开展专项检查、解决职工群众关心的热点难点痛点问题等相结合，通过开展“精准解决文山会海”“‘一月一事’消灭最差”“矩阵式培训”“为基层减负”等活动，全面提升支撑与服务能力。深入推行首问负责制，建立定期报送、定期通报、投诉急办机制，实施整治金融扶贫、普惠金融领域工作作风、诉讼时效等重大事项效能监察，促进办事成效提升。将“形式主义、官僚主义”突出问题的监督纳入机关人员调研检查纪律监督反馈内容，严肃机关工作人员检查调研纪律。全行干部员工服务意识进一步增强，形成“以汗水浇灌收获，以实干笃定前行”的良好局面。赫章县支行党支部获“2019年度全国交通运输党建文化建设优秀单位”称号，行政党支部、七星关区支行及赫章县支行党支部获省分行2018－2019年度“先进基层党组织”称号，李对获省分行2018－2019年度“优秀共产党员”称号，王开福获省分行2018－2019年度“优秀党务工作者”称号。三是廉政建设持续加强，纪律意识全面提升。对领导人员是否存在利用茅台酒谋取私利的问题、是否参与赌博、“天价烟”背后“四风”问题等开展专项排查整治。严格落实中央八项规定精神及实施细则的规定，继续扎牢制度笼子，不断强化内部管理，旗帜鲜明反对“四风”，杜绝领导干部利用手中的权力和资源进行利益输送。组织签订《落实全面从严治党主体责任书》《廉洁承诺书》，层层压实全面从严治党主体责任。四是重视精神文明建设，和谐银行成效明显。加大“职工小家”建设投入力度，促进“职工小家”建设提档升级，新建了大方和纳雍2个县支行“妈咪爱心小屋”，购置新办公楼职工之家厨具和健身器材。积极组织各类业务竞赛，奖励先进，鞭策后进，充分调动员工为企业奉献的工作积极性和创造性。组织元宵、“三八节”等系列活动，营造和谐银行氛围。持续做好推先选优，赫章县支行行长张泽获2018年度中国银行业社会责任百佳评估“最佳社会责任管理者奖”；周犁获全省脱贫攻坚优秀个人。市分行获2019年“市级文明单位”及中国邮政储蓄银行邮爱公益健步走网络竞赛活动“最强团队奖”；赫章县支行团支部获2018年度贵州省五四红旗团支部。

【履行使命担当，服务国家战略能力进一步增强】

一是金融助力脱贫攻坚成效显著。加强与农业农村、产业扶贫部门的对接，找准切入点，加大扶贫产品创新力度，突出现代农业、创业就业、实体经济等重点领域，做好重点项目、重点客户营销服务，织金养牛项目和赫章中草药项目放款。认真贯彻落实“5+10”战略，加大贫困地区信用村、助农取款服务点、金融扶贫服务站建设，开展好流动金融服务，延伸贫困地区金融服务里程，2019年创建信用村30个，并实现放款。全年发放金融精准扶贫贷款1200笔，直接支持建档立卡贫困户1135户，带动建档立卡贫困人口233人。发放产业精准扶贫贷款23笔，带动建档立卡贫困户147户。二是服务民营小微能力持续增强。以普惠型小微企业贷款为重点，以“三化”建设为抓手，以“打造一流小微金融服务”为目标，全面提升小微和民营企业的信贷支持力度。推动小企业法人快捷贷业务，并实现放贷。毕节市农业产业担保有限公司、织金县育才担保公司获得机构准入，发放政银担小企业贷款7笔。加强与政府部门、助保贷合作方合作，为县域各类经营主体提供融资担保，有效解决企业无有效担保物的问题，提高企业申贷获得率，全年发放助保贷有较大提升。全市“普惠小微企业”贷款3284户，完成户数净增计划的759%。普惠小微综合利率完成“两增两控”目标。三是资产质量保卫战成效显著。按照“责任要清、情况要明、见事要早、动作要快、点子要多、考核要严”的总要求，采取监测、清收、诉讼、核销及考核等方式多措并举狠抓质量管控工作，将诉讼工作纳入效能监察，完善“一户一策”台账，推动责任落实到位；坚持现金清收、“降存量 控增量”精准施策，通过法院起诉、上门催收、代偿协调等方式重点化解不良贷款“钉子户”。不良贷款余额和不良贷款率实现“双降”且均在限额范围内。四是绿色银行建设有序推进。积极落实国家、监管及上级行绿色政策，抢抓绿色发展市场机遇，支持绿色产业发展，促进绿色银行建设。全行绿色贷款完成省分行计划的197.07%。电子渠道业务智能转化不断提升，手机银行全市存量77.61万户，ETC发放25958个。全市电子银行交易替代率96.19%。云闪付APP绑卡7220张。

（供稿：中国邮政储蓄银行毕节市分行）

中国光大银行毕节分行

【概述】 中国光大银行毕节分行成立于2018年8月，是贯彻落实市委、市政府“引银入毕”战略进驻的第二家股份制商业银行，也是继遵义之后第二家在黔成立的市级分行。2019年，中国光大银行毕节分行紧紧围绕市委、市政府中心工作，以“打造一流财富管理银行”战略目标为指引，按照“价值创造年”主基调和“稳、实、新、进”经营管理要求，充分运用光大集团金融全牌照优势，综合运用多种金融工具，不断提升对水利、教育、旅游、城镇化建设等重大项目、重点工程和小微企业、个人客户的金融服务能力，累计投入17.64亿元支持地方经济建设、改善民生和脱贫攻坚，为建设毕节示范区贡献光大力量。

【基本情况】 根据中国光大银行贵阳分行的规定毕节分行设党委、纪委、工会、团委，内设机构6部1室（营业部、公司业务部、零售业务部、风险管理部、计划财务部、法律合规部、办公室），2019年末从业人员36人，其中党员12名。

【对公拓户和有效户提升成绩斐然】 2019年开门红冲刺关键阶段，分行前中后台全员发动，全行爆发了超强的拓展能力，一季度对公开户实现了贵阳分行和全国二级分行双第一，极大鼓舞了士气、提振了信心。同时，认真梳理受托支付链条，抓住中游、营销上游、搞定下游，受托支付带动有效户增长60余户，全年有效户增长在贵阳分行排名第二，全国二级分行排名第八。

【深入小微民营实体经济】 充分发挥“4321”担保联盟风险分担新模式，为小微企业注入新鲜血液，2019年完成小微授信增量系统内排名第一，被总行评为2019年度普惠金融先进单位，且也是表彰单位中全国唯一的二级分行。

【用好用活资源利器】 通过通过持续营销和资源撬动，全年实现新增代发工资3291人，公私联动实现代发工资业务快速发展，受到总行的表彰。

【坚守主责主业，服务实体经济和脱贫攻坚】 为贯彻落实习近平总书记对毕节试验区工作的重要指示精神，中国光大银行贵阳分行主要负责人亲赴毕节调研，与市人民政府签署战略合作协议，发挥光大银行金融优势支持试验区发展，共同建设示范区。在信贷合作客户筛选上，分行始终把扶贫效应作为信贷资源投放的首要条件，除了关注风险和回报外，重点关注“三个有利于”，即项目资金是否有利于脱贫攻坚、是否有利于发展产业、是否有利于带动贫困户。按照此原则，前期分行落地了农村供水、教育医疗、旅游、特色产业、农产品收储及配送等，大的项目超过亿元，小的仅几百万元，不同程度让老百姓受益，让贫困群众受益。比如2019年初投放得800万元农产品配送资金，该公司在七星关区通过合作社共建方式，订单化采购农产品配送到全区中小学，解决本地农产品的销路，扩大农村富余劳动力的就业。又如分行2019年下半年投放的1000万元农业产业化项目，借款人通过“农投公司+基地+合作社+农户”的运营模式进行育苗，在七星关、纳雍、黔西、大方等建设育苗基地，培育主导产业，带动当地农民就业脱贫。

【坚持“四个一视同仁”，支持民营及小微企业发展】 为贯彻落实党中央、国务院关于大力支持民营企业及小微企业发展的要求，光大银行总行董事长李晓鹏针对民营企业提出的“四个一视同仁”，加大对民营企业的支持，建立敢贷、愿贷、能贷长效机制。毕节分行积极贯彻落实总行的决策部署，在人员紧张情况下向上级行申请成立普惠金融专营团队，专职负责小微企业营销拓展。多次到毕节经开区、七星关区经济开发区、小微企业创业园、中小企业商会等开展业务洽谈，积极走访全市民营小微企业，对接企业融资需求，利用好“4321”担保模式助力小微企业发展。截至2019年末，分行累计授信小微企业共计15户，授信金额共计8810万元，涉及行业有零售批发、医药、教育、酒店等民生服务行业。

【积极减费让利，降低企业融资成本】 全行开业以来自觉遵守《商业银行服务价格管理办法》和“七不准”“四公开”等监管规定，把国家各项减免费政策落实到位。在助推小微企业发展，降低小微企业融资成本方面，借助银担合作“4321”模式，积极为小微企业降成本，不收取小微企业融资服务费、取消财务顾问费、免收企业对账费等，在贷款投放中主动承担企业资产抵押、评估等费用，解决小微企业融资难、融资贵问题。在个人金融服务方面，毕节分行贯彻国家关于银行费用减免政策，取消结算账户开户、销户手续费、取消密码修改和重置手续费、减免纸质对账单手续费等。

【展现阳光服务，优化营商环境】 全行在办理小微授信业务过程中不断探索优化审批流程、缩短小微业务审批时间，保证业务审批高效快速。此外，为贯彻落实国务院“放管服”工作部署，在中国人民银行毕节市中心支行的指导下，全面取消企业银行账户开户许可，改进银行账户管理模式。2019年6月10日，毕节市取消开户许可后的首个企业账户在分行成功开设，过去企业账户开立3个工作日后方可办理收付款业务，而现在企业从提交开户材料至账户启用耗时不到20分钟，真正为企业带来实实在在的便利。

【依托金融科技优势，大力发展普惠金融】 中国光大银行从2008开始布局网络缴费系统，现已成为全国第一的开放式网络缴费平台，连续四年与国家信息中心共同发布《共享经济下的便民服务创新》，为行业的发展提供参考建议，并针对政府公益项目完全免费。2019年末云缴费服务项目达7000余项，全年累计交易额超过1700亿元，用户达2.28亿户。该缴费平台具有开放性、便利性、普惠性，服务于所有的客户，不强制客户使用指定的银行卡。在毕节2019年已上线电费、燃气费、水费、物管费、党费、学费等业务合作，让金融服务真正进入千家万户、方便千业万企，让普惠金融真正普惠，为数字银行发展打下了坚实基础。

【践行社会责任，体现光大央企担当】 全行向威宁自治县新发乡龙滩村捐赠20万元用于发展集体经济。在全国扶贫日，全体干部积极捐款近万元，用于困难家庭孩子疾病救治。此外，为加强金融知识宣传，守住群众的钱袋子，持续打击电信诈骗和防范非法集资，共同构建诚信体系建设，分行到毕节市工业职业技术学院、七星关民族中学、毕节市第十九小学、七星关区碧海阳光移民新城、威宁自治县新发布依族乡以及桂花市场、洪山社区、毕节复烤厂等开展金融知识进校园、进社区、进民族村寨、进企业宣传活动，送金融知识下乡，提升群众金融知识素养。

【加强内控管理，防范案件风险发生】 分行成立之初设立风险管理部门，成立中国光大银行毕节分行风险预警委员会，每月定期召开风险预警会，及时发现业务发展过程中的风险点，做到及时发现，及时纠正，避免风险的发生。同时，分行不定期组织学习、培训、梳理易发业务领域和风险管控薄弱环节，让全体员工能在业务开展过程中及时发现风险、排出风险，防范类似风险案件的发生。在分行系统内率先开展大堂柜员一体化工作，以前瞻思维谋划未来无人银行冲击下柜员职业生涯转型问题；组织编写反洗钱要诀和案防文化手册，倡导干部员工算好人生五笔账，在内部管理上进行了有效探索。

【扎实开展“不忘初心、牢记使命”主题教育，强党建促业务】 一抓领学，2019年6月跟学安排了3天、10月第二批时安排了5天的读书班集中学习，涵盖必学所有篇目，每次学习班子成员依次作重点发言和学习发言，坚持先学后讲、学深讲透；二抓加学，每次党委会前学习一篇《习近平新时代中国特色社会主义思想学习纲要》和《习近平关于“不忘初心、牢记使命”论述选编》，充分利用各种机会、各种场景加强学习；三抓自学，班子成员制定学习计划，将《学习纲要》《论述选编》和《法规汇编》纳入必学范围，确保一篇不漏、一页不落；四抓点学，除常规学习外，还组织观看了《榜样4》《巡视利剑》，参观川滇黔革命遗址等，推动学习形式多样、声文并茂；五抓联学，先后与毕节市医投公司、毕节市泰信融资担保集团公司、中国人民银行毕节市中心支行开展党建共建活动，银银、银担、银企双方相互提升，增进交流，促进合作；六抓述学，通过上党课，推动党委书记向全体党员干部述学、班子成员向分管条线员工述学、支部书记向支部党员述学，畅谈体会、相互提高；七抓考学，针对党员应知应会100题，组织所有党员参加测试，覆盖面100%，以考的形式提升学习效果。

通过主题教育对党的初心和使命的深入学习，更深刻地理解了中国光大银行作为金融国家队，党的初心和使命就是要为百姓解难题、为实体经济纾困境。本着这样的责任心和使命感，毕节分行大力发展普惠金融业务，以云缴费产品为抓手，解决一批便民惠民难题，新投放实体经济项目16个，金额2.89亿元，为实体经济输入新鲜血液。毕节市作为全国脱贫攻坚主战场，毕节分行积极投入饮水安全项目建设，共投入集镇和农村安全饮水项目2个金额4.61亿元，惠及100多个农村、集镇和数十万人饮水安全。

（供稿：中国光大银行毕节分行）

交通银行股份有限公司毕节分行

【概述】 2019年，毕节分行以交总行“两化一行”战略为引领，坚持“深化改革、转型发展、从严治党”治行方略；以省分行“精品银行”战略部署为转型方向，积极作为，攻坚克难，对内夯实管理基础，对外树立品牌形象。积极主动参加第二批“不忘初心、牢记使命”主题教育，以“理论学习有收获、政治思想受洗礼、干事创业敢担当、为民服务解难题、清正廉洁做表率”为具体目标，扎实推进年初各项工作计划，各项业务继续保持稳健发展态势。

【多举措推动公司业务发展】 2019年，分行充分发挥班子领导作用，贯彻落实国家宏观调控政策、总行省分行决策部署，紧紧围绕总、分行辖属行发展战略，重营销、强管理，做大客户总量、优化客户结构，积极推进公司业务发展，基本形成一批支撑分行长远发展的客户群体。

【个贷业务发展创新高】 2019年，分行加快个金资产业务发展，并以此作为零售重点工作推动。从加大合作商营销力度、完善零售队伍建设等方面推进个贷业务发展。2019年，完成4个新增重点合作商的准入，个贷业务发展创新高。

【分层营销取得新成效】 2019年，分行加强品牌客户特别是私人银行客户的营销、宣传和维护力度。一方面丰富品牌客户权益，提升品牌客户服务水平；另一方面建立品牌客户定期走访制度，每季由分管行长带头对私人银行客户进行走访，每月由个金负责人、网点负责人带头对重点客户进行走访。分层营销取得新成效。

【大力促进品牌提升】 2019年，分行加大交行品牌的宣传力度，在城区公交车身、优质社区电梯轿厢内投放了产品广告，新推行影院映前广告投放、影厅冠名和美团购票冠名等宣传工作。网点建设进一步优化，在老城区选址新建七星关支行，把分行物理网点向人流物流密集城区延伸。

【大力普推进惠金融】 毕节分行开业以来，立足毕节市经济环境，通过金融产品的普及，带动当地劳动力就近转移就业，对帮助农民及贫困人群增收致富的项目及客户给予大力支持，通过投放信贷和其他金融产品达到金融扶贫的成效。一是大力支持小微企业发展。2019年，分行采取精细化、有针对性的措施，充分利用科技化大数据等支撑，创新产品，尽可能满足小微企业的有效信贷需求。结合分行政策，从多方面给予融资支持。加大对绿色金融的投入，积极支持绿色可持续发展，服务“三农”，推进节能环保、乡村振兴等方面，累计支持贵州圣迪乐村生态蛋鸡养殖项目3000万元以及海美斯“四在农家，美丽乡村”小青瓦生产线项目3000万元。支持技术创新型中小企业发展，分行通过风险管理和业务模式创新加大对技术生产型中小企业支持，对毕节市产业园建设项目累计支持近2亿元，在充分带动当地工业产业化进程的同时，加快推动创新性国家建设。二是主要产品及取得成效。分行始终履行社会职责，积极支持民营企业、小微商户，2019年总行上线“优贷通”和“线上抵押贷”两款产品，帮助市场内的小微企业和商户解决经营上的资金困难。结合数字普惠金融，从产品入手改善以往“贷款难、审批复杂、放款慢”的申请流程，客户只需在手机银行操作即可完成在线申请、审批，极大程度方便客户。2019年，分行普惠贷款余额6500万元，个人经营性贷款余额300万元。

【全力助力精准扶贫】 分行在产业扶贫方面累计贷款6000万元，2019年年末贷款余额850万元，支持企业2家，分别建设蛋鸡生产基地和扶持乡村振兴建筑施工材料项目，支持农户数223人，带动贫困人口数77人。在异地扶贫搬迁支持方面，分行向夹岩水库异地扶贫搬迁移民安置项目投入贷款资金3.2亿元，截至2019年末贷款余额23300万元，本项目建设移民安置规划中城镇无土集中安置点，用于安置符合搬迁条件的11206位移民。积极对口帮扶贫困乡村，分行对口帮扶威宁县牛吃水村，选派驻干部驻村帮扶，为村小学捐款5.9万元支持校舍修缮，筹集经费6.4万为村修建蓄水池，解决人畜饮水及农业灌溉需求。

【推动工作的四项主要做法】 根据交总行2019年的经营要求，分行全年围绕“活客提升、产品促动、资产拉动、公司联动”四个维度延伸拓展，扎实推进客户基础建设，提升市场反应和创新落地速度，严守风险与合规底线，持续巩固各项业务。一是活客提升。积极发挥普惠金融事业部职能实效，全流程抓好小企业客户拓展提升，重点关注小额无贷户的发展，将小企业客户发展成为存款的重要增长源。在客户经理“三维度”评价考核中纳入小贷无贷户的存款增量指标，责任落实到人。结合总行开展“厅堂综合化提升专项活动”，分行新开户、新签约客户以及普惠无贷户结算量提升均取得较好成效。二是产品促动。重点推动“系统掘金”拓展行动，拟定“建系统、搭平台”行动计划，筛选目标客户，以“融资+服务”为抓手，聚焦重点领域，加大对医院、学校等结算量大、存款稳定性强的特定行业客户合作对接力度。三是资产拉动。以“现金流”为资产储备项目的选择标准，对当地重点民生领域现金流充足的项目积极营销对接。重点关注优质客户发债、发行资产证券化产品等撮合类业务落地对负债的拉动作用。通过建立证券、基金、租赁等通道方的合作名单，利用分行与当地客户合作紧密的优势，将分行作为资产端和负债端的中间方，把大额资金投资需求与优质项目建设资金需求相互结合起来，全流程参与两端方案对接，争取项目融资资金托管，发挥该类业务对我行低成本负债业务规模的基础支撑作用。四是公私联动。通过总结上年跨板块协作经验，进一步深化公司板块、零售板块在代发工资、商户收单等领域的深度联动，分工协作加强源头拓展和存量提升。从代发源头客户、代发有效客户两个维度，促进代发工资业务发展。在此基础上，加强私人银行客户、小微客户拓展方面的跨板块协作协同。在代发工资源头拓展方面，参考总行下发的“交通银行薪酬福利管理一站式解决方案”模板积极复制推广。持续提升基本户、授信户代发业务覆盖率，进一步落实新增基本户、授信户的合作签约要求，继续加强对存量不活跃客户的跟踪营销；在代理收单业务源头拓展方面，聚焦重点客户进行源头拓展，拓展分行收单业务的合作领域。

（供稿：交通银行毕节分行）

农发行毕节市分行

【概述】 2019年，农发行毕节市分行党委牢牢按照省分行党委“党建统领、守正创新、管理强行、发展第一”的工作思路，以业务高质量发展为主线、以推动管理强行三年行动为抓手，紧紧结合毕节试验区脱贫攻坚、乡村振兴实际谋划业务发展，多措并举强化内部管理，加强沟通协调营造和谐发展环境，工作成效明显。2019 年，全行资产总额 226.86 亿元，比年初增加 12.03 亿元，增幅 5.6%。各项负债总额 222.03 亿元，比年初增加 13.03 亿元，增长 6.23%。

【支持毕节脱贫攻坚】 2019 年，面对外部经济金融形势趋紧趋严、内部创新发展尚处探索期的特殊环境因素，毕节分行上下始终保持战略定力，有效抓住“不忘初心、牢记使命”主题教育开展的契机，团结一致、戮力同心、以乘风破浪的精气神破僵局、闯危局、解险局，以时不我待的紧迫理念找差距、抓落实，摸着石头过河，探索农发行毕节分行助推毕节脱贫攻坚和乡村振兴的新路子，在党建统领下内部管理和业务发展取得了一定成绩。农发行毕节市分行以乡村振兴战略为重要抓手，把信贷资源集中配置到“三农”重点领域、薄弱环节和深度贫困县。一是全力服务脱贫攻坚。是年累计投放贷款 44.07 亿元，贷款余额 228.95 亿元，较年初增幅 5.65%。其中全年投放厂2r//孕精准扶贫贷款 29.19 亿元，年末余额 204.92 亿元，扶贫贷款余额位居全省第二位、毕节市金融机构前列，发挥了农发行扶贫先锋、主力和模范作用。二是聚焦长江大保护、产业扶贫、支持民营小微企业发展。12 月末，农发行毕节市分行累计获批长江大保护、产业扶贫、支持民营小微项目 23 个，获批金额 34.68 亿元，投放贷款 20.43 亿元，其中：投放长江大保护类贷款 15.65 亿元，投放产业扶贫贷款 4.48 亿元，投放民营小微贷款 9 户 0.3 亿元。2019 年末，全行已批未放贷款项目 27 个，金额 105.12 亿元，其中：长江大保护贷款类项目 7 个、8.05 亿元；产业扶贫贷款项目 1 个、4.4 亿元。三是积极探索新的发展模式，全力以赴搞好转型。国家宏观政策调整后，贷款业务发展方向转变，同时全行正处于打赢脱贫攻坚战的关键时期，为防止出现“烂尾工程”，将未纳入政府隐性债务风险化解的部分贷款采取市场化运作，实现创新转型。2019 年累计申报转型项目 25 个，金额 129.61 亿元；累计获批转型项目 18 个，金额 101.33 亿元；累计投放转型项目 6 个，金额 12.3 亿元。2019 年末，全行已批未放转型项目 17 个，金额 84.75 亿元。四是始终如一服务国家粮食安全。积极参与地方储备增储计划的制定和下达，确保存量和增量计划纳入地方统筹储备计划内，确保储备粮油保管费用、贷款利息、价差亏损弥补来源落实，保证国家和地方的粮食安全。在坚持不“打白条”的前提下把防控风险放在首位，积极支持备级粮食储备轮换的正常信贷资金需要。2019 年对金沙县光明粮油储备管理有限公司发放县级调控收购贷款 3.61 亿元，支持收购高粱 39250 吨。截至 12 月末，调查报批粮油贷款 12 笔，贷款金额 5185 万元。五是全力抓好存款组织工作。2019 年，农发行毕节市分行存款组织工作受贷款投放放缓、存款品种单一、同业竞争加剧等影响，面临着极为严峻复杂的工作形势，存款自年初以来成绩不理想，存款工作难度不断增大。面对艰难困境，市分行党委提出存款优化工程十一条措施，突出加强存款组织与管理基础工作，严格落实全行存款优化工程专项行动部署，加强动态监测分析，多措并举加快扭转存款工作被动局面。截至年末，毕节市分行时点存款余额、日均存款余额均位列全省系统第三名。

【严格责任强化担当，坚决打点风险防控攻坚战】 农发行毕节市分行坚持把主动防范化解风险放在更加重要的位置，紧盯重点地区、重要领域、关键地带，着力完善安全防线和风险应急处置措施，防范和化解各类风险。一是落实收回责任，强化责任传导。不断强化计划收贷工作的前瞻性和主动性，明确市、县两级行行长作为收贷收息第一责任人，上下联动加强沟通协调，通过统计次月全部应收中长期贷款额度，提前一个月向地方各级金融办、政府主管领导发函，提请地方政府及时筹措还本资金。按月发送收贷提示和黄色、红色预警。指定专人上门蹲点催收等方式，确保到期收贷资金及时到位，顺利完成全年中长期贷款收贷工作。二是深入推进全面风险管理，牢固树立全面、全程、全新、全员风险管理理念，努力把风险化解在源头，防患于未然。通过按时完成全年贷款损失准备计提并下沉到县支行入账，分阶段完成全口径资产风险分类管理，及时开展贷款承诺清理，逐步提高全面风险汇总分析及报告撰写上报工作质效，同时切实履行市分行风控委办公室职责，全年共组织召开6次风控会，对重大事项与风险隐患进行集中审议并督促整改落实。通过以上措施，全行管理基础进一步得到夯实，全员风险防控意识进一步增强、经营成本核算意识显著提高，全面风险管理能力得到有效提升。三是从强化意识培养、立足体制机制上加强内控合规管理。强化法制意识，着力推进全面依法治行建设。成立以行长为组长的《毕节市分行全面依法治行工作领导小组》，对市县行法治建设工作进行统一的安排部署。制定全面依法治行学习计划，对全体员工开展基础性与专业性相结合的常态化普法教育，树立员工依法治行理念，促进各项业务依法合规经营。推进全面依法合规经营管理，推行各部门参与的内控综合检查机制，完成内控监督信息系统上线，实现了检查信息、问题整改共享，坚持规范问责和精准问责，保护员工干事创业激情。

【加强基础管理，强化巡视和内外部检查发现问题整改】 一是沉下心来夯实基础管理工作。继续按照市分行党委提出的“三管一服务”强化贷后管理工作，以风险防控作为底线目标，以信贷全流程标准化手册及各类规章制度为指引，夯实信贷基础管理，规范信贷操作，提升信贷管理能力。切实加强会计基础工作，稳步推进全面预算管理，提高精细化管理水平，强化看齐意识，严格规范柜面操作。大力推进运营集约化改革，做好网银业务、新核心系统上线及推广工作。10月，新核心系统顺利投产，集约化运营迈出了坚实的一大步。认真贯彻中央八项规定精神，厉行节约、勤俭办行，从严从紧控制“三公”经费，规范合理开支财务费用，财会基础工作得到有效提升。切实加大宣传力度，充分发挥舆论引导作用，积极在各级媒体反映党建工作、业务发展、内部管理、企业文化建设等方面好做法、新成效，对外宣传取得明显成效。全年对外刊稿件达519篇，其中中央主流媒体229篇，全国专业性报刊7篇，省级党报党网37篇，地市级媒体224篇，总行网站及微信公众号3篇，省分行微信公众号19篇。全面强化后勤保障工作，解决业务发展的后顾之忧。加强安全保卫工作，定期开展安全评估和安全检查，组织职工学习培训，培养安全生产意识，提升整体安全防范能力。加大技术基础设施建设，强化信息科技支撑。加强资金计划管理，坚持以精准扶贫为重点，优化信贷资源配置，提升信贷计划执行效率。加强统计工作，充分发挥统计为决策提供参考作用。二是坚持问题导向，坚决做好中央脱贫攻坚专项巡视、内外部检查整改工作。坚持问题导向抓整改。对检查发现的问题，建立台账管理，加大跟踪力度，落实双线整改要求，切实杜绝假整改。对巡视发现问题市分行党委第一时间成立巡视整改领导小组，加强整改组织领导，统筹全辖整改工作。全年开展的内外部检查中，没有查出大问题，市银监局、总行审计局驻重庆审计办对农发行毕节市分行信贷管理工作给予充分肯定。

【推动党建业务融合发展】 切实加强基层党支部建设，充分发挥党支部的战斗堡垒和党员的先锋模范作用。一是强化理论武装，突出抓好思想政治建设。通过有效利用党委会、中心组学习、职工会、支部学习等形式，密切关注党中央最新会议精神、并将学习常态化，深学细悟、细照笃行、久久为功、以增强“四个意识”、坚定“四个自信”、坚决做到“两个维护”，始终在思想上和行动上和党中央保持高度一致。有效利用“不忘初心、牢记使命”主题教育契机，抓好党的思想政治建设，全行上下精气神焕然一新，精神风貌蓬勃向上、向先锋模范学习更加积极主动，理想理念进一步坚定，“支农为国、立行为民”的“三农”情怀更加牢固，干事创业的恒心和艰苦奋斗的决心更加坚定。二是丰富党建载体，努力提升党建工作成效。始终以“抓好党建就是最大政绩”的理念、以党的一切工作要到支部为导向，进一步强化党支部规范化标准化建设，凸显党支部战斗堡垒作用。严格落实“三会一课”制度，定期组织集中学习，加强党员教育管理，通过参观爱国主义教育基地、重走长征路、上党课等方式开展党日活动，丰富党建载体，提高党性修养，促进党员发挥先锋模范作用，使党的意志、主张和决策部署真正落地见效。加强党员队伍日常管理，做好新党员的发展培养，着重将业务能力强、综合素质高、责任心较强的同志作为党员发展对象。全年共发展预备党员6名，确定8名党员发展对象，确定6名入党积极分子。三是立明纪律规矩，深入推进党风廉政建设。坚持把纪律和规矩挺在前面，以身作则，党委带头贯彻落实中央八项规定精神，加强反腐败工作，坚决纠治特权思想和特权现象，严格执行各项规章制度。抓廉政宣传教育，提升全行党员干部拒腐防变的思想自觉和政治自觉。切实履行“一岗双责”，严格执行党风廉政建设责任制，按照工作划分认真督查党员干部在党风廉政、作风建设等方面存在的问题，常态化开展意见征求和谈心活动，党委书记和纪委书记上好廉政党课，搞好党性分析和思想剖析，不断审视工作作风，整改存在的问题。强化正风肃纪，管党治行必须通过追责问责来体现“从严”，市分行加大追责问责力度，以“零容忍”的态度，严肃查处各类违法违规违纪行为。全年共组织干部职工学习党章党纪党规行规、典型案例、反腐倡廉活动27次，开展警示教育2次，通报典型案例22件。党委书记、纪委书记先后为全行党员、干部职工讲授廉政党课。四是落实党管干部原则，加强人才队伍建设。坚持党管干部，加强领导干部选拔任用管理工作。始终坚持德才兼备、以德为先，五湖四海、任人唯贤，事业为上、公道正派的选人用人标准。2019年共新提拔任用支行行长1名、支行副行长3名，配齐配强支行班子队伍，特别是为深度贫困县威宁县支行新提拔了行长、副行长各1名，积极推动威宁和赫章两个县域的脱贫攻坚工作，全辖共新提拔7名副科级专业岗位。精心组织培训，切实提高员工工作能力综合素养。全年共开展培训21次，714人次参加；共参加总行、省分行视频培训35余次，约2100人次参加，进一步提高了全行干部职工的理论素质，对推动各项工作的有序开展发挥了一定的积极作用。加强人才流动，培养复合型综合性人才，采取跟班锻炼、借用交流等方式，培养适应多专业、多条线、多岗位工作需要的复合型人才，积极促进年轻员工的成长，强化人才队伍梯队建设。全年共有市县行年轻员工22人次到总行、省分行借用跟班交流；共有支行年轻员工14人次借用跟班交流到市分行；共有市分行新入行员工6人到支行锻炼。

（撰稿：吴秉文）

贵州省农村信用社联合社毕节审计中心

【概述】 2019年，毕节农信以习近平新时代中国特色社会主义思想为指导，在各级各部门的正确领导和大力支持下，坚持稳中求进的工作总基调，全市8家农信社（农商银行）认真贯彻省联社高质量发展总要求，业务发展总体保持持续向好态势，基础市场持续夯实，“三个优化”成效明显，脱贫攻坚展现了农信担当，基础设施持续改善，风险管控实现预期目标，基层党建持续加强，各项工作取得明显成效。

【业务发展持续向好】 截至2019末，存款余额610.53亿元，较年初增加34.47亿元，增速5.99%，高于全省农信系统平均增速0.47个百分点，增量、增速均位居全省系统第1位（不含贵阳农商行）。贷款余额465.98亿元，较年初增加40.32亿元，增量、增速分别位居全省农信系统第1位、第2位。缴纳各类税金4.26亿元，在全省农信系统2019年度综合目标考核中获第二名。

【基层党建持续加强】 一是突出思想政治建设。三级党组织深入学习宣传贯彻落实习近平新时代中国特色社会主义思想、党的十九大及十九届四次全会精神，树牢“四个意识”，增强“四个自信”，坚决做到“两个维护”，时刻在思想上政治上行动上与党中央保持高度一致。扎实开展“不忘初心、牢记使命”主题教育，按要求完成学习研讨、调查研究、专题党课、整改落实等工作要求，抓好整改落实，把“不忘初心、牢记使命”作为永恒课题深入抓持久抓。二是落实责任制。落实2019年度党建工作目标责任，压实党工委、行社党委、党支部三级党组织书记抓党建第一责任人的责任，班子成员一岗双责，形成层层抓落实的工作格局。明确两级党（工）委、纪（工）委主体责任、监督责任的重点领域，健全责任制网络。一体推进省委巡视、省联社党委巡察问题整改。三是推进支部标准化规范化建设。推动行社党委抓党支部建设，建立健全党建考核办法，推进“两个全覆盖”，新发展党员47人，培训党务人员195人次，整顿软弱涣散支部5个，增设支部17个，总数达160个，创建和验收标准化规范化党支部80个，选择14个党支部由行社党委书记抓点做样打造示范，探索“党建与业务”目标、路径、载体、机制、成效等方面融合办法。

【基础市场持续夯实】 一是持续提升农村信用工程。至2019年末，共评定信用农户138.35万户，授信812.06亿元，户均授信5.4万元。共创建信用村2897个、信用乡镇148个。二是外出就业创业人员金融服务取得一定成效。推广“四步工作法”，通过建立“微喇叭”“创业通”“家庭银行”等平台获客，多渠道拓展外出就业创业群体。三是网格化营销逐步推进。各行社根据自身战略和标准划分城区网格，改进绩效考核方式，建立网格营销系统，逐步向精准营销转变。2019年末，农户小额信用贷款余额299.29亿元，占比64.23%，涉农贷款376.47亿元，占比80.79%，农户贷款53.71万户余额350.43亿元，农户贷款面33.6%。单位职工贷款余额59.09亿元，较上年末增加15.77亿元，个体工商户贷款余额43.13亿元，较年初增加5.04亿元，呈现额增面扩态势。四是资产结构向小散优化。至年末，全市农信系统500万元（含）以上贷款余额36.61亿元，信贷投向小额分散的格局日益稳固。

【脱贫攻坚持续推进】 一是信贷扶贫力度持续加大。至年末，累放“特惠贷”97亿元，惠及贫困户18.86万户，现有贷款余额39.23亿元，纳雍、威宁和赫章三家行社累放“深扶贷”贷款591户1.37亿元，余额户数280户0.85亿元。审批通过省基金办推荐项目23个金额3.84亿元，已投放20笔3.02亿元。二是大力支持产业扶贫。紧紧围绕毕节“4321”产业发展规划，大力为能带动贫困户的产业提供金融服务，如威宁迤那苹果基地、“三白”产业，2019年结合市委500亩坝区产业结构调整规划，督促县级行社主动对接，对12个特色产业提供问需式服务。三是开展公益扶贫。毕节圆梦儿童关爱公益基金会开展“极贫儿童资助”等系列项目，累计资助困境儿童13176人次463万元。8家行社与13个贫困村结对帮扶、员工与贫困户爱心“1+1”帮扶428户，投入帮扶资金323万元。派出14名干部驻村，提供智力帮扶，取得了积极成效。四是探索电商扶贫。通过“电商+扶贫”的模式，8家行社在“黔农云”平台上采购70.3万元商品，有效助力深度贫困县或扶贫龙头（带头人）企业发展。五是跟进易地扶贫后续金融服务。为5.02万户易地扶贫搬迁户建档立卡，授信4.7万户，授信20.21亿元，现有贷款户数13767户余额5.56亿元，为搬迁户“搬得出、稳得住、能致富”提供强有力金融服务。六是普惠扶贫。通过流动服务站、流动服务车等将服务延伸至村，为农户节省了往返集镇的时间和资金成本。

【基础设施持续改善】 一是改造（新建）网点82个、改造（新建）金库12个，投入1.13亿元。大方农商行、威宁联社总部大楼启动装修，毕节、织金农商行与纳雍联社总部大楼有不同程度进展，金沙联社大楼在规划完善之中。二是持续提升网点标准化规范化服务。纳雍联社盛世信用社被中国银行业协会命名为“文明规范服务四星级网点”，成为毕节农信首个四星级网点。三是抓好各类创建，营造良好企业文化氛围。获贵州农信系统工会命名“贵州农信2019年度社务公开民主管理示范单位”4家，“贵州农信2019年度职工之家”2个，“贵州农信2019年度职工小家”13个，“贵州农信2019年度职工书屋”8个，“贵州农信2019年度母婴温馨小屋”14个。四是加大网络渠道建设力度。共布设“信合村村通”3567台，办理业务885.27万笔，金额149.51亿元；智能收单商户推广达7.25万户，交易4673万笔，金额73.63亿元。共签约“黔农e贷”29.23万户，累计放款114.53万笔，金额412.21亿元。推广ETC业务4.33万户。全辖电子渠道业务替代率82.37%，位居全省第三位。

【社会形象持续提升】 加大树立先进典型，2019年毕节农信分别获“贵州农信新时代楷模”1名、“贵州农信新时代优秀标兵”9名、“贵州农信优秀团队”3个；在助推脱贫攻坚工作中贡献突出，被全国、省、市、县各级表彰31人次（大方农商银行获“中国地方十佳支持三农银行”，赫章农商银行获“全省脱贫攻坚先进党组织”，威宁联社获“贵州省金融助推脱贫攻坚劳动竞赛先进单位”），威宁联社黄胜获省总工会“五一劳动奖章”，赫章农商银行陶举荣获“毕节市劳动模范”表彰，录制脱贫攻坚“群英谱”，讲述毕节农信好故事，树立毕节农信好形象，传递毕节农信好声音，取得良好社会效应。

（撰稿：朱亚梅）

中国人寿保险股份有限公司毕节分公司

【概述】 2019年是新中国成立70周年，是全面建成小康社会的冲刺之年，是中国人寿司庆70周年，也是在新班子带领下重振国寿的开局之年。中国人寿毕节分公司按照省公司工作要求，结合公司实际，一张蓝图绘到底，不动摇、不折腾、不懈怠，坚持“三个聚焦”，实现“三个确保”，抓好“六件事情”，做好“七项工作”。

2019年分公司深入学习贯彻党的十九大精神，以习近平新时代中国特色社会主义思想为指引，全面落实集团、总、省公司年度工作会议精神，紧紧围绕“重振国寿”新蓝图，以党建为统领，以高质量发展为根本要求，坚持“重价值、强队伍、稳增长、兴科技、优服务、防风险”的工作方针，确保完成全年各项任务目标，转型突破、争先进位，为重振国寿再出发贡献毕节力量。

【业务指标方面】 2019年，公司实现总保费8.15亿元，首年标准保费完成预算的90.13%，同比增长14.09%；首年期交保费完成预算的85.68%；10年期及以上保费完成预算的94.59%，同比增长49.01%；短期险保费完成预算的66.8%；保障型保费完成预算的90.43%，同比增长19.98%；大病保险保费完成预算的125.77%，同比增长26.44%。

【队伍建设方面】 在大力发展业务的同时，积极推进队伍建设工作。通过强化教育培训工作，结合队伍建设、业务发展节奏及需求，有重点地组织开展各项培训，同时狠抓各渠道业务、队伍、基础管理“三位一体”各项工作，使销售队伍的整体质态得到有效提升。2019年在编员工队伍119人；销售队伍人力2211人；大病医保劳务派遣人员55人，其中具有医学背景的30人，主要分布在毕节本部23人（其中7人在毕节市合办负责审核工作，4人分别在百管委、金海湖新区、七星关合医办窗口、公司大厅窗口），7个县区各5人，一定程度上减轻了社会就业压力。

【品牌宣传方面】 深入贯彻总、省公司“五大重振”目标，2019年分公司充分整合资源，加强对外品牌宣传，积极参加由市金融办、银保监及行协组织的各类宣传教育活动，并在毕节市县投放公交车广告20辆，社区广告屏238块，宣传折页30万份，进一步提高了中国人寿品牌在当地社会知名度和美誉度。

【客户服务方面】 一是服务水平、能力进一步提升。“双心双聚”的指导思想进一步深入心，通过培训考核，柜面人员的服务水平和能力得到了进一步的提升。2019年小额医疗申请支付时效0.2天，极大地缩短了客户等待期。二是E化率基本实现全覆盖。为实现科技国寿，顺应市场发展及客户需求，全面推广电子化服务。2019年理赔E化率达85.73%，同比提升29.89%，保全E化率达93.66%，同比提升29.36，无纸化率99.4%，同比提升155.81%。

【企业文化方面】 企业文化建设是新班子到非常重视的一项工作，这也是应对外部竞争的重要力量。在企业成长的各个阶段，总会遇到各种各样的困难和挑战，有些困难单纯依靠短期的行为就可以解决，或者通过加大资源投入就可以在短期内取得显著的效果，但在企业成长过程中，一以贯之的企业文化往往是最宝贵的无形资产。正确的、有向心力、有正影响力的企业文化往往使得公司的资源投入达到事半功倍的效果，反之，如果放任负影响力大的文化蔓延，最终就会导致企业被逐步拖垮。2019年公司通过举办“重振国寿再出发”职工线上健步走、“重振国寿功成有我”建功立业劳动竞赛、中华人民共和国成立建司70周年大合唱、登山拔河比赛、年度文艺会演等活动，既活跃了员工的业余文化生活，缓解了繁重的工作压力，也为员工提供了沟通交流的平台，增强了队伍的凝聚力和向心力。

【风险管控方面】 认真贯彻监管机构和上级公司的部署要求，把合规经营和防范销售风险作为公司发展的根据本保证。2019年，公司加大了反洗钱、非法集资、侵害消费权益乱象整治、扫黑除恶的宣传和检查力度，加强对销售违规行为风险点的管控，加大对《中国人寿保险股份有限公司贵州省分公司员工操作风险行为处理实施方案（试行）》（国寿人险黔发〔2018〕834号）、《中国人寿保险股份有限公司保险销售人员违规行为处理规定》（国寿人险发〔2018〕834号）的培训力度，完善销售风险和员工操作风险管理工作的政策指导及工作机制，提高了员工内控制度执行力。

【保险助推脱贫攻坚方面】 按照集团公司、总公司统一部署，根据省公司2019年助推脱贫攻坚工作方案，以大病服务项目为工作目标，全面建立公司扶贫金融保险产品体系和保险扶贫模式，贯彻落实国家大病保险政策，进一步创新服务模式，扩大贫困地区扶贫保险业务服务覆盖面，提高贫困人口保险保障水平，全面建成公司保险扶贫长效机制，做好各级政府及相关部门部署的各项帮扶工作，保障贫困地区、贫困人口真脱贫、稳脱贫。一是持续推进大病医保助推脱贫攻坚工作。2019 年，公司大病保险承保人数 745.22 万人，其中贫困人口 178.06 万人，为参保人员提供 4.35 亿元保障，有效缓解参保人员因病返贫、因病致贫的现象发生。公司一直重视健康扶贫工作，自 2017 年 9 月 6 日毕节市率先实现全国首例贫困患者跨省“一站式”即时结报服务以来，保险助推脱贫攻坚是公司最重要的工作之一，并积极参与，发挥机构网络优势，与政府相关职能管理部门密切联动，成效显著，有力地推进了大病医保工作，得到当地政府和相关职能管理部门的高度认可。截至 2020 年 3 月 15 日，2019 年大病医保合同项下公司实际已给付 49.87 万人次，给付金额达 4.38 亿元，公司亏损 394 万多元，保本微利的目标未能实现。二是加大健康扶贫，巩固精准扶贫成果。为进一步加大健康扶贫力度，推进精准扶贫、精准脱贫工作，公司将原报销比例分档提高 5 个百分点进行报销，同时对原精准扶贫对象取消了 3000 元的起付线并将覆盖人群扩大到所有建档立卡贫困人口，即对合规自付费用小于等于 10000 的部分报销 65%，大于 1 万元，小于等于 2 万元的部分报销 69%，大于 2 万元，小于等于 3 万元的部分报销 74%，大于 3 万元，小于等于 4 万元的部分报销 79%，大于 4 万元，小于等于 5 万元的部分报销 84%，大于 5 万元，小于等于 6 万元的部分报销 89%，大于 6 万元，小于等于 6 万元的部分报销 94%，大于 7 万元的部分 100% 报销。切实减轻贫困人口大病医疗支出负担。三是强化大病医保监管，服务脱贫攻坚。自 2017 年毕节市率先实现全国首例贫困患者跨省“一站式”即时结报服务以来，真正实现了让数据多跑路，让患者少跑腿的服务宗旨。2018 年 3 月 -2019 年 2 月，毕节市卫计委成立黔西县、大方县脱贫攻坚出列健康扶贫工作推进领导小组，分公司作为成员之一，共派出 8 人在黔西县参加 38 人组成的健康扶贫工作推进专班，历时近 3 个月，参与进村入户超 1 万户，为黔西、大方县脱贫顺利通过国家验收做出了贡献。2019 年引进智能审核系统后，将监管前移，智能审核系统成功拦截违规扣减费用超过 394 万，保证医保基金流失，监管效果明显。四是提升小额扶贫及驻村干部保险保障。2019 年，公司为建档立卡贫困户计 4342 人提供 2.2 亿元的风险保障，赔付 446 人次共计 156.88 万元。2019 年通过帮扶单位出资，为贫困人口购买小额扶贫保险，承保人数 4300 人，提供 1.7 亿元保障。2019 年，共理赔 465 人，理赔金额达 163.6 万元。根据《贵州省扶贫开发领导小组办公室关于做好扶贫贫干部健康安全工作的紧急通知》（黔扶领办通〔2018〕34 号）要求，2019 年承保扶贫驻村干部 3420 人，提供了 13.84 亿元的风险保障，保证了基层扶贫干部安心、安全开展脱贫攻坚工作。五是勇担社会责任，彰显国寿品质。2019 年 12 月 17 日至 18 日，由公司党委书记、总经理赵红艳带队，在中国人寿威宁支公司、中国人寿纳雍支公司班子及相关人员陪同下，分别前往毕节市委市政府指定的扶贫点威宁县哲觉镇、纳雍县维新镇、毕节市金融办指定的扶贫点纳雍县寨乐镇开展扶贫工作，并分别向威宁县哲觉镇、纳雍县维新镇、纳雍县寨乐镇政府捐赠扶贫资金各 2 万元，共计 6 万元。2020 年公司拟对纳雍县维新镇捐赠 2 万元，对威宁县哲觉镇竹坪村 633 人捐赠保险，提供 189 亿元风险保障。

【合规经营方面】 各级管理干部顺应市场形势，讲政治、顾大局、防风险意识进一步强化，坚持“事前防范，守住底线，服务发展”的风险管理理念已成为共识。各单位、各部门条线要广泛开展声誉风险管理培训，培育浓厚的合规氛围，坚守风险底线不动摇。以开展学习“中央八项规定”、反“四风”宣传教育，以党的十九大精神为指导，筑牢支撑点、抓住平衡点、夯实落脚点，切实抓紧抓好落实“加快发展、合规经营”两大主题。各级公司深入开展“学制度、懂制度、守制度”的教育活动，要坚决清除干部形象的浸蚀剂、政策执行的绊脚石、前进路上的拦路虎。强化制度执行意识，牢固树立讲规范、重服务、守信用的经营理念，确保经营行为的规范到位，防范化解经营风险。组织开展内控评估工作，评估测试基层内控风险管控情况，深入开展关键岗位检查和岗位轮换，防范关键岗位风险；加强反洗钱检查力度、打牢反洗钱工作基础；扎实推进风险管理工作，进一步加强满期给付和非正常退保的应对工作，加强客户信息的准确性和完整性，有效预防媒体危机及群体性事件的发生，守住不发生区域性、系统性风险的底线。

【加强党建促推公司发展方面】 分公司党委充分认识到，作为新形势下加强党的思想政治建设是全系统的一项重大部署，就是要牢牢抓住国企改革发展的“根”和“魂”，始终坚持党的领导，持续加强党的建设。紧抓党建有成果、紧盯少数有标杆、紧盯问题有目标，以学习力提升发展力、以发展力巩固学习力、以学习力蓄养爆发力，通过业务结构、销售渠道、盈利模式三条主线的转型，最终实现公司持续健康发展。抓好党建述职评议，找准切入点、抓实着力点、寻找突破点，认真开展党内组织活动，进一步加强党员思想作风建设。持续开展“两学一做”学习教育，深入开展“不忘初心、牢记使命”主题教育活动，将主题教育贯穿于广州始终。加强基层党建工作，通过将党建工作与中心工作有机结合，促进了公司转型升级，对公司深入推进高质量发展，重塑干部队伍良好形象，具有重要的现实意义。全系统要把党要管党、全面从严治党要求落实到每个支部、每个党员，着力提高党性修养，紧紧围绕“重振国寿”战略和公司高质量发展目标，推动广大党员在政治意识、大局意识、核心意识、看齐意识方面得到了进一步提升。

（撰稿：马德坤）

中国太平洋财产保险股份有限公司毕节中心支公司

【概述】 2019年，太平洋财产保险毕节中心支公司，在毕节市委、市政府各级职能部门的支持和帮助下，按照上级公司的总体经营思路，紧紧围绕全年的预算目标，把业务发展、提高客户满意度、支持地方经济发展作为全年重点工作。全辖干部员工团结一心，辛勤努力、积极配合、克服困难、努力拼搏，采取积极进取的市场策略，努力开拓市场，全年入账保费3.22亿元。毕节中心支公司实现涵盖黔西、金沙、大方、威宁、织金、纳雍、赫章7家支公司的全市服务网络，更好地发挥保险的经济补偿职能，为毕节试验区应对灾害事故风险、保障人民生命财产安全、促进经济社会发展做出了积极努力。

【经营险种】 支公司可承保的险种包括：企业财产损失保险、家庭财产损失保险、建筑工程保险、安装工程保险、货物运输保险、机动车辆保险、船舶保险、能源保险、一般责任保险、保证保险、信用保险（出口信用保险除外）、短期健康险、意外伤害保险，中国保监会批准的其他财产保险业务。兼业代理长期寿险、健康险、人身意外险。

【业务指标完成情况】 支公司2019年实现保费收入32182.35万元，再创历史新高，同比增幅8.26%，市场份额15.66%，上缴各项税收1184.18万元，代收车船税2227.93万元。

机动车辆保险承保数量151557件，保费收入24191.67万元，保险金额7239272.1万元，车险份额占15.48%。其中：交强险承保数量86855

件，保费收入6973.68万元，市场份额14.79%。

农险保险2334.55万元，保额173719.69万元。非车险5656.13万元：其中：企业财产保险13.73万元，货物运输保险1.44万元，家财险1.8万元，工程险272.96万元，责任险838.22万元，意外险947.64万元，健康险443.78万元，保证险3135.74万元，其他财产保险0.82万元。

【全年赔款情况】 2019年全年案件数为29043件，赔款支出18515.64万元，机动车辆保险赔款27586件，赔款金额15754.98万元。企业财产保险3件，赔款金额0.95万元，家庭财产保险8件，赔款金额0.16万元，工程险7件，赔款金额57.71万元，责任险312件，赔款金额463.13万元，意外险34件，赔款金额220.13万元，健康险160件，赔款金额57.96万元，保证险8件，保险金额53.9万元，农业险925件，赔款金额1906.72万元。

【充分发挥社会"稳定器"与经济建设"助推器"的作用】 2019年累计承保各类财产保险金额超过1226亿元，提供各类保险赔款保障：1.86亿元。特别是近年支公司开办农险业务以来，坚持聚焦中央政策性业务、与政府职能部门积极沟通，农险工作取得了较大进展。支公司积极响应毕节示范区农业产业发展需求，大力推动毕节示范区农业保险"增品、扩面、提标"，充分发挥保险助推脱贫攻坚作用，结合毕节示范区农业产业结构调整，切实推进当地农业产业可持续发展。支公司将针对目前已存在历史数据和价格发布机制的大宗农产品（辣椒、南瓜、香葱、大白菜、莲花白等）进一步对接毕节示范区各级政府需求稳步推进价格指数类产品落地，为价格指数类产品全面发展奠定有效基础。同时在自然灾害中主动作为，从人员、车辆、设备等方面快速开展灾后理赔工作提供有力支撑，积极应对，加强与政府的沟通配合，快速开展理赔工作，及时支付赔款，帮助农户恢复生产，特别是帮助贫困户不再因灾害重新返贫，在扶贫攻坚工作中起到了稳定脱贫攻坚的重要推动作用。

【支持脱贫攻坚和乡村振兴工作情况】 支公司积极与定点扶贫联系点纳雍县水东镇、赫章县河镇乡舍虎村保持沟通，先后两次对其进行捐款，随时根据需要提供必要的帮助。扶贫攻坚保险政策优惠方面：一是针对部分贫困学生减免学平险保费政策（学平险整校由支公司承保的，所属学生可以申请以下扶贫政策）：对于建档立卡的贫困户学生，可给予学平险保费免除政策，享受总部标准保障方案；对于当地民政局出具证明的贫困户学生，保费减免至20元/年·人，同时，根据实际需要，结合支公司业务规模和赔付，可按照"一单一议"的形式进行扶贫项目申报。二是2019政策性农业保险保费减免政策优惠：聚焦脱贫攻坚，多措并举引导农户和新型农业经营主体参保，努力提升参保主体风险保障获得感。2019年在辖金沙县农险承保的油菜、小麦、马铃薯、水稻、玉米、能繁母猪、育肥猪等7个险种实行保费减免政策，种植业贫困户减免7404户，18750.2亩，减免保费75387.36元，养殖业贫困户减免5040户，11083头，减免保费53929.2元。共计减免贫困户12447户，保费129316.56元。

【扫黑除恶工作】 一是组织保障，为认真贯彻人民银行、总省公司扫黑除恶专项行动工作要求，支公司成立了一把手任组长及各部门负责人为成员的扫黑除恶专项工作领导小组，负责全面组织、部署扫黑除恶专项斗争工作的推动。二是强化领导、统一思想，增强工作责任感和使命感，认真贯彻党中央、国务院和银保监会关于开展扫黑除恶专项斗争的决策部署，将扫黑除恶作为一项重大政治任务，摆到工作全局的突出位置，列入重要日程。三是广泛宣传、培训，确保扫黑除恶专项工作行动有序开展。四是履行承诺制度，签署承诺书，所有干部员工签署《毕节市全面落实扫黑除恶专项斗争领导责任和无涉黑涉恶问题承诺书》。

【警保协作——严厉打击保险领域的违规犯罪活动，防范和化解重大风险】 11月，支公司作为行业协会会长单位，对毕节市保险行业与公安机关打击保险犯罪活动工作进一步推进，明确了警保合作下一步的协作方向及方式：1. 由行协牵头成立警保协作办公室。2. 建立疑义案件协作机制，对于还未发生实际赔付的疑义案件建立受案初查机制，协助保险公司侦破案件。3. 运用新技术寻求警保合作新的突破。4. 加大保险欺诈的打击力度。5. 择期由公安部门抽调业内精英对全市保险理赔人员进行一次集中培训，提升保险理赔人员的打假技能。

【党风廉政建设及党建工作】 2019年，支公司党组织发挥党的核心领导和党员的先锋模范作用，认真落实和健全党建工作各项制度，不断创新基层党组织的思想、组织、作风建设，自觉严守党的政治纪律，7月20日，毕节中支全体党员及中层以上干部，共同参与“不忘初心，牢记使命，重走长征路”党建教育实践活动。重温红色记忆，从革命战争年代的大无畏英雄气概中汲取新时代奋勇前行的力量，坚守初心、牢记使命，把初心化作恒心，把使命化作担当，奋力走好新时代的长征路。

（撰稿：王　霞）

农　业

农业农村工作

【概述】　2019年，毕节市农业农村局紧密结合市委、市政府“按时高质量打赢脱贫攻坚战，建设贯彻新发展理念示范区”决策部署，认真践行“五步工作法”，紧扣产业发展“八要素”，着力推进“55441111”农业产业规模化提升工程（即：500万亩马铃薯、500万头牛单位畜禽、400万亩特色经果林、400万亩蔬菜、100万亩茶叶、100万亩中药材、100万亩皂角、100万亩刺梨），努力推动脱贫攻坚与实施乡村振兴战略有效衔接，全市农业农村工作战果丰硕，市农业农村局喜获“全国农业农村系统先进集体”殊荣。

【乡村振兴示范良好】　一是推进农村人居环境整治。全市共完成20.35万户农村户用卫生厕所、774个村级公共卫生厕所建设改造；清理农村生活垃圾19.25万吨、畜禽养殖粪污等农业生产废弃物5.62万吨；落实农村人畜混居整治任务3956户、农村贫困户燃煤炉具使用整治约4.05万户。二是启动“十百千”乡村振兴示范工程。认真探索乡村振兴示范村建设“三个三”机制，在全市130个乡村振兴示范村中，推选有代表性的大方县兴隆乡菱角村、百里杜鹃管理区黄泥乡龙塘村等17个村创建示范引领村，聚力打造市内示范村引领标杆。17个村因地制宜，探索实践、总结提炼了菱角村“三个1元”机制推进村级环境卫生有效治理、龙塘村整合利用资源实现一、二、三产业的深度融合等成功经验，引领效果突出，示范县、乡、村各项工作稳步推进。

【粮食丰产农民增收】　全市粮食总播面1041.72万亩，粮食总产量达234.78万吨；经济作物总面积达1138.69万亩，同比增加240.58万亩。种植烤烟56.1万亩，收购烟叶114.9万担，支付收

大方自然风光

DAFANGZIRANFENGGUANG

▲ 大方县羊场镇陇公村清虚洞荷塘 （卢　娟　摄）

▲ 清虚洞 （赵　焱　摄）

▲ 清虚洞 （彭国利　摄）

大方自然风光

DAFANGZIRANFENGGUANG

▲ 油杉河北寒沟风光　　（吴学毅　摄）

▲ 大方县原生态景区油杉河之仙宇屯　　（吴学毅　摄）

▲ 油杉河夫妻崖　　（吴学毅　摄）

▲ 泛舟九洞天　　（魏运生　摄）

▲ 九洞天　　（陈庆方　摄）

大方自然风光

DAFANGZIRANFENGGUANG

▲ 支嘎阿鲁湖 （王定超 摄）

▲ 美丽广袤的支嘎阿鲁湖风光 （吴学毅 摄）

大方民族风情

DAFANGMINZUFENGQING

▲ 大方县彝族风情街　　（吴学毅　摄）

▲ 彝家儿女　　（吴学毅　摄）

▲ 彝族小年到来之际，彝族同胞身着节日盛装同歌共舞，在欢快热烈的氛围中，一起品尝彝家长桌盛宴的美酒美食，以这样的方式喜迎新年　　（吴学毅　摄）

▲ 彝家长桌盛宴　　（吴学毅　摄）

▲ 彝族火把节祭火（请火）仪式活动　　（吴学毅　摄）

大方民族风情

DAFANGMINZUFENGQING

▲ 对江镇法书村新寨组苗家跳起了欢快芦笙舞　　（吴学毅　摄）

▲ 大方县八堡乡苗家传统手工艺蜡染技术　　（吴学毅　摄）

▲ 苗家芦笙　　（彭国利　摄）

▲ 兴隆乡苗族传统织布　　（吴学毅　摄）

▲ 兴隆乡苗族传统服饰之描花　　（吴学毅　摄）

▲ 兴隆乡端午活动打糍粑　　（吴学毅　摄）

▲ 对江镇法书村新寨组苗家包粽子　　（吴学毅　摄）

▲ 白族圈圈舞　　（吴学毅　摄）

大方民族风情

DAFANGMINZUFENGQING

▲ 快乐的白族人　　（吴学毅　摄）

▲ 大方奢香博物馆 （吴学毅　摄）

▲ 慕俄格古城奢香博物馆内景 （吴学毅　摄）

▲ 奢香博物馆 （吴学毅　摄）

▲ 奢香博物馆一角 （彭国利　摄）

▲ 奢香博物馆内奢香墓 （吴学毅　摄）

▲ 贵州宣慰府 （吴学毅　摄）

大方人文景观

DAFANGRENWENJINGGUAN

▲ 贵州宣慰府内殿 （吴学毅　摄）

▲ 贵州宣慰府 （吴学毅　摄）

▲ 中国航空航天发动机第一制造厂办公区遗址　　（吴学毅　摄）

▲ 中国航空航天发动机第一制造厂生产车间遗址　　（吴学毅　摄）

▲ 中国航空航天发动机第一制造厂生产区洞外大门外景遗址（吴学毅　摄）

▲ 中国空军航空委员会第一发动机制造厂旧址　　（吴学毅　摄）

▲ 红九军团猫场战斗纪念碑　　（黎万钊　摄）

▲ 戛木纪念碑　　（李友华　摄）

▲ 将军山纪念碑　　（柴启军　摄）

大方人文景观

DAFANGRENWENJINGGUAN

▲ 大方县大海坝烈士陵园之革命烈士纪念碑　　（吴学毅　摄）

▲ 大方县大海坝烈士陵园　　（吴学毅　摄）

▲ 大方县微型企业孵化园内，高光彝风漆器工艺品厂大方漆器髹饰技艺传承人高光友正在制作漆器工艺品　（吴学毅　摄）

大方传统工艺

DAFANGCHUANTONGGONGYI

▲ 大方漆器　（吴学毅　摄）

▲ 大方漆器　（吴学毅　摄）

▲大方农民画家杨慧正在绘画　　（吴学毅　摄）

大方绘画

DAFANGHUIHUA

▲大方县通过农民画展示新时代农民（市民）讲习所　　（吴学毅　摄）

大方美食

DAFANGMEISHI

▲ 大方豆制品 （吴学毅　摄）

▲ 大方珠场葱花豆干 （吴学毅　摄）

▲ 大方珠场荞灰豆干 （吴学毅　摄）

▲ 图为切成小块的正待包装的豆棒食品 （吴学毅　摄）

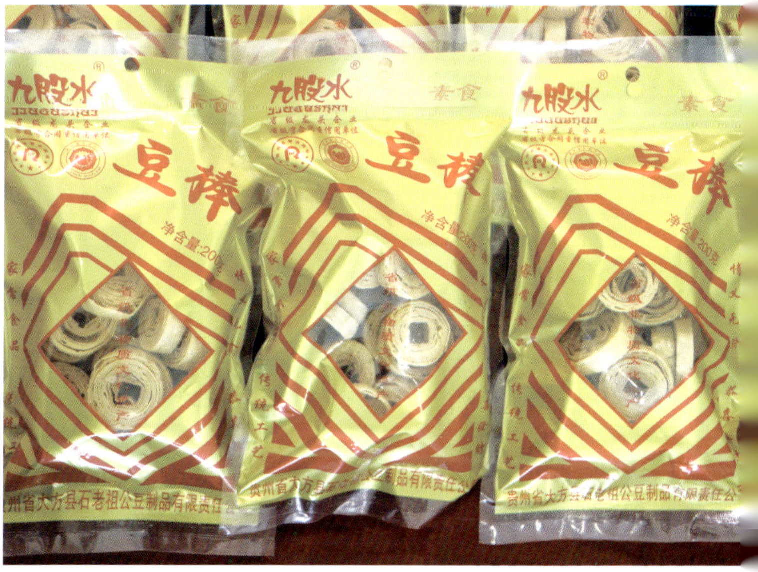

▲ 装好包的豆棒食品 （吴学毅　摄）

▲ 大方美食——烙锅豆干　　（李亚元　摄）

大方美食

DAFANGMEISHI

▲ 大方美食——宫保肉丁　（吴学毅　摄）

▲ 大方美食——凉拌天麻丝　　（吴学毅　摄）

▲ 大方美食——天麻饼　　（吴学毅　摄）

购资金16.69亿元。2019年预计实现农业增加值约468亿元，同比增长6.3%，畜牧业增加值约134.57亿元，占农业增加值28.75%；农村常住居民人均可支配收入突破万元大关，达到1.03万元，同比增长10.5%。

【结构调整步伐加快】 一是巩固调减低效农作物种植。共巩固调减低效作物种植365.53万亩（年内新增调减面积202.93万亩），调减区域替代发展蔬菜、茶叶、食用菌、中药材、经果林、马铃薯、酒用高粱等产业，推动全市粮经比达到38∶62。二是全力推进坝区建设。全市创建坝区171个38.21万亩（样板坝区11个3.12万亩、达标坝区68个14.29万亩，一般坝区92个20.8万亩），累计建成排灌沟渠1103公里、田间道路4861公里，配套建成设施大棚1522.5万平方米，以发展生鲜蔬菜为主的坝区冷链物流设施设备得到完善。年内实现样板坝区总产值6.78亿元（平均亩产值2.17万元），达标坝区总产值14.99亿元（平均亩产值1.05万元），达到创建“样板田、科技田、效益田”预期效果。全市总结的“四个好推进坝区建设经验”入选《贵州改革经验交流》。

【产业扶贫势头强劲】 结合全市农业资源禀赋，精准选择蔬菜、马铃薯、中药材等12大优势产业抓发展，累计种植蔬菜407.36万亩（含食用菌8.23万亩、辣椒76.61万亩）、马铃薯481.09万亩、中药材121.24万亩，新增茶园20.92万亩、皂角20万亩、精品水果14.72万亩、刺梨20万亩，核桃改良40万亩，生态畜牧业新增猪35.2万头、牛14.68万头、羊7.89万只、禽1142万羽，生态渔业新增养殖面积4.41万亩。12大优势产业累计覆盖带动贫困人口71.13万人，对建档立卡贫困户形成全覆盖。

【生态牧业成效显著】 依托越秀集团、新希望、正邦集团等生猪养殖企业，中禾恒瑞、贵州润泰牧业、宁夏壹加壹等肉牛养殖企业，源生牧业等肉鸡养殖企业和兴联养殖场、华兴农牧、圣迪乐公司等蛋鸡养殖企业，采取“公司+村社一体合作社+农户（贫困户）”“公司+规模养殖场”等模式，推行“代养”“寄养”“三变”等带动方式，积极申报上级项目和绿色产业发展基金，加大财政扶贫和产业项目资金整合力度，全产业链打造生态畜牧业，年内实现肉类总产量49万吨，禽蛋产量8.9万吨，开始形成贵州猪肉稳定供应核心区和优质禽蛋产品生产基地、全国最大安格斯牛繁育基地和高档肉牛生产基地。

【经营主体日益壮大】 一是龙头企业。全市市级以上龙头企业共400家（国家级占2家、省级107占家），资产总额115.41亿元，固定资产52.38亿元，年销售收入44.33亿元；累计从业人数1.79万人，带动农户28.17万户增收11.87亿元，其中贫困户3.91万增收3.26亿元。二是农民专业合作社。全市农民专业合作社1.56万个（正常经营7867个，贫困村建社2446个），完成7701个农民专业合作社“空壳社”专项清理；培育各级示范社共679个（国家级33个，省级46个，市级383个，县级217个）；建立合作社党组织543个，建成“村社一体”合作社1637个；资产总额66.62亿元，固定资产33.29亿元，年内经营收入17.42亿元；共20.42万户58.56万人入社，贫困户占9.86万户33.44万人，带动非社员农户16.86万户。三是家庭农场（种养大户）。经各县区认定，全市家庭农场和专业种养大户共760家（养殖类527家，种植类186家，从事种养结合31家，旅游观光13家，其他类3家），资产总额7.91亿元，年经营收入4.16亿元，解决当地劳动力就业4780人。

【农村改革有序推进】 一是稳步推进农村集体产权制度改革。全面完成3654个村（社区）清产核资，落实对3654个村（社区）集体资产清产核资管理系统填报、审核并上报至农业农村部；共清理集体土地3132.41万亩，集体资产总额70.22亿元；3653个村795.33万人获得集体经济组织成员身份确认，完成3629个村的农村集体资产股份量化，占比100%；建立村级集体经济组织3629个，占比100%。二是大力推进农村“三变”改革。在263个乡镇2027个村开展“三变”改革，带动73.60万农民入股增收5.53亿元。《毕节市农村“三变”改革新模式研究及应用》获得农业农村部2016—2018年度全国农牧渔业丰收奖三等奖。三是积极践行“塘约经验”。建立“村社一体”合作社1637个，以“保底收益+效益分红”等模式发展蔬菜、茶叶、经果林等地方特色产业，带动7.02万贫困农户24.62万人投入产业发展。四是推动乡村治理试点工作。启动健全党组织领导下的“三治”乡村治理体系全国改革试验试点，纳雍县库东关乡入选“全国乡村治理示范乡镇”、百里杜鹃管委会黄泥乡龙塘村、纳雍县化作乡枪杆岩村、织金县熊家场镇白马村3个村入选全国乡村治理示范村。

【招商引资成效突出】 围绕主导产业培育，重点抓生猪保供、坝区创建、粤港澳大湾区“菜篮子”等工程项目招商引资，引进深圳市金新农科技股份有限公司、上海东方希望集团、农耀公司、东莞百分百集团、贵阳新希望六合养殖有限公司、贵州春辉现代农业发展有限公司、西藏新好科技有限公司、越秀集团、风行集团等企业到毕节投资考察，成功签约项目2个，签约金额15.8亿元，到位资金3.58亿元。

【农机装备水平提升】 共投入农业生产各类农机具24.06万台（套），检修各类农机具15.43万台（次），培训农机人员5.25万人（次）；推广应用山地农机技术9项，推广使用新机具3800台（套）。年内完成机耕面积1168万亩、机播面积18.7万亩、机收面积133.58万亩。全市农机总动力达606.5万千瓦，主要农作物耕种收综合机械化率达34%。

【农产品竞争力增强】 一是强化农产品质量监管和溯源体系建设。做好“三品一标”申报，不断扩大“乌蒙山宝·毕节珍好”公共品牌市场影响力，全市特色农产品市场竞争力明显增强。2019年，全市获绿色食品认证22个、有机食品认证126个、地理标志产品认证11个；81家企业115个农产品获“乌蒙山宝·毕节珍好”品牌使用授权。二是积极组织参加各种农产品展销。年内参加中国·贵阳国际特色农产品交易会企业44家、参加第27届广州博览会企业11家、参加年度辣博会企业64多家，现场交易金额约163万元，达成意向订单175个，签约金额约1300多万元。全年累计销售农产品154.21万吨、金额113.53亿元（市内销售80.19万吨、金额50.84亿元，市外销售74.02万吨、金额62.69亿元）。三是积极融入粤港澳大湾区“菜篮子”建设。5月9日与广州签订《粤港澳大湾区“菜篮子”建设合作框架协议》，组织17家企业30人分3批参加供港澳种植基地检验检疫备案培训，组织23家企业分3批次进行粤港澳大湾区“菜篮子”生产基地备案申报。威宁超越农业有限公司、贵州省织金县农耀农业开发有限公司、金海湖贵州圣迪乐村生态食品有限公司、黔西县贵州纯森农业科技发展有限公司、黔西县林泉镇兴黔盛源种植农民专业合作社、黔西县食用菌产业示范园、大方华麟果业有限公司7家基地21个产品成为粤港澳大湾区“菜篮子”备案企业，备案个数居全省第一，备案面积5948.5亩。

【科技服务能力提高】 一是农技人员联系指导服务坝区。组织306名市级农技人员对口指导坝区建设，开展农业实用技术培训1953期，累计培训15.61万人。二是实施“万名农业专家服务‘三农’行动”。整合省内、市内科技专家团队力量，组织856名农业专家开展服务“三农”行动，共走访调研贫困乡镇137个、贫困村1214个，解决突出问题317个、技术难题394个，实现科技服务对贫困乡镇、贫困村、贫困户全覆盖。三是鼓励领办创办。引领市内147名农技人员围绕农业种、养、加、销等领办创办项目138个，共投入资金7.9亿元，解决就业1.1万人，带动贫困人口0.4万人。四是农业科研成果不断涌现。年内获国家实用新型专利2项、发明专利3项，《奶奶青菜核型分析体系》《黔西北地区灵芝栽培管理系统》《高海拔地区莲藕栽培技术管理系统》等著作获国家版权局计算机软件著作权登记。五是抓农民科学素质提升。通过专家现场指导、田间地头培训、“手把手”操作培训等方式，培训农民约6.8万人次。

【土地确权成效显著】　整合利用中央、省、市、县（区）各级财政确权颁证资金共5.53亿元，委托第三方（技术公司）完成对全市261个乡（镇、街道）3577个村（社区）3.1万个村民小组162.28万农户643.2万人农村土地承包经营权确权登记颁证，颁证率达98.79%，共调查实测地块1057.1万块（其中，耕地1498.5万亩，确权到户1495万亩）。各县（区）农村土地承包经营权确权登记颁证成果在市级核查的基础上，顺利通过省级检查验收，确权数据库成果全面汇交省农业农村厅及国家农业农村部。

【农田建设强力推进】　新一轮机构改革后，全市农业综合开发、农田整治、农田水利建设等相关农田建设项目管理职责整合到农业农村部门，切实改变以往“五牛下田”、分散管理的局面。2019年，通过深入实施“藏粮于地、藏粮于技”战略，集中力量开展农田建设，共完成高标准农田建设43.49万亩（其中，耕地灌溉19.37万亩、高效节水灌溉3.37万亩）。

【非洲猪瘟防控有力】　设置消毒检查站点141个，排查养殖场（户）3539万个次、农贸市场1.56万个次、屠宰场（点）4505个次，累计排查生猪约1.3亿头次，拦截非法调运生猪车辆130辆，无害化处理非法调运生猪1077头，查处违法行为128起，处罚金额101.25万元。有效防控猪瘟疫情发生和流行。

【农业安全得到保障】　一是农产品质量安全监管。完成农产品监督抽检2094个、定量检测1413个，合格率均达100%；开展农产品质量安全专项整治行动，立案查处77件。二是动物防疫及其产品检疫。强制免疫注射3177.14万头（只、羽、份）；完成产地检疫852.78万头（只、羽），检疫率100%；屠宰检疫52.77万头，完成率159.92%。三是屠宰监管。抽检“瘦肉精”5938份，完成率185.56%（全部呈阴性）；清理关闭不合格屠宰场（点）4个，捣毁私屠滥宰窝点12个；立案查处14起，罚没金额约6.87万元。四是渔政安全监管。拆除抬网15铺、地笼网320个、竹竿网800左右平方米，销毁“三无”渔船3艘。五是草地贪夜蛾监测防控。市、县两级组织农技人员深入田间地头，大面积开展草地贪夜蛾普查201.60万亩，有效避免草地贪夜蛾对全市农作物的危害。

（撰稿：袁　杰）

农业区划

【概述】　2019年，毕节市农业区划中心在市委、市政府的领导下，在市农业农村局的直接指导下，各项工作进展顺利，特别是绿色食品、有机食品认证工作有了一定的发展，“三品一标”创建工作取得一定的成绩。有4家企业申报绿色食品认证，6个产品通过国家农业农村部绿色食品发展中心绿色食品认证，获得绿色食品标志使用权。11家企业、23个产品申报有机农产品认证，23个产品通过有关认证机构的认证，获有机转换认证证书5张、有机产品认证证书6张。共协调相关有机认证获证企业及经济组织按时换证115张，有效证书126张，涉及全市有机农产品认证企业44家，产品70个，生产基地115个、基地面积规模20.57万亩。招商引资工作取得实效，全年签约项目3个，签约资金10.8亿元。签约项目实际到位资金2.5亿元。

【大力开展绿色、有机产品宣传】 利用有关展示平台，开展绿色食品、有机产品宣传。一是组织毕节市高原蓝梦菇业科技有限公司、金沙新中一种业科技有限公司等绿色食品生产企业参加省农业农村厅举办的“春风万里 绿食有你——绿色食品宣传”活动，通过宣传进一步扩大绿色食品的市场影响力，提升绿色食品的知名度和美誉度；二是组织7家绿色食品生产企业参加由农业农村部中国绿色食品发展中心在河南省郑州市“郑州国际会展中心”举办的“第二十届中国绿色食品博览会”暨“第十三届中国国际有机食品博览会”，大力宣传毕节市品牌农产品。

【加强绿色、有机产品申报认证知识培训】 开展绿色、有机农产品知识及申报认证规程的宣传培训。创新培训模式，改变以往集中培训的方式，有针对性开展绿色有机认证知识的宣传培训。根据毕节市现有农产品生产企业的实际，分别对黔西现海冠集团、黔西县林泉镇兴黔盛源种植农民专业合作社、贵州乌蒙生态农业科技有限公司、贵州万林农业发展有限公司、七星关区朱昌大坡茶场、七星关区田坝乡食用菌种植基地、田坎乡百城养鸡专业合作社、林口镇葡萄种植基地、亮岩镇馨蜜养蜂专业合作社等申报绿色食品认证的企业进行现场培训和指导，提高生产人员和管理人员对绿色食品的认识，了解申报认证的范围、程序等，为下一步这些企业申报绿色食品打基础。

【加强绿色食品工作队伍建设】 加强绿色食品、有机食品工作队伍建设，利用相关工作平台开展技术培训，提升业务工作能力。一是选派绿色食品检查员参加贵州省绿色食品发展中心举办的“绿色食品检查员资料会审会”，进一步提高我市绿色食品检查员业务水平，提升对绿色食品标志使用许可申请材料审查和现场检查报告的撰写能力。二是为了进一步加强毕节市绿色食品检查员监管员的队伍建设，选派1名业务人员参加贵州省绿色食品发展中心举办的检查员监管员培训班学习。三是为了加大毕节市企业内部检查员的培训，适应绿色食品申报认证工作的需要，组织选派11家企业的11名工作人员参加省绿色食品发展中心举办的绿色食品企业内部检查员的培训。

【积极鼓励企业申报绿色、有机食品】 根据企业及经济组织的条件，积极鼓励申报绿色食品。一是通过组织协调、积极为企业提供申报服务，威宁县乌蒙绿色产业有限责任公司、威宁县雪榕科技发展公司、大方县理化乡未来种养殖专业合作社、贵州省毕节市乐达商贸有限公司申报的的苹果、金针菇、鲍头菇、猕猴桃、红茶、绿茶6个产品获得国家绿色食品发展中心的绿色食品认证。二是黔西县盛腾农业科技开发有限责任公司、黔西县林泉镇兴黔盛源种植农民专业合作社、黔西县黎明芦笋种植农民专业合作社、贵州省金锄禾现代农业科技有限公司、黔西县安乐氏何氏兄弟蔬菜种植有限公司、贵州纯森农业科技发展有限公司、贵州威宁鼎峰果业有限公司、威宁彝族回族苗族自治县香炉山茶园、威宁彝族回族苗族自治县香炉山茶园、贵州万益康农业发展有限责任公司、赫章县安乐溪乡扶贫开发有限公司11家企业及专业合作社申报的香菇、猕猴桃、芦笋、荠菜、猪、生菜、莜麦菜、菜心、乌塌菜、小白菜、紫油菜、黄瓜、西红柿、辣椒、茄子、秋葵、苹果、香炉山茶、乌撒烤茶、绿茶、稻谷、

商品乌天麻、乌天麻种 23 个产品有机认证获得有关认证机构的认证通过，有 17 个产品获有机认证，5 个产品获有机转换认证，获有机认证证书 6 张、有机转换认证证书 5 张。

【按时完成上级业务部门安排的工作任务】 完成省绿色食品发展中心安排的安排的工作任务。一是对全市绿色食品（有机农产品）开展质量风险排查工作，重点对违禁使用投入品、产品超标范围用标等企业不诚信行为进行排查，同时对自身审核工作进行自查，并及时将排查情况上报省绿色食品发展中心；二是完成对毕节市 7 家绿色食品生产企业的年度检查工作。

【按时完成主管部门安排的工作任务】 一是完成东西部扶贫协作的相关工作。二是参与拟写毕节市融入粤港澳大湾区“菜篮子”工程推进工作方案及实施方案。三是配合邀请东部 10 家涉农企业参加市政府在广州市举办的粤港澳大湾区“菜篮子”联盟企业招商引资推介会。四是组织威宁县亚龙食品有限公司、贵州百里杜鹃花田瑞禾农田产品开发有限公司等 3 家企业参加广东东西部扶贫协助产品交易市场开业及第一届广东东西部扶贫协作产品交易博览会

【按时完成各项中心工作】 一是参与陪同农业农村部规划设计院的领导到威宁县开展考察调研，完成领导安排的接待任务。二是参与拟写山西长治市农业考察团到毕节市考察的接待方案。三是积极抽派农业技术干部参加农业产业结构调整 500 亩坝区建设服务。四是配合局机关，积极参与完成招商引资工作任务。

【认真开展“不忘初心、牢记使命”主题教育】

一是成立毕节市农业区划中心党支部“不忘初心、牢记使命”主题教育工作领导小组，制定单位开展主题教育实施方案。二是制定学习计划和学习研讨计划，围绕八个方面开展研讨。三是采取个人自学和集中学习的方式认真学习规定的相关学习资料。四是通过学习，提高认识，检视问题。针对存在的问题，制定整改措施，加以整改。通过开展主题教育活动，干部职工思想受到洗礼，达到了思想上、行动上的高度统一，取得了预期的效果。

【党风廉政教育】 深化党风廉政教育，切实增强党员干部自律意识。一是构建“教育、制度、监督”三位一体的廉政工作体系，以深化党风廉政教育作为党风廉政建设和反腐败工作的重点工作常抓不懈，坚持教育为先，预防为主，通过与干部职工签订《廉洁自律承诺书》，开展廉洁教育，组织职工观看警示教育片，开展自查自纠等，营造廉洁文化氛围，让党员干部明底线、知敬畏、守规矩，进一步明确党员干部在党风廉政建设工作中的职责，确保在廉洁自律上不出问题，不出纰漏。二是严格遵守“三重一大”制度。在坚持科学决策、民主决策、依规决策的基础上，凡涉及人、财、物等重大事项，均采取职工大会集体讨论、集体决定，做到了有规可依、有章可循、有据可查。三是严格遵守中央八项规定和省、市的十项规定，党员干部以身作则，严于律己，坚决纠正“四风”，严禁以各种名义滥发津补贴，营造风清气正的政治生态。

【认真开展“三个大兴”活动】 按照市农业农村局 2019 年党建工作要点，紧紧围绕“113”攻坚战发展战略，以开展“三个大兴”活动为载体，积极组织党员、干部职工到威宁县龙场镇颜租块开展走访贫困户和产业扶贫调研活动，为该村开展脱贫攻坚献言献策。

【安全生产、维稳、党建工作】 抓好安全生产工作、维稳和党建工作。市农业区划中心高度重视安全生产、维稳和党建等工作，多次召开干部职工会议，研究、安排、部署和落实相关工作，采取扎实有效的措施，将单位与有关部门签订的目标责任书层层分解到科室、到职工。做到人人有责任，相互监督，相互促进。确保单位安全生产、综合治理和党建等工作有序开展，取得实效，按时完成各项工作任务。

（供稿：市农业区划中心）

烤烟生产

【概述】 2019年省下达毕节市烤烟生产收购任务为指导性计划种植面积3.19万公顷，指令性计划收购烟叶5.75万吨。实际种植烤烟面积3.73万公顷，种烟乡（镇）145个（种植666.67公顷以上乡镇33个），种烟村1012个（种植66.66公顷以上村122个）、种烟农户2.54万户，户均种植面积1.47公顷（同比减少种烟乡镇2个、种烟村43个、种烟农户0.2万户、户均种植面积减少0.23公顷）；收购烟叶总量5.75万吨，同比减少0.89万吨；全等级均价每50公斤1453.45元，同比增加105.85元；上等烟比例72.72%，同比增加9.16个百分点；中等烟比例27.28%，同比降低6.15个百分点；支付烟农收购资金16.7亿元（不含补贴），烟农收入同比减少1.2亿元，户均收入6.57万元（不含补贴），同比增加0.01万元；实现烤烟特产税3.67亿元，同比减少2700万元。

【烤烟生产】 2019年，全市烤烟生产用地膜3306吨、农膜212.7吨、漂浮盘95万张、基质15505吨、专用复合肥33012吨、酒糟有机肥10827.9吨、炭基肥18604吨、水溶肥1939.7吨。

七星关区种植烤烟面积2557.28公顷、收购烟叶4160吨、均价29236.8元/吨、烟叶特产税2553.12万元，大方县种植烤烟面积3671公顷、收购烟叶5330吨、均价28505.6元/吨、烟叶特产税3375.58万元，黔西县种植烤烟面积2955.5公顷、收购烟叶4645吨、均价29020元/吨、烟叶特产税2750.44万元，金沙县种植烤烟面积2177.73公顷、收购烟叶3155吨、均价28384.2元/吨、烟叶特产税1970.64万元，织金县种植烤烟面积2177.73公顷、收购烟叶3460吨、均价28635.4元/吨、烟叶特产税1817.32万元，纳雍县种植烤烟面积2177.73公顷、收购烟叶3115吨、均价28547.8元/吨、烟叶特产税1792.79万元，威宁自治县种植烤烟面积16333.01公顷、收购烟叶24895吨、均价29109.2元/吨、烟叶特产税16915.28万元，赫章县种植烤烟面积3111.05公顷、收购烟叶5100吨、均价30447.6元/吨、烟叶特产税3315.93万元，百里杜鹃管理区种植烤烟面积1617.75公顷、收购烟叶2740吨、均价29122元/吨、烟叶特产税1662.78万元，金海湖新区种植烤烟面积553.77公顷、收购烟叶850吨、均价28642.2元/吨、烟叶特产税514.43万元。

【绿色防控】 全市建设烤烟绿色防控示范区8个，建设面积1.47万公顷，其中核心区446公顷，辐射区1.42万公顷（含黔西县钟山镇、大方县沙厂乡、威宁自治县秀水镇、金沙县桂花镇共1.13万公顷的4个省级示范区），在防控区内全面推广绿色防控技术；本年度共繁育烟蚜茧蜂8.55亿头，其中林泉、黑石繁蜂基地分别繁蜂5.93亿头和2.62亿头，完成3.19万公顷蚜茧蜂防治烟蚜放蜂任务；蠋蝽（益蝽）防治烟青虫和斜纹夜蛾，林泉繁蝽基地繁育蠋蝽20万头、蠋蝽猎物400万头、益蝽13万头；推广物化诱控技术，推广小地老虎诱芯达100%、斜纹夜蛾诱芯达30%、烟青虫诱芯10%，使用诱芯135.225

万个（小地老虎60万个、棉铃虫6.2万个，烟青虫20.05万个，斜纹夜蛾48.975万个）；示范推广除草剂药害修复技术；回收烟杆901吨加工示范推广烟秆有机肥；推广应用炭基有机肥，全年推广炭基有机肥2.03万公顷、酒糟有机肥1.7万公顷、绿肥压青1.43万公顷。

【政策支持】 毕节市委市政府出台《关于推动全市烤烟高质量发展的实施意见》（毕府发〔2019〕9号），把烤烟产业作为全市“一村一业”脱贫攻坚、产业结构调整特色优势产业，明确全市烤烟产业高质量发展目标和实施路径，为烟叶产业持续发展提供根本保障。

【精准管控产业发展】 抓好烟叶生产过程精准管控。引导烟农选择集中连片、设施配套、适宜机耕、病虫害发生率低的好田好土种烟，全市落实一类烟地1.94万公顷、占比52.3%，二类烟地1.56万公顷、占比41.9%；培训职业烟农4777名；精准管控生产节令，严格落实“三基本”要求，在4月30日前完成移栽的99%，9月10日前完成烟叶采收的93%，10月上旬完成烟叶收购的96%，有效减轻春旱、伏旱、秋风秋雨等灾害气候对烟叶产质量的不利影响。

【落实技术指导】 优化品种布局，以云烟87为主要推广品种，搭配毕纳1号、韭菜坪2号自育品种；推广土壤保育技术，回收残膜1214吨；推广精细烘烤技术，以5座以上烤房群（烘烤工场）为基本单元，落实专业化采烤2.57万公顷，培训烘师2550人；主抓山地生态烟叶技术落地，按照“三基本”“五良配套”山地生态烟叶生产技术体系要求，结合毕节烟叶生产微气候环境，全面推广深翻炕冬、深沟高垄、精准施肥等适用技术，增加基肥施用比例，有效满足极端气候条件下烟叶生长营养需要。全面推广炭基有机肥、酒糟有机肥、绿肥压青、残膜回收的土壤保育技术，提升烟叶安全品质。优化烟区布局，将烟叶计划向生态禀赋好、市场需求旺、生产水平高、烟农效益好的烟区转移，落实500吨产量乡镇36个，种植面积66.67公顷村132个；按照基地单元建设规模2000—3000吨的要求，对应11家工业企业进行整合，将27个基地单元优化整合到25个，实现100%基地单元实体化运行；与江苏中烟、贵州中烟、河南中烟3家工业企业在大方县鸡场站、杜鹃站、理化站和威宁县雪山站、兔街站、秀水站6个基地单元开展全收全调，收购调拨烟叶1.28万吨，占全市调拨量的22.19%，同比提升14个百分点；提升合作社服务水平，本年度合作社专业化服务环节达到8个，重点环节专业化服务覆盖率80%；加强现代烟草农业建设，完成黔西县、金沙县、织金县、纳雍县现代烟草农业转型升级示范县规划和实施方案，扎实推进烟田基础设施、烟区布局、生产组织方式、技术体系、基层管理和工商合作全面转型升级；按照“以烟为主、产业配套、多业融合”的方式，在大方县黄泥塘镇化理村流转土地66.67公顷，建成烤烟产业综合体1个。

【基本烟田规划】 完成基本烟田规划面积10.75公顷，涉及烟田自然地块83万块，其中核心烟区5.99万公顷，占总面积的55.76%，重点烟区2.97万公顷，占总面积的27.61%，普通烟区1.79万公顷，占总面积的16.62%。

【烟叶基础设施建设管护】 是年全市按照烟叶特产税5%的比例提取2018年度县区烤烟生产基础设施管护资金1725.71万元，同年划拨各县（区）烟水配套工程管护人员劳务、提水灌溉电费、零星工程维修补贴1035.42万元（毕财农〔2019〕159号），管护工作经费172.58万元（毕财农〔2019〕160号）。本年度烟叶基础设施后续管护项目共投入补贴资金4729.88万元，其中改造新能源烤房1630座，资金投入1304万元；

109座烤房配套购置烟夹设备，投入资金210.68万元；修复育苗设施14.41万平方米，资金投入372.32万元；购置烟草农业机械30台，资金投入19.6万元；修复传统燃煤烤房2800座，资金投入2823.28万元。

【水源工程建设】 百里杜鹃管委会米底河水库项目已完成并投入使用，黔西仙人洞水库完成建设70%，威宁雪山水库完成建设63%。

【烤烟保险赔付】 全市10个县区共计投保烤烟种植面积2.71万公顷，投保金额2470.34万元（其中各县区政府负担823.44万元，市烟草公司负担1646.90万元），赔付面积1205.57公顷，赔付金额1572.48万元。七星关区（含金海湖新区）1953户烟农投保面积2429.87公顷、保费221.42万元，受灾面积147.01公顷，保险赔付148.85万元；大方县（含百里杜鹃管理区）3311户烟农投保面积4004.53公顷、保费364.91万元，受灾面积166.14公顷，保险赔付171.78万元；黔西县1957户烟农投保面积2065公顷、保费188.17万元，受灾面积91.45公顷，保险赔付90.16万元；金沙县817户烟农投保面积1913.67公顷、保费174.38万元，受灾面积103.55公顷，保险赔付113.45万元；织金县722户烟农投保面积1202.2公顷、保费109.55万元，受灾面积74.83公顷，保险赔付85.52万元；纳雍县777户烟农投保面积1280.27公顷、保费116.66万元，受灾面积92.06公顷，保险赔付93.21万元；威宁县12659户烟农投保面积11685.4公顷、保费1064.83万元，受灾面积413.75公顷，保险赔付681.74万元；赫章县2396户烟农投保面积2528.47公顷、保费230.41万元，受灾面积1116.72公顷，保险赔付187.75万元。

【助农增收】 全市烟农合作社综合利用1.11万公顷基本烟田、54.68万平方米育苗设施、401座烤房、664台（套）烟用农机，开展多元化经营和废弃农地膜加工，帮助烟农多元化增收，实现产值9908.21万元。

【烟草新村建设】 2019年，在纳雍县昆寨乡大寨村、锅圈岩乡平坝村、锅圈岩乡民建村，威宁秀水镇新田村、龙场镇龙丰社区、羊街小河边村，赫章德卓镇胜营村、安乐溪乡青山村、安乐溪乡碗厂村、松林坡乡榨落箐村共投资2000万元开展烟草扶贫新村建设。

（撰稿：何　英）

脱贫攻坚

【概述】 2019年，毕节市深入学习贯彻习近平新时代中国特色社会主义思想，深入贯彻落实习近平总书记关于扶贫工作的重要论述和对贵州、对毕节工作的重要批示指示精神，认真贯彻落实党中央、国务院和省委、省政府决策部署，扎实推进精准扶贫、精准脱贫各项工作，脱贫攻坚继续保持正确方向和良好态势，年度脱贫任务全面完成。全年减少贫困人口32万人，贫困发生率下降到1.54%；实现441个贫困村出列，未出列的151个贫困村贫困发生率全部下降到10%以下；七星关区和织金县均达到国家贫困县脱贫退出标准；农村常住居民人均可支配收入达到10364元，同比增长10.8%。

【尽锐出战】 探索建立“联县帮乡驻村入户”攻坚体系，进一步压实责任、充实力量，全力以赴打赢打好脱贫攻坚战。一是压实“联县”责任。在原1名市委常委联系1个县区的基础上，重新配强深度贫困县联县帮扶力量，市委书记、市长和市委专职副书记分别牵头，6名市委常委分别联系纳雍、威宁、赫章3个深度贫困县的脱贫攻坚工作。二是配强“帮乡”力量。市四大班子其他同志分别定点帮扶1个以上贫困乡镇，162个市直部门联系帮扶3个深度贫困县的乡镇，选派92名市直单位县处级领导干部到深度贫困县的乡镇担任驻乡帮扶工作队队长，实现了市直部门帮扶纳雍、威宁、赫章3个深度贫困县所有乡镇全覆盖。三是强化“驻村”帮扶。从市、县、乡三级选派3297名第一书记和驻村干部进驻815个深度贫困村和贫困发生率高于10%的村开展帮扶。及时评估深度贫困地区脱贫攻坚一线指挥员、战斗员的能力作风，对不能确保按时打赢的班子果断进行调整。整合“两委一队三个人”和其他帮扶力量，下沉到村到户到人，做到全覆盖。四是做实“入户”遍访。按照市级领导到乡镇、县级领导到村、乡镇领导到组、帮扶干部到户的“四到工作制”要求，持续开展遍访贫困村贫困户工作，帮助贫困地区摸清贫困情况、理清发展思路、制定脱贫措施，推动群众增收脱贫。

【务求精准】 进一步完善攻坚打法，确保重点区域、重点对象和重点工作打法更加精准。一是实施分类指导。针对深度贫困县实行重点攻坚，持续推动“四个聚焦”，全年3个深度贫困县获得财政专项扶贫资金9.55亿元、市级专项扶贫资金1亿元、东西部扶贫协作资金1.35亿元；针对拟脱贫摘帽县实行集中攻坚，派出2个工作专班分赴七星关区和织金县指导脱贫攻坚工作，派出8个督导组对各县区进行督导检查，确保脱贫成果真实有效、不含水分。针对非贫困县和已脱贫摘帽县实行巩固提升，推动已脱贫摘帽的黔西县、大方县制定脱贫攻坚巩固提升方案，有序开展后续扶持工作，推动非贫困县金沙县开展剩余贫困人口脱贫工作。二是完善“一村一方案”。重新审核全市3590个有扶贫开发任务村的脱贫攻坚行动方案，凡是不能确保按时打赢的及时优化调整、重新制定，着力在政策、项目、资金方面进一步具体化。对贫困发生率30%以上的村，市委市政府党政一把手全部走到，一个村一个村分析贫困原因，找准脱贫路径。对贫困发生率20%以上的村，要求县区党政一把手全部走到，逐村研究制定“确保按时打赢”的作战方案。三是建立“四项清单”制度。因地制宜建立产业扶贫清单，确保除兜底保障外的贫困人口实现产业帮扶全覆盖；建立贫困户就业扶贫清单，促进建档立卡贫困劳动力广泛就业，增加工资性收入；建立脱贫攻坚到户工作清单，对已脱贫户、拟脱贫户和政策兜底户实行分类管理，明确帮扶责任，对标对表落实政策、补齐短板、逐一销号；规范完善建档立卡贫困户档案资料清单，切实做到信息系统、明示牌、“一户一档”、连心袋与农户实际情况“五个一致”。

【资源配置】 围绕构建大扶贫格局的目标，合理配置政府、市场和社会各方面的资源整要素，推动形成脱贫攻坚强大合力，切实提升帮扶实效。一是争取政策支持。围绕省委、省政府支持毕节试验区确保按时打赢脱贫攻坚战的46条支持意见，及时跟进抓好对接落实，全年共争取上级部门支持项目6703个，资金1445.2亿元。2019年，全市获得财政专项扶贫资金17.76亿元，实施项目2917个。争取21个省直部门根据省委、省政府的支持意见，再次从部门角度出台支持毕节市发展的专项实施意见和办法。省委从其他地区选派2名优秀人员到毕节市担任县委书记，从省直机关选派19名处级干部挂任毕节市县（区）党政班子成员，充实毕节市脱贫攻坚力量。二是凝聚各方力量。协调恒大集团今年捐赠到位帮扶资金10亿元，累计捐赠到位资金70亿元。统筹抓好中央单位定点帮扶、世行项目、烟草扶贫新村项目等，继续深化“千企帮千村”行动，全市共有800个民营企业帮扶1098个村，累计投入资金55.44亿元，受益贫困人口27.76万人。开展凝聚群团力量助推脱贫攻坚工作，在全市19个县城易地扶贫搬迁集中安置点、20个极贫乡镇和53个贫困发生率30%以上贫困村累计建立群团工作站92个。“10·17”扶贫日活动有效开展，当日募捐资金185.05万元。三是创新工作机制。组建市委全面深化改革委员会，对标对表中央和省委大力推进改革工作，全年累计召开7次市委深改委会议，明确16个方面52项改革举措，探索创造“创建五大机制助推返乡农民工就地就近就业”“建立医疗组团五强模式促进帮扶医院五提升”“易地消费扶贫新模式”和“校企合作搭建穗毕就业扶贫新桥梁”等创新机制。

【关键战役】 紧紧围绕“一达标两不愁三保障”和“两率一度”脱贫标准，深入推进“春季攻势和夏秋决战”，对照脱贫攻坚“四场硬仗”各项重点任务，坚决打好关键之年的关键之仗。一是纵深推进农村产业革命。按照“确保按时打赢”要求，实施了一批见效快、效益好、带动力强的产业项目，集中资源要素强力推进。落实蔬菜、茶叶、食用菌等12个优势特色产业实施方案，因地制宜推广“龙头企业+合作社+农户”组织方式，提高农民组织化程度。深入研究破解产销难题，紧盯省内外市场，特别是粤港澳大湾区农副产品市场，摸清大宗农产品的数量需求和质量要求，实现500亩以上坝区产业结构调整、基地建设和地方特色优势产业发展有机结合。对产业基础薄弱、区位优势不明显的地区，组织农户到条件较好的地区开展易地产业扶贫。二是着力补齐“两不愁三保障”短板。常态化监测剩余贫困人口在“两不愁三保障”存在的突出问题，确保底数动态调整、精准掌握。教育、卫健、医保、住建、水利、移民等行业部门加大工作指导力度，加强台账管理，细化解决方案，因村因户因人制定解决措施，逐村逐户逐人按时对账销号。三是突出推进易地扶贫搬迁工程。切实加大工作力度，加强督促指导，确保今年全面完成“十三五”28.5万人的搬迁入住任务。落实好易地扶贫搬迁后续扶持“1+7”文件要求，建立健全基本公共服务、培训和就业服务、文化服务、社区治理、基层党建“五个体系”，有效解决易地扶贫搬迁突出问题。

【扶贫协作】 主动加强与帮扶城市对接联系，不断加大人才支援、劳务协作、园区共建等方面协作力度，扎实抓好广州帮扶项目落实，广州毕节扶贫协作工作取得阶段性成效，有力推动全市脱贫攻坚进程。一是坚持高位推动。2019年两市党委政府高度重视扶贫协作工作，8月和4月广东省、广州市党委主要领导分别率团到毕节考察调研，11月和5月，贵州省、毕节市党委主要领导分别率团赴广东省、广州市回访考察。广州市6个结对帮扶区与毕节市10个县区党政主要领导均开展了互访交流。广州、毕节两市先后召开了4次党政联席会议、16次专题会议研究部署扶贫协作工作。二是强化精准对接。毕节市市级和各县区全部制定具体的东西部扶贫协作工作方案，成立东西部扶贫协作工作专班，项目化、清单化推进实施。主动对接广州市及其帮扶区，精准提出产业、人才、市场、资金、劳务协作等方面的需求清单，找准突破口和契合点，力争获得帮扶城市更多支持。三是加强产业合作。利用500亩以上坝区，与广州、深圳等帮扶城市农业生产企业、物流企业、电商企业共建农产品直供基地，实现每个对口帮扶城市在帮扶地整体发展1~2个优势特色产业，把毕节市建设成为粤港澳大湾区和东部帮扶省市“菜篮子”供应基地。继续面向帮扶省市实施航班补贴、门票优惠、高速公路收费优惠等旅游特惠政策。四是注重干部交流。积极推动党政干部、医院院长、学校校长、专业技术人才等互派互挂，在教育、医疗等民生领域建立结对帮扶关系，促进技术技能交流提升。今年广州市选派31名党政干部、255名专业技术人员到毕节市挂职工作，恒大集团向毕节市选派

1711 名专业技术人才，毕节市向广州市选派 132 名党政干部、401 名专业技术人员挂职学习。

【作风建设】 结合“不忘初心、牢记使命”主题教育，紧紧扭住转变作风这个要害，进一步端正广大党员干部的政绩观事业观，一切着眼于实际、着眼于长远，真正把心思和精力全部投到脱贫攻坚上。一是扎实推进基层减负工作。认真落实“基层减负年”各项任务，严格对照中办印发的《整治形式主义为基层减负工作负面清单》，持续精准会议、从类规范督查检查考核，全年市级共印发各类文件 2511 件、与上年同期相比减少 1197 件，累计召开会议 151 次、与上年同期相比减少 74 次，累计开展督查检查考核 190 项、与上年同期相比减少 226 项。二是始终注重干部关怀激励。出台《毕节市脱贫攻坚一线干部关怀激励办法（暂行）》等 4 个激励性文件，注重在脱贫攻坚一线培养选拔干部，2019 年市县两级从脱贫攻坚一线使用县级干部 36 名、科级干部 452 名，对脱贫攻坚工作中表现优秀的 227 名同志进行了表彰（其中包括推荐获国家级表彰 4 人、省级 23 人）。三是开展扶贫领域问题治理。在巩固 2018 年“五个专项治理”的基础上，运用“五步工作法”推进 2019 年安排的“五个专项治理”，把专项治理发现的问题与专项巡视、纪检监察、督查巡查、民生监督、社会监督、审计、信访等发现的问题进行统筹整改。国家 2018 年扶贫开发工作成效考核反馈涉及毕节市的 19 个个性问题已全部整改完成，通过举一反三排查发现的 140 个问题，已整改完成 131 个，整改率 93.6%。

【机制保障】 为推动既定的工作任务有效落实，确保年度脱贫目标顺利实现，市委、市政府不断建立健全研判推进、督促调度等脱贫攻坚保障机制。一是建立县级统筹的产业发展机制。建立“以县为单位进行产业布局、产销对接，以乡镇为单位实施项目、集中销售，以村（社区）为单位组织生产、利益联结”的产业发展机制，成为短期内迅速做大农业产业的一种有效模式。威宁自治县通过县级统筹的方式 发展“三白”蔬菜产来，聚焦“产销对接”大力拓展境内外市场，取得了很好的效益。二级建立重大问题的“提级研判”机制。要求村级每天研究脱贫攻坚存在问题，自身不能解决的上报乡镇解决，乡镇每周要集中研究一次脱贫攻坚存在问题，自身解决不了的报县区研究解决，县区每月要集中研究一次脱贫攻坚工作，推动解决乡镇无法独立解决的实际问题，重大问题报市里研判决策，市扶贫开发领导小组每季度集中研究一次脱贫攻坚工作。三是建立驻县督导的督查调度机制。从市直有关部门抽派 18 名业务人员组建 3 个督导组，分别由 3 名县级干部带队，长期蹲点纳雍、威宁、赫章 3 个深度贫困县开展督导；派出 2 个督导组，分别负责今年拟脱贫摘帽的七星关区、织金县的督导工作。组建 8 个专项督查组，针对涉及实现脱贫攻坚目标标准的各个行业进行专项督查。

（撰稿：夏炅阳）

易地扶贫搬迁和水库移民安置

【概述】 2019 年，在市委、市政府的坚强领导下，在省移民局的指导下，全面贯彻党的十九大和十九届三次、四次全会精神以及习近平总书记对贵州对毕节重要指示批示精神，牢记嘱托、感恩奋进，坚持新发展理念，推进高质量发展，聚焦“113 攻坚战”目标，以“不忘初心、牢记使命”主题教育为动力，按照周调度跟踪、月小结提示、季通报约谈的工作机制，实行问题清单交办督办，强化工作督查考核问责，全力推进各项工作，全面完成了全市易地扶贫搬迁和水库移民安置年度目标任务。

【易地扶贫搬迁取得阶段性成效】 一是“十三五”搬迁计划全面完成。中央和省共下达毕节市“十三五”易地扶贫搬迁计划139个安置点62123户284806人（其中：建档立卡贫困人口52556户242172人），分三个年度实施（其中2016年79个安置点12886户59576人，2017年47个安置点29498户134629人，2018年13个安置点19739户90601人）。截至12月30日，已全部搬迁入住。二是城镇化集中安置推动搬迁群众生产生活方式转变。从2017年起，毕节市坚决贯彻省委省政府“全部实行城镇化集中安置”的要求，坚持以县城安置为主，推进搬迁群众生产生活方式转变。“十三五”期间全市共建设142个（含恒大援建4万人3个安置点）易地扶贫搬迁安置点，其中：县城集中安置点30个安置262873人、占比80.93%；中心城镇集中安置点50个安置38381人、占比11.82%；中心村安置点62个安置23552人、占比7.25%。三是委托恒大集团代建有效提升安置房质量。从2017年起，结合恒大集团帮扶毕节市脱贫攻坚，各县区委托恒大集团代建易地扶贫搬迁项目18.1万人，按照“基础设施完善、公共服务配套、商业公建不超过6%、人均住房面积20平方米、室内装修规范标准、统一配置简易家具、配套产业和落实就业”的标准规划建设，有效提升安置区品味和安置房质量。工程建设所需资金由恒大集团先行垫资，各县（自治县、区）根据中央和省级资金到位情况分批全额拨付给恒大集团设在各县区的扶贫公司，不足部分由恒大集团无偿捐赠。四是加快旧房拆除复垦复绿促进稳定搬迁入住。全市2016年易地扶贫搬迁项目应拆除旧房12540户，已全部拆除并复垦复绿。2017年项目应拆除旧房26496户，已全部拆除并复垦复绿。2018年项目旧房拆除、复垦复绿工作完成50%。五是后续扶持“五个体系”建设逐渐完善。基本公共服务基本实现均等化和标准化。通过原有教育资源妥善消化解决搬迁户适龄子女就学需求，针对部分安置点学校需要扩容扩建的实际计划新建改扩建学校42所、已完成23所。全市已搬迁应转为城镇低保的原农低保户29848人已全部接转，新纳入城低保10076人。设置便民服务大厅或服务中心，设立人社、民政、卫健、教育等“服务窗口”，为搬迁群众办理医疗报销、民政事项、子女入学等事宜。搬迁群众稳定培训和就业基本实现全覆盖。全市在安置点设置培训就业服务网点130个，安排303名工作人员长期驻点工作，安置点建立扶贫车间134个，通过“十大员”安置易地扶贫搬迁劳动力6850人。已搬迁对象中有劳动力100523人，已就业81417人，就业率80.99%。2019年完成劳动力就业培训14248人，完成率105%。建设扶贫车间120个，覆盖率94.49%。文化服务体系建设成效明显。全市集中安置点应建文体活动中心127个，已建127个；应建讲习所（新时代文明实践中心）127个，已建127个。市委宣传部、市生态移民局联合下发《关于进一步加强易地扶贫搬迁安置点感恩教育的通知》，共在易地扶贫搬迁安置点开展感恩教育主题“讲习”活动1000余场次，讲习培训覆盖基层干部群众4万余人次。已搬迁入住群众全部悬挂新旧房对比照片。通过在安置点建设“乡愁馆”“图书馆”“电影放映队”等形式，开展普法教育656场、市民素质教育819场、文明家庭教育1594场；深入246个乡镇1246个村寨，播放《中央电视台“哈冲苗寨搬迁”》1135场次动员群众搬迁，观看群众近5万人次。社区治理实现文明和谐安全有序。在万人以上安置点新设立街道15个、社区46个，社区服务设施覆盖率100%。设置县城综治中心（警务室）14个，覆盖率100%；集镇安置点通过当地派出所已全覆盖。基层党建体系建设全面推进。在安置点建立党工委15个、党总支8个、党支部106个、党小组116个，实现安置点党的组织和党的工作全覆盖。抽调360余名业务骨干到安置点工作。指导安置点建立健全党组织议事规则、“三重一大”、党员设岗定责、“三会一课”、主题党日等制度，同步指导安置点建立居民公约。

【水库移民搬迁安置扎实有效】 一是全力推进在建水库移民搬迁安置工作。夹岩水利枢纽工程移民工作推进顺利。累计完成征地51772.3亩，占总任务数53228.06亩的97.26%，其中2019年完成征地6804.7亩，占年度任务数2000亩的340.24%；累计搬迁安置移民4588户22180人，占总任务数的96.39%，其中2019年搬迁安置移民1552户7532人，占年度任务数的100%；累计完成移民投资44.67亿元，占总任务49.9亿元的89.5%，其中2019年完成移民投资5亿元，占年度任务数的100%。实施夹岩水利枢纽工程移民交通专项改复建项目31个，合同投资3.477亿元，已支付工程进度款3亿元。其他在建中小型水库移民搬迁安置工作有序开展。完成七星关区龙官桥水库和赫章县河口水库导（截）流阶段验收工作；加强在建七星关区龙官桥、织金县白泥坡、金沙县油沙河、赫章县河口、大方县野螺沟等35座中小型水库移民搬迁安置任务的督促和指导；完成中小型水库移民搬迁安置1433人，完成移民投资23813.54万元，基本满足工程建设需要。二是有序推进拟建水库移民前期工作。按照水利水电工程建设征地移民安置相关规程规范，认真配合业主单位、设计部位开展拟建水库实物指标调查、移民安置规划大纲和移民安置规划报告编制工作，把拟建水库移民前期工作做深、做实、做细，着力夯实水库移民基础工作。是年，共完成金沙县双叉河中型水库实物调查细则审查核准工作，完成七星关区邵家、黔西县登高、织金县西悬、赫章县洗菜河4座小型水库移民安置规划审查核准工作，指导各有关县区完成中小型水库实物调查分解工作。三是统筹开展已建水库移民遗留问题处理工作。积极协调处理黔中水利枢纽工程跨市外迁安置移民急需解决的宅基地划分、户籍迁移、子女入学等问题，及时开展竣工验收准备工作；基本完成调概资金兑付，启动资金清理工作。洪家渡水电站资金清理、项目清理工作全面结束，编制完成资金清理报告、资金余缺调剂报告、财务决算报告，于3月18日邀请省生态移民局、乌江公司、贵阳设计院参加评审。索风营水电站移民项目和资金清理报告编制和评审工作有序开展。

【水库移民后期扶持有序实施】 一是移民现金直补资金全面兑现。截至12月底，共兑现直补资金5163.175万元，兑现率100%。二是后期扶持年度项目有序实施。完成跨年度计划项目28个，完成投资2312.95万元；审批2019年度大中型水库库区基金计划项目11个，审批投资1545.25万元；2019年度第二批大中型水库移民后期扶持基金计划项目22个，审批投资4853万元。三是避险解困工作强力推进。第三批避险解困涉及黔西、金沙625户2578人，完成新建（改造）房屋434户2042人。

【库区和安置区社会总体稳定】 坚持抓源头、抓重点、抓导向，层层压实责任，强化移民信访维稳工作联动，全力防范化解移民风险，确保不发生影响社会稳定的重大群体性移民事件，不发生移民个人极端事件，做到“北京不去，省会不聚、网上不炒”，为新中国成立70周年大庆和建设新发展理念示范区营造安全稳定的社会环境。是年，全市无10人以上移民进京非访或重大移民群体性事件发生；共接访移民46批次73人次；共接待移民来信来访117件，其中省移民局转办信访25件，市政府转办1件，市专线办转办6件，市扫黑办转办6件，市信访局转办信访3件，网络来信办理6件，转办移民信访件到各县区24件。所有来信来访均严格按照国家信访条例的要求在规定时限内向转办单位回复报告或对信访人进行书面答复。

【移民项目资金管理不断加强】 一是强化资金日常管理工作。认真做好移民资金及行政经费日常核算、年终决算、会计报表编制工作，按时完成洪家渡移民投资概算清理，及时做好黔中水利枢纽工程增加投资清算及分配和易地扶贫搬迁及水库移民资金统计上报工作。二是加大资金管理监督检查力度。开展全市易地扶贫搬迁及水库移民后期扶持使用不规范专项治理工作，对工作不到位，整改不及时的县区下发提示函，顺利完成存在问题整改；开展夹岩水利枢纽工程移民资金使用管理调研工作，对涉及县区资金管理使用情况进行检查；对全市各县区水利水电移民资金银行存款管理、现金使用管理、内控制度建立、会计核算等情况进行了全面大检查，及时将存在问题反馈相关县区，同时提出整改意见，严防移民资金管理使用违规违纪情况发生。三是配合抓好巡察审计相关工作。积极配合纪检、审计、财政等部门的巡察巡视、审计、监督，全市易地扶贫搬迁和水库移民安置资金管理使用规范、安全，没有截留、挪用、挤占、贪污移民资金的现象发生。

【党建工作不断规范】 一是深入开展“不忘初心、牢记使命”主题教育。局党组及班子成员始终将开展“不忘初心、牢记使命”主题教育放在讲政治的高度，认真拟定教育活动方案，全面征求各方意见，按时召开动员部署会，切实做好做细做实各个环节工作。紧紧围绕习近平新时代中国特色社会主义思想主线，聚焦党的政治建设、全面从严治党、理想信念等8个专题开展专题学习研讨，同步开展正面典型教育、反面警示教育、革命传统教育和形势教育，共开展集中学习研讨时长7.5天，撰写发言提纲12篇，全部覆盖8个专题。明确调研主题、制定调研方案，认真落实“四到工作制”要求，深入县区各安置点和帮扶联系点，通过入户走访、会议座谈等方式听取意见，真正把情况摸清楚、把症结分析透，并研究提出解决问题、改进工作的办法措施。对照“五个方面找一找”及“十一个专项问题”找问题找差距，认真梳理问题，理出问题清单，制定整改措施，在找问题找差距中补短板。建立问题整改台账，落实整改措施，全力推进整改，确保问题整改及时到位，并建立完善工作体制机制，不断巩固整改成果。二是扎实推进党风廉政建设。成立“党风廉政建设暨‘两个责任’落实工作领导小组”，制定下发《2019年党风廉政建设暨“两个责任”落实工作实施意见》，逐级签订《党风廉政建设及反腐败工作责任书》，主要领导带头履行党风廉政建设暨“两个责任”落实常态化约谈制度，多次主持召开会议研究部署“领导干部利用茅台酒谋取私利专项整治清理”“公务用车专项治理”“库存酒类再清理”等党风廉政建设和反腐败相关工作，认真签批党风廉政建设相关文件，在节假日前编发微信提醒干部职工认真遵守中央“八项规定”、省市“十项规定”。以廉政党课、中心组、党小组专题学习等方式为抓手，借助微信公众平台等新媒体手段，开设廉政教育学习微信专题、专栏共26次，扎实推进干部廉政教育工作。严格执行“三重一大”决策制度，认真做好“三公经费”公开及报送工作，有效利用互联网、短信平台、微信平台等媒介，进一步深化政务、党务公开工作。全年共在毕节市水库移民局门户网站发布政务信息112条，在微信平台发布动态信息42条。结合“五个专项治理”等整治活动多次对易地扶贫搬迁工程项目进行督查检查，组织开展全市易地扶贫搬迁及水库移民后期扶持使用不规范专项治理工作，对工作不到位，整改不及时的县区下发提示函，强力推进问题整改落实。三是深入开展“三个大兴”活动。党组高度重视，及时召开专题会议，成立领导小组，结合实际制定实施意见和2019年度调研方案，建立领导干部调研台账，完善调研工作制度，认真践行“四到工作制”，全年局领导班子成员共计调研时长201天。紧紧围绕易地扶贫搬迁和水库移民安置两项重点工作，切实加强对“五个体系”建设、后续发展等有关工作督促和调度，确保在规定时间节点内完成相应的目标任务。从制度建设着手，进一步完善办文办会、公务接待、车辆管理等有关制度；严格执行预算，从严控制接待费用，全面压缩“三公”经费；对公车使用实行精细化管理，适时登记车辆用油量，确保公车使用节约高效。四是全力实施精准扶贫工作。选派2名科级干部分别到七星关区放珠镇永安村驻村和威宁县东风镇挂职帮扶脱贫攻坚，选派1名副县级干部驻威宁县东风镇帮扶脱贫攻坚工作，并严格按要求发放生活补助、报销交通费、购买人身意外保险等。局领导多次带队到放珠镇永安村调研和东风镇三庄村开展政策宣讲，走访结对帮扶对象，积极为帮扶对象发展经济出主意、想办法，力所能及帮助帮扶对象解决困难和问题。分别帮助永安村和三庄村解决驻村帮扶工作经费3万元，帮助东风镇解决驻镇帮扶工作经费2万元；帮助永安村协调落实项目发展资金40.7万元实施灌溉管网铺设，解决永安村种植中药材、经果林等项目的缺水灌溉项目，帮助三庄组解决脱贫攻坚补短板入户路项目资金15万元。于1月到放珠镇永安村开展脱贫攻坚春节慰问活动，对困难群众进行慰问；于7月到永安村开展“不忘初心跟党走、牢记使命争先锋”主题党日志愿服务活动，为贫困儿童送去文具和少儿读物；于10月到东风镇三庄村开展驻村帮扶调研暨“学讲话、颂党恩、话使命”主题党日志愿服务活动，为贫困儿童送去书包、笔等学习用品。五是进一步推进基层党组织标准化建设。深入推进“两学一做”学习教育常态化制度化，切实开展“三会一课”和主题党日活动，党组定期听取党组织工作汇报。全年共召开党员大会5次、支部委员会议13次、党小组会议12次，上主题党课4次，开展主题党日活动14次，党组听取党组织工作汇报2次，党组理论学习中心组集中学习18次、专题研讨7次。

【工作亮点】 一是“党建+积分”激发搬迁群众内生动力。赫章县把社区共建单位、社区干部职工和搬迁群众在管理服务、就业培训、劳动致富、社会公德、家风家教、个人言行等方面纳入行为银行管理，按积分实行奖励扶助，激发服务团队和搬迁群众助脱贫奔小康的战斗力，由被动变主动，加快搬迁群众融入城市生活的步伐，推动“党建引领发展，积分催生动力，共建最美社区”目标实现。初步实现了安置点党的组织覆盖、党的工作覆盖、党员服务覆盖、群众参与覆盖“四个覆盖”目标。二是“五分”工作法强化安置点管理服务。织金县探索创新分类组织、分类讲习、分类就业、分类服务、分类治理“五分”工作法，对安置到织金县城的4958户22438人进行分类管理。用七彩标记管理楼栋，在楼栋单元门口信息公开栏用不同颜色将党员、留守儿童、空巢老人、残疾人、低保户等进行分内标记，明晰人员信息，将楼栋长、联系领导等联系电话公示于公示栏，切实为群众提供全天候的贴心服务。做好易地扶贫搬迁“后半篇”文章，真正实现“稳得住、能致富、可持续”的目标。三是“单位包栋，干部包户”助推搬迁群众就业落实。金沙县专门出台支持易地扶贫搬迁劳动力就业的文件，对易地搬迁劳动力的就业问题进行科学设计和精心谋划，将搬迁劳动力的就业任务分解到各单位。人社部门牵头对易地扶贫搬迁劳动力底数、文化学历、技能水平、就业失业状况、就业创业意愿及培训需求等信息进行调查、梳理，并进行详细登记，建立搬迁劳动力基本信息台账。通过分析台账，进行“靶向治疗”，提高搬迁劳动力的就业精准度。从建立该工作机制以来，已搬迁有劳动力家庭全部实现1户1人以上稳定就业，户均实现就业1.6人。四是“百姓评说”让“道德有价”。纳雍县在易地扶贫搬迁安置点探索开展“百姓评说”行动，通过百姓与百姓间的“选、说、评、帮”四个环节，让百姓把自己信服的、认可的，有威望、有正气、有公心的贤人推荐出来，聘为评说员，为群众评理说事。百姓评说员通过“摆龙门阵”“话家长里短”的方式，向安置点群众“说事”，潜移默化对搬迁群众进行思想政治教育。通过一月一评、实时评价，百姓申报、包保干部申报、党组织申报、评说员当面和实地评价等方式开展“评理”，对群众道德量化、将道德“变现”，推动搬迁群众自我治理、革除陋习、树立新风、积极向上、自力更生，实现农民向“新市民”的转变。五是移民服务热线电话畅通搬迁群众诉求渠道。威宁县开通“6333222”移民服务热线电话，针对群众在搬迁过程中涉及的入住、水电、工程质量等困难和问题进行受理登记，按照部门分类转办、专人跟踪、定期回访。对办理不及时、不到位的上报县易地扶贫搬迁指挥部，指挥部向相关单位发工作提示函进行督办。热线电话的开通，畅通群众反映问题渠道，较好解决搬迁群众在生产生活中遇到的部分困难和问题。

（撰稿：焦　军）

林　业

【概述】　2019年，在市委、市政府的坚强领导下，市林业局坚决执行市委、市政府的战略部署，深入贯彻落实党的十九大精神，以习近平新时代中国特色社会主义思想为指导，紧紧围绕试验区主题，牢固树立“创新、协调、绿色、开放、共享”五大发展理念，坚持“既要金山银山，也要绿水青山”的绿色发展战略，坚守生态和发展“两条底线”，围绕打赢“113攻坚战”总目标，大力弘扬试验区精神，全面加快生态建设，着力深化林业改革，大力发展林业产业，强化森林资源保护，扎实推进林业现代化，取得了较好成效。全市森林覆盖率预计达到57%。

【称号荣誉】　黔西月亮湾绿色森林康养试点基地和毕节市周驿茶场森林康养试点基地获贵州省第三批森林康养试点基地。黔西水西柯海森林康养基地和织金县织金洞森林康养小镇获2019年全国森林康养试点建设单位。毕节国家森林公园获森林体验国家重点建设基地，百里杜鹃国家森林公园获森林养生国家重点建设基地。百里杜鹃花海和阿西里西韭菜花海入选2019“最美花海”。毕节市林业局获国家林业局保护森林和野生动植物资源先进集体称号，毕节市林业局和大方县林业局获全国生态建设突出贡献先进集体，2人获全国生态建设突出贡献先进个人。全市林业系统3人获全国绿化奖章。七星关区拱拢坪国有林场获“中国森林康养林场”称号。中国花卉协会杜鹃花分会授予百里杜鹃管理区“杜鹃花都”的称号。省林业局授予全市15个省级森林乡镇、84个省级森林村寨、523户省级森林人家称号。

【绿色毕节】　扎实推进国土绿化，广泛开展全民义务植树活动，大力建设绿色家园，森林面积不断扩大。一是完成造林绿化125万亩，占总任务125万亩的100%。二是完成石漠化综合治理169.82平方公里，占总任务169.82平方公里的100%。三是种苗需求得到有效保障。全市育苗面积29324.2亩，产苗4.21亿株，建成省级育苗示范基地3个、面积2060亩，市级保障苗圃10个、面积5944亩。四是全民参与义务植树。2月11日，同步启动省、市、县、乡、村五级义务植树活动，共设置253个植树点，植树6000亩60余万株。3月12日，举办毕节市第一届网络植树节，全年完成义务植树977.86万株，占计划960万株的100.47%。五是有序推进创园、创森工作。累计建成50个国家森林乡村、7个省级森林城市、42个森林乡镇、157个森林村寨、961户森林人家；省政府命名黔西县为贵州省园林县城，毕节市创建省级园林城市通过专家组评审，建成绿地602.87公顷，占任务的100.48%；绿道建设完成10.3公里，占任务10公里的103%；绿廊建设完成53.12公顷，占任务30公顷的177.06%。

【林业产业】 牢固树立生态优先绿色发展的理念，把生态优势转化为发展优势、经济优势。着力构建以特色经果林、森林旅游、林下经济为“三大支撑”的林业生态产业发展新格局，全市林业产值达到219.6亿元。一是抓特色经果林建设。新造经果林面积64.24万亩，占任务40万亩的160.6%，全市特色经果林面积达581.59万亩。完成刺梨、皂角种植各20万亩，完成核桃改良40万亩，完成油茶种植（含低产低效林改造）7万亩。二是抓林下经济发展。全市发展林下经济面积303.83万亩，实现产值43.35亿元。争取省林业局对纳雍、威宁、赫章、七星关4县（区）林下经济产业发展资金1190万元，其中，纳雍县430万元和赫章县400万元，威宁县300万元，七星关区60万元。三是抓森林生态旅游。依托森林公园、湿地公园，加快基础设施建设，全面加快森林生态旅游与康养基地建设。2019年，共获国家级森林康养试点基地2个，省级森林康养试点基地2个。截至2019年，全市共获5个“国家级森林康养试点基地”和5个“省级森林康养试点基地”。全年接待游客1480万人次，林业生态带动旅游收入108亿元。

【资源保护】 一是持续开展森林保护“六个严禁”专项行动。全面完成2018年度尾欠工作，实现“四率”100%。全市2019年案件线索核实率100%。完成行政案件351起，查结351起，查结率100%；刑事案件204起，移送204起，移送率100%；往年度行政案件722起，执行完毕722起，处罚执行率100%。破获野生动物类案件32起，收缴野生动物226头（只），抓获犯罪嫌疑人27人次，救助放飞野生动物101头（只）。二是推进中央环保督察涉林问题整改。涉林整改事项130项（起）完成整改130项，指导金沙冷水河、百里杜鹃、纳雍珙桐等自然保护区推进后续整改。三是加强森林火灾防控。全年共发生森林火灾4起，火场总面积6.74公顷，受害森林面积1.88公顷，森林火灾受害率0.0018‰，远远低于省规定0.8‰的控制指标。全年储备灭火弹、风力灭火机、灭火拖把、油锯、防火服装等森林防火物资，价值400余万元。依托防火三期项目，为各县区配发消防水车8辆、运兵车5辆、高压脉冲水枪18支、移动水泵灭火系统18套、风力灭火机120台、油锯120台，有效提升了森林防火战备能力。四是强化林政资源管理。审核审批使用林地项目254起，占用林地面积1166.2758公顷，收缴植被恢复费1.68亿元；办理林木采伐许可证260份，采伐面积1499.1718公顷，采伐蓄积9922.73立方米，占年森林采伐限额的1.64%；办理木材运输证1412份，运输木材14180.4立方米。五是落实资源管护。全市共有建档立卡贫困人口生态护林员公益性岗位33765个，森林管护实现100%覆盖；兑现中央财政森林生态效益补偿基金8654.7万元，地方财政森林生态效益补偿基金7381.2万元。六是抓实有害生物防治。开展林业有害生物防治70.48万亩，其中无公害防治面积69.56万亩，林业有害生物成灾率0.075‰，无公害防治率98.7%，测报准确率98.5%，种苗产地检疫率达100%。成灾率、无公害防治率、测报准确率均优于或好于省级控制指标。

【林权改革】 深入推进“国家集体林业综合改革试验示范区”建设，深化林权制度改革，完善森林保险制度，做到产权明晰、管护到位，进一步激发群众参与生态建设的积极性，使林农获得更多的政策红利。全市森林保险投保面积1283.63万亩；累计成立新型林业经营主体833家，其中农民林业专业合作社600家、家庭林场

14家、专业大户118户、林业企业101家。

【科技推广】 承担建设中央财政科技推广示范项目《毕林核1号、2号繁育及丰产栽培技术推广示范项目》《玛瑙红樱桃良种推广示范》《樱桃良种推广示范》《威宁苹果标准化示范区建设》等课题9项。完成省林业科技项目《毕节市核桃配方施肥优化模式研究》和《药用植物金荞麦的仿野生栽培技术究》，完成市科技计划项目《核桃提质增效关键技术研究》《核桃优良种质资源挖掘保护与优良品种选育》《核桃优良品种引种区域性试验》和《毕节市油用牡丹引种区域性试验研究》等4项。组织申报中央、省级科研项目《百里杜鹃特有杜鹃种扩繁及栽培技术推广示范》《贵州省毕节市七星关区柑橘标准化示范区建设》等22项。完成核桃改良提质增效40万亩。组织科技人员到农业产业结构调整和刺梨、皂角种植基地县区进行技术指导服务。持续开展市、县、乡三级特色经果林经营管理技术培训，开展技术培训班10余期，培训1000余人；开展现场培训指导200余次，现场指导1万余人；派遣科技服务人员200余人次，服务林农5000余人；发放技术资料2000余册，发放修枝剪、台剪、手锯等工具1000余套。

【机关建设】 坚持以党建引领林业生态建设，深入学习贯彻党的十九大精神、习近平新时代中国特色社会主义思想和省委、市委重要会议精神。强化党建责任落实，召开党风廉政工作会议，层层签订责任书，全面强化落实“一岗双责”“两个责任”，认真履职；强化理论学习，召开30余次党组会议，及时传达学习党中央、省委、市委有关领导讲话、会议及决策部署，指导林业各项工作有序开展；扎实抓好“不忘初心、牢记使命”主题教育活动，通过研讨班集中学习、邀请老师授课、集中参观学习革命传统教育基地、基层党支部“三会一课”等方式，组织干部职工积极投身于“不忘初心、牢记使命”主题教育活动，切实增强党员干部理想信念、政治纪律、政治规矩，进一步筑牢“四个意识”、坚定“四个自信”，自觉做到“两个维护”。扎实抓好巡视巡察工作，细化工作措施，抓好市委第一巡察反馈问题的整改。深入实施“三个大兴之风”活动，安排调研课题10个，深入基层调研42人次；健全完善《毕节市林业局公务用车管理办法》等制度，用制度规范管理；坚持抓林业服务“三农”工作，3人到重点贫困乡镇挂职，5人入驻极贫乡镇贫困村工作，安排90余万元帮助猪场乡发展林业产业，全体干部职工捐资4000余元资助猪场乡1户受伤贫困户；抓好干部职工结对帮扶，安排100名干部职工结对帮扶猪场乡猪场村315户贫困户，充分发挥个人能动性，帮助解决脱贫攻坚中存在的一些实质问题。抓好服务跟踪，以党的建设为引领，推动林业服务，针对猪场乡、中水镇林业产业技术管理不好问题，加大技术培训服务，做大做强两地皂角、苹果等林业产业，助推脱贫攻坚。

（撰稿：李　正）

水　务

【水旱灾害防御】 一是强化汛前、汛期防汛安全检查。提前作好防汛物资储备；市、县两级共组织179人次，对全市188座水库水电站及重要山塘、河道进行全面检查。二是强化水旱灾害防御值班值守。根据省市要求，市、县水务局严格执行汛期水旱灾害防御24小时值班制度和领导带班制度。调度县区水务局值班室294人次，水库“三个责任人”63人次，乡镇负责人91人次。制订完善《毕节市水旱灾害防御值班督查调度制度（试行）》，使值班督查常态化、规范化。三是要落实全市水库水电站行政首长防汛责任制。定期和不定期对县级、乡镇、水库水旱灾害防御值守情况进行抽查，确保值班人员在岗在位。在强降雨天气，对县（区）水务局值班室、水库“三个责任人”、乡镇负责人进行调度。同时，要求值班人员汛期每天通过贵州省山洪（水旱）灾害监测预警管理系统，汇总并上报水情旱情监测信息，做好水情旱情监测预警和信息共享。四是水毁修复工程建设。2019 年共实施水毁修复任务 9 处，包含水库 1 座，堤防（护岸）8 处。

【水资源管理】 一是认真落实普法责任制，多形式深入学校、企业、机关等开展普法宣传活动。加强执法队伍建设，落实执法责任制和行政执法“三项制度”。二是完成 2019 年全市依法征收水能资源使用权出让金 0 万元；水资源费 728 万元；收缴水土保持补偿费 2576.08 万元，其中市级 405.22 万元。超额完成年初既定各 300 万元的目标任务。三是全面完成法治政府建设各项目标任务，水务“放管服”改革持续深化，开展营商环境优化整治，将全市用水报装时限压缩至平均 10 个工作日内，清理规范权责清单及运行流程积极受理行政审批事项。四是全面推进完成河长制工作。首先，及时召开全市 2019 年市级总河长工作会议，完成了市级 21 条、县级 145 条共 166 条河流的巡河工作。其次，扎实抓好河湖“清四乱”工作，排查流域面积 500 平方公里以上河流，发现问题 7 个；排查流域面积 500 平方公里以下河流，发现问题 128 个；水利部 2019 年第一次河长制暗访发现问题 22 个；所有问题已整改完成。五是抓好水资源三条红线管理。首先严格执行最严格水资源管理考核制度。全市 2019 年用水总量为 13.1 亿立方米、万元 GDP 用水量为 55.5 立方米/万元、万元工业增加值用水量为 66.9 立方米/万元、农田灌溉有效利用系数为 0.478，重要江河湖泊水功能区水质达标率 94.7%，5 项指标均控制在省政府下达的目标范围内。其次编制完成《毕节市农村千人以下饮用水水源保护实施方案》，对水源地污染防治提出了建立健全饮用水水源地综合管理制度和保障措施，为农村饮水安全问题提供保障。其三编制完成《毕节市用水总量行业分解方案》，将用水总量分解到农业、工业、林牧业、城镇公共供水等，为全市用水总量的控制打下坚实基础。其四大力开展节水工作。完成市行政办公中心节水型单位建设，包括市委、人大、政协和市人民政府；市人民政府及其组成部门节水型单位建成率达 90.9%；水利行业节水型机关建成率 83.3%。其五严格执行取水建设项目水资源论证报告制度，执行取水许可二合一制度，积极开展规划和建设项目节水评价工作，严把取水许可审批关，严格执行对取水设施实行先验收后发证的取水许可制度，严格计划用水和定额管理，建立计划用水制度，对纳入取水许可管理用水户实行计划用水管理。其六开展取水工程（设施）核查登记工作，对应纳入取水许可管理的取水工程（设施）进行全面核查登记，为毕节市取用水监管提供保障，全市纳入登记的共 1075 个取水工程。

【固定资产投资】 2019 年度计划完成水务固定资产投资 60 亿元，其中：夹岩 27 亿元、其他水利水务项目 33 亿元。累计完成投资 60.12 亿元，投资完成率为 100.20%。其中，夹岩完成投资 24.4032 亿元、其他水利水务项目 35.7168 亿元。

【水源工程前期工作】 扎实推进纳入《乡乡有稳定供水水源项目规划》的 24 座水库项目前期工作，目前 2 座初设已批，20 座可研已审待批；2 座正在编制可研。

【夹岩水利枢纽工程建设】 全力配合省水投公司抓好夹岩水利枢纽工程建设，大坝浇铸比预计时间提前 4 个月封顶。2019 年度累计完成投资 27.5376 亿元，占工程总投资 186.489 亿元 12.62%。工程累计完成总投资 137.8580 亿元，占工程总投资186.489亿元73.92%。

【骨干水源工程建设】 持续推进赫章河口、七星关区龙关桥、大方岔河、黔西樱桃坪等36座在建中小型水库建设，项目总投资83.75亿元，已完成投资54.79亿元，完成65.42%。其中，在建中小型水库中，计划2019年完工的大方青山、赫章新寨、河头、七星关野角、黔西仙人洞等5座水库，均按计划有序推进实施，主体工程已基本完工。

【农村饮水安全工程】 2019年全市启动实施了895个农村饮水安全项目，其中，《行动方案》内733个、《行动方案》外162个，共895个项目覆盖109.1036万人。其中，《行动方案》内106.1465万人、《行动方案》外29571人。中央和省级共下达我市项目资金93098.67万元，其中，《行动方案》内91149.81万元、《行动方案》外1948.86万元。2019年，895个项目已完工。按照"饮水不愁"退出标准，毕节市区辖内所有农村供水人口已基本达到"饮水不愁"的标准。

【污水处理】 切实抓好2019年全市105个建制镇60%的建制镇63个建成污水处理设施。目前共计完成66个，其中：七星关区24个、大方县7个、黔西县5个、金沙县5个、织金县7个、纳雍县3个、赫章县6个、威宁县7个、金海湖新区2个，为计划数的105%。

【灌区建设项目】 一是推进金黔、宋官、红旗和松坪等大中型灌区续建配套节水改造工程勘测设计，完成公开招投标工作。该工程规划涉及我市1区4县10个乡镇，解决2.4万亩灌溉问题，规划总投资7000万元，4个项目已完成勘测设计和招标工作，并进场施工，形象进度达80%。二是推进2019年红旗、松坪和威宁草海重点中型灌区建设项目列入中央预算，每个灌区投资2280万元，总投资6840万元。

【病险水库除险加固项目】 2019年已完成黔西县小寨、七星关区张官水库等2座病险水库除险加固工程。

【中小河流治理项目】 全力实施2019年的6个中小河流治理项目。共启动实施8个中小河流治理项目（七星关区1个、大方县1个、金沙县1个、赫章县3个、纳雍县1个、百里杜鹃管理区1个），超额完成目标任务。

【水土保持项目】 一是围绕组织完成2019年度水土保持工程实施方案审批、完成338个项目的审查审批，其中市级32个；完成114个项目验收备案，其中市级14个。对审查审批、验收备案等工作实行双公示制度，政务中心登记备案进行公示，水务局网站进行公示。二是围绕省水利厅下达的治理水土流失面积的60%以上的任务目标，2019年省水利厅共下达毕节市治理水土流失计划93.12平方公里，已完成计划任务。

【城乡供排水项目】 全年计划开工建设污水处理厂项目建设40个，全市开工建设43个城乡污水处理工程，其中：七星关区15个、大方县4个、金沙县3个、织金县5个、威宁县12个、赫章县3个、金海湖新区1个，为计划数的108%。已完工2个。

【农村水电站建设】 毕节市2019年计划新增装机任务0.8万千瓦，总装机0.8万千瓦、总投资9165万元的威宁县关口电站取水坝、隧洞、厂房等主体工程已完工，完成总工程量的100%，完成投资8970万元，实现年度装机0.8万千瓦的目标任务。

【水务改革创新】 按照《毕节市2019年度全面

深化改革工作考核办法》（毕改办发〔2019〕1号）明确的内容和标准，市水务局的全面深化改革任务是启动实施农村千人以下饮用水水源保护方案编制。已争取省级资金100万元编制了《毕节市农村千人以下饮用水水源保护实施方案》，并于7月2日以《毕节市水务局关于〈毕节市农村千人以下饮用水水源保护实施方案〉的批复》（毕水资〔2019〕80号）对《方案》进行了批复。

【积极争取项目资金】 一是为切实解决地方前期工作经费不足的问题，争取市级资金70万元编制了《毕节市织金县干河综合治理工程可行性研究报告》，已完成技术审查工作，正在根据专家组的意见修改完善。二是争取省级资金100万元编制了《毕节市农村千人以下饮用水水源保护实施方案》，并于7月2日以《毕节市水务局关于〈毕节市农村千人以下饮用水水源保护实施方案〉的批复》（毕水资〔2019〕80号）对《方案》进行了批复。三是针对毕节农村饮水安全基础薄弱、建设任务重的实际情况，积极向省水利厅汇报争取项目资金支持。争取了中央和省级共下达毕节市饮水安全项目资金93098.67万元，其中，《行动方案》内91149.81万元、《行动方案》外1948.86万元。859个项目已完工。按照《贵州省扶贫开发领导小组关于进一步完善脱贫退出标准的通知》（黔扶领办通〔2019〕2号）明确的“饮水不愁”退出标准，目前毕节市区辖内所有农村供水人口已基本达到“饮水不愁”的标准。四是争取2019年中央水利发展资金（农村饮水工程维修养护部分）资金1074万元，由各县（区）专项用于饮水安全工程项目建后管护。五是争取了省级下达的补助资金24221.25万元，用于全市各县（区）上报的水质不达标的7052口、水质达标但水源补给类型为集蓄雨水的小水窖38777口的技术改造。争取了灌区续建配套资金6840万元，推动红旗、松坪和威宁草海重点中型灌区项目建设。六是争取中央、省级资金共25800万元用于2018－2020年新在建骨干水源工程。七是争取中央、省级资金共7270万元用于8中小河流治理项目。八是争取中央、省级资金共3450万元用于病险水库除险加固项目23座。九是争取中央、省级资金11494万元用于水土保持项目；十是争取省级资金7550万元用于城镇污水处理项目。全年共争取中央、省级资金共174127.92万元。

【大力推进饮水安全工程】 2019年全市启动实施了895个农村饮水安全项目，其中，《行动方案》内733个、《行动方案》外162个，共859个项目覆盖109.1036万人。其中，《行动方案》内106.1465万人、《行动方案》外29571人。中央和省级共下达毕节市项目资金93098.67万元，其中，《行动方案》内91149.81万元、《行动方案》外1948.86万元。占全省的40%左右。目前，859个项目已完工，累计支付资金63708.00万元，资金支付率68.43%。按照“饮水不愁”退出标准，毕节市区辖内所有农村供水人口已基本达到“饮水不愁”的标准。

【推进农村小水窖升级改造】 省厅核定毕节市需升级改造感官上水质不达标和目前水质达标但水源补给类型为屋顶集雨和自然坡面集雨的小水窖共45829口、53825户，下达资金24221.25万元。经县（区）再次精准摸排，全市水质不达标和水质达标但水源补给类型为屋顶集雨和自然坡面集雨的小水窖共46086口（新增257口），涉及53420户（减少405户）。各县（区）已通过工程措施解决、不需升级改造的小水窖16997口，涉及23938户，全市需升级改造的小水窖为29089口，涉及29482户。占全省的64.25%左右。12月底基本完成任务。

【推动落实建后管护】 将按照“水利工程补短

板、水利行业强监管”和“先建机制、后建项目”的要求，督导各县（区）认真落实地方政府主体责任、水行政主管部门监管责任、供水单位运行管理责任“三个责任”，明确建后运行管理机构、制定运行管理办法、保障运行管理经费“三项制度”，让工程长效持久发挥效益。

（供稿：毕节市水务局）

水文水资源

【概述】 2019年，毕节市水文局始终坚持以习近平新时代中国特色社会主义思想为指导，深入贯彻落实“节水优先、空间均衡、系统治理、两手发力”治水思路和“水利工程补短板、水利行业强监管”总基调，不断夯实水文发展基础，提升水文服务能力，在水资源管理、水生态建设、水环境保护以及脱贫攻坚全面小康等工作中发挥了作用，贡献了力量。

【水文巡测稳步推进】 一是全面完成辖区范围内11个基本水文（位）站、147个雨量站、26个中小河流水文站、24个中小河流水位站、2个大江大河监测站点、5个生态补偿水量监测断面及9个市州界考核断面的水文测验及资料整编工作。2019年共开展流量测验1000余次，泥沙测验1300余次，断面测量100余次，为国家和地方政府开发利用、管理与保护水资源提供科学依据。二是依托七星关、黔西、金沙、威宁四个中心站，开展水文监测设备维修维护，2019年维护次数达400余次，确保仪器设备正常运行。三是完成新仪器设备比测分析，及时投入使用提升监测效率。开展ADCP、雷达测流等设备的比测分析并形成比测报告，为新仪器设备投入使用提供依据。四是积极加强应急能力建设，切实提高监测分析水平，2019年度组织开展水质应急监测及水文应急监测演练工作，为全市防汛应急监测工作提供保障。

【水文预测预报能力不断提升】 一是做好汛期水情预报和旱情分析工作。2019年度采集各类水文信息70余万条，报送墒情信息700余条，发送水情预警短信2万余条，编制发布《水情快报》8期、《水情日报》16期、《水情简报》16期、《旱情简报》1期，开展洪水预测预报25站次。二是完成《水资源公报》《水情年报》《中长期雨水情趋势预测》编制及刊印工作，为全市防汛抗旱工作提供数据支撑。三是积极配合市相关单位，开展最严格水资源管理考核相关工作，完成水资源量等数据监测、分析评估等，深入县（区）开展现场考核。

【水文项目建设有序推进】 结合水文工作发展需要，着力构建布局合理、功能完善的水文站网体系。一是积极推进建设项目竣工验收投入运行，完成大江大河水文监测（一期）建设工程、中小河流水文监测系统建设（毕节市部分）、市州界河流水质水量监测站以及七星关水文站迁建总溪河水文站建设等项目的竣工验收工作。二是夯实基础提升水文监测能力。开展25个水文监测站点光纤接入及信息化能力提升，实现洪水状况实时在线视频监控，完成贵州省水环境监测中心毕节市分中心实验室能力提升项目建设。谋划水文现代化建设举措，编制“十四五”水文规划项目。三是配合完成贵州省地下水监控能力建设站点复勘及运行管理，组织开展水文设施设备水毁修复，及时汇总上报相关情况。

【积极服务水生态管理】 抢抓机遇，积极服务水资源管理考核等相关工作。一是完成13个国家重要水功能区13个、34个省级重要水功能区，7个市州界考核断面、3个省界断面水质监测工作，全年开展监测312站次，形成监测分析成果165份。二是积极探索水生态监测服务新方式，开展草海水质在线监测分析研究，完成项目比对监测分析12次，积极为草海综合治理决策提供依据。三是积极探索流域水土保持相关关系，开展赤水河径流小区试验站水质监测、水量监测，开展黔西雨明、赤水河等坡面径流监测分析。四是积极协助落实河（湖）长制工作，作为伍佐河成员单位，参与完成河长巡河，对流域水资源、水环境、水污染、水利工程及经济指标进行调查研究，为河长制管理提供决策支撑。

【深入开展脱贫攻坚帮扶活动】 一是落实帮扶干部待遇，保障帮扶工作开展。调整落实驻村干部生活补助，组织开展健康体检，购买人生意外保险，以及调整驻村第一书记浮动工资，严格按要求落实驻村人员福利待遇和基本保障，激励驻村干部真正下沉开展帮扶工作。二是积极开展帮扶调研。深入帮扶点金海湖新区响水乡新基村及威宁县玉龙镇新发社区，帮助解决贫困户生产生活困难，全年主要领导深入开展调研6次，分管领导开展调研8次，其他领导轮流每月到达一次以上，全年累计帮扶资金24.28万元，帮助帮扶点开展农村环境综合整治、农村厕所革命、农村贫困户住房短板完善等相关工作。三是多措并举提升帮扶成效，采取“以购代捐”等形式采购农产品助力贫困户增收。通过局机关食堂采购贫困县、乡农产品“三白”等助力脱贫攻坚。另外，还积极开展为玉龙镇新发社区贫困户捐献衣物等活动，脱贫工作取得初步成效。

（供稿：市水文水资源局）

水土保持

【概述】 2019年，全市水土保持工作以习近平新时代中国特色社会主义思想为指导，认真抓实“不忘初心、牢记使命”主题教育，践行“绿水青山就是金山银山”等发展理念，按照“治理补短板、监管强手段”的总体要求，全面开展水土保持各项工作。

【生态建设】 2019年省水利厅共下达毕节市治理水土流失计划93.12平方公里，总投资为6916万元。其中：坡耕地水土流失综合治理工程下达治理任务4.8平方公里，涉及黔西县、纳雍县，总投资2500万元；国家水土保持重点工程下达治理任务88.32平方公里，涉及七星关区、大方县、金沙县、威宁县、赫章县，总投资4416万元。全年共完成治理水土流失面积92.37平方公里，占计划的99.2%；完成总投资6812.3万元，占计划的98.5%。全市重点突出项目竣工验收工作，组织各县（区）减增量去库存，加快推进2013－2018年坡耕地水土流失综合治理工程、国家水土保持重点工程竣工验收步伐。2013－2018年，全市共实施47个水保项目，已完成竣工验收40个，占应验收项目的85.1%。11月中旬，省水利厅组织召开2020年国家水土保持重点工程竞争立项工作。经过评选角逐，七星关区、大方县、赫章县、织金县、威宁县顺利入围。该项目计划治理水土流失面积88平方公里，投资4400万元。投资计划已经下达，实施方案已编制完成并经审查批复，5县（区）正在开展施工前招投标等前期工作。安排黔西等4县编制完成2020年坡耕地水土流失综合治理工程实施方案，并参加省发改委、省水利厅组织的竞争立项。

【监督管理】 2019年，根据水利部对水土保持监督管理提出“监管强手段”的工作要求，围绕加强项目监管，防止新的人为水土流失这个核心，借助“天地一体化”疑似图斑复核、自然资源审计水土保持补偿费征收整改、水土保持目标考核、长江经济带生产建设项目水土保持监督执法专项行动以及生产建设项目自主验收备案核查工作等，全面督促生产建设项目履行水土保持法律义务，借重点案件督察督办全力推动水土保持违法案件查处工作。省审计厅对2015－2017年毕节市自然资源审计提出的水土保持补偿费应征未征问题，市级实行周调度、月通报制度抓好审计整改工作，确保此项工作的全面完成。

【水土保持监测】 2019年，全面统筹开展毕节丁家寨水土保持监测站点建设、设备安装、实时监控、人员配备等方面工作，新建站点已经投入试运行。一是督促施工单位对径流小区、观测用房等工程遗留问题进行整改，完善小区绿化，完成围墙外排水沟和径流小区集流槽建设、盖板制作安装，处理1号径流小区出水问题；二是积极争取省水土保持监测站配备3台自动化监测设备，实现5个径流小区监测自动化；三是安装4对网络和15个摄像头，实时动态监控全覆盖；四是依程序聘用2名观测人员驻点工作；五是紧跟产业结构调整方向，在径流小区内种植华山松、刺梨、脆红李、玉米，细心管理、精心监测，指导规范金沙县箐门等监测点的监测工作，并配合珠江委搞好全国监测站点布局调研。

【水土保持目标责任考核】 根据《省人民政府办公厅关于印发贵州省水土保持目标责任考核办法（试行）的通知》（黔府办函〔2018〕39号）和《毕节市水土保持目标责任考核工作实施方案（试行）》，建立了水土保持目标责任考核体系，并完成了对各县（区）政府2018年水土保持目标责任考核工作。5月7—10日，省政府考核组通过查阅资料全面地对毕节市落实政府水土保持目标责任、水土流失预防监督、水土流失综合治理目标和投资完成情况等进行了考核。通过无人机先后核查大方县2018年国家水土保持重点工程、黔西县2017年度斑面积。现场核查后，考核组对毕节市由政府主导、部门协作推进水土保持工作给予积极肯定，并对下一步的水土保持工作提出新要求。

【主题教育】 抓实“不忘初心、牢记使命”主题教育。认真贯彻“守初心、担使命、找差距、抓落实”的总要求，围绕“学习教育、调查研究、检视问题、整改落实”四项重点措施，实现了理论学习有收获，思想政治受洗礼，干事创业敢担当，为民服务解难题，清正廉洁做表率的目标。扎实抓好威宁县玉龙镇深沟村、工农村驻村帮扶工作，帮助解决资金30余万元，协调支持玉龙镇净水器500余套。

（撰稿：康　霞）

气　象

【概述】 2019年，毕节市气象局牢固树立“防灾减灾 气象先行”服务理念，认真贯彻落实党的十九大精神和习近平新时代中国特色社会主义思想、省委十二届五、六次全会精神和市委二届五、六次全会精神，紧紧围绕习近平总书记对毕节示范区建设的重要批示指示精神，坚持以习近平新时代中国特色社会主义思想为指导，继续打好“三大攻坚战”，推进“三大战略行动”，聚焦“113攻坚战”目标，为毕节试验区经济社会发展提供气象保障服务。

【气候概况】 2019年，毕节市年平均气温为14.2℃，比多年同期平均值偏高0.8℃，年平均降水量为1135.4毫米，比历史同期偏多11.1%；年平均日照时数为1112.9小时，比历史同期偏少10.8%。

【主要气象灾害】 2019年毕节市主要气象灾害有低温雨雪凝冻、阴雨寡照、大雾、大风、冰雹、暴雨、干旱、秋风和秋棉雨，具体影响如下：

（一）低温雨雪凝冻

2019年度出现4段明显的低温雨雪凝冻天气

过程，为1月1—4日、1月20—22日、3月23日西部威宁、赫章两县地势高处乡镇出现雨夹雪或小雪，12月4日夜间至5日上午出现明显降雪天气；其中1月1—4日的低温雨雪凝冻天气对植苗木生长、蔬菜采收、设施农业和畜牧业生产受到一定影响，但降雪天气有利于抑制油菜、小麦、蔬菜等农作物病虫害的发生、发展。

（二）阴雨寡照

2019年1—2月，全市无日照天数平均为21天，除西部威宁日照充足，有日照天数为52天，其余各地无日照天数普遍超过30天，其中金沙达54天；2019年1—2月全市雨日数平均为33天，威宁、赫章雨日数为9天和8天，其余各地雨日数达32（七星关）~48天（大方），土壤持续过湿，油菜、冬播马铃薯、茶叶等作物生育期较上年明显推迟，大田作物长势一般，苗情下降，对大棚、露地蔬菜影响较大。

（三）大雾

毕节市全年均有大雾出现，尤以冬、春、秋三季最多，大雾天气对出行、交通运输以及户外工作等造成一定的安全危害。

（四）大风、冰雹、暴雨

2019年1—3月共出现大风过程11次，分别是1月10日，威宁出现大风，2月2日织金、七星关、威宁、大方出现大风，2月5日大方出现大风，2月6日纳雍、七星关、织金、威宁出现大风，2月9—15日、19日、26—27日威宁出现大风，3月1日纳雍、威宁出现大风，3月19日全市均出现大风，3月20日大方、威宁、七星关、纳雍出现大风，3月27日威宁出现大风。

4—10月出现比较明显的强对流天气过程有22次，春季出现7次、夏季出现13次、秋季出现2次，其中4月21日强对流天气过程，大方文阁出现瞬时大风，风速达到36.9米/秒、5月24—26日强对流天气过程，七星关朱昌站出现30.2米/秒瞬时大风。

4—10月出现的强对流天气过程，造成毕节市出现不同程度灾害，其中水稻、花卉、竹荪、黄豆、四季豆、中药材、皂角苗、樱桃树、马铃薯、南瓜、辣椒、玉米、折耳根等农作物以及圣女果大棚受损，239户535间房屋受到不同程度的损坏，70余户280余间房屋被淹，部分道路被冲毁。据统计数据，灾害造成158112人受灾，紧急转移安置4556人，农作物受灾面积10908.6934公顷，成灾面积3415.2034公顷，绝收面积891.84公顷，毁坏耕地5.8公顷。预计造成直接经济损失10873.2528万元，其中农业损失7813.516万元，家庭财产损失575.3万元，基础设施损失29592万元，企业（超市）损失36万元，公益设施损失10万元。

其中7月23日16时许，赫章县野马川镇毛栗村殷家沟发生一起山体垮塌。此次垮塌造成1人死亡、6人失联；8月13—14日，威宁羊街，小海，炉山，雪山，嘎基，兔街，迤那降雹。受灾12村，受灾面积烤烟6069亩，苹果1万亩。风暴灾烤烟受灾情况：炉山镇乐溪200亩，兔街900亩，大街50亩，雪山鱼塘锅底1770亩，迤那乡民樱桃中海估计3000余亩，羊街街上120亩，小海白泥129亩。

（五）干旱

2019年入春以来西部降雨量持续偏少，持续到6月上旬，水分不足，出现农业干旱，对直播玉米较为不利，威宁较重，6月中旬开始，有效降水增多，旱情得到解除。

8月中旬到下旬，降水大部分偏少，市的北部、东部局地出现轻旱，其余大部地区无旱。

（六）秋风

根据秋风监测标准，8月28—31日威宁出现4天中级秋风外，其余各县区出现2天的轻级秋风。9月上旬西部地势高处出现8天的秋风天气，其余大部分地方出现2~3天秋风天气。

（七）秋绵雨

根据监测，9月6—11日赫章、威宁、纳雍出现5~6天轻级绵雨天气；10月11—27日，赫章、织金出现16天、17天重级绵雨天气，其余各地出现5～8天轻级秋绵雨天气；11月威宁、赫章未出现绵雨天气，金沙出现11天中级绵雨天气（11月20—30日），纳雍出现两段轻级绵雨天气（11月17—21日5天，24—30日7天），其余各地出现7天轻级秋绵雨天气（11月24—30日）。

【气象基础业务】 国家级自动站数据传输率98.05%，国家级自动站设备可用性为99.67%，农气质量错情率为0.0‰，酸雨质量错情率为0.0‰，高空质量探测综合指数评分100%。公众（城镇）天气预报资料传输率为100%，酸雨资料传输率为100%，区域自动站资料传输率为97.48%，自动土壤水分观测数据传输率为98.65%，GPS/MET数据传输率为100%，闪电定位仪探测数据传输率为100%，毕节新一代天气雷达业务可用性为99.20%。

【预测预报及决策气象服务】 2019年，市气象台共计制作发布决策服务材料477期，发布预警信息341条，强降水天气开展“三个叫应”1595人次。全市气象部门召开多部门会商7次；遇重大天气及时向党委政府领导汇报，各级党政领导到业务平台指挥调度2次，参与多部门应急演练1次，为织金旅发大会重大活动提供气象服务保障。

【气象工作法治化】 全市气象部门切实履行易燃易爆类防雷装置安全、施放氢气球活动管理等社会管理职能，多渠道发布《关于提醒做好2019年防雷安全管理工作的公告》，联合住建、公安等部门加强防雷安全工作；全覆盖完成全市易燃易爆场所、煤矿等421家企业防雷装置安全监管检查工作；按照“双随机一公开”要求，开展91次随机抽查工作，在重大节日及特殊时期开展22次防雷、氢气球施放专项检查。气象行政审批事项4个项全部进入市行政审批大厅审批，并派人进驻行政审批大厅综合窗口，审批事项实现网上审批。

【人工影响天气】 2019年全市气象部门共计出炮102门，火箭39套，开展人工增雨防雹作业880站次，发射人雨弹21895发、火箭弹583枚，增雨防雹作业有效保护了224.3029万亩农经作物（其中玉米80.8199万亩，烤烟15.9656万亩，油菜19.023万亩，小麦4.736万亩，洋芋70.903万亩，经果林32.8554万亩）；配合贵州省人工影响天气办公室推进威宁冰雹防控外场试验示范基地建设，完成双偏振雷达、科研平台建设并投入业务使用，同时以威宁为试点，利用雷达远程控制指挥建成“人工影响天气监测监控指挥管理应用系统”。

【脱贫攻坚】 2019年积极协调解决共向七星关区长春堡镇和赫章县妈姑镇投入帮扶资金124744元。组织全体党员参与帮扶村贫困户卫生评比、环境卫生整治、走访贫困户、进村入户宣传“五城同创”知识等多项活动，共计开展志愿服务150余人次。鼓励年轻党员积极主动参加本单位组建的驻村工作队伍，以“服务为先、创新奉献”的理念做好防灾减灾气象服务。2019年7月，毕节市气象局机关党委荣获“全市脱贫攻坚先进党组织”称号。

【表彰奖励】 2019年市气象局机关党委荣获“全市脱贫攻坚先进党组织”称号。《关于毕节生态旅游气候品牌创建情况的报告》（黔毕气呈〔2019〕21号）获周建琨书记表扬肯定；《关于请求协调相关部门配合开展“中国花海洞天避暑之都”旅游品牌创建工作的请示》（黔毕气呈〔2019〕12号）获市长张集智表扬肯定；威宁大风和冰雹天气气象服务获市长张集智表扬肯定。

在全省第十届天气预报技能竞赛中，1人获

个人全能第三名，同时分别获得理论考试单项第三名、强对流预报考试单项第二名；2 人被表彰为全省重大气象服务先进个人，毕节市气象局、织金县气象局被省气象局表彰为全省重大气象服务先进集体，1 人获毕节市地灾防治先进个人；1 人获全省气象部门扶贫先进个人；地质灾害防治气象服务获“2018 年度地质灾害防治先进集体”表彰；毕节市气象局编制的《中国·毕节生态旅游气候资源评估报告》通过专家组评审，中国气象学会授予毕节市“毕节·中国花海洞天避暑福地”称号；毕节市气象局打造生态旅游气候资源品牌工作获《贵州日报》宣传报道。

【台站搬迁】 2019 年 12 月 31 日 20 时，赫章国家气象观测站、黔西国家基本气象站正式启用新址。

（撰稿：张宗笛）

工 业

工业和信息化

【概述】 2019 年，全市工业和信息化系统深入贯彻落实党的十九大精神特别是习近平总书记对贵州对毕节重要指示精神、省委省政府及市委市政府决策部署，按照确保按时打赢脱贫攻坚战、建设贯彻新发展理念示范区的总体要求，紧紧围绕市委“113 攻坚战”的战略决策，深入推进工业强市战略，紧盯全年目标任务，以发展壮大十大百亿级工业产业为抓手，持续推进大数据与实体经济深度融合，统筹推进产业园区、重大项目建设、民营经济、招商引资等重点工作，全力做好“稳增长、调结构、防风险、保稳定”，全市新型工业化进程稳步推进，工业发展质量、效益不断提升。

【强化监测服务，支撑工业经济运行】 2019 年，面对持续增强的下行压力，全市工业经济运行在艰难中前行，第四季度迎来了企稳回升的态势，全年规模工业增加值增速为 5.3%，排名全省第 7 位，增速环比 11 月提升 0.8 个百分点，排位环比 11 月提升 1 位。一是加大行业监测力度。认真分析薄弱环节和支撑要素，抓好行业统筹和精准施策，降低不利因素的影响。二是强化调度服务力度。每旬调度拟上规入统企业培育进展情况，积极对接统计、税务、能源等部门，强化“保姆式”服务，全力推进符合条件工业企业上规入统，全年新上规入统工业企业 81 户，新上规入统数排名全省第一。三是着力帮助企业争取资金支持。对符合条件的企业，积极组织申报省工业专项资金和基金支持。2019 年全市共获得省工业和信息化发展专项资金、省十大千亿级工业发展资金及省属国有企业绿色发展基金支持 14429.5 万元。

【推动产业振兴，促进工业高质量发展】 2019

年，全市全市十大工业产业实现产值864.48亿元，占规模工业总产值895.54亿元的96.53%。完成工业税收94.74亿元、同比增长4.38%，工业用电量44.74亿千瓦时、同比增长8.62%。一是明确发展方向。3月27日，市委、市政府印发《市委市政府领导领衔推进十大百亿级工业产业工作方案》，提出将基础能源、清洁高效电力、新型建材、先进装备制造、现代化工、优质烟酒、生态特色食品、大数据电子信息、健康医药、基础材料等十大工业产业打造为百亿级产业。二是强化组织领导。建立联席会议制度，市长任召集人，领衔推进十大产业的市领导任副召集人，分管工业的副市长为总协调人，市有关部门和单位为成员，统筹推进十大产业。联席会议办公室设在市工业和信息化局，具体负责日常工作。三是明确专班推进。按照十大产业的分工，市工业和信息化局、市能源局分别确定一名处级干部为具体负责人，每个产业组建一个工作专班，推动产业的振兴和培育。

【强化项目投资，推动项目建设实现突破】 2019年，全年工业投资增速34.1%以上，完成工业技改投资149.18亿元，实现增速19.34%。一是加快重点项目建设进度。对重大建设项目采取重点挂牌督办，主要领导推动解决问题，纳入挂牌督办的60个项目已全部建成投产。二是推进“千企改造”工程。制定《毕节市深入推进“千企改造”工程的实施方案》，将“千企改造”工程重点企业纳入毕节市领导干部联系服务重点企业联席会议制度和联系服务民营企业制度进行帮扶，实现省、市、县帮扶全覆盖，切实推动项目加快建设。三是深化产业精准招商。紧紧围绕煤化工、煤层气、大数据电子信息、新材料等产业链，强力推进产业招商。2019年，全局牵头引进工业项目22个，签约金额31.52亿元。

【深化改革发展，提升产业园区效能】 七星关黔西北产业园获批2019年度全省唯一一个新型工业化产业示范基地（全市已获得省级新型工业化产业示范基地的园区共6个），毕节经济开发区获省政府批复正式更名为毕节市高新技术产业开发区。2019年全市产业园区完成工业总产值863.01亿元，工业增加值301.94亿元，工业投资360.94亿元。一是推动园区改革发展。年初出台《毕节市产业园区转型升级实施方案》，明确各园区主导产业，加强园区之间的产业协调，对趋同产业进行跨区域整合，推进园区产业错位发展。二是召开观摩会倒逼项目建设。通过每季度召开园区建设观摩会，充分发挥观摩示范带动、比学借鉴、共同促进的作用，倒逼各县（区）加快园区建设。三是强化目标调度督促。坚持产业园区发展“月通报、季考核”，严格按照产业园区考核管理实施办法（试行），每季度对全市9个园区进行综合考核排位，发展滞后的两个园区在全市产业园区调度会上作表态发言，督促落后园区加快发展，迎头赶上。四是完善项目退出机制。大力清理园区“僵尸企业”，针对园区内长期占而不用、圈而不建的企业进行清理，对占大用小的企业进行标房核减，为新招商引资项目腾出发展空间，提高园区单位面积产出，增强园区发展活力。2019年，全市产业园区清退僵尸企业43户，腾出标准厂房22.01万平方米。

【夯实数字设施建设，推进大数据产业发展】 一是搭建平台促进数据共享开放。与中软云上公司签订市级数据共享和开放平台技术服务协议，深化应用“毕节市市级数据共享和开放平台”，为政务数据共享和开放提供标准化载体和技术支撑。统筹全市10个县（区）及30余家市直部门围绕信用、交通、医疗等22个主题，依托市级数据共享和开放平台，深入推进政务信息系统整合共享，着力做好政务数据分级分类、目录资源梳理及上架等工作。二是加大数字设施建设。继续在夯实城区、乡镇、行政村网络覆盖的基础上，完善百里杜鹃、织金洞等旅游景点的深度覆盖；完善市政区域、杭瑞、厦蓉高速沿线等重要场所无缝覆盖；全力推进成贵高铁及高铁站片区的通信连续覆盖；将4G网络覆盖逐步延伸到30户以上自然村，加强农村区域的普遍覆盖，助力毕节市脱贫攻坚。建成通信基站32644个（逻辑站），通信光缆总长达24.581万公里，实现城区宽带全光网接入，行政村4G网络全覆盖和行政村光纤网络全覆盖，城区宽带实现100Mbps起步，行政村光纤网络平均服务能力达55Mbps，8月1日，毕节市作为全国唯一一个地级市受邀参加了国家工业和信息化部、国际电信联盟和甘肃省人民政府联合举办的“电信普遍服务与网络扶贫研讨会议”；8月20日，省通信管理局在毕节市组织举行“2019年全省电信普遍服务试点启动大会暨项目签约仪式”。三是深入实施大数据与实体经济融合。制定印发《毕节市2019年大数据与实体经济深度融合实施方案》（毕数领办〔2019〕4号）。2019年全市共计建设8个大数据与实体经济深度融合标杆项目，实施71个大数据与实体经济深度融合示范项目，带动129家企业转型升级，调度1631家企业开展大数据与实体经济深度融合评估。四是积极开展5G网络建设。成立毕节市5G建设工作领导小组，形成政府统筹、部门联动、协同推进的工作机制，全面保障5G网络建设。起草5G建设实施方案，待市政府审稿后按程序印发实施。2019年，已完成18个5G试验站点建设。

【加强综合治理，提升绿色发展水平】 2019年，全市电信业务总量542.84亿元，增速98.9%，排名全省第一。固定互联网宽带接入用户数和增速分别为91.92万户和38%，分别排全省第三位和第一位；移动互联网用户及增速分别为516.17万户和8.8%，均位居全省第三。2019年5月，毕节市第三次成功申报国家电信普遍服务试点，共获4G基站建设资源2219个，占贵州获批总资源3513个的63.17%。一是强化工业节能监察。对纳入年度节能监察的企业共41户，按计划、分批次进行节能监察。二是推动绿色化改造。深入实施《毕节市绿色制造三年行动实施方案》，按照“产业生态化、生态产业化”要求，围绕绿色经济“四型”产业，综合运用环保、安监、质监等政策措施，倒逼企业实施绿色化改造。金沙金元茶园电厂#1、#2机组实施超低排放改造，二氧化硫、氮氧化物排放浓度对比改造前分别下降92.3%和70.7%，机组可获得200小时的发电奖励，实现良好的环保和经济效益。黔希煤化工二氧化硫浓度由改造前的200mg/Nm3（毫克/标准方）降至35mg/Nm3（毫克/标准方），排放量减少82.5%，达到节能降耗、资源综合利用率和安全环保绿色生产效果。三是强化资源综合利用。2019年全市煤矸石、粉煤灰、脱硫石膏等大宗固体废物产生量为2006.68万吨，利用量为1435.08万吨，其中重点企业利用量487.0845万吨，综合利用率为71.5%。

【优化营商环境，增强民营经济活力】 2019年，全市实现民营经济增加值1360亿元，占GDP比重达到60.1%；民营经济市场主体约45万余户，约占全部市场主体的98.3%。一是深化体制改革。贯彻落实中央、省、市民营经济发展精神，全面梳理支持民营经济发展的各项政策措施，印发《关于进一步促进毕节市民营经济发展的政策措施》“1+6”等配套文件。二是清理拖欠民营账款。启动实施针对拖欠民营企业中小企业账款的专项行动，共清理拖欠民营企业、中小企业账款43.5亿元，偿还率达67.19%。三是及时办理省长直通车交办件。成立“毕节市服务民营企业省长直通车毕节市专班”，共办理“服务民营企业省长直通车”转办事项14件，无迟报、漏报现象，民营经济发展环境进一步优化。四是强化企业服务。积极组织企业参加省“星光培训”，共举办培训班3期，培训500余人（次）；建立了覆盖全市的中小企业服务机构，5家中小企业进入省“专精特新”培育名单；组织贵州恒宇食品有限公司等30余户企业申报中小资金项目，15个项目获得扶持资金654万元。

【抓好党建扶贫，提升工业服务水平】 一是全面加强党的领导。把对党绝对忠诚摆在首位，牢固树立“四个意识”，坚定“四个自信”，落实“四个服从”，践行“两个维护”，杜绝“七个有之”，不折不扣贯彻党的路线、方针、政策。二是全面加强党建工作。坚决贯彻落实中央、省委、市委决策部署，推动“不忘初心、牢记使命”主题教育常态化、制度化，全面落实全面从严治党各项制度规定。持之以恒开展作风专项整顿，坚决反对“四风”，扎实推进党风廉政建设，大力推进党务公开，对党员干部实行全方位的监督，使全市工业和信息化系统党员干部始终保持先进性和纯洁性。三是全面抓实脱贫攻坚。积极向上汇报争取、节约办公资金、倡导动员爱心企业、干部职工发起募捐，多方协调筹集帮扶资金和物资，全力帮扶纳雍县锅圈岩乡、威宁岔河镇因地制宜发展脱贫产业项目，帮助贫困群众增收致富。2019年，共筹措到位资金153.36万元帮扶纳雍锅圈岩乡和威宁岔河镇。精准选派驻村帮扶干部7名，夯实脱贫攻坚一线力量。积极组织全局党员干部深入贫困乡村开展脱贫攻坚调研走访慰问，结对帮扶贫困户。

（供稿：市工业和信息化局）

能 源

【概述】 2019年，在市委、市政府的坚强领导下，市能源局深入学习贯彻习近平新时代中国特色社会主义思想，践行建设新发展理念示范区的要求，深入推进全省能源工业运行新机制，紧紧围绕市委市政府“立足煤、做足煤、不唯煤”的总体思路，推动煤矿技改建设和“两化”改造，狠抓煤矿安全，突出煤炭生产、电煤供应，较好完成了全年目标任务，为全市打赢“113”攻坚战提供有力支撑。

【2019年主要指标完成情况】 （一）煤炭产量稳中有增。1－12月，全市煤炭产量4555.85万吨，同比增长7.78%，完成省下达任务4500万吨的101.24%，总量排全省第二。

（二）电煤保供效果明显。1－12月，全市完成电煤供应量2833万吨，其中市内2155万吨、市外678万吨，完成省下达任务2325万吨的121.85%，同比增长2.3%，占全省供煤量的53%，供煤总量居全省第一。

（三）电力运行持续向好。1－12月，全市电力行业发电472亿千瓦时，完成目标任务455亿千瓦时的103.74%，同比增长6.1%；全市全社会用电量累计101.94亿千瓦时，同比增长11.33%，其中：全市工业用电量完成44.74亿千瓦时，同比增长8.6%。

（四）“两化”改造成果显著。实施煤矿“两化”改造三年攻坚行动，采取现场观摩倒逼煤矿加快项目建设进度，勇于担当直接将省、市“两化”改造奖补资金快速拨付到企业，指导煤矿企业购买中介服务提供技术支撑，有力推动全市煤矿“两化”改造进度。全年完成机械化改造煤矿21个，完成辅助系统智能化改造煤矿26个，分别完成目标任务机械化改造20个、辅助系统智能化改造25个的105%和104%；机械化矿井产量3229万吨，占井工产量3755万吨的86%。

（五）新能源发展步伐加快。1－12月，水力、风力、太阳能等清洁能源共计发电53.19亿千瓦时、同比增长29.31%。新建成新能源装机20.341万千瓦，提前完成省下达新增20万千瓦新能源装机容量的目标任务。

（六）能源投资进一步加大。2019年能源行业累计完成投资105.69亿元，其中，煤炭行业累计完成投资53.01亿元，电力行业累计完成投资49.33亿元，油气行业累计完成投资3.35亿元。

（七）能源经济支撑有力。2019年，煤炭行业增加值增速20.6%；电力行业增加值增速16.2%；煤、电产业对工业经济增长贡献率达54.3%；煤、电行业预计完成税收44.2亿元，占工业税收的45.4%，为全市经济发展提供有力支撑。

【煤矿建设快速推进】 以推动“四个一批”建设为抓手，加快释放产能。建成煤矿21个，新增产能1035万吨/年，超额完成全年目标任务。织金肥田煤矿一期（120万吨/年）于2019年10月建成投产，金沙龙凤、谷里煤矿，织金文家坝二矿等大型矿井建设有序推进。

【淘汰落后产能】 在省政府12月份的公告中，2019年全省共淘汰关闭煤矿81处、退出产能1266万吨/年，其中毕节淘汰关闭煤矿19处、退出产能384万吨/年，超额完成省下达关闭煤矿14处的目标任务，淘汰关闭煤矿数量及产能均排全省第一。严格按黔府办发电〔2019〕147号要求，督促县（区）煤矿安全监管人员与驻矿员一起组成工作组驻矿盯守，并落实收缴安全生产许可证、主皮带上锁、井口视频监控，井下采面做标记、收缴火工品等措施停止30万吨/年以下煤矿生产。同时市级成立6个专项督查组开展暗查暗访，确保30万吨/年以下煤矿真停实停。

【油气项目按计划推进】 中石化金海湖6万吨/年成品油库和中石油纳雍2万吨/年成品油库项目建设前期工作有序推进。有力推进全市天然气管道“县县通”项目建设，遵义南输气站至赫章主干管道310.6公里已全部建成，可全线投入试运行。大方羊场坝镇地面煤层气抽采项目完成投资12.8亿元，已开36口井，33口井正常抽气，日产气量达7万立方米。大方对江南煤矿、绿塘煤矿，织金文家坝煤矿煤层气开发项目建设有序推进。中石化华东公司在织金珠藏向斜的地面煤层气开发项目已开勘探井和抽采井42口，其中1口井已正常抽气用于2台250千瓦瓦斯发电机组发电自用。

【煤矿上规入统推动有力】 扎实抓好煤矿上归入统工作，积极与省能源局请求解决煤矿成立独立法人公司问题7次，与市法院对接煤矿涉法涉诉工作5次，召集县区部门专题研究解决问题4次，召集不积极办理入统煤矿业主开展动员督促工作4次，多次与市统计局对接煤矿入统事宜，千方百计推动煤炭产量纳入统计。截至2019年，有11个煤矿以独立法人公司上规入统；有18个以集团公司申报上规入统；有3个煤矿正在设立独立法人公司。

【创新电煤奖补资金拨付方式】 为减少电煤供应奖励资金和电厂高热值煤奖补资金拨付中间环节，市能源局主动与市财政部门对接协调，及时将电煤供应奖励资金和电厂高热值煤奖补资金点对点直接拨付到企业。全年共拨付电煤供应奖励资金9550万元，高热值煤奖补资金2527万元，拨付煤矿安全生产质量标准化奖补资金100万元。通过直接拨付到企业的方式，提高了煤炭企业供应电煤积极性，得到了省能源局的充分肯定和煤矿企业一致好评。

【多措强化煤矿安全监管】 2019年，市能源局制定了《关于加强当前煤矿安全生产工作的通知》《煤矿瓦斯超限倒查追责制度》《煤矿瓦斯治理“双复核”工作制度》及《煤矿“五职矿长”黄、红、黑管理制度》等，修订完善《毕节市煤矿企业重大违法违规生产建设行为举报奖励办法》，开展雨季三防、水害防治、顶板管理、提升运输、瓦斯防治、监控系统、甲烷传感器调校和闭锁试验、供电安全等专项检查，开展省市县联合大检查、煤矿安全隐患大排查大整治、煤矿安全生产违法违规行为集中整治及煤矿安全生产“百日攻坚”集中整治等行动。市能源局班子成员全年带队入井检查煤矿119次，其中夜班检查27矿次，对煤矿实施经济处罚25矿次，及时处置了贵源煤矿二号井、林东龙凤煤矿、安桂良煤矿、凹河煤矿瓦斯高浓度、长时间超限突发险情，避免了人员伤亡事故发生。

【党建扶贫成效明显】 一是加强党的建设。坚持把党建工作和业务工作安排同部署，制定《2019年党建工作要点》《党风廉政建设工作要点》等，新成立4个党支部，加强基层党组织建设。二是抓实党风廉政。认真落实党风廉政建设责任制，坚决把权力关进制度的笼子，筑牢“底线”思维和“红线”意识，全年干部职工没有违纪违法行为。三是扎实开展“不忘初心、牢记使命”主题教育。通过集中专题研讨、理论中心组学习、举办读书班，现场参观红色教育基地等形式开展革命传统教育、先进典型教育、警示教育活动20余场次，主题教育活动得到市委巡视指导组充分肯定。四是倾力助推脱贫攻坚。在经费紧张的情况下，解决纳雍县锅圈岩乡马场村办公经费1万元；划拨资金4万元支持马场村种植冬季白萝卜，帮助该村贫困户增加收入；划拨资金3.2万元解决威宁县回龙村贫困户罗智义重大疾病医疗费用难题；划拨资金3.7367万元帮助回龙村解决村办公楼保坎、群众健身场地硬化等项目建设资金困难。多方筹集扶贫资金40万元，支持纳雍锅圈岩乡马场村贫困群众种植艾草，发展中药材种植，以产业扶贫方式助推脱贫攻坚。五是驻村帮扶及社会公认度评价效果好。驻村干部到岗到位情况、联系服务群众情况、帮扶成效情况民意调查得分均为100分，政务公开工作综合得分100.77分，排名市直部门第一，得到市政务公开领导小组通报表扬。

（供稿：市能源局）

供电事业

【概述】 2019年，毕节供电局以习近平新时代中国特色社会主义思想为引领，认真落实网省公司工作会精神，坚持稳中求进工作总基调，攻坚克难、主动作为，全力守牢安全底线，持续加强电网建设、优化营商环境、提升党建质量，坚决打好“三大攻坚战”，打赢“四场硬仗”，推进企业高质量发展。安全形势总体平稳，未发生四级及以上突破全年安全目标的人身、设备、电力安全和网络安全事件；完成售电量101.94亿千瓦时，同比增长11.33%，连续三年两位数增长；当年期电费回收率完成99.98%，比公司下达指标高0.07%；综合线损率6.04%，同比下降1.82%，10千伏及以下有损线损率6.61%，同比下降0.25%；综合电压合格率99.22%，优于公司指标0.024个百分点；客户平均停电时间（中压）26.24小时/户，完成公司指标；固定资产投资完成31.44亿元，完成年度计划的102.3%，同比增长8.66亿元；第三方满意度75分，同比提升1分。

【为脱贫攻坚提供坚强电力保障】 完成新一轮农网改造升级任务，10千伏及以下农村电网改造升级投资17.45亿元，建设中低压线路12278千米，配变6521台，重点解决贫困地区供电问题，消除存量重过载、低电压问题台区5108个，农村电网综合电压合格率98.16%、供电可靠率99.8%、户均配变容量2.048千伏安，“两率一户”达国家目标要求。保障产业扶贫项目用电，及时掌握扶贫工程项目用电需求，通过业扩延伸项目等多种手段，解决37个产业扶贫项目用电，保障138个易地扶贫安置点用电。走访扶贫点，通过三访（访驻村干部、访用电需求、访项目实施情况）全覆盖，针对性开展脱贫攻坚。投入扶贫捐赠资金120万元，购买扶贫产品142.31万元，落实驻村干部待遇，保证“三个绝对不能”：绝对不能因为电网原因影响脱贫攻坚的推进；绝对不能因为帮扶不力导致结对帮扶点未能如期脱贫摘帽；绝对不能出现扶贫资金被挪用、占用、私用的现象。

【电网建设有序推进】 2019年贵州电网公司下达电网建设投资26.94亿元，实际完成27.22亿元，完成年度计划的101.04%，电网建设投资历史最多。开展毕节市中心城区电力规划，编制“六网会战”方案，持续完善网架结构。做足项目储备，完成高压电网项目可研26个，取得政府核准19个，可研和核准完成数创历年最多。重点工程快速推进。500千伏乌撒输变电工程提前指导工期一年投运，成贵铁路配套供电线路项目提前三个月建成投运，新能源输送通道打通、电网建设助力毕节进入高铁时代获毕节市委市政府主要领导批示肯定，网公司基建部得到省公司书面表扬。

【安全生产管理基础不断夯实】 落实安全生产责任制，按照“党政同责、一岗双责、齐抓共管”原则，修订五级管理人员到位标准，签订目标责任书4276份。开展基层班组帮扶，获生产类四星班组4个。授予3家县级供电企业“地市级安全文化示范单位”，18个“安全文化示范班组”。春秋季安全生产大检查整改问题1962项。开展防汛等应急演练、“新中国成立70周年庆典活动”等保供电任务167项，其中特级2项。狠抓人身安全管控。强化“三个指引”落地，完成人身安全管控行动计划86项。狠抓电网风险防控，提高设备规范管理水平。8家县局通过公司设备规范化C级复审，完成4座变电站瓷质绝缘子零值测试及87座变电站五防锁具改造，开展168座变电站电气火灾隐患排查，组织设备火灾应急演练5次。大力推进智能技术应用及科技创新。开展500千伏奢香变智能巡检机器人试点应用，完成无人机精细化巡视9497.8公里。申请专利76件，同比（44件）增长72.73%，完成公司指标（40件）190%。获国家专利授权33件。获公司科技奖励10项。举办首届职工技术创新成果奖励评选，评出获奖成果7个。严格执行计划停电分级审批制度，加强非计划停电管理。完成带电作业3296次，减少中压停电时户数27万时户，多供电量2298万千瓦时。加强网络安全防护。完成“护网2019”网络安全攻防实战演练，全局部署终端安全管理系统，有效防范网络安全风险，大幅提升网络安全防护能力。

【电力营商环境持续优化】 积极响应国家政策，主动服务增供扩销。增强主动服务意识，开展政府、企业等客户用电走访4000余次，努力做到提前掌握、响应客户用电需求，主动解决客户用电问题，为重要客户开辟“绿色通道”，保障客户及早用电。全力推进电能替代，完成替代电量2.3亿千瓦时，41台充电桩建成投运，148台设施在建。川电入黔购置消纳泸州水电6588万千瓦时，有力推进清洁能源消纳工作。完成5100万元客户资产接收。四类终端电子化结算率稳步提升，购电、专变电子化结算率完成100%，公变电子化结算率完成99.63%，低压集抄电子化结算率完成98.87%，均完成公司目标。持续优化营商环境，稳步提升服务水平。落实一般工商业电价降低10%政策，为企业减负约9640万元。免收40户新兴产业大工业用户基本电费950万元。39户大用户实现电力直接交易，交易电量15.51亿千瓦时，降低企业用电成本约2589万元。全面推行“三零服务”（零上门、零收费、零审批），精简用户报装资料及流程（低压2种资料，2个环节；高压3种资料，3个环节），为客户减负约5000万元，大力推广远程服务渠道，互联网平台新增关注量9.63万户，统一服务平台办理率74.61%（同比增加22.31%）。开展180次线上、线下宣传活动。开展业扩界面延伸，减少客户接电成本，优化营商环境。

【“四场硬仗”如期完成】 系统实用化及数据质量提升。有序推进主配网账实清理、GIS单线图图实一致校核、电子化移交及故障抢修移动应用等工作，完成数据准确率97%、系统实用化率100%、业务协同场景实用化率100%的年度目标。

调配控服一体化建设。开展转岗人员和调度对象受令资格培训1591人次。开展三次组竞聘，54人到岗。全局35千伏及以上变电站169座，全部纳入集中调控，9家分县局配网调度纳入集约化运行，服务调度与电力调度、抢修调度“三调合一”合署办公，获公司通报表扬。推广实施“中压运维集约化+低压业务网格化”管理。成立16个配电所，设17个分部，完成机构调整。落实客户经理网格化，划分979个低压网格，100%覆盖公专变。客户经理负责网格内低压运维、客户服务等工作，在小区、村委等人员密集场所张贴客户经理公示牌，并以“建群（客户服务微信群）+进群（政府工作群等）”方式拓宽客户经理影响力，及时传递用电信息，解决客户问题，打通服务客户“最后一公里”。完成新一轮农网改造升级任务，为脱贫攻坚提供坚强电力保障。

【企业管控成效有所改善】 获评四星班站所11个，三星班站所103个。开展形式多样开展普法活动，宣贯合规手册，签订合规承诺书4786份。强化合同管理。制定合同数据质量提升专项方案，确保合同主体数据可信、可用。全力支持新兴业务发展。优化业务整合，全面开展配网带电作业。培育标杆企业2家，减少法人企业数量1家，实现企业扭亏为盈。以稳增长为重心，落实“过紧日子”要求，完成输配电收入16.07亿元、供电成本支出18.14亿元，内部利润比目标值减亏1.43亿元。100%完成无分歧逾期民营企业账款支付，全面建立有分歧账款台账，合规合法开展清理工作。加强审计监督。

【全面从严治党向纵深推进】 扎实开展“不忘初心、牢记使命”主题教育。提出“五学联动”+“4D多维度”大学习方式，开展集中学习，编制应知应会“口袋书”发放至1202名在职党员。组织干部及关键岗位人员开展警示教育，广大党员干部通过正反两方面典型找问题找差距。班子成员分赴基层调研，收集问题74条，制定84条措施，以问题为导向立行立改。不断推进党建与生产经营深度融合。在大集体企业设立党总支，把党建条款写进大集体企业章程。加强干部人才队伍建设。选拔任用科级管理人员23人。实现县局技术技能专家、创新型工作室全覆盖，较2018年高技术技能人才占比提升8.4个百分点。对3个县局开展享乐主义、奢靡之风专项检查，对2个县局党委开展巡察。局系统党内政治生态持续向好。落实中央巡视反馈整改。维稳形势总体可控。建立责任传递机制，将农民工欠薪纳入承包商评价，农民工欠薪信访案件大幅下降。成立专项组织机构，做好退休人员维稳工作，宣传到位、安抚到位。

（撰稿：王　捷）

招商引资

投资促进

【概述】 2019 年，在市委、市政府的正确领导和高位推动下，在省投资促进局的精心指导下，全市投资促进工作以习近平新时代中国特色社会主义思想为指导，深入贯彻落实党的十九大精神和习近平总书记对毕节试验区重要指示批示精神，以开展“不忘初心、牢记使命”主题教育为契机，紧紧围绕“重点产业招商引资成效指标、营商环境测评指数”提升，创新举措，精心部署，真抓实干，为全市经济高质量发展注入强劲动力。

【重点产业到位资金】 完成重点产业招商引资到位资金 606.08 亿元，占省下达任务 550 亿元的 110.2%，占市下达任务 600 亿元的 101.1%；对口帮扶城市引进产业项目到位资金 62.01 亿元，占重点产业项目新增到位资金的 10.23%。

【重点产业项目引进】 新引进重点产业项目 687 个。其中，“千企引进”优强企业 285 家，高新企业 23 家、农业（林业）产业化龙头企业 15 家，标志性项目 32 个；新引进 500 强企业 11 家投资项目 14 个。其中，新引进浙江红狮集团、新希望六和集团、广州越秀集团首次入黔 500 强企业 3 家。新引进项目开工率 100%；投产 562 个，投产率 81.8%；入园 638 个，入园率 92.87%。

【党政领导带头招商】 市、县（区）党政主要领导赴省外开展招商活动 308 次，签约引进 156 个项目，投资金额 286.2 亿元，实现到位资金 138.56 亿元。党政主要领导引进项目均完成引进项目 3 个以上、实现开工 2 个以上的目标。

【产业项目策划编制】 围绕“10 + 5 + 12”重

点产业及毕节市规划的31条产业链，谋划编制重点产业项目988个，其中优选32个重点产业项目编印《毕节市招商引资重点项目》，省投促局帮助毕节发布项目204个，发布项目个数列全省第一。

【重大招商活动】 组织参加或举办“贵洽会”、广东·贵州“东西协作产业合作”对接会、民革企业助力贵州产业招商发展大会、贵州·四川“经济协同产业合作”对接会、毕节市面向粤港澳大湾区“菜篮子”联盟企业招商推介会、北京园博会毕节绿色产业招商推介会、“贵洽会”毕节中药材产业发展洽接会等招商活动，签约招商引资项目150个，投资金额520.52亿元。

【市直部门（单位）招商】 41个有指令性任务的市直部门共引进项目86个（含500强企业1个），签约资金366.73亿元，完成到位资金65.44亿元，占年度目标任务41.5亿元的157.68%。

【驻外招商分局招商】 12个分局共引进落地项目61个（其中：500强企业项目2个，重点产业项目38个），占年度计划任务的108.93%；新续建项目共完成到位资金63.05亿元，占年度目标任务的150.12%。其中，新建项目完成到位资金37.3亿元，占年度目标任务的169.55%。

【项目代办服务】 扎实推进招商引资项目代办服务，为全市新录入省招商引资项目信息管理平台的753个项目开展代办服务，代办申请事项2111项，代办率100%、代办事项办结率100%。其中，行政审批代办事项585项，办结率100%。

【营商环境优化提升】 不断深化“放管服”改革，创新外来投资服务方式，强化要素保障，出台《毕节市招商引资企业高管子女教育保障方案》等政策。建立营商环境动态跟踪管理办法和营商环境义务监督员制度，加大营商环境明察暗访力度，深挖破坏营商环境典型问题线索，通报典型问题19起，并严肃追责问责。统筹做好营商环境第三方评估工作，测评结果总体向好。

【党的建设】 认真贯彻学习党的十九大精神、习近平新时代中国特色社会主义思想、习近平总书记对毕节试验区重要指示精神，落实中央、省委、市委党的建设各项部署，强化党组对业务工作的领导，坚持重大事项重点工作集体研究决策，党组书记带头落实党风廉政建设主体责任制，切实履行党风廉政建设第一责任人职责，局领导班子成员认真履行“一岗双责”，全局干部职工无人因违纪问题受到问责和处分。扎实抓好“不忘初心、牢记使命”主题教育。组织开展“理想信念、党性修养”等8个专题集中学习7次7天，参与学习200余人次；开展先进典型学习2次，警示教育3次，形势政策专题学习1次，党史新中国史学习1次，红色革命传统教育1次；局党组班子成员牵头开展专题调研，形成调研成果报告4篇，召开调研成果交流会1次；按要求开展班子及副县级以上领导干部问题检视，组织召开民主生活会，制定印发民主生活会查找问题整改方案；召开总结大会，完善主题教育档案归档工作；结合工作实际，开展做“五好”好干部（即：思想好、纪律好、学用好、韧劲好、口碑好），助推“四新”新成效（即：助推产业招商新成效、助推机制建设新成效、助推环境优化新成效、助推脱贫攻坚新成效）活动。切实加强机关党组织建设。指导三个党支部严格执行“三会一课”制度，按要求到纳雍枪杆岩开展主题党日活动和召开党组织生活会；完成党总支、各支部换届工作，认真按照“三个规范”要求推进党支部规范化建设，并开展好各支部“不忘初心、牢记使命”主题教育；开展党员进社区服务活动，到金钟社区开展帮扶活动20余次，帮扶资金5000元，慰问困难党员资金1500元；认真做好妇联和工会工作，组织开展“三八妇女节”登山活动，工会慰问、春节联谊会等活动。加强干部队伍建设。结合工作实际优化科室职责，完成15名非领导干部职级套转，考察转正试用期满正式任职科级干部2名，考察提拔正科级干部2名、副科级干部5名，考察晋升一级主任科员9名、三级主任科员6名、四级主任科员5名，凝聚了全局干事创业精气神。严格落实脱贫攻坚帮扶工作。局领导班子带头深入帮扶点开展走访帮扶，明确3名干部开展驻村帮扶或挂帮，1名副县级干部到威宁县么站镇担任帮扶队长，积极倡导干部职工开展结对帮扶并捐资捐款1.16万元，开展春节走访慰问资金37500元；累计投入帮扶资金14万元，局领导牵线招商引资企业为么站镇田上村捐资捐物折合价值5万余元；协调市、县（区）烟草部门为么站镇增加烤烟种植面积3000亩，驻村帮扶干部用心用情帮扶，得到群众一致好评。

（供稿：市投资促进局）

经济开发区·产业园区

金海湖新区工业园区（贵州毕节经济开发区）

【概述】 金海湖新区工业园区（贵州毕节经济开发区）是2011年7月经省政府批准成立为省级经济开发区。园区位于毕节东北部，规划面积23平方公里，距七星关主城区20公里，紧临新区职教城和七星关经济开发区。离毕节飞雄机场8分钟车程，到杭瑞高速出口10分钟、厦蓉高速6分钟车程，成贵铁路（成都至贵阳）毗邻而过，环北高速横贯其中。

截至年末，园区已建设完成小坝大道、小海大道及主二路、主一路、力帆路、振兴路、骏马路、次五路、次三北路、次一路等共计40千米，小瓦路延伸工程已完成路基清理，小坝大道、力帆路等多条主干道美化亮化工程已全部完成。建成一座日供水3800万吨的自来水厂一个，供水管网1万米（包含消防管网），所有厂房供水管网全覆盖，此外，开发区污水处理厂、垃圾填埋场正式投入运营。电网串通每个厂区，110千伏变电站完全满足园区企业的供电需求。宽带光纤电缆已全部覆盖。

工业园区总规划面积69平方公里，核心区23.6平方公里，现建有标准厂房233.88万平方米，其中：

新区管委会自建第一产业园一期标准厂房47万平方米（多层厂房47幢共35.558万平方米、单层厂房12幢11.442万平方米）；

管委会回购东冶老基地标准厂房4栋共10.08万平方米，另有办公楼1万平方米，两栋宿舍1.28万平方米，仓库0.288万平方米，设备房0.0424万平方米；

引进新鑫科技产业园建多层厂房16幢13.1万平方米（不含办公楼0.45万平方米，展厅0.45万平方米）；

企业自建厂房142.7万平方米；

由广州、毕节两市共同规划建设的毕节·广

州产业园也在工业园区，总规划面积为1.67平方公里，第一期项目占地300亩，总投资5亿元，正在由广建集团承建，预计在今年年底建成投入使用，建成后广建集团的装配式建筑等一批珠三角企业家将入驻。

金海湖新区工业园区（贵州毕节经济开发区）2012年获批省级新型工业化产业示范基地；2013年获批国家科技部毕节国家新能源汽车产业基地和省级外资转型升级示范基地；2014年获批建设国家能源大规模物理储能（毕节）研发中心、省政府贵州省北斗卫星示范应用基地；2015年开始成为全省着力打造的13个千亿级产业园区之一。2016年获批国家新型工业化产业示范基地。

通过招商引资，金海湖新区工业园区（贵州毕节经济开发区）签约项目199个，实际入驻项目119个，其中独立建厂项目30个，入驻第一产业园标准厂房项目89个。截至目前工业园区共建成投产项目107个，其中规模以上企业66家，共计解决就业人数5000余人。

到金海湖新区工业园区投资的企业中，深圳籍企业19家，正常生产的有11家，解决就业740人，其中建档立卡贫困户35人。其中以深圳籍入驻企业贵航科技、贵州金沃新能源、贵州图腾等企业与园区的20余家共同形成较完善的锂电池产业链。

园区正在以完善光电储能、新型建筑建材、装备制造三大产业链为目标，面向珠三角、长三角开展招商引资工作。

【园区投资环境建设】 1. 创新服务机制。根据新区产业规划，金海湖新区紧紧围绕打造200亿级锂产业集群的目标，以金海湖新区小坝产业园产业现状为基础，积极借鉴全国成功产业园区的经验、邀请专业人士出谋划策、组织行业部门反复讨论修改，编制《毕节锂电池产业规划》，出台《锂电池产业链招商引资优惠政策黄金十四条》。同时实行“一个专班牵头联系一个企业、一人全程服务一个企业、一个工作日核实企业奖补申请并拨付到位、一个小时验收企业物流”的“四个一专班”服务机制，实行“一张笑脸、一声问候、一句请坐、一杯热水、一个送行”的“五个一宗旨”服务机制，全程一站式，为企业提供更加精准的优质服务为企业提供政策咨询、手续办理、优惠政策兑现、企业住房、供水供电等全方位优质服务确保服务企业工作高效、快捷。

2. 持续优化营商环境。加快完善新区对外交通和园区厂房供水、供电、燃气、消防、网络、环保等硬件设施建设、修缮，着力加强项目落地各环节跟踪配套服务体系建设，真正形成部门服务无缝对接、消除推诿扯皮现象，建立引进项目的评估、立项、注册、税务、规划、建设、国土、环保、安全、消防、社保等全流程快速服务体系，促进新引进项目快速落地。

3. 加大僵尸企业清理力度。为满足新入驻企业生产建设要求，根据贵州省关于园区僵尸企业清理工作要求，园区中心根据入驻企业实际，对占而不用或多占少用的产房进行清理，及时为新入驻项目腾出空间，较好地实现“腾笼换鸟”，不断为园区项目注入新鲜血液。

4. 扎实抓好企业服务工作。一是为企业提供招工服务。利用节假日期间组织召开现场招聘会，通过在微信平台、网络媒体等方式，联系相关媒体部门在各镇、乡（街道办事处）、机场、车站等人流量大的场所用为企业招聘工人。二是为企业提供代办服务。协调为企业代办工商、税务、环保等手续；为华禾制锁、天王达科技等企业安装变压器10余台，保障企业用电需求。

【园区投资促进情况】 一是策划编制产业项目。全年目标任务65个，新区完成68个，完成全年目标任务的104.62%。二是千企引进、新增首次入黔500强企业数、高新技术企业、省级以上农业龙头企业。全年目标为千企引进30家，其中1个500强、4个高新技术企业、省级以上农业龙头企业1家。新区完成千企引进21家，其中高新技术企业1家，无新增入黔500强和省级以上农业龙头企业。三是新引进产业项目、标志性产业项目。全年目标为重点产业类项目40个，新区全年完成20个，占全年目标任务的50%；其中标志性产业项目2个。四是到位资金。全年目标为到位资金100亿元，其中重点产业项目到位资金40亿元。新区2019年累计完成招商引资到位资金82.24亿元，完成全年100亿元目标任务的82.24%；其中重点产业到位资金完成42.89亿元，完成全年40亿元目标任务数的107.26%。五是党政主要领导带头招商。全年目标任务为党政主要领导干部每人引进3个以上。新区全年党政主要领导带头外出招商33次，引进项目16个，引进项目到位资金6.99亿元，占比16.30%。六是新引进项目代办服务。全年目标任务为代办覆盖率100%，办结率90%以上。新区新增项目26个，代办服务已全部覆盖，代办率100%，办结率100%。

【园区企业服务】 1. 安全生产工作开展及完成情况：一是在元旦、端午、五一、安全生产月、国庆等特殊时期，召开了企业安全生产工作会议7次以上，每月至少有一次安全生产的专题会议；二是下发《关于开展元旦、春节期间安全生产大检查的通知》《园区中心“打非治违”工作方案》《关于开展“五一”期间安全生产大检查的通知》《2019年园区“安全生产月”活动实施方案》《园区安全生产应急预案》《企业安全生产主体责任落实年活动实施方案》《关于做好“国庆”期间安全生产工作的通知》等文件；三是大力开展安全生产检查工作。做好重点时期、重点阶段的安全生产检查工作。

2. 创新园区标准厂房管理：一是拟定园区入驻企业准进入机制，严格按照园区产业规划要求，有选择性地引进符合园区产业规划的项目；二是加大僵尸企业清理力度，对长期以来将厂房占而不用、多占少用的项目进行清理，共清理入驻标准厂房“僵尸”企业6家，腾出厂房面积约24000平方米，实现了华禾、北极光、金科、安蜜、安宝龙、华兴等6家新企业顺利入驻，为项目入驻提供有力保障；三是完善公租房管理，完善公租房住宿管理制度，加强公租房清理，共清理出公租房138间，并严格按照每个房间人员住宿数量要求，合理安排，重新将住宿人员进行整合，提高公租房利用效率，有效解决当前标准厂房内企业职工住宿难的问题。

3. 做好入驻企业基础设施保障等相关工作：一是用电保障：根据新区招商引资企业数，严格按照投资协议的相关约定及领导安排，及时保障新入驻企业的生产生活用电。完成了贵州天烨科技有限公司（315千伏安）、贵州金昱科技有限公司（630千伏安）、贵州铂锐科技有限公司（315千伏安）等10余家企业的变压器安装工作；为贵州丕丕丕电子科技有限公司1600千伏安（三次增容）、贵州巨能科技新能源有限公司250千伏安（增容）等企业变压器的安装及入户通电做了大量工作；完成了贵州上银科技有限公司、毕马威、广东北极光通信技术有限公司等企业的变压器抢修和变压器的过户工作；同时完成10千伏小微线工业园区公变改造工程和移交工作。二是用水保障：为了园区企业有个好的生产生活环境，做好通水的同时，还根据企业的诉求，做好水质监督，确保园区企业用水安全。接通广东北极光通信技术有限公司、贵州梵林服装有限公司、毕马威等10余家企业生产用水；深入了解企业所需，制定生产及生活用水问卷70余份到企业发放，对问卷进行统计、分析后要求供水公司提高服务质量，改进供水质量。做到时时、处处有专人负责，确保企业不缺生产用水，并配合相关部门定期做好水质检测工作。

【园区工贸企业】 截至年末，园区有新能源及新能源汽车产业—兴国电动车、益高电动车（代表企业）；生物医药（大健康）产业—华跃医药有限公司（代表企业）；电子信息（大数据）产业—中安永恒、新鑫集团（代表企业）；新型建筑建材产业—重庆东冶（代表企业）；节能环保产业—尚昆生物降解塑料、季明环保（代表企业）；装备制造产业—力帆时骏振兴集团（代表企业）；锂电池产业—贵航新能源、巨能科技新能源、金沃新能源（代表企业）。

（供稿：毕节金海湖新区园区企业服务中心）

七星关经济开发区

【概述】 2019年，贵州七星关经济开发区始终坚持以发展为第一要务，环境为第一要素，招商为第一重点，积极承接东部产业转移，大力发展服装纺织、新型环保建材、光电电子等产业，以开放促开发，以开发促发展，加快工业结构调整，促进产业转型升级。获国家人社部、全国总工会、全国工商联合会等部门授予“全国模范劳动关系和谐工业园区”称号，全省2019年获批唯一一个新型工业化产业示范基地，在全省43个成长园区中排第6位。

【经济发展稳步推进，保障能力进一步增强】 2019年经开区完成固定资产投资35.59亿元，实现工业总产值51亿元，工业增加值19亿元，进出口贸易2300万美元，实现税收3亿元；工业用电量4.9亿千瓦时；招商引资项目35个，实际到位资金10.22亿元；累计入驻企业93家，拥有规模以上企业45家，新增规上企业7家。解决就业1.07万人；启动建设项目31个，建成投产23个；长春建材园入驻企业24家，朱昌食品园入驻企业11家，工业产业集群加速发展。

【加强基础设施建设，不断提升硬件环境】 以基础设施建设作为产业集聚发展的重要载体，不断完善配套设施。新建成标准厂房16万平方米，建成葛家咀安置房3.2万平方米，建成兴园公租房、秀岭湾公租房1856套，建成华耀服装项目职工公寓楼、综合业务用房，建成供水一期工程等项目。主动对接贵州高速公路集团有限公司，于2019年8月16日开通金银山互通，打通经开区A、B区主要通道。启动110千伏变电站工程，启动电力迁改等项目，不断完善经开区水、电、路、信，补齐基础设施短板，提高经开区承载能力。

【加大招商引资工作，不断完善产业链条】 围绕经开区主导产业，建立项目库，谋划编制纺织服装、光电电子、新型建材等产业项目12个。积极参加进博会、工业产品博览会、软交会等活动，组织小分队赴广州、深圳、浙江、福建、四川等地开展招商引资工作，积极承接东部产业转移，重点围绕纺纱、辅料生产、面料加工、成衣加工等服装纺织产业链；灯丝、球泡、支架等LED产业链；半导体、集成电路、电容、电线等电子产业链，刺梨加工等开展招商引资工作，外出招商引资13次，招引王老吉、热硫化橡胶鞋等项目35个，签约资金26.99亿元，到位资金10.22亿元，启动建设项目31个，建成投产项目23个。

【不断优化营商环境，狠抓项目落地转化】 帮助项目加快立项、规划、用地、环评等手续办理，切实解决建设和生产运营过程中的用电、用水、用气、用工等问题，为项目发展出主意、想办法，推进项目快速发展。每十天收集汇总发布企业招工信息，扩大宣传面、知晓面，帮助企业解决用工问题。召开银政企座谈会，搭接企业、金融机构沟通桥梁，帮助企业解决融资问题，助推企业健康发展。按照“1+N”模式助力脱贫攻坚，积极对接和推动经开区企业采用“1 + N”模式将扶贫车间建到人口聚集的村、镇，京福服装、飞润服饰、至尊鸟制衣、浩达服饰等项目在田坝桥镇、层台镇、龙场营镇、大屯乡、大银镇等乡镇建设扶贫车间，就近就地解决群众就业的同时又解决企业用工问题，不断提升企业产能。

【明钧玻璃项目】 明钧玻璃项目项目，2019 年 6 月启动三期项目建设，总投资 3.9 亿元，引进全球知名企业德国布勒莱宝公司的高端镀膜设备，建设国内顶级 Low - e 镀膜玻璃深加工生产线，设计产能年产 950 万平方米 Low - e 镀膜玻璃，预计2020 年 1 月建成投产，三期项目建成后将填补西南市场高端 Low - e 镀膜玻璃和各种阳光镀膜玻璃产品市场空缺，三期项目达产后可实现年产值 3 亿元，解决就业 200 个。

拟投资 5 亿元，使用土地 300 亩，建设毕节明钧新型建材产业园，围绕 Low - e 镀膜玻璃深加工、玻璃原片生产，配套建设玻璃深加工、高档门窗制造等生产线，构建新型建材循环产业链，打造新型建材产业聚集地。项目达产后可实现年产值 6 亿元，解决就业 500 人。

【联尚科技项目】 该项目由深圳联尚光电有限公司投资建设，于 2015 年 6 月入住开发区，使用厂房面积 5000 平方米。该项目总投资 8200 万元，建成 80 条世界领先额全自动 LED 灯丝封装生产线；研发生产 360 度发光 LED 灯丝，拥有员工 130 余人，填补贵州 LED 灯丝光源自主生产的空白，拥有 20 项自主知识产权。

【贵州华凯农业科技发展有限公司简介】 贵州华凯农业科技发展有限公司隶属于欣扬投资集团，现更名为贵州欣扬农业科技有限公司。2017 年投资建设毕节刺梨综合开发产业基地项目。项目总投资 3.5 亿元，一期投资 1.7 亿元，占地 50 亩，已建成厂房 8800 平方米，综合楼 3300 平方米，并与中科院植物研究所、华南理工大学、贵州大学等科研机构和院校共建刺梨产品研发中心。项目一期以刺梨为主，引入膜过滤、膜浓缩、瞬时杀菌、利乐包装等技术，生产刺梨复合型果汁及刺梨精华口服液产品，全部为无任何化学添加的生态健康产品。一期项目于 2018 年年底正式投产，已招聘工人 60 人，建成投产后年产 3000 吨刺梨原汁、1000 吨刺梨酒、50 吨 SOD 复合酶、50 吨刺梨纯粉、500 吨刺梨冻干片、2 万吨果渣饲料，实现年产值 1 亿元。

【贵州省京福服装有限公司得介】 贵州省京福服装有限公司于 2017 年 8 月成立，隶属于香港京纬国际公司。该项目于 2017 年 8 月 3 日入驻七星关经济开发区 18 号标准厂房，使用厂房面积 7771.58 平方米，项目总投资 5000 万元，建设 1200 台针车生产线。项目以“打造百年女性内衣品牌”为企业目标，自主品牌“BODYSTYLE”，是一家集设计、生产、销售女装内衣为一体的专业型生产企业，产品涉及内衣、内裤、家居服、泳衣等。

（供稿：七星关经济开发区）

大方经济开发区

【概述】 大方经济开发区是 2012 年 8 月由贵州省人民政府正式批准成立的省级经济开发区，规划总面积 60.06 平方公里，由原大方县循环经济产业园区、毕节试验区大方药品食品产业园区和大方县金门陶瓷工业园区组成，建成核心区面积 13 平方公里，以煤电建、大健康、大数据电子信息为主导产业。截至 2019 年年底，入驻企业 111 户，其中建成投产企业 83 户，在建企业 21 户，停产停建企业 7 户。大方经济开发区管理机构为贵州大方经济开发区管理委员会，与中共贵州大方经济开发区工作委员会实行一个机构两块牌子的管理体制，为中共毕节市委、毕节市人民政府派出的正县级机构，其编制由毕节市编委管理（股级机构编制由大方县编委管理），人事、经费、资产委托大方县委、县人民政府管理。管委会下设党政办公室、规划建设与管理局、财政局（下设副科级单位会计核算中心）、投资促进局、房屋征收与补偿局、利用外资和招商引资项目代办服务中心、安全生产监督管理局、大方县陶瓷产业发展服务中心（2017 年 4 月，大方县机构编制委员会以方机编〔2017〕4 号文件将大方县金门陶瓷工业园区管理委员会更名为大方县陶瓷产业发展服务中心，并由中共大方县委、大方县人民政府派出的正科级机构调整为贵州大方经济开发区管理委员会所属财政全额预算管理的正科级公益一类事业单位）共 8 个正科级机构。大方经济开发区管委会实有在编人员 58 人，其中工勤人员身份 8 人。设有党工委书记 1 名，党工委副书记 1 名，党工委专职副书记 1 名，管委会主任 1 名、管委会副主任 2 名，正科级 4 名，副科级 18 名。2019 年，大方经济开发区围绕年度目标任务，按照市县经济工作会议的安排部署，着实抓住招商引资、基础设施建设、项目建设、服务企业、厂房清理、党的建设等重点工作，推进园区建设再上新台阶。

【目标任务完成情况】 2019 年，完成工业投资 32.72 亿元，占全年目标任务 28 亿元的 116.86%；其中产业项目投资完成 13.44 亿元，占全年目标任务 11 亿元 122.18%；基础设施投资完成 19.28 亿元，占全年目标任务 17 亿元的 113.41%；完成工业总产值 55.74 亿元，占全年目标任务的 55 亿元的 101.34%；完成工业增加值 21.48 亿元，占全年目标任务 21 亿元的 102.28%；实现税收 4.24 亿元，占全年目标任务的 4 亿元的 106%；完成招商引资到位资金 9.04 亿元，占全年目标任务 9 亿元的 100.4%；新增规上企业 6 个，占全年目标任务 4 个的 150%；新开工产业项目 14 个，占全年目标任务 12 个的 116.7%；用电量 3.39 亿千瓦时，占全年目标任务 3 亿千瓦时的 113%；完成进出口贸易额 0.2546 亿美元，占全年目标任务 0.2 亿美元的 127.3%。

【招商引资】 运用“三个一”工作机制全力抓好招商引资工作。一是成立招商专班，由开发区党工委专职副书记任班长、管委会副主任任副班长，开发区各局、办、中心相关同志为成员，负责具体产业研究、招商方案制定、引资引产、协调推进项目落地及企业服务工作。二是谋划一批项目。紧紧围绕全省产业大招商行动会议精神及省商务厅《2019 年全省经济开发区产业大招商工作实施方案》（黔商发〔2019〕10 号）、《毕节市产业园区转型升级实施方案》（毕府发〔2019〕2 号）精神，以园区主导产业为导向，谋划一批煤电建、大健康、大数据电子信息产业项目。三是每月一次以上外出招商。招商队伍赴广州、重庆、深圳、浙江、河北等发达地区招商，引进符合产业定位的招商项目。2019 年，引进取暖炉上下游相关企业 5 家，完成新签约产业项目 17 个，其中 5000 万以上 10 个，签约资金 10.08 亿元，到位资金 9.04 亿元。

【基础设施】 严格按照开发区总体规划，对基础设施建设进行科学布局，结合入驻企业需求，进一步完善标准化厂房、水、电、路、讯、气等基础设施建设。一是完成公租房入住情况的摸底、排查和清理，抓好入住台账建立、租金催交和收取等工作。二是完成陶瓷园区市政道路建设及园区路灯改造工作，一号路、二号路、三号路、四号路、六号路已全部建设完成并投入使用。三是五条 10KV 电力专线（沙金线、安陶线、安万线、安华线、安海线）已全部建成投入使用。四是积极组织并督促经开区环保问题的整改，完成循环园区污水处理厂排污许可证办理；

陶瓷园区工业用水工程已全面完成，陶瓷园区污水处理工程正积极申报立项。

【厂房管理】 由经开区党工委专职副书记任组长、经开区党工委委员、管委会副主任任副组长，联系包保企业科级干部和一般干部为成员组成工作组，结合项目协议，企业签约面积、使用面积等实际情况，对长期停产停建占用标准厂房的僵尸企业进行全面清理。2019 年累计清退鑫盛不锈钢、新龙物流、勤邦大数据、心源生物、宝寿生物、高原红等僵尸企业 6 家，腾退厂房 44034 平方米，清理出的厂房中，有 30014 平方米重新入驻了新企业，有 14020 平方米厂房已有企业意向入驻。委托正意价格评估集团有限公司评估标准厂房租金，完成标准化厂房第三方评估报告（国正价黔毕估字〔504－24 号〕），根据标准化厂房第三方评估报告，起草《贵州大方经济开发区标准化厂房管理办法（试行）（征求意见稿）》，提请经开区党政联席会议讨论通过，报县政府研究。

【项目建设】 坚持收尾项目抓竣工，在建项目抓进度，新建项目抓落地开工，按照“五个一”项目推进机制，即“一个项目、一名领导、一个班子、一套方案、一抓到底”和“特事特办、急事急办”的要求，全力推进经开区项目建设。2019 年完成产业项目投资 13.44 亿元，新开工产业项目 14 个，引进新落地产业项目 10 个，其中，新建成投产项目 2 个，正在装修厂房及安装设备项目 8 个。总投资 3.5 亿元的海美斯高档喷墨负离子生态砖项目全面建成投产，设计日产量 30000 平方米，年产值 5 亿元，可创税收约 8000 万元。贵州石磨坊食品有限公司办公楼、生产车间建成，投入试生产。

【服务企业】 开发区为充分落实“打造服务平台，依法下放项目建设、土地、环保等审批权限，优化园区项目代办服务，提高办事效率，企业开办时间压缩至 3 个工作日”的工作要求，建立以开发区投促局牵头，每个项目入驻由一名副科级干部负责的制度，坚持“一站式”服务。2019 年协调完成代办事项 14 项，注册落地 10 家公司，相关环保、土地使用等事项也与县政府职能部门积极对接加快落实。

【党的建设】 按照大方县党建工作会议精神，着力抓好经开区党的建设工作。党工委成立了党建工作领导小组，由分管党政办的党工委领导任组长，切实履行党建工作“第一责任人”职责，并建立由党政办牵头抓总，各局、中心等部门共同参与的基层党建工作联席会议制度。一是非公企业党建工作。通过“抓入驻企业登记，促进党组织的组建；抓党建工作联席会议制度的创建，促进企业主要负责人对党建工作的认识；抓全程跟踪管理服务，促进企业开展党建工作；抓党建知识业务培训，提高党员干部抓党建工作水平，促进非公企业党建工作不断发展”“四抓四促”工作法做好非公企业党建工作。建立非公企业党组织 8 个，其中：党总支 1 个，党支部 8 个，党员总数 54 人（其中预备党员 3 人），企业中副总经理以上职务人员 5 人为中共党员。着力抓好安泰建材支部、阳光食品支部和雪榕总支 3 个支部标准化规范化建设。二是党员发展工作。2019 年培养积极分子 23 名，发展党员 3 名。三是党风廉政建设工作。开发区领导班子切实履行党风廉政“第一责任人”的责任，带头履行“一岗双责”，把意识形态工作纳入党风廉政建设，重视、支持党风廉政建设和反腐败工作。2019 年传达学习中央、省、市、县有关违法违纪案件通报共 22 件次，切实做到以身边的事教育身边的人。

【脱贫攻坚】 按照大方县委、县人民政府的统一部署，全力打好脱贫攻坚战。一是深入学习贯彻省、市、县脱贫攻坚工作安排部署，按要求开展好联系点的调研、走访、督导等工作。对单位包保联系的6个村（社区），每村（社区）分别明确2名同志具体负责，对贫困户和非贫困户进行遍访，宣传脱贫政策，抓好信息核查及环境卫生整治工作，协调解决工作中遇到的困难问题，全力做好迎国检复查验收工作。二是为开发区选派的驻村第一书记所驻村六龙镇方井村、安乐乡白宫村、东关乡半冲村、东关乡龙泉村、猫场镇新民村共5个村每村解决1万元驻村工作经费。三是加强对驻村干部的管理并作好后勤保障。按时按要求为下派的26名驻村干部解决驻村生活补助和交通补贴，购买意外保险。四是继续做好“54321”结对帮扶工作，对所包保的贫困户实行一包到底。五是帮助贫困户解决就业问题。组织东关乡贫困群众到有用工需求的企业进行面对面洽谈，帮助贫困户实现就近就业，增加收入。

【安全生产】　坚持“安全第一，预防为主、综合治理”的方针，围绕安全生产大检查、重点时段专项整治、反“三违”、防“三超”等工作，积极配合相关部门开展全生产专项执法活动。2019年，累计监督检查、巡查企业单位和场所198家次，共为企业检查出各类一般安全隐患343条，已督促落实整改343条，整改率为100%。基本实现安全生产工作“全覆盖，零容忍，重实效，严执法”的目标，所管辖企业未发生任何安全生产、消防事故及环境污染事件。

【综治工作】　按照县禁毒委、信访维稳等有关部门要求开展好社会治安综合治理各项工作。一是调剂2栋标准厂房作为县禁毒委社区康复中心，全力支持县禁毒重点整治摘牌工作。二是协调处理信访案件4件。三是组织抓好各重大节日和重要活动节点稳控工作，确保开发区和谐稳定，未发生一起群体上访和越级上访事件，为入驻企业营造稳定、和谐的建设环境。

（撰稿：李志文）

贵州黔西经济开发区

【概述】　2019年以来，黔西经济开发区在市委、市政府和县委、县政府的领导下，在市县有关部门的大力支持配合下，我们紧盯市、县下达的年度目标任务，落实新发展理念，坚持高质量发展，全区上下迎难而上强攻坚，经济指标稳步提升，园区改革创新和转型升级发展步伐不断加快。

【目标任务完成情况】　2019年，完成规模以上工业总产值84.9亿元，占全年目标任务（75亿元）的113.2%；实现工业增加值33.9亿元，占全年目标任务（28亿元）的121.07%；完成固定资产投资30.5亿元，占全年目标任务（30亿元）的101.67%；完成税收5.18亿元，占全年目标任务（5亿元）的103.6%；新增上规入统企业3个，占全年目标任务（3个）的100%；新开产业项目15个，占全年目标任务（12个）的125%；完成招商引资到位资金10.47亿元，占全年目标任务（9亿元）的116.33%；完成工业用电量3.97亿千瓦时，占全年目标任务（3.5亿千瓦时）的113.43%；完成进出口贸易1095万美元，占全年目标任务（1000万美元）的109.5%，新增就业人员860人。2019年，在市的季度考核综合排名中稳步提升，从年初第八位上升至第四位。

【强力推进项目建设，增强园区发展后劲】　一年来，开发区本着抓项目就是抓增量的理念，统筹园区和县直部门的力量，强力推进项目建设，全年共启动项目建设23个，其中产业项目15个、基础设施项目8个，共计划投入资金50.36亿元，完成投资30.04亿元。为强力推进项目建设，开发区管委会成立了项目建设推进工作领导小组，由管委会两名副主任任双组长，相关部门主要领导任成员，抽出3名科级干部具体负责办公室工作，为项目建设提供了组织保障；建立项目建设定期调度制度，每月1日、15日进行项目调度，听取项目建设进展情况汇报，会商解决项目建设中存在的问题；同时管委会领导先后深入施工现场召开办公会5次，帮助企业解决施工中存在问题。在项目建设中我们严格执行项目“四制”管理，凡政府投资项目均按照规定推行项目政府采购制、监理制、合同制及项目法人制管理。由于强化管理，项目推进快、质量好，政府投资6个项目已基本完工，产业项目质品服装、煤化工灰渣综合利用等7个产业项目建成投产，二氧化碳、脱硫石膏生产项目主体工程即将完工，其他项目建设推进良好。

【紧盯目标任务，招商引资成果明显】 2019年市下达区招商任务9亿元，坚持“抓大不放小”的思路，进一步完善招商引资政策措施，采取领导带队招商、以商招商等招商方式大力开展招商工作。依托黔希煤化工、黔西电厂等项目，积极开展产业大招商工作，按照《2019年全省开发区产业大招商工作实施方案》（黔商发〔2019〕10号）的工作要求，先后6次组织到重庆、河南、广州、深圳等地开展招商引资工作。截至目前，签约2×20万吨二甲醚、年产10万吨食品级液体二氧化碳、综合利用脱硫石膏年产60万吨建筑石膏生产、7万吨储煤配煤场、质品运动服装生产等14个项目（其中重大项目8个），签约资金达28.29亿元，这些项目的引进，对拓展煤化工、电厂下游产业链，做强做大煤电化产业起到积极推进作用。在招商引资工作中，认真总结过去招商引资项目少、签约项目落地力低、招商质量不高等问题，建立了招商引资从目标企业确定、项目考察、对接洽谈、项目评估、集体讨论、政府过会签约的制度，大大提高了招商引资项目落地率、资金到位率，招商精准度得到了提高。

【房征、国土、规划工作取得显著成效】 一是加大货币补偿政策落实力度。在完成214户改选货币安置工作的基础上，继续加大力度做好政策宣传解释工作，落实10户安置房分配，组织拟订了处置不同意货币化安置的22户、涉及县法院《刑事判决书》反映问题的34户和无拆迁档案11户的安置方案。二是切实抓好重点项目征地拆迁工作。完成了黔希煤化工产业链延伸项目二甲醚和二氧化碳项目用地征地131.6亩；完成黔希化工、二甲醚、永润天泽化工安全距离范围共计74户房屋的实物指标采集登记工作；完成黔希化工安全距离范围内25户的房屋征收协议签订工作。三是完成二甲醚、二氧化碳、石膏厂等项目用地的选址和红线的勘界划定工作。四是积极协调县自然资源局对园区项目用地的报批工作和完善项目用地手续。五是投入30万元组织编制了煤化工产业专项规划，目前，规划初稿已编制完成，在征求意见中。督促抓好辖区“打非治违”工作，明确专人加大巡查力度。

【扎实抓好安全及环保工作】 一是强化安全生产检查，实现安全生产零事故。构建安全生产大检查监管体系，压实企业安全生产主体责任，加强与县应急局、消防大队、市场监管局等部门沟通、协调配合。截至11月，共开展安全生产监督检查10余次，查出300余条安全隐患，督促企业限期整改，实现安全生产零事故。二是加大环保督查整改力度，督促入驻企业及时办理相关环保手续。加强对中央环保督查问题的整改巩固，加强排查，确保园区企业生活污水有效治理。另外，我们对入园项目严格执行项目事前评估制度，对可能存在较大环保风险的项目需先完成环境预评估，严格执行环保“三同时”制度，为园区健康绿色发展创造了条件。

【信访维稳成效明显】 一是稳步推进历史遗留问题化解。园区加快解决排水工程、工业大道、花都大道（原兴黔大道）、中聚创业园等项目历史遗留问题。工业大道、中聚创业园的历史遗留问题已通过政府多次会议协调相关部门积极解决，其他问题稳步推进。二是圆满完成上级信访交办件。截至11月，共接待各类群众来访31起，成功化解调处29起，化解调处率达94%。接到上级信访部门交办各类信访件19件，办结19件，办结率100%。园区还加强因征地拆迁引发的信访积案的化解和行政诉讼案件的应对工作，切实减少存量，控制增量，从源头上预防和减少信访突出问题。同时，在抓信访案件办理和群众来访疏导的同时，也注重对有关社会稳定的信息的收集，每逢重大节假日及重要会议期间，按要求做好辖区内社会治安动态的监控，并实行零报告制度，确保大局的稳定。

【服务水平不断提高】 一是加大干部联系服务企业工作，2019年园区出台《关于对干部联系企业进行调整的通知》，对创新服务机制、提高服务质量提出了更高要求，实行干部“一对一”帮扶企业制度，为企业提供全方位服务。干部每周对联系的企业走访2次以上，充分了解并认真解决企业在项目建设、生产经营中存在的问题和困难，对重点项目每天24小时跟踪管理，协调解决项目施工过程中存在的困难和问题，如二氧化碳、二甲醚项目建设的关键时期，干部节假日也坚守在项目上，全年共为企业解决难题258个。二是尽力拓宽服务企业的内容，除了全力为企业提供办证、用水、用电、环保、互联网等协调服务以外，还为企业提供融资、电梯维护、房屋租赁、安保、保洁、劳资纠纷协调处理等的服务。全年共为企业协调解决用水、用电、环保咨询、互联网等为等问题363次，协助招工等服务45次，利用手机短信、微信等为企业发送停水停电信息282条，减少企业经济损失。三是及时化解各类矛盾纠纷，2019年协调处理炬凯鞋业有限公司等12个企业劳资等纠纷24次，及时化解矛盾，维护企业正常的生产秩序。四是开展优化营商环境“大排查、大走访”活动，深入企业走访，及时了解企业存在的困难。按照双承诺双兑现的原则，对涉及减免厂房租金及装修补贴的3家企业，兑现相关优惠政策折合资金约225.9万元。

【脱贫攻坚成效明显】 为进一步巩固脱贫攻坚成果，园区继续加大脱贫攻坚联系村资金帮扶。2019年，拨付给4个村（每村1万元）4万元驻村帮扶经费及“54321”用于发展“三白”产业一期到位资金3.2万元全部到位，有效推动了联系贫困村脱贫致富。其次，管委会严格按县的要求组织干部到所联系的帮扶点开展走访遍访，查找补齐脱贫短板。再次管委会还专门组建工作专班帮助入园企业到易地扶贫安置点、贫困乡开展招工20余次，招工200余人，解决贫困户就业达20余人。另外，管委会年初集中开展春节慰问贫困户和第一书记活动，发放慰问金4700元，有力改善辖区党群干群关系。

【切实抓好党的建设】 一是切实抓好“不忘初心、牢记使命”主题教育的开展。我们按照市、县要求制定“实施方案”，扎实有效推进主题教育。全区共有26名党员参加，其中科级党员干部18名，县处级党员干部3名，厅级党员干部1名。由于组织有力，措施到位，主题教育取得了较好成效并得到县巡回指导组的认可。通过开展主题教育，园区干部的理想信念得到进一步增强、干事创业的激情得到了提升、廉洁自律意识得到了强化。二是扎实推进党风廉政建设工作，认真履行廉政建设“一岗双责”，全年共召开党风廉政建设专题会4次，安排部署调度工作，将主体责任层层落实到分管部门，层层签订《党风廉政建设责任书》，督促部门班子成员履行好各自分管领域的党风廉政建设领导责任。以“不忘初心、牢记使命”主题教育为契机，组织党员干部到岔白基地进行警示教育，同时将党风廉政建设和反腐败工作纳入中心组学习、干部职工会学习和支部学习的重要内容，做到逢会必讲必学，常打招呼，常敲警钟，使党员干部时刻保持清醒头脑，自觉做到拒腐防腐，筑牢思想防线。三是深化作风建设。把纪律和规矩挺在前面，积极配合市第九监委、县纪委抓好干部纪律作风监督，充分运用“四种形态”抓好干部日常监督，全年共约谈干部19人4次。四是持续深入开展“三个大兴”活动，班子成员带头积极深入村寨和企业走访调研，为企业发展、农村产业结构调整破解难题。

（供稿：贵州黔西经济开发区）

织金经济经开发区

【概述】 2019年，贵州织金经济经开区党工委、管委会以习近平新时代中国特色社会主义思想为指导，深入学习贯彻党的十九大和全国、省、市、县“两会”及经济工作会议精神，认真贯彻落实中央、省、市、县各项重大决策部署，以党建工作为引领，围绕建设高质量发展示范区，真抓实干，克难攻坚，扎实工作，党的建设、产业项目、基础设施、招商引资、环境保护等各项重点工作稳步有序推进。

【年度经济指标完成情况】 2019年，完成固定资产投资20.05亿元，占年度目标计划30亿元的66.8%；规模以上工业总产值30亿元，占年度目标计划55亿元的54.5%；完成进出口贸易额1710万美元，占年度目标计划2000万美元的85.5%；招商引资到位资金6.43亿元，占年度目标计划8亿元的80.4%；新开工5000万元以上产业项目数4个，占年度目标计划4个的100%。

【煤化工项目稳步推进】 一是项目选址区土地6600亩，1342户5100余人征地搬迁工作全面完成，已办理了5708亩建设用地手续，达到满足项目进场施工的“毛净地”条件。二是项目合法合规建设的环评、用地、用水及可研、核准等支撑建设要件通过国家生态环境部、自然资源部、住建部、水利部、国家发改委、国家能源局等有关部委及省有关部门的审批，特别是在2019年10月14日，项目配套的2　35万千瓦热点厂获得贵州省发改委核准后，项目建设合法合规建设手续已全面审批结束。三是项目配套煤矿建设全面推进。肥田煤矿一期预计2020年初可试运行，肥田二期预计2020年3月底前可全面恢复建设，红梅煤矿、戴家田煤矿、开田冲煤矿和后续增加的三坝煤矿有关前期工作正在快速开展。

【基础设施建设加快推进】 一是总投资21.47亿元全长25.1公里的金洪大道已建成通车。项目已完成交工验收。二是东、西两条煤化工进场大道前期工作快速开展。按二级公路标准建设的西面煤化公大道建设项目全长3.718公里（其中，隧道长1.44公里），工可批复投资2.215亿元，目前工可、初步设计、施工图设计全面完成并获得批复。按三级公路建设的东面煤化工大道全长约7.5公里，预计投资1.1亿元，施工图设计已完成并通过市交通运输局审查。三是项目环评要求配套的50万立方米兜底应急事故池项目建设快速推进，地质初勘已完成，征地红线已划定约178亩。四是煤化工八步安置点项目稳步推进。投资约2亿元的煤化工安置点一期项目已完成项目总进度的80%，场平和路网结构基本完成，有效安置面积约76843平方米（计划安置850户）。投资约5879万元的煤化工安置点二期项目招投标工作已全部结束，有效安置面积约38648.5平方米（计划安置492户）。

【招商引资工作力度加大】 一是全年共引进

5000万元以上重点招商引资产业项目8个，占全年任务的100%，其中，黑马科技智能交通信息化产业基地、液化石油气及二甲醚储配充装站正在开展场平，聚烯烃包装袋生产项目、醇基环保燃油及防爆撬装式燃油加注站建设项目即将动工，其余4个项目正在开展征地拆迁、施工图设计等进场开工前期工作。引进项目签约总投资5.24亿元，新引进项目招商引资到位资金0.34亿元。二是编报《贵州省经开区招商引资重点项目登记表》15个，占全年任务的100%；编报《贵州省经开区重点招商项目》15个，占全年任务的100%。三是对接洽谈境外企业2家，占全年任务的66.67%；签约境外投资项目1个（竹荪制化妆品项目），占全年任务的33.33%。四是外出广州、深圳、惠州、贵阳等地招商6次，深入对接洽谈企业31户，签约项目4个（其中，1个项目已签订《招商协议》并落地注册，1个项目投资商已深入织金考察洽谈）。

【环保工作取得实效】 一是完成开发区招商引资项目评审登记；二是推进开发区内项目环保有关手续的办理；三是推进省、市有关部门要求的环保问题整改有关工作；四是开展园区企业环保监督检查和服务企业工作；五是完成开发区区域环境质量监测并报省生态环境厅备案；六是完成省委环保督查整改办要求的园区依托城镇污水处理厂处置废水评估报告编制工作；七是完成贵州省、毕节市和织金县“三线一单”划定涉及的开发区管控单元、环境准入清单及骨干水源和大矿重叠等事宜与省、市环保及县直有关部门的对接及常规有关工作。

【机关行政效能不断提高】 一是加强党的政治建设。通过干部职工大会、党工委中心学习组学习研讨、党支部讨论学习等方式，深入学习贯彻习近平新时代中国特色社会主义思想、党的十九大精神，认真贯彻落实中央、省、市各项重大决策部署，切实增强“四个意识”，坚定“四个自信”，自觉做到“两个维护”，始终在政治立场、政治方向、政治原则、政治道路上同以习近平同志为核心的党中央保持高度一致。二是严格落实意识形态工作制度。要求所有活动不得出现违背党和国家大政方针、违背宪法法律、危害国家安全、破坏民族团结等言行，自觉对违背党的理论和国家的路线方针政策的不良言论行为进行制止或作坚决斗争。三是认真落实党风廉政建设工作责任制。组织召开2019年党风廉政建设工作大会和警示教育大会，除层层签订党风廉政建设责任书外，还签署滥办酒席和殡葬改革承诺书，筑牢干部拒腐防变思想防线；年初组织开展廉政知识抢答赛等廉政文化活动，深入开展廉政风险点排查工作，明确重管部门、重管岗位和重管人员，制定防控措施加强监督管理，开展层级廉政提醒谈话90余次；工青妇等群团工作正常有序开展。四是扎实开展“不忘初心、牢记使命”主题教育活动。党工委及各支部按照“守初心、担使命、找差距、抓落实”的总要求扎实开展主题教育活动，将学习教育、调查研究、检视问题、整改落实贯穿主题教育全过程，达到使全体动员干部“理论学习有收获、思想政治受洗礼、干事创业敢担当、为民服务解难题、清正廉洁作表率”的目标要求。五是尽锐出战决胜脱贫攻坚。选派8名优秀干部到织金县贫困村任第一书记，选派13名干部参与全县万名干部下基层到村入户联系帮扶贫困农户，增派8名优秀干部参加驻村帮扶工作并切实肩负起决胜脱贫攻坚工作重任，确保按期打赢脱贫攻坚战，与全国同步全面建成小康。

【巡视巡察整改工作持续推动】 一是针对市委巡察办反馈的整改问题，党工委高度重视，成立巡视巡察整改办公室，明确人员，建立整改台账，制定整改措施，明确整改任务、整改时限、责任人员等加以整改。经开区已收到市委巡视巡察反馈问题共5个方面37个问题，已整改落实36个问题，还有1个问题（违规滥发津补贴退款问题）因涉及人数多，且大多为县抽派人员，涉及金额大，问题正在持续整改中。二是针对工业园区建设形式主义问题整改工作，经开区党工委已制定整改工作专班，下设整改工作办公室，结合省、市整改方案制定整改工作台账，明确整改任务、整改时限、责任领导、责任单位及责任人。在省、市、县巡视整改工作督查组的领导下，已全面完成整改问题9个，完成整改率为100%。

【财政收支平稳运行】 经开区财政局在县财政的安排和统一部署下，坚持量入为出、收支平衡的原则，科学合理地编制年度部门收支预算，切实保障经开区各机构基本运转的支出需要、服务企业、努力推进各项目建设。经开区全年财政拨款收入1014.84万元，其中，统发人员工资412.84万元，公用经费159万元，安监、规划工作经费40万元，煤化工工作经费200万元，中石化煤化工服务工作经费50万元，工会经费3万，碧云公司工作经费150万元。一般公共预算补助支出完成1014.84万元，按照支出用途：人员经费支出412.84万元，日常公用经费162万元，项目经费390万元，划转碧云公司工作经费150万元到碧云公司。经开区全年财政收支执行情况较好，基本保持平稳运行态势。

【安全生产工作有效推进】 一是与经开区各部门及辖区内各重点企业、重大项目施工单位签订安全生产责任书，明确安全生产企业主体责任以及内设各部门“一岗双责”责任，确保安监工作的正常推进。二是制定《安全生产监督检查制度》《安全生产责任制度》《安全生产检查清册》等工作制度，编制《安全生产制度汇编》严格按照制度规范开展各项安全生产工作，确保工作任务及时保质保量完成。三是定期组织人员对辖区内企业开展安全生产监督检查和隐患排查工作，对辖区内煤化工安置点、煤化工项目施工点、中城能源公司肥田煤矿、黑马科技施工场地、织金电厂、金洪大道建设项目、宏瑞建材厂、东伟服装厂、广成家具、中小企业创业园等企业组织开展60余次安全生产监督检查，人员100人次，检查企业35家，未发现重大安全隐患，发现一般安全隐患99条，督促企业及时完成整改99条，整改完成率达到100%，全年未发生一起安全生产事故。

【控违拆违工作有序开展】 经开区城镇管理执法大队与八步街道办事处、茶店乡形成联合执法组在经开区规划范围内开展控违拆违工作，在巡查中发现违法建筑92户，其中下发停建通知书53份，对限期拆除但未拆除的房屋28户进行强制拆除。共计拆除面积3070平方米；同时联合执法组协助中石化织金煤化工项目搬迁扫尾工作组对磨大搬迁户2户房屋进行强制拆除。

【原产业园区遗留问题逐步解决】 原产业园区遗留问题处理工作组加大对原产业园区项目遗留问题的排查和处理力度，有关遗留问题逐步得到有效解决。共处理项目遗留问题40余起，涉及300多人，督促有关项目业主解决拖欠的农民工工资、工程款、材料款等共计约300万元，及时有效化解一系列不稳定因素。

（撰稿：董克明）

金沙经济开发区

【概述】 2019年，金沙经济开发区紧紧围绕“建设开放新高地、打造转型升级版”，以建成国家级新型工业化示范基地为目标，以招商引资和项目建设为中心，以产业转型升级为主线，以园区建设为载体，以优化环境强化服务为保障，不断增强园区综合竞争力，全力打造金沙经济开发区升级版，为打赢“113攻坚战”提供有力支撑，助力脱贫攻坚。

【夯实基础设施筑巢引凤】 开发区水、电、路、信等配套基础设施不断改善，综合承载能力不断提升；电镀厂投入运行，为五金产业发展配套奠定基础，洪星物流园、义乌商贸城等建设项目运行良好，进一步推进物流业、商贸业、服务业的发展；开发区集中供热（冷）项目已安装供热管线达13.2千米，并实现向金沙酒业、电镀厂等企业供汽，提升园区配套服务水平，奇力、华资自建产业园有序推进，为做大增量创造条件。

【各项经济指标完成情况】 规模工业产值完成131.4亿元；招商引资完成新引进产业项目21个，协议签约资金35亿元，产业项目到位资金13.32亿元，全口径招商引资项目到位资金56.56亿元。税收收入完成8.254亿元；新增就业2608人；工业用电量完成47090.1万千瓦时；固定资产投资完成9.754亿元；外贸指标完成1.05亿美元；上规入统完成7家；工业投资（500万口径）完成50.27亿元；规模工业增加值完成为44.25亿元。

【突出招大引强，促进产业发展】 1. 明确产业定位，理清发展思路。明确产业招商4条主线，一是以标准厂房为主要平台发展电子制造业，形成电子电声、电玩、家用电器等配套产业链。二是以贵州宝华表面处理中心为关键配套，重点发展五金制造产业。三是结合县内农业资源禀赋，发展特色食品、白酒产业。围绕白酒、食品，大力发展相关配套产业。四是利用茶园电厂、黔北发电厂脱硫石膏、粉煤灰、蒸汽、电力等资源，发展循环工业。

2. 围绕盘活存量，做实园区增量。加大“僵尸企业”清退力度，清理收回标准厂房，增加资源储备，为新项目入驻创造条件，实现“腾笼换鸟”，不断增强园区企业厂房利用率。清退正鼎电子入驻荣利泰高档仿真车模型生产项目，清退贵金、合裕泰入驻厚普电子线材生产项目，清退博通、森恒电子入驻氙知电子和雪中情电暖炉生产项目，清退大正新能源入驻金沙贡茶公司，腾退鸿海电子入驻众力扶贫公司，清退联威万宏、书拉密包装、聚鼎鑫将位于光明社区安置房的小微企业搬迁入驻，解决消防安全隐患问题。清理整合标准厂房6.76余万平方米。

3. 加强招商宣传，优化招商政策。为加大对大型、优质企业吸引力度，以及帮助已入驻企业做强做大，重新修订并出台《金沙县工业类招商引资优惠奖励暂行办法》，注重优惠政策兑现与客商投资贡献度挂钩，更加注重权利义务对等，研究制定《金沙县招商引资管理办法》，招商引资工作更加规范，招商效率进一步提高。新引进产业项目21个，协议签约资金35亿元；产业项目到位资金13.32亿元，全口径招商引资项目到位资金56.56亿元。入园开工建设产业项目21个，投产项目13家，编制招商引资项目25个。

【优化服务水平，破解发展难题】 1. 加强代办服务。全年代理代办工作。代办窗口共代办行政审批项目65个，代办营业执照办理12个、名称审核16个、公章雕刻15个，执照变更12个，其他事项11个。接到企业申请办理事项共102项，涉及企业厂房、宿舍设施检查、安装、维修以及申请（退换）宿舍、食堂、厂房等事项。拓宽服务领域。通过购买服务的方式，在法律、资金申报等方面提供全面周到的服务，努力使园区企业管理更加规范、更加健全。积极帮助企业开展市场拓展、品牌创建等，支持企业做大做强。全年开展法律咨询、法律援助等事件266件。

2. 加强项目调度。一是进行每月一次项目调度，准确掌握项目建设、经营情况，协助企业解决存在的困难和问题。并掌握相关政策，为企业解读招商引资、资金申报等相关政策，协助企业合理争取奖补资金。有入驻企业126家，其中正常生产企业73家，在建企业12家，停产停建企业35家，未进场企业、拟清退企业等6家。二是每月完成对企业大走访、大调度2次，了解企业每月生产产值、税收、进出口贸易额、环评相关手续办理情况和本年度累计生产产值、税收、进出口贸易额等，建立月调度台账。

3. 加强招工稳工。根据《贵州金沙经济开发区2018－2019今冬明春招工稳工工作实施方案》要求，成立4个招工工作小组，积极在全县及县域周边范围内开展招工宣传工作。二是建立求职人员信息台账，将求职信息进行梳理，分发到各企业，实行点对点输送工人，对已经成功入职的群众，进行回访，加强跟踪管理，确保就业的稳定性。三是定期收集汇总各企业招工需求，并根据企业招工需求，为前来务工的人员提供合适的岗位。四是进一步完成人力资源服务网站的相关功能建设。根据相关工作要求，结合系统在使用过程中出现的问题，积极对接开发商完善系统功能，通过县扶贫办提供的贫困户资料对系统中的贫困户数据进行精准比对；完善系统数据统计功能；完善离职预警系统。五是维护人力资源官方网站、公众号等信息网络平台，累计发布招聘信息、咨询信息200余条。经开区各企业现有在岗就业人员6211人，本年度新增就业2608人。

4. 加强技能培训。推进“十万农民大培训”，积极开展各项培训6次，涉及培训总人数700余人。

【加强扶贫工作，助力脱贫攻坚】 1. 严格要求，信息精准。完善易地扶贫搬迁群众信息梳理，严格按照“六包工作要求”完善信息统计。根据《贵州金沙经济开发区管理委员会2019年脱贫攻坚结对帮扶工作实施方案》的通知，全力抓好易地搬迁户包保责任制，严格按照一包到底，不漏一户，实现贫困人口脱贫“清零”；解决光明小镇·幸福家园和大水小镇·美丽家园两个移民搬迁安置点搬迁户劳动力就业，积极支持做好帮扶工作。2. 开发岗位，实现就业。按照易地扶贫搬迁群众信息梳理统计情况，并对就业信息进行深入分析，了解搬迁群众的就业意愿、就业能力和就业培训需求，做好登记管理，按需推岗。负责引导和鼓励区内企业优先安置搬迁劳动力就业，力争解决搬迁劳动力能就近就地就业。企业累计吸纳建档立卡贫困户660余人就业；为民兴街道金民社区6、7、8栋易地搬迁贫困户推荐就业扶贫公益专岗31人，岗位包括楼层管理员14人，卫生监督保洁员6人，安全巡逻员5人，禁毒辅助人员5人，文明劝导员1人。完善《易地扶贫搬迁群众就业岗位开发工作实施方案》，积极加强就业岗位开发。已开发稳定就业岗位1500余个；弹性工作制岗位（企业公益岗），岗位数量为180个。3. 创新思路，增加收入。充分发挥金民社区劳务外包服务点的作用，加强对易地扶贫搬迁群众就业服务引导，确保易地扶贫搬迁劳动力快速就近就业。开发区劳务外包工作自开展以来，依托园区企业产品生产工艺特点，积极发展产品外包服务工作，增加搬迁群众收入，切实解决搬出来后怎么办的问题。外发加工的企业有：金沙厚普电子有限公司、贵州伟然电子科技有限公司、贵州桦鸿服饰有限公司、贵州博思拓科技有限公司、贵州顺达皮具有限公司等5家企业。建设乡镇（街道）代加工点15个，其中已完成建设并正常生产的代加工点11个，累计解决就业324人。

（供稿：金沙经济开发区）

贵州威宁经济开发区

【概况】 2019年，贵州威宁经济开发区坚持以习近平新时代中国特色社会主义思想为指导，认真贯彻落实党的十九大精神、习近平总书记对贵州对毕节重要指示批示精神及中央、省、市、县经济工作会议精神，有序推进项目建设，加大招商引资力度，做好相关服务，不断加强党的建设，积极参与脱贫攻坚，稳步推进卫生环保等各项工作，园区经济指标稳定增长。全年完成规模以上工业总产值91.08亿元，工业增加值25.05亿元，产业项目固定资产投资11.16亿元和基础设施和房地产开发项目固定资产投资6.4亿元；完成进出口额325.19万美元；入驻企业102户，其中投产企业86户（正常生产65户，季节性生产4户，停产17户）；在建16户（正常建设11户，停建5户）；新增规模以上企业7个，规模以上企业累计47个。

【有序推进项目建设】 有序推进丰汇鞋业、讴致汽车用品、超越农业、润兴新型建材、定腾、锦博六个企业建成投产。持续加快贵州江楠农业科技开发有限公司威宁分公司、贵州宏华生物科技有限公司、威宁荞源农业有限公司、贵州徐福绍芬火腿食品有限公司、威宁县鑫禹农业有限责任公司、威宁县鸿州商贸有限公司、威宁京虹科技有限责任公司等重点产业项目建设，加快园区基础设施建设。全年新增开发区面积0.8平方公里，累计开发面积14.6平方公里；完成路网建设3公里，累计达46.1公里；完成102省道改造三期阳光大道至烟叶仓库的沥青、人行道、绿化建设；完成融丰皮具场平及强夯工作；协助配合完成恒大新增2万人易地扶贫搬迁工程开华佳苑、祥和佳苑二期场平工作；完成工业十三路建设、生态排水渠验收工作；启动实施五里岗安置区人行道改造工程；完成环城路延伸段二期道路景观工程、乌撒大道延伸段景观工程。

【持续做好招商引资】 经开区坚持“抓大不放小”思路，进一步完善招商引资政策措施，采取领导带队招商、以商招商等招商方式大力开展招商工作。先后前往广东、浙江、安徽等地考察、推介项目，先后引进德福生物科技有限公司项目、品味汽车内饰用品生产加工项目等一批优强企业落户经开区，招商工作取得较好成效。2019年，经开区共联系洽谈项目50余个，完成签约项目21个（占年初目标任务20个的105%），其中5000万元（包含5000万元）以上项目11个；新增入园项目16个（占年初目标任务的107%）；产业项目建设完成实际到位资金15.17亿元（占年初目标任务15亿元的101%）。

【不断提高服务水平】 做好代办服务工作，实行“一个窗口受理、一条龙服务”，受理代办事项135件，办结135件，办结率为100%，同比增长18%；解答业务咨询服务207件，同比增长58%。做好招工服务工作，投入52万余元资金新建4块电子显示屏，滚动宣传招工信息，并配备专职人员负责资讯平台的日常工作，对园区企业及县内企业的用工需求，随时在触摸屏录入、更新发布招聘信息；带领相关企业赴各乡镇及车站等人员密集场所召开现场招聘会25余场次，发放招聘简章5万余份，推荐就业人数2107人。做好企业服务工作，制定经开区干部联系服务企业“1+1+N”工作方案，建立跟踪保障服务台账，做到扶持保障、部门对接保障、生产配套保障、加强党风廉政保障“四个保障”不落空。

【深入推进脱贫攻坚】 全年选派17名干部下沉到脱贫攻坚一线开展驻村帮扶工作，定期召开座谈会，了解驻村工作开展情况和面临的困难问题，筹资近36万元为雪山镇贫困户解决危房改造、饮水等难题，向学校捐赠价值4万余元的学习及生活用品等。抓好抓实雪山、新发、龙场、大街、石门等乡镇扶贫车间的建设运营指导工作，就地就近解决农村劳动力特别是贫困人口劳动力就业问题，努力实现“一人一就业，一户一脱贫”，助力全县决胜脱贫攻坚。进一步加强对雪山镇脱贫攻坚工作的帮扶业务指导，认真做好产业、教育、医疗、住房、安全饮水等方面存在问题的整改，对问题清单、任务清单和责任清单严格研判把关，对发现的问题及时提出工作建议，进行整改完善。

【不断深化党建工作】 强化党员作用发挥，促进党建工作规范化建设。积极组织开展“‘1+1’党员干部进企业”活动。强化示范性党组织打造，促进党建工作规范化建设。将雪榕党支部、鹤乡果党支部等树立为非公有制企业党建工作典型，实现党的建设与企业和谐发展互促双赢。深入开展“不忘初心、牢记使命”主题教育，践行共产党人的“初心”“使命”，深化党的建设。

【园区环境卫生整治】 全年出动车辆500余台（次），人员1500余人（次）对园区环境卫生开展集中整治、日常巡查整治，发放整改通知书100余份，整治流动摊点80余件（次），处罚带泥上路车辆70余台次，清理野广告900余份，处罚人行道乱停放车辆20余辆（次）。投资9万余元建设3所环卫工人休息室，进一步改善环卫工人工作环境。根据路段及工作强度将122名环卫工人划分为9个环卫小组，每组5至12人，实行分段管理，责任到人。投入资金100余万元修补市政道路、人行道、绿化，安装道路隔离栏等；投入资金40万余元及时组织抢修因地灾等造成的道路管网塌陷损毁，切实维护好经开区良好营商环境；投入资金70余万元利用市政路灯安装中国结、灯笼串等节日灯饰800余个，进一步美化亮化环境。

【农民工权益保障】 在企业推行“两个普遍”推进暨工资集体协商集中要约行动，对企业职工关心的保险、农民工维权等政策进行宣传，对存在的劳资纠纷进行逐一排查、服务上门、力争“劳资纠纷”在企业一线化解，为企业职工排忧解难。全年受理和排查出拖欠农民工纠纷66余，涉及2695人，协调发放资金近4000万元。

【园区企业环保工作】 采取一企一档方式，进一步规范资料，确保环保工作资料收集充分、全面，随时掌握企业最新环保开展进度，积极配合环保部门做好对园区企业的环保监管工作。同时，进一步加大环保宣传力度，紧紧围绕群众关心的热难点问题，加强宣传报道，客观、准确发现问题、解决问题，营造全社会重视环保、理解环保、参与环保、支持环保氛围，形成“社会参与、全民动员、保护环境”工作局面。

【园区企业安全生产】 强化“党政同责”“一岗双责”，坚持主要领导亲自抓、分管领导具体抓原则，细化分工，定期组织召开安全生产工作会议，研究分析、安排部署安全生产工作，并认真督促抓落实。进一步强化“红线意识”和“底线意识”，始终做到警钟长鸣，在思想上保持高度警惕；在重要时间节点、重大活动期间组织安全生产大检查，保障经开区安全生产形势稳定。全年排查一般隐患406条，已整改406条，排查覆盖率达100%，整改率达100%，安全生产复查率406次，复查率达100%，重大隐患整改率达100%，销号率达100%。做好消防监管工作，先后到雪榕一厂、招商物流等5家进企业开展消防培训，专职消防队坚持每周1至2次的消防灭火训练（演练）。出警扑灭非统计火灾19起（7起为森林火灾、6起为民房火灾、6起为企业火灾）。加大危险化学品、烟花爆竹等方面的管理力度，开展大检查286家（次），未发现安全隐患。

【打击违法犯罪】 全年共立刑事案件15起（职务侵占1起、抢夺1起、盗窃10起、拐卖1起、诈骗2起），破获8起（其中盗窃7起、诈骗1起），抓获并刑事拘留10人（已取保2人、逮捕8人）；为受害人挽回直接经济损失60000余元。

受理治安案件12起，办结12起，行政拘留17人。共检查企业498家（次），对排查出的436起隐患已完成督查整改。

（供稿：贵州威宁经区党政办）

赫章县产业园区

【概述】 赫章县产业园区管理委员会由贵州省毕节地区（现毕节市）机构编制委员会于2010年11月24日批准成立，为中共赫章县委、赫章县人民政府派出的副县级机构，与赫章县产业园区党的工作委员会实行一个机构两块牌子的管理体制，设党工委书记1名，管委会主任1名，副主任2名，总工程师1名；内设办公室、财务科、规划管理科、投资促进科、项目管理科等5个副科级机构及5名副科级领导职数；同时设立野马川特色农产品加工园区管理处、珠市生铁铸造工业园区管理处、妈姑有色金属工业园区管理处，赫章县产业园区安全生产监督管理站，4个副科级机构及4名副科级领导职数。2019年，赫章产业园区共有在职在编人员32名，其中党工委书记1名、管委会主任0名、副主任2名、总工程师1名，科室、园区管理处、安监站领导干部（副科级）9名，副科级干部4名，一般工作员16名，工勤人员2名；中共党员22名，群众10名；研究生2名、本科文化19名，专科文化10名，中专文化1名。2019年，赫章县产业园区在县委、县政府的正确领导下，紧紧围绕全县中心工作及各项目标任务，大力推进园区建设和发展，各项工作取得良好成效。全年新增规模企业4户，占市目标任务4户的100%；完成工业产值35.5亿元，占市全年目标任务35亿的101.14%；完成工业增加值13.13亿元，占市全年目标任务13亿的101%；完成税收3.06亿元，占市全年目标任务3亿的102%；完成工业用电2.12亿千瓦，占市全年目标任务2亿千瓦的106%。完成出口经济1011万美元，占市全年目标任务0.1亿的101.1%。新开工产业项目10个，占市全年目标任务10个的100%；完成投资22.1亿元，占市全年目标任务22亿的100.45%；完成招商引资到位资金7.1亿元，占目标任务7亿元的101.42%；新建成标准化厂房1.5万平方米。

【突出主导产业，狠抓招商引资】 2019年，在充分调研、考察观摩、市场分析、政策解读基础上，明确以“铸造产业”为主导产业进行全面打造升级，着力打造燃气灶炉头、地弹簧、锁体三个产业链，围绕铸造主导产业链的建链补链、强链扩链，通过领导带头招商、部门责任招商、优惠政策招商等方式，赴浙江、上海、山西、山东、广东等地开展招商活动，签约项目15个，落地项目10个。全年先后引进贵州汇铸工业有限公司赫章县年产10亿把锁体铸造及挂锁生产项目、赫章县璐斌锁业有限公司年产5000把挂锁生产项、赫章县三环锁业有限公司年产2000万把成品挂锁项目、赫章县浩天锁业有限公司1100把锁生产项目、赫章县永周锁业有限公司1100万把锁生产项目等著名挂锁品牌生产项目，助力园区提质升级。

【统筹推进，狠抓项目建设】 园区始终坚持实行“一个项目、一套班子、一支队伍、一名服务人员”的“四个一”制度，强力推进项目建设。2019年完成野马川园区健身广场及绿化建设；完成野马川326国道改扩建及野马川园区大佛寺安置小区路网等项目的验收工程；完成铁匠建材园区厂房、职工宿舍设计及施工图审查；完成珠市园区新引进4家炉灶头铸造企业硬化工程、供电工程、行车采购安装、厂房维修、防护栏安装工程；完成妈姑园区3万吨铸铁锁体项目场地硬化工程、供电工程的设计。

【腾笼换鸟，全面清理“僵尸企业”】 通过深入对园区内企业的占用厂房情况、用工情况、生产经营情况、财务指标、报税情况、产能利用率、银行欠款、用电情况等进行认真核查，建立园区“僵尸企业”台账。并在领导小组的指导下，严格按照《赫章县人民政府办公室关于印发赫章县产业园区“僵尸企业”清理工作方案的通知》（赫府办发电〔2016〕174号）文件精神组织开展“僵尸企业”清退工作。2019年对长期停产、生产效率差的黔皇床垫、黔峰门业、古艺家俱等3家企业（项目）进行清退，共腾出厂房2栋10400平方米；同时，对部分发展良好、规模较小的企业进行规划整合，对破旧厂房进行修缮，实现了标准化厂房的最大化利用，为招商引资新引进项目的落地建设提供了厂房保障。

【加强服务，着力优化营商环境】 一是由县人社局督促指导，园区管委会牵头，企业全力配合落实企业规范招工、用工行为。二是加大宣传力度，搭建园区就业平台，及时准确发布园区用工信息。三是引导农民或外出务工人员回乡到园区就近就地就业创业。四是帮助开展招工宣传。2019年园区配合企业开展用工宣传15次，招进工人500余人，切实解决企业用工问题。

【结对帮扶，助力全县脱贫攻坚】 2019年共选派7名干部脱钩到园区联系的野马川镇寨子村、古达乡观音村和中坝村、河镇乡双河村、罗州镇铜建村、珠市乡以那村等村开展扶贫帮扶工作，另派10名干部下沉到古达乡和德卓镇开展扶贫帮扶工作。每月走访慰问贫困户，结合帮扶对象实际，提出脱贫措施，协调解决实际困难。2019年为野马川镇寨子村解决办公经费10000元，分别为古达乡观音村、中坝村、中山村解决办公经费10000元、10150元、20000元，为罗州镇铜建村解决办公经费10000元，为珠市乡以那村解决办公经费10000元，在走访贫困户的过程中，引导166个有劳动力的贫困户家庭到园区企业务工，实行保底2000元+计件工资制，并为员工提供公租房住宿，为助推贫困户早日脱贫作出应有的贡献。

【因地制宜，推进园区产业转型升级】 2019年，完成妈姑园区专线及变压器安装工程建设，铁水专用通道及人行便道工程建设；完成妈姑园区10把锁体铸造及精深加工项目1.5万平方米厂房及配套公厕、行车安装、配电工程等等附属工程建设；完成珠市园区污水处理厂附属设施工程建设，标准化厂房场地硬化、电力配套、厂区绿化建设等附属工程建设，洗羊塘片区100套公租房建设并启动公租房变压器安装工程完成；完成赫章县900万只煤气灶炉头铸造及精深加工项目和1200万只煤气灶炉头铸造及精深加工项目配电工程。完成野马川园区一期标准化厂房4台载货电梯安装工程项目，赫章县年产5000万把挂锁生产及加工项目（三环锁业）外墙装饰工程建设；完成发制品企业污水处理厂建设、蒸汽锅炉采购及安装建设工程；完成新入驻项目配电工程建设。

【党建引领，夯实园区组织保障】 一是实行园区非公企业选派党建指导员工作模式，强化非公企业党建指导。2019年，园区领导干部到各企业开展调研及指导党建工作共60余人次，为企业提出有效工作建议和意见25条。按照新时代党的建设总要求，全面加强非公企业党建工作，推动基层党组织“建得起，稳得住、干得好、管得活”，实现有形覆盖向有效覆盖转变，充分发挥党组织在非公企业发展中的引领作用。二是认真开展党员组织关系排查工作，加强党员培养，着力为党支部输送“新鲜血液”，确保园区党员示范带动作用得到进一步提升，2019年发展党员4名。三是认真抓好党组织生活的开展。2019年，园区党工委班子共开展了12次集中学习，严格按照要求分别召开了园区民主生活会、专题组织生活会巡视整改专题民主生活会。四是以落实"两个主体"责任、狠抓作风建设为重点，扎实有效地推进党风廉政建设和反腐败工作。讨论出台了干部约谈、意识形态工作责任制、开展三个大兴之风、"新时代农民讲习所"建设等实施方案。对党工委领导班子成员及各科室、管理处负责人进行约谈共29人次，对约谈对象分别提出有效工作建议和意见共33条。通过约谈，促进党员干部廉洁自律，营造风清气正的政治生态和发展环境。

【一岗双责，压实安全监管责任】 一是认真制定各时间节点安全生产大检查工作方案并按方案抓好落实，确保园区安全生产工作扎实有序开展。二是出台园区管理处值班值守制度，明确值班值守人员，确保信息及时报送。三是强化园区、企业一岗双责落实率，加强安全隐患排查治理，确保园区全年无安全事故发生、无非法生产违法产品的情况。

（供稿：赫章县产业园区管委会）

城建·环保

住房和城乡建设

【概述】 2019年，毕节市住房和城乡建设局在市委、市政府的正确领导下，在上级业务主管部门的精心指导下，在各级部门的大力支持下，坚持以习近平新时代中国特色社会主义思想和党的十九大、十九届二中、三中、四中全会精神为指导，深入贯彻落实习近平总书记对贵州对毕节的重要指示批示精神，牢固树立“四个意识”，始终坚定“四个自信”，坚决做到“两个维护”，坚持稳中求进工作总基调，坚持新发展理念，以高质量发展为统领，聚焦农村危房改造，以城市建设为中心，大力推进村镇建设，着力完善城乡住房保障，全力规范建筑市场管理，强化房地产市场监管，促进全市住房城乡建设事业平稳健康发展。

【房地产业平稳健康发展】 2019年全市完成房地产开发投资230.49亿元，同比增长28.21%，商品房销售面积615.4万平方米，同比增长10.5%，房地产开发投资总额、商品房销售面积增速全省排名第四；新建商品房销售均价4610元/平方米，同比增长0.5%。大力整顿规范市场秩序，会同相关部门开展打击侵害群众利益违法违规行为、治理房地产市场乱象专项行动，重点整治投机炒房、房地产黑中介、开发企业违法违规和虚假房地产广告等行为，处置房地产开发遗留问题28个，追缴追回金源达房开、七众房开、瑞丰房开代收维修资金1830万元。中心城区（七星关、百管委、金海湖）归集商品住宅专项维修资金余额75529.83万元。

【建筑业发展稳步提升】 强化建筑业经济运行调度，全年共计完成建筑业总产值122.75亿元，同比增长18.68%，占省年度目标118亿元的104%，增速排名全省第二名。加强建筑业上规入统工作调度，上规入统施工企业增加至139家，全年共培训考核三类人员1920人，特种作业人员2298人。开展建筑市场及质量安全执法检查1025次，检查在建项目503个，排查治理质量安全隐患6145条，下发整改通知书1254份，停工整改通知单405份，对96家企业处罚687.54万元，处罚力度和金额均位于全省前列。持续开展工程建设领域专业技术人员“挂证”等违法违规行为专项整治，清理违法违规“挂证”人员1263人，清理率达100%。

【城乡住房条件明显改善】 2019年全市租赁补贴发放任务2130户，按发放峰值计算，发放4272户，发放率200.56%。9074户棚户区改造项目开工启动9101户，开工率为100.3%；4735套基本建成任务完成6129套，完成率129.44%；棚改项目完成投资100.28亿元，完成率为100.28%。16451户农村危房改造任务、22735户老旧住房透风漏雨整治任务、242户人畜混居整治任务全部竣工。培训农村建筑工匠及相关人员3896人次，建成农村小康房2700户，完成投资1.8亿元。

【基础设施建设大幅改善】 全市共累计完成城镇道路交通、管网建设、污水和垃圾处理设施、生态园林建设、其他项目（含照明亮化、农贸市场、广场）等各类城镇基础设施建设投资229.30亿元，16个城市新区开工新区建设项目121个，完成投资42亿元；新增城镇道路110.31公里，新增燃气管道60.64公里，新增城市社会公共停车位4277个，新建改建城镇公厕73座。启动建成威宁县海韵公园、七星关区南山公园建设项目二期工程、金沙县箐河生态公园景观工程、大方县杜鹃大道至成贵铁路大方车站道路工程、织金县凤凰生态公园（北区）、赫章县后河湿地公园、百里杜鹃生态湿地治理工程等11个海绵型城市建设项目，累计完成投资5.05亿元。

【特色小城镇建设稳步推进】 一是全市特色小城镇建设完成投资155.88亿元，新增城镇人口44274人，新增城镇就业人口34333人，累计建成达标“8+X”项目共计3910个，综合达标率64%，16个省列示范小城镇镇村联动覆盖率达90%以上。二是会同市发展改革委制定《毕节市加快推动特色小镇和小城镇高质量发展三年行动计划（送审稿）》。牵头完成我市整县推进小城镇建设试点七星关区、金沙县的考核评估工作，顺利通过省级第三方评估验收。三是深入总结2018年黔西县林泉智慧小镇培育创建经验，2019年在金沙县建成西洛街道（千亩荷塘）、岩孔街道（玉簪花小镇）两个智慧小镇。四是完成赫章县六曲河镇河边社区和赫章县河镇乡海雀村两个“幸福生活与美好环境共同缔造”试点创建工作。五是完成大方县雨冲乡油杉河村、黄泥塘镇背坐村两个国家传统村落保护发展规划编制和消防基础设施建设，完成织金县龙场镇阳光村营上古寨国家传统村落传统公共建筑修缮加固阶段性任务，其中大方县雨冲乡油杉河村入选2019年贵州省第二批传统村落示范村，织金县营上古寨列为贵州省社会科学院民族学重点学研究基地。

【城乡垃圾治理明显改观】 一是加快垃圾处理设施建设，不断提高城乡垃圾处理能力，1—12月全市城乡垃圾无害化处理率为62.37%，全省排名第五位，比2018年进一位；加快推进4个垃圾焚烧发电项目建设，累计完成投资7.3亿元，织金县、中心城区项目进行单机点火调试，新增垃圾处理能力1600吨/日。二是制定《毕节市全面推进生活垃圾分类处理工作实施方案》，启动毕节市中心城区垃圾分类处理前期工作。推进非正规垃圾堆放点整治工作，开工整治完成43个堆放点；开工建设完成32个乡镇垃圾转运站，完成率100%。三是垃圾收运设施实现全域覆盖，农村垃圾收运覆盖率89.2%，超额完成39.2个百分点，全省排名第三；金海湖新区、织金县、黔西县提前通过省住建厅评估验收。建成10个县区垃圾收运系统（建成242个乡镇、办事处垃圾转运站和配备转运车辆），乡镇垃圾收运设施实现全域覆盖、城乡一体化，90%以上建制镇建成垃圾收运处理设施，比目标任务超出20个百分点。四是强力推进中央环保督察涉及的垃圾处理问题整改工作，加强垃圾填埋场运营管理，实施渗滤液处理站升级改造，各县（区）运营管理水平明显提升，得到省住建厅第三方评估肯定。

【绿色建筑建材统筹发展】 一是大力推进我市绿色建筑的发展，对用地规模10万平方米以上的建设项目全面执行绿色建筑星级标准，绿色建筑占新建建筑的比例已达44%；推进建筑工业化和实施住宅全装修，提升绿色建筑品质，申报省级装配式建筑示范面积约20万平方米。二是全面执行民用建筑节能强制性标准，施工图审查阶段节能标准执行率达100%，竣工验收阶段节能标准执行率达达到了98%；发展新型绿色建材产业，城镇规划区使用新建材比例已达到90%，全面促进我市绿色建筑高质量规模发展。三是为加快绿色建筑的发展，推进建筑工业化，全面提升住宅建设品质，在全省首先制定了从2020 2021年，住宅基本实现50%住宅全装修，2022年起实现100%成品房交房的政策目标和措施，该目标相比《贵州省人民政府关于加快成品住宅的指导意见（征求意见稿）》实现100%成品房交房的目标提前8年。四是印发《毕节市人民政府办公室关于加快推广应用装配式建筑的实施意见》，会同发改等四家单位联合印发《毕节市装配式建筑实施细则》并开始实施，率先在全省建成乡镇级绿色装配式建筑——赫章县德卓乡沙泥村便民服务中心。

【行政审批效能大幅提升】 一是印发《毕节市全面开展工程建设项目审批制度改革工作实施方案》，通过“减、放、并、转、调、诺”的方式，形成了毕节市工程建设项目审批83项（省级84项）事项清单及流程图。根据改革所需全面梳理和加快研究出台配套政策，全力助推工程建项目审批制度改革工作，2019年毕节市已按改革要求编制20个配套政策。二是毕节市充分借鉴贵州省工程项目建设审批管理系统及贵阳市工程建设项目审批管理系统的建设经验，加强推进云资源申请、系统部署、数据对接等工作，全市工程建设项目网上办事大厅、工程建设项目审批管理系统、工程建设项目效能督查系统平台于8月15日建成并上线试运行，是全省继贵阳市（工改试点城市）、黔西南州（“多规合一”协同平台建设试点城市）之后上线试运行的市（州）。三是全力做好行政审批服务，全年共核发施工许可证11个，受理二级建造师注册业务3480件，三类人员业务2462件，资质审批业务82件，安全生产许可证业务97件。积极开展消防设计审查验收工作，全年共受理消防设计审查项目326个，消防补审53个，需整改回复项目15个；受理消防验收项目159个，办结120个。

【扫黑除恶更为有力有效】 2019年全市住建领域共主动排查上报、移送当地扫黑办或公安机关涉黑涉恶问题线索49条，在全省9个市州和贵安新区开展扫黑除恶专项目标考核评估中以88.65分位列全省第一名。扫黑除恶专项斗争相关工作举措得到省住建厅高度认可，10月11日，省住建厅印发《毕节市住房和城乡建设局多措并举，深入开展扫黑除恶专项工作》（省住建厅扫黑除恶第23期工作简报），进行全省通报表扬，并抄报住建部扫黑办和省扫黑办。

【生态政治建设不断加强】 一是全面加强党的建设，认真落实三会一课制度，组织支部书记上专题党课10余次，开展专题学习研讨共30余次，支部各开展“主题党日”活动12次；完成下属3个支部换届工作，并每月定期收取党费，张榜公示；走访慰问退休和家庭困难党员2次，送学上门1次，赠送“不忘初心、牢记使命”论述摘编等读物20余册；落实离退休干部待遇，发放离退休支部书记补助资金3600元。二是夯实从严治党主体责任，制定《毕节市住房和城乡建设局2019年党风廉政建设和反腐败工作要点》，层层签订《党风廉政建设目标责任书》，严格落实询问制度，全年共开展廉政谈话和提醒谈话166人次，实现全局中层以上干部谈话全覆盖，批评教育谈话14人次；元旦、春节等节假日前，按要求对公务用车进行封存，加强对干部职工廉洁过节和公务用车的内部监管。三是扎实开展驻村帮扶工作。全年组织党员到赫章县德卓镇开展脱贫攻坚帮扶7次，投入帮扶资金47万元，节庆慰问活动2次，发放慰问金3万余元；到杨家塘社区开展党员服务活动4次，帮扶资金3万元。

（撰稿：燕谱豪）

住房公积金管理

【概述】 2019年，毕节市住房公积金管理中心坚持以习近平新时代中国特色社会主义思想为指导，在市委、市政府的正确领导下，在省住房和城乡建设厅监管处、市住房公积金管理委员会的监督指导下，深入贯彻落实党的十九大精神和习近平总书记系列重要讲话精神，以“两个建设年”为抓手，以“不忘初心、牢记使命”主题教育为主线，主动把握和积极适应经济发展新常态，坚持稳中求进、进中求优的发展基调，为推动我市房地产市场平稳健康发展发挥了重要作用。

【业务目标全面完成】 住房公积金归集：2019年，全市累计归集总额为32.18亿元，完成全年目标30亿元的107.28%。

住房公积金提取：2019年，全市累计提取总额21.43亿元，完成全年目标18亿元的119.08%。

发放住房公积金贷款：2019年，累计发放贷款34.02亿元，完成全年目标32亿元的106.32%。

住房公积金个贷率：2019年，公积金个贷率为105.18%，与全年目标95%相比超出10.18个百分点。

回收住房公积金贷款：2019年，累计回收贷款15.89亿元，完成全年目标15亿元的105.94%。

住房公积金贷款逾期率：2019年，全市住房公积金贷款逾期率为0.05‰，远远低于0.3‰的年度控制目标，也远低于全省平均水平。

住房公积金增值收益：2019年，累计实现增值收益为1.49亿元，完成全年目标1.20亿元的123.86%。

增值收益率：2019年，增值收益率为15.54‰，与全年目标12‰相比，超出3.54个千分点。

住房公积金资金运用率：2019年，住房公积金资金运用率为115.35%，与全年目标95%相比超出20.35个百分点。

【多措并举，不断扩大公积金制度覆盖面】 1. 加大制度宣传力度。利用手机APP、微信公众号、门户网站、网上服务大厅等新闻媒体，向社会公开各项政策规定、业务流程和要件，制定住房公积金百问百答知识集等，不断提升制度影响力和政策知晓度。

2. 加大培训力度。组织了对缴存单位开展公积金业务培训活动10余场次1500余人，加深职工群众对公积金制度的理解，提高了公积金业务流程操作能力。

3. 加大归集力度。一是公积金缴存基数调整取得新进展。积极协调市、县相关部门，调整公积金缴存基数，截至2019年底，所有市直部门、金海湖新区、纳雍县、赫章县、百管委干部职工公积金缴存基数均得到调高，其余县区已经通过县委政府研究同意，即将进行基数调整。二是公积金制度覆盖面不断加大。2019年，全市共新增民营企业、团体缴存单位共250余家，覆盖2230余名职工。全年公积金缴存额增加2.21亿元。

【强化风险意识，扎实筑牢资金安全防线】 1.加强内部监管。一是建立完善常态化的内控制度。2019年2月，中心印发《关于进一步提高干部执行力和制度落实力的意见》，对执行相关制度、政策提出了明确要求。二是加大对逾期贷款的催收和骗提套取住房公积金的打击力度。是年，中心不断加大逾期贷款的催收力度，截至目前，全市逾期贷款率为0.05‰，远远低于年度目标任务0.3‰贷款逾期率，也低于全省平均水平。三是强化公积金业务制度规范化建设。是年，中心先后印发了《关于进一步规范住房公积金贷款发放的通知》《关于进一步落实住房公积金有关政策的通知》《数字证书使用管理办法》《聘用人员管理办法》《委托银行考核办法》等，明确贷款发放程序，细化公积金提取、贷款条件，有效防控公积金资金的流动性风险，进一步规范了核心系统的操作使用，严格聘用人员管理，规范代理银行的考核。

2. 强化外部监督。一是积极配合市委第五轮第六巡察组对市住房公积金管理中心的巡察工作，并抓好巡察反馈问题的整改落实。通过此次巡察，市委第六巡察组共反馈了关于市住房公积金管理中心七类18个问题，已经整改完成15个问题，有3个问题正在整改中。二是自觉接受纪检、财政、审计等部门的监督检查。凡涉及“三重一大”事项，主动邀请联系纪检组到会指导，并及时公布中心年度工作报告及财务收支、党费收缴、人事任免等信息，积极落实党务政务信息公开工作。

【提升服务理念，建立健全便民服务体系】 1.“放管服”改革取得新进展。中心始终坚持以人民为中心的发展思想，持续深化简政放权，初步实现了公积金业务“就近办、马上办、网上办、一次办”的服务新模式。一是中心下设10个县区管理部，除黔西县、赫章县管理部因场地未落实暂未进驻外，其余县区管理部均入驻当地政务服务大厅。二是所有县区公积金窗口均实现了银行人员进驻，公积金业务实现了“一站式”办理的便民利民新举措。三是网上业务办理覆盖了公积金的缴存、提取、贷款等业务。四是威宁县管理部网点延伸到银行试点工作成效明显，截至目前，威宁县管理部实现了新老城区三个网点就近办理公积金业务。五是坚持委托银行联席会议制度，始于黔西，中心带动，全市铺开。

2. 信息化服务水平实现新突破。中心多形式、全方位开通服务渠道，目前已形成集“12329”客服热线、免费短信、门户网站、微信公众号、网上办事大厅于一体的综合服务平台。核心系统功能得到健全和完善，公积金大数据云平台顺利通过专家组验收，服务水平和服务效率得到明显提升；综合服务平台的推广应用成效突出。截至2019年底，公积金综合服务平台8个渠道已全部开通使用，上线业务涵盖住房公积金归集、提取、贷款、查询等40余项，CA办理率达到93.96%，全年累计办理业务7.3万余件，网上办事大厅日均访问量达1万余人次，“12329”短信平台每月提供免费短信量19万余条；数据共享初具规模，中心建设区块链成功接入全国数据平台，个人征信接入得到人民银行总行准入批复，与贵州省大数据局、云上贵州多彩宝、毕节市大数据局基本实现互联互通，在云上贵州多彩宝、微信及支付宝城市服务频道均可查询个人住房公积金相关信息；信息安全得到有效保障，中心“等保三级”项目正在建设中，预计2020年2月投入使用。中心信息化建设工作位居全省前列，得到省住建厅领导充分肯定。

3. 法治建设迈上新台阶。是年，中心全面推行行政执法“三项制度”，严格规范公正文明执法，充分发挥法律顾问作用，严格法治教育、宣传，全年无违法执行、违法行政现象发生。

【加强内部管理，全面提升公积金队伍综合素质】

1. 全面落实“两个责任”，深入推进从严治党向纵深发展。认真贯彻落实中央“八项规定”，省委市委“十项规定”及中心作风建设“十不准”，加强对廉政风险重点岗位、关键环节的监控，实现廉政风险防范管理常态化。一是强化研究部署。2019年3月，中心党组会议对党风廉政工作进行了研究部署，制定了方案，明确分工，划定了责任，并逐级签订了责任书。二是切实履职尽责。2019年6月，中心党组书记代表党组作党组落实“主体责任”情况报告，党组成员作履行“一岗双责”情况报告。三是常态化运用监督执纪“四种形态”加强监督管理。2019年，中心领导严格按照约谈程序对十余名干部职工进行了提醒约谈，并逐级开展党风廉政警示约谈，健全干部廉政档案，认真研判政治生态，把“抓早抓小、红脸出汗”落实到实际行动中。四是积极开展理想信念教育。组织中心党员干部赴“鸡鸣三省”红色教育基地、钱壮飞烈士爱国主义教育基地开展“不忘初心、牢记使命”主题党日活动，进一步坚定党员干部理想信念，提高党员干部党性观念和责任意识。

2. 强化党建引领，基层组织建设工作成效突出。一是成立了中心机关党委。2019年8月，经市直机关工委、市编办批复，中心组建了机关党委和机关纪委，成立8个党支部，进一步理顺县区管理部党组织管理关系，健全了基层党组织，规范了党员管理。二是党员发展工作成效明显。是年，中心机关党委发展预备党员7名，发展对象6名，培养入党积极分子4名。三是基层群团组织得到进一步加强。6月，在中心党组的领导下，中心工会、妇委会进行了换届选举，基层群团组织得到进一步加强，中心领导班子凝聚力进一步提升，担当作为精气神更足。

3. 围绕社会主义核心价值观，机关文化建设展现新气象。是年，中心不断加大机关文化建设力度，围绕社会主义核心价值观，宣传中心脱贫攻坚、党的建设成果，组织中心干部职工开展各类文体活动，就近开展红色传统教育、廉政文化教育、法治教育等，制作宣传专栏展示中心干部职工创作的诗集、文集、摄影作品等，充分调动中心全体干部职工积极性，展示干部职工干事创业的机关文化新气象。

4. 深化学习教育，队伍建设务实高效。一是加强政治理论学习。深入学习领会习近平新时代中国特色社会主义思想，进一步树牢“四个意识”，坚定“四个自信”，做到“两个维护”，增强了贯彻落实的自觉性和坚定性。二是加强业务知识学习。是年，中心陆续开展了“一条例、三国标”专题业务、综合服务云平台业务及中心相关政策业务规范等多场次的学习培训，选派10余名干部参加国家住建部、省住建厅组织的公积金提取标准、住房公积金系统干部综合能力提升专题培训，全面提高干部职工的业务技能和综合素质。三是加强干部轮岗交流。5月，为进一步落实中心印发的《关于进一步加强全系统干部队伍建设的意见》，中心考察提拔重用了一批中层干部，并对一些干部进行轮岗交流。四是严格落实职务与职级并行相关规定。8月，中心根据中央、省市职务与职级并行相关规定，考察晋升一批干部，中心干部活力迸发，精神面貌焕然一新。

5. 聚焦“三个大兴”，切实转变工作作风。3月，为贯彻落实全省住房和城乡建设工作会议及全市“三个大兴”活动推进大会精神，中心组织了全系统的“大走访、大调研”活动，中心领导班子带队，分为三个调研小组，深入各管理部、部分房开企业、合作银行及相关单位进行走访调研，形成调研报告三篇；10月，结合“不忘初心、牢记使命”主题教育，中心成立了领导班子任组长的三个课题组及各管理部调研组，围绕全系统党的建设、脱贫攻坚、公积金业务发展与改革等课题，深入各科室、各管理部、房开企业、脱贫攻坚联系点进行走访调研，共形成调研报告13篇；是年，中心召开了委托银行联席会议3次，信息化建设领导小组工作调度会4次，真正做到深入基层，及时发现和解决问题。

【提高政治站位，全面贯彻落实上级决策部署】

1. 扎实开展“不忘初心、牢记使命”主题教育。一是结合实际创新学。在主题教育开始的第一周，中心党组和各党支部围绕《习近平关于“不忘初心、牢记使命”重要论述选编》进行一周的集中学习。二是规定篇目深入学。主题教育期间，中心根据中央、省委、市委的安排部署，坚持原原本本学、对标对表学，着力在学深、悟透、做实上下功夫；在理论学习的基础上，组织开展了革命传统教育、形势政策教育、先进典型教育、警示教育，围绕党的政治建设、理想信念等八个方面主题进行五次集中学习研讨，强读强记，确保学习教育入心入脑。三是扎实推进主题教育走深走实。组织开展党支部书记党建业务知识的专题培训、党组书记、党支部书记讲专题党课，召开对照党章党规找差距专题会议，开展在职党员进社区服务、为退休老同志送学上门等活动；开展全系统大调研，形成调研报告13篇；发放征求意见表120余份，征求意见建议30余条；围绕主题教育，制定印发主题教育文集120余册，形成工作简报20余篇。四是扎实开好专题民主生活会。经过认真谋划、充分准备，中心党组召开了“不忘初心、牢记使命”专题民主生活会，开展批评与自我批评，坚持真理、修正错误，达到红脸出汗、排毒治病、团结奋进的目的，推动中心党员领导干部进一步增强“四个意识”、坚定“四个自信”、做到“两个维护”，推动中心领导班子更加履职尽责、担当作为。中心各党支部围绕“不忘初心、牢记使命”主线召开专题组织生活会。五是深入学习贯彻党的十九届四中全会精神。组织中心全体干部职工及时传达学习党的十九届四中全会、省委十二届六次全会、市委二届六次全会精神，中心主要负责人为中心全体干部职工作了党的十九届四中全会精神专题宣讲，并深入脱贫攻坚联系点宣讲党的十九届四中全会精神。

2. 坚决扛起脱贫攻坚政治责任，确保联系点脱贫成果得到巩固提升。一是严格落实“四到工作制”。按照市委“四到工作制”要求，中心三名县处级领导干部定期不定期深入中心脱贫攻坚联系点走访调研，跟进了解驻村干部工作、生活情况及帮扶种养殖项目建设情况。二是积极为扶贫联系点办实事、解难事。3月，中心向赫章县结构乡捐赠了一批价值11万余元的闲置办公物资，进一步改善结构乡政府和部分村级办公场所的办公条件；8月至11月，中心主要负责人积极协调相关部门，为联系点威宁县陕桥街道办事处高坪村解决5个移动式垃圾箱及一整套体育设施，安排资金近10万元，完善高坪村办公室、卫生公厕等公益设施。10月，中心机关党委组织中心工会、妇委会到中心联系点赫章县结构乡青江村慰问老党员、贫困老人；经中心帮扶，青江村文化室、卫生室、积分超市得到健全和完善，中药材、食用菌、养殖等产业取得明显成效。三是扎实开展“五个专项治理”工作。深入查找扶贫资金管理使用不规范、驻村帮扶不扎实、政策落实不到位等五个方面存在的问题，扎实开展有针对性的治理工作。四是坚决贯彻落实市委决策部署，确保尽锐出战。7月，根据市委安排，中心选派1名副科级干部参与市委脱贫攻坚专项督查；11月，中心党组成员、副主任到深度贫困县担任驻乡工作队队长。

（供稿：市住房公积金管理中心）

生态环境保护

【概述】 2019年，在省生态环境厅和市委、市政府的坚强领导下，全市生态环境系统认真贯彻落实中央、省、市关于生态环境保护的决策部署，以改善生态环境质量为核心，以解决突出环境问题为重点，坚决抓好生态环保督察问题整改，坚决打好污染防治攻坚战，全市生态环境保护工作取得明显成效。

【加强统筹协调，污染防治攻坚战取得新成效】

打好蓝天保卫战：采取“控煤、控气、控尘、控烧、控车”等“五控”措施，持续开展扬尘、柴油货车、工业企业、燃煤及油烟等污染治理攻坚行动，督促施工工地落实“6个100%”扬尘污染防治措施；划定露天烧烤布置区域和时段，全面禁止室外露天烧烤；建成中心城区遥感监测设备和黑烟车抓拍设施，认真开展检验检测机构监督抽查和在用车路检路查联合执法工作；淘汰老旧车11071辆，淘汰10蒸吨及以下燃煤锅炉5台，取缔燃煤炉灶389个，关闭取缔“散乱污”企业15家，完成3台火电机组超级排放改造和15家企业挥发性有机物治理；完成了毕节经济开发区力帆、尚昆塑料、飞龙雨等12家企业清洁生产审核工作。2019年，全市环境空气质量优良天数比率平均值达98.7%。打好碧水保卫战：围绕工业、城镇、农业农村、船舶港口、饮用水水源地等领域突出问题，着力打好碧水保卫战。新增划分千人以上集中式饮用水源保护区67个，争取资金2.02亿元实施流域治理和饮用水源保护，17个县级以上、249个千人以上集中式饮用水源水质达标率100%；全市国、省控地表水水质考核断面优良（达到或优于Ⅲ类）比例达100%。打好净土保卫战：围绕土壤污染详查、土壤环境管理、土壤污染修复、重金属防控、固体废物整治等工作重点，有力推动实施一大批环境保护和污染治理项目。实施重金属污染治理，争取资金1.3亿元实施16个重金属污染治理项目；加强矿山恢复治理，完成82个历史遗留矿山治理；开展污染地块排查，建立10块污染地块、39家涉重企业全口径清单。完成354个重点行业企业用地调查信息采集和市级质控，65家涉镉企业现场排查，建立问题清单4个，发布2019年土壤污染重点监管单位名录。打好固废治理战役：督促企业依法转移处置危险废物1320吨，医疗废物3700吨；4个垃圾焚烧发电项目建设手续全部办理完毕，其中：织金县项目2019年11月建成点火发电，中心城区项目于2019年12月进行单机点火调试。完成150家涉危单位规范化管理考核；全市产生大宗工业固体废物1797.57万吨，综合利用1385.45万吨，综合利用率达71.5%。全市重点排放企业以及重点利用企业皆有工业固体废物堆场，安全处置率达95%以上。打好乡村环境整治战役：申报国家资金支持项目42个，争取到位中央和省级资金15887.2万元，市级划拨资金395万元，新增完成135个村农村环境综合整治污水治理项目，提前两年完成246个养殖场粪污处理设施建设，实现全市畜禽规模养殖场粪污处理设施装备配套率和畜禽粪污资源化综合利用率均达到71%以上的目标任务。

【强化督促指导，突出环境问题整改取得新进展】

严格落实“党政同责、一岗双责”责任制，扎实推进生态环保督察问题整改。2017年中央环保督察反馈的问题和交办的信访件全部完成整改；2018年省委环保督察交办的371件信访件全部完成整改，反馈的20个问题完成整改18个，正在整改2个，整改完成率90%；2018年中央生态环保督察“回头看”交办的373件信访件完成整改370件，正在整改3件，整改完成率99.2%，反馈的9个问题已制定整改方案，完成整改1个，其余8个正按时序整改；2019年省委生态环保督察“回头看”交办的154件信访件完成整改129件，正在整改25件，整改完成率83.77%。长江经济带生态环境警示片指出2个问题已整改销号，省级暗查暗访交办的6个问题整改完成5个，市级自查的147个问题整改完成116个。

【开展专项行动，环境监管执法水平得到新提升】

聚焦重点工业企业、生态敏感区和群众反映的突出环境问题，深入开展长江经济带专项行动、“守护多彩贵州·严打环境犯罪”等执法专项行动，严肃查处各类生态环境违法行为。2019年，全市共立案查处各类环境违法案件234件，罚款1935.13万元，实施查封扣押7件、限产停产11件、移送公安机关实施行政拘留21件、环境污染犯罪案件2件。开展森林执法专项行动，查处涉林案件424起。开展“2019清废行动”，完成生态环境部交办的30个固体废物疑似点位信息核实，核查发现的3个问题已完成整改；开展“2019绿盾行动”，完成生态环境部交办的自然保护地卫星遥感疑似问题核实，核查发现的109个问题已完成整改91个，正在推进整改18个；开展黑臭水体和污水处理厂运行整治专项行动，共排查出黑臭水体7个，排查污水处理厂76个，对发现的165个问题，建立清单台账推进整改；开展医疗废物、汽修行业、垃圾填埋场、工业渣场和尾矿库整治专项行动，对发现的56个医疗废物问题完成整改23个，44个汽修行业问题完成整改15个，8个垃圾填埋场问题完成整改3个，37个工业渣场及尾矿库问题正在整改。

【注重统筹兼顾，其他各项重点工作取得新进步】

2019年，全市共审批项目620个，登记表项目备案1561个，坚决否决污染严重项目和“散乱污”项目；深入开展环境风险隐患排查整治，完成1300家企业应急预案备案和环境风险评估，2019年全市未发生较大以上突发环境污染事件；切实加强对十大行业企业的监管，督促十大行业企业实现达标排放，完成金沙县正大集团养殖场养殖废水综合治理工程和威宁县东风镇炼锌废渣污染治理工程建设；组织开展“6·5”环境日、贵州生态日、全国低碳日等系列宣传活动，落实“谁执法谁普法”普法责任制，大力宣传生态环境保护法律法规，干部群众环境法治意识不断增强；推进生态环境损害赔偿制度改革；创建国家环境保护模范城市工作已通过省级预评估。

（撰稿：胡　青）

旅　游

织金洞管理局

【概述】　2019年，织金洞管理局以习近平新时代中国特色社会主义思想为指导，认真贯彻落实党的十九大、十九届二中、三中、四中全会精神和省委十二届五次、六次全会精神，市委二届五次、六次全会精神，深入推进党风廉政建设，认真落实意识形态工作责任制，扎实推进5A创建、世界地质公园再评估、景区体质改造和脱贫攻坚帮扶工作，各项工作取得显著成效。

【加强党的政治建设】　坚持以习近平新时代中国特色社会主义思想为指导，认真贯彻落实新时代党的建设总要求，抓好《中共中央关于加强党的政治建设的意见》《中共贵州省委关于加强党的政治建设的实施意见》贯彻落实，突出政治引领，发挥党委统揽全局，协调各方的领导核心作用。一是扎实开展主题教育。始终把学懂弄通做实习近平新时代中国特色社会主义思想作为首要政治任务，围绕“守初心、担使命，找差距、抓落实”的总要求，抓好“学习教育、调查研究、检视问题、整改落实”四项重点措施落实，研究制定《中共织金洞管理局委员会“不忘初心、牢记使命”主题教育实施方案》，对标扎实开展“不忘初心、牢记使命”主题教育，先后以党委理论学习中心组集中学习、“三会一课”等形式，对《习近平新时代中国特色社会主义思想学习纲要》《习近平总书记关于“不忘初心、牢记使命”重要论述选编》《中国共产党党内重要法规汇编》原文进行研读讨论，及时跟进学习习近平总书记在庆祝中华人民共和国成立70周年大会的系列重要讲话精神，中国共产党第十九届中央委员会第四次全体会议精神，推动学习贯彻习近平新时代中国特色社会主义思想往深里走、往心里走、往实里走。局党委共开展讲党课11次（其中，开展“不忘初心、牢记使命”主题党课

6次)，拟写调研报告5份，围绕党的政治建设、全面从严治党、理想信念、宗旨性质、担当作为、政治纪律和政治规矩 、党性修养、廉洁自律等8个方面，列出1～2个专题，举行11场次“不忘初心、牢记使命”主题教育集中研讨学习会，举行正反典型案例学，形势政策报告会，召开“不忘初心、牢记使命”主题教育专题民主生活会，对征求意见、对照中央明确的8个专项整治和省委、市委明确的3个专项整治任务和宫晓农违法违规典型案例，把意识形态工作、“基层减负年”，整治“景观亮化工程”过度化等“政绩工程”“面子工程”情况，一一对照检视，对查找出来的问题建立台账，罗列清单，制订《中共织金洞管理局委员会关于“不忘初心、牢记使命”主题教育检视问题整改方案》，抓牢抓实整改落实工作，从思想上、作风上、行动上锤炼干净担当的思想品格。通过组织召开测评会，在学习贯彻习近平新时代中国特色社会主义思想等六个方面的评价上，“好”的比例均在90%以上，通过“不忘初心、牢记使命”主题教育，真正让全局党员领导干部和广大职工在理论学习上获得收获、思想政治受到洗礼、干事创业激情高涨、为民服务意识提高、规矩意识越来越强，不断树牢“四个自信”，增强“四个意识”、坚决做到“两个维护”，确保中央、省委和市委精神在织金洞景区落地生根、开花结果。二是夯实基层党建工作。党委召开专题会议听取党建工作汇报，研究制定单位和各科室“两要点两清单”，将权责进一步明晰，职能职责进一步厘清。认真推进“两学一做”学习教育常态化制度化，落实“三会一课”制度，每月28日定期开展主题党日活动，组织全体党员同志认真学习《习近平新时代中国特色社会主义思想学习纲要》《习近平关于“不忘初心、牢记使命”论述摘编》，对照党章党规找差距，如期举行党支部“不忘初心、牢记使命”主题教育专题民主生活会和党员民主评议会，局党委班子成员以普通党员参加支部主题党日和支部专题组织生活会，带头上讲台、讲党课，以上率下夯实政治责任，强化政治意识，履行政治担当。三是加强干部队伍建设。认真贯彻落实《关于进一步激励广大干部新时代新担当新作为的意见》，将整治干事创业精气神不够，患得患失，不担当不作为的问题贯穿“不忘初心、牢记使命”主题教育全过程，加强对干部职工培养，严管厚爱，激励干部职工争先创优，将能干事、会干事、不出事的干部推荐到重要岗位，确保人员有岗位、工作有任务、干事有激情。完成局工会换届选举，规范工会经费收支管理，兑现工会会员职工集体福利待遇，维护职工的合法权益，增强工会组织服务职工的能力，提升广大干部职工获得感、幸福感。从织金县委办公室选调1名具有大学本科学历的年轻同志到单位工作，单位办公室岗位人手紧缺现状得到一定缓解。局派驻官寨乡化窝村的驻村“第一书记”获织金县委脱贫攻坚优秀共产党员表彰。在开展“不忘初心、牢记使命”主题教育期间，局规划建科科长提拔为副县级领导干部，任职局党委委员、总工程师。四是推进党风廉政建设。认真制定2019年党风廉政建设的安排意见，召开作风建设暨党风廉政建设警示教育大会，党政主要领导分别带头对全局干部职工开展警示教育集体谈话。结合领导干部岗位、科室职责有针对性地制定党风廉政建设目标责任书，认真修订完善《织金洞管理局党委会议事决策规则》《织金洞管理局局长办公会议事决策规则》《织金洞管理局公务用车管理制度》《织金洞管理局考勤制度》等制度，压实党风廉政建设“一岗双责”。继续抓好市委第一巡察组巡察反馈意见整改，对巡察反馈的6个大类25个问题，除“未搬迁农户住房存在安全隐患”(官寨乡官寨村向阳组39户200余人农户房屋位于织金洞洞体对应地表上方，属计划整体搬迁对象，部分村民住房已成危房，存在极大安全隐患）问题，整改时限需到2020年12月31日外，其余24个问题已经全部整改。全年对干部职工遵守日常工作纪律的情况开展了10余次督查，集体约谈干部职工97人，个别提醒谈话2人，示警约谈4人。通过强化监督，切实提高了管理局全体干部职工的规矩意识和纪律意识。五是落实意识形态工作责任制。坚决贯彻和落实意识形态工作责任制，认真执行党的民族宗教政策，按照“守土有责、守土负责、守土尽责”的要求，种好“责任田”，坚守“主阵地”，党委专题研究意识形态工作，推动“织金洞新时代大讲堂”常态化，党委领导上讲堂讲授意识形态工作知识，每季度按期举行党委理论学习中心组集中学习，不断提高领导班子和科室负责同志的思想政治意识，切实将意识形态主阵地牢牢掌握在自己手中。

【加快景区提升改造，完善景区基础设施建设】

以迎接省第十四届旅发大会召开为契机，围绕世界地质公园再评估、创建国家AAAAA级旅游景区为目标，加快景区提质改造升级，完善景区基础设施。完成《织金洞风景名胜区详细规划—游客中心及官寨老街》和《织金洞风景名胜区详细规划—下红岩服务区》修建性详细规划编制和批复工作。完成《织金洞风景名胜区详细规划—三甲入口服务区》《织金洞风景名胜区详细规划—白马入口服务区》《织金洞风景名胜区详细规划—中心景区》3个控制性详细规划文本编制。新游客服务中心投入使用，新观光车道完工并验收交付使用，完成洞内望山湖项目，天峰科考步道一期项目顺利完成，完成了地质公园旗鼓锁水、油菜冲丘陵、小天坑、卢家渡单面山的地质遗迹景观平台建设，充分展示出园区内的地质遗迹景观，顺利迎接省第十四届旅发大会召开。

【加强自然保护地管理，守牢发展两条底线】

深入贯彻习近平生态文明思想，认真贯彻落实中央关于全面加强生态环境保护的决策部署，认真执行《织金洞风景名胜区总体规划（2017—2030）》，加大景区森林防火工作，组织开展培训、演练、灭火4次，对景区各主要干道沿线清割整治杂草、枯枝落叶总长度11410米，总面积84280平方米，在防火高峰期间招聘9名森林防火资保员，共同加大监管力度。开展风景资源监察268次，下发《责令停止违法行为通知》67份，现场制止开山采石、破坏风景资源并要求恢复原貌1处，配合有关执法部门依法拆除违法建筑户16户，督促织金县大平乡自行拆除该乡群建村涉及景区一级核心区违建小木屋15栋，并协调省林业局办理该15栋小木屋的另行选址手续，清理整顿下红岩违规乱搭乱建4处，拆除各种不规范广告牌5处。聚焦景区资源保护领域突出问题整治，召开织金洞景区执法专项行动和“绿盾行动”资源保护领域突出问题整治警示教育大会，开展“绿盾2019年”自然保护地监督工作，完成了织金洞自然保护地2019年执法专项行动，对织金洞自然保护地内的焦点问题实地核查，全面摸清存在问题，制定问题目录清单，坚决防止“景观亮化工程”过度化等“政绩工程”“面子工程”，筑牢织金洞景区生态和发展两条底线，确保中央、省、市决策部署落到实处。

【推动AAAAA创建步伐，提升景区品牌形象】

认真贯彻落实习近平总书记对毕节试验区重要批示精神，研究制定《贵州织金洞风景名胜区管理局创建织金洞国家AAAAA级旅游景区工作方案》，组织景区干部职工到贵阳青岩古镇、铜仁梵净山等景区取经学习，全面完成AAAAA申报视频、申报文本、PPT等5A申报资料，累计投入21万元完善了织金洞核心区、大峡谷和东风湖副园区的导览系统、综合图文介绍栏、科普展板、户外地质遗迹说明牌和洞内景点景物说明牌，积极推动织金洞景区创建国家5A级旅游景区工作。2019年11月9日，文化和旅游部资源开发司向贵州省文化和旅游厅下发《关于申报创建国家AAAAA级旅游景区景观质量评审会评审结果的通报》，指出织金洞旅游景区的《景观质量评分细则》得分94.1分，达到申报创建AAAAA级旅游景区景观质量的基本要求，同意将织金洞旅游景区列入创建5A级旅游景区预备名单。继续深化景区“六心”行动，加强旅游市场秩序综合整治，加大景区对外宣传，不断提升织金洞品牌的知名度和影响力。2019年5月2日在中央电视台新闻频道播出《织金洞：多措并举游客“快进漫游”》新闻1条，在《贵州日报》、贵州电视台、《当代贵州》等省级主流媒体发布稿件5条，市级媒体采用10余条，在人民网、中国日报网、贵州省人民政府网、贵州旅游网、多彩贵州网、凤凰网资讯、精神文明在线网、多彩贵州印象网、多彩贵州旅游网、毕节市政府网、腾讯、新浪等新媒体发布信息100余条。全年对景区市场秩序督促检查92次，取缔摊位15家，查封餐饮户1家，向景区旅游公司下发督办通报7次，组织开展“学雷锋志愿者”为主题的志愿服务活动11次，接待游客咨询30万次，创造景区良好环境，提升景区旅游人气。截至2019年12月底，景区参观游客人数106.63万余人，收入7225.21万元。其中，织金洞地下天宫景区参观游客人数86.51万余人，收入5954.61万元。大峡谷景区参观游客人数20.12万余人，收入1270.6万元。

【强力加大地质公园对外影响力，全方位推进公园发展】 认真落实2015年联合国教科文组织世界地质公园网络执行局对织金洞世界地质公园评估提出的10条整改意见的整改，按程序完成了对地质公园边界的调整，重新设计印制《织金洞世界地质公园科学导游图》，与织金育才学校签订织金洞世界地质公园科普实践基地合作协议。先后邀请贵州大学教授顾尚义、中国科学院云南天文台博士生导师、首席研究员钱声帮开展科普讲座，全年以不同形式累计开展5场次共1万余人参加的科普活动。加大对外交流，带队出访泰国沙墩世界地质公园，并与对方签订“姊妹”公园合作协议，组队赴印度尼西亚参加第六届亚太世界地质公园大会，派人参加敦煌世界地质公园揭碑仪式暨2019年甘肃省旅游地学与地质公园学术年会、在北京延庆世界地质公园举办的“中国世界地质公园”主题宣传活动、在敦煌举办的2019年度中国教科文组织世界地质公园年会、由中国地质大学（北京）和嵩山联合国教科文组织世界地质公园共同举办的第五届联合国教科文组织世界地质公园国际培训班，促进国内外世界地质公园的交流合作，进一步扩大织金洞世界地质公园影响力。2019年7月6日—9日，联合国教科文组织世界地质公园网络执行局派出葡萄牙安东尼奥·杜阿尔特和西班牙安东尼诺·桑兹·马滕西奥两名专家对织金洞世界地质公园开展评估工作，织金洞世界地质公园4年来的工作获得专家的高度认可，最终以97.7分的高分顺利通过世界地质公园再评估工作。

【构建和谐旅游景区建设】 认真落实旅游安全生产“一岗双责”要求，履行好管理局安全生产监管责任，抓好应急演练、加强地质灾害防治，强化底线思维，统筹做好景区食品安全、道路运输安全、工程项目领域安全、风险防控安全、旅游秩序安全等工作，全年开展各类旅游安全隐患排查178次和地灾隐患排查192次，对景区存在安全隐患的危石、土坡进行清理整治，景区旅游安全形势稳定，未发生一起旅游安全事故。认真落实全国扫黑除恶专项斗争各项工作部署，针对景区行业特性，进一步加大旅游市场秩序巡查检查力度，对旅游行业出现的欺客宰客、强买强卖等违法行为以及黑车黑导黑店，积极联合公安、市场监管、发改、文旅等部门进行联合执法，严防景区出现各类涉黑涉恶违法犯罪活动。认真接待和解答景区群众来信来访，依法依规合理解决景区群众诉求，把矛盾化解在景区，全年有序受理和解答信访事件共5件，构建和谐景区形象。

【助推帮扶乡镇按期脱贫】 紧紧围绕省、市大扶贫战略行动决策部署，坚决扛起脱贫攻坚帮扶责任，结合脱贫攻坚帮扶联系点织金县官寨乡实际情况，积极创新市直部门脱贫攻坚帮扶的体制机制，构建了“一把手”挂帅指挥、全局干部协同作战、围绕“旅游+”模式精准施策的帮扶新格局。局领导班子分别挂帮联系织金县官寨乡、自强乡和纳雍县玉龙坝镇脱贫攻坚工作，继续选派1名80后优秀的干部担任官寨乡化窝村驻村第一书记，选派7人参与织金县万名干部下基层脱贫攻坚行动，从单位抽派20人组成三个工作小组，分赴官寨居委会、罗卜村、屯上村三个村（居），协助当地开展人居环境综合整治工作。为官寨乡化窝村解决1万元村级办公经费，拿出2.5万元用于帮扶官寨乡茅草村文明创建工作，投入15万元用于帮助官寨乡实施农业产业结构调整500亩以上坝区建设，投入6.5万元帮助官寨乡用于五城同创工作，划拨30多万元的租房补助费用于向阳组农户雨季临时租房安全度汛，通过租房保障避让措施消除隐患。全年有效帮助织金县官寨乡累计脱贫264户792人，实现2个村“减贫摘帽”，贫困人口从280户834人减少至16户42人，贫困发生率从2.54%下降至0.13%，年底实现整乡脱贫出列。

（撰稿：董克明）

九洞天国家重点风景名胜区管理局

【概述】 2019年，毕节市九洞天国家重点风景名胜区管理局（以下简称“九洞天管理局”）按照市委、市政府部署，结合景区实际，以毕节市承办2019年贵州省第十四届旅游产业发展大会为契机，景区建设发展迎来了前所未有的历史机遇。确立了“12345”的基本工作思路，即：致力一个目标——践行新发展理念，开创新局面，作出新示范；坚守两条底线——坚守发展、生态两条底线，妥善处理好开发和保护二者之间的关系；做好三个服务——在坚守执行规划保护生态环境的前提下，为群众增收致富服务，为地方经济发展服务，为企业建设经营服务；打造“四常”景区——把九洞天打造为“地常青、花常开、果常熟、客常来”的美丽生态景区；重点抓好五项工作——党的建设、脱贫攻坚、景区保护、开发建设、安全生产。按照这一思路，管理局切实转变工作作风，团结奋进，开拓创新，苦干实干，扎实稳妥推进各项工作，依法依规统筹推进景区保护和开发建设，督促贵州九洞天文化旅游发展有限公司（以下简称“九洞天文化旅游公司”）搞好龙井服务点、小石林服务点、游船码头、栈道、洞内声光电、征地拆迁、八九洞打通船道连接等项目建设，各项工作有序推进，项目建设年度总投资约3.12亿元。2019年10月1日，景区结束自2017年9月1日因开发建设而关闭的历史，重新恢复开园试运营。

【景区经营权收回】 九洞天管理局依法对大方县九洞天资源开发有限公司旅游资产接转引发诉讼事宜。该公司因不服贵州省高级人民法院终审判决，申诉到最高人民法院。最高人民法院第五巡回法庭2017年6月深入景区调查，裁定由贵州省高级人民法院启动再审程序。2019年3月12日，贵州省高级人民法院作出最终判决，《贵州省高级人民法院民事判决书（2017）黔民再80号判决》明确：九洞天管理局应支付大方县九洞天资源开发有限公司补偿款：五洞河面船道249743元+五丫至庙边公路450000元+硫磺厂地面上的树木312802元=1012545元。同时，加上原审认定九洞天管理局应支付的补偿款3875757.5元，共计4888302.5元。扣除九洞天管理局已支付的补偿款3300000元，九洞天管理局还应支付1588302.5元及其相应利息。九洞天管理局根据判决书，于2019年6月11日将应支付资通过公证提存中华人民共和国贵州省毕节市恒信公证处等方式全部支付完毕。

【景区建设】 2019年，根据九洞天管理局授予的特许经营权，九洞天文化旅游公司加大景区建设资金投入力度，项目建设快速推进，配套设施不断完善，开发建设工作取得突破性进展，各项硬件设施不断提升，生态环境不断优化，游客消费体验感不断提高。一是龙井服务区于6月基本完成，8月正式投入使用；二是洞内步道及行船隧道于6月基本完成，试运营期间正式投入使用；三是一至七洞洞内声光电基本满足试运营要求，在试运营中不断调试和完善；四是智慧旅游项目基本满足试运营需求，检售票、监控系统在试运营中不断调试和完善；五是小石林游客服务中心、观光车道及综合管网于9月底基本完工交付使用；六是八洞到九洞船道于4月打通；七是第二轮勘界立标工作自5月启动，共在核心区域化作乡、猫场镇、鼎新乡立界碑408块，平均间隔50～60米立界碑一块，通过加密界碑后，核心区域化作乡、猫场镇、鼎新乡边界较之前更加清晰，更有利于景区保护管理。

【景区保护】 根据国家林业和草原局《关于充分发挥各类自然保护地社会功能大力开展自然教育工作》（林科发〔2019〕34号）的通知精神，结合九洞天国家级风景名胜区实际，经局党委研究决定在景区辖区内开展自然教育进村寨、进学校、进机关、进企业“四进”活动。通过一年的时间，在景区内部开展自然教育，深入贯彻落实习近平新时代中国特色社会主义思想中关于生态文明建设的重要论述和十九大关于生态文明建设的重要战略部署，引导景区内广大公众更广泛地参与自然保护事业，强化所有村民、师生、干部、员工的自然资源和生态环境保护意识，努力把大家培养成为能够说清楚、讲明白景区资源重要性、脆弱性的自然教育宣传员、讲解员、服务员，推进生态文明建设，维护自然生态系统安全稳定，为把景区建设成为提高全民文化素质、宣扬生态文明理念的重要基地打下坚实基础。

九洞天管理局加强《风景名胜区条例》等相关自然保护地法律法规以及《九洞天风景名胜区总体规划（2017－2030）》的宣传，协调大方县、纳雍县相关部门对破坏景区环境、森林植被、开山采石等违法行为进行查处，对景区内违章建筑行为严格管控，拆除最为典型的在核心景区违建的“侯氏花果山庄”，有力遏制核心景区内违法违章建筑行为屡禁不止的势头。

【景区服务质量提升】 九洞天管理局不断督促九洞天文化旅游公司充实人员力量、完善管理制度、强化业务培训，景区服务质量不断提升。

2019年，九洞天文化旅游公司在职员工101人（正式招聘员工86人、临聘人员3人、临时安置12人），劳务外包57人，合计用工158人。其中，在职职工本科及以上学历22人，占比约22%；大专及以上学历31人，占比30%。

2019年，九洞天文化旅游公司结合实际，制定相应的招聘计划以配备各岗位。分别于3月、5月、7月、9月面向社会开展了4次招聘，共招入工作人员75人；于11月与贵州双雄保安服务有限公司签订劳务外包合同，外包劳务工作人员达到57名。

公司不断完善制度建设，狠抓规范化管理。相继出台《九洞天文化旅游公司宿舍管理制度》《九洞天景区车辆管理制度》《九洞天文化旅游公司考勤管理制度》以及各部门管理制度，确保各项工作有据可依、有章可循。

公司加强员工业务培训，不断提升服务水平。2019年公司共进行了12次培训，包括员工入职培训2场，保安、保洁岗前培训1场，景区地质科普培训1场，景区消防培训1场，观光车驾驶员知识与技能培训2场；公司外部培训3场，包括财务专业知识培训、抖音大赛技能培训、企业发展与各部门职能培训；景区从业人员技能培训1场；“紧急救护，关爱健康”知识培训1场，聘请贵州民族大学旅航学院专家教授对全体员工进行素质提升和岗前培训，对全体员工进行了军训。通过各项业务培训，丰富了员工知识面，提高了员工工作技能，使员工能更快地融入自身工作，为不断提升景区服务质量打下坚实基础。

【景区安全】 九洞天管理局根据年初制定的安全责任书，督促九洞天文化旅游公司制定安全应急预案，做好景区各项安全防护措施，加大平时安全巡查检查力度，加大隐患排查及整改力度，确保景区安全生产。九洞天文化旅游公司坚持“安全第一、预防为主、综合治理”的安全发展理念，不断加强安全队伍建设，健全完善消防制度和检查台账，积极开展水上救援应急预案实地演练，不断加大对景区的巡逻检查力度，对重要目标及各区域不定时不间断巡逻检查，及时有效排除各种安全隐患，年内无重大安全事故发生，切实保障了景区全体职工及游客生命财产安全。全年共开展安全检查380余次，其中对景区游线、航道、车道、消防、地质等重点区域开展安全巡查320余次，撰写安全简报30余篇，开展安全培训30余次。景区安装视频监控250个，实现景区管理无死角全覆盖。景区安装紧急救援报警系统7台，主要分布在人流大、游客易聚集地方，游客一旦出现安全问题，可以通过紧急救援报警系统一键报警，景区安全运营指挥中心可以及时查看并迅速作出反应、及时启动安全救援预案开展救援。

【国家A级景区创建】 2019年2月，经毕节市旅游景区质量等级评定委员会评定，九洞天景区达到国家AAA级景区标准的要求，毕节市旅游景区质量等级评定委员会以“第1号公告”批准九洞天景区为国家AAA级旅游景区。

2019年12月，《贵州省文化和旅游厅关于2019年创建AAAA级旅游景区景观质量专家质量评审结果的通报》明确：九洞天国家级风景名胜区通过贵州省文化旅游厅景观质量评审，被纳入创建国家AAAA级旅游景区预备名单，AAAA级景区创建工作有序推进。

【景区经营管理】 九洞天景区通过特许给九洞天文化旅游公司，该公司对景区经过两年的升级改造，以全新的面貌呈现在大众面前，获得广大游客一致好评。九洞天文化旅游公司通过整合全方位资源，统筹运作，致力打造九洞天旅游品牌，强化旅游形象宣传，加大营销宣传力度，深度开拓客源市场。一是利用传统媒体强化景区形象宣传。通过对毕节市区域投放大屏广告、高杆广告、墙体广告，全方位、广覆盖的广告宣传，扩大景区宣传受众面，提高景区知名度，扩大景区影响力。二是利用新兴媒体扩大景区宣传。结合时下热门应用，通过微博、微信、抖音、自媒体等全方位扩大景区宣传覆盖面。其中：抖音短视频发布信息30余条，信息浏览量约1500万人次，并获得7万点赞量；微信公众号发布信息150余条，信息浏览量约12万人次；“今日头条”发布信息20余条，信息浏览量约5万人次；微博发布信息30余条，信息浏览量约5万人次。三是构建渠道网络，实现景区顺畅引流。加强与毕节、六盘水、贵阳、遵义等周边区域旅行社、电商、中间商的合作，实现利益链接，畅通营销渠道，确保营销落地，全力组织旅游团进入景区游玩。四是强化与周边旅游景点的合作，推出精品旅游线路。通过与周边知名景区合作，整合旅游资源，互换宣传平台，培育精品线路，拓展长线旅游市场。组织多样化营销活动，提高旅游线路的宣传促销力度，开展对毕节市免门票游览活动，凭织金洞门票、黄果树门票、乌江源船票、花都里民宿房卡套票免门票游览等活动，不断刺激市场，提高周边城市客源地的市场占有份额。

【景区综合收入】　自10月1日试运营以来，共计接待游客30000余人，其中免票人数12000人次，旅行社、团队游客人数3300余人次，游客以本市本省居民为主，其次是广州、重庆、四川、浙江等地的游客居多。实现营业收入约162.13万元，其中：门票收入64.96万元，船票收入66.68万元，商铺租金收入23.79万元，自营商铺及自动售货机收入1.7万元，停车收入5万元。

【旅游产品开发】　2019年，九洞天茶场在发展上又迈出了重要的一步。为了做大做强茶产业，带动更多村民增收致富，毕节市旅游开发集团有限公司接管了九洞天茶场，在大方县猫场镇碧脚村、箐口村新种植茶树2000多亩，把茶景观、茶文化、茶工艺、茶产品等与九洞天旅游景点有机融合起来，通过以茶促旅游、以旅游带动茶产业发展，走茶旅一体化之路，推动茶产业和旅游产业的共同发展，使老品牌九洞天绿茶重放异彩。

2019年11月，九洞天绿茶获贵州省2019全省秋季斗茶赛金奖。此前，该茶还获得过2009年上海茶叶博览会金奖、2010年中茶杯名优茶一等奖和贵州省2016届“茶王”荣誉。乌蒙山的高海拔、寡日照，四周云雾缭绕，年降水量在800至1200毫米，偏酸性土壤，与适应在贵州生长的福鼎大白成为绝佳搭档。就是这样的环境中，造就了福鼎大白不一样的“人生”，造就了干净、生态的九洞天绿茶。“色泽绿润、栗香馥郁持久、口感圆润、回味甘甜、耐冲泡”是专家评审写给“茶王”九洞天绿茶的评语。

【脱贫攻坚工作】　原驻帮扶点大方县猫场镇长沙村脱贫出列，新增帮扶纳雍县化作乡。一是尽锐出战派出精兵强将倾力帮扶。在持续对大方县猫场镇长沙村帮扶的基础上，6月根据市委安排新增帮扶点纳雍县化作乡，派出班子成员党委委员、副局长挂任纳雍县化作乡党委副书记、驻枪杆岩村工作组长，以确保按时打赢脱贫攻坚战的决胜目标。驻村干部全身心投入帮扶村为村民服务深受好评，长沙村顺利脱贫出列，为大方县顺利脱贫摘帽作出了贡献。10月，又根据市委安排，再派出另一名班子成员党委委员、副局长王成云，作为化作乡脱贫攻坚帮扶工作队队长，开展为期2个多月的工作，深化对脱贫攻坚帮扶点的帮扶。二是倾尽人力财力进行帮扶。在办公经费极度紧缺的条件下挤出十余万元投入帮扶联系点，并组织干部职工深入帮扶点开展“走进千家万户察民情、讲尽千言万语助民知、想尽千方百计解民忧”的“三千”精准脱贫走访调研宣讲活动。干部职工遍访农户上千户，深入农户家中“一看二访三宣讲、四征意见五帮忙”，扎实开展调查研究，广泛征求意见，认真检视问题，谋划脱贫良策，为民解难分忧，尽力帮助贫困群众早日脱贫。三是结合景区开发优势倾力帮扶。在开发过程中，无论是项目的选址还是业态的布局方面，都充分结合景区实际，把能否带动地方经济发展、能否带动群众增收致富作为首要考量。如长沙服务区的建设，延伸主景区的覆盖面，从以前只覆盖五丫、联合两村到增加覆盖长沙村，把旅游活动向贫困村深入，拓展覆盖至景区更广更深的区域，推动全域旅游产业发展，带动涉及区域依托旅游产业脱贫致富。

【党风廉政建设】　九洞天管理局在市纪委监委第二纪检组指导下，坚持全面从严治党工作，着力抓好党风廉政建设和反腐败工作。年初通过召开专题会议研究部署，调整加强党风廉政建设和反腐败工作领导小组，主要领导作为第一责任人亲自抓，层层签订目标责任书落实“一岗双责”，压实各级责任。建立健全“三重一大”民主决策机制，坚持民主集中制原则，按照要求执行好请示报告制度，决策前按照要求上报第二纪检组备案权力运行清单，确保决策过程公开。全年“三公经费”开支29406.57元，同比略有下降。公务用车修理费、燃油费、过路费共计约11750元；严格按照公务接待有关制度，凭公函接待，无私客公请、超标准接待等违规违纪问题；办公场所、公务用车等均没有违反中央八项规定和省、市十项规定的情况。

【组织工作】 2019年，九洞天管理局领导班子按照带头学习调研抓学习调研、带头坚定信念抓意识形态、带头苦干实干抓务求实效、带头廉政勤政抓党风廉政的“四带头四抓”要求，树牢“四个意识”、坚定“四个自信”、做到“两个维护”，以抓好风险防范化解、干部思想解放、抓具体抓深入、民生堵点疏解、发展环境优化、党风廉政提质“六项行动”为切入点，大兴调查研究之风、大兴真抓实干之风、大兴勤俭节约之风，狠抓班子成员素质提升、理想信念、履职能力和廉洁自律，以班子建设促队伍建设，凝心聚力抓好各项工作。调整改选局机关党支部，以党委委员、副局长王成云担任支部书记，充实支部班子力量。严格按照“三会一课”制度，积极组织开展党员活动，结合红色教育、警示教育、自然教育、进村宣讲、驻村帮扶等活动开展丰富多彩的“主题党日”活动，对党员进行经常性的教育管理，增强了党支部凝聚力和战斗力，充分发挥了党员的先锋模范作用。该年发展吸纳预备党员1名，培养入党积极分子1名。9月，完成九洞天管理局及支嘎阿鲁湖管理处内设科室管理人员配备工作，提拔使用副科级领导干部10人，激发干部干事创业工作热情。

【主题教育工作】 9月，九洞天管理局根据中央、省委、市委的统一部署，启动在以副县级党员领导干部为重点的全体党员中开展“不忘初心、牢记使命”主题教育，覆盖党员10名、副县级以上党员4名。按照“守初心、担使命，找差距、抓落实”的总要求，围绕“理论学习有收获、思想政治受洗礼、干事创业敢担当、为民服务解难题、清正廉洁作表率”具体目标，深入学习贯彻落实习近平中国特色社会主义思想以及党的十九大、十九届二中、三中、四中全会精神和中央、省委、市委各项决策部署，把学习教育、调查研究、检视问题、整改落实贯穿始终。学习中始终坚持读原著、学原文、悟原理，在学、思、践、悟中提升理论素质、坚定理想信念、增强党性修养、锤炼忠诚干净担当的政治品格。调研中始终坚持群众路线，牢固树立以人民为中心的发展思想，深入乡镇、村寨开展调查研究，走进千家万户察民情，讲尽千言万语助民知，想尽千方百计解民忧，真真正正让景区发展成果更多更广惠及景区群众。检视中按照“上级点、自己找、互相帮、群众提”的要求，通过设立意见箱、公布征求意见电话、开通征求意见电子邮箱、发放征求意见表、召开座谈会、个别访谈等形式，广泛深入群众征求意见，切实检视找准问题。整改中按照即知即改、立行立改的要求，以问题为导向，多从自身方面找根源，多从主观思想上作剖析，不回避，不甩锅，以实实在在的整改成效诠释自己的忠诚与担当。

（撰稿：李 平）

油杉河风景区管委会

【概述】 2019年，油杉河管委会以“大党建统领大扶贫、大安全，促进景区大发展”为工作思路，以“打造山地运动、康体养生、休闲避暑度假旅游目的地”为目标，扎实抓好景区策划规划、项目建设、市场营销、生态保护、安全生产、脱贫攻坚六项工作，实现景区游客“零投诉”、森林“零火灾”、安全“零事故”、干部“零违纪”和猫场镇脱贫攻坚“零问题、零佐证”迎“国检”的目标。

【景区规划】 完成《贵州油杉河大峡谷国家森林公园总体规划》编制评审，于5月5日通过国家林业局审批。

【项目建设】 全年完成招商引资项目6.7亿元，完成投资3.13亿元。一是崔苏坝露营基地累计完成投资3000万元，道路沥青铺设4.5公里、营地式房车营位铺设35个、自行式房车营位铺设28个，建成厕所3座并投入使用，该基地于5月1日实现对外试运营；二是累计完成投资1500万元，完成仙宇屯悬空玻璃栈道建设，建成栈道主体全长1564米（玻璃栈道170米、混凝土栈道1394米）及排队售票系统，并于8月6日对外试运营；三是累计完成投资1800万元，仙宇屯索道缆车主体完工，正在安装轿厢运行检测；四是完成遗留项目清理15个，进行报账的项目5个；五是北京东方园林PPP项目实现复工，完成龙山服务区停车场586个，完成仙宇屯叠翠谷瀑布景观、钢木栈道及绿化等，累计完成投资约2.5亿元。

【市场营销】 采取“走出去”和“请进来”、线上线下、利用新兴媒体等多种方式开展宣传推介，参与市旅委组织的“炎炎夏日哪里去·花海毕节好避暑”“洞天福地·花海毕节”等避暑主题宣传推介，组织干部职工外出周边知名景区考察学习4次；举办“逐梦飞行山顶音乐节”活动，提升景区对外知名度和影响力；做好景区旅游标准化服务体系建设，对接市场监管局到景区指导标准化服务体系验收的有关标准，如期完成验收；完成AAA级景区旅游交通、游览、旅游安全、卫生、经营管理、资源和环境的保护、旅游资源吸引力、市场吸引力等复核自查整改工作；接待遵义市足行山野有氧运动协会、旅行社团队以及马来西亚、德国、加拿大、美国、老挝、日本等7个国家和中国香港地区的华人媒体考察采访团。全年景区累计接待游客45万余人次，旅游综合收入达2.7亿元，经营收入250余万元，实现景区旅游接待“零投诉”。

【生态保护】 抓好森林生态保护工作。积极联系北京京都园林规划设计院等3家设计院到景区踏勘，商谈景区森林康养规划事宜，做好森林康养前期工作；完成油杉河国家森林公园栽桩定界项目，完成报账等相关手续。狠抓景区绿化美化，提高森林覆盖率；完成古银杏林病虫害防治2次；落实森林防火令和森林防火责任制，加强景区森林防火巡查监管，加强生态环境保护，实现景区森林“零火灾”、资源“零破坏”。

【安全生产】 抓好安全生产工作，层层落实安全生产责任制，开展安全应急演练2次、安全生产隐患排查20余场次、对景区建筑施工安全生产检查150余次、安全生产法律法规政策宣传5场次、联合县市场监管局、应急办、消防队等部门进行综合执法2次，协助县地灾办完成北寒沟、仙宇屯地灾点的治理，项目已经评估验收，消除安全隐患，实现景区安全生产“零事故”。

【脱贫攻坚】 一是旅游扶贫成效明显。通过资源整合、项目建设、旅游服务、公益性岗位就业等渠道，促进“景区工程务工型、旅游拉动型、管理就业型”，带动景区乡镇及周边群众增收1.5亿余元。二是及时兑现驻村干部各项待遇。按程序报销驻村干部往返交通补贴及驻村补助，对下派驻村干部分别购买50万元人身意外保险、组织驻村干部集体体检、春节期间开展了慰问驻村干部家属活动。三是“五个专项治理”扎实开展。加强驻村干部在岗情况和工作情况的监督管理，促进真蹲实驻、真抓实干。四是帮扶乡镇脱贫攻坚成效明显。选派9名思想素质、工作作风过硬的干部参加脱贫攻坚驻村工作，落实脱贫攻坚专项经费6.5万元，筹集社会资金28万余元重点帮扶猫场镇，驻扎猫场镇组织研判和抓实脱贫攻坚，实现猫场镇零问题、零佐证迎“国检”目标。

【巡察整改】 根据县委第四巡察组反馈的6方面18个问题，制定巡察方案，建立整改台账，细化分解58项整改任务，每项都明确牵头领导、责任领导、责任人、整改措施、整改时限等。新出台2项制度，修订完善9项制度，约谈2人，召开1次巡察整改专题民主生活会，认真落实意识形态工作，按月收缴党费，清退违规报销相关费用23536元，清退超额借支工程款23874.01元，全部完成整改任务。

【“不忘初心，牢记使命”主题教育】 将“学习教育、调查研究、检视问题、整改落实”贯穿主题教育始终，开展集中学习11次、专题研讨7次、基层调研8次、撰写调研报告5份并注重调研成果交流、运用；扎实开展“四个教育”，撰写心得体会11篇；开展应知应会测试4次，做到以考促学、以考促记、以考敦行；党工委书记、党支部书记、优秀共产党员上党课共5场次；上报信息35条、简报32期；广泛征求意见5条、检视问题40个，整改落实35个，办理实事5件。

（胡丽莎）

大方县慕俄格古城管理处

【概述】 大方县慕俄格古城管理处成立于2010年11月，是县人民政府管理的副县级全额拨款事业单位，设处办公室、人事宣传科、市场开发科、财务基建科、宣慰府管理办公室、水西文化研究中心，核编45人，在编39人。主要承担古城规划、保护、招商、建设、景区管理、市场开发、商业运营、广告发布、旅游推介宣传及民族文化研发、传承等工作，慕俄格古城景区2016年评为国家AAAA级景区。

2019年，慕俄格古城管理处围绕“古彝圣地、文化高地、走廊要地”三大古城建设主要目标，加大慕俄格古城景区旅游开发力度，提高旅游服务质量和服务水平，推进AAAA级景区创建及“5个100”景区建设，全年景区解说接待1600余场，接待游客82.4万人次，旅游综合收入约46171万元，完成招商引资项目1个，完成投资6.02亿元，全年完成固定资产投资1.52亿元。

【项目建设】 2019年，管理处在建项目3个，分别为三公桥安置小区建设项目、古城三期建设项目、顺德广场综合体建设项目。三公桥安置小区建设项目由云南建投集团旗下地产公司在大方县成立的奢香投资置业有限公司投资建设，项目总投资约3亿元，已完成投资1000万元，8、9、10栋主体完工，正在开挖1号地下室孔桩。古城三期建设项目由贵州石中玉投资集团发展有限责任公司投资建设，总投资约10亿元，包含少儿文体活动中心项目、温泉旅游康养中心项目、半山温泉小镇一期项目，已完成投资约4.7亿元，其中，少儿文体活动中心商业建筑主体工程完工；温泉度假酒店基础土石方完成90%，基础孔桩工程完成400余个；半山温泉小镇一期完成1－8号楼基础孔桩工程。顺德广场综合体建设项目由大方水西投资置业有限公司投资建设，总投资约3.1亿元，已完成投资2.2亿元，完成A区、C区、D区建设及外立面装修，B2号楼B3号楼已封顶，游客服务中心建成并已投入使用。

【宣传推介】 一是整合互联网和传统媒体形成宣传合力，建立慕俄格古城中英文对照官方网站，与美团签订合同，开始宣传及营销；继续推广“慕俄格古城”微信公众号和微博，全年发布信息稿件40余篇；二是重新设计制作景区手绘地图、明信片、画册及宣传折页，投放到景区各景点、酒店、旅行社；三是拍摄景区宣传片《印象慕俄格》及《慕俄格的天空》歌曲MV，全方位对景区进行宣传介绍；四是参加旅游推宣传推介活动，赴成都、河北、重庆等地开展旅游推介5场次，提升景区对外知名度和影响力；五是结合2019年中国大方彝家祭水节祭祀仪式、2019年度彝族火把节系列活动举办，加强与油杉河、九洞天、乡村旅游等景区景点的对接，做好全年旅游一条龙旅游服务，提升旅游服务质量。

【景区旅游标准化服务体系建设】 一是按照AAAA级景区游客服务中心标准对景区游客服务中心进行提升改造，内设咨询台、医务室、影视厅、储物间等；二是对景区内所有标识标牌进行重新设计制作安装，共设计89块有中、英、彝文对照、有地方少数民族特色标识标牌；三是对贵州宣慰府景点内部展品进行提升，将原各殿摆放塑料人像更换成硅胶人像，提高景点观赏性；四是优化景区讲解系统，投入使用无线语音讲解系统和语音自动解说系统；五是开通慕俄格景区城市公交专线，优化景区内部交通；六是增加景区特色旅游步道，按照景区三级公路设标准，对景区内西城门至铜门路段进行路面提升改造；2019年11月4日，经省文化和旅游厅委托专业团队进行体验式复核检查，大方慕俄格古彝文化旅游景区顺利通过AAAA级景区复核验收。

【脱贫攻坚】 一是派出19名驻村干部和1名第一书记到5个乡镇（办事处）的13个村，扎实认真开展脱贫攻坚驻村工作。二是单位成立脱贫工作专班，配备人员专职开展脱贫攻坚工作，积极联系帮扶乡镇（办事处）、村，领导班子共对帮扶13个村开展316次调研和走访。三是及时兑现驻村干部各项待遇，按程序报销驻村干部往返交通补贴及驻村补助，对下派驻村干部分别购买100万元人身意外保险、春节期间开展慰问驻村干部家属活动；四是积极组织全处干部职工开展党建集团帮扶和精准扶贫工作，自2019年春节开始，在不影响单位工作前提下，大部分干部下沉到单位帮扶的慕俄格古城街道办事处关井、凉井社区开展脱贫攻坚工作，成功通过第三方评估验收。

【巡察整改】 根据县委第二巡察组反馈的7方面24个问题，制定巡察方案，建立整改台账，细化分解45项整改任务，针对反馈的问题制定整改措施，严格按照整改台账，对标对表进行整改。完成23项整改，1项持续整改，修订完善8项制度，约谈13人，通报1人，清退违规报销相关费用36810.80元，召开1次巡察整改专题民主生活会，按要求向县委巡察工作领导小组上报整改进展情况报告。

【“不忘初心，牢记使命”主题教育】 将“学习教育、调查研究、检视问题、整改落实”贯穿主题教育始终，召开8次中共大方县慕俄格古城管理处支部委员会“不忘初心、牢记使命”主题教育专题学习研讨会，研讨时长2.5天。组织主题教育专题学习8次，学习时长7天，总时长共计17天。检视问题为班子14条、个人56条次，均已整改。结合庆祝新中国成立70周年系列活动，组织全处党员干部及全体干部职工、公司员工在景区主要景点歌唱《我和我的祖国》，并制作成视频播放，营造庆祝新中国成立70周年氛围。

（撰稿：陈　丽）

赫章县阿西里西风景名胜区管理处

【概述】 赫章县阿西里西风景名胜区管理处成立于2010年12月，内设5个副科级机构即办公室、规划建设科、景区管理科、市场开发科、旅游管理科；5个管理中心即大韭菜坪风景名胜区管理中心、小韭菜坪风景名胜区管理中心、水塘森林公园管理中心、平山森林公园管理中心、二台坡风景区管理中心。其主要职责：（一）贯彻执行国家、省、地有关旅游业的方针、政策、法规、标准；参与制定全县旅游业发展规划和旅游业地方标准并监督实施和统筹协调全县旅游业发展，指导全县旅游工作。（二）加强旅游安全的综合协调和监督管理，参与指导应急救援工作和旅游行业精神文明建设、诚信体系建设。（三）宣传贯彻国家自然保护、风景名胜、民族宗教、文物、林业、国土、环境保护等的法律法规和方针政策；保护风景区资源、生态环境及自然风貌和人文景观，开发利用旅游资源。（四）制定景区各项管理制度，编制景区总体规划、详细规划及建设管理。（五）负责景区资源的培育、林业有害生物的防治工作；负责景区内野生动植物的保护，协助有关部门依照法律、法规对破坏景区资源的行为进行查处。（六）负责景区景点的防火、卫生、环境保护、安全等工作，管理与维护森林、林木、林地、水域、景点景物以及各类设施，维护旅游秩序，确保林区安全。（七）加大景区投入，加快景区基础设施建设，提升景区等级，做大赫章旅游。

【景区建设成效明显】 一是阿西里西大草原片区建设环草原公路、观光火车、自驾车营地、游客服务中心、停车场等服务设施，9 月已开园运营。二是可乐国家考古遗址公园按规划进行风情小镇和遗址公园基础设施建设。三是九股水温泉旅游度假区按照省旅发委关于全省 100 个旅游景区规划要求进行开发建设，目前水上乐园已对外开放，温泉大棚和温泉酒店等服务设施建设有序推进。四是同步推进全域旅游规划，加快石板河景区、夜郎主题文化公园、松林杜鹃花区、天上石林景区、雉街彝族文化小镇、韭菜坪滑雪场等景区景点规划设计、建设等工作，为全面推进项目建设奠定坚实基础。

【认真开展旅游综合执法】 2019 年，赫章县阿西里西风景名胜区管理处开展旅游行业常规安全检查 10 次，开展联合执法 5 次。切实对服务行业设施设备、服务质量、商品价格“不合理低价游”、环境卫生等进行严密细致的检查，确保了游客的生命财产安全和在建项目的实施。

【加快推进平山乡中寨村旅游景区污水及垃圾处理项目和贵州屋脊赫章韭菜坪风景名胜区项目建设】 一是平山乡中寨村旅游景区污水及垃圾处理项目。项目按照设计方案正加快施工进度，年底完成项目建设。二是贵州屋脊赫章韭菜坪风景名胜区项目建设。完成部分配套设施，项目按上级部门要求，已呈送规划待批复后及时加快实施进度。

【切实做好脱贫攻坚帮扶工作】 按照县委、县政府安排，赫章县阿西里西风景名胜区管理处选派四名党员干部（其中两名是班子成员）分别到平山乡发香河村、兴发乡中营村、珠市乡红星村和上街村任驻村第一书记；选派综合素质高、业务能力强的六名党员干部到珠市乡下沉驻村；三名单位业务人员（其中一名班子成员）对珠市乡开展结对帮扶；一名领导班子成员负责联系珠市乡光明村。同时，整合涉农资金（旅游发展资金）71 万元对珠市乡红星村、团结村、文渊社区进行养殖业发展。

【做好机构改革职责转隶工作】 根据《中共赫章县委员会 赫章县人民政府关于赫章县县级机构改革的实施意见》赫县党发〔2019〕4 号精神，将旅游管理职责和机构人员等划转到县文体广电旅游局。

（供稿：赫章县阿西里西风景名胜区管理处）

天河风景名胜区管理处

【概述】 天河风景名胜区位于七星关城区西北部，与城区相连，为西南—东北走向的带状地域，西起魏家屯，东至沙帽山，南起灵峰山，北至弯腰树村，总面积38.9平方千米。区域内包括灵峰寺景区、天河景区、小河景区，已建成开放北镇关公园（红军山）、沙帽山公园、虎踞山公园。天河风景名胜区管理处为副县级全额拨款的事业单位，下设党政办公室、景区管理科、规划建设科、风景资源监察大队及沙帽山公园管理所等机构。

2019年景区规划建设取得新进展，景区管理进入新阶段，党建工作和精神文明建设实现了新突破，坚持“守底线、走新路、奔小康”的要求，补齐脱贫短板，基础设施，做强做大大扶贫、大旅游、大生态，扎实开展党的“两学一做”“三个大兴”“不忘初心、牢记使命”主题教育，认真学习贯彻十九大精神和深入学习习近平总书记系列讲话精神。

【以大党建夯实基层堡垒】 （一）强化理论武装。七星关区天河风景名胜区管理处坚持全面从严治党、扎实开展“两学一做”“三个大兴”和“不忘初心、牢记使命”主题教育，强调“守初心、担使命，”党建工作落到实处、充满活力、富有成效。一是加强支部建设，严格党的组织生活，丰富“三会一课”内容。2019年来召开了18次党员大会，16次支部委员会，党员集中学习21次，上党课2次，按时上缴党费。二是紧紧围绕“大兴调研之风、大兴真抓实干之风、大兴勤俭节约之风”总要求，深入开展“三个大兴”活动，不断提高思想认识，打好作风建设攻坚战，深化干部作风教育，推进干部素质进一步提高，推动经济社会发展与维护群众利益有机结合，让人民群众共享发展成果。三是严格按照区委主题办要求和区委“不忘初心、牢记使命”主题教育第七指导组指导下，扎实开展“不忘初心、牢记使命”主题教育。我处围绕明确的8个主题先后16次开展集中学习研讨，结合思想工作实际进行思考和交流，围绕景区建设管理召开调研，形成调研成果1篇，并获得七星关区委宣传部我为七星关发展建言献策征文活动三等奖，检视问题16个，坚持即知即改、立行立改，务求实效原则，解决好群众最急最忧最盼的紧迫问题，解决整治“景观亮化工程”过度化等“政绩工程”“面子工程”问题等，全面完成16条问题的整改。坚持统筹兼顾，把开展主题教育同本单位的中心工作结合起来，做到“两不误、两促进”，有效防止“两张皮”。四是认真做好党务、政务公开工作，及时更新党务、政务公开栏。2019年公开党务政务信息70条，做到已公开尽公开，让权力在阳光下运行。五是脱贫攻坚尽锐出战，选派思想素质高、工作能力强的6位同志开展干部驻村工作，其余干部职工扎实开展4321帮扶工作。主要领导亲自前往联系点10余次，督导软弱涣散基层党组织的整改，指导千溪乡沙垮村、中屯村，大新桥街道大坡村精准扶贫工作20余次，为千溪乡2个村解决办公经费共计2万元。

（二）强化目标导向。一是抓好宣传工作。组织开展中国特色社会主义和中国梦的宣传教育，组织实施“明礼知耻·崇德向善”新时代文明活动，着力抓好对外宣传，组织志愿服务12次，服务时长565小时，报送宣传信息24条，选题12条，网络舆情信息70条，报送网评文章36篇。二是抓好的档案管理工作。建立完善各类档案管理制度。将工作处理完备的文件、电子文档、实物等档案进入处档案室，档案室按程序处理档案，并及时向区档案馆报送档案。三是抓好干部考核工作。创新管理处干部职工“双考双评双挂钩”动态跟踪考核办法，实行科级干部和一般干部无差别化考核，切实将考核结果与年终奖金全面挂钩。四是抓好政法综治工作。全处干部职工层层签订综治工作目标责任书。进一步完善突发事件应急预案体系，全年项目建设工地、景区内未发生一起突发事件，未造成人员伤亡。五是抓好信访维稳工作。落实岗位职责。切实做好重要节点的群众（信访）工作排查防控，全年妥善调查处理了因工程建设，景区管理而产生的矛盾纠纷10余起。六是抓好保密工作。对照新修订《保密法》，完善保密工作规则制度，建立健全本单位要害部门部位、涉密载体和涉密人员管理制度。建立单位涉密计算机等涉密办公设备、纸介质涉密载体、涉密信息系统和涉密人员台账。

【以大生态助推景区发展】 一是健全管理制度、提高管理水平。科学制定景区管理各项规章制度，对景区管理服务人员和各物业公司派遣人员开展有目的、有计划地进行业务知识和工作技能培训，提升景区服务质量；加强对景区自然资源管理，认真落实保洁工作制度，确保管理区域无卫生死角，为广大市民营造干净、整洁的健身娱乐环境；禁止在景区内开山采石，砍伐林木、修坟葬坟等，实行保安全天巡逻制度，制止破坏景区设施行为的发生，有效保护景区内自然资源。二是多措并举、扎实开展森林防火工作。一是采取多种宣传形式，加大宣传力度，利用宣传车宣传景区保护相关法律法规及森林防火有关知识内容20次，利用音响和公园入口处LED区森林防火令和相关宣传标语；二是实行划区域包保责显示屏轮流播放景任制度，确保公园每个角落都有森林防火员看守。三是严格执行设卡制度，重点时段对重点人群严格排查，从源头掐断森林火灾隐患。三是以“五城同创”工作为抓手，着力加强基础设施维修维护。执行“五城同创”工作要求，全年共投资30余万元，在各公园增设“卫生健康知识”宣传栏4处，并每月更新一次，共计宣传48期。增设“创文”“创园”相关宣传展示牌28块；维修各公园供电系统共计11次，公厕维修共计40次，供水系统维修10次，更换路灯灯泡1400余颗，清除枯树倒树350余棵，清理路边塌方土方100余立方米，有效保证公园正常运作。

（撰稿：聂祥美）

交通·邮电

交通运输管理

【成贵快铁开通运营，毕节结束不通高铁历史】 开通开往广州、厦门、温州、上海、昆明、成都、贵阳等城市列车，对3对始发列车以“花海毕节·百里杜鹃”“花海毕节·织金洞”“花海毕节·韭菜坪”进行冠名。

【农村公路建设成效显著】 全面完成14640公里农村“组组通”硬化路建设任务，实现了30户以上自然村寨100%通硬化路目标。百里杜鹃管理区创建省级“四好农村路”示范县的通过省级验收。

【项目融资取得突破】 抢抓补短板政策机遇，积极对接农发行支持普通省道建设，第一期30亿元放款额度已达成共识，并成功到位S214大方县城至木空河公路1.8亿元贷款资金，为其他项目融资提供了路径，省纪委省监委派驻第二十纪检监察组在对毕节市普通国省道提等改造项目推进情况调研检查的反馈省交通运输厅党委意见中评价为：“省道融资毕节经验”。

【积极争取，获上级大力支持】 深入贯彻落实习近平总书记对毕节试验区工作重要指示和“黔党发〔2018〕23号”文件精神，积极向省交通运输厅汇报对接，争取省厅在政策、项目、资金全方位倾斜支持，据统计，自2018年7月18日以来，支持毕节建设交通新发展理念示范市，并作为交通强国第一批省级试点单位；支持项目43个，已落实项目资金218.6亿元；表态支持项目1个，投资2.12亿元；正在对接项目2个，投资38.5亿元；明确支持资金42.9亿元，已到位24.3亿元，表态支持资金18.8亿元。

【建设投资超额完成】 2019年，全市完成交通固定资产投资 153.47 亿元，完成年度计划的 100.9%，其中铁路、机场完成投资 23.91 亿元，高速公路78.6亿元，国省干线23.75亿元，农村公路20.71亿元，组组通5.79亿元，客运场站建设0.46亿元，水运基础设施0.25亿元。

【交通短板加快补齐】 一是对外骨干通道加快畅通。高速公路：全市高速公路建成通车 981 公里；争取省交通运输厅支持将原来由毕节实施的高速公路交由省厅实施，原由毕节出资的补贴资金改由省市按 6∶4 比例共同补贴，共计支持资金 41 亿元（已到位 22.3 亿元，剩余 18.7 亿元根据项目建设情况陆续到位）；赫章至六盘水、镇雄至赫章、威宁至围仗 3 个在建项目共 99 公里，累计完成投资 83.8 亿元，总体形象进度分别为 41.8 %、49.3%、28.2%；纳雍至赫章高速公路于 12 月 25 日开工建设，修文经金沙至古蔺、纳雍至晴隆、镇雄以勒至七星关林口 3 个拟建项目计划 2020 年开工建设，至“十四五”高速公路通车里程可达 1300 公里。铁路：全市境内铁路通车里程 538 公里。成贵高铁于 12 月 16 日建成通车，毕节迈入“高铁时代”。根据 12 月 30 日即将实施的动车营运调图，毕节站共铺图 83 趟（上行成都方向 44 趟、下行贵阳方向 39 趟），并开通毕节始发列车 11 对（10 对贵阳、1 对温州），经停列车可直达上海、广州、杭州、昆明、厦门等城市。以“花海毕节·百里杜鹃、织金洞、韭菜坪”对 3 对列车进行冠名。叙毕铁路境内里程 37.3 公里有序推进，预计 2022 年建成通车。机场：飞雄机场开通了 23 个城市航线，旅客运输量达 121 万人次，威宁草海机场加快建设。

二是国省干线建设快速推进。全市现有国道 1113 公里、省道 2351 公里。启动普通国省道提等改造二级及以上公路 13 条线路 26 个项目共 990 公里（其中：一级公路 9 公里、二级公路 981 公里），累计完成投资 62 亿元，建成路基 489 公里、路面 302 公里，威宁中水至黑土河至石门、纳雍昆寨至沙子坡公路已基本完工。到 2022 年，全市将实现普通国道二级及以上公路比例达 100%，普通省道三级及以上公路比例由 34%提高到 59%（省基础设施建设“六网会战”明确目标为：到 2022 年，全省普通国道二级及以上公路比例达 85%以上，普通省道三级及以上公路比例提高到 45%）。争取车购税资金 33 亿元，已到位 29.1 亿元；在全省“97 亿元”地方政策性金融贷款（省财政贴息，省交通运输厅还本）支持普通省道建设中，争取到 34.35 亿元，占全省规模的 35.4%，已到位 26.46 亿元。同时，抢抓补短板政策机遇，积极对接农发行支持普通省道建设，第一期 30 亿元放款额度已达成共识，并成功到位 S214 大方县城至木空河公路 1.8 亿元贷款资金。

三是农村公路建设成效显著。省交通运输厅启动了“六网会战”中路网建设专项行动，分 4 年实施县乡公路路面改善提升工程 3 万公里，启动首批 5000 公里，安排毕节项目计划 1646 公里，占全省的 33%，其中：纳雍县 432 公里、威宁县 920 公里、赫章县 232 公里、织金县 62 公里，项目按照每公里 100 万元进行改造，由省公路局下属的省公路开发有限责任公司担任业主，省公路公司、省桥梁公司和省路桥公司 3 家企业负责具体实施，现完成设计 1160 公里，完成批复并开工建设 845 公里。全市累计建成通村沥青（水泥）路 1.5 万公里，建成农村“组组通”硬化路 1.5 万公里，实现“村村通”硬化路、“村村通”通客运和 30 户以上自然村寨 100% 通硬化路目标。

【交通扶贫成效凸显】 认真落实市委“联县帮乡驻村入户”工作要求，推动威宁自治县炉山镇发乐村和赫章县德卓乡堰联村脱贫出列工作；同时，聚焦贫困发生率在 10% 以上的乡镇和贫困村，“7·18”以来，积极争取上级机动资金 5537

万元支持极贫乡镇和极贫村实施农村交通短板项目建设和乡镇过境线建设等项目57个，调剂583万元将威宁海拉镇、赫章德卓乡等乡镇6座溜索桥改为人行桥或车行桥（已建成）。

【行业管理水平不断提升】 一是大力推进公交优先和绿色发展，全市共有公交企业13家，公交车1054辆（新能源482辆），全年七星关新投放新能源公交车231辆，新开通七星关主城区至高铁站快速巴士6班、普通公交线路7班，调整88班长途客运至高铁客运枢纽中心。二是适度发展出租汽车，全市现有出租汽车企业34家，出租车2776辆（新能源50辆、清洁能源951辆），2020年计划新投放350辆（现已投放50辆，300辆正在进行招投标），新投放的出租车运力优先支持毕运司这样的老企业。三是强化班线客运和农村客运管理。全市开通道路客运班线1258条、营运客车3423辆，全年来班线客运量达1666万人次。巩固“村村通客运”成果，大力推广“通村村”APP平台应用，让群众出行更便捷。

【全面深化改革，提升行业治理能力和水平】 积极推进市县交通部门机构改革，加快建立职责明晰、衔接顺畅、运转高效的综合执法和服务体系。积极稳妥推进出租汽车行业改革，满足市民多样化出行需求，已许可网络预约出租汽车企业40家，发放网约车驾驶员证225个。扎实推进农村公路养护体制改革，推行路长制，改革实施方案正在制定中。

（供稿：市交通运输局）

公路管理

【概述】 2019年，在省公路局、毕节市委市政府的坚强领导下，毕节公路管理局坚持以习近平新时代中国特色社会主义思想为指导，深入贯彻落实党的十九大、十九届三中、四中全会以及省、市有关精神，坚持全面从严管党治党，紧紧围绕“三确保、三突破、三创建”年度目标，苦干实干、精准发力，努力推动形成积极向上、干事创业、风清气正的良好工作氛围，各项工作顺利开展、圆满完成。

【意识形态领导权、管理权、话语权持续增强】 第一，严格落实意识形态工作责任制。党委、支委把握大势、着眼大事，把意识形态工作纳入目标考核和书记述职内容，年初组织召开宣传思想工作会议，定期召开意识形态工作联席会议，班子成员按照“一岗双责”要求，切实推动分管联系领域意识形态工作，构建起党委、支委统一领导、党政齐抓共管、宣传部门组织协调、其他部门分工负责的工作责任网络。第二，强化阵地管理持续抓实内外宣工作。坚持党管宣传、党管阵地、党管舆论、党管媒体，坚守团结稳定鼓劲、正面宣传为主原则，建立健全信息发布审核制度，用活用好内外媒介平台，市级以上公开发行报刊刊发毕节公路先进典型60余篇（次），中央、省、市级电视台（电台）宣传40余次，各级网络媒体挂网宣传500余篇（次），威宁中石“九好”脱贫攻坚致富路引来中国公路、新华社、贵州日报、毕节日报等主流媒体的关注采访，不断传播毕节公路好声音、讲述毕节公路好故事。第三，始终坚持抓好理论学习。通过多层次多形式开展学习，强化学习力度，大力开展中心组学习、支部学习、机关集中学习、主题党日活动、专题会议传达、新时代大讲堂、新时代工人讲习所、知识竞赛等各类活动，充分发挥“学习强国”“智慧党建”学习平台不限地点、时间、情境状态下的学习优势，着力在学懂、弄通、做实上下功夫，能思考、善表达、敢担当的干部群体初步形成，基本做到学思用贯通，知信行统一。

【党的领导持续强化】 第一，强化班子建设。

坚持民主集中制，按照党委工作规则，严格执行领导班子分工负责、工作协调制度和领导班子讨论重大问题“一把手”末位表态制度，强化“三重一大”议事决策制度，建立权力清单运行跟踪管理台账，确保权力在阳光下运行。第二，坚持统筹调度。严格按照全面从严治党要求，制定年度工作意见部署全盘工作，强化党组织领导作用，认真开展脱贫攻坚、项目建设、路政管理、公路养护、支部标准化规范化建设和“不忘初心、牢记使命”主题教育等工作。第三，压实党建工作责任。强化党建工作责任清单管理，层层落实党建工作责任，加强班子副职领导管党治党“一岗双责”责任落实，形成人人抓党建、聚力谋发展的良好局面。第四，坚决执行上级决定。不断强化政治担当，加强政治历练，积累政治经验，切实提高推动发展、解决问题的能力，坚定自觉地把中央、省、市各项决策部署落到实处。

【党的建设持续加强】 第一，深入推进党支部标准化规范化建设。按照定量与定性相结合的方式，遵循“分步达标、全面铺开”原则，从组织设置、队伍建设、制度运行、任务落实、保障配套等五个方面，实现党支部工作任务清单化、质量标准化、流程规范化、推动责任化，创建标准化规范化党支部8个，顺利完成本年度创建达标党支部覆盖率60%以上目标任务；坚持一手抓规范、一手抓亮点，结合“星耀交通·公路之星”创建子品牌“乌蒙风采”，培育“魅力奢香”“诗意纳雍”公路文化品牌，推荐上报星级党支部2个。第二，扎实开展“不忘初心、牢记使命”主题教育。及时组织召开启动会议，结合实际成立领导小组、印发《实施方案》，抓实集中学习和个人自学。第三，重视人才队伍培养。结合省厅、省局干部调整要求，充分盘活现有人才资源，大力开展干部交流任职工作，实现机关与基层之间、重要岗位与一般岗位之间双向上下左右交流，进一步提高科级干部多岗位履职能力。树立注重基层导向，倡导实干实绩，在全局范围专业技术岗位、基层一线和脱贫攻坚一线优秀人才群体中选拔科级领导干部，构建老中青相结合、知识结构互补的班子队伍。采取享受绩效分配系数人员总数虚拟和基层单位领导绩效工资收入倾斜，激发基层一线领导干部职工干事创业激情。持续推进碰头会议落实，大力实行作风预警、负面清单和责任倒逼常态化，引导干部职工亮思想、比作风、晒成绩。第四，群团纽带作用充分发挥。按照教育、管理、服务、稳定的要求，组织开展讲述“我的入党故事”、走进脱贫攻坚帮扶联系点等丰富多彩的离退休人员活动，依托离退休党组织宣传贯彻上级有关精神，引领退休干部职工发挥余光余热，为公路事业和社会发展献计献策。积极组织干部职工参加省市“书香三八”、体操比赛、歌咏比赛等各类活动，举办“迎国庆”职工运动会，毕节公路和谐稳定、干事创业环境逐步向好。

【从严治党持续加力】 第一，压紧压实主体责任。坚持从提升执政能力的角度，铁腕推进党风廉政长效化建设，局党委班子成员切实履行“一岗双责”，将党风廉政建设目标融入分管工作。以参观警示教育基地、观看警示教育片、开展专题讲座、上廉政党课等形式开展警示教育活动，不断强化党员干部的底线意识。第二，监督责任从严落实。以破除形式主义官僚主义为突破口，组织开展以实际工作为重心的季度专项督查工作，深入开展违规操办“升学宴”“谢师宴”等歪风邪气，加强节假日期间的监督检查工作，持续推进作风建设。

【重点问题、重点事、重点人员监管持续向好】 第一，建立健全监管机制。紧盯项目建设、资金管理、路政治超等行业内高风险领域，不断建立健全监管机制，实行重点岗位重点事项决策与执行分离等分权制约管理运行，增加代表组织和单位行使公权力人员的随机性，避免个人说了算、固定人员说了算现象。第二，红脸出汗常态。强化权力运行清单运用，面上点上相促进，面上逢会必讲，检查调研同落实。点上有针对性深入开展调查研究工作，找准影响工作的问题症结，制定《2019年落实党风廉政建设“一岗双责”约谈工作计划》，分层次、分领域开展“精准约谈”，以约谈压“担子”明责任、划“红线”敲警钟，切实把纪律和规矩挺在前面，实现效能最大化。第三，强化问责形成震慑。组织开展脱贫攻坚专项巡察工作，进一步压实工作责任，强化工作监督，促进局系统脱贫攻坚工作责任落实更加到位、工作措施更加精准、工作作风更加扎实、资金管理使用更加规范。

【脱贫攻坚】 一是坚持强中选优、优中选锐配置工作力量。选派1名挂职干部、6名驻村第一书记、20名驻村干部分赴从江县洛香镇方良村、织金县实兴乡新场村等7个县13个镇（乡）19个驻村帮扶点开展脱贫攻坚工作，结合实际制定驻村帮扶联系点脱贫出列工作方案，严格落实驻村工作人员关怀激励制度，在驻村工作成绩突出的干部中选配基层领导干部3人，毕节公路人奋战脱贫攻坚一线的美好形象得到充分展示。二是全力推进公路交通扶贫基础设施建设。威宁中石公路建成通车，G246七星关草堤路口至纳雍县城大新桥公路建设项目逐步推进，其他项目有序开展，进一步提升干线公路承运能力，为沿线脱贫攻坚、产业发展提供方便快捷的运输条件。三是围绕突出问题精准施策。聚焦解决“一达标两不愁三保障”突出问题，投入帮扶资金120万余元发展帮扶村种养殖产业、改善人居环境，初步建成洛香镇方良村油茶树种植项目160亩、何首乌种植项目70亩、曙光镇岔冲村汉源“贡椒”项目156亩、鬃岭镇坡戛村肉牛养殖项目。在局系统建立贫困县区农副产品帮销机制，在局段两级、项目工地食堂优先使用加勉扶贫鸭、方良林下鸡、坡嘎西红柿、威宁“三白”等农产品，增加贫困县区老百姓收入。

【文明创建持续巩固，市级以上文明单位全覆盖】

制订《毕节公路管理局“十三五”精神文明建设工作规划》《2018～2020年文明单位创建工作方案》《2019年“三创三树”精神文明创建活动方案》《创建全国文明城市网格化包保管理工作方案》，明确工作目标、工作思路、工作措施，细化具体责任，变软任务为硬指标。局机关及8个基层单位全部荣获市级及以上层面的文明单位称号，文明创建工作得到市委主要领导、分管领导、市委宣传部及有关部门的一致认可。

【公路路网建设】 强化统筹调度，有序推进“十三五”在建项目，抓实“十二五”项目的交竣工验收。一是超额完成目标任务。创建“畅安舒美”示范公路50公里，建成威宁中水—黑土河—石门高等级公路33.447公里，有序推进项目验收。二是品质工程建设有突破。内外品质一起抓，软硬品质一起上，在设备微改造、工艺微改进、工法微改良“三微”创新、智慧工地、生态挡墙及边坡治理、大跨度悬拼箱型拱桥施工工艺等方面有突破，在中石项目、洪家渡大桥等施工中实体硬品质有拓展，外部软品质有提升。

【坚持改革攻坚，公路发展内生动力持续向好】

一是积极推进事业单位改革。继续深化行业管理机制改革，强化职工教育引导，全面清查完成局属生产经营资源、资产，建立完善房屋、土地、车辆等资产管理档案，外聘合同工逐渐清退等。二是实行财务集中核算制。制定实施《贵州省毕节公路管理局财务集中核算规范管理办法》，优化资源配置，将下属8个公路管理段全部纳入财务集中核算管理，财务监管职能得到充分发挥，规范化水平显著提升，风险大为下降。三是推进诚信体系建设。积极构建以信用为核心、重点监管为补充的市场监管机制，建立普通国省干线公路建设项目、养护工程从业单位及人员信用评价管理制度，认真开展“信用交通宣传月”活动。

【坚持养护转型，公路管理养护持续向好】 一是坚持养护工程招投标。严格执行招投标法，对达到标准的养护项目按程序公开招标确定施工队伍，创新方式将实施过程工程服务类进行打捆招标，且确定服务周期至少两年，有效促进项目后期工作开展。二是有序推进养护转型。“十转型十提升”深入推进，基层各段与劳务公司签订合同，以购买服务的方式对其所辖公路缺员路段进行日常保洁，日常养护市场化逐渐推行。稳步推进国省道应急抢险工程参建单位储备库建设，初步建立数据库，运行机制正在构建、管理办法草拟初步启动，切实推进区域化养护、长寿命周期养护承包等新型养护模式落地见效。

【公路交通服务】 一是围绕组织精心、施工精细、服务精致，全面养护水平持续进步。有效实施大中修、预防性养护、灾毁恢复、安防、桥隧、“厕所革命”等工程，管养公路考核路段自评优良率85.5%。完成白家哨、大田观景台、三甲收费站、川洞超限检测站等停车区建设和厕所革命改造工程。二是围绕“七化”抓安全，安全生产形势持续稳定。按照“管行业必须管安全、管业务必须管安全、管生产经营必须管安全”的要求，分解细化“大安全”与“小安全”责任，层层签订安全生产“一岗双责”责任书，全力做好重要时间节点、特殊时段以及庆祝新中国成立70周年大庆等重大活动期间安全稳定工作。三是围绕“一段一路”建设，路域环境整治效果明显。以“八个无”为目标开展路域环境专项整治行动，推行路政、养护联合巡查制度，提前介入在建项目路政管理。结合“五城同创”“示范路”创建等工作，建成“一段一路”示范路165公里。四是围绕“公路+”拓展，服务能力持续提升。扩大公路“朋友圈”，实现与公安、气象、交警、应急等各部门信息联动、优势互补，有效拓展干线公路应急服务外延，发挥干线公路在交通服务体系中的纽带作用，通过门户网站、微信公众号、手机短信、公路沿线可变信息板等平台发布各类出行服务信息43条，人民群众获得感逐步提升。

【公路行业治理】 一是扫黑除恶专项斗争扎实开展。强化组织领导，加强宣传引导，大肆营造舆论氛围，印发扫黑除恶宣传折页2万份、应知应会手册1500本，选取的40条标语利用LED电子显示屏常态化滚动宣传。二是超限运输治理深入推进。严格落实省治超工作“四个方案”，积极推进路警联合执法常态化、制度化工作，现已有2个固定超限检测站有公安交警驻站开展联合执法，超限运输率切实控制在2%以下。三是应急管理工作全面提升。构建完善“五有”应急工作体系，局段两级开展交通战备、消防安全、反恐防爆等应急演练32次，成功承办省公路局国防交通战备暨公路应急工作培训会，应急管理工作体系得到省公路局认可。四是财务审计工作更加规范。预算管理、资金保障、资产清查、债务清理及巡察整改等重点工作取得显著成效。

【坚持科技引领，公路绿色智慧品质持续向好】 一是强化“四新”技术应用。立项申请的乳化沥青厂拌冷再生后评估、钢筋笼石笋桩处理软土地基的研究与应用获省公路局同意，改性乳化沥青纤维同步碎石封层预防性养护项目等3个项目已完成待验收。二是切实推进节能减排。坚持材料循环利用，废旧路面材料回收率、循环利用率均达98.7%，分别超过省局目标任务0.7、18.7个百分点。路面基层旧料就地冷再生利用7121立方米、沥青面层旧料再生利用8299立方米，路面旧料再生率52.2%。三是推进“绿色公路”

建设。制定《贵州省毕节公路管理局普通国省干线绿色公路创建实施细则》，将可持续发展理念运用到公路养护工程设计、施工、运营管理和验收过程各个阶段。

【创新引领，亮点工作精彩纷呈】 2019年，管理局持续坚持长板引领，紧紧围绕新时代工作要求和行业改革发展推进新的亮点建设，坚持做大亮点工作“存量”，将亮点做“亮”、特色做特，把亮点经验做法总结提炼形成可复制模式，在大党建、制度建设、项目管理、基础管理等方面全面开花。一是“虚”的意识形态，“实”的思想旗帜。思想有多远，行动就有多远，有人的地方就有思想，就有意识形态，工作成效归根结底是思想问题，也是意识形态问题。管理局始终坚持意识形态第一，同单位中心工作、重点工作同思考、同设计、同部署、同落实、同考核，强化责任落实，抓实力度、稳度、硬度、精度、厚度，意识形态工作领导权、话语权、管理权牢牢掌握在党组织手中。二是一条大道撞开石门，“九好”公路惠泽苗乡。历时3年，尽锐出战，攻坚克难，威宁中水—黑土河—石门高等级公路顺利通车，9月30日顺利通过交工验收，解决了制约贵州20个极贫乡之首石门乡及毕节20个贫困乡黑土河乡经济社会发展的交通大动脉问题，为石门、黑土河攻坚脱贫、实现全面小康输送了血液、贡献了力量，为贵州最美农村路建设树立了标杆。依托中石项目建设总结提炼的“九好”经验有力促进了管理局其他项目建设。三是绿色公路机制化，实施考核一条龙。建设五大发展理念示范区是习近平总书记对毕节的嘱托，建设新发展理念示范路是毕节公路人“两个维护”的具体体现。近年来，全局坚持五大发展理念抓工作，2018年建成贵毕“畅安舒美”示范路，是年，坚持绿色理念，将可持续发展理念运用到公路养护工程中，制定《毕节公路管理局普通干线公路绿色创建实施细则和评价指标》，为绿色公路建设持续高质量发展提供了遵循，为行业治理能力提升做出了贡献。四是“五有”强基础，创新抓应急。紧紧围绕“巩固增强、提升畅通”8字方针精准发力，成功构建了有体系、有基地、有队伍、有物资、有经验的“五有”应急工作体系，应急管理工作成为典型经验得到省局高度肯定并在全省系统内推广学习。五是资产信息化，数据集成化。成功探索固定资产信息化管理模式，筑养护设备、桥涵等资产通过二维码记录、显示，实现一资产一表单管理，逐渐形成信息数据集成，有效提升固定资产管理效能。六是文明路开花，大众齐共享。打造“文明示范路”，持续推进“一段一路”建设，提升公路沿线特别是过境线路容路貌，打造“畅安舒美”公路，满足人民群众对国省干线的更高服务要求，增加获得感、幸福感。七是源头控制抓重点，全面治超显成绩。全局超限运输治理实行源头控制，积极推动“地方政府主导抓、职能部门联动抓、其他部门协助抓”的治超工作模式，金沙县治超工作成绩显著，得到省、市认可。八是五步工作法抓安全，七化方法论强措施。“五步工作法”融入安全生产全过程，以落实安全责任为核心，扎实推动“七化”方法论抓安全，安全工作持续向好。九是尽锐出战有力，脱贫攻坚显效。近年来，全局把脱贫攻坚作为当前和今后一个时期的政治任务和重点工作，认真谋划、精心组织，除从江县洛香镇方良村、纳雍县曙光镇岔冲村计划年底出列外，其余帮扶村已全部出列。

（供稿：毕节公路管理局）

高速公路管理

【概述】 2019年，贵州省毕节高速公路管理处（贵州省毕节高速公路路政执法支队）管辖高速公路里程为964公里。下辖12个路政执法大队和1个超限超载检测站：金沙路政执法大队、七星关路政执法一大队、七星关路政执法二大队、赫章路政执法大队、黔西路政执法大队、海子街路政执法大队、大方路政执法大队、织金路政执法大队、纳雍路政执法大队、九洞天路政执法大队、甘棠路政执法大队、威宁路政执法大队、生机超限超载检测站；处机关内设党委办公室、办公室、计划财务科、路政管理科、安全质监科、收费稽查科、宣传教育科7个科室。2019年年末干部职工总数为291人。

贵州省毕节高速公路管理处（贵州省毕节高速公路路政执法支队）受贵州省交通运输厅的委托主要履行以下职责：承担所辖高速公路路政管理行政执法、路产保护和路权维护、超限运输治理；承担高速公路营运通行费稽查和涉及联网收费管理的有关工作；承担对所辖高速安全生产、路况考核评定的行业管理；承担对所辖高速公路服务区（含加油站）等的行业管理；承担所辖高速公路应急处理、交通战备、交通量观测等行业统计、节能减排工作。

【路政管理行政执法】 撤站并网收费如期完成。按照交通运输部统一部署要求，辖区共有75个收费站，其中安装收费站货车入口计重检测设施71套（生机、二龙关站已撤除，威宁东、高坎子收费站未开通）。积极宣传有关撤站政策，参与拆除省界收费站设施、解读收费模式调整等工作。2020年1月1日，顺利完成厦蓉高速公路毕节辖区生机收费站、毕镇高速公路毕节辖区二龙关收费站2个省界收费站撤站任务，辖区各经营单位收费站并网工作与全国高速公路实现“一张卡”“大路网”同步联网收费。

行政许可。做好Ⅱ类、Ⅲ类涉路工程施工行政许可办理，配合做好Ⅰ类涉路工程施工行政许可手续办理，以及涉路工程施工进出场登记，办理涉路施工许可8件。

超限运输治理。2019年4月16日，启动高速公路收费站入口治超工作，禁止超限货车驶入高速公路。12月16日，与全国同步启动收费站入口称重检测工作，全年开展治超稽查589次，检查货运车辆1543台，查处超限运输车辆41台。在线办理大件运输许可7255件，由处核查报省交通运输厅发证338件，在规定时限内完成审批，办结率100%。重点开展了以“深度调研、精准对接、主动服务”为主题的全省大件运输许可服务大走访活动。

“三项制度”建设。深入推进“行政执法公示、执法过程全记录、重大执法决定法制审核”三项制度执行。完成了权力清单和责任清单目录调整。落实行政许可和行政处罚信用信息公示制度，向厅“信用交通（贵州）”网站推送行政处罚22件。积极开展“双随机、一公开”和“互联网+监管”等工作。开展2019年“规范执法，服务为民”路政宣传月等系列活动。

“四基四化”建设。深入推进基层执法队伍职业化，基层执法站所标准化，基础管理制度规范化，基层执法手段信息化的“四基四化”建设工作。

“四统一”建设。持续抓好执法标志标识、执法证件、执法服装、执法场所外观的“四统一”建设。

【路产保护和路权维护】 依法查处破坏路产、侵害路权等违法行为，2019年查处路赔案件1021起，拆除非法构筑物2处，成功控制新增非法建筑物10处、违法广告203处、非法摊点43起。

【通行费稽查及联网收费管理】 收费稽查。查处违法违规行为3741起，补收通行费48.53万元，罚款37.97万元。

落实惠民政策。督促毕节辖区各高速公路经营单位严格落实国家相关惠民政策，免费放行合法“绿色通道”运输车辆40.8万台次，免收通行费1.48亿元。春节、清明、五一和国庆期间，免收7座及以下小型客车通行费2.08亿元。

异常通行车辆信息管理。辖区异常车辆信息有230台次，撤销黑名单车辆52台次。开展季度目标监管检查3次。发出整改函2份，召开收费稽查整改会议1次。处理投诉咨询6起。

【党风廉政建设】 党建工作。落实“一岗双责”制，认真贯彻落实中央、省委、省交通运输厅和省高管局系列党风廉政建设规定。严肃财经纪律，扎实开展“两学一做”“不忘初心、牢记使命”主题教育，专题集中学习研讨1次，实地调研2次。处党委中心组开展6次集中学习，处属各支部开展150余次理论学习，开展支部书记述职1次。

脱贫攻坚帮扶。做好对加勉乡别鸠村5户、斗里镇台里村9户贫困人员的帮扶工作，处党委班子、处属各支部书记和党员定期对贫困户进行实地调研回访，并派遣脱贫攻坚突击队员、支援脱贫一线工作人员到从江县斗里镇台里村开展帮扶工作，及时准确了解帮扶对象的相关信息，扎实推进帮扶工作进度，促进帮扶工作见真见效。

【“扫黑除恶”整治】 积极开展“扫黑除恶”专项整治。2018—2019年向各级党委政府扫黑办、公安机关提供涉黑、涉恶、涉乱线索3条，其中向毕节市扫黑办提供货运车辆集中冲闯收费站线索1条，向金沙县扫黑办提供服务区偷盗车辆燃油案线索1条，向七星关区三板桥派出所提供货运车辆集中冲闯收费站线索1条。制作宣传标语143幅，举报箱103个，发放宣传资料近11500份，开展“打非治违”专项治理行动12次。毕节处获贵州省交通运输厅2018－2019年度扫黑除恶专项斗争先进集体。

【行业管理】 安全生产工作。一是强力推进履行养护主体责任和监管责任。按季度开展安全养护综合检查。严格执行养护备案制度，收到经营单位养护备案172处，已完工163处。制发《毕节高速公路水毁应急抢险方案》，开展水毁、隐患边坡治理等监督检查。强化隐患排查治理监督，发现一般安全隐患7处，挂牌督办重大安全隐患1处，已整改。牵头组织封闭毕威高速K8＋100上行处的私开道口，消除安全风险。完成辖区共956.569公里高速公路年报数据的核对上报及审核工作。二是毕节辖区创建高速公路管养示范路段成绩显著。参加创建路段有7条，其中4条路段被授予2019年养护示范路创建优秀路段，3条路段被授予2019年养护示范路创建达标路段。9个路政大队积极参与创建，5个路政大队（金沙路政大队、甘棠路政大队、黔西路政大队、大方路政大队、七星关路政二大队）被授予2019年养护示范路创建优秀单位；4个路政大队（海子街路政大队、七星关路政一大队、赫章路政大队、威宁路政大队）被授予达标单位。三是狠抓安全生产责任制落实。深入开展大排查大整治专项行动和监督治理。开展“迎大庆防风险遏事故保安全集中整治行动”和“营运高速公路安全生产风险防控和隐患排查治理百日行动”专项行动。顺利完成了2019年春运、全国“两会”、节假日和极端恶劣天气期间的安全保畅工作。

处属各大队履职尽责，七一大队联合“一路多方”封闭毕威高速K8＋100上行处的私开道口；黔西大队多次联合“一路二方”制止黔织高速K345＋000下行处当地村民违法施工，擅自破坏高速公路边坡，经省交通厅协调地方政府，由织金县交通局组织实施该处通村公路车行天桥建设。

新时代“多彩贵州·最美高速”创建。对辖区高速公路路域环境、服务区、停车区、收费站等加强日常监督检查，全年发现609项问题，已督促经营单位整改596项问题，整改率为97%。督促开展微笑·文明礼仪服务培训4次。强化污水排放及垃圾分类治理，对16对服务区、16对停车区污水排放治理及垃圾分类回收工作开展情况进行检查、督促整改。按时开展高速公路服务区和收费站服务质量和路容路貌考核工作。完成元旦、春节、清明、五一、端午、国庆等节前节中暗访工作。

【应急处理】 按照"综合协调、分类管理、分级负责、属地为主"的原则，梳理处应急预案体系中存在的不足与问题，结合实际情况加以修订、完善。健全突发事件预测、预防制度和预警信息报送制度，加强与辖区应急、公安、气象等部门的联系，采取预防措施。强化内保安全工作，明确本单位专（兼）职内保安全的人员配备，明确其职责。做好节假日、特殊时段的安全管理，高速公路服务保畅、应急处置等工作。

（供稿：贵州省毕节高速公路管理处办公室）

毕节飞雄机场

【概述】 毕节飞雄机场为4C级民用支线机场，于2013年6月16日建成通航。机场距市中心直线距离18公里，占地面积161.16公顷。建有一条2600米×45米的跑道和一条垂直联络道，4个C类机位的站坪；航站楼建筑面积为7100平方米，可保障年旅客运输量100万人次。配备有两个登机廊桥，四个登机口，五条安检通道；消防等级为六级，配有重型泡沫车、飞机除冰车、跑道除雪车和除冰液洒布车等特种保障车辆24台，可保障B737－800及A320同类飞机起降。

按照"保量控补"的基本目标，2019年安全运送旅客121.7万人次，同比增长0.04%，安全保障航班起降14220架次，同比增长4.4%，全年产生航线补贴2.52亿元，同比下降11.1%，人均补贴207元，同比下降11.1%，全年旅客吞吐量排省内支线机场第四位，人均补贴为省内支线机场最低；二是航旅结合助推发展，不断优化旅游补贴措施和办法，提高旅行社对旅客运输量的贡献率，共计完成旅游团队13355人，其中组团6387人，地接6968人，贡献旅客吞吐量26710人次，同比2018年增加2%；三是加大对在飞各条航线的收益监管，不断加大与航司沟通，做到票价动态调整，逐步细分市场，实现收益最大化；四是初步尝试将本场作为中转枢纽，推动中转市场发展，全年保障中转旅客2357人次；

【航线运行质量持续提升】 2015年新开丽江、西双版纳、西安和南宁航线，通航城市达到14个，完成了以长三角、珠三角、环渤海、丝绸之路、毕节周边省会、旅游热点城市的航线网络布局。开启全省支线机场第一条航空公司自营航线，开发的很多市场营销产品，得到民航业界和社会各界的广泛认同和赞誉。

【国有企业党的建设工作】 进一步完善和落实了坚持党对国有企业全面领导的体制机制，切实把党的领导体现到生产经营、改革发展、选人用人、基层党支部建设各领域、各方面、各环节。进一步提升公司广大党员职工党的理论、路线和方针政策水平，加强广大党员职工理想信念教育，组织党员职工参观革命遗址、参加警示教育、召开学习座谈交流会，不断强调意识形态工作的重要性，旗帜鲜明地反对历史虚无主义、政治谣言、贬低诋毁党和国家领导人的错误思想倾向，认真对照开展基层党支部标准化、规范化建设。进一步加强党风廉政建设工作，促进"两个责任"有效落实，助推全面从严治党向基层延伸；积极推进公司工会、团委运行机制改革，全面提高公司党建工作水平。

【脱贫攻坚】 一是投入资金发展产业，改善村居环境。帮助结对帮扶点赫章县结构乡中山社区三年贴息贷款60万元、三年奖补60万元发展种植马铃薯产业，投入43.46万元改善帮扶村基础设施，投入10万元采购垃圾箱完善威宁县五里岗白岩社区文化广场，投入9.6万元给平山镇200户贫困户购置碗柜200个，投入2万元解决水塘村、白岩社区工作经费，资助贫困村公益性岗位经费2.4万元。二是整合资源设点帮销，为帮扶村开设农产品销售专柜，拓宽销售渠道。2019年4月帮助赫章县平山镇销售其特产樱桃，并帮助其宣传。销售量为5500公斤，实现利润收入20000元。三是专岗招录促就业增收，解决赫章县平山贫困户就业2人。四是宣讲捐赠开展“志智”双扶，组织公司党群在水塘小学与一至五年级学生互动宣讲，启智扶志，组织职工捐款6200元购买书包305个、书籍200余册、手套帽子围巾310套，捐赠给水塘小学学生。五是落实驻村经费，确保工作有序开展。划拨2万元驻村帮扶工作经费（其中赫章县平山镇水塘村1万元；威宁县五里岗街道白岩社区1万元）。六是资助岗位经费，助力脱贫。资助威宁县龙场镇干河村公益性岗位经费1.2万元、资助纳雍县维新镇水落冲村公益性岗位经费1.2万元。七是发挥优势帮助航空运输，利用航空运输优势帮助贫困户外运农副产品475件共4.486吨；完成2次“复工包机”保障，运送返岗农民工230人，助力赫章县农民工快速返岗。

【实现安全运行零事故】 全年实现安全运行零事故，未发生三类及以上安全、服务差错。

一是认真开展法定自查工作，制定公司级年度自查计划，组织法定自查人员进行专项培训5次，自查发现问题26个，并已全部整改完毕；二是组织开展2019年“安全生产月”活动、安全生产大检查、国庆70周年安全保障、“提升服务质量、改善机场形象”大整治、冬春安全风险防范大排查大整治大演练等专项行动，梳理完善了风险源清单；三是机场公安分局积极对接市局引入人脸识别系统，进行大数据管理，对可疑人员进行人脸甄别，有效提高安全管控能力；四是进行公司级教员的内部聘用，完善公司人才库的建立，组织开展了20余次公司级安全或服务培训教育，共计培训1854人次，并引入考核机制，不合格进行待岗处理，进行培训考核全闭环；五是开展各类安全或服务检查40余次，检查发现42个安全或服务隐患，并已全部整改完毕；六是持续强化“三基”“四个到班组”建设工作，制定了班组建设考评方案，并涌现出许多优秀班组，其中安检部安V班组获得西南局年度“五好班组”称号，消防护卫部铁血班组获得民航贵州监管局年度优秀班组，全面提升机场整体安全和服务管理水平；七是按照公司年度应急演练计划，认真完成各项演练科目，提高应急处理能力；八是积极开展作风自查及相关专项检查工作，加强公司思想作风建设、学风建设、工作作风建设，多措并举，提高了公司员工队伍素质及管理水平；九是完成年初既定的专项资金申报工作，采购了摩擦系数测试车、道面除冰车，不断加强安全投入力度。

【非航业务不断拓展】 一是机场二期改扩建项目用地预审和规划选址于2019年9月29日获得省自然资源厅批复，可行性研究报告于10月24日获得省发改委批复，初步设计工作已在成都召开了审查会，相关辅助报告也已相继编制完成，待上报审批；二是围界安防设施改造工程已调试安装完成，并于12月19日正式竣工验收，交付使用；三是邀请毕节市规划局、金海湖新区管委会、广东省城乡规划院召开空港产业园报告会，并对空港产业园初步规划方案即旅客集散、酒店、医疗、康养等包含的城市功能进行研讨，成立了公司非航产业办公室，并与市信泰集团公司、市建投公司达成一致协议，以机场公司为主导共同开发空港产业园的多数项目；四是航站区工程及附属工程、使用油库及地面加油站工程跟踪审计单位已将审计结论报到审计局，待审计局复核后出具审计报告，其余站坪扩建、周转用房、公租房、游客中心结算工作均已进入尾声，只等审计报告；五是建立公司项目库，整合划分为毕节机场安防设备采购项目及应急设备采购项目；六是开工建设支部党员活动室，完善支部阵地建设工作；七是召开投转固项目财务竣工决算谈判，现财务竣工决算工作正在有序开展；八是完成机场控制区及公共区域的全景摄像头安装；九是新建酒店已完成初步设计，待城规委批复后，即可推进后期建设工作。

【服务质量稳步提升】 一是完善公司安全或服务规定，重点修订完善《航空安全差错分类管理及奖惩规定》和《服务事故与差错等级标准及奖惩规定》，并在《安全、服务质量信息管理规定》中新增机场事件样例；二是完成旅客托运行李开包提示系统安装，完成航站楼进出口防爆检查闸机安装，完成机场大门口改造后监控安装及停车场监控修复工作，在航站楼新增了多处自动取还充电宝设施，切实增强旅客获得感、安全感、幸福感；三是配合毕节市五城同创办公室认真开展了创文、创卫工作，配合市司法局完成法治政府建设示范创建相关工作；四是启用“电子临时乘机证明”，大大提高旅客出行满意度；五是启用公司级投诉咨询微信、手机号，不断拓宽投诉受理渠道，高效迅速协调处理旅客投诉；七是开通机场“点对点”的快速巴士，打通通往机场及旅客回家的“最后一公里”；八是机场公安分局不断加大机场及周边范围内出租车，及违法车辆的管理、打击力度，营造出安全、顺畅的车辆营运环境；十是开通机场停车场微信、支付宝及无感支付自助快速通道，方便旅客出行；十一是增加保安人员，不断加大对公共区域的文明劝导，秩序维护工作；十二是协调烟草公司在航站楼外增设公共吸烟区，美化了环境，净化了卫生。

（供稿：毕节飞雄机场）

无线电管理

【概述】 2019年，全局在省工信厅和毕节市委、市政府的正确领导下，继续深入学习宣传贯彻党的十九大精神，以习近平新时代中国特色社会主义思想为指导，将“不忘初心、牢记使命”主题教育贯彻始终，紧紧围绕“三管理、三服务、一突出”的工作原则，以“世界无线电日”“无线电管理宣传月”、无线电频谱使用评价专项活动、打击非法设台等工作为主要抓手，精心组织、强化措施、真抓实干、开拓进取，较好地完成了各项工作任务。

【加强频率台站管理，坚持依法行政】

一是加强频率台站管理。共受理新设台站行政审批1件，指配频率2组，核发台站执照1个，年审台站执照52个。完成23家设台单位频占费收缴工作，共收缴频率占用费120780元。

二是积极主动服务设台单位。走访毕节飞雄机场、威宁县气象局等设台单位12家，核查台站48个，帮助设台单位解决实际问题4个，开创了同设台单位齐抓共管的新局面。

三是推进5G试验网建设。组织召开5G试验网建设推进工作会及5G频率协调会各1次，对七星关、百里杜鹃、织金等地的5G试验网进行核查和监测，为毕节市5G试验网建设工作有序推进打下了坚实的基础。

四是引导业余无线电爱好者规范有序开展活动。组织了毕节市业余无线电（A类）操作证考试，共有14人报名参加考试。

【维护空中电波秩序，确保无线电安全】

1. 打击非法设台取得实效。在市公安（反诈骗中心）、广电、通信等部门密切配合下，积极开展打击“伪基站”“黑广播”、非法设台等活动，共受理干扰投诉2起，查处2起，主动查处“黑广播”3起、查获设备1套，移动通信信号放大器1起、责令自行拆除设备1套。

2. 加强无线电监测检测。一是在春节、“两会”和国庆等重要时期，严格实行领导带班、监测人员24小时值班制度，启用无线电监测设备9座，监测时间3792小时，出动车辆10辆次，参与值班326人次，实现了零干扰、零投诉的无线电安全保障目标。二是对重要频段实行每月每频段不少于72小时的监测，累计监测3万余小时，按时报送监测月报。

3. 加大对航空频段的监测保护力度。一是定期核查走访毕节机场，完善航空频率保障长效机制，同时规范机场周边无线电台站的设置使用。二是利用无线电监测站对航空、铁路等专用频率进行保护性监测，消除广播频率干扰民航地空通信频率2起，消除对讲机干扰铁路专用频率1起，为民航、铁路安全保驾护航。

4. 加强无线电监测基础设施建设和维护。一是完成了灵峰寺固定站的升级改造，并将该站搬迁至金海湖新区，以增强对毕节机场、高铁站、职教城等重要区域的监测。二是配合华日公司完成对固定站、移动监测车、监测设备等的维护，有效降低设备故障率。

5. 加大对无线电发射设备销售市场的监管力度。一是加强对无线电发射设备销售备案的管理。在《毕节日报》上刊登《贵州省工业和信息化厅关于贵州省无线电发射设备销售备案有关事项的通告》，在国家无线电发射设备销售备案信息平台对经营主体审核210户，备案无线电发射设备2万余台。二是每季度定期对毕节市无线电发射设备销售商进行走访，及时对销售情况和物业、酒店使用无线电发射设备情况进行核查登记和备案。同时，联合市场监管局对毕节市七星关城区销售无线电发射设备的十余家商户进行检查。三是按照“双随机、一公开”的工作要求，对4家设台单位、4户无线电发射设备销售商开展行政检查，并按规定将抽查结果及时向社会进行公开。

6. 做好无线电安全保障。一是共参与了全国卫生、公务员、高考等重要考试期间无线电考试保障23次，派出人员162人次，启用设备153台套、动用车辆50辆次，维护了考试的公平、公正。二是为做好国际杜鹃花节开幕式期间的无线电安全保障工作，超前谋划，主动对接，制定保障方案，及时排查干扰隐患。开幕式当天，派出5人组成保障组，出动移动监测车1辆、便携式监测设备3套、压制设备1套，对安保、指挥调度、应急通信、通用航空等20余个频率进行监测保障，实现了零干扰、零投诉、零事故的目标，圆满完成此次活动的无线电安全保障任务。

7. 加强业务技能提升。着力提升无线电管理工作的能力和水平，在2019年全省无线电管理技术演练中，取得2个单项第一、1个单项第二的优异成绩，展现了良好的团队风貌。

【积极开展无线电宣传，提升社会认知率】

1. 认真开展无线电宣传工作。一是制定《2019年无线电管理宣传工作实施方案》，对宣传工作进行提前谋划，及时部署。二是深入学习《中华人民共和国无线电管理条例》《贵州省无线电管理条例》和《贵州省无线电发射设备销售管理办法》及其他相关法律法规，切实提高执法和宣传法律法规的水平。三是按照“主动请进来、积极走出去”的工作思路，对毕节飞雄机场、八二七台、移动通信运营商等设台单位进行走访宣传，将走访调研和日常宣传有机结合起来。

2. 以“世界无线电日”和“无线电管理宣传月”为契机，开展形式多样的宣传活动。一是在毕节市政府门户网站和微信公众号上进行宣传。二是在毕节日报上刊登宣传内容。三是在七星关综合广播FM91.2进行宣传。四是通过图片展览、现场宣讲和发放资料等形式向市民宣传无线电基本知识和法律法规。五是协调电信、移动、联通公司进行手机短信宣传，累计向手机用户发送宣传短信1万余条。

3. 积极报送信息。积极向上级部门报送信息，全年报送简报36期。

【服务重大项目建设，推动地方经济发展】 一是完成威宁机场电磁环境测试工作，出具科学翔实的电磁环境测试报告，为推动威宁机场的建设提供了技术支撑。二是完成威宁县气象局新建雷达和黔西县融媒体中心调频广播设备更换的电磁环境测试并出具科学翔实的电磁环境报告，为项目的顺利实施提供保障。

【以开展“不忘初心、牢记使命”主题教育为抓手，切实推进干部队伍建设。】 一是深入开展“不忘初心、牢记使命”主题教育，认真学习习近平新时代中国特色社会主义思想和习近平总书记对贵州重要指示批示精神，共组织召开动员会1次，专题组织生活会1次，集中学习研讨11次，警示教育1次，党员集体过“政治生日”1次。二是把意识形态工作作为党的建设的重要内容，明确了支部书记为意识形态工作第一责任人，支委会召开专题会议研究部署2次，组织专题教育1次，党支部书记上专题党课1次，切实将意识形态工作落到实处。三是以“三创三树”为载体，切实推进“示范单位、示范窗口、示范岗位”的“三示范”创建。四是推动党支部规范化、标准化建设，制定《党建工作要点》和《党风廉政建设工作要点》，共组织学习10多次，出专刊1期，党风廉政警示教育1次，开展主题党日活动12次。五是加强制度建设，制定《例会制度》《公务用车使用管理制度》，修改完善《AB角岗位制度》《节假日值班管理规定》和《考勤管理制度》，用制度管人、管事、管财、管物得到很好的落实。六是真蹲实驻选派优秀年轻干部进驻党建扶贫联系点威宁县海拉镇新村村和挂帮联系纳雍县文昌街道办事处，领导班子成员多次深入到帮扶点调研，积极出谋划策，扎实开展“五个专项治理”工作，为确保按时打赢脱贫攻坚战夯实基础。同时，认真开展与驻村干部开展谈心谈话活动，按照有关规定及时兑现生活补助，切实做好关怀激励驻村干部工作。

（撰稿：廖满坤）

邮政管理

【概述】 2019年，毕节市邮政管理局以习近平新时代中国特色社会主义思想为指导，深入学习贯彻党的十九大精神，在省局、市委、市政府的正确领导下，守初心、担使命，加强党建工作，坚持全面从严治党，扎实推进党风廉政建设，打好行业“三大攻坚战”，认真开展行业安全监管，推动行业协同发展，毕节市邮政业安全、平稳、健康发展。全市邮政行业业务收入完成6.05亿元，同比增长10.03%；业务总量完成5.76亿元，同比增长10.19%。全市快递服务企业业务量完成1324.63万件；业务收入完成27955.03万元，同比增长14.71%。

【党建工作】 加强党建引领，全面从严治党进一步推进。以政治建设为统领，深化作风建设，深入学习习近平新时代中国特色社会主义思想，把牢固树立“四个意识”、增强“四个自信”、坚决做到“两个维护”作为首要政治任务。深入开展“三个大兴”活动，大兴勤俭节约，杜绝浪费，大兴调查研究，践行四到工作机制，深入镇村，行业一线调研，大兴真抓实干，各项工作推动有力。一是强化学习教育，全面强化政治思想理论武装。深入贯彻学习习近平新时代中国特色社会主义思想、党的十九大精神、习近平总书记对邮政业、对贵州对毕节工作系列重要指示批示精神以及习近平总书记关于国家安全、意识形态、防范化解重大风险等重要讲话精神，全国、全省、全市两会精神。每月扎实开展以习近平总书记系列重要讲话为主题的党组中心组学习活动，以“三会一课”制度为支撑，切实推进“两学一做”学习教育制度化常态化建设。组织召开党组中心组学习16次，召开支委会14次，党员大会5次，主题党日12次，支部集中学习5次，上党课5次，党组织的凝聚力和战斗力得到进一步增强，党员干部干事创业的工作热情持续激发。二是强化责任压实，全面加强党风廉政建设。召开党风廉政建设工作专题部署会，安排部署2019年党风廉政建设工作，党组主要负责人分别与纪检组、部门负责人签订《党风廉政建设工作目标责任书》；组织开展春节、清明、五一、中秋、国庆等节前预防提醒谈话和集中谈话22人次；开展新提任干部任前廉政谈话1人次。组织开展警示教育，采取集中学习和观看视频等方式，对各类反腐案件和违反“四风”“八项规定”等典型案例进行通报学习观看。

【“不忘初心、牢记使命”主题教育扎实开展】 第一批主题教育启动后，市局根据省局党组部署，不等不靠，提前学习，提前调研，提前整改。组织党组中心组学习3次，开展主题教育调研，深入基层调研检查走访，深入定点扶贫联系点深度贫困村，深入邮政、快递一线网点开展调研走访。查找出问题6个，列出问题清单，制定了整改措施，并明确整改时限，未整改完成的纳入第二批“主题教育”继续抓好整改落实。

切实推进第二批“不忘初心、牢记使命”主题教育。按照主题教育“守初心、担使命、找差距、抓落实”的总体要求，努力实现理论学习有收获、思想政治受洗礼、干事创业敢担当、为民服务解难题、清正廉洁作表率；牢牢把握主题教育的方法步骤，把学习教育、调查研究、检视问题、整改落实贯穿主题教育全过程。一是抓好启动部署，9月19日，组织召开本局“不忘初心、牢记使命”主题教育启动会。二是抓好学习教育，制定《学习教育实施方案》，组织开展主题教育专题集中学习，学习规定书目和党章党规；组织开展主题党日活动、党员政治生日座谈会，观看爱国影片《建党伟业》，开展“不忘初心 牢记使命”应知应会理论测试。三是抓好调查研究，根据主题教育四项措施不分环节不划阶段的要求，党组成员深入赫章县、织金、纳雍、威宁等县乡村，对行业基层末端服务网点开展提升普遍服务质量，建制村直接通邮和快递末端违规收费治理调研走访，形成调研情况报告2份，10月中旬组织召开了调研成果交流会。四是抓好问题检视，在边学边改、集中学习教育、调研走访、征求意见建议的基础上，通过发函，设置意见箱，走访座谈征求意见，查找问题，党组班子成员对照党章党规检视形成剖析材料报省局指导组审核，10月中旬组织召开对照党章党规找差距专题会议。五是抓好整改落实，根据国家局党组《关于在“不忘初心、牢记使命”主题教育中开展漠视群众利益问题专项整治工作安排的通知》，报送有关整改落实情况报告，继续抓落实在边学边改及《关于贯彻落实习近平总书记近期对邮政业系列重要批示指示精神的工作安排》中指出突出问题的整改落实，抓好邮政管理系统“8+3+1”专项整治工作，12月9日召开主题教育专题民主生活会。

【快递从业人员联系服务】 深入贯彻落实习近平关于加强“快递小哥”权益保障的重要讲话精神，加强快递员（投递员）权益保护。联合团市委开展对快递员（投递员）权益保护和慰问工作。1月，召开关爱“快递小哥”座谈会，与人大代表、政协委员面对面。启动关爱“快递小哥”倡议活动，倡导全社会共同关爱、关心他们，营造全社会尊重快递小哥的良好氛围。联合团市委启动“送温暖活动”关爱快递小哥活动，给七星关邮政、申通、中通、圆通、天天、韵达、品骏、顺丰等企业的35名快递、外卖小哥送过去“暖冬5件套”（保温杯大小2件、围巾、手套、护膝各1件），邮管局和团市委共计慰问金1万元。各县同步开展慰问活动，慰问资金共计5万余元。2月，省局陈向东局长赴毕节调研快递下乡、走访慰问快递一线从业人员，并对关爱服务从业人员提出指示要求。3月，市局联合团市委召开毕节市2019年关爱“快递、外卖行业青年”工作推进会，司法法律援助部门、公安交管部门参加会议。会上，评选“最美快递小哥”，对全市5位表现突出的快递小哥进行表彰奖励。利用召开行业安保工作培训会的契机，要求寄递企业要加强对快递一线从业的权益保障，落实好相关保险的购买，强化对员工的培训教育，现辖区内顺丰、品骏、京东实现全员购买相应保险，中通、申通、韵达、百世等快递品牌正积极落实此项工作。7月11日，通过各企业推选，组织20名行业技能选手开展全市邮政行业职业技能大赛，推荐前2名参加全省比赛，推送选手分获全省职业技能大赛第一名和第三名的优异成绩，第一名选手代表全省邮政业参加全国大赛。12月，联合团市委、交管、人社、司法、市场监管、工商联等部门，以“如何促进快递、配送从业青年职业发展”为主题，组织召开快递从业青年与人大代表、政协委员面对面座谈会。

【服务脱贫攻坚和乡村振兴】 一是推进“快递下乡”工程，改善末端投递服务。毕节市269个乡镇、街道办事处实现快递网点100%全覆盖。二是推进建制村直接通邮。实现全市2223个建制村100%直接通邮。三是服务乡村振兴和精准脱贫、切实落实快递电商商超便民点工作。和商务部门推动建设快递电商商超便民点93个。积极推进“快递+”服务“毕货出山”。贯彻落实服务乡村振兴战略和助力精准脱贫，发展“邮乐购”“黔邮乡情”“邮掌柜”等农村电商业务，服务乡村振兴，助力精准脱贫。带动农特产品进城，涌现了毕节顺丰“快递+樱桃”，毕节中通“快递+服装制造”“快递+翠红李”，威宁申通“快递+汽车饰品”等精品项目，四是推动邮政便民综合服务平台建设。鼓励邮政企业继续推动邮政综合服务平台建设，引导企业加快推进警邮合作、税邮合作和政邮合作步伐，在全市推广“线上办理+线下寄递”服务模式。五是扎实做好定点扶贫联系工作。扎实开展定点扶贫联系点工作，局党组成员每月轮流到扶贫联系点开展调研走访，积极参与谋划脱贫举措，协调争取获得产业扶贫帮扶资金2万元。争取建桥项目帮助解决赫章县财神镇营山村等两个深度贫困村529户2564人（贫困户192户929人）群众过河出行难问题。利用七一建党日，开展对贫困党员、贫困户的走访慰问。

【绿色邮政建设】 一是加强安排部署。组织开展环保工作部署培训，要求企业加大行业绿色发展，贯彻绿色发展理念。引导各企业使用可降解、可重复利用的环保包装材料，实现包装材料的减量化利用和再利用耗，设置回收装置，提高邮件快件包装物的回收利用率。让“节成本，重环保”的理念深植于企业发展之中。二是持续强化宣传。我局以开展“邮来已久、绿动未来”宣传活动为契机，要求企业在网点张贴绿色发展的宣传海报、悬挂宣传横幅，向社会展示寄递行业积极投身绿色环保工作的良好形象，同时提高消费者绿色环保意识，推动绿色寄递生活方式。三是开展专项检查。市局把生态环保工作纳入日常监管内容，贯穿于检查中。重点检查了黔西、金沙、威宁等县区企业生态环保主体责任的落实情况。10月开展对毕节中通、毕节顺丰两个品牌企业快递包装物现场抽检工作，分两批次抽检200件快件。重点检查快件使用的运单、封装用品（封套、包装箱、包装袋）、封装用胶带、包装填充物等基本情况，并录入系统。

【依法加强行业监管】 加强行业安全监管，企业安全主体责任进一步压实。2019年，开展执法检查1050人次，检查快递企业网点187个，检查邮政普遍服务营业场所98个，检查邮政机要营业场所23个、直接通邮建制村207个。针对检查中发现的问题，下达责令整改16起，约谈邮政快递企业7家，下达行政处罚15起，全年处罚金额22.3万元。一是健全安全监管体系。召开年初工作会部署2019年全市邮政业重点工作。7月联合公安、国安召开70周年大邮政业安全保障培训会。8月组织开展邮政特邀社会监督员培训，联合公安、国安等部门开展联合监管执法。加大行业执法检查力度。依法监管，严格执法，提升检查频次，持续开展“禁毒”“涉枪涉爆”“危化品监管”“扫黄打非”、行业消防等安全监管工作，确保行业安全平稳。开展快递末端违规收费整治，及时处理消费者诉求。开展基层网点违规收费整治。制定印发《毕节市乡镇快递网点违规收费专项整治工作实施方案的通知》，加强检查，切实维护用邮群众权益。二是抓防范化解风险，行业安全稳定进一步提升。做好全国“两会”“一带一路”“亚洲文明”“世博”、70周年大庆期间寄递渠道安全服务保障工作。严格落实安全保障措施，严格执行“三项制度”，圆满各重大活动期间寄递渠道安全保障工作。三是抓行业宣传教育，行业安全发展良好氛围进一步营造。组织开展安全生产月宣传活动，在赫章县组织全市邮政、快递企业50余名负责人开展全市邮政业寄递渠道安全生产部署培训。印发《快递暂行条例》《邮件快件实名收寄管理办法》等法规宣传资料3000余份。组织开展第50届世界邮政日宣传活动，10月9日，联合市公安交通管理局，组织全市邮政快递企业开展“传递美好·协同发展”邮政日主题宣传活动，活动现场展示符合标准快递配车辆。发放法规宣传资料300余份。

（撰稿：彭　刚　吴　迪）

电　信

【概述】　2019年，中国电信毕节分公司以习近平新时代中国特色社会主义思想为指导，深入学习贯彻党的十九大精神，不断树牢“四个意识”、坚定“四个自信”，贯彻落实省公司工作会精神，坚持党建引领全年生产经营，按时打赢脱贫攻坚战、努力建设贯彻新发展理念示范区，强力推动毕节试验区的发展。认真履行毕节公司作为国有企业应承担的责任和使命，加强4G和5G网络建设，提升光网运营质量，加快网络建设，发挥“互联网+”技术在各行各业的运用，全面开展农村普遍服务，着力解决农村上网问题，通过开展“守初心担使命，全员服务在行动”等系列教育传播活动，不断提升用户服务感知，全力推进企业高质量发展。

【党建统领，改革创新，全面依法治企】　中国电信毕节分公司党委坚持以习近平新时代中国特色社会主义思想为指导，深入贯彻落实党的十九大和十九届二中、三中、四中全会精神，发挥党委“把方向、管大局、保落实”的作用，保障企业健康持续发展。学习“守初心为中国人民谋幸福、担使命为中华民族谋复兴、找差距为新时代凝心聚力和抓落实为新征程行稳致远”的重要意义；把员工的幸福时刻放在心上，紧跟全省大发展的步伐，为民服务解难题，定期关怀，尽力而为，量力而行。毕节分公司结合实际，在各党支部推行“一部一墙”建设，使得通过“看墙”即可了解各党支部的工作开展情况，通过建设党建文化墙，有效激活了基层党组织的活力，为毕节分公司发展提供了坚强的组织保障。

中国电信毕节分公司全面学习贯彻党的十九大和中央纪委三次全会精神，贯彻落实集团公司、省公司党风廉政建设和反腐倡廉暨纪检监察工作会要求，紧紧围绕公司年度目标任务，安排部署2019年党风廉政建设和反腐倡廉工作，层层督导、层层落实责任。完善三重一大制度体系、构筑三道防线。用好四种形态，督促党员领导干部强化主体意识和责任担当。充分发挥党委推进依法治企的领导核心作用，统筹协调，做到依法治理、依法经营，共同推进法治体系、法治能力、法治文化一体建设，开展规章制度合规监控、加大合同审核力度、提升依法维权能力，加大对侵权行为的追责力度，妥善解决法律纠纷案件，切实维护公司合法权益。

【尽锐出战脱贫攻坚】 2019年，中国电信毕节分公司开展驻村帮扶调研共13次，全面完成12项巡察整改工作。优化毕节分公司驻村干部、脱贫攻坚结对帮扶人员工作待遇，竭力为贫困户解决一些实际困难，联合党建翼联单位开展走访慰问，携手华为公司捐资助学，不定期慰问扶贫干部家属，解决扶贫人员的后顾之忧。

拨付驻村办公经费6万元，帮助村委改善办公条件；为赫章县碗厂村民购买了200张床，价值2.6万元；携手华为公司向赫章县碗厂村小学捐赠230套校服书包，价值约3万元。

毕节分公司对威宁县新炉村、乐利村、营合村，赫章县碗厂村以及织金县绕堕村进行定点帮扶，共派出驻村干部5个。是年，新炉村贫困发生率降至6.81%；乐利村贫困发生率降至2.86%；营河村贫困发生率降至2.73%；碗厂村贫困发生率降至1.27%；饶堕村贫困发生率降至0.51%。

【提升网络质量，强化网络服务】 中国电信毕节分公司不断改善光网运营质量，做好基础网建设工作，为各类业务的承载提供能力，以移动和宽带两张网络为核心，着力提升网络质量，强化网络服务。新增FTTH端口14.5万个，完成7个千兆小区的建设工作，4G网络优化补盲84个站点，全年新开通1661套4GRRU设备，开通2018年4G网络扶贫项目129站点；完成成贵高铁434套设备开通；开通金沙、织金、七星关5套5G设备。

【强化服务意识，提升服务感知】 2019年，中国电信毕节分公司利用“互联网+”的技术，通过与市教育局签订合作协议、召开启动会等方式推动“智能学生证”和明厨亮灶工作的开展，强化互联网化的服务能力。通过开展“守初心担使命，全员服务在行动”教育传播活动，开展全员服务意识培训，提升了装维营触点人员服务意识，不断提升用户感知。工信部有效申诉派单量较2018年降低27%；2019年政企贯标获全省三等奖，不断形成比学赶超的服务工作氛围。

【保障通信，守护网络安全】 2019年，中国电线毕节分公司在网络与信息安全及防范打击通信信息诈骗方面，严格执行国家的各项规章、制度、办法，并在分公司层面予以细化落实，对网络安全、实名制、网站备案等工作进行强化落实，及时完成各类专项工作及通讯保障，承接并完成6月7日至8日全国高考、国庆70周年等网络与信息安全保障，全年无重大网络与信息安全事件发生。

（撰稿：谢林利）

中国移动通信集团贵州有限公司毕节分公司

【概述】 2019年，在市委、市政府正确领导和深切关怀下，中国移动毕节分公司结合地方经济和电信行业的实际发展情况，深入贯彻习近平新时代中国特色社会主义思想和党的十九大精神，围绕政府关注点、客户需求点、社会热点，不断提升精细化管理水平、夯实通信基础建设、狠抓服务质量、推进信息化社会进程，寻求企业发展的新突破，倾力打造企业核心竞争力，致力于提供优质通信服务，全力推动地方经济发展。

【快速增强综合实力，立足服务地方经济发展】 2019年毕节移动公司认真贯彻市委市政府发展规划和工作部署，统筹兼顾保增长，开创企业科学发展新局面，积极融入地方经济建设大局，确保各项运营指标均衡发展。2019年，移动用户达到401万户，移动手机普及率60.32%；通信服务收入达到26.74亿元，占全省移动公司收入的14.83%，全省第三，收入份额69.93%，全省第二，用户市场份额74.04%，全省第四；全年流量累计值40.46万TB，流量份额60.66%，全省第五；宽带份额达到49.96%，全省第二。

【大力推进通信基础设施建设，助力打赢网络扶贫攻坚战】 毕节移动公司始终将“网络扶贫”攻坚工程作为“一把手”工程，连年持续加大对基础网络建设的投资，快速布局、规模发展，着力提升4G网络覆盖的深度和广度，提前部署5G网络建设，致力于打造精品通信网络。2019年，共计投入了5.4亿元用于通信基础建设，2G基站达5203个，4G基站达1.3万个，NB基站1106个，5G基站建设试点站12个，整体基站规模排名全省第三，主要以三个“优先”工作思路推进通信网络建设：

优先保障重要区域网络覆盖。一是持续完善百里杜鹃、织金洞等旅游景点的深度覆盖等，景区覆盖率达95%以上；二是持续强化高速公路信号覆盖，毕节境内已经建设的10条高速公路（厦蓉、杭瑞、黔大、贵黔、白黔、息黔、黔织、毕威、毕镇、织普）均已实现2G和4G信号全程覆盖，覆盖率均在93%以上；三是全力推进成贵高铁网络覆盖，以490米有一个基站为标准，建成并开通高铁站及高铁沿线基站297个（其中红线内基站128个，红线外基站125个），毕节境内高铁站及地下商场、公交车站等室内覆盖基站44个，实现毕节境内全程无缝覆盖。

优先解决贫困地区网络覆盖。为助力全面打赢脱贫攻坚战，致力于农村网络脱贫，在国家第五批电信普遍服务项目中，毕节移动投入2.6亿元资金，拟建设4G基站1129个，解决2207个30户以上的自然村的网络覆盖问题，共计覆盖贫困村1514个，深度贫困村8个，占全省电普项目建设量的32%，承担全市电普项目51%的建设任务，同时对行政村网络质量进行了查缺补漏和重点优化，较好地解决贫困乡村基础通信问题，为地方的扶贫攻坚增加了助燃剂；在有线宽带方面，2017年至2018年，毕节移动投入9300余万元，完成1338个行政村的有线宽带建设工作，实现毕节市全部行政村100%完成光纤宽带覆盖，宽带速率高于20M，覆盖用户数95381户，全面完成行政村通光纤建设任务，推动农村宽带接入能力升级，将信息脱困帮贫落到实处。

优先部署5G网络。2019年，公司制定了5G网络战略整体规划，实现5G网络试商用，投入建设资金500万元，完成了毕节市政府等12个5G试点基站的建设，并于第四季度完成140余个4/5G双模基站建设开通，并于今年开展了5G在医疗和教育方面的试点工作，预计2020年建成主要城区及县城区的5G网络并规模商用。5G医疗试点。5月15日，毕节移动在毕节市第一人民医院开通了5G基站，由广州医科大学附属第一医院指导贵州省毕节市第一人民医院，通过5G网络实施了贵州首例5G远程协同腔镜手术，实时高清直播钟南山院士查房过程，同时钟南山院士与毕节的医疗团队进行远程互动和学术交流，为毕节的1名疑难病患者进行远程会诊，制定了个性化的诊疗方案。5G教育试点。12月，毕节移动联合广州移动在毕节市民中、六小、金沙县三小试点“5G+双师课堂”“5G+MR智慧”现场交流活动，让广州中、小学优质教育资源通过5G网络，利用5G网络高带宽和低时延的特点，走进毕节的中、小学课堂，让毕节市学校同步享受广州学校的优质课程的，为促进区域教育均衡化发展打下基础。

【推动信息化建设，助力地方精准扶贫】 在全市贫困人口众多、外出务工人口众多的现状下，为贯彻“教育强国”战略，解决毕节市教育资源匮乏，城乡严重不均衡，留守儿童获得教育资源以及教育机会少的问题，毕节移动公司在留守儿童、教育资源贫乏等问题上攻坚克难，加快教育信息化建设步伐，落实教育精准扶贫，同时针对全市贫困人口和残疾人群体定制“扶贫套餐”，聚焦脱贫攻坚难点要点，全力助推精准扶贫。

智能电话手表帮助关爱留守儿童。毕节市启动“大数据+精准关爱留守儿童”项目，为全市小学阶段农村留守儿童学生免费配发安全电话手表。毕节移动积极响应政府号召，协助民政和公安开展精准关爱留守儿童项目，投资近3500万元，为6.9万名留守儿童提供4G智能电话手表及通信服务，通过手表电话精准定位服务，解决留守儿童安全问题。该项目在2019年被中国通信企业协会评为全国通信行业“最佳社区贡献实践案例”。

制定扶贫资费，助力精准扶贫。毕节移动针对全市在册贫困户出台超低资费，开展扶贫终端专项活动，共惠及12万余户，优惠金额1100余万元；出台残疾人套餐，针对全市残疾人开展残疾人优惠活动，共惠及3.6万户，优惠金额200余万元；开展精准到户送关怀活动，组织全市上千家移动渠道，对在册贫困户进行送卡、送生活用品（大米和食用油等）关怀活动，共赠送移动卡17余万张、大米万余袋、食用油千余桶。

推动政务信息化建设，助力管理协同能力提升。在全市建设市、县、乡、村四级联动的“云视讯”视频会议系统，精准调度扶贫工作，开展“远教田间讲习”，将党建宣贯直通行政村及社区，智慧信息化助推毕节“减贫摘帽”，全市会场数达300余个，进一步推进毕节大数据智慧升级、融合运用，精准调度全市脱贫攻坚工作。黔西县于2018年荣获国务院颁发的扶贫攻坚组织创新奖项。

【聚焦客户关注热点，全面提升客户感知】 多年来，毕节移动始终秉承“客户为根，服务为本”服务理念，坚持把客户是否满意放在服务与经营工作的首位。

打造“透明消费”模式，提升客户满意度。公司从投诉管理入手，建立客户投诉快速响应机制，缩短处理时限，加强投诉信息分析，认真对待每一起投诉，实现投诉处理及时率达100%，投诉处理客户满意度达99.96%。

重拳出击垃圾短信，营造绿色通信环境。针对当前客户关注的垃圾信息和骚扰电话的敏感问题，出台详细具体的专项整治举措，从源头、渠道和管理各方面入手，把控“事前、事中、事后”各个环节，综合治理，加强“10086”端口信息集中群发的审核和管理，对垃圾信息、诈骗信息、商业广告骚扰电话进行专项治理，建立端口清查常态化机制，有效拦截垃圾信息。

2011年至2019年，毕节移动公司客户满意度连续八年保持贵州省第一。

【致力服务地方，彰显企业社会责任】 毕节移动牢固树立大局意识、责任意识，在推动自身发展的同时，主动履行社会责任，为地方经济发展、民生改善作出积极贡献。

积极解决就业岗位。2006年至2019年，毕节移动社会渠道合作商户从不足300家发展至1479家，创造和提供就业岗位从300多个提升至2000多个。

积极提供通信保障。建立“红、橙、黄、蓝”四级应急指挥预案，成立应急通信保障队伍，满足各类大型的公益活动及突发性事件的应急通信保障，助力政府管理公共事务、指挥调度突发事件。2019年以来，为做好重大活动和自然灾害期间通信保障工作，公司共计保障24次，累计出动抢修人员约1253人次，抢修车辆约256辆次，油机约6525台次。

积极参与志愿服务。组织青年志愿者开展了学雷锋义务植树劳动、尊老敬老、帮困助贫、关爱农民工子女等形式多样的志愿者活动35次，参与人数达357人次。

（供稿：中国移动通信集团贵州有限公司公毕节分公司）

中国联通毕节市分公司

【概述】 2019年，毕节联通深入学习贯彻习近平新时代中国特色社会主义思想和党的十九大及十九届历次全会精神，增强"四个意识"，坚定"四个自信"，坚决做到"两个维护"，践行新发展理念，积极落实高质量发展要求，扎实开展"不忘初心、牢记使命"主题教育，着力推动5G共建共享，持续深化混合所有制改革，不断加强"五新"联通建设，坚持高目标牵引、深化互联网化转型，发展质量和效益持续提升。全年，收入增幅持续领跑。完成主营收入超6亿元，同比增长11.23%，列全省第一位。效益水平快速提升。完成利润近3000万元，自由现金流由负转正。

【坚持党建统领，政治建设取得新成效】 强化党建责任。充分发挥党委政治核心作用，坚持民主集中制，完善和构建公司党组织全面领导制度体系和工作机制。深化政治理论学习，组织党委中心组（扩大）学习12次、专题学习2次。党委班子成员上党课8次，干部教育培训外聘专家讲课4次，组织支部书记参加省分公司轮训班1期，开展支部"三会一课"学习。推进党风廉政建设和反腐败工作，落实"两个责任"，推进"责任清单"落地。加强意识形态和统战工作的领导，召开党外人士座谈会统一思想和方向。推进支部规范化建设，整编支委班子干部占比达80%。建强共青团组织，激发团员青年投身公司改革发展的热情。深入贯彻落实中央八项规定精神，持续整治形式主义、官僚主义。落实巡视整改，制定整改举措，采取集中整改立行立改、与长久立相结合持续整改。深入开展"不忘初心、牢记使命"主题教育，集中学习研讨10次，落实调研为基层解决问题，推进党委检视问题整改。开展"转作风·树新风"模范选树，治理领导干部庸政懒政怠政现象。开展庆祝建国70周年系列活动，展播"WO与祖国共成长"选树"奋斗者楷模""建设者楷模"典型。2019年，威宁县分公司金玫荣获国务院授予的"全国民族团结进步模范个人称号"，七星关区联通大道营业厅荣获集团公司"巾帼文明岗"称号，七星关区市东营销中心荣获贵州省总工会授予的"工人先锋号"称号，市分公司总经理左雷鸣荣获毕节市委市政府授予的"毕节市劳动模范"荣誉称号。选树市分公司营销部张习举为"贵州联通十大奋斗者楷模"，金沙县分公司陈军、市分公司网络部高元峰为"贵州联通十大建设者楷模"。

【坚持网络强基，支撑保障取得新成效】 聚焦4G建设，全年完成投资1.3235亿元。新增4G基站426个，迭代建设4G小区2980个，4G基站达4199个；新增宽带端口1.5976万个，宽带出口带宽达300G；传输线路达4.35万皮长公里，市县承载能力均值达到40G，综合业务接入点成环率达96%。开通5G基站，建设5G试验网。加强应急处置和重要通信保障，顺利完成国庆"70周年"等23次重大网络保障。完成成贵高铁贵阳至毕节段网络全覆盖，全程零掉话。

【坚持客户为先，服务提升取得新成效】 全年移网NPS改善10.8分，宽带NPS改善17.5分。移网、固网NPS绝对值列全省第3位。聚焦客户感知热点推进完成影响客服感知的13个攻坚项目。加强口碑宣传，发布本地宣传（含抖音）43件次，协同全省发布35件次，总浏览199.28万次。开展宽带“一日通”超时回访提高客服满意度。强化服务质量监督管控，按要求有效控制工信部下达的行风纠风三项指标；深化“国务院大督查专项治理”问题，“大督查事件”零发生，大督查“回头看”取得了成效。

【坚持夯实基础，基础管理取得新成效】 推进企业法治建设。持续落实企业主要负责人履行推进法治建设第一责任人职责，建立合规管理体系，关键事项合法合规性审核率达到100%，开展了宪法及“七五”普法法治宣传教育。严控财务风险。强化自由现金流管理，强化应收账款、资金支付、经营效率监督，有效防范经营风险。防范采购风险。按照物资管理权责框架，加强流程管控，有效防范了采购风险。做好网络与信息安全、安全生产、维稳和保密工作，有效杜绝了责任安全事故、群体性事件和失泄密事件发生。

【坚持深化改革，激发活力取得新成效】 实施瘦身健体2.0精简优化本部机构，数量缩减1.8%。推进划小承包，内部承包划小单元48个，分级分类动态管理。优化“倒三角”支撑逆向考评，形成前、后端价值利益共同体。加强人力资源改革。抓好“418人才工程”落地，已形成四级战略人才梯队32人。落实新时代教育培训精神，全年累计开展培训班次41个，累计培训726人次。

【履行央企责任，落实担当取得新成效】 推动落实“持续深化学习习近平新时代中国特色社会主义思想深入贯彻党的十九大精神坚决落实党中央决策部署、打好三大攻坚战、坚决防范化解重大风险、网络强国战略思想、为基层减负五十条举措”。深化落实脱贫攻坚决策部署，进一步落实党建扶贫、网络扶贫、资费扶贫、消费扶贫和对口帮扶。采购集团对口帮扶册亨县产品20.85万元，对梨树镇保河村驻村扶贫、云贵乡定点扶贫。慰问梨树镇保河村困难党员和贫困户61户，员工捐赠及扶贫预算筹集资金1.812万元为保河村建设了“爱心书屋”；助力云贵乡解决脱贫攻坚突出的“两不愁”问题，筹措捐助资金4万元帮扶云贵乡，员工捐助御寒衣物及筹集粮油等物资慰问贫困户20余户；落实扶贫资金8.33万元，由织金、纳雍、金沙、威宁4个县分公司按当地政府要求对贫困村进行扶贫帮扶。坚决打击和防范通信信息诈骗，强化源头治理。认真落实实名制管控工作。落实提速降费新举措。坚决完成“携号转网”，于11月正式向用户提供携号转网服务。

（供稿：中国联通毕节市分公司）

贸 易

商 贸

【概述】 2019 年，面对经济下行压力加大、国内外风险挑战明显上升的复杂的局面，市商务局坚持以习近平新时代中国特色社会主义思想为指导，深入贯彻落实习近平总书记对贵州、对毕节工作重要指示批示精神，在市委、市政府的坚强领导下，坚持稳中求进工作总基调，以脱贫攻坚统揽商贸流通发展全局，聚焦“不忘初心、牢记使命”主题教育，以产销对接“毕货出山”为主线，遵循实践产业革命“八要素”及“五步工作法”，补短板强基础，扎实推进商务“四个年活动”及商务“十百千”工程，商务四大指标全面飘红，整体呈现“总体平稳、结构改善、质效提升、攻坚有力”态势。

【商务经济指标】 2019 年，全市社会消费零售总额完成 408.8 亿元，同比增幅 6.3%，增速排全省第 2 位；批发业销售额完成 483.7 亿元，同比增幅 11.9%，增速排全省第 4 位；零售业销售额完成 647.4 亿元，同比增幅 8.8%，增速排全省第 3 位；住宿业营业额完成 10.6 亿元，同比增幅 10.7%，增速排全省第 3 位；餐饮业营业额完成 81 亿元，同比增幅 15.5%，增速排全省第一位。全市完成外贸进出口 22236 万美元，与上年同期上升 2.5%，总量排名全省第四位，增速排名全省第四位。外商投资实际到位资金 4543.6 万美元，完成年终目标任务 2000 万美元的 227.18%，超额完成年终目标任务。完成网络零售额 7.5 亿元，同比增长 54.64%，增速全省排名第五。

【农产品流通体系建设】 着力加强农贸市场建设改造，升级乡村服务网络，大力推进农产品供应链建设，继续实施电子商务进农村示范县、农商互联项目。一是农贸市场建设逐步升级完善。关注民生工程“菜篮子”，进一步优化城乡农产品流通体系结构。2019年，全市已建农贸市场294个，针对20个农贸市场进行升级改造，并完成10个农贸市场信息化改造。二是冷链物流基础不断夯实。按照（1+10+1000）+N的总体布局，加快推进市级冷链物流枢纽中心、县级冷链物流集散中心和大型乡镇种植基地预冷设施建设。截至2019年，全市已建成冷库183个，累计库容14万吨。全市冷链运输车223辆，实现县域冷库全覆盖。三是农村电商深入推进。以农村龙头电商企业、农民专业合作社、大型蔬菜种植基地、农资生产经销企业等为主要力量，加快农产品网货打造进程，加大农产品电商宣传推广力度，完善“贫困户+合作社+电商”“农村电商致富带头人+贫困户”等利益联结机制，最大限度发挥电商对农民增收的促进作用，全市现有村级电商扶贫销售点992个，农产品网络销售6222.65万元。2020年将建成全市溯源系统、全市电子商务交易数据收集平台，构建电商人才培训体系，市县乡三级电商服务体系逐步完善。四是农商互联大力推进。积极推进大方县、黔西县、织金县、纳雍县、赫章县农商互联示范县建设，全年累计梳理出2018年农商互联示范县项目共计47个（产地型冷库31个，覆盖性冷库11个，集配中心5个），已有24个项目建设完成。

【农产品产销对接】 2019年，通过市内、市外及海外市场齐发力，借力东西部协作帮扶，全市销售农产品实现154.21万吨，金额113.53亿元。一是市内市场持续深化。以县（自治县、区）人民政府（管委会）为主导，市级相关部门配合，充分搭建市内市场体系、充分激发自身消费大市场的活力，重点压实“七进”工作责任，成功和广州共同举办第三届乌蒙山农特产品交易会，畅通农产品市内销售渠道，实现市内农产品“订单化”采购。市内销售实现80.19万吨，金额50.84亿元。二是市外市场得到巩固。成功举办北京、重庆及深圳毕节农产品产销对接会，形成了22.95亿元的“三白”蔬菜、精品蔬菜、毕节鸡蛋、食用菌、水果及农产品加工品采购协议。充分发动五大联盟拓展五大市场，借助批发市场的辐射带动能力，由点及面逐步建立长期稳定的销售渠道，市外销售74.02万吨，金额62.69亿元。三是东西部协作成效显著。融入粤港澳大湾区“菜篮子”工程建设迈向新台阶。在广州设立毕节农产品集散中心9个、批发市场销售档口11个、销售门店11个，超市专销区498个、社区直销店179个、小区销售网点538个，毕节农产品销往广东15万吨，金额7.5亿元，同比增长30.21%。四是海外市场不断壮大。贵州乌蒙同心集团成功在柬埔寨、迪拜建立全市农产品海外市场集散中心（贵州绿色农产品海外仓），2019年销售威宁“三白”等蔬菜600吨，金额168万元。河口营销联盟积极拓展边境贸易，2019年共组织威宁“三白”等蔬菜9800吨，金额1300万元销往越南、老挝等东南亚市场。

【扩大消费】 一是全面开展千企万店大促销活动。按照“上下联动、月月有促销”的总体思路，围绕重点领域精准施策，做到节节有活动，月月有安排。2019年全市开展千企万店大促销活动，销售额突破30亿元，参与市场主体2000余家（次）。二是大力培育消费增长点。夯实民生基础建设，全年共计40个加油站建成投营；推进组建62家煤炭销售公司，进一步带动我市批发业稳步发展。大力实施限上企业倍增计划，完成限上企业倍增计划培育储备200家，全年已有53户完成升限入统。三是打造消费升级载体。大力实施商务领域“十百千”工程，提升便民服务，促进消费升级。2019年全年建成惠民生鲜超市161个、社区便利店1073个，完成新建或改造便利店项目96个，127个集中安置点平价购物中心实现全覆盖。积极申报省级商贸特色步行街，力争将织金古城打造成为促进消费高质量发展的平台。四是创新发展现代供应链。印发《毕节市全国供应链创新与应用试点城市工作指导方案（2019－2020年）》，组织召开毕节市全国供应链创新与应用试点城市经验交流会，构建了以毕节市粤港澳大湾区“菜篮子”产品毕节配送中心（七星关石桥边冷链物流园）为中心，以黔西县生鲜农产品电商物流园（5万吨冷库）、织金县现代高效农业全产业链项目、纳雍县农商旅互联综合体项目等项目为支撑节点，以贵州羊程冷链物流有限公司为冷链物流运输保障的全市“1＋N”农产品供应链体系。

【扩大对外开放】　一是切实简化外资设立程序。面推进商务备案与工商登记“一口办理”，大幅压减外商投资企业办理商务备案与工商登记时间。外商投资企业申请人通过贵州省网上办事大厅，申请办理工商登记与商务备案，实现商务备案与工商登记一口受理。对符合备案条件的外商投资企业，在3个工作日内完成工商登记与商务备案。是年，商务局的外资企业设立变更严格按照规定时限办理，平均办结时长为1.7天。二是积极参加第二届进博会。积极组织毕节市进出口企业参加第二届上海进口博览会，经过前期不断组织对接，毕节市企业在上海进口博览会上分别与香港百事达国际有限公司、香港大元钟表钻石有限公司、韩国许昌美声电子商务有限公司成功签约，签约金额达0.37亿美元。三是积极指导赫章县产业园区组织申报省级经济开发区。深入赫章县产业园区就申报省级经济开发区的要件、程序给予指导，赫章县产业园区已组织专家对申报省级经济开发区可行性研究报告进行了评审，目前正组织开展城规委专家评审。

【党建】　认真贯彻落实党中央、省委、市委关于全面从严治党工作的有关决策部署，按照市纪委监委、派驻纪检监察组有关工作部署要求，认真履行全面从严治党主体责任。一是强化权力监督。2019年共计开展预防提醒谈话8人次；主要领导开展提醒（集体）谈话25人次（其中副县级干部1人次、科级干部19人次、其他干部5人次）。严格执行“三重一大”事项决策监督报告制度，凡研究“三重一大”事项均做到会前报告，会上集体研究、民主决策，会后及时报备。二是推进纪律作风建设。结合“不忘初心、牢记使命”主题教育，领导干部带头转作风，沉入各县区、经济开发区外资外贸企业、种养殖基地脱贫攻坚一线等开展调研走访活动，帮助企业、基地、基层群众解决发展难题。是年，县级领导干部带头深入基层开展走访调研120余天，走访人数达1000余人次，积极帮助企业拓展销路，解决发展难题，也为企业、基层群众办了一批实事、好事。三是抓好驻村帮扶。是年以来在威宁县小海镇3个帮扶村发展毛豆种植近760亩，带动247户贫困户1000余人增收；帮助箐营村调整产业发展思路，利用好当下时节，整合“村社一体”带动贫困群众种植“短平快”的“春秋王”蔬菜200亩，目前已组织企业帮助该村销售完毕。2019年，累计支持帮扶乡镇及4个帮扶村产销对接、“两不愁三保障”补短板及驻村工作经费31万元。

【安全生产】　一是强化干部意识形态学习。切实将意识形态工作纳入干部考核、选拔和评先选优等重要内容，在9月以来的机关公务人员职级晋升等考察工作中，已将意识形态作为重要参考标准。二是做好安全生产工作大检查。对辖区内的加油站进行了防雷电、防洪涝等自然灾害安全隐患的检查，紧盯人员密集场所（大型农贸市场、大型超市）等安全风险重点领域开展检查，加强重大节日的安全检查，确保商务领域安全形势稳定。三是开展“安全生产月”宣传。对安全生产工作和商务系统“安全月”活动进行周密安排部署，集中开展贴近实际、贴近生活、贴近群众的安全生产宣传教育活动。

（供稿：市商务局）

供 销

【概述】 2019年，是中华人民共和国成立70周年，习近平总书记对毕节试验区工作作出重要指示，要求“着力推动绿色发展、人力资源开发、体制机制创新，努力把毕节试验区建设成为贯彻新发展理念的示范区”为毕节市发展提供了根本遵循。是年，在市委市政府的坚强领导和省供销社的业务指导下，坚持以习近平新时代中国特色社会主义思想为指导，增强“四个意识”、坚定“四个自信”，坚决做到“两个维护”，认真落实“五步工作法”，全市供销社系统呈现的良好态势。

【机构编制情况】 市供销社属财政全额拨款的参公事业单位，为市人民政府的其他机构，社机关核定编制23名，其中参公编制19名，工勤编制4名，现有职工19人（缺编4人），其中参公身份15人，（正县级领导1人，副县级领导3人，正科级干部（一级主任科员）3人，副科级领导干部4人，四级主任科员2人，一级科员2人，工勤人员4人。离休干部2人，退休干部职工25人，内设办公室、合作指导科、经济发展科、企业管理科、人事教育科、财务审计科、社员股金监管科等7个科室。

市社直属市资产管理运营有限责任公司，在职104人（其中上班26人，停薪留职自谋职业的78人），已退休进入社保管理的122人，下辖9个县区都有供销社，其中金海湖新区和百里杜鹃管委会供销社职能由区农委或经能局代行。

【认真贯彻落实“五步工作法”】 深入贯彻落实“五步工作法”，在精减会议和文件的前提下，采取以会代训等形式加强培训，通过电话、短信、调研座谈等提示方式，推动各项政策措施切实落实到位，截至9月30日，全市供销社系统实现汇总利润2.64亿元；所有者权益达到20.64亿元；资产总额达到38.52亿元；完成销售总额87.66亿元；销售农资29.45万吨；完成农村电商销售4.8亿元；农产品市场交易额达到3.19亿元，各项主要经济指标稳步增长。

【扎实抓好省委点穴式巡视和市委巡察整改“回头看”以及预算执行情况审计整改工作】 一是高度重视省委巡视组点穴式巡视工作，以十分认真、严谨的工作态度、严肃的工作纪律，切实配合省委巡视组完成对毕节市的点穴式巡视工作。二是提高政治站位，正确面对巡察整改“回头看”工作，对存在问题专项整治逐项进行清理，切实做到照单全收、全覆盖、零容忍，进一步查找工作中的漏洞，举一反三，制定防控措施，建章立制，标本兼治，做到明尺戒、知敬畏、行有止，推动巡察整改成果常态化长效化。三是根据7月18日市审计局反馈供销社审计报告整改意见，制定审计整改工作措施，对照审计报告中披露的问题对标对表，逐项进行清理，明确责任人和完成时限，一项不漏进行整改，并做到举一反三，建章立制，切实做到以制度管人管事。

【全力抓好“三位一体”新型基层社建设】 2019年，全市供销社系统以找准路子、精准发力为指导，对基础薄弱或处于空白的基层社，探索以“党建带社建、村社共建”等模式，通过资金入股、资产盘活投入、开放办社、吸纳本地经营大户或引导村支两委及农村能人加入供销社队伍等灵活多样的方式，秉着自主拥有经营服务场地、有一定的仓储能力、服务“三农”原则，着力推进“三位一体”新型基层社建设，积极领办、创办、参办、合办农民专业合作社，目前全市已建成“三位一体”新型基层社133个（2019年新建16个）。

【稳步推进社员股金服务和风险防控工作，强化社员股金风险防控】 一是严格按照《贵州省供销社系统社员股金管理指引》（黔供发〔2016〕73号）和《毕节市供销合作社系统社员股金服务机构管理暂行办法》等文件精神，稳妥地发展供销社农村合作金融业务，提升供销合作社为农服务能力，解决农村经济发展融资难、融资贵的问题；全市供销社系统有各类供销社社员股金服务机构（含网点）118个，登记注册资金4.25亿元，入社社员77434户，至本期末吸纳社员股金达20亿元，调剂社员股金总额16亿元，所调剂资金大部分用于农业产业发展，其中针对农户及农业产业调剂股金11亿元、调剂股金使用45650户，通过党建引领、产业带动、资金互助服务等吸纳贫困户入社，实现助农增收。二是进一步完善风险防范制度，出台有效防范和化解风险，加强社员股金管理，强化薄弱环节管理和制度建设，认真开展风险排查，深入查找问题，出台《毕节市供销社系统农村合作金融突发事件应急预案（暂行）》（毕市供〔2019〕16号），加强风险提示和预警，健全风险防范化解机制。三是针对国家审计署驻昆明特派办对全市股金服务社审计披露问题，制定责任清单，逐一销号。四是对系统内财务人员及社员股金服务人员进行社员股金业务技能培训，提高社员股金管理和服务水平，已培训相关人员约200名。五是充分发挥毕节市农村合作金融行业组织协会作用，在为会员服务、努力维护会员的合法权益、促进会员间的交流和合作的同时，加强供销社农村合作金融组织的行业自律，促进其健康发展。

【积极实施项目兴社战略】 全市供销社系统牢固树立"项目兴社、项目立社、项目强社"理念，投入人力、物力和资金，不断推动项目建设。一是织金县供销社学生营养餐大白菜、辣椒等基地项目成功投入生产。二是金沙县禹谟供销合作社酱醋厂"年新增3000吨'禹谟醋'技改"项目建设已完成，并投产运行。三是建成面积约2000个平方米的"金沙县安洛供销社八丰元综合超市"，日均营业额在7000元左右，直接从贫困村或专业合作社订购农副产品，努力在农产品产销对接、解决"卖难买贵"等方面发挥积极作用，助推脱贫攻坚工作。

【积极推进"百千工程"，参与农村人居环境整治】 全市供销社系统根据《中共毕节市委办公室 毕节市人民政府办公室关于印发〈毕节市实施农村人居环境整治推进"百千工程"行动方案〉的通知》（毕委办字〔2019〕9号）精神，结合自身实际，参照《毕节市供销社系统村级综合服务站建设标准（试行）》，按照《毕节市供销社系统实施农村人居环境整治推进"百千工程"行动方案》要求，积极谋划在相应乡（镇）建设村级便民服务点建设。

【全面开展"空壳社"清理工作】 全市供销社系统高度重视"空壳社"清理工作，积极配合农业农村局对供销社系统内农民专业合作社中的"空壳社"进行排查，建立问题台账，加强合作社规范管理，提升发展质量。

【强化社有资产管理】 为确保社有资产保值升值，全市供销社系统多措并举强化社有资产管理。一是严格公司重大事项报告制度。凡是直属企业大资产变动、人员薪酬调整等事项，严格按照重大事项报告制度向市社报告。二是严格规章制度，强化经营管理。市、县（区）供销社社有企业按照巡察、审计整改要求，严格执行国家财经纪律，租赁经营及资产维修按规定流程操作，确保实现社有资产的保值增值。三是社属企业认真落实党风廉政建设责任制。严格执行中央八项规定、市委十项规定，重大事项集体研究并公示等，确保社属企业党风廉政建设工作不留死角。

【扎实开展“不忘初心、牢记使命”主题教育】 一是召开专题党组会议，对开展“不忘初心、牢记使命”主题教育工作进行研究部署，印发《毕节市供销社开展“不忘初心、牢记使命”主题教育实施方案》。二是成立以主要领导任组长，党组班子成员任副组长，机关各科室、下属企业主要负责人和离退休党支部书记为成员的领导小组，确保主题教育活动有序开展。三是召开了“不忘初心、牢记使命”主题教育启动大会，传达学习中央、省委、市委启动“不忘初心、牢记使命”主题教育会议精神，对供销社“不忘初心、牢记使命”主题教育活动进行动员部署，市委第九巡回指导组组长周杰一行莅临供销社了进行指导。四是认真开展了学习研讨和警示教育等专项教育、专题党课、基层党支部指导服务、检视问题整改落实以及宣传等工作。切实做到了规定动作不走样、自选动作有创新，扎实推动“不忘初心、牢记使命”主题教育。

【积极实施中小学营养餐及机关、矿区食堂的食材配送工程】 各县（区）供销社结合自身实际，积极开展农产品产销对接、承担学生营养餐配送工作。就地就近采购本地合作社或贫困户种植的农产品，实现贫困户利益联结全覆盖，促进学校营养餐食材供应与产业化、精准扶贫的有机结合，按照公司+基地+农户的方式，最大限度采购本地农产品。真正实现本地农产品产销对接，切实做到本地种养本地销售，做到“农民管种、公司管送、学生管吃”。据统计，织金县供销社2019年与当地农业生产基地、合作社、公司签订农产品供应合同25份，本地采购金额867.54万元，占配送总量的49.54%。仅与公司签订蔬菜供应合同的猫场镇云龙农业科技开发有限公司在猫场整合265个大棚就涉及22个村265户贫困户981人贫困人口。

【积极参与全市脱贫攻坚中心工作】 一是全市供销社系统在人少事多的情况下，积极派出驻村工作队员开展驻村帮扶工作，共计派出驻村队员30人，其中市供销社2人，七星关区供销社4人，大方县供销社6人，黔西和金沙县供销社各1人，织金县供销社9人，纳雍县供销社2人，赫章县供销社5人，有的县级供销社除1至2人留守机关外，其余人员全部参与驻村帮扶工作。二是按照脱贫攻坚政策要求，驻村工作队员与单位完全脱钩，服从所帮扶乡镇的统一管理。三是为驻村队员解决工作和生活上的后顾之忧，配备工作、生活用品，兑现生活补助、按规定报销往返交通费，每人购买不低于50万元的人身意外伤害保险。四是真帮实干。通过入户走访、召开院坝会议等方式，宣传贯彻党的十九大和习近平总书记系列重要讲话精神，落实党委政府在脱贫攻坚工作中的决策部署。深入了解贫困户信息和困难，按照脱贫攻坚要求因户施策，制定切实可行的帮扶措施。投入资金67.73万元，通过引领贫困户发展种植业、养殖业、与供销社农民专业合作社进行利益联结、资助贫困大学生等方式，带动贫困户脱贫。五是带领贫困户开展环境卫生整治，引导贫困户爱卫生讲整洁，养成卫生文明健康的生活习惯。

【深入贯彻落实全面从严治党工作】 一是始终把从严治党作为不可推卸的主体责任和政治责任，列入重要的议事日程、摆在首要位置来抓。二是制定党风廉政建设工作要点、层层签订工作责任书。三是把学习中央、省委、市委有关会议、文件精神贯穿于党建工作始终，通过警示教育筑牢干部职工思想防线。四是坚持不懈地抓好中央八项规定和省市十项规定精神的贯彻落实，持续整治工作纪律和作风，严防“四风”反弹。五是建立健全全面从严治党制度，坚持制度管人。六是坚持“三重一大”制度和主要领导末位发言制。七是深化干部任用管理工作，提高选人用人规范化、科学化水平。

【积极开展意识形态工作】 一是将意识形态工作与业务工作同部署，纳入党建工作责任制和领导班子述职评议内容，认真学习贯彻中央、省委和市委关于意识形态工作的会议及相关文件精神，将“社会主义核心价值观”、习近平总书记对毕节试验区重要批示等意识形态工作内容制作成写真广告牌在单位所在楼道等处张贴、悬挂，营造良好的意识形态氛围。二是制定政府信息发布审查制度，通过电子邮件、政府门户网站供销社频道和电子政务门户网站等发布供销信息，切实弘扬爱国热情，歌颂党的伟大成就，坚持弘扬主旋律，传播正能量。三是从6月起，每月开展一次意识形态知识测试，并将测试结果在党务公开栏进行公示。四是将“学习强国”积分按月在党务公开栏公示，并提醒学习积分靠后的同志加强学习。

【扎实开展“三个大兴”工作】 一是大兴调查研究之风。制定到基层调研工作方案，确保机关全体干部职工深入基层社、企业、党建帮扶点调研。二是大兴真抓实干之风。进一步建立健全监管体系，强化考核奖惩，全面落实建章立制，努力建造能者上、平者让、庸者下的良好干事氛围。三是大兴勤俭节约之风。能不发的文件坚决不发，能不开的会议坚决不开，无论是会议规模还是会议时间都大幅下降；“三公经费”大幅降低，其中公务接待不到2万元，严格控制办公用品采购，全面推进电子政务，采用电子文档传送，减少纸质文件印刷。

（供稿：市供销社）

烟草专卖

【概述】 贵州省毕节市烟草专卖局、贵州省烟草公司毕节市公司成立于1983年，下辖毕节市七星关区、大方县、黔西县、金沙县、织金县、纳雍县、威宁县、赫章县8个县级烟草专卖局（分公司）；机关内设17个职能科室。主要业务是烟叶生产、收购，烟叶、卷烟销售和专卖行政管理。

2019年，全市烟草商业共有3241名在岗职工，生产收购烟叶114.9万担，实现烟农种收入19.7亿元，烟农户均收入达78750元，同比增加13750元；销售卷烟23.27万箱。实现主营业务收入97.3亿元（不含税），实现税利26.18亿元，同比增加1.68亿元，增长6.86%，其中，利润9.22亿元，同比增加6443万元，增长7.52%；税金16.96亿元，同比增加1.04亿元，增长6.51%。企业总体保持稳健良好运行态势。

【聚焦初心使命，党建质量明显提升】 政治建设更加有力，深入学习贯彻习近平总书记系列重要讲话精神和习近平总书记对贵州尤其对毕节试验区重要指示批示精神，以工作实绩检验增强“四个意识”、坚定“四个自信”、做到“两个维护”成效。主题教育成果丰硕，认真组织开展“不忘初心、牢记使命”主题教育，把为烟农谋增收、为零售户谋盈利、为员工谋幸福作为践行初心使命的具体体现，压实责任、精心组织，周密安排、扎实紧凑，进一步锤炼全体党员忠诚干净担当的政治品格，取得了企业经营水平持续向好、烟农种烟收入稳定、零售户盈利能力持续提升、为基层“减负”明显等8项标志性成果。责任落实更加到位，认真贯彻落实党委（党组）全面从严治党工作责任制，严格落实党委（党组）中心组集中学习、民主生活会、党支部“三会一课”等党内政治生活制度。组织建设更加规范，扎实推动基层党组织及党员组织关系整建制划转，制定下发并有力实施“六有两学双晋双争”党支部工作方案。扶贫工作更加有效，全市共选派13人驻村第一书记、38人驻村干部。积极履行社会责任，全年捐赠资金7561万元。市烟草局（公司）结对帮扶的纳雍县锅圈岩乡民建村贫困发生率由29.88%降至2.72%。依托烤烟产业带动17万人就业，实现1711人脱贫摘帽。执纪问责更加严厉，严肃查处干部职工有损卷烟零售客户、烟农等相关客户利益的违纪违规行为。

【突出稳量提质，烟叶质量明显提升】 生产收购烟叶114.9万担，100%完成计划目标任务，上等烟比例72.72%，同比增加9.16个百分点；担烟均价1453.45元，同比增加105元。烟叶生产连续两年高质量完成目标任务，上等烟比例、担烟均价、等级纯度实现历史最好成绩。烤烟产业发展合力进一步增强，省烟草局（公司）出台了支持毕节市烤烟产业发展的实施意见，市委市政府研究出台了推动烤烟产业高质量发展的工作措施，并把烟草产业列入全市十大百亿级工业产业振兴行动计划，各级党委政府进一步深化认识了稳定发展烤烟产业的重要性。全面实施专业化补贴直补烟农，降低烟农采购农药、肥料等成本，一系列惠农政策的施行，有效保障了烟农收入稳定。2019年，在收购量同比减少17.95万担的情况下，烟农种烟收入达19.7亿元，烟农户均收入达78750元，同比增加13750元。烟叶等级质量进一步提升，研究制定了特殊气候条件下烟叶采烤技术方案，全面推广收购“人脸识别”系统，全面实行“移库复检逐包检验，收购与复检质量管理一体化”模式，烟叶等级纯度同比提升2.8个百分点，混杂比例同比下降1.45个百分点，烟叶收购与销售调拨的等级相符率达97%，11月烟叶全部调拨完毕，无降级损失。烟叶生产方式进一步转型，按照基地单元建设规模4至6万担要求，将基地单元优化整合为25个，对应11家工业企业。组织召开工商共建基地单元座谈会，100%实现基地单元实体化运行。积极推动定制化生产，与江苏、河南、贵州三家工业企业签订定制化协议，更好地满足了工业企业需求，基地烟叶与卷烟品牌紧密合作程度进一步加深。扎实推动全收全调，收购调拨烟叶25.5万担，占全市调拨量的22.19%，同比提高14个百分点。稳步推进烤烟产业综合体建设，在大方鸡场化理村流转土地1000亩，建成烤烟产业综合体1个。烟叶基础设施进一步完善，投入补贴资金4729.88万元，提取管护资金1726万元，配套完善农业机械、育苗设施、密集烤房等烟叶生产基础设施。全面提升设施设备利用效率，综合利用基本烟田16.6万亩，育苗设施54.68万平方米，烤房401座，烟用农机664台（套），开展多元化经营和废弃农地膜加工，实现产值9908.21万元。

【着力稍紧平衡，卷烟营销质量明显提升】 销售卷烟23.27万箱，同比增加1194箱，增长0.52%，完成年度计划的100.11%；卷烟单箱均价32250元，同比增加1889元，增长6.22%。实现卷烟销售收入75.05亿元，同比增加4.76亿元，增长6.77%；销售毛利22.36亿元，同比增加1.64亿元，增长7.94%。市场调度科学有效，精准研判市场变化和销售进度，精准实施月度目标计划预调微调，着力解决区域市场发展不平衡问题。全年月均社会库存为12310箱，同比减少6581箱，社会存销比0.66，同比下降0.32。重点品牌支撑有力，重点品牌销售16.97万箱，同比增加4604箱，新品类卷烟销售12263.58箱，同比增加3054.58箱，增幅33.17%，“贵烟”品牌11.05万箱，占总销量比重的47.5%。全市条均价指数99.62，同比上升0.33，零售户毛利率达13.04%，同比提升0.08%。全年整合退出品牌规格55个。渠道建设精准管控，建成现代终端4236户，占总客户数的15.18%，现代终端建设规模和建设质量均居全省首位。建设自律互助小组2197个，城镇小组覆盖率保持100%，乡村小组覆盖率达98%。建成室内吸烟室、吸烟区28个，室外吸烟亭36个，便捷吸烟点1706个，终端体验区1237个。全省文明吸烟环境建设现场会在毕节市成功召开，为全省文明吸烟环境建设作出示范引领。物流产能布局优化，改进工作短板，突破产能瓶颈，优化储位质量，高架库储量从原来的1.7万箱上升到2.05万箱，仓容能力提升3500箱；优化出库水平，分拣补货能力从原来每小时2520件上升到3600件，提升42.86%；提高分拣能力，日分拣量从原来的2000箱上升到2800箱以上，提升40%以上；异型烟分拣量提升到原来5倍。

【强化外打内管，专卖管理质量明显提升】 查获涉烟案件729起，其中5万元案件139起，同比增加39起；网络案件11起，同比增加6起，真烟非法流通“双30”案件8起。查扣真烟821万支、假烟146.9万支、烟叶烟丝246.42吨，刑事拘留46人，批准逮捕27人，判刑9人。市场监管水平持续提升，全面落实“双随机一公开”监管要求，着力提高监管效率和水平。大力开展新型烟草制品监管工作，清理电子烟销售商户22户，未发现新型烟草制品研发企业、生产企业。扎实推进“黔锋八号”专项行动，严厉打击非法经营烟叶活动，查获烟叶烟丝111.25吨。开展“天价烟”问题专项整治，坚决防范“天价烟”问题抬头，确保卷烟市场规范有序。行政服务质量大幅提高，贯彻落实“放管服”改革要求，探索推进“互联网+行政许可”模式。全年新办零售户7574户，清理休眠户153户，清理人证不符户125户，查处取缔无证经营户65户。开展零售许可证登记信息有关问题集中整治和中小学周边卷烟零售点专项清理行动，做到排查100%覆盖、信息100%核验、问题100%纠正。内部监管体系不断完善，开展真烟非法流通综合治理和烟叶生产经营监督管理，全年查处不规范经营问题9个，留用察看6人，警告4人，通报2人，经济处罚126人。外流省内其他市（州）真烟数量127.97万支，同比减少218.97万支。

【获奖情况】

获奖集体：

1.3月7日，贵州省烟草公司毕节市公司工会被毕节市总工会表彰为先进工会（毕工发〔2019〕6号）。

2.4月26日，贵州省烟草公司毕节市公司直播技术在品牌培育环节的创新应用课题、卷烟物流车辆智能点检系统的研发课题获中国烟草总公司贵州省公司2018年度质量管理二等奖；贵州省烟草公司毕节市公司客户拜访服务监测平台研发课题、智能订单推荐模块的研制课题、提升七星关区布袋配送客户满意度课题、缩短双孢菇栽培料前处理时间课题，毕节市烟草公司大方县分公司密集烤房回风调节装置研制课题，毕节市烟草公司威宁县分公司降低烘烤周期烤房闲置率课题、降低烤房改造后烟叶烘烤损失课题获中国烟草总公司贵州省公司2018年度质量管理三等奖（中烟黔科〔2019〕6号）。

3.7月1日，织金县烟草专卖局烤烟生产党支部获全市脱贫攻坚先进党组织荣誉称号（毕党发〔2019〕7号）。

4.7月29日，大方县烟草专卖局（分公司）获2018年度贵州烟草商业扶贫工作先进集体荣誉称号（黔烟党〔2019〕92号）。

5.12月2日，贵州省毕节市“12.06”“10.15”非法经营烟叶网络案件获国家烟草专卖局2018年7月—2019年6月烟草打假打私重大案件和专项行动表彰（国烟专〔2019〕188号）。

6.4月11日，贵州省烟草公司毕节市公司毕节市烟草病虫害绿色防控技术研究与应用课题、烟草智能化异标合一分拣及包装系统研发与应用课题，黔西县烟叶品质安全课题获中国烟草总公司贵州省公司2018年度科学技术二等奖；毕节烟田土壤供氮特征及调控技术研究与应用课题获三等奖（中烟黔科〔2019〕3号）。

7.12月8日，贵州省烟草公司毕节市公司微电影《一样不一样》获“爱我中华”“金叶情怀”第四届烟草行业微视频评选活动微电影类二等奖。

8. 9 月 3 日，贵州省烟草公司毕节市公司工会获贵州省职工文化体育协会 2018 年度全省职工文化体育工作先进集体荣誉称号（省职文体协字〔2019〕2 号）。

9. 5 月，毕节市烟草公司织金县分公司分工会获贵州省总工会 2018 年度贵州省“安康杯”竞赛优胜单位。

10. 2020 年 3 月 10 日，毕节市烟草专卖局（公司）被贵州省烟草专卖局（公司）表彰为 2019 年度安全生产工作优秀单位；毕节市烟草专卖局（公司）烟叶生产经营中心、卷烟物流中心、威宁县烟草专卖局（分公司）被表彰为 2019 年度安全生产工作先进集体（黔烟安〔2020〕1 号）。

获奖个人：

1. 7 月 1 日，毕节市烟草公司高原烟海管理区李文全获全市脱贫攻坚优秀共产党员荣誉称号（毕党发〔2019〕7 号）。

2. 7 月 29 日，大方县烟草专卖局（分公司）彭成志、陈万谋分别获先进集体、先进个人荣誉称号（黔烟党〔2019〕92 号）。

3. 9 月 19 日，毕节市烟草公司织金县分公司张建获全市劳动模范荣誉称号（毕党发〔2019〕12 号）。

4. 5 月 20 日，毕节市烟草公司织金县分公司黄玉春获“贵州省五一劳动奖章”优秀个人称号（黔工总字〔2019〕23 号）。

5. 2020 年 3 月 10 日，毕节市烟草专卖局（公司）机关服务中心刘静、七星关区烟草专卖局（分公司）王宇、纳雍县烟草专卖局（分公司）邹翔、威宁县烟草专卖局（分公司）孔令威被贵州省烟草专卖局（公司）表彰为 2019 年度安全生产工作先进个人（黔烟安〔2020〕1 号）。

（撰稿：周进江）

盐　业

【概述】 2019 年，在市委、市政府的支持和帮助下，集团党委的正确领导下，在全市干部员工的共同努力和大力支持下，公司紧紧围绕集团“扭亏脱困、提质增效”“改革开放、创新发展”“风险管控、清欠工作”等工作重点，坚持以习近平新时代中国特色社会主义思想为指导，增强“四个意识”，坚定“四个自信”，做到“两个维护”，切实遵守政治纪律和政治规矩，深入学习党的十九大精神，以落实党建工作责任制为抓手，党组织的思想政治、工作实绩、党风廉政建设、作风建设等方面取得一定的成绩。

【坚持以党的政治建设为统领，确保各级党组织和党员干部在思想上政治上行动上同以习近平为核心的党中央保持高度一致】 强化习近平新时代中国特色社会主义思想武装，坚持和加强党的全面领导，执行党的理论和路线方针政策，切实遵守政治纪律和政治规矩按照中央、省委、和集团党委统一部署，以处级以上领导干部为重点，深入开展“不忘初心、牢记使命”主题教育，切实把教育成果转化为坚决维护习近平总书记党中央的核心、全党的核心地位的政治自觉，转化为改造主观世界、坚定理想信念宗旨、锤炼坚强党性的思想自觉，转化为指导实践、推动工作、改造客观世界的行动自觉。坚决维护以习近平同志为核心的党中央权威和集中统一领导，跟干部谈话、考察考核干部、日常管理监督，以及严肃党的组织生活、推动基层组织建设，都要坚决抓住加强政治建设这个根本性建设，确保各级党组织和全体党员干部牢固树立“四个意识”、坚定“四个自信”、坚决做到“两个维护”，自觉在思想上政治上行动上同党中央保持高度一致，切实遵守政治纪律和政治规矩。

【扎实抓好党建基础工作】　根据集团党建工作专项督查的要求，进一步规范市公司机关、各县公司党支部管理，明确工作职责；完善党建规章制度，梳理和完善各类党建工作规章制度，严格落实党委会议记录和会议纪要工作制度，对各县党支部书记进行了学习教育培训。发挥基层党组织在企业改革中把握正确方向的政治引领作用，确保内部改革和谐、稳步、有序推进。激发党员同志在困难和挑战面前能够勇挑重担，敢于担当，发挥中坚和核心力量作用。健全完善并全面落实“三会一课”、组织生活会、民主生活会、民主评议党员、谈心谈话、主题党日、党费收缴管理等制度。严格落实党员领导干部组织生活制度和党员领导干部带头讲党课制度，建立健全组织生活登记备案制度和报告制度。加强对支部落实组织生活制度情况的督促检查。要求并督促市、县两级党组织严格按照集团《党支部标准手册》做好党建基础工作，坚持“三会一课”，规范“四簿六册”，将金沙党支部建设成为标准化示范党支部，让其他党支部学有榜样有标杆，做到在规定的时间内所有支部标准化建设达标。

【深入开展“不忘初心，牢记使命”主题教育活动】　是年，在集团党委统一部署下，公司党委及所属党支部在全体党员干部中深入开展了“不忘初心、牢记使命”主题教育活动。学习“红船精神”，依托红色资源，回顾建党历史，再望奋斗历程，重温入党誓词，推进主题教育活动的深入开展。一是深入开展学习，加大宣传力度，营造主题教育活动的良好氛围。充分利用集团门户网站、公司微信群、悬挂横幅标语等宣传阵地，建立主题教育活动专栏，加大宣传力度。二是开展特色活动，促进主题教育活动的不断深化。依托红色文化资源，重温革命历史，重温入党誓词，开展“不忘初心，牢记使命”主题教育活动。组织党员干部学习“红船精神”，组织开展共创“不忘初心跟党走，共创美好新黔盐”党员应知应会知识测试。三是带着问题深入调研，找准找实推进集团“扭亏脱困、提质增效”“改革开放、创新发展”“风险处置、清欠工作”三个方面的弱项短板。四是带着责任全面检视，摸清弄明所属各公司存在问题的症结所在。严格按照“四个对照”“四个找一找”“四个联系”，围绕党章党规“十八个是否”，既查摆思想根子问题又查找工作问题。五是带着使命立行立改，全面发挥国有企业支撑保障作用。坚持把“改”字贯穿始终，针对存在问题，明确整改措施、完成时限、责任领导和责任科室，逐一逐项抓好落实。把开展主题教育作为当前的一项重大政治任务，与推动落实集团公司各项重大决策部署和年初确定的各项任务紧密结合起来。把“学习、调研、检视、整改”作为一种方法、一种习惯，总结固化为长效机制，带动全市工作水平更上新台阶。

【认真做好宣讲中共十九届四中全会精神，贯彻落实集团第一次党代会精神宣传工作】

1. 中共十九届四中全会，是在中国共产党第一个百年奋斗目标即将实现的关键节点召开的，为及时宣传全会决定，毕节公司党委按照集团党委部署，由党委书记亲自带队，深入所属各县公司进行宣讲，并强调，今后相当长的时间，都要把十九届四中全会精神作为各支部“三会一课”的主要内容进行学习，提升广大党员干部职工的理论水平。

2. 所属各党支部通过组织学习、召开会议等多层次学习党代会精神，讨论报告内容，认真领会其内涵认真，分析企业面临的困难和机遇，把员工的思想统一到集团公司发展战略上来，为集团未来五年决战扭亏脱困、提质增效、改革开放、创新发展提供了有力的思想保证。打消和化解了员工的疑虑和困惑，保持员工队伍思想稳定。

【抓好落实新品“生态原盐”上市宣传、推广】

市、县公司领导班子带头宣传，成立以各公司后勤员工为主的宣传组联系、宣传、销售。加强与城乡大中型超市、连锁超市的沟通协调，落实“生态原盐”上市宣传、推广。

【加强食盐网络建设，提升服务质量，加强客情维护，加强教育系统的协调】 增加上门销售的次数，加大在店主面前的出现频率，注重提高客情关系，完善食盐配送服务。调高基础盐价格，提高“碧源”基础盐市场占有率。

加强客情维护，建立良好关系。按月通过登门拜访或电话访问方式与公司设立的食盐直销点、商超、酒店、学校、政府机关食堂开展沟通交流，了解库存、质量及其他需求情况，虚心耐心听取客户意见建议，及时解决客户合理诉求，巩固好供需客情关系。

【各项指标完成情况】 全年小袋盐销售11243吨，完成年计划102.21%，同比增长874吨，上升8.34%。其中：基础盐9854吨，完成年计划103.73%；同比增长943吨，上升10.58%；品种盐1389吨，完成92.6%，同比减少69吨，下降4.73%。食盐库存。小袋食盐库存为5854吨。利润总额。实现利润0.28万元（扣除名特优产品利润184.36万元，解除劳动合同补偿92.94万元）费用水平。费用水平为38.81%，低于目标值4.37个百分点。现金收入。全市实现现金收入4031万元（扣除名特优产品收入3070.69万元），完成149.29%。租金收入。累计租金收入397.97万元，完成120.60%。非盐收入446.95万元，完成223.48%缴纳税利116.50万元

【加强党风廉政建设】 一是落实八项规定精神，持续纠正“四风”问题。公司党政领导班子把作风建设与企业文化、思想政治工作、党的建设结合起来，抓早抓小，严防“四风”死灰复燃。落实八项规定精神，组织党委和各支党员干部认真学习习近平总书记“纠正‘四风’不止步，作风建设永远在路上”重要指示精神、新华社《形式主义、官僚主义新表现值得警惕》文章、《中共中央办公厅关于印发习近平总书记关于进一步纠正“四风”加强作风建设重要批示》通知，严格执行省委《进一步贯彻落实中央八项规定精神切实加强作风建设实施细则》，持续纠正“四风”问题。清醒地认识“四风”问题的顽固性和反复性，认真查找“四风”突出问题特别是形式主义、官僚主义新表现新变异，坚持不松劲、不停步、再出发，驰而不息纠正“四风”，持之以恒改进作风。结合召开民主生活会，把贯彻落实中央八项规定精神、转作风改作风情况作为对照检查的重要内容，把作风建设与企业文化、思想政治工作、党的建设结合起来，抓早抓小，严防“四风”死灰复燃。认真开展“四风”问题整治“回头看”工作。“四风”整改情况得到广大员工的认可。

二是充分利用“四种形态”，让党内关系要正常化，批评和自我批评要经常开展，让咬耳扯袖、红脸出汗成为常态。

一是毕节公司党委各支部利用“三会一课”、组织生活会、民主生活会，积极开展批评和自我批评，让第一种形态成为常态；二是及时开展各种提醒谈话。每逢重大节假日或者重要时间节点，毕节公司纪委都会发出廉洁自律提示，要求各支部及时传达，并按照提示内容严格实施；三是对重要岗位及时签订廉洁自律责任书。是年，与各县公司班子签订廉洁自律责任书，要求各支部与重要岗位都要签订。下半年，接到名特优产品的销售任务，又与全体职工签订廉洁自律责任书，并报集团党委备案，在全体职工中筑牢一道道廉洁自律的防线。全体职工严格遵守，没有发生任何违规行为。得到了相关部门的高度认可。

（撰稿：王　森）

教 育

教育事业

【概述】 2019年，全市教育系统广大教职工认真学习贯彻习近平新时代中国特色社会主义思想，紧紧围绕教育保障“1+6”（“1”即控辍保学，“6”即学生资助、安置点学校建设、教师队伍配备、教育经费、东西部协作、学校安全稳定。）工作目标，聚焦主责主业，深化教育改革，加强学校管理，提高育人质量，各类教育协调发展，教育工作不断取得新的成绩。

【基本情况】 全市现有各级各类学校4347所。其中：幼儿园2181所，小学1663所，初级中学298所，九年一贯制学校85所，完全中学45所，高级中学31所，十二年一贯制学校9所，中等职业学校15所，特殊教育学校9所，专门学校5所，高等院校6所。

在校生1866346人。其中：在园幼儿299520人，小学在校生851921人，初中在校生421554人，普通高中在校生208394人，中等职业学校在校生43221人（全日制43142人、非全日制79人），特教学校在校生1916人，专门学校在校生279人，市属高等院校本科生12203人，高职高专27338人。

各级各类学校专任教师101362人。其中：幼儿教师15460人，小学教师42462人，初中教师26850人，普通高中教师12321人，中职教师1887人，特教学校教师344人，专门学校教师66人，高校教师1972人。

各级各类学校校舍建筑面积共计1522.1万平方米。其中：幼儿园168.38万平方米、小学562.32万平方米、初级中学335.75万平方米、九年一贯制73.19万平方米、完中114.6万平方米、高级中学132.32万平方米、十二年一贯制学校47.17万平方米、中职70.05万平方米、特校4.95万平方米、高等院校116.41万平方米。

全市民办学校（办学机构）855所，专任教师10219人，学生215343人。其中幼儿园607所，专任教师4799名，在园生95384名；中小学92所，专任教师4517名，在校生102249名；中等职业学校2所，专任教师16名，在校生156人；高等职业院校1所，专任教师190名，在校生4586名；校外培训机构153所，专任教师697人，学生12968人。

有独立设置的少数民族学校19所，其中小学9所、中学10所。少数民族在校生527571人（不含高等教育），占学生总数的30.39%。义务教育在校留守儿童104046人，在校随迁子女15058人。小学寄宿生127235人，寄宿率14.94%；初中寄宿生250652人，寄宿率59.64%。有中小学幼儿园安全保卫人员8306人、心理健康教育教师2806人。中小学接入互联网学校2145所、图书4548.14万册。

学前教育三年毛入园率89.07%，小学适龄儿童入学率99.80%，初中适龄少年入学率96.04%（毛入学率106.6%），九年义务教育巩固率92.18%，“三残”儿童少年毛入学率94.25%，义务教育阶段辍学生常态化动态清零（建档立卡贫困人口辍学生清零），高中阶段教育毛入学率90.23%，高等教育毛入学率45.5%。人均受教育年限9.2年。

【党建工作】 市直教育系统党员干部、教职员工利用“学习强国”学习激活用户数2100余人，活跃率和人均积分保持全市领先。扎实开展“不忘初心、牢记使命”主题教育，局党组、中心组集中学习38次、专题研讨5次，革命传统等教育活动3次，解决一批群众反映强烈的问题，得到省、市巡回指导组的充分肯定。制定下发《中共毕节市委教育工委毕节市教育局党组关于切实加强2019年全市教育系统党的建设和党风廉政建设工作的意见》（毕教党工〔2019〕1号）和《毕节市教育系统网络安全应急预案》；编印《毕节市中小学校党建工作规程（试行）》，中小学校党务培训实现全覆盖。制定落实《市属学校党支部标准化规范化建设实施方案》。市直教育系统全年共发展党员301名，比2018年增长64.5%。

【教育保障】 完成省级扶贫系统提供的383163名6~16周岁建档立卡贫困家庭适龄子女入学情况、教育部下发的5652名疑似辍学生及2017、2018届小学毕业滞留学生的核查工作，累计劝返辍学学生4355人（建档立卡675人），实现建档立卡贫困家庭辍学生全部清零，非建档立卡家庭辍学生常态化动态清零。投入脱盲再教育经费351347元，参与脱盲再教育教师7327人（次），开展脱盲再教育培训27303人（次），脱盲15376人；开展农民工普通话培训500人（次）。全市规划建设142个易地扶贫搬迁集中安置点，搬迁群众32.5万人，其中适龄学生7.64万人，利用原有教育资源和建成的79所学校，解决了5.61万人入学。新启动建设中小学、幼儿园24所，解决剩余的2.03万人入学需求。全市搬迁安置点学校应配置教师7700人，已调配6302人，省级下全市易搬点教师全员培训任务3690名，实际培训4749名。

【学前教育】 全市有幼儿园2181所。在园幼儿299520人，三年毛入园（班）率89.07%，完成城镇小区配套幼儿园移交39所，完成建设规划117所。加强学前教育教研指导，建立学前教育教研指导责任区10个，规划龙头园81个，责任园1893所。新招学前教育教师1128人，幼儿教师数量为15460人，开展了两期“双助”幼儿园园长培训。建成农村集团化资源中心创建58所，年创建市级示范幼儿园32所。全市学前教育三年毛入园率比2018年提升0.58个百分点，公办幼儿园2181所，在园幼儿占比65%，普惠率74%。

【义务教育】　全市有小学1663所，初级中学298所，九年一贯制学校85所，小学在校生851921人，初中在校生421554人，小学教师42462人，初中教师26850人，小学适龄儿童入学率99.80%，初中适龄少年入学率96.04%（毛入学率106.6%），九年义务教育巩固率92.18%，“三残”儿童少年毛入学率94.25%，小学寄宿生127235人，寄宿率14.94%；初中寄宿生250652人，寄宿率59.64%。印发了《毕节市新时期中小学德育示范校评估细则（试行）》，组织44所学校申报市级德育示范校，创建和评定市级“文明校园”49所，建立家长学校2057所，开展家长培训4114学时。召开市级《义务教育学校管理标准》培训会，出台《中小学一日常规管理工作要点》《毕节市〈义务教育学校管理标准〉督导评估实施办法（试行）》，消除义务教育学校大班额1173个，外派培训体育教师115人，组织2019年中小学校园足球教师培训401人。成功创建全国校园足球特色学校8所、全国足球特色幼儿园13所；全省乒乓球特色学校4所、羽毛球特色学校1所。组队参加第三届全省中小学生运动会，获奖65人（次），其中第一名21人（次），破纪录6次，初中队获团体总分第三名；成功举办市第二届青少年运动会，共9个代表团1360名运员参赛。九年义务教育巩固率比2018年提升2.67个百分点。

【高中教育】　完全中学45所，高级中学31所，十二年一贯制学校9所，普通高中招生完成67028人，在校生208394人，普通高中教师12321人，高中阶段教育毛入学率90.23%。毕节市第二实验高中、黔西县第二中学、金沙中学、威宁县第六中学省级特色示范校通过初评。毕节一中成功完成省教育厅对省级示范性高中督导。2019年高考取得历史性突破，全市录取清华北大学生19人，其中七星关区8人，织金和纳雍各5人，1人录取空军及清华双学籍。

【职业教育】　完成中职招生78517人，完成率100.24%，其中，市内职业院校招生13197人，输送市外省内职业院校23686人，输送省外职业院校41634人；高中阶段教育毛入学率比2018年提升1.53个百分点。组织学生参加全国全省职业教育技能大赛，省赛中获奖103人（次），其中一等奖14人次；国赛获三等奖4人、优秀奖1人。对中高等职业院校校企合作进行了清理排查整治，进一步规范中高等职业院校的办学行为。对抓住东西部协作机遇，争取广州雪松集团设立“珠江职教奖学金”229.5万元，捐赠毕节职院实训基地建设资金3200万元。开展校企深度合作、订单培养，助推脱贫攻坚。向省属17所优质职业院校输送全免费精准脱贫订单班学生2244人，完成率224.4%；市内中职学校招收全免费精准脱贫订单班学生任务1630人，完成率155.24%。

【高等教育】　全市高等院校6所。市属高等院校本科生12203人，高职高专27338人，高校教师1972人。高等教育毛入学率45.5%。高等院校校舍面积116.41万平方米。

【民办教育】　全市民办学校（办学机构）855所，专任教师10219人，学生215343人。其中幼儿园607所，专任教师4799名，在园生95384名；中小学92所，专任教师4517名，在校生102249名；中等职业学校2所，专任教师16名，在校生156人；高等职业院校1所，专任教师190名，在校生4586名；校外培训机构153所，专任教师697人，学生12968人。开展社会力量办学机构大排查大整治专项行动，排查民办学校752所。开展民办学校规范办学防范化解风险专项行动，排查民办学校605所；对607所民办幼儿园、90所民办中小学进行办学调研。

【民族教育】　全市有独立设置的少数民族学校

19 所，其中小学 9 所、中学 10 所。少数民族在校生 527571 人（不含高等教育），占学生总数的 30. 39%。

【特殊教育】 全市有特殊教育学校 9 所，特教学校在校生 1916 人，特教学校教师 344 人，通过“特教学校、随班就读、特教班、送教上门”等措施，保障残疾儿童受教育 9482 人，“三残”儿童少年毛入学率 94. 25%，入学率比 2018 年提升 3. 97 个百分点。

【教育扶贫】 全年下各类国家资助项目资金 74132. 2 万元，资助家庭经济困难学生 681289 人（次）；2019 年春季学期下贵州省教育精准扶贫 26310. 13 万元，资助家庭经济困难建档立卡贫困学生 100741 人（次）；2019 年秋季学期下贵州省教育精准扶贫 16918. 46 万元；获得社会资助资金 342. 8 万元，资助家庭经济困难学生 3707 人（次）；组织办理家庭经济困难大学生生源地助学贷款 10. 16 亿元（14. 51 万人）。全市义务教育学生营养改善计划受益学生 1025181 人，营养改善计划中央、省和市共计下资金 80393. 13 万元，滚动使用 2018 年结余资金 10047. 27 万元。出台《毕节市全面推进“校农结合”工作助推农村产业革命和脱贫攻坚的实施方案》。全年全市学校采购食材总计 11. 18 万吨 8. 2 亿元，其中本市范围采购量为 7. 39 万吨 5. 46 亿元，占比分别为 66. 1% 和 66. 59%。市属学校采购威宁“三白”蔬菜 262822. 9 公斤，其中白菜 132910. 4 公斤，莲花白 86346. 6 公斤，白萝卜 43565. 9 公斤，萝卜干 12668. 35 公斤。向省属高校推销毕节试验区蔬菜 33523 公斤。全市 3099 所学校实现明厨亮灶，覆盖率 89. 5%，其中 1077 所学校实现“明厨亮灶 + 互联网”网络智慧化监管。营养餐工作岗位招聘工勤人员 11616 人，其中建档立卡贫困户和易地扶贫搬迁扶贫户劳动力 1722 人，比 2018 年增加 278 人。

【队伍建设】 落实班子成员分县分片包保暗访责任制和师德师风“周自查研判、月小结提示、季通报约谈”工作机制。全市学校开展自查 31 次，乡镇教管中心排查 5. 78 万所次，县（区）教育局暗访学校 3911 所，女性生活指导教师、校领导或班主任辅导、访谈学生数累计 200 多万人/次、校长访谈教师累计 50 万人次、副校长巡查课堂累计 60 多万节。组织全市 10 万多名教师开展了师德对照检查。招聘“特岗”教师 1910 名，完成市级以上校长教师培训项目 26 个 12102 人（次），其中教师培训项目 16 个 11018 人（次）、校（园）长培训项目 10 个 1084 人（次）；安排名师、名校长和乡村名师联合研训活动 96 次，参与活动人员 9000 余人；开展小学语文、初中英语、高中语文、高中数学四个学科教学竞赛活动，各选 5 名代表参加省级竞赛；第二届教职工运动会在金沙县特殊教育学校举行，开展了男子篮球等 5 大项目的比赛，颁发了等级奖、优秀组织奖及优秀裁判奖的奖牌及奖金；评审认定市级骨干教师 315 名、名师工作室 9 个、校本研修示范校 8 个。毕节市实验学校、黔西县锦星镇第一小学等二所学校获得“全国教育系统先进集体”荣誉称号，李世先、李文、周雪、周怡获“全国优秀教师”称号，杨继勇、马沙获“全国模范教师”称号。

【办学条件】 2019 年，争取中央和省级专项资金 15. 4 亿元，实施“全面改薄”等各类教育工程项目学校 388 所、项目单体 713 个，目前已建成 258 所学校 507 个项目单体，建成校舍面积 120. 59 万平方米。完成双山职教城 14 栋 1512 套教师公租房项目建设并分配给涉及 6 所学校使用。制定了毕节市《城乡义务教育学校专项布局规划》和《义务教育薄弱环节改善与能力提升项目规划（2019 – 2020 年）》。

【安全工作】 创新实施“学校安全清单管理”，

落实“学校及学校周边安全工作制度”，着力抓好师德风险防范、食品卫生、地质灾害防治、学生溺水防范等工作。配备专职保安6885人，3533所学校配齐安保“九小件”，3732所学校安装视频监控，新增监控探头927个，1252所学校与公安机关联网，1384所学校安装“一键式”报警与公安接警中心联网。压实县（区）、乡（镇）教育主管部门的监管责任和学校的主体责任，持续开展“校园大安全”暗查暗访和市、县教育局领导干部包片暗访，暗访乡（镇、街道）672个（次），学校1668所（次），走访教师2680人（次）、学生4122人（次）、师德师风监督员1464人（次），督促整改校园安全和师德师风问题3408个，下学校“大安全”风险隐患整改通知书36份，责成追究责任500余人。2019年发生校方责任及无过失责任学生伤害事故347起，同比减少96起，下降28.65%，实现了学生溺水死亡和校园性侵案件“零发生”。

【教研工作】 组织视导和问诊学校72所，听课396节；组织19场优质课及技能大赛，评定市级优课300节、优质资源475件。争取立项省级规划课题25项、市级规划课题119项，市级课题评审结题60项；获省第四届教科研成果奖11项。开展双薄帮扶活动32次，送教示范课51节、研讨课38节、专题讲座54场；对威宁海拉扶贫送教17节。组织开展高中政治、物理等11个学科18次连片教研活动，参与教师2600余人；组织申报省第四届教科研成果奖20项，获奖11项，4项省级中小学教学成果参加11月全国教学成果博览会。开展了第四届中小学生交响乐（器乐）团队大赛、穗毕青少年交响乐交流音乐会、“水美毕节”中小学生演讲比赛等活动。2019年组织7.34万人参加高考，一本上线率11.25%，二本上线率46.29%，本专科录取率83.23%。

【教育信息化】 全市联互联网学校97.84%，宽带速率100M及以上学校占82.50%；“班班通”教室占比95.46%；扩展“毕节教育云”功能，零投入实现全市中小学“一云、一网、一站”；开通各类学习空间1151715个，注册用户1127085人，基本形成“校校有平台、班班有资源、人人有空间”的软件环境；引进、开发教育教学以及管理功能模块46个。教育信息化常态应用成效明显：“一师一优课”活动晒课2223节，获部“优课”65节，占全省部级优课23.81%；组织11750名教师、373794名学生参与，制作微课10245个，云题目31073个，云课件9667个，教学设计8413个，上传总量列全省第一。

【深化改革】 开展高中教育质量“出入口”评价，对2019年高考教育质量较好的县（区）和学校学科教学团队进行了通报表扬和奖励。联合发改委、公安局、民政局、财政局、人社局、市场监管局、文广局、妇联出台《毕节市落实中小学学生减负措施实施方案》。

【对外交流】 全市中心完小以上687所学校全部与广州、深圳的中小学实现“一对一”结对帮扶。是年，广州方面共支持180万元经费用于组团帮扶师资培训和改善学校办学条件；广州市赴毕挂职人员44人、帮扶人员672人（次），帮助毕节培训校长教师1.33万人（次）；全市赴广州挂职65人，赴广州培训、交流、考察学习1037人（次）。广州学而思教育为毕节39所高中413个班级远程输送语文、数学、英语、物理的高考备考教学资源，毕节教师参与线上线下同步备课交流。

（撰稿：邱世海）

贵州工程应用技术学院

【概述】 2019年，在省教育厅和市委、市政府的关心支持和指导下，学校坚持党的教育方针和社会主义办学方向，坚持创新、协调、绿色、开放、共享的发展理念，坚持目标导向和问题导向，落实立德树人根本任务，突出重点工作，按照2019年学校党委和行政的工作要点，学校有序推进各项工作的开展，使学校建设发展取得新的成效。

【加强理论学习，注重实际成效】 一是学校党委通过召开党委会、党委中心组学习会、党委班子民主生活会等形式，扎实开展“不忘初心、牢记使命”主题教育学习教育，深入学习、深刻认识党的十九大精神及习近平新时代中国特色社会主义思想的重大意义和精神实质，进一步增强“四个意识”、坚定“四个自信”，自觉做到“两个维护”。2019年组织开展理论中心组（扩大）学习会8次、主题教育集中学习研讨8次。其中，党委中心组5次将意识形态及宗教信仰工作相关会议、文件纳入党员干部学习的重要内容，及时传达学习党中央和上级党委关于意识形态工作的决策部署及指示精神。牢牢把握意识形态工作领导权主动权，确保意识形态领域安全。二是学校还邀请了中共毕节市委书记、市人大常委会主任周建琨到校为师生作形势政策报告，宣讲党的十九届四中全会精神；邀请贵州省国家安全厅领导到校为全校师生作国家安全形势报告，进一步增强国家安全意识，深入贯彻落实习近平总体国家安全观。

通过学习，全校师生深受鼓舞，进一步提升了用理论武装头脑、指导实践的能力，并积极投身到学校的改革发展中。

【强化党的建设，全面从严治党】 一是发挥党委领导能力。（一）认真履行党管高校改革发展的职责。制定并实施《贵州工程应用技术学院2019年党委会重大事项议事清单及安排计划表》，对事关学校发展大计的党建工作、意识形态工作、思想政治工作、教学工作、科研工作等12个方面的事项进行了明确要求，充分发挥学校党委把方向、谋大事的作用。（二）坚持党管办学方向。根据省委第二巡视组反馈的意见，党委在对十三五发展规划进行有力宣传的基础上，进一步组织了对学校办学定位的讨论，明晰学校办学方向。二是加强党建统筹谋划。学校党委召开党委会，对学校2019年党的建设工作进行专题研究，组织召开大党建工作会对学校党建工作进行安排部署。结合实际制定《中共贵州工程应用技术学院委员会2019年工作要点》《中共贵州工程应用技术学院委员会党的建设领导小组2019年工作要点》等工作计划，明确党建各项工作，提高党建工作水平。三是规范党内政治生活。第一，切实落实党委书记第一责任人职责。党委书记进一步强化第一责任意识。在4月4日召开学校的大党建工作会上，党委书记令狐荣锋作题为《以政治建设为统领 抓实“三项”重点工作 全面提高学校党建工作水平》的讲话，切实落实“四个亲自”的要求。第二，切实落实校党委班子成员全面从严治党“一岗双责”的职责。班子成员与分管部门负责人签订了党建工作责任书，对分管部门落实党建工作情况及时进行督促指导，分批对分管的部门科级以上干部进行工作提醒谈话。7月中旬，学校党委专门听取各基层党组织落实全面从严治党主体责任的情况汇报。第三，扎实开展校内政治巡察工作。2019年学校已完成五轮政治巡察工作，巡察范围实现了校内基层党组织全覆盖。及时发现了基层党组织在执行“三会一课”、组织生活会、谈心谈话制度等方面存在的问题，进一步严肃和规范基层党组织的党内政治生活。

四是强化党风廉政建设。（一）召开党委会和党风廉政建设暨警示教育大会，对2019年的党风廉政建设进行研究和安排部署。2019年12月，学校党委班子成员带队对各学院、各部门的党风廉政建设工作进行了专项检查。（二）开展专项整治工作，提高教职员工遵规守纪意识。通过着力抓库存酒类资产再次清理、“天价烟”背后的“四风”问题专项整治等工作，促使教职员工自觉地遵守好政治纪律、工作纪律、组织纪律、生活纪律，以及中央八项规定精神、省市十项规定精神等，做到令行禁止，约束好自己言行，精心谋事、规范干事；引导教职员工明底线、守纪律、知敬畏，自觉养成公私分明、尚俭戒奢的习惯。（三）着力抓好专项监督检查工作，促使履职尽责落到实处。年初，学校党委班子成员带队对各学院、各部门的党风廉政建设工作进行了专项检查。年中，开展节假日期间纠正“四风”、工作纪律、党风廉政建设、开展党内政治生活情况、师德师风建设、执行党规党纪情况、意识形态责任制落实情况、落实学校安排的重大工作情况等专项监督检查，督促各学院各部门切实贯彻落实中央、省市相关文件精神，按时完成各项工作任务。2019年，追责问责9人，其中，党纪处分1人，给予退休职工作出政务处分结论1人，诫勉谈话4人，责令检查3人，有效推动“四种形态”在学校落地生根，在一定程度上遏制了对干部管理失之于宽、失之于软等现象。

【突出重点工作，营造良好氛围】 一是狠抓干部职工作风建设。制定《中共贵州工程应用技术学院委员会 贵州工程应用技术学院关于印发〈中共贵州工程应用技术学院委员会2019年干部作风建设工作方案〉的通知》，切实推进干部职工作风建设，推进工作作风转变，营造良好的干事创业氛围。二是狠抓制度建设工作。制定《中共贵州工程应用技术学院委员会 贵州工程应用技术学院关于印发〈贵州工程应用技术学院2019年制度建设工作实施方案〉的通知》，强化制度建设，进一步提高学校依法治校、规范管理、科学决策的能力和水平。截至2019年12月31日，学校已审定通过50余个规章制度。

三是狠抓风险防范化解工作。制定《中共贵州工程应用技术学院委员会 贵州工程应用技术学院关于印发〈贵州工程应用技术学院2019年防范化解风险工作方案〉的通知》，抓好风险排查、化解工作，营造和谐稳定的发展氛围。四是狠抓“两反三转”和政治生态研判和整改工作。印发《中共贵州工程应用技术学院委员会贯彻落实〈省委教育工委 省教育厅党组关于在全省教育系统开展“两反三转”主题实践活动的通知〉实施方案》，有力推进“两反三转”工作；扎实开展政治生态问题自查自纠工作，发布《中共贵州工程应用技术学院委员会关于印发〈学校政治生态问题整改工作方案〉的通知》，有序推进各项政治生态问题整改工作。

【深化巡视整改，做到即知即改】 学校党委成立了由党委书记任组长，其他校领导任副组长，各学院党总支书记、各有关职能部门负责人为成员的巡视整改工作领导小组，负责对学校巡视整改工作的安排部署、督促指导。并及时召开了巡视整改工作部署会，对照省委巡视反馈存在的问题进行逐项梳理，制定《中共贵州工程应用技术学院委员会关于落实省委第二巡视组反馈意见整改方案》，整改方案紧扣巡视组指出问题，建立整改工作责任链，形成党委领导、各分管领导牵头、各职能部门负责、全部相关人员共同推进的巡视整改工作责任体系，明确责任人、责任部门、时间表、路线图。严格把控整改工作时间节点，在整改落实上集中发力，做到即知即改。学校党委将进一步切实履行好巡视整改主体责任，提高政治站位抓整改，加大督促检查力度，使各项需长期落实的整改任务有序、有效推进。

2019年3月13日、3月27日，两次召开巡视整改工作汇报会会及工作推进会，听取整改工作情况汇报，并就整改过程中存在的相关问题进行了研究部署。第二批主题教育开展以来，学校再部署再安排，将巡视反馈问题纳入主题教育专项整治任务，接续抓整改促提高。在巡视整改过程中建章立制35个，其中新建制度32个、修订制度2个，联动地方政府部门制定制度1个，形成调研报告4份；经过学校的积极努力，完成了阳山校区121亩土地的不动产证书的办理工作，下一步将继续和市直有关部门协调关于移交的相关事宜。其他需要长期坚持的整改任务正在有力推进。

【开展主题教育，及时检视整改】 一是坚持把学习教育贯穿始终，做到入心入脑，真学真信真懂。围绕党的政治建设、全面从严治党、理想信念等8个方面，完成为期8天的集中学习研讨，组织开展2次党支部书记培训，组织全体党员开展了2次主题教育相关知识测试。二是坚持把调查研究贯穿始终，做到求真务实，找准症结所在。制定《贵州工程应用技术学院“不忘初心、牢记使命”主题教育领导班子调研工作实施方案》，分别由党委书记、校长及其他一名校领导领题，深入二级学院、学生宿舍、食堂、教室、实验室等开展重点调研，共召开12次360余人次参加的不同层面调研座谈会，发放调查问卷、征求意见表180余份；主题教育开展以来，已有班子成员5人次到扶贫联系点开展调研工作；9月25日，学校党委书记令狐荣锋、党委副书记汤宇华陪同毕节市委书记周建琨在学校扶贫联系点赫章县朱明镇开展调研，实地走访了解情况，帮助解决存在问题；学校还组织脱贫攻坚第三方评估普查团队师生46人，深入帮扶联系点赫章县朱明镇开展大遍访，走访16个村524户农户，帮助朱明镇查找脱贫攻坚存在问题和短板，并做好后续服务工作，以实际行动助力按时打赢脱贫攻坚战。三是坚持把检视问题贯穿始终，做到自我革命，广泛征求意见。制定对照党章党规找差距工作方案，党委班子成员带头对照党章党规找差距，严肃开展批评和自我批评，进一步深挖检视问题。共检视问题143个（上级部门点出问题12个），形成检视问题清单。四是坚持把整改落实贯彻始终，切实推进整改落实，加快学校发展。制定学校专项整治工作实施方案，召开4次整改落实工作专题会，对整改落实推进情况进行及时调度和部署，对17项专项整治工作建立工作台账，实行每周一调度，及时跟进整改推进情况，检视出后就及时进行整改。

学校在开展主题教育过程中得到了中央第四巡回督导组督导好评，称赞学校“主题教育开展得很扎实，有声有色，红色文化传承有特色有亮点”，省委第五巡回指导组也给予充分的肯定。校外各级各类媒体发表学校主题教育宣传报道文章45篇，其中国家级媒体4篇，省级媒体23篇，市级媒体18篇。其中，令狐荣锋书记结合主题教育撰写的理论文章《高质量推进新时代高校党的作风建设》在11月13日《贵州日报》上发表。

【落实立德树人，提升内涵建设】 一是加强学科、专业建设，建全学校质量保证体系。第一，大力加快学校“双一流”建设。加强省级和校级重点学科建设。预算投入专项资金建设省级、校级重点学科，完成了学科建设项目申报、经费拨付工作和学科负责人的调整。已制定和修订了涉及质量保证的教学管理相关制度，包括教学质量全过程管理、师德师风建设、教师激励、课程思政、工作量管理等22个相关制度。第二，结合学校人才培养目标，进一步优化调整专业结构，构建符合“两师”人才培养需要的专业群。特殊教育、地理科学和汉语言文学三个专业获第二批省级一流专业项目立项，计算机科学与技术、特殊教育、地理科学等三个专业获得国家级一流专业推荐；汉语言文学和英语两个专业顺利通过省级评估，其中汉语言文学专业名列第三，贵州省一流专业培育项目计算机科学与技术专业以“良好”的成绩顺利通过贵州省教育厅组织的中期检查。鼓励条件较好的土木工程、采矿工程、计算机科学与技术等三个专业积极准备，力争在2020年申报国家工程认证。通过积极争取，市教育局行文进一步加大对学校的师范专业建设支持力度。

二是稳妥推进教学内容和教育形式的改革。以深化教育教学综合改革为契机，有序推进教学内容和教育形式改革，加快课程改革，建设五大类型“金课”。已组织专家评审并立项基于“OBE课程改革试点项目、课程思政改革试点项目、在线开放课程项目、转型试点专业”四类校级质量工程项目173项。积极组织省级教改项目的申报，2019年学校共获得6项省级教改项目和1项省级教育规划项目立项。

三是落实立德树人根本任务。很好地发挥两个服务青年的核心平台（讲习所和黔西北红色文化展览馆）立德树人的作用。2019年讲习所完成服务场次超过180场；黔西北红色文化展览馆前后接待校内外参观人员超过万人，很好地发挥思政和理想信念教育基地平台作用。进一步推进课程思政建设，加强辅导员队伍培训工作，以构建全员、全程、全课程育人格局的形式将各类课程与思想政治理论课同向同行，形成协同效应，坚持“育人为本、德育为先”，在落小、落细、落实上下功夫。组织学生赴六盘水师范学院共同开展2019年红色文化开放课堂活动，组织师生参观红展馆，改版黔西北红色文化公众号，开展思政课程教学管理，利用易班平台开展“青春告白祖国”，举办2019年优秀学子颁奖典礼、第一届流沧好儿女评选和诚信教育主题比赛，通过政策宣讲、主题班会、征兵动员大会等开展国防教育等活动。加强学生行为管理，开展“日查周报”“文明寝室”评选，对学生开展网贷传销、非法集资、违规使用大功率电器、租用民房、学生身体心理疾病等专项排查。

群团工作方面亮点纷呈。2019年学校团委荣获“全国五四红旗团委”称号，学校大学生读书协会荣获“全国高校百强学生社团”之“最佳学生社团”称号（全国仅10个）；在第十四届大学生校园文化活动月中荣获配音大赛一等奖两项、蜡染大赛一等奖两项等优异成绩。

【坚持引培并举，优化师资队伍】 一是2019年引进博士4人、硕士14人、博士家属安置7人，其中硕士3人；送出9名教师外出攻读博士学位。学校首届教学名师王力教授成功进入国家级教学名师12人推荐候选人员名单。二是深入推进师德师风建设。严格执行教学事故认定与处理办法相关规定，依规对出现教学事故的7名教师进行了处理；开展师德师风建设专项活动、课程思政说课比赛等专项活动。通过师德师风建设专项活动的深入开展，校园内掀起“以德立身、以德立学、以德施教、以德育德”的良好氛围，全校教师不断加强学习，提高政治站位，把思想统一到落实立德树人根本任务、培养合格建设者和接班人上来，把教书育人和自我修养结合起来，自觉维护高校教师职业形象。三是制定教师职称推荐的校内标准。根据上级职称评定有关文件精神，结合学校教师职称相关实际情况，制定学校教师职称推荐的校内标准，强化师德师风建设要求，有计划、有步骤开展教师职称评定工作。拟定《贵州工程应用技术学院高校教师系列专业技术职务任职资格评审条件》。

【坚持以生为本，提高培养质量】 一是进一步修订完善2019级人才培养方案。认真落实立德树人根本任务，按照德智体美劳人才培养要求，根据学校人才培养目标，及时出台人才培养方案修订指导意见，修订完善2019级人才培养方案。二是抓好贫困学生资助工作。2019年，学校共有3667名建档立卡贫困学生通过“绿色通道”入学，为经省扶贫系统审核认定的3665名学生减免学费、发放专项助学金和国家助学金，协助7075名学生办理生源地助学贷款。对其他困难学生实施学费住宿费减免、发放困难补助。利用中秋等重大节假日与学生座谈并开展慰问，为家庭经济特别困难学生发放床上用品温暖包。2019年，完成了7类奖助学金（9371人）的评审工作。三是有序开展招生和就业创业工作。2019年学校生源覆盖达16个省、自治区和直辖市，共录取考生3419名，其中本科3289名（其中高升本2711名，预科直升285名，专升本293名），预科130名（其中少数民族预科65名，民汉双语预科65名）。2019年，邀请全国道德模范开展公益讲座，实施就业指导与服务，举办各类培训10次、专场招聘会61场。截至2019年12月31日，学校共有2123名毕业生实现就业，就业率为95.12%，其中本科就业人数为1467人，就业率为95.26%；专科就业人数为655人，就业率为94.65%。2019年，学校成功入选全国创新创业50强高校，是贵州省唯一入选的高校。大学生创新创业训练计划项目再创新高，共获批国家级项目56项、省级项目143项；获第五届贵州省“互联网+”大学生创新创业大赛高教主赛道铜奖1项、优秀奖1项；在第十六届“挑战杯”贵州省大学生课外学术科技作品竞赛中获一等奖1项，三等奖1项，在“挑战杯”国赛中均获得三等奖。

【夯实硬件基础，改善办学条件】 一是开展资产清查。成立学校资产管理和清查工作领导小组，各学院、部门也成立资产管理和清查小组；完成试点单位审计处、国际合作交流处、机械学院、化工学院、艺术学院、国资处、图书馆的资产清查工作；有序开展全校资产清查工作。二是推进基建工程建设。2019年，学校完成公租房配套基础设施二期工程并投入使用，完成投资1900万元；完成工程实训中心项目，完成投资4850万元；东校区二期建设项目已完成学生公寓DG1、DG2栋及学生食堂建筑设计方案调整；投入资金400万元，进行田径场、绣山篮球场的改造；同时在东区修建了两片临时篮球场。三是加快推进信息化建设。以服务教学、服务学生为中心，落实智慧校园建设工作和智慧教室建设工作。完成了学校智慧校园二期建设项目。四是加强校园安全监控系统建设。监控方面，投入资金700万元，完成校园智能化监控系统的采购和安装并投入使用。消防方面，投入资金200万元，完成校园消防设施及维保服务项目并投入使用。

【加强合作交流，提升办学水平】 一是开创学校外事工作新局面。2019年在留学生生源国方面有所突破，硕士研究生层次申请汉语进修生1名；选派29名教师出国（境）研修学习；选派14名本科生到马来西亚合作高校交流学习，暂无中外合作办学项目和境外办学项目。二是积极推进合作交流。在与高水平学校合作方面，聚焦师范类学科专业，深入推进与西南大学合作交流；聚焦中国矿业大学（北京）的学科优势，邀请了教育部本科教学工作审核评估专家、中国矿业大学（北京）原副校长范迅教授来校指导本科教学审核式评估工作；选派了8名本科生到中国矿业大学（北京）联合培养学习10名本科生到西南大学联合培养学习，选派10名本科生到贵州大学联合培养学习。在与地方政府企事业单位的合作方面，积极推进和七星关区、金海湖新区政府及辖区内企业的合作。与金海湖新区、广州雪松集团、毕节远大集团、众一金彩黔、贵州致福光谷等14家单位（企业）签订校政、校企合作协议。

【承担社会责任，服务地方发展】 一是强化科研服务地方。（一）实现了国家自然科学基金四年来零的突破，获立项国家自然科学基金1项；实现贵州省科技奖励近10年来零的突破，获贵州省科技进步三等奖1项。(二)分批组织博士、教授等专家服务团队开展对毕节市各区县进行全覆盖调研工作,为下一步做好服务地方奠定基础。已组织生态学院教授博士为主体的团队于9月两次到金沙化竹煤矿进行了调研;与金沙化竹煤矿就矿区在土地复垦和生态修复过程中存在亟须解决的科技问题进行了交流,并签订了校企合作协议,共建矿山生态修复关键技术研究示范基地和实习基地,共同联合申报科研项目;(三)以食用菌研究院为依托,牵头与相关企业合作申报了贵州省教育厅的食用菌重大产业专项项目;作为参与单位与贵州省农科院和联合成功申报“贵州大宗食用菌菌种选育及扩繁关键技术研究与产业化示范”重大专项并获立项,并主持其中一个子课题(获经费45万元);组织食用菌团队申报了省科技厅2020年度科技支撑计划项目2项、成果应用及产业化项目1项,省教育厅青年成长项目1项(已获立项,获经费5万元);积极与金海湖新区、纳雍县、威宁县、赫章县地方政府联系,同时继续做好和相关企业如贵州烟草公司毕节分公司、毕节灵丰复肥有限公司开展的利用本地圈养牛粪种植双孢蘑菇的工作,推进与毕节乐丰生物科技有限公司的产学研合作,建设毕节市优质菌种供保基地——赫章优质菌种厂;与毕节市科技局对接,就承担的工作任务进行了商谈和谋划,并就成立食用菌工程技术中心等事宜达成了共识,拟通过中心成立,为食用菌产业发展搭建开放共享的技术平台和人才聚集平台,助推毕节市食用菌产业发展;(四)积极与毕节市农科所做好“毕节市特色杂粮业科研创新能力建设”项目。

二是助力脱贫攻坚,服务农村产业革命。完成了驻村第一书记轮换工作,认真做好驻村第一书记作风问题检查工作,未发现驻村帮扶不扎实情况;完成新增驻村帮扶点赫章县朱明镇挂职干部选派,并解决赫章县朱明镇则安村办公设备购置费2万余元;继续选派王明华担任市级督导组组长对织金县12各乡镇进行督导工作;领办3所易地扶贫搬迁安置点学校,人文学院宋朝、教务处吴雪瑞、师范学院赵敏分别到赫章妈姑中学、威宁石门民族中学、纳雍恒大实验小学担任副校长;王宪延长在市脱贫攻坚指挥部的工作时间;解决赫章县铁匠乡办公设备购置费2万余元,解决纳雍县玉龙坝镇坪山社区办公设备费0.8万元;成立贵州工程应用技术学院食用菌研究院,服务于毕节市食用菌产业发展,并解决启动经费10万元;关心关怀驻村干部、切实解决驻村干部待遇;深入开展校农结合,购买贫困地区农产品,服务农村产业革命。全年在贫困地区贫困户采购的农副产品总金额为2349876.00元,总采购量为389765公斤,占食堂采购总量的57%。因工作突出,学校艺术学院党总支被评为“全市脱贫攻坚先进组织”,王桂红获“全省脱贫攻坚基层党组织书记”荣誉称号。

(撰稿:马利飞)

毕节职业技术学院

【概述】 毕节职业技术学院是2008年2月经贵州省人民政府批准成立的全日制公办普通高等职业技术学院。形成以高职教育为主体,中职教育、继续教育和社会培训、技能鉴定为两翼,科研、技术开发与推广服务为助推的办学格局。学校位于毕节市金海湖新区职教城,规划建设用地面积740亩,规划校舍建筑面积约28.56万平方米,已完成建筑面积24.92平方米。设有电子信息工程系、工矿建筑系、农业工程系、财政经济系、旅游管理系、教育科学系、医学护理系、航空学院和基础教育部、思想政治理论教研部、继续教育与培训部等11个教学系部。2019年高职招生专业39个、中职中技招生专业6个,现有在校生10195人。在册教职工385人,专任教师281人,其中正高职称6人,副高职称65人,中级职称98人，硕士学位教师46人，贵州省职教名师3人，第五届黄炎培职业教育奖杰出校长奖1人。设立有国家116职业技能鉴定所、毕节职业技术学院保安培训中心、毕节市农民讲师培训中心、毕节市电子商务学院，申报建设了国家、省高技能人才培训基地。各类实验实训室建筑面积3万多平方米，校内实验实训室（中心）80个，校外实习或就业基地60个，教学仪器设备总价值5000余万元，图书馆藏书30万余册。

2019年，在市委、市政府的坚强领导下，在省委教育工委、省教育厅和市委教育工委、市直有关部门的指导和关心支持下，学校党委和行政坚持以习近平新时代中国特色社会主义思想为指导，着力加强学校党的建设各项工作，扎实开展“不忘初心、牢记使命”主题教育，积极申报创建省级优质院校，各项工作取得较好成绩。

【招生就业工作】 一是积极做好招生工作。2019年高职招生计划5300人，总计录取5734人，报到4737人，报到率82.61%，计划数和报到数都圆满完成了省教育厅下达的高职招生任务。二是深入推进完成扩招任务。省教育厅下达学校的高职扩招任务数为800人，学校高度重视，出台《2019年扩招工作方案》及《关于进一步推进2019年扩招工作的意见》，指导推进扩招专项工作，最终高职扩招录取学生1123人，超额完成扩招任务。三是全方位做好就业工作。2019届毕业生3702人，初次就业率90.73%，年终就业率94.79%；农村建档立卡贫困户毕业生812人，已就业812人，就业率100%，实现精准扶贫学生全部就业目标。

【省级质量提升工程】 2019年，学校申报立项的15个高职项目、1个中职项目全面进入建设验收阶段，高职精品在线开放课程《畜产品加工》《网络互联》、中职精品在线开放课程《家畜解剖》及省级骨干专业（会计）、优秀教学团队（园林工程）等项目完成建设通过验收，职教名师（丁丽、黄燕）、骨干专业（建筑工程技术）、重点专业群（农牧）、大师工作室（王继超）、高职精品在线开放课程《采掘机械使用与维护》、现代学徒制试点（畜牧兽医）、开放实训基地（建筑工程技术）、协同创新中心（农商）等项目将在2020年完成建设提交验收。

【师生技能大赛】 2019年，学校师生在各级职业技能大赛中取得优异成绩。一是积极承办并参加市级技能大赛。承办并积极组织师生参与机器人应用技术、数控加工技术、零部件测绘与CAD成图技术、工程测量、焊接技术、建筑CAD、电子商务技能、ERP沙盘模拟企业经营、英语技能等九个市级项目，荣获“毕节市中等职业技能大赛组织工作先进学校”称号，获奖共计31项，其中一等奖5项，二等奖10项，三等奖16项。二是省级技能大赛成果丰硕。学校师生在2019年省级技能大赛中，参赛49项，获奖总数为38项，其中荣获一等奖3项，二等奖13项，三等奖22项，较2018年有较大提升。三是积极备战国家级技能大赛。组织建筑工程识图、建筑装饰技能应用、矿井灾害应急救援技术、沙盘模拟企业经营、现代物流综合作业等五个项目报名参加国赛，其中，建筑装饰技能应用赛项师生荣获全国三等奖。四是其他技能比赛取得较好成绩。在“2019海峡两岸产业核心技能素养大赛”中荣获特等奖1项，三等奖1项；在2019年贵州教师职业能力大赛中，获得二等奖3项、三等奖5项；在第二届技工院校教师职业能力比赛中，获得二等奖1项、三等奖1项。

【校园文化建设】 一是实施以“多彩校园·闪亮青春”全省大学生校园文化活动月、大学生艺术节、寝室文化节、体育运动会、学生社团科技文化节、学雷锋志愿服务和社会实践、“书香职院·我爱阅读”“戏曲进校园”等活动为载体的一会两点三主题校园文化活动育人计划。二是与市委宣传部、文广局共同主办 2019 年迎新春“我们的中国梦”文化进万家惠民系列活动——“乌蒙之春”新年交响音乐会，获得全市各界好评。三是参加教育系统庆祝新中国成立 70 周年暨学生交响乐团建设成果展示，获优秀组织奖。四是连续 4 年获省委教育工委“校园文化活动月优秀组织”表彰。五是在贵州省 2019 年大学生田径锦标赛中，取得了高职高专组团体总分第 2 名，获得 5 枚金牌、8 枚银牌、2 枚铜牌的好成绩。

【东西部扶贫协作】 按照“产教融合、校企合作”战略部署，借助东西部扶贫协作之际，积极探索政行校企产学研一体化模式，深化校地合作、校企合作、校际合作，积极探索合作办学、合作育人、实训、科研、就业等合作教育模式和人才培养模式。一是广州番禺职院、广州市轻工技师学院、杭州科技职院等优质院校倾情帮扶我校，为学校加快内涵建设，提升办学水平提供了巨大的帮助。二是学校与广州港集团公司、广州汽车集团有限公司、广州雪松集团、广电集团、广州市轻工技师学院等企业开展“扶贫订单班”合作项目，共计 20 个班，涉及学生 800 余人，效果显著，受到贵州省委、广州市委、毕节市委领导的高度关注。三是积极推进“南粤家政”和“粤菜师傅”项目落地实施。四是学校立足毕节、服务毕节、辐射贵州，稳步推进建设毕节市人社局、毕节职业技术学院与中国南方人才市场三方共同组建的南方人才市场毕节服务中心，着力打造集人力资源开发、公共服务、产业发展、产教融合于一体，上下融通、功能丰富、配套完善的具有产教融合特色的省级人力资源服务产业园，成为全省领先、全国知名的人力资源服务高地。

【脱贫攻坚工作】 一是落实各项驻村帮扶政策，帮扶的松树、木格社区已完成脱贫攻坚省级第三方检查评估工作，并通过国家抽检评估。二是学校采购贫困地区农产品总量 36.65 万公斤，共计金额 170.6 万元，贫困地区食材采购量占我校食堂食材采购总量的 73.6%，完成上级要求目标。三是根据省教育厅要求，制定了帮扶赫章县职业教育和脱贫攻坚的实施方案，按照毕节市委安排，派一名校级领导前往赫章县蹲点，切实开展对赫章县的脱贫攻坚帮扶工作。四是根据有关文件和要求，及时足额发放中高职和技工类奖助学金、学费减免、困难补助、勤工助学资金共计 1300 余万元。

【基础设施建设】 一是二期校舍续建工程中 F5 学生宿舍楼已完工投入使用，有效改善学生住宿条件。二是雪松集团对市级职业技能公共实训基地捐赠 3200 万元和中央预算内投资补助 2800 万元项目资金落实，按计划基本完成市级职业技能公共实训基地项目施工并投入使用。三是完成园林工程实训室、语音实训室、酒店综合实训室、财会职业能力训练中心、计算机综合实训中心 5 个项目建设，推进协同创新中心、建筑工程开放实训基地、建筑工程协同创新中心 3 个项目建设。

【治理能力提升】 一是加强制度建设。加强对校内规章制度执行情况的监督检查，部署开展学校制度废改立工作，逐步形成一套科学完善、符合学校实际的制度体系。二是强化财务管理。认真贯彻落实《中华人民共和国预算法》《高等学校财务制度》等法规制度，科学编制年度经费预算，严格执行财务预决算制度，防止和杜绝违规使用资金等现象的发生。三是进一步完善学校“国资管理和物资采购工作制度”，全面启动清查现有固定资产。四是印发《毕节职业技术学院考勤管理办法》，规范学校新形势下考勤管理工作。五是根据教育部、省教育厅文件精神和工作要求，规范校企合作办学，全面清退企业方收取的学生技能培训费。

【学生服务管理】 一是加强培训，积极组织参加职业能力大赛，提升辅导员（班主任）队伍建设水平。二是加强学生管理。深化校园半封闭管理及早锻炼、晚自习制度，结合高职学生与中职学生年龄和行为特征，进一步推动实施中高职学生的差异化分类管理和服务。三是建立健全共青团“第二课堂”成绩单制度，推进第二课堂成绩单工作，提升学生综合素质。四是做好学生资助工作。提高各类奖助学金的评审发放工作质量和效率，确保奖助工作落实到位。五是做好心理健康教育工作。加强心理健康知识教育，开展宣传活动，强化咨询服务，加强预防干预，促进学生身心健康。

【科研工作】 一是获批立项市厅级科研项目 29 项，各类项目结题 27 项，较 2018 年均有所增加。二是聘请院内外专家举办学术报告讲座全年 7 次，参加师生达 1000 余人。三是建立毕节市社科联与学校联合研究课题平台，充分发挥“思想库”和“智囊团”作用，同时开展技术咨询、技术服务、技术开发、技术培训服务工程，为地方中小微企业高质量发展提供技术与创新动力。

【社会服务】 一是承接为期 17 天的毕节市职业院校师资素质提升培训、为期 3 天的省教育厅乡村教师语言能力提升培训和 13 场国家级各类资格考试，得到相关部门一致好评。二是开展七星关区动物防疫技术培训、毕节市农药经营人员培训、世行贷款大方县产业扶贫试点示范项目“合作社运营管理培训”等培训 2400 余人/天·次。三是完成技能鉴定 171 人，函授学生报到入学 342 名。

【后勤保障、校园安全】 一是提升后勤保障水平。加强节约型校园建设和后勤社会化各项工作的监管，严控食品安全、质量和价格，水电费消耗下降 9.4%，其他运行费用均有所下降。二是开展防范与化解重大风险工作。有效预防、积极化解意识形态领域、校企合作、不良校园贷、拖欠农民工工资、施工安全、食品安全、校园周边安全等方面的风险，校园安全稳定状况良好，未发生重大安全事故。

【党风廉政建设】 一是坚持全面从严治党，深入落实党委管党治党主体责任和纪委监督责任，贯彻民主集中制有关制度。二是深入开展党员干部廉政教育，认真贯彻中央“八项规定”和省委、市委“十项规定”精神，开展“三个大兴”“两反三转”活动，着力解决形式主义、官僚主义问题。三是扎实开展学校规范办学专项整治活动，规范权力运行，强化对干部任用、职称评定、招生录取、学生实习就业、学生奖助学金发放、建设工程招投标、物资采购、财务管理等环节的监督。四是开展内部巡察工作，推进校内巡察的常态化制度化。

【“不忘初心、牢记使命”主题教育】 根据中央、省委、市委的安排部署，按照“守初心、担使命、找差距、抓落实”的总要求，围绕“理论学习有收获、思想政治受洗礼、干事创业敢担当、为民服务解难题、清正廉洁作表率”的总目标，通过“学习教育、调查研究、检视问题、整改落实”四项措施，在省委第五巡视组的指导下，学校“不忘初心、牢记使命”主题教育工作稳步推进。一是聚焦习近平新时代中国特色社会主义思想、习近平总书记重要讲话进行专题学习研讨，共计汇编领导班子 56 篇研讨材料；二是开展先进典型教育、革命传统教育、形势政策教育、爱国教育、警示教育，全体党员和广大师生思想政治受到洗礼；三是全面完成《职业教育助力深度贫困地区脱贫攻坚的调查与思考——以赫章县为例》《“双高计划”建设背景下毕节职院高质量发展的战略路径调研报告》《关于校园文化建设助推思政工作走深走实的调研报告》三项调研工作；四是扩大检视范围、召开党委会、专题会多途径检视问题，领导班子成员围绕“18个是否”查摆自身存在问题，相互提出批评意见82条；五是制定了17个专项整治工作方案，共查找梳理出专项整治问题56个并全面整改完成。

【基层党建工作】 一是贯彻落实《中国共产党支部工作条例（试行）》，开展基层党支部换届工作，选优配强了各基层党支部班子成员，全面完成17个基层党支部换届。二是严格落实述职制度，全面推进党支部标准化规范化建设。三是抓好党员教育管理，进一步规范全体党员党内政治生活。四是高度重视师生党员发展工作，党员发展取得新突破，发展党员9名，积极分子210名，发展对象7名，与2018年相比大幅增加。

【干部人才队伍建设】 一是选优配强配齐各层级干部队伍。2019年，在市委组织部支持下，学校党委按照《党政领导干部选拔任用工作条例》，严把任职资格条件，规范选拔程序，按照干部管理权限，共提拔任用副县级5名，正科级干部12名，副科级干部15名。二是积极争取上级支持增加编制，大力引进人才，开展紧缺专业教师和编外合同制人员招聘，进一步充实师资和管理人员力量。引进硕士研究生7名，公开招聘教师10名，公开招聘编外合同制人员13名。

【思想政治工作】 一是贯彻落实全国和全省、全市高校思想政治工作会议精神，实现全员全程全方位育人。二是坚持党管意识形态原则，扎实推进管好方向、管好阵地、管好舆论、管好队伍的意识形态“四个管好”工作，确保意识形态安全。三是强化师生宣传教育，严格校园阵地管理，切实防范宗教势力进行宗教渗透。四是顺利通过省教育厅2019年度思想政治工作检查。

（供稿：毕节职业技术学院）

毕节医学高等专科学校

【概况】 毕节医学高等专科学校于2014年3月经教育部批准设立，是毕节市人民政府主办、贵州省教育厅主管的地方政府公办全日制医学类高等专科学校，建校基础是有60年历史的毕节市卫生学校。学校是贵州省护理专业紧缺人才培训基地、国家统一战线“同心·智力支持工程”项目实施学校、“养老服务人才培养示范基地”。

学校现有金海湖（校本部）和大方县（东校区）两个校区，占地627亩，建筑面积19.5万平方米，校区校园环境优美。学校有专兼职教师433人，双师型教师194人，硕士、博士研究生教师64人，拥有市管专家1人，黄炎培职业教育杰出教师奖1人。学校现有7个教学系，20个专业，在籍学生10442人。校内教学设施设备先进，拥有基础医学、临床医学、护理、医学技术、药学、中医中药实验实训基地，设备总值达4800多万元，各专业相关学科实训课开课率达100%。2019年，学校办学质量稳步提升，师生在全国全省技能大赛中频频获奖，全国技能大赛获奖22项；护士执业资格合格率达98.39%，居于全省全国前列；毕业生初次就业率达90.13%，超过全省平均就业水平。与此同时，学校节能减排工作持续深入开展，并获国家级“公共机构示范单位”重大荣誉称号。

学校招生范围已扩大到省内地（州）市及四川、云南、重庆、广西、湖南、甘肃等省份，扩大招生规模，增强学校影响力。同时，学校与省内外医疗机构和大健康产业机构合作，开发出较高水平的、较稳定的、涵盖大健康产业所需的各专业教学医院（包括北京中康医院、广东中医院和深圳中医院等）等82家实习实训基地。医疗器械维护与管理与上海健康学院、北京卓然医疗器械培训学校合作建设。康复技术专业与中国康复研究所、北京景鸿投资公司合作共建。药学专业与云南鸿翔一心堂药业、北京百灵药业合作共建。

【党风廉政】 学校党委高度重视党风廉政建设工作，加强党对教育事业的全面领导。是认真开展主题教育，加强政治理论学习。学校党委按照中央和省委第二批“不忘初心、牢记使命”主题教育的要求，深入学习习近平新时代中国特色社会主义思想，认真学习领会党的十九大会议精神、习近平总书记在贵州省代表团重要讲话精神，深刻领会习近平新时代中国特色社会主义思想丰富内涵，认真学习党章、党规、党史，将“学习教育、调查研究、检视问题、整改落实”贯穿于学习教育全过程。在教育工作中，全面贯彻党的教育方针，认真回答了习近平总书记提出的“为谁培养人、培养什么样的人、如何培养人”这一教育的根本问题。2019 年共开展集中学习 8 次，班子每位成员都完成心得体会 8 篇，班子成员结合教育教学工作实际，从抓教育教改、促进学生就业以及探索学校内部巡察等方面深入开展工作调研并完成高质量调研报告 3 篇。

二是全面推进从严治党，切实履行“一岗双责”。学校党委围绕全面从严治党要求，细化主体责任，带头签订党风廉政责任书和廉政承诺书，始终坚持全面从严治党，切实履行“一岗双责”，强化主体责任的落实。通过党委中心组学习、中层干部会、教职工大会、党风廉政专题学习会、专题研讨会加强学习和开展警示教育。认真履行党委领导下校长负责制，将全面从严治党要求贯穿于工作全过程，与各项工作同部署、同落实；2019 年组织召开党委会议 36 次，校长办公会议 28 次，及时协调解决重点难点问题，认真落实民主集中制和“三重一大”制度，对“三公经费”进行及时公示。全力抓好全校履行职责“两要点两清单”制定工作，并用于指导学校及各部门具体工作的开展。

三是扎实开展党风廉政建设，营造风清气正育人环境。2019 年，学校党委将主体责任细化分解为 7 个方面 41 项具体工作责任，强化了主体责任的落实。是年，两次召开学校分管领导履行“一岗双责”及廉洁从政、各部门党政主要负责人述责述廉述党建工作，并进行评议。学校纪委针对校园出现的“慵、懒、慢、浮、散”行为进行了 6 次通报，作风建设落到实处。坚持对党员干部进行精准约谈，对重点岗位、重点人员进行常态化约谈 35 人次，对违反组织纪律的教职工进行纠错诫勉谈话 1 人次。

四是强化工作管理，牢牢把握意识形态领导权。是年，学校党委会专题研究意识形态工作 2 次，做好学校师生意识形态领域舆情风险研判，抵御和防范宗教对校园渗透。认真贯彻落实网络意识形态相关工作，做好大学生网络意识形态及网络安全知识培训，确保风清气正的网络环境。是年，学校全面贯彻落实高校立德树人的根本任务和意识形态工作责任制，未发生《党委意识形态工作责任制实施细则》有关情形。

【思政工作】 学校党委高度重视学校思政工作，把贯彻习近平总书记全国高校思想政治工作会议精神，以及中共中央、国务院关于加强和改进新形势下高校思想政治工作的意见纳入重要议事日程，通过积极探索思政课改革创新，经过思政老师近两年的教学实践，形成了学校思政课“三段式”理论教学改革模式，初步探索出一条符合高职高专学生的思政课改革路径，基本解决了学生思政课抬头难、互动难、入脑难和入心难的问题，增强了大学生思想政治理论课教学的针对性和实效性。同时，学校与时俱进，推动“三段式”向“两转化四阶段体验式”思政教学模式改革转化，全面推动习近平新时代中国特色社会主义思想进教材进课堂进头脑，不断提高思政课教学效果。为加强思想教育工作，学校组织思政教师深入各系开展理论宣讲，举办第四期青年马克思主义者培养工程培训，扎实推动“易班”育人平台，思政育人工作取得显著成效。2019年省教育厅专家组赴学校检查思政工作，给予学校高度评价。

【队伍建设】 全面深化人才队伍建设，提升队伍建设水平。一方面重点抓好教师队伍建设，优化专业师资队伍结构。一是实施师德师风建设工程，按照“四有好老师”的标准，全面提升教师思想政治素质和师德水平，把教师及辅导员的职业理想和职业道德教育作为师资队伍文化建设常抓不懈，增强教师教书育人、为人师表的责任感和使命感，把师德师风表现纳入教师培养培训、评先选优、晋职晋升、选拔任命的评价内容，把社会主义核心价值观贯穿于教书育人全过程，促使全体教师成为学生健康成长的指导者和引路人。二是实施深入实施“青蓝”工程，教师能力提升工程、“大师、名师”建设工程、教学名师、技能大师培养工程、教学团队建设工程、“双师”队伍建设工程，全面提升教师队伍素质。三是加强对外交流学习，大力推进广州医科大等省内外高校对口帮扶学校项目落地，广泛开展合作，加大师资培训，学习先进教科研管理理念。2019年，引进硕士研究生5名；组织85名教师进行校外培训、研修及接触临床实践（其中组织10名教师赴台湾辅英科技大学开展专业能力提升培训）；选拔第二届教学校级名师1人，学科带头人5人，骨干教师16人。

二方面重点抓好管理队伍建设，夯实教学服务人才基础。一是择优选用副科级干部13人，副县级干部转正考察任用2人，正县级干部推荐考察1人，考察任用正科级干部23人，副科级干部转正考察任用2人。组织50名科级以上干部赴清华大学开展行政能力提升培训。公开招聘编制外管理人员30名（其中5名为专职辅导员）。

【专业建设】 优化专业布局，紧贴区域发展办好大健康专业。是年，学校一是紧紧围绕夯基础（基础医学）、抓龙头（临床医学）、建集群（护理、药学、医技、中医药）、带相关（健康管理、养老养生）为架构，聚焦全科医学、老年医学、健康促进三个重点学科，带动了多学科集群发展。二是对现有20个专业的人才培养方案进行修订，制定专业建设规划和建设方案，积极为建立国家级骨干专业、省级骨干专业、重点专业、特色专业群发力。三是推进专业课程标准化进程、完善教学标准体系，主要结合教育部课程标准、专业教学标准、顶岗实习标准、专业仪器设备装备规范，完成学校专业教学标准、顶岗实习标准、课程标准的制定修订。四是制定学校精品课程建设方案，将课程建设作为系部考核的重要指标和教师业绩考核的重要依据，推动专业精品课程体系构建。

【质量提升工程建设】 抓好人才培养质量提升工程建设，加快内涵建设步伐。2019年，学校省级护理骨干专业建设、护理优秀教学团队、《解剖学与组织胚胎学》《诊断学》省级精品课程等质量提升工程已通过省级验收；省级“中医大师工作室”、省级骨干专业“医学检验技术专业”已完成中期验收。学校“教育部第二批中医学专业现代学徒制试点”项目经过2年建设，圆满通过教育部验收，学校内涵建设进一步提升。

【科研建设】 深化科研管理与改革，提升教科研能力。2019年，学校“产学研”机制不断完善，共组织申报各级课题50项，其中立项13项（省级4项、市级8项、校级1项）；2019年结题19项（市级16项、省级3项）。开展科研讲座2次，评选2018年度优秀论文14篇，推荐市级“最美科技工作者”2人，向省教育厅报送大地论文资料7项，完成全国科普日宣传及社科普及周宣传系列活动，并结合全省“大地论文”工程启动“威宁羊街·健康乡镇”科研试点项目，不断开创学校科研工作的新局面。

【医教协同】 深化医教协同、促进产教融合。2019年，推动“1+1+1”、“二元三段式”等多种人才培养模式探索和实践，积极实施中医学专业现代学徒制试点，育人成效显著。建立《校外实习基地建设与管理规定》，优化“校院、校企”合作机制。积极拓展省内外实习教学基地，打造优质校外实训基地，积极探索实习就业一体化基地建设，促进毕业生就业能力培养。是年，共建80余家实习基地，新增“博鳌恒大医院”等实习点，充分发挥行业参与人才培养的主体作用，有效满足学校20个专业实习需求，不断促进职业教育产教融合。建立学校《实习管理办法》，完善实习生实习前、实习中、实习后各环节管理机制，强化实践教学环节管理。不断完善毕业实习管理工作方案，实施学校、系部、专业三级管理制度，定期督导、检查、指导、反馈学生毕业实习教育教学工作，进一步规范毕业实习管理，提高人才培养质量。

【育人服务】 着力构建新时代立德树人工程育人服务体系，育人、管理、服务等水平显著提升。一是管理育人。2019年，学校全面推进校系二级管理，全面启动“三全育人”综合改革工作，健全十大育人体系（课程、科研、实践、文化、网络、心理、管理、服务、资助、组织）构建“三全育人”一体化工程体系。

二是文化育人。学校深入推进“五城同创”“文明校园”创建，开展“文明寝室”“文明班级”和“文明学生”评选活动，增强了文明理念、推动了学风建设，促进学生全面发展。上半年，学校组织评选省级优秀毕业生80名，省级优秀学生36名，先进集体3个，在学生中树立先进典型，培养创先争优的良好氛围。以实施“中华经典诵读提升工程”为重点，全面推进社会主义先进文化、传统文化的、专业文化育人功能，构建文化育人教育教学体系。开展学习“习近平总书记在纪念五四爱国运动100周年重要讲话精神”主题沙龙活动，举行纪念五四100周年“青春告白祖国”主题活动，举办2019年有特色的开学典礼、入学教育、表彰大会、毕业典礼，2019年“5·25”心理健康节、2019级新生心理健康系列活动、第四届寝室文化节、教室5S行为管理评比等文化活动，创建了一批校园文化品牌。以语言文字规范化达标创建为有力抓手，加大对学生使用规范字和普通话的督查力度，促进晨读质量的提升。对在校各班开展了文明校园创建应知应会知识测试和《学生手册》知识测试，为全校文明校园创建和优质校建设营造了良好的校园文化氛围。

三是安全育人。2019年完成学校消防、综治、交通、维稳等工作计划的拟定，签订安全责任书400余份；在敏感时间节点期间，做到学校零上访、零事故发生；开展学生宿舍防范地质灾害应急演练；完成了法制宣传教育、日常安全管理和地质灾害排查工作；加强对出入校园车辆的交通安全管理，向各班级发放消防安全、交通安全、涉毒、防溺水、防诈骗、邪教等宣传资料，增强学生的安全自我保护意识，强化安全教育、提升安全能力。强化教职工和学生食堂、校园超市食品卫生监督、管理工作，有效维护校园安全稳定。全年共组织开展“校领导接待日”师生接访活动14次，切实解决师生关注的问题和遇到的困难33件，切实保障“平安校园”的打造。

四是资助育人。2019年度，认真做好学生奖、勤、助、贷、免各类资助工作和“1+N”校农结合等专项工作，完成学生资助42898人次，发放学生资助总金额7680.685万元。做到将每分钱按时足额发放，充分发挥职业教育的精准扶贫作用，确保不让一名学生因贫辍学。

五是实践育人。2019年，组织师生参加了校级、市级、省级、国家级各级各类大赛，学校频频获奖；其中，国家级技能大赛获奖22项；通过组织、参与各类技能大赛，营造“以赛促学、以赛促改、以赛促教、以赛提质”的良好氛围。学校护考合格率达98.39%，居于全省全国前列；完成2017级3000余名学生的实习分配工作，建立实习生实习前技能考核、实习中蓝墨云班课出科考试、钉钉打卡制度，强化实践教学环节管理监管。

六是第二课堂育人。2019年，学校建立第二课堂育人实施方案，将第二课堂作为课堂教学的延伸和重要补充，从专业知识结构、就业创业、科研创新实践、志愿公益服务等方面进行整体设计，组织开展包括讲座、竞赛、社会实践、校园文化活动在内的多种形式的第二课堂活动，形成富有学校特色、全方位培养大学生综合能力素质的第二课堂育人体系，并打造一批育人平台。

【招生就业】 认真落实全省招生工作任务，全面推进大学生就业创业服务工作。根据省教育厅安排与部署，2019年学校完成高职招生3596人，其中“四类人员”45人；完成中职招生1752人，其中，精准扶贫招生99名。举办2019届毕业生校园招聘会，组织100余家医药卫生和健康促进类企业进校，为学生提供2800余个就业岗位，为毕业学生就业提供更多的就业岗位选择。完成2019届毕业生1282名“专升本”的报名相关工作，落实5名符合免试条件的毕业生顺利进入遵义医科大学（珠海校区）就读本科。落实2019年1264名毕业生求职创业补贴发放126.4万元。制定就业创业实施工程方案，成立就业创业指导教研室，推动就业创业服务指导体系构建。2019年毕业生初次就业率为90.13%，超过全省平均就业水平。

【技能培训】 抓实好职业技能培训，积极发挥社会服务功能。2019年共完成成人教育招生568人，组织完成成人教育教学共计1280学时。组织3名教师为西南教育学校在大方县猫场镇碧脚村为60名学员开展美容师（初级）的培训鉴定工作；协同毕节幼专等学校完成2924名在校生普通话测试工作；2019年学校职业技能鉴定培训鉴定共计1863人（其中社会考生33人）。对2017级中职农村医学精准扶贫434名学生开展育婴员、眼镜验光员等岗前职业技能培训。2019年，学校成为全省第二批“1+X”证书制度失智老年人照护试点院校，并成为毕节市唯一考核点。

【脱贫攻坚】 积极履行社会责任和落实社会服务，助力打赢脱贫攻坚战。在扶贫工作方面：2019年继续选派7名领导干部及教职工到扶贫工作点助力脱贫攻坚，协调各类项目资金45万元。在推进“校农结合”方面：2019年度学校采购农产品约160万元；其中，与2家合作社签订订购协议，惠及贫困农户8户。在学校领导和全体教职工大力支持下，采购毕节市七星关区普宜镇道角村贫困户养殖的“黔画乌鸡”300余只，购买该村枇杷750公斤，覆盖精准扶贫户50余户，助农收入3万余元。采购威宁滞销“三白”产品3万余公斤，助农收入约6万多元。在教育帮扶方面：响应政策要求完成精准扶贫项目招生99人，学生教育教学工作稳步推进。

【体制建设】 一是建立和完善了内部管理制度、提升现代大学治理水平。根据《毕节医学高等专科学校章程》，学校严格执行高校党委领导下的校长负责制，实现“党委领导、校长负责、依法治学、民主管理、社会参与”内部管理体系及“统一安排、党政侧重、分工负责、密切配合”的工作机制；并以学校章程为基础，理顺和完善教学、学生、后勤、安全、科研、人事、财务、资产等方面的管理制度和标准，不断提高学校管理规范化、精细化、科学化及现代化水平。二是制定“三定”方案、深化人事制度改革，加强了目标绩效管理，充分调动干部干事创业积极性。三是深化二级管理、健全内部治理体系。进一步明确学校与各教学系的责权利，实现管理重心下移，进一步调动教学系的办学积极性。四是不断建立卫生职业教育制度体系，深化办学体制改革和育人机制改革。学校根据教育部、省教育厅相关规定，结合实际，制定教师实践进修、学生实验实训、实习基地建设管理、实习就业一体化等一系列推进教育教学和促进产教融合的制度，为提升依法治校水平夯实了基础。

【基础建设】 着力改善办学基础条件，促进学校建设与发展。2019 年，学校总投资 5028 万元（其中中央项目资金 2000 万元）新建两幢学生宿舍 182000 平方米已完工。全年共完成科研实验室、口腔医学技术等实验实训室设备更新和设施改造，共组织实验设备及消耗品采购项目 36 个，完成采购资金 1143.8 万元。2019 年，全年共投入资金 1000 余万元作为学校中心机房、智慧录播室、中医系党员活动室、道德讲堂网络设备等相关资源配置以及东校区网络建设经费，实现校园 WiFi 全覆盖。积极促进东西部协作帮扶，改善学校办学条件。通过积极争取，广州医科大学于 2019 年 7 月 13 日批复同意援建学校附属口腔医院，毕节市编委办于 2019 年 11 月 14 日正式批复设立毕节医专附属口腔医院，与市二医共建毕节医专附属口腔医院（市二医口腔防治中心），现医疗设施设备采购正在进行中，预计在 2020 年初开张营业，填补毕节市公立医院中没口腔专科医院的空白。

（撰稿：周佳福）

毕节工业职业技术学院

【概述】 毕节工业职业技术学院于 2018 年 1 月经贵州省人民政府批准、教育部备案，由毕节市人民政府主管，省教育厅会同有关部门指导的全日制公办普通高等职业院校。

学院占地面积 452 亩，毗邻金海湖湿地公园，具有办公楼 1 栋，教学楼 2 栋，实训楼 6 栋，宿舍 6 栋，食堂 2 个，体育馆 1 个，足球场 1 个，篮球场 15 个，网球场 2 个，羽毛球场 9 个，排球场 2 个，占地面积共计 33535 平方米，建筑面积 115483 平方米。2019 年在校生 3547 人，其中大专生 929 人，四类人员 578 人，中专生 2528 人。2019 年完成招生 2013 人，其中大专 752 人，四类人员 578 人，中专 1088 人。现有在职教师 240 人，其中研究生以上学历 50 人，副高级及以上职称 70 人，双师型教师 81 人，拥有贵州省名校长工作室、“名师工作室”及主持人和省级“优秀教学团队”等。

学院设置有机电工程系、汽车工程系、土木工程系、信息工程系、社会服务系、公共教学部、继续教育部、中专部 8 个教学机构。目前开设有工程测量技术、建筑工程技术、道路桥梁工程、工程造价、水务管理、安全技术与管理、汽车运用与维修技术、机电设备维修与管理、机电一体化（机器人方向）、大数据技术与应用、数字媒体应用技术、电子商务、旅游管理、物业管理、酒店管理等专业。

学院现有信息技术、工矿建筑、机电、汽修等校内专业实训基地，配备了与各专业相适应的实训设备设施，为学生职业素养的提升和动手能力培养提供优质环境和条件。

学院秉承“精工报国、厚德乐业”的理念，坚持立德树人、特色立校，努力打造现代装配制造、汽车、电子信息、建筑工程、工商业和现代服务业等特色专业，力争建设成为与区域经济社会发展相适应的一流高职院校。

【学院党委班子建设】 2019 年 9 月，经省委常委会会议决定，组建中共毕节工业职业技术学院委员会，李涌任毕节工业职业技术学院党委委员、书记；2019年10月，市委常委会会议决定，邱国援任毕节工业职业技术学院党委委员、副书记，付善华任毕节工业职业技术学院党委委员、副书记；陈颖任毕节工业职业技术学院党委委员、纪委书记；吴家文、黄河任毕节工业职业技术学院党委委员；2019年11月，市委常委会会议决定，黄瑛任毕节工业职业技术学院党委委员。2019年，学院党委领导班子由7名领导组建成立。

【从严治党】 学院坚持和完善党委理论学习中心组和领导干部集中学习制度，举行院理论学习中心组学习8次，中层以上领导干部集中学习5次。深入开展“不忘初心，牢记使命”主题教育，采取专题学习研讨会、革命传统教育、专题党课、形势政策报告会、教职工大会等形式，组织各类学习20余场次，接受教育师生达1000余人次。围绕8个方面开展集中学习8天，集中研讨18次，形成调研报告3篇，深入检视问题9个，拟定整改措施32条；聚焦中央明确8个方面、省委明确3项、省教育工委明确6项专项整治内容作好政治整改。

组织召开学院党风廉政建设及稳定工作会议，对党风廉政建设和反腐败工作进行安排部署。完善党委会议、院务会、专题会等3个会议制度。拟定《毕节工业职业职业技术学院章程》，修订公务用车管理、财务管理等50余个配套制度，切实加强学院各项工作的规范管理。进一步完善体制机制建设，完成二级机构设置，配备部门负责人，确保转型升级后的内部机构设置更加合理、规范。坚持标本兼职深入推进“一案一整改”，用身边事警示教育身边人，以案促教，以案促改，以案促管，对存在问题进行自查清理，发现问题16个，逐项制定整改措施，明确责任人员，确保按时整改到位。严格执行中央八项规定及其实施细则精神，深入开展以茅台酒谋取私利专项治理。

学院牢牢掌握意识形态工作的领导权管理权话语权，将意识形态安全建设纳入党建工作总体布局，持续强化马克思主义在学院意识形态领域的指导地位。积极利用政治理论学习、思政课程教育、辅导讲座、社团活动等多种形式和渠道，进一步巩固意识形态教育阵地。强化宣传橱窗、微信公众号、QQ工作群、微信工作群等意识形态阵地的监督管理，加大正面宣传引导力度。

【教学管理】 完成赢未来计划“数字化项目”、教师继续教育证办理及学时认定、高职招生（分类、扩招）考试、高职分类考试面试的考核等工作，完成大数据专业2个实训室建设，成立大数据、数字媒体教学团队。完成数字媒体应用技术、电子商务、工程测量技术、道路桥梁工程技术机电设备维修与管理、机电一体化（工业机器人方向）等专业人才培养方案的制定及专业申报工作，成立大数据、建筑施工技术、建筑装饰、制图与识图等14个技能大赛项目组。

【技能建设及获奖情况】 学院《建筑工程测量》省级精品课程通过省教育厅立项建设，建筑工程施工省级优秀教学团队建设项目顺利通过验收。信息工程系学生获“贵州省职业技能大赛暨全国职业院校技能大赛选拔赛”一等奖、三等奖和“毕节市职业技能大赛暨全省职业院校技能大赛选拔赛”二等奖、三等奖；土木工程系学生获“贵州省2019年中职生职业技能大赛”工程测量团体项目二等奖、建筑装饰团体项目三等奖和“毕节市中职生职业技能大赛”工程测量团体项目一等奖、建筑CAD团体项目二等奖。

【学生工作】 配备专兼职思想政治工作人员和党务工作人员75人，开展理论学习及培训1000余人次、社会实践500余人次。充分发挥共青团、学生会以及学生社团的作用，组织开展“第一届学生田径运动会”“我的青春宣言”主题朗诵比赛、“五四运动100周年纪念活动”“新征程、同奋进、共筑梦”迎新晚会等活动。畅通新生入学“绿色通道”，实现贫困新生100%入学率。国家奖学金、国家励志奖学金评审、赢未来奖学金评定、困难学生学费减免等工作有序开展，发放各类奖助学金330万余元，涉及学生3000余人。

【教师队伍建设】 2019年面向社会公开招聘、引进22名高学历高层次人才，进一步优化教职工队伍结构；完成2018年度高级、正高级职称人员聘用工作，共聘用副高级6人，正高级2人。完成2019年初级、中级、高级职称申报工作，新增初级3人，中级9人，副高级4人，正高级2人。顺利完成7人小级别晋升工作；组织18名教师开展电梯维修技术、职业院校改革创新提升、教师素质及管理能力提升等专题培训。

【基础建设】 完成综合实训楼、学生宿舍基坑和桩基础施工，3号学生宿舍一层主体工程、4号学生宿舍三层主体工程施工以及二期工程规划设计文本编修等工作。二期工程累计完成投资4300余万元，工矿建筑实训场内部功能房工程建设完成投资14.5万元，会议中心（礼堂）附属功能房完成装修。制定教师周转房选购方案，切实解决教师住房难的问题。

【校企合作】 学院以广州与毕节对口帮扶为契机，与广州工程职业技术学院达成协议，为学校安装CRP校园管理系统；广东轻工职业技术学院对大数据应用技术和数字媒体技术应用2个专业进行专业建设；与广州建筑集团联合开办“广建班”。加强与百里杜鹃管理区百旅集团合作，与大西南投资集团签订战略合作协议，进一步引导学生到企业开展实践学习。

【学生就业工作】 强化毕业生就业指导服务，积极与企业联系协调，完成中职报高职指导服务283人，联系企业开展顶岗实习145人，联系就业企业10余家，实现就业200余人。

【社会培训工作】 按照“归口管理，分级实施，统一标准，教考分离”的原则，牢固树立“培训不到位是重大安全隐患”的意识，在培训准入、考试考核、热情服务等方面下足功夫，全年培训5091人。

【脱贫攻坚工作】 学院强化尽职履责，全面压实脱贫攻坚责任，深化县校联动“办”，联手赫章县制定“四类人员”招生办学实施方案，积极宣传动员，针对不同群体特点和受教育状况，完善考试形式和内容，对退役军人、下岗失业人员、农民工和新型职业农民等“四类人员”免予文化素质考试，进行全日制大专学历教育教学，全面完成招生招录工作，报到入学的学生129人。

积极推动校地携手“管”。强化教育教学的有效管理，与赫章县相互协作，结合“四类人员”基本情况，选派责任心强、工作认真的10余名专业教师到赫章县可乐乡“四类人员”教学点进行教学，安排1名副县级干部长期蹲点，加强教学点的统筹协调工作。

创新教学方式“教”。针对“四类人员”的从业经历、技术技能基础和学习需求，在赫章县可乐乡开办了建筑工程技术、数字媒体应用技术专业，切实把“职业教育”办到乡镇，把“讲台”移向最基层，把技能送到脱贫攻坚最前线，为加快发展现代职业教育，推动产业结构调整和经济发展转型升级，助力赫章县按时打赢脱贫攻坚战提供优质人力资源支撑。

全面精准施策“扶”。选派2名高级职称教师到赫章县可乐乡、双坪乡挂职科技副乡长；选派3名优秀干部到赫章县安乐溪乡营上、青山、瓦瑶3个村任驻村第一书记。投入36.8万余元，帮助3个村改善办公环境、购买贫困户小额意外保险、解决困难学生费用减免及村集体发展启动资金。协调百里杜鹃管理区杜鹃医院和市体育局为3个村捐赠医疗设备、医疗物资和体育健身器材，价值14万余元。采购各类农副产品75万余元，有效助推农副产品消费扶贫。

（撰稿：王加春）

毕节幼儿师范高等专科学校

【概述】 2019年，在省委省政府、市委市政府的正确领导下，在省市教育部门的有力指导下，毕节幼专以习近平新时代中国特色社会主义思想为指导，深入贯彻落实党的十九大和十九届二中、三中、四中全会精神以及全国、全省、全市教育大会精神，按照省市安排部署，不忘初心，牢记嘱托、感恩奋进，紧盯年度目标任务，聚焦脱贫攻坚工作，推进学校各项工作有序开展，较好完成各项目标任务。

【党的建设】 牢牢把握党的政治建设这个根本，深入贯彻落实党委领导下的校长负责制，不断强化理论武装，增强政治本领。一是抓牢主题教育。按照守初心、担使命、找差距、抓落实的总要求，有条不紊推进主题教育各项工作，成立“不忘初心、牢记使命”主题教育工作领导小组及校内指导组，召开“不忘初心、牢记使命”主题教育部署会议。制定《“不忘初心、牢记使命”主题教育集中学习研讨方案》，学校党委开展了7次集中学习研讨，各党支部开展学习研讨60余次，印发学习资料200余册。开展2场专题讲座、7场专题党课。组织党员参观“中华苏维埃人民共和国川滇黔省革命委员会旧址”，观看新中国成立70周年大阅兵、红色舞剧《林青的远方》，学习7次正反典型案例；拍摄了主题教育专题视频，召开4场教师座谈会；制定了《毕节幼儿师范高等专科学校“不忘初心、牢记使命”主题教育调研工作方案》，积极开展工作调研，召开毕节幼专“不忘初心、牢记使命”主题教育调研成果交流会议。加快问题整改，制定17个专项治理整改方案，明确责任部门（系部），整改时限等。对检视出广大党员教师关心的问题41个，结合实际提出61条整改措施。二是抓紧政治业务学习，通过党委中心组学习、“三会一课”等形式，深入学习习近平新时代中国特色社会主义思想、党的十九大精神、十九届四中全会精神、习近平总书记对贵州对毕节的重要指示批示精神，全国全省全市两会精神以及中央、省、市各级会议、文件精神，进一步增强“四个意识”，坚定“四个自信”，做到“两个维护”。截至11月12日，共召开党委中心组学习会3次，党委会23次，校领导碰头会30次。制定《中共毕节幼儿师范高等专科学校贯彻落实意识形态工作责任制实施办法（试行）》，成立学校意识形态工作领导小组、校园网络舆情监控小组，牢牢把握意识形态工作领导权、话语权。组织开展2次网络专题学习、2次网络直播培训。三是抓实党组织建设。为便于党组织工作开展，将原来的7个支部调整为12个支部。切实抓好党支部“三会一课”“主题党日”“政治生日”等组织生活，2019年确定发展对象20名，培养积极分子63名。抓实抓好团组织建设，工会组织建设，召开毕节幼专工会代表大会；组织秋季学期团课培训和团支部书记培训工作，2019年共发展团员150名。四是抓强干部队伍建设。组织考察提拔副县级干部4名（其中2名由外单位交流任用），正科级干部21，副科级干部13名。

【脱贫攻坚】 一是聚焦全市“113”攻坚战，召开会议就脱贫帮扶工作进行安排部署，学校党委书记、校长及其他班子成员每月坚持到学校帮扶联系点至少调研1次脱贫攻坚工作。按照选精兵强将到一线参与脱贫攻坚要求，选派学校党委委员、副校长陈忠勇到赫章县朱明镇担任帮扶工作队队长，选派李竹到赫章县六曲河镇参与脱贫攻坚工作，朱义、黄杨两位教师到岔河镇亦乐村、戈乐村参与扶贫工作，派驻纳雍县董地乡参与脱贫工作的张晓龙同志因工作突出，获得2019年“全省脱贫攻坚优秀共产党员”表彰；为学校下派有脱贫攻坚干部的纳雍县董地乡、赫章县六曲河镇、金海湖新区岔河镇亦乐村、戈乐村下拨了12万元的扶贫专项资金，为4名脱贫攻坚干部购买了每人65万元的人身意外伤害险，为李竹、朱义、黄杨等3名参与脱贫攻坚的干部每人每年划拨3000元经费作为的购置生活用品、取暖设备、四件套，及时落实3名干部生活补助及交通补贴，开办两个“精准扶贫”（中专）班。对采购威宁“三白”（白菜、白萝卜、莲花白）7792.3公斤。二是落实资助政策，2019年度学校共有5146人次享受中职学生国家助学金，涉及资金514.6万元，8960人次享受中职学生免学费政策，涉及资金896.0万元。5533人次享受了“贵州省教育精准扶贫”专项资助，涉及资金885.37万元；为3284名学生免除相关费用599.76万元。

【服务地方发展】 积极推动服务地方发展工作，承办了毕节市第四届中小学生交响乐（器乐）团队大赛、2020年毕节市中等职业学校师生技能大赛暨全省职业院校技能大赛声乐表演及中国舞表演、学前教育专业综合技能大赛项目，承担毕节市2019年春节元宵晚会，参演学生老师达到80人次；参加2019年毕节市乌蒙艺术节闭幕晚会；代表毕节市参加第二届多彩贵州民族服饰展演获优秀成绩；成功申报并成为贵州省专业技术人员省级继续教育培训基地，获建设经费100万元。

【强化人才培养】 一是落实“学生中心、产出导向、持续改进”OBE教学理念。成立教学指导委员会和教学督导团，制定了教学管理制度，构建了质量保障系统，以教学工作例会为抓手，有序推动了教学规范管理。二是圆满完成国务院下达的2019年中职扩招800人规模的招聘计划；组织了分类考试、高职扩招专项考试以及高职扩招专项考试补填报志愿考生考试，录取考生525人，完成了2016级五专758人转录高职阶段工作，2019年普通高考招生录取考生1196人。2019年毕业学生就业率达87.2%。三是按照教育部《关于职业院校专业人才培养方案制定与实施工作的指导意见》，完成各教学系人才培养方案修订。四是开展“青春心向党 建功新时代”为主题的经典诗文朗诵、舞蹈大赛、校园十佳主持人、“不忘初心 牢记使命”主题教育“十个一”活动。五是教学条件得到不断改善，建成了实训室、学生活动中心、钢琴室、舞蹈室以及可容纳765人的学术报告厅，篮球场、足球场、图书馆阅览室建成并投入使用；学生N3宿舍破土动工，完成校园人工湖防渗漏工程，图书馆装修及设施设备等工程正有条不紊推进。完成音乐教育、美术教育专业申报工作，已通过省厅答辩，报送教育部审核批准。强化学校周边不安全因素排查，联合毕节市委网信办、毕节市公安局开展“文明办网·文明上网·守法用网”主题宣传活动。组织学生参加了全省英语口语技能大赛，获非专业组三等奖，参加了全省“外研社杯”英语写作大赛，并获专业组一等奖、非专业组二等奖。

【提升科研能力】 一是完善科研制度。制定《毕节幼儿师范高等专科学校科研课题管理办法》《毕节幼儿师范高等专科学校校级课题管理办法》等教学科研管理制度，初步构建质量保障体系。召开毕节幼专科研工作会，成立了学校学术委员会。二是积极申报课题。组织贵州省2019年教育科学规划课题申报5项并成功立项3项、贵州省2019年高校人文社科项目申报10项并成功立项5项、贵州省2019年社科联理论创新与联合课题申报5项并成功立项1项，组织教育部2020年人文社科一般项目、专项项目申报5项、贵州省2020年高校人文社科项目申报等。三是加大学术研究。组织陈鹤琴研究核心团队成员完成了20万字左右的校本教材《陈鹤琴教育思想》初稿，在12月底公开出版；征集《毕节幼教研究论坛》稿件200余篇、组织稿件评审150余篇、共发行《毕节幼教研究论坛》2期，组织开展毕节幼专首届青年学术研讨会，学校孙王老师获贵州省第四届教育科学研究优秀成果奖一等奖，是毕节市唯一获得一等奖的高校。

【对外交流】 邀请以色列奥兰尼教育学院4名专家分两批到学校开展为期一周的讲学；到广州大学、贵阳幼专进行考察学习；与深圳盐田区教育局科学研究中心、深圳智乐达联合进行人才培养，促成了学前教育知名教授袁爱玲、深圳著名幼儿园名园长、骨干教师对全系师生进行“全脑开发”“蒙氏课程”和“奥尔夫课程”等一系列课程活动交流；邀请北京航空航天大学博士生导师黄俊教授和中国人民大学博士生导师杨武金教授到学校开展学术讲座。进一步拓宽办学视野。

【建强师资队伍】 按照增数量、调结构、提内涵、强管理思路，推进教师队伍建设。制定一系列教师队伍建设实施意见、管理及考核办法，加强师德师风建设。召开了毕节幼专第一届教职工代表大会。选派3名优秀专业教师参加“双师型”教师培训，5名教师参加“四有”“三者”好老师和师德师风省级培训，1名教师参加了教育部举办的思政骨干教师培训，1名教师参马克思主义学院院长培训等。积极组织教师职称申报工作，目前已完成高级职称申报，中级职称申报正在按程序继续推进。教师公租房顺利投入使用。按要求积极申报3名市管专家，推进各专业学科带头人和学术骨干申报工作。招考高层次人8名，引进高层次人才4名，招聘编外人人员17名。敬毅然老师获2019年中国音乐金钟奖毕节赛区金奖、贵州赛区三等奖，宋毅教师获得全省网络安全“优秀教师”表彰。

【文化创新】 坚持文化传承与创新并进，创办了2019年“幼专之夏”艺术节；承办2019年贵州省精神文明委、毕节市委宣传部、毕节市精神文明委主办的我们的节日·端午大型文艺演出；拍摄全校千名师生同唱《我和我的祖国》快闪。以社会主义核心价值观为统领，提炼“立德 博爱 求真 尚美”校训。

【内涵建设】 坚持党委领导、校长负责、教授治学、民主管理，贯彻落实党委领导下的校长负责制，全面推进学校治理体系治理能力建设，拟定了《学校章程（草案)》，已报省教育厅审核。制定教学、科研、财务管理等100余项管理制度，推动学校建设管理有章可循。探索符合高校管理的“12345”办学体系以及“123451”人才培养体系，进一步明确学校的办学理念、办学方向、办学定位、办学特色和发展目标，各项工作有序推进。

【党风廉政建设】 一是制定下发《中共毕节幼儿师范高等专科学校委员2019年度党风廉政建设和反腐败工作要点》，进行责任分解和任务分工，推动形成“党政同责”“一岗双责”，上下联动、左右协同、齐抓共管的责任体系。二是认真落实全市“一案一整改”教育大会精神，开展金沙职业教育腐败案例、大方师德师风案例学习教育，到毕节市检察院参观警示教育基地，领导班子成员学习《县区“一把手”警示录》读本。三是对新提拔使用干部任前廉政谈话，共计4次36人；开展各类清查5次，节日期间作风纪律督查2次，编发纪律温馨提醒短信20余条。四是排查形式主义、官僚主义方面的突出问题校级层面2个，二级机构17个，逐一制定整改措施强化整改。对校宣传（统战）部、教务处、总务处、学生工作处（含资助中心）、招就处、成教部、艺术系等7个部门开展校内巡察；抓实四种形态运用，对校党委安排任务上落实不力的2名中层干部进行提醒谈话教育。五是积极配合二届市委第六轮巡察第四巡察组开展巡察工作。

（供稿：市纷专办公室）

毕节广播电视大学

【概述】 2019年，在市委、市政府的坚强领导和省电大等的指导、关心、支持下，毕节广播电视大学始终坚持以习近平新时代中国特色社会主义思想为指导，认真贯彻落实党的十九大精神，坚持立德树人根本、践行发展有质量教育使命担当，依规办学、依法治校，攻坚克难、尽锐出战，招生、队伍建设、办学条件改善等多个方面实现历史性突破，“不忘初心、牢记使命”主题教育、党的建设、党风廉政建设成效显著，为全市“坚决确保按时高质量打赢脱贫攻坚战”做出了积极应有贡献。

【招生办学实现新高】 2019年，共完成学历教育招生4905人，其中：开放教育4336人、网络教育280人、成人教育261人、二元制招生28人，超额3144人完成省电大下达学校年度1761人目标任务，目标任务完成率达279%。超学校自定目标2000人任务2905人；共培养毕业生1772人，其中：开放教育1663人，成人教育1人，网络教育约108人；现有在校生10202人，其中：开放教育9180人，一村31人，网络教育约991人。招生人数、在校生规模双双创下毕节电大建校40年来的历史新高。

【教学管理规范有序】 完成面授教学安排5个年级18个班级共20门课程；完成课改作业评阅中开课124门、省开课127门，评阅正确率100%；完成学生毕业实践环节教学任务论文本科419份、专科1471份，社会实践本科418份、专科1370份；完成学生选课29236科/人次、网考免考27科次、课程免考1科次，网考机考2批次1843科次、课程上机考试265人次、省课改终结性考试1285人次、省考课命题20门、期考75767科次；征订教材35629册、作业553册，工作零失误。开展教师专题培训2次、外派学习5人次、教研活动4次。完成奥鹏教育5所联办学校280名新生入学培训，6所联办学校4001人次考试。

【学生管理严格规范】 完成学生学籍异动办理休学239人、复学31人、退学11人、转专业12人，信息更正5人次。学生获评省电大优秀学生干部16人、优秀学生30人，国家开放大学优秀学生19人。

【社区教育稳步推进】 制定出台系列制度；成功完成将原项目“智慧教室”申请变更为“多媒体教室”；采购电子图书2.9万元、纸质图书2.9万元；完成与洪山街道桂花社区、碧阳街道同心社区签订《社区教育共建共享合作协议》，共建共享基地2个，桂花社区成功挂牌；完成省社区教育试点迎评资料准备；完成试点项目经费购买电脑30台（11.5876万元），路由器1个、扫描仪1台、打印机1台、数码相机1个（1.576万元），电子图书1台（3万元），纸质图书3496册（2.9万元），微课资源500门（0.2万元），外出培训等活动4.5389万元，下拨共建共享单位经费各3万元共6万元；开展全民终身学习活动周、电子图书开放日设立、志愿服务、300多人规模的国庆70周年大型文艺会演、教育培训宣讲、读书活动等；完成社区教育功能室建设询价。

【办学实力明显提升】　顺利与市机关事务管理局签订《房屋暂借协议》及交接手续办理，办学用房面积净增加912.9平方米，修缮工作已获市政府、市财政局批准，即将启动；毕市机编办〔2019〕66号批复同意增加学校事业编制3名，学校总编制由原26名增加到29名，分别为：管理编制5名、专技编制21名、工勤编制3名；毕市机编办〔2019〕128号批复同意将学校机构编制由原设党政办公室、招生办公室、教务处、学生处、奥鹏教育中心5个调整为办公室、招生办公室、教务科、学生科、培训科、信息科6个，内设机构科级领导职数由10名调整为11名。

【党的建设得到加强】　加强政治建设。坚持中心组学习制度，坚持支部“三会一课”制度，加强党员干部教职工学习教育，增强“四个意识”、坚定“四个自信”、做到“两个维护”。加强支部建设。整体支部设置，组建4个学生党员临时支部。加强党风廉政建设。出台年度工作要点，认真落实党委主要负责人主体责任，认真履行党风廉政建设“两个责任”和“一岗双责”，落实《党风廉政建设主体责任和监督责任清单（试行）》要求，层层签订党风廉政建设责任书，狠抓党员干部队伍作风建设，认真开展警示教育，严格执行中央八项规定及实施细则，认真落实津补贴管理各项规定，及时开展党务、校务公开，坚持“三重一大”制度，严格落实权力清单、责任清单制度。加强作风建设。大兴“三风”，整治“四风”，充分发挥作风扫码作用，用好监督执纪“四种形态”，行政警告处分职工1人，约谈2人。

【主题教育扎实开展】　制定“不忘初心、牢记使命”主题教育“1+4”工作方案，召开启动大会，不折不扣落实“四项重点措施”。狠抓学习教育。共开展集中学习研讨37批次，其中，集中学习21次、专题研讨3次、读书班4期、书记讲党课1次、革命传统教育5批次、形势政策教育1次、先进典型教育2次、警示教育2次。狠抓调查研究。深入电大各县工作站、驻村帮扶点、各科室、学生代表开展调查研究，形成高质量调研报告3篇，着力推动解决办学和群众的操心事、烦心事、揪心事。狠抓问题检视。共检视各类问题18个，其中，思想政治建设方面7个、推动学校改革发展方面11个。狠抓整改落实。思想政治建设方面问题整改工作取得明显成效，推动学校改革发展方面问题已整改落实7个，其余将在规定时限内整改完成，上级组织反馈的意见已全部得到落实。

【大力投入脱贫攻坚】　派出副校长一名、中层干部两名挂镇、驻村开展帮扶工作，投入驻村帮扶资金18万余元，驻村点工作绩效考核多次被授予流动红旗、获“骏马奖”等。

【统筹推进其他工作】　群团统战、“五城同创”“法治毕节”建设、风险防控、高校思想政治建设、意识形态、宗教管理、校园安全维稳等各项工作推进有力、落地落实、成效明显。

【发展成就荣获肯定】　因办学特色明显、发展成绩突出，在庆祝毕节广播电视大学建校40周年之际，2019年7月29日，中共毕节市委书记周建琨对学校工作给予充分肯定，批示指出：“汇报材料很好，‘四个明显特点’讲得清楚。电大要围绕习近平总书记‘7·18’重要批示，在人力资源开发上还要不断创新和探索，要有更优异的业绩。电大要围绕习近平总书记‘7·18’重要批示，在人力资源开发上还要不断创新和探索，要有更优异的业绩。”

（供稿：毕节广播电视大学）

毕节市财贸学校

【概述】 2019年，在市委、市政府和市教育局正确领导下，全校紧紧围绕全市“大党建、大扶贫、大安全”的战略目标，推动学校内涵发展，提高教学水平和办学质量，进一步健全和完善各项体制机制，规范办学行为，推动各项工作顺利完成。

2019年共开设会计电算化、计算机应用、学前教育、印制电路、美容美发设计、航空服务、电子商务、汽车运用与维修、酒店服务等9个专业，在校生规模达3124人，全年共完成招生任务957人，毕业生441人。完成培训任务467人，完成初级职业技能鉴定任务1120人。

学校现有教职工186人，其中专任教师149人，专任教师占教职工总人数的80%，外聘教师59人，师生比为15∶1。

2019年争取国家教育专项资金800万元（其中：强基工程建设资金500万元，数字化校园建设资金300万元）。共有质量提升工程在建项目7个（省级示范专业、省级优秀教学团队、省级精品课程、省级名师工作室、省级创新创业教育基地、省级数字化示范校、强基工程建设）。2019年学校固定资产总值4191万元，较上一学年增加482.49万元。已经投入使用或正在安装调试的实训设备总值达1487万元，涵盖五个大类7个主要专业。

2019年新建校内实训室4个，新增校外实训基地2个。共有校内实习实训基地37个，可提供1744个工位数，校外实训基地18个，可提供509个工位数。

【“不忘初心、牢记使命”主题教育】 从9月12日启动以来，在市委主题教育办的统一安排部署和市委第十巡回指导组的指导下，抓实学习教育、调查研究、检视问题、整改落实。共检视问题88个，制定整改措施97条，已完成整改69个，解决群众操心事、烦心事、揪心事6个，安置退伍军人作为军训教官13人，资助培养扶贫点贫困学生12人等。建立完善了制度6个。主题教育“学”“改”“干”的成效已显露，执行能力、落实能力催化校容校貌精气神发生变化，工作纪律、工作作风推动教风、学风、校风变化明显。

【积极探索学生管理新模式，树“自信、自立、自强”育人理念】 一是从本学期起学校实行半军事化管理，聘请13名军事教官，从开学军训开始一直陪伴学生早操、晚自习、就寝，对学生学习和生活加强督促管理和引导。二是加强学生自治管理。制定《毕节市财贸学校学生寝室内务标准》《毕节市财贸学校教室卫生标准（暂行）》，并指导学生会辅助参与学生管理。三是对学生进行职业生涯规划。从2019年起，新生进校后暂不分专业，通过一个月的职业生涯引导和专业试课，结合班主任的心理辅导，帮助学生形成正确的专业选择导向和就业观念。四是通过让学生参与学校管理，结合文明城市创建工作，学生文明行为能力和校园环境卫生得到明显改善。

【校园文化建设成效显著，继续获“全国最美中职生”荣誉】 2019年相继开展第三届校园文化艺术节、第34届校园田径运动会、“不忘初心跟党走 青春建功新时代”为主题的最美教室评比、庆祝华诞70周年文艺演出、戏剧进校园、“我与财校老师的故事”征文比赛、“不忘初心、放飞祖国”主题诵读比赛等活动。二是重点加强了学生社团和志愿者建设工作。成立书法、绘画、素描、舞蹈、音乐、街舞、朗诵、动漫、篮球、足球、摄影等10个社团，参与活动的社员累计300余名。招募学生志愿者50余名，组织志愿活动20余次。三是树典范学榜样，强化先锋模范的引领作用。继续开展寻访全国“最美中职生”活动，继2017年、2018年张守平、梅志飞、欧家龙之后，2019年王彦又获团中央“最美中职生”荣誉称号，这是学校学生连续三年共四人获得此项荣誉，在贵州省乃至全国都是少见的。

【以赛促教、以赛促改，师生技能大赛成绩显著】 2019年学校积极组织教师参加各级各类技能大赛。彭海获2019年贵州省中等职业学校体育与健康教师说课比赛三等奖；李远青、唐雅获2019年贵州省职业院校技能大赛财经商贸类专业沙盘模拟企业经营大赛比赛二等奖优秀指导老师；彭海获毕节市2019年中等职业学校体育与健康优质录像课评比一等奖；另外教师在毕节市中等职业学校师生技能大赛中共获一等奖、二等奖、三等奖共26人次。

2019年学生技能大赛中，共获财经商贸类沙盘模拟经营大赛省级二等奖4人次，财经商贸类会计手工、会计技能、职业英语项目、旅游服务类客房服务、普通话导游、中国舞集体舞、独舞、三人舞等项目市级一等奖31人次，市级二等奖10人，市级三等奖30人次。

【文明城市建设工作成效显著】 2019年重点加强了创建全市文明城市工作，全年共进行了11次整改落实，投入资金20多万元，对校园环境、固定标语、文明指示牌、公益广告、文明城市建设宣传栏等进行打造，并结合学校学生自治管理，将责任区域网格化，校园环境卫生和师生行为习惯得到极大改善，工作得到市五城同创办和市教育五城同创办督查组的肯定。

【培训鉴定】 2019年学校重点围绕家政服务及家畜饲养开展培训工作，完成培训人数467人。作为“贵州省第三十九国家职业技能鉴定站”，今年共完成鉴定21批次，鉴定工种包括电工、焊工、中式烹调师等3个工种。全年完成初级职业技能鉴定1120人，其中：初级职业技能鉴定911人，专项能力鉴定209人。

【校农结合工作】 2019年，根据市教育局关于“农产品”进校园工作的实施方案，集团化开展“校农结合”工作。学校采购本地农户及合作社食材占比已达70%以上；完成威宁“三白”蔬菜的采购数量累计达7018.4公斤，金额达21628.8元，超额完成目标采购任务。

【突出“大党建”，统筹抓好学校各项工作】 一是加强学习，提高政治站位。二是坚持民主集中制原则。三是抓好基层党组织规范化建设。开展基层党务干部和纪检干部培训达27人次，发展新党员6个。推进6个基层党支部规范化建设，其中教育艺术党支部申报毕节市市级“标准化规范化建设示范党支部”。四是严格落实意识形态工作。制定《毕节市财贸学校宣传阵地管理暂行规定》《毕节市财贸学校网络意识形态安全管理制度》《毕节市财贸学校网络安全应急预案》等制度，强化意识形态管理。

【全面从严治党，抓好“两个责任”落实】 一是认真落实党风廉政建设主体责任，强化监督责任。制定《2019年党风廉政建设工作实施方案》，对落实党风廉政建设责任制情况实行常态化、常规期性检查。二是落实“一岗双责”，加大对各科室、系、部干部“一岗双责”意识的教育。8月，完成上级督办的工作46项；三是落实干部约谈工作。制定《毕节市财贸学校关于深入落实“两个责任”做好干部约谈工作的方案》，对全校教职工集体大约谈及问题职工7人约谈等。

【教育扶贫】 1. 加强学生资助工作。2019年共发放2019年春季学期助学金1339人、金额

134.2 万元；申请发放学校 2019 年春季学期免学费 1815 人、金额 181.5 万元。发放 2019 年春季学期教育精准扶贫专项助学金申报 2018 - 2019 学年 292 人，金额 15.54 万元；补报 2017 - 2018 学年 69 人 3.9 万元，共发放教育精准扶贫专项助学金 361 人 19.44 万元。是年，学生无因学返贫、因贫失学、因贫辍学的情况。

2. 抓好教育对口帮扶工作。2019 年与广州市财经职业学校积极开展对口帮扶工作，重点围绕推进我校电子商务专业建设开展合作。广州财校力邀广东师范大学肖茵茵教授及源集供应链广州有限公司总经理吴伟儒到校考察调研，另外还资助学校 2 万元帮助建立心理咨询室。

3. 抓好党建精准帮扶工作。全年共支出 10 余万元助推脱贫攻坚。一是落实驻村第一书记办公经费 1 万元。二是资助千朗沟村 3 万元帮助完成基础设施建设短板，完成连户路和院坝硬化 2000 平方米；资助 1.8 万元完善社会主义核心价值观、民族文化广场宣传标志标语建设；出资 2 万元，为千朗沟村十一组进行饮水工作程建设；为千朗沟小学捐赠办公桌椅 10 套，为贫困户捐赠床和床上用品 10 套；协调区农业农村局修建公共厕所一个。三是出资 2 万元支持赫章县古达乡新田村蔬菜产业发展，全校师生员工资源每周为古达乡解决 1500 左右蔬菜销售难题，出资 1 万元修建新田村村公所院坝硬化，出资 1 万元改善驻村工作队员工作生活条件，新购计算机 1 台、打印机 1 台支持古达乡新田村村级合作社发展，出资 7231 元，帮助该村付集户解决住房改造中门窗问题，捐赠办公室物资 5000 元，解决贫困户“一达标、两不愁、三保障及安全饮水”等短板问题。

【师德师风建设】 认真开展师德教育周活动，在每班设立师德师风监督员，全面监督规范师德师风行为。本年内，教师未出现任何违背师德师风、有偿补课、违规兼职兼薪等行为。

【坚持依法治校，规范办学行为】 一是积极推进依法治教、依法行政、依法治校，积极开展学法、知法、守法宣传教育活动，9 月先后邀请市检察院谢家英检察官和金海湖公安分局吴涛警官来校开展 2 次法制专题讲座。11 月开展“宪法宣传月”活动；除此之外还利用主题班会、学生大会、国旗下的讲话等方式对学生进行法治宣传教育，成效显著。二是进一步规范办学行为。根据《省教育厅关于加强我省公办学校校企合作管理有关事项的通知》（黔教财发〔2019〕38 号），学校与“遂宁英创力印制电路技术培训中心”“成都恒端达教育管理投资有限公司”开展校企合作自查自纠。并依据省市教育行政部门文件精神和相关情况，与成都恒瑞达教育投资有限公司终止了相关合作业务，并对善后事宜作出妥善处理。本年度不存在乱收费、乱招生等违规行为。

【专业建设】 立足于“强基工程建设”“省级数字化示范校”“省级创新创业基地”“省级精品课程”“省级示范专业”“省级优秀教师团队”“省级名师工作室”等 7 个项目建设，充分发挥团队和专业建设示范作用，全面带动其他专业建设发展。目前，各项目均完成了项目采购招投标工作，均已完成既定目标，部分项目已投入使用。

【师资队伍建设】 一是采取“请进来”“走出去”的方式，全年共派出 39 名教师参加校外学术交流活动。二是强化实习实训，引进了初级会计职称考试课程资源平台以及计算机网络实训室、工艺美术实训室、电工技能实验室等 4 个实训室，开出率达 95% 以上。三是强化企业实践。全年共派出 9 名教师到各企业和单位深入一线进行实践。四是突出教研成果的运用。全年完成 8 本校本教材编写。五是探索教学新模式。积极参与中国发展研究基金会“赢未来”活动中与好未来教育集团合作的语文、数学、英语三门课程的线上线下课程，引进好未来强大的师资教研团队，开创远程职业教育新模式。4 月还开展 45 岁以下教师的微课制作培训，通过专家讲座 + 实际操作 + 课后上交作品的方式，进一步提高了学校教师的信息化水平和教学技能。

【招生就业工作】 全年共完成招生注册 957 人，招生过程中，没有违规招生行为。全年应毕业人数 451 人，学校制定《2019 年毕节市财贸学校中职学生实习就业实施方案》，认真开展安置工作，全年研究讨论就业安置工作 3 次，开展就业创业指导 5 次，确保就业率达 90% 以上。

【防范化解重大风险，确保校园稳定】 2019 年，学校成立毕节市财贸学校防范化解重大风险工作领导小组，明确风险专员和网络舆情监督员，同时针对教育领域各重大风险点成立 8 个工作专班，把工作落到实处；开展师生债务风险、金融风险、社会风险、安全风险的防范化解宣传教育和排查工作，将各风险点风险降到最低。学校各风险点处于稳控状态。

【创建平安校园】 一是加强扫黑除恶专项斗争工作。本着“有黑除黑、无黑除恶、无恶治乱”的原则，将学校管理和“扫黑除恶”结合起来，坚决制止学生染发、文身、抽烟、校园欺凌等行为，营造风清气正的校园环境。二是加强矛盾纠纷排查。制定《毕节市财贸学校校园欺凌和暴力工作方案》，利用主题班会、观看视频、法制讲座等进行宣传教育，对校园欺凌和暴力隐患进行排查。全年没有出现上访或参与破坏稳定的现象发生，也没有出现一起安全责任事故。

（供稿：市财贸学校）

毕节市特殊教育学校

【概述】 毕节市特殊教育学校是集盲、聋、启智三类残疾学生于一体的综合性特殊义务教育学校（由于师资力量不足，暂未招收盲生），附设高中、学前康复教育、毕节市儿童福利院办学点、特殊教育中职班，在校学生 438 人（不含办学点学生）、25 个教学班，现有教职工 78 人（其中专任教师 74 人，管理人员 3 人，工勤人员 1 人），师生比为：1∶5.1，专任教师学历合格率为 100%。外聘代课教师 9 人，临时工 19 人。学校校舍建筑面积合计 7471.01 平方米，新校区建设已按规划在建。生均公用经费已实现 6000 元/年标准；学生全面纳入 827 元/月（全年享受 8 个月）的城市低保补助；寄宿生全员享受贫困寄宿生生活补助（小学 1000 元/年，初中 1250 元/年）；中职学生助学金每生 2000 元/年，免学费每生 2000 元/年；教育精准扶贫每生 1000 元/年。

【教学科研】 2019 年，学校结题和在研课题 5 个；2 个课题申报毕节市第一届教育科学研究优秀成果奖；5 节课参加毕节市特殊教育优质资源录像课评比均获奖，其中 2 个一等奖。

【高考成绩】 有 10 名同学被本科院校录取，15 名同学被浙江特殊教育职业学院等专科院校录取。本科录取率达 40%，高考录取本科院校人数再创历史新高，高考升学率继续保持 100%，在全省特校高考中名列前茅。

【特长发展】 2019 年 4 月，舞蹈队参加市残联举办的残疾人脱贫攻坚典范人物宣讲演出活动；5 月，参加了市级特殊教育研讨会特邀演出活动；9 月参加毕节市乌蒙文化节 · 第七届文化艺术（舞蹈）系列大赛，舞蹈作品《呢素啊亩吧》（彝家小哥）获银奖。

【生存教育】 本年度学校选派 20 名学生到上海参加缝纫技术培训，有效践行学校“生存教育”理念。赴苏州学习糕点烘焙、糕点装饰的 3 名学生取得毕业证书，其中 1 名学生取得中级工四级证书。

【康复教育】 2019 年实施完成人工耳蜗康复项目任务数共 22 名，实施完成中央彩票公益金项目任务数共 34 名。

【党建、党风廉政建设、意识形态工作】 提高政治站位，高度重视党风廉政建设。不定期根据实际情况在学校支委会或行政会上讨论并落实学校党风廉政建设，严防四风问题或其他违反中央八项规定、省市十项规定的事例出现。建章立制。学校制订《中共毕节市特殊教育学校党支部关于落实党风廉政建设主体责任和监督责任清单的实施方案》《中共毕节市特殊教育学校党支部党风廉政建设主体责任和监督责任清单》《毕节市特殊教育学校财务会计内部控制制度》《毕节市特殊教育学校落实“三重一大”制度实施办法》等一系列规章制度，并制订《毕节市特殊教育学校岗位职责要点和底线清单》等制度。层层压实党风廉政责任。学校支部书记与支部成员签订党风廉政责任书，分管领导与分管科室签订党风廉政责任书，学校纪检委员不定期对账务重点岗位人员进行谈心谈话，学校领导通过职工大会对全体教职工进行德育教育，防止违反师风师德等违规事例。通过对党章、党规、准则等的学习，解析宫晓龙等违法案例，对全校教师起到很好的警示教育作用。

【“不忘初心、牢记使命”主题教育】 在市教育局主题教育办公室的指导下，校党支部严格按照实施方案的各项学习计划，认真落实、认真整改、认真组织实施。

结合实际、针对性强。认真组织，及时制定学校主题教育工作方案，成立主题教育工作领导小组，按时开展主题教育活动。广泛发动、形式多样。始终围绕“理论学习有收获、思想政治受洗礼、干事创业敢担当、为民服务解难题、清正廉洁作表率”的要求，扎实有效开展“守初心、担使命、找差距、抓落实”四个环节的主题教育工作。

【德育工作】 积极开展师德师风建设，强化教师思想道德。教师通过自主学习、逐条对照、逐条自查、认真拟写个人自查及反思。开展了系列心理知识讲座，罗旭校长《调适心理，做一个快乐的特校老师》、李舒波教授《教师心理健康及其维护》、王雪勤老师《塑健康心理，做幸福教师》。完善德育机制，形成工作合力。由教学分管领导、督察组、值周领导、安保人员交错式、相叠式的进行德育值班，把每天、每周的检查结果实时登记，并把结果纳入班级量化考评和班主任绩效考核。学生思想道德教育。根据毕节市教育局下发文件《关于开展“扣好人生第一粒扣子”主题教育实践活动的通知》，积极开展学生思想道德建设，通过开展“道德讲堂”“传承民族文化”“主题教育系列活动”“法制教育”“国旗下的讲话”等活动增强学生知法、守法的意识，强化学生爱国主义情怀。构建多维育人模式。以班主任为核心，班会课为阵地，积极开展学生思想道德建设。成立家委会，组建家长督察员，发挥家长的育人和监督功能。积极搭建社会德育平台，培养学生良好品质。利用班刊、校刊，创设德育阵地，让学生得到情感的熏陶、知识的丰富、行为的导航、品格的健全。加强班主任队伍建设。实行双班主任工作制，规范班主任常规工作记录，定期召开班主任工作例会，班主任实行坐班制，积极发挥班主任的主导、桥梁纽带作用。

【教育教学】 重过程管理。强化教学常规过程管理，着力抓好“课前设计”“上课”“课后反思”三大环节。课前要求教师认真钻研教材，既备教材，又备学生；课中按教学设计有效组织教学，熟练驾驭课堂每个环节，课后要求教师针对教学设计、教学过程和教学效果及时总结；各组开展“同课异构”、“骨干教师示范课”、“青年教师优质课比赛”等形式多样的备课、磨课活动；借力“青蓝工程”，促进新教师在学习和实践中不断进步，快速成长；做好高中毕业班各项工作的安排，对学生学习、教师教学、报考学校等情况做好分析，并部署高考复习及备考工作；做好高中招生工作，超额完成招生计划。师资队伍的建设。开展“师德师风学习培训周活动”。积极落实市教育局毕教办发〔2018〕144 号文件精神，开展师德师风周研判月提示季通报工作。集中学习《习近平总书记在学校思想政治理论课教师座谈会上重要讲话精神》《新时代中小学教师职业行为十项准则》等精神指示，教师通过自主学习，逐条对照，逐条自查并反思。组织教师开展各级各类培训。以“请进来”的方式，邀请市内知名专家到我校开展讲座。强化教师基本功练习，各教研组定期开展手语学习活动，并鼓励全校教师自行开展“三字一话”基本功训练。教学科研。为全面提升广大教师课题研究研究能力、充分调动教职工的科研积极性，聘请市教科所副所长张丽华到校做《中小学教师如何进行教育科学研究》的专题讲座。校际交流。春季学期与织金县、纳雍县、大方县特殊教育学校开展结对帮扶活动，分别派老师到三校上示范课和开展专题讲座。组织教师参与在七星关区举办的 2019 毕节市特殊教育学校教育年会。秋季学期应威宁特校邀请，委派教师到威宁特校上交流课并做专题讲座。生存教育与特长发展。2019 年，学校选派 20 名学生到上海培训缝纫技术，3 名学生赴苏州学习烘焙，开展 2 次职业技能竞赛，制作职教作品 200 余件。康复教育。遵循儿童身心发展规律，将儿童共性目标与残疾儿童特殊教育目标相结合，全面康复。开设集体课教学、个别化教学和预约单训教学。结合幼教五大领域（语言、艺术、健康、社会和科学）循序渐进地制定学期教学计划、周计划，安排一日活动内容，通过运用分层教学、区角教学、绘本教学等不同的教学模式提高听障幼儿听觉语言能力及沟通交往能力，培养幼儿必要的社会适应性、学习适应性及良好的行为习惯。

【安保工作】 加强安全防范工作，提高师生的安全意识；加强制度建设，夯实安全工作基础；加强常规管理，形成安全工作的长效机制；加强应急管理，构建严密的应急体系。全年未发生重大安全事故。

虽有成绩，亦有不足。学校管理制度还需进一步完善，如对教职工的考核管理办法，由于学校学生、学科等复杂性，近几年来一直在探索和完善中。个别党员先锋模范作用发挥不好，工作中得过且过、消极应对现象时有存在。

（供稿：毕节市特殊教育学校）

毕节市体育运动学校

【概述】 2019 年，学校在市体育局党组的正确领导和市教育局业务指导下，以习近平新时代中国特色社会主义思想为指导，认真贯彻落实党的“十九大”精神，紧紧围绕学校的中心工作和改革发展目标不断前进。在学校党支部和领导班子团结带领下，全校教职工齐心协力，开拓创新，勇于进取，圆满完成各项工作任务，学校党建、行政后勤管理、竞技体育训练和文化教育教学等工作取得长足进步。

【以政治建设为统领，加强党的建设工作】 学校坚持把党的政治建设摆在首位，切实加强学校党的建设工作。党的建设坚持以习近平新时代中国特色社会主义思想为指导，牢固树立“四个意识”，坚定“四个自信”，坚决做到“两个维护”，自觉在思想上政治上行动上同以习近平同志为核心的党中央保持高度一致。一是认真学习贯彻党的十九大、十九届二中、三中全会精神以及习近平总书记对贵州对毕节重要指示批示精神，全面推进“两学一做”学习教育常态化制度化，认真开展“不忘初心、牢记使命”主题教育。二是认真组织开展“三会一课”、组织生活会、民主评议党员、干部职工政治学习等，贯彻学习《习近平谈治国理政》《习近平新时代中国特色社会主义思想三十讲》《习近平新时代中国特色社会主义思想学习纲要》等，组织开展“不忘初心、牢记使命”主题教育学习。三是拟定《2019 年毕节市体育运动学校党建工作计划》《毕节市体育运动学校党支部关于深入学习贯彻习近平新时代中国特色社会主义思想年度计划》等。四是认真开展学校政治生态研判工作，成立学校政治生态工作领导小组，拟定《毕节市体育运动学校政治生态研判整改方案》《政治生态研判报告》等；认真组织开展意识形态相关工作。五是积极做好“三个大兴”和党建帮扶工作，抽派两名优秀职工代表市局到七星关区朱昌镇哈唧村和威宁县五里岗办事处开展驻村帮扶工作，并分别落实帮扶驻村工作经费各 1 万元，联系对口帮扶小屯村 4 户贫困户，“七一”建党节组织全体党员捐款为小屯村贫困儿童采购学习用品等。六是于 6 月按时按规定组织完成支部换届选举工作。七是自觉按时收缴党费、开展党务公开等。八是认真开展庆祝新中国建国 70 周年系列活动，组织党日活动学习党史新中国史，集中观看《我们走在大路上》文献专题片。

党风廉政建设工作常抓不懈。一是年初召开专题会议，研究学校党风廉政建设和反腐败工作，明确由党支部书记王秀春履行全面从严治党主体责任，其他班子成员实行“一岗双责”职责。二是制订《毕节市体育运动学校 2019 年党风廉政建设工作计划》，召开党风廉政建设部署会，层层签订党风建设责任书。三是严格遵守中央八项规定和省委、市委十项规定，未出现有违规公务接待、公车私用、公款旅游等情况；深入开展茅台酒、“天价烟”等名贵物品自查工作。四是坚持“三重一大”制度，对重大事项通过召开党政联席会、办公会集体研究决定；坚持“三公经费”公开制度。五是开展提醒约谈工作，约谈率为应谈人数的 100%。六是利用“三会一课”、干部职工政治学习时间，组织全校教职工开展学习中央、省、市纪委各项会议精神和违纪违法通报案例。七是进一步加强学校工作作风建设工作，启动拟定学校管理制度汇编工作，认真抓好学校师德师风各项工作等。

【以备战省运会为目标，抓好竞训和比赛工作】

做好备战全省第十一届运动会开展寒、暑假大集训工作。在 2019 年寒假期间，组织田径、射击、射箭、水上、拳击、跆拳道、举重和游泳等 8 个项目近 200 名运动员开展为期 50 天的冬季大集训。暑假开始，学校又组织开展近 300 人的大集训，除参加全省锦标赛集训外，根据不同项目比赛结束后，充分利用假期，又分别进行为期 20 天的备战集训。

参加各级体育赛事任务圆满完成。一是组队参加全省青少年射击、田径、水上、游泳、拳击、跆拳道、射箭、举重、乒乓球等单项锦标赛、冠军赛，经各项目共同努力，获 113 金、110 银、97 铜。二是学校首次组队参加全国第二届青少年运动会，共派出 45 名运动员参加田径、水上、射击、游泳、拳击、举重、空手道个项目，其中 23 人进入决赛，取得 5 金、8 银、7 铜，七人进入前八名的成绩。

培养输送的优秀运动员情况。一是学校培养输送运动员钱微射击世界杯总决赛取得第二名，水上项目运动员陈卫春获赛艇世界青年锦标赛取得第四名。二是学校培养输送运动员参加全国各类锦标赛、冠军赛共获得全国冠军 14 个、亚军 12 个、季军 10 个。三是学校输送现役国家队队员 7 人：钱微、沈菲、刘双萍、范跃跃、况春琴、朱廷、陈卫春；进入省优秀运动队队员6人：李仁香、李井芬、禄圆圆、余石芬、谢瑜、聂杰。

抓好省级训练基地工作。学校全年申报全省训练基地，在原有射击、田径、水上和游泳四个基地的基础上，又获射箭和体操两个省级训练基地。积极配合省体操学校、省游泳学校做好选拔招生工作。学校基地严格遵照基地管理规定执行，根据基地经费管理制度，为能使基地经费专款专用工作落到实处，学校领导高度重视，严格把关，建立专门账户。

加快水上项目训练基地建设。在各级领导的关心支持下，金海湖新区管委会为我校提供金海湖公园2号码头及周边设施设备作为水上项目训练基地场地，现正在进行围网、大门等建设中，预计10天建设完毕。

抓好赛事服务工作。一是成功承办全省射击冠军赛竞。二是承办全市第二届青少年运动会部分项目竞赛裁判工作。三是成功承办全市体育达标赛。

规范运动员选材制度，出台相应的招生管理规定，对选拔来的运动员进行试训，通过文化考试、体能测试、德育考核，挑选优质运动员入队训练。

【以联合办学为契机，助推教育教学和招生工作提质升级】 在市局的统一部署下，积极探索“体教结合”新模式。得到市委、市政府同意和支持，在市教育局、市民族中学指导下，我校于8月底实质性与市民中联合办学，学校教育教学管理水平取得较大提高。秋季学期招生工作顺利完成，其中，初一招生设置6个班，初一新生人数达196人，中职设置一个班，人数37人。

按照教育部门的指导和要求下，抓好学校日常教育教学和教师管理、培训等各项工作。完成七年级新生及中职报名考试招生工作，开学报名工作，联合办学认真安排文化教师的教育教学任务，科学合理安排课程。文化教师坚持认真备课、上课、课后辅导、批改作业，没发现懈怠现象。

学校承办了全市语文学科部编教材研讨会和市民中“周文祥名师工作室市级教研教改”活动一次，本次活动邀请了两名专家进行示范课展示和教学理论讲座。

在联合办学领导张文明校长的组织下，对学校全体文化教师多次进行了教育教学理论培训及师德培训。学校文化教师大部分分到七年级各班级担任班级辅导员，协助各班班主任工作。

5月，学校组织各项目教练员到全市各区县开展体育特长生招生选拔工作，并通过组织到学校开展为期10天的选拔集训。同时，按照市教育局要求，学校今年秋季学期恢复招中职学生工作，上半年积极做好中职教育招生申报和宣传等各项工作。

完成2019年学校招生工作方案制定，完成七年级新生综合素质测试、咨询和选拔工作。完成中职新生资料收集、建档和学籍申报工作。

组织开展丰富系列活动，加强学生德育工作。3月，举办学习雷锋书法比赛，革命歌曲合唱比赛，文明寝室评比活动等学习雷锋活动月系列活动。9月组织全体学生开展为期一周的军事训练。10月组织制定庆祝新中国成立70周年系列活动，极大的培育学生思想道德品质。

【以行政后勤服务为保障，保证学校工作正常运转】 根据《中共毕节市委教育工委 中共毕节市教育局党组印发〈关于聚焦履行职责“两要点两清单”加强干部教育培训的实施方案〉的通知》（毕教党工〔2019〕7号）和《中共毕节市委组织部关于进一步修改完善单位职责要点和底线清单的通知》精神，经学校党政联席会议研究决定，认真落实制定学校“两要点两清单”工作。单位职责要点和底线清单已经市委组织部同意批复，正在组织制定单位校内部每个岗位的职责要点和底线清单。并计划以此项工作为基点筹划建立健全学校各项规章制度，汇编成册发布实施。

认真开展“五城同创”和未成年人思想道德建设各项工作，组织开展好各项宣传教育工作，定期到毕节市创建全国文明城市网格化管理包联社区开展工作，按照要求上报各项资料。

成功实现学校食堂自办自管工作。在市局关心支持下，学校食堂及超市顺利收回，定位自办自管，经过学校周密策划，食堂自办自管工作逐步走向正轨。食堂的定位就是学校的示范窗口，学校食堂强化管理，建立健全食堂各项规章制度和有关许可证，聘请食堂员工，积极装修改造食堂不合理的地方。在工作中坚持安全、质量两大原则，极大地改善了伙食质量和就餐环境，彻底提升师生员工满意度、幸福感和获得感。食堂就餐人数保持在600人左右。

后勤常规工作有序推进。在上年改造的基础上，是年又启动校园食堂监控网络、宿舍电路改造、联合办公室桌椅、办公电脑、学生宿舍铁床156套、教学班班通多媒体10套采购等工作，进一步加强硬件建设。保障联合办学有力实施，全面提升了教学条件，硬件建设稳步推进。所有采购严格按规定和程序进行，做到公开透明，阳光运作，保证质量，提高资金使用效益，目前全部顺利投入使用。

推进社会化服务。经市财政局同意，与原保安公司继续签订了合同，全面负责校园保安、保洁服务工作。联合办学后，为强化学生宿舍安全管理，增强值班力度，聘请退伍军人为军事教官配合学生科管理学生安全、行为习惯和生活习惯等工作。9月完成学生宿舍热水和洗衣机社会化服务工作，学生宿舍实现正常供应热水和自主使用自动洗衣机。

提供体育服务。充分利用学校竞赛和训练设施和专业特长服务社会，先后为市公安局、区公安局、消防队等单位开展各类体侧活动提供技术指导，场地服务。积极为社会群众提供健身场地和科学指导，全力助推全市体育工作向纵深开展。

学校安全保卫工作措施有力。学校把安全工作列入重要工作，学校成立了党支部书记任组长，副校长协助抓的安全工作领导小组，强化对安全工作的领导、督查及检查。根据《毕节市教育局办公室关于修订学校安全工作清单和完善管理的通知》（毕教办发〔2019〕93号）精神，为切实推进学校安全稳定工作，促进学校安全工作规范化、科学化、精细化、常态化，充分发挥学校安全工作清单管理作用，研究制定《毕节市体育运动学校安全稳定工作任务清单》进行发布，并上墙公示，具体责任明确到个人。坚持预防为主、防治结合、加强教育、群防群治的原则，通过安全教育及演练，增强师生的安全意识和自我防护能力，营造全校教职员工关心和支持体校安全工作的局面，从而切实保障师生安全和财产不受损失，维护学校正常的教育教学秩序，消除学校各种安全隐患。

（撰稿：谢　裕）

毕节第一中学

【概述】　2019年，学校仍为一校两址，分高中初中两个学段，属市直完全中学，为省级一类示范性高中、全国文明学校。设有党委，校级领导6人，其中党委书记1人、党委副书记校长1人、纪委书记1人、党委委员副校长2人、副校长1人，中层13个处（科）室，中层干部20人（正科级干部10人），在职党员172人，有6个党支部（含1个离退休支部），群团组织有工会、团委、妇委会，有关心下一代工作委员会，民主党派有1个民盟支部。学校高初中共有166个教学班，在校学生8967人。高中部位于金海湖新区幺塘村，共有教学班114个、学生6251人；初中部在七星关区桂花路老校区教学班 52 个、学生 2716 人。教职工总数 602 人、专任教师 563 人，全部为本科以上学历，其中研究生学历 68 人，正高级教师 7 人，高级教师 113 人，一级教师 208 人，初级 260 人。特级教师 6 人、省级名师 9 人（有两人为省级乡村名师）、省级骨干 22 人、市级名师 10 人、市级骨干 77 人。

2019 年，坚决按照党的教育方针为指导，以“办人民满意的学校”为宗旨，牢记萧克老将军“严谨、勤奋、求实、创新”的校训，本着“求真崇善、笃学尚美、创新弘毅、兼容明德”的育人目标，围绕“让学生健康、乐学、有责任地全面发展，让教师幸福、乐业、有成就地工作”的办学理念，全面实施素质教育，不断提高学校的教育教学质量。本年度在党建工作、德育工作、队伍建设、教学科研、办学特色、学生资助、教育帮扶、教学成果等方面取得了显著的成效，充分发挥了省级一类示范性高中和全国文明学校示范引领作用。

【学校荣誉】 2019 年，毕节一中取得毕节市高考质量贡献一等奖第一名；获贵州省纪检监察工作先进集体；贵州省中小学实验室工作先进集体；贵州省第九届青少年健身气功交流比赛集体八段锦二等奖；贵州省第九届青少年健身气功交流比赛集体五禽戏二等奖、贵州省健身气功示范校；贵州省全民健身操比赛获一等奖二个、二等奖一个；毕节市先进基层工会；毕节市先进基层党组织奖励；毕节市脱贫攻坚先进党组织；毕节市职工第九套广播体操获一等奖；毕节市学生大课间获比赛一等奖；毕节市中小学生交响器乐获高中组一等奖表彰奖励；毕节市青少年与羽毛球获男子团体比赛第二名；毕节市青少年围棋赛获中学组团体第二名优异成绩。

【强化党建引领】 一是加强思想政治建设。开展为期三个月的“不忘初心、牢记使命”主题教育，党委中心组学习贯彻习近平新时代中国特色社会主义思想十九大全会精神和习近平总书记对毕节工作重要指示批示精神，党员参加学习强国学习，教职员工参加政治学习，党员参加党章党规应知应会知识闭卷测试参与测试率、合格率分别为 100%，不断增强了“四个意识”、坚定“四个自信”，坚决做到了“两个维护”。

二是思想意识形态进一步强化。制定《2019 年毕节一中意识形态工作责任制实施方案》，对学校网络舆情监控和引导疏导，通过 QQ、微信发布各项方针政策、法律法规，请学校关工委老校长结合毕节一中红色历史开展革命传统教育，组织党员到七星关区鸡鸣三省红色教育基地开展传统教育，观看邓迎香、耿展宇同志等先进典型视频，开展“不忘初心 · 牢记使命”主题党日活动暨庆祝新中国 70 华诞师生爱国经典文学作品诵读大会，党委书记覃珍贵在 70 年国庆之际向全校教职工 600 余人进行形势政策教育，对不良言论进行打招呼或约谈。

三是夯实基层组织建设。严肃党内政治生活，执行“三会一课”、主题党日、谈心谈话民主生活会、组织生活会、党员民主评议，党委委员以普通党员身份参加党支部组织活动，组织党支部委员学习贯彻《中国共产党支部 工作条例（试行）》《省委办公厅关于推进全省党支部标准化规范化建设的实施意见》，编印《“不忘初心、牢记使命”主题教育应知应会手册》《“不忘初心、牢记使命”主题教育学习资料摘编》供各支部及全体党员学习，发展新党员 3 人，健全离退休党支部，全体党员按时缴纳党费。

四是党风廉政建设加强。执行党委领导下的校长负责制，不断完善了党委会、校长行政办公会会议制度，严格执行“三重一大”必须经过党委集体研究决策，党委书记履行党风廉政第一责任人，校长和其他校级领导履行“一岗双责任”层层压实责任，充分发挥纪检监察的作用，开展了党委中心组成员和中层党员干部参加警示教育，接受了市纪委对学校纪委的督查。

五是党建带群团组织建设加强。做好新形势下党建带工、青、妇建工作加强团员组织建设。召开第九届三次教职工代表大会，审议学校工作报告、财务收支和工程采购报告，讨论通过高考会考奖励条例、绩效考核方案；丰富教职工文化生活，组织教职工运动会、参加市广播操比赛、六一儿童节亲子活动，慰问生病教职工和老党员，做好校务公开和监督工作，公租房分配管理，组织教职工体检为女职工进行妇检，三八节组织开展女教职工维权活动徒步走活动，以此凝聚人心，弘扬正气。加强团组织建设。建立了班级团支部，为入团积极分子上团课，发展380名优秀学生加入共产主义青年团，组织49个社团并开展活动。初一、初二建立了少先队。六是党建成效显著。学校获贵州省纪检监查先进集体、毕节市先进基层党组织、毕节市脱贫攻坚先进党组织，省教育工会授予李立、王贤勇两位党员教师为省级劳模，并领衔劳模工作室，市到受市教育工委表彰优秀党务工作者、优秀党员6名，学校“七一”表彰优秀党员23名。梳理学校发展中的重点、难点和教职员工反映强烈的14个问题并逐一进行整改落实。7月与广州小天使乐园同台进行专场演出；学生的模拟联合国社团代表贵州省在浙江绍兴一中参加比赛，有两名同学获得最具外交风采奖，汪彬老师获最佳指导教师奖。

【德育工作】 一是建章立制抓落实。建立党组织主导、校长负责、德育部门负责、群团组织参与、家庭社会联动的德育工作机制，成立家长委员会，聘请2名法制副校长和1名法律顾问，校长亲自抓德育工作，规划、部署、推动学校德育工作。健全学校管理制度，规范学校治理行为，制定了贯彻实施德育大纲的《2019年毕节一中德育工作计划》《毕节一中学生一日一常规》《毕节一中班级量化考核方案》《毕节一中校风校纪整顿实施方案》《毕节一中文明学生评比方案》《毕节一中学生寝室管理规定》《毕节一中严禁学生携带手机、刀具进校园的管理规定》等。定期召开了6次德育专题会议、4次班主任工作会议、召开了2次政治课教师会议、保障德育工作落实到位。

二是重视班主任选拔培养，优化队伍结构，建立激励和保障机制。采取双向选择，聘任工作有激情、师德过硬、业务能力强的教师担任班主任。对新任班主任进行岗前培训，召开2次班主任工作总结和经验交流会，派出班主任到昆明等地参加培训学习，邀请衡水中学王文霞副校长、广州广雅中学王穗芳副校长分别作《倾听生命拔节的声音》《学生发展指导体系下的生涯规划教育》讲座，开展班主任“老带新”结对帮扶活动，进行德育“1+1”工程师徒结对共35对。充分发挥优秀班主任的引领辐射作用，刘碧琴、姜继敏2位校级名班主任工作室主持人分别在初高中部组织开展了安全教育主题等优质班会课评比活动。根据班级量化考核结果，对班级管理工作成绩突出的17位高中、9位初中班主任进行了表彰，同时表彰26个优秀班集体，4位优秀德育工作者。

三是德育实施渠道多样化。首先通过学科教学课程育人：按照国家课程规定保证道德与法治、思想政治课课时，每周安排一节主题班会课、一次升旗仪式国旗下的讲话、一节心理健康教育、观看一次新闻联播、一次校风校纪大检查，上好每学期开学扣好人生第一粒扣子第一课，要求各学科要将德育教育渗透到学科教学中并写入教案。其次注重打造丰富校园文化环境：校史馆随时开放，校园道路用一中红色历史中主要人物命名，各教学楼道走廊悬挂学校杰出校友和励志警句，校园和教室内张贴有社会主义24个核心价值观、文明校园六个好，中学生守则和日常行为规范、毕节一中学生一日一常规，悬挂有国旗、学校办学理念、校徽、校歌、一中赋，宣传栏彰显有师生教育教学成果，红色的校园和校服告诉学生一中的红色历史，实现环境育人。第三开展活动育人：每年举行新生入学教育、开学和毕业典礼、成人礼、入团、入队仪式，利用端午等传统纪念日，青年节、教师节、国庆节等重大节庆日，学雷锋纪念日、七一建党纪念日、八一建军纪念日、一二九纪念日活动开展主题教育活动。学校每年9月社团活动展示月、10月科技节、11月艺术节，每年召开春季和秋季运动会，团委和学生会每天进行校园广播、检查各班卫生眼保健操和跑操，国旗队举行升旗。开展迎接全国文明学校检查活动、“一评三管好”争创美少年活动，五城同创活动。学校建立管乐团、模拟联合国、信息技术、国旗队，体育、艺术、科普、环保、志愿服务等高中49个、初中18个学生社团，高中每周二下午、初中每周五下午开展活动。第四开展实践育人：除开展综合实践活动课程和通用技术课程外，在学校日常运行中渗透劳动教育，组织学生参与教室卫生打扫和校园卫生保洁加强劳动实践，到养老院、儿童福利机构、残疾人康复机构等社区机构等开展关爱老人、孤儿、残疾人教育；4月到烈士陵园（墓）开展“清明祭英烈”活动革命传统教育，每个假期要求学生到所在社区或父母所在单位开展实践活动，增强学生的社会责任感、创新精神和实践能力，请法制副校长和律师对学生进行法治教育，组织军训活动并聘请武警教官给学生进行国防教育，要求学生在周末和假期帮助家长做力所能及的家务劳动，带学生参加中国青少年协会组织的研学旅行活动。第五开展协同育人：成立家长委员会、家长学校、家长会，召开6次家长大会，向学校建言献策，组织初中部全校家长参加《家校共建美好未来——新时代父母共成长》讲座活动，担任师德师风监督员，家长集体采购教辅资料、聘请外籍教师、询价校服，搭建家校共建机制；邀请武警支队教官为新生作了国防教育报告，关工委吴昌荣老校长为高一年级新生作学校传统文化教育讲座和家长寄语；开展十九大宣讲、杰出校友和劳模进校园活动，聘请消防、检察院、卫生院等部门为学生进行国防教育、安全教育、法制教育、心理健康教育、毒品预防教育。邀请清华大学、海军航空学院、浙江大学、哈尔滨工业大学等学校教授给毕业班学生作专题讲座和生涯规划指导。重视健康教育：首先重视心理健康教育。在高一、高二、初一年级开设心理健康教育课程，每年定期对学生心理健康状况进行排查，建立学生心理档案，4位心理健康专职教师每天课余对学生进行心理咨询和心理干预，落实对学生身心健康的每天跟踪每周记录，开展大型心理辅导讲座；北京烛光爱心人士聘请全国知名心理励志大师为2018届、2019届学生医务室定期出卫生知识宣传。其次重视身体健康，学校开足开齐体育课程，每天组织跑操等体育活动保证1小时锻炼，有足够的运动场地保证学生锻炼身体，另外开7门体育选修课程，组建篮球队、乒球队、足球队、排球队、羽毛球队、气功健身队、体操队等体育运动队，每年春秋季节开展运动会，校园华尔兹比赛已是学校的传统体育节目，每学期为学生进行体育健康测试，合格率86.46%（高中91%、初中75.8%）；联系洪山卫计中心和双山卫生院给全校师生结核筛查，每个班安排一位女性生活老师，对学生健康成长进行关心指导。重视学生励志和感恩教育。请德育专家吴碧老师为高一、高二年级学生做了“每个人都可以创造奇迹”主题感恩励志教育报告，参与学生4400余人，高三年级分别组织了300天和200天高考、中考励志誓师大会，在清明节、教师节、重阳节等节日对学生进行感恩教育。团委组织学生会干部、团支部书记和少先队共100余人开展缅怀革命先烈活动，组织志愿者在新生入学、高考服务、大型演出活动、学校开放日等活动中担任志愿者服务工作。在学生中大力树立典型弘扬正气，举行“五四”表彰及“成人礼”和“六一”少先队活动。高中部共表彰优秀学生、三好学生、优秀学生干部、十佳学生、优秀共青团员等优秀学生2000余人次、初中表彰三好学生、优秀班干、德馨少年、艺馨少年、孝心少年、勤劳少年、爱心少年、礼仪少年共计727人。每个学期组织各班进行文明学生评选，有97%的学生都评上文明学生。

【队伍建设】 2019年，市委组织部组织考察提拔了谢军、黄河两位副校长为正县级干部，分别到实验高中任校长、毕节工业职业技术学院（副厅级）任副院长；提拔龙泽惠、黄世虎两位正科级干部任学校副校长。

学校按政策规定引进了教师10人，其中免费师范生7人，研究生3人，招考13名教师。

是年，学校深化师德师风建设，制定《毕节市第一中学师德师风建设方案》和考核方案，每学期第一个月开展师德师风月活动，组织教职工学习师德教育相关文件，禁止教师在外兼课和从事有偿家教，签订师德师风承诺书，建立师德师风台账、个人档案，制定教师师德问题约谈制度组织家长和学生组成的师德师风监督员监督每周情况反馈制，设立师德师风举报箱。对师德有问题的教职工实行责任追究制和约谈制，约谈了干部3人，教职工8人，对违规在外兼课办班的教师和有师德问题3位教师进行处理并通报批评。组织教职工向陈立群、耿展宇学习，开展学习演讲活动。教师节校内评选表彰优秀教师55名、优秀德育工作者表彰6名，优秀班主任。

是年，学校搭建发展平台，助推教师专业成长。一是加强实施青年教师“九个一”工程。对新进青年教师的入职教育和学校传统教育。2019年共有216位青年教师参加“九个一”工程培训活动，开展拜师、听课、做高考习题集、读一本教育教学理论书籍并撰写读书笔记、做一个课题、上一门选修课、出一套高考试题、参加高考试题考试，将师德师风纳入考核内容，实行一票否决制，秋季共有50位青年教师结业。二是充分发挥省级名师名校长工作室、省级智库专家工作坊、省级乡村名师工作室和校级名师名班主任工作室的辐射引领作用。通过工作室主持人及成员组织开展对学校和课堂诊断、专题讲座、示范教学、同课异构、课题研究等活动10余次，参与校内外学员教师近千人，为毕节区域内和学校骨干教师、青年教师创造示范、观摩、实践的学习机会，为他们的专业成长搭建了很好的平台。

三是鼓励中青年骨干教师通过课题引领、兼任兼职教研员、开展专题讲座、上示范课、培养青年教师等方式再提高，努力成为省市级名师骨干教师和特级正高级教师，吴维波老师被中国青少年科技辅导协会授予贵州省第一个目前唯一的一个全国高级青少年科技辅导，2019年李立和杜颖两位老师被省教育厅授予贵州省乡村名师工作室主持人，李立、王贤勇两位老师被省总工会授予贵州省创新劳模工作室主持人，有王贤勇、王鸾3人申报正高级教师，有李立、杜颖、王贤勇、汪斌、王萍南、郭昭鹏等8人申报省级名师和骨干教师，黄世虎、吴维波、江霓清、赵德龙老师申报省级名师工作室主持。第三，立足校本、开放办学开展校本培训。每周一、二下午开展教研组集体备课，每年春秋季分别举行高级教师示范课和青年教师优质课比赛，组织教师参加市、省优质课比赛、优质录像课评选和国家省市一师一优课晒课活动。邀请河北衡水中学的德育副校长高三毕业班全科把关教师到学校进行学校管理、德育工作专题和高考备考专题复习指导，聘请广大附中的教师李平芳、陈运豪到校分别进行数学、信息奥林匹克竞赛辅导培训讲座，聘请广州广雅中学校长叶琳丽作《指向未来的学校发展力》、王穗芳副校长作《学生发展指导体系下的生涯规划教育》、苏科庚主任作《新课程新高考下的教与学》专题讲座。组织教师参加国家省市各类培训，2019年外派教师参加到广州、重庆、四川、云南、昆明、贵阳、北京、南京、上海、湖南等市级以上培训的教师共499人次、总学时为4186，在2018年9月至2019年9月期间，学校黄河校长在广雅中学挂职一年。在2019年1月18至1月26日我校吴传书、武煜、喻斌、周龙成等6位老师在广州大学附属中学进行为期一周的竞赛培训学习和观摩。

【教学工作】 学校完成市、区教育局下发的招生任务，高一招生1776人、初一年级招生1077人，分别分出34个、19个教学班，平均班额高中52、初中56人。

学校严格执行课程计划，开足开齐国家课程，全面实施素质教育，保障学生全面发展，另开设校本必修课程，有国学、英语口语（高中聘请外籍教师）、新闻联播、学校传统教育等，初中还将研究性学习、心理健康教育作为校本必修课程；高中共开设34门校本选修课程，初中共开设42门校本选修课程。高中体育课实行走班教学，有篮球、足球、排球、体育舞蹈、健美操、武术（健身气功）等选修课程供学生自主选择。

学校继续推行高效课堂的教改活动。一是坚持以教学工作为中心，按计划召开教研组长、学科组长会议，调查高效课堂的开展情况，同时组织学习和培训，要求所有教师必须用“学、思、行、悟”的理念、严格按教学计划开展教学。二是强化集体备课，加强教研教改，确保高效课堂的有效实施。三是严格落实教学常规管理，及时掌握教学现状，促进教育教学质量稳步提升。四是利用评教评学，让科任老师充分了解学生的真实感受和想法，倾听学生心声，搭建师生沟通平台，教师结合评教评学情况，及时改进教学方法，优化教学内容，促进课堂高效，提升课堂效率。五是每次考试后及时召开质量分析会，从不同层面，不同维度，横向对比与纵向分析相结合，剖析教与学中取得的成绩和存在的问题，促进教师改进教学方式，加强对学生学法指导。

组织高中、初中毕业班进行月考、周考、摸底考试、模拟考试，组织学生参加全省适应性考试、高三听力考试、毕节市联考、云师大附中联考、四省八校联考等，每次考试后都进行质量分析；开展高三毕业班尖子生、临界生辅导工作；开展高（中）考励志报告会、高（中）考誓师大会、高考志愿填报指导；对学生进行数理化生、信息技术奥林匹克竞赛培训辅导；组织学生参加全省学业水平考试，合格率均在99%以上；2019年高中1849名学生毕业，初中937名学生毕业。毕节初中部共175人录取到毕节一中高中部，录取人数在毕节所有学校中居首。

【教育科研】 学校鼓励并教师积极开展教育教学科研。2019年，学校教师申报的省级课题3个：吴维波主任担任的《数字化教育教学资源库的建设和资源的有效运用》、黄世虎副校长担任《选课走班背景下的学校教室、场馆、设备的基本配置和有效运用》、翟刚主任担任的《普通高中学校课程体系构建》等三个项目获贵州省高考综合改革试验试点样本校分项实践项目立项。7个市级课题获得立项，48个校级课题立项，31个校级课题结题，省级课题已结题1个。共有11篇教学论文分别在国家级、省、市级正规刊物发表。

【特色教育】 高度重视基于信息技术和研究性学习课程的科教引领、实践创新是毕节一中的办学特色打造。制定办学特色发展计划，鼓励支持特色学科教师的专业发展，派出教师到全国各地进行学习，在高一高二年级开足开齐特色课程，在高一年级开展特色选修课、特色社团和课外辅导活动，2019年，组织师生参加市、省的青少年科技创新大赛、信息技术比赛、机器人比赛、青少年科学调查体验活动竞赛等比赛中，市级、省级比赛中有25人次获奖。其中8人次获市级奖、17人次获省级奖。吴维波、吴传富老师应邀多次在市级、省级活动中担任主讲、命题专家，积极推广科学教育成果，促进学校特色教育的可持续发展，在省市乃至全国发挥一定的带头引领作用。

【学生资助】 学生资助工作是当前脱贫攻坚工作的重要领域，学校除得到国家精准扶贫助学金外，还多渠道积极筹措助学金。2019 年学校资助贫困学生 7600 余人次，发放助学金约 828 万元。资助项目有国家精准扶贫助学金、毕节市关工委老同志助学金、拓海公司奖学金、清泉校友基金、聂宗笙校友助学金、北京烛光爱心助学金。北京烛光爱心人士连续三年筹建的弘毅班学生阳光、积极、品学兼优，该项目已成为学校品牌，得到社会认可。

【教育帮扶】 学校教育结对帮扶赫章一中、威宁新发、赫章结构、百里杜鹃二中、纳雍维新中学、生机中学、燕子口中学、朱昌二中、大方八中等九所中学，充分发挥省级“一校一坊五名”名师名校长工作室的辐射引领作用，对帮扶学校进行管理和课堂教学把脉诊断，通过专题讲座、示范教学、同课异构、跟岗学习、教学交流等活动培训校长教师共计 1000 余人次。帮扶对象中的四所学校校长（或分管校长）共计 10 余人次吸收为屈小锋省级名校长工作室学员，选定燕子口中学作为名校长工作室工作站并挂牌，选派骨干教师上示范课共计 50 余人次。

按照市政府安排，对赫章一中进行提升教学质量的帮扶活动，每周安排各教研组对口开展高考备考和学科教研活动，赫章一中 2019 年高考一本上线率比 2018 年提高了 0.4 百分点，二本上线率比 2018 年提高了 4 个百分点。针对百里杜鹃二中，2019 年上半年派出王振、张焕、苏立波、陈训虎、徐双燕、陈明贵、顾爽、杨成东等 8 位教师到百里杜鹃第二中学支教，下半年将百里杜鹃二中的帮扶班级全部学生共 50 余人带到一中新校区上课。是年，先后派出 10 余人到金海湖平原村小学等学校开展支教活动。

2019 年，学校卓有成效完成对燕子口中学、赫章结构中学、威宁新发中学、赫章一中、百里杜鹃二中、生机中学、大方八中、七星关区朱昌二中等学校的教育帮扶。

【教育教学成果】

高考成绩：本科以上上线人数 1742 人、上线率 95.45%，一本上线人数 1198 人、上线率 65.64%，获 2019 年毕节市高考贡献一等奖第一名。

参加省学业水平考试成绩：合格率为 99.78%。

学生参加国家、省、市各各种类竞赛成绩共获奖 226 人次。其中，全国奖 33 人，省级奖 139 人，市级奖 39 人。高初中信息技术竞赛获奖 90 人次，其中，全国一等奖 2 人，全国二等奖 8 人，全国三等奖 17 人，省一等奖 6 人，省二等奖 24 人，省三等奖 18 人，市一等奖 6 人，市二等奖 3 人，市三等奖 6 人。高初中综合实践活动、通用技术竞赛获奖 30 人次。其中，获全国奖 6 人；省一等奖 3 人，省二等奖 7 人，省三等奖 5 人；市一等奖 3 人，市三等奖 6 人。高中数学竞赛获奖 30 人次，其中，获省一等奖 1 人，二等奖 9 人，三等奖 20 人。高中物理竞赛获奖 17 人次，其中获省一等奖 3 人，二等奖 8 人，三等奖 6 人。高中生物竞赛获奖 17 人次，其中获省一等奖 3 人，二等奖 5 人，三等奖 9 人。高中化学竞赛获奖 4 人次，均获省三等奖。高初中学生参加青少年科技创新大赛获奖 23 人次，其中，获省一等奖 1 人次、二等奖 2 人次、三等奖 5 人次；获市级一等奖 3 人次、三等奖 12 人次。高中学生在浙江绍兴一中参加中学生全国模拟联合国大赛 2 名学生分别获“最佳外交风采”奖。高中学生健美操社团参加省健美操大赛获省 3 项奖，其中自编徒手操、器械扇子操分别获一等奖第一名，获规定动作四级第二名。高中学生参加

2019年“体育彩票杯”贵州省第九届青少年健身气功交流比赛获中学组集体项目获省级二等奖，其中八段锦荣获全省第三名、集体项目五禽戏荣获第五名。高初中学生贵州省参加全国青少年弘扬优秀传统文化交流展示活动，分别获2个三等奖。高中学生参加毕节市第五届青少年围棋比赛荣获比赛获一等奖1人次，二等奖1人次。高中学生毕节市演讲朗诵展示活动1人次获三等奖。初中学生参加毕节市教育局和司法局联合举办的第三届“学宪法，讲宪法”演讲比赛并获三等奖1个。初中2018级（4）班张诗峻同学被评为毕节市“新时代好少年”。

【教师竞赛】 教师参加国家、省、市各类竞赛共获奖72人次，辅导教师获奖人数204人次，获得各种荣誉人6人次，兼任省市专家和评委58人次。

优质课共获省市奖6人次，其中高中化学、政治获省级二等奖2人，市级一等奖2人，初中化学、初中数学获市级二等奖2人。

高初中教师参加优质资源开发共有21件获市级奖（2018年申报、2019年获奖）。其中获13个一等奖、7个二等奖、1个三等奖。

教师在参加全省多彩贵州好教育联盟高中九个学科同课异构总决赛中，获奖4人次。其中物理获一等奖（亚军）、政治获一等奖（季军），语文、化学获二等奖。

教师参加教学技能创新大赛获市级奖7个（二等奖4个、三等奖3个）。其中，实验教学技能大赛高中生物、初中化学分别获二等奖，市初中语文青年教师教学技能提升大赛获二等奖；初中物理、初中生物、高中物理、高中化学分别获三等奖。

“一师一优课”共报送38节，共获部、省、市奖34节（10节获部级优课、8节获省级奖、26节获市级奖）。其中10节被评为部级优课；被评为省级一等奖2节、省级二等奖2节、省级三等奖4节，被评为市级一等奖14节、市级二等奖8节，市级三等奖4节。

辅导教师获奖204人。其中一等奖35人（省级29人，市级6人）；二等奖85人（国家级2人，省级77人，市级6人）；三等奖83人（国家级6人，省级71人，市级6人）。省级优秀不设等次1人。

【学生竞赛】 学生参加国家、省、市各各种类竞赛成绩共获奖226人次。其中，全国奖33人，省级奖139人，市级奖39人。

（供稿：毕节市第一中学）

毕节市民族中学

【概述】 贵州省毕节市民族中学创建于1992年，是集民族性、农村性、扶贫性于一体的寄宿制高级中学。2019年工作，坚持以党的十九大、十九届四中全会精神和习近平新时代中国特色社会主义思想为指导，落实立德树人根本任务，在大党建、大扶贫、大安全、大发展等方面工作取得了积极的成效。目前学校有教职工239名，有省级名师工作室7个，学生人数3456人，其中彝、苗、白、回、布依、仡佬等少数民族学生超过学生总数的40％。

【政治建设】 2019年年初，认真研究制定学校党的建设工作的实施意见，召开党的建设工作会议研究学校党的建设和党风廉政建设工作，贯彻执行《毕节市中小学党建工作规程（试行）》，坚持加强党对学校工作的全面领导，落实党委领导下的校长负责制，开展建党98周年“七一”表彰大会，不断增强党内政治生活的政治性、时代性、原则性。

【加强思想建设】 认真组织党员领导干部和广

大党员深入学习贯彻习近平新时代中国特色社会主义思想，习近平总书记对贵州对毕节的重要指示批示精神和习近平在学校思想政治理论课教师生活会上的讲话精神等，深入推进“两学一做”学习教育常态化制度化，扎实开展“不忘初心、牢记使命”主题教育，确保取得实实在在的成效。

【组织建设】 加强学校党支部建设，夯实基层基础，做好人、财、物和场地等基础保障，切实推进党支部工作标准化规范化开展。严格落实“三会一课”制度、召开民主生活会和组织生活会，民主评议党员、深入驻村联系点进行访贫问苦大走访大调研主题党日活动工作有序推进。认真做好发展党员发展和教育管理工作，2019 年发展了 3 名入党积极分子。加强群团组织建设。学校团委充分发挥基层团组织的作用，引领广大团员青年健康成长。学校工会充分发挥党委助手作用。为教师专业成长搭建平台，助力教师素质提升，同时深入推进“校务公开、民主管理”工作，营造了风清气正、和气通畅、团结一心的工作氛围。学校关工委开展了“十佳新时代好少年”评选、“腾飞新中国，辉煌 70 年”主题宣讲、“好家教好家风”主题系列活动等，对学生加强爱国主义教育和文明礼仪教育。

【作风建设】 强化“两个责任”落实，召开专题会议研究部署党的建设和党风廉政建设工作部署会议，对党风廉政建设及反腐败工作适时进行研判，严格执行中央八项规定及其实施细则精神和省委、市委有关规定，节假日期间做好作风纪律通知提醒。深入开展“两反三转”主题实践活动，坚持问题导向，开展集中排查，把推动建章立制贯穿主题实践活动全过程。开展“三个大兴”活动，积极组织课题研究，形成调研报告 7 篇。

【纪律建设】 强化日常教育管理，抓好形式主义、官僚主义自查自纠工作，严禁教职工违规操办“升学宴”“谢师宴”。邀请市纪委市监委党风政风室原主任周先远到校作为全体教职工就《中国共产党纪律处分条例》作专题解读，组织党员干部职工参观廉政书画展 1 次，在“不忘初心、牢记使命”主题教育中开展警示教育 1 次。严格监督执纪问责，把握运用监督执纪“四种形态”，推进干部约谈工作常态化，加强对学校重点岗位、重点环节廉政风险的动态监管，对“三重一大”事项决策等实施全过程运行监督，确保权力在阳光下运行。

【意识形态工作】 适时研判意识形态工作，深入推进宗教法规学习宣传进校园，健全网络舆情监控工作机制，抓好网络安全例行巡查、网络安全值班等。加强师生理想和信念教育，广泛开展社会主义核心价值观学习宣传。

【精神文明建设】 贯彻落实五城同创工作责任，分块制定创建方案，将五城同创纳入学校年度工作计划；开足开齐美育课、环保课、健康教育课，定期开展学生体质健康测试；全面开展“文明在行动、满意在毕节”相关工作，紧紧围绕“扣好人生第一粒扣子”开展系列主题教育活动。

【教育精准扶贫】 2019 年，学生资助中心发放国家助学金 143.86 万元，发放人次为 1536 人；春季学期发放教育精准扶贫资金为 63.9943 万元，发放人次为 671 人，秋季学期发放教育精准扶贫学生资助资金 53.01 万元；春、秋季学期分别为 623 名、606 名农村建档立卡学生、农村低保家庭学生、残疾学生免除学费 98.32 万元；为 150 名劲牌阳光班学生发放助学金 60 万元、150 名彤程杉树班学生发放助学金 45 万元。

【教育对口帮扶】 积极主动，加强和广州六中的学习交流。学生方面，学校鼓乐团学生到广州六中培训并受邀参与演出；广州六中黄埔班学生到学校学生家里开展为期两周的暑假交流生活体验活动。教师方面，到深圳广州跟岗培训共计32人次。

【驻村帮扶工作】 加强学校驻村帮扶工作。学校适时研究驻村帮扶工作，按要求选派第一书记和驻村干部，落实驻村工作经费，切实为所帮扶联系点威宁县草海镇石龙村、吕家河村，赫章县珠市乡上寨村办实事。

【风险防控】 积极开展师生债务风险防范教育，提高师生债务风险防范知识，增强师生债务风险防范意识，加强学校债务风险防范管理。开展防范非法集资校园宣传活动，每个月进行学生“校园贷”情况摸排登记。建立关于安全风险防控的工作领导小组，以及建立重大决策风险评估制度，有效防范、排查、化解各类社会风险。

【平安校园建设】 组织开展“安全教育主题班会”优质录像课评比。开展扫黑除恶专项斗争宣传教育，制订落实“预防校园欺凌和暴力”工作方案，定期开展矛盾纠纷排查调处，防止一般矛盾演变为恶性事件。开展师德师风自查研判，在2019年度内未出现教师有偿补课，违规兼职兼薪等违反师德的事件。

【法治校园建设】 全面推进依法治教、依法行政、依法治校，对教职工进行政审，对学生开展禁毒教育，积极开展学法、知法、守法活动，本年度未发生师生违法行为。

【学校综合管理】 在行政管理上，毕节民中推行“校长室集体把关、各科室齐力服务、年级部具体落实、师与生共同受益”的扁平化管理模式，让年级部责任明确，教师轻松教学，学生健康成长。

【教师队伍建设】 在教师外出讲学方面，2019年受邀到省外进行学术讲座或学术交流的共计11人次。在教师小岗位晋级方面，根据教师专业发展要求，学校积极创新条件，支持教师小岗位晋级，2019年小岗位晋级的教师共计14人。职称评聘方面，正高级教师2人，高级教师5人，中级教师3人，二级教师19人。

【提高学生素质】 开展艺术节、成人礼、毕业典礼、入学军训、七一建党、70周年大庆、民族团结活动月系列活动、30公里的远足活动、学工学农活动等，各类学生社团和社团活动丰富多彩，而且有的社团还走出校门，展示民中的风采。

【教学质量提升】 2018年学校高考一本上线率为56.91%，二本升学率为95.85%。2019年在市委，政府的正确领导和关心支持下，在高三年级全体教师的共同努力下，高考成绩喜人，一本上线率达到62.52%，比上年提升5.61个百分点，本科上线率达到96.89%，比上年提升1.01个百分点，两项均居全市前茅。

【学校科研教研】 在邀请省外专家培训方面，2019年邀请省外专家3人次到学校开展专家学术讲座培训；在教师课题申报方面，省级教育课题2个立项，市教育课题3项立项，市级社科课题3个立项并结题；在省级高考综合改革项目方面3个。

【学校建设】 一是市委副书记、市长张集智一行到毕节市民族中学，听取学校建设情况汇报，实地查看教育重点工程项目建设，并现场办公解决工作中存在的问难和问题。二是面向六所教育部直属重点师范院校引进免费师范生4人。

【学校其他工作】 一是贵州省高中物理杨永忠名师工作室在纳雍五中建立乡村工作站，于2019年5月24日在纳雍五中召开乡村工作站启动会议，并开展培养活动。二是积极帮扶纳雍五中、威宁县石门民族中学、威宁县龙场二中、赫章结构乡初级中学等，并与市体育运动学校联合办学，建立东校区。

（撰稿：张崇龙）

毕节市实验高级中学

【概述】 2019年，毕节市实验高级中学有教学班级44个，学生3000余人。教职工220人，其中专任教师191人。有正高级教师2名，高级教师53人，中级教师93人。学校现有特级教师1人，市管专家2人，省级名师2人，省级骨干教师10人，市级名师5人，市级骨干教师45人，研究生学历6人。教师学历合格率达标，职称结构符合比例，学科配备合理，师资队伍整体水平较高。是年6月，学校被授予贵州省“安全文明校园”。9月，被省教育厅评为“高考综合改革样板校”等荣誉称号。

【党建工作】 2019年，毕节市实验高级中学党委在原有制度基础上，进一步完善重大问题决策讨论制度、民主生活会制度、党员学习积分制度等。通过健全各项规章制度，进一步促进学校党建工作的规范化、制度化和科学化，使全体党员、领导干部工作有章可循，有制度可依，增强凝聚力和战斗力。学校党委坚持把党的政治建设摆在首位，加强党员干部思想建设，以习近平新时代中国特色社会主义思想武装头脑，进一步增强党员干部“四个意识”、坚定“四个自信”、做到“两个维护”，加深学校为师生服务的认识，强化了做好学校教育工作的初心使命。学校按照市教育工委下发的党组织规范化建设要求，充分发挥学校党支部及党员先进典型示范带动作用，推行党支部书记述职评议制度，通过党委书记抓党委班子成员，班子成员抓联系支部的支部书记，支部书记抓支部等方式，逐级传导压力，层层压实责任，切实强化管党治党意识、落实管党治党责任、提高管党治党能力。是年6月，学校开展纪念建党98周年系列活动，表彰9名优秀党员、4名优秀党务工作者，以及在“学习强国”活动中涌现出来的10名“学习标兵”和1个先进党支部。

【基层组织建设】 2019年，学校党委加强党支部管理工作，明确班子成员联系、指导党支部，通过党员大会、支部委员会、党小组会、讲党课和“主题党日”活动等形式，激发党支部活力，提升党支部的凝聚力和战斗力。各支部召开专题组织生活会，组织全体党员开展批评和自我批评，并分别对支部书记以及全体党员进行民主测评。各党支部以党小组为单位组织党员开展“不忘初心、牢记使命”主题教育，并结合自身实际，交流学习心得。每一位党员深刻领会主题教育的重大意义、目标任务和工作要求，并取得实质性的效果。组织开展“谈心谈话”活动，通过支部成员之间、支部和党员教师之间、党员教师与党员教师之间、党员教师与非党员教师之间谈话，解决他们工作和生活中的热点、难点问题，及时解除党员、非党员教师的后顾之忧，为他们解难题、办实事，激发他们工作积极性。

【党风廉政建设】 2019年，毕节市实验高级中学强化“三公经费”监管，督促学校通过校务公开、职工代表大会、教职工大会等方式，定期公开学校“三公”经费、生均经费、助学金、贫困生帮扶基金等经费使用情况。抓好师德师风教育、廉洁从教教育、廉洁从政教育，建立舆情信息共享机制，构建全覆盖的舆情信息收集报送网络体系。建立以案促教、以案促改常态机制，推进案例通报曝光，召开党风廉政警示教育大会，多次组织党员干部参观警示教育基地。是年，按照全市纪检监察干部队伍建设年动员部署会的部署，根据《毕节市纪检监察干部队伍建设年工作方案》要求，学校纪检监察干部队伍建设年工作从2019年3月开始，到2019年12月结束，分三个阶段进行，按照时间要求完成相关工作。

【群团组织建设】 2019年，学校党委加强群团组织工作的领导和指导，开展丰富多彩活动。是年9月，为庆祝教师节活动，工会开展教职工趣味运动会，举办庆祝国庆系列活动，多次看望、慰问离退休校级领导、军遗属、80岁以上教职工。团委在原有社团基础上增加志愿者协会人数，增设攀岩社，开展文学社等几大社团的招新活动。制定管乐队相关管理办法，组织管乐队的训练，将管乐队训练做到常规化，在市教育局组织的管乐队比赛中取得较好成绩。9月至10月，开展新中国成立70周年大型系列活动，第四届“朗诵经典·唱响中国梦”活动。12月，举办第四届校园文化活动周及学生社团活动成果展演暨元旦文艺晚会。妇委会在三八节之际，组织开展女教职工趣味运动会，评选表彰10名“十佳巾帼标兵”，激发广大女教职工的工作激情。

【“不忘初心、牢记使命”主题教育】 2019年9月，自“不忘初心、牢记使命”主题教育开展以来，毕节市实验高级中学党委紧紧围绕“守初心、担使命、找差距、抓落实”的总要求，按照“理论学习有收获，思想政治受洗礼，干事创业敢担当，为民服务解难题，清正廉洁做表率”的总目标，通过上级点、群众提、自我检视、对照党章党规找差距等方式，梳理解决群众的难点、痛点、堵点问题，建立问题清单，推动整改落实。为确保学校学习理论有收获，学校党委班子严格按照市委“不忘初心、牢记使命”主题教育办要求，认真开展学习教育。通过制作宣传展板5块、编发进展情况简报40余期，组织党员开展主题教育知识测试比赛5次，各种形式学习24场，营造浓厚氛围、提升学习实效。通过自主学习、集中学习研讨、多种形式学习、借助各种新平台新媒体扩展学习等多种方式，做到了学习篇目全覆盖，重点内容更深入，学习内涵更丰富，学习方式更灵活。学校班子成员，采取强抓党课教育及培训形式，强化个人意识，同时引领所在支部党员意识共同提升。通过学习及教育，班子成员的思想意识得到提升，进一步加深对习近平新时代中国特色社会主义思想的认识，加深对党章党规党纪的理解，提高守规、执规意识，增强了看齐意识，能够在思想上政治上行动上更加自觉地同以习近平同志为核心的党中央保持高度一致，进一步增强“四个意识”，坚定“四个自信”，做到“两个维护”。学校党委班子把干事创业敢担当作为专项整治重点，成立以党委书记为组长的整治工作领导小组。坚持问题导向，把专项整治工作贯穿主题教育全过程。做到事事见人，把每一项整治工作落实到班子成员身上，分工协作、牵头整治。把找准问题作为关键，把持续推进作为重点，把解决问题作为目的，着力解决群众的操心事、烦心事、揪心事，扎扎实实破解学校在发展过程中遇到的痛点、难点问题。自主题教育开展以来，学校党委班子成员及各党支部党员为群众办实事90余件，取得实实在在的成效。为解决学校教学业务、教师发展、食堂、停车位等问题，学校党委将问题列入调研课题，建立完善《毕节市实验高中职称推荐岗位聘任评优细则（修订）》《毕节市实验高级中学停车管理办法》《毕节市实验高级中学膳食管理督查办法》《毕节市实验实级中学师德师风监测督查制度》，让问题得到实质性的解决。

【师德师风建设】 2019年，毕节市实验高级中学严格执行教育部颁布的《中小学教师职业道德规范》《中小学教师违反职业道德行为处理办法》。坚持开展“师德教育周”集中教育活动，结合“五城同创”工作，将社会主义核心价值观融入课堂教育教学，紧密联系师生思想道德建设实际，深入实效地开展师风师德建设实践活动，做到人人皆知，入脑入心。进一步加强教师队伍师德师风建设，着力打造务实高效，开拓进取，敬业奉献，廉洁奉公的教师队伍，塑造和谐教育的良好形象，为学校教育科学发展提供有力的人才支撑和智力保障。根据毕节市教育局安排，8月，学校开展了师德师风教育周活动，在全校教职工中开展师德师风专项整治行动工作。通过师德师风教育活动，提高广大教职员工师德意识和遵纪守法意识。

【班主任队伍建设】 2019年，学校按照计划和德育工作需要，召开班主任工作会议和“班主任成长工作坊”会议，针对学生中普遍性和倾向性问题开展研究性德育活动，切实解决问题。是年，召开4次全校性德育工作会，班主任工作经验交流会。强化班主任量化考核工作，为各年级部班主任调整提供依据。学校进一步强化良好习惯的养成教育，把对学生的行为习惯养成教育贯穿在学生的日常学习生活。利用每周一的升旗活动和周五的班会课对学生进行爱国主义教育、行为习惯养成教育、诚信教育、生命教育、感恩教育等相关主题教育。发挥校外教育功能，主动与社区联系、与家庭配合，探索学校、家庭和社会“三位一体”的教育模式。加强班集体建设，营造良好的班风、学风。实施“三大工程”，加强德育针对性、实效性，制定《毕节市实验高级中学学生守则》。开展班级文化建设活动，班歌传唱、班级铭牌制作，增强班级凝聚力。恢复每周一的校会，颁发文明班级、卫生评比流动红旗制度。调整班级常规管理量化考核为一月一考核，期末总考核。与团委组织开展好主题德育活动，鼓励学生参加各种有益身心健康的活动，培养学生的集体意识，增强集体的凝聚力。

【教师队伍建设】 2019年，毕节市实验高级中学加强新课程改革实验的教学常规指导工作。组织大型新课程培训，开展新老教师“传、帮、带”活动，签订《新老教师“传、帮、带”协议》。组织学习课题申报讲座，组织各级规划课题的申报工作。是年，学校新高考模式研究样本校3个课题正式启动，3项市级课题和1项省级课题已经结题，2项省级规划课题得到立项，各个课题组按照计划积极开展课题研究工作，并取得初步成效。开展校本研修教材编写的各项工作，编写《毕节市实验高级中学学生学习和生活指南》（德育必修教材）《英语晨读教材》《语文晨读教材》《学生假期作业》《学生作文优秀成果集》等。按照毕节市实验高级中学“十三五”继续教育计划、《毕节市实验高级中学教师发展三年规划》，努力摸索有效的继续教育模式，使继续教育能更大限度地为教师发展服务。2019年，共派出21人次教师到广州市铁一中学跟岗、考察、培训学习；10名教师到都匀一中参加多彩贵州好教育联盟冠军总决赛；学校邀请金太阳教育集团、毕节市教育局、贵州师范大学等专家到对教师进行继续培训。是年，经编制部门同意，学校增设内设科室教师发展中心。

【教育教学管理】 2019年，毕节市实验高级中学深入贯彻落实习近平同志关于发展教育的系列重要讲话精神，以党的十九大精神为引领，坚持以学生为本，认真贯彻执行党的教育方针，以深化课堂教学改革为突破口，全面实施素质教育，促进学生全面发展。学校以教学工作为中心，修订完善《毕节市实验高级中学教学常规管理办法》，规定了教师的备课、上课、作业布置与批改、辅导、监测与评价有关要求等。学校实行行政值班制度，每天安排由一名校领导带班的三人值班小组，负责督促和检查教学常规工作开展情况，教务科还不定期检查有关工作落实情况，严格规范教学常规管理。学校还建立集体教研备课制度，各教研组、备课组要求定期开展教研和集体备课制度，教学常规管理呈科学化、制度化、规范化、常态化。学校根据新课程标准和课程改革的要求，大力推进课堂教学改革，形成了良好的课改氛围，课堂教学中体现新课程改革的新理念和新要求，转变广大教师的教学方式和学生的学习方式，课堂教学效率和质量稳步提高。通过学校教职工的努力，教育教学质量稳步提高。2019 年，学校高考一本上线率 27.46%，全市排第 10 名；二本以上综合上线率 87.22%，全市排第 6 名；是年，学校高中教育工作在全市综合排名第七名，获得了市委市政府三等奖。

【校园文化建设】　2019 年，学校认真落实《中小学体育工作条例》《学校艺术教育规程》，以促进学生素质全面健康发展为目标，完善体卫艺常规管理制度，并在工作中加强监督检查，增强学生的身体素质，大力推动体卫艺工作的开展。学校积极探索体育校本课程，举办了毕节市实验高级中学 2019 年第一届攀岩赛；举办了 2019 年春季学期文化艺术节暨田径运动会、秋季学期足球联赛和冬季趣味运动会；是年 5 月，学校开展纪念“五四”运动 100 周年歌咏比赛；9 月，举办庆祝中华人民共和国成立 70 周年歌咏比赛；参加市教育系统第四届交响乐大赛，并取得二等奖的好成绩；学校先后开展了“经典诵读”“戏曲进校园”“社团成果展演”“书画进校园”等丰富多彩的系列活动活动。为把德育工作落到实处，学校开展了“诚信教育”“革命传统教育”“学雷锋精神”“扣好人生第一粒扣子”等主题教育活动，并取得良好的效果。学校增设宣传橱窗、活动展板、电子显示，宣传国家、省、市的有关政策法规热点时事，宣传学校有关教育教学活动。学校还建立学校网站和微信公众号，宣传学校教育教学工作及各类活动。是年，学校被七星关区卫生监督所评为卫生综合评价等级“A级”单位，学校食堂餐饮服务食品安全等级“B级”单位。

【安全维稳工作】　2019 年，学校加强对安全工作的领导，增强安全责任意识和忧患意识，增强做好学校安全工作的责任感、使命感和紧迫感，切实做好各类安全制度的修订完善工作，并继续推行岗位责任制度、安全教育制度、安全检查制度、大型活动审批制度、应急救援制度、事故报告制度、安全事故责任追究制度等，做到管理无疏漏、无盲区，使安全工作规范有序。学校全体教职员工全面实施“一岗双责制”，在履行各自岗位职责的基础上，同时承担安全管理工作职责，做到“谁主管，谁负责；谁在岗，谁负责”，形成学校安全工作“人人都要抓，人人都要管”的工作格局。进一步加强和落实学校监管责任、主体责任和家长的监护责任。学校按照要求开设安全教育课，积极开展“安全知识进校园、进课堂”“寻找身边安全隐患”等主题活动，对学生进行日常安全知识教育，自护、自救、防灾、逃生能力教育，“案例分析教育”等，切实提高学生的安全知识、意识和防范能力。切实抓好“安全教育日”“安全教育周”“防灾减灾日”“安全教育月”“防溺水宣传月”“119 消防宣传日”“交通安全宣传教育”等主题宣传教育活动。充分利用升旗集会、主题班会、专题讲座、校园广播、安全知识教育课、对学生进行集中教育；利用橱窗、黑板报、图片展示等形式加强宣传教育；利用电话、微信、告家长书等形式加强与家长的沟通联系。不断创新安全教育方法，寻求安全教育载体，拓宽安全教育工作思路，提高安全教育的针对性、科学性和实效性。学校开展安全知识竞赛、安全知识问卷测试等活动；积极开展法制教育，加强与公安、司法部门联系，落实校园法制副校长和法制辅导员；积极开展消防、交通、禁毒、公共安全、心理健康、预防青少年违法犯罪等教育，使师生熟记常用的报警、援助电话，提高学生应对社会安全事故和依法维护自身合法权益预防不法侵害的意识和能力。学校特别加强私自下河塘游泳、道路交通、食品卫生、预防传染病、预防意外伤害事故等方面的安全教育，以及学生良好的日常行为习惯教育。开展周末放学前五分钟、节假日放假前半小时、开学第一课安全警示教育。进一步完善科学、实用的事故应急救援预案，不断深化安全防范工作，确保师生人身安全。

是年，学校被授予贵州省“安全文明校园”。

【基础设施建设】 2019 年，毕节市实验高级中学围绕申办省级示范性高中的目标，在基础设施建设方面取得了一定成绩。一是完成科技实验大楼建设项目竣工结算审计、工程款支付和固定资产入账工作；二是 248 万元的校园电网改造工程采购、安装、调试、验收工作完成，并投入使用；三是完成了 278 万元的“班班通”工程采购、安装、调试、验收，已投入使用；四是完成 186 万元校园文化广场建设工程预算评审、招投标等工作，并进入施工阶段；五是完成对校园部分道路及运动场的维修改造工作。

（撰稿：张忠举）

科 技

科技管理

【概述】 2019年，市科技局深入贯彻落实习近平总书记“7·18”指示精神和省委、省政府支持毕节试验区按时打赢脱贫攻坚战夯实贯彻新发展理念示范区建设的总要求，守初心、担使命，聚焦重点、攻坚克难，为全市经济社会的创新发展提供了有效科技支撑。是年，毕节省级高新技术产业开发区获省政府批复建设，为毕节申创国家高新区奠定基础。

【科技管理机构情况】 毕节市科技管理机构共11个，其中市级1个，县级10个（县区科技管理部门因机构改革将教育局与科技办合并，更名为教育科技局）。科技管理人员147人，科技服务人员397人。

【科技计划项目申报工作】 2019年获得省科技厅资金支持6430万元，其中农业领域项目47个，支持资金2720万元，工业领域项目4个，支持资金1230万元，其他支持资金2480万元。

【对外科技合作工作】 2019年，我市获广州市科学技术局民生科技专题科技帮扶项目1个，支持资金100万元。毕节市中药研究所、大方县九龙天麻开发有限公司作为广州市科学技术局民生科技专题科技帮扶项目合作单位，参与中山大学承担的科技引领特色产业项目《毕节市天麻健康产品的研究开发及产业化》研究相关工作。

【人才及平台建设工作】 2019年，新增省级众创空间1个，新增省级农业科技示范园区10个、农业星创天地3个。获贵州省人才工作领导小组审定入选贵州省2018年度高层次创新型人才“千”层次人才12名。截至2019年底，毕节市共有高层次创新型人才“千”层次人才32名。

2019年获得科技部及省科技厅“三区”人才计划支持经费590万元。217名科技特派员深入农业产业园区、坝区、贫困村及种养殖大户开展定向科技服务。引进羊肚菌等新品种388个，对已成熟的香菇错季栽培技术等318项新技术进行推广。解决技术难题750个，开展技术培训733场22307人次。凝聚科技力量提供技术服务，为按时打赢脱贫攻坚战再立新功。毕节市中药研究所争取的“贵州省毕节市优势中药材研发人才基地”获贵州省人才工作领导小组命名为贵州省第七批人才基地，建设经费60万元。毕节市中药研究所争取恒大集团援建3600平方米“毕节市中药材组培育苗中心”交付使用。

【科技型企业培育工作】 通过强化政策宣传、调研指导、合作联动，全市有效期的高新技术企业数量从18家增至40家，新增22家，新增科技型成长企业梯队3家，10家企业获得国家科技型中小企业入库编号。纳雍和织金两县，首次实现高新技术企业数量零的突破。

【技术转移转化工作】 2019年共认定登记技术合同112项，技术交易额97734万元；引导企业成功申请科技创新券10项，补助金额215万元；指导企业申请兑现科技创新券13项，兑现金额192万元。

【中药研究工作】 2019年开展白及、冰球子、魔芋、铁皮石斛、刺梨等药材的组培育苗研究工作；开展重楼、刺梨、天麻、半夏等药材的成分检测分析；开展天麻资源收集、引种栽培、杂交育种研究工作；发表论文5篇、申请专利2项；新建刺梨研发平台300平方米，为进一步开展毕节市道地药材深入研究奠定基础。

【科技进步统计监测工作】 2019年毕节市综合科技进步水平指数57.3%，位于全省第八位，与2018年持平。

（供稿：市科技局）

农业科研

【概述】 2019年，在市委、市政府的正确领导下，在主管部门的关心支持下，市农科所坚持以党的十九大精神、习近平总书记系列重要讲话精神为指导，按照市委脱贫攻坚、农业产业结构调整的战略部署，以“不忘初心、牢记使命”主题教育为契机，通过全所干部职工的共同努力，圆满完成了2019年年度工作目标任务：承担国家、省（部）、市（厅）级科研项目32项，其中国家级项目4项、省（部）级项目12项、市（厅）级项目16项；育成1个农作物新品种通过省级审定；发表科研论文23篇；主持完成4项科研项目通过验收；申报科研项目24项，获准立项7项；获国家实用新型专利2项、软件著作权3项。

【科研工作稳步推进】 2019年共承担国家级农作物品种区域试验5组：西南青贮玉米区试一组，西南中高海拔组玉米区试一组、二组、三组、国家冬小麦长江上游组区试。承担国家食用豆体系安排的芸豆新品种生产试验、小豆新品种生产试验、豌豆联合鉴定试验、蚕豆联合鉴定试验和豌豆抗白粉病资源田间评价试验，国家马铃薯产业体系安排的西南区马铃薯品种联合试验、新型肥料联合试验、除草药剂筛选试验、晚疫病药剂筛选试验，国家玉米良种攻关西南区机收品种比较试验。承担省级农作物品种区域试验10组：贵州省西部组杂交玉米品种区域试验F组、G组、H组，贵州省鲜食（糯）玉米杂交种区域试验N1组、N2组、N3组，贵州省粳稻品种（组合）区域试验、贵州省小麦新品种（系）区域试验（普通组）、贵州省大豆品种区域试验、贵州省荞麦品种区域试验。承担贵州省粳稻品种

（组合）生产试验、贵州省大豆品种生产试验、贵州省水稻区试品种耐冷性鉴定试验、贵州省粳稻区试品种稻瘟病抗性鉴定试验、贵州省玉米区试品种灰斑病抗性鉴定试验。提供毕芸 19－1、毕芸 19－2 参加国家食用豆体系的芸豆联合鉴定试验；毕粳优 7 号、毕粳 1708、毕粳 1707、毕粳 3809、毕粳优 8 号参加贵州省粳稻品种（组合）区域试验，BP0806－20 参加贵州省马铃薯联合鉴定试验；毕粳优 6 号参加贵州省粳稻品种（组合）生产试验。与贵州新中一种业股份有限公司合作育成新中玉 161 通过省级审定。发表科研论文 17 篇，其中被 ISTP 收录的有 1 篇，被 EI 收录 2 篇。完成《一种羊肚菌孢子收集装置》（专利号：ZL 2018 2 1677496.6）、《一种紫色胡萝卜采摘装置》（专利号：ZL 2018 2 1677390.6）获国家实用新型专利，《奶奶青菜核型分析系统》《黔西北地区灵芝栽培技术管理系统》《高海拔地区莲藕栽培技术管理系统》获国家软件著作权。

【科研项目申报和立项】 2019 年共向国家、省、市申报科研项目 24 项。获准立项 11 项："毕节市农作物种质资源普查与征集"获农业农村部种业管理司资助；"毕节市特色杂粮产业科研创新能力建设"获省科技厅科研机构创新能力建设专项资金资助；"基于大数据分析鉴定马铃薯晚疫病抗性基因"获省科技厅基础研究计划资助；"半夏优良资源及配套高效生产技术示范推广""优质荞麦薄壳苦荞示范及产业化开发应用"；"辣椒新品种高效种植技术示范推广"获省科技厅科技成果应用及产业化计划资助；"毕节市芸豆、大蒜种质资源收集鉴定"获省农业农村厅种业发展专项资金资助；"经果林＋食用豆高效种植科普培训""毕节市新型职业农民培育""果药套种科普示范基地建设""茶叶科普示范基地建设"被列为市科协科学技术普及重点项目。

【完成项目验收情况】 承担完成《优质早熟马铃薯品种毕引 2 号示范推广》《马铃薯新品种毕薯 4 号配套高产栽培技术研究示范》《脱毒马铃薯原原种高效低成本多层结薯控制技术研究》《高海拔地区灵芝生产关键技术研究与示范》《毕节市七星关区马铃薯科技基地建设》《马铃薯新品种毕薯 6 号成果转化》《观光园的珍稀和药食兼用植物资源圃建设》等项目通过验收。

【科技成果转化有新突破】 一是建成全省最大的脱毒马铃薯原原种生产基地，年生产能力达到 2000 万粒，有力地推动了全市马铃薯产业的发展。完成马铃薯原原种生产 123 万粒，完成马铃薯原原种销售 170 万粒，实现销售收入 42.6 万元。二是开展新品种、新技术试验示范，完成杂交玉米种子销售 1.2 万公斤，实现销售收入 23.4 万元。三是开展特色蔬菜生产。全年完成特色蔬菜生产销售 1.32 万公斤，实现销售收入 13.2 万元。2019 年，公司实现销售收入共计 103.8 万元。四是加强国家农业科技示范园区建设。进一步强化园区管理，完善园区功能，提升园区示范功能与集聚效应。大力开展新型农民、新型农村实用人才、农村种养殖能手等新型农民职业教育培训工作，引入企业入驻园区，丰富园区功能版块；巩固提升园区科技水平，已与园区企业贵州星丰科技实业有限公司达成共识，共同助推园区提档升级。

【科技服务指导为贫困村提供技术支持】 41 名省级科技特派员（"三区"科技人才）到七星关、大方、黔西、金沙、织金、纳雍、赫章、威宁、金海湖等县区 31 个乡（镇）街道的 124 个贫困村（其中深度贫困村 57 个）开展服务工作。共开展培训 500 多场（次），培训群众 17000 多人（次），接受技术咨询服务 2500 多次，推广新品种 79 个，推广新技术 164 项，转化科技成果 17 个，创办领办协办企业、合作社 4 个，帮助发展产业 57 个，帮助解决技术难题 94 个，固定帮助 180 户农户发展产业（其中贫困户 136 户），帮助服务乡镇企业或专业合作社申报省科技厅

"14+2"项目3项，为脱贫攻坚提供很好的技术支撑。

【服务农业产业结构调整，助推产业发展】 87名专业技术人员到七星关、黔西、金沙、织金、纳雍、赫章、威宁等县区24个坝区开展产业发展技术服务指导工作，2019年4月以来共到基层服务指导382人次，技术培训1862人次，发现问题148个，帮助解决技术难题102个，推广新技术24项，引进新品种30个，新技术研究5项，为农业产业结构调整产业发展提供很好的技术指导服务。

【科技副职为贫困乡镇脱贫提供技术支撑】 威宁县石门乡科技副乡长吴宪志按照乡党委政府分工安排，协助分管农业及农村工作。通过加大宣传、培训力度，提高农民科学素质，服务地方产业发展，踏实扎根农村调查研究，以"新"促农增收，钻研总结经验，推广实用科学技术，为贫困乡镇产业发展提供了很好的技术支撑。威宁黑土河镇科技副镇长聂宗岳协助镇领导分管产业结构调整、产业规划、异地扶贫搬迁等工作，联系帮扶水塘村，帮扶半坡、坪山、新田3个村。结合村情，调整优化农业产业结构，巩固提升烤烟产业，加快马铃薯、蔬菜产业转型升级。坚持强龙头，延长产业链、提升价值链，发展壮大新农业经营主体，引进和培育龙头企业，形成龙头企业引领、中小企业和农民专业合作社推动、家庭农场和专业大户支撑、小农户给力的现代农业经营体系。大方县鼎新乡科技副乡长孙开利在农业产业结构调整方面，完成经果林种植规划，召开群众会宣传相关农业政策，协调专业合作社与农户土地流转等工作，共种植经果林3007.9亩；在恒大蔬菜大棚建设方面，协调完成320个蔬菜大棚建设；林业环保方面，组织林业站，水利站、农服中心成立工作组开展全国第二次污染源普查工作、六冲河流域入河排污清查等。联系本单位及其他友好单位农业、林业方面专家深入鼎新的田间地头为老百姓切实解决农业生产中遇到技术难题，推广新技术、新品种等，帮助贫困户发展产业，助推脱贫攻坚。赫章县安乐溪乡科技副乡长聂宗平在全乡11个村25度以上坡耕地指导种植大核桃2085亩，在安乐、营上村发展矮化砧苹果种植2000亩，在平顶村发展艳红桃项目500亩，充分利用林下土地，完成半夏600亩、苦参2000亩林下中药材种植，极大地改变当地传统农业单一的种植结构和习惯，同时通过农民习所及下到田间地头对农户进行现场培训，利用专家团队的资源开展马铃薯、半夏、核桃、大樱桃种植技术以及病虫害防治技术培训，为该乡产业发展奠定了很好的基础。

【驻村帮扶助力脱贫攻坚】 一是农业科学所驻村扶贫点威宁县龙场镇3个村，在农业科学所派驻第一书记的不断努力和多方协调下，通过以项目扶贫、社会扶贫等方式开展驻村扶贫工作，现3个村已由原来的深度贫困村逐步走出贫困的行列，2个村已出列，还有1个村于年底出列。二是驻村工作队齐心协力，多方协调社会资源参与扶贫，仅用三月时间就启动了各村感恩教育行动，积极开展感恩教育座谈会，成功协调广州普拜尔生物科技有限公司等多家公司捐赠爱心助学金10余万元；持续资助村贫困学子，并对村优秀的大学生、高中生、初中生发放社会助学金1万余元。三是协调西北农林科技大学捐赠电脑30台，用于完善村级阵地建设，同时协调扶贫资金购买村级无线广播、投影仪及建设村级卫生室。

【领办创办山地高效农业发展项目带动脱贫】 2019年8名专业技术人员在职领办创办山地高效生态农业发展项目，领创人员投入资金1633万元，撬动民间资金2070万元，累计投入资金12826万元，解决就业人数185人，带动脱贫人数148人。

（撰稿：佘本勋）

畜牧兽医科研

【概述】　2019年，毕节市牧科所科研重点围绕毕节市畜牧产业的发展与技术颈瓶，着力开展地方畜禽品种选育与开发和养殖新技术研究应用，努力争取畜牧科技项目，推进畜牧养殖科研示范基地建设、研发能力建设、学科建设和人才队伍建设，加大科技成果转化效应，坚持开拓创新、服务三农，加强加对外科技合作与交流，不断提升自主创新能力，为促进草地生态畜牧业发展作贡献。是年，全所承担国家肉牛牦牛产业技术体系毕节综合试验站、国家绒毛用羊产业技术体系毕节半细毛羊综合试验站和贵州省生态家禽技术体系毕节综合试验站3个项目，积极开展“贵州省万名农业专家服务‘三农’行动”暨国家“三区”人才支持计划科技人员专项计划，为全市畜牧产业助推扶贫攻坚作出了应用的贡献。

【养牛研究】　2019年肉牛团队整合国家肉牛牦牛产业技术体系毕节综合试验站、贵州省科技计划“乌蒙肉牛高效养殖技术集成与示范”、贵州省科技创新券和“毕节市肉牛产业技术创新人才团队”等项目，在国家肉牛牦牛产业技术体系首席科学家和岗位专家的指导下完成以下工作。在大方县3家企业养牛场，开展“不同配方饲料育肥牛试验”“中药育肥牛试验”和“企业带动群众饲养母牛的适度规模养殖示范”，饲养能繁母牛628头，犊牛346头，育肥牛174头；在纳雍县2家企业养牛场开展育肥与餐饮直销体验店和种草—养牛—牛粪养蚯蚓—蚯蚓养鸡（养鱼）—蚯蚓肥制作有机肥的循环生产示范，饲养母牛218头，犊牛84头，育肥牛259头；在七星关区支持1家合作社开展种植青贮玉米和青贮示范、牛粪作有机肥用于果林示范，养牛69头，其中母牛31头，犊牛11头，育肥牛27头；在威宁县支持2家合作社开展种植青贮玉米和青贮示范、威宁黄牛保种繁育示范，养牛240头，其中母牛115头，犊牛68头，育肥牛36头。共举办培训班5期，培训养殖企业技术人员和养殖大户416人次，培训指导圈舍修建、适度规模养殖、饲草生产加工利用、疫病防治、繁育、肉牛育肥、生产经营、牛粪处理利用等。支持和指导出栏牛458头，产值916万元，纯利320万元。申报立项“贵州省人才基地建设项目”1项，派出1名技术骨干到河南跟班学习肉牛育种技术。

【养羊研究】　团队围绕国家绒毛用羊产业技术体系毕节半细毛羊综合试验站、贵州省草食家畜高效养殖人才团基地建设、贵州省乌蒙山区肉羊新品系（种）科技创新人才团队毕节试验区肉羊产业发展研究人才团队等项目开展工作。继续推进贵州半细毛羊品种审定工作，在国家绒毛用羊产业技术体系首席科学家田可川及体系岗位专家柳楠等的指导下，在威宁种羊场、毕节市牧垦场、贵州省威宁高原草地试验站开展贵州半细毛羊毛品质鉴定和生长、生产性能的测定，对核心繁育群系谱进行数据录入归案管理，完成贵州半细毛羊养殖视频制作，修改完善品种审定技术报告，为贵州半细毛羊通过国家品种审定奠定基础。在体系岗位专家候建的指导下，在威宁种羊场开展了毛羊的同期发情试验研究，采取孕酮栓+PMSG法和PG注射法，试验羊群各25只，为毛羊集中发情配种、集中育肥出栏的集约化生产提供试验依据；在赫章县兴发种羊场开展了绒毛用羊的新品系培育研究，以贵州半细毛羊、威宁绵羊为母本，用无角陶赛特、湖羊、美利奴为父本，开展了杂交试验研究，培育杂交F1代58只，同时开展了羊布病及粪便虫卵监测，指导养殖户做好羊口蹄疫、羊痘、羊传染性胸膜肺炎、小反刍兽疫等疫病防控；在赫章古达、威奢和威宁二塘镇艾家坪生态养殖专业合作社，开展了贵州黑马羊培育研究，建立核心种群200只；开展了肉羊在贵州省威宁高原草地试验站开展人工草地绵羊延迟放牧试验研究，形成科技报告1份，在全国肉羊产业发展研讨会上作为专题讲座论文。是年，指导和服务养殖企业、合作社及养殖基地12个，开展技术培训和服务1000余人次，技术推广优质肉羊15000余只，促进肉羊品种改良和产业的发展。

【养鸡研究】 团队在纳雍县领办“纳雍3000万羽土鸡产业发展”项目，帮助纳雍县建立年存栏13.5万羽种鸡、年生产鸡苗1500万羽的乌蒙土鸡原种场，选育出威宁鸡黄羽、黑羽、麻羽三个品系，乌蒙乌骨鸡黄羽、黑羽、麻羽、绿壳蛋用系四个品系，建立健全原种场、扩繁场、商品场配套的生态家禽良种繁育体系，为纳雍县发展生态家禽产业助推脱贫攻坚奠定了坚实的种源基础；开展乌蒙土鸡适度规模生态放养模式研究，建立虫草养鸡、围栏养鸡、山地养鸡、林下养鸡、大棚养鸡的不同生态条件下养殖模型5个，制订《乌蒙乌骨鸡地方标准》《威宁鸡地方标准》《乌蒙土鸡原种场标准化生产管理及操作规程》《乌蒙土鸡生态养殖技术规程》《乌蒙土鸡原种场疫病净化规程》，健全纳雍生态家禽产业技术标准体系；注册了“纳雍土鸡”“乌蒙乌骨鸡”“源生土鸡”“纳雍滚山鸡”等商标，开发了纳雍土鸡肉食产品和纳雍土鸡蛋系列产品，成立“百凤亭餐饮文化公司”，推动纳雍土鸡一二三产业融合发展。建立土鸡生态养殖示范基地88个，育雏半育成场26个，为市场提供优质商品鸡苗129万余只、出栏商品鸡25.4万余只、提供商品蛋632万余枚。为纳雍源生牧业公司申报立项获贵州省发改委4500万元“一县一业”项目资金、省农委1000万元一、二、三产业融合发展项目资金、省扶贫产业子基金投资项目2.5亿元支持。在贵州省科技厅立项申报并实施《纳雍县乌蒙土鸡农业科技示范园区建设》项目，填补纳雍县没有省级农业科技示范园区空白，为纳雍县发展现代农业提供借鉴。领办创办的贵州纳雍源生牧业获贵州食品安全诚信建设示范企业、中国森林食品原材料认证基地、贵州省农产品供应链协会会员单位、全省脱贫攻坚先进集体、全省脱贫攻坚先进集体党组织、贵州省禽业协会副理事长单位等荣誉。

【领办创办山地高效生态农业发展项目】 有5人领办创办山地高效生态农业发展项目，共带动投入项目资金2.6亿元，解决就业人数1426人，带动贫困人数1215余人。毕节金海湖新区公鸡山农业专业合作社：存栏母猪80头、肥猪125头；纳雍县畜禽科技发展有限公司和贵州纳雍源生牧业股份有限公司：养鸡团队4人通过领办企业，发展纳雍土鸡产业，育种扩繁存栏土鸡种鸡7.5万只，育成商品鸡12万只。

【科技服务】 全所参加科特派“三区”服务人员12人、服务农业产业结构调整500亩坝区人员18人，分别在毕节的威宁县、赫章县、纳雍县开展科技服务，共联系帮扶贫困村21个、贫困户36户，同时参加由市委宣传部、市科技局、市科协、市农业农村局组织的科技、科普等活动，累计技术培训、咨询服务1万余人次，发放技术资料5000余份。

【团队建设与人才培养】 获毕节市人才工作领导小组命名为“毕节试验区肉羊产业发展研究人才团队”和“毕节市肉牛产业技术创新人才团队”；获贵州省科技创新人才团队建设项目“贵州省乌蒙山区肉羊新品系（种）培育科技创新人才团队”；获得省委组织部项目“贵州省草食家畜高效养殖人才基地”和“威宁黄牛遗传资源保种场建设”。

（供稿：市畜牧兽医科学研究所）

食品药品检验

【概述】 2019年度，市食品药品检验所在市委市政府及市局的正确领导和关心帮助下，坚持以习近平新时代中国特色社会主义思想及习近平总书记对毕节试验区的重要指示批示精神为指导，深入贯彻党的十九大和十九届三中、四中全会精神，省委十二届三次、四次、五次全会精神，市委二届四次全会和全市“两会”精神，按照“五位一体”总体布局和“四个全面”战略布局，坚持新发展理念，紧紧围绕按时打赢脱贫攻坚战和建设新发展理念示范区建设，按照高质量发展要求，严格围绕“科学公正，优质高效”的质量方针，开展好药品检验检测各项工作。

【团结协作、克服困难，圆满完成检验检测工作任务】 全面完成年度药品检验工作任务。截至9月30日，共收检监督抽样药品670批次。在收检的样品中，毕节市局及各县区局抽验600批次；贵阳市局抽检70批次。检验工作统计分析：到10月25日，完成药品检验670批次，完成率为100%。其中：完成毕节市局及各县区局抽验药品为600批次。经检验，不合格12批次，不合格率为2.0%；全检368件，全检率61.3%；用紫外分光光度仪、红外分光光度仪、高效液相色谱仪、气相色谱仪、原子吸收分光光度计测定为648次，上机率为108%；贵阳市抽验药品70批次，全部符合规定。在完成基本检验任务的同时，为本辖区内企业完成委托检验5批次，企业申请复验1批次。

【以“科学、公正、优质、高效”的质量方针为指导，加强规范化管理】 一是严格执行质量体系文件。是年全所严格按照质量体系文件始终坚持做好对实验操作环节的督促与检查工作，检验检测工作质量得到有力的保证，避免差错事故发生。二是按照《实验室质量管理规范》和《药品检验标准操作规程》要求，严格规范操作，全面落实检验记录和报告书书写要求，确保检验数据准确、规范，杜绝检验结果差错和事故发生，并将检验报告差错均控制在0.5%以下。三是加强仪器设备的维护、保养工作，保证仪器设置的完好率达85%，较好地满足食品药品检验工作的需要。

【以提高干部职工业务能力为中心，积极开展业务学习活动】 一是以组织业务学习为提高职工业务素质的根本途径，加强职工队伍的能力建设。是年，全所以组织业务学习为主要形式，以食品药品检验检测新技术、新方法为主要内容，组织检验人员集中业务学习6次。二是抓好职工学习培训工作，提高队伍素质。按照本所2019年度职工学习培训计划，全年共派出35余人次参加中药材中药饮片真伪鉴别、液质联用、药品审评核查检查员、全省中药检验技术培训、质谱检测技术、沃特世最新检测仪器和方案、市财政局举办的行政事业单位政府会计准则制度培训班等。在开展的一系列业务学习活动中，全所特别注重学用结合，努力提高学习的实用性，引导职工切实将所学知识及时转化为检验检测能力。通过学习活动的开展，实验室检验质量得到更进一步提高，实验室人员的整体检验技能有新的进步。

【科研活动与检验工作齐头并进】 一是为保证检验检测能力稳步提升，全所组织实验科室参与中检院组织的“枸橼酸铋钾胶囊含量测定”“药品相对密度”“板蓝根颗粒需氧菌总数”，省市场监督管理局组织的“菌落总数及大肠菌群的测定”“金黄色葡萄球菌检验”，同时组织实验人员进行平行试样、留样复核、人员比对、仪器比对的质量控制活动，以此为契机提高实验室检验检测水平。二是继续推进省局下达的《贵州省中药材、民族药材质量标准》（2013版）中雷公藤、万年青2个新增品种和小玉竹等8个修订品种的质量标准制修订课题研究工作。

【以十九大精神为引领，党建工作有序开展】
一是根据年初制定的“三会一课”学习制度落实领导干部双重组织生活、组织生活会、民主评议党员、党员党性定期分析、谈话谈心等党内生活制度。围绕切实提高党员干部的政治理论水平，筑牢对党忠诚根基为目标，在加大力度完成全年繁重的检验工作任务的同时深入学习领会中国共产党第十九次全国代表大会精神和习近平总书记重要讲话精神；深入学习领会《党章》《中国共产党党内重要法规汇编》《中国共产党问责条例》《中国共产党廉洁自律准则》《中国共产党纪律处分条例》和《中国共产党党内监督条例》等党内条例法规。同时，组织党员干部职工前往七星关区烈士陵园开展清明祭扫活动；至市博物馆参观“虎门销烟”专题展览；至市博物馆参观学习“广州起义”图片展，在激发党员爱国主义热情的同时也丰富了主题党日活动的形式。二是组织党员干部职工开展以习近平新时代中国特色社会主义思想和习近平总书记重要讲话精神为学习内容的集中学习，内容涵盖《习近平新时代中国特色社会主义思想学习纲要》《习近平关于“不忘初心、牢记使命”论述摘编》《中国共产党章程》《中国共产党问责条例》《干部选拔任用工作监督检查和责任追究办法》《十九大报告》《关于认真贯彻执行干部选拔任用工作任前报告制度》《“不忘初心、牢记使命”优秀共产党员先进事迹选编》等。三是开展理论学习研讨专题组织生活会，采取重点发言与学习研讨相结合的方式。由支部副书记李莎领学，各党员就研讨主题“坚定理想信念、增强宗旨意识”其中一个方面作重点发言，并上交发言材料。四是组织参观“70 周年党史知识展览”活动，通过这次参观活动，使广大党员深刻认识党领导新中国 70 年来取得的辉煌成就，感受党和祖国的伟大，进一步增强“不忘初心、牢记使命”的责任感和使命感。五是加强新党员的发展和管理工作。在加强党员管理的同时，严格按《党务工作手册》要求做好发展党员工作，坚持个别吸收的原则，成熟一个，发展一个。本年度培养 3 名发展对象，3 名发展对象已全部完成政审工作。

【抓好党风廉政建设】 一是制定并签订党风廉政建设责任书。明确落实具体的责任人，形成了一级抓一级、层层抓落实的党风廉政建设工作局面。二是认真执行重大事项请示报告制度。2019 年对购买卡氏水分测定仪、全所职工体检费、采购无菌隔离器等“三重一大”事项均按程序报请市局党组会议研究同意后实施，并认真做好《权力运行清单》备查，确保党风廉政建设主体责任和监督责任在全所得以贯彻落实。三是廉政提醒约谈全覆盖，坚持抓早抓小抓苗头。全年针对节假日活动、婚丧嫁娶、孩子出生、子女升学等纪律规定对全所职工及相关人员进行了提醒预防谈话。四是组织党员干部参加市局主办的网络意识形态形势政策教育专题培训，提醒党员要牢牢守住思想防线，紧抓意识形态工作。五是食品药品检验所支部书记到市检察院参加局机关党组组织的廉政警示教育，提高廉洁意识，增强领导干部拒腐防变的能力，营造自上到下风清气正的工作作风。六是组织全所党员开展以王某、蒲某、袁某某等严重违纪违法案件为案例的警示教育。

【有组织、有计划推进脱贫攻坚工作】 一是按市委市政府相关要求，选派有担当、有作为的干部同志到扶贫点担任第一书记并据实报销选派人员往返车费及生活补助费。二是按“4321”帮扶原则，积极组织职工进行结对帮扶走访工作。是年，全所干部职工 34 人共计到赫章县铁匠乡走访 6 次，走访贫困户 45 户，共捐款 9000 元。三是为响应市委市政府扶贫日号召，助力脱贫攻坚，全所干部职工积极自愿募捐扶贫款 8400 元。

（撰稿：黄　睿）

文化·体育

文化广电旅游

【概述】 2019年，毕节市文化广电旅游局坚持以习近平新时代中国特色社会主义思想为指导，深入贯彻落实习近平总书记对贵州对毕节工作系列重要指示批示精神，以“打赢攻坚战、建设示范区”为统揽，坚持“宜融则融、能融尽融、以文促旅、以旅彰文”原则，围绕中心，服务大局，主动作为，扎实推进文化事业产业和旅游业高质量融合发展；毕节市被文化和旅游部、财政部命名为“第三批国家公共文化服务体系示范区”，成功承办第十四届贵州旅游产业发展大会，被中国气象学会授予“中国花海洞天避暑福地”称号，举办乌蒙文化节·第七届文化艺术系列（声乐和舞蹈）大赛，全市共接待游客1.21亿人次，同比增幅为21%，旅游综合收入1107亿元，同比增幅为33%。

【深化体制机制改革，增强文旅融合发展活力】 一是按照机构改革要求，快速推进机构合并，及时拟定三定方案，机关中层干部和工作人员及时到位，确保机构改革期间平稳过渡，工作无缝衔接。二是按照机构改革后的职能职责调整，完善部门权责清单，推进权责清单“四级四同”，部门职能配置进一步优化，机关内设机构工作更加明晰，职责划分更加科学规范，运转更加高效，工作落实更加到位，为各项工作有力、有序、有效推进奠定坚实基础。三是深化乡村旅游改革发展，完成专题改革任务，出台《关于加快乡村旅游发展的实施意见》及配套《毕节市乡村旅游规范服务水平实施方案》《毕节市民宿建设工作方案》。四是加快推进文化市场综合执法机构改革，制定《关于进一步深化文化旅游市场综合行政执法改革的实施意见》，在原文化、旅游执法队伍基础上，组建市文化市场综合行政执法支队。同步指导推进县（区）文化旅游执法队伍改革。五是整合调整部分直属单位职能，组建市文化艺术服务中心、公共文化和旅游发展服务中心。

【着力构建现代公共文化服务体系，推进文化事业繁荣发展】 一是公共文化服务体系更加完善。毕节市被文化和旅游部、财政部命名为“第三批国家公共文化服务体系示范区”，提升改造县图书馆2个、乡（镇、街道）文化站8个、村级文化服务中心46个，基层综合性文化服务中心覆盖率达到98.41%；推进易地扶贫搬迁安置点文化服务体系建设，设置安置点文化服务中心134个，覆盖率达95.04%，安置点文化服务体系建设成为经验典型，全省易地扶贫搬迁安置点文化服务体系建设现场推进会暨省级示范点经验交流会在毕节召开。二是群众文化更加丰富。完成“送文化下乡”演出105场次，举办“我们的中国梦”——文化进万家惠民活动，春节联欢晚会、少儿春晚、元宵晚会、灯谜、展览等内容丰富，受到不同年龄、不同层次群众的普遍欢迎，群众关注度和参与度越来越高，节日文化氛围浓厚；市图书馆、文化馆、博物馆围绕新中国成立70周年主题和传统节日开展各种文化活动，共接待和服务群众122.03万人次；市美术馆在国庆前正式开馆，并举办庆祝建国70周年书法美术作品展览。三是文艺作品创作生产更具特色。成功举办乌蒙文化节·第七届文化艺术系列（声乐和舞蹈）大赛，235个节目共869名选手进入半决赛，140个节目进入决赛，48首歌曲、35支舞蹈获奖，舞蹈《俏花旦》《生命之歌》《星火》、歌曲《把一切献给党》《红旗飘飘》等一批优秀节目脱颖而出，发现、培养一批优秀舞蹈和声乐人才；创作编排《扶贫趣事》《我和我的祖国》《扶贫政策是个宝》等20余个小品、歌舞、快板节目。特别用足用好乌蒙文化节·文化艺术系列大赛成果，组织大赛优秀节目走进易进持贫搬迁安置点，走进乡村，受到基层群众普遍欢迎；受中央广播电视总台邀请，组织乌蒙演艺集团排演《彝族铃铛舞》节目参加中国器乐电视大赛的展演录制，并在音乐频道播出。四是文化遗产保护利用更加有力。成立全市文物工作领导小组，落实各级政府文物安全主体责任、文物部门监管责任和文物管理使用单位直接责任，县级领导干部带头包保文物安全；基本完成鸡鸣三省会议会址陈列布展工程，启动黔西大关盐号革命文物陈列展览工程、金沙钱壮飞烈士展示景区扩建及陈列展览扩展工程；打造黔西鸭池河红军线路、纳雍梯子岩战斗线路、金沙红军南渡乌江渡口步道3条长征历史文化步道，列入全省示范线路并对外开放；28个非遗项目被省政府公布为第五批省级代表性项目名录，公布市级非遗项目代表性传承人20名，毕节市博物馆《人类起源乌蒙史话》入选国家文物局“弘扬优秀传统文化、培养社会主义核心价值观”主题展览推介项目。五是持续推进广播电视设施完善。稳步推进多彩贵州“广电云”户户用工程建设，新增用户9.5万户，完成年度8万户任务的118.75%；完成民族自治县274个村、非民族自治县35个村综合文化服务中心广播器材配置和调试。

【全力承办好省旅发大会，办出特色亮点】 承办第十四届贵州旅游产业发展大会，围绕“促文旅农商融合·走旅游扶贫新路”主题，创新推出文旅农商产品展销会，旅游产业推介对接会，东西部扶贫协作文旅工作座谈会等活动。与往届旅发大会相比，呈现出以下亮点：一是探索举办旅发大会“新形式”。引进社会资本20余亿元打造的织金古城（平远古镇），大会期间建成投入使用，并作为大会主会场对外开放，成为最亮产品之一。同时用足对口帮扶“活资源”，协调广州雪松文旅集团出资支持搭建大会主会场舞台，开创了引入社会资本举办旅发大会的先河。大会推介会以“徐霞客”和“背包客”游览贵州为线索，以舞台展演形式展示全省旅游要素，打破以往千篇一律的单一剧目形式，让观众记忆犹新。

二是推出了一批旅游“新产品”。成功推出织金古城（平远古镇）、九洞天等景区以及乌江源百里画廊化屋至下红岩码头“水上黄金旅游新线路”，打造百里杜鹃彝山花谷、黔西中果河、赫章九股水温泉等旅游新景区新景点，全面提质织金县溶谷苗寨、宝桢湖，黔西县化屋等景区景点和一批乡村旅游点。三是打造洞穴旅游“代表作”。立足世界高位旱洞织金洞、喀斯特水溶洞九洞天，发挥自然景观类洞穴和历史人文类洞穴资源的比较优势，对织金洞景区进行提质完善，加快九洞天景区开发建设并于国庆期间实现试运营，毕节洞穴旅游产品优势逐渐凸显。四是打造了流光溢彩“夜贵州”。织金平远古镇，作为大会的主会场精彩亮相，成为夜游目的地重要产品，尽显文化和旅游融合发展的供给新动能。五是打造了黔货出山“新平台”。大会子活动文旅农商展销会，组织省内外230余家文旅农商类参展商参展，现场实际签约金额达1.2亿元，进一步推动“游客入黔、黔货出山”，推进文化旅游农业商贸等领域深度融合，延长了产业链。大会办得安全、成功，有力带动毕节旅游基础设施建设、旅游产业发展、城乡面貌改观。

【强化旅游项目建设，旅游供给持续优化】 一是强力推进景区建设。2019年实施旅游“1+5个100工程”项目109个，建成100个、在建9个，完成投资48.52亿元，完成投资计划115.47%，旅游服务配套设施逐步完善。九洞天景区提质改造顺利推进；建成鸡鸣三省景区、九股水温泉旅游度假区，补足红色旅游产品和季节性旅游产品的短板，以重点景区为中心的“五大板块”体系基本形成。二是认真谋划精品线路。与安顺、遵义签订合作发展框架协议书，联合打造以“黄果树，织金洞、遵义会址”为核心的精品旅游线路，联合黄果树、遵义会址共同推出联票优惠政策。三是加快品牌创建。百里杜鹃管理区和黔西县全域旅游示范区创建通过省级验收；织金洞创建国家AAAAA级旅游景区通过景观质量评审，纳雍总溪河、金海湖旅游区、织金古城、九洞天、七星关区鸡鸣三省、百里杜鹃奢香军营山地旅游景区通过AAAA级景观质量评审，新增AAAA级景区1家、AAA级景区10家；毕节市被中国气象学会授予“中国花海洞天避暑福地”称号，织金古城入选贵州文化旅游十大新地标，百里杜鹃被认定为省级文化旅游服务产业集聚区。四是持续深入推进旅游厕所革命。建设完工旅游厕所85座，同步推进厕所系统信息更新、制度上墙和百度地图标注，标注率98.81%，从年初全省第九上升到全省第三。

【着力推进乡村旅游发展，持续壮大乡村旅游规模】 乡村旅游发展《实施意见》及配套方案出台，提供了坚强的政策支撑，形成市级牵头、县区推进的齐抓共管的良好发展态势；以百里杜鹃、织金洞、韭菜坪、鸡鸣三省等景区为重点，推动周边乡村旅游点发展；依托“空气”“天气”两气资源优势，打造一批以避暑旅游为主的乡村旅游点；全面推进民宿、精品客栈、农家乐建设和提质升级，新增床位数1万余张；全力推动乡村旅游点标准化建设，大方木寨被国家文化和旅游部列入全国首批乡村旅游重点村；通过省级评定公布，新增甲级乡村旅游村寨5个、精品级乡村旅游客栈2个、五星级乡村旅游经营户3家，全市已评定质量等级的乡村旅游单位达196家，乡村旅游知名度不断提升，全市乡村旅游人次、旅游综合收入同比增长30%以上。

【创新宣传方式，拓展旅游客源市场】 紧紧围绕提升“洞天福地·花海毕节”旅游品牌知名度和美誉度，开展多位一体的宣传营销。一是抓线路产品建设和推广。积极策划主要客源地、出入境旅游企业赴毕考察活动；以龙头景区宣传带动，相继提升百里杜鹃、织金洞、韭菜坪、慕俄格古城、九洞天、油杉河、鸡鸣三省等重点景区，精心策划和打造八条省内外精品线路，邀请广州、四川、重庆、贵阳周边客源地、航线开通城市旅行社赴毕踩线，有效巩固重点目标市场。二是抓旅游文化节庆品牌创建。组织开展国际杜鹃花节、阿西里西狂欢季系列活动、“花海毕节·月月旅游”活动等，提升和丰富毕节文化旅游的品质和内涵。三是抓城市宣传推介提高“花海毕节”品牌知晓率。组织参加广州国际旅游展览会，宣传推介优秀旅游产品和线路；紧盯夏季避暑旅游市场，世界园艺博览会期间在北京举行旅游宣传推介会；赴山东、河南、四川等地开展旅游宣传推介，有效拓展中远程客源市场。四是抓全媒体宣传。抢抓成贵高铁开通，立体交通网形成的机遇，实施列车冠名、高铁沿线城市推介、市内高铁站旅游服务中心和旅游商品展销店打造，开展全媒体线上线下营销，唱响“洞天福地·花海毕节”旅游品牌。

【紧盯目标任务，持续优化旅游经济各项指标】
以承办省旅发大会为契机，紧盯全年旅游经济目标任务，对标对表狠抓各项经济指标工作，全市旅游经济各项指标稳中趋优，持续向好。全市限额以上住宿业营收同期增幅达10.2%，全省排名第三位；全市共接待游客1.21亿人次，同比增幅为21%，旅游综合收入1107亿元，同比增幅为33%。

【发挥文旅扶贫作用，进一步助推脱贫攻坚】
一是旅游业发展带动强劲。借承办省旅发大会之机，全力推进旅游项目建设和旅游业态丰富，探索“党支部+合作社+农户”等模式的乡村旅游合作社，为优化利益联结机制、推动乡村“治理有效”作出积极尝试，旅游业成为推进全市脱贫攻坚的有效载体，2019年，全市旅游业发展带动6.1万名建档立卡贫困户增收受益，旅游扶贫成效明显。引入社会资本建设的织金古城旅游综合体等项目，有效彰显文旅融合、农旅融合、商旅融合助推旅游扶贫三大功能，累计带动3万余名贫困人口增收，为试验区走出一条旅游扶贫新路探索了新经验；纳雍总溪河旅游区樱桃种植实现年产值1.46亿元，人均增收5960元。二是创新形式做好“文军扶贫”。文艺下基层、进军营、进社区、进学校等活动有声有色，引导支持基层举办乡村春晚和节日文化活动，基层文化生活丰富多彩；大力扶持贫困乡镇文化服务体系建设，直接投入92万元支持赫章县安乐溪乡，威宁县新发乡，纳雍县昆寨乡、乐治镇等乡镇巩固基层文化阵地；实施“三区”文化人才支持计划，将文化岗位扶贫纳入“10+N个一批”就业扶贫；鼓励乡镇文化工作者和村级文化管理员利用新时代农民（市民）讲习所开展文化讲习，赋予文化扶贫新内涵，激发基层群众脱贫攻坚内生动力。三是东西部扶贫协作成效明显。通过走出去请进来加强广州、毕节两地文化对话，组织民族音乐舞蹈诗《夜郎》剧目参加广州艺术节在广州友谊剧院进行演出，邀请广州市热门武侠杂技剧《笑傲江湖》到毕节开展惠民演出；广州国际旅游展览会期间，广州支持毕节4个标准展位开展旅游宣传推介，在人流密集地香港红磡车站为毕节广告牌提供2块，在广州重要媒体平台传播毕节旅游好声音，有效提升“洞天福地·花海毕节”旅游品牌影响力；实施送教上门，选派图书、文博方面专家到毕指导工作；大力开展人才帮扶，支持毕节选派人员参加广州市图书馆高级人才研修班、2019广州市文化站长研修班，支持毕节选派黔西县旅游部门业务骨干人员到广州市多个部门进行为期半年的挂职锻炼，学习发达地区旅游管理先进地区旅游管理先进经验和理念。2019年，广州帮扶毕节成效明显，广东前十强旅行社均有毕节旅游产品上架，广东赴毕旅游人数稳步增长。

【加大监管力度，保障文化旅游市场安全稳定】
一是切实抓好风险隐患排查整治。强化风险意识、底线意识，持续开展文化旅游行业安全隐患和风险排查整治，出动检查人员9248人次，排查经营单位、文博单位4094家次，排查一般性隐患311项，及时落实防范化解措施，整改隐患270项，确保文化旅游市场安全稳定。二是全面加强日常监管。先后组织开展无证无照专项整治行动、文化和旅游市场综合整治行动、网吧专项整治行动、校园周边文化旅游市场专项整治行动等，不断完善投诉举报处理机制。出动检查人员11041人次，检查经营单位4425家次，责令整改37家次，立案调查98件，当场处罚46家次，警告44家次，责令停业整顿23家次，取缔126家，罚款83家次，罚款36.13万元。三是重点抓好节假日文化旅游安全。在春节、五一、国庆等重要时段，开展文化旅游安全大检查，压实主体责任和监管责任，层层传导压力，加强源头管控，完善应急预案，落实防范措施，消除安全隐患，确保文化旅游市场安全检查不存死角、不留空白，实现假日旅游“安全、秩序、质量、效益、文明”五统一目标。

体育

【概述】 2019年，毕节市体育局在市委、市政府的正确领导和省体育局的指导支持下，以党的十九大和十九届历次全会、省委十二届六次全会、市委二届六次全会精神为指引，紧紧围绕市委、市政府的中心工作安排，贯彻落实《全民健身计划（2016－2020）》，通过“不忘初心 牢记使命”主题教育，洗礼党员干部职工思想，以党建和党风廉政建设促内部管理规范，使社会体育、竞技体育、体育产业工作协调发展。

【社会体育】 社会体育有序开展，健全协会组织机构，公共服务体系建设逐步完善，全民健身走进社区，群众体育赛事活动全方位展开，成绩丰硕，多层次、多元化的全民健身体系逐步形成。完善协会组织换届选举，加强群众体育活动组织领导；建成乡镇25个老体育活动场地；成功举办迎新春体育惠民系列活动，毕节市第四届“五一杯”暨“贵州银行杯”职工周末篮球联赛，2019年“贵州动起来”贵州省《国家体育锻炼标准》达标赛（毕节赛区），2019中国小篮球（贵州毕节赛区）联赛，2019年毕节市市直机关、企事业单位、中央（省）驻毕相关单位干部职工第九套广播体操比赛暨全民健身展示活动，第二十五届百里杜鹃花节围棋邀请赛，纪念毛泽东同志“发展体育运动，增强人民体质”题词67周年系列活动，圆满承办了全省第八届老运会持杖健走比赛，“滇黔桂三省（区）十市州第34届老年人体育协作赛”，毕节市2019年全国百城千村健身气功交流展示活动，承办庆祝中华人民共和国成立70周年贵州省第四届“茅台王子杯”广场舞大赛毕节半决赛，举办“庆祝新中国成立70周年贵州省第四届速度轮滑公开赛”等群体赛事活动；组队参加省第八届老年人运动会：排球男队获优胜奖、女队获优秀奖、团体获体育道德风尚奖，持杖健走代表队获得规定套路、自编套路双第一，400米场地接力第一、户外穿越第二，柔力球队获集体全能套路第二名、双人自选套路第二名、男子组个人竞技第三名，钓鱼队荣获优胜奖，健身秧歌队获规定套路优胜奖、体育道德风尚奖。参加2019年峨眉山国际传统武术比赛：共获得4枚金牌、5枚银牌、6枚铜牌。参加全国健康工程系列太极拳公开赛（贵州站）暨贵州省太极拳公开赛：荣获7金4银1铜。参加贵州省第一届社会体育指导员技能交流展示大赛：太极拳项目取得集体二等奖、健身气功项目集体三等奖。参加全国第八届鞭陀龙舞（第三届野玉海怀鞭陀龙舞）：获得特等奖一个、花式陀螺舞蹈健身龙比赛获冠军一个、舞蹈获亚军一个。参加贵州省首届少年儿童武术大赛：获集体项目第二、单项1金2银1铜；培养了197名一级社会体育指导员。

【竞技体育】 竞技体育成果丰硕，重视体育人才培养，逐步完善管理体系。全国第二届青少年运动会：毕节市共48名运动员参加10个项目比赛，赛艇皮划艇项目获5枚金牌、7枚银牌、5枚铜牌，射击项目获第四名、第五名、第七、第八名各1个，游泳项目获1枚铜牌，空手道项目团体获1枚铜牌，田径项目获2个第四名，举重项目获1个第七名，轮滑项目获1枚银牌、3枚铜牌、2个第五名、1个第六名、2个第七名、2个第八名，滑雪项目获2枚银牌、1枚铜牌、1个第四名；国际赛事：毕节籍运动员钱微获得射击世界杯总决赛第二名，且为中国射击队赢得一个东京奥运会参赛席位。陈卫春获赛艇世界青年锦标赛取得第四名、亚洲锦标赛男子双人双桨冠军、男子轻量级单人双桨冠军，沈非获得亚洲射击锦标赛青年女子手枪三姿团体冠军、卧姿团体亚军。国内赛事：毕节籍运动员共获得全国冠军17个、亚军12个、季军13个；省级赛事：全省青少年单项锦标赛、冠军赛共获取128金、123银、113铜；现役国家队队员有：钱微、沈非、刘双萍、范跃跃、况春琴、朱廷、陈卫春、杨镕；举办毕节市第二届青少年运动会；开展毕节市2019年“黔行少年”夏令营活动；举办市第二届高原对抗赛；全年开展全市范围内跨项跨季跨界选材5次，共有10余人入选省级后备人才大名单；举办乒乓球、羽毛球等项目裁判员培训班，共审批105名国家二级裁判员、224国家三级裁判员；审批国家二级运动员30人次；共派出80余人次参加全国、全省体育管理人员、教练员培训；完成市级运动员注册工作和运动员注册系统升级工作；授予威宁小海中学、俱乐部等56家单位为毕节市第一批高水平体育后备人才基地（2019－2021）。

【体育产业】 推进“五位一体”建设，完成8个县（区）易地扶贫安置点共480万元的体育健身场地设备设施的规划、招投标、安装等工作，建成易地扶贫安置点多功能健身场地；帮助33个社区（村）解决体育健身场地和健身路径器材；完成全市共有102个室内体育场地，7083个室外体育场地的调查统计工作；建成绿色健身步道875公里；安全有序超额完成体育彩票销售任务，销量达4.0149亿元。

【改革创新】 通过与市教育局、市民宗局的多次对接协商，落实体育运动学校的改革试点，促成与市民族中学的联合办学，为专业体育教育化开辟了广阔前景，解决了专业体育读书难的实际问题；布点竞技体育进校园。在毕节市实验学校布局乒乓球项目训练点，高度融合竞技体育进校园试点，扩大毕节市体育竞技人才的选拔面。此项目的合作成功，体现出竞技体育选材、培训不仅限于县（区）和比赛的选拔创新，开创体育与教育高度融合的新局面。

（供稿：市体育局）

史志·档案

党史研究·地方志编纂

【概述】 2019年毕节市史志办在市委、市政府的正确领导和省委党史研究室、省志办的指导下，围绕中心、服务大局，坚持“一突出、两跟进”要求，把存史、资政、育人作为根本任务，认真组织实施《毕节市史志办2019年度目标责任书》，尽锐出战，按时完成市委、市政府、省委党史研究室、省志办交办的各项工作，推动全市史志事业不断向前发展。

【党史征编研】 一是完成省级贵州文库丛书《乌蒙山上同心结》的出版发行，本书是谱写中国梦贵州篇章红色文库的重点课题之一。全书共7章约16万字，由社会科学文献出版社出版，具体编写工作由毕节市史志办承担。

二是《创新毕节（1949－2019）》的出版发行，该书是奋进发展的贵州（1949－2019）系列丛书之一，具体编写工作由毕节市史志办承担。该书共9部分组成约25万字，由贵州人民出版社出版。该书客观、准确地记述70年来毕节的发展历程、主要成就和成功经验，为坚定全市各族人民建设社会主义现代化的信念和决心，为决战脱贫攻坚、决胜全面小康提供强大的精神动力。

三是完成《毕节试验区脱贫攻坚战略行动实录（1988－2018）》《毕节解放实录》《毕节抗战历史》资料征集和编撰工作，并上报省委党史研究室。

四是完成红军长征在贵州（毕节部分）的日志、纪实等收集和撰写文献和档案资料。

五是完成《川滇黔边苏区研究》《三旅融合、绿色发展——兼论“龙马天宫”管委会的组建》等课题撰写工作。“川滇黔边苏区研究”课题是经中央党史和文献研究院宣传专项引导资金办公室组织评审，专项引导资金领导小组研究同意，并报院务会审定立项的项目。川滇黔边苏区研究主要包括五个部分，第一部分川滇黔边区基本情况，包括苏区地理状况、经济状况、人民生活状况、川滇黔边区人民早期的反抗斗争；第二部分中央红军与川滇黔边苏区内容包括创建川滇黔边苏区的提出、中央红军在遵义开展创建苏区的活动、中央红军在川滇黔边开展机动灵活的运动战；第三部分红二、红六军团与川滇黔边苏区，包括红二、红六军团在川黔滇边创立新根据地、开展根据地建设的各项革命实践活动、展开一系列反“围剿”的斗争、乌蒙回旋突围西进；第四部分红军游击队与川滇黔边苏区，包括成立红军游击纵队、投入到创建川滇黔边苏区的革命斗争、贵州抗日救国军第一、三支队、贵州游击支队坚持斗争、四川游击支队的斗争、云南游击支队的斗争；第五部分川滇黔边苏区历史地位、现实价值包括川滇黔边苏区是转折之地、川滇黔边苏区是红军长征的黄金时期、川滇黔边苏区创造了统战工作的典范、川滇黔边苏区助推脱贫攻坚。川滇黔边苏区研究采取田野调查、室内文献资料征集、与党史专家座谈交流等多种方式进行，对征集到的史料进行甄别、筛选、研究后决定其取舍。该课题党史、文献资料丰富，是首个跨多省市苏区课题研究，对开发川滇黔三省边界地带红色文化的挖掘研究、推动三省边区地区经济发展有重要现实意义。

四是完成编辑出版《毕节春秋》杂志6期。

【志鉴、年谱编纂及影像志工作】 一是完成《毕节地区通志》的公开出版发行。2019年10月，《毕节地区通志》正式出版发行，该志书由毕节市地方志编纂委员会编纂，方志出版社出版。《毕节地区通志》是根据国务院办公厅《关于进一步加强地方志工作的通知》和贵州省人民政府《关于加强全省地方志编修工作的通知》精神，在贵州省第二轮修志期间，由原毕节地区行署确定、毕节市地方志编纂委员会编修的一本志书。该志书于2003年年初召开编纂工作会议正式启动编纂工作，经历制订方案、落实经费、组建队伍、资料收集、初稿编纂、分纂、总纂、反复校改等工作。2004年资料征集工作全面铺开，2012年完成书稿编纂，2013召开志稿内审会，因毕节“撤地建市”，对下限时间进行了调整，将下限时间下延至2011年。2014年后再次补充资料40余万字，修改2万多处，并于同年12月召开审稿会，从而完成三级评审与全部修改，2017年通过省级终审。从正式启动到公开出版发行，前前后后历时15年，于2019年10月公开出版发行面世。《毕节地区通志》是一部由地方党委、政府举全市之力，聚众人之智而主修的“官书”，是毕节有史以来第一部贯通全境、横陈百科、纵述古今的一方全史，全书遵从地方志固有特性，而又敢于创新，与时俱进，特别是设置试验区建设的专篇，更能体现其是一部具有较强个性和地方特色的新志书。志书上限始于毕节历史发端，下限止于2011年12月建制变更之后，即撤销毕节地区行政公署建立毕节市之时，记述范围为撤地设市之前的毕节地区所辖行政区域。该志书全面反映毕节地区有文字记载以来历史概貌，特别是1978年以来所取得的建设成绩。全书遵循志书固有体例，述、记、传、表、图、照等要素齐全。《毕节地区通志》是毕节市有史以来最浩繁的文化工程之一，记述内容大致涵盖以下方面：一是建置、自然环境、资源、人口等；二是城乡建设、环境保护、交通、邮电信息、公共事业等；三是农业、工业、建筑业、服务业、经济管理等；四是中国共产党、人民代表大会、人民政府、政治协商会议、民主党派、群众组织、公安司法、军事等；五是教育、科学技术、文化艺术、新闻出版、广播影视、卫生和计划生育、体育等；六是人民生活、人事和劳动社会保障、民政、民族、宗教、风俗、方言等；七是人物、艺文等。全书共10卷650万字26篇118章435节，志书全面客观翔实地记载毕节政治社会变迁、经济状况、历史文化、自然风貌、科学教育、民族文化、宗教、气候、地质、物产、矿藏、风俗民情等方面发展的历史与现状，内容丰富，资料翔实，为毕节最完整、最系统的地情百科全书。

二是完成《毕节年鉴》2019年卷组稿、编辑工作及出版发行工作。《毕节年鉴》2019年卷共120万余字，该卷全面记载2018年度全市政治、经济、文化、社会等各方面的基本情况、重大事件和发展变化，在总结经验、精益求精的基础上，收录年度地方性特色资料，反映2019年毕节市经济建设和社会发展以及改革开放的新成就、新经验，是社会各界了解毕节、研究毕节的地方综合性文献。

三是根据市政协第二届第二次会议第140号《关于编辑出版周素园先生年谱的提案》要求，完成《周素园年谱》资料征集编撰出版工作，该书由中国市场出版社出版，王葆和先生编撰，毕节市史志办、市档案馆共同编辑。2018年5月21日，毕节市史志办收到由市督办督查局转来的市政协第二届第二次会议第140号由刘祖荣、周建华、周晓茹政协委员联名的《关于编辑出版〈周素园年谱〉的提案》。5月27日，毕节市史志办召开党组扩大会议进行了专题研究，决定承担编辑《周素园年谱》的任务。编辑《周素园年谱》具有重大的历史和现实意义，可激发毕节人民不忘初心，坚定信念，为毕节按时打赢脱贫攻坚战、建设贯彻新发展理念示范区传递正能量；同时，也能为读者认识毕节、了解毕节奉上一册优秀的地情资料书籍。接受任务后，毕节市史志办组建《周素园年谱》编辑工作部，由主任高隆礼牵头负责，副主任吴南剑具体抓落实。《周素园年谱》是以王葆和先生多年辛勤编撰的手稿为基础编辑而成。在整个编辑的过程中，毕节市史志办所有同志放弃节假日的休息，投入到紧张的编校中。其中，吴南剑、饶艳兰、刘宇、田平根据《周素园文集》《贵州通史》《贵州辛亥革命资料选编》《中国近代通史》《贵州省志·人物志》《贵州省志·大事记》等书籍对全书进行了审改，吴南剑、吴云、饶艳兰、刘宇、甘祖娟、田平、彭恩泉、罗静、张艺杰、龙兰、李爱农参加了全书的校对。历经四校四改终于付梓。周素园老人的亲属孔庆凯、周晓茹始终支持、帮助《周素园年谱》的审定、校改；原毕节市档案局党组书记戴淑金、市档案馆馆长唐鹏程对此书出版给予关心。全书约70万字，配有毛泽东主席写给周素园的一封信、周素园先生活动照、委任状及奖状等珍贵图片。

四是完成《贵州年鉴》毕节市部分撰稿上报工作。

五是帮助毕节卷烟厂审改《毕节卷烟厂志》。协调和促进《毕节科协志》的印刷工作，《毕节科协志》出版发行工作已进入最后阶段。

六是影像志工作有所突破。2019年，《织金影像志》在央视科教频道播出，《金沙影像志》正在拍摄，《大方影像志》正在编辑。

【史志宣传教育】 1月和3月，接待中央党史和文献研究院、四川省社科院组成的《“鸡鸣三省”会议文献收集、整理与研究》课题调研组，并向其一行宣讲红军长征经过毕节及鸡鸣三省会议相关史实。单位领导分别到鸡鸣三省和部分市直单位开展党史宣讲和国防教育宣讲。

9月10日，召开由中央党史和文献研究院第七研究部、贵州省委党史研究室、毕节市委主办，毕节市委宣传部、毕节市委党史研究室和七星关区委承办的主题为“弘扬长征精神 决战脱贫攻坚”第四届长征论坛，来自国内的党史专家、学者、军史专家、红军后代以及长征沿线党史部门负责人等100余名代表就长征精神助推脱贫攻坚事业纷纷建言献策，深入探讨毕节试验区的发展和脱贫攻坚的实践和经验。该次论坛既是一次思维的碰撞，又是一次党史知识的宣传普及，还是一次毕节市的形象展示，为毕节试验区打赢脱贫攻坚战凝聚精神力量。

为隆重纪念中华人民共和国成立70周年，举办“纪念中华人民共和国成立70周年党史知识展览”。9月下旬，在毕节市行政中心C栋一楼大厅开展纪念中华人民共和国成立70周年党史知识展览，中共毕节市委组织部、市委宣传部、市史志办联合下文要求市直单位组织干部职工依次参观，一个多月的展出时间里，来自毕节市百余家单位组织近三千名干部参观学习，激发全市广大党员干部学党史、知党情、感党恩、跟党走的热情。

完成《毕节史志工作》月报12期编发任务。指导《毕节故事》微信公众号，公众号宣传社会主义核心价值观，反对历史虚无主义，讲述毕节好故事，传播毕节好声音。

【史志档案馆、信息化建设和地情资料开发利用】 积极与毕节市职业技术学院、毕节幼专、市机关事务管理局、市自然资源和规划局等部门对接联系，争取对方帮助解决设立毕节临时史志馆场地困难。着力强化史、志、鉴等地情资料利用的信息化建设，对全市党史资料丛书40余册进行电子版扫描，制作成PDF版。以地方党政网站为平台，开辟相关栏目，及时上传资料，以方便提供利用。在贵师大图书馆网、贵州数字网上制作地方志全文数据库提供查阅。与毕节市大数据办公室合作开通“毕节史志网”上线运行。不断加大读史用志力度，及时向市委、市政府主要领导，试验区专家顾问组等有关专家和国家，省、市有关部门，学校、图书馆、科研机构赠送党史、志书、年鉴等资料，以供借鉴参考。为市创建国家园林城市工作指挥部办公室提供一轮县志8部、二轮县志5部、大定府志1部、毕节试验区志1部，共计15部相关志书和历史文献资料。向贵州农科院提供府志、州志、县志（以上为旧志），第一轮专志、县志，第二轮《毕节地区通志》、五部二轮县志电子版，计70余部。开展志鉴资料统计，并将数据报省志办。

【史志人才培养】 一是4月12日，对全市各县区史志办主要负责人，市史志办各科室负责人进行史志业务工作培训。二是组织人员参加省志办在浙江大学举办的贵州省地方志培训班等。三是利用毕节史志网对全市史志从业人员进行网上培训，不断提高全市史志工作者做好新形势下史志工作的能力。四是严格按照相关规定要求，选拔任用一名正科级领导干部和两名副科级领导干部。四是按照相关要求按时完成公务员职务与职级并行套转工作、职级晋升工作。五是完成“两要点两清单”制定工作。六是按照程序从七星关区史志办调入一名副科级干部。七是报送一名公务员招考计划并完成招录工作。

【党建帮扶】 扶贫帮扶工作。继续选派单位的精兵强将王显到黔西县红林乡漆树村担任第一书记，通过整合资源，积聚力量，发挥特长，采取责任、项目、资金“三个捆绑”的帮扶措施，切实推动黔西县红林乡漆树村脱贫攻坚工作通过省政府组织验收，精彩出列。6月，按照《中共毕节市委办公室毕节市人民政府办公室关于市级定点扶贫联系点调整优化的通知》要求，选派综合科科长刘宇到威宁县迤那镇挂任党委副书记，投入到迤那镇的脱贫攻坚工作中，参与脱贫攻坚工作。积极响应市委关于增强深度贫困地区帮扶力量，提升帮扶效果，确保按时打赢脱贫攻坚战的决定，11月初又选派党组成员、副主任吴南剑到威宁县兔街镇担任驻乡帮扶工作队队长，开展蹲点帮扶蹲点协调蹲点督促工作。并向兔街镇支援建设资金2万元，协调市体育局捐赠价值6万元的体育运动器材，协调市残联捐赠扶残助残器械3套。

【理论学习和党风廉政建设】 一是注重政治学习，提高政治站位。强化“四个意识”，坚定“四个自信”，坚决做到“两个维护”，忠诚履职、勇于担当，推动党员干部自觉向核心看齐、自觉维护核心，坚定执行党的政治路线，严明政治纪律政治规矩，在政治上保持同以习近平同志为核心的党中央高度一致，强化党对一切工作的领导，确保党中央、省、市重大决策部署贯彻落实。二是推进“两学一做”常态化制度化，理论学习中心组、三会一课认真组织学习贯彻习近平新时代中国特色社会主义思想、党的十九大精神、《中国共产党章程》《中国共产党党员领导干部廉洁从政若干准则》《中国共产党党内监督条例（试行)》《中国共产党廉洁自律准则》《中国共产党纪律处分条例》等规定。严格执行中央八项规定实施细则、省委十项规定实施细则、市委十项规定实施办法。领导班子成员认真履行主体责任和一岗双责，筑牢防腐拒变的坚固防线，切实把思想和行动统一到中央及省委、市委的要求上来。三是积极发展党员和认真落实“三会一课”制度，提高党组织的战斗堡垒作用。强化党组织的自身建设，是年，一名预备党员按期转为正式党员。定期和不定期召开支部党员大会、支部委员会，上好党课。清明节、七一期间、烈士纪念日等组织党员到爱国主义教育基地缅怀先烈上党课。四是按要求开展约谈常态化工作并进行提醒谈话，按时报送三重一大有关事项。严格执行《党政机关厉行节约反对浪费条例》《党政机关国内公务接待管理规定》和省、市配套规定，从严控制资金使用，反对铺张浪费。五是召开2018年度党员领导干部民主生活会，坚持党务、政务公开，让权利在阳光下运行。深化基层党组织建设，巩固和发展党员先进性，发挥党支部在宣传和执行党的路线方针政策，学习科学文化、国家法律和业务知识，教育、管理、监督和服务，做好群众思想政治工作。发展新党员，监督党员干部，同各种违法行为作斗争的战斗堡垒作用。

【主题教育】 第二批主题教育开展以来，毕节市史志办坚持标准不降、力度不减，始终聚焦主题主线，把学和做结合起来，把查和改贯通起来，统筹推进“四项重点措施”落实落地，推动主题教育有力有序开展。

一是组织领导高度重视，主题教育被提到重要议事日程。召开专题党组会，成立领导小组，党组书记、主任高隆礼任组长，党组成员、副主任唐光甫、赵建雪、吴南剑任副组长，各科室负责人为成员。拟定了“不忘初心 牢记使命”主题教育实施方案及有关学习计划。组织召开毕节市史志办“不忘初心 牢记使命”动员部署大会。

二是领导班子和党支部主题教育工作有机融合，同安排同部署，齐头并进。市史志办共有1个党组班子，整个班子只设立了1个党支部，所以结本单位实际，班子的主题教育和基层支部主题教育可以同时开展。在检视问题的过程中发现，史志办支部委员会换届工作存在滞后现象。针对存在问题，党支部立行立改，完成整改工作。

三是在落实四项重点措施，紧扣主题主线把四项重点措施有机融合到位、把“三个摆进去”贯彻到位。

【意识形态工作】 深入学习贯彻习总书记关于意识形态工作的系列重要讲话精神，积极培育和践行社会主义核心价值观，牢牢把握“党史姓党”的政治方向，围绕中心、服务大局，旗帜鲜明反对历史虚无主义，弘扬主旋律，传播正能量，确保了意识形态工作责任的落实。认真落实党组书记意识形态工作述职制度，实行“一把手”负总责，班子成员各负其责，党组会定期分析研判意识形态领域情况，辨析思想文化领域突出问题，分清主流支流，对苗头倾向性的问题，有针对性地进行引导。按时报送意识形态工作报告。

【其他工作】 一是持续深入推进“大兴调查研究之风、大兴真抓实干之风、大兴勤俭节约之风”活动。领导班子和干部职工认真落实“四到工作制”，带头深入单位扶贫联系点开展调查研究，推进大兴调查研究之风落到实处。大力整治作风纪律，突出整治“慢作为”“不作为”“乱作为”等问题，提高工作效率。厉行勤俭节约，反对铺张浪费，本着节约原则，简朴办好会议、从严控制公务接待、全面压缩“三公”经费，全面落实节俭措施、筑牢廉洁自律防线。二是组织开展好党员主题日活动。认真落实在职党员进社区开展服务工作。在职党员全部到七星关区大新桥办事处大桥社区报到，为社区的建设发展出谋划策，贡献力量。在服务社区过程中，发挥理论宣传优势，为社区居民宣讲党的重大理论方针和形势政策，得到了社区居民的充分肯定。三是全面推进“五城同创”工作，到创建全国文明城市网格化管理联系点七星关区大新桥办事处大坡社区、殷官屯社区进行走访调研，实地研究帮扶措施，向大坡社区捐赠3万元创建经费。四是到林青纪念馆调研指导创建全国文明城市工作。

（撰稿：田　平）

档案

【概述】 2019年，毕节市档案馆在市委、市政府的坚强领导下，在上级业务主管部门的精心指导下，紧紧围绕“为党管档、为国守史、为民服务”的职责定位，全面强化档案资源体系、档案利用体系和档案安全体系建设，在档案接收、保管、利用、数字化、重点档案抢救保护、农业农村档案等方面取得了新成果。深入开展“不忘初心、牢记使命”主题教育，深入学习贯彻习近平新时代中国特色社会主义思想和习近平总书记对贵州对毕节工作的重要指示批示精神，增强“四个意识”、坚定“四个自信”、坚决做到“两个维护”。坚决贯彻落实中央、省委、市委重大决策部署，全面完成2019年档案工作各项目标任务，推动档案事业更好地服务脱贫攻坚战和示范区建设。

【深入开展“不忘初心、牢记使命”主题教育】 一是以《习近平关于“不忘初心、牢记使命”重要论述选编》《习近平新时代中国特色社会主义思想学习纲要》等内容为重点，组织集中学习；围绕党的政治建设、全面从严治党、理想信念、宗旨性质、担当作为、政治纪律和政治规矩、党性修养、廉洁自律等8个方面开展专题研讨；党组班子成员分别以《坚定中国特色社会主义制度自信》和《“不忘初心、牢记使命”推进档案事业更好更快发展》为题上专题党课。组织全体党员（扩大到全体职工）开展应知应会知识测试。二是深入开展革命传统教育、形势政策教育、警示教育和先进典型教育。组织全体党员到川滇黔省革命委员会旧址接受革命传统教育、重温入党誓词，到贵州工程应用技术学院观看红色题材舞剧《林青的远方》，观看中华人民共和国成立70周年党史知识展览，观看爱国题材影片《我和我的祖国》；组织全体党员上形势政策教育专题党课；赴市检察院警示教育基地开展警示教育活动，学习《党的十九大以来查处违纪违法党员干部案件警示录〈叩问初心〉》；观看《榜样4》专题片，学习黄大发、邓迎香、余留芬、耿展宇等先进事迹。三是深入开展调查研究，馆领导撰写了《毕节市乡村旅游发展情况调研报告》《做好乡村档案管理、为毕节市乡村振兴工作服务》《不忘初心、牢记使命推进档案事业更好更快发展》3篇调研报告，并召开调研成果交流研讨会议，推进调研成果转化为工作措施。四是深入开展对照检查，广泛征求意见建议、谈心交心，班子及全体党员认真查找存在问题和不足，深刻分析问题产生的原因，边查边改，立行立改，推动主题教育见实效。

【落实全面从严治党主体责任】 坚决贯彻中央、

省委、市委全面从严治党部署要求，坚决扛起全面从严治党政治责任，始终保持永远在路上的政治清醒和高度自觉，严格落实“主体责任”和“一岗双责”，从严管理监督干部，把党风廉政建设和反腐败工作贯穿到各项工作中。一是强化学习教育。深入学习贯彻《中国共产党纪律处分条例》《中国共产党廉洁自律准则》《中国共产党党内监督条例》《中华人民共和国监察法》、中央八项规定及其实施细则和省委、市委有关规定，教育引导广大党员干部旗帜鲜明讲政治，坚定正确的政治立场，引导党员强化自律意识，严格遵守政治纪律和政治规矩。二是加强组织领导。将落实主体责任和履行“一岗双责”有机结合起来，完善全面从严治党责任制和党风廉政建设责任制，定期召开党组会、支委会，研究责任落实情况，将党风廉政建设和业务工作同研究、同部署、同落实、同考核。三是加强日常监督。坚持党的作风建设永远在路上，推进全面从严治党向纵深发展，通过开展预防提醒谈话等形式，加强人、财、物重点环节的监督检查，严格排查有无违反中央八项规定及党的政治纪律、组织纪律、廉洁纪律、工作纪律、群众纪律、生活纪律问题，强化对党员、干部的日常监督管理，强化责任担当，落实廉政建设各项责任。四是坚决执行民主集中制。“三重一大”事项一律经党组会议或联席会议研究决策，支部工作经支委会集体决策，切实加强对权力运行的监督管理。

【加强基层党组织建设】 一是抓好党员发展、党费收缴、“三会一课”、主题党日、党建扶贫、在职党员进社区服务等各项工作。全年组织上党课5次、开展主题党日活动11次、召开支委会12次、党员大会集中学习26次。二是抓好党建扶贫和党员进社区服务工作。选派优秀党员、业务骨干驻村工作，加强党支部、党员与联系村党组织、党员的结对帮扶力度。落实大方县理化乡营盘村驻村工作经费1万元，发放慰问金及采购生活用煤帮扶贫困户5000余元；落实纳雍县猔岭镇脱贫攻坚帮扶经费3万元；做好党员进社区服务工作，在职党员每周到松山社区开展一次志愿服务活动，支持松山社区五城同创工作经费1万元。三是推进党支部标准化规范化建设。对党支部工作具体指标、运行流程、评定考核、制度规范等进行梳理分解，推进党组织生活制度标准化、活动阵地标准化、服务内容标准化。加强党员的日常教育监督管理，强化党员的规矩意识和法纪意识，充分发挥党组织的战斗堡垒作用和党员队伍的先锋模范作用。

【抓好档案安全工作】 年初签订消防安全责任书，按照“八防”要求，做好每日一次日常巡查、每周一次系统检查、每月一次安全督查，在汛期加密巡查频次，发现问题，立即整改；投入资金15万余元，更新消防供水系统、库房烟感报警系统、供电线路、灭火器具等消防设施；聘请安保公司做好24小时安全值守巡逻，全方位保障档案实体安全及干部职工生命安全。组成督查组到市公安局、团市委、市环保局开展档案安全抽查工作，指导相关单位做好档案库房安全管理工作。

【做好档案收、管、用基础业务】 一是做好档案利用工作。2019年，市档案馆接待档案利用619人次，调取档案1827卷次、5546件次，为机关、企事业单位及广大干部群众在工作开展、工资调整、权属认定等方面提供了真实依据。二是抓好机构改革档案工作。联合市档案局举办“机改档案”专题培训班，开展机构改革档案调研和督查工作，对市直涉改单位的档案工作提出处置意见，统筹调配馆库资源，接收涉改单位档案进馆。三是做好重点档案抢救保护工作。完成37卷彝文档案抢救保护工作，整理、裱糊、编目、数字化及仿真制作彝文档案1673页。四是做好档案编研工作。对原毕节县政协编撰的《毕节县史料初稿》进行整理汇编，配合市史志办完成《周素园年谱》编辑出版。五是做好档案宣传工作。开展“6·9”国际档案日宣传活动，普及档案基础知识，展示档案工作成果，通过LED屏滚动播出宣传标语、发放档案漫画资料、发放档案宣传折扇等形式加强宣传，进一步提升公众档案意识。

【抓好民生档案跨馆查询利用】 加大宣传力度，畅通申请渠道，档案利用者在市内任意一个综合档案馆均可申请查询全省98个综合档案馆保存的已依法开放涉及本人的知青、工龄、婚姻登记、职称职务、个人荣誉、学籍学历等民生档案。另外，与四川省泸州市档案馆签订了民生档案跨馆异地利用服务工作协议，以满足两地群众查档需要。

【推进档案信息化建设】 按照档案条目、原件、扫描件“三对应”要求，加强对档案数字化公司的监督、指导、检查、验收，确保档案数据完整、规范、安全。全年完成馆藏档案条目录入6.5万条，全文扫描77.6万幅。另外，与泸州市档案馆签订了档案信息化数据异地备份协议，将馆藏重要档案数据备份到泸州市档案馆保存，规避了档案数据单一储存可能出现的各种灾害风险。

（撰稿：王生才）

广播电视·新闻

广播电视

【概述】 2019年，毕节市广播电视台深入学习党的十九大、十九届四中全会精神和习近平新时代中国特色社会主义思想，牢固树立“四个意识”，牢牢坚持正确政治方向和宣传导向，宣传贯彻党和国家的路线、方针、政策，宣传贯彻贵州省委省政府的决策部署，紧紧围绕市委市政府的中心工作，狠抓节目质量提升，紧跟新时期、新阶段广播电视事业和产业的发展，为毕节试验区按时打赢脱贫攻坚战建设贯彻新发展理念示范区营造良好舆论氛围。

【增强政治意识，强化学习培训】 1. 学习习近平关于党的宣传工作的重要讲话精神，增强政治意识。组织干部职工学习《习近平新闻思想讲义》《广播电视宣传管理手册》《习近平谈治国理政》，习近平总书记在全国宣传思想工作会议上的重要讲话精神，认真学习贯彻党的十九大精神和习近平新时代中国特色社会主义思想，习近平总书记在贵州省代表团重要讲话精神和对毕节试验区的重要批示指示精神，党的十九届四中全会、省委十二届六次全会和市委二届六次全会精神，在工作中认真践行，坚决贯彻党对宣传思想工作的要求。以马克思新闻观、习近平在党的新闻舆论座谈会上的重要讲话精神为统领，将意识形态工作与广播电视宣传管理工作紧密结合起来，努力提升舆论引导能力。全台上下始终绷紧导向这根弦，牢固树立政治意识、大局意识、核心意识、看齐意识，坚持团结稳定鼓劲、正面宣传为主的方针。增强政治敏锐性和政治鉴别力，强化社会责任感，严格宣传纪律。在重大问题、敏感问题、热点问题上把好关、把好度。向全台干部职工人手发放一本《习近平新闻思想讲义》。

2. 采取“走出去，请进来”的方式大力加强学习培训。台班子、中层干部、栏目制片人、播音员（主持人）、采编人员分别参加了第二十六期融媒体中心平台建设与运营管理专题培训班（北京）、第十期“纪录片（专题片）创作与拍摄”实战特训营（重庆）、“融媒+”全国新媒体短视频新年峰会、2019年贵州省文化产业暨甲秀文化人才培训班、“深圳经济特区扶贫实践与探索暨扶贫合作交流研讨会”“技巧+创意”全国电视节目导播（导演）实战训练营（上海）、贵州广播电视台动静学院举办的业务培训，组织部分中层干部到泸州市电视台、泸州市广播电台、惠水市广播电视台考察学习，组织86名采编播人员在贵州工程应用技术学院参加由市委宣传部组织的全市融媒体中心建设专题培训班，参加由中共毕节市委网络安全和信息化委员会办公室组织的2019年毕节市新媒体从业人员培训。

【努力提升节目质量】 为加强新闻立台、新闻强台，增强主流媒体核心竞争力，增强节目策划、制作水平，出台《毕节市广播电视台关于对自办节目进行季度抽查评审的通知》，抽查评审采取自荐、抽查两种形式进行，由台编委会对自办节目进行审看、评审、点评并提出整改，确保自办栏目、节目的质量得到提升。每年省、市好新闻节目参评作品将重点从季度评审节目中选取报送，作为职称聘任、工资评级等重要参考依据。

台领导及相关节目部室负责人带领记者经常深入县区采访，拍摄纪录片、专题片等，其中纪录片《茶如人生》《一把芦笙一个民族》等在学习强国、人民网、今日头条推送。正在拍摄纪录片《情系乌蒙——恒大集团对口帮扶毕节纪实》（暂定名）。在2018年度省、市好新闻评选中，14件作品荣获贵州广播影视节目奖，如：新闻专题《决战贫困 同步小康》荣获贵州广播影视节目奖一等奖，纪录片《织金砂锅守望者》荣获贵州广播影视节目奖二等奖；系列报道《百村纪行》荣获贵州广播影视节目奖二等奖；社教专题《一抹红》荣获贵州广播影视节目奖二等奖。

新闻专题《决战贫困 同步小康》荣获二等奖；长消息《一棵“母亲树”与她25万亩“后代”的传奇故事》《扶贫牛运抵天津港》、专题片《织金砂锅守望者》《同心桥上的“一抹红”》、100集大型主题报道《脱贫攻坚·百村纪行》荣获三等奖。

围绕全市的重点工作、亮点工作、重大活动，精心策划宣传主题，采写一批有深度、有分量的优秀稿件，加大宣传力度，提高知名度，树立好形象，为全市大发展鼓劲呐喊、造势加油，大力加强与贵州广播电视台的交流与合作，及时送稿。

【加强基础设施建设】 交通音乐电台（调频FM98.0MHZ）在毕节市实现全覆盖，扩大交通音乐广播覆盖范围；完成纱帽山新发射机房设备的搬迁和安装调试工作，纱帽山新机房和新发射塔正式启用；完成纱帽山发射台中央广播电视节目地面数字覆盖的设备安装和开播工作。

【举办文化品牌活动】 举办乌蒙春潮——毕节市2019年春节联欢晚会、2019年毕节市少儿春节联欢晚会、2019年毕节市房地产交易暨家装建材博览会、毕节市第四届少儿电视艺术节暨2020年毕节市少儿春晚选拔赛，电视台参与承办由市委宣传部主办的“2019年中国记者节·好记者讲好故事”演讲比赛，承办由毕节市税务局举办的“水美贵州杯”演讲比赛、由毕节市残联主办的“英雄赞歌”残疾人脱贫攻坚典范宣讲比赛等活动。

【强力推进融媒体发展】 2019年8月电视台启动融媒体改革，实行统一策划选题、统一审核、统一采编发布新闻、统一组强协调力量，形成移动优先，电视、广播、手机全覆盖，放大了传播效应。“云上毕节”微信公众号共发布文章超过

2000条，其中每天至少有1条文章点击率上万，粉丝量近23万。

“云上毕节”抖音号播放量突破6.8亿元，点赞量突破3000万条，粉丝65.8万人。其中，5月31日，发布毕节消防救助被钢筋刺穿胸膛工人的抖音作品《工人被手指粗钢筋刺穿胸膛，但他全程手握钢筋，强忍痛苦》，阅读量为1.13797亿，获赞766万次。电视台新媒体平台成为全市粉丝最多的主流媒体平台，新媒体直播活动也不断增加，“云上毕节”直播平台粉丝67万人，访问量1100多万次，党委政府的重要工作在电视台除电视广播传统平台外的各新媒体平台上得到很好的宣传。

2019年8月10日，召开“毕节市广播电视台融媒体中心试运行暨薪酬绩效改革推进大会”，融媒体中心正式成立，打破节目部门原来的部室管理运行制度，全面推行以台领导、部室主任轮流值周的管理制度，明确节目采写中的移动优先原则，并通过工作成果每日评分的方式，督促采编人员完成采编任务、提升采编效率。

【着力抓好广播电视对内对外宣传】 1. 对内宣传。2019年，制作播出《毕节新闻联播》365期，总时长7500余分钟。2019年，电视台全面强化习近平新时代中国特色社会主义思想的学习宣传，全力报道全市学习贯彻落实习近平总书记对贵州对毕节重要指示批示精神的工作情况和积极成果。时值中华人民共和国成立70周年，电视台从年初开始，《毕节新闻联播》栏目不间断推出大型系列专栏《壮丽70年 奋进新时代》，内设《毕节试验区发展成就巡礼》《时代先锋》《喜迎新中国70华诞》等子栏目，全面深度报道新中国成立以来，特别是党的十八大以来，毕节市经济、社会、文化、生态等各方面建设取得的重大成就、典型经验及全市各条战线涌现的先进集体、先进人物，生动宣传各行各业热烈庆祝新中国成立70周年开展的系列活动，大力报道庆祝大会和阅兵活动，及时宣传70周年纪念章获得者系列人物，浓墨重彩地开展了新中国成立70周年的各项报道工作。在“不忘初心、牢记使命”主题教育中，先期开设《铭记初心使命 决胜脱贫攻坚》人物专栏，第二批主题教育启动后立即推出《不忘初心 牢记使命》专栏，全力宣传毕节市各级各地开展学习教育、调查研究、检视问题、整改落实的推进情况和实际效果。今年是脱贫攻坚决战决胜之年，电视台全年推出了《调整农业结构助推脱贫攻坚》《走进脱贫攻坚第一线》《脱贫攻坚冬季充电\春季攻势\夏秋决战》《秋后坝区传捷报》等专栏，大规模、高频率报道全市打赢攻坚战、建设示范区的生动实践。全台积极开展走、转、改，推进新闻宣传工作向基层一线延伸，通过开展“新春走基层”采访活动、“四力”“四全”建设大型主题采访实践等活动，改作风、改文风，推出一批带着泥土芬芳的新闻佳作。推出50集大型电视系列报道《脱贫攻坚群英谱》。

民生新闻节目《直通百姓》，坚持“贴近实际，贴近生活，贴近群众”原则，在内容质量，策划挖掘上不断提高，一系列的报道，为许多困难群众解决操心事、烦心事、揪心事。《平安毕节》播出脱贫攻坚人物报道、扫黑除恶及禁毒宣传报道、“雷霆风暴”执行行动系列报道以及全市各范围内的专项行动宣传，为创建“平安毕节”工作创造了良好的舆论氛围。积极办好文化专题节目《文化星空》、少儿节目《七彩桥》。全年播出各类公益片、专题片垫片100余个，配合市委宣传部、市文明委等单位做好创建全国文明城市宣传工作。

2. 对外宣传。进一步加大自采和通联工作力度，2019年在《贵州新闻联播》栏目上稿280条，圆满完成省台各类约稿任务。

3. 直播活动。全年完成现场电视直播、转播13台次，包括：2019年70华诞全省联合大直播、2019全省地质灾害消防演练直播、2019数字博览会毕节分论坛直播、2019全省景区反恐演练直播、毕节市庆祝新中国成立70周年快闪直播、毕节市委第二次扩大会议直播、全省残疾人巡回演讲直播2场、2019毕节市房地产交易暨家装建材博览会直播、毕节市乌蒙文化艺术节颁奖晚会直播、乌蒙春潮——毕节市2020年春节联欢晚会直播、2020年毕节市少儿春晚直播、毕节市少儿艺术节直播、“3·15”消费者维权直播等。同时，圆满完成多场次的现场观摩会广播直播车的随车广播解说工作。

4. 公益广告。播放社会主义核心价值观、防灾减灾、禁毒、非法集资、“五城同创”、生态文明建设、安全生产、保护环境、创建国家公共文化示范区等方面的公益广告、公益宣传片，公益广告占所有广告的80%左右。

同时，积极做好周播少儿节目《七彩桥》、文化专题节目《文化星空》；制作《毕节古今》《寻找居住的地方》等专题片；完成媒资系统入库1000多条次。

（供稿：张　凯）

报　业

【概述】　2019年，毕节日报社在市委、市政府的正确领导下，在市委宣传部的具体指导下，认真学习宣传贯彻习近平新时代中国特色社会主义思想，认真学习宣传贯彻党的十九大精神，牢固树立“四个意识”、坚定“四个自信”，坚决做到“两个维护”，围绕贯彻落实中央、省、市宣传工作会议精神和市委、市政府决策部署，以强烈的政治意识和责任意识，认真开展“不忘初心、牢记使命”主题教育，把握大局，聚焦中心，谋划并推出一系列重大主题报道，不断推进媒体融合发展，不断提高舆论引导力，提高传播有效性，做大做强主题宣传，讲述毕节好故事，传递毕节正能量，为确保按时打赢脱贫攻坚战、建设贯彻新发展理念示范区提供了重要舆论支持，较好地完成市委交给的各项任务。

【强化政治建设，跟紧贴近中心大局把牢抓实各项工作】　2019年，报社党组始终注重抓牢党建主体责任，认真开展“不忘初心、牢记使命”主题教育，以抓实党建促进班子队伍建设、党风廉政建设等各项工作。一是提高政治站位。“不忘初心、牢记使命”主题教育开展以来，报社党组高度重视，着力增强“四个意识”，坚定“四个自信”，坚决做到“两个维护”，党组始终把学习习近平新时代中国特色社会主义思想贯穿于全部工作中，把深学笃用习近平总书记系列重要讲话作为中心组的重要学习内容，深入学习近平总书记关于新闻舆论工作的一系列重要论述，不断深化“党媒姓党”认识，牢牢把握好新闻舆论工作正确的政治方向。多次召开党组会议进行学习和安排部署，严格按照中央、省委、市委的相关要求，认真谋划，精心组织，把学习教育、调查研究、检视问题、整改落实贯穿主题教育全过程。通过党组中心组、党支部集中学习、党组（扩大）会议学习和个人自学，精读通读《习近平新时代中国特色社会主义思想学习纲要》《习近平关于“不忘初心、牢记使命”论述摘编》《中国共产党党内重要法规汇编》和《中国共产党宣传工作条例》等必学篇目，围绕8个专题开展集中学习研讨，党组书记认真落实第一责任人职责，积极带头学习，亲自研究部署，认真调查研究，深刻检视问题，主动整改问题，加强督促指导，为班子成员和党员干部作表率。在开展调查研究方面，6名党组班子成员围绕主责主业和脱贫攻坚等问题开展深入细致的调研，形成调研报告6篇，专门组织开展了调研成果交流会，将调研形成的对策建议作为推动工作的措施抓好落实，并结合调研给党员干部上了党课。在检视问题方面，按照习近平总书记“四个对照”“四个找一找”要求，紧密联系思想和工作实际，深入查摆自身存在的问题和不足，把自己摆进去、把职责摆进去、把工作摆进去，认真检视问题。党组班子成员对照中央提出的“18 个是否”认真查找差距，围绕贯彻落实习近平总书记重要指示批示建立工作台账，对照 12 项专项整治方案，积极推进相关问题整改，党员干部的思想政治素质、能力素质得到进一步提升，工作效率进一步提高。二是抓好意识形态工作。报社始终要求全体采编人员把坚持正确政治方向摆在第一位，切实把意识形态工作领导权牢牢掌握在手中，坚持守土有责、守土负责、守土尽责。进一步深化党管意识形态工作，在意识形态常规工作的基础上党组进行专题研究部署，签订《党管意识形态责任书》，出台意识形态工作周报制度，《毕节日报》和所有媒体平台实行每周意识形态工作安全报告，同时，深入排查各类风险，制定《毕节日报社防范化解重大风险工作实施方案》，共排查出政治安全类、意识形态类风险点 4 个，明确了责任领导、责任人和责任部门，按等级划分后纳入低级风险管理。同时建立健全新闻出口把关制度，坚持“三审三校”，时刻带好“紧箍咒”，敲响“长鸣钟”，新闻舆论传播力、引导力、影响力、公信力不断增强，主动占领舆论高地，掌握意识形态工作的领导权、主动权，切实推动习近平新时代中国特色社会主义思想深入人心。三是加强学习培训。深入开展“干部思想解放行动”教育，印发了《毕节日报社“干部思想解放行动”工作方案》，注重在学懂弄通做实习近平新时代中国特色社会主义思想、党的十九大精神及习近平总书记对贵州对毕节的重要指示批示精神上下功夫，深入学习中央和省委决策部署，及时学，跟近学，学以致用，用以促学，真正学懂弄通做实，提高政治品格、思想境界和党性修养。党组中心组、党员坚持每月集中学习，还通过编前会、新媒体每周学习例会等及时组织采编人员学习讨论。四是强化作风建设。报社领导班子成员认真贯彻落实中央、省委、市委关于党风廉政建设和反腐败工作的重要部署和要求，按照市第二纪检监察组的工作安排，切实履行“一岗双责”，于 3 月 26 日召开报社党风廉政建设和反腐败工作专题会议，安排部署全面从严治党“两个责任”工作，制定党风廉政建设和反腐败工作的计划、目标要求和具体措施，明确报社领导班子、领导干部在党风廉政建设中的职责分工，细化班子成员 2019 年度党风廉政建设主体责任内容，推动政治建设、纪律建设、作风建设及权力制约监督等各项工作任务落实。全年报社重大事项、重大资金、人事方面都实行民主决策，由党组会统一研究讨论，并分别四次邀请第二纪检监察组出席会议进行了工作指导，采取多种形式开展廉洁自律教育活动，让党章党规党纪深入人心，开展两次警示教育和 13 次提醒约谈，营造廉洁从政氛围，筑牢党员干部廉洁自律思想防线。五是全力抓好基层组织阵地建设和人才队伍建设。健全规范设置党总支、下设五个党支部，在各个党支部具体细分党小组，明确党小组组长，积极开展党组织的有关学习活动，保证党员学习和开展活动有阵地。结合打赢“113 攻坚战”对不同领域、不同类别党员的新要求，突出用制度建设加强党员日常管理，按照时间相对固定、方便党员活动的原则，以每月 10 日作为固定的主题党日，组织党员开展集中学习，启动了党员档案普查和建立党员电子身份信息工作，逐步建立组织台账档案和党员个人档案管理体系，按制度规范党费管理和使用工作，落实好党费工作的新要求新规定，全体党员积极按时按标准交纳党费，党总支的政治核心作用、党支部的战斗堡垒作用和党员的创造力、凝聚力和战斗力进一步增强。今年初，报社党组积极协调争取，引进 2 名研究生。六是做好扶贫工作。报社把结对帮扶工作作为开展“文军扶贫”的重要抓手，党组书记、社长带头，组织班子成员及干部职工每月深入联系点一线调研指导，帮助解决实际问题。报社重新健全了领导小组，成立 7 个脱贫攻坚单元，包组帮扶；坚持每月走访联系户，宣传党的路线方针政策和为民办实事，共为纳雍县羊场乡曾底坝村和奢嘎村争取到各类项目物资资金总计260余万元。

【积极传播党的政策主张，为新中国成立70周年营造良好舆论氛围，为打赢脱贫攻坚战提供精神动力】 报社党组始终以强烈的政治意识和责任意识，严格做到对标对表，不断提高舆论引导能力，提高传播有效性，强化选题策划，做大做强主题宣传，为迎接新中国成立70周年营造良好的舆论氛围。一是正确引导主流舆论。围绕党中央的方针政策和省委的战略决策及市委、市政府的重大部署，开设了“在习近平新时代中国特色社会主义思想指引下——新时代新作为新篇章”“新春走基层”“深入开展‘三个大兴’活动”“脱贫攻坚春季攻势”“壮丽70年 奋斗新时代”“时代先锋”等专栏，聚焦“不忘初心、牢记使命”主题教育，并开设了相应的大型专栏，为主题教育“强氛围、促整改、出效率、出效果”积极传播党的政策主张，全面准确传递中央、省委、市委的好声音，切实发挥党媒的舆论引导作用。十九届四中全会召开后，开设“深入学习贯彻党的十九届四中全会精神”专栏，展示各级各部门贯彻落实全会精神的情况，统筹安排《把思想和行动统一到全会精神上来》《把智慧和力量凝聚到落实全会提出的重大任务上来》《把全会精神转化为推动工作的强大合力》三篇反响报道，展现全市上下热议全会、学习全会、积极进取、奋力向前的精神面貌。二是做好重点策划报道。先后推出“2018多彩贵州大事记之花海毕节”“‘冬季充电’大讲习”“脱贫攻坚战之年终盘点”“毕节年鉴”“脱贫攻坚2019春季攻势”等重点栏目，并持续做好“在习近平新时代中国特色社会主义思想指引下——新时代新气象新作为”“打赢113攻坚战”“脱贫攻坚进行时”“初心·决战2019”等栏目。从4月中旬开始，持续推出“壮丽70年 奋斗新时代”专栏，下设“时代先锋”“我和我的祖国”“四力四全”大型主题采访实践活动等子栏目，推出百余篇来自基层的优秀作品，做到故事生动感人，报道催人奋进，增强主题宣传的吸引力和感染力。三是服务大局开展典型宣传。围绕市委、市政府中心工作大局，定期或不定期地组织记者深入各县农村基层第一线，围绕中心、服务大局，创新报道方式，全面呈现试验区民生发展、和谐向上的社会“分镜头”，采写一批鲜活生动、接地气的稿件，以消息、通讯、特写、图片等不同的形式刊发，如《涓涓九股水 激活六曲河——赫章县六曲河镇经济社会发展小记》《金蟾大山下的脱贫战歌》《产业才是王道——大方县达溪镇大湾村猕猴桃基地见闻》《纳雍县总溪河：八万亩樱桃上市 旅游业持续井喷》《老板“返贫”了 贫困户脱贫了》《太极古茶：丑小鸭“蝶变”白天鹅》以及耿展宇事迹系列融合报道等，反映各地产业结构调整出现的新变化、新成就，讴歌一批敢为人先、带领老百姓脱贫致富的先进人物，营造了全市上下干部群众勠力奋斗、决战决胜脱贫攻坚的浓厚氛围。与此同时，积极挖掘资源，丰富报道内容，创新报道方式，为读者全面呈现了毕节试验区民生发展的相关工作报道，刊发“五城同创”“创文”工作报道600余篇，开设子栏目10余个。专门开辟“未成年人思想道德建设·成长的天空”和“创文大家谈”等栏目，集中优势采编力量进行强势报道。“法治毕节”创建报道出专刊35期，总计刊发法治稿件400余篇。中央扫黑除恶督导组进驻贵州进驻毕节以来，刊登扫黑除恶专项行动专题报道300余篇。禁毒专题刊发稿件50余篇。“扫黑除恶督导回头看”目前已刊发稿件30余篇，社区报道目前刊登了近30个专版“点击社区”，刊发社会主义核心价值观宣传报道稿件60余篇。刊发“诚信建设万里行”稿件50余篇，除常态化栏目报道外，另开辟了阶段或节点性话题栏目，如元旦、学雷锋日、“3

·15”消费者日、清明期间，汛期安全、我们的节日·（春节、端午节、中秋节）等。其中，“安全生产月”专题报道100余篇。另一方面，围绕毕节人的生活和历史沿革、历史风物、物产资源和文化传统等，浓墨重彩地推出高质量、高水准的散文作品，开辟《文学副刊》《美丽毕节》《人在旅途》《视觉毕节》《毕节掌故》《文化关注》《高手在民间》《人物故事》等专栏，充实人生、关注民生，关注生态环保理念，有效融入言论时评、历史掌故、地方人文、生活故事、当下热点、书香世界和摄影专版，既有名家名作，更多新人新作，雅俗共赏，深受读者的器重和喜爱，掀起了一股关注毕节生态、旅游和地域文化热潮。

【沉下心、俯下身，切实提升采编队伍“四力”】

报社在做好全国、省、市“两会”及中央、省、市大政方针和重大部署宣传报道的基础上，把采访力量沉到基层一线，使宣传报道传思想做品质，接地气有温度。一是开展“新春走基层”活动。从1月21日起，连续9年开展“新春走基层”活动，记者深入群众，去往田间地头，走进普通家庭、农村、社区、工地，用镜头和笔触记录下城乡新变化和建设示范区的火热场景。二是做好“2019年春季攻势、夏秋攻势”报道。“新春走基层”活动告一段落，报社随着拉开了“2019年春季攻势”报道序幕，进一步全面深化“新春走基层”、“走转改”和“三个大兴”活动，推出如《建好“一个园”做实“三块田”》《“产业才是正道”》等精品文章100余篇。三是多管齐下开展“四力”教育活动。4月起，报社多管齐下开展“四力”教育活动，以开展创新理论大学习、政治素质大提升、业务提升大研讨、工作经验大总结、能力提高大培训、岗位大练兵、作风大转变、意识形态领域风险大防控八大活动为载体，来锻造一支具有脚力、眼力、脑力和笔力的新时代记者队伍。5月9日起至11月初，报社主要领导带队深入七星关区亮岩镇蹲点调研采访茶产业，全市市县媒体也同时奔赴基层一线开展蹲点调研采访，正式启动壮丽70年·奋斗新时代——毕节市“四力”“四全”建设大型主题采访实践活动。党组书记、社长张培立带领采访组深入七星关区亮岩镇太极村，蹲点调研采访太极古茶产业发展；总编辑施毅记者节蹲点采访活动中率队到贵州屋脊珠市乡深入脱贫攻坚一线采访，副总编辑刘靖林带队到纳雍县左鸠戛蹲点采访；副总编辑刘瑾带队到金沙县平坝镇和纳雍龙场镇蹲点采访……各带队领导既是新闻媒体负责人，更是资深的老记者、老编辑，由他们带头蹲点集中推出的一批来自一线的报道，角度新颖有深度，贴近生活有温度。与此同时，各部门中层负责人也积极行动起来进行蹲点采访。要闻部主任带队到黔西县古胜村蹲点，经济部主任带队到织金县官寨乡蹲点，文艺部主任带队到织金县以那镇蹲点，社会生活部副主任带队到赫章县白果街道蹲点采访。其间，在毕节日报社策划实施大型采访活动《乌江纪行》14年后，毕节日报社又组织全媒体记者采访小组重访乌江最大的一级支流、毕节市境内最大河流乌江北源六冲河，报道从9月17日开始以半个版以上的篇幅在《毕节日报》重要版面刊发，以此大型系列报道向新中国成立70周年献礼，共刊发稿件40余篇，深受读者欢迎。从9月25日起，推出“壮丽70年·奋斗新时代”专版报道，通过一个版的容量，以专版形式推出毕节市庆祝中华人民共和国成立七十周年优秀摄影作品、书法美术展作品、礼赞诗词作品、优秀摄影作品、农民画作品选登。国庆期间推出《“国庆”“建国”：响亮而幸福的名字》，选取名字中有“国庆”“建国”的老百姓对祖国的祝福进行刊登；推出《感谢您，伟大的祖国!》，聚焦普通群众的获得感和幸福感。《毕节日报》共刊发重点稿件200多件，各新媒体平台刊发相关配合稿件，形成良好的蹲点采访宣传攻势，一篇篇沾泥土、带露珠、冒热气的新闻报道开始在《毕节日报》各媒体平台纷纷推出，展示毕节市在习近平新时代中国特色社会主义思想引领下的产业兴、生态美、乡风淳、秩序好、生活富的美好画卷，聚焦脱贫攻坚火热战场，激励干部群众只争朝夕，以高度的政治自觉，坚决扛起按时打赢脱贫攻坚战的重大使命和责任。

【媒体融合势头强劲，新媒体“接地气”优势显现】 一是各平台积极进行升级改版。结合中央、省、市的宣传要求及读者、网友的需求，结合各平台实际，在毕节试验区网、“毕节发布”与“看见毕节”微信公众号、“掌上毕节”APP进行了不同程度的升级改版。毕节试验区网以全新面貌为用户带来更多、更好的新闻信息服务；“掌上毕节”APP经过改版，实现用户新闻阅读、分享、积分、统计、购物等需求，全面提升UI体验；“毕节发布”以“打造全市最权威、最具公信力的对外宣传窗口”为定位，信息发布质和量均有所提升；“看见毕节”围绕“做靠谱的毕节本土资讯”宗旨，人尽其才，使图像与文字、视频与音频紧密结合，相继推出集便民生活、要闻资讯、政务服务、应急发布等为一体的融媒产品，深受读者受众喜爱。二是强化媒体融合提升传播效果。各平台围绕全市重点工作，共同发力，多平台、多角度策划报道“聚焦2019年毕节两会”“新春走基层活动”“决战脱贫攻坚·决胜同步小康——坚决打赢‘113攻坚战’”“深入开展‘三个大兴’活动”“创全国文明城市——共建美丽毕节”等专题、专栏，拍摄制作了一批图文并茂的稿件，使毕节试验区网、“毕节发布”“掌上毕节”总阅读量大幅上升。三是线上线下互动提高新媒体影响力。各平台为了提高影响力，积极策划包括新春采访、线上留言送景区门票、进社区宣讲、自驾游、读书会、网络征文等各种线上线下活动，既提高各平台的知名度和影响力，又在确保社会效益的前提下为经济效益增长打下了基础。

【拓展报业发展新路，经营收入持续稳定】 党组围绕报业发展新形势，努力探索报业发展突围之路，积极拓展报业发展新路子，使各项经营收入持续稳定。一是高度重视企业党建工作。党组把加强企业党建工作作为重要任务，切实发挥党建工作在企业的领导核心和政治核心作用，将公司章程修改融入党建内容，配备党务工作人员，设置党组织机构。二是增强安全生产管理意识、健全环保治理配套设施。公司将安全生产提到生产首位，将安全制度细化到每个岗位每个环节，实行制度上墙、系统培训，使安全生产深入人心，同时健全了环保设施，三是实行版块经营代理制。公司通过长期充分的市场调研，对商业广告实行目标经营代理制，进一步促增长稳收入，全年公司完成各项经营总收入2200万元。

（撰稿：朱枝江）

毕节试验区杂志

【概述】 2019年，毕节试验区杂志社认真贯彻落实习近平新时代中国特色社会主义思想、党的十九大精神和习近平总书记对毕节试验区工作的重要指示精神，自觉承担起“举旗帜、聚民心育新人、兴文化、展形象”的使命任务，紧紧围绕市委、市政府中心工作，服务于全市经济社会发展大局，充分发挥市委机关刊的舆论引导作用，扎实抓好以新闻宣传为主的各项工作，为全市打赢攻坚战、建设示范区营造良好的舆论氛围。

【扎实开展“不忘初心、牢记使命”主题教育】 2019年9月至12月，根据中央、省委、市委开展“不忘初心、牢记使命”主题教育工作的安排部署，毕节试验区杂志社扎实开展“不忘初心、牢记使命”主题教育。9月11日主题教育正式启动，杂志社认真学习贯彻中央、省“不忘初心、牢记使命”主题教育工作会议和毕节市“不忘初心、牢记使命”主题教育部署会议精神，紧紧围绕主题主线，按照“守初心、担使命，找差距、抓落实”的总要求，把“学习教育、调查研究、检视问题、整改落实”四个环节贯穿始终，把开展“不忘初心、牢记使命”主题教育工作当作一项重大的政治任务抓紧抓好抓实。通过开展主题教育工作，杂志社进一步理清工作思路，找准了发展方向，切实增强抓好新闻宣传、党建、贫困村帮扶等各项工作的政治自觉、思想自觉、行动自觉，全体党员和干部深受启发和教育，实现理论学习有收获、思想政治受洗礼、干事创业敢担当、为民服务解难题、清正廉洁作表率的目标。

【宣传统一战线同心攻坚成绩斐然】 2019年年初，由毕节试验区杂志社主编的新闻作品集《因为我对这土地爱得深沉》通过贵州出版集团、贵州人民出版社正式出版发行。该书收录杂志社记者采访的53位与试验区建立和发展息息相关的挂职干部和专家、学者情洒试验区的动人故事，集中再现了中央统战部、各民主党派中央、全国工商联数十年如一日与毕节各级干部、各族人民手牵手、心连心，挑战贫困、同奔小康的风采。该书一经面世就得到社会各界的一致好评，市委书记周建琨对该书作出批示，充分赞扬杂志社对宣传统一战线同心攻坚所做的工作。

2019年，“在毕节试验区舞台上”栏目继续采访挂职干部，共刊发稿件14篇。在2019年8月召开的全国城市党刊联席会上，“在毕节试验区舞台上”栏目获评“城市党刊宣传策划创新奖”。

【宣传试验区建设成效显著】 宣传毕节试验区建设成就、展示试验区的发展形象对提升毕节试验区的知名度、影响力，助推毕节试验区打赢攻坚战、建设示范区具有重要的意义和作用。是年，杂志社以办好《毕节试验区》为主体，同时充分发挥“试验区之窗”网站和“毕节试验区杂志”微信公众平台的作用，积极宣传毕节试验区建设的政治优势、发展前景、建设成就和良好形象，为试验区建设凝智聚力发挥积极作用。

2019年，杂志社编辑发行24期《毕节试验区》。《毕节试验区》宣传报道试验区广大干部群众建设试验区艰苦不懈的努力，宣传报道社会各界对毕节试验区建设的倾力帮助，宣传报道了试验区建设所取得的巨大成就，取得了显著成效。

【充分发挥党刊优势，精心策划重头报道】 杂志社充分发挥党刊优势，对党的十九届四中全会、全国“两会”、中共毕节市委二届四次全会等进行了集中宣传报道，对中央书记处书记、中央统战部部长尤权到贵州调研等重大活动进行报道。杂志社还精心策划推出“聚焦聚力农业农村、决战决胜脱贫攻坚”“以‘大党建’为统领、夺取决战之年根本性胜利”等专题，为全市打赢攻坚战、建设示范区提振士气、凝聚人心。

【编辑出刊《毕节试验区茶产业发展专辑》】 根据市委宣传部的安排，杂志社精心谋划编辑制作《毕节试验区茶产业发展专辑》，对全市的茶产业发展情况进行了综合报道，生动地展现毕节历史悠久的茶文化及茶产业发展取的可喜成果，有力助推了“黔茶出山”。

【精心策划，做好“不忘初心、牢记使命”主题教育宣传报道】 在第二批“不忘初心、牢记使命”主题教育中，杂志社精心策划“推动主题教育高标准高质量开展”“推动‘不忘初心、牢记使命’主题教育扎实深入开展”等专题，对主题教育进行了集中翔实的报道。杂志社还编辑出刊《红色记忆·初心故事 人物专辑》，充分利用毕节红色文化资源助推主题教育深入开展。

【内参报道重点突出】 2019年，《毕节试验区·领导参阅》对毕节市农产品市场、威宁自治县“三白”蔬菜种植与销售进行调查采访，采写和编发《毕节试验区·领导参阅》5期。其中《把握市场需求 推进供给升级——我市农产品市场与农业产业结构调整的调查与思考》在5月24日得到市委书记、市人大常委会主任周建琨的批示肯定。

【利用区情宣讲宣传毕节试验区深受欢迎】 为深入贯彻习近平总书记2018年7月18日对毕节试验区工作的重要指示精神，进一步增强大中专学生及中学生热爱试验区、建设试验区的责任感，杂志社2019年继续开展毕节试验区区情宣传进校园活动，共开展3场宣讲。宣讲报告在广大师生和机关干部中引起了强烈反响，特别是习近平总书记对毕节试验区工作的重要指示精神和文朝荣精神深深鼓舞着大家，激发青年学子、机关干部热爱和建设家乡的热情。

【微信公众平台影响力不断扩大】 “毕节试验区杂志”微信公众品台自开通运行以来，影响力不断扩大，一些重头稿件点击量上万。其中许多稿件发布了毕节农特产品信息，效果明显。2019年10月10日，“毕节试验区杂志社”微信公众平台报道了大方县理化乡南瓜丰收待销售的信息，毕节市体育学校通过这条信息了解到相关情况后，随即前往采购了0.6万公斤南瓜。2019年9月，《毕节试验区》杂志“掌上党刊”正式上线，杂志以电子阅读的方式呈现给读者，为读者提供了新的阅读体验。

【读者服务工作卓有成效】 2019年，杂志社围绕不断拓宽发行面、拓展发行网点的工作思路，按照“邮发直发相结合、抽查回访不间断”工作模式积极做好送达及读者服务工作，提升《毕节试验区》的影响力。

一是邮寄杂志，主要发往各民主党派中央、全国工商联、国家各部委，东部沿海部分主要城市，全国部分高校，贵州省四大班子领导、省直各部门和各市州有关部门、毕节市驻外办事处及全市各县区领导班子、部门、乡镇、村，2019年寄送近6万册。

二是拓展读者阅读网络。2019年，《毕节试验区》发行工作在切实夯实现有发行网络的同时，坚持不断拓展新的读者阅读网点。到目前，《毕节试验区》杂志在全市有读者阅读网点870个，覆盖全市各县（区）直党政机关，县（区）直各部门；通过直接送达方式发行杂志159058份。

三是党刊走进星级宾馆酒店客房，让党刊成为推介毕节的一张亮丽名片。6月28日，毕节试验区杂志社得到毕节市文化广电旅游局的支持，《毕节试验区》杂志直接摆放进毕节洪山国际大酒店、黔西县永贵荣和大酒店等全市各县区37个星级宾馆酒店房间。已送杂志4783份，受到各宾馆酒店入住旅客的广泛好评。

四是将《毕节试验区》读者之家打造成为读者的“精神之家”。截至11月上旬，《毕节试验区》读者之家接待读者41000余人次，赠阅《毕节试验区》杂志63000余份。

【驻村帮扶工作扎实有效】 深入贯彻落实中央、省委及市委有关脱贫攻坚工作的决策部署，由社领导带队前往纳雍县羊场乡永合村调研，深入走访贫困户，详细了解贫困户的基本情况和脱贫想法，拟定包括帮助永合村加强基础设施、教育扶贫等内容的帮扶计划，并积极推进实施。

帮助贫困群众解决事迹困难和问题。是年，杂志社主要领导带头，全体帮扶人员积极参与，开展了多次进村入户走访，了解贫困群众的实际困难，积极帮助解决。社长李霓结对帮扶的一户贫困户身患重症，李霓积极向市红十字会争取，得到了3000元的救助（之前其个人已向该贫困户捐助)，解其医治疾病的燃眉之急。其他同志在走访中也耐心给贫困群众摆形势、讲政策，鼓励他们积极发展生产、摆脱贫困。

帮助村加强村文化广场建设。2019 年，杂志社协调和从紧张的经费中挤出 23 万元资金，援助永合村建设文化广场，帮助改善村卫生室工作条件。该村卫生室已修缮完毕投入使用；村文化广场主体工程已完工，正在进行附属设施建设，年内将投入使用。

帮助改善村党支部工作生活条件。永合村生活条件艰苦，没有食堂，村党支部的人员和驻村工作人员日常生活没有着落。杂志社积极帮助想办法，帮助村党支部设立食堂，并挤出资金设置扶贫岗位，聘用一名建档立卡贫困户人员到食堂做饭，既让贫困群众有了就业岗位，又使村党支部人员和驻村干部解决生活上的后顾之忧，能够吃得好、吃得饱，安心驻扎，全身心投入脱贫工作。

【举办系列专题讲座宣传试验区知识】 为了在杂志社采编人员及广大青年学生中开展毕节试验区知识教育，2019 年 11 月 16 日至 17 日，毕节试验区杂志社举办了“举旗帜、聚民心、育新人、兴文化、展形象”毕节试验区系列专题讲座，邀请了贵州省社会主义学院原副院长、巡视员、毕节试验区研究专家吴愿学，贵州省著名红色历史题材作家李东升，毕节市社科联原副主席、夜郎文化研究学者李虹分别作了题为《深化试验区建设，展现示范区辉煌》《重温老区红色历史，汲取新时代力量源泉》《可乐考古与夜郎文化》的专题讲座。市政协副主席辜康乐，原地区人大工委副主任蒋弟元，毕节市委党校原副校长、教授陈清华分别主持讲座。市委政策研究室、市委党史研究室、市文化广电旅游局、贵州工程应用技术学院毕节试验区研究院、毕节试验区杂志社有关领导及贵州工程应用技术学院、毕节工业职业技术学院师生 600 余人聆听讲座。

【“书香三八——逐梦新时代·巾帼绽芳华”读书活动引领新风尚】 通过活动引领女性阅读、传递阅读精神、提高阅读能力，使广大女职工在阅读中继承中华民族传统美德，弘扬劳模精神、劳动精神、工匠精神和新时代贵州精神，充分发挥女性在家庭文明建设中的独特作用。

【结合庆祝新中国成立 70 周年开展“我和我的祖国·我与毕节试验区”征文活动】 征文紧紧围绕庆祝新中国成立 70 周年和毕节试验区建立 30 多年所取得的巨大变化，讲述毕节试验区好故事、传播毕节试验区好声音，充分展示毕节试验区与祖国共成长的自豪与光荣。活动共征集稿件 80 篇，评选出各等次奖项。

（供稿：毕节试验区杂志社）

卫 生

卫生健康

【概述】 2019年，毕节市共有各级各类医疗卫生机构5296个。其中，综合医院230个、中医院11个、专科医院39个，公共卫生机构34个（其中疾病预防控制中心10个、妇幼保健院10个、卫生监督所10个、采供血机构3个、急救中心1个）；基层医疗卫生机构4978个〔其中社区卫生服务中心（站）42个、乡镇街道卫生院243个、村卫生室4383个，其他诊所、卫生所、门诊部等306个〕。有床位数42365张，以2019年末常住人口671.43万人测算（下同），每千人床位数达到6.31张；共有卫生专业技术人员35047人，千人卫生技术人员为5.22人；执业（助理）医师11726人、千人执业（助理）医师1.75人，注册护士16338人、千人护士为2.43人。全市共有注册全科医师1280名，每万常住人口拥有全科医生1.91人。

【深化医药卫生体制改革】 一是全面开展公立医院综合改革。持续巩固取消药品加成实行零差率销售改革成果。全面取消公立医院耗材加成。大力推进毕节第一人民医院、金沙县人民医院、金沙县中医院建立现代医院管理制度改革试点工作。二是全面推进分级诊疗制度改革。全面深化多形式医疗联合体建设，组建毕节市城市医疗集团1个，市级建设医联体2个、专科联盟8个，各县级公立医院至少建成医共体1个。三是大力推进药品改革。继续深入实施国家基本药物制度，组织实施2018－2019年度基本药物绩效考核，实现全市短缺药品直报系统全覆盖，信息报送准确规范，全面落实国家组织集中采购中选药品进医院。四是完善远程医疗服务。全市市县乡三级医疗卫生机构完成远程医疗服务体系建设，实现互联互通开展远程医疗服务。2019年，全市共完成远程会诊2105例、影像诊断186975例、心电诊断 31186 例、检验归档 19972 例（其中质控 16794 例）、超声归档 53471 例。毕节市第一人民医院与广州医科大学开通 5G + 远程医疗，实现远程手术指导和远程会诊、参与远程钟南山院士教学查房，并在门诊部设立远程门诊，探索远程医疗服务新模式。

【公共卫生工作】 疾病预防控制工作。全市无甲类传染病报告，乙丙类传染病报告发病率为 370.72/10 万，较 2018 年同比下降 2%，实现省级下达的传染病发病率低于 500/10 万重大防控目标。全面完成流感、H7N9 禽流感、手足口病、布病、狂犬病、流行性出血热、登革热等重点传染病年度监测任务。免疫规划工作。继续推进各县（区）规范化数字预防接种门诊建设，基本实现乡镇卫生院规范化数字预防接种门诊全覆盖目标。2019 年已分发配送国家免疫规划疫苗近 270 万人份，为 15 岁以下儿童接种 210 万针次，基本完成了脊髓灰质炎灭活疫苗查漏补种接种工作，各疫苗报告接种率均达 95% 以上，全市继续维持无脊髓灰质炎状态。截至 2019 年，全市无麻疹确诊病例报告，麻疹发病率控制在 1/100 万以下目标。结核病防控工作。组织开展结核病“3·24”宣传活动，加强结核病规范化管理力度，积极开展查重工作，分县（区）进行耐药筛查对象的统计、推送和录入情况核对，及时查漏补缺，并指导各县（区）开展每月规范诊疗月分析。2019 年全市共报告肺结核患者 7793 例，报告发病率为 116.56/10 万，与 2018 年同期相比发病数减少 1129 例，发病率下降 12.99%，达到年度目标较上年同期下降 8% 要求。艾滋病防治工作。组织召开全市艾滋病工作调度会，举办全市艾滋病综合防治工作培训班，完成对全市艾滋病防治工作的调研督导和丙型肝炎数据质量核查工作。截至 2019 年底，按现住址统计全市累计报告存活的艾滋病病毒感染者/病人 4783 例，死亡 2790 例；本年度全市报告艾滋病病毒感染者/病人 1204 例；存活病例的 CD4 随访检测比例 81.3%；接受抗病毒治疗的有 4126 例，比例为 86.3%，比 2018 年在治人数 2819 例增加了 1307 例。在治疗病例的病毒载量检测比例为 84.4%。慢性病管理工作。积极推进慢病综合示范区建设，金沙县慢病示范区已通过国家级评审验收，七星关区慢病示范区已通过市级评审验收；进一步加强高血压、糖尿病、重性精神病等慢性病的筛查和登记管理。重点地方病、寄生虫病防控工作。组织开展碘缺乏病病情监测工作，完成全市 8－10 岁儿童和孕妇共 2460 人食盐碘含量检测、尿碘检测。健康教育工作。组织开展“3·24 世界结核病宣传活动”“5·15 碘缺乏病宣传”“全民健康生活方式日”“10·10 精神卫生日”等主题宣传活动，并在毕节市成立了控烟领导小组和 6 家无烟政府机关。卫生应急工作。2019 年，全市报告突发公共卫生事件 1 起，为食物中毒事件，发病 40 例，无死亡。共承担紧急医学救援任务 16 起。按照省、市相关要求，完成医疗卫生系统应急资源普查和数据采集，配合应急部门建立健全“应急一张图”。全市卫生健康系统安装“联合应急宝”APP，提高应急处置能力。开展全市各级医疗机构地质灾害安全隐患排查，经自然资源部门鉴定，共排查出地质灾害安全隐患点共 29 个，均已采取了动态监测、移民搬迁、分工程治理等应急措施。

卫生监督工作。2019 年，全市两级卫生健康综合行政执法机构共计查办案件 1230 件（其中公共场所卫生 338 件，生活饮用水卫生 15 件，学校卫生 40 件，消毒产品 71 件，餐饮具集中消毒 14 件，传染病防治 327 件，放射诊疗 46 件，职业健康检查及职业病诊断 1 件，医疗卫生 213 件，无证行医 158 件，计划生育 7 件），罚款金额共 323 万元，办案数位列全省第 5。其中市级直接立案查处各类卫生违法案件 16 件，结案 14 件，罚款金额 17 万余元。

无偿献血及采供血工作。全市共建有 2 个中心血站、1个中心血库、5个县级储血站。2019年，全市采血37209人次、61651单位，采供血体系基本建成。开展“热血暖冬 挽救生命”无偿献血活动，活动期间全市卫生健康系统干部职工及全市健康适龄公民积极响应参加无偿献血，共计采集血液10166人次、17368.5单位。

【医政管理】 强化医学人才队伍培训。依托市一医、大方县人民医院组织各县区基层100名临床执业（助理）医师开展全科医师转岗培训。2019年派出92名测试合格规培医师到广州市相关医院进行规培。在中华医学会和上海市卫生健康委的大力支持下，依托锦州医科大学优质教学资源，对全市579名执业（助理）医师考生进行考前集中培训，通过第一轮执业（助理）医师笔试人员为215人，考试通过率为37.13%。强化相关活动开展。组织开展“5·12国际护士节”“8·19中国医师节”系列活动。联合市委宣传部、市总工会等单位开展“最美护士”“最美医师”宣传推荐活动，推荐评选出2019年度毕节市“最美护士”“最美医师”各100名。分别于2019年1月、5月和8月，组织开展3轮健康扶贫“万医下基层”大型巡诊义诊活动。组织市直5家医疗单位深入未脱贫的5个县区开展一轮健康扶贫巡诊工作，覆盖所有极贫乡镇和移民搬迁安置点。强化医院等级评审和重点学科建设。全面完成全市8个县区二甲综合医院复审工作，继续巩固提升县级综合医院“5+2”重点专科建设成果，积极组织开展2019年毕节市重点学科（学科）申报评审工作，共评出市级重点学科12个，医疗卫生服务能力有效提升。强化城市医疗集团建设。研究制定《毕节城市医疗集团建设工作方案（试行）》，依托市直医院和七星关区医院在年内组建毕节城市医疗集团，实行网格化管理。2019年新批复眼科、耳鼻喉科、医学影像等7个市级质控中心，进一步夯实医学质量控制工作。强化医疗质量安全。2019年5－7月，组织开展“毕节市2019年度院感控制专项整治”工作。依托市院感质控中心、市卫生监督所对全市各级各类医疗机构进行业务指导，帮助医疗机构发现院感隐患及问题。深化改善医疗服务行动计划。落实“进一步改善医疗服务行动计划”，全面实施预约诊疗服务，市县级公立医院建立完善统一预约挂号平台。在三级医院推进日间手术工作进程。三级综合医院开展日间手术病种至少2个病种以上。加快以电子病历为中心的县级及以上公立医院信息化建设进程，县级公立医院电子病历水平达二级以上，市级三级医院达三级以上。深化临床路径管理工作。2019年全市共有19家二级及二级以上医院开展临床路径管理工作，开展试点专业数258个。开展全市公立医院网络平台患者满意度测评工作，继续推进医疗机构、医师、护士电子证照工作。把医师、护士、医疗机构电子注册纳入“放管服”范围，全市医师注册总数15713人，激活总数15163人，电子化注册进度96.5%；全市护士注册总数28773人，激活总数27986人，电子化注册进度98.25%；全市医疗机构总数6128个，已经电子化注册6011个，电子化注册进度98.09%。

【基层卫生与妇幼健康】 基层卫生。2019年，全市居民电子健康档案建档率为90.51%；65岁以上常住人口健康管理率为44.20%；高血压患者规范管理率为78.60%；2型糖尿病患者规范管理率为76.49%；严重精神障碍患者规范管理率为83.62%；新生儿访视率为79.421%、儿童健康管理率为87.09%；孕产妇早孕建册率为43.66%、产后访视率为78.78%；结核病患者管理率为98.14%；65岁以上老年人中医药健康管理率为53.15%、0－3岁儿童中医药健康管理率为70.12%。下发《毕节市深入推进紧密型县域医疗卫生共同体建设实施意见》，共建成医共体24个，除纳雍县、赫章县外，均已建成“五部一中心”。下发《2019年度毕节市二级医院对口支援乡镇卫生院项目实施方案》，继续实施“千人支医”项目，覆盖全市239个卫生院。妇幼健康。2019年，全市住院分娩率99.17%，孕产妇死亡率16.57/10万，新生儿死亡率3.27‰，婴儿死亡率6.94‰，5岁以下儿童死亡率9.42‰。孕产妇系统管理率90.45%，0－6岁儿童健康管理率92.27%。加强母婴安全管理。成功创建市级1所、县级8所危重孕产妇和新生儿救治中心。大力实施妇幼重大公共卫生项目。预防艾滋病、梅毒、乙肝母婴传播项目，孕产妇HIV检测率85.77%，梅毒检测率为99.52%，乙肝检测率为99.52%。继续实施“两癌”筛查项目。加强出生缺陷防治，初步建立产前筛查（诊断）网络。全市有15家机构已取得产前筛查机构资质。毕节市妇幼保健院获贵州省卫健委批复建成贵州省产前诊断分中心。继续开展婚检工作。全年婚前医学检查761对，婚检率2.33%。积极推进免费孕前优生健康检查工作。完成孕前优生检查17484对。大力开展新生儿疾病筛查工作。全市189家助产医疗机构继续开展TSH、PKU、G6PD、CAH四项遗传代谢病筛查；全面推动听力筛查项目，全市听力率76.96%。积极开展儿童先天性心脏病筛查工作，与上海交通大学附属新华医院建立异地医保直接报销绿色通道。全年确诊听力障碍28例，得到救助6例；遗传代谢病救助27人，救助总金额150476元。

【健康扶贫】 2019年，围绕“三个三”健康扶贫标准，全面完成行政村卫生室标准化建设。全市8个建制县区，每县区均建成1所二级甲等县级综合医院，226个乡镇均有1所政府建乡镇卫生院，共有227所乡镇卫生院（大方县黄泥塘镇由于小乡并大乡，有黄泥塘镇卫生院和鸡场乡卫生院两所政府建卫生院），全市2228个行政村每村均有1所政府建行政村卫生室。总结提出村卫生室“四要四有”（“村医要在岗、去向有牌子，四室要规范、室内有制度，药物要满足、基药有目录，慢病要随访、工作有台账”）工作措施，充分发挥村卫生室作用。大力实施大病专项救治，优化调整市县两级定点医院救治病种，畅通绿色救治通道及双向转诊机制，优先安排大病贫困患者救治，为全市贫困人口罹患25种大病7427人开展专项救治，做到应治尽治。截至2019年底，全市农村贫困人口大病专项救治率为97.54%。落实落细慢病家庭医生签约服务。为全市建档立卡贫困人口中高血压患者63453人、糖尿病患者12482人、肺结核患者2120人和严重精神障碍患者13938人提供了家庭医生签约服务。全面推行“先诊疗后付费”。联合市医保局、市扶贫办印发《关于进一步做好建档立卡贫困住院患者县域内定点医院先诊疗后付费工作的通知》。明确县域内先诊疗后付费定点医疗机构404家，不断完善易地扶贫搬迁安置点后续医疗卫生服务体系建设，在全市139个易地扶贫搬迁安置点均设置了医疗机构并配备了村医，为当地群众提供基本医疗和基本公共卫生服务。

【爱国卫生】 下发《毕节市爱国卫生工作实施意见》，2019年6月，推荐上报国家卫生乡镇11个；2019年11月，考核上报省级卫生乡镇18个，省级卫生村52个；考核命名市级卫生乡镇25个，市级卫生村81个；2019年12月，毕节市创建国家卫生城市工作成功通过国家专家组暗访检查，为迎接国家卫生城市技术评估奠定坚实的基础。

【中医药工作】 完成等级医院评（复）审工作。完成全市中医院的等级医院复审工作，全市1家三甲中医院、5家二甲中医院和2家二乙中医院全部通过复审。金沙县中医院拟创建三级乙等中医院，前期准备工作已基本完成，省、市级专家均对创建工作进行了多次指导，已通过省中医药管理局组织省内外专家进行的评审。抓好乡镇卫生院中医馆建设。结合“群众满意乡镇卫生院”创建活动，充分发挥好中医馆在基层医疗保健体系中的作用。2019年，全市已建中医馆194个，其中2019年完成32个建设任务。加大中医药人才培养培训力度。2019年，全市共选派中医药业务技术骨干150余人次到包括广东省中医院、江苏省中医院等省内外中医医疗机构培训进修，其中在全国工商联的支持下，选派52名乡村级中医从业人员到广东省中医院进行了为期10天的中医药服务能力提升培训。加大乡村级中医人员适宜技术培训力度，2019年市县级共举办中医适宜技术培训30余批次，培训乡、村医务人员及技术骨干1500余人次。完成1529名中医类别考生的医师资格考试实践技能和综合笔试考试工作。精心组织2019年中医确有专长人员考核报名工作。全市审核通过486人，经省级复核公示符合报名条件的91人参加了全省的考核。突出加强中医科技项目工作。市中医院、金沙县中医院的“软肝化纤汤治疗痰瘀互结型非酒精性脂肪肝病临床疗效观察”等4个科技项目获省中医药管理局立项，10余个科技项目获市科技局立项。

【东西部协作对口帮扶工作】 2019年，东部共计122家医疗卫生机构分别与毕节市293个医疗卫生机构建立了对口帮扶关系，涵盖市、县、乡医疗、预防、保健、急救、采供血机构，实现了对口帮扶医疗卫生领域全覆盖。东部各级帮扶单位累计向毕节市医疗机构派驻挂职干部69人（人均挂职半年以上），选派驻点专家144名，结合实际开展长短期、近距离的技术传帮带，毕节市各级医疗卫生机构同步选派319名技术骨干到支援单位进修学习。广州市财政人均补助4.1万元/年，按照我市医疗机构专业需求，订单异地开展住院医师规范化培训。2018－2019年，2批共计197名住院医师赴广州市异地规范化培训顺利开展，为毕节市级医疗机构人才储备发挥重要作用。2019年，支援专家共开展手术示教1520次，专家查房5301次，巡诊义诊惠及10213名患者，指导开展新技术新业务193项，开展互动远程会诊467例。共计向全市各级受援医院投入2800余万元，帮助我市各级医疗机构新建空白学科23个，帮助原有学科提质改造65个，建成省级重点学科4个，市级重点学科6个，县级重点学科14个，院级重点县重点学科55个。

【计划生育】 人口出生情况。2019年全市常住人口出生74073人，与去年同比减少2023人；流动人口出生8698人，同比增加1119人。奖励扶助政策。2019年，毕节市“四项制度”奖励扶助金共发放4732.19万元，受惠人群103063人（次）。其中，农村部分计划生育家庭奖励金发放4771人，金额577.14万元；计划生育家庭特别扶助制度（独生子女伤残死亡家庭）发放625人，金额566.52万元；计划生育家庭特别扶助制度（其他人员）发放538人，金额156.26万元；计划生育节育奖发放44476人，金额2116.72万元；农村计划生育两户家庭新农保补贴个人账户参保金发放45792人，金额344.25万元；农村计划生育两户家庭新农保补贴基础养老金发放5156人，金额605.50万元；城镇纳入最低生活保障独生子女父母奖励金发放1632人，金额244.80万元；计划生育独生子女伤残死亡家庭一次性抚慰金发放34户，金额124.00万元。出生人口性别比。积极开展打击“两非”专项治理，出生人口性别比趋于正常值。全面两孩政策。全市全面贯彻落实《中共中央·国务院关于实施全面两孩政策改革完善计划生育服务管理的决定》和《贵州省贯彻落实〈中共中央国务院关于实施全面两孩政策改革完善计划生育服务管理的决定〉实施方案》的通知》精神，以实施全面两孩政策为主线，切实落实计划生育各项服务管理措施。

【副省长王世杰赴纳雍县调研卫生健康工作】 2

月16日至17日，副省长王世杰赴纳雍县，就健康扶贫工作推进、基层医疗卫生服务能力提升、远程医疗服务体系建设、东西部协作医疗卫生对口帮扶、公立医院综合改革、公共卫生服务能力建设、中医药事业发展、“百院大战”建设等工作情况开展调研。

【毕节市卫生健康局正式挂牌】 3月4日，毕节市卫生健康局正式挂牌，副市长王泉松出席挂牌仪式。新组建的市卫生健康局主要职责为贯彻执行卫生健康工作法律法规，协调推进深化医药卫生体制改革，组织实施疾病预防控制规划、免疫规划，协调落实应对人口老龄化政策措施，贯彻落实国家药物政策和国家基本药物制度，负责职责范围内公共卫生的监督管理，监督实施医疗机构、医疗服务行业管理办法，建立医疗服务评价和监督管理体系；负责计划生育管理和服务工作，负责社会办医疗机构规划和监督管理等相关工作。

【启动“健康扶贫春季攻势”】 3月22日，市卫生健康局下发《关于加强落实“健康扶贫春季攻势”各项工作的通知》，及时启动健康扶贫春季攻势工作。通过建全领导分片联系督导工作机制，建立工作台账，深入推进健康扶贫春季攻势工作。

【召开全市2019年卫生健康工作会议】 3月28日，毕节市人民政府召开2019年全市卫生健康工作会议，深入贯彻落实党的十九大精神和习近平总书记对毕节试验区重要指示精神，全面贯彻国家和省市有关会议精神，安排部署2019年卫生健康工作。市政府副市长王泉松出席会议并讲话，市卫生健康局局长吴大敏作工作报告。会议要求，全市上下要按照“突出‘一个引领’，即党建引领；加强‘两项建设’，即基础设施建设、人才队伍建设；抓好‘两头提升’，即一头抓等级创建提升、一头抓基层能力提升；打好‘三场硬仗’，即坚决打好医疗健康扶贫硬仗、深化医药卫生体制改革硬仗、创建国家卫生城市硬仗；完善‘三项服务’，即完善公共卫生服务、人口发展服务、养老发展服务”的思路，扎实推进健康毕节建设，努力全方位、全周期维护和保障人民健康，以全民健康助推全面小康，为打赢“113攻坚战”夯实民生基础、提供健康保障。会上，王泉松副市长代表市人民政府与各县区人民政府和市卫生健康局，市卫生健康局局长吴大敏与各县区卫生健康局、市直医疗卫生单位分别签订了2019年卫生健康工作目标责任书。

【广州市卫生健康委主任唐小平率队赴毕督导调研对口帮扶工作】 4月1日至4月2日，广州市卫健委党组书记、主任唐小平带队，广州市第一人民医院院长曹杰等一行9人赴毕节市考察调研医疗对口帮扶情况。4月2日，主任唐小平一行到毕节市第三人民医院和毕节市第二人民医院新院项目部调研督导，并看望慰问市一医院挂职毕节市第三人民医院副院长李晓岩博士。毕节市卫生健康局局长吴大敏，毕节市政府党组成员、副秘书长、广东省第一扶贫协作工作组毕节组组长陈震，毕节市卫生健康局副局长路敏，广东省第一扶贫协作工作组毕节工作组综合部副部长曾庆彬，毕节市卫生健康局医政科科长谢颖陪同。唐小平强调，市级综合医院要以“大专科，综合发展”为总体目标，牢记嘱托、感恩奋进，只争朝夕、苦干实干，以广州市卫建委对口帮扶毕节市卫健局为契机，在广州市红十字会医院、广州市皮防所的帮助下，以医院发展为大局，全力做好各项工作。

【脱贫攻坚健康扶贫突出问题专项治理工作】 5月16日，毕节市人民政府召开全市卫生健康政策落实不到位专项整治暨易地扶贫搬迁后续卫生健康保障动员部署视频会议，下发《毕节市脱贫攻坚健康扶贫突出问题专项治理工作方案》，全面启动全市脱贫攻坚健康扶贫突出问题专项治理工作。分别针对未脱贫县、已脱贫县、非贫困县全市先后组织562人开展三轮专项治理大排查，全面深入推进专项治理工作。

【开展新中国成立70周年全市卫生健康事业宣传工作】 5月23日，毕节市卫生健康局启动新中国成立70周年全市卫生健康事业宣传工作，充分展现新中国成立70周年以来毕节市卫生健康事业的历史巨变、伟大成就和宝贵经验，唱响社会主义好、新中国好的主旋律，大力弘扬以爱国主义为核心的伟大民族精神，为试验区全面打赢脱贫攻坚战、如期建成小康社会作出新的更大贡献。

【启动毕节市第一届“最美医师”推荐宣传活动】 7月9日，市委宣传部、市卫生健康局、市总工会下发《毕节市第一届“最美医师”推荐宣传活动实施方案》，正式启动毕节市第一届“最美医师”推荐宣传活动，大力弘扬医务工作者“敬佑生命、救死扶伤、甘于奉献、大爱无疆”的职业精神，充分展示我市医师队伍良好精神风貌和职业风范，激励全体医师爱岗敬业、积极进取、勇于奉献，以高尚的职业道德、精湛的医疗技术贴近患者、贴近社会，进一步提升医疗服务质量，进一步改善广大群众就医体验。

【开展医疗服务多元化监管试点工作】 7月16日，市卫生健康局印发《毕节市医疗服务多元化监管试点工作方案》，从机构自治、行业自律、政府监管、社会监督等方面探索建立完善医疗服务多元化监管制度，建立可操作、可复制、可推广的监管新模式，为推进实现医疗卫生治理体系和治理能力现代化、实施健康贵州战略提供重要保障。

【深圳市卫生健康委主要领导率队赴毕开展扶贫工作考察调研】 7月16日至19日，深圳市卫生健康委党组书记、主任罗乐宣，党组成员、副主任吴兵，率深圳市卫生健康委扶贫工作考察组到毕节市赫章县、纳雍县、七星关区考察调研健康扶贫工作，并于7月19日上午在市政府召开深圳市卫生健康委赴毕调研东西部协作健康扶贫对口帮扶工作座谈会。市人民政府副市长丹彤、副秘书长文超，各县区政府分管卫生健康的有关领导、市县级卫生健康部门有关负责人参加调研。座谈会上，市政府副秘书长文超受政府有关领导委托，代表市政府主持会议并提工作要求，毕节市卫生健康委有关负责同志汇报全市卫生健康事业发展情况及深圳市对口帮扶工作情况，并向深圳市卫生健康委提出六项帮扶请求。深圳市卫生健康委副主任吴兵同志对考察调研情况进行反馈。罗乐宣代表深圳市卫生健康委对毕节市恳请帮助解决事项进行回应。

【开展医疗乱象专项整治行动】 7月22日，市卫生健康局、市委网信办、市发展和改革委员会、市公安局、市市场监督管理局、市医疗保障局联合下发《关于开展医疗乱象专项整治行动的通知》（毕卫健通〔2019〕54号），切实打击和整治医疗诈骗、虚假宣传、乱收费、骗保等医疗乱象，净化行业环境，促进医疗行业规范有序发展，切实维护人民群众健康权益。

【广州市医科大学附属医院到毕节市开展儿童先天性心脏病筛查救治活动】 7月29日至8月1日，由市卫生健康局，市妇幼保健院、金沙县卫生健康局、金沙县妇幼保健院，大方县卫生健康局、大方县人民医院联合举办的毕节市首届0—18岁“儿童先天性心脏病”大型筛查救治免费义诊活动在金沙县和大方县举行。7月28日，市委常委、市纪委书记、市监委主任王彤在毕节会见赴毕节开展儿童先天性心脏病筛查救治活动的广州医科大学附属第一医院心脏外科爱童办主任江华容率心脏外科医疗专家一行。7月29日至8月1日，专家组一行先后深入金沙县妇幼保健院、大方县人民医院开展毕节市首届0—18岁“儿童先天性心脏病”大型筛查救治免费义诊活动。此次先心病筛查义诊活动邀请广州医科大学附属第一医院心脏外科爱童办主任江华容率心脏外科医疗专家组、毕节市第一人民医院心脏外科、胸心外科及超声科的多位权威专家参与，共计免费为金沙县、大方县1000名儿童提供筛查服务。

【开展2019年毕节市医学人才培养计划活动】 8月4日至7日，经复旦大学医学院副院长吴凡协调，由锦州医科大学负责，帮助毕节市开展执业医师考前培训班，锦州医科大学副校长曲巍，中华医学会医学教育分会主任委员、中国医学科学院原党委书记、北京协和医学院原党委书记李立明教授出席培训班开班仪式并讲话。全市组织四个班共计600余人接受培训，取得较好的效果。

【“健康融入万策”多部门高级研修班在毕节市举办】 8月4日，“健康融入万策”多部门高级研修班在毕节市举办，国家卫生健康委规划信息司司长毛群安，国务院发展研究中心社会发展研究部部长葛延风，中华医学会医学教育分会主任委员、中国医学科学院原党委书记、北京协和医学院原党委书记李立明教授，世界卫生组织驻华代表高力博士（外宾）、技术官员姜晓鹏、蒲文婷，上海复旦大学医学院副院长吴凡，以及国家卫生健康委、上海市健康促进委员会、上海市健康促进中心、上海市社科院等有关领导专家出席此次研修班。

【省卫生健康委主任李奇勇到赫章县、织金县调研健康扶贫工作】 8月20日，省卫生健康委党组书记、主任李奇勇赴毕节市赫章县、织金县调研健康扶贫工作。毕节市人民政府副市长王泉松、赫章县委、县政府，织金县委、县政府主要负责人，市卫生健康局党组书记、局长吴大敏，副局长袁顺国陪同调研。李奇勇先后深入赫章县人民医院、县中医院、县妇幼保健院、双河街道水坡村卫生室，织金县以那镇大寨村卫生室和织金县人民医院调研，详细了解健康扶贫、公共卫生服务、医疗科技设施等工作开展情况，村医报酬待遇、村卫生室医疗设备及运转情况等工作进行了详细调研。李奇勇指出，在当前脱贫攻坚决胜阶段，健康扶贫是打赢脱贫攻坚战的重要组成部分，各级各部门要提高思想认识，加强工作管理，进行健康档案跟踪，对工作进行详细的安排和计划；要珍惜对口帮扶的机会，充分利用帮扶资源，加大人才医疗队伍建设，提高专业业务水平，加强医德医风建设，保障医疗质量安全；要科学规划，合理布局，落实各级医疗机构职能，加快形成国家和省、市、县、乡五级医疗机构分级诊疗体系。市级医院要解决好疑难杂症和地方病，集中攻关导致因病致贫、因病返贫的主要瓶颈；县级医院要在硬件设施上要向省级看齐，做好常规性的大病救治，做到大病不出县；乡村、社区一级要做好门诊首诊工作，通过对普通疾病的救治，切实做到小病不出乡村。要按照功能定位分级合理配置人才，各个层级的医院各司其职、各尽其责，确保全县健康扶贫再上新台阶，助力打好脱贫攻坚战。

【周建琨等市领导在“中国医师节”开展走访慰问活动】 8月19日，第二个“中国医师节”来临之际，市委书记、市人大常委会主任周建琨，市委副书记、市长张集智，市政协主席杨宏远，市委副书记张翊皓分别带队前往市第一人民医院、市中医院、市第二人民医院、市第三人民医院，看望慰问获评第一届毕节市“最美医师”的临床一线医师代表，并向全市广大医务工作者致以节日问候和崇高敬意。调研期间，周建琨指出，医生是太阳底下最光辉的职业之一，没有医生，就没有生命的延续，尊重医生，就是尊重生命。全市医疗卫生系统要坚持把人民健康放在优先发展的战略地位，深入实施“大健康”行动，深化医疗卫生体制改革，进一步加大投入，加快项目建设，不断满足人民群众对医疗卫生健康工作的新期待、新需求。各级医疗机构要加强人才队伍建设，在加大人才引进力度的同时，加快本地人才培养，不断提升全市医疗卫生服务水平，让广大群众享受到更优质、更便捷的医疗服务。广大医护工作者要不断增强责任感和使命感，以敬业奉献为荣，履职尽责，恪尽职守，全身心投入到这一既平凡而又伟大的事业当中去，当好全市人民健康的“守护神”，永远无愧于“白衣天使”这个光荣的称号。

【市卫生健康局吴大敏随贵州卫生健康系统代表团出访法国】 9月21日至25日，经贵州省卫生健康委推荐，毕节市卫生健康局局长吴大敏随“贵州省卫生健康系统代表团”赴法国里昂，参加“第三届中法跨领域论坛‘健康与食品，走向卫生丝绸之路’活动”。

【开展医师定期考核工作】 10月10日，市卫生健康局印发《毕节市医师定期考核工作实施方案》，建设统一的医师定考体系，健全医师定考工作组织机构，完善考核程序，统一考核方法，充分发挥医师定考制度的作用，完善医师准入后监管和退出机制，提高全市医师队伍的服务能力和工作水平。

【深化东西部扶贫协作医疗卫生对口帮扶工作】 10月11日，毕节市卫生健康局印发《毕节市深化东西部扶贫协作医疗卫生对口帮扶工作实施方案》，充分利用东部及省内外优质医疗资源，进一步巩固医疗卫生对口帮扶成果，拓展帮扶领域，丰富帮扶内涵，推动全市医疗卫生服务能力进一步提升。

【开展失独家庭住院护理补贴保险工作】 10月22日，毕节市卫生健康局、市计划生育协会印发《毕节市失独家庭住院护理补贴保险工作方案》，切实做好毕节市失独家庭住院护理补贴保险的投保理赔服务工作。

【周建琨到市卫生健康局调研】 10月23日，结合开展“不忘初心、牢记使命”主题教育部署，市委书记、市人大常委会主任周建琨到机构改革后新组建的市卫生健康局调研，面对面征求干部职工意见建议，深刻检视问题，推动整改落实。副市长王泉松参加调研。周建琨认真听取市卫生健康局局长吴大敏的工作汇报，详细了解市卫生健康局的机构设置、职能转换、工作开展等情况，对市卫生健康局工作给予充分肯定，代表市委、市政府向全市卫生健康系统广大干部职工、医务人员表示亲切慰问。并就各医疗卫生部门反映的问题逐一研判，要求相关部门梳理问题清单，加强统筹协调，发扬“马上就办”作风，认真加以解决，切实把主题教育的要求落实在具体行动上。建琨要求，市卫生健康局要树立主动融入城市发展的“命运共同体”意识，大力推进全国卫生城市创建，不断加强公共卫生服务、“大健康”体系和人才队伍建设，积极构建适应人民群众健康需求的医药卫生体制机制，深入推进卫生健康事业高质量发展；要聚焦人民群众健康，指导各公立医院不断提升诊疗服务水平，进而提升全社会健康水平，努力为“健康中国”添砖加瓦；要聚焦“两不愁三保障”补齐基本医疗保障短板，坚决打赢健康扶贫硬仗。

【开展儿童医疗卫生服务及保障工作】 10月23日，市卫生健康局、市民政局、市医疗保障局、市市场监管局印发毕节市儿童血液病、儿童恶性肿瘤医疗救治及管理保障工作方案（试行），以再生障碍性贫血、免疫性血小板减少症、血友病、噬血细胞综合征、神经母细胞瘤等疾病为重点，建立健全全市儿童血液病、恶性肿瘤医疗救治及保障管理体制机制，切实做好儿童医疗卫生服务及保障工作，助推脱贫攻坚，助力“健康毕节”建设。

【国家卫生健康委疾控局赴毕开展艾滋病性病防控工作调研】　10月31日，国家卫生健康委疾控局周宇辉副局长（副厅级）率队到毕节市开展艾滋病性病防控工作调研，并在毕节市撒拉溪麻风病院开展参观座谈，国家卫生健康委疾控局艾防处二级调研员时颖、国家卫生健康委疾控局结防处四级调研员赵阳、中国疾控中心麻风病控制中心主任顾恒、中国疾控中心麻风病控制中心主任医师严良斌、国家卫生健康委疾控局干部吴照春 一行六人赴毕节开展麻风病防控工作调研，省卫健委疾控处处长胡洲、省疾控中心主任张玉琼、省疾控中心副主任雷世光、省疾控中心结防所副所长李进兰、省卫生健康委疾控处主任科员陆婧、省疾控中心结防所工作人员周建、毕节市卫生健康局副局长路敏、毕节市第二人民医院党支部书记王宝仁、毕节市第二人民医院院长王刚陪同调研。调研期间，周宇辉指出，在省部合作的框架下，贵州省加强组织协调、多部门合作，在病人发现、关爱治疗方面都体现协同合作，工作成效显著与政府在政策、保障上强有力的力度密不可分，贵州省麻风病工作取得的巨大成效，关键是在于全省麻风病防治人员的艰苦努力和敬业工作。周宇辉要求，要加强麻风病防治工作宣传，让更多的人了解麻风工作和麻风病。

【全省健康扶贫工作会议在毕节召开】　11月30日，全省健康扶贫工作会议在毕节市召开，省卫生健康委班子成员、省中医药管理局主要领导出席会议，各市州卫生健康局局长、24个2019年拟脱贫县区政府分管领导，所有县区卫生健康局局长参加会议。会上，省卫生健康委党组书记、主任李奇勇宣讲党的十九届四中全会精神和省委十二届六次全会精神，对切实贯彻落实11月29日省委专题会省委书记孙志刚重要指示精神，全面做好迎接国家健康扶贫考核、推进“点穴式”巡视反馈问题整改落实和有关重点工作提出明确要求。李奇勇强调，一是要把划时代的十九届四中全会和省委十二届六次全会精神学习好宣传好贯彻好；二是要把英雄辈出精彩纷呈的贵州健康扶贫工作总结好核查好巩固好；三是要把脱贫攻坚以来最重要最全面的中央考核准备好迎接好运用好；四是要把2019年卫生健康领域各项目标任务梳理好完成好升华好。

（撰稿：邵申华）

医疗保障

【概述】　毕节市医疗保障局自2019年2月组建以来，坚持以习近平新时代中国特色社会主义思想为指导，全面贯彻落实党的十九大和十九届二中、三中、四中全会精神、习近平总书记对贵州对毕节指示批示精神、省委十二届五次、六次全会和市委二届五次、六次全会精神，按照市委市政府“113攻坚战”决策部署，围绕一个“统领”（大党建）、紧盯一个“重点”（脱贫攻坚）、聚焦四项任务（推进机构改革、落实医保政策、打击欺诈骗保、提升经办服务），以开展“不忘初心，牢记使命”主题教育作为主要政治任务，提升“六种能力”、增强“八大本领”，攻坚克难，尽锐出战，确保按时打赢脱贫攻坚战，全面完成医疗保障各项工作任务。

【平稳有序推进机构改革，医保业务实现新融合】

一是全面完成与原市卫计委城乡居民医保、人社局城镇职工医保和生育保险、民政局医疗救助、发改委药品和医疗服务价格管理的职责划转和16名行政、事业身份人员划转安置工作，有序推进下属事业单位规范设置工作，稳步推进业务衔接、人员融合，确保工作无缝衔接。二是对照市局“三定”方案，编制公布权责清单和权力运行流程图，确保实现权责边界清晰，严格依法行政。

【坚持党要管党从严治党，党的建设开启新征程】 一是全面加强党的政治建设、组织建设、思想建设、纪律建设、作风建设、制度建设。始终旗帜鲜明讲政治，树牢“四个意识”，坚定“四个自信”，坚决做到“两个维护”。选举产生第一届党总支委员会，成立机关第一支部和第二支部；组建工会委员会、共青团、妇委会，充分发挥群团组织凝心聚力作用。开展廉政警示教育活动，常态化开展层级预防提醒谈话，教育干部职工筑牢不敢腐的思想防线。严格落实中央八项规定及省市十项规定精神，大兴调查研究、真抓实干、勤俭节约之风。制定《市医疗保障局工作规则》《市医疗保障局党建工作要点》系列制度30余个，做到抓早抓小，管长管常。二是认真开展“不忘初心、牢记使命”主题教育，凝聚推动发展的强大动力。坚持把理论学习、调查研究、检视问题、整改落实贯穿始终，确保主题教育取得实实在在的成果。

【精准落实参保、资助、待遇，医保扶贫工作取得新成效】 按照“责任、政策、工作”三落实，“参保、资助、待遇”三精准要求，实行“周调度跟踪，月小结提示，季通报约谈”工作机制，推动脱贫攻坚工作落细落小。一是着力抓好参保、筹资和待遇保障工作。截至2019年12月31日，全市建档立卡贫困人口178.09万人，除参加其他医疗保险18403人，因死亡、参军、服刑、婚出等合理化原因未参保555人外，其余176.19万人全部参加城乡居民医疗保险，实现应保尽保；共资助建档立卡贫困人口参保177.58万人次（含资助后死亡、婚出、清退人员），资助参保资金21244.67万元，实现参保应资尽资；建档立卡贫困人口住院365423人次、门诊4179557人次，基本医保、大病医保分别报销138254.26万元、17442.09万元，医疗救助8228.51万元，实现建档立卡贫困人口基本医保、大病保险、医疗救助全覆盖。二是深入开展五个专项治理工作。举办业务培训班，对全市医疗保障系统干部进行医疗保障业务知识培训，着力提高医保干部政策水平；全方位多角度开展医疗保障政策宣传，切实提高建档立卡贫困户政策知晓率。排查发现医疗保障政策落实不到位问题38个、医保资金管理使用不规范问题22个，除需要长期坚持2个外，已全部整改完成。三是对标对表国家和省医保扶贫政策，联合扶贫、财政、民政、卫健等4部门制定出台《毕节市医疗保障扶贫行动实施方案》，扎实推进医疗保障扶贫工作。四是督促指导各县（区）做好易地扶贫搬迁点医保接续工作，对已成立社区治理组织的搬迁点，设立医保经办窗口，落实经办人员，确保搬迁群众医保关系可接续。五是联合卫健部门开展定点医疗机构收治建档立卡贫困人口信息排查工作，严厉打击保外费用过高、诱导消费、现场报补不及时等问题，对外出就医未申报医保待遇情况、慢性病患者就医未申报医保待遇报补情况、建档立卡贫困人口未参保情况、参保定额资助资金未落实情况等进行全面摸底排查，切实落实医疗保障政策待遇。

【全面推进医保各项业务工作，医疗保障工作开创新局面】 一是筹资任务顺利完成。截至12月30日，全市城乡居民医保参保7455509人，超出省医保局明的目标值4.01个百分点。全市参加城镇职工基本医疗保险368378人、参加生育保险276591人，分别完成市《政府工作报告》目标任务的106.78%、105.17%。二是待遇保障落实到位。是年，城乡居民住院 1386044 人次、门诊 16818439 人次，基本医保、大病医保分别报销 50.26 亿元、4.46 亿元；城镇职工享受医疗待遇 235710 人次，统筹基金支付医疗费用 64743.80 万元；全市实施医疗救助 231.48 万人次，支出医疗救助资金 3.92 亿元。三是着力推进异地就医直接结算。1－12 月，全市城乡居民医保跨省异地就医直接结算 2523 人次，共产生医疗费用 4759.45 万元，基本医保基金补偿 2239.31 万元。省内跨市州就医直接结算 21535 人次，共产生医疗费用 20151.09 万元，基本医保基金补偿 8816.60 万元；城镇职工基本医疗保险跨省直接结算 4551 人次，医疗总费用 9679.66 万元，统筹基金支付 6879.87 万元。城乡居民医保、城镇职工医保分别与全国 2413 家、21367 家医院实现跨省异地就医即时结算。

【聚集医保基金安全，打击欺诈骗保工作取得新进展】 按照国家和省局打击欺诈骗保工作的安排部署，全力推进打击欺诈骗保“再行动”和“专项治理行动”，制定出台《毕节市医疗保障局飞行检查办法》《毕节市治理欺诈骗保行为举报奖励办法（试行）》，修订完善“两定”医药机构服务协议内容，进一步规范“两定”医药机构经营行为。1－12 月，全市共检查定点医药机构 6006 家，实现定点医药机构检查全覆盖；共处理定点医药机构 1851 家，其中暂停医保服务 333 家次、解除服务协议 22 家；追回医保基金 1238.73 万元，处违约金 621.73 万元，行政罚款 308.99 万元；共受理举报投诉案件 78 起，办结 77 起。

【全面深化“放管服”改革，医保经办服务水平得到新提升】 一是推进政务服务“一门、一网、一次”。医保服务进驻政府政务服务中心，已实现线下现场办理“只进一门”；积极推进城镇职工医保业务网上经办，实现服务事项网上可办率 80% 以上；梳理全市医疗保障政务服务事项清单，实现高频事项办事群众“最多跑一次”。二是持续减证便民。取消城乡居民医保意外伤害证明，改为参保患者或申请人承诺制；修订完善我市定点医疗机构准入管理办法，将原社会办医申请定点经营时限由“一年以上”修改为“三个月”；按照“六个一律取消”要求，减少各类证明材料 60% 以上。三是加强基层医保经办服务能力建设，推进乡镇经办机构“基本医保、大病保险、医疗救助”一站式办理，打造基层医保服务升级版。

【工作亮点】 一是率先落实 2019 年全国“两会”和《政府工作报告》关于医疗保障工作的要求，从 5 月 1 日起将大病医保报销比例从 59% 提高到 60%，城乡居民人均财政补助标准增加 30 元，一半用于大病保险。二是从 12 月 1 日起，对重点医疗救助对象实行市域内跨县区定点医疗机构住院就医医疗救助“一站式”即时结算服务，在全省率先实现城乡居民医疗救助市级“一站式”即时结算服务，有效缓解了城乡重点医疗救助对象就医筹资难、垫资难、就医申请救助往返跑路、救助不及时等问题。三是医疗保障制度改革工作中，在全国、全省率先实现城乡居民医保整合，并在全省首家实行全方位政策和基金市级统筹，为全省建立城乡一体的居民基本医疗保险制度提供了宝贵经验。

（撰稿：吕东华）

疾病预防控制

【概述】 2019 年，毕节市疾病预防控制中心在市委、市政府、市卫生健康局的坚强领导下，遵循预防为主的卫生工作方针，严格按照各项目标管理责任状及市委“113”战略决策部署，应用预防医学理论与技术，以应对处置急性传染病和突发公共卫生事件为重点，认真开展和推进各项工作任务，积极预防和控制危害广大人民群众的疾病。传染病发病率持续稳定在较低水平，结核病、艾滋病、职业病、免疫规划、实验室检测、健康教育等工作取得一定成效。

【党建及党风廉政建设】 中心党总支以习近平新时代中国特色社会主义思想为指导，深入贯彻学习党的十九大精神和习近平总书记对贵州对毕节系列重要指示批示精神，抓好中央、省委、市委重要会议、重要文件精神和重大决策部署的学习宣传和贯彻落实。通过集中学习、个人自学、党课辅导、主题党日、“学习强国 APP” 等多种方式方法，以深入开展“牢记嘱托、感恩奋进”学习教育实践活动为契机，持续推进“两学一做”学习教育常态化、制度化，把“四个意识”落实在工作实践中，扎实开展“不忘初心、牢记使命”主题教育，不断增强党自我净化、自我完善、自我革新、自我提高的能力。中心严格按照中央、省委、市委、卫健局党组的党建及党风廉政建设工作安排部署，坚持党风廉政建设与业务工作同部署、同落实、同检查、同考核，围绕中心目标，强化监督执纪，坚决纠正“四风”突出问题，推动中心党风廉政建设工作向纵深发展。中心主任履行第一责任人责任，对重要工作亲自部署、重大问题亲自过问、重点环节亲自协调，班子成员严格履行“一岗双责”，层层分解任务，层层传导压力，层层报告主体责任落实情况，一级向一级负责，一级向一级交账，切实把党风廉政建设责任制压紧压实。2018 年 3－4 月接受市委第五巡察组的巡察，市委巡察组指出存在的 6 个方面 18 条问题，经过积极努力，现已全部整改完毕。

【能力建设】 加强与广州市疾控中心的沟通合作，抽派一批公卫骨干共 10 人赴广州进修学习，有序推进东西部城市对口帮扶工作。抽派 61 人次参加省内外业务培训班。举办各种业务培训班 8 期。广州市疾控中心主任杨智聪一行赴毕节市就如何开展东西部对口帮扶工作进行考察调研座谈。接受了遵义医专学生 12 人实习。

【驻村帮扶工作】 大力开展精准帮扶工作，持续选派 3 名科级干部到威宁县龙场镇的 3 个村开展驻村帮扶工作，驻村人员驻村每月达 20 天以上。中心班子成员以及党员干部深入威宁龙场镇营丰、杨柳、宣丰三个村帮扶点进行多次走访调研，积极为精准扶贫出谋划策，添砖加瓦，助力 2019 年脱贫攻坚“春风行动”。坚持以项目为抓手，从人力、物力、业务等方面向龙场镇倾斜，进一步落实健康扶贫三年攻坚行动任务。

【疫情信息】 全年无甲类传染病报告，共报告乙、丙类传染病 26912 例，报告发病率 402.51/10 万，死亡 177 例，全市传染病发病率持续稳定在较低水平，总体发病率明显低于全 500/10 万的控制指标。

【传染病控制与突发公共卫生事件监测】 全面完成流感、H7N9 禽流感、手足口病、布病、狂犬病、流行性出血热、登革热、食源性疾病等重点传染病年度监测任务。组织制订 2019 年传染病防控工作方案，切实开展传染病报告及突发公共卫生事件管理督导，认真组织传染病控制及突发公共卫生事件应急业务技术培训，推进各项防控措施落实；坚持日监测、周分析、月分析、季分析制度，适时预警预报，及时处置散发疫情，严防暴发疫情发生。

【实施 AFP 及 AEFI 监测】 本年度急性迟缓性麻痹（AFP）病例监测和疑似预防接种异常反应（AEFI）等各项指标全面符合要求。全市继续维持无脊髓灰质炎状态。

【麻疹防控】 截至2019年底，全市无麻疹确诊病例报告，麻疹发病率控制在1/100万以下目标。

【免疫规划】 在全市继续推进各县（区）规范化数字预防接种门诊建设，基本实现乡镇卫生院规范化数字预防接种门诊全覆盖的目标，即将建立预防接种前体检告知签字制度和预防接种异常反应保险补偿告知制度。2019年分发配送国家免疫规划疫苗近270万人份，为15岁以下儿童接种210万针次，基本完成了脊髓灰质炎灭活疫苗查漏补种接种工作，各疫苗报告接种率均达95%以上，疫苗可预防传染病得到有效控制。

【结核病防治】 本年度全市各地认真贯彻落实《学校结核病防控工作规范（2017版）》《关于切实做好学校结核病防控工作的通知》和《关于实行学校结核病防控工作周报的通知》等相关防控工作要求，未发生学校结核病突发公共卫生事件。2019年毕节市共报告肺结核患者7793例，报告发病率为116.56/10万，与2018年同期相比发病数减少1129例，发病率下降12.99%。2019年全市传染病报告信息管理系统报告的8805例肺结核患者中，有8129例定点医疗机构接受规范治疗，尚有676例患者未登记治疗，登记治疗率为92.32%。2019年全市肺结核患者平均总体到位率为92.97%，病原学性率为45.61%，肺结核患者的成功治疗率为92.58%，阳性患者密切接触者筛查率（症状筛查率）为100.00%，耐多药肺结核初治病原学阳性筛查率为96.06%，耐多药肺结核可疑者筛查率为98.86%。

【艾滋病防治】 起草《毕节市艾滋病防治工作重点任务指标》，对全市艾滋病工作进行了安排，召开了艾滋病工作调度会，举办全市艾滋病综合防治工作培训班，积极开展对全市艾滋病防治工作的调研督导和丙型肝炎数据质量核查工作。截至2019年底，按现住址统计全市本年度报告艾滋病病毒感染者/病人1204例，累计报告存活的艾滋病病例4783例，死亡2790例，正在接受抗病毒治疗的4126例，治疗比例为86.3%，在治病例病毒载量检测比例为84.4%，抑制率为91.1%，存活病例的CD4随访检测比例81.3%，全市艾滋病病毒抗体检测人次数达到当地常住人口数26.63%。

【基本公共卫生服务项目】 积极推进慢病综合示范区建设，金沙县慢病示范区已通过国家级评审验收，七星关区慢病示范区已通过市级评审验收；抽调骨干力量全程参与省级组织的对乡镇卫生院、村级卫生室建设指导、评价、复核、验收工作，认真完成严重精神障碍中央资金免费治疗项目督导以及全市基本公共卫生项目的季度报表审核、督导工作，通过省级国家基本公共卫生服务项目考核。继续加强对基层卫生人员进行现场培训，有效提高全市基本公共卫生服务水平；组织市精神病院专科医师团队到百管委、金海湖新区开展两轮对所辖范围内严重精神障碍患者的可疑线索及在管患者复核诊断工作。进一步加强高血压、糖尿病、重性精神病等慢性病的筛查和登记管理，各项工作指标均达到国家要求，为健康扶贫提供有力保障。

【职业病防治】 2019年全市共报告职业病306例。其中，尘肺为304例（煤工尘肺274例、矽肺30例），与2018年（尘肺443例）相比下降31.38%；其他职业病为噪声聋和布鲁氏菌病各1例（均为本地到外地务工人员）。患尘肺病人以金沙县最多，共160例，占尘肺病人总数的52.63%。全年完成4927例职业性尘肺病随访与回顾性调查。制定《毕节市五项目方案》并召开“五项目启动培训会”，完成《2019年重点职业病监测与职业健康风险评估报告》并接受省疾控中心“五项目”工作督导。与毕节市卫生健康综合执法大队对全市各相关单位进行项目进度督导及现场复核，对“职业病与职业卫生信息监测系统”2019年度上报数据进行全面核查清理和统计分析。本年度完成由第三方现场检测294家企业，在广州疾控中心帮助下完成9家监测点医院，共计28台放射诊疗设备的现场监测任务（包括性能监测及环境监测）。在织金县疾控中心、毕节市中医院开展职业健康核心指标主动监测与筛查试点工作。

【卫生监测及实验室检测】 中心食品安全风险监测能力建设设备全部安装调试完毕，基本具备完成国家下达的食品安全风险监测任务的能力。2019年共完成食品类292份样品的采样检测，得到监测数据2368条，省级任务完成率达100%，检出的阳性结果均及时通报食品安全监管部门。召开2019年饮用水水质监测工作启动暨实验室检测技术培训会议，并组织实施全市饮用水工程水质监测工作，共完成样品检测994份，省级下达任务完成率100%；丰水期小水窖饮用水水质样品891份，所有指标均合格的水样数共507份，任务完成率100%。制定《毕节市疾病预防控制中心病媒生物监测计划》，收集各县（区）病媒生物监测的数据，认真核查数据的完整性和真实性，加强对辖区监测的质量控制，适时开展技术指导和检查督导。全年完成流感检测1027份，禽流感外环境检测360份，手足口检测878份，重症肺炎及不明原因肺炎检测22份。细胞病毒分离上毒259株，分离出毒株58株，上送国家合格毒株56株；完成各县（区）CDC麻疹风疹网络实验室送样检测33份，HIV抗体确证样本检测766份，VCT筛查样本检测26人次，HIV急性期项目样本检测248份，CD4检测1644份，其他传染性疾病检测8份，疑似食物中毒检测两次。

【健康教育工作】 按照国家、省、市关于开展宣传活动的通知精神和目标要求，组织开展了“3·24世界结核病宣传活动”“5·15碘缺乏病宣传”“全民健康生活方式日”“10·10精神卫生日”等主题宣传活动，完成《请支持健康素养调查，建设健康中国》《健康生活方式，从今天开始》等公益广告并在毕节市电视台频道连续三个月播放。全年共发放宣传资料2万份，接受咨询服务余5000人次，制作横幅标语16幅，展板15个，办卫生宣传栏4期。开展6次健康巡讲活动，覆盖约2000人次。同时积极开展健康素养基层调查工作，各县已完成720份，总共5280户任务，并在毕节市成立控烟领导小组和6家无烟政府机关。

【地方病防治】 市疾病控制中心在2019年8月30日开展对全市8个县（区）和2个管理区地方病监测工作的技术培训，培训县（区）卫生健康局、疾病控制中心负责人和专业技术骨干30人。各县（区）在市级培训后组织对乡、村两级人员进行培训，共培训乡、村两级人员1713人。组织开展病情、防控措施落实情况的动态监测、督导检查及效果评价工作；制定地方病防治相关技术性文件，组织开展健康教育、行为干预、地氟病监测、碘盐监测等工作；协助盐业及市场监管部门开展工作，保证居民采购使用合格碘盐。

【疟疾项目防治】 于2019年1月20日制订《毕节市2018年度中央资金疟疾防治工作实施方案》下发至各县（区），并安排部署2019年疟疾防控工作。疟疾防治项目在七星关、大方、黔西、金沙、织金、纳雍、威宁、赫章八县（区）开展，对临床诊断为疟疾、疑似疟疾、不明原因的发热病人进行疟原虫血检，全年完成发热病人血检9640人次，血检任务完成率为100%，未发现阳性病例。七星关区、黔西、金沙、织金、纳雍、威宁制定了《媒介按蚊监测方案》，开展消除后媒介按蚊种群及密度监测工作。根据省安排，对疟疾疫情资料数据收集整理统计归档并送省，撰写毕节市消除疟疾自评报告上报省迎接国家评估验收。开展了对各县（区）疟疾血检质量控制，全市2019年均无阳性血片。在“全国疟疾日”开展了以“消除疟疾，谨防境外输入”为主题的系列宣传活动，提高公众疟疾防治水平和能力。

【疾控系统东西部对口帮扶】 1. 2019年10月18日，广州市对口帮扶毕节市疾控系统工作座谈会在毕节市市疾控中心召开，广州市、毕节市疾控系统有关负责人出席会议。广州市疾控中心主任杨智聪讲话强调，抓好广州—毕节两地疾控系统对口协作帮扶工作的关键是三点：一是高站位，二是搭框架，三是做实事。目前，帮扶工作的主要落脚点还停留在培训进修、考察交流、项目扩展指导等方面，今后帮助受援单位在制度管理、理念更新、业务能力、实验室规划建设上取得一定提升。毕节市与广州市各（区）县疾控中心负责人随后分别作了交流发言，并就具体帮扶措施提出了建议。2. 2019年11月17日－11月22日广州市疾控中心抽派3名专家（张静波、黎金荣、韦博），帮助毕节市疾控中心完成2019年度医疗卫生机构医用辐射防护监测9家医疗机构及1家非医疗卫生机构（赫章汽车站）放射性危害因素现场监测任务。

（供稿：市疾病预防控制中心）

市第一人民医院

【概述】 毕节市第一人民医院位于贵州省西北部，地处川、滇、黔三省交界，始建于1937年8月，现已发展为一所集医疗、教学、科研、急救、健康和公共卫生保障为一体的三级甲等综合医院。

医院占地面积48180平方米，业务用房64933平方米，实际开放床位1474张，现有职工1736人，卫技人员1447人。其中正高职称52人，副高职称179人，博士后1人，博士12人，硕士105人。

开设38个临床科室、11个医技科室，现有2个省级重点扶持学科，15个市级重点学科（含扶持）。拥有64排螺旋CT（GE660）、核磁共振（GE3.0MRI）、DSA大C臂、医用直线加速器等大型先进医学装备300多台件。

医院在毕节市金海湖区新建一所占地面积540余亩，规划总床位1760张，预计总投资9.2亿元人民币的分院。项目一期主体工程已经完工，正推进室内外装修事宜。

【业务开展情况】 2019年全院门诊人次77万；出院患者5.8万人次，较2018年增加2.65%。手术诊疗数量提升，2019年总手术量2.3万台，其中三、四级手术8005台，占34.11%；平均住院天数8.53天。

【医政工作】 着力解决群众看病就医的难点、堵点，改善患者诊疗、等候、付费体验。2019年，在门诊大厅、候诊区通过一体机、微信等实现取号、缴费、查询、打印等功能。

继樊代明“院士工作站”成功落户第一人民医院后，2019年3月16日，中国工程院樊代明院士亲临第一人民医院开展院士工作站指导工作；2019年3月25日，与上海新华医院“医联体联盟医院”；2019年5月15日，与广州医科大学附属第一医院建立“技术协作医院”，钟南山院士通过5G远程对第一人民医院进行远程技术指导。

2019年12月获得国家“高级卒中中心”单位称号，与医院2018年取得的“中国胸痛中心”称号，标志着第一人民医院在区域心脑疾病协同救治能力得到业界认可，并在救治模式上取得极大成效。

完成科技项目（2019 年之前立项）结题工作 19 项。2019 年共组织申报 7 项省级、20 项市级科研与人才团队建设项目。获得贵州省卫健委科学技术基金项目 7 个立项，市级立项项目 10 项。

【医改工作】 全面深化公立医院改革，推进现代医院管理，推进《国务院办公厅深化医药卫生体制改革 2019 年重点工作任务》（国办发〔2019〕28 号文件）各项工作：

着力解决“看病难、看病贵”。开展百日行风大整治，着力推动医务人员服务态度、服务质量大提升，效果明显，全年享受“先诊疗后付费”病人数 4605 人次，金额 7087 万元。未发生重大医疗事故及医闹事件，患者满意度 93.97%。

强化医疗质量安全管理，保障医疗安全。医疗护理管理方面：一是强化医疗安全质量控制，保障医疗安全。全年病历合格率 97.64%。归档病历甲级率 99.11%。组织并参加全院多学科讨论 50 次，邀请外院会诊 112 次。二是以临床路径为抓手，规范医疗行为。医院 33 个科室共 28 个专业开展临床路径工作，专业覆盖率 87.5%；2019 年，全院出院结算 60564（含出院未结算）人次，按照路径管理 33075 人次，占出院人次 54.61%；符合诊断 39789 人次，实际入径 33348 人次，入组率 83.81%；出径 33075 人次，其中变异 23181 人次，变异率 70.09%，完成 31410 人次，完成率 94.97%。三是强化护理质量管理。是强化护理质量管理。全院架上病历、归档病历合格率 98.5%，在院病人满意度为 89.90%。全年无严重护理不良事件发生。药事管理方面：严格执行全省药品集中采购，中标药品使用率约为 99.28%，药占比 28.3%。基本药物品种数所占比例平均为 41.67%，基药销售额所占比例平均为 31.95%，处方点评门诊处方合格率达 99.96%。强化抗菌药物临床使用管理。住院患者抗菌药物使用率为 55%、使用强度为 36.74DDD。耗材管理方面：加强信息化管理水平，对全院现有 1798 台万元以上医学装备进行编码管理。审核所有耗材资质完成普通耗材、高值耗材以及体外诊断试剂共 3000 余种耗材的编码工作。院感管理方面：不断强化医院感染督导、检查、持续防控工作。前三季度出院人数 37726 人，感染人数 207 例，感染率 0.57%，感染例次数 218 例，感染例次率 0.58%。完善不良事件预警方面：强化“两品一械”不良事件检测报告，全年上报 628 例；其中药品不良反应报告 478 例，医疗器械不良事件 125 例，化妆品检测不良事件 25 例。获贵州省药物警戒知识竞赛论文组三等奖，毕节市药物警戒知识竞赛论文组二等奖，现场展示组二等奖。教学方面：投资 1000 余万元用于网络信息化系统建设。与四川大学华西医院远程医学中心（远程会诊和远程教学中心）、中国人民解放军第四军医大学西京医院等单位建立远程医教平台。开展理论教学、临床思维、循证医学和科研能力等培训。全年共接收各医学院校医、药、技实习生共计 446 人，本科实习生 125 人，全科医生转岗培训学员 68 人，各专业进修人员 37 人。作为国家住院医师规范化培训基地，现有专业基地 15 个。2019 年招收学员 70 人，成为培养毕节市卫计系统优秀住院医师的摇篮。三是借广州医科大学优质教学资源联合办学。是年有两名学员通过教育部组织的“在职研究招生考试”。选送各专业的业务骨干外出到北京协和医院、第四军医大学西京医院、华西医院等省内外大型医院进修学习或短期培训。其中外派 28 人进修，参加各类专业学术会议、学术讲座达数十次。承办市级及市级以上继教项目 23 期，组织开展院内继教培训学习 24 次，共计培训 1 万余人次。科研方面：每年投入科研基金 100 万元支持科研项目开展，是年院内共组织申报 7 项省级、20 项市级科研与人才团队建设项目。省级立项项目有 7 项，预计市级立项项目为 10 项。2019 年以前立项的科技项目有 19 项的结题工作已完成。科研论文质量明显提高，经初步统计，全院2019年度已发表论文50余篇。重点学科建设迅猛发展。全院已有2个省级重点扶持学科，16个市级重点学科，3个市级重点扶持学科。申报2019年市级重点学科12个。101项新技术项目通过市级新技术认定。人事管理方面：进一步深入推进"人才强院、科技兴院"战略，健全人力资源管理，强化人才引进及培养。2019年引进正高级学科带头人2人、副高级1人，硕士研究生15人，公开招考紧缺专业医师（小儿外科、超声科）7人。目前：医院在岗职工1736人，卫生技术人员1447人；其中：博士后1人、博士9人（含柔性引进3人）、硕士研究生105人、正高52人、副高179人。组织本院职工进修、学习、培训等1189人次，其中：高级292人次、中级223人次、初级328人次、行政管理346人次。2019年参加第三期"黔医人才"培训计划1名，并取得"优秀学员"称号。是年3人参加培训。行政管理方面：统筹协调医院各项重大工作，落实医院各项工作部署及综合协调，处理信访事务，牵头医院非医疗安全生产，进一步规范各项工作制度及流程，确保医院整体工作运转顺畅。财务管理方面：全面落实总会计师制度，持续加强预算管理、成本管理、内控管理及经济运行分析。全年收入9.8亿元，预算执行率115.88%；支出8.6亿元，支出预算执行率114.61%。继续完善绩效考核分配制度，绩效分配向临床一线、重点岗位及关键岗位倾斜，全年薪酬支出比为35.03%。

医保管理方面：规范医保服务行为，严控不合理费用增长，共有4.08万人次享受现场报销，发生费用4.28亿元：经转诊27.07%，未经转诊36.15%。医保三目录外医疗服务项目使用率12.18%，低于核定标准（15%）。收治异地就医患者320人次，涉及跨省异地10余个省市。农村贫困患者先诊疗后付费患者9828人次。农村贫困人口大病专项救治患者人次1907，涉及病种21个。信息化管理方面：推进医保异地结算，医药监管平台，院感系统、三级等保实施，机房虚拟化部署，机房整改，数据库服务迁移，HRP系统，输血系统；完成微信扫码支付系统，微信预约挂号，门诊药房预发药，挂号缴费自助机上线，云上贵州多彩宝预约挂号，PACS运行环境迁移，备份集群及容灾集群的建设，卒中中心系统建设。完成三级绩效考核系统数据报送，HQMS上报，国家卫生统计信息网络直报系统数据上报；建立抗肿瘤药物检测系统对接，健全病案统计系统中相关事务；实施双山新院智能化设计。基础设施及分院建设方面：一是完成松山路财税大楼的购买，大楼功能规划、第二导管室建设及职工食堂建设正有条不紊开展，建成后将极大改善医院服务水平和能力。二是按照市委、市政府的安排部署，双山分院建设一期建设项目正进行装修招标阶段。行风及文化建设方面：一是积极开展行风建设工作，严格落实国家卫计委加强医疗卫生行风建设"九不准"和卫生行业廉洁从业的有关规定，广泛开展宣传教育，提高医务人员和社会公众的知悉度，维护人民健康权益。全年收到锦旗67面、感谢信20封。二是高度重视医院文化建设，弘扬正能量。编辑出刊《院报》25期共计140个版面。通过医院微信公众平台服务号和微信订阅号发布信息183期共计547条。在《健康报》、省卫健委网站及毕节人才网等报刊、网站刊发新闻、图片稿件326篇。

【脱贫攻坚】 助力打赢脱贫攻坚战。围绕"不忘初心、牢记使命"主题教育，通过全院职工捐资、医院出资等方式筹集了100余万元的脱贫帮扶资金，用于助力毕节市织金，赫章等县的六个乡镇的脱贫攻坚工作。

借上级医院帮扶平台谋求医院发展。广州医科大学及附属医院、省人民医院等10余家省内外大型医院持续帮扶医院，医院在信息化建设、学科发展、新项目新技术开展、科研教学人员培养方面均得到了极大的帮助，特别是诊疗技术水平的提高，实现了部分大病难病能就近就医。极大地节约了患者的就医成本。

开展对口帮扶，推动基层医院能力提升。长期支援黔西县人民医院等4家县级医院，34家乡镇卫生院，全年对口支援下乡人员共计300余人，节省群众就医成本，提升当地医疗技术。

远程医疗助推分级诊疗。一是2019年向四川华西、省人民医院等上级医院发送会诊申请共计136例；对七星关区、黔西县、织金县、赫章县、大方县人民医院及小坝卫生院等下级医院开通会诊共计236例（含14次急会诊）。开展学术讲座、会议共计33次，远程病例讨论教学3次。二是对金海湖小坝、纳雍县昆寨等15个基层卫生院开展远程门诊共计102例，开展基层医院学术讲座7次。三是通过远程接受转诊病人共计10例，与纳雍县维新卫生院完成4例双向转诊。

【公共卫生】 加强应急管理，提升急救水平。截至2019年10月30日，急救出车5175次，抢救病人3876例次。现场处理率100%，回车率仅为1.23%。实现院前急救收入161万元，处置各类重大突发事件6起，完成各种重要会议、活动的急救医疗保障任务27次。开展应急演练2次。

全年完成麻疹、风疹、流脑、狂犬病及手足口重症诊断报告56例，食源性疾病病例199例，流感样病例18871例（确诊186例），艾滋病筛查60815例，报告率均为100%。

开展“万医下基层”健康扶贫春季攻势大型义诊，肝病、传染病义诊及全国早期胃癌防治宣传月等义诊活动18次，全年累计义诊患者8000余人次。

【医院荣誉】 成为第四军医大学西京消化病医院毕节整合医学中心、中南大学－湘雅医院医疗联合体协作指导医院、贵州省人民医院毕节分院、遵义医学院附属毕节人民医院、贵州医科大学贵阳中医学院教学医院、国家呼吸临床研究中心·中日医院呼吸专科医联体单位、美国“幸福微笑”唇腭裂儿童救助项目合作医院、香港儿童医健基金会利铭泽黄瑶碧慈善基金新生儿窒息复苏培训中心、中国医师协会麻醉学分会舒适化医疗培训基地、中国工程院樊代明“院士工作站”。

医院先后获国家卫计委医政医管局“2018年改善医疗服务创新医院”，2017年改善医疗服务示范医院，2017年平安医院先进集体，2017年全国五一巾帼标兵岗，国家卫生计生委宣传司“2017年优秀院报院刊”，2017－2018年度卫生新闻宣传工作优秀单位。

（撰稿：杨　梅）

市第二人民医院

【概述】 2019年，全院在市委、市政府、市卫生健康局的领导下，坚持以习近平新时代中国特色社会主义思想为指导，全面深入贯彻落实习近平新时代中国特色社会主义思想，党的十九大和十九届二中、三中、四中全会精神及省委十二届历次全会、市委二届历次全会精神，根据全市卫生健康工作会议要求，严格按照医院年度综合目标管理责任书、年度工作要点的工作计划安排，全力抓好党建、党风廉政、安全生产和消防安全工作，深入加强麻风病防治工作，重点做好医院搬迁、人才建设、重点科室打造工作，确保年底正常开展业务工作，并统筹医院各项工作有序推进，提高医疗质量，规范行医行为，完善服务措施，不断开创工作新局面。

【党建工作】 1. 认真组织开展“不忘初心 牢记使命”主题教育。根据中央、省委、市委关于“不忘初心 牢记使命”主题教育启动会议精神和安排部署，9 月开始开展“不忘初心 牢记使命”主题教育。一是 9 月 12 日全院在市委第八巡回指导组的指导下召开“不忘初心 牢记使命”主题教育工作启动会，会议传达学习了中央、省委、市委关于主题教育启动会精神，并对医院主题教育工作进行安排部署。二是加强领导，制定主题教育工作方案。成立“不忘初心 牢记使命”主题教育工作领导小组，确保主题教育扎实开展，制定《中共毕节市第二人民医院支部委员会关于开展“不忘初心 牢记使命”主题教育实施方案》，并认真组织实施。三是认真组织学习，制定了医院集中学习方案，按要求组织开展集中学习研讨 7 次，主要是学习形势政策教育 2 次、革命传统教育 2 次、警示教育 1 次、学习先进典型教育 2 次。四是深入开展调查研究，结合医院实际制定了调研方案，确定开业前的准备工作和驻村帮扶点村卫生室建设两个调研题目开展调研。五是深刻检视问题，结合医院实际制定了检视问题工作方案，设立征求意见建议专线、征求意见箱、下发征求意见文件等多种方式检视问题。六是针对检视出的问题扎实进行整改，根据检视出的问题明确责任人，整改时限，形成整改清单和整改方案，扎实进行整改。

2. 扎实推进“三个大兴”活动。制定《中共毕节市第二人民医院支部委员会 2019 年开展“三个大兴”工作方案》，并根据方案开展“三个大兴”活动。主要工作是：一是各类会议活动更加简朴。截至目前，召开院长办公会 24 次，支委会 18 次，党员大会 3 次，共 45 次，与上年同期相比有所下降。二是公务接待更加规范。倡导健康绿色接待，弘扬艰苦朴素优良传统，严格履行规定，严防“四风”反弹，截至 11 月份，公务接待活动 8 次。三是“三公”经费更加缩减。严格“三公”经费预算，从严控制支出规模，规范支出渠道。

3. 扎实抓好党组织规范化建设，认真组织学习教育。一是制定《中共毕节市第二人民医院支部委员会 2019 年学习计划》《中共毕节市第二人民医院支部委员会 2019 年中心组学习计划》，并认真组织实施。二是党支部组织中心组学习共 5 次，充分发挥党支部中心组龙头带动的作用，每月组织党小组活动和主题党日活动。三是党支部书记为党员讲授党建党课 2 次。四是根据 2019 年巡察整改第一次督查反馈问题，完成整改。五是抓好党费收缴工作，按照党费收缴相关规定，在职党员和退休党员按时缴纳党费并全额上交市卫生健康局。六是要求全体党员挂牌上岗，亮明党员身份，积极到社区开展报到服务。七是全年发展积极分子 5 人、预备党员 2 人、转正 2 人。

4. 继续推进“两学一做”学习教育常态化制度化，持续巩固学习教育成果。制定中共毕节市第二人民医院支部委员会关于推进“两学一做”学习教育常态化制度化实施方案，继续推进“两学一做”学习教育，扎实建章立制、整改落实等工作，按照“两学一做”学习教育阶段重点工作安排，贯彻落实“两学一做”工作的推进，将“两学一做”学习教育贯穿党员经常性教育始终。

【党风廉政建设】 1. 坚持不懈抓好“两个责任”落实。一是领导班子成员把主体责任、一岗双责真止扛起来，认真落实“毕节市党风廉政建设主体责任和监督责任清单（试行）”。二是继续落实好“三重一大”和“五个不直接分管”制度。三是层层夯实“责任清单”，落实工作责任。认真贯彻市委关于落实党风廉政建设责任制意见，全面落实党支部及班子成员主体责任清单，把管业务必须管廉政落到实处。坚持党风廉政建设和业务工作同部署、同落实，逐级签订党风廉政建设责任书，明确党风廉政建设具体工作任务。明确到支委、班子成员及各科室负责人，分工明确、责任到人。四是加强和完善党风廉政建设考核，严格实行党风廉政建设一票否决制，进一步强化“主体责任”和党风廉政建设各项任务的落实，将权力关进制度的笼子，规范权力运行。

2. 坚持把政治纪律、政治规矩挺在前面，认真组织学习上级相关文件精神。一是年初召开专题会议研究党风廉政建设工作1次，召开党风廉政建设专题部署会1次，对党风廉政建设目标责任书进行分解，层层签订传导压力抓落实，党支部书记王继华上党风廉政党课1次。三是把守纪律、讲规矩融入党员干部日常监督管理，严格遵守党的政治纪律、组织纪律、廉洁纪律、群众纪律、工作纪律和生活纪律。

3. 贯彻落实“行风评价”行动工作。一是制定《中共毕节市第二人民医院“行风评价”实施方案》，并认真组织实施。二是提供医院内设机构名单到市纪委领取“行风评价二维码”，并粘贴到相应科室门口，接受群众和社会监督，认真开展扫码评价工作。三是开展“行风建设月活动”。根据要求，开展为期三个月的开展行风建设月活动，积极组织员工参加市卫生健康局组织的各种行风建设活动，进一步建立完善医院督导机制和长效管理机制，推进医院行风建设工作持续向好。

4. 严格执行权力清单运行备案工作。继续按照市纪委、监察局印发的《毕节市推行权力清单运行备案制实施方案》的通知精神，严格落实执行权力清单运行备案工作。

【以卫生行风建设“九不准”为抓手，加强作风建设】 一是加强治理商业贿赂行为。合理确定医院领导班子的职责分工，加强规范财务、基建、项目招投标、药品采购等工作。严禁各类人员利用执业之便谋取不正当利益。二是加大对医疗服务、医疗收费的管理。严禁在药品处方、医学检查等医疗服务中实行开单提成；严肃查处开大处方、乱收费行为。并在目标责任工作中严格执行考核。三是全面加强廉洁风险防控。认真落实原卫生部《关于加强公立医疗机构廉洁风险防控的指导意见》和卫生行风建设“九不准”的要求，进一步强化党风廉政建设目标责任制，加大廉洁风险防控力度，强化权力运行监控，及时化解廉洁风险。

【麻风病防治】

1. 统筹安排，加强技能培训和开展麻风活动。

一是举办“2019年全市麻风病防治技术培训班”，培训各县（区）麻风病防治专业人员、各县（区）人民医院、中医院皮肤科和神经科医生共计48人。二是认真开展麻风节慰问活动。2019年2月6日，市有关部门领导到医院撒拉溪麻风病人住院部看望、慰问麻风休养员和麻风病防治一线的工作人员。全市各县（区）认真组织开展“世界防治麻风病日”活动，为麻风病患者家属送去党和政府对麻风病人的关怀。

全市共慰问麻风病人及治愈存活者300人，发放慰问金75640元、猪肉200公斤、食用油64桶、大米57袋、水果200公斤、白糖225公斤、棉衣棉被105床、防护鞋162双、宣传资料9000份。

2. 加大麻风病人发现、治疗、管理工作力度。

一是主动搜索病人，在七星关区、大方县、黔西县、织金县、纳雍县的5个重点乡镇开展主动搜索病人工作。全市皮肤病检查数34575人，家属皮肤病检查795人，上报并核查线索536条，全市接受麻风病宣传学生人数34574人次，发放宣传资料150495张。二是密切接触者检查。全市共检查家属754人，疫点调查1244人，未发现麻风病例。三是可疑者筛查。全市所有村卫生室实行麻风病可疑线索零报告制度，报告麻风病可疑线索536条，并进行检查确诊麻风病人1例。四是病例发现、治疗管理。2019年全市新发现麻风病人7例，无畸残，已进行治疗管理；判愈麻风病人1例；治疗麻风反应病人3例，治疗神经炎病人4例。

医院切实解决麻风病患者及受累者的医疗保障问题。截至2019年9月30日，医院皮肤科收治麻风病人就医问题399人次，为就医麻风病人提供医保全额报销408.0349万元，补助住院治疗期间生活费67618元，麻风病人防护鞋护理包采购费57757元。

【夯实人才队伍建设】 1. 招聘医务工作人员。通过制定《毕节市第二人民医院2019年人才工作计划》《毕节市第二人民医院引进顶尖人才“一事一议”实施方法》《毕节市第二人民医院领导班子成员联系高层次人才制度》等制度，并认真组织实施。成立了以党支部书记为组长，院长、副院长为副组长，各科室临时负责人、护士长为成员的人才工作领导小组，切实加强全院人才工作建设进度。同时，经常召开会议，研究人才工作，听取人才工作汇报，研究、解决人才培养使用中存在的问题，确保人才工作落到实处。截至11月1日，通过校园招聘、毕节派驻广州规培人员招聘、面向社会招聘等多种方式共招聘160名医务人员。其中，临床医生53人，含副高职称专业技术人员2人，中级职称2人，初级职称11人；护理人员95人；行政职能6人；收费室工作人员6人。

【以对口帮扶工作为契机，选派专业技术人员进修学习】 持续强化与广州市红十字会医院、广州市皮肤病防治所、成都市第五人民医院的对口帮扶工作，建立适合医院发展的帮扶长效机制。2019年在市卫健局、毕节市医学高等医学专科学校的大力支持下，与广州医科大学附属口腔医院洽谈，确定医院为毕节医专附属口腔医院，建立帮扶关系；贵州肿瘤医院对口帮扶正在接洽。其中，广州市红十字会派驻帮扶工作1人，在医院挂任副院长职务。同时，与广州市红十字会医院建立远程关系，确定对口帮扶建科：放射科、普外科、骨科；皮防所帮扶建设皮肤科。医院13人被广州市卫健委统一组织住院医师规范化培训，广州红十字会医院接受医院10名同志培训进修，广州市皮防所接受医院3人培训进修，广州医科大学附属口腔医院接受医院10名护士、2名医生进修培训。现正在接洽广州红会医院选派一名医疗专家、一名护理总监赴我院继续强化对口帮扶；广州市皮防所明确1名主任医师到医院挂职，助推医院新院建设发展。

至11月初，医院选派122名专业技术人员到省内外各医院进修学习，其中，临床医技人员48人；护理人员74人。除此，市卫健局跟班学习2人，市医保局跟班学习1人。

【制定培训计划，开展岗前培训】 通过制定《毕节市第二人民医院2019年培训方案》《毕节市第二人民医院新院空转期人员培训方案》，提高医院医护人员和管理人员的专业技能与管理水平，深化员工服务意识，增强医院核心竞争力，为新院顺利、如期开业接诊做准备。2019年，全院各科室业务培训共45次。其中，岗前培训达40余次，通过医院内部专家授课、邀请专业专家讲课、实际操作等形式，涉及急诊急救相关知识培训、心肺复苏培训、医疗纠纷防范及处理讲座、内外科常见病的治疗常识及新进展、培训抗菌药物规范应用、院感相关知识培训、传染病等相关专业知识培训。

除此，培训内容包含方针政策，医院章程、制度，医疗法规、医患沟通，护理礼仪培训，专科培训，消防安全知识培训等，并特邀市检察院、市防震减灾部门人员到医院开展预防职务犯罪、地震救助知识培训，全面提升医院职工综合素质。

【医院搬迁】 1. 统筹安排，整体搬迁。制定《毕节市第二人民医院搬迁新院工作方案》，成立搬迁工作指挥部，院长担任总指挥，党支部书记、分管院长为副总指挥，总体负责医院搬迁工作总指挥和总协调，为搬迁工作提供坚强领导组织保障。下设8个工作小组，由各科室负责人担任组长，带领科室成员具体落实搬迁工作，确保各项工作衔接的有序无缝及人、财、物安全到位。

2. 明确分工，责任落实。各科室根据医院搬迁方案，结合实际，制定科室搬迁方案。各科室负责人为第一责任人，统筹协调科室人员高效、有序做好搬迁工作。严格执行“毕节市第二人民医院设备及物资移交清册”“固定资产清查表”等财、物交接工作方式，确保医院办公、仪器设备等物品安全到位，病人出住院得到妥善安排。

3. 组织协调，密切配合。在搬迁工作中，医院与投资方、施工方等合作单位多次召开搬迁协调会，不断交流意见，对搬迁中存在的问题及时沟通，并提出切实可行的办法对策，解决搬迁工作的问题。除此，院搬迁工作领导加强与各科室的沟通联系，通过召开中层干部会议、搬迁实施协调会等方式，使各科室高度重视搬迁工作，并密切配合，及时发现问题，解决问题，保证搬迁工组忙而不乱。各科室按照拟定搬迁顺序、时间、路线，高效有序在27日全部完成搬迁工作。

【加强重点学科建设】 结合医院历史沿革、人力资源、设备情况和群众的医疗需求，新院以“多专科、小综合”为建设目标，重点打造中医科和皮肤科。

中医科以中医整脊作为其核心技术之一，其中韦以宗教授“正脊骨十法”及林远方主任“经筋推拿拉伸、点线正脊调衡手法”是技术核心中的核心。临床实践中以理筋、调曲、练功为三大治则，以正脊调曲、针灸推拿、内外用药和功能锻炼为四大疗法，结合传统中医拔罐、火针、刮痧、中药熏蒸、药膏贴敷、刺络排瘀、穴位注射、高中低频疗法等综合方法。

皮肤科主要开展皮肤病精准筛查：包括皮肤镜检查、真菌实验室检查、皮肤蠕形螨检测、Wood灯检测、过敏源检测、皮肤活检术等；各种皮肤肿瘤的外科治疗，包括大面积的皮肤移植及皮瓣转移、重睑术、隆鼻术、内眦成形术、眼袋整复术、提眉术、酒窝成形术、乳头内陷矫正术、包皮环切术等；在银屑病、白癜风、结缔组织皮肤病、老年性皮肤瘙痒、天疱疮、毛囊炎等方面有不错医疗效果。

【注重医疗质量，保障医疗安全】 严格执行首诊责任、三级医师查房、疑难病例讨论、交接班、危重患者抢救等18项核心制度。并完善各项规章制度，重新制定医疗安全制度、医疗技术管理制度、医疗纠纷管理制度、医疗合作管理制度、医疗保险管理制度、医疗质量控制制度。按照《病历书写基本规范》要求，规范病历的书写，提高病历书写质量。有计划地组织院长查房、医疗质量管理委员会查房、医务科查房、科室质控小组查房以及医疗质量安全检查，严防医疗事故的发生，保障医疗安全，接诊病人至今医务科和医疗质量管理委员会共组织医疗质量安全检查5次，院长查房2次，科室质控小组自查2次。在全院营造重学习、重质量、重安全、重技术、重服务、重实效的良好氛围。

【整合医疗资源，切实提高医疗服务能力】 加入毕节市第一人民医院医疗集团，由毕节市第一人民医院选派12名专家到本院任相关科室学科带头人，一方面充实了本院的专家人才队伍，满足了本院的学科建设需求，另一方面进一步提升医疗服务水平，保障医疗服务质量。

【加强宣传，邀请知名专家坐诊】 通过邀请广州市红十字会医院、广州市皮防所、贵州省肿瘤医院、毕节市第一人民医院等省内外医院知名专家坐诊，并在我院开展座谈帮扶交流座谈会，为如何提高医院医疗服务能力出谋。同时，充分利用院内宣传平台，在网站、微信公众号、LED 大屏、宣传栏等，宣传介绍省内外知名专家坐诊情况，既提高本院的知名度、竞争力，又为广大就医患者带来“福音”。

全院于2019年10月21日开展接诊，目前开放临床、医技科室有：内科、外科、中医科、皮肤科、检验科、放射科、药剂科和门诊部，接诊至今收治病人393人。

【社区卫生、医疗保障、义诊活动工作】 1. 社区卫生服务工作。完成预防接种2400人次，0—6岁儿童健康管理350人次，开展健康知识讲座2次，出健康教育宣传专栏2期。因医院搬迁新院，服务区域改变，向市西中心报备，于2019年7月1日暂停社区服务工作。

2. 医疗保障、义诊活动工作。完成上级主管部门下达的医疗保障任务共计25次，包括有毕节市第二届人民代表大会第三次会议医疗保障、毕节城区2019年迎新春体育惠民系列活动、毕节市2019年迎新春“我们的中国梦”文化进万家惠民活动、扫黑除恶专项检查小组医疗保障、新中国成立70周年座谈会等。完成上级主管部门要求的义诊共计9次，包括毕节市卫计委毕节市红十字会关于开展“热血暖冬、挽救生命”无偿献血活动启动仪式、2019年《职业病防治》宣传、2019年“红十字博爱周”活动等。

全年，共派出医护人员70余人次，出动救护车5余次，医疗咨询450余人次，发放资料600余份。

【其他工作】 1. 应急工作。完善各类突发事件应急预案。有相应的应急物资储备，开展卫生应急培训、演练。突发事件发生时能够及时高效开展紧急救援工作。按规定报送突发公共卫生事件信息，突发公共卫生事件报告及时率100%，处置及时率达100%。

2. 安全生产工作。加强医院安全生产和消防安全工作，制定医院安全生产和消防安全工作计划，明确专人负责安全生产工作。按要求开展自查，对查出问题及时整改，确保医院安全生产事故零发生。截至11月，医院未发生安全生产和消防安全事故。

3. 按要求完成各项临时性工作。成功创建“无烟单位”，认真开展“五城同创”、“扫黑除恶”等相关工作。

4. 工、青、妇工作。年初召开研究工、青、妇工作，全年开展2次活动，为职工提供良好工作环境，营造积极的工作氛围。

（供稿：市第二人民医院）

毕节市第三人民医院

【概述】 毕节市第三人民医院（毕节市传染病医院）原名毕节地区传染病医院，成立于2006年11月，为地区卫生局所属副县级金额拨款事业单位，由地区中医院管理；2012年8月独立运转，2013年2月更名为毕节市第三人民医院（保留毕节市传染病医院牌子，为第二名称）；全院共有职工437人（含规培生88人），在编191人，聘用246人；医务人员364人，其中医生185人、护士161人、医药技53人；正高职称4人、副高职称12人、中级职称49人、初级职称239人；博士学历1人，硕士学历4人，本科学历321人。

【业务发展】 医院以毕节市委市政府要求的“平战结合，以平养战”为办院方针，以传染病专业为主导，以骨外科、综合内科、心脏血管介入治疗、健康管理为特色，开展各项综合临床服务。自2016年底以来，广东省广州市卫健系统对口帮扶，包括主动承担全市300名（目前全院广州规培生88名）规培生规培任务，从广州市第一人民医院、第八人民医院、胸科医院选派专家通过“帮管理、传技术、带人才、扶学科、搞培习”等手段为全院培养了多支能独立工作的骨干队伍，医院综合诊疗能力得到巨大提升，接诊人次和业务收入得到明显提高。医院形成了“三病区一心”印感染病区、内科病区，外科病区和健康管理心的发展格局，管理水平、技术水平、发展能力、医疗能力、服务能力较大捉尚，特别是传染病救治能力大幅提升。

【新院规划】 根据市政府《关于研究市第三人民医院及市中医院南部分院建设有关事宜的会议纪要》（毕府专议〔2015〕105号）精神，医院新院意向性选址双山新区梨树片区归化村贵毕公路东侧，杭瑞高速公路北侧，占地368亩，建设规模1000张床（其中综合医院400床、传染病专科医院400床、艾滋病关爱专科医院200床），总建筑面积16.268万平方米，与市公卫中心打捆建设，总投资15亿元。

【医药卫生体制改革】 控制医疗费用不合理增长。为参保患者提供自费项目医疗服务时提供知情同意，根据《毕节市人民政府关于印发毕节市2018年城乡居民医疗保险补偿方案》规定，全院无须转诊，按照省级标准严格控制自付比例。

医疗收入结构合理。药品收入占比19%～33%，低于上年0.17%，卫生材料收入占比19.12%，与上年持平，检查化验收入占比25.35%，低于5.61%。

认真制定《医院章程》并经职代会讨论通过，建立健全各项内部管理制度。

按照相关文件要求，安排部署公立医院薪酬改革制度。

按照市医改办要求，每月认真报送综合医院改革检测数据报表，认真落实医改各项决策部署。

【公共卫生】 认真履行传染病医疗机构职能职责，开展传染病防控、报告、治疗、管理工作。组织医护人员开展传染病预防、诊治技术的培训，加强基础设施建设，提升综合救治能力。完善各类突发事件的应急预案，针对性组织开展培训、演练。突发事件发生时能够及时高效开展紧急救援工作。按规定报送突发公共卫生事件信息，突发公共卫生事件报告及时率100%，处置及时率达100%，网络直报工作有序开展，截至11月30日，共计报告传染病4112例，其中手足口病共1592例；肺结核1589例，其中病原学阳性763例，病原学阴性763例，利福平耐药6例；乙肝及乙肝病毒携带者563例，水痘102例；甲肝1例，丙肝20例；流行性腮腺炎14例；艾滋病及HIV感染者33例；梅毒16例。做好突发传染病救治及应急物资、设备、药品的储备，积极应对突发公共卫生事件，做好传染病疫情应急救治工作准备。

做好七星关区结核病定点收治工作。按照《贵州省新农合肺结核实施按病种付费试点工作方案（试行）》要求，对门诊治疗病人实行单病种包干免费治疗；治疗成功率96.77%；新登记涂阳肺结核病人密切接触者筛查率达300%；结核病人筛查艾滋达100%；可随访艾滋病人中筛查结核达100.96%；咳嗽、咳痰≥2周查痰率达100.70%；2019年结核涂片130987张，痰涂片检查无高假阳和高假阴性痰片出现；继续开展耐药结核菌培养工作（符合条件纳入率达100%）；肺结核患者病原学阳性率达到47%，较去年提高1%，病原学阳性住院隔离治疗率为52%。

做好市级艾滋病临床诊疗质控中心各项工作及其他公共卫生工作。做好市级艾滋病患者定点收治工作及艾滋病患者抗病毒治疗工作；抓好市级艾滋病临床诊疗质控中心相关工作；开展市级HIV职业暴露处理工作。继续开展艾滋病门诊，并提供艾滋病主动监测咨询服务。住院病人艾滋病病毒抗体检测比例达83.87%；门诊病人检测比例达 0.32% 以上；艾滋病病毒抗体检测情况统计报表月报告率 100%。对符合治疗标准的艾滋病病毒感染者和病人接受规范抗病毒治疗比例达到97%以上，治疗持续12个月的比例达到86%；正在接受抗病毒治疗病人完成病毒载量 67.9%，和 CD4 检测的比例达到 90%；符合治疗标准的病人服用预防机会性感染药物的比例达到 83%。严格执行传染病管理制度，做好传染病的诊断、报告及诊疗工作口法定传染病疫情报告率达 100%、报告及时率达 100%。遵循“谁报告，谁采样”的原则，诊断报告的麻疹、风疹、流脑、乙脑、狂犬病等病例或疑似病例及手足口病重症（死亡）病例标本采集率达 100%。未发现急性弛缓性麻痹（^FP）病例。全院为开设肿瘤科和病理科，未接诊原发性恶性肿瘤。全院未设置妇产科及儿科，没有孕产妇死亡报告，5 岁以下儿童死亡 1 例，已按规定上报，报告及时率达 100%。

【医政管理】 落实分级诊疗制度。全院未定级，没有下级医院，严格按转诊制度向上级医院转诊 311 个，低于 2018 年的 399 人。强化医院感染管理。医院感染病例漏报有 1 例，漏报率为 4%、血管内导管相关血流感染发病率为 0，呼吸机相关肺炎发病率为 2%、导尿管相关泌尿系感染发病率 0.8%。达到不高于省市平均水平的要求。加大抗菌药物使用专项整治。开展处方点评，监测抗菌药物使用强度，落实控制措施，抗菌药物使用率和使用强度达到要求。大力推进临床路径管理工作。管理病种 10 个。各专业前五位病种优先实施临床路径管理，医保单病种付费病种 100%实施临床路径管理。强化医疗纠纷防范。畅通投诉渠道，依法依规处置医患矛盾。进一步完善不良事件管理。完成“两品一械”监测任务。积极开展中医药工作。独立设置中医诊室、中药房。

【扶贫攻坚】 对口支援帮扶百管委人民医院，与百里杜鹃人民医院党支部结对共建，制订共建计划，签订共她协议，出资 60892 元为百管委人民医院解决专家房实木衣柜、洗衣机，热水器等必备设施。继续选派韩英杰驻威宁县龙场镇百花村任第一书记，增派罗勋勇到到威宁县龙场镇百花村开展了驻点帮扶工作，选派陈春华到纳雍县玉龙坝镇挂职帮扶，党支部书记班子成员先后前往帮扶点开展深入调研，组建专家团队点巡诊义诊，建立建档立卡贫困户健康档案。共出资 131 万元解决黔西县、大方县、威宁县、纳雍县部分村卫生室设施设备、脱贫攻坚补短板缺口、产业扶贫、住房保障房屋门窗安装、基础设施建设等缺口资金。

【人才队伍及学科专科建设】 人才队伍建设方面：强化卫技人力配备。护床比 0.4∶1，医护比为 1∶1.58。卫生技术人员占医院工作人员的比例 82%。根据医疗人才发展规划，招聘不少于 34 名编制外基础医务人员，送出进行规范化培训、全科医生培训、进修、院内培训等，做好人才储备。

临床专科建设方面：积极申报市级重点学科，成功申报肺结核重点专科，大力培养医疗骨干、基础医务人员规培生和培养引进学科带头人。

【基础设施建设】 完成感染病区及外科病区病房墙面、设施设备、卫生间等的改造；设置开水房、安装热水器解决病患及其家属开水饮用和冬季温水洗漱等问题。

【考察调研】 8 月 20 日，广东省委书记李希、省长马兴瑞一行到市第三人民医院亲切慰问了广州各医院派驻院的专家组，勉励他们要互相学习，不断提升专业水平，看好每一个病人，把老百姓的利益放在最重要的位置。贵州省委孙志刚书记、谌贻琴省长代表全省人民感谢专家组的倾力奉献，指示医院要抓住这千载难逢的重大机遇，充分利用帮扶资源，发挥专家作用，借梯登高来提升我们服务群众的能力水平。

市中医院

【概述】 2019年，医院以习近平总书记系列重要讲话精神为根本遵循，以“不忘初心、牢记使命”主题教育为抓手，深入贯彻落实党的十九大以来历次全会精神以及省委十二届六次全会、市委二届六次全会的各项部署，全力促发展、补短板、惠民生。

【理思路，抓内涵，发挥中医特色】 深入开展持续改进活动，全院开展中医服务项目达62种，超过本级医院国家标准。组织制定、优化优势病种诊疗方案和临床路径，鼓励临床科室开展中医特色治疗。强化中医特色护理，中医护理率达100%。为临床医技科室新增配备彩超、DR、膏方机、牵引仪、熏蒸机等各类必备医疗设备100余种；注重发挥中医药特色优势，鼓励科室开展院内中药制剂、膏方等研发工作，院内制剂14种，膏方22种，广受患者好评，进一步提升了综合服务能力，凸显中医特色，更好地为全市群众提供医疗服务。

【抓业务，强科室，提升医疗质量】 坚持“培养名医、打造名科、建设名院”的发展思路，采取有力措施加大人力物力投入，以培养学科带头人为主要抓手加强重点专科建设，在现有基础上巩固国家级、省级重点专科建设成果，不断加强和扩大学科带头人的学术经验成果，打造重点专科团队，夯实科教研和临床实力，突出专科专病特色优势。是年，肛肠科成功通过省中医药管理局评审，成为省级重点专科建设项目单位。

【重人才，抓科研，夯实立院基础】 着力在优化人才队伍结构上下功夫。是年共引进和培养高学历人才9名，临床紧缺人才14名。强化科研教学工作，组织制定《毕节市中医院科研发展规划》和奖励措施，共组织开展科研项目14项，其中省级科研2项，市级12项。以全科医师培训基地为载体，全年共接收中医规培生30名、中医全科规培生20名。参加全省第一届中医住院医师规范化培训学员临床能力竞赛，获团体奖，并有4人获个人奖。成功申报为国家中医类执业医师资格实践技能考试基地，共承担1500余名考生参加考试，圆满完成2019年中医执业医师资格实践技能考试任务。

【打基础，抓项目，推动医院发展】 一是积极争取市委、市政府支持，按照“一院两区、一体两翼”的空间布局进行建设，以打造全国一流的、具有区域特色和中医特色的三级甲等中医院为目标，按照“中医为主”的功能定位改扩建清毕路老院区，按照“中西融合”的功能定位新建南部院区，整体规划工作已完成。清毕路老院区和全科医师培训基地门前家属楼纳入七星关区棚户区改造项目，拆迁工作有序进行。共需拆迁147户，需补偿资金8000余万元；现已签约135户，补偿资金6000余万元。同时，同步对门急诊、大厅、病区、医院停车场、检验科业务用房、污水处理站、院前广场等进行改造，“一站式服务大厅”和“名医工作室”建设项目已启动，正在设计阶段，院内环境及科室布局日趋规范合理。

【推医改，促发展，惠及人民群众】 多次召开推进会和院长办公会议，对医改工作进行安排部署，确保城市公立医院综合改革各项任务落到实处。继续落实药品加成取消、服务价格调整、先诊疗后付费、农村贫困人口大病救治和异地就医直接结算等政策。以调整医疗服务价格为抓手，逐步理顺医疗技术比价关系，药占比、百元医疗收入（不含药品收入）消耗的卫生材料等重要指标均有下降，医务性收入合理提高。积极推进薪酬制度改革，制定完善新绩效分配方案并通过职代会，提高医务人员积极性。

【抓载体，提服务，方便病人就医】 一是狠抓护理服务质量。突出专科中医特色护理，积极开展辨证施护，以开展护理优质示范工程为载体，实现优质护理病房100%全覆盖，全院共开展中医护理技术项目25项。开展“5·12”护理文化活动节等，通过优秀护士评选、太极拳养生展示等多种方式，推动全院干部职工树立积极向上态度和精神，为患者提供更加优质的医疗和护理服务，树立了医护人员新形象，提高了病人满意度。二是加强信息化建设，加大医院信息化建设，已上线的临床路径系统达到66个病种，大物资系统、手麻系统、院感系统已进入试运行阶段。加强“智慧医院”建设工作，患者可通过窗口、自助机、微信支付宝扫码等方式实现缴费，减轻患者就诊时间，优化就诊流程，为前往就诊的患者提供方便。

【树形象，抓文化，打造医院品牌】 打造“风尚国医”文化品牌，充分利用病区、走廊、候诊区等充分构思宣传内容，形成风格和形式统一的中医文化宣传，通过举办“三节两活动”（“5·12护士节护理文化活动月”“医师节活动”“中医文化养生节”“风尚国医系列义诊活动”）等方式，加大力度做好医院及科室外在形象的策划和宣传工作，有效提高了干部职工凝聚力，弘扬中医药文化，使广大人民群众了解中医、认识中医、热爱中医，让中医药惠及千家万户，为大众健康服务。2019年共开展巡回义诊80余场，义诊人次6000余人。

【抓公卫，谋发展，增强发展后劲】 一是落实国家中医药管理局援黔中医医院全覆盖和广州市对口帮扶工作，积极与广东省中医院、广州市中医院对接，两家医院分别组织专家到毕节中医院进行帮扶指导。同时，毕节中医院由院领导带队进行回访交流，进一步巩固帮扶关系和帮扶成果。二是根据省、市统一安排部署，联合大方县卫生健康局、大方县中医院开展医疗卫生健康扶贫大型巡诊活动。按计划做好赫章县中医院、镇宁县中医院、普定县中医院对口帮扶工作，按照组团式帮扶要求，分别派驻3名医师、1名护士到帮扶医院开展帮扶工作。三是抓好基层治未病项目建设、基本公共卫生服务等工作。按照国家建设项目开展中医业务指导和中医干预工作；深入开展中医基层服务能力提升工程。

【统筹抓好脱贫攻坚、安全生产、五城同创等其他工作】 一是扎实开展党建促脱贫攻坚。对口帮扶野角乡大麻塘村及威宁县双龙镇，选派3名人员长驻帮扶点，扎实开展帮扶工作，同步小康驻村工作受到市委高度肯定。除按要求落实帮扶人员待遇、开展结对帮扶外，共落实帮扶资金1461500元，开展产业帮扶、人居环境整治及助学等；落实医疗扶贫政策，开通建档立卡贫困户就诊绿色通道，实行先诊疗后付费等，有效推进脱贫攻坚工作的开展。二是全面加强医疗、护理和医技、药品等核心制度的落实的执行，实现医疗安全管理常态化。全年无重大安全事故、重大医疗差错事故发生，有效维护医院稳定和正常医疗秩序。三是按照市卫生健康局及相关部门对安全生产、消防安全、信访维稳、扫黑除恶等工作的要求，统筹做好各项工作。四是组织制定《毕节市中医院“五城同创”实施方案》，层层落实责任，及时召开“五城同创”动员大会，加强调度，落实各项工作。

（供稿：市中医院）

采供血工作

【概述】 2019年，全市采供血工作在市委市政府及市卫生健康局的正确领导下，以习近平新时代中国特色社会主义思想为指导，全面贯彻党的十九大精神及省委十二届历次全会精神及市委二届历次全会精神，深入学习贯彻习近平总书记对毕节试验区工作重要指示批示精神，严格执行党和国家卫生健康工作方针，切实做好无偿献血宣传招募及采供血工作，加强内部管理、提升服务能力，确保临床救治用血供给及血液质量安全。

【宣传招募工作】 充分利用主流媒体及多种形式开展无偿献血宣传招募工作，《毕节日报》报道无偿献血新闻稿件6篇、《毕节试验区》登载无偿献血专题图文及新闻稿件43篇、毕节电视台和七星关区电视台专题报道无偿献血工作18次、毕节试验区网登载无偿献血新闻稿件6篇；血站网站上发布采供血及无偿献血活动89次、微信63次，给组织无偿献血的单位送感谢信33份，共撰写无偿献血简讯54期、向献血者发送节日和生日问候短信573770条、检验合格告知短信25807条，无偿献血招募短信246185条（共计发送845762条），新增团体单位14家；组织开展“热血暖冬 挽救生命”无偿献血、“5·8红十字日”“6·14世界献血者日”大型无偿献血宣传活动；在七星关区碧阳美食城、交通银行、南关桥、同心公园、浙商城及赫章县、大方县、织金县、纳雍县、黔西县租用商业性LED户外广告显示屏滚动宣传无偿献血科普知识，在七星关区公交车、出租车LED显示屏滚动播放“无偿献血，从我做起!”，在贵州工程应用技术学院、毕节职业技术学院、毕节幼儿师范高等专科学校、毕节工业职业技术学院、毕节财贸学校设立固定宣传展板16块，全市临床用血医院设立宣传橱窗，同心林公园、马鞍山公园、体育公园、阳山公园、人民公园5个公园设立无偿献血宣传栏26块，采取多种形式大力宣传无偿献血科普知识不断扩大无偿献血的社会影响，使无偿献血工作逐步深入人心，全年医疗机构临床用血100%来自公民自愿无偿献血。

【血液采集工作】 全市采集血液40867人次、67289.8单位，比2018年增加2772人次、3940.8单位，分别增长7.28%、6.22%；其中采集全血40186人次、66206.8单位，比2018年增加2688人次、3720.3单位，分别增长7.17%、5.95%；机采血小板681人次、1083个治疗量，比2018年增加84人次、220.5个治疗量，分别增长12.33%、20.36%。各县（区）采集血液情况：

1. 市中心血站。全年采集血液34477人次、57095单位，比2018年增加34人、增长0.09%，采血量减少88.5单位、降低0.15%；其中采集全血33796人次、56012单位，比2018年减少50人次、308.5单位，分别减少为0.15%、0.55%。

2. 威宁县中心血站。2019年3月开始采集血液，共计采集全血2463人次、3494.8单位。

3. 金沙县中心血库。全年采集全血3927人次、6700单位，比2018年增加275人次、534单位，分别增长7.53%、8.66%。

【临床供血工作】 全年辖区临床用血医院99家，临床用血140415.25单位、比2018年增长10.38%，其中市中心血站120640单位、比2018年增长1.89%，威宁县中心血站5929.5单位，金沙县中心血库13844.75单位、比2018年增长57.04%，全市成分输血率99.99%。

【血液质量管理工作】 认真贯彻执行《血站管理办法》《血站质量管理规范》《血站实验室质量管理规范》等法律法规政策，组织开展内部质量审核及质量体系评审工作，查找不符合或潜在不符合项，并认真分析原因，制定整改措施，持续改进血液质量管理工作。

【血液成分制备工作】 全年制备各类血液制品151283单位、比2018年增长6.83%，其中市中心血站128056单位、比2018年减少0.95%，威宁县中心血站9442.5单位，金沙县中心血库13784.5单位、比2018年增长11.78%。各类血液制品如下：

1. 红细胞类66924.5单位，其中去白细胞悬浮红细56370单位，悬浮红细胞10183单位（金沙县6692单位，威宁县3491单位），洗涤红细胞365.5单位，冻解红悬液（机制）6单位。

2. 血浆类63114单位，其中病毒灭活血浆31432.5单位，新鲜冰冻血浆23385.5单位（其中市中心血站11851.5单位、威宁县4944.5单位、金沙县6589.5单位），普通冰冻血浆8296单位。

3. 冷沉淀凝血因子21121单位、增长135.98%，其中市中心血站19611单位、威宁县1007单位、金沙县503单位。

4. 其他血液制品，去白全血50.5单位，冰冻单采血小板73单位。

【血液检测工作】 全年酶免检测标本40634份（其中市中心血站38173份，威宁县中心血站2461份），酶免双试剂检测阳性133份、阳性率0.35%；核酸检测标本40533份（其中市中心血站38040份，威宁县中心血站2493份），拆分阳性35份，拆分阳性率42.1%，核酸检测阳性率0.92‰。

【血型血清学检测工作】 全年共计检测标本273例，其中临床疑难交叉配血36例、疑难血型鉴定3例、产前检测33例、新生儿溶血病1例，血站标本Rh阴性确认165例、血型鉴定18例、不规则抗体鉴定4例，临床回退血检测13例。

【培训工作】 举办“全国中小血站无偿献血宣传招募工作会议”，来自全国62家采供血单位领导及无偿献血宣传招募负责人共160余人参加会议；2019年临床输血管理培训班，全市临床用血医院输血科负责人、采供血机构负责人及业务骨干150人参加培训；全市临床输血技术培训班，全市临床用血医院外科、内科、妇产科等重点用血科室主任及业务骨干共195人参加培训；全市选派业务骨干96人次外出参加各种培训班（其中市中心血站62人次、威宁县中心血站10人次、金沙县中心血库24人次）；采供血机构职工培训46次（其中市中心血站培训14次56学时，威宁县中心血站培训22次64.5学时、金沙县中心血库培训10次75学时），卫生专业技术人员学分达标率100%。

【党建工作】 切实抓好党建及党风廉政建设工作，年初与各科室签订《毕节市中心血站2019年党风廉政建设责任书》，把党风廉政建设工作与采供血业务工作同安排、同考核；制定《毕节市中心血站支部委员会关于推进“两学一做”学习教育常态化制度化工作方案》，组织全体党员学习《党章》《中国共产党党务公开条例》《中国共产党问责条例》《新时代面对面》等党规党纪，组织中层干部和全体党员专题学习《习近平新时代中国特色社会主义思想》；认真落实“三会一课”制度，全年召开支委会29次、召开支部党员大会4次、支部书记上党课4次；成立了血站党员无偿献血志愿服务队，党员积极参加志愿服务，2019年志愿服务时间246小时；开展“不忘初心、牢记使命”主题教育活动。共印制“不忘初心 牢记使命”主题教育口袋书40册、购买学习材料91本、组织测试3次；开展11次7.5天集中学习研讨，达到主题教育的要求和标准。

【获得荣誉】 市中心血站罗秀梅被中共毕节市委宣传部、毕节市卫生健康局、毕节市总工会评为第一届“最美医师”。刘瑞、姚美被中共毕节市委宣传部、毕节市卫生健康局、毕节市总工会、毕节市妇女联合会评为第一届“最美护士”。

（撰稿：李 梅）

社会生活

民　政

【概述】　2019年，全市民政工作在市委、市政府的坚强领导下，在省民政厅的具体指导下，深入学习贯彻党的十九大、十九届二中、三中、四中全会精神和习近平新时代中国特色社会主义思想，深入学习贯彻习近平总书记对贵州、对毕节、对民政工作重要指示批示精神，坚持“以人民为中心”的发展思想和“民政爱民、民政为民”工作理念，聚焦“113攻坚战”，真抓实干、攻坚克难、履职尽责，全面推进各项民政工作。市民政局被人力资源社会保障部、民政部表彰为全国民政系统先进集体，全市民政系统1人被人力资源社会保障部、民政部表彰为全国民政系统先进工作者，5个单位和11人被省民政厅、省人社厅表彰为全省民政工作先进集体和先进个人；留守儿童困境儿童工作“3444”工作模式编入《全国民政系统儿童福利工作案例汇编》在全国推广；困境儿童保障工作经验在全省留守儿童困境儿童关爱保护工作领导小组全体成员暨现场推进会上作为唯一市州代表进行交流发言；创新“四个四”机制助推社区治理工作在安顺西秀区召开的全省城乡社区治理工作联席会议全体会议暨城乡社区治理现场会上作经验交流发言；全省社会组织党建工作规范化建设暨助力脱贫攻坚培训会在黔西召开；毕节市被国家民政部、财政部纳入第四批中央财政支持的全国居家和社区养老服务改革试点地区。

【社会救助兜底保障助力脱贫攻坚】　将46.93万建档立卡贫困人口纳入低保或特困人员救助供养（其中全市12.52万剩余贫困人口中纳入低保或特困人员救助供养8.79万人），稳定实现建档立卡贫困人口“两不愁”目标。全市保障城乡低保对象67.57万人（其中：城市低保对象8.37万人，农低保对象59.20万人），城市、农村低保标准同比增加3.22%、5.25%。全市供养特困人员2.03万人，实施临时救助13.57万人次，救助生活无着的流浪乞讨人员2299人次。加强留守儿童困境儿童关爱保护，3332名孤儿、13055名困境儿童的基本生活得到有效保障。全市发放困难群众基本生活保障救助资金25.80亿元（其中城市低保金2.87亿元、农村低保金18.28亿元、特困供养金2.44亿元、临时救助金1.78亿元、孤儿基本生活费0.43亿元），为困难群众发放价格临时补贴1.12亿元。发放残疾人“两项”补贴0.86亿元（其中困难残疾人生活补贴0.53亿元、重度残疾人护理补贴0.33亿元），分别惠及6.89万、6.43万残疾人。

【社会力量参与脱贫攻坚】 引导社会组织投入资金9591.15万元参与脱贫攻坚，开展公益慈善活动近200场次，惠及群众3万人次。全市慈善会共接受捐赠款物3489.27万元（其中物资折款105.34万元），累计救助支出3076.14万元，85230人受益。实施“三区”社会工作专业人才支持计划、“社工黔行”等项目12个，投入资金148.98万元，运用社工专业方法深入易地扶贫搬迁安置点、深度贫困地区服务贫困群众万余人。

【易地扶贫搬迁安置点民政工作】 安置点社会治理有序，全市易地扶贫搬迁安置点新设置街道15个、社区46个，26个社区完成选举工作。将符合条件的5.35万困难移民纳入城市低保保障范围，为16.24万易地扶贫搬迁贫困移民发放一次性临时救助金2.44亿元。民政基本公共服务更加完善，全市易地扶贫搬迁安置点覆盖儿童之家126个、养老服务设施125个，新设立社区服务站46个、社会工作服务站（室）20个，引导社会工作志愿者开展活动累计1285人次。

【留守儿童困境儿童关爱服务】 将留守儿童困境儿童工作纳入2019年市委全面深化改革内容，制定出台《关于加强和改进留守儿童关爱保护和困境儿童保障工作的实施意见》和《毕节市建立困境儿童保障制度工作方案》《毕节市农村留守儿童困境儿童评估帮扶工作方案》《毕节市落实儿童监护抚养责任工作方案》《毕节市加强儿童福利服务能力建设工作方案》等1+4政策文件。劝返父母减少留守儿童29213人、劝父母携带外出减少3542名儿童留守，查办遗弃留守儿童案件2起，行政处罚父母2人；查办遗弃婴儿案件2起，教育训诫父母1人、刑事拘留父母1人。15.55万名留守儿童监护和帮扶责任实现全覆盖。

【福利和慈善事业】 按照《中华人民共和国慈善法》规定，制定慈善项目和资金公开制度，并适时公开慈善资金的募集和使用情况，接受捐赠人和社会监督，有效吸纳慈善资源。积极参加“贵州省第六届慈善项目推介会”，推介6个项目参赛参展，落实慈善项目资金3600万元。配合中华慈善总会和省慈善总会在大方县核桃乡开展“慈善情暖万家”活动，发放衣物2500件。开展慈善法宣传和第四个“中华慈善日”活动，落实残疾儿童帮扶资金807万元。协助省慈善总会实施“益童乐园”项目和一个获奖支持项目，2017-2018年省慈善总会分别在纳雍县董地乡、威宁自治县石门乡、赫章县河镇乡投入资金20万元建设“益童乐园”。接受捐赠2906.47万元，使用支出3032.12万元。销售福利彩票1.62亿元。

【养老服务业改革】 建成200张以上床位的综合性示范型养老机构8个，提质改造农村敬老院5所，新建城镇老年人日间照料中心9个、农村互助幸福院50个。实施特困老年人意外伤害保险，对全市特困老人基本情况进行信息采集，对接协商中国人寿保险有限公司，按照50.60元/人·年的标准，将全市14307名（不含威宁）特困老人纳入老年人意外伤害保险，代特困老人支付保险费近67.84万元。

【基层民主自治建设】 全市新建1746个农村社区服务站、改（扩建）520个，城市区域内设置社区227个，社区服务站用房面积达到600平方米的有209个。社区治理能力不断提升，社区发展动力不断释放，社区社会活力不断激发，群众获得感、幸福感、安全感得到提升。开展扫黑除恶专项斗争，对村“两委”成员进行背景审查，会同相关部门进行甄别，摸排报送有关线索。开展易地扶贫搬迁安置点社区治理，全市127个安置点社区服务设施覆盖率达到100%，新建安置点设置社区44个，成立社区党支部44个，有24个社区完成居民委员会选举工作，将符合条件对象纳入城乡低保保障范围，对已搬迁入住的易地扶贫搬迁困难群众发放一次性临时救助金，对符合条件的困难搬迁移民实施临时救助。

【社会组织管理】 全市注册登记社会组织982家，开展年度检查、“双随机一公开”抽查、专项检查、执法专项行动和打击整治非法社会组织专项行动等监督管理工作，促进社会组织依法依规开展业务活动；修订完善社会组织7个管理制度，建立思想文化类学会协会报告会、研讨会、讲座论坛管理办法，加强社会组织事中事后的监管，促进社会组织健康有序发展；加强党对社会组织的领导，将社会组织党建工作与业务工作同安排同部署同落实，组建社会组织综合党委，负责社会组织党建工作；引导社会组织积极履行社会责任，促进社会组织服务国家、服务社会、服务群众、服务行业的作用发挥。据不完全统计，2019年社会组织参与脱贫攻坚金额（含部分物资折款）约为9591.15万元，开展近500场次公益慈善活动，惠及群众近10万人次。

【社会工作和志愿服务】 印发《关于做好2019年全国社会工作者职业水平考试动员工作的函》，动员社会工作者参加职业水平考试。在大方县恒大儿童福利院实施社会工作服务机构“牵手计划”项目，由重庆市儿童福利院对口援助进行服务。加强志愿服务信息化建设，促进志愿者（志愿组织）注册规范化。联合市文明办出台《关于进一步加强志愿服务注册登记等有关工作的通知》，对全市城乡居民及各单位（社区、社会团体、社会服务机构）在志愿服务信息平台上注册成为志愿者和志愿服务组织的程序和方法进一步进行明确，促进志愿者（志愿组织）注册规范化。联合毕节市文明办、共青团毕节市委等部门出台《关于印发〈毕节市志愿服务登记注册制度〉等有关制度的通知》，印发《关于进一步加强志愿服务注册登记等有关工作的通知》《关于支持和发展志愿服务组织的实施意见》《关于进一步加强社区志愿服务的通知》《关于开展“三社联动”工作推进基层社会治理创新的实施方案》等政策文件，进一步建立健全志愿服务工作体系，推动志愿服务健康有序发展。

【社会事务管理服务】 积极稳妥推进殡葬改革，开展违法违规私建“住宅式”墓地等突出问题专项摸排，开展殡葬领域突出问题专项整治“回头看”行动和殡葬领域涉黑涉恶情况排查。积极稳妥推进火化工作，全年火化遗体15000余具，减免惠民殡葬费用1600余万元。依法依规开展婚姻登记工作，全市2019年共办理结婚登记69120对，离婚登记20060对。配合有关部门开展早婚早育治理工作。

【区划地名工作】 开展对《行政区划管理条例》的学习贯彻。进一步优化市、县域空间布局，积极配合指导大方县开展撤县设区、黔西县撤县设市申报审批工作。积极探索行政区划调整助推脱贫攻坚和社会治理，在15个易地扶贫搬迁安置点设置15个街道。不断巩固地名普查成果，开展普查成果应用，加强地名文化挖掘保护，启动毕节市标准地名“图、录、典、志”的编辑出版，做好国家、省地名词典、地名志的供稿。推进地名管理规范化、标准化、制度化建设，清理整治不规范地名，建立市县两级地名管理联动机制。深入开展“平安边界”创建活动，落实依法管界，维护界线地区社会稳定。

【信息宣传】 全市民政系统在国家级媒体及其载体发表的新闻稿件128篇，在省部级媒体及其载体发表新闻稿件509篇，市级发表734篇。《毕节市连续两年提高孤儿基本生活养育标准》被贵州省人民政府网站采用发表，《毕节市聚力支持深度贫困县脱贫攻坚》被《中国社会报》采用。民政新闻宣传稿件在省级以上媒体载体发表稿件数位居全省第一，新闻信息宣传工作“服务领导、服务基层、服务决策”效果明显。强化“双微一站”运行管理，全面应用推广省电子政务外网。加强舆情引导，强化网络安全工作。

【法治建设】 不断加强行政审批制度改革，根据法律法规规章的立、改、废、释以及机构改革职能职责调整，及时动态管理权责清单、权力运行流程图和办事指南；行政审批中介服务事项进一步清理规范，行审批办理时限继续压缩。依法行政机制不断健全，制定或修订《毕节市民政局行政调解工作制度》《毕节市民政局行政执法全过程数据化记录及数字化归档管理制度》《毕节市民政局行政执法日常检查监督制度》《毕节市民政局行政执法投诉举报制度》《毕节市民政局行政执法情况通报制度》《行政执法公示制度》《行政执法全过程记录制度》《重大行政执法决定法制审核制度》等8个制度。“放管服”改革持续深化，营商环境和社会服务明显改善，行业协会和商会与行政机关脱钩工作有效开展。“法治毕节”创建有序推进，“法治毕节”创建“六大工程”中涉及民政的相关指标全部按要求完成。

【项目建设】 争取项目88个，争取到项目资金3160万元。梳理谋划未来几年重点推动项目126个，计划总投资3.19亿元，其中有12个报市发改申请中央预算内资金，有41个报省民政厅申请提质增效资金。64个省民生实事项目全部完工投入使用，23个城乡社区建设项目全部完工投入使用，获得2019年中央预算内资金支持的大方县殡仪馆开工建设。市本级4个完工项目录入固定资产登记系统，基本完成“投转固”，其中3个正在办理不动产登记证后续手续。

【安全稳定】 召开全市民政系统消防安全培训暨现场观摩会议，提高从业人员管理和服务能力。落实安全生产“一岗双责”责任制，开展“安全生产月”“消防安全月”“大排查大整治”等活动，实现年内全系统零安全责任事故发生。落实信访维稳、风险防范化解工作，全面开展风险排查，着力化解消除隐患，全市民政系统安全稳定。

【脱贫攻坚帮扶】 继续选派4名同志成立同步小康驻村工作队分别进驻黔西县观音洞镇莱河村、新庆村、新合村和黄泥村开展同步小康驻村帮扶工作。下拨黔西县观音洞镇莱河村、新庆村、新合村、黄泥村，青岩村各1万元，用于发展村集体经济。下拨威宁县金斗镇坪子村15万元，用于乡村文明整治项目，助推脱贫攻坚。在国家扶贫日，号召市直民政系统干部职工捐款23730元用于脱贫攻坚工作。市民政局党组主要负责人个人捐资6000元慰问威宁县金斗镇坪子村12户贫困户。

【工作作风】 严格落实中央“八项规定”和省市“十项规定”，及时转发并组织学习市纪委、市委组织部等部门印发的纪律作风通报，严格执行婚丧嫁娶报告备案制度，在市直民政系统开展作风督查12次，发现问题2个，对违反作风纪律的2名干部职工开展约谈批评教育。在元旦、春节、清明、“五一”、中秋、国庆等重要时间节点通过各种方式向干部职工打招呼7次，要求严守各项纪律规定。抓好“三个大兴”活动，着力解决学习不深不透，走访不深不实，调查研究能力不强、真抓实干韧劲不足、勤俭节约作风不实等突出问题，推动作风建设向前发展。

【机关党建】 完成机关党委换届选举工作，选优配强党委班子成员9名。成立机关纪委，选举产生机关纪委班子成员5名。指导市周驿茶场支部、市精神病院支部、市儿童福利院及市社会福利院支部完成支部书记选举及换届选举工作。做好党员发展，转正5名党员，确定3名预备党员，培养7名发展对象和7名积极分子。落实“三会一课”、主题党日制度。推进党支部标准化规范化建设，市周驿茶场支部、市精神病院支部推选为市直达标党支部，精神病院申报为市直标准化规范化建设示范党支部。开展2019年民主评议党员，161名正式党员，共评出优秀党员43名，其余党员均为合格。开展党员档案清理排查，开展软弱涣散党组织排查，及时收缴党费，做好社会组织党组织转接工作。

【“不忘初心、牢记使命”主题教育】 市民政局党组集中学习22次，围绕“党的政治建设、全面从严治党、理想信念、宗旨性质、担当作为、政治纪律和政治规矩、党性修养、廉洁自律”8个方面开展专题研讨5次，带动市直系统开展集中学习2232人次；开展革命传统教育、形势政策教育、先进典型教育和警示教育1430人次；以考督学、以送促学、以讲促学381人次。市民政局党组班子成员领题调研5次，形成调研成果5份并召开交流会。市民政局党组班子检视问题142个，班子成员检视问题209个。扎实抓好问题整改，建立台账清单，制定整改措施，明确责任人和整改时限；召开主题教育党组专题民主生活会和支部组织生活会，检验主题教育成效，实现理论学习有收获、思想政治受洗礼、干事创业敢担当、为民服务解难题、清正廉洁作表率的目标，有力推动了民政事业的发展。

【意识形态工作】 成立意识形态工作领导小组，组织层层签订《意识形态工作责任书》54份，专题调度意识形态工作6次，将意识形态纳入党组理论学习中心组学习5次。制定印发《中共毕节市民政局党组落实意识形态工作责任制工作方案》，将意识形态工作纳入机关党建年初安排意见，把意识形态工作作为目标考核的重要内容。抓好舆论引导，凝聚传播正能量。持续抓好深入学习宣传全国、全省、全市脱贫攻坚涌现出来的先进典型学习宣传，大力传播正量，推进“两学一做”学习教育常态化制度化，努力促进民政系统勤勉担当、干事创业、风清气正。

【党风廉政建设】 签订党风廉政建设责任书178份，听取直属单位党风廉政建设4次。建立和完善县级领导干部廉洁档案6份，科级干部廉洁档案41份。严格执行“三重一大”、权力清单运行报告报备制度，完成机关“三重一大”报备事项36项，直属单位报备事项59项。严格执行《贵州省公务活动全面禁酒的规定》，开展2次茅台酒经营情况排查整治。开展干部约谈164人次，其中集体约谈22次160人次，个别约谈4人次。严格落实中央八项规定和省、市十项规定，开展作风督查12次，节假日打招呼7次。全面完成二届市委第五轮巡察反馈8各方面27个问题整改；做好十二届省委第六轮点穴式巡视整改涉及民政问题3个，其中资金问题2个已完成整改，项目问题1个正按市委、市政府和省民政厅要求有序推进。配合做好二届市委第六轮巡察。

（撰稿：谢明华）

退役军人事务工作

【概述】 毕节市退役军人事务局组建以来，在市委、市政府和省民政厅的领导指导下，在军地相关部门支持下，紧紧围绕“维护军人军属合法权益，让军人成为全社会尊崇的职业”这一时代任务，坚持以雷厉风行、敢打硬仗的作风，带着感情、带着责任一手抓自身建设、一手抓业务落实，统筹推动各项工作取得比较明显的成效。

【机构体系建设有序推进】 机构筹建有序推进。毕节市退役军人事务局于2018年12月29日正式挂牌，为市政府组成部门。内设办公室、思想政治和权益维护科（政策法规科）、移交安置科、就业创业科、拥军优抚和褒扬纪念科。下设毕节市军队离退休干部休养所、毕节市军队离退休干部服务中心、毕节市退役军人服务中心，均为正科级事业单位。10个县（区）退役军人事务局全部挂牌运行。

四级服务体系加快完善。按照近平总书记关于加快推进退役军人服务保障体系建设“全覆盖”要求和“有机构、有编制、有人员、有经费、有保障”“五有”标准，11个市、县（区）退役军人服务中心、269个乡镇（街道）级退役军人服务站、3679个村（居）级退役军人服务站挂牌运行，并坚持有“军味”政治文化特色打造“退役军人之家”。

组织领导机构高效组建。市委成立退役军人事务工作领导小组。4月18日，市委召开第一次领导小组会议。4月19日，市政府召开会议贯彻第一次领导小组会议精神，为打开全市退役军人事务工作局面提供了强有力的支持和指导。10个县（区）均比照市级成立本地工作领导小组，形成了党委统一领导、政府统筹协调、主管部门牵头、其他职能部门相互配合、市县（区）联动的工作格局。

【创新能力不断提升】 一是创新“互联网+”退役军人服务模式。市退役军人局成立以来就注重创新，在全市推行创新工作申报制，并以黔西县为试点，开发退役军人大数据智慧管理系统平台，整合了户口、房产、社保、医保、就业等来自不同部门数据6万余条，为退役军人提供多维度的精准化服务取得成效，退役军人满意度大幅提升，黔西县退役军人上访率相对较低。二是创新“访+”服务维权模式。通过轮流接访、主动下访、重点约访、定期回访、月月研判、季度通报和考核问责，掌握各种矛盾和诉求，及时化解心结，解决问题。三是创新推进退役军人工作社会化。鼓励引导各类企事业单位、人民团体、社会组织、志愿者机构和社会热心人士参与为驻军部队和退役军人及家属服务工作。与涉及通讯、教育、金融、医疗等领域的10家单位签署战略合作协议，让退役军人在享受普惠公共服务的基础上再享受专门的优先优待，中国银行、贵州银行、邮储银行等为退役军人办理专属卡6327张，贵州银行、邮储银行等为退役军人办理创业贷款1309万元。联通公司为退役军人及家属办理优惠卡27302个。四是创新党建引领模式。由各县（区）退役军人局选取退役军人党建示范点，完善相关制度，为基层党建工作注入新活力。同时依托基层退役军人服务站，充分发挥“兵支书”模范带头作用，引导退役军人听党话，跟党走。全市村支两委有“兵支书”468名、“兵主任”258名，在“兵支书”和“兵主任”的带领下，广大退役军人充分发挥军人“招之即来、来之能战、战之必胜”的作风，积极投身脱贫攻坚战和疫情防控战。

【移交安置有力推进】 实行“双向选择”与指令性相结合方式安置军转干部；首次推行“阳光安置”完成退役士兵安置任务；安置随调家属2

名；接收安置军队退休士官1人。做到部队、接收单位、退役军人“三满意”。

【就业创业成效明显】 开展退役军人走进职业院校、职业教育走进部队军营“双走进”活动，3121名退役军人报读贵州省高校。与相关部门形成联动效应，全市举办专场招聘会10场，提供岗位7811个，现场达成就业意向357人；市退役军人局向职业院校推荐就业53人；市人社局发放创业担保贷款840万元；组织退役军人适应性培训、就业创业培训1153人次。

【拥军优抚工作不断加强】 一是扎实推进双拥模范城创建，驻毕部队在拥政爱民、支持地方经济建设、维护国家安全、抗击疫情等方面做出重要贡献，深化军民鱼水情的内涵，形成了共建、共治、共享的双拥创建新格局。2019年，全市获省级双拥模范城（县）公示5个、双拥模范单位6个、爱国拥军先进个人6人、拥政爱民先进个人3人、烈（军）属先进个人4人。

二是抓好各项政策落实。采集退役军人和其他优抚对象信息102299条，奠定精准服务基础。完成13878名参战军队退役人员基础档案工作，摸底登记208名新中国成立前入伍的退役残疾军人和在乡老复员军人，颁发纪念章115枚，发放慰问金11.4万元。完成2019年全国优抚信息管理系统优抚对象审核、上报和迁移工作，下拨各项优抚经费27165万元，发放享受定期抚恤补助优抚对象价格临时补贴150万元。已享受定期抚恤金生活确有困难的优抚对象，纳入城乡低保。为退役军人办理公交优抚卡20081张，为65名残疾军人申请配置辅助器具，为98名伤残人员换发伤残证。开展节日走访慰问活动，走访慰问优抚对象72842人、驻毕部队77支（次），投入资金1840.385万元。送达立功受奖喜报371份。与涉及通信、教育、金融、医疗等领域的10家单位签署战略协作，为军人军属、退役军人和其他优抚对象提供优先、优质、优惠的服务。

【权益维护工作扎实有效】 结合“退役军人矛盾问题攻坚化解年”行动，创新开展“访＋N”主题活动，通过轮流接访、主动下访、重点约访、定期回访月月研判、季度通报和考核问责，收集处理退役军人反映的各种诉求。全市退役军人事务局领导接访下访1490人次；接待涉军群体来信来访6023人次、3281件次；梳理出20多年来遗留的45个安置问题，已解决38个；开展符合政府安排工作退役士兵社会保险接续工作，续保系统录入2810人、受理1562人。排查退役军人各类矛盾问题185件，化解179件，化解率96.77%；接收国家部委、省厅转办件162件，化解160件，化解率98.76%。化解网络舆情、集会、进京上访等风险20余起。做好敏感时期的稳控，合理引导清明祭扫活动，派出工作组赴云南、广西6批21人，报备异地祭扫人员203批908人。

【思想政治工作初见成效】 通过利用媒体、走访接访等大力宣传好声音正能量，抓好心理疏导，教育退役军人珍爱荣誉，不断增强退役军人责任感使命感。发布脱贫攻坚、共抗疫情等倡议，号召退役军人在新岗位上再立新功，广大退役军人积极响应，6809名退役军人参加脱贫攻坚，捐赠款物价值133.5万元。及时宣传报道各类先进典型，2019年首次遴选“毕节市最美退役军人”12名，2名退役军人分别获“贵州省最美退役军人”“全国模范退役军人”称号。

【尊崇军人的社会氛围不断增强】 大力弘扬英烈精神，努力营造尊崇军人的浓厚社会氛围。充分运用各种传统媒体和新媒体，加大涉军政策的宣传力度，开展“传承·2019清明祭英烈”宣传教育活动，50余条信息被退役军人事务部网站采用；为烈属、军属和退役军人等家庭悬挂光荣牌101563块，编撰烈士英名录1059条。

【脱贫攻坚工作取得实效】 紧紧围绕“113”攻坚战总体部署，组织开展遍访贫困户活动，在有限的日常公用经费中调剂8万元，干部职工捐款5000元，支持驻村帮扶点赫章县哲庄镇雄都村、香坪村，纳雍县左鸠戛乡瓦房社区发展农业项目合作社和补齐“三保障”短板；登记困难退役军人6478户（其中未脱贫建档立卡户884户），制定具体措施助推脱贫。

【机关自身建设扎实推进】 全市退役军人事务系统克服了办公场地有限、办公设备不足和人少事多等客观条件，始终把政治建设摆在首位，加强党的全面领导，坚决落实中央、省、市部署，注重改进机关作风，建立规章制度，开展深化三个大兴、抓具体抓深入增强落实力、干部思想解放行动、“不忘初心、牢记使命”主题教育等活动。不等不靠、团结合作，务实创新、担当作为，尽快提升能力、及时进入角色，做到思想不乱、工作不断、队伍不散、干劲不减，确保各项工作有序推进、无缝衔接，用实际行动诠释新部门新形象、新时代新作为的良好风貌。

【表彰情况】 2019年获表彰情况：毕节市退役军人事务局被国家退役军人事务部办公厅评为《中国退役军人》杂志宣传工作“成绩突出单位”；张开琳被国家退役军人事务部办公厅评为《中国退役军人》杂志宣传工作先进个人。

（撰稿：张开琳）

民族宗教事务

【概述】 2019年，毕节市民族宗教工作紧紧围绕市委、市政府中心工作，按照《政府工作报告》安排部署，认真谋划、狠抓落实，各项事业健康有序发展。毕节市体育运动学校、毕节市民族中学东校区输送的运动员沈菲在卡塔尔（多哈）举行的第十四届亚洲射击锦标赛中，获青年女子步枪三种姿势团体金牌，卧姿团体银牌；2个集体和5名个人获国务院“全国民族团结进步模范集体和模范个人”称号，威宁自治县秀水镇获国家民委“第七批全国民族团结进步示范区（单位）”命名，《飞笙踏月》《括哏咀（新年乐）》分获第十一届全国少数民族传统体育会表演项目综合类金奖和表演项目竞技类银奖；8个少数民族村寨获“中国少数民族特色村寨”命名，18个少数民族村寨获“贵州省少数民族特色村寨”命名，9家单位获省第四批“少数民族传统手工艺传习所”命名，6家单位获“2019年省级民族团结进步创建示范单位”命名。

【全力助推少数民族和民族地区经济社会发展】 积极争取资金投入。深入调研摸排，精心谋划项目上报对接，着力争取资金投入，共争取到位中央和省级少数民族发展资金5262万元，其中，中央发展资金4657万元、省级发展资金605万元，资金主要用于民族地区脱贫攻坚“两不愁三保障”补短板和农村产业发展项目。扎实抓好民贸民品政策落实。强化抢抓机遇意识，着力推动国家民贸民品优惠政策落实，扶持民贸民品企业发展壮大。2019年有5家民贸企业争取到基准利率贷款余额4327万元，累计申报贴息150余万元。深入实施“双培”计划。争取省专项培训资金580万元，市县各级各部门投入各项经费1093.49万元，开展汉语言培训和农村实用技术培训190期、培训37055人次，有效破解群众就业创业难题，助推民族地区发展。

【全力推进民族社会事业健康有序发展】 认真做好组队参加第二届多彩贵州民族服饰设计大赛的有关工作。征集民族元素工作装、民族元素悠闲装15个系列40套参赛，有四个系列服装进入决赛，其中一个系列服装获三等奖，一个系列服装获优秀奖，两个系列服装获决赛入围奖。深入开展民族团结和睦指数统计监测工作。紧围绕“各民族共同繁荣发展、未发生重大民矛盾族纠纷事件、开展民族政策四项教育和‘六进’活动、开展民族团结进步创建活动”四个监测指标进行全市“民族团结和睦指数”的统计监测工作，2019 年，全市无影响民族关系及民族团结的矛盾纠纷发生，民族团结和睦指数分别为第一季度 99.81 分、第二季度 99.85 分、第三季度 99.88 分，第四季度预计为 99.90 分。建立在黔新疆（西藏）少数民族群众服务管理台账。继续做好民族语言文字工作。黔西县林泉镇高锦小学双语教学、威宁自治县板底乡双语和谐环境建设申报为省级“双语和谐示范”工程建设项目，大方县牛场乡中坝小学等 5 个双语教学点纳入省级双语教学扶持点，全市 14 名非在编困难双语教师获省生活补助 2.8 万元。

【全力维护宗教领域和谐稳定】 依法管理宗教事务力度扎实有力。印发《关于推广建立“四员”宗教工作联动体系的通知》。落实市、县两级宗教团体落实办公场所和办公经费，支持市、县宗教团体分别召开 2019 年度常务委员（理事）会，指导市、县宗教团体依照章程开展换届。在宗教活动场所持续推进“四进”活动，指导宗教活动场所完成开立单位银行账户，建立教职人员及财务管理制度。利用“小步外勤”加大对宗教事务的依法管理力度，不断提升宗教工作的能力和水平。宗教政策法规培训力度不断加大。将习近平总书记关于宗教工作的重要论述和重要指示批示精神和宗教政策法规纳入 2019 年中青年干部培训班、少数民族干部培训班培训内容；市、县两级举办宗教工作“三支队伍”培训班 35 期，共培训 2699 人次。

（供稿：市民族宗教事务局）

人力资源和社会保障

【概述】 2019 年，在市委、市政府的坚强领导下，在省人社厅的大力指导下，全市人社系统坚持以习近平新时代中国特色社会主义思想为指导，全面贯彻省委、省政府和市委、市政府的决策部署，坚持以脱贫攻坚统揽全局，认真践行“五步工作法”，坚持抓具体抓深入，抓重点、攻难点、创亮点，各项工作扎实推进。

【稳字当头，就业形势保持总体稳定】 面对新形势、新挑战，全市人社系统把稳就业作为重大政治任务和头等大事，始终坚持就业优先战略，聚焦重点群体，夯实政策基础、提升就业服务质效，全力推动就业局势保持总体稳定。2019 年，全市实现城镇新增就业 8.51 万人，失业人员再就业 1.63 万人、就业困难人员就业 1.24 万人、转移农村劳动力就业 17.18 万人，均超额完成年度目标任务，城镇登记失业率控制在 3.27%，一系列稳就业政策措施相继出台，促进就业创业政策体系更加精准有效。招募“三支一扶”172 人，安排就业见习 1307 人，促进农民工返乡就业创业 7.19 万人，化解过剩产能职工安置就业等工作积极推进，稳住了就业基本盘。大力推进全方位公共就业服务，梳理形成公共就业创业服务事项清单，培育创业孵化示范基地（示范点）23 个。

【聚焦扶贫，人社扶贫有力量】 坚持脱贫攻坚统揽全局，以就业扶贫为主抓手，统筹推进人社扶贫助力脱贫攻坚。一是就业扶贫增加收入。通过扶贫车间吸纳、返乡创业带动、有组织劳务输出、公益性岗位安置等渠道，促进 6.8 万名贫困劳动力就业增收。聚焦易地扶贫搬迁就业培训体系建设。全面推进“一引领六覆盖”工程，确保搬迁劳动力家庭“稳得住、能致富”。在全市搬迁安置点设立就业培训服务网点131个，建立劳务分公司（合作社）213个、就业扶贫车间153个，开展搬迁劳动力技能培训1.49万人，累计促进10.88万名搬迁劳动力就业创业，动态实现已搬迁劳动力家庭“一户一人”以上就业目标。狠抓“十大员”开发招募补齐短板。充分利用省厅支持的就业援助补贴指标，累计开发“十大员”就业扶贫公益岗位8.62万个，兜底安置8.13万名“三无两有”贫困劳动力就地就近就业，进一步补齐就业扶贫“短板”。借力东西协作提升劳务输出组织化程度。加强与对口帮扶城市联动对接，充分发挥劳务协作站点作用，稳定已输出就业人员。争取广州对口帮扶资金5000万元，对1.55万名“十大员”进行稳岗补贴，开展劳务培训1.04万人。协调引进广州港集团等企业在毕开办“广州港班”“雪松班”等校企合作项目，累计招收874名学生就读，其中建档立卡贫困家庭学生484人。截至2019年，两地共合作培训贫困人口3.24万人次，带动7.23万人实现省内就近就业、组织4180人到广东省稳定就业。二是技能扶贫增强素质。大力推进农民全员培训和职业技能提升行动，坚持技能培训和感恩励志并举，围绕全市12大农业产业、500亩以上坝区农业产业结构调整和市场用工需求，出台含技能培训、基地建设、感恩教育为一体的职业技能提升行动“1+2”工作方案，着力解决贫困群众内生动力不强、培训实效性不高的问题。是年，全市组建并遴选570人进入市、县两级感恩励志教育师资库，围绕产业发展新建培训基地28个，统筹各类培训资源，完成农民技能培训24.22万人次，其中培训建档立卡贫困劳动力9.89万人。三是社保扶贫兜牢底线。全市共有6606名年满60周岁以上的建档立卡贫困人口直接享受待遇，为35.25万名贫困人员代缴养老保险费2794.7万元；易地扶贫搬迁移民9.4万人转移衔接城乡居民养老保险关系；将15.25万名进城务工人员纳入工伤保险统筹，受理工伤认定4936件，开展劳动能力鉴定4013人，有效防止务工人员因伤致贫、因伤返贫。四是人才扶贫助力扶智。鼓励支持145名事业单位人员离岗创办134个项目；县、乡两级共招聘916名事业单位人员；通过“脱贫攻坚专项引才活动”和第七届人博会等平台为基层引进各类人才163人；把在脱贫攻坚一线的业绩作为职称评聘的重要条件，全市共有378人取得基层副高任职资格；认真开展“万名专家服务基层活动”“广州专家智力帮扶行活动”，组织32名专家深入贫困地区，开展人员培训，解决技术难题，助推脱贫。五是驻村帮扶助力攻坚。选派5名干部到赫章县双坪乡和威宁县哈喇河镇担任第一支书，真蹲实驻、真帮实促、真抓实干，帮助所驻村理清发展思路、制定帮扶措施，建强基层组织、推动精准扶贫。为5个帮扶村筹措工作经费和产业发展经费共计157.4万元，助推帮扶村发展壮大脱贫攻坚产业，推进基层党组织建设。

【守正创新，社会保障水平稳步提升】 坚持“全覆盖、保基本、多层次、可持续”的方针，加快推进社会保障制度改革。保目标完成。全市养老、失业、工伤、城乡居民养老保险参保人数分别为54.82万人、26.31万人、39.9万人、364.4万人，社保卡持卡人数达553.15万人，超额完成目标任务。保改革落地。村（社区）两委干部参加企业职工基本养老保险制度改革、机关事业单位在编工勤人员参加工伤保险制度改革落地落实，社保征缴和医疗保险职能划转稳妥推进，经办规程进一步完善。保政策落实。落实降费减负政策，全年减征社会保险费达5.03亿元，政策红利实现企业降成本、市场增活力、个人得实惠。连续14年上调退休人员基本养老金，投入上调资金1.59亿元，全市9.74万名退休人员受益。保待遇发放。各项待遇按时足额支付和发放，全年共支出各项社会保险基金57.51亿元；

为162家企业发放稳岗补贴1065万元，为1.16万人发放价格临时补贴180万元。保基金安全。认真汲取威宁“赵某”案件教训，坚持问题导向，深入开展警示教育，完善基金管理风险防控体系和内控制度，提高风险预警水平，筑牢基金安全防线。

【分类施策，人力资源开发有序推进】 坚持分类施策，围绕“高、中、初”端人才，有序推进人力资源开发。聚焦“医疗脱贫、产业脱贫、教育脱贫”，成功举办“脱贫攻坚专项引才活动”，利用省第七届人博会、赴高校引才活动等平台和载体，简化程序全职引进各类人才370人。认真开展事业单位人员考聘和技工考评工作，深化职称制度改革，开展民办学校教师职称评审和民营经济职称评审，着力壮大专业技术人才队伍。全年批复全市事业单位招考计划19个，完成6.5万人参加的各类人事考试工作，完成脱贫攻坚干部培训655人次；不断壮大培训载体，优化培训方式，深入实施“农民全员培训”“贫困劳动力全员培训”等项目，全年累计开展农民综合素质提升培训218.75万人次，农民技能培训24.22万人次。

【牢守底线，劳动关系奏响和谐乐章】 坚持把构建和谐劳动关系作为脱贫攻坚和经济社会发展的“稳定器”，以全面治理拖欠农民工工资“顽疾”为重点，全力构建和谐劳动关系。着力根治欠薪。深入推进根治欠薪夏季专项行动和冬季攻坚行动，常态化开展暗访暗查，加快推进工程建设领域农民工实名制管理全覆盖和信息化建设，聚力源头治理，强化要素保障，加大联合惩戒，全力排查清欠，全年为1.88万人次追发被拖欠工资2.8亿元，根治欠薪“两清零”工作取得明显成效。着力高效调裁。不断加强办案标准化管理，“快立、快审、快结”的调裁机制逐步完善，劳动人事争议调解仲裁效能显著提升，劳动人事争议案件3423件，按期结案率100%。着力推进改革。持续深化国有企业工资决定机制改革和国有企业负责人薪酬制度改革，认真落实机关事业单位带薪年休假、加班误餐补助、最低工资标准等改革政策措施。不断加强对企业劳动用工的指导规范和服务，2019年，全市共有2家企业（单位）获全国构建和谐劳动关系示范园区（单位）称号。

【严实行风，打造群众满意的人社服务】 坚持正行风、树新风，持续深入推进系统行风建设，全力打造群众满意的人社服务。清理规范显成效。对全市人社系统99项权责清单、153项公共服务事项进行了全面清理，并公布事项清单和办事指南，为企业和群众办事创业提供清晰指引。减证便民添新举。全面取消社保待遇领取资格集中认证，取消19项证明事项，进一步优化办事流程和服务，大力压缩社保卡办卡时限。练兵比武强队伍。开展业务技能练兵比武，在全系统掀起比学赶超、争当标兵的热潮，全市共有3家单位获全国（全省）优质服务窗口、2人获得优质服务先进个人。精准服务暖民心。从老百姓最为关注的就业创业、养老保险、工伤保险入手，组织开展各项“看得懂、算得清”系列宣传活动。“综合柜员制”改革工作全面推进，“12333”人工座席顺利开通，及时受理、核处群众反映问题。

【压实责任，全面加强党的建设】 深入开展“不忘初心、牢记使命”主题教育，一体推进学习教育、调查研究、检视问题、整改落实四项重点措施，达到“理论学习有收获、思想政治受洗礼、干事创业敢担当、为民服务解难题、清正廉洁作表率”预期效果。坚持把政治建设放在首位，把“四个意识”“四个自信”“两个维护”落实到人社工作时时事事处处。深入推进“三个大兴”活动，全面落实党建主体责任，认真落实党风廉政建设主体责任，把纪律和规矩挺在前面，狠抓意识形态工作和巡察整改工作，干部队伍政治素养不断增强，能力素质有效提升，党的建设水平有明显进步。

【改革创新，人社各项工作亮点纷呈】 一是就业扶贫取得新成效。全市人社系统坚持以脱贫攻坚统揽工作全局，以就业扶贫为主抓手，扎实抓好易地扶贫搬迁就业培训体系、“十大员”就业扶贫公益岗位、劳务组织化输出、技能培训等各项工作。“十大员”就业扶贫公益专岗助推脱贫攻坚获全国创业就业服务展示交流活动“优秀项目奖”；市人社局获得“全省脱贫攻坚先进集体”称号。二是人力资源开发取得新进展。按照引进“高端人才”、强化“中端人才”、壮大“初端人才”的思路，坚持分类施策，有序推进人力资源开发。全年累计开展农民综合素质提升培训218.75万人次，农民技能培训24.22万人次，全职引进各类人才370人，为脱贫攻坚和农业产业结构调整提供坚实的人力资源支撑。三是和谐劳动关系取得新成绩。深入推进根治欠薪夏季专项行动和冬季攻坚行动，常态化开展暗访暗查，加快推进工程建设领域农民工实名制管理全覆盖和信息化建设，聚力源头治理，强化要素保障，加大联合惩戒，全力排查清欠，全年为1.88万人次追发被拖欠工资2.8亿元，根治欠薪“两清零”工作取得明显成效，劳动关系总体保持和谐稳定。全市共有2家企业（单位）获全国构建和谐劳动关系示范园区（单位）称号。四是改革工作凝聚新动力。持续推动村（社区）两委干部参加企业职工基本养老保险制度改革、机关事业单位在编工勤人员参加工伤保险制度改革落地落实，工伤认定劳动能力鉴定信息化试点工作获得省厅通报表扬；“五大机制”助推返乡农民工就业工作入围全市2019年度“改革创新奖”，参加全省深化改革优秀案例评选；工作中不断创优路径方法，省人社厅发文在全省人社系统学习毕节人社扶贫工作经验做法。五是行风建设展现新气象。在“放管服”改革、技能练兵比武、提供“暖心”服务等方面花工夫、下力气，人社对外服务形象不断提升，系统行风建设持续推进。全市共有3家单位获全国（全省）优质服务窗口、2人获得优质服务先进个人。六是争取支持注入新活力。是年，市人社局积极争取省人社厅在就业补助资金、劳务协作、易地扶贫搬迁就业培训体系建设、干部能力提升方面的倾斜支持，取得了很好的成绩，得到省人社厅和市委、市政府主要领导的充分肯定。

（供稿：市人社局）

贵州中烟工业有限责任公司毕节卷烟厂

【概述】 2019年，毕节卷烟厂以习近平新时代中国特色社会主义思想为指导，认真学习贯彻党的十九大及十九届二中、三中、四中全会精神，全面落实行业、公司工作会议精神和市委、市政府各项决策部署，持续以党建为统领，以精益管理和创新驱动为主线，深入推进“精造工程”，围绕“努力建设‘安全、优质、高效、低耗、绿色’优秀卷烟工厂”目标，各项工作有序推进。卷烟生产量同比增加2.09万箱，增幅5.18%；上缴地方财政税收同比增加4.49亿元，增幅11.64%。

【党建工作】 1. 落实全面从严治党主体责任。贯彻落实新时代党的建设总要求和全面从严治党主体责任，细化分解党建重点工作任务和全面从严治党主体责任目标任务，组织签订全面从严治党责任书16份、党建目标责任书11份、党风廉政建设责任书17份；明确党建重点工作任务28项，分解全面从严治党“两个责任”工作目标任务80条，进一步健全党的建设目标管理考核评价工作体系。

2. 持之以恒正风肃纪。贯彻落实中央“八项规定”及其实施细则精神，组织签订《贯彻落实中央八项规定精神承诺书》58份。坚持问题导向，开展巡视巡察反馈问题专项排查整治和集中整治形式主义、官僚主义问题整改落实，执行“三重一大”决策制度和采购管理规定，完成规范管理大排查，强化选人用人及传统节假日期间廉洁纪律执行监督，持续开展干部中夜班走访巡查，作风建设持续深化。全年召开党委会15次、办公会议4次，讨论“三重一大”事项45项次，组织学习作风问题典型案例47个。

3. 深入推进“不忘初心、牢记使命”主题教育。按照中央总体要求和行业、公司统一部署，把开展主题教育作为加强党的建设第一要务，细化目标任务，强化示范引领，推动整改落实，把学习教育、调查研究、检视问题、整改落实贯穿始终，推进主题教育取得实际成效。党委中心组分专题组织集中（扩大）学习研讨4次，撰写交流材料17篇，班子成员讲专题党课17场；开展调查研究，形成调研报告5篇，发现问题53个，提出工作建议114条；系统梳理检视各类问题，逐条制定整改措施；班子成员“对照党章党规找差距”被列为公司标杆。

4. 扎实推进党的基层组织建设。坚持把党的政治建设摆在首位，推进党的基层组织建设，引导全体党员增强“四个意识”，坚定“四个自信”，做到“两个维护”。制定印发《贯彻落实〈中共中央关于加强党的政治建设意见〉的具体措施》，完善“党员政治生日”活动实施方案、党内关怀帮扶办法等，党建工作机制不断健全。组织开展庆祝新中国成立70周年微视频拍摄、“同升国旗同唱国歌”等系列活动，激发干部职工爱党爱国爱企热情。聚焦中心工作，推进党员攻关课题、党建服务品牌创建及党建创新课题研究。不断强化党员教育管理，微党课党员教育片——《党员的样子》获行业一等奖。

5. 积极落实意识形态工作责任。围绕积极宣传贯彻习近平新时代中国特色社会主义思想，落实行业、公司、工厂工作部署、推进工厂党的建设等方面开展宣传工作，全年发表宣传稿件811篇，编辑《新毕烟》12期。扎实推进思想政治工作研究，组织撰写政研论文25篇，推选8篇到公司参评。履行社会责任，围绕“两不愁、三保障”，采取“党支部+贫困户”方式，助力脱贫攻坚。党委班子成员深入3个帮扶点进行实地调研13次，撰写专题调研报告2份；各支部开展调研和帮扶15次。协调公司调增帮扶资金预算，落实帮扶资金53万元；完成公司下达的国家局定点扶贫地区15万元农特产品采购工作。围绕企业文化建设组织“安康杯”知识竞赛、广播操比赛等多种文体活动，工厂荣获贵州省“五一劳动奖状”。开展群团组织建设和困难职工慰问帮扶、女职工关爱活动，切实维护离退休队伍稳定，进一步增强工厂凝聚力。

【安全管理】 严格落实党中央、国务院有关安全工作精神，按照行业、公司安全生产工作部署，严守“安全生命线”底线，以“管控风险、控制危险、预防事故”为目标，持续推进“三大安全体系”建设。细化安全指标分解，按照“一岗一书”明确安全责任，安全生产从“全员参与”转变为“全员履责”。完善机制，明确任务，推进安全风险分级管控和双重预防体系建设，利用LEC法评价出安全风险257个，实行分级管控。开展隐患排查治理，全年组织各类检查22次，查出隐患43项，问题120项，整改完成161项。强化职业卫生和职业安全监督，作业场所符合职业接触限制要求。认真落实“安全三化”建设，推进制度、标准“立、改、废”，修订整合安全管理、技术标准109个；开展安全生产月活动和“你的安全我保护，杜绝违章操作”安全互联互保创建活动，“安康杯”安全知识竞赛获七星关区一等奖，“安全文化进班组”获公司职能部门肯定并推广；落实安全信息责任制，参与行业网络攻防演练，向公司提出信息安全合理化建议14条。注重安全意识和能力培训教育，深化安全运行控制管理，建立完善应急值班管理制度，统筹推进“大安全”标准化管理，安全生产保持平稳态势。

【产品质量】 按照高质量发展新要求，推进质量风险识别和防差错体系建设，定期开展工艺评价，完善过程检验项目，严格规范工序自互检和关键时点等质控行为，加大视频监督力度，过程管控能力有效提升，卷包质量加权平均分、合作品牌优质率同比提高，市场投诉率同比下降。围绕识别和判断缺陷，持续进行检验标准宣贯培训，组织180名基层员工参与“精准检验”技能比武，持续提升质量缺陷识别能力。坚持精造课题和工艺专题研究，制丝停机断料率、烟支端部落丝量、烟支中梗签物（烟丝团）含量等指标明显改善。开展卷烟制造工艺写实，配合公司技术中心实施工艺测试，客观反映工厂制造能力水平，改善质量管理“短板”。严格按照公司品牌转移技术方案，加强关键点跟踪验证测试，“贵烟（福）”顺利投产，“贵烟（硬高遵）”品牌转移写实顺利完成。工厂主要负责人牵头开展“守住质量生命线，提升产品质量保障力”专题调研，从人、机、料、法、环、测多个方面检视当前工艺质量管理存在的问题，提出多项解决措施逐步进行改善。以规范辅料检测设备操作、维护行为为切入点，提高辅料检测数据可靠性，辅料检测仪器目视化管理得到公司职能部门肯定并建议推广应用。

【目标管理】 1.“全面精造工程”扎实推进。将“精造工程”与党务工作充分融合，组织开展“讲标准、学标准、用标准”岗位技能竞赛和“精造之星”评选，积极营造“全员精造”氛围。制定精造工程深度推进和激励方案，完善精造工程管理办法，通过外出学习、组建精造专家顾问团队、推进精造工程进班组等方式，加强全面精造工程过程管控。组织开展标准体系评审，从识别存在的风险着手建立标准管控措施，强调制度执行评估；开展流程梳理和制度标准制修订，优化流程，废止不适用制度，提升制度标准执行力。组织开展党建融入精造工程、规范管理保障精造工程两项专题调研，逐步提高精造工程项目实施规范性和效率。《“两项写实”在生产管理中的实践与运用》精造工程案例在行业交流推广，8个精造工程课题在公司立项，3个精造工程优秀课题受公司表彰奖励，上半年精造工程评价在五家厂排名第一。

2. 全员创新成果丰硕。坚持创新驱动战略不动摇，修订完善《科技项目评奖管理办法》《科技项目专家管理办法》《管理创新项目管理办法》等制度，将政研课题纳入管理创新项目实施管理，持续完善创新工作机制。以“技师工作室”为基地组织开展全流程科技攻关与课题研究，大力培养基层班组创新团队，以课题形式推进精造工程重点、难点问题解决。创新项目《基于TRIZ理论的油渍烟丝综合治理系统》获全国及贵州省创新方法大赛二等奖；53件专利获受理通知；QC成果《加香快速换牌系统的研发》获行业一等奖，一车间“飞跃QC小组”获“全国优秀质量管理小组”称号，2个QC成果获贵州省二等奖，1人被评选为“贵州省质量管理活动先进个人”；19个管理创新项目参加厂部结题评审；9个科技项目参与工厂内部评价，4个参与公司评奖。同时，积极推进员工建言献策活动，征集各类合理化建议283条，采纳实施56条，进一步调动职工参与管理改善的积极性。

3. 生产管控精细高效。紧扣行业高质量发展新要求，从生产安排入手，全面加强生产各环节管控。完善《生产运作管理评价办法》，增加设备保障、配件保障、生产信息传递等内容，进一步健全生产运行机制。以“生产模式柔性化、生产组织超前化、市场响应及时化”为目标统筹编制月度生产进度计划，优化生产运行调控模式。细化生产机台安排落实、工艺标准跟进、原辅料供应保障、生产辅助保障现场确认，制定设备故障跨班维修保障方案，实现原辅料调运管理与生产联动，保障各环节沟通协调畅通，全要素生产保障能力进一步提高。卷包台时产量达标率95.68%，优于公司三级目标5.68%；在岗职工实物劳动生产率384.27箱/人，同比提升35.36箱/人；工厂就地技改原则上通过国家局审计验收。

【精益管理】 落实行业企业管理现场会议精神，把“精益管理降本增效”作为推动工厂高质量发展重要抓手，通过定额管理、对标管理、精益改善等措施，为降本增效目标达成提供有力保证。以行业对标指标、公司三级目标、工厂内控指标和“精造工程”各项指标完成为导向，不断优化、提炼指标，形成较为完善内控指标体系，为实现降本增效提供重要支撑。强化目标分解和绩效杠杆作用，实施目标动态管理与跟踪分析，扎实开展分层分类对标，促进目标达成。将预算指标达成作为成本管控载体，全年可控费用预算执行率98.12%，实际执行低于预算批复178.50万元，是五家厂中唯一连续6个月重点及关键费用未超进度的单位，预算执行情况获公司好评。建立各环节消耗跟踪台账，将原辅料、能源消耗纳入日常监控，及时查找差距，补齐短板，原辅料、能源消耗水平持续向好，单箱烟叶、嘴棒消耗公司评价得分为五家厂第一；单箱制造、管理费用为五家厂最低。完善自主维修考评激励机制，开展自主维修，规范备品配件管理，消化备品备件库存，备品备件库存较年初下降579万元。围绕生产管理重点、难点和热点，大力开展课题攻关，促进效率效益提升，工厂年度综合排位评分列五家厂第2位，各类成本指标和降本增效指标全部达到厂级目标。

【绿色发展】 落实行业全面加强生态环境保护，坚决打好污染防治攻坚战的号召，推进工厂绿色发展。定期开展环境风险点监督检查，保障环保设备设施有效运行，确保废水、废气、噪音达标排放。规范处置废弃机油和危险化学品废液，确保处置符合环保要求。利用能源监控系统时时关注动力设备运行情况，及时处理解决供能设备大马拉小车、能源消耗异常现象，减少无效能耗，单箱卷烟综合能耗持续下降，指标完成情况为五家厂最优。加大烟箱循环利用，将现场管理与烟虫治理有机融合，持续推进6S现场改进。通过第三方环境绩效监督审核和省级创建环境模范城市重点工业企业验收，环境管理体系运行良好。环保督查整改项目“除尘尾气异味处理系统改造”提前投入使用，整改进度和质量得到政府部门高度认可。

【人力资源管理】 以“精益”人力资源管理为主线，以干部基础管理、“三支队伍”建设为重点，持续盘活存量，控员增效。落实公司巡视巡察问题整改及自查自纠，建立健全干部选拔任用和监督机制，按照利于工厂发展、利于队伍建设、利于干部成长的原则进行干部选拔任用。全年选拔提任正科级干部1名，竞聘选拔副科级干部4人，干部交叉任职3人，岗位交流13人，转岗6人。进一步完善《毕节卷烟厂中层干部考评管理办法》，将月度工作业绩考核和年度民主评议相结合，着力打造忠诚、干净、担当的干部队伍。按照“适当从紧、持续优化”工作要求，完成320余人次岗位跟踪维护管理，逐步建立围绕部门工作目标兑现、关键要素绩效激励的薪酬管理体系，切实激发员工工作积极性和主动性。完善教育培训激励与考核机制，突出岗位导向，围绕“改善态度和提升技能”开展培训314期，开发的《制丝操作工3级和5级技能鉴定培训课程》通过公司评审并推广使用，1人取得高级技师资格，8人通过技师资格复核，30人通过技能鉴定3至5级考试，13人取得中级专业技术资格。

（供稿：毕节卷烟厂）

贵州烟叶复烤有限责任公司
毕节复烤厂

【概述】 2019年在复烤公司的正确领导下，毕节复烤厂以习近平新时代中国特色社会主义思想为指引，深入贯彻党的十九大精神，紧盯全年各项目标任务，履担当之责，求务实之效，充分发挥和调动全员积极性、主动性和创造性，齐心协力，克服困难，精准聚焦发力，唱响中心工作

"主打歌"。

【生产加工完成及设备运行情况】 2019年，为贵州中烟、湖南中烟、湖北中烟、江苏中烟、浙江中烟、山东中烟、内蒙中烟、贵州烟草进出口有限责任公司8家卷烟工业企业接收烟叶102.47万担，挑选烟叶72.35万担。签订网上加工合同102.55万担，执行打叶加工合同104.91万担。生产222天，复烤加工105.84万担，产出成品片烟34659.909吨。综合出片率65.50%（同比增加0.17%），综合产品得率94.07%（同比增加0.17%）。

【质量管理方面】 完成物理检测在线检测214693次，成品化学检测2882次。

【2019年生产加工主要质量指标】 原烟情况：原烟水分适宜，15.12%～16.74%，平均值15.79%；原烟梗叶比率略高，28.41%～35.76%，平均值31.79%。

叶片结构指标均达到客户要求，各项指标之间互相兼顾，控制合理，均匀性评价好"a"；非烟物质含量实现了控劣除杂的加工效果，一类杂物0，合格率100%，二、三类杂物平均值0.00044%；成品片烟水分均保持在中下限范围，平均值为11.63%，均匀性评价好"a"；产品均匀性控制评价为好；成品水分CV值1.87%，烟碱CV值2.77%。

【财务管理方面】 一是强抓预算管理。及时分解下达公司成本费用指标，指导业务部门做好全年的年初预算、中期预算调整编制；强化预算执行过程监控，确保成本费用有序可控不超支；加强资金预算管理，确保经营资金良性循环。

二是加强成本、费用控制。实行"成本费用科目负责制"。对日常费用报销严格把关，对发生业务、结算金额等进行审核、确认付款，吨片烟可控复烤成本444.52元/吨、担烟可控挑选成本24.22元/担、担均可控仓储费用6.65元/担、可控管理费用283.66万元。三是夯实财务基础工作。严格监督各项经济业务活动，持续规范会计基础工作，做好收入、成本、费用的归集及财务成果的核算分析。要求财务人员进行会计继续教育培训，组织全科参与税收政策知识竞赛。年终对房产、设备、固资进行实地盘查清理，并分项整理建档，做到账、卡、物相符。四是提高监管水平。对敏感支出、敏感科目、敏感事项自查监控落实到责任人，发现问题立及整改，降低审计风险。兑现无现金报销承诺，银行转账不超过一个工作日。主动配合、积极协作，做到"财务与业务有机统一"。

【安全生产管理方面】 一是严格贯彻落实安全生产责任制。全年召开安委会4次，全员签订安全目标责任书、安全承诺书各220份。坚持风险管控控在隐患前面、隐患排查治理挺在事故前面，科学评估区域安全风险，开展综合性安全检查12次，排查并整改隐患81项。二是思想重视、做好安全教育培训。聘请毕节市卫健委专家和一级消防工程师、张贴宣传标语、举办安全知识猜谜、组织安全知识考试、安全专题讲座等形式开展职业卫生、消防安全教育培训和安全警示教育；坚持安全宣传工作服务于政治建设，在行业网站发表各类安全理论新闻消息22篇。三是细化安全管理考核内容，梳理岗位安全责任比重和岗位作业风险大小，推进岗位安全风险价值系数评定，加大各层级失职追责的考核权重；梳理岗位达标规范，制定《安全生产网格化监管实施方案》，建立岗位安全责任清单，有针对性地开展岗位达标。四是加强对相关方履行安全管理职责、作业人员培训、作业前安全技术交底、防护设施配备和使用的管理，相关科室还重点加强对相关方作业过程的监管，对关键节点严把关，确保相关方作业风险得到有效管控。五是将生产现场、烟叶仓库、粉碎场、变配电设施等易燃易爆、人员密集场所作为监管重点，建立志愿消防队并组织强化应急救援演练；切实履行动火作业分级管控；强化电气火灾的控制，“安全生产活动月”期间，组织开展“仓库火灾应急救援预案演练”提高应急处置能力；制定防汛预案，开展防汛检查确保防汛设备完好。六是强化驾驶员的安全意识培训和教育，严格机动车维修保养，用车审批以及出车前、中、后的安全检查。严格执行“两档两本”“三交一封”制度，全年交通安全0事故。

【设备及项目管理投资方面】 设备故障率：1.2%（同比上升0.12个百分点）；设备有效作业率：100.09%（同比下降0.48个百分点）；全年设备外委维修费用214.33万元（不含税），产出片烟34659.909吨，吨烟维修费62.25元/吨，较去年上升35.92%。

2019年，资本性投资及外委维修项目25项，项目执行率100%，合同履约率100%。

【企业管理工作开展情况】 一是体系运行正常。各项目标有效分解到各职能部门，生产和服务过程得到了有效控制，满足顾客要求与法律法规的要求，产品质量稳定，顾客满意率高（发放19份顾客满意度调查表，优秀率100%）。

二是实施采购计划45项，截至2019年，签订项目合同36份，OA两项工作系统运维使用基本顺畅。三是严格加强对关键业务流程的监督管理，参与公开招标现场监督27次，竞争性谈判监督8次，询价监督2次，单一来源采购谈判监督3次，监督涉及总金额539.04万元。对“三重一大”重要事项，重点经费开支，采购项目关键环节进行及时公开、统计并按要求上报。四是建立考核评价标准，定期总结分析当期目标指标完成情况及存在问题，结合管理创新课题确立对标课题3项。五是吨烟折标煤后生产能耗降至136.89kg标准煤/吨、综合能耗140.57kg标准煤/吨。六是深入开展法制宣传培训，将法治培训纳入党委中心组学习计划，领导带头学，员工积极跟；加强对采购及其他业务工作的法规性审核。参与法规经济合同审核数量39个，提出合同审核法规意见14条、法规审核意见20条。七是精益管理征集合理化建议121条（自主改善22条），单点课程3项，精益稿件14篇，精益课题2个；精益管理培训1次，180人参培；组建精益工作团队，开展精益及创新创效课题2项。八是发表科技论文6篇（核心期刊1篇），获实用新型专利1项。开展QC课题12个，联合湖北、湖南、贵州等工业企业开展打叶复烤工艺研究，试验通过质量信息系统，实时、准确地将检测数据反馈到生产各工段，便于操作人员及时调整，实现“降大、提中、控碎、降梗”试验目的。九是计划内培并完成12期，培训2161人/次。新增烟机设备修理工（打叶复烤）高级工3人；中级工1人。打叶复烤工高级工3人；1名职工获得政工师职称；5名职工获助理工程师职称。十是紧紧围绕企业的发展目标，强化工会自身建设，充分调动职工积极性，开拓创新。开展“冬送温暖夏送凉”活动，夏季检修期间为职工提供冷饮、西瓜，为冬季倒班职工送棉鞋；“农民丰收节”慰问生产一线业务外包人员8人。组织举办“安康杯”系列活动，以“身边人讲身边事、身边事教身边人”等形式开展“新时代工人讲习所”宣讲，劳模王劲松、先进员工代表陈欢走上讲台；重阳节邀请退休职工到厂座谈，组织职工256人参加健康体检；分期开展符合企业实际及未来发展的职工技能培训、岗位练兵、技术比武、“巾帼立功竞赛”等活动，与湖南中烟联合举办第四届“芙蓉王 白沙杯”烟叶精选技能竞赛，与湖北中烟联合举办复烤加工操作技能竞赛。获毕节市目标考核“先进基层工会”；七星关区“大发展先进集体”；生产科一班获“贵州省工人先锋号”；获年度全省职工绿色增效劳动竞赛先进个人、年度贵州省“安康杯”竞赛优秀组织单位；职工技术创新（“五小”）优秀成果。王劲松工匠室获毕节市总工会“工匠场”授牌。

【作风建设工作开展情况】 一是积极开展“不忘初心、牢记使命”主题教育。集中学习规定篇目3次5天，研讨发言3次，对照要求找差距专题会1次，调研成果交流会1次，提交调研报告4份并积极推动调研成果落地、整改落实成果交流会1次、专题民主生活会1次；开展革命传统教育2次、形势教育1次、先进典型教育、警示教育重温入党誓词2次；利用党委中心组学习、“三会一课”、学习强国APP、主题党日、宣传展板、新媒体等载体进行新思想的宣传学习，加强全面从严治党主体责任的宣传教育。二是充分发挥在职党员的先锋模范作用，组织全体党员参与义务活动。支部集中学习36次，支委集中学习24次，党小组学习24次。厂领导在所在支部上党课8次，支部书记上党课2次，部门负责人上党课6次。集中开展学习心得交流发言20次，党小组组织学习讨论4次；开展“我是党员我承诺”签名活动。通过反复学习和各项活动的密集开展，确保主题教育在支部扎实有效开展，促使支部党员在学习中悟初心知初心，在活动中践初心担使命。三是高度重视党风廉政建设责任制的贯彻落实，坚持重大事项民主决策和集体决议，切实履行“一岗双责”职能，从源头上预防和治理腐败。签订《党风廉政建设责任书》《全面从严治党主体责任书》各15份、《贯彻落实中央八项规定公开承诺书》26份；全员签订《廉政从业责任书》，层层压实责任，推进干部约谈工作长效化、常态化，让红脸出汗，咬耳扯袖成为常态。纪委书记对中层领导干部预防提醒谈话16人次，诫勉谈话1人次。党委书记预防提醒谈话4人，班子成员预防提醒谈话19人，做到党风廉政建设全覆盖，牢记纪律规矩，不越“红线”，不踩“底线”。认真落实上级指示精神，开展“天价烟”问题专项排查3次、形式主义大排查1次。四是利用身边人、身边事开展警示教育。组织观看纪实专题片《红色通缉》《重整行装，利剑反腐》，通报《烟草行业领导干部涉及工程建设、物资采购等违法犯罪典型案例警示录》，制作廉政宣传展板，更新廉政标语；节假日期间转发中央纪委曝光违反中央八项规定案例和廉洁提醒，提醒党员干部不断强化廉洁意识，有效预防节日腐败。

【严格执行专卖内管制度】 严格按国家局、省局内部专卖管理监督有关制度、规定控制各个关键环节，狠抓规范管理，确保各项工作落到实处。严格准运证监督管理，坚持按合同加工，杜绝无合同和超合加工，有效监管烟叶的接收、储存保管、投料加工、成品调运、废弃物处置等环节流程。全年处置废弃物7793.77吨，全年未发生烟草专用机械购置、改造、大修、转移、销毁等相关业务。

（撰稿：陈莉娜）

黔北电厂

【概述】 黔北电厂隶属于国家电投贵州金元电力股份有限公司，位于贵州省毕节市金沙县境内，坐落在县城东面约两公里的工业园区，距遵义市约85公里，距毕节市约130公里，326国道穿城而过，杭瑞高速沿东西方向紧贴县城布置，交通便捷。

黔北电厂分两期建成，一期4×125兆瓦机组工程，于1997年4月破土动工，2001年4月全部建成；二期4×300兆瓦机组工程于2001年12月启动，2004年9月全部建成投产，总装机容量达170万千瓦。总投资51.8亿元，占地面积89.7公顷，属于大型坑口火力发电厂，是国家“西电东送”战略顺利实施而建设的重点工程。

按照集团公司的发展战略规划关停4×125兆瓦机组。根据国家发改委批复文件精神，4×125兆瓦机组于2014年7月正式关停并于后期拆除，现黔北电厂装机容量为120万千瓦。

【组织机构】 黔北电厂领导班子共7人：厂长、党委副书记刘谢；党委书记唐立；纪委书记、工会主席郑昌明；生产副厂长杨旭飞、韩学波；经营副厂长袁强；财务总监袁亚。

黔北电厂共设14个部门，其中机关职能部门10个：办公室、政治工作部、人力资源部、工会办公室、监察与审计部、财务部、计划部、HSE部、生产技术部、市场营销部；主要生产部门4个：发电运行部、热机检修部、电热检修部、燃料部。

【人力资源】 黔北电厂有合同制职工510人，其中女职工78人。劳务派遣工67人，退休职工163人。合同制职工平均年龄41.3岁，29岁及以下86人，30~39岁79人，40~45岁147人，46~49岁116人，50~54岁53人，55岁及以上29人。大学本科学历116人，大学专科学历205人，中专、技校学历123人，高中及以下学历47人。领导班子成员7人，中层管理人员39人，一般管理人员87人，生产人员326人，服务人员32人。高级职称5人，中级职称55人，初级职称193人。高级技师5人，技师35人，高级工92人，中级工47人。

【主要指标】 全年完成发电量63.74亿千瓦时，综合厂用电率8.12%，同比上升0.16%；机组利用小时5312，同比减少286小时；采购电煤378万吨，同比减少34.4万吨；固废综合利用率达80.2%，供热4万吨，供热水0.8万吨，全面完成公司下达的目标任务。并荣获集团公司2019年度安全生产先进集体。

【安全管理】 截至2019年底，全厂实现安全生产累计7364天，“八项事故”为零安全目标，2019年未发生人身轻伤及以上安全事故。1月份，重新修订违章连带处罚管理规定。3月7日，为贯彻落实集团公司及贵州金元安全生产有关部署，确保实现2019年“零死亡”目标。根据《贵州金元安全生产“零死亡”专项工作措施》，编制下发《黔北电厂安全生产“零死亡”专项工作措施》。10月至11月，配合完成国家电投秋季安全检查组，开展安全管理和技术监督工作和职业病危害检测评价。

积极推动安健环体系建设。采用监控设备实时监控高风险作业；开发消防器材“二维码”巡检工具；外包队伍信息“二维码”管理工具，将“信息化”融入安健环管理，提升管理效率的同时不断强化和推进安健环体系建设实施的应用。在贵州金元组织的第二方专家组对我厂安健环体系建设和HSE管理工具提升评审结果为71分，达到“三钻”水平。实现贵州金元2019年安健环管理体系提升目标。

依照安全生产法，全年完成重大危险源安全现状评价，及（液氨储罐）重大危险源在毕节市、金沙县应急管理局备案工作，完善了综合应急预案和专项应急预案修编和内、外部评审工作。

【经营管理】 受丰水和经济下行的影响，火电厂利用小时有所下降，责任部门积极协调调度争取发电负荷率，度电必争，取得了一定的效果。在省内300兆瓦机组平均利用小时数4444小时的大环境下，而黔北电厂利用小时数达到5312小时，利用小时相对值119.5%，在省内同类型机组中排名第二，全年累计超计划发电量0.78亿千瓦时，同比增加0.49亿千瓦时。

狠抓长协落地。加强对长协履约率的监督和约束，全年采购电煤378万吨，剔除本区域内未生产煤矿因素，兑现率为85%；合理规划现有煤

场储备场地，对车队煤场、原125兆瓦机组干煤棚开展场地扩容，增加库存容量40万吨，

掺烧劣质煤创效益显著。在面临进煤量少、煤质大幅下滑的情况下，采用调整合理的燃烧方式，大量掺烧煤矸石及煤泥，制定相关的技术防范措施降低燃料成本，实现劣质煤掺烧37万吨，完成年度计划的142.3%。

【综合能源】 黔北电厂励精图治、攻坚克难，以打造具有核心竞争力的综合能源供给型新黔北为中心任务，聚焦价值创造，稳步推进“一体两翼”发展战略，奋力寻求转型突破，以打造具有“六个一流”的综合能源供给型新黔北为中心任务，全面提升安全生产运营水平，在精干主业的同时，扎实推进综合能源建设。充分利用125兆瓦机组拆除的闲置空地，积极招商引资，盘活闲置资产。2019年5月30日实现向金沙回沙酒厂等部分用户供气，全年用汽达4万吨。盛宇酒业、贵奇酒业段供汽管线正在建设中，金沙沛鸿源保洁服务公司、金沙斯威特陶瓷厂、医院自用洗涤厂、金沙万舟新能源充电站已投产营运。

【环境保护】 健全完善组织机构管理标准，依据生态环保工作三年提升行动计划完善环境保护薄弱环节，完成黔北电厂水土保持验收、开展清理排污口排水口、灰场种植降尘、完善自行监测及在线监测内容、完善危险废物管理等工作；持续开展技术监督工作，对照技术监督实施细则认真执行运行、设备管理；开展全厂废水综合治理项目、车队煤场防风抑尘网建设项目，投入技改费用700余万元，修复工业废水设施、实现雨水收集管网排水和运煤公路道路冲洒水，降低车队煤场扬尘。在达标排放方面，全年累计大气污染物小时均值超标次数零次。

【节能管理】 按照国家相关节能法规和集团公司要求，2019年继续深入开展节能管理。梳理调整三级节能网络人员，按照全员参与节能管理的思路，构建“上到厂领导，下到部门班组”的全覆盖网络。成立节能诊断工作小组，全面了解机组运行状况，查找能耗影响因素，为开展检修工作和经济运行操作提供指导、依据。深入贯彻国家政策，开展淘汰落后机电设备工作，有计划、分批次地淘汰能耗大的机电设备。开展“绿色发展，节能先行”为主题的节能宣传周活动。通过张贴标语、设置看板、宣贯制度、组织骑行活动等多种样式，增强职工自觉形成勤俭节约的社会风尚，让职工养成绿色生活、绿色办公、绿色消费的良好习惯。深入开展节能技术改造，运用先进的方法、工艺，改善设备状态，提升性能。

黔北电厂2019年开展#1炉A级检修，同步开展水冷壁黑体喷涂技改工作，修后锅炉效率平均提高2.85%，排烟温度降低8.09℃，飞灰可燃物含量降低2.08%，大渣可燃物含量降低9.07%。1号机循环水冷却塔开展风水匹配强化换热技术改造，更换高效斜波淋水填料和新型高效旋转喷溅装置，改造后冷却塔冷却能力提高5.9%，在设计条件下出塔水温为28.92℃，比设计出塔水温下降1.13℃。#3炉开展了B级检修，同步开展了空预器密封技改工作，修后锅炉效率平均提高3.9%。并在5月30日实现#1、#3机组对金沙工业园区供热。

【党建建设】 黔北电厂全面落实新时代党的建设总要求，坚持稳中求进工作总基调，以党的政治建设为统领，认真开展“不忘初心、牢记使命”主题教育，全面推进责任、高效、价值为重点的“三型党建”升级版建设，聚焦价值创造，使党建工作“看得见、落地实”。全年召开19次党委会、12次党委中心组扩大学习会。抓实“不忘初心 牢记使命”主题教育，党委以“解决企业生存发展难题，助推城中厂的建设”为总目标，紧盯“抓学习、讲故事、立清单”三个结合，全力提升主题教育质量，形成专项整治措施

8条、“三个一”行动项32条、立行立改整改措施60条、检视问题整改措施147条。坚持把“密切联系群众”作为党建工作的主要抓手，持续开展“发扬优良作风，密切联系群众，凝心聚力创价值”主题实践活动，将“管理人员到班组上一天班”作为常态化，全年收集基层一线班组意见建议84条，妥善解决职工群众合理诉求。进一步将“三型党建”升级版落到实处，结合企业“六个一流”的目标任务，强化党建对生产经营“推”的功能，提出了党建6+X的党建工作思路，形成“党建+”的融合升级机制，即“责任党建+服务+安全”，各支部设立党员服务站，确保服务职工、服务生产、服务社会工作取得实效，设立党员安全监督岗，开展安全监督工作，确保“八项事故”为零；“价值党建+指标+效益”，每个支部创建“一队两岗”，开展党员先锋创绩活动，控降经济指标，持续保持盈利态势；“高效党建+人才+管理”，探索人才培养机制，拓展人才培养渠道，落实精细化管理工作。进一步夯实党建基础工作，提升基层党建工作业务水平，热机检修党支部被评为五星级标准化党支部，办公室、发电运行党支部被评为贵州金元优秀基层党组织，燃料党支部通过贵州金元标准化党支部的达标验收。同时，发电运行党支部继续巩固红旗党支部建设，通过了贵州金元“红旗党支部”的验收。黔北电厂党支部建设达标率100%。“四大品牌建设”落地成效显著，“党建品牌”全年确立8项党员精品工程，共节约成本800余万元，激发干事创业热情。“青年品牌”带动青年创新创效，申报创新创效项目5项，全年节约费用120万元；“文化品牌”自主设计特色企业文化墙，主题教育文化通道，营造文化氛围；“宣传品牌”围绕生产经营、党团员身边无事故、党员先进事迹等，全年在主流媒体发布稿件500余篇，营造良好的宣传氛围。

（供稿：黔北电厂）

黔西电厂

【概述】 黔西电厂在国家电投及贵州金元的坚强领导下，以“安全、环保、廉政、稳定”为基础，以经济效益为核心，安全生产形势总体平稳，经营业绩良好，各项工作总体扎实稳定，成效明显，发电量、“固废”资源化利用均创历史新高。完成发电量89.49亿千瓦时，同比增加3.99亿千瓦时；全年售电量81.43亿千瓦时。机组利用小时数4811.2时。采购电煤459.72万吨。销售粉煤灰163.8万吨、炉渣24.4万吨、石膏18.5万吨；粉煤灰利用率101%、炉渣利用率116%，脱硫石膏利用率18.26%。

【安全生态环保可控在控】 安全生产和生态环保是做好各项工作的前提。一年来公司多措并举，实现了零伤亡、零事故，安全生产及生态环保长周期平稳运行。一是做好顶层设计，强化体系建设。落实全员岗位安全生产责任制，推进保证、监督、支持三大体系运作，理清三大体系的管理界面，形成由班子成员亲自抓，全厂干部员工层层落实的长效机制，有效遏制各类安全生产和环境污染事故发生；清理外委队伍的管控责任主体，落实厂级、部门、班组在外委项目中的分级管理界面。二是推进安健环体系建设和HSE十大管理工具的运用。结合生产实际，修订安健环管理标准70个，提供制度遵循。对违章行为保持高压态势，列入KPI管理，与部门安全绩效奖挂钩。三是加大安全隐患治理力度。全年共组织开展各类安全检查14批次（国家电投1次，贵州金元2次，省应急厅1次，省能源局1次，自查9次），共发现问题646项，完成整改589项，完成率91.2%。全年共组织开展隐患排查52次，查出安全隐患56条，完成整改53条，完成率94.6%。四是提升安全管控科技化水平。推进安全管理信息化，充分利用“安全e行”手机APP，实现全员安全培训、尽职履职、现场管控等功能。五是持续落实生态环保工作。按照生态环保治理三年滚动计划，2019年投入资金2800余万元，逐步落实灰场、煤场、生产现场、厂界周边等生态环境隐患整改工作。

【生产经营态势平稳】 主营业务增长是实现利润的基本保障。2019年，面对区域内电煤刚性不足问题，公司制定了“两量两价”管理办法并严格落实，形成“强激励、强考核”的长效机制。抢抓机遇多发电。一是大力开拓电力市场。成立由厂领导牵头的工作组，主动走出去抢市场，与黔希煤化工、毕节水泥厂等大客户签订电量销售协议，全年完成市场交易电量35.71亿千瓦时，为圆满完成年度目标任务打下坚实基础。二是充分利用厂级AGC及时调整内部负荷分配。通过优化煤质、厂级AGC将负荷向5号机倾斜、对厂用辅机运行方式进行优化等措施，5号机负荷率达到70%以上，全年累计发电30.54亿千瓦时。三是稳步推进科技项目。加大技术创新与运用，注重灵活性技术的研究与实施，提升管理效能。全年科技项目立项4项，其中《辅助服务市场下火电机组经济调度发电决策研究与应用技术开发》正在实施，剩余3项稳步推进中。四是扎实开展节能降耗，优化指标。完成《2019年黔西电厂降低供电煤耗专项措施》和《2019年黔西电厂降厂用电率专项措施》编制下发并实施。加强设备检修技改进行节能降耗，锅炉效率和汽机热耗等运行指标基本达到了设计值。电煤采购保量控价。一是加大电煤长协采购量。全年与大西南集团、青龙煤矿等13家煤矿签订电煤长协量304万吨，有力缓解了电煤供应紧张局势。二是利用汛期多存煤，成功应对了国庆期间煤矿停产带来的影响。三是加强融资工作，保障电煤采购。及时根据生产经营情况调整资金安排，拓宽融资渠道；加强与贵州金元沟通，充分运用金沙配售电平台，解决煤款支付难题。四是运用科技手段，降低发电成本。燃料管理信息系统已改造投用，配煤合格率将提升至80%以上，在保证机组安全发电的同时降低发电成本。五是加强内控管理，加大现场查假力度。

【机制改革成效显著】 进一步推动JYKJ管理体系落地。结合国家电投、贵州金元JYKJ体系建设要求，制定《扭亏脱困激励实施细则》，按照利润、发电量、燃料成本三项指标核算员工月度绩效，修编《KPI绩效管理办法》《生产技术指标管理办法》《安全生产奖励规定》《奖励表彰管理办法》等系列配套制度，建立考核激励机制，增强干部员工的主人翁意识，激发主动性与创造性，实施效果显著。优化人力资源管理。一是强化培训工作。出台《黔西电厂技能培训激励实施细则》，在基层部门试行推广，为公司培养出大量优秀人才。全年主机运行部培养出单元长2人、独立当班多专业主操31人、多专业巡操18人；电热检修部、热机检修部培训出新晋检修工13人和3人。二是加强人员“三通道”建设。3人获得部门副主任师等高阶岗位认证、2人获得技能大师和技能师、2人获得三级单位专家。三是进一步优化人员结构。整合主机一、二部，充实燃料部人员，将输煤系统运检、化学炉内运行等进行外委；在人员较为紧张的情况下，积极响应贵州金元新能源建设号召，抽出10余人负责新能源三个项目的管理，目前已基本完成了建设管理工作，彰显公司员工队伍战斗力，为贵州金元新能源发展贡献力量。推行重大专项工作机制，解决企业重难点问题。围绕年度生产经营目标，找准生产经营薄弱环节，成立重大专项领导小组。下设“‘强激励、强考核’长效机制”“降低供电标煤耗”等十个重大专项工作组，每个专项都由班子成员亲自挂帅。全年稳步推进，做了大量卓有成效的工作：员工技能水平显著提升，在各类技能竞赛的舞台上收获颇丰；班组建设取得积极进展，主机运行部一值荣获“全国工人先锋号”殊荣；资产处置进展顺利，黔西大酒店已完成资产评估工作，全年完成挂网销售。

【综合能源发展取得突破】 2019年，公司坚定不移发展综合能源，推进企业转型升级。成立由分管副总经理任组长的综合能源项目组，重点推进综合能源发展。一年来不断深化粉煤灰、石膏、炉渣等固废物资源化利用，积极引进石膏深加工项目，大力推动与黔希煤化工的供汽合作。目前与黔希煤化工已签订供汽合作框架协议，今年将实现供汽合作；引进的20万吨石膏厂近期将进行调试。

【依法合规经营水平稳步提升】 一是深入落实《企业主要负责人履行推进法治建设第一责任人职责规定》，运用法治思维和法治方式保障企业改革发展。提高合同法律审核率，全年签订近2100份合同全部经过法律审核；案件处理取得积极进展，四起案件均取得胜诉。二是高度重视审计内控，推进合规管理体系建设。全年安排8个审计内控项目，及时堵塞管理漏洞；强化工程项目结算资金支付审查，驳回不满足结算要求35项，有效降低资金支付风险。全年未发生行政处罚、未出现违法违规决策、未发生因自身违法违规导致的被起诉案件。

【党的政治引领不断加强】 2019年，公司党委坚持“责任、价值、高效”新三型党建理念，打造“争先”文化，统筹推进党建工作，充分发挥党组织的领导核心和政治核心作用。

（供稿：黔西电厂）

贵州大方发电有限公司

【概述】 贵州大方发电有限公司（以下简称“大方发电公司”）成立于2003年8月13日，由贵州乌江水电开发有限责任公司（中国华电集团有限公司贵州分公司）（以下简称“乌江公司”）（45%）、贵州中水能源股份有限公司（30%）、兖矿贵州能化有限公司（25%）共同出资建设。2017年6月1日，贵州中水能源股份有限公司将其持有大方发电公司的股权全部转让给贵州西电电力股份有限公司，至此，各股东占股比例为贵州乌江水电开发有限责任公司（45%）、贵州西电电力股份有限公司（30%）、兖矿贵州能化有限公司（25%）。大方发电公司一期4台30万千瓦时工程是贵州省“十五”规划的重点建设项目之一，项目于2007年11月全部建成投产。2019年，大方发电公司以习近平新时代中国特色社会主义思想为指引，认真学习贯彻党的十九大精神及全国“两会”精神，积极应对燃料成本高企、融资难融资贵、市场竞争加剧等困难和挑战，以高质量发展为主题，以深化供给侧结构性改革为主线，以各类巡视巡察审计整改为契机，紧紧围绕打好三大攻坚战和全年目标任务，强化安全环保，狠抓提质增效，加快转型升级，深化改革创新，加强党的建设，各项工作取得了积极成效，大方发电公司继续保持全国“安康杯”优胜单位称号，获得中国华电集团有限公司（以下简称“集团公司”） “安全环保先进企业”等荣誉称号。

【主要指标】 截至2019年12月31日，连续安全运行1964天。完成发电量54.86亿千瓦时，同比增加1.99亿千瓦时，机组利用小时4572小时，在省内同类发电企业“三同”中排名第六，同比增加165小时，较全网平均高341小时。综合供电煤耗累计完成366.16克/千瓦时，同比减少3.77克/千瓦时。综合厂用电率完成8.95%，同比减少0.25个百分点。发电耗油586.99吨，同比减少440.73吨，累计发电油耗10.69吨/亿千瓦时，同比降低8.11吨/亿千瓦时。2018年完成售热量157.54万吉焦，同比2017年136.75万吉焦增加20.79万吉焦，完成乌江公司售热量173万吉焦的91.06%。集团公司统计2019年完成非计划停运次数0次，乌江公司统计非停指标1次，同比持平；全年锅炉熄火18次，同比增加1次。全年氮氧化物、二氧化硫达标排放率均为99.98%，粉尘达标排放率为99.95%；环保数据传输有效率为99.48%，比乌江公司下达目标高4.48%。2019年度累计亏损4.33亿元（含潜亏7930万元），同比增亏249万元。

【安全生产】 2019年，大方发电公司全面贯彻落实安全生产工作安排部署，坚守“四个一”安全理念，强化提升“敬畏安全、关爱员工”的安全意识，实现“自主安全”的安全使命，深化“安全责任、安全意识、安全基础、安全检查、安全机制、安全奖惩、安全文化”体系建设，安全生产总体保持平稳。落实全员安全生产责任。继续贯彻落实乌江公司安委19号文件要求，建立安全生产责任区、责任目标三级管理体系；加大对各级人员履职尽责情况监督和问责，全年累计联责考核职能部门8人（次），联责考核生产部门及班组人员11人（次），降岗处理2人，联责考核公司领导4人。提升公司全员安全意识。开展“安全制度落实年”活动，修编完善安全规章制度72项；持续推行“安全双述”，推行“人盯人”安全互保单，提高作业人员安全风险防控能力、安全警醒、反违章意识，圆满完成了1/3号机组大修安全监督任务。夯实安全管理基础工作。开展本质安全型五星级企业创建，评价得分96.8分，在乌江公司火电企业排名第一；借助安全教育培训工具箱深化全员安全教育培训，累计培训外包单位1181人次，培训大修入厂人员674人次；修编发布综合、专项应急预案4.0版；强化“两票”的管理，累计抽查工作票2604份，操作票20974份，“两票”检查合格率99.25%；狠抓反违章工作，全年累计发布《安全文明生产监督通报》共97期，查处各类违章80余起，其中处理违反生产现场十条安全禁令7起，处罚外委单位12家；制定卸氨标准操作卡，规范液氨接卸流程，加强危化品及重大危险源管理。做好安全生产大检查及隐患排查。开展各类安全专项检查和季节性大检查21轮次，提出问题956项，剩余116项整改中，整改率88%；完成氨区重大危险源评估；配合完成乌江公司安全生产巡查和集团公司安全性综合评价；强化厂级监管重大隐患的管控；加大对各类检查提出问题落实整改的监督闭环管理。建立健全安全生产体系和机制。完善安全风险作业数据库，完善重大操作、作业到位监督、旁站机制，推行高风险作业持卡监督，针对安全风险事件发布《安全风险预警通知》共19期；建立完善外包单位三级安全管理体系，落实派驻班长制；实行现场施工作业远程监控视频监控门禁管理，采用人脸识别管控入厂人员。强化安全生产奖励机制。修编完善安全生产奖惩实施细则，突出反违章的联责处罚与履职尽责不到位的处罚，提高违章成本；加大安全生产突出贡献与纠正违章的奖励。贯彻安全文化理念。修编完善安全生产文化体系，在六大安全体系基础上，拓展安全奖惩模块，形成安全七大体系，并提出“安全发展、生命至上”安全思想与“九不工作”安全承诺；增强作业现场安全氛围。

【提质增效】 大方发电公司持续深化“一厂一策”，重点工作逐项落实，持续改善优化经济指标，严控成本，提质增效，全力实现减亏控亏目标。直面困难稳定局势。2019年，在上半年县内及全省电煤产量逐步提升，大方发电公司生产经营形势逐渐向好的情况下，7月底以来受煤矿安全事故频发的影响，电煤产量骤降，电煤供应受到严重影响，煤价大幅上升，同时融资工作阻力巨大、资金接续异常困难，能耗指标居高不下，面对诸多的困难与挑战，大方发电公司生产经营坚持价值管理，通过抓安全、促生产，抢电煤、争资金，在外部极端条件下稳定生产经营局势，解决过去存在的一些历史问题。全年发电量完成54.86亿千瓦时，同比增加1.99亿千瓦时，全年完成电煤采购不含税标煤单价615元/吨，为乌江公司系统内最低，同比降低18元/吨，综合供电煤耗同比下降3.78克/千瓦时。多措并举增收节支。一是与大方县税务局进行洽谈沟通，通过组织勘测单位实地测量土地使用税可减免土地面积，最终完成减免大方发电公司厂区外绿化带、厂区外灰场、进厂公路等共计497560平方米土地使用税597.07万元。二是提交预缴所得税830.18万元退税申请，税务局已核查确认正在履行退款审批流程。三是以国家税率调整为契机进一步下调电煤长协与市场价格，县内六对煤矿井口价下调11元/吨，县外四对煤矿井口价下调12元/吨，节约采购成本1800万元。四是依据电煤远距离运输补贴等政策，获得电煤采购高热煤补贴717万元，清洁高效奖励补贴42万元。五是土地出让金按照电煤采购运输补贴的方式进行返还，获得补贴资金1257.7万元，并有效解决历史遗留问题。市场营销进步显著。2019年受全省电煤市场产能不足、煤质不佳影响，大方发电公司通过优化电量结构、调整发电计划、争取调峰电量等举措，完成发电量54.86亿千瓦时，利用小时4572小时，售电平均单价0.2928元/千瓦时（同比上升0.00758元/千瓦时）。固体废弃物综合利用情况整体向好，通过市场调研，招标策划，粉煤灰年度中标价同比增加6.5元/吨，持续推进直销工作，与新兴建材以高于中标价2.55元/吨的直销价格签订合同，增加调湿灰销量14万吨，全年完成固废销售154万吨，同比增加11万吨，销售收入5020万元，同比增加516万元，综合利用率达到75.2%。成本费用有效管控。采取“以收定支”成本费用管控策略，刚性执行财务预算管理，严格执行资金计划。全年贷款存量资金275565万元，同比减少28727万元；资金综合成本控制在4.95%；流动资产周转率完成358.07%，同比提高128.68%。严控三项费用成本，推行优化检修理念，把机组运行小时数作为是否检修的标准，合理延长检修间隔，严格控制检修费用；2019年完成检修费7336.42万元；材料费10084.96万元；委托运营费2053.82万元。

【生产管理】　以“零故障”“检修提效”为目标，推进设备性能改善、节能降耗，以抓问题整改为切入点，保障机组经济安全运行。机组节能降耗初见成效。制定《2019年节能降耗攻关工作方案》，成立节能降耗攻关9个板块专题攻关小组，加大能耗指标的管控力度。实施了1、3号机组汽封改造、汽机本体保温、冷却塔填料等节能项目，机组能耗初见成效。机组安全运行能保持。着力落实“零非停”控制措施，发现问题46项，整改32项；持续推行“四权分立”模式的防磨防爆检查；建立动态反事故措施机制，全年累计发布《防止发电机密封油故障的反事故措施》等动态反事故措施20项；完成1/3号机组大修、2/4号机组小修；治理2/3号发电机漏氢、3号机主机润滑油温高、2号炉引风机B振动、4号炉电除尘灰斗等突出问题。问题整改闭环有提升。2017－2018年华电电科院技术监督检查发现问题99项，整改完成95项，完成率93.64%。2018年集团公司燃料检查发现问题共32项，整改完成30项，完成率96.67%。2019年检修技改四项治理发现问题10项，整改完成9项，完成率90%。合理化建议有推进。持续推进低负荷增压风机停运，脱硫净烟气CEMS测点改造、凝结水泵加装密封水回收装置等一批成效显著的合理化建议。修旧利废激励机制，促进维护消缺及小改造的积极性，降低维护材料费用。开拓创新降本增效，固化机组启动操作技术，缩短机组启动时间，降低机组冷态启动耗油。采纳实施脱硫6kV辅机开关后仓门测量绝缘五防优化改造等建议，提高设备可靠性。生产基础管理有改善。修编《机组技术改造管理办法》《技术监督管理标准》等7个规章制度，制度保障得到进一步夯实；积极开展了缺陷评价管理、缺陷管理月度简报制度，落实“三制”执行情况纳入月度绩效考评价，推进机组启停安全节能监督、机组启动评价，纳入月度绩效考评；实施网络数据安全治理，完成电力监控系统态势感知、纵向加密项目建设，提高网络数据安全保障能力。

【公司治理】 从检查整改、监察问责、制度建设等各环节入手，强化职能改革、风险防控、监督执纪，提升全员依法治企按章办事意识，进一步夯实内控管理基础。风险防范持续加强。制定大方发电公司2020－2020年减亏脱困、污染防治、地方扶贫三年实施方案，着力防范化解企业重大风险；全年未发生重大污染环保事件，脱硫、脱硝、烟尘超排20小时（其中SO_2超排6小时，同比下降40%；NOx超排12小时，同比持平；烟尘超排2小时），同比下降97.06%。督促完成废旧物资处置和各堆场平整、覆膜和排放监控等工作。严格落实“三重一大”决策监督，全年规定决策重大事项251项次；重要人事调整40项次，提拔8人次，每一项决策均编号存档可追溯。强化法律维权，办结营销案件1件，累计收回煤炭预付款140.64万元。内控机制进一步完善，修编下发大方发电公司三重一大、党委会议事规则等各类重要规章制度61件，率先制定下发了7项重点、关键领域三级监督管理办法，实现了“大监督”体系搭建。巡察整改抓牢抓实。一是完成乌江公司党委巡察配合及整改工作。2019年，巡察发现109个整改问题，已完成整改98项，整改完成率89.9%（与陈书记报告不一致）。其间共计通报257人次；交上级公司问责90人次；诫勉谈话1人次；提醒谈话54人次；常规谈话2人次；工作约谈9人次；通报批评47人次；经济考核及清退150108.8元〔其中：费用清退（含补缴）35人次，金额148908.8元；经济考核62人次，金额24000元〕；二是按照集团公司、乌江公司《关于开展中国华电集团有限公司系统深化推进中央巡视整改工作的通知》要求，对照28个“是否”，深入进行查摆。查出22项问题已完成整改16项。三是完成原大方发电公司党委书记、董事长樊胜任期经济责任审计配合及整改。四是完成大方发电公司5个技改项目竣工决算审计意见整改工作。五是配合集团公司党组对原乌江公司党委书记、董事长张志强审计配合工作。六是完成大方公司2－4号炉电除尘特大技改项目审计结、决算工作。巡视巡察及审计震慑力初步显现，干部员工依法依规经营意识显著提升。结构性缺员有效缓解。根据乌江公司劳动定员方案要求，迅速推进大定员工作。大方发电公司在册职工380人，实际在岗职工364人，全部按照大定员标准重新进行批复上岗。完成2019年第一批15人市场化用工招聘（实到14人），人员已到岗，进一步缓解相关生产岗位的缺员状况。2020年启动第二批20人市场化用工招聘工作，人力资源配置和劳动用工得到优化和改善。推进职级职位评定工作，进一步拓宽员工职业成才通道。

【党的建设】 坚持把学习贯彻习近平新时代中国特色社会主义思想和党的十九大精神作为当前的首要政治任务，扎实开展“不忘初心、牢记使命”主题教育，坚持把理论学习成果转化引入脱困工作实践，把干部、党员、群众动员起来，形成上下同心打赢脱困战役的强大合力，管党治党取得显著成效。组织保障更加有力。全面深化党支部建设工作，六个党支部在2019年底前全部完成“示范党支部”创建工作。通过“不忘初心牢记使命”主题教育，强化抓好党支部学习教育、检视整改，促进党支部“三会一课”制度规范执行。发布工作机制，强化工作计划的刚性执行和阶段控制。坚持把政治标准放在首位，严把党员发展入口关，举办入党积极分子培训班。2019年，大方发电公司所属各党支部共确定8名重点发展对象，有5名预备党员通过组织考察，于9月份顺利转为正式党员。监督问责更加严厉。持续深化“三转”，纪委书记实现专职化，纪检监察人员彻底退出主业，聚焦监督。加大信访举报查处力度，2019年办结信访举报和问题线索5起，并积极配合开展上级交办案件。问责力度持续加码，下发各类通报共计22期，通报批评58人次；经济考核103人次（其中副处级以上5人），费用清退15.39088万元；追回或扣缴费用22.025267万元；干部任职廉洁谈话31人次；逐级廉洁谈话439人次。理想信念更加坚定。坚持用习近平新时代中国特色社会主义思想武装头脑、指导实践、推动工作。全面加强思想建设，着力增强全体党员理想信念。弘扬“奋斗幸福观”，凝聚全员努力奋斗的精神意志和行动合力。围绕庆祝新中国成立70周年，开展“我和我的祖国”职工讲述活动，激励广大干部职工在新时代展现新气象新担当新作为。群团纽带更加紧密。充分发挥工会组织的桥梁纽带作用，年内获全国“安康杯”竞赛优胜集体、2017—2020年贵州省诚信示范企业等多项殊荣。召开五届二次会员代表大会重新选举了工会主席，工委委员及经审委成员。开展“爱我中华共铸梦想”庆祝新中国成立70周年阅读健走网络竞赛活动，学雷锋活动，“5·20”公众开放日活动，工会和共青团组织评先评优工作，加强对群团组织的思想引领。开展大修青年突击队授旗，引导青年职工积极主动地投入到急难险重的工作中，争做敢于担当，创先争优的模范，脱贫攻坚更加有效。坚决打好脱贫攻坚战，助力地方精准脱贫，成立以主要领导为组长的扶贫工作领导小组，定期到扶贫乡、村开展深入调研。在民生设施扶贫方面，为大方县顺德办事处石墙村“四在农家·美丽乡村”建设出资10万元，安装路灯33盏。在特色产业扶贫方面，投入28.8万元资助小屯乡大田村、滑石村发展中药材种植项目，惠及贫困户49户。在教育扶贫方面，向小屯小学、珠场小学173个贫困家庭学生捐赠校服173套。在消费扶贫方面，通过食堂采购贫困县农副产品100万元；通过工会活动、商务往来采购贫困地区农副产品3.6万元。

（撰稿：黄承艳）

国电织金发电有限公司

【概述】 国电织金发电有限公司由国电贵州电力有限公司和深圳能源股份有限公司合资投资建设，占股比例分别为：国电贵州电力有限公司51%，深圳能源股份有限公司49%，项目规划容量4×660兆瓦，本期建设2×660兆瓦超临界燃煤发电机组，同步建设除尘、脱硫、脱硝设施。公司于2008年10月9日在织金县注册成立，2013年3月18日获得国家发改委核准，2013年12月28日正式开工建设。1号、2号机组分别于2016年1月31日、2016年9月13日投产发电。本期项目总投资约为50亿元，为自筹资金。该公司主要从事电力项目建设和经营、电能生产和销售、电厂废弃物综合利用、电力技术咨询、服务等内容。内设机构有总经理工作部、政工工作部、监察审计部、人力资源部、财务产权部、计划营销部、安全监察部、燃料管理部、设备管理部、检修部、运行部、燃料输送部、综合产业部13个部门，共有员工618人。

2019年，国电织金发电有限公司坚持以习近平新时代中国特色社会主义思想为指导，生产经营保持稳中向好，全年电量总和达49.12亿千瓦时。

【安全生产环保管理水平显著提升】 一是扎实开展“责任落实年”活动。全年组织各类专项检查33次，查出问题693项，完成整改闭环685项。落实机组控非停措施，严格执行“四管”逢停必查制度，严控机组非停发生。全年实现安全生产365天，连续安全生产1400天。完善风险应急预控体系，开展应急演练与员工队伍培训，加强对环保设施运维管理与设备整治，全面提升安全环保质量，圆满完成春节、“两会”及新中国成立70周年庆祝活动安全环保保障工作。二是进一步巩固安全文明生产标准化达标成果。推动安全文明生产标准化管理常态化，全年开展自查评2次，发现问题954条，整改完成率97.8%。三是机组运行管理和设备管理、检修管理水平提升。“两票三制”执行更加严格，安全监督检查力度更大，专业化管理稳步推进。安全生产保障体系、监督体系、调度体系日渐清晰，生产关系得到进一步捋顺。四是设备治理初见成效。完成1号机组C修和2号机组B修任务，成功实施2号机组脱硫系统增容与脱硝输灰灰斗增容改造，#2机组带负荷能力达到投产以来最高水平，生产指标进一步优化，石膏品质得到本质性好转。五是呈现新的利润贡献点。配煤掺烧取得突破，大幅降低入炉煤热值，压降燃料成本；两个细则盈利670万元，成为公司新的利润贡献点；烟煤助燃启动取得成功，全年按10台次计算，可以节约燃油成本400余万元。

【经营管控稳中有进】 一是加强燃煤采购管理，关注煤炭产业政策，认真开展市场判研，保证机组用煤需求。二是石膏粉厂完成招标，即将开工建设，建成投产将增强公司固废处置能力，增加综合产业收入。

【解决历史遗留问题稳步推进】 基建收尾工作完成基建工程决算报告的编制，并上报集团公司批复。水土保持备案工作顺利完成。贵阳发电厂“三供一业”供水、供电改造移交完成，物业正有序向北京北控物业移交。贵阳发电厂厂办大集体企业改革得到集团公司正式批复。贵阳人员完成清理86人，其中，到现场报到65人，停发工资和长假34人将根据律师意见进一步处理，理顺企业用工关系。取水证办理取得突破性进展，即将开始水资源论证工作。

【企业基础管理得到加强】 加强体制机制改革，完成综合产业部的组建与监察审计部的设立与人员配置，保证部门职责明晰。将安监部保卫和消防管理职能划入综合产业部，理顺管理关系。大力提拔敢于负责、勇于担当的骨干充实到管理岗位。修订公司月度绩效考评条例，发挥考核分配的正向激励和杠杆作用，调动广大干部职工干事创业的积极性与主动性。加大员工教育培训力度，突出专业能力、专业作风，坚持量体裁衣，让青年员工在特定岗位上提高素质、增长才干。公司内部首席师、技术技能专家选拔工作全面开展，努力打造自己的工匠，发挥技术引领和示范带头作用。

【党的建设全面加强】 一是贯彻落实集团公司、贵州公司各项重要决策部署，坚持党的领导，加强党的建设，压实党建工作责任。精心组织开展“不忘初心、牢记使命”主题教育活动，立行立改帮助基层解决问题，围绕生产经营取得丰硕成果。修订公司《“三重一大”决策制度实施办法》，明确党委功能定位，全年审议“三重一大”事项共计174次，确保民主决策的科学与规范。严肃党内政治生活，严格领导干部双重组织生活及“三会一课”制度，抓实基层支部党建工作，将党建绩效与部门挂钩，提升党建工作质效。开展“讲党性、保会战、当先锋”和“弘扬爱国精神、凝聚奋进力量”主题党日活动，突出发挥基层支部的战斗堡垒作用和党员干部的先锋模范带头作用。二是落实党风廉政“两个责任”，编制党风廉政建设工作要点与“两个责任”重点任务清单，抓实检查督导，层层压实主体责任。强化内部审计监督，对发现的重大问题全部做到立查立改，规避企业经营管理风险。聚焦领导干部和少数关键岗位人员，开展廉洁风险排查。发挥工会团青助力作用，积极推动班组建设，推行部门中层干部定点帮扶指导与班员积分管理制，定期开展自查评与考核，班组建设整体水平大幅提升。创建“劳模创新工作室”，助推企业人才培养与技术创新。畅通“首席师”“专业能手”职业成长通道，加强职工技能培训，参加贵州公司煤化验竞赛，获得第一、二名的好成绩。

（撰稿：董克明）

贵州华电毕节热电有限公司

【概述】 2019 年，贵州华电毕节热电有限公司深入学习贯彻党的十九大精神和十九届二中、三中、四中全会精神，认真落实集团公司和乌江公司（华电贵州公司）年度工作会议精神，团结和动员广大干部员工，统一思想、群策群力、锐意进取，攻坚克难、积极作为，力争减亏控亏新突破，为完成全年目标任务做出了艰苦的努力。

【年度业绩】 全年累计完成发电量 17.98 亿千瓦时，完成供热量 21.42 万吉焦，完成综合供电煤耗 361.72 克/千瓦时，二氧化硫、氮氧化物、粉尘等排放指标均在考核范围内。

【党建工作】 一是党委领导作用持续加强。突出党对企业的领导，修订完善了党委议事规则，党委前置研究讨论 58 项“三重一大”事项。监督、教育和管理好党员立足本职，围绕生产经营重点和急难险重任务，对标党章党规、对标改革发展、对标岗位职责，积极开展“安全生产、党员争先”主题实践活动。二是主题教育成效显著。公司党委把开展“不忘初心，牢记使命”主题教育作为首要政治任务，结合公司实际，对焦“四项措施”，突出组织领导、思想认识、检视问题、整改落实“四个到位”，周密部署、统筹推进，主题教育期间，收集职工群众意见建议 38 项，完成 32 项整改。

突出问题专项整治 8 个方面 19 项具体问题，完成 18 项整改。

对照党章党规找差距（18 个是否）19 项问题清单和召开专题民主生活会检视的问题，制定整改责任清单，明确任务、责任和时限，立查立改、持续整改。主题教育起步迅速、推进有序、氛围浓厚，取得了良好成效。三是党建基础有效夯实。完成各党支部换届选举工作，完善支部基本制度、职责分工。围绕“五个基本”要求，创建“示范党支部”，强化支部阵地建设。利用支部主题党日、三会一课、班组政治学习、学习强国等平台，每月组织学习习近平新时代中国特色社会主义思想，加强对党员教育、管理和监督，扎实推进“两学一做”学习教育常态化制度化。开展了组织生活会暨民主评议党员，发展 2 名预备党员，动态考评 23 名积极分子，4 名入党申请人向党组织递交了申请。完成支部书记党建述职评议考核，表彰 2 名优秀党支部书记。运行部党支部荣获乌江公司先进党支部称号。四是党风廉政和反腐败工作扎实有力。坚持从严治党，依规治党，认真落实“两个责任”，围绕“三清”企业创建要求，扎实开展“形式主义、官僚主义”整治，开展四项治理、“小金库”清理、“存量问题”自查自纠，发现问题 60 项，已整改 44 项，追回资金 4009035.81 元。扎实推动巡视巡察整改，对照 28 个“是否”“四个找差距”深入查找问题 20 个。对照集团第三巡视组巡视乌江公司提出的电煤采购管理突出问题自查发现问题 6 项。乌江公司巡察“回头看”问题 22 项，已完成整改 20 项，未完成的项目正在持续深化整改过程中。

【生产管理】 一是严格落实安全生产责任制。按照“党政同责、一岗双责、齐抓共管、失职追责”要求，重新修订了毕节公司各岗位安全责任制，做到一岗一责，修编印发《毕节公司 2019

年坚决遏制不安全事件特别管理办法》，颁布实施了《生产现场“十条安全禁令”》，加大连带考核问责力度，明确现场作业一人违章，横向纵向连带担责，明确自身角色，落实安全责任。划定安全生产责任区，以上率下，落实责任，定期通报管理人员参与指导班组安全学习情况，切实提升各级人员履职效果。

二是坚持良好的检修传统，保持机组的长周期安全稳定运行。完善缺陷管理统筹安排工作，分析缺陷发生原因及防范，落实未处理缺陷控制措施、消缺所需材料备件采购和到货情况等，有效避免因小缺陷、小隐患导致的设备故障和异常，探索精益检修管理模式，规范运行管理，保障了机组长周期运行，1 号机防磨防爆长周期达 489 天，2 号机 129 天。

三是采取坚决有效的措施开展 2 号机组抢修，解决了机组长期以来的严重安全隐患。针对 2 号机组长期以来存在的问题，择机组织开展 2 号机组 C 级检修及汽轮机解体大修工作，严格全过程管控，机组检修安全、质量、费用管控均按公司目标计划完成，解决了高缸膨胀不畅、低压胀差大的重大隐患，机组修后指标参数、能耗水平优良，设备健康水平不断提升，为公司 2019 年抢发电量创造了有利的条件。

四是经济运行水平持续提升、能耗管理成效明显。成立降供电煤耗攻关小组，开展降煤耗专项治理工作，重点从运行调整、入炉煤掺配、设备治理等方面开展工作，有效解决灰底渣含碳量高、高调节流损失等问题，飞灰含碳量同比降低约 4%，底渣含碳量降低约 2%，有效降低机组能耗。

【经营管理】 一是利用资金支付的优势，抓住时机及时抢购低价煤。准确评估煤价峰谷态势，找准煤价低的时间段，先期充分做好电煤采购的资金保障，第一时间启动备用煤场，突破地方行政区域的限制集中力量最大限度地采购价低质优的燃煤，提高现金购煤比例，全力降低购煤资金成本，入炉标煤单价同比降低 59.24 元/吨。

二是科学制定燃煤掺烧策略降本增效。充分利用购进的优质煤 24 万吨掺烧低质经营公司来煤累计 4.74 万吨，掺烧迎峰煤矿及化育煤矿低质煤预计 16.2 万吨，改善库存结构，降低入炉煤标煤单价，库存煤平均热值同比提高，标煤单价同比下降，有效保证降本增效。

三是利用负荷中心优势抢发电、抢供热。坚持以发电量为龙头，锲而不舍争取电量指标，积极主动与电网和政府部门对接协调，合理增发抢发，全年机组发电利用小时完成 5993 小时，比贵州区域火电机组平均利用小时 1799 小时，确保了计划电量不低于“三同”水平。积极拓展供热市场，完成蒸汽销售 5.93 万吨，销售收入 944.4 万元，热水销售 3.69 万吨，销售收入 125.05 万元。

【项目发展】 一是项目发展进展顺利。毕节市中心城区集中供热项目获得了集团公司立项决策批复，毕节市人民政府高度重视并大力支持，正在快速推进。

毕节市德溪新区万晟阳光城小区已经连续供热三个采暖季，截至 2019 年 12 月 31 日，采暖用户 302 户，3.73 万平方米，较 2018 年有明显提升，目前供暖效果良好，居民反响热烈。

二是毕节热电二期热电联产扩建项目列入议事日程。毕节公司二期热电联产项目是《中共贵州省委、贵州省人民政府关于支持毕节试验区按时打赢脱贫攻坚战夯实贯彻新发展理念示范区建设基础意见》（黔党发〔2018〕23 号）中的支持项目之一，经乌江公司与省能源局协调，该项目已由原来的 2×400MW9F 级煤改煤层气机组调整为 2×350MW 循环流化床燃煤机组，项目的可行性进一步提升。

（撰稿：吴胜波）

市水务投资集团有限责任公司

【概述】 2019年，在市委、市政府和市国资委的正确领导下，在市直有关部门的关心支持下，市水投集团坚持以习近平新时代中国特色社会主义思想为指导，认真贯彻落实党的十九大和十九届二中、三中、四中全会及市委市政府相关会议精神，按照市委"113攻坚战"工作部署，突出实体化转型工作重点，紧扣做强做优做大企业目标，勇于担当，奋力而为，各项目标任务圆满完成。完成总收入1.4697亿元，增长15.34%；利润总额2380万元，增长41.50%；净利润1553万元，增长100.65%；完成投资3.8亿元，融资3亿元。

【始终坚持党建引领，党的建设不断加强】 深入学习贯彻习近平总书记关于国有企业党建工作重要讲话重要论述，坚持党建引领，推动企业实体化转型发展。坚持把党的政治建设放在首位，始终在政治立场、政治方向、政治原则、政治道路上同以习近平同志为核心的党中央保持高度一致。严格按照中央和省市要求开展"不忘初心、牢记使命"主题教育，推动学习贯彻习近平新时代中国特色社会主义思想不断走深走实，进一步增强了"四个意识"，坚定"四个自信"，坚决做到"两个维护"。严格落实意识形态工作责任制，制定《党委意识形态工作责任制实施细则》《意识形态阵地管理制度》《意识形态工作联动协调制度》《网络舆论工作管控制度》《网络安全事件应急预案》等制度。2019年共有14次党委会议对意识形态工作进行部署，其中专题研判意识形态工作2次；及时有效处置"不法分子在网上伪造集团公司相关证照融资诈骗""网上追讨拖欠工资"等事件，牢牢把握意识形态工作领导权和话语权。切实履行管党治党主体责任，深入推进党风廉政建设和反腐败工作，先后召开11次党委会议研究部署党风廉政建设和反腐败相关工作，对"两个责任"落实不力的2名下属公司班子成员进行问责；查处违反中央八项规定精神案件1起2人，诫勉谈话32人，全年查处违反党的纪律及公司内部管理规定案件17件30人。

【始终强化对接协调，骨干水源工程建设取得突破】 切实加强与省发改委、省水利厅、省水投公司及市县相关单位工作对接，协调推动黔西凹水河水库于2019年10月29日获省发改委可研批复，12月实质性进场施工，该项目是2018年国家控制地方政府隐形债务以来省发改委批复的第一个中型水库，为全省中型水库项目审批探索了路径。威宁赖子河水库、纳雍县金珠水库可研2020年第一季度可批复、第二季度可开工建设。金沙双叉河、赫章野马川、小溪河、威宁二道坝4座水库获得省发改委开展可研阶段专题论证批复。加快在建项目建设，2019年河口水库完成投资1.5亿元，工程累计完成投资4.6亿元，形象进度达55.86%。

【始终聚焦主营主业，实体化转型发展步伐加快】 强力推进供水板块建设，加快七星关区、金沙县及金海湖新区城市供水设施新建、改建、扩建项目建设，积极拓展供水市场业务，狠抓管网设施建设，优化供水服务，提高供水能力和供水服务质量，各供水公司出厂水水质合格率100%，管网水水质综合合格率均达到99%以上。强力推进污水板块建设，金海湖新区梨树镇污水处理项目征地工作已启动，双山、文阁、响水、竹园污水处理项目前期工作正有序进行，五龙桥再生水处理厂工程已签订PPP项目合作框架协议，成立碧水源通公司进行项目建设，拆迁、平场等相关工作正有序开展。强力推进房开项目项目版块，同心休闲街项目方案设计已完成，房屋拆迁、场地硬化、砌围文化墙、垃圾清运等工作已基本完成，施工单位已进场。强力推进水电及水利旅游板块，武家寨电站增效扩容项目建设已完成，2019年完成发电量570万千瓦时，同比增长40%；赫章河口水库附属电站正进行电站通信设备采购及安装招标备案工作，袁家滩电站收购事宜正有序推进。

【始终扛起政治责任，对口帮扶工作有力有效】

始终把脱贫攻坚作为重大政治任务和第一民生工程，按照市委、市政府安排，于2019年6月起定点帮扶联系纳雍县张家湾镇自左村、赫章县罗州乡和平村2个贫困村，成立以党委书记、董事长任组长的脱贫攻坚帮扶工作指挥部，下设2个帮扶作战专班，选派2名工作作风实、农村工作经验丰富的干部分别到2个帮扶联系点开展驻村帮扶，分别划拨1万元工作经费给2个帮扶联系村。按照“两不愁三保障”目标要求，大力补短板强弱项，投入资金12.5万元实施自左村安全饮水工程，采购安装饮水管道32000米，修建集水池10个，彻底解决该村饮水不安全问题；投入资金2.6万元解决自左村9户贫困户住房跑风漏雨问题，购买2台电脑、2台打印机解决自左村办公难问题。投入资金5.3万元解决和平村人居环境问题和解决8户12名学生就学难问题，为和平村贫困户7户16人提供就业岗位。

【始终强化机制建设，公司治理水平不断提升】

聘请北京和君咨询公司开展的人力资源管理咨询和集团财务管控咨询，着力规范人力资源管理，强化绩效考核，健全财务管控机制，推动现代企业制度建设。严格落实安全生产责任制，坚持红线意识、底线思维，警钟长鸣、常抓不懈，定期不定期对子公司及在建项目进行安全隐患排查，切实做到“生产必须安全，安全才能生产”，真正筑牢安全防线，确保人民群众生命财产安全。2019年集团公司及各子公司未发生安全生产事故。

（供稿：市水务投资集团有限责任公司）

毕节市工业能源投资建设有限公司

【概述】 2019年，公司以习近平新时代中国特色社会主义思想为指导，深入学习贯彻党的十九大和十九届二中、三中、四中全会精神，毫不动摇坚持党对国有企业的全面领导，扎实推进“不忘初心、牢记使命”主题教育各项工作，全面贯彻落实市委、市政府决策部署，以确保按时高质量打赢脱贫攻坚战为统领，坚定不移地推动企业转型发展。是年，党的建设更加巩固，脱贫攻坚成效显著，产业项目有序推进，队伍建设不断加强，各项基础工作都有了很大进展。

【经济发展取得新成效】 一是经济效益稳健向好。2019年公司资产总额为333477万元，同比增长3.9%；实现主营业务收入3678.61万元，同比增长596.21%。二是投资清欠顺利完成。全年完成投资16523.39万元、招商引资到位资金6000万元，获批省农发行融资贷款5.5亿元；完成中小企业“清欠”阶段目标，清偿率达65%，清偿进度位居全市前列。

【工程建设实现新突破】 一是在市直有关部门及其他国有平台公司的大力支持和帮助下，通过不断完善贷款印证资料，成功取得七星关区六合棚改项目5.5亿元贷款；二是完成六合棚改项目1、2、3、4、5号楼主体工程及6、7、8号楼转换层，完成昌大商城、六合一期室外配电安装工程及市行政办公中心C栋供暖改造及清单内消防整改工程。三是在条件艰苦、资金缺乏的情况下，积极筹集资金解决群众超期过渡费852.2万元，兑现回迁安置奖励资金40.2万元，全面完成昌大商城一期4、5、6号楼216套安置房回迁工作。四是完成昌大二期竣工验收备案手续，

BJS2014－49号地块不动产权证登记手续，六合棚改可研、初设、环评登记、建设项目选址意见书、建设用地规划许可证、国有土地划拨决定书等手续。五是认真开展清理拖欠民营企业中小企业账款工作，建立清欠台账，制定清偿计划，千方百计筹集资金完成清欠阶段目标。六是积极配合七星关区人民政府、碧阳街道办事处做好群众工作，化解信访矛盾。

【产业项目迈出新步伐】 一是紧紧围绕毕节支持服务煤炭产业发展为重点，帮助煤炭企业提升质量，实施煤炭供应链项目，先后与多家煤矿企业以及电厂签订电煤购销合同，完成电煤供应12.06万吨，实现运营收入2600余万元，在煤矿“两化改造”、电煤保供等方面取得了较好成效。二是积极推进谋划毕节市供热项目建设，深入开展项目前期调研、合作洽谈、宣传推介及《项目建议书》编制等工作，依法取得供热特许经营权，并与市住建局签订《供热建设项目投资协议》，组建热力经营公司，与拓海、西派澜岸、未来城、江天、中房等房开达成合作意向，签订供用热合同面积达270万平方米。三是积极响应“长江大保护”号召，开展餐厨垃圾处理、固废危废处置、建筑垃圾资源化利用等项目前期工作，与发改部门多次赴各县区进行调研，并积极准备项目资料，全力争取特许经营权。

【党建工作得到新提升】 一是压实党建主责。全面落实从严治党责任，加强党委对公司的全面领导，坚持党委研究决策、重大事项报告等前置程序，充分发挥党组织的核心领导作用，一以贯之坚持党对国有企业的领导不动摇。二是强化内部管理。全面开展岗位廉政风险防控，认真履行“一岗双责”，扎实推进“清廉工投”建设，规范企业运营管理，从财务收支执行、经营业绩等方面入手，结合“三重一大”制度、不断将党风廉政建设工作融入作风效能建设活动中，严明纪律要求，做到令行禁止。三是抓好队伍建设。扎实推进公司职工讲习所学习建设工作，部署开展“立什么志·做什么人”演讲比赛、“最美工投人”评选及向优秀英雄人物学习活动，找准干部职工作风转变的切入点，营造你追我赶的干事创业氛围。并结合公司实际，组建碧阳学院，创办《工投内刊》，着力培养具备良好职业道德，善于理论联系实际，能够不断创新的综合性人才，为公司实体转型发展注魂、赋能、立根。四是开展品牌创建。通过创新党课教育模式，开展“听总书记讲故事、传老一辈好作风”特色党课，实施“三动四有五法”“三查三批三树”“三人事三走到”等专项活动，定期举办“初心读书会”，提升员工整体素质。并紧紧围绕公司业务工作，大力推进党建工作与企业改革发展深度融合，全力创建“做红色工匠、走时代长征”的党建品牌，不断促进公司业务健康持续发展。五是扎实推进主题教育工作。按照中央、省委、市委开展“不忘初心、牢记使命”主题教育的统一部署和“守初心、担使命、找差距、抓落实”总体要求，公司党委认真部署开展主题教育工作，建机构、拟方案、订计划，深入推进抓落实。

【脱贫攻坚彰显新作为】 一是成立扶贫工作专班，选派驻乡帮扶工作队长和驻村干部，深入帮扶联系点走访调研座谈，摸实情、出实招、求实效。二是针对锅圈岩乡实际研究制定脱贫攻坚工作方案，投资建设南瓜深加工扶贫工厂，吸纳贫困农户就近就业，从全乡层面解决贫困群众增收难题，2019年共计收购群众滞销南瓜10余万公斤，生产优质南瓜面条22000公斤、南瓜粉4750公斤。三是投入帮扶资金200余万元（其中：扶贫工厂建设资金130余万元、农业产业结构调整资金40万元、发放慰问金2.2万元、公益性岗位经费2.4万元），帮助群众解决生产生活难题。2019年10月23日，《毕节日报》刊发题为《毕节市工投公司助力纳雍县锅圈岩乡打赢脱贫攻坚战》文章，将公司在锅圈岩乡实施产业扶贫的事迹作为典型案例进行报道。

（供稿：市工作能源投资建设有限公司）

毕节市医疗投资有限责任公司

【概述】 2019 年，在市委市政府的高度重视和坚强领导下，在市国资委的监督指导下，公司坚持以习近平新时代中国特色社会主义思想和党的十九大精神为指导，认真学习贯彻习近平总书记对贵州对毕节工作的重要指示批示精神，认真贯彻落实中央、省、市的重要决策部署和重大会议精神。坚持党建引领，按照“资源转资产、资产转资金、资金转项目、项目转产业、产业转资源”的思路，加快公司实体化转型步伐，围绕中心、服务大局，团结一心、苦干实干、锐意进取、开拓创新，积极推动公司高质量发展。

【政治建设】 市医投公司党委始终把党的政治建设摆在首位，坚持以习近平新时代中国特色社会主义思想为指导，全面学习贯彻党的十九大精神及十九届四中全会精神，深入学习贯彻习近平总书记对贵州对毕节重要指示批示精神，把坚定执行党中央、省委、市委决策部署作为严明政治纪律和政治规矩的具体检验，充分利用碰头会、党委会等第一时间传达学习贯彻党中央重要会议、重大决策和市委部署要求，引导广大党员、干部职工自觉坚定地同以习近平同志为核心的党中央保持高度一致，坚决防止“七个有之”，做到“五个必须”。

市医投公司“不忘初心、牢记使命”主题教育开展情况：一是从 9 月 12 日公司主题教育启动以来，公司 2019 年有党委 1 个班子，班子成员 7 名，1 个党支部，公司党委采取集中学习和自学相结合，围绕“党的政治建设、全面从严治党、理想信念、宗旨性质、担当作为、政治纪律和政治规矩、党性修养、廉洁自律”等八个方面开展了 7 次党委理论学习中心组学习，集中学习时长达 8 天，参学领导班子成员共撰写学习研讨材料 42 篇。二是结合公司实际，对调研工作作出安排，要求公司班子成员分别领题调研和班子领导合力调研。三是公司按照贵州省第二批“不忘初心、牢记使命”主题教育检视问题及整改清单 8 个类型问题，对照中央、省委、市委相关专项问题整治部署要求，紧紧围绕本单位主责主业和中心任务，结合公司实体化发展及脱贫脱困攻坚项目实际，充分发挥刀刃向内的自我革命精神，严格通过对标对表查找，在 8 个类型方面共检视出问题 59 个（领导班子 9 个，党员班子成员 50 个）。四是为确保查摆剖析出的问题整治取得显著成效，将查摆剖析的问题整改落实到位，特制定了问题整改落实总体方案、建立问题整改台账，并针对查摆出的问题建立整改措施 123 条（领导班子 23 条，班子成员 100 条），明确完成时限。将整改落实分三步进行。第一步：边学边改、即知即改、立查立改。第二步：分步整改落实到位。第三步：搞好巩固提高。

【思想建设】 围绕四个关键环节，创新思路，强化措施。主要做法是：一是抓学习，重实践，思想认识不断提高。每周班子碰头会，每次党委会前必学最新文件指示精神；并运用“学习强国”等党员教育管理平台认真抓好支部党员的学习，公司党委书记带头，认真开展“学习强国”学习平台学习。公司全体正式员工都注册了“学习强国”学习平台，在公司掀起一股学习运用“学习强国”学习平台的热潮。二是抓活动，重教育，政治素养不断提升。为庆祝新中国成立 70 周年，公司组织公司全体干部职工集体观看电影《我和我的祖国》，让所有员工学习党史，厚植爱国情怀。在 10 月 1 日当天，安排所有员工自行收看阅兵仪式及 70 周年联欢活动直播。三是抓宣传，重报道。采取多种形式，认真组织党建工作的宣传工作，营造良好氛围，围绕党建品牌创建，创新工作思路、提升服务水平。充分利用各种载体，宣传创建党建品牌的重要意义、经验做法和主要成效，切实扩大党建品牌的影响力和知名度，发挥示范引导作用，扩大党建品牌在党员群众中的知晓率和影响力，真正做到“围绕品牌抓党建，抓好党建促品牌”。四是抓理论，重实践，理论成果不断凸显。学习习近平新时代中国特色社会主义思想，教育引导全体员工不断强化“四个意识”，坚定“四个自信”，坚决做到“两个维护”“四个服从”，增强干部职工的底线思维和红线意识，并要求用所学理论指导公司项目实践工作。

【组织建设】 一是“党建入章”工作情况。已将党建工作要求分别写入公司章程，明确了党组织的职责权限、决策机制、工作机构、人员配备以及党建工作经费保障等事项，完成比例100%，公司去年就开展党建入章工作，充分发挥公司党委在公司中把方向、管全局、保落实的重要作用。

二是“两个覆盖”及“两个1%”工作情况。深入学习贯彻习近平新时代中国特色社会主义思想，锤炼“忠诚干净担当”政治品格的任务要求，选优配强党支部书记队伍。按照不低于员工人数1%的比例配齐配强专职党务工作者队伍。按照不低于上年度职工工资总额1%的比例足额配足党建工作经费，党建工作经费不足的可以适报适销，目前公司有40名员工。其中，中共党员10人，预备党员1名、发展对象1名、入党积极分子6名。公司只有1个党支部，配备2名专职党务工作人员。今年安排了组织活动经费16000多元，同时，公司党委明确，党建工作经费实报实销，随时保障。

三是党支部标准化规范化建设工作情况。围绕“基本组织设置规范化”“基本队伍建设规范化”“基本制度执行规范化”“基本任务落实规范化”“基本保障配套规范化”，全面推进支部标准化规范化建设，严格落实党支部“三会一课”等制度，按照有场所、有标志、有设备、有党旗、有制度、有资料“六有”标准，加强各个党支部党员活动阵地规范化建设，确保每个党支部标准化规范化达标率100%。

四是党建重大问题课题研究促进“党建品牌”创建工作。市医投公司坚持以习近平新时代中国特色社会主义思想为指导，认真贯彻落实新时代党的建设总要求，按照公司党委坚持以“围绕发展抓党建，抓好党建促发展”的工作思路、以加强党的建设为重点，全面开展思想、政治、组织、作风、纪律和制度建设。聚焦公司项目脱困攻坚发展目标，充分发挥公司党委领导核心作用和政治核心作用，努力实现“加强党建工作、突出党建引领、助推项目脱困攻坚、打响党建品牌”目标，为确保按时打赢脱贫攻坚战和公司项目脱困攻坚战而努力奋斗，形成了市医投公司“健康路上党旗飘”的党建品牌。

五是整顿软弱涣散党组织工作情况。公司制定了《市医投公司在“不忘初心、牢记使命”主题教育中集中整顿软弱涣散基层党组织工作方案》，经排查，没有软弱涣散党组织情况。

【人才队伍建设】 公司现在正式员工40人（含8名临聘人员），其中班子成员7名，中层管理人员4名。本科学历34人，大专及以下学历6人，暂时没有硕士研究生及以上学历人员。只有1人具有专业技术职称，为初级职称，暂时还没有中高职技术人员。公司2017年11月组建，2018年3月招聘了第一批员工10人，2019年招聘了第二批员工15人，严格按照重大事项报告制度经向市国资委报告并获批准后，根据《2019年市医疗投资有限责任公司面向社会公司招聘工作人员方案》规定进行招聘。公司的人力资源工作原来是由人力资源部负责，根据市国资委批复的《定岗定员方案》，将党群工作部和人力资源部进行融合为党建人事部。人力资源管理方面出台了《市医投公司薪酬制度》《市医投公司绩效考核制度》《市医投公司班子副职业绩考核制度》《市医投公司员工档案管理制度》等。为了提升人才队伍能力，公司与市委、市纪委市监委、市卫生健康局、市国资委等单位部门对接联系，对公司部分部室的员工进行短期3个月、长期1年的跟班学习，然后对该部室其他员工进行带领和经验传授，并计划请相关的市直单位和部门来公司进行能力培训讲座，通过这些方式以提升公司队伍的战斗力。不完全统计，已培训5人次。

【党风廉政建设】 公司党委充分发挥“把方向、管全局、保落实”的重要作用，在党的建设和公司经营管理中高度重视党风廉政建设工作，始终把“主体责任”扛在肩上，抓在手上，落实在具体的工作中。全年多次召开专题党委会议，传达学习相关文件精神，安排部署党风廉政建设工作。公司党委书记认真履行第一责任人职责，在组织推动工作落实、贯彻落实各项规定、遵守廉洁自律纪律、加强干部教育监管等方面作示范作表率。一是调整充实以公司党委书记任组长、党委副书记任副组长、其他党员领导为成员的公司党风廉政建设工作领导小组，领导小组下设办公室，明确相关人员具体抓好工作落实。二是明晰领导班子责任。对班子成员的工作进行了分工，要求班子成员在负责分管工作的同时，必须认真履行党风廉政建设“一岗双责”，扎实抓好分管部室的党风廉政建设工作。三是层层签订廉洁从业责任书。党委书记与其他班子成员，班子成员与分管部室人员层层签订廉洁从业责任书，确保责任层层传导，压紧压实廉洁责任。四是建立健全规章制度。制定《毕节市医投公司作风效能督查制度》《毕节市医投重大事项报告制度》《毕节市医投公司关于推进干部约谈常态化的实施办法》《毕节市医投公司廉政谈话管理办法》《毕节市医投公司廉洁风险防控管理办法》等制度，确保工作有章可循，规范运行。五是严格执行报告制度。认真落实重大事项报告制度，公司经营发展中的重大事项都按有关规定如实向管理部门和监管单位进行报告。班子成员均认真填报《领导干部个人重大事项报告表》和《领导干部廉洁档案登记表》，如实准确地向组织报告个人的婚姻、房产、子女从业、工资收入等方面的情况。六是加强提醒谈话。2019年以来公司纪委共开展集体约谈5次，个别约谈11次，约谈干部职工共55人次。对干部职工的从业行为提出规范要求。

【助力脱贫攻坚】 结合主题教育的开展，认真谋划抓实公司脱贫攻坚工作。截至目前，公司共组织人员到帮扶联系点走访调研50余人次（其中企业负责人18人次），累计投入帮扶资金约800余万元（其中，公司自有资金投入200余万元，引进国药器械贵州公司投入资金385万元，引进民营企业投入资金300余万元）。帮助安乐溪乡新建、改扩建村卫生室13个，帮助乡卫生院配备救护车1台，帮助安乐溪乡建立村级专业合作社13个，改扩建产业公路2公里。辐射带动贫困户6000余人。帮助解决扶贫联系点威宁县观风海镇野鸡河社区危房改造、购买农具、特殊困难户帮扶、环境卫生综合治理、进村公所道路和院坝硬化等所需资金32.26万元。

【强化项目建设，助力转型发展】 围绕公司既定的“一年打基础、两年见成效、三年大变样”的目标。将2019年定位为公司开局起步年。按照市场化、实体化、产业化发展的要求，开展具有良好市场前景的一批短平快项目（月子中心、药品耗材、医疗器械经营配送、毕节金域检验）建设，尽快实现公司有一定的营业收入和利润，为公司发展打好基础。制定《项目脱困攻坚行动方案》，确保医投公司谋划实施的项目又好又快的推动落实，将责任落实到人，做到见人、见事、见思想、见时限、见要求、见成效。以“日调度、月考核、季奖惩”的形式，助推公司实体化发展。

1. 毕节市第三人民医院及市公共卫生中心建设项目。该项目总投资17.5亿元人民币，项目采用PPP模式进行，已牵头招选社会资本方中交四公局与医投公司（占股10%）组建联合体，PPP项目合同已过市政府专题会，待市政府批复并由业主单位与社会资本方签字后，即可启动建设。

2. 区域医学检验中心项目。通过引进广州金域检验集团有限公司合作在毕节建设区域检验中心，项目总投资5000万元，首期投资约2000万元。已签订合作协议，完成公司注册和场地租赁，正在进行基础装修，预计2020年4月份投入运营。

3. 精神康养中心建设项目。拟采取集团化、连锁化方式在全市各县（区）开办精神康养中心。该项目总投资7亿元以上，大方县、赫章县已完成项目立项申报，正在推进项目前期手续办理。其他县区正积极对接，具备条件的拟通过房屋租赁、轻资运作方式先期启动运营。现正在与发改、扶贫和相关金融机构对接，争取绿色产业发展基金支持项目建设。

4. 康养产业项目。一是市一医二期康养项目。市政府已将业主单位调整为医投公司，正在开展项目可研及规划设计等前期工作预计项目总投资12亿元，积极争取绿色产业发展基金、康养产业基金、专项债券资金等基金支持。二是社区养老、居家养老、社区托育项目。计划引进专业团队以七星关城区为试点，着力打造集团化、连锁化的社区养老、托育新模式，切实解决人口老龄化问题。该项目已完成项目可研初稿；三是与自贡市第五人民医院合作，通过轻资运作的方式托管运营威宁县老年养护中心。残疾人康复（托养）中心，市残疾人康复（托养）中心等，目前已与威宁县、市残联达成初步共识，并已经与自贡市第五人民医院签订战略合作协议。公司拟将其建设成毕节首家示范性老年养护中心；四是积极开展全市康养产业发展调研。拟邀请相关专业人士对全市的康养产业发展规划课题进行专题研究，争取将其作为重要的产业发展进入全市“十四五”规划，使避暑康养产业成为未来毕节示范区建设的一张靓丽名片。

5. 药品耗材集采、集配平台。一是积极争取市政府及有关主管部门、公立医院的支持，拟通过SPD服务平台的建设，建立全市公立医院的药品耗材统一集采、集配，推动医院的药品耗材院内物流智能化、零库存管理，降低医院管理成本、提高管理效益，增加医投公司现金流，增强公司融资能力，已与市三医签订正式合作协议，开展院内SPD集约化配送服务。二是积极引进国内实力强劲的企业合作在毕组建公司，开展药品配送工作。已与国药签订正式合作协议，春节后组建公司即可开展药品配送工作；积极引进广药、上药等优强企业合作，盘活乌蒙山药业物流资产，正在洽谈中。三是已与贵州金毕达商务信息咨询有限公司合作，在毕节组建医疗器械公司开展耗材和医疗器械配送工作。与国药医疗器械的合作正在洽谈对接中。

6. 智慧健康保障项目。全市智慧健康保障项目已经立项，正在修订完善项目可研，预计总投资达5亿元。

7. 母婴健康服务管理项目。该项目通过加盟方式与东方爱堡（北京）母婴健康科技有限公司合作，成立全资子公司（康曼母婴健康管理有限责任公司）投资1200余万元建设的月子中心，已运营半年，全年营收130万。

8. 百里杜鹃人民医院项目。该项目总投资4.5亿元，正在建设中。

【健全内部制度，强化制度建设】 完善《考勤及请休假制度》《薪酬方案》《绩效考核方案》，相应出台了《纪检监察工作职责》《监事会工作规则》《办公室工作制度》《办公室物品采购管理制度及流程》《网络安全管理制度》《安全生产管理制度》《重大风险排查防范化解工作制度》《项目招投标制度》《项目建设制度》《员工档案管理办法》《财务工作制度》《内部审计管理办法》《会计监督制度》《劳动合同管理制度》《作风效能督查制度》《公文处理规程》《文件档案管理制度》等20余个管理制度，强化内部管理，构建规范有序、严格高效的工作秩序。

【强化担当作为，助力风险化解】 2019年，按照市长张集智“把不可能变成可能”的要求和年初既定的1亿元的融资任务，已完成融资3.05亿元，完成比例为305%，其中3亿元由市政府统筹安排，500万元为医投公司下属子公司（康曼母婴公司）项目资金贷款。

【狠抓安全生产工作，加强防范意识】 认真贯彻落实中央、省、市关于抓好安全生产工作的会议精神和文件精神，扎实开展安全生产工作。切实履行安全生产责任制，坚持把安全管理工作纳入日常工作重点。结合“全国安全生产月”等活动，组织相关人员到项目点上开展安全工作检查，及时解决工作中存在的各种隐患，不断完善安全管理工作机制，提高安全防范意识。

（供稿：毕节市医疗投资有限责任公司）

毕节市商贸投资有限责任公司

【概述】 2019年，在市委、市政府的坚强领导下，公司全体领导干部职工始终坚持以习近平新时代中国特色社会主义思想为指导，全面贯彻落实党的十九大和十九届三中、四中全会精神，深入学习习近平总书记对毕节试验区工作的重要指示批示精神，深入学习贯彻落实中央、省委、市委各项决策部署，坚持稳中求进工作总基调，始终立足脱贫攻坚大局，以“不忘初心、牢记使命”为主导，聚焦主业主责，以“市场、能源、商贸物流”为主线，立足补齐全市商贸流通短板，构建完善商贸流通体系，努力推进建设川滇黔结合部的商贸物流中心，全力以赴落实市委市政府交办的工作，通过市场化转型，创造更优的融资条件，推动国有资产保值增值，各项工作呈现出“稳中有进、高质量发展”态势。较好地完成全年工作任务。

【公司基本情况】 公司成立于2018年3月15日，下属全资子公司1户，相对控股公司7户（开展业务2户59人）。公司现有职工及管理原商务改制企业退休职工共736人，其中党员7名（班子成员4名、普通党员3名）。建立党支部1个，选派党建指导员3名。

截至2019年12月31日，合并公司资产总额25931万元，同比增长为13%，实现营业收入7453万元（其中，钢材销售4909万元、“三白”配送销售640万元和食堂及七进单位配送额1248万元），同比增长573%，上缴税收100余万元，利润总额81.5万元，融资4800万元（含大方控股的众诚公司注入资金），项目投资8920万元（2019年完成5522万元），完成招商引资项目到位资金9000万元，是任务的180%，“三白”市内累计销售配送7005吨，市外销售配送58.32吨，配送威宁生产的萝卜干115吨（折合白萝卜2875吨），完成冻猪肉储备100.12吨，截至2020年1月18日累计投放冻猪肉10630.03公斤，销售金额为72.86万元。

【农产品产销对接稳步推进】 一是“三白”蔬菜销售稳步推进。始终坚持“日调度、周通报、月总结”总要求，聚焦市内、市外市场，以农产品“七进”为抓手，实现安全运输416车次，市内累计销售配送7005吨，市外累计销售58.32吨；配送威宁生产的萝卜干115吨（折合白萝卜

2875 吨)。二是蔬菜接茬基地陆续推进。为确保在蔬菜供应淡季毕节市“三白”蔬菜配送不断档，已分别与七星关区团结乡、清水铺镇签订1000 亩白菜、1500 亩莲花白接茬种植合同，对团结乡已种植的莲花白 1000 亩、大方县已种植的白萝卜 500 亩“三白”蔬菜签订了采购合同。2019 年 10 月 22 日，市委书记周建琨在全市“解决‘两不愁三保障’突出问题暨推进农业产业结构调整工作会议”上指出：近期商投公司统一组织威宁县“三白”销售，没有中间商赚差价，保障了群众收益。这样的模式就很好，各级政府平台公司完全能在产品流通环节中大有作为。三是储备百吨冻猪肉轮换保供成效显著。为保障全市猪肉价格总体水平稳定，做好保供稳价和动态轮换工作，让老百姓吃上“放心肉”，公司共储备冻猪肉 100. 12 吨，已在七星关城区设置 4 个保供销售点，截至 2020 年 1 月 18 日累计投放冻猪肉 10630. 03 公斤，销售金额为 72. 86 万元。在猪肉价格一路上涨的情况下，公司克服资金困难，多方筹措资金 300 多万元，坚决执行好市政府安排的冻猪肉储备轮换工作，获得市领导的充分肯定和表扬。四是助推毕货出山，用好交通优势。大交通带来毕节格局的大改变，毕节已成为粤港澳“大湾区”的二级配送中心，在错综复杂的国际环境下，公司充分发挥交通“同心圆”优势，深入开展产销对接，抓住发展机遇，聚焦广州、深圳等目标市场，2019 年已完成 4 批出口业务，出口总量 142. 60 吨，创汇总额 13. 8 万美元。

【优化制度建设，为公司发展提供制度保障】 制定《职工百分制管理办法》《毕节市商贸投资有限责任公司考勤制度》《毕节市商贸投资有限责任公司定员定岗方案》等考核机制，真正做到人岗匹配、定员定职定责，充分发挥制度的激励性、实效性，实现优秀人才薪资待遇市场化，营造出团结奋进、拼搏创新、苦干实干、奋发赶超的良好工作氛围。

【一颗初心践使命，党建扶贫双推进】 以脱贫攻坚为主线，着眼大局，切实抓好各项帮扶工作。一是遵守政治纪律和政治规矩。党支部标准化建设扎实推进，严格执行“三会一课”制度，全年累计召开党员大会 5 次，上党课 7 次、支委会 14 次等相关党组织会议。二是认真落实好“四到工作制”，进一步贯彻“护民生、促脱贫”政策，做好结对帮扶工作。派驻驻村干部 2 名奋战脱贫攻坚一线。2019 年，共投入扶贫经费 120 余万元，到帮扶联系点走访调研共 32 人次，走访共 72 天，慰问贫困户 436 人次，解决问题 36 个。积极配合做好农业产业结构调整工作。在充分考察产业的基础上，为两个村产业结构调整出主意、想办法、找路子，以资金、技术等方式鼓励动员贫困户在种植养殖上积极行动。其中，投入 3. 825 万元支持陇公村栽桑 60 亩，在公司极为困难的情况下，想尽一切办法筹措资金 60 万元，用于借给纳雍县勺窝乡、赫章县达依乡分别发展蚕桑 500 亩、700 亩，帮助西冲村贫困户进行危房改造（王兵家 15000 元）、帮助威宁西冲村农户调整土地建设蔬菜基地 88. 5 亩；资助 14400 元为联系点上有意向养猪的贫困户开展生猪养殖，共有 7 户贫困户试养 14 头猪，年前试养的猪崽中有 3 头猪能出栏，为贫困户增收。此外，资助贫困大学生 13 名累计 13000 元，捐资助学 3 万元，为贫困户患病子女募捐医疗救治费 3120 元，解决公益岗位 7 个 42000 元。与此同时，还给贫困户送去米、油、面等温暖物资。

【在提升监督效能上践初心担使命】 纪检工作常警示、预防教育常态化、长坚持。一是充分利用每天早晨 8：30 的晨会学习以及各种大小会议加强对纪律法规的学习宣传，重要节假日采取谈话提醒、短信提示等方式强化廉洁自律教育。二是以案为例，通过讲党课、观看警示教育片、读警示教育文本、召开警示教育大会等方式开展警示教育活动，坚持以正面引导、反面警示、氛围营造相结合的方式加强思想教育，强化“前车之履，后车之鉴”。三是重温红色教育、感受黑色教育。组织全体党员干部职工到川滇黔省革命委员会旧址、“鸡鸣三省”红色教育基地开展重温革命历史的红色教育，到毕节市反腐倡廉预防职务犯罪警示教育基地感受铁窗人生的黑色教育。

【服务好托管人员，确保稳定有序】 公司负责托管人员共计655人，其中负责直接管理原商务系统政策性破产企业安置结束时移交托管人员217人，负责监督管理的原商务系统改制企业退休人员（托管人员）共计438人统筹外费用的发放工作，不定期到各改制企业对托管人员费用发放情况进行抽查，对各企业费用领取清单归档备查，未接到拖欠托管费用的问题反映，也未出现人员上访现象。另外，完成23名退役军人信息采集相关工作。

【积极筹措资金，推动项目建设】 在经济基础薄弱、无资产抵押、融资举步维艰的情况下，仍想方设法地创造条件，积极筹备融资所需的材料和项目以支持融资工作的继续开展，并取得阶段性成效。一是粮食产业园项目持续推进。已累计完成投资8920万元。二是加油站项目谋划工作持续推进。三是拓宽渠道促融资。一方面是通过开展银企座谈等方式向银行融资3580万元，另一方面是寻求政策资金支持和用债权换资金。

【安全生产】 始终按照“以人为本、安全第一”的宗旨，始终坚持安全发展理念，始终坚持发展决不能以牺牲安全为代价的红线意识。是年，逢会必讲安全，讲到必定落实。2019年，无一起安全事故发生。

【盘活资产】 着眼于长远发展，立足于眼前实际，优化资源配置，力争把资产盘活，确保增值。一是对各类资产实行分类管理，做到对资产的运作情况及时得到反馈，有利于资产的盘活和调剂。二是利用资产租赁，盘活闲置资产。对地段较好、价值较高的国有资产采用公开招租等方式及时进行清理盘活，提高公司资产收益。

（供稿：市商贸投资有限责任公司）

毕节市建设投资有限公司

【概述】 2019年，在市委、市政府的正确领导下，在市直相关部门的大力支持下，公司紧紧围绕市委、市政府中心工作和目标任务，以实体化转型为目标，主动适应新常态，积极进取，努力完成市委、市政府安排的各项工作，现将全年工作总结如下 。

【党建工作】 1. 贯彻落实全面从严治党。公司党委始终以习近平新时代中国特色社会主义思想为指导，加强党的建设、坚持党的领导作为国有企业的“根”和“魂”，全面发挥党委管方向、管大局、保落实的作用，坚持把党委会议集体研究讨论作为董事会决策重大问题的前置程序。今年以来，公司党委先后4次召开党委会议对公司全面从严治党工作进行安排部署。并召开党委会议28次、党委理论学习中心组学习6次、全体员工大会11次，组织党委成员和全体员工深入学习党的十九大、十九届三中、四中全会精神和习近平新时代中国特色社会主义思想、习近平总书记对贵州对毕节的重要指示批示精神、习近平总书记重要讲话精神以及有关党纪党规和法律法规。2. 认真履行主体责任。一是认真履行全面从严治党的主体责任，着力抓好公司政治生态建设，切实增强“四个意识”，坚定“四个自信”，自觉做到“两个维护”。并严格落实“三会一课”、组织生活会、民主评议党员、党务公开等制度，加强监督检查，严明政治纪律，驰而不息纠“四风”，保持惩治腐败高压态势，建设风清气正的政治生态。二是公司党委将党风廉政建设工作与业务工作同研究同安排同部署同落实，认真研究制定公司党委主体责任和纪委监督责任清单，明确领导班子和班子成员在党风廉政建设中的职责和任务分工，着力推动班子成员切实履行好“一岗双责”工作职责。2019 年公司党委召开党委会议研究党风廉政建设工作 3 次，召开党风廉政建设专题会议 2 次，开展集中约谈和个别约谈 8 次；对涉及党风廉政的重要文件、事项，主要领导均亲自研究签批。三是根据落实主体责任要求，公司党委书记分别与党委其他成员、各部室负责人签订年度党风廉政建设责任书，将“一岗双责”标具体化、规范化。其他员工签订廉洁从业承诺书，规范员工廉洁从业。其中，签订责任书 11 份，承诺书 20 份，全面覆盖全体员工。3. 认真落实意识形态工作。一是认真贯彻落实中央、省委和市委关于意只形态工作决策部署及指示精神，将意识形态工作纳入公司党的建设，纳入重要议事日程，纳入党建工作责任制。二是将意识形态工作纳入 2019 年度民主生活会党委领导班子和班子成员述职报告接受监督和评议。三是结合实际，拟定公司意识形态工作要点，制定党委理论学习中心组学习制度，拟定年度学习计划，将意识形态工作纳入党委理论学习中心组年度学习计划。四是公司纪委积极配合市纪委市监委关于意识形态工作方面的监督检查，毫不动摇地把意识形态工作摆到第一位来抓。同时，采用集中学习和自学相结合的方式，积极引导党员员工利用“学习强国”学习平台加强对党纪党规的学习。4. 规范选人用人。一是按照精简稿效、管理科学的现代企业制度要求，制定完善《公司职能配置、内设部室和人员配备规定》、公司及子公司“定岗定员”方案，进一步规范公司管理，科学配置人力资源，提高公司运行效率。二是制定了《公司职责要点和底线清单》以及每个岗位的履职要点和底线清单，教育引导广大员工明底线、知红线，增强职责意识，红线意识，底线意识，自觉做到不碰红线、不越底线，更好地履职尽责。三是严格执行企业选人用人规定。2019 年，参照《党政领导干部选拔任用工作条例》《公司员工选拔任用管理办法》，在公司内部选聘 2 名中层副职管理人员。5. 严格执行各项制度。一是严格执行“三重一大”决策制度，涉及“三重一大”事项决策议题，会前均充分征求公司纪委意见，并按要求及时报市纪委市监委派驻第五纪检监察组审核同意后，再召开党委会议集体研究，形成的党委会议纪要均按要求报市纪委市监委派驻第五纪检监察组及市国资委备案。二是严格执行保密制度。公司成立保密工作领导小组，明确工作职责，组织开展保密宣传教育活动，切实增强保密人员的保密意识。同时，严格落实涉密人员保密审查制度和严格履行涉密文电（含中央发电）登记手续，做到专人专柜管理。三是坚持通过多形式开展警示教育，着力筑牢反腐倡廉思想防线，查找廉洁风险点，制定防控措施，在主观上建立起不想腐不敢腐的思想自觉，营造良好的反腐倡廉氛围。四是深入开展领导干部违规插手参与茅台酒经营问题以及利用茅台酒和名贵特产类特殊资源谋取私利问题、“天价烟”背后“四风”问题专项排查整治工作，均没有发现违反相关规定的问题。

【脱贫攻坚工作】 公司始终牢记初心使命，坚持围绕帮扶联系点产业发展和“两不愁、三保障”方面的短板问题，通过采取精准派驻干部、扎实抓好调研、精心谋划产业、着力解决问题等措施，倾力开展帮扶工作。1. 精准选派驻村干部。严格按照市委选派驻村干部要求，精选责任心强、工作能力丰富的中层管理人员到帮扶联系点开展驻村帮扶工作。切实抓好对派驻人员的关爱管理，确保他们严格按要求开展驻村帮扶。因驻村帮扶工作扎实，公司派驻青山村的驻村干部在 7 月驻村工作督促检查中，得到金海湖新区的通报表扬。2. 扎实抓好调查研究。严格落实

“四到工作制”，自脱贫攻坚工作开展以来，公司领导班子成员轮流到两个联系点开展调研走访40余人次，为当地解决大大小小问题50余个。结合当前正在开展的“不忘初心、牢记使命”主题教育要求，成立了由班子成员领题的调研专班，重点围绕帮扶联系点大寨社区脱贫攻坚工作进行全面深入的专题调研。3. 精心谋划扶贫产业。在对青山村的帮扶中，通过精心谋划，成功帮助打造壮大两个产业。利用托管的扶贫产业子基金，通过“公司+企业”的模式，为青山村圣迪乐养殖场注入450万元扶贫基金，帮助推动银行贷款4550万元，共计投入5000万元，助其扩建为100万羽高品质蛋鸡养殖场，解决60余人的务工问题。结合青山村实际，通过“公司+合作社+农户”的经营模式，帮助青山村打造了1550亩玫瑰花产业园，对当地贫困户进行全覆盖，切实帮助贫困户增收脱贫。通过成功打造玫瑰花产业园和壮大圣迪乐蛋鸡养殖场，有效提高了青山村的名片效应，为青山村顺利通过脱贫验收及发展乡村旅游作出积极的贡献。4. 着力帮助解决问题。坚持缺什么补什么的原则，以基础设施建设和“两不愁、三保障”为重点，出资出力帮助解决无项目资金支持的短板问题。先后出资6万元，为青山村下设的八个党支部购置办公电脑、打印机、办公座椅等，帮助完善八个支部的活动阵地。出资2.4万元，为青山村2户困难户翻修房屋，帮助解决住房不安全问题。出资6万元，为大寨社区居住环境差的困难家庭改善居住环境。已帮助9户困难户改善了居住环境。出资1.4万元，对青山村3户大病患者进行临时救助，帮助他们缓解治病就医经济压力力。此外，还先后为威宁县板底乡曙光村解决3万元脱贫攻坚工作经费，为纳雍县维新镇水罗冲村和威宁县龙场镇干活村解决各1.2万元公益性岗位经费。

【实体化转型工作】 一是积极盘活公司购置的洪山国际写字楼，计划装修完毕后向市场招租，让其产生经济收益。二是大力推进老年人活动中心项目建设工作。三是认真履行受托企业职责，扎实做好绿色产业扶贫投资基金项目的管理和投资服务工作。该项目已在毕节落地16个。四是与机场公司、信泰公司联合开发空港经济区。五是充分整合各县区的土地资源，大力探索与县区和有关企业的合作模式，拟通过合作开发项目盘活土地资源。

【项目资产监督管理工作】 一是加强监督管理，搞好完工项目竣工结算审计和财务决算审计的报审工作，2019年，已出具的审计报告有7个子项目，送审金额1.22亿元，审定金额1.09亿元，审减金额0.12亿元，审减额占送审额的10.17%。二是做好棚改在建项目安全生产检查工作，及时跟踪了解项目的安全生产情况，督促代建单位做好防汛救灾和安全生产工作，并按时上报安全生产信息。三是加强公司资产的管理。安排专人做好公司出租资产租金的清理催收工作，全年共催缴租金40.5万元。

（供稿：毕节市建设投资有限公司办公室）

毕节市交通建设集团有限责任公司

【概述】 2019年，在市委、市政府和市国资委的正确领导下，市交建集团以习近平新时代中国特色社会主义思想为指导，紧扣习近平总书记把毕节试验区建设成为贯彻新发展理念示范区的目标定位，始终坚持党建引领，着力实施“交通+”“1+N”战略，不忘初心、牢记使命，凝心聚力，苦干实干，较好地实现了党建和业务融合发展，圆满完成年初各项目标任务。全年交建集团总资产224.98亿元（增长5.15亿元），负债117.53亿元，资产负债率52.24%；实现营业收入1.2亿元，同比增加897.35%；实现利润2469万元，同比增加43.09%；融资到位资金3.2亿元，完成项目投资19.89亿元，债务管控额5.84亿元，未发生安全生产事故，无债务逾期违约。

【坚持党的全面领导有新成效】 一是扎实抓好主题教育，牢牢把握根本任务，按照“十二字”总要求，坚持“四个贯彻始终”，紧扣“五个具体目标”，坚决做到“四个”到位，高标准推动主题教育。党委领导班子共开展学习研讨14次，累计开展先进典型教育2次，形势政策教育1次，警示教育2次，革命传统教育1次。开展“主题党日”活动45次，支部学习52次；围绕3个调研课题，开展蹲点调研3次；查摆问题105个，完成整改105个。通过开展“主题教育”，领导班子和广大党员干部进一步增强“四个意识”、坚定了“四个自信”、做到“两个维护”。高标准推进“不忘初心、牢记使命”主题教育，圆满完成各项工作任务，取得预期效果，相关做法得到中央第四巡回督导组和省、市有关部门充分肯定。二是优化推进支部建设。切实加强国企基层党组织建设工作，按照“应建尽建”的原则，在现有1（集团公司党委）+4（党支部）党建工作格局的基础上，进一步优化党建工作格局，积极探索开展子公司支部书记兼任董事长，突出公司一把手履行“一岗双责”。同时，建立健全群团机构，扎实开展党建带群团建设工作。2019年，示范性党支部创建和支部标准化建设达标工作一次性通过市直机关工委验收。三是突出党建品牌打造。弘扬“支部建设连上”的时代精神，围绕“党建引领、抱团攻坚、共建共享、助推转型”定位，在项目工地开展“党建联盟”品牌创建，实现党建业务融合发展。在脱贫攻坚工作中，探索实施以党建引领为核心的“1+6”村社企一体化发展模式，扎实助力帮扶联系点按时打赢脱贫攻坚战。“红星交建”党建品牌已初见成效。四是强化干部队伍建设。围绕打造一支“对党忠诚、勇于创新、治企有方、兴企有为、清正廉洁”的干部人才队伍，2019年，提拔中层正职5人，重用中层正职2人，中层副职10人，报请市国资委同意面向社会公开招聘工作人员19人，面向社会公开招聘中层管理人员4人，选派1人到国资委跟班学习，选派2名员工驻村锻炼。2019年公司1人获得省级脱贫攻坚优秀共产党员荣誉、1人获得市级脱贫攻坚优秀共产党员荣誉、1人获得市级劳动模范荣誉，1个支部获得全市脱贫攻坚优秀党组织。

【防范化解重大风险有新作为】 一是安全生产“零事故”“零伤亡”。落实“党政同责、一岗双责、齐抓共管、失职追责”和“三个必须”要求，制定安全生产层级管理办法，形成“日调度、周小结、月通报”机制。按要件式检查要求开展安全检查187次，共排查安全隐患209个，下达整改通知书23份，整改率达100%。全年未发生安全事故。二是债务风险可控。全年筹集支付债务资金5.84亿元，其中：通村油路项目贷款本息5.32亿元，息黔、白黔高速公路、叙毕铁路国开基金借款5202.79万元。三是支持市县有关单位化解债务风险。在自身资金非常紧张的情况下，归集8000万元给市泰信公司，借款3000万元给市信泰公司、借款2800万元给市旅游集团、借款1200万元给市建投公司、借款4000万元给毕节市政建设投资公司化解债务逾期风险。四是农民工工资支付有保障。开展拖欠农民工工资和中小企业款项专项治理，强化排查督导，及时预警处置苗头性事项，涉农民工工资工作平稳可控，公司项目没有发生一起农民工上访等问题。

【落实急难险重任务有新建树】 一是在项目投融资极端困难的情况下，筹集到位项目资金9390万元，帮助金海湖新区缓解资金困难，为项目业主提供专业支持，推动碧阳大道东段（一期）项目在成贵铁路通车前建成投入使用，助力毕节进入“高铁时代”。二是借款支持市工信局化解民中项目用地历史遗留问题，积极推进项目融资工作，协调施工单位于2019年5月11日复工建设，派驻工作专班开展施工指导和协调，2019年项目完成全部基础施工，主体结构工程完成80%。三是代建毕节幼儿师范基地N3栋校舍项目，组织施工单位在2019年5月1日进场施工，协助学校完成设计施工招标工作，协调施工单位加快工程进度，现已完成项目主体工程。四是代建毕节医专学生宿舍项目，推动项目在2019年5月1日复工，2019年8月30日全部完工。五是协调召开毕威高速公路竣工总结会，完成项目投转固工作；推进黔织高速财务决策审计、竣工验收和明源煤矿理赔等遗留工作；完成机场高速竣工验收阶段的环评、水保、质量检测、结算审计等各专项验收工作。六是开展修文经金沙至古蔺、镇雄以勘至七星关林口等高速公路项目期工作，推进镇赫、赫水、纳赫、织普、毕龙高速公路前期手续称交工作。2019年公司推进民中等项目建设的工作成绩2次得到集智市长肯定和表扬。

【项目资产筹集有新举措】 2019年，交建集团共投入交通项目资金7.72亿元，归还银行贷款5.28亿元，投入实体化发展资金11.51亿元，一是银行融资金。通过成立融资专班、开展银企座谈、面向银行召开项目融资推广会等措施，加强与银行对接沟通，通过二医项目向农业银行融资到位资金3.64亿元，通过社会培训中心（民中）、金沙建投大厦装修、政府隐性债务置换等项目与银行达成融资意向4.5亿元。二是对外引资金。通过合资、合作等方式，将市外资金引入毕节。以“西派·澜岸”地产项目合作引入中铁建地产，撬动投资13.3亿元。出资0.24亿元与中石化成立毕节石化交通能源投资公司，撬动约3亿元的干线公路加油站投资。三是债权换资金。按照债权换资产、资产变资金的思路，组建工作专班，加强与各县（区）对接，按照“一县（区）一方案”推进与县区的债权债务化解工作。已通过与大方县、金沙县、百管委等县区化解存量债务获得土地资产18.25亿元，可经营性资产3.2亿元。

【市场化转型发展有新突破】 一是借梯上楼，实现高质量转型。引进世界500强中铁建地产合作，使用中铁建高端品牌“西派系”，将德溪地产项目开发为高品质住宅小区，一期推出的493套房源已全部售出，实现了资金较快回笼。探索走出了一条“债务换资源、资源转项目、项目变资金、资金促主业”的发展路子。二是借势发力，实现快速度转型。联合市二医、中铁十七局组建SPV项目公司，投资建设市级第一个PPP项目——市第二人民医院迁建项目，项目比计划工期提前5个月建成，已于2019年10月收治病人。三是借树乘凉，实现低风险转型。公司利用央企资金实力强、管理规范的优势，正在与中铁十七局、中铁四局等央企在毕节的项目开展物资供应、劳务施工、后勤服务等业务，2019年合同金额达3.95亿元，在较低风险的情况下，大幅度提升公司市场化转型的营收和利润。2019年12月22日，市委书记周建琨在公司市场化转型发展专报上批示：“交建集团的工作值得充分肯定，世上无难事，只要干骨善干事，没有干不成的事。祝贺，望继续努力!”

【实体项目投资有新进展】 2019年投资项目共11个，投资金额达19.89亿元，其中实体项目投资6.11亿元，以新增投资加土地置换县区所欠交通项目债务的方式，分别是在大方、黔西、威宁、金沙、百里杜鹃和金海湖等县区竞拍摘地土地完成投资13.78亿元。公安、司法、学校等代建项目完成建安产值8061万元，碧阳大道东段（一期）完成施工产值9252万元。代建机场高速项目实现营业收入436万元，工程施工实现营业收入6976万元，销售钢材3994吨，商砼2.88万立方米、加气块166立方米、工业盐1464吨，物资贸易实现营烽收入3046万元。公车租赁完成营收364万元，二医后勤服务完成营收138万元。另外，2019年通过利用项目资金拨付时间差实现投资收益4082万元。

【打赢脱贫攻坚战有新创举】 成立扶贫工作领导小组，公司职工先后与雄鹰村33户贫困户89人结成帮扶对子，与观音村141户贫困户642人结成帮扶对子。出资300万元建毕节市雄鹰扶贫开发有限公司，探索开展“1+6”村社企一体化发展模式助力帮扶联系点按时打赢脱贫攻坚战。投入30万元支持赫章县古达乡观音村合作社发展产业，投入10万元支持威宁县板底乡雄鹰村进行用水管网改造，投入20万元支持雄鹰村、观音村开展危房改造、党支部标准化建设。另外积极支持威宁县板底乡安坪社区和赫章县结构乡沙坝村发展村集体百合种植产业和脱贫攻坚工作。

【推进党风廉政建设有新气象】 一是强化作风建设。构建“5+1”监督检查机制，落实“五步工作法”，坚持月调度会制度，定期督查党委会、董事会和总经理办公会决策事项的落实情况，让干部职工主动“晒成绩”“亮不足”。严格控制经费支出，坚决杜绝铺张浪费等违规违纪现象。2019年以来，开展“茅台酒”和“天价烟”专项治理工作3次，排查廉政风险点186处并制定防控措施。二是强化纪律建设。构建以党委书记履行反腐倡廉建设第一责任人责任，班子成员履行“一岗双责”的党风廉政工作机制。党委书记亲自组织召开会议，专题听取党风廉政建设工作情况汇报，亲自安排部署各项工作。层层签订《党风廉政建设目标责任书》，制定《关于推进廉政文化和警示教育常态化实施方案》《毕节市交通建设集团有限责任公司重大事项报告制度》，组织集团公司党委班子及部分中层干部到织金法院参加庭审警示教育，到警示教育基地参观，利用“身边事”教育“身边人”。三是强化反腐斗争。始终保持反腐斗争的高压态势，坚持无禁区、全覆盖、零容忍，坚持重遏制、强高压、长震慑，紧盯选人用人、工程招投标、投资融资等重点领域和关键环节，寻找各个风险点，并制定防控措施，精准有力有序惩治腐败。

【强化企业自身建设有新发展】 一是突出党委前置程序，修订出台《党委会议事制度》《董事会议事规则》《总经理办公会议事规则》《监事会议事规则》，切实把党委领导融入公司决策、执行和监督各个环节，在组织架构上，实现党委领导与公司法人治理有机融合；在重大决策问题上，实现党委统领全局与董事会重大决策有机融合；在经营管理上，实现党委推进重大决策与经理层有效贯彻落实有机融合；在监督保障上，实现党委定向把关与监事会依法监督有机融合，公司法人结构治理逐步完善。二是坚持重大事项报告制度。扎实做好制度废、改、立，强化用制度管人管事。2019年，先后修订出台公文处理、公车管理、请休假、印章管理、绩效考核等制度10余个；落实“五步工作法”，坚持月调度会制度，定期督导党委会、董事会和总经理办公室决策事项。坚持工作要情制度。班子成员、内设部室和子公司负责人每日编发工作要情，倒逼员工主动作为、勤勉干事。三是深入推进“大道文化”建设，利用重大节日节点，广泛开展摄制“我和我的祖国”MV，到钱壮飞烈士陵园敬献花圈、到敬老院献爱心、参加社区创文创卫活动、选派参赛队伍参加市体育局、工会等单位组织的广播体操比赛等活动，干部职工凝聚力和认同感进一步增强。

（供稿：毕节市交通建设集团有限责任公司）

毕节市农业投资发展有限责任公司

【概述】 2019年，在市委、市政府的正确领导下，在市国资委及相关部门的监督指导下，全司坚持以习近平新时代中国特色社会主义思想为指导，扎实推进“不忘初心、牢记使命”主题教育，聚焦主责主业，认真落实“113 攻坚战”的决策部署，以市场需求为导向，整合资源、夯实基础，盘活资产、实体运作，扎实推动公司各项工作快速、稳步迈入正轨，全力争取在全市“打赢攻坚战、建设示范区”中发挥市级国有企业的示范作用。

是年，公司上下克难奋进、积极作为，较好地完成了年度各项工作目标。一是主导产业有突破。紧紧围绕育苗产业项目，共建设各类育苗基地9000余亩，在2019年全省仅有的5个省级育苗示范基地中，市农投公司获得3个。二是重大项目有进展。积极主动承接国家储备林建设实施，在各县试点建成高质量国储林育苗基地1800余亩，进一步夯实国家储备林建设基础。三是特色项目有推进。引进专业技术力量，推动菌种生产厂和白参工厂化生产项目落地落实，目前各项工作正在推进中。四是市场营运有效益。深挖涉农产业市场，通过利益联结方式发展金丝皇菊、鲜切花等产业，营运效益有效提高。五是脱贫攻坚有成效。聚焦深度贫困地区，重点在纳雍、威宁、赫章等地发展产业，脱贫攻坚取得新成效。六是项目融资有成绩。通过对接各类金融机构，争取支持，切实为各项项目建设和产业发展提供资金保障，已实现融资 1.6 亿元，其他融资工作也正有序推进中。

【围绕主导产业抓发展】 将贯彻落实市委、市政府关于产业结构调整的决策部署作为公司业务发展的主攻方向，紧紧围绕茶、刺梨、皂角等产业，全力谋划育苗产业项目。紧盯全市产业结构调整“5个百万”工程，围绕到2020年实现刺梨、皂角等各100万亩的目标，积极与各有关县（区）对接落实产业结构苗木订单，实施毕节市种苗木中心建设项目，紧扣500亩以上坝区布局育苗示范基地，以“国有公司＋民营公司＋基地＋农户”模式，大力组织实施本地育苗工作，共建设各类育苗基地9000余亩。通过育苗业务最大限度地解决贫困户及当地群众就业，全力助推脱贫攻坚，为全市产业结构调整奠定基础。

【围绕重大项目抓发展】 按照统筹农、林、牧、渔项目开发和经营的职能定位，积极主动承接国家储备林建设实施。一是夯实苗木基础。市农投公司早谋划、早安排，年初就及时启动储备林所需苗木的育苗工作，建成一批高质量的国储林育苗基地，其中桦木基地 1373.19 亩，预计出苗6980万株；香樟基地 147 亩，预计出苗 600 万株；檫木基地245.68亩，预计出苗500万株。二是强化资金筹措。积极加强与省金控集团对接，争取绿色产业基金支持，统筹解决 6.76 亿元项目资本金，该项目已入省基金办项目库，前期资料已提供完毕。三是积极整合资产。根据市政府有关要求，已制定毕节市国有林场资产入股整合工作方案，倒排时间表，切实加强与市林业局、市国资委以及各县（区）的沟通。四是加强融资对接。积极到省国开行汇报，认真听取意见建议，同步对接落实融资相关事宜，畅通融资路径。

【围绕特色项目抓发展】 认真落实市委市政府食用菌产业发展的工作部署，着力发展优势大宗食用菌和特色珍稀食用菌产业，引进云南农大有关技术力量开展合作，计划投资 3.5 亿元，积极推进菌种生产厂和白参工厂化生产项目。已在大方、纳雍选定约300亩的，融资和项目申报、规划设计工作正在逐步推进。

【围绕市场营运抓发展】 围绕涉农产业，充分挖掘市场潜力，逐步拓展经营业务，通过“国有公司＋民营企业＋合作社＋贫困户”形式，积极参与到坝区产业结构调整中来。一是在金沙县岩孔1644坝区发展金丝皇菊项目，种植面积753亩。二是在金沙县岩孔1643坝区，投资1200万元发展高端鲜切花项目，计划种植大棚850个，2020年将实现营业收入。三是投资1000万元在金沙县经济开发区建设烘烤运营中心，围绕烘烤发展七月菊、羊肚菌等项目，最大限度提高运营效益。

【围绕脱贫攻坚抓发展】 聚焦深度贫困地区，重点在纳雍、威宁、赫章等地发展产业。一是在赫章县松林箐营村发展蔬菜产业，已完成蔬菜种植530亩，预计实现销售收入222.6万元，所产业利润全部用于联结松林坡贫困户。二是计划投资3500万元在威宁发展香樟、檫木、油茶育苗及佛手瓜项目，育苗已进场。三是在纳雍县育刺梨苗800亩，茶叶育苗1000亩。四是在威宁县金斗镇发展蔬菜产业130亩。坚持把产业往深度贫困地方布局，最大限度地助力脱贫攻坚。

【围绕项目融资抓发展】 把抓好项目融资作为保障公司发展的首要任务，积极争取各金融机构支持，切实为各项项目建设和产业发展提供资金保障，已实现融资1.6亿元，正在重点推进育苗中心建设融资2.8亿元，食用菌项目融资3.5亿元，为市农投公司实体化发展奠定资金基础。

【党建等各项工作全面开展】 公司成立以来，公司党委始终认真贯彻落实新时代党的建设总要求和新时代党的组织路线，认真贯彻落实党的十九大作出关于加强党的建设的部署要求，认真贯彻落实全市国有企业党的建设工作会议精神，全面推进公司党的建设工作。按照“守初心、担使命，找差距、抓落实”的总要求，认真开展“不忘初心，牢记使命”教育实践活动，达到了干部受教育、企业得实惠、工作有动力的效果。同时，不折不扣地完成组织、纪检、宣传、安全等各项工作部署。

（供稿：市农业投资发展有限责任公司）

市信泰投资有限公司

【概述】 毕节市信泰投资公司前身为1988年成立的毕节地区信托投资公司，2001年改制为毕节市信泰投资有限公司。公司注册资本金5亿元。

2019年，在市委、市政府的正确领导下，毕节市信泰投资有限公司认真学习贯彻习近平新时代中国特色社会主义思想和党的十九大精神，以“不忘初心、牢记使命”主题教育为引领，紧紧围绕市委、市政府“打赢攻坚战、建设示范区”的重大战略部署，始终坚持以化解债务为主线，以管好资产为抓手，以实体化转型为中心，振奋精神、鼓足干劲、力争上游，各项工作取得实质性进展，较好地完成了年初制定目标任务。

【党建工作】 公司党委坚持以“大党建”为统领，以“不忘初心、牢记使命”主题教育为契机，稳步推进公司党的建设工作。一是抓政治建设，注重落实责任、把牢方向。以“不忘初心、牢记使命”主题教育为契机，深入开展“党性强化”工程，通过加强和改进党委中心组理论学习、专题研讨、革命传统教育、形势政策教育、先进典型教育、警示教育等方法，抓实理论学习，不断推进党员学习教育的科学化、制度化、规范化。二是抓思想建设，注重统一思想、凝聚力量。以党员领导干部为重点，深化系统学习贯彻习近平新时代中国特色社会主义思想和党的十九大精神，严格落实意识形态工作责任制，结合新中国成立70周年开展主题创建活动，着力激发干部职工干事创业的精气神。三是抓组织建设，注重夯实基层、打牢基础。围绕党建重点工作任务要求，通过强化领导班子建设、发展党员、党员教育管理、落实党内组织生活、开展党员结对帮扶、志愿服务，党员亮身份、践承诺、争先锋等活动，进一步强化理论武装，强化基层基础，强化党在国有企业的领导地位。四是抓党风廉政建设，注重提振精神、强化担当。严格执行党风廉政主体责任和监督责任，层层签订《党风廉政建设责任书》，制定整治作风建设工作台账、“三个大兴”工作方案，从严监督管理干部，坚持兴“三风”纠“四风”，推动全面从严治党向纵深发展。

【债务化解稳步推进】 公司在为全市经济社会发展作出积极贡献的同时，也不断加重了自身负担。严守底线，强化风险意识，稳步推进债务化解，始终是公司的主业主责。一是严守底线确保不发生违约风险。2019 年，在市委、市政府的统筹安排下，在六个化债专班协调调度下，公司共计还本付息 9.51 亿元，没有发生债务违约风险。二是积极发挥平台优势搞好担保业务。公司在自身缺乏融资载体的情况下，充分发挥 AA 市级平台优势，2019 年已为市直公司担保贷款 5 亿元。三是积极推进打造 AA + 信用评级。结合公司实际，立足发债融资、促进转型、化解债务的基础上，积极推进打造 AA + 信用评级。

【转型发展持续推进】 随着时代的发展变迁，改革创新、转型发展也是公司下一步的必由之路，是公司防范化解债务风险由被动转为主动、实现在发展中化解债务、通过转型发展做优做大做强必须要过的一道坎。为此，公司成立转型发展工作领导小组，集中精兵强将，加快推进转型工作。一是围绕优势转型。充分发挥信用评级的优势，积极与县（区）平台公司合并做强、抱团发展，精心谋划项目融资，在融资建设项目中，寻求投资入股的项目转型。二是依托资源转型。利用金海湖新区用于偿债的土地、已摘牌未交付的土地，充分依靠政策，瞄准市场转型。三是寻求合作转型。采用“借鸡生蛋”方式，寻求有实力、有经验、有品牌效应的合作伙伴合作开发项目，形成自持商业股权的长期收益资产，增强持续融资能力、自身造血能力和抗风险能力。

【驻村帮扶】 通过结对帮扶、就业扶贫、医疗救助、壮大集体经济和补齐“两不愁三保障”短板等方式，全力助推脱贫攻坚。2019 年，公司党委围绕脱贫攻坚“两不愁三保障”和五个专项治理“等重要内容，结合自身实际，精心组织，周密安排，精心选派 2 人到公司驻村帮扶点（金海湖新区响水乡青山村、纳雍县沙包镇安乐社区）开展工作。是年，公司累计直接或协调帮助投入帮扶资金 34.32 万元用于脱贫攻坚工作。其中投入帮扶资金 12.32 万元，解决纳雍县沙包镇安乐社区安全饮水工程入户资金和 6 个公益性岗位经费，帮助协调湖南财富证券公司解决纳雍县沙包镇产业调整资金缺口 20 万元。

（供稿：市信泰投资有限公司）

中国邮政集团公司毕节市分公司

【概述】 2019 年，毕节邮政企业累计完成收入 3.20 亿元，完成计划排名全省邮政系统第二位，超全省平均进度 2.6 个百分点；业务收入同比增幅 7.1%，增幅排名全省邮政第二位，超全省邮政平均水平 2.1 个百分点。全年累计新增收入绝对值 2133.73 万元，累计新增收入规模排名全省邮政系统第一位，占全省邮政新增收入绝对值比重达到 14.45%。全市邮政有效收入完成 2.06 亿元，同比增长 4.09%，增幅排名为全省邮政第一位；有效收入占总收入的比重为 66.56%，高于全省平均水平 3.76 个百分点。企业资产负债率、流动比率、速动比率均优于全省、西部以及全国平均水平。

普遍服务实现全市 2267 个建制村 100% 通邮，完成党报党刊征订投递量 12.84 万份，带动 665 人就业，累计支付代办费用达 4964.75 万元；机要通信累计完成服务量 9.61 万件次，通信服务质量全红；招聘入职 79 人，企业从业人数达 1026 人，全员劳动生产率达到 31.19 万元/人；推进营揽投分部区域承包制，新增营揽投分部 16 个，全市营揽投部累计达 51 个，带动 265 人实现稳定就业；开办城镇及以上代开税务发票网点 137 个，开具税务发票4.34 万张，代开税额2.71 亿元；全市邮政企业上缴税收 359.68 万元，享受国家个人所得税专项附加扣除等税收优惠 180.51 万元，上缴税收同比下降 33.42%；投入 5 名驻村干部，对口帮扶纳雍县新房乡木沟寨村，赫章县财神镇、德卓乡，威宁县猴场镇葡萄村，直接划转党建扶贫资金 11 万元；助力 66 种农特产品上线销售，销售额 144.68 万元，带动贫困人口 15 人增收 3.71 万元；加强邮件处理中心能力投入，全市 8 个邮件处理中心全年进出口邮件处理量达 1602 万件次；响应国家交通强国战略，发行高速公路 ETC2.39 万户；全市邮政立项建设的 24 个“十三五”中央预算内资金建设项目，总投资 2780.15 万元，其中中央资金 1397.05 万元，已圆满收官。

在“建国七十周年”重大活动期间，荣获省邮政管理局颁发的“‘国庆70 周年期间贵州省寄递渠道安全服务保障工作先进集体’荣誉称号”；6 月，国家邮政局局长马军胜到威宁羊街调研时，对毕节市普遍服务工作的开展情况给予高度评价；8 月，在全国邮政普服营业培训班上，毕节分公司作普服工作先进经验交流发言。

金沙县分公司“封装神器”荣获贵州省工会、贵州省科学技术协会、贵州省质量协会联合颁发的贵州省 2019 年职工“五小”优秀创新成果一等奖。织金县分公司猫场支局荣获省总工会颁发的“工人先锋号”荣誉称号，七星关区分公司洪山路支局荣获“省级青年文明号”荣誉称号，大方县分公司人民南路支局荣获“省直市级青年文明号”荣誉称号。

【经营发展迈上新台阶】 代理金融业务全年实现收入 2.34 亿元，完成计划进度排名全省第一位，增幅排名全省第一位。全年累计发展手机银行客户 141178 户，排名全省第二位，点均新增排名全省第一位。1－12 月新增余额 13.87 亿元，占全省新增余额的 44.36%，排名全省第一位。全市网点点均新增余额 1558.84 万元，排名全省第一位。截至 2019 年 12 月 31 日，全市余额规模累计达到 133.76 亿元，89 个金融网点中，今年新增 5 个亿元网点，亿元所累计达到 69 个，点均余额 1.5 亿元，排名全省第一位。普遍服务和包裹快递有机融合的发展成效不断体现，截至年末，全市 50 个营揽投分部累计实现揽收收入 1437.8 万元，同比增幅 61.61%；农村乡镇支局、空白乡镇网点以及代办点累计实现包裹快递收入 1370.8 万元，同比增幅 37.20%，其中，空白乡镇网点和代办点收入增幅达到 45.06%。金沙县分公司清池支局发展农村包快的先进经验在全省得到推广。

【精细管理迈出新步伐】 通过推行财务预算、核算、结算管理，推进处理中心外包，积极推进邮路优化调整等措施，推进精细化管理，提高企业运行质量和效益。全年全市有效收入完成 2.06 亿元（不含寄递），同比增长 4.09%，增幅排名为全省第一位；有效收入占总收入的比重为 66.56%，高于全省平均水平 3.76 个百分点，营销费用及代办费占收入的比重控制在西部平均水平以内，资产负债率、流动比率、速动比率均优于全省、西部以及全国平均水平。

财务管理方面，重点关注用户欠费和资金情况，加强欠费收缴和委代费、营销费用管控，成本压降成效开始显现。截至 12 月末，全市综合欠费率 1.55%，低于全省平均水平 1.43 个百分点。强化财务基础管理，配合省财务达标验收工作，拟定及修订财务管理办法 23 个、整理财务规范相关制度和成本管理制度 25 个。开展揽投部资费核查工作，推广“第三方支付”收款业务，规范资金归集渠道，从源头杜绝营业收入“跑冒滴漏”，有效防范资金风险。持续推进房屋土地确权办证工作，全市土地持证比率达到95.21%，房屋持证比率达到95.10%。加强固定资产管理，确保企业固定资产保值增值，续签合同6处，新招租1处。

人力资源管理方面，强化薪酬规范管理，坚决杜绝违规行为，切实维护员工合法权益。继续外聘师资开展第四轮网点产能提升培训，并组织实施电商、运营管理、金融理财认证等各类培训，切实抓好员工素质提升工作。全年共组织员工培训2856人次，其中参与远程培训2225人次，现场培训731人次，金融从业人员持有岗位认证资格及理财认证资格均达到100%，全市138人参加技能鉴定，合格率达到100%。在2019年春季社会招聘工作中，招聘26名优秀大学生定向补充到农村金融网点。截至2019年末，全市邮政（含寄递事业部）从业人员1011人，专科以上学历831人，占82.2%，同比提升了1.2个百分点。

网运管理方面，强化邮件陆运网运行质量日常监测，重点消除不达标指标，提升运行质量，确保邮件运递顺畅。开展包裹快递全程时限专项整治工作，将全市七县一区46条环形邮路优化调整为62条往返邮路，全程时限大幅提升，平均用时从3月的62.14小时缩短到现在的34.22小时，平均提速27.92小时，回程邮路邮件装载率达到80%以上。投递道段从173条增加到189条，派揽及时上门成功率93.87%，排名全省第一位。

安全及风控管理方面，全面开展“5个100%”安全生产专项检查活动，切实管控好安全生产各个环节，有效确保全市邮政生产经营安全。持续推进“平安邮政”建设工作，在第六轮金融网点安全评估工作中，全市金融网点综合评分96.69分，达到优秀级别。做好两会、第二届“一带一路”国际合作高峰论坛、“建国70周年”等重大活动期间邮政寄递渠道安全服务保障工作，确保邮政生产运营稳定。认真落实集团、省分公司关于网络安全工作的相关要求，进一步加强全市邮政生产办公场地信息网络节点的保障工作。加强远程集中监控中心管理，加大非现场检查力度，选取部分农村金融网点试点推行业务库异地值守。金融风险内控管理制度进一步完善，持续开展银监检查及金融市场乱象整治活动，强化代销风险防控，坚决打好扫黑除恶专项斗争，切实抓好反洗钱管理工作，有效规范经营行为。落实开展“接管式”检查，发现问题24个，已整改问题24个，经济考核16人。

【普服工作开启新局面】 认真开展普遍服务和特殊服务巡视整改工作，着力推进普遍服务特殊服务三年行动计划，持续抓好新《邮政普遍服务标准》的宣贯实施，普遍服务水平稳步提升。全市邮政新增普服营业员4名，乡邮投递人员41名，全市空白乡镇网点基本达到“一营一投”配置。为进一步提高偏远建制村用户的用邮体验，更好地服务“三农”，结合实际，从10月起，在173个偏远建制村中筛选89个偏远建制村从周一班投递调整为周三班投递，并有效利用营业系统、新一代寄递系统、外勤监控系统，全方位、全环节动态掌握普遍服务真实情况，进一步强化监督检查，全市邮件传递全程时限得到较大提高，各项指标从年初的全省末位跃升到全省前列，智能工单、质量控制工单指标得到有效压降，邮政服务问题有效申诉量下降44.74%，寄递业务服务质量综合评定指标连续6个月位居全省第一位。全面完成中央扫黑除恶督导组进驻贵州和省委巡视相关系统专用信箱的寄递服务保障工作，狠抓监管部门发现的存在问题整改工作，做到举一反三，严格规范，确保寄递渠道畅通快捷，全年全市邮政未发生因服务质量问题被监管部门处罚的情况。做好机要“迎国检”工作，增配8名机要专职营业人员，确保机要通信安全万无一失，连续38年保持质量全红。在“建国七十周年”重大活动期间，由于全市普服工作组织到位，措施有力，公司获省邮政管理局颁发的“‘国庆70周年期间贵州省寄递渠道安全服务保障工作先进集体'荣誉称号"。6月，国家邮政局局长马军胜到威宁羊街调研时，对毕节市普遍服务工作的开展情况给予高度评价，8月，在全国邮政普服营业培训班上，毕节分公司作普服工作先进经验交流发言。

【深化改革取得新进展】 持续深化寄递改革。综合市寄递事业部、市分公司机构设置和管理职能，对市寄递事业部办公场地、收寄、分拣、运输、投递等各环节进行全面整合，将市分公司职能部门与市寄递事业部对口职能部门实行合署办公，统一实施调度，较好地解决管理"两张皮"、人员各自为政、工作推诿扯皮等问题，进一步理顺管理流程，提高工作效率，切实形成心气劲足的发展合力。历史遗留问题进一步解决。明确普底、大水、金波、仁和四个乡镇的邮政服务全部归属大方县分公司负责，为下一步新增普底金融网点的开办理顺了管理环节。全市8个邮件处理中心装卸环节全部推行外包，人力资源进一步盘活，处理中心合同用工占比从15.83%降至12.2%。着力推进代理金融营业主管派驻制工作，全市派驻营业主管116名，进一步强化强化事中风险控制。

【能力提升释放新动力】 基础设施建设方面，全年完成威宁雪山、牛棚、中水，大方普底、织金猫场、纳雍百兴等6个支局的装修改造，对大方人民南路支局二楼、黔西、金沙邮件处理中心实施改造，并以机要"国检"为契机，全面完成全市七县一区机要交接室的改造工作。重大项目加快推进，进展顺利。纳雍县局房、毕节邮政区域仓储中心、赫章县局房、织金县邮件处理中心四个重大项目如期完工。按照省分公司部署，全面梳理完成全市"十三五"中央预算资金项目24个，确保开工率、完工率、支付率达到"三个100%"。在持续加大信息技术投入、强化科技赋能方面，全年累计投入资金851万元，整改11个支局防尾随门、甲级防盗门，为20个支局布防主动防御系统，增配全市机要生产场地监控，对45个普服营业网点实施监控升级，购置安装ITM60台、CRS6台，购置清分机40台、扎把机52台、柜外清30台，新增配备网运PDA45台、投递PDA50台，全面推进"第三方支付"工作及邮运车辆安装GPS定位系统工作。

【和谐构建展现新风貌】 举办全市邮政首届职工篮球运动会、环湖赛跑等活动，组织人员参加省分公司组织的"传唱红歌经典 喜迎建国70周年"合唱比赛，展现毕节邮政广大干部员工昂扬向上、蓬勃进取的风采。持续开展"职工小家"上档升级建设，建成大方县分公司"全省标杆职工之家"，获贵州省总工会授牌的白果支局"工会劳动者户外驿站"正式挂牌成立，上档升级的9个职工小家顺利通过省邮政工会验收。筹集资金80.33万元，开展元旦、春节慰问，"送清凉""送温暖"活动和"金秋助学"等活动，组织全市1332名在岗职工、离退休职工及内退、协议离岗人员进行健康体检，安排劳模先进疗养。围绕企业发展目标，分阶段组织季度业务发展竞赛活动以及项目营销竞赛活动，充分调动全市各级邮政部门和职工的工作积极性，形成争先创优的良好局面，涌现一批优秀的先进集体和先进个人，为促进我市邮政事业发展起到了模范带头作用：织金县分公司猫场支局荣获省总工会颁发的"工人先锋号"荣誉称号，七星关区分公司洪山路支局荣获"省级青年文明号"荣誉称号，大方县分公司人民南路支局荣获"省直市级青年文明号"荣誉称号，驻村干部余江获毕节市脱贫攻坚先进个人荣誉称号，赫章县分公司黄剑获毕节市劳模荣誉称号。在"不忘初心 牢记使命"主题教育中，王龙模、安丽丹的先进事迹在全省推广学习。

【党的建设取得新成效】 一是强化理论学习，提高政治素养。深入学习贯彻党的十九大及全会精神和习近平总书记系列讲话精神，坚持把学习宣传习近平新时代中国特色社会主义思想作为重中之重，坚持不懈地用党的理论创新成果武装头脑、指导实践，始终保持政治定力和前进动力，进一步增强在思想上、政治上、行动上与党中央保持高度一致的自觉性。全年通过采取中心组集中学习研讨、邀请专家授课、党委书记上党课、撰写心得体会等多种形式，较好地保证学习效果。

二是牢记初心使命，坚定理想信念。认真贯彻落实中央、集团公司和省分公司部署，结合企业实际，坚持第一时间安排部署，坚持上下统筹推进，围绕“守初心、担使命，找差距、抓落实”的12字总要求和5个具体目标，围绕集团公司刘爱力董事长“三个视角”“三个规律”“五个结合”“六个转化”等讲话精神，围绕“人民邮政为人民”的服务宗旨，深入扎实开展“不忘初心、牢记使命”主题教育，把学习教育、调查研究、检视问题、整改落实贯彻始终，切实推动主题教育往深里走、往实里走。在主题教育实践中，全市共归纳梳理事关企业改革发展、生产经营、党的建设、职工诉求等意见建议259条，已完成和阶段性完成整改180条。全市各单位按照市分公司党委部署，先后撰写调研报告12篇，四级副以上领导干部共拟写学习心得体会41篇。

三是坚持党建引领，筑牢战斗堡垒。以基层党支部达标创建工作为抓手，把企业发展与党的建设工作有机结合起来，强化党员领导干部的理论学习提升，持续推进“两学一做”学习教育制度化常态化。在组织15名基层党支部书记参加省分公司举办的党支部书记培训的基础上，组织支委委员到遵义红色培训学院开展了为期一周的培训，进一步提高了全市邮政企业基层党支部班子的政治素养、理论水平和党务业务工作能力，为全面推进融入业务抓党建示范建设打下了坚实的基础。持续加大支部“三会一课”督促力度，加强“学习强国”“中邮先锋”等线上学习平台的学习管理，通过线上线下相结合的方式，各支部党员及时学习党中央的大政方针、集团公司领导讲话精神，促使全体党员进一步强化党性修养和理论素养，基层党组织的领导力、执行力、凝聚力、战斗力得到进一步提升。

四是主体责任层层压实。牢固树立“抓党风廉政建设是本职，不抓是失职，抓不好是渎职”的理念，认真落实管党治党责任，推进全面从严治党责任全面落实落地。年初，全市邮政16个基层党支部书记签订《落实全面从严治党要求2019年度主体责任书》，全市邮政企业领导干部、全体党员和关键岗位人员分别签订廉洁自律承诺书，党风廉政建设责任层层落实、压力层层传导。进一步完善廉洁风险防控工作机制，持续推进廉政约谈常态化，全年共开展廉政提醒谈话8次，约谈162人次。

五是持续推进正风肃纪。认真落实《中国共产党党内监督条例》，持之以恒正风肃纪，坚决防止“四风”反弹回潮。严格执行“三重一大”制度，强化采购管控，加大内部监督，规避采购风险，全年共实施自主采购项目30个，公开采购率达到83.33%，占全部采购比重的64%。全面开展严肃整治领导干部利用名贵特产类特殊资源谋取私利问题、“天价烟”背后“四风”问题的专项排查工作，从严强化领导干部监督管理。认真贯彻落实中央八项规定，对各类规定和办法进行全面清理，进一步改进调查研究、精简会议文件、厉行勤俭节约，在全市上下大力营造担当作为、攻坚克难的良好氛围。

六是抓紧抓实巡视整改。始终坚持“整改不落实，就是对党不忠诚”的政治标准，坚持把落实巡视整改作为贯彻党的路线方针政策和集团、省分公司重大决策部署的务实举措，将巡视整改纳入日常监督检查，并形成季度例会制度，有效推动巡视反馈问题的持续整改，切实做好巡视“后半篇文章”。全年共梳理巡视反馈具体问题21个，制定整改措施57条，累计整改完成24项，阶段性完成整改措施33项；各县区分公司梳理存在问题60个，整改完成48个，阶段性完成、持续整改12个。

七是加强班子廉洁自律。一年来，市分公司党委班子始终坚持更高标准、更严要求，从严从实加强自身建设，不忘初心、牢记使命，切实做到“四个带头”：一是带头树牢“四个意识”、增强“四个自信”、做到“两个维护”，自觉在思想上政治上行动上同以习近平总书记为核心的党中央保持高度一致；二是带头严格执行党章党规，认真落实从严治党主体责任和监督责任，严格执行和落实民主集中制、“三重一大”等决策制度，始终把党的政治纪律和政治规矩挺在前面，推进全面从严治党责任落实落地，切实做到“守土有责、守土负责、守土尽责”；三是带头严格执行廉洁自律各项规定，认真贯彻执行中央“八项规定”和集团公司、省分公司关于作风建设的有关规定，厉行节约，勤俭办事，切实做到自重、自省、自警、自励，自觉增强抵制各种腐败思想侵蚀的免疫力；四是带头履职尽责，提高政治站位，端正发展理念，靠前指挥、一线作为、率先垂范，大力营造“干实事、勇担当、敢作为”“言必行、行必果”的干事创业良好氛围，确保各项工作落实落地。

（撰稿：刘加文）

县区概况

七星关区

【概述】 毕节市七星关区位于贵州省西北部，是云贵川三省地区区域中心城市和黔西北政治、经济、文化中心及交通枢纽，东与大方县相邻，南与纳雍县接壤，西与赫章县和云南省镇雄县毗邻，北与四川省叙永、古蔺县隔赤水河相望。全区总面积3412平方公里。最高海拔2217米，最低海拔470.1米，平均海拔1511米。全区气候冬无严寒，夏无酷暑，全区年平均气温13.9摄氏度。全区总面积3410.98平方千米，耕地面积13.64万公顷。辖8个乡（其中6个民族乡）、27个镇，75个社区（街道办事处），305个村民委员会、137个居民委员会（以上数据不包含小坝、梨树、岔河三个划出托管乡镇）。年末户籍总人口168.65万人，其中少数民族16.6万人，占总人口的10%；城镇人口71.81万人，乡村人口89.93万人。人口出生率9.26‰，自然增长率6.76‰。人口较多的少数民族有彝族、苗族。

七星关区属中山地貌类型，东北部山地与沟壑交错，地势陡峭；中部属中山山地和河谷平地；西部属中山和高中山及谷地。

七星关区主要农作物为玉米、水稻、马铃薯、油菜、烤烟；盛产生漆、大蒜和天麻、杜仲、半夏、党参等名贵中药材；矿产资源主要有煤、煤层气、泥炭、地热、铁、铜、铅锌、铝土矿、硫铁矿、水泥用灰岩、建筑用灰岩、饰面用灰岩、化肥用白云岩、水泥用砂岩和页岩、耐火黏土、高岭土、矿泉水、砖瓦用页岩矿产等19种，其中煤初步查明资源储量的有37个矿区（井田），累计查明的资源储量11.4931亿吨，硫铁矿在全市境内分布面积约2000平方公里，预测资源储量19.2亿吨，查明9个硫铁矿矿区资源储量1791.65万吨，完成各类造林17.4万亩，石漠化综合治理3万亩，森林覆盖率达58.02%；

【经济发展】 实现地区生产总值469.23亿元，增长8%；500万元以上固定资产投资完成207.2亿元，增长6.4%；一般公共财政预算收入完成28.28亿元，增长6.4%；社会消费品零售总额完成87.91亿元，增长6.7%；农村常住居民人均可支配收入10505元，增长10.8%；城镇常住居民人均可支配收入34521元，增长9.1%。政府机构改革基本完成，“放管服”改革不断深化，市场准入负面清单制度全面实施，取消行政审批事项4项，承接下放行政审批事项13项。

【脱贫攻坚】 农村贫困人口减少42066人，贫困发生率下降到1.35%，成功通过第三方专项评估。投入财政专项扶贫资金1.54亿元，实施到户产业项目2680个；帮助2.43万户贫困群众申请特惠贷9.87亿元；投入兜底资金715.75万元，补助建档立卡贫困户750户。柏杨林安置点入住群众6372户29001人，梨树安置点88栋安置房主体完工，入住群众1030户5095人。

【产业布局】 第一产业完成85.05亿元，增长5.5%；第二产业完成107.91亿元，增长7.1%；第三产业完成276.27亿元，增长9.2%。非粮农业增加值占农林牧渔业增加值比重达93.6%，农业增加值增速6.8%，获评国家农产品质量安全县，获得“三品一标”产品认证6个。新增规模以上工业7家，实现规模工业总产值121.38亿元，增长12.83%，完成规模工业增加值68.24亿元，增长7.8%。经济开发区实现产值56.08亿元，解决就业1.07万人，纳入“千企改造”项目企业15家，获得“全国模范劳动关系和谐工业园区”称号，获批“新型工业化产业示范基地”。建成粤港澳大湾区“菜篮子毕节配送中心”，冷链物流总库容达4.56万吨，石桥物流园和黔西北农产品物流园二期分别完成投资13.8亿元、1.2亿元。建成区级和5个二级分拨中心，建成农村电商综合服务站486个，提升改造28个，网络销售总额1.8亿元。拱拢坪度假中心成功试运营，“鸡鸣三省”景区创建国家4A级旅游景区有序推进，全区全年接待游客2144.71万人次，实现旅游收入177.96亿元。

【城乡建设】 成贵铁路建成通车，叙毕铁路建设正常推进，草堤路口至总溪河段、大箐至二龙关段、花牌坊至燕子口段、燕子口至赤水河段、小吉场至海子街国省道提级改造项目有序推进，完成通村通组路建设任务，完成29个乡镇村组道路安全防护工程。安装配电变压器1033台，架设高低压线路1734.77千米，自然村寨全部实现通动力电。新建4G基站1892个，铺设光缆5316千米。龙官桥、双河口等水库建设有序推进，289个农村饮水安全项目全面完成。城市建成区面积达49平方公里，常住人口城镇化率提高到50%；倒天河两岸通畅工程全面完工，塘坊·河畔等14个安置房项目有序推进，启动柏杨林等6个棚改安置房项目建设；建设路、箱子路改扩建项目、南关桥通畅工程基本完工；商品房销售面积150万平方米。建成137个农村环境综合整治项目、19个乡镇污水处理厂、33个乡镇垃圾转运站，90%以上行政村生活垃圾得到有效治理，农村面貌明显改善。

【生态环保】 完成85个千人以上集中式饮用水水源规范化建设，完成倒天河水库、利民水库一级保护区覆绿工程和二级保护区、准保护区污水收集处理点建设。启动五龙桥地埋式污水处理厂建设，8个污水处理厂建成调试，铺设污水管网17公里，亮岩、层台等7个城镇污水处理厂建设有序推进。完成各类造林17.4万亩，石漠化综合治理3万亩，森林覆盖率达58.02%；持续深入开展森林保护“六个严禁”执法专项行动，办理涉林案件119起。

【社会事业】 新建、改扩建城乡中小学17所，新增学位5000个，持续推进毕节二中、毕节四中省级示范性高中和区职中省级示范校建设，教育攻坚三年行动计划成效显著；学前三年毛入园率达89.1%，幼儿园普惠率达60%，九年义务教育巩固率达95.26%、“三残”儿童少年入学率达92.98%，进城务工人员随迁子女入学比例达75.10%，高中阶段毛入学率达91.76%，完成中职招生11920人。建成区肿瘤微创中心和7个街道卫生院，区第二人民医院主体完工，推进区中医院、区疾控中心建设，区人民医院申创三级医院工作有序推进。贫困群众基本医疗保险实现应保尽保，医疗扶贫补助资金2.09亿元，惠及贫困群众5.6万人次。鸡鸣三省会议会址被列为省级文物保护单位，“万人唱红歌”等新中国成立70周年系列活动获群众好评。老年养护楼、儿童福利院主体完工；城镇职工、城乡居民基本养老保险分别完成10.28万人、53.4万人，工伤保险、失业保险参保分别为5.23万人、4.05万人。分别发放城乡低保金、困难群体救助金、高龄老年人生活补贴、孤困儿童基本生活保障金2.74亿元、6570.16万元、1481.94万元、688.34万元；基本建成保障性住房1688套，发放租赁补贴282万元。

（供稿：七星关区史志办）

大方县

【概述】 大方县位于贵州省西北部，毕节市中部，乌江支流六冲河北岸，地处北纬26°50′02″~27°36′04″，东经105°15′47″~106°08′04″之间。东与黔西县毗邻，东北抵金沙县，南以六圭河与织金县为界，西南与纳雍县隔河相望，西部和西北部与七星关区、金海湖新区接壤。全县总面积为3500.11平方千米（含委托百里杜鹃管理区、金海湖新区管理乡镇），耕地面积12.23万公顷。2019年，全县总面积为2646.38平方千米（不含委托百里杜鹃管理区、金海湖新区管理乡镇），耕地面积9.46万公顷。辖16个乡（其中11个民族乡）、9个镇、4个街道、161个行政村、128个社区。

2019年末户籍总人口95.68万人，其中，城镇人口34.84万人，乡村人口60.84万人。人口出生率11.15‰，自然增长率7.82‰。少数民族29.47万人，人口较多的少数民族有彝族、苗族、白族。主要矿藏有无烟煤、硫铁矿、铁矿、硅石、高岭土、大理石、石灰石、黏土等。森林覆盖率56.59%。

2019年，全县地区生产总值163.86亿元（调减后），比上年增长8.4%。农业总产值74.05亿元，同比增长5.8%。规上工业增加值增长8.4%。全县财政总收入36.28亿元，同比增长23.04%，其中地方财政收入6.5亿元，同比增长4.45%。财政总支出75.45亿元，同比增长6.52%。一般公共财政预算收入6.49亿元，同比增长4.45%；一般公共财政预算支出62.9亿元，同比增长23.5%。金融机构各项存款余额190.79亿元，同比下降7.4%。各项贷款余额180.56亿元，同比增长22.4%。存贷款余额增速7.1%。全县500万元以上固定资产投资118.85亿元，增长10.9%。全社会消费品零售总额完成33.7亿元，同比增长5.7%。城镇常住居民人均可支配收入31507元，同比增长9.4%；农村常住居民人均可支配收入10491元，同比增长10.8%。

2019年，在全省第一方阵增比进位综合测评中，大方县排第17位，较2018年度上升2位，其中，土壤环境质量及管理指数、贫困发生率、贫困人口减少年度计划完成率排第一位，网络零售额增速、税收收入增速排第三位；在全市主要经济指标考核中，大方县固定资产投资增速排第1位，地区生产总值增速、城镇常住居民人均可支配收入增速排第3位，经济社会呈现良好发展态势。

【脱贫攻坚】 2019年年初，大方县有建档立卡贫困户51767户196078人（其中：历年脱贫户46904户181056人，2019年贫困人口4863户15022人）。3月，大方县通过省扶贫办委托第三方开展的专项检查评估，“三率一度”均符合国家贫困县退出标准。4月24日，贵州省人民政府正式批准同意大方县退出贫困县序列。7月中旬，通过国家第三方评估抽查，贫困县退出指标均达到标准。11月底，全县实现164个贫困村全部出列、51767户196207人全部脱贫。大方县采取一系列综合措施打好打赢脱贫攻坚战。实施“两业”扶贫。投入财政专项扶贫资金1.95亿元，实施产业扶贫及配套设施项目259个，财政专项扶贫资金使用率达98.2%；发放“特惠贷”6.9亿元，惠及贫困户19456户70045人。建立扶贫车间38个、新增“十大员”公益性岗位2504个，开展贫困劳动力全员培训1.16万人，引导1.09万户4.63万人实现稳定就业。落实“3+1”保障。累计发放各类教育资助7864万元，惠及学生11.19万人次；发放国家生源地助学贷款1.27亿元，惠及学生17578人。贫困人口基本医疗保险全覆盖，住院补偿45255人次1.67亿元。完成农村危房改造953户。建成农村饮水安全巩固提升工程项目48个，农村安全饮水实现全覆盖。做足后续扶持“文章”。完成易地扶贫搬迁4877户20902人，搬迁入住率及旧房拆除率均达100%。加强“五个体系”建设，安置点教育、医疗等公共服务全覆盖，易地扶贫搬迁群众实现就业2490人。释放帮扶协作活力。整合各类帮扶资源，充分利用农工党中央定点帮扶、广州市天河区对口帮扶、恒大集团结对帮扶大方累计投入的34.25亿元帮扶资金，全面推动县域内产业就业提质、教育医疗提升、基础设施改善、发展质量提高。

【生态建设】 2019年，大方县坚持生态优先、绿色发展理念，建设生态文明先行示范区，生态环境持续改善。增绿护绿稳步推进。完成营造林18.3万亩，森林覆盖率达56.59%。政策性森林保险投保面积152.15万亩。完成石漠化综合治理工程。治理石漠化20.79平方千米，修建机耕道6千米；治理水土流失10.2平方千米，完成投资249.5万元。环境质量不断提升。完成17个农村千人以上集中式饮用水源地环境整治，集中式饮用水源地水质达标率100%；完成牛场乡、星宿乡污水处理项目建设；城镇污水处理率达81.67%。建成垃圾中转站11座、地埋式垃圾收运系统16套，城乡生活垃圾无害化处理率达55.1%。污染防治取得成效。扎实推进中央、省委环保督察“回头看”反馈问题整改，全力打好“五大保卫战”。推进工业炉窑污染达标治理和扬尘污染管控，全面淘汰10蒸吨以下燃煤锅炉，全县的6家工业窑炉均达到烟气排放标准，县城空气质量优良率达99.17%。加强农业面源污染和畜禽粪污治理。完成达溪镇二道河历史遗留炼硫区固废治理。严厉打击环境违法行为。开展森林保护“六个严禁”和环境保护“六个一律”执法专项行动，查办各类破坏林地案件16件、环境违法案件9件，全面办结中央环保督察“回头看”信访件49件。全面推行“河（湖）长制”。成立“河（湖）长制”办公室，明确37名副县级以上领导分别领任17条河道县级河长，17个部门作为牵头责任部门。明确县、乡、村、组四级河（湖）长和名誉河（湖）长共1041名，河（湖）巡查保洁员195名。全年开展五级河（湖）长巡河8813次。

【农业】 实施农业产业结构调整。2019年，种植玉米38.78万亩，调减玉米种植面积14万亩，替代完成种植刺梨5.5万亩、茶叶1万亩、猕猴桃2万亩、青贮5.5万亩。促进现代农业提质增效。建立“四长”示范基地73个，种植蔬菜52.85万亩、马铃薯24.01万亩、青贮7.16万亩、刺梨6万亩、猕猴桃2万亩、茶叶1万亩；

种植烤烟5.98万亩，收购烟叶10.65万担，实现烟叶税收3339.61万元；完成辣椒种植15.28万亩，中药材种植13.4万亩（包含7.2万亩的魔芋和刺梨等），食用菌产量为2.44万吨；粮经比调整到31∶69。生猪存栏25.27万头、出栏21.68万头，牛存栏8.75万头、出栏2.35万头，羊存栏3.66万只、出栏2.16万只，家禽存栏174.11万羽，出栏269.9万羽。实施农业保险，创建样板坝区。全年投保农户11.07万户，总投保面积34.68万亩，兑现理赔金额251.37万元。创建样板坝区3个、达标坝区6个。培育农业经营主体24个。实现农业总产值48.8亿元。推进农村集体产权制度改革。完成286个村（社区）清产核资，集体资产股份量化22万户。

【工业】 2019年，全县完成规模以上工业总产值40.63亿元，工业投资增速12.1%，规模工业增速稳中有进，工业经济运行保持在平稳区间。煤电产业持续发力。全县原煤产量401.45万吨，同比上升56.05%。大方电厂累计发电54.86亿千瓦时，同比上升3.8%。新兴产业强劲发展。培育产业新动能，加大对新兴产业智能化、信息化改造力度，推动新兴产业高端化，培育打造新型煤化工、装备制造、电子信息、新型建材、大健康医药产业等产业集群。全县完成新能源汽车充电桩建设61个。园区管理取得实效。经济开发区引进企业17家，清退“僵尸企业”6家，清理闲置标准厂房4.4万平方米。开发区累计完成工业投资32.72亿元，工业总产值55.74亿元，工业增加值21.48亿元，工业用电量3.39亿千瓦时，完成税收4.24亿元，进出口贸易额2500万美元；完成“千企改造”项目10个；新增上规入统企业10户；新开工产业项目14个，引进落地产业项目10个。完成陶瓷园区市政道路建设、路灯改造、工业用水工程。供给侧结构性改革取得成效。稳步推进煤矿企业兼并重组，兼并重组技改矿井5个，完成煤矿智能化辅助系统改造3家、矿井改造2家、机械化改造2家，淘汰退出落后产能煤矿4个。民营经济健康发展。全县新增民营经济市场主体2926户，新增就业人员3200人，民间投资64.5亿元，民营经济增加值完成135.3亿元，同比增长7.28%。大数据产业发展取得突破。全县建成县级电子商务公共服务中心1个，开设店铺46家，入驻服务中心商家28人；建成电商物流配送中心2个，电商服务网点29个。建成农村电商服务站145个，完成网络零售额8138.62万元。

【基础设施建设】 重大项目扎实推进。2019年，大方县谋划重大项目139个。获批中央预算内投资项目17个，总投资2.69亿元。申报基础设施补短板项目83个，总投资418.65亿元，获省政府审核推送项目7个，总投资34.13亿元。完成全年省市重大项目投资86.47亿元。交通设施快速完善。全县辖区通车公路总里程达5598千米。全年完成交通固定资产投资2.92亿元，建成通乡干线公路改造38千米，建成新（改）建农村公路43.4千米。实施S214大方至纳雍公路改扩建工程，累计完成投资17713万元，形象进度达54.19%。建成通村公路“畅返不畅”5条26.4千米；完成灾毁恢复重建公路建设12.3千米。稳步推进21条干线公路大中修、县乡道改造工程，累计完成投资2.4亿元，形象进度约75%。“组组通”公路建设累计完成投资7.6亿元，1525千米“组组通”公路全面贯通，实现村村通油路或水泥路、30户以上的所有村民组通油路或水泥路的目标。2019年12月，成贵高铁大方站正式建成通车投入营运，每日停靠列车18班次，经济社会发展迈入“高铁时代”。水利建设稳步推进。实施水利工程项目11个，完成投资7亿元。野螺沟水库完成大坝安全蓄水鉴定；青山水库完成投资8000万元，总体形象进度达90%；启动龙井沟水库、民生水库项目建设。完成县城供水二期工程建设，县城日供水量达1.8

万吨。信息通讯持续优化。完成电网建设投资4.31亿元，扎实推进2个110千伏、5个35千伏输变电新建工程；完成新一轮农网改造1281.6千米。实施行政村光纤宽带提速工程，实现100%行政村通宽带、乡镇4G网络全覆盖。大方县多彩贵州“广电云”户户用工程累计敷设光缆干线11000千米，累计开通246个行政村有线数字电视和宽带通信号，新增用户1.4万户。民生项目建设得到落实。完成省政府民生实事养老服务设施建设项目11个、乡镇敬老院消防改造12个。大方县中心敬老院以公建民营形式提供社会化服务。未成年人救助保护中心项目有序推进。开工启动云龙殡仪馆项目。

【城市建设】 2019年，大方县完成500万元以上规模城镇基础设施投资36.83亿元，城市建设投资19亿元。新增城镇道路10.3千米。完成奢香大道、顺德大道提升改造、杜鹃大道至成贵高铁大方站海绵道路项目建设，城市规划区形成“九纵九横”交通网络大格局。建成城区停车场5个、农贸市场3个、公厕4个。全年累计丈量征收房屋1227户，签约904户，付款854户，拆除853户；累计支付棚改资金4.16亿元，附属物补偿资金591万元，“三电”改迁等其他资金546万元。完成房地产投资25.16亿元，商品房销售面积60.66万平方米，完成政府投资建设的公租房竣工分配8114套，中等偏低收入家庭人均拥有保障性住房面积21.83平方米。2019年，新增城镇人口2.6万人，城镇化率达45.78%。

【小城镇建设】 完成东关乡撤乡设街道及小屯乡、雨冲乡撤乡设镇的县级申报程序。完成小城镇建设投资12.55亿元，新增达标省定示范小城镇“8+X”项目57个。小城镇新增城镇人口3878人，小城镇新增城镇就业人口2787人。小康房建设完成575户。建成分配保障性住房316套。完成2个省定示范小城镇镇村联动建设。全年培训农村建筑工匠278人。

【乡村建设】 启动1个示范乡、13个示范村乡村振兴规划编制工作，稳步推进1个新发展理念示范引领村和5个乡村振兴示范引领村创建工作。雨冲乡油杉河村和黄泥塘镇背座村获批全国第五批传统村落名录。投入1.16亿元改造农村厕所4.84万个。

【教育事业】 2019年，大方县实施“全面改薄”项目14个，加快推进大方七中等教育重点项目建设。投入9575.69万元落实营养餐改善计划，覆盖学校320所，惠及学生12.13万人。

2019年，全县有各级各类学校373所（民办31所），其中，幼儿园91所（民办20所）、小学教学点68个，完全小学165所（民办2所），初级中学26所，九年一贯制学校6所（民办3所），高级中学4所，完全中学7所（民办4所），十二年一贯制学校2所（民办），中职学校1所，特殊教育学校1所，育新学校1所。全县有在校学生17.32万人，其中，幼儿园26219人，义务教育阶段122934人（小学85383人，初中37551人），普通高中2.17万人，特殊教育学校243人，育新学校37人，中职2115人；全县专任教师9619人，在职在编教职工8258人。

学前教育：全县有幼儿园91所，其中，县直及乡镇中心幼儿园43所，山村幼儿园28所，民办幼儿园20所；在编教师1786人；在园幼儿26219人，秋季学期招生17003人，学前教育毛入园率为89.12%；创建市级示范幼儿园5所通过复评验收。2019年实施幼儿园建设项目5所，全面“改薄”项目学校5所。

义务教育：义务教育阶段有学生122934人，其中，小学85383人，初中37551人。九年义务教育巩固率为92.01%，同比增长1.01个百分点。有7～15周岁三类残疾儿童少年1091人，已入学残疾在校学生1050人，残疾适龄儿童少年入学率为96.2%。进城务工人员随迁子女义务教育阶段在校总人数1323人，在公办学校就读人数1200人，公办学校就读比例为90.7%，同比提高5.02个百分点。

普高教育：2019届初三毕业生13738人，就读普通高中6852人，超额完成年初下达6700人的招生任务数152人。高中阶段毛入学率为90.06%。全县有7912人参加高考（理科4564人、文科3348人），一本上线784人（理科662人、文科122人），一本上线率9.91%（理科14.5%、文科3.64%）；二本以上上线3544人（理科2380人、文科1164人），二本以上上线率44.8%（理科52.15%、文科34.77%）。

特殊教育：大方县特殊教育包括特教学校和育新学校（大方九中）。有在册教师55人，学生280人，其中，特殊教育学校学生243人，育新学校学生37人。

民办教育：全县有民办学校31所（幼儿园20所、九年制学校3所、小学2所、中学6所），专任教师1742人（幼儿园219人、小学122人、初中218人、高中1183人），学生11924人。

【卫生健康】 2019年，全县有各级各类注册医疗卫生机构541个，公立医院2个，民营医院33个，乡（镇、社区）卫生服务中心29个，村卫生室418个，个体诊所46个，医务室8个，专业公共卫生机构5个。编制床位4056张，实际开放床位3940张，每千人口拥有床位数6.2张。有综合性二甲医院1家，二甲中医医院1家。全县有卫生技术人员4555人，每千人拥有7人；有执业（助理）医师1603人，每千人拥有2.3人；有注册护士2874人，每千人拥有3.8人；有全科医师203人，每万人拥有3.1人。全县人口出生率为11.15‰，自然增长率为7.82‰。享受“先诊疗后付费”受益贫困人口13316人。建档立卡贫困人口25种大病患者1067人，救治1034人，救治率97%。家庭医生签约服务团队229个，4种慢病患者签约1.53万人，6类慢病患者签约6697人，残疾人签约9903人。健康管理方面，65岁以上老年人健康管理3.84万人，规范管理率58.27%；高血压患者健康管理44446人，管理率107.09%，规范管理率70.64%；2型糖尿病患者健康管理9365人，管理率79.64%，规范管理率68.88%；严重精神障碍患者管理2201人，规范管理率85.24%；孕产妇健康管理率95.61%；3岁以下儿童系统管理率90.2%，6岁以下儿童保健管理率94.97%。完成县级医院“5+2”重点学科建设13个。完成县中医医院二甲复审和县人民医院三级综合医院申报工作。完成乡镇特色专科建设18个，全县实现远程医疗全覆盖。2019年，成功创建国家卫生乡镇1个、省级卫生乡镇5个、省级卫生村9个。

【社会保障】 就业创业工作成效明显。2019年，完成城镇新增就业7475人，占年度目标任务的104%；失业人员再就业1980人，占年度目标任务的103.9%；就业困难人员实现就业1489人，占年度目标任务的104.1%；农村劳动力转移就业23055人，占年度目标任务的105.75%；城镇登记失业率3.22%，严格控制在省要求的4.2%以内。公益性岗位安置就业790人。完成贫困劳动力培训1.1万人，占年度目标任务的107%，其中易地扶贫搬迁劳动力培训1100人，占年度目标任务数111%。整合资源在安置点或安置点附近建立就业扶贫车间34个，吸纳409个建档立卡贫困劳动力和易地搬迁劳动力就业，每人每月收入达1000元左右。开发就业扶贫公益专岗安排就业2540人，组织劳务输出4次41人，其中稳定就业3个月以上32人。社会保障体系不断完善。完成养老保险参保52936人，征缴养老保险费32797.2万元；城镇职工医疗保险参保34508人，征缴医疗保险费7018万元；城镇职工生育保险参保25420人，征缴生育保险费

260.86万元；失业保险参保25643人，征缴失业保险费510.9万元；工伤保险参保46651人，征缴工伤保险费1399.8万元。落实社会保险待遇，城乡居民基本养老保险参保缴费36.85万人，领取基础养老金9.94万人，发放养老金1.12亿元。纳入失地社会保障人员1.6万人，领取养老补助金4407人，发放补助金350.05万元，失地农民社会保障金结余4.5亿元。

【城乡居民医保】 2019年，全县参保人数达78.67万人。城乡居民医保共计补偿165.27万人次，补偿金额42430.22万元，其中，职工医保住院补偿6200人次，补偿金额3169.97万元；特殊门诊补偿8200人次，补偿金额914.7万元；生育补偿1150人次，补偿金额307.2万元。全县建档立卡贫困人口196078人实现100%参保，其中，县域内参加城乡居民医保的建档立卡贫困人口获民政、卫计、人社等部门资助49146人，资助金额668.9万元。建档立卡贫困人口住院就医48640人次，补偿金额1.597亿元。资助低保户等特殊人群参保6.5万人847.54万元，落实医疗救助4.04万人次1914.07万元。省、市、县三级财政匹配资金100元/人定额资助144466人，补偿金额1444.66万元。

【民生保障】 以巩固全县脱贫攻坚为统揽，突出保障和改善民生，进一步规范城乡低保、临时救助等政策执行，强化全县社会救助制度与脱贫攻坚政策的互联互补，夯实民政制度体系建设基础。2019年，农村低保标准提高到4080元/年·人，城市低保提高到590元/月·人。全县在册农村低保3.16万户6.31万人（占农业人口的10.6%），城市低保为2189户5001人，全年累计发放农村低保金76.9万人次1.82亿元，发放城市低保金4.4万人次1723.55万元。农村低保季节性缺粮户9500户1.74万人，发放救助粮491.61吨。临时救助工作全面推进。全年累计对2469户6850人困难群众实施临时救助，发放救助金489.33万元；发放易地扶贫搬迁农户一次性临时救助金1236户5366人804.9万元。发放城乡低保、特困人员临时价格补贴1149.85万元。其他社会救助工作有序开展。医疗救助共资助低保等困难群众6.5万人，缴纳年度合医参保金847.54万元。2019年，特困人员供养标准提高到767元/月/人，全县在册特困供养人员1884户1970人，全年累计发放农村特困供养资金2308.57万元，发放护理补贴496.15万元。开展流浪乞讨人员救助工作，全年累计救助流浪乞讨人员245人次（其中，未成年人59人次，精神病人59人次，残疾人40人次），为43名无名流浪精神病人办理落户手续、合作医疗，使之成为大方的新市民。社会福利工作健康发展。全县共有孤儿307人（集中供养20人），累计发放孤儿生活保障金397.82万元，资助中职以上在读孤儿54人，发放助学资金31.4万元。保障困境儿童1769人，发放生活保障金874.52万元，完成“儿童之家”阵地建设201个。发放残疾人生活补贴593.8万元，重度残疾人护理补贴431.99万元，高龄老人补贴6.89万人次877.72万元，经济困难高龄失能老年人补贴2.71万人次586.5万元。2019年，累计发放低保金、特困供养金、困境儿童生活保障金2.35亿元。拥军优抚工作落到实处。2019年，完成退役军人和其他优抚对象信息采集9173人，发放各类优抚金2445.58万元。接收退役士兵118人，安置退役士官9人。慰问新中国成立前参军复员军人24人，发放中华人民共和国成立70周年纪念章24枚、慰问金24000元。

【招商引资】 2019年，大方县四举措抓好招商引资工作。一是推进“放管服”改革。保留县级权力事项3013项，政务服务事项网上可办率达99%、一次办成代办率达100%。落实减税降费政策，减免企业税费1.02亿元。新增市场主体11962户。申请各类专利129件、专利授权84

件。二是推进产业招商。全县编制产业招商项目110个，签约项目101个，占总策划编制项目的91.81%。引进重点产业项目95个，投资总额98.35亿元，到位资金75亿元。引进越秀集团等龙头企业落地大方。党政主要领导开展产业链调研78次，召开产业招商专题会议86次，外出招商35次，引进项目14个，总投资额19.18亿元，其中，县委书记外出招商22次，引进项目8个，总投资额11.43亿元；县长外出招商13次，引进项目6个，总投资额7.75亿元。三是整治营商环境。制定营商环境集中整治方案及“三大专项行动”方案，成立工作领导小组，组建工作专班，以“九个一”为抓手大力整治营商环境，按照部署、排查、整改、总结四个阶段实行台账式管理、销账式推进，全县排查项目198个，其中，问题项目26个，整改项目20个。落实优惠政策兑现，按照“双承诺、双兑现”原则，兑现优惠政策2015.58万元。四是创新代办服务工作。在全县各乡（镇、街道）设立招商引资项目代办服务中心，形成县、乡两级联动上门服务，走访企业134家，代办项目98个，代办事项129项，办结事项129项。跟踪落实率100%，覆盖率100%，办结率为100%。

【旅游事业】 2019年，大方县完成《全域旅游发展规划编制（2019－2030）》。完成旅游投资6.5亿元。全年接待游客1383.5万人次，旅游综合收入117.73亿元，接待人数和综合收入同比分别增长33.4%、30.8%。酒店营业额增速15.6%，300户乡村农家乐直接从业人数达1700余人。成功申报4个国家AAA级旅游景区（凤山玫瑰谷、印象木寨、清虚洞、童话五凤）；核桃乡木寨村获评全国第一批乡村旅游重点村（全市仅此1个）。建成投用油杉河景区仙宇屯景点玻璃栈道、崔苏坝国际露营基地、奢香古镇7个主题馆、贵州宣慰府葫芦广场夜景灯光等文化旅游项目。慕俄格古城、奢香古镇完成国家AAAA级旅游景区质量等级复核。建成文化旅游招商引资项目库，谋划文化旅游招商引资项目20余个，签约文化旅游项目2个，资金3.2亿元。组织景区及旅游企业负责人多次赴重庆、四川、广州等地开展旅游推介，在重庆、成都成功举办“美丽大方·奢香故里·古彝圣地”2019文化和旅游推介会，国内外40多家知名媒体对大方进行宣传，现场直播点击量达3万次。发送宣传短信100万余条，建立大方旅游网站和微信推送平台。成功举办2019首届“全民狂欢节”暨文化和旅游助推脱贫攻坚乡村文化艺术节、川藏线旅游宣传文艺交流活动等。

【文化事业】 顺利完成文化主管单位机构改革。2019年3月，县文化体育广播电视旅游局更名为县文体广电旅游局，将县旅游产业发展办公室的职责划入县文体广电旅游局，不再保留县旅游产业发展办公室。将县文体广电旅游局（县新闻出版局、县版权局）的新闻出版、电影管理职责划入县委宣传部，对外加挂县新闻出版局牌子。将县文化体育广播电视旅游局所属事业单位县广播电视台承担职责划入新组建的县融媒体中心。持续巩固公共文化成果，开展群众文化活动。全县共建成35个易地扶贫搬迁安置点村级综合性文化服务中心。完成100公里绿色健身步道建设，建成汽车露营基地2个。全年组织文艺工作者到乡镇、村开展文化演艺活动128场次。其他各项文化事业不断发展。2019年，县图书馆免费开放服务正常开展，接待各类读者约15万人次，外借书刊14.6万册次，解答各种咨询1010余条。奢香博物馆免费接待参观群众38.68万人（次），接待党政机关及其他各社会团体956场次，被省文化旅游厅、省文物局评为“优秀”等次。组队参加全市乌蒙文化节获组织奖1个、银奖4个、铜奖3个、优秀奖9个；参加全市2019年第二届青少年运动会，获团体总分第五名，奖牌数第五名（金牌13枚、银牌13枚、铜牌27枚）。在

"全国第一届残疾人运动会暨第七届特殊奥林匹克运动会上"，大方县14岁选手何圣羔获"四银一铜"。

【文物保护与非物质文化遗产传承】 申报红二、红六军团将军山战斗遗址为省级爱国主义教育基地。组织实施中国第一航空发动机制造厂旧址之蒋介石下榻处、茶马古道——甘棠古道、李春华之妻节孝坊保护修缮工程项目。争取获得国家级重点文物保护单位甘棠古道维修资金965万元，中华苏维埃人民共和国川滇黔省革命委员会旧址陈列布展改造资金148万元。组织编制大定县抗日救国委员会旧址、东关丁氏民居、大定瓢儿井工农革命委员会旧址、六寨苗族游击队成立会议旧址维修方案；完成市级非遗传承人申报工作、2020年度非物质文化遗产保护彝族漆器髹饰技艺中央专项资金申报工作，完成多彩贵州文化旅游新品牌申报（大方漆器）工作。组织大方县高光彝风漆器工艺制品厂参加2019第六届中国西部旅游产业博览会、第十四届中国北京国际文化创意产业博览会、国家文旅部非遗司和清华大学组织的漆艺邀请展等参展4次。

【思想宣传】 2019年，大方县对外宣传工作成效显著。以庆祝新中国成立70周年为主题主线，加强与中央、省、市主要新闻单位的交流沟通，推出系列深度报道，展示大方县发展成效。在新华社、《人民日报》、中央电视台等中央主流媒体上刊播稿件120余条（次），在贵州电视台、贵州日报等省级主流媒体刊播稿件200余条（次）。对内宣传工作持续高效。2019年1月，县广播电视台和新闻信息中心实现媒体融合，新组建大方县融媒体中心，初步实现资源整合，落实新的办公场地，融媒体中心建设工作稳步推进。编辑出版《大方报》140期，刊发稿件4000余篇；制作《大方新闻》360期，播出新闻2100余条；《大方发布》微信公众号累计关注人数达52320人。典型宣传取得实效。2月19日，中央电视台新闻直播间对大方县绿塘乡高峰村通组路进行专题报道；5月28日，市委全面深化改革委员会第五次会议暨践行"塘约经验"推进乡村振兴现场会在大方县猫场镇箐口村召开，"箐口经验""乡村治理督导员"在全市推广。8月22日，《贵州日报》第10版、第11版大篇幅两个整版报道大方县脱贫攻坚及乡村治理工作。组织媒体深入基层，挖掘先进人物典型事迹，陈敏获第七届全国道德模范提名奖，胡定远、胡桂江、王家永祖孙三人入选"中国好人榜"，周其勋、姜武远入选"贵州好人榜"。

【文艺创作】 贵州省音乐家协会在大方联合举办"贵州省首届青年词曲作家研修班暨大方县2019年音乐创作培训采风活动"。大方县向贵州文化旅游广播推选贵州原创歌曲《爱就爱了》《水西谣》《我醉了那水那山》《银杏树》《月照水西》。组队参加贵州省第十四届灯谜联谊会（织金站）灯谜竞猜活动，获团体第三名。编辑出版《大方文艺》4期、《扶风诗刊》2辑，出版发行大方原创歌曲集《一枝花的歌》，大方县脱贫攻坚原创灯谜专辑《古彝惠风》。2019年，全县获得加入省有关协会资格的艺术家新增32人。大型原创话剧《我的大方我的家》申报优秀话剧成功通过西南地区审核，入选参加全国优秀话剧展演。优选4幅农民画获全国农民画大赛入选奖。

【社会治理】 社会风险防控取得突破。深入推进扫黑除恶专项斗争，破获涉黑涉恶类案件98起，打击黑社会性质组织2个、恶势力犯罪集团4个。持续开展命案侦破、禁毒整治、平安创建专项行动，群众安全感和满意度不断提升。严厉打击各类违法犯罪。破获各类刑事案件334件，破案率同比上升1.48%，查处各类治安案件1316件，查处违法嫌疑人2105人次，刑事案件和治安案件同比下降34.59%、14.76%。破获毒品刑事案件77起，打击处理毒品犯罪嫌疑人100人，缴获各类毒品21295.7克。接待群众来信来访852批986人次162件，办结国家、省、市转交办的信访事项485件，调解民间纠纷1213件，调解成功率97.5%。2019年，贵州省委政法委取消对大方县社会治安挂牌督办，毕节市委政法委认定大方县为"无邪教合格县"。安全风险防控成效明显。坚守安全底线，各行业各领域安全生产大检查常态化开展。2019年，大方县共发生一般生产安全事故11起、死亡11人，事故起数和死亡人数同比分别下降35.29%、38.89%，安全生产平衡态势持续向好。

（撰稿：蒋劲松）

黔西县

【概述】 黔西县位于贵州省西北部，乌江上游鸭池河北岸，毕节市东面，全县总面积2380.5平方公里，耕地面积93474.51公顷，其中：水田面积8030.78公顷，旱地面积85442.43公顷，水浇地面积1.3公顷。辖10个民族乡、15个镇、5个街道办事处，252个村民委员会、112个社区居民委员会。2019年末户籍总人口97.07万人，城镇人口39.13万人，乡村人口57.94万人。人口出生率13.16‰，自然增长率7.19‰，人口较多的少数民族有彝族、苗族。

2019年是新中国成立70周年。黔西县在市委、市政府和县委的坚强领导下，在县人大、县政协的监督支持下，坚持以习近平新时代中国特色社会主义思想为指导，认真学习贯彻党的十九大和十九届二中、三中、四中全会精神，扎实开展"不忘初心、牢记使命"主题教育，深入贯彻习近平总书记对贵州对毕节重要指示批示精神，全面落实中央、省、市决策部署，坚持新发展理念，坚持高质量发展，坚持稳中求进工作总基调，坚决落实"六稳"要求，突出抓重点、补短板、强弱项，全力办好一批民生实事，稳步推进了一批难点工作，着力化解一批重大风险，较好地完成年初既定的各项目标任务。

【经济持续稳步增长】 2019年，地区生产总值增长8.3%，一般公共预算收入增长16.8%，500万元以上固定资产投资增长3.2%，规模以上工业增加值增长12.2%，社会消费品零售总额增长7.0%，重点产业招商引资到位资金增长12.6%；城镇常住居民人均可支配收入达32238元、增长9.6%，农村常住居民人均可支配收入达10543元、增长11.3%，突破万元大关。

一是精准脱贫取得决定性胜利。剩余建档立卡贫困人口2949户7915人全部脱贫，黔西延续千百年的绝对贫困问题，在我们这一代人手中得到彻底解决。二是农村产业革命纵深推进。调减低效作物17.33万亩，蔬菜、酒用高粱、精品水果、食用菌等10种特色优势产业发展壮大。三是生态建设成效明显。完成营造林建设10.72万亩，水土流失治理49.28平方公里，森林覆盖率56.97%。国家环境保护模范城市创建工作通过省级预评估。四是成功迈进"高铁时代"。成贵高铁建成通车，全县人民期盼已久的"高铁梦"成为现实，搭上高质量发展的"快车"。五是"撤县设市"稳步推进。撤县设市取得实质性进展，黔西百万人民的"市民梦"有望实现。六是全域旅游成效明显。中果河景区获批4A级景区，大关盐号旅游景区、鸭池河旅游景区获批3A级景区。七是乡村振兴成效初显。完成《黔西县乡村振兴战略规划》《黔西县建设贯彻新发展理念示范区规划》编制，2个市级乡村振兴示范乡、20个市级乡村振兴示范村创建加快推进。八是社会治理成绩显著。在全市率先建成"110"社会联动中心，"110一号通"获国家司法部通报表扬，"五联五化"机制在全省得到推广，打通联系服务群众"最后一公里"。九是创先争优荣誉不断。荣获“省级园林县城”“2016－2018年度全省平安建设先进县”等荣誉称号；黔西县审计局荣获“全国审计机关先进集体”称号；黔西县司法局荣获“全国公共法律服务工作先进集体”称号，中央依法治国办委托第三方评估我县法治水平高于全国平均水平；黔西县市场监管局素朴分局荣获“全国市场监管系统先进集体”称号；林泉镇荣获“全国科技助力精准扶贫十佳示范点”称号。十是主动承接承办重大会议和活动。全省2019年东西部扶贫协作推进暨项目观摩会、全省易地扶贫搬迁安置点文化服务体系建设现场推进会、2019全国徒步大会（贵州黔西站）、“洲俱杯”四国职业篮球邀请赛等在我县举办，柬埔寨、老挝、缅甸、泰国等国家扶贫考察团到县考察调研。

【全力以赴补短板，脱贫成果扎实巩固】 产业就业扶持有力。投入财政专项扶贫资金1664.83万元，扶持贫困户养牛1824头、养猪19297头、养家禽7.02万羽、种植蔬菜9568亩。认定和打造就业扶贫车间（基地）31家，开展贫困劳动力全员培训8957人，推荐易地扶贫搬迁群众就业岗位5790个，农村富余劳动力转移就业21786人，新增“十大员”岗位500个。义务教育、基本医疗、住房安全、饮水安全保障有力。资助学生99219人次，发放（减免）资金8280.6万元，实现应助尽助，建档立卡贫困家庭辍学学生实现动态清零。贫困人口基本医疗保险全覆盖，实现应保尽保、应助尽助、应报尽报。完成农村危房“危改”“三改”1082户，惠风花园安置点686户2969人全部入住，“十三五”易地扶贫搬迁任务提前完成。樱桃坪水库、仙人洞水库等骨干水源工程建设加快推进；投资1735.33万元建成农村饮水安全项目6个，稳定解决2.03万农村人口饮水安全问题。“五个专项治理”扎实开展。中央和省市反馈脱贫攻坚驻村帮扶不扎实、东西部扶贫协作有差距等131个问题、十二届省委第四轮巡视黔西反馈涉及脱贫攻坚工作四大类15个问题全部整改完成。

【持之以恒调结构，产业转型步伐加快】 农业产业结构持续优化。经济作物占比达59.8%、提高7.5个百分点。打造县乡“四长”示范样板点112个。创建500亩以上坝区45个，其中省级样板坝区2个、达标坝区12个。建成蔬菜基地3.1万亩、精品水果基地3.53万亩、马铃薯基地7.54万亩。收购烟叶9.29万担，家禽存栏291万羽，生猪存栏37万头，牛存栏12.96万头。培育发展农业经营主体115家。本地农产品产销对接顺畅，市内销售18.6万吨，市外销售29.5万吨。工业发展质量稳步提升。黔希煤化工乙二醇产量达26.78万吨，实现产值11.72亿元，占规模以上工业总产值的16.5%。二甲醚、食品级二氧化碳、建筑石膏等化工产业延伸项目有序推进，初步形成了以电厂、煤化工为核心的煤电化产业循环经济。完成“千企改造”项目12个。生产原煤433.83万吨。发电106亿千瓦时。服务业后劲十足。成功打造第十四届贵州旅游产业发展大会黔西观摩点。旅游综合总收入和接待游客量同比分别增长49.8%、21.11%。电商生鲜农产品冷链物流园区加快建设。贵州同心商贸城现代商贸物流集聚区获省级批准。电商网络零售额9670万元、增长40%。

【坚定不移防风险，社会大局和谐稳定】 债务风险总体可控。严格落实政府性债务管理“七严禁”，积极稳妥化解存量债务，综合债务率保持在警戒线以内，牢牢守住不发生系统性政府债务风险的底线。安全风险有效管控。严格落实安全生产责任制，事故起数、死亡人数同比分别下降6.25%、35.3%，连续5年实现“双降”，安全形势持续平稳向好。社会风险有力化解。深入推进扫黑除恶专项斗争，审理恶势力案件12件，侦办恶势力案8件、涉黑案1件，办结涉黑涉恶腐败及“保护伞”案4件。化解重大信访疑难积案111件。调处各类民间纠纷848件、调解成功率达95.04%，人民群众安全感、满意度显著提升。

【竭尽全力优生态，绿色发展稳步推进】 中央环保督察“回头看”、省委环保督察反馈问题全部整改完成。集中力量打好蓝天、碧水、净土、固废治理、乡村环境整治五场战役，县城空气质量优良天数比例达98.3%，PM2.5平均浓度下降至6.45%。开展五级河（湖）长巡河340余次，治理河道6.9公里，县城污水处理率达91.9%，全县集中式饮用水源水质达标率达100%。矿山地质环境恢复治理工作有序推进。建成城乡垃圾收运系统中转站30个，城乡垃圾收运覆盖率达90%以上。查办各类破坏林地案件67件、环境违法案件56件。

【凝心聚力强基础，城乡发展协调推进】 城市建设提质扩容。城区面积扩至20.88平方公里，城镇化率达51.67%。打通县城东出口，建成站前广场，新增城市主干道1.7公里。完成棚户区改造1967户。建成城区停车位300个、公厕8座。贵毕路加宽改造、湾角龙潭河道治理、水西柯海国家湿地公园、凤凰山公园等城市项目稳步推进。阳光海岸、海博名邸、百理城等房地产项目加快建设。新开通公交线路4条，优化公交线路6条。新增新能源公共汽车51辆、共享电动助力车400辆，群众出行更加绿色便捷。乡村基础不断完善。完成小城镇建设投资13.3亿元。改扩建工程S211桃园至望城坡公路建成通车、G321洪家渡至金凤公路有序推进。完成新仁至化屋、林泉至红林等4条44.11公里“畅返不畅”整治项目建设。投入1378万元新建供电线路72.45千米。投入3.05亿元实施“数字贵州”行动计划，通信基站达3191个，实现村村通光纤。全力推进“厕所革命”，建成村级公共厕所85个、农村户用卫生厕所15500户。乡村振兴稳步推进。启动1个示范乡镇、25个示范村规划编制，莲城坪子、中建营盘、大关丘林3个市级乡村振兴示范引领村创建工作稳步推进。

【求实创新促改革，发展活力不断释放】 “放管服”改革纵深推进。完成七大类706项事项“最多跑一次”改革，18个部门（单位）339项事项进驻县政务大厅，35个部门（单位）3471项事项进驻网厅。84.96%的政务服务事项实现“一窗分类”受理，政务服务事项网上可办率达82.83%。企业开办时限压缩至3个工作日以内。减税降费政策有效落实，新增市场主体11669户，市场主体发展活力不断增强。政府系统机构改革扎实推进。完成27个政府工作部门机构编制改革工作，行政机构减少3个，精简率10%。事业单位机构改革有序推进。农村综合改革深入推进。土地确权颁证工作基本结束，完成“三变”改革试点村200个，实现贫困村、深度贫困村100%覆盖。科技创新成效显著。申请发明专利46件。2家公司通过省级高新技术企业认证。科技型企业备案累计达110家。技术市场交易额完成344.3万元，高新技术工业总产值45.67亿元，排名全市第一。

【千方百计惠民生，社会事业全面进步】 教育资源更加均衡。建成城乡幼儿园8所，改扩建农村中小学6所，锦绣学校、教育园区黔西一中分校等教育项目扎实推进。学前三年毛入园率、九年义务教育巩固率、高中阶段毛入学率分别达90.09%、93.63%、92.93%。卫生健康条件明显改善。县第二人民医院、中医馆、智慧卫生急救站建设项目稳步推进。29个乡级卫生院、322个村级卫生室业务用房面积达标。医共体建设全面铺开，分级诊疗格局基本形成。家庭医生签约服务20.16万人。每千常住人口执业（助理）医师达2.02人、执业注册护士达3.84人、拥有床位数达5.38张。文体广电事业全面发展。科技、文化中心投入使用。新建文化、图书分馆5个，藏书量达69.41万册，常住人口人均图书拥有量达1.03册。全民健身蓬勃开展。新增多彩贵州"广电云"户户用4376户。社会保障体系更加完善。城镇新增就业10751人，失业人员实现再就业1755人，就业困难人员实现就业1459人。发放低保金1.87亿元，发放特困供养金2757万元。城镇职工基本养老保险、城乡居民基本养老保险、失业保险、工伤保险参保人数均超过市下达的年度目标任务，实现应保尽保。

2019年，坚决落实全面从严治党要求，坚决落实上级党委、政府和县委决策部署，自觉向县委汇报工作，主动向县人大常委会报告工作、与县政协开展协商，办理人大代表建议201件、政协委员提案146件，办复率、满意率均达100%。坚决落实"基层减负年"要求，精简政府系统全县性会议30.4%，减少政府发文61.6%。召开政府系统办公室标准化建设暨政务公开建设现场会，政府事务管理日趋规范。持续深入推进党风廉政建设和反腐败斗争，加强审计监督，坚决整治形式主义、官僚主义和政绩工程、形象工程，巩固提升风清气正的良好政治生态。

同时，审计、统计、司法行政、民族宗教、外事侨务、国防动员、退役军人、气象、工会、青年、妇女儿童、老龄、残疾人、地方志、双拥等各项工作全面进步。

（供稿：黔西县史志办）

金沙县

【概述】 中国贡茶之乡、中华诗词之乡——金沙，位于贵州省西北部，毕节市东部，地处贵阳、遵义、毕节、四川泸州四市交汇处，是贵州省经济强县、中国西部百强县、中国最具投资潜力特色示范县之一。全县总面积2528平方公里，耕地面积8.52万公顷。辖21个乡（镇）、5个街道，242个村（社区），有1个省级经济开发区和2个副县级管理区。居住着汉、彝、苗等15个民族。2019年末全县总人口70.85万人，在上年基础上增加1000人。其中乡村人口377442人、城镇人口331038人，少数民族人口8.8万人。人口出生率12.01‰，自然增长率5.8‰。有汉、苗、彝等15个民族，人口较多的少数民族有彝族、苗族。主要矿藏有煤、铁、硫、磷、硅等19种矿藏。其中煤炭储量72.77亿吨，是全国50个重点产煤县和"西电东送"工程能源基地之一。

2019年，全县干部群众用汗水浇灌收获，以实干笃定前行，用实绩喜迎新中国成立70周年。坚持稳中求进总基调，聚焦聚力三大攻坚战，统筹推进稳增长、促改革、调结构、惠民生、防风险、保稳定各项工作。全年实现地区生产总值226.13亿元，同比增长8.5%；农林牧渔业总产值641659万元，增长6%；规模以上工业总产值158.47亿元，增长20.4%；规模以上工业增加值同比增长14.7%；500万元以上固定资产投资同比增长3.2%；财政总收入554408万元，增长3.88%；其中地方财政收入344663万元，增长3.04%；财政总支出604302万元，增长0.46%；一般公共预算收入16.78亿元，税收收入33.13亿元；财政预算八项支出42.49亿元，同比增长16.71%；社会消费品零售总额45.5亿元，同比增长7.1%；金融机构存贷款余额333.45亿元，同比增长4.61%；城镇、农村居民可支配收入分别达34456元、11446元，同比分别增长8.8%、10.1%；城镇居民人均消费性支出16869.82元。全县经济稳中有进，决战决胜脱贫攻坚取得历史性胜利，西部百强县竞争力指数从2018年的72位上升到第68位。

2019年末全县公路通车里程达5303.384公里。其中：等级公路2312.414公里，高速公路58公里，等级外公路2866.061公里。当年新修公路里程：65.2公里（含老路改造扩建）。

运输能力：年末实有公交车93辆（纯电动车16辆），出租车303辆，城市公共交通客运车辆共计396辆。年末登记在册机动车12851辆。其中：大型汽车466辆，小型汽车5733辆，摩托车6280，挂车341，其他31辆。

通信能力：2019年末移动电话用户584396户，同比增长8.86%；互联网宽带用户91788户，同比增长10.16%；固定电话用户28728户，同比增长33.32%。

【脱贫攻坚取得新胜利】 一是全力推进“春季攻势”“夏秋决战”“冬季充电”，建立落实县乡村三级责任体系，全县6565名干部按照“42”原则，实现建档立卡贫困户联系包保全覆盖。实施5.86万人农村饮水安全工程，教育、医疗实现医保尽保和应助尽助，完成农村危改及配套“三改”3317户，完成安全住房鉴定并挂牌标识6775户。提前完成“十三五”期间25037人搬迁入住，“五个体系”建设不断完善。健全落实产业发展利益联结机制，实现除兜底户外建档立卡户产业全覆盖。创新“单位包栋、干部包户＋就业楼长制”易地扶贫搬迁培训就业帮扶长效工作机制。新开发“十大员”就业扶贫公益专岗2550个，累计达5990个，促进人均增收1万余元。广东荔湾支持力度进一步加大，实现12个出列贫困村村企结对帮扶全覆盖。持续加强和民进各级组织、省市帮扶单位联系联络，对口帮扶工作纵深推进。金融扶贫、生态扶贫、法治扶贫、社会扶贫等各项工作取得长足进步。完成剩余12个贫困村出列、6627户17147人脱贫，至此，全县87个贫困村全部出列，建档立卡贫困人口22844户81058人全部脱贫。

【实体经济取得新突破】 深入推进供给侧结构性改革，三次产业结构调整到17∶40∶43。完成调减低效传统玉米13.21万亩，新增种植茶叶、高粱、蔬菜、烤烟、柑橘等经济作物近47万亩，粮经比调整到3∶7。17块500亩以上坝区年亩均产值达8269.5元，创建农业产业结构调整县乡级领导示范点100个。成功创建为全国绿色发展先行区，岚头镇三桥社区入选全国“一村一品”示范名单，三丈水生态发展有限公司培育为农业产业化国家重点龙头企业。完成煤矿综合机械化改造7个、智能化改造8个，综合机械化率达89.52%。产煤1887.86万吨，供应电煤1056.04万吨，发电129.7亿千瓦时，煤炭产量和发电量连续三年双创历史新高。生产成品白酒973.03万升、水泥260.2万吨，酱醋产量达5000吨。贵州金沙经济开发区清理整合标准厂房9.6万平方米，收回土地490.28亩，引进入园落地项目20个，完成规模工业增加值46.1亿元、税收8.25亿元、外贸进出口总额9100万美元，促进就业2608人。新增金沙酱酒文化旅游景区和金沙千鼓山景区2个AAA级景区。智慧金沙一期项目建成试运行。开发应用重点项目调度管理系统，制度化、目录化、清单化推进项目建设。深入推进产业大招商，新增重点产业项目103个，到位资金85.1亿元。完成民营经济增加值200.54亿元，占全县GDP比重达67.82%。新增市场主体10355户，市场主体增速达19.78%。

【城乡面貌取得新改观】 县城建成区面积扩展到22.26平方公里，城区人口达18.61万人，常住人口城镇化率达48.96%。成功承办全市城镇化发展暨项目建设观摩会。完成商品房销售62万平方米。建成紫金等停车场3个，新增停车位545个。新能源汽车充电站投入使用，共享电动车、网约车投入运行。以省级示范小城镇沙土镇为重点，统筹推进全县21个乡镇特色小城镇建设。完成188个村（社区）规划修改提升工作，新建和改建2759户农村家庭自用厕所。完成208省道老木孔至岚头、306省道清池至卧牛河段改扩建工程；212国道寒婆岭至外寨、木孔至湾子、马路至金联等工程有序推进。实施电网改造升级项目240个，新增配变662台、配变库容5.6万千伏安。新建4G基站73个，30户以上自然村寨4G网络信号覆盖率达95%以上。

【开放转型取得新突破】 深入推进“放管服”改革。全面取消非行政许可审批，取消53项行政许可事项，县直部门实施的行政许可减少到196项。编制审批服务便民化“七张清单”，取消材料495项。全面推行“双随机一公开”监管执法，查处违法违规行为152起。深化30类“集成套餐”服务，政务服务简化办事流程57个、减少申请材料104份。全面推行政务服务“一网通办”，1260项政务服务事项网上可办率达98%。新增“塘约”经验试点村25个，“三变”改革试点村增加到124个。持续优化营商环境，营商环境综合排名位列全省县区第23位。

【民生保障取得新进步】 实施综合素质提升培训22.76万人，农民技能培训3.25万人。促进城镇新增就业1.2万人，城镇失业登记率控制在3.4%。实施新建、改扩建教育项目53个。学前三年毛入园率达89.50%，义务教育巩固率达92.6%，高中阶段毛入学率达90.70%，获得第四批国家级农村职业教育和成人教育示范县称号。科技投入占财政支出2.73%以上，综合科技进步水平指数78.5，高新技术产业产值达23.29亿元。千人拥有医师（助理）数2.8名、千人拥有护士数4.2名、千人拥有床位数5.3张。全年人口出生率为12.01‰。县中医院创建为三级中医院、沙土镇卫生院创建为二级医院。开展文化惠民活动1000余场次，新增7个省级非物质文化遗产代表性项目名录。新增多彩贵州“广电云”户户用12487户。开展体育活动300余场次，新增“体育后备人才培育基地”15个，在省市各类赛事获得金牌72枚。化觉镇前顺村获得“第三批中国少数民族特色村寨”命名，大田乡白泥杜鹃花彝族村寨获得“全省第四批少数民族特色村寨”命名，马路乡金龙村获得“省级民族团结进步创建工作示范单位”殊荣。城乡居民基本养老保险参保32.91万人，基本医疗保险参保59.46万人。城镇职工基本养老保险参保6.28万人、医疗保险参保3.79万人、失业保险参保3.34万人、工伤保险参保4.65万人。城低保从570元/人·月提高到590元/人·月，农低保从3876元/人·年提高到4080元/人·年；发放城乡低保及各类民政资金1.6亿元。扎实推进平安金沙、法治建设创建，群众安全感满意度提升到99.62%，位列全市第一。

【生态环境取得新实效】 全面落实林长制、河长制。实施退耕还林工程建设地块补植补造6.2万亩，完成天然商品林区划界定30.3万亩，实施森林管护194.18万亩、森林抚育2.3万亩，森林覆盖率达59.82%。扎实抓好中央、省委环保督察交办信访件和反馈问题整改工作，深入开展“十大污染源”治理和“十大行业”治污减排全面达标排放专项行动。完成24个千人以上饮用水源地整治项目。县城环境空气质量达标率98.4%，集中式饮用水合格率100%，各河流出境断面水质达标排放，城乡垃圾无害化处理率85%，医疗废物处置率100%。

【党的建设持续加强】 始终坚持把党的政治建设摆在首位，深入开展“牢记嘱托·感恩奋进”主题宣讲450余场，开展各类讲习2200余次，受众10万余人次，推动各级深学笃用习近平新时代中国特色社会主义思想，教育引导党员干部坚定政治信仰，提高政治站位，把准政治方向。严格落实意识形态工作责任制，加强对各类新闻媒体和网络媒体的管理，依法开展对宗教及宗教思想传播的管理，牢牢把握意识形态工作领导权和主动权。扎实开展“不忘初心、牢记使命”主题教育，派出7个巡回指导组，将97家单位纳人巡回指导，全县各级领导干部撰写调研报告500余篇，检视问题3168个，已整改2218个，推动主题教育取得实效。夯实基础强保障，集中排查整顿后进党组织28个，全年85个“一肩挑”任务已完成82个，11月底全部完成；将村干部月报酬提高到正职3500元、副职3200元，为村干部每人每月解决154元就餐补贴，进一步激发村干部队伍激情动力；对全县村党组织书记进行了两轮全覆盖培训。持之以恒正风肃纪，查处违反中央八项规定精神问题11起，处理11人；查处形式主义、官僚主义突出问题12件，处理12人。紧盯重点领域突出问题，共对扶贫领域立案191件，结案118件，给予党纪政务处分120人，问责领导干部28人。把扫黑除恶同反腐败斗争、基层“拍蝇”结合起来，共受理、发现涉黑涉恶问题线索200条，办结189条，立案35件，结案21件，给予党纪政务处分21人，解聘2人。扎实开展问题线索、信访件大起底，受理问题线索956条，立案196件，结案119件，给予党纪政务处分120人，其中乡科级干部14人。紧盯六类监察对象，立案33件，使用调查措施244次，对6名对象采取留置措施；查处国有企业光明公司贪腐案，移送司法机关4人。探索“三同巡察”，对3个乡镇、23个县直单位开展巡察，发现问题580个，发现问题线索122条。

【巡视整改整体推进】 始终坚持“巡视不整改，就是对党不忠诚”的理念，直面问题、靶向出击、倒排工期、挂图作战，咬定整改目标不放松，切实做到不符合标准不交账、不取得成效不过关、不达到目标不收兵。截至2019年，中央巡视反馈意见的94个整改问题，已完成整改94个，完成率100%；省委第三轮巡视第五巡视组巡视反馈意见的93个整改问题，已完成整改93个，完成率100%；省委第四轮巡视第六巡视组巡视金沙县反馈意见共梳理出问题69个，已完成整改58个，制定整改措施175条，已完成整改措施163条。

（供稿：金沙县史志办）

织金县

【概述】 织金县位于贵州省中部偏西，乌江上游支流六冲河、三岔河交汇处的三角地带。县城东距省会贵阳86公里，南距安顺95公里，北距毕节144公里，全县东西长82.5公里，南北宽66公里，最高海拔2262米，最低海拔860米，年降水量1222毫米，年日照1162.3小时，年平均气温14.1C，无霜期272天。全县总面积2868平方公里，农耕地4.6万公顷。全县辖10个乡，16个镇，7个街道，17个社区，236个居民委员会，326个村民委员会，4800个村民组。2019年末，全县总人口125.6万人（男66.41万人，女59.19万人）。其中，少数民族人口57.98万人（含穿青人，按“六普”推算）。在总人口中，城镇人口51.41万人，乡村人口74.19万人。人口出生率11.4‰，人口自然增长率7.16‰。人口较多的少数民族有苗族、彝族、布依族、水族、回族、白族等。县内资源开发前景广阔，属著名织纳煤田的主体部分，素有“西南煤海”之称，无烟煤储量129亿吨，可开采量107亿吨；磷矿储量13.78亿吨，占全省储量的54.4%；重稀氧化钇储量144.6万吨，名列全国第二；其他重要矿产有重晶石、赤铁矿、硫铁矿、铝矾土、硅石、铅锌矿等。

2019年，全县坚持以习近平新时代中国特色社会主义思想为指导，认真学习贯彻党的十九大和十九届二中、三中、四中全会精神，坚定不移贯彻落实习近平总书记对贵州对毕节重要指示批示精神，增强“四个意识”，坚定“四个自信”，做到“两个维护”，不忘初心、牢记使命，牢记嘱托、感恩奋进，担当实干、砥砺前行，圆满完成了各项目标任务。

【经济发展稳中有进】　完成地区生产总值206.81亿元，按可比价计算，同比增长8.6%，排全市第一。规模以上工业增加值同比增长14.5%，增速连续两年领跑全市。固定资产完成135.28亿元，投资同比增长10.5%，排全市第二。城镇常住居民人均可支配收入达31451元，同比增长9%。农村常住居民人均可支配收入首次突破万元大关，达10402元，同比增长11%。财政总收入达37.27亿元，同比增长10.20%，一般公共财政预算收入达10.98亿元，同比增长4.1%。

【脱贫攻坚顺利摘帽】　实现14955户63066人稳定脱贫，128个贫困村整村出列，贫困发生率下降到1.4%。建成农村“组组通”硬化路1158条1232.8公里。实施危改“三改”及老旧住房整治16439户。实施集中式供水204处、分散式小水窖4606口，解决54233户207500人饮水安全问题。投入14633万元资助贫困学生147396人次。劝返辍学生1362人，实现义务教育阶段学生“零辍学”目标。实现建档立卡贫困人口基本医疗保险、大病保险、医疗救助全覆盖，贫困人口参保率达100%、家庭医生签约服务实现应签尽签。累计完成“十三五”期间易地扶贫搬迁6997户32161人。东西部扶贫协作工作代表全省、全市接受2019年国务院第三方考核评估，助力省、市获“好”的等次，在全省、全市脱贫攻坚大局中展现了织金担当、作出了织金贡献。2020年3月3日，省政府公告织金退出贫困县序列、顺利实现脱贫摘帽，彻底撕掉千百年来的区域性贫困标签。

【产业革命取得突破】　围绕“八要素”要求和种植业“5311”发展布局，累计种植皂角52.07万亩、蔬菜56.96万亩、南瓜10万亩、食用菌2.2万亩，调减低效作物种植50.65万亩，农业总产值达72亿元。皂角产业被省政府列入十二大特色产业予以重点支持。

【全域旅游步伐加快】　成功承办贵州省第十四届旅发大会和毕节市第十二届旅发大会。接待入境旅游人数12513人，同比增长3.58%，接待国内旅游人数1826.49万人次，同比增长23.93%，实现旅游总收入164.84亿元，同比增长32.2%，其中，外汇收入295.37万美元，同比增长0.71%；国内旅游收入164.63亿元，同比增长26.13%。旅游综合评价指数在全省第一方阵排名第六，累计带动建档立卡贫困人口42581人脱贫。织金平远古镇入选贵州十大新地标，排名第二。织金县入选“2019中国旅游百强县市”。

【城市颜值更加靓丽】　平远古镇一期、凤凰生态公园、宝桢湖公园、文腾大街、织金阁等一批重大城市建设项目建成投用，“宝桢故里·洞天织金”知名度美誉度大幅提升。

【重大项目加速推进】　中石化60万吨/年聚烯烃项目建设取得突破性进展，配套热电厂获省发改委核准批复，配套煤矿建设有序推进，预计2023年底建成中交试车，2024上半年投产运行。肥田煤矿进入采面。铁厂坝风电场全面开工。

【发展环境持续优化】　为企业减免税费1496.44万元。受理群众和企业各类办理事项63.18万件，办结率97.48%，无黄牌、红牌等超期办件现象，群众满意度达99.62%。

【脱贫攻坚战绩显著】　坚决贯彻落实习近平扶贫思想，全面落实“五个一批”“六个精准”攻坚方略，聚焦“两不愁、三保障”，全力打好“四场硬仗”，狠抓“五个专项治理”，实现脱贫摘帽精彩出列。一是齐心协力奏响脱贫主旋律。

四家班子主要领导挂帅出征，41 名县级领导下沉乡镇（街道），105 个单位定点帮扶，全国工商联、广州市花都区及 306 家民营企业倾情助阵，338 个驻村工作组 1952 名干部一线攻坚、6018 名干部结对帮扶，五大战区同步发力，合力奏响了精准扶贫、精准脱贫、精彩出列的铿锵和弦。二是全面发力实现脱贫总目标。建成农村“组组通”硬化路 1158 条 1232.8 公里。实施危改“三改”及老旧住房整治 16439 户。实施集中式供水 204 处、分散式小水窖 4606 口，解决 54233 户 207500 人饮水安全问题。投入 14633 万元资助贫困学生 147396 人次，劝返辍学生 1362 人，实现义务教育阶段学生“零辍学”目标。实现建档立卡贫困人口基本医疗保险、大病保险、医疗救助全覆盖，贫困人口参保率达 100%、家庭医生签约服务实现应签尽签。累计完成“十三五”期间易地扶贫搬迁 6997 户 32161 人，加快推进易地扶贫搬迁后续扶持“五个体系”建设，实现了搬迁群众“稳得住、能发展、可致富”目标。三是聚焦聚力探索脱贫新模式。建立“大数据 + 制度”长效监管机制，通过扶贫产业项目慧眼监测系统，推行项目信息线上线下立体化监督，实现项目系统化、流程化、阳光化管理，确保扶贫资金发挥最大效益。2019 年，实施扶贫产业项目 850 个，投入财政专项扶贫资金 24936.87 万元，累计覆盖建档立卡贫困户 5.964 万户。高效组织实施脱贫攻坚“春季攻势”“夏秋决战”两大战役，以农村产业革命激发脱贫动力、三变驱动转换脱贫引擎、一户一策解决“三无”问题，实现扶贫资金从“大水漫灌”到“精准滴灌”转变，实现贫困群众“户户有增收项目、人人有脱贫门路”。通过“十大员”开发招募 2562 人，累计发放工资 1105 万元。脱贫兜底保障贫困人口收入 36440 万元。积极争取全国工商联、广州市花都区等单位和企业落实帮扶资金 11463 万元，带动脱贫 233944 人。以实干实绩交出了一份决胜全面小康的“脱贫答卷”，创造了织金减贫史上最好成绩。全县贫困发生率下降到 1.4%。

【农业结构调整加快】 做强做大皂角、南瓜蔬菜、药用银杏及竹荪菌材等特色主导产业，新增产业示范点 124 个，累计调减低效作物种植 50.65 万亩，申报创建样板坝区 2 个、达标坝区 9 个、一般坝区 7 个。整合涉农资金 5.43 亿元、绿色产业扶贫投资基金 6.2 亿元、社会帮扶资金 5.68 亿元投入农业产业结构调整。引进培育龙头企业 42 家，培育各类新型市场经营主体 3000 余个。全面推广“龙头企业 + 合作社 + 农户”组织方式，全县“村社合一”数量达 545 个，97 个农业企业建立了党支部，充分发挥党建引领作用，实现村集体经济“3 个 100%”。烟叶产量突破 6.92 万担，产值达 9903 万元。积极推行“农校”“农超”“农企”合作，大力推进农产品“七进”工程，实现农产品外销 12.66 亿元。用活用好“中国竹荪之乡”“全国最大皂角精集散地”名片，全力推进农产品品牌认证，“织金竹荪”入选全国特色农产品优势区，织金皂角精获农产品地理标志。非洲猪瘟得到有效防控。

【固定资产投资稳步增长】 500 万元以上固定资产投资项目入库 160 个（亿元项目 58 个），完成投资 135.28 亿元，同比增长 10.5%，其中，建安工程投资 103.38 亿元，同比增长 12.58%。房地产在库项目 20 个，完成投资 14.89 亿元，同比增长 26.11%。按构成分：建筑工程 12.16 亿元，同比增长 56.81%；安装工程 0.5 亿元，同比下降 80.74%。商品房销售面积 51.37 万平方米，同比增长 15.64%；完成销售额 22.55 亿元，同比增长 35.67%。按工程用途分：商品住宅投资 9.69 亿元，同比增长 18.02 %；商业营业用房投资 3.01 亿元，同比增长 59.38%；其他投资 2.18 亿元，同比增长 9.17%。

【市场贸易活跃】 社会消费品零售总额从 2015

年的29.4亿元上升到2019年的37.52亿元，同比增长5.1%，年均增长4.82%。分行业看：批发业商品销售额增速11.5%、零售业商品销售额增速8.2%、住宿业营业额增速10.5%、餐饮业营业额增速16%。

【工业经济提档升级】 传统产业变速换挡，新兴产业快速成长。新增规模以上工业企业4家、高新技术企业1家，全部工业增加值56.97亿元同比增长10.2%，规模以上工业增加值36.14亿元，同比增长14.5%，省、市重大工程和重点项目完成投资161亿元。完成产业园区基础建设投资1.3亿元。园区入驻企业35家，园区规模以上工业总产值达67.2亿元，在全省产业园区成长综合考评中排名第三。中石化煤化工项目场平、污水处理厂及配套管网工程快速推进。纺织服装产业集聚区正加快形成。煤炭总产量达1298万吨，同比增长7.05%。煤矿“两化”升级改造23对，矿井智能化机械化率达74%，煤矿“两化”水平全省领先。发电总量达55.35亿千瓦时，新能源发电量达5.05亿千瓦时，小水电发电量达1.18亿千瓦时。

【交通体系日趋完善】 全县公路通车里程达5581.46公里，其中，高速公路113.09公里，国道1条79.2公里，省道10条309.846公里，县道18条493.59公里，乡道70条754.9公里，通村公路408条1278.95公里，“五通四有”通组公路578条1172.08公里，农村“组组通”公路1299条1379.8公里。

【邮电事业】 邮政主营业务收入0.42亿元，同比增长8.32%；移动主营业务收入完成3.28亿元，同比下降2.64%；电信主营业务收入完成0.6亿元，同比增长19.37%；联通主营业务收入完成0.54亿元，同比增长18%。

【财政收支稳步增长】 财政总收入完成37.27亿元，同比增长10.2%，其中，地方财政收入25.68亿元，同比增长21.5%；一般公共财政预算收入10.98亿元，同比增长4.1%；税收收入21.13亿元，同比下降5.12%。财政总支出77.9亿元，同比增长11.7%；一般公共预算支出76.53亿元，同比增长26%；财政合计八项支出53.43亿元，同比增长27%。

【文旅产业持续井喷】 服务业对经济拉动作用持续增强。新增规模以上服务业企业8家，社会消费品零售总额达37.52亿元，同比增长5.1%。织金洞景区创建国家5A级旅游景区，织金古城景区创建国家4A级景区均已通过质量评审。织金洞游客服务中心投入使用。建成1个省级乡村旅游重点村、1个省级精品客栈。织金文旅大使“宫保鸡”互联网IP营销名列“2019年网络扶贫贵州十大创新案例”。织金荞凉粉荣获“全省十大旅游名小吃”称号。村级电商、物流服务站建设全覆盖。创新推出文旅农商展销会，230余家文旅农商类产品参展，签约金额达1.2亿元。新旧产业转换更加高效，实体经济成为经济社会高质量发展新引擎。

【医疗卫生事业不断发展】 全县共有卫生机构705家。共有执业（助理）医师1739人，其中，执业医师1070人（全科62人）、执业助理669人（乡村全科159人，执助全科19人），在册护士2765人，现有床位数4539张。按常住人口80.19万人计算，每千人口拥有执业（助理）医师数2.17人，注册护士数3.44人，每万人全科医师达2.99人，每个乡镇卫生院有一名执业医师，每千人拥有医疗卫生机构床位数5.66张。

【城镇提质亮点纷呈】 完成《织金县县城总体规划（2011－2030）》修编，建成2个公共停车场，新增城市社会公共停车位760个。建成政府性投资公租房5110套、企业投资公租房3191套，发放租赁补贴1379户350.21万元。完成房地产投资14.89亿元，同比增长26.11%，商品房销售面积突破40万平方米。小城镇建设完成投资23.44亿元。新增达标“8+X”项目省定示范小城镇5个、市定示范小城镇8个、特色小城镇18个。完成小康房建设310户。新增城镇道路15.8公里，新增城区面积2平方公里，新增城镇人口22512人，城镇化率达47.23%。

【基础设施不断完善】 鱼山路改造全面完成，平远古镇二期建设有序推进。完成交通投资11.58亿元，三甲至八步公路、官寨至下红岩旅游公路、狗跳岩至打括公路等项目建成通车。熊家场至肥田煤矿公路改扩建工程有序推进。县乡公路路面改善提升3条61.4公里、农村公路“畅返不畅”整治工程7条81.3公里、农村公路安防工程213.59公里。铁厂坝水库、洗马塘水库、西悬水库等水利工程项目有序推进。完成电网建设投资2.1亿元，新建10千伏线路316.31公里、低压线路704.12公里。建成3G/4G基站2060个。完成全县非对称数字用户线路覆盖区域光纤改造，新增100M以上接入能力宽带端口3600个，全县通信二级分光以上光缆突破3万公里，实现90%的行政村光纤覆盖，家庭宽带覆盖小区123个。

【环境整治成效明显】 深入实施“农村人居环境整治三年行动”和“百千工程”，美丽乡村建设不断深化。大力推进厕所革命，建成村级公共卫生厕所108个、农户卫生厕所23461户。推动以文明节约为主题的移风易俗工作，乡村社会文明程度不断提高。

【开展空气质量提升行动】 取缔“散乱污”企业16家，取缔散煤销售点8个，淘汰改造燃煤锅炉12台，淘汰老旧车、黄标车69辆，开展城区道路交通、建筑工地扬尘专项整治和重点行业大气污染物治污减排，新建空气质量自动监测站1座，全县空气质量优良天数比达98.9%。

【开展水环境综合治理】 9个乡镇（街道）污水处理厂开工，启动洪家渡水库周边农村污水处理及配套管网工程建设，加强农村生活污水源头减量和尾水回收利用，农村黑臭水体逐步消除。修复完善大新桥水库一、二级保护区围网7800米，完成22个千人以上集中式饮用水源地规范化建设，大新桥水库和金鱼池饮用水源地水质全部达标、30个乡镇（街道）集中式饮用水源水质、6条地表水河流断面水质监测达标率100%。

【开展土壤污染防治】 织金垃圾焚烧发电项目投运，完成县城垃圾填埋场升级改造，医疗废物、废机油安全处置率达100%，城乡生活垃圾无害化处理率达55.88%。

【开展环保整治行动】 严格执行河长制，对主要河湖库开展规范性管护，县、乡、村三级河长巡河形成常态化。深入开展森林保护“六个严禁”执法专项行动，完成人工营造林21.93万亩，全县森林覆盖率达59.79%。

【债务化解稳步推进】 严格落实地方政府性债务管理机制和“八个一批”“十四条化债措施”，综合债务率由“红色”转向“橙色”。盘活国有资产和要素资源，加快平台公司整合转型，债务风险安全可控。万人工商事故死亡率为0.065人/万人。

【安全生产总体平稳】 千方百计抓好道路交通、煤矿和非煤矿山、地质灾害防治、建筑施工、危险化学品和烟花爆竹、消防及旅游、特种设备和其他行业领域安全生产。安全生产事故同比下降21.1%。

【法治创建有力有效】 省委“深化法治毕节创建推进会”在织金召开。持续推进“法治织金”创建，积极回应群众关切和期待，全县刑事案件、命案、“盗抢骗”案件同比分别下降17.9%、37.5%和40.3%，新增吸毒和外流贩毒被打击人数分别下降72.1%、31.5%。群众安全感达99.06%，同比上升1.6%。办结上级转办信访事项1473件，排查调处各类矛盾纠纷4082件，调处成功率达98%以上。深入开展扫黑除恶专项斗争，打掉涉黑组织1个、涉恶犯罪集团（团伙）8个，查处涉黑涉恶腐败和“保护伞”问题12件，治安形势稳定向好。走出一条社会治理与“法治织金”同步提升、经济发展与“和谐织金”同步推进的“平安之路”。

【教育质量持续提升】 持续推进实施“全面改薄”项目，23所全面改薄项目中88个单体竣工53个。完成大班额年度化解任务。高考本科录取3504人，录取率排全市第三；本专科录取率达91.91%，排全市第一；取得“一清华四北大”的骄人成绩。

【社会保障不断加强】 把“稳就业”摆在突出位置，创新探索人力资源服务有限公司市场化运营机制，建立“劳务公司+劳务合作社+核心管理人员+贫困户”四级联动管理体系，成立32个劳务分公司574个村级劳务合作社，重点解决好高校毕业生、农民工、退役军人等群体就业，新增开发“十大员”公益性岗位2562个，新增城镇就业8437人、失业人员再就业2611人、创业带动城乡就业1250人、农村劳动力转移就业22456人。新增创业担保贷款2782.5万元。全社会从业人员达68.05万元，其中，第一产业24.2万人，第二产业13.7万人，第三产业30.15万人。县就业局荣获“全省优质服务窗口”称号。统筹推进社会保险制度改革，加强各类社会保险征缴扩面工作。企业职工和城乡居民基本养老金、城乡低保等保障工作水平持续提高。持续关爱农村留守儿童、留守老人、留守妇女，保障孤儿、困境儿童、事实无人抚养儿童、困难残疾人基本生活。重视老龄事业发展，加强残疾人康复服务，积极发展残疾人事业。

【“放管服”改革深入推进】 开通政府服务“一网通办”，实现“一窗办”“一证办”向“掌上办”转变，企业开办时间和行政许可项目承诺期提速70%以上，按时办结率100%。

【经济领域改革进展明显】 减税降费政策落地落实。新增各类市场主体12558户，同比增长25.09%，市场主体同比增长19.1%，在全省县域第一方阵排名第四。重点产业招商引资到位资金85.28亿元。

【社会领域改革持续发力】 扎实推进残疾人精准康复省级示范点创建，各村（社区）卫生室医生和残疾人签订家庭医生签约服务率达100%，助残服务实现全覆盖。建立覆盖全县紧密型医共体，有效激发基层医疗卫生机构活力，全面提升全县医疗卫生服务能力。持续推进易地扶贫搬迁后续扶持和发展工作，《织金县“五分类”工作机制做足易地扶贫搬迁后半篇文章》改革典型获全市2019改革创新奖二等奖。自觉接受人大法律监督和政协民主监督，办结建议175件、提案105件，办复率、满意率均达100%。严格落实“基层减负年”要求，政策性普发文件减少一半。

【公共文化服务体系建设得到加强】 实施20个村数字文化服务工程，补充574个村农家书屋，建成10个易地扶贫搬迁安置点图书室。深入实施锦绣计划，“指尖上的芭蕾”风靡海内外。珠藏镇鸿达苗族蜡染公司杨晓珍被表彰为全国民族团结进步模范个人，官寨乡屯上村被国家民委命名为全国第三批少数民族特色村寨。

【4个村（社区）获国家森林乡村称号】 在国家林业和草原局2019年12月15日公布的第一批国家森林乡村名单中，织金县板桥镇白果村榜上有名。在2019年12月31日公布的第二批国家森林乡村名单中，织金县熊家场镇高粱居，官寨乡红岩居，官寨乡麻窝居榜上有名。近几年来，织金县把开展森林乡村建设作为带动乡村绿化美化，推进乡村振兴战略和农村人居环境整治的重要措施来抓，以生态文明为引领，扎扎实实开展森林乡村创建活动。开展大规模国土绿化，城乡绿化覆盖率逐年提高。2019年，全县森林覆盖率达59.79%。全县建成省级森林乡镇1个，森林村寨7个，森林人家39户。

【织金县妇联获全国城乡妇女岗位建功先进集体称号】 在2019年3月全国妇联表彰的全国城乡妇女岗位建功先进集体中，织金县妇联榜上有名。近年来，织金县妇联团结带领全县广大妇女创新工作思维，坚持一手抓发展、一手抓维权。按照把妇联组织建设成党开展妇女工作的“坚强阵地”和广大妇女信赖和热爱的“温暖之家”的要求，用优质的服务、扎实的本领、真诚的奉献，创造性地开展了巾帼脱贫促发展、巾帼维权保稳定、巾帼文明助和谐、妇联组织强基础四项行动。在服务大局、服务妇女、服务基层中发挥了重要作用，为全县妇女儿童办实事、办好事，成为妇女的知心人、代言人。特别是在推动织金县绣娘工作中表现突出，确保和引导富余劳动力就业和带领广大妇女勤劳致富中取得了实实在在的成绩。近两年，连续获得市妇联年终考核一等奖。在贵州省妇联锦绣计划五周年的大会上，织金有幸作为唯一发在大会上作经验交流发言的县，被省妇联授予巧手脱贫示范县。被中共贵州省委、贵州省人民政府评为“全省民族团结先进集体”。织金“四个创新”绣出富民好产业得到省委书记、省长签批认可，要求在全省作经验推广并报中央改革办。近两年的工作得到了中央电视台、人民日报、新华社、贵州电视台等几十家主流媒体多次报道。

【扎实开展“不忘初心、牢记使命”主题教育】 一是订购发放《习近平关于“不忘初心、牢记使命”重要论述摘编》《不忘初心、牢记使命优秀共产党员先进事迹选编》等学习资料26000余册，引导广大党员干部将其作为“枕边书”“手中宝”，加强个人自学。用活红色革命基地、培训基地等资源，在全县开展革命传统教育445场次、形势政策教育521场次、先进典型626场次、警示教育520场次。县委常委带头学习、集中研讨，共开展集中学习研讨6次共11天，带动全县各级党委党组集中学习研讨3886次，切实做到深学、深思、悟透。在全县广泛组织开展主题教育和脱贫攻坚应知应会测试437场次，参考人数20000余人次。通过以考促学，让学习教育入脑入心、走深走实。县级干部带头开展调研742人次，撰写调研报告40余篇。深入开展调研，据统计，全县科级领导干部共撰写调研报告600余篇。二是各级共检视出问题5751个、制定整改措施5673条、完成问题整改3079个。三是共组织参加“新时代学习大讲堂”业务知识专题讲座246期，时代前沿知识专题讲座26期，脱贫攻坚大讲习大培训专题讲座40次。举办全县党员干部综合能力提升（广州）专题培训班2期，全县“不忘初心、牢记使命”主题教育师资（广州）培训班1期共培训干部152名。四是全县驻村帮扶共走访慰问群众224131次，遍访群众162495户，召开群众会5482次，帮助群众解决实际困难3510个，完成项目协调95个。

【抓严干部选配工作】 紧紧围绕全县经济社会发展大局，紧盯按时高质量打赢脱贫攻坚战目标，切实抓好选干部、配班子、强队伍，确保领导班子和干部队伍建设有力推进。一是稳步推进机构改革相关人事工作。根据《关于织金县县级改革的实施意见》，选优配强全县10个党委机构、27个政府机构领导班子成员157名，划转科级非领导职务干部38名，新建立党组15个，撤销党组16个，协调督促涉改部门做好领导职数、内设机构和人员编制方案的制定，确保涉改部门挂牌运转到位，人员转隶到位。二是深入落实脱贫攻坚一线激励关怀机制。落实贯彻省、市、县关于脱贫攻坚一线干部关怀激励制度，加大脱贫攻坚一线干部选拔任用力度。2019年，共提拔重用优秀干部168名，其中，在脱贫攻坚一线提拔重用113名；完成232名公务员首次职级晋升，其中涉及脱贫攻坚一线干部158名。三是加大"四类干部"的培养锻炼力度。对全县科级干部中的年轻干部、少数民族干部、女干部和党外干部进行梳理，进一步完善干部信息库；注重源头管理，组织开展摸底排查，全面了解各单位的年轻干部现状，为干部培养打下基础；实施"四类干部"培养计划，通过开展蹲苗压担、外出挂职锻炼等方式，切实提高干部履职能力及干部群众的认可度。2019年来，抽派10名优秀年轻干部到乡（镇、街道）挂任乡长（镇长、主任）助理，选派10名优秀干部到广州花都区挂职锻炼，提拔重用35岁左右的年轻干部62名、少数民族干部68名、女干部26名和非党干部7名。四是强化干部调研。对脱贫攻坚工作期间乡（镇、街道）、县直单位班子运转及班子成员履职情况进行精准研判，围绕尽锐出战，确保按时打赢脱贫攻坚战，采取实绩研判"八法"（听取汇报、民主测评、个别谈话、查阅资料、实地查看、单项工作考核排名、征求包靠县领导意见、掌握廉洁自律情况），对全县各乡镇（街道）领导班子及班子成员履职情况进行分析研判，对履职有差距、不能胜任的领导干部坚决调整和撤换。2019年，因履职有差距被免职或调整岗位的乡镇（街道）领导班子成员32名。五是加强县直派驻帮扶干部的管理。制定下发《关于加强派驻帮扶干部管理的通知》，根据机构改革及工作需要，对部分帮扶单位及帮扶干部进行调整，明确28个垂直部门（企业）和县属国有企业帮扶28个贫困村，确保帮扶工作取得实效。选派65名县直部门正职，增派305名县直部门优秀干部到脱贫攻坚一线开展帮乡、驻村工作，集中优势攻克最后贫困堡垒。六是做好干部调配工作。认真执行干部调配政策规定，聚焦脱贫攻坚一线，切实抓好干部调动、公务员调任等工作。2019年，从县外调入干部33名，从脱贫攻坚一线优秀事业人员中调任乡镇领导干部26人。六是做好其他工作。根据《贵州省公安机关执法勤务警员和警务技术职务序列改革的实施方案》，按照干部管理权限，完成县公安局9名执法勤务警员晋升四级高级警长工作。

【抓实干部教育培训工作】 以"实"字贯彻干部教育培训全过程，以提高干部政治觉悟、作战能力为宗旨，抓实干部教育工作，确保教育培训务实有效。一是结合需求制定培训计划。以当前全县工作重点和干部需求为导向，以能力建设为核心，拟定2019年干部教育培训计划，明确了培训重点和目标任务，有计划、有重点地对全年干部教育培训工作进行安排部署。二是建立健全相关培训工作制度。建立干部教育培训办班申报、干部外出培训审批备案、干部学时登记等制度，进一步规范乡镇（街道）、县直单位自主办班和干部外出学习培训工作，切实加强对全县干部教育培训工作的管理。2019年，共审批办班申请5批次，审批备案各类干部外出培训45批次、400余人。三是组织开展好分级分类培训。认真组织"新时代学习大讲堂"培训工作，全面加强对学习培训的组织统筹和考核管理，强化全县乡村两级学习点的建设。2019年，共组织参加"新时代学习大讲堂"业务知识专题讲座120期，时代前沿知识专题讲座14期，脱贫攻坚大讲习大培训专题讲座17期；开展全县村（社区）党组织书记、主任脱贫攻坚专题培训班2期，培训村干部1148人；利用与广州市花都区对口帮扶的优势，举办科级领导干部综合能力提升（广州）专题培训班2期，织金县“不忘初心、牢记使命”主题教育师资（广州）培训班1期，共培训干部152人。四是抓好“两要点两清单”制定工作。组建工作专班，统筹指导全县各单位各部门职责要点和底线清单、岗位职责要点和指责清单制定工作。2019年，完成对全县33个乡镇（街道）、55个县直单位（不含县直部门所属事业单位、垂管单位）、25个县管国有企业的单位职责要点和底线清单的初审、复审和集中会审工作，已全部印发实施。

【提质农村基层党建】 一是扎实推进村（社区）党组织书记、主任“一肩挑”。全县“一肩挑”村（社区）218个，占比37.72%，进一步增强村级党组织的凝聚力和战斗力。二是积极开展先进村帮扶贫困村工作。明确127个先进村结对帮扶127个贫困村，协调黔西县大关镇七里村、丘林村，林泉镇海子社区分别帮扶织金县大平乡前坪村、群建村、新场村。三是持续整顿软弱涣散基层党组织。由县级领导带队，逐村进行分析研判，排查软弱涣散党组织79个，其中78个软弱涣散党组织整顿验收结束。四是全力抓好两委人员背景审查工作。组织县纪委县监委、县委政法委、县公安局、县法院、县检察院、县民政局、县民宗局等部门对全县1942名村（社区）干部进行全覆盖背景审查，共排查出存在刑事前科或受到刑事处罚的村干部14人，并按程序进行调整。

【2019年贵州省妇女特色手工产业“锦绣计划”工作推进会在织金县召开】 2019年11月29日，2019年贵州省妇女特色手工产业“锦绣计划”工作推进会在织金县召开。省政协副主席罗宁出席会议并讲话。省妇联主席、党组书记、省“锦绣计划”实施联席会议办公室主任杨玲主持会议。毕节市委副书记张翊皓出席会议并致辞。罗宁在讲话时指出，当前，全省上下都处于决战脱贫攻坚、决胜全面小康的关键时期，各级各部门要深入学习贯彻党的十九届四中全会、省委十二届六次全会精神，紧紧围绕各项目标任务，着力服务大扶贫、大数据、大生态三大战略，把“锦绣计划”这件利大局、利民生、促就业、促增收的好事实事持续抓好，进一步加强整体规划，努力打造特色品牌，注重人才引入和培养，增强产品市场竞争力，努力打造“锦绣计划”升级版，带动更多群众脱贫致富，使“锦绣计划”更好地服务全省脱贫攻坚大局。为推动“锦绣计划”更好地落地见效、书写美丽中国梦的贵州新篇章做出新的更大贡献。省民宗委、安顺市政府、织金县委、台江县妇联、贵州创和服饰有限公司相关负责人分别作了交流发言。会前，与会人员实地考察观摩了织金县贵州巧姐民族文化传媒有限公司、织金蔡群蜡染刺绣有限公司，参观了杨晓珍鸿达苗族蜡染文化开发有限公司、贵州莫熙蜡染刺绣有限公司及绣娘合作社等展台。

【扎实推进理论和意识形态工作】 一是完成中央、省委巡视反馈问题整改落实。2019年中央巡视贵州、省委巡视毕节涉及织金需要整改的、省委巡视织金交办的所有问题现已全部整改结束。二是强化中心组学习，增强理论工作的带动力。按照《织金县党委（党组）理论学习中心组2019年专题学习计划》《织金县委理论学习中心组学习计划》要求，开展中心组学习，县委理论学习中心组集中学习5次，其它各级党委（党组）共开展学习400余次；同时征订了《习近平新时代中国特色社会主义思想学习纲要》供县委中心组成员学习。三是积极推广使用“学习强国”学习平台，全县所有党组织都已经加入平台，全县共创建学习组织架构160余个，12300余名党员干部下载注册了“学习强国”。

【对外宣传工作扎实有效】 一是围绕新中国成立70周年、省第十四届旅发大会等重大主题活动，着力宣传报道织金经济发展、基础设施建设、社会事业进步、民生改善、产业结构调整等方面的举措和典型报道。二是围绕脱贫攻坚等重点工作，深挖典型。在中央省市媒体推出杨晓珍、何恩荣、余德昌等典型人物事迹，树立榜样的力量。三是积极对接，做好对外宣传工作。配合上级宣传部门做好“壮丽70年·奋斗新时代——‘四力’‘四全’建设大型主题采访实践活动”“《一路走来》”“第十四届旅游产业发展大会”“奋进70”拍摄采访等活动；加强与市级以上媒体的联络联系，主动推送各级各部门工作中的先进经验、典型，向外展示织金形象。接待市级以上主流媒体近40余次，在中央主流媒体刊播稿件130条，省级主流媒体刊播稿件150条。在县级媒体推出典型人物宣传报道61条、市级媒体12条、省级媒体10条、中央级媒体5条。

【着力抓好精神文明建设】 一是“我们的节日”有声有色。在“春节”“元宵节”“清明节”“端午节”“重阳节”等传统节日组织开展相关主题活动，营造浓厚节日气氛、弘扬优秀传统文化，树立文化自信。二是挖掘身边好人事迹，传播社会正能量。全年深入挖掘了10余个好人事迹，其中3人荣获“贵州好人”称号。三是投入30万设计制作了《织金县市民文明宣传手册》，文明创建宣传纸杯、抽纸、围裙等发放给县直各部门及县城区主要宾馆酒店、餐馆、沿街商铺、学校、各乡镇（街道），发送文明创建口号手机短信10余万条，营造浓厚的文明城市创建氛围。四是积极开展“新时代好少年”评选宣传活动，深入推进未成年人思想道德建设。全年共10人荣获“毕节市新时代好少年”称号，1人荣获“贵州省新时代好少年”称号。五是持续开展文明村镇、文明单位创建，对全县已荣获各级文明乡镇16个、文明村242个、文明单位22个进行复查，新申创文明村94个、文明单位9个。六是强化志愿者注册力度，完善志愿者标识及服务登记，督促指导广泛开展志愿者服务活动，全县共注册志愿团体385个、注册志愿者132887人、累计开展服务时长3795204.5小时。

【第十四届贵州旅游产发展大会开幕式在织金县举行】 2019年9月29日，以“促文旅农商融合走旅游扶贫新路”为主题的第十四届贵州旅游产业发展大会开幕式在织金县平远古镇举行。大会由副省长卢雍政主持，省委书记、省人大常委会主任孙志刚在会上作了讲话，他强调要深入贯彻落实习近平总书记对贵州工作重要指示要求，团结带领全省各级党组织和广大党员干部守初心、担使命，找差距、抓落实，促进文旅农商融合发展，加快推进旅游扶贫工作，为确保按时打赢脱贫攻坚战作出更大贡献。孙志刚在讲话中指出，近年来，省委、省政府认真贯彻落实习近平总书记重要指示精神，把旅游业作为守好发展和生态两条底线、决战决胜脱贫攻坚、推动全省经济转型升级的重要举措，举全省之力推动贵州旅游业实现了连续三年“井喷式”增长，有效带动了贫困人口就业增收，旅游扶贫取得明显成效。当前，我省推进旅游发展、旅游扶贫面临着十分难得的机遇，全省各级各部门要乘势而上，围绕促进文旅农商融合发展、多渠道、多方式、多业态推进旅游扶贫。孙志刚强调，要着力推进贫困地区旅游发展，因地制宜开发贫困地区旅游资源，推动旅游项目向贫困地区倾斜，完善利益联结机制。要着力推进旅游与农村产业革命深度融合，促进农特产品转化为旅游商品，推动农业综合效益最大化。要着力推进东西部旅游扶贫协作，加强旅游市场合作，加大旅游企业招商力度，吸引更多专家人才到贵州开展帮扶活动。要着力推进乡村旅游提档升级，大力发展山地特色民宿，严格执行乡村旅游省级标准，深入挖掘乡村旅游文化内涵。要切实用好旅游普查资源成果，培育壮大旅游经营主体，加大旅游宣传推介力度，大力发展智慧旅游，推进旅游业高质量发展，为脱贫攻坚提供更加有力的支撑。孙志刚强调，要扎实开展“不忘初心、牢记使命”主题教育，为深入推进旅游扶贫提供坚强保障。省委副书记、省长谌贻琴主持会议时强调，当前，贵州正处于旅游产业持续快速发展的黄金期，旅游经济提质增效的转型期，旅游大省向旅游强省迈进的关键期。“贵州要下足融合功夫，做好扶贫文章，让旅游产业‘强起来’、乡村环境‘美起来’、旅游经济‘火起来’、贫困群众‘富起来’。”省领导刘捷、孙永春、左定超参加会议。开幕式现场举行了会旗交接仪式、授牌仪式，第十五届旅发大会将于2020年在贵州六盘水市举行，会议还发布了贵州十大名小吃、十大新地标、十大文创产品、十首经典民歌。

【保持惩腐高压态势】 一是用好办案方法。采取层层压实责任、县乡联动、主办人牵头、公检法司配合、整合监察专员办案的方法，加大案件查办力度。全县纪检监察机关立案228件（其中，县处级干部1件1人、乡科级干部40件56人），结案178件，党纪政务处分213人，移送司法机关6人，收缴违纪资金925.38万元，挽回经济损失900余万元。成功劝返一名涉案潜逃省外7年的违纪违法人员（板桥镇龙井村党支部原书记杨城），追逃追赃工作在毕节市得到经验交流发言。二是用好“四种形态”。运用监督执纪“四种形态”处理党员干部564人次，占比分别为63.5%、29.6%、4.8%和2.1%。特别是重点查处了白泥镇党委原书记陈波毫无理想信念，对组织不忠诚不老实，既想当官又想发财，形式主义官僚主义严重，政治上典型的“两面人”的严重违纪违法案件，以那镇副镇长刘鑫歪曲事实帮助信访人诬告陷害、个人道德品质败坏问题等典型案件。

【强化作风建设】 一是在关键时间节点上发力。在元旦、春节、清明、五一、中秋、国庆等重要关键时间节点，开展了8轮作风明察暗访及专项督查，发现违反工作纪律、报账不规范、违规配备使用公务用车等问题96个，对53个单位下发作风问题督办函督促调查处理及整改落实。查处违反中央八项规定精神案件11件17人，党纪政务处分17人，通报典型案例15起17人，查处困扰基层形式主义官僚主义问题案件7件9人。二是在专项整治上发力。开展领导干部兼职取酬专项整治，全县共排查出10名领导干部兼职但未取酬的情况。紧盯城乡居民滥办酒席专项整治，受理群众举报51起，制止违规操办酒席51起，取消违规酒席1000余桌。开展领导干部利用茅台酒谋取私利问题专项整治，处置茅台酒线索5件，查结5件5人，收缴茅台酒81瓶。三是在运用科技手段上发力。搭建干部纪律作风扫码评价平台，收到群众评价6867条，41条负面评价已处置35条，6条在处置中，较好提升群众满意度。在重要节假日等时间节点通过短信平台向全县副科级以上领导干部发送7期9000余条廉政短信。同时，运用大数据和大移动端口在重点时段对全县公务用车使用情况进行比对，发现公车私用1起。

【提升巡察质效】 一是强化巡察手段。通过采取“常规+专项+回头看”多种巡察手段对15个县直单位、16所县直学校、12个乡镇（街道）所辖205个村（居）党组织、120个深度贫困村开展巡察监督及对22个被巡察单位进行“回头看”，发现问题1398个，问题线索21件。二是强化反馈实效。完成2轮涉及46个单位县级常规巡察、3轮涉及12个乡镇（街道）所辖205个村（居）常规巡察、2轮涉及24个乡镇（街道）所辖120个深度贫困村专项巡察、1轮涉及22个单位“回头看”反馈工作，共反馈问题1784个，移交问题线索89件。三是强化问责震慑。用好问责利器，对不支持巡察工作、整改责任不落实、整改不力的严肃问责，以县委名义对整改不力的11个单位及村级巡察整改不彻底的9个乡镇（街道）进行全县通报，对向巡察组提供虚假资料，扰乱巡察视线，干扰巡察工作正常开展的2名干部诫勉谈话处理。

【加强东西部扶贫协作】 一是强化组织领导。成立以县委书记、县长任双组长，县委副书记任常务副组长的织金县对接广州市花都区对口帮扶工作领导小组，统筹调度对口帮扶相关工作。今年以来，召开县委常委会、县政府常务会及专题会议研究部署东西部扶贫协作工作19次。实行定期磋商、联席会议制度，共同协商解决东西部扶贫协作工作的困难和问题。今年以来，县委、县政府主要领导到花都区调研对接3次，花都区委、区政府主要领导到织金县对接工作3次，双方召开联席会议3次，其中在织金县召开2次，花都区召开1次。二是加强人才交流。花都区选派1名副处级干部作为援织工作队领队，挂任织金县县委常委、县人民政府副县长，负责分管对口帮扶及开发工作；选派2名党政人才到织金县挂职。织金县从县直单位选派18名干部、41名专业技术人才赴花都区挂职锻炼和跟岗学习。花都区选派23名专业技术人才赴织开展帮扶。广州市花都区委组织部、区委党校精心组织开展2次培训，152人参训。举办专业技术人才培训班40期，共培训4789人次。三是用好帮扶资金。严格按照《广州市对口帮扶毕节市资金项目办理办法（试行）》相关规定做好项目谋划申报、实施管理、资金使用、验收评估等工作，全力推进东西部扶贫协作项目建设。2019年，广州市花都区帮扶我县到位资金7483.4745万元，其中，计划内财政帮扶资金4137.08万元，计划外财政帮扶资金1037.71万元，社会帮扶资金2308.6845万元。四是深化产业合作。制定招商引企优惠支持政策，营造优良营商环境，2019年，共6家企业赴织投资带贫，到位资金14359.95万元，2018年引进2家企业，实际到位投资10150.862万元，带动贫困户8730户36517人；2019年引进4家企业入驻带贫，实际到位资金4209.09万元，带动贫困人口30户154人。组织相关部门到广州开展农产品和旅游产品推介3次、旅游产品推介2次；累计销售织金县农产品12219.68吨，销售金额共计10371.38万元，带动贫困户9565户39986人。五是注重劳务协作。建立劳务协作精准对接机制，帮助558名贫困人口赴广东结对区转移就业，实现就近就业1870人，其它地区130名。开展招聘会3场，参加招聘会企业52个，提供岗位1000次，通过招聘会实现就业240人。对贫困人口开展19期培训，培训贫困人口1024人，通过培训实现就业贫困人口597人。六是倾力携手奔小康。织金县主要领导积极赴广州开展交流互访对接工作3次，广州市、花都区捐赠帮扶资金1820.3945万元，促成广州市、花都区5个街镇、72家企业、1家社会组织与织金县120个深度贫困村开展结对帮扶，实现深度贫困村结对帮扶全覆盖，捐赠帮扶资金1551.9195万元，主要用于脱贫攻坚“三保障”补齐短板项目。争取花都区8所学校、20家医疗机构分别与织金县8所学校、37家医疗机构签订结对帮扶协议，并开展培训、讲座、互派挂职干部等帮扶活动，捐赠教育资助及物资折价约115.92万元；广州市妇女儿童福利会捐赠帮扶资金及物资折价78.555万元。开展致富带头人培训1期，培训贫困村致富带头人19名。加强贫困残疾人帮扶，帮助贫困残疾人脱贫，投入资金74万元，受益贫困残疾人家庭565户。

【审判机关为全县经济社会发展提供良好的司法保障】 全年共受理各类案件9246件，同比上升20.83%，审（执）结9017件，同比上升22.08%，结案率为97.52%。县法院被评为“全国优秀法院”并作为代表出席全国高级法院院长会议接受表彰，获省高院嘉奖1次，市中院记“集体三等功”1次；个人分别获全国法院调研工作先进个人1人、全国法院“基本解决执行难”工作嘉奖1人，省高院授予荣誉称号1人、记二等功1人、嘉奖3人，市中院表彰2人。“1+5”工作机制被省高院全省推广，省委改革办将织金法院定为贵州省唯一的“司法体制改革现场培训教学基地”。

【检察机关积极开展服务保障脱贫攻坚专项工作】

深入学习贯彻习近平总书记关于打赢脱贫攻坚战的重要讲话、对贵州对毕节的重要指示批示精神和中央、省委、市委、县委有关会议和文件精神，切实提高政治站位，做好服务保障打赢脱贫攻坚战专项工作。落实“尽锐出战”精神。班子成员带头参加法治扶贫工作，抽派干警参与全县脱贫攻坚督查追责工作，全院业务骨干深入乡镇开展法治扶贫宣传，认真完成结对帮扶和驻村帮扶工作任务。认真办好涉贫案件。受理提请批准逮捕涉贫案件31件34人，批准逮捕29件32人。受理移送审查起诉36件46人，提起公诉27件37人。重点针对涉贫刑事被害人开展国家司法救助，办理司法救助案件14件20人，发放司法救助金36万元。办理恶意拖欠农民工薪酬案件1件，以拒不支付劳动报酬罪对刘某某提起公诉，刘某某已被判处有期徒刑6个月、并处罚金5000元、支付13名农民工工资12.8万余元。帮助补齐脱贫攻坚短板。累计为乡镇、街道提供帮扶资金68万余元。

【黄英获全国城乡妇女岗位建功先进个人称号】

在2019年3月1日全国妇联授予的全国城乡妇女岗位建功先进个人表彰名单中，织金县妇联主席黄英榜上有名。近年来，黄英以一流的工作精神，矢志创新，务实求效，甘于奉献，带领织金县全体妇联干部齐心协力，锐意进取，全心全意为妇女儿童工作，使全县妇女参与经济建设的能力不断提高，生存环境进一步改善，各项工作特别是在推动织金绣娘工作中取得突破性进展，较好地推动了当地妇女发展致富，带动了全县农村经济的发展。黄英曾连续五年被评为优秀公务员，荣获三等功一次，被评为全省育龄妇女贴心人、国家人口贡献奖、全市抗洪抢险先进个人。

（撰稿：董克明）

纳雍县

【概 述】 2019年全县总面积2452.32平方千米，耕地面积6.74万公顷。辖10个乡（其中10个民族乡）、13个镇、6个街道办事处，238个村民委员会、206个居民委员公。年末户籍总人口106.58万人，其中少数民族51.64万人，人口较多的少数民族有穿青人（未定）、苗族、彝族。城镇人43.48万人，乡村人口63.1万人。人口出生率13.75‰。主要矿藏有无烟煤；森林覆盖率58.95%。

全年地区生产总值162亿元，比上年增长7.1%；农林牧渔业总产值61.69亿元，增长5.9%；工业总产值42.69亿元，增长0.2%；财政总收入24.13亿元，增长—6.21%，其中地方财政总收入17.93亿元，增长—5.89%；财政总支出61.94亿元，增长11.95%；年内500万元以上固定资产投资比上年增长4%。其中，第一产业投资比上年增长4.16%，占固定资产投资的比重为9.48%；第二产业投资比上年增长31.43%，占固定资产投资的比重为42.42%；第三产业投资比上年增长-40.53%，占固定资产投资的比重为48.1%。基础设施投资比上年下降3.69%。

【精准扶贫】 2019年建档立卡贫困人口5.6万户24.75万人，年底脱贫人口1.09万户5.14万人，出列贫困村69个，剩余未脱贫人口1.05万户2.85万人，未出列贫困村46个，贫困发生率降至2.96%。

一是脱贫攻坚取得阶段性成效。打好脱贫攻坚“春季攻势”“夏秋决战”，扎实抓好“五个专项治理”。发放“特惠贷”1.84万户6.95亿元，整合涉农资金5.06亿元，实施扶贫项目238个，实现建档立卡贫困人口1.09万户5.14万人脱贫、69个贫困村出列，超额完成省下达减贫目标任务，贫困发生率下降至2.96%。

二是脱贫攻坚短板全面补齐。教育保障方面，劝返1876名辍学生复学，全县辍学生实现动态“清零”，下拨资助资金5032.43万元，惠及学生7.05万人次，实现教育资助全覆盖。医疗保障方面，建档立卡贫困人口实现基本医疗保险应保尽保，住院费用应报尽报；配置418个标准化村卫生室，配备合格村医670名，实现每村至少1名合格村医；排查大病重病患者1329人，专项救治25种大病患者688人，定期随访服务管理619人，慢性病管理实现家庭医生签约全覆盖。住房保障方面，完成省下达2060户危房改造并同步“三改”，完成县2570户危房改造，完成省下达1071户及县1607户透风漏雨整治，1051户人畜混居全部整治结束，群众居住条件明显改善。易地扶贫搬迁方面，“十三五”期间全县实施易地扶贫搬迁9065户4.21万人，其中建档立卡贫困人口7239户3.39万人，全部搬迁入住；成立珙桐、利园、宣慰3个街道，配套建设幼儿园2所、小学1所、社区卫生服务中心1所、村卫生室4所并投入使用；劳动力就业培训实现全覆盖，就业率达87.65%，“五个体系”进一步完善。安全饮水方面，投入资金9337.82万元，实施农村饮水安全项目164处，解决10.5万人饮水安全问题；完成2774口小水窖提质改造。

三是脱贫主导产业纵深推进。按照“县级统筹、乡村落实”的思路，坚持“规模化、市场化、品牌化”，调整优化扶贫主导产业布局，大力发展农产品深加工产业，全产业链打造生态土鸡、食用菌（红托竹荪）产业，不断加大投入和建设力度，初步构建集生产、冷链物流、精深加工、餐饮服务等为一体的“一二三产”全产业链农业产业体系。推行“龙头企业+合作联社+合作社+农户”的生产经营模式，大力发展订单农业，产业覆盖建档立卡贫困户5.69万户24.23万人，优化利益联结机制，切实助推贫困群众稳定增收脱贫，有效激发群众内生动力。

四是对口帮扶持续深化。获民革中央、广州天河、省政府办公厅、省农业农村厅、省自然资源厅、贵阳国家高新区、金元集团等国家机关及社会力量帮扶资金1.87亿元，实施扶贫项目200余个。优化县电商中心和82个农村电商网点运营管理模式，充分利用对口帮扶资源，强化产销对接，促进农产品线上线下销售，有效助推“纳货出山”。

【交通状况】 全县公路通车里程4453.50公里。其中：省道266.89公里，县道698.33公里，乡道1002.82公里，村道2276.92公里，高速公路里程95公里，国道113.55公里。铁路通车里程36.09公里。实施县乡道提级改造225.6公里，通村水泥路窄路面拓宽48.6公里。

【邮政通信】 邮政业务总量2.15亿元，比上年增长16.74%。通信业务收入3.82亿元，比上年增长4.32%，其中：移动公司主营业务收入2.65亿元，比上年下降1.05%；电信公司主营业务收入6108万元，比上年增长26.8%；联通公司主营业务收入5513万元，比上年增长12%。

【房产开发】 投资比上年增长31.05%。商品房施工面积267.28万平方米，比上年增长39.72%，商品房销售面积57.77万平方米，比上年增长17.87%。

【商贸市场】 社会消费品零售总额33.97亿元，比上年增长6.3%；限额以上消费品零售额7.15亿元，比上年增长10.5%；按行业分，批发业15.56亿元，比上年增长11.2%；零售业58.54亿元，比上年增长8.3%；住宿业0.88亿元，比上年增长11.1%；餐饮业7.83亿元，比上年增长16.1%；年末市场主体户数3.71万户，比上年增长28.92%。

【人民生活】 城镇常住居民人均可支配收入、农村常住居民人均可支配收入分别为3.18万元和9825元，分别比上年增长9.3%和11%。

【社会保障】 2019年末参加城镇职工基本养老保险人数4.17万人，比上年增长8.75%，其中，企业职工1.63万人，比上年增长18.4%；城乡居民社会养老保险参保人数37.36万人，比上年增长3.2%；失业保险参保人数1.96万人，比上年增长4.98%；生育保险参保人数2.54万人，比上年增0.43%。共有7851人享受城市居民最低生活保障，比上年增长645.58%；全县共有88149人享受农村居民最低生活保障，比上年下降2.05%。各类提供住宿的社会服务机构收养救助671人，其中敬老院救助473人，生活无着落人员救助172人，其他民办养老服务机构收养26人。全县销售社会福利彩票1645万元，比上年下降12%。

【教育发展】 2019年，学前教育三年毛入园（班）率89.15%，比上年提升1.05个百分点；小学适龄儿童入学率99.68%（其中女童入学率99.67%），初中阶段入学率达95.89%，分别比上年提升0.07个和10.54个百分点；九年义务教育巩固率达92.26%，比上年提升2.15个百分点。残疾适龄儿童入学率达95%，比上年提升3.47个百分点；小学辍学率为0%，初中辍学率为0%。高中阶段教育毛入学率达90.12%，比上年提升1.26个百分点；高等教育毛入学率达30.15%，比上年提升1.65个百分点；人均受教育年限达9.5年，比上年提高0.6年。小学寄宿生0.5万人，寄宿率达5.2%；初中寄宿生3.07万人，寄宿率达64.6%。

【广播电视】 2019年广播电视农村直播卫星用户13.82万户，广播综合覆盖率93.27%，其中农村广播综合覆盖率93.23%。电视综合覆盖率96.47%，其中农村电视综合覆盖率96.08%。

【体育卫生】 参加毕节市第四届大众跆拳道锦标赛暨毗邻市州邀请赛，宏德武术馆获得4金2银2铜成绩；在“贵州动起来”《国家锻炼标准》达标赛中获得1个第一、3个第二的成绩；2019年毕节市第二届青少年运动会，田径获得4枚金牌、6枚银牌、4枚铜牌，武术获得14枚金牌、7枚银牌、9枚铜牌；2019年贵州省武术锦标赛中获2金3铜。全县共有医疗卫生机构35个：其中，县级医院2个、妇幼保健院1个、关爱医院1个、疾控预防控制中心1个、卫生健康综合行政执法大队1个，乡镇卫生院（社区服务中心）29个。卫生专业技术人员3797人，比上年增长48.7%，其中：执业（助理）医师1332人、比上年增长34.9%，注册护士2465人，比上年增长56.8%。新型农村合作医疗参合79.46万人。

【就业情况】 城镇新增就业9137人，比上年增长—8.83%。其中，失业人员再就业1712人，年末城镇登记失业人数340人，城镇登记失业率3.17%。

【全国称号】 2019年纳雍县鬃岭雾翠茗香茶场获得“中国美丽茶园”称号、全国“十大最美茶园”称号。鬃岭镇坪箐村、化作乡枪杆岩村、玉龙坝镇九龙潭社区获“国家森林乡村”称号。

【绿色扶贫】 2018—2019年，纳雍县认真贯彻落实习近平总书记“绿水青山就是金山银山”的发展理念，在2014—2017年完成退耕还林37.35万亩，主要种植布朗李、玛瑙红樱桃、核桃等经果林的基础上，治理岩溶面积96平方公里，治理石漠化面积48平方公里；2019年天保封山育林1万亩，菌材林抚育5000亩，林下种植食用菌、中药材、茶叶3.47万亩，实现林业产值1.2亿元，林下养鸡23.53万羽、养蜂1845箱，实现产值797.45万元；林产品采集加工18.15万亩，实现产值5544.9万元；森林景观利用22万亩，实现产值3300万元。持续深入开展森林城市、森林乡镇、森林村寨、森林人家创建工作，积极创建“省级森林城市”，走出了一条“人与自然和谐共生”的绿色发展之路，带动当地贫困户脱贫致富。2018年12月27日，贵州省绿化委员会办公室、贵州省林业局授予纳雍县“省级森林城市”称号；2019年授予库东关乡、沙包镇等4个乡镇为“省级森林乡镇”，董地苗族彝族乡青山村等19个村（社区）为“省级森林村寨”；2018年、2019年授予卢凤伍等107户为“省级森林人家”后，国家林业和草原局公布第二批“国家森林乡村”名单，纳雍县鬃岭镇坪箐村、化作苗族彝族乡枪杆岩村、玉龙坝镇九龙潭社区榜上有名。

【打造特产】 2019年12月19日，纳雍县以“金蟾红”茶叶、“金蟾山”红托竹荪为代表的优质农特产品当选“黔珍十二品”进驻贵州省十二产业消费扶贫服务中心。该消费扶贫服务中心是贵州省委办公厅、贵州省委网信办、贵州省直机关工委和贵州省商务厅联合指导，由贵州电子商务云和多彩贵州网共同打造的集宣传、展示、线下销售和网络平台销售于一体的综合服务中心，宗旨是：聚焦农业产业发展，助力打赢脱贫攻坚。“黔珍十二品”源于贵州省重点打造的12个优势产业。贵州省委、省政府作出纵深推进农村产业革命的决策部署，全省上下聚焦“八要素”，践行“五步工作法”，结合贵州生态良好，气候多样的资源禀赋，以及产业基础、市场需求、农民增收等因素，通过省领导领衔推进产业领导小组，集中骨干力量，突出关键环节，强化整体推动，着力抓好茶叶、食用菌、蔬菜、生态畜牧、石斛、水果、竹子、中药材、刺梨、生态渔业、油茶、辣椒等12个重点产业，成立12个产业发展工作专班，切实带动农户增收脱贫，推动农业农村经济加快发展。

【玄羽红茶获世界级金奖】 2019年11月，第十五届中国茶业经济年会公布了当年世界红茶评比结果，纳雍县生产的“彝岭苗山”牌玄羽红茶获世界级金奖。这是纳雍高山茶斩获的又一桂冠。在近年国内外评比中，纳雍高山茶屡获大奖：2013年首届“黔茶杯”绿茶类特等奖，2017年、2018年“黔茶杯”名优茶评比全省第一名、“中茶杯”特等奖，2018年贵州省“太极杯”茶王、贵州省首个绿茶类特别金奖，2019年“黔茶杯”特等奖、一等奖、纳雍县鬃岭雾翠茗香茶场获“中国美丽茶园”称号等。纳雍特有的低纬度、高海拔、寡日照、多云雾、少霜期的气候特点和黄土地、马血泥、厚土层、多元素的土壤条件，造就了纳雍茶叶“高山”“生态”“有机”品质的突出特点。纳雍绿茶汤色明亮、滋味醇香、回味甘甜、品质极佳。著名美食作家、茶文化人李韬写了一篇《纳雍绿茶：干净的味道》。他认为，纳雍绿茶通过瑞士SGS的EU87/2014版标准的191项农残检测认证，非常不容易。优异的品质造就了纳雍茶厚重的品牌，纳雍陆续打造出府茗香、含露雾香、云雾翠芽、彝岭苗山等知名茶叶品牌，它们属于不同的茶叶企业，却又有着共同的名字——纳雍高山茶。

【风险防控】 不断强化底线思维，增强忧患意识，以有力的措施和行动应对各类风险挑战。一是稳妥化解债务风险。采取综合措施，全县债务风险有效化解。二是排查整治安全风险。组织开展安全检查3266次，排查整改安全隐患1.4万条，整改率99.3%，安全生产形势总体平稳。三是严密防范金融风险。严厉打击非法集资，严格小额贷款公司监管，抓好小额贷款公司风险排查整治和扶贫小额信贷风险防控。四是强力推进社会治安风险防控。打掉黑社会性质犯罪组织2个、恶势力犯罪组织4个，侦办涉恶案件32件。“打伞破网”党纪政务处分17人、移送司法机关审查起诉3人。扫黑除恶工作考核综合排名全市第二。抓获各类网上逃犯172人。查处行政案件869起。破获刑事案件461起，其中破获毒品刑事案件44起，缴获毒品35.87公斤，得到省领导批示肯定。县司法局荣获“全国‘七五’普法中期先进集体”称号。五是全力化解社会矛盾。组建“一中心四平台”，实行“一周一排查”，实现县、乡、村三级联动，排查矛盾纠纷1256起，成功化解1221起，化解率97.21%，有力维护社会和谐稳定。群众安全感满意度名列全市前茅。

【产业结构优化】 强化要素保障，持续扩大有效投资，在巩固提升传统支柱产业基础上，大力培育壮大新兴产业。一是项目谋划建设序时推进。争取中央和省预算内投资项目15个，总投资2.37亿元。加大招商引资力度，引进重点产业项目57个。完成“千企引进”项目23个。69个省市重大工程、重点项目完成投资96.57亿元，完成年度目标的100.89%。二是农村产业革命成效明显。新增调减传统低效农作物种植22.19万亩，农业产业结构调整迈出重要步伐。种植蔬菜36.6万亩、中药材5.7万亩、马铃薯56万亩、食用菌3500亩、刺梨6.07万亩、皂角5.34万亩，出栏家禽1208.8万羽、肉牛2.63万头、生猪31.3万头。种植烤烟3.5万亩，收购烟叶6.23万担。创建省级500亩以上样板坝区1个、达标坝区6个。经济作物占比达51%，提升8个百分点。抓好产销对接，省内销售本地农产品14.29万吨、省外销售1088吨。三是工业产业提质增效。实施“千企改造”项目16个。围绕做大做强煤电传统产业，加快推进煤矿兼并重组和煤矿“两化”改造，建成年产60万吨煤矿2个，完成4个煤矿智能化改造、3个煤矿综合机械化改造，生产原煤355.8万吨，火力发电75亿度，生产水泥100万吨。四是新兴产业不断壮大。年产200万吨煤制清洁燃料项目前期工作顺利推进。龙场和大滥坝风电场全容量并网发电，鬃岭北风电场首批机组并网发电，风力发电量累计达1.62亿度，马背梁子风电场开工建设，新房光伏发电项目并网发电。民营经济市场主体达6.31万户，增长15.78%，实现民营经济增加值145.58亿元，电子信息制造业产值7.85亿元。全年接待游客996.36万人次，同比增长36.19%，实现旅游总收入108.46亿元，同比增长38.87%。总溪河景区被列入创建国家4A级旅游景区预备名单。五是园区建设持续推进。优化资源配置，清理“僵尸企业”及厂房占多用少企业9家，厂房2.04万平方米。金蟾大山公司、生态土鸡饲料厂建成厂房及办公用房5.1万平方米。经济开发区增量配电业务改革试点项目获省发改委批复，完成经济开发区阳长煤电工业园区总体规划编制。入园企业47家，解决2000余人就业。六是国有企业实体化转型取得突破。通过调整产权、整合资源、商务协作等方式，将107家县管国有平台公司重组为四大集团公司，国有资产管理运营效益明显提升。

【基础设施建设】 围绕关键领域和薄弱环节，充分整合资源力量，大力推进城乡基础设施建设。一是城市建设取得较大进展。完成泰和大道、金钟西路部分道路建设。完成明德路、至善路、耕耘路沥青铺设、人行道铺装、绿化等工程，启动老城区改造建设，建成温州商贸城排洪管网工程，安装“气化纳雍”项目中压管道19公里。“千万家”农贸市场建成投用。完成火车站站前广场、农产品交易市场等28个项目可研编制并评审通过。建成城市公共停车位120个，建成汽车充电桩65个。天网工程三期、智能交通监控工程建成投用。签订棚户区征收补偿协议922户。房地产开发累计投资19.54亿元，商品房销售面积48.92万平方米，增长12.77%。二是乡村面貌呈现崭新形象。23个小城镇完成投资14.68亿元，建成“8+X”项目76个。启动“镇村联动”美丽乡村建设49个，镇村联动行政村累计覆盖率达90%。新建、改扩建农村公共厕所86座、农村户用卫生厕所8040户。厍东关乡陶营村入选“2019年中国美丽休闲乡村”名单。三是立体交通网络不断改善。纳赫高速开工建设，A2级通用机场、纳水铁路及纳六晴高速公路前期工作有序推进。G246改扩建工程、巴雍至昆寨公路改扩建工程顺利推进。完成寨乐至沙子坡、维新至干河、维新至羊场公路大修工程。启动县乡道路面提升改造工程。建成农村“组组通”硬化路1496公里，实现30户以上自然村寨100%通硬化路，完成农村公路生命防护工程731.79公里。四是电力通讯设施持续完善。改造4G网络基站46个，新建基站28个，30户以上自然村寨4G网络覆盖率达90%以上。全县427个行政村实现宽带网络全覆盖，完成高速公路、经开区、景区信号补盲工作。完成锅圈岩35千伏输变电项目，农村电网改造升级工程完成投资1.71亿元，新建及改造10千伏及以下线路1393千米。五是水利工程建设序时推进。金珠、环城、张家寨水库前期工作有序开展，坪山、得勒科、金蟾水库等骨干水源工程建设顺利推进。

【民生福祉不断增强】 坚持以民为本，民生福祉不断增强。持续加大民生领域投入，着力发展民生事业，不断增强人民群众获得感、幸福感和安全感。一是教育方面。投入资金6589万元扎实推进农村义务教育营养改善，惠及275所学校11.74万名学生。统筹抓好非法办学整治。纳雍恒大第一、第二幼儿园和雍熙第二幼儿园建成投用，解决700余名幼儿入学，纳雍恒大实验小学开学，解决易地扶贫搬迁2210名学生就近入学。二是医疗健康方面。县医院部分科室已完成搬迁入住并开展业务，中医院建设项目有序推进。全县79.95万人参加城乡居民医疗保险，医疗保险共计报销169.8万人次，报销金额5.78亿元。四级远程医疗服务体系基本建成，实现省、市、县、乡四级远程医疗互联互通。建成乡镇卫生院中医馆24个，新增定点医疗机构13家。县人民政府获评“贵州省卫生监督机构规范化建设单位”。三是文体广电方面。建成县城全民健身中心1个，改扩建老年人体育活动场地10个，新建群众健身绿色跑道100千米，建成乡镇灯光篮球场26个、村级农民体育健身工程398个。公共文化服务单位实现县、乡、村三级全覆盖。完成放映工程电影3618场次，观影人次10.38万。多彩贵州广电云“户户用”有序推进，安装电视用户1.3万户。四是就业服务方面。深入推进人力资源开发，加大就业培训力度，组织开展贫困劳动力全员培训1.19万人，职业技能培训7531人，农民技能培训2.21万人，劳务输出培训2.02万人。实现城镇新增就业9033人、失业人员再就业1709人，就业困难人员实现就业1416人，农业劳动力转移就业2.1万人，城镇登记失业率3.17%，控制在指标范围4.2%以内。开发“十大员”就业扶贫公益专岗9900个，招募上岗8568人。五是社会保障方面。城乡居民养老保险参保37.3万人。发放城乡低保金2.82亿元，发放特困供养金及护理费3160.48万元。精准关爱服务3.24万名留守儿童，严格落实孤儿、困境儿童关爱救助保护措施，发放孤儿基本生活保障金473.8万元，发放困境儿童生活补助金698.34万元。六是民族宗教方面。完成少数民族发展项目15个，投入资金649万元。投入“双培”资金100万，完成14个乡镇（街道）4205名少数民族汉语言障碍和农业实用技术培训，有效促进少数民族同胞融入社会（社区）生活。落实宗教工作“三支队伍”和“四员”宗教法律法规培训，宗教领域和谐稳定。昆寨乡被国务院授予“全国民族团结进步模范集体”称号；化作乡枪杆岩村被国家民委授予“中国少数民族特色村寨”称号。七是鬃岭临灾避险搬迁方面。完成投资1.67亿元，开工建设安置房448套、建成302套，路网、供电等基础设施加快推进。

【府茗香茶出口菲律宾】 10月8日，在毕节海关的精心指导和大力支持下，贵州府茗香茶业有限公司的16.5吨茶叶完成属地检验检疫，发往菲律宾，实现毕节市茶叶首次出口国外。这次出口的茶叶，价值27.9万美元，该公司还将继续加大茶叶出口力度，扩大东南亚市场规模，同时还将拓展欧美市场，让纳雍及毕节市茶叶香飘海外”。

【区划调整】 2019年8月2日，贵州省人民政府同意纳雍县设置宣慰街道、利园街道、珙桐街道。宣慰街道辖原居仁街道的坝子社区、糯克社区、法那社区、宣慰社区，街道办事处驻宣慰社区；利园街道辖原居仁街道的和瑞社区、马家营社区、利园社区、蟠龙社区，街道办事处驻利园社区；珙桐街道辖原居仁街道的白水河社区、良丰社区、家猫社区，街道办事处驻白水河社区。行政区划调整后，居仁街道辖干坝社区、路嘴社区、路尾社区、老窑社区、街上社区、桃园社区，街道办事处驻街上社区。

（撰稿：蔡永相）

威宁彝族回族苗族自治县

【概述】 全县总面积6298.73平方千米，耕地面积23.91万公顷。辖5个乡（其中1个民族乡）、30个镇、6个街道办事处，419个村委员会、209个居委会，3442个村民小组。年末户籍总人口156.67万人，其中常住人口129.72万人，城镇人口47.56万人，乡村人口82.16万人。人口出生率6.75‰，人口自然47.56增长率4.92‰。人口较多的少数民族有彝族回族苗族布依族。主要矿产资源有煤、铁、铅、锌、铜、金、银等30余个品种；森林覆盖率45.1%。

2019年，威宁县坚持以习近平新时代中国特色社会主义思想为指导，全面贯彻落实中央、省、市各项决策部署，扎实开展“不忘初心、牢记使命”主题教育，坚持稳中求进工作总基调，以新发展理念为引领，以推进供给侧结构性改革为主线，全力打好“三大攻坚战”（脱贫攻坚战、防范化解重大风险攻坚战、污染防治攻坚战），统筹推进稳增长、促改革、调结构、惠民生、防风险、保稳定等各项工作，抓具体抓深入，埋头苦干，攻坚克难，较好完成既定各项目标任务。全年地区生产总值266.29亿元，比上年增长7.2%。农林牧渔业总产值166.5亿元，实现增加值106.97亿元，增长6.1%；完成全部工业增加值36.46亿元，增长0.1%；规模以上工业增加值25.96亿元，增值0.1%；财政总收入37.07亿元，增长8.1%；财政总支出115.31亿元，增长33.2%。500万元以上固定资产投资增速171.2亿元，增长 6.1%。社会消费品零售总额完成42.86亿元，同比增长5.4%。城镇居民人均可支配收入31306元，增长8.9%，比上年增加2558元；农村常住居民人均可支配收入10359元，首次突破万元大关，增长和11.1%，比上年增加1035元。金融机构人民币存贷款余额197.70亿元、219.84亿元，分别增长4.4%、22.0%。新增招商引资资金131.23亿元。旅游总收入175.05亿元，增长36.1%，接待旅游总人数1753.85万人次，增长36.1%。公路通车里程11355公里，机动车保有量13.6万辆。

【威宁“试点”工作成绩斐然】 2019年，是威宁根据党中央、国务院安排，实施“喀斯特地区扶贫开发综合治理试点”的第十个年头。十年来，在中央、省、市各级各部门的亲切关怀和倾力支持下，试点工作成绩斐然。地区生产总值从2009年的52.51亿元提升到2019年的284.41亿元，增长441.63%；固定资产投资总量从2009年的19.75亿元提升到2019年的171.2亿元，增长766.84%；一般公共预算收入从2009年的3.29亿元提升到2019年的12.95亿元，增长293.61%；农村居民人均可支配收入从2009年的2553元提升到2019年的10350元，增长305.41%。十年来，全县各族人民秉承“凝心聚力、苦干实干、攻坚克难、勇于争先”的“威宁精神”努力拼搏，取得的成就倍感自豪，更信心满满。

【聚力脱贫攻坚】 全力打好“四场硬仗”（基础设施建设硬仗、产业扶贫硬仗、易地扶贫搬迁硬仗、教育医疗住房“三保障”硬仗），狠抓新一轮“五个专项治理”（扶贫资金管理使用不规范、驻村帮扶不扎实、政策落实不到位、扶贫协作有差距、攻坚打法不精准），深入开展“帮乡驻村入户”，贫困村出列83个、脱贫59286人，贫困发生率下降到2.7%。修改建档立卡问题数据89976条、更新49835条。提供“十大员”扶贫公益专岗促进就业8216人。5293公里农村“组组通”公路大决战圆满收官。完成7.05万亩易地产业扶贫基地建设，吸纳了7335名建档立卡贫困群众到基地务工，共发放务工工资4880万元。积极开展贫困人口家庭医生签约服务，组建签约服务团队619个，签约人数达313663人。完成系统内28570户农村危房改造及“三改”（改厨、改厕、改圈）工程，整治透风漏雨老旧住房1115户。2018年实施易地扶贫搬迁3665户18206人，已全部搬迁入住；新增2万人易地扶贫搬迁项目扎实有序推进。累计建成1696个农村人饮工程点，解决106.22万人饮水安全问题。九三学社中央、招商局集团、广州市番禺区、恒大集团、建行贵州省分行、贵州金控集团等单位对口帮扶工作有序推进。2019年，全县7.3万户34万建档立卡贫困人口，已脱贫31.8万人，314个贫困村出列272个，年末贫困人口总数为3.8万人，比上年减少5.8万人，贫困发生率为2.7%。

【防风险控隐患】 严格落实政府性债务管理“七严禁”（严禁违法违规举债、严禁违法违规担保、严禁违法违规进行政府购买服务、严禁明股实债、严禁“三边”工程、严禁违规建设楼堂馆所、严禁政府性债务管理不作为），积极稳妥化解存量债务，守住不发生系统性政府债务风险底线。全力推进三个“百日攻坚战”，全县10大领域147个风险问题化解稳控率达100%。持续深化“法治威宁”创建，社会治理能力不断提升，“12340满意在威宁”宣传活动深入人心，在全省安全感测评中威宁县安全感为98.98%，与2018年相比提升1.56个百分点，在全省排名从第85名升至53名，上升32位，位次大幅前移，工作成效明显。深入开展“扫黑除恶”专项斗争，打掉黑社会性质组织3个86人，打掉涉恶团伙5个33人。彻查涉黑涉恶背后的“关系网”“保护伞”8件12人。“雪亮工程”（以县、乡、村三级综治中心为指挥平台，以综治信息化为支撑，以网格化管理为基础，以公共安全视频监控联网应用为重点的“群众性治安防控工程”）扎实有序推进，新时代治安防控体系稳步建立。强化部门、企业安全生产管理责任，深入开展安全生产隐患大排查大整治，重拳打击违法违规生产经营行为，实现安全生产事故起数和死亡人数“双降”。全面加强边界巡查防控工作，有效防止了非洲猪瘟疫情蔓延至威宁县。

【防污染保生态】 中央环保督察“回头看”交

办的50件信访件已办结48件，省委环保督察交办的11件环保问题已整改完成9件，尚未整改完成的按时序推进。坚决打好蓝天保卫战，建筑施工和道路扬尘整治攻坚行动实现“6个100%”。城区环境空气质量优良率达100%。坚决打好水污染防治攻坚战，完成28个农村千人以上集中式饮用水水源环境问题整治，39个乡镇（街道）饮用水源地水质达标率均为100%。草海综合治理工作有序推进，草海划船入湖问题已彻底整改，草海核心区、缓冲区内人类活动控制成效明显，草海水质持续向好；草海综合治理区森林覆盖率从14.68%提高到27.28%，水土流失治理面积占总面积的83.3%，泥沙减少64.29%~72.22%，鸟类栖息觅食面积增加22.6%，保护区鸟类种类由231种增加至246种，越冬期黑颈鹤数量保持稳定，形成了百鸟争鸣的局面。坚决打好净土保卫战，启动实施9个历史遗留铅锌废渣污染治理项目整治；完成21个非正规垃圾堆放点整治。编制绿色矿山建设方案19个。坚决打好固体废物污染防治战，完成4处“长江经济带固体废物大排查”整治。坚决打好青山保卫战，大力实施绿色威宁行动，完成营造林33.8万亩，治理水土流失面积64平方公里、石漠化面积30平方公里，森林覆盖率提高到45.1%。

【调结构促转型】 深入落实农业产业革命“八要素”（产业选择、培训农民、技术服务、组织方式、资金筹措、产销对接、利益联结、基层党建），全力调结构、增效益，农业产业转型成效初显。以500亩以上坝区为重点，重点发展短平快产业，集中精力重点推广高山冷凉蔬菜。调减传统籽粒玉米48.5万亩，种植马铃薯180万亩、蔬菜87万亩、中药材41万亩、烤烟24.06万亩，新增经果林44.43万亩。大力引进龙头企业和培育经营主体，县级以上龙头企业达73家，形成“龙头企业+合作社+农户”组织方式。新组建养殖合作社592个，养牛贫困户全部加入合作社，强化防疫、饲草、购销、保险等统一服务，提升养牛组织化水平。以“威宁三白”（大白菜、白萝卜、莲花白）为重点，全力拓展销售渠道，抓实产销衔接，创新校农对接、产销扶贫“123”（打造国有全资或控股的校农对接运营主体公司，掌握市场份额，打造政府可控、产销计划性强，以学生蔬菜消费为主体的大宗农产品消费市场）模式。完成蔬菜销售180万吨，销售额达19亿元。建成高温预冷库、果蔬保鲜库27座和中小型产地批发市场26个，威宁·江楠现代农业物流园（蔬菜产地市场）已开工建设。大力推进新能源建设，累计建成“水风光”发电项目52个，累计装机容量304.8万千瓦（其中风电项目25个，装机容量125.5万千瓦；光伏项目26个，装机容量155.3万千瓦；水电项目1个，装机容量24万千瓦），累计发电34.5亿千瓦时，实现产值18.7亿元，增速16.9%。国家电投贵州金元威宁能源股份有限公司成功在“新三板”挂牌，实现上市企业“零突破”，成为我省首家新能源上市公司。由国电投金元威宁能源公司和华电乌开司威宁公司开发建设的百万千瓦光伏基地仅用半年时间便建成并网发电，新能源规模全省第一，成为我县新型工业化的主力军。贵州威宁经济开发区累计入驻企业102家，投产企业83家，累计完成规模以上产值82亿元。大力推进煤矿企业兼并重组和技改步伐，完成原煤生产82万吨。不断推进旅游产业发展和转型升级，实现旅游综合收入增长36.09%。加大电子商务发展力度，多渠道推进农特产品的线上销售，带动农民增收致富，完成网络零售额1亿元，增速65.25%。

【抓建设重管理】 坚持城乡统筹发展，城乡综合服务功能不断完善。完成《威宁彝族回族苗族自治县县城总体规划（2019—2035）》修编工作。完成城镇基础设施建设投资20.77亿元，城镇功能不断完善，县城面积拓展至35.72平方公里，县城常住人口突破30万人，城镇化率提高到45.98%。建成一批新老城区公厕、停车位、垃圾中转站，服务能力明显提升。建成商品房85万平方米，销售68.5万平方米，完成投资23.8亿元，房地产市场开发健康有序推进。全力推进乡村振兴战略规划，不断促进农村全面进步、农民全面发展。全面推进“厕所革命”，建成农村户用厕所改造85026个、村级公厕改造160个，农村人居环境得到不断改善。

【破瓶颈补短板】 （一）全力推进交通基础设施建设。1. 威宁草海机场建设有序推进。威围高速公路项目已启动建设，中石高等级公路已建成通车。2. 国省道改扩建加速推进，完成大山营至雪山公路改扩建24.11公里。3. 县乡道改造高效推进，已建成双龙至岩格箐等4条公路137公里及通达极贫乡镇干线公路6条155公里。（二）全力推进水利设施建设。实施脱贫攻坚城乡供水巩固提升工程29处、产业供水工程79处。完成30206口小水窖的改造升级。小米、落水洞、川洞海子、雪山等续建骨干水源工程加快推进。（三）全力推进电力通信基础设施建设。农村电网改造升级项目有序推进，新建10千伏及以下线路2929公里，供电可靠率、综合电压合格率分别达99.48%、99.6%。500千伏乌撒输变电工程提前352天建成投运，为威宁县前景广阔的新能源发展铺就了“电力高速公路”。2. 启动实施“户户用”通组光缆216公里，覆盖16个行政村，建成22个乡镇综合服务站。深入实施网络强县战略，新改建基站360个，30户以上村组移动基站覆盖率达80%以上，不断提升和完善自然村组的网络覆盖，有效解决群众通信需求。

【促改革激活力】 按照中央、省、市的安排部署，全面完成机构改革工作。深入推进“放管服”改革，取消行政审批事项18项，县直相关部门权责清单对比2018年共计减少48项。行政审批时限压缩76.9%，不动产登记、建筑工程项目审批时限分别缩减到5个、80个工作日内，政务服务事项100%进驻便民服务大厅。大力培育市场主体，持续深化落实“先照后证”“多证合一”改革。坚持“便捷高效、规范统一、宽进严管”原则，降低准入门槛、优化营商环境、持续推进改革，促进市场主体加快发展，办理各类市场主体11425户。全面整治优化发展环境，充分发挥招商工作队作用，新增招商引资到位资金131.23亿元，完成目标的100.95%。

【惠民生促发展】 努力抓好服务保障和改善民生发展各项工作，不断增强人民的获得感、幸福感。（一）继续加大教育投入。启动33所“全面改薄”项目和7所普通高中项目。新建、改扩建幼儿园31个。恢复和新建教学点21个。新招聘特岗教师600名。学前三年毛入园率、九年义务教育巩固率、高中阶段教育毛入学率分别提高到89%、90.02%、90.5%；农村初中、小学寄宿率分别达69.39%和22.61%。人均受教育年限已经达到8.9年。（二）继续加大就业和社会保障力度。完成城镇新增就业11237人、农业富余劳动力转移就业12762人、农村贫困劳动力全员培训17825人，城镇登记失业率3.39%，控制在4.2%以内。（三）继续实施文化惠民工程。中国民间文艺家协会命名威宁县为“中国彝族古歌之乡”并同意建立“中国彝族古歌之乡鲠‘阿西里西’文化研究基地”。成功举办第六届“激情草海万人长跑”活动，组织“民族团结杯”等各类赛事20余场。在毕节市第二届青少年运动会上，威宁代表团取得优异成绩，夺得金牌30枚、银牌19枚、铜牌17枚，荣获总分第一的佳绩。青少年甲组男子足球以全胜的战绩夺得冠军，创造了近二十年来的最好成绩。（四）继续强化卫生医疗服务。深入推动“健康威宁”建设，县医院整体搬迁项目、儿童医院新建项目有序推进。在招商局集团的大力支持下，39个乡镇（街道）

卫生院标准化和村卫生室建设实现全覆盖。贫困人口在县域内定点医疗机构就诊实行先诊疗后付费“一站式”结报。（五）继续实施社会保障兜底。城乡低保标准分别提高至590元/月和340元/月，涉及城乡低保对象44710户127223人。留守儿童、留守老人、残疾人等重点人群的关爱帮扶服务工作进一步加强。

【转职能树形象】 坚持依法行政，全面推进法治政府建设，严格遵守宪法和法律，自觉运用法治思维，法治方式推动工作，进一步厘清权力清单、责任清单、负面清单，切实做到法无授权不可为、法定职责必定为。人大代表议案、建议和政协委员提案办结率达100%。建立完善法律顾问制度，推动政府行政行为步入法制化、科学化轨道。围绕脱贫攻坚组织开展明察暗访30余次，专项整治12余次，发现并督促整改问题131个，处置98人；查处形式主义、官僚主义突出问题9个，责令违反会风会纪的29个单位写出情况说明，通报作风问题典型案例9批52起，推动责任、政策、工作“三落实”。持续改进工作作风，切实加强制度建设。推动权力在阳光下运行，全力打造干部清正、政府清廉、政治清明的政治生态。

【威宁蔬菜走出国门远销东南亚】 威宁光照时间长、昼夜温差大，属典型的“天然凉棚”气候类型。这种得天独厚的自然条件造就了威宁蔬菜特有的品质。2008年威宁县就被国家农业部认定为“云贵高原65个夏秋蔬菜生产基地建设重点县”和“全国153个夏秋蔬菜生产基地县”之一。2019年5月以来，威宁充分发挥蔬菜“短、平、快”的扶贫效益，打造6.5万亩以大白菜、白萝卜、莲花白（结球甘蓝）为主的“威宁三白”特色易地产业扶贫蔬菜基地助力脱贫攻坚。

“威宁三白”产品已销售到贵阳、广大、上海等国内市场，部分产品还走出国门远销东南亚市场。2019年8月15日，满载威宁蔬菜的19辆卡车依次驶进云南河口口岸，报关后向对岸的越南老街驶去，这批总价50多万元的蔬菜将端上泰国、老挝、柬埔寨等东南亚国家市民的餐桌。据统计，2019年威宁县蔬菜销售约167万吨，销售额约16.56亿元，其中出口10.75万余吨，销售总额1.61亿元。

【全国政协副主席邵鸿率队到威宁调研脱贫攻坚】 2019年7月3日至4日，全国政协副主席、九三学社中央常务副主席邵鸿率队在毕节市开展深度贫困地区教育脱贫攻坚调研，省政协副主席陈坚陪同调研。4日上午，调研组在威宁召开调研座谈会，听取基层干部和学校负责人在教育脱贫攻坚中遇到的具体问题和提出的建议。九三学社中央、教育部、国务院扶贫办相关负责人等参加调研。九三学社贵州省委、省教育厅、省政协办公厅负责人，毕节市委书记、市人大常委会主任周建琨，市政协主席杨宏远，市委常委、威宁县委书记肖发君，市政协副主席、威宁县委副书记、县长陈波等陪同部分或全程调研活动。

【省委书记孙志刚先后两次深入威宁调研检查脱贫攻坚和宣讲党的十九届四次全会精神】 2019年5月16日至17日，省委书记、省人大常委会主任孙志刚深入威宁自治县调研检查脱贫攻坚工作。孙志刚一行先后到新发乡贯坪村、猴场镇木块村、草海镇卯关社区、双龙镇水潮社区等地进行调研检查。在调查研究基础上，在威宁主持召开脱贫攻坚座谈会。会上，孙志刚听取威宁自治县脱贫攻坚工作情况汇报和省直有关部门负责人发言，随机提问参会的毕节市县（区）负责人，威宁自治县领导班子成员、乡镇负责人、县直部门负责人，深入询问产业选择、培育龙头企业和合作社、产销对接、解决饮水安全、结对帮扶等方面工作情况和思路、打算。毕节市委书记周建琨，省有关部门负责人，毕节市政府主要负责人、各县（区）党政和市有关部门主要负责人，威宁自治县领导班子成员和乡（镇、街道）、县直部门主要负责人，驻村工作队代表等参加调研或座谈。

同年11月21至22日，省委书记、省人大常委会主任孙志刚深入威宁县宣讲党的十九届四中全会精神，勉励基层干部群众坚定中国特色社会主义制度自信，提高治理能力，确保按时高质量打赢脱贫攻坚战，创造更加幸福美好的生活。省委常委、省委秘书长刘捷参加调研。毕节市委书记周建琨，毕节市和省有关部门负责人参加相关活动。

（供稿：威宁县史志办）

赫章县

【概述】 赫章县行政区域总面积3242.74平方公里，人口较多的少数民族有彝族、苗族。境内已发现矿产（含亚矿种和伴生矿种）25种，发现矿床、矿点70余处。有铁、铅、锌、煤。

精准扶贫工作全年实现5.9万贫困人口退出，贫困人口发生率从10.95%下降到3.26%。获批1个扶贫产业项目子基金2.15亿元，到位资金1.6亿元，东西部扶贫协作成效明显，争取帮扶资金6925.9万元，实施帮扶项目118个。全面完成2091.6公里农村“组组通”硬化路验收。完成“十三五”期间规划实施的9903户51156人易地扶贫搬迁任务。下达各类资助资金9732.34万元，资助学生15.1万人次，实现应助尽助。全面完成“危改”2179户、老旧房透风漏雨整治210户、人均安全住房面积不足13平方米1794户、县级兜底841户，实现应改尽改。

完成水利建设总投资43217.34万元，解决了21.0645万人安全饮水问题。全县小学适龄儿童入学率、初中适龄少年入学率、九年义务教育巩固率、高中阶段教育毛入学率分别达99.96%、96.75%、95.28%、90.81%，人均受教育年限达10.7年。建档立卡贫困人口基本医疗保险参保20.83万人，落实特殊人群参保资助3420.75万元，建档立卡贫困人口“三重医疗”保障全覆盖，实现应保尽保。城乡居民基本养老保险参保人数达37.6万人。城乡居民基本养老保险参保37.6万人，发放待遇10307.6万元。城乡居民医疗保险参保70.74万人，住院补偿15.31万人次42041.65万元。实行租售并举住房保障制度，发放城镇低收入家庭租赁补贴43.79万元。城乡低保标准分别提高3.5%、5.3%。城镇登记失业率控制在4.2%以内。

【全力以赴战贫困、治污染、防风险，三大攻坚战果丰硕】 脱贫攻坚连战连捷。全县减少贫困人口5.9万人，贫困发生率从10.95%下降到3.26%。投入43217.34万元实施农村安全饮水工程，解决了21.0645万人安全饮水问题。获批1个扶贫产业项目子基金2.15亿元，到位资金1.6亿元。全面落实教育扶贫政策，下达各类资助资金9732.34万元，资助学生15.1万人次，实现应助尽助。建档立卡贫困人口基本医疗保险参保20.83万人，落实特殊人群参保资助3420.75万元，建档立卡贫困人口“三重医疗”保障全覆盖，实现应保尽保。全面完成“危改”2179户、老旧房透风漏雨整治210户、人均安全住房面积不足13㎡1794户、县级兜底841户，实现应改尽改。完成“十三五”期间规划实施的9903户51156人易地扶贫搬迁任务，并以社区“党建+积分”为抓手，强力推进易地扶贫搬迁“五个体系”建设，搬迁群众生产生活井然有序。东西部扶贫协作成效明显，争取帮扶资金6925.9万元，实施帮扶项目118个。污染防治务实扎实。全面推进河（湖）长制，河道巡查治理工作深入开展。完成26个千人以上集中式饮用水水源地整治，集中饮用水源水质达标率达100%，地表水监测断面水质达标率100%。可乐、罗州、兴发、安乐溪等乡镇和县城二期污水处理项目提级改造工程有力推进，完成21个乡镇污水处理PPP项目和县城三期污水处理项目前期工作，县城污水处理率达87%。落实森林管护面积263.94万亩，完成造林工程3.43万亩，实施石漠化综合治理22平方公里，全县森林覆盖率达59.03%。严格开展工业废气、建筑扬尘监管等空气污染防治综合治理，县城环境空气质量优良率达99.7%。建成22个垃圾临时中转站，城乡生活垃圾无害化处理率达53.34%。固体废物综合利用率和安全处置率分别达73.1%、96%，危险废物100%依法安全处置。完成农村贫困户燃煤炉具整改7273户。重拳治理破坏生态环境行为，全面整改销号中央、省委环保督察“回头看”反馈问题及交办信访件。风险防控有力有效。严格落实债务“七严禁”“八个一批”和14条措施，全面核查甄别隐性债务，守住了不发生系统性债务风险底线。强化金融风险防范，严打非法集资，金融秩序持续向好。严格落实安全生产责任制，事故起数和死亡人数分别下降40%、37.5%，实现“双降”目标。严密防范和打击违法犯罪活动，扫黑除恶专项斗争形成压倒性态势，深入开展矛盾纠纷排查化解，妥善解决合理诉求，人民群众安全感、满意度持续提升。

【全力以赴抓实体、调结构、促转型，发展质量不断提高】 山地农业集约发展。构建“四大农业产业”体系，建成500亩以上坝区6个，完成低效玉米调减15.362万亩，发展核桃166万亩、种植蔬菜25.98万亩、中药材12.78万亩（半夏1.62万亩）、精品水果13.01万亩、食用菌2052万棒，粮经比提高到34.33∶65.87。养殖蛋鸡288.13万羽、生猪34.5万头，发展肉牛11.37万头。完成“三品一标”认证2个、认证面积404万亩。引进和培育农业龙头企业33个，建成农业示范园区32个，建立贫困村农民专业合作社312个，实现贫困村（居）合作社全覆盖。工业经济集群发展。新增规模以上工业企业9家、总数达37家，“五大十亿级”工业产业链条初见雏形。引进挂锁生产企业14家，燃气炉灶头企业6家、地弹簧企业1家，三大铸造产业在全国同类行业中市场份额举足轻重，贵州日报、毕节日报特别刊登报道，并获得市委、市政府“赫章真正做到‘抓铁有痕’”的褒扬。贵州威赫2×660兆瓦超超临界循环流化床燃用高硫无烟煤发电示范项目启动建设，赫章县水泥厂日产4000吨熟料新型干法水泥生产异地技改项目复工建设。完成鸿发煤矿、青松煤矿“两化”改造，基本实现生产矿井综合机械化采掘。3个10.5万千瓦光伏发电站建成并网发电。工业用电量3.64亿千瓦时，同比增长31.79%。第三产业集聚发展。阿西里西大韭菜坪滑雪场、九股水温泉旅游度假区、千年杜鹃花景区等旅游项目建设有序推进，阿西里西大草原、湿地公园、塔山公园建成投运，完成旅游基础设施建设投资1.5亿元。旅游产业持续“井喷”，全年接待游客1225.97万人次，旅游收入达103.88亿元。苗族《飞笙踏月》、彝族《新年乐》代表贵州省参加全国第十一届少数民族传统体育运动会，分别在表演项目综合类、表演项目竞技类比赛中荣获一等奖和二等奖，电影《文朝荣》获贵州省第十五届精神文明建设“五个一工程”优秀作品奖。电商网络实现进村入户，农产品网络销售额达3334万元。现代物流业快速发展，商贸流通持续活跃。

【全力以赴抓改革、扩开放、提动能，发展活力持续释放】 “放管服”改革深入实施。落实“只进一扇门”“最多跑一次”各项措施，推进政务服务“一网通办”，实现零跑动事项17项，最多跑一次事项508项，政务服务网上可办率达81%。2019年办理行政审批服务事项261326件，只跑一次办件239436件，网上办件17475件。开办企业公章刻制免除费用，实现开办企业3个工作日、不动产登记5个工作日、工程建设许可80

个工作日内办结。重点领域改革稳步推进。深化安方公司等国有企业改革，推动优化重组，平台公司实体化、市场化步伐不断加快。落实“减税降费”相关政策，全年减免各项税费1.99亿元，其中企业减免1.62亿元。“多证合一、一照一码”“证照分离”改革持续推进。全力支持大众创业、万众创新，新增市场主体7233户，从业人员17534人。殡葬改革全面顺利推行，全县劲吹厚养薄葬文明新风。深化农村综合改革，土地确权登记颁证工作基本完成。设立了汉阳、金银山、七家湾等3个街道。医疗卫生、教育体制、农村“三变”改革、机构改革、供给侧结构性改革等综合改革有序推进。合作交流之门持续敞开。开合作之门，务交流之实，深化与番禺区、粤港澳大湾区、成渝滇等地区交流合作，实现优势互补、互利共赢。完成进出口贸易额1334万美元，实现外贸进出口额“零”的突破，完成率居全市第一。

【全力以赴惠民生、强保障、促和谐，群众福祉稳步提升】 教育事业长足发展。扎实巩固义务教育基本均衡发展成果，实施教育工程项目21个，新建、改扩建乡镇公办幼儿园75所，有效减少大班额，全面消除超大班额。全县小学适龄儿童入学率、初中适龄少年入学率、九年义务教育巩固率、高中阶段教育毛入学率分别达99.96%、96.75%、95.28%、90.81%，人均受教育年限达10.7年。中等职业学校办学得到上级和社会各界的充分认可，获中央电视台《新闻调查栏目》专题报道。卫生事业全面进步。县中医院番禺楼、19个乡镇卫生院特色专科建成投用。300余个村卫生室全面提质改造，标准化率达100%。赫章同济精神病医院与贵州省第二人民医院建立了医联体。进一步巩固破除以药补医成果，医疗费用不合理增长得到有效控制。每千常住人口拥有医疗机构床位数达4.95张，常住人口每万人全科医师达1.21人。人口出生率和自然增长率分别为15‰和9.08‰。就业创业稳中向好。紧抓组织、培训、就业三个环节，完成农民全员培训19546人，促进就业14093人；完成贫困劳动力培训11722人，促进就业8295人；开发上岗“十大员”公益专岗6361人，开发就业扶贫援助补贴公益专岗4000个。完成城镇新增就业7159人，城镇登记失业率控制在4.2%以内。发放小额担保贷款3810万元，扶持324人稳定创业，带动就业972人；发放一次性求职补贴8109人761.7万元；发放创业场所租赁补贴4205人2489.5万元，带动就业11000余人。社会保障坚实有力。城乡居民基本养老保险参保37.6万人，发放待遇10307.6万元。城乡居民医疗保险参保70.74万人，住院补偿15.31万人次42041.65万元。实行租售并举住房保障制度，发放城镇低收入家庭租赁补贴43.79万元。城乡低保标准分别提高3.5%、5.3%。全面落实优抚安置政策，统筹推动社会福利事业发展。民族团结、宗教和谐局面不断巩固。双拥模范城创建工作扎实推进。2019年八个方面的民生实事共25件，其中21件全面完成，4件正在全力推进中。关心下一代、工青妇、红十字、残疾人、老龄、科协、人防、国防、外事、侨务、气象、档案、邮政、退役军人、司法行政、消防、慈善、双拥、文联等各项事业取得新成绩。

【全力以赴抓履职、转作风、提效能，自身建设不断加强】 依法行政深入推进。始终坚持依法行政、为民执政，认真落实法治政府建设各项工作部署，坚持重大事项集体决策制度，严格执行公平竞争审查制度和政府购买公共服务制度，行政规范性文件监督管理严谨有序，全面依法行政水平不断提升。作风建设切实加强。坚持和加强党的全面领导，坚决履行政府系统管党治党政治责任。深入开展“不忘初心、牢记使命”主题教育，始终把群众最关心、最直接、最现实的利益问题作为工作重点，聚精会神解决群众揪心事、操心事、烦心事。持续深化作风建设，重拳整治不作为、慢作为、乱作为等突出问题，干部清正、政府清廉、政治清明的良好政治生态进一步巩固。行政效能明显提升。坚持在放权上求实效、在监管上求创新、在效能上求提升，积极推动权力清单瘦身、责任清单强身。自觉接受人大依法监督、政协民主监督和社会舆论监督，认真办理县人大代表议案和建议109件、县政协委员提案149件，答复率为100%。

（撰稿：陶永才）

百里杜鹃管理区

【概述】 百里杜鹃位于贵州省西北部，毕节试验区中部，总面积692.54平方公里，耕地面积2.04万公顷，辖7个民族乡1个街道、1个乡级管理区，42个村民委员会、29个居民委员会，居住着汉、彝、苗、白、满、布依、仡佬、侗、蒙古等22个民族15.2万人，人口出生率14.31‰，自然增长率7.9‰，其中少数民族7.5万人。平均海拔1580米，森林覆盖率68.02%，年均气温14.8℃，年降雨1000毫米至1200毫米，年日照1336小时，年均相对湿度84%，冬无严寒，夏无酷暑，空气负氧离子含量每立方厘米超过2万个，是得天独厚的“天然大氧吧”，名副其实的“养生福地、清凉世界”。

境内旅游资源丰富，分布景区景点40余处，拥有呈新月状分布绵延125.8平方公里的原始杜鹃林带，已查明的杜鹃品种6个亚属60余个品种，为华夏独有，世界唯一；辖区还有奢香军营山地公园、彝山花谷、九龙山、米底河瀑布、千年古银杏群等原生态景观；境内主要矿藏有无烟煤、黄铁矿、大理石、高岭土等，除此之外，生物资源也多样，拥有鸟类100余种，兽类30余种，菌类130余种；境内民族风情浓郁，一年一度的国际杜鹃花节，彝族火把节、苗族跳花节、布依族对歌节、白族团圆节、满族颁金节等传统节日，演绎着多姿多彩的民族风情，彰显着民族民间文化的无穷魅力。

2019年，百里杜鹃始终坚持以习近平新时代中国特色社会主义思想为指引，深入贯彻落实习近平总书记对毕节试验区作出的重要指示批示精神和中央、省、市有关安排部署，紧盯年度经济发展目标，加强经济形势分析研判，强化经济运行调度，主要经济指标实现既定目标。2019年，全年地区生产总值40.16亿元，增长7.3%；农林牧渔业增加值9.06亿元，增长5.4%；规上工业总产值15.47亿元，增长10.5%；财政总收入11.37亿元，增长16.2%，其中地方财政收入9.95亿元，增长27.41%；财政总支出15.42亿元，增长5.8%；500万元以上固定资产投资增长1.6%，实现招商引资重点产业到位资金10.16亿元；社会消费品零售总额8.42亿元，增长5.2%；城镇居民人均可支配收入3.14万元，同比增长9.5%；人均消费支出1.11万元，村居民人均可支配收入1.05万元，同比增长10.9%。全年全区贫困人口减少1020户、2482人，实现全面脱贫。

先后获国家AAAAA级旅游景区、国家生态旅游示范区、全国低碳旅游实验区、最负盛名国际景区、最具影响力国家森林公园等20余项国家级殊荣。

【脱贫攻坚再战全胜】 一是大方片区实现精彩出列。严格按照国家“两不愁三保障”脱贫标准，加大投入、补齐短板，深化产业扶贫、旅游扶贫、就业扶贫、兜底保障等工作，打好“2019夏秋决战”，深入开展“五个专项治理”，深化东西部扶贫协作，7月大方片区以“零问题、零差错”通过国家复核验收。二是已经脱贫人口不断巩固。坚决落实“四个不摘”重要指示，深化农村产业革命，推进全面小康创建，保持兜底保障政策、就业扶贫政策、产业扶持政策等稳定不变，围绕“五个体系”抓好易地扶贫搬迁后续扶持工作，加强贫困人口动态监测，着力消除返贫风险，黔西片区脱贫攻坚成果不断巩固提升。三是剩余贫困人口全部脱贫。认真落实省市部署要求，坚持干劲不松、标准不降、要求不减，聚焦“两不愁三保障”突出问题，对照作战标准、优化战术打法、严肃作战纪律，深入推进“八项清零行动”，以户为单位、以村为重点精准制定区乡村三级脱贫攻坚工作方案，剩余2个贫困村和1020户2482人贫困人口全部实现脱贫。为确保按时打赢黔西片区、大方片区脱贫攻坚战，百里杜鹃管理区投入资金1.29亿元解决群众安全饮水问题，投入资金3719.3万元解决群众安全用电问题；投入资金25481.4万元，新建通村公路129.5公里、通组路233.6公里，建成进寨路286.64公里；投入资金1701.28万元实施连户路硬化160.19公里、院坝硬化98129平方米；建成易地扶贫搬迁安置点5个，375户1562名群众全部搬迁入住，并围绕“五个体系”抓好易地扶贫搬迁后续扶持工作；2018—2019年度，兜底解决3365户贫困群众安全住房问题、实施贫困群众老旧住房透风漏雨整治492户；坚持应保尽保、应助尽助，全面落实贫困群众医保、低保、救助、就业、贴息贷款等扶贫惠民政策及贫困群众子女教育资助补助政策。2017年至2019年，获得东西部扶贫协作资金共4243万元，其中广州市财政计划内财政资金1637万元，广州市、增城区计划外财政资金1565万元，社会帮扶资金792万元，各类捐款赠物折资249万元，实施扶贫协作项目48个。

【经济发展靠前领跑】 一是增速好于预期。2019年完成地区生产总值40.16亿元，同比增长7.3%，增速排全市第6位。1至11月，完成商品房销售面积90521平方米，同比增长21%。2018年第二季度至2019年前三季度，经济增速连续6个季度位居全市前三位。二是收入不断提升。一般公共预算收入完成3.6亿元，同比增长7.5%，增速排全市第三位。农村居民人均可支配收入实现1.05万元，同比增长10.9%；城镇居民人均可支配收入实现3.14万元，同比增长9.5%。三是结构更趋合理。全年一、二、三产业分别完成8.46亿元、14.08亿元、17.62亿元，三次产业结构比例为20∶35∶44，农业增加值增长5.4%，规模以上工业增加值增长10.5%，呈现出“农业发展质效提升、工业经济不断稳固、服务产业规模扩大”的态势，经济结构更趋合理。

【产业结构不断优化】 一是农业发展质效兼优。深入践行“八要素”，深化农业产业结构调整，不断拓宽农产品内销外销渠道，纵深推进农村产业革命。种植烤烟2.48万亩、茶叶2.54万亩、蔬菜6万亩、中药材1.01万亩、食用菌0.25万亩、花卉0.9万亩，调减玉米种植面积4.12万亩。全年实现农产品销售金额5亿元，增速排全市第二位。二是旅游产业稳中有进。统筹“花期之外、花区之外”两个大局，聚焦全域旅游示范区创建和新发展理念与全域旅游融合发展试点建设，抓好景区升级改造，推进普金景区、彝山花谷、奢香军营山地公园、仁和长生秘境度假区等景区景点建设，围绕用水用电保障、旅游业态丰富、床位车位拓展、旅游商品打造、旅游文化活动等全面推进旅游服务体系和服务能力建设，旅游产业发展实现稳中有进。奢香军营山地公园完成国家AAAA级旅游景区申报，仁和乡长生秘境度假区、普底乡庆丰村紫薇园完成国家AAA级旅游景区申报。2019年，接待游客490.3万人次，同比增长30.6%，实现旅游综合收入33.61亿元，同比增长30.9%。三是煤炭工业巩固提升。加快推进煤矿兼并重组，25个煤矿已有24个获得主体企业兼并重组实施方案批复保留，完成7个煤矿关闭任务。实施3个煤矿综合机械化和辅助系统智能化改造。完成原煤生产312万吨，完成目标任务的100.6%；供应电煤126.72万吨，完成目标任务的100%。

【城乡面貌大幅改观】 一是城乡建设统筹推进。完成城乡一体化发展战略规划、村庄规划、多规合一编制等工作，全面完成百里杜鹃生态湿地治理工程海绵型项目，完成城镇基础设施投资6亿元、城市建设投资4.3亿元，完成小康房165户，完成商品房销售面积7.6万平方米，城市建成区面积不断扩大，新增城镇人口0.21万人。抓好“厕所革命”，2019年建设改造农村卫生户厕4858个，占目标任务的156.71%；建设改造村级卫生公厕30座，占目标任务的214.29%。二是交通条件更加优越。新（改、扩）建农村公路35.5公里，S211尖坡至桃园和金沙至板当公路、普金旅游公路、黄泥乡坝子至金门扶贫公路及“四好农村路”等建设项目加快推进，开通一批城乡客运班线，完成交通投资2.78亿元，大进大出、互联互通的交通运输体系加快形成。三是乡村振兴有力起步。谋划乡村振兴项目884个、总投资1401.07亿元，稳步推进1个示范乡和10个示范村建设。围绕绿色发展、人力资源开发、体制机制创新，聚焦全域旅游、全面小康、乡村振兴，在鹏程管理区试点开展建设贯彻新发展理念示范区工作。

【发展后劲不断增强】 一是项目投资不断扩大。实施项目47个，总投资45.6亿元。22个省市重大工程和重点项目完成投资28.84亿元，占年度目标任务的113%；32项省“1+7”民生工程完成投资2.1亿元，占年度目标任务的101.78%；23项市级十件民生实事完成投资0.77亿元，占年度目标任务的102%。二是上争外引取得实效。坚持开放发展，积极向上争取支持，获得上级支持事项232项、资金26.81亿元；大力实施“双千工程”，突出产业链招商，主动赴广州、成都、海南、山东等地开展招商引资。跟踪对接项目28个，签约项目10个，招商引资开工重点项目24个、投产重点项目22个；引进重点项目4个，预计投资147亿元；完成重点产业招商引资到位资金10.15亿元。引进四川金杯半山、阳光大地和海南一二三等集团公司投资百里杜鹃。积极争取举办2020中国森林旅游节。三是商贸物流取得突破。全区物流快递企业增加到8家，物流配送代办点19个，建成物流公司1家、大型电商企业2家、农村电子商务服务中心24个，完成网络零售额1010万元。全年完成社会消费品零售总额8.42亿元，增长5.2%。

【生态建设纵深推进】 一是问题整改落地见效。坚决扛起环保整改政治责任，中央环保督察反馈涉及我区1个个性问题（含13个小问题），其中12个小问题完成整改，剩余大元煤矿问题正在推进整改。中央生态环保督察“回头看”反馈涉及我区20个问题，完成整改18个，2个正在整改；全部办结交办信访件11件。二是污染治理扎实有效。坚决打好蓝天、碧水、净土“三大保卫战”，推动9家加油站全部完成油气污染回收治理，14家砂石厂完成扬尘治理，花海文化城道路机械化清扫率达100%，投入697.02万元完成附廓水库饮用水源二级保护区环境治理，投资1745万元开展千人以上集中式饮用水水源保护区环境综合治理，完成7个压缩垃圾转运站建设。三是林业生态不断向好。建立实行“林长制”，加强杜鹃花保护研究、景区环境保护和生态修复，统筹抓林业生态建设、生态效益补偿、产业结构调整、森林防火、森林资源管护、“六个严禁”执法等工作，成立环境综合执法大队，全区森林覆盖率达68.02%，荣获“国家森林体验示范区”荣誉称号，绿色毕节行动考核名列全市前列。四是水源环境不断改善。落实最严格的水资源管理制度，认真落实“河长制”“四河六库”保护管理全面加强；加快污水处理基础设施建设，建成运营2座污水处理厂，开工建设2座污水处理厂，5 座污水处理厂完成前期工作。

【教育优先发展全面落实】 一是教育工作任务全面达标。学前、小学、初中、高中入学率分别达 90.05%、99.97%、96.35%、89.5%；残疾儿童少年入学 174 人，入学率达 94.75%；义务教育巩固率 92.05%。完成 1 个幼儿园集团化管理资源中心建设。二是教育基础设施不断完善。完成幼儿园设备购置 3 所、建成 3 所、基础施工 1 所，改扩建学校 2 所，完成百里杜鹃第二中学 2 个单体建设项目，百纳中学附属工程完成 70%。争取上级资金 2963 万元、广州市援建资金 514.3 万元；投入上级资金 2217 万元、本级资金 2251.75 万元。三是教育能力建设不断加强。与毕节一中、实验学校集团化办学，培训 526 人次；与增城区结对帮扶学校 18 所；投入公用经费及营养改善计划 2796.44 万元，资助 735.1 万元。四是教育精准资助落地落实。发放各类奖补资金 685.117 万元，办理生源地助学贷款 1658.31 万元，"补短板" 资助 268.25 万元。

【医疗卫生保障能力不断提升】 一是健康扶贫工作深入推进。2.76 万人贫困人口健康扶贫医疗保障救助、大病专项救治、家庭医生签约实现全覆盖。二是医疗保障政策全面落实。新农合医疗参合 12.38 万人，参合率 99.2%，报销 7978.6 万元；贫困人口参合 2.76 万人，报销 2508.28 万元；落实大病赔付 258.65 万元、医疗救助 105.81 万元。三是医卫服务能力取得突破。规范化建设区人民医院和卫生室，培训医生 55 名，全科医生达 26 人。创建国家卫生乡 1 个、市级 1 个，省级卫生村寨 3 个、市级 3 个。四是医卫体制改革不断深化。争取增城区和毕节一医、三医帮扶，完成人民医院 5+2 重点学科建设，构建分级诊疗制度，强化医疗卫生各项工作管理改革。五是公共卫生服务更加均等。强化健康管理，建立居民健康档案 9.96 万份，接种各类疫苗 3.656 万剂次。

【社会保障工作全面落实】 一是社会救助做到应助尽助。发放低保资金 3322.84 万元、特困人员救助金 470 人 609.21 万元，实施临时救助 2413 人次，救助金额 316.02 万元，投入资金 200 万元对 6 所农村敬老院实施提级改造。二是防灾减灾救灾统筹开展。救助受灾群众 2016 户 4641 人，发放资金 44.2 万元；申请 2019－2020 年度救助资金 112.2 万元。政策性农房保险统保投保 27115 户 22.78 万元。三是特殊群体关爱服务到位。落实儿童关爱服务工作，发放保障金 126.24 万元；为 452 人次孤儿发放孤儿保障金 45.2 万，救助流浪乞讨人员 9 名、精神病人 155 名，关爱服务工作两次名列全市第一。四是社会保险保障范围扩大。基本养老保险参保 67058 人，发放待遇 171551 人次 1768.79 万元；超额完成各类保险参保任务；征缴基金 7847 万元，支付 6821 万元。

【劳动就业保障扎实有效】 一是城镇新增就业 1863 人，农村劳动力转移就业 5470 人，城镇登记失业率 3.16%，全面完成目标任务。二是就业脱贫扎实。培训贫困劳动力 2093 人，就业 1343 人；搬迁贫困户就业 859 人，就业率 90.52%；累计开发"十大员"就业扶贫专岗 2877 个，已招募上岗 2787 人；组建增城劳务协作工作站，协助就业 57 人；建设就业车间 9 家。三是劳动关系和谐。在建 12 家企业全面落实实名制并开设农民工工资专用账户，设立 500 万元农民工工资应急周转金，40 家企业缴存保障金 3440.067 万元，办理相关投诉 15 件，结案仲裁 335 件，认定工伤 330 件。

【文化事业有序推进】 成功举办百里杜鹃首届春节联欢晚会、第二十五届全国围棋邀请赛、2019 年全国全民健身示范大赛暨第十届中国体育模特大赛、中国首席少儿模特大赛、第三届越野跑挑战赛，“百里杜鹃自行车休闲徒步线路”入选2019年贵州省体育旅游精品线路。

【民族事业有序推进】 搜集非遗项目46个，整理百里杜鹃历史文化及民间故事初稿1万余字。黄泥乡龙塘村、金坡乡锦星村、鹏程管理区桥头社区获批第四批省级少数民族特色村寨称号。预计完成900余节彝汉双语教学课时任务。

【风险防控化解有力有效】 一是统筹安排部署。成立党政领导一把手为组长的领导小组，按照“一风险一专班”工作机制统筹推进防范化解重大风险工作。二是深入排查化解。采取“一风险一专班”“周排查周调度”“月工作月汇报”等工作方法，化解稳控市风险办反馈的145个共性风险。化解隐性债务18081.96万元。三是强化风险推送。按照“谁主管、谁负责”原则，向5个行业主管部门下达提示单5份，涉及风险点已在规定时限内有效化解稳控。四是开展百日攻坚。开展重大不稳定风险问题集中排查化解、信访矛盾化解、涉法涉诉信访积案化解三个“百日攻坚战”，化解省、市交办信访矛盾和不稳定风险问题22件。

【扫黑除恶深入推进】 一是提高政治站位。成立以党政主要负责人为组长的“双组长”中央督导问题反馈整改专班，及时研究部署工作，明确职能部门责任清单，落实工作经费45万元，保障推进扫黑除恶专项斗争。二是依法严惩犯罪。摸排涉黑涉恶线索86条，核查办结81条，打掉恶势力犯罪集团1个、犯罪团伙1个。三是加强综合治理。对治安管理“高危地带”、行业监管“失控地带”、重点人群“灰色地带”、社区校园及周边环境等“敏感地带”进行专项综合治理。四是强化深挖彻查。深挖彻查黑恶势力违法犯罪案件背后腐败问题和“保护伞”，立案调查涉嫌工作失职问题3件4人、村干部和村务民生监督员涉赌问题1件2人，问责党员干部涉恶3人。五是加强组织建设。全面开展村（社区）“两委”人员背景审查，清理存在刑事前科村干部1人。对35名村“两委”班子候选人进行资格审查，取消2名候选人资格。六是加强宣传发动。深入开展一课一会一走访、一书一卷一张网“六个一”宣传活动，全面营造扫黑除恶专项斗争工作浓厚氛围。

【安全生产形势持续向好】 一是安全监管有力。出动12456人次对煤矿、道路交通、非煤矿山、建筑施工、地质灾害、森林防火、食品药品、社会消防、旅游、学校等重点行业领域生产经营单位开展排查8340家次、4125组次，治理隐患7598条。二是安全改革有效。认真落实《地方党政领导干部安全生产责任制规定》和省、市实施细则，对9个乡（管理区）和安委会成员单位实施差别化考核。实行“一组一库一网格一清单”监管模式，进一步提高行政执法效能。三是应急管理加强。加强救援队伍建设，强化物资贮备和装备维护，督促生产经营单位健全应急管理责任和工作制度，应急管理工作水平不断提升。

【信访维稳工作扎实稳妥】 一是有效完成敏感节点安保维稳任务。完成“两节、两会”、国际杜鹃花节、“六四”、生态年会、脱贫攻坚第三方评估验收、“八一”、“中华人民共和国成立70周年大庆”、十九届四中全会等重要节点期间信访维稳和安保任务。二是有效开展重点矛盾纠纷排查化解。解决重大问题8起、涉军人员聚集问题2起，对区内10名重点人员开展走访30余次。三是有效推进防范处理邪教问题工作。完成示范乡（管理区）创建并通过市级验收。按照“345工作法”推进第二轮“无邪教创建”活动。完成“4·25”“5·13”“7·22”等敏感期防控邪教滋扰工作。

【社会治理全面加强】 一是特殊人群服务管理到位。接回刑释解戒人员34人，排查登记吸毒人员545人、精神障碍患者575人，完成艾滋病抗体筛查21045人次，登记管理感染者39人。二是矛盾纠纷排查调处有力。坚持“一日一排查、一周一报告、一旬一研判、一月一调度”工作机制。调处矛盾纠纷306件，成功303件，成功率99.02%。三是治安巡逻防控工作有效。推进“雪亮工程”视频监控上线574路。组建共150人的专职巡逻队伍8支、共1588人农村义务巡逻队204支。利用“10+N”政策选聘65名村警、4名禁毒专干。四是综治中心建设标准规范。实现综治中心建设全覆盖，建成区级综治中心1个、乡级综治中心9个、村级综治中心71个。

【政府自身建设深入推进】 一是法治政府建设有序推进。《各乡（管理区）及管委会各工作部门权责清单目录（2019年版）》向社会公布实施。对纳入权责清单管理的行政许可、行政确认等职权事项，逐项明确办理时限，办理时限原则上比法定时限减少50%以上，并纳入“七个一”清单进行管理。严格落实重大行政决策合法性审查制度，管委会法制机构会同法律顾问审查政府决策事项100余项。管委会法律顾问和各乡（管理区）、管委会工作部门法律顾问提供法律服务650余次。受理行政复议案件11件，已办结9件。参加行政诉讼案件10件，已结案4件，败诉1件，败诉率10%，行政诉讼负责人出庭率为50%。二是政务服务有序推进。全面推进政务服务标准化建设，升级政务大厅服务功能，提升政务大厅服务形象，2019年6月，经省政务服务中心评估小组到我区进行实地评估，我区政务服务标准化建设工作顺利通过省级验收。同时，全面推广“集成套餐服务”通过“套餐一窗”“综合一窗”“部门一窗”等方式，加快推进“一窗”办理。截至12月底，政务大厅“一窗”受理业务占比已达76%，共推出“开办美发店、个体工商户餐馆、民爆物品购运”等18个集成套餐服务项目，2019年办理集成套餐项目483件，政务大厅线上线下共受理审批服务业务62157件，当场办结50516件，当场办结率达81%，承诺件均在承诺期限内提前办结，无超期业务发生。三是机要密码工作取得新突破。全面完成机要密码通信基础设施建设和有关设备装备，实现与其他县（区）同权同责运行。此外，质量管理、司法行政、国教人防、档案区志、妇女儿童、老龄、残疾人等各项事业取得新进步。

【政治思想建设全面加强】 一是强化政治统领。聚焦树牢“四个意识”、做到“两个维护”加强党的政治建设，严守政治纪律和政治规矩，坚决贯彻落实以习近平同志为核心的党中央和省委、市委各项决策部署，始终精准聚焦打好“三大攻坚战”、推动经济高质量发展、加快旅游产业提质转型发展、衔接乡村振兴战略、深化扫黑除恶专项斗争、推进农村产业革命等重点工作，守初心，担使命，找差距、抓落实，各项工作统筹推进。二是抓实主题教育。坚持关键少数、指导组长、联系领导“三个带头”抓责任落实，建立“一把手”履职情况定期“考督”制度、指导组“一天一调度、一周一提示、半月一报告”工作制度和县级领导联系主题教育工作制度，组织责任不断压实；坚持分类学和集中学、培训学和测试学、课堂学和流动学相结合抓好理论学习，党工委集中学习7.5天、研讨6次，全区各级各部门开展集中学习研讨370次，各党支部通过“三会一课”等形式集中学习481次，举办主题教育业务学习培训班、专题培训班5期956人次，政治理论学习更加深入。坚持聚焦思想灵魂、聚焦调查研究、聚焦专项整治“三个聚焦”抓检视整改，全区党员干部检视问题7656个、整改6066个，调查研究检视问题408个、整改266个，对照专项整治检视问题393个、整改301个，问题检视整改扎实有效。坚持围绕工作推进、围绕典型教育、围绕氛围营造“三个围绕”抓宣传引导，深入学习廖俊波、黄大发及全省脱贫攻坚先进典型，切实为主题教育深入开展提供舆论支持、营造良好氛围。三是加强理论武装。聚焦学懂弄通做实习近平新时代中国特色社会主义思想加强理论武装，不断推动全区各级党组织理论学习常态化、规范化，持续开展“打赢攻坚战、建设示范区，百里杜鹃怎么干”大讨论活动。2019年以来，党工委举行理论学习中心组集中学习研讨2次、集体学习3次，全区各级党委（党组）开展集体学习500余次、集体研讨学习140余次。同时，认真传达学习2019年以来出台的党内法规条例。四是狠抓巡视巡察。加强组织领导，压实整改责任，持续深入推进中央、省委、市委巡视巡察反馈问题整改。完成中央巡视反馈问题整改88个、省级巡视反馈问题整改62个、市级巡察反馈问题整改26个。聚焦政治建设，强化政治监督，开展党工委巡察4轮，巡察35个单位党组织，发现问题488个；组建五个专项检查组对已巡察的56个单位反馈问题整改情况开展专项检查，督导推进问题整改。党工委五年巡察规划完成68.97%。五是严肃政治生活。狠抓《关于新形势下党内政治生活的若干准则》的贯彻执行，组建12个督导组对43个区直部门、9个乡（管理区）贯彻执行情况开展督查指导，推动各级党组织规范落实“三会一课”、主题党日、党员民主评议等政治生活制度。坚持县级领导带头示范，带动各级党员领导干部过好双重组织生活。

【管党治党全面从严】 一是不断加强监督执纪。综合运用政治监督、党内监督、重点监督、日常监督等形式，建立科级干部廉政档案制度，全面推行服务窗口作风扫码评价，扎实开展“四风”督查和会风会纪督查，跟进推动被“一票否决”领导干部抓好问题整改落实，加强公车使用管理监督，不断增强监督执纪实效。二是深入开展专项整治。深入整治违反“八项规定”精神问题，查处11起、问责15人；整治形式主义官僚主义，查处23起、问责23人；整治群众大办滥办酒席，收到举报电话8起，转核并现场督促制止4起；整治“天价烟”背后问题，对全区57个单位3068名领导干部开展清查，未发现相关违规问题。三是纵深推进民生监督。深入整治扶贫领域问题，通过开展监督检查、推动村务（民生）监督、开展扶贫项目资金管理使用突出问题专项监察以及常态化开展“访重助”专项行动等，发现问题线索47个，立案32件33人，党纪政务处分25件26人，问责主体责任落实不力23人。四是深化运用“四种形态”。紧盯监督执纪三类重点人员，着力排查梳理违反中央八项规定精神和“四风”问题线索，坚持挺纪在前、抓早抓小，深入践行“四种形态”，持续强化不敢腐的震慑、增强不想腐的自觉。综合运用“四种形态”处置569人。五是始终保持惩腐力度。突出“三类人”，把握“三个之后”，聚焦“六大纪律”，从严从重处理违反政治纪律和政治规矩行为，加大公开曝光力度。受理分办信访举报线索253件，办结139件；立案63件，结案60件，党纪政务处分59人。六是持续强化警示教育。充分利用“一网两微一柜”立体宣传平台，及时发布有关反腐倡廉的新声音、新举措，及时通报查处的典型案件、作风建设问题。投入30余万元打造百里杜鹃廉政文化警示教育基地，对7个典型案件开展“一案一整改”。

【组织队伍建设全面推进】 一是基层组织建设不断深入。深入开展新时代基层党建提质攻坚行动，认真对照“一任务两要点三清单”抓基层党组织标准化规范化建设，扎实推进村级党组织领办创办专业合作社，纵深推进教育、医疗系统及国企党建，夯实“打赢攻坚战、建设示范区”的坚强战斗堡垒。整顿软弱涣散基层党组织13个，建立国有企业党组织6个、公立医院党组织1

个、易地扶贫搬迁安置地党组织2个，组建联村党组织3个，在党员50人以上的村设立党总支7个，在产业链、合作社、龙头企业、生产小组上建立党总支部17个。加快推进基层组织活动阵地建设，新建改（扩）建社区综合服务设施46个，目前34个投入使用、12个正在加快推进。二是干部队伍建设全面加强。坚持“20字”好干部标准，突出政治考察，坚持事业为上，不断完善各项选人用人工作制度、加强干部专业素养和能力素质培训锻炼，选优配强村“两委一队三个人”，认真抓好优秀党员干部评选表彰工作，全面落实职务与职级并行制度，进一步加强新时代干部队伍建设。开展干部选拔任用7批次57人，选派8名科级干部到广州市增城区挂职学习半年，推荐评选表彰省市区脱贫攻坚先进党组织22个、优秀共产党员42名，调整发挥作用不好的村党组织书记6名。三是人才培训工作取得实效。坚持党管人才，聚焦重点领域、重要行业抓人才工作，建立健全人才引进、服务、管理、培训机制，不断强化人才支撑。全区重点行业领域招聘引进人才549人，举办各类培训班及专题讲座10余次、培训人才2000余人次，组织党员干部参加新时代学习大讲堂业务知识专题讲座、新时代前沿知识专题讲座、脱贫攻坚大讲习大培训专题讲座共计126期23205人次，选派党员干部参加培训调训29期110人次，组织开展技能培训30余期8000余人次，培训脱贫攻坚一线人才1400余人次。

【民主政治建设不断深入】 一是统战工作创新推进。加强和创新新形势下统一战线工作，积极发挥统战优势、用好统战资源，聚焦脱贫攻坚、乡村振兴和建设贯彻新发展理念示范区，坚持试点先行、探索推进，推动大水乡“党盟共建”示范点、沙厂乡经济统战示范点、鹏程“新发展理念乡镇”示范点、黄泥乡“乡村统战联盟”示范点建设取得积极成效。“千企帮千村”“万凤还巢”“荣誉村主任”三项重点工作扎实开展、取得新的成效。统一战线团结奋斗的共同思想政治基础不断巩固。二是群团建设全面加强。积极支持保障工青妇等群团组织依法依章程履行职责，推动群团组织围绕中心、服务大局，立足岗位、发挥优势，在助力发展、服务群众、促进稳定、保障维权等方面作出新的贡献。群团组织通过开展“万户联动·靓化家园”农村环境卫生整治活动，组建“脱贫攻坚青年突击队”“杜鹃医院医疗志愿服务队”，积极开展“劳动模范上讲堂”、“青春心向党·建功新时代”、纪念五四运动100周年主题宣传教育活动等行动，为脱贫攻坚凝聚了合力、贡献了力量。三是民宗工作有序推进。坚持党的民族宗教方针政策，积极开展好民族特色村寨创建和民族文化活动，宗教关系和谐示范创建不断深化，民族团结、宗教和顺局面不断巩固。普底乡迎丰村获批为“中国华侨国际文化交流基地”；积极打造少数民族特色村寨，锦星村、龙塘村、槽门村、小桥村荣获“贵州省少数民族特色村寨”荣誉称号。层层压实责任，细化整改措施，明确整改时限，中央宗教工作督察反馈意见全面整改到位。认真开展宗教政策、宗教法规知识宣讲及专题培训，引导宗教与社会主义相适应，宗教人士爱国爱教氛围不断浓厚。

【意识形态抓得更紧更实】 一是主体责任全面压实。坚持党工委带头示范，召开2次专题会议、2次联席会议分析研判、部署推动意识形态工作，开展专项督查2次，压实各级党组织意识形态工作主体责任，同时将意识形态工作责任制落实情况纳入巡视巡察、民主生活会、述职述廉重要内容。二是管阵地建队伍有力。建成区级融媒体中心，整合区内自媒体形成媒体宣传矩阵，抓好区内40多家自媒体的摸底排查和登记管理，招录新闻宣传干部30余人，不断加强新闻宣传阵地和队伍建设。三是舆论引导有力有方。紧紧围绕“习近平新时代中国特色社会主义思想”

"庆祝新中国成立70周年""按时打赢脱贫攻坚战"等重大主题，开展先进典型人物、重大发展成就、重点工作跟踪等宣传；充分发挥新时代农民讲习所作用，深入宣传党的路线方针政策，围绕脱贫攻坚、扫黑除恶、主题教育、乡村振兴等开展重点讲习，不断凝聚强大合力。四是文化事业繁荣发展。坚持文化惠民，推进文旅融合，强化以文化人、以文兴旅，举办一系列旅游文化活动、民俗节日活动及群众性文化活动，设立文化产业发展专项资金260万元，积极扶持文旅产业发展壮大，聚焦杜鹃花元素和民族元素发展文化产业。全区新增文化个体262家，新增文化企业24家。五是舆情管得严控得好。建立健全重大新闻事件和重大突发事件应急处置机制，严密防范新闻播出安全事故，严肃查处网上造谣生事、搬弄是非等违法违规行为。处理负面舆情信息79起，落地查人29人，批评教育3人，行政拘留2人。六是形象宣传不断深入。积极对接协调中央、省、市主流新闻媒体，整合各类新媒体，聚焦举办各类旅游活动和亮点工作，组织各类宣传稿件，多角度、立体化、全方位宣传百里杜鹃旅游形象、发展形象。中央主流媒体报道百里杜鹃92条，省市媒体报道百里杜鹃270条，其他新媒体广泛宣传推介百里杜鹃。

（供稿：百里杜鹃管理区史志档案局）

金海湖新区

【概述】 毕节金海湖新区（毕节经济开发区）是2015年12月，毕节市委、市政府统筹谋划，立足于推动区域经济协调发展，实现优势互补、产城高度融合，将毕节经济开发区和原双山新区整合组建成立。是七星关—金海湖—大方"双二百"城市总体规划的核心区域，是市委、市政府派出的正县级机构，实行一套机构、两块牌子的管理体制。全区国土面积595平方公里，规划面积120平方公里，工业园区规划面积23.6平方公里，耕地面积1.8796万公顷，辖3个乡（其中2个民族乡）、4个镇、3个街道办事处，33个村民委员会、66个居民委员会，年末户籍总人口77437户29.01万人，其中少数民族5.01万人，约占总人口的18%，城镇人口19.15万人。人口出生率为11.3‰，自然增长率为8.78‰。人口较多的少数民族有彝族、白族、苗族。主要矿藏有煤、石膏、石灰岩等；森林覆盖率为58.26 %。全年生产总值66亿元，比上年增长13.8%；农林牧渔业总产值3.735亿元，增长3.7%；GDP完成亿元，规模以上工业增加值18.84亿元，固定资产投资95.82亿元，增速7.6%。财政总收入18.6237亿元，公共预算收入完成3.61亿元，比上年增长8.84 %，财政总支出21亿元，同比下降5.49%，公共预算支出14.7692亿元，比上年增长23.02%。全年减少贫困人口1590户5276人。社会消费品零售总额完成44.88亿元。城镇化率达47%，较上年提高2%，城镇居民人均可支配收入33014元，农民人均纯收入9807元。毕节高新技术产业基地（工业园区）在2018年全省95个产业园区考评中排名第8位。

【发改项目与工业能源】 共审批项目28个，备案67个。有省、市重大项目共80个，总投资625.16亿元，年度计划投资130.09亿元，累计完成投资155.32亿元。争取中央预算内资金项目10个，获得1.58亿元。争取省预算内资金获得项目3个，总投资263万元。地方专项债券获得省发改委推送到国家发改委29个项目，总投资245.47亿元。基础设施领域补短板共获得33个项目，总投资329.96亿元。加快推进"六网会战"，谋划项目577个，总投资261.17亿元。争取长江经济带谋划项目59个，总投资867.24亿元。绿色产业扶贫基金申报项目15个，总投资34.28亿元，申请金额为21.65亿元，获得1.79亿元。实施并完成农村危房改造223户。完成小城镇项目建设投资1.5亿元。完成120户小康房建设。垃圾焚烧发电项目设备安装已完成，日处理生活垃圾量1000吨，年发电量约1.2亿度。“双千工程”引进企业14家，签约金额97.85亿元。培育规上企业共14家。原煤生产54.72万吨，电煤供应36万吨，实现瓦斯抽采1312万立方米，瓦斯利用535万立方米。实现煤矿建设投资7570万元。完成梨树镇至七星关区海子街镇次高中压干线18.8公里的天然气管道建设。

【园区建设与营商环境】 工业园区已建设完成小坝大道、小海大道等路网建设共40千米，多条主干道美化亮化工程已全部完成；建成一座日供水3800万吨的自来水厂一个，供水管网1万米，所有厂房供水管网全覆盖；电网串通每个厂区，110千伏变电站完全满足园区企业的供电需求；宽带光纤电缆已全部覆盖。工业园区总规划面积69平方公里，核心区23.6平方公里，现建有标准厂房233.88万平方米。由广州、毕节两市共同规划建设的“毕节·广州产业园”总规划面积为1.67平方公里，第一期项目占地300亩，总投资5亿元，预计在2020年底建成投入使用。通过招商引资，金海湖新区工业园区签约项目199个，实际入驻项目119个，建成投产项目107个，其中规模以上企业66家，招商引资到位资金完成82亿元，重点产业招商引资到位资金44.64亿元，解决就业人数5000余人。2019年，共征收房屋453户，征收面积为8.35万平方米，货币安置被征收群众113户，产权安置被征收群众340户。启动4个安置点回迁安置工作，共回迁安置498户，安置房屋564套，安置摊位279个。

【科研创新与成果转化】 攻克1MW级和10MW级先进压缩空气储能系统关键技术；压缩空气储能SCI论文数和专利数均国际排名第一。建成喷淋式填充床储热、过热蒸汽/亚临界水储热、潜热型功能热流体自然对流/储热、1.5兆瓦双罐式亚临界水储热、1.5兆瓦超临界空气填充床储冷、15千瓦超临界空气填充床储冷/储热等实验平台，成功研制10余套储热示范系统，达到国际领先水平。研究成果上发表学术论文400余篇，申请专利184项。科研成果获国家发明专利优秀奖、联合国工业发展组织最具投资价值的领先技术蓝天奖、中国青年科技奖特别奖、北京市科学技术一等奖、黑龙江省科学技术一等奖、北京市发明专利二等奖、辽宁省科学技术二等奖、中国科学院科技成果转化创业奖一等奖、国家能源局软科学研究优秀成果二等奖等各类奖项。研究成果获得国家领导及国家各部委的高度重视。

【促进就业与社会保障】 城镇新增就业人数2128人，就业困难人员再就业155人，失业人员再就业308人，农村劳动力转移就业人数6725人，城镇登记失业率控制在4.2%以内，完成职业培训3106人（其中贫困劳动力2977人），完成易地搬迁培训900人；建扶贫车间16个，解决594人（贫困劳动力303人）的就业问题。城乡居民基本养老保险参保121446人，发放基本养老金3520万元；被征地农民养老保险参保15185人，发放资金1600万元；城镇职工基本养老保险参保人数达8291人，发放资金5074万元；失业保险参保6663人次，发放资金68.2万元；工伤保险参保7881人，兑现待遇819万元；医疗保险参保7048人，兑现待遇413万元；全区社保卡持卡人数达16.35万人。城市低保提高到每人每月650元、农村低保提高到每人每年4140元。发放城乡低保金23.5万人次6240万元、特困供养人员604人约800万元。医疗救助2.95万人1088万元；临时救助448人142万元；发放孤儿保障金408人131.3万元；发放困境儿童生活补助394人158.66万元；救助流浪乞讨人员31人次10万元。清欠工人工资4737万元，涉及8542人。发放重度残疾人护理补贴1987人100

万元、残疾人生活补贴2724人287万元。发放各类优抚对象抚恤补助资金700万元。

【教育与文体旅游】 推进教育体制改革，发展社会力量办学，加强控辍保学，加大投入促进教育发展。义教均衡评估发展差异系数指标居全市第一；全区学前三年教育毛入园率达90.8%，小学入学率99.37%，九年义务教育巩固率81.5%，"三残"92.57%，高中阶段入学率89.59%。资助学生19825人次，实现从学前到本科建档立卡学生应助尽助。完成教师培训2768人次。申报专项资金2275万元，实施6所幼儿园、2所小学、1所高中办学条件的改善；启动易地扶贫搬迁集中安置点配套学校项目建设2所。41424名学生（幼儿）纳入营养改善计划。放映公益电影396场，观看人数达到11213人；多彩贵州"广电云"覆盖农村用户1.7万户，其中建档立卡贫困用户6718户；新增1处全国重点文物保护单位，17处文物保护点；组队参加毕节市第二届青少年运动会，获11金2银4铜的好成绩；修建完成60公里绿色健身步道。上小河村白族民俗旅游景区获评国家3A级景区；旅游景区创建国家4A级通过省级景观质量评审；响水乡青山村获乡村旅游甲级村寨、双山镇奢香谷休闲度假山庄获五星级农家乐。

【安全生产和消防救援】 始终坚持发展必须确保安全的理念，全面落实安全生产责任，强化事前防控和过程管理。出动执法人员200余人次、执法车辆50余台次，开展联合执法8次，检查了食品生产、加工、经营企业600余家，确保食品市场安全、稳定。监管检查煤矿101矿次，查出各类安全隐患及问题768条，作出煤矿行政处罚2次；对非煤矿山企业共检查52家次，排查出一般隐患183条，整改率100%；对14家危险化学品企业进行排查整治，共排查出一般隐患208条，整改率100%；排查出33家烟花爆竹经营户售点一般事故隐患50条，整改率100%；对冶金等工贸企业67家次，排查出一般隐患187条，整改率100%。2019年度共开展消防安全检查1885家（次），发现和消除火灾隐患2524处，下达《责令改正通知书》1165份。承办"2019年安全生产月燃气事故应急救援综合演练"，参与毕节支队"2019年地震救援实战演练"。代表毕节市消防救援支队参加贵州铜仁"巅峰勇士"登山对决比武，并参与赫章县野马川镇毛栗村"7·23"山体垮塌救援，圆满完成任务。接处消防警情23次，出动警力289人，灭火救援5次，抢救被困人员7人，疏散被困人员67人，保护财产价值3600余万元。

【纪检监察巡查督责】 采取县区交叉巡察等方式，完成4轮巡察工作，共巡察8个区直部门、3个乡（镇、街道）和6个村（居、社区），发现问题308个并按要求督促限时整改，发现并处置问题线索35个。严肃查处通报曝光违反中央八项规定精神问题5起6人；开展成茅台酒专项整治工作，发现问题2个，处置市纪委市监委反馈问题1件，问责处理党员领导干部1名，解聘人员1名。坚持有案必查、有腐必惩，全年立案29件，结案18件，处分20人，移送司法机关5人；审查个人廉洁自律情况2511余人次。组织150余名科级以上干部接受警示教育；组织全区861名乡村干部开展扶贫民生领域暨扫黑除恶监督执纪问责警示教育大会。用好"监督系统"和"监督平台"，发现问题1333个，转主管部门核实整改158个，转乡镇纪委核实1175个，截止12月底已调查核实764条。深入开展漠视侵害群众利益专项整治，列出整治清单111条，发现问题68个并全部整改。

【组织改革与新闻宣传】 积极谋划、统筹推进全区主题教育工作，在完成规定动作的基础上创新出彩，为今后党员集中教育积累宝贵经验，省委第五巡回指导组和市委第十巡回指导组给予高度评价。选派270名市区乡干部开展全覆盖驻村工作，东部战区5乡镇脱贫攻坚于2019年7月顺利通过国家第三方评估验收，实现零问题零佐证精彩出列。西部战区4乡镇全力冲刺、接续奋斗，于2020年1月接受省级第三方评估验收。集中培训区、乡、村三级干部800余人次，组织干部9500余人次参加省、市“新时代学习”大讲堂培训。选派8名干部到增城、南沙跟岗锻炼；交流轮岗锻炼干部17名。建成区级融媒体中心并投入使用，办好新区电视台新闻节目和“金海湖发布”微信公众号。《金海湖新闻》全年播出180期，用稿1120条。《金海湖发布》发布信息2116条，累计发稿6238条。《毕节日报》的《金海湖专刊》刊载18期143条。开办“多彩金海湖”“金海湖发布”头条号、“视听金海”抖音等平台。报送网络舆情信息1308条，开展舆情引导100余次。全年共发生大小舆情事件19起，均成功化解，未造成重大不良影响。

【统战和群团】 接待省外民主党派、统战部门、中华职教社和台湾考察文化交流团等赴新区考察调研11次。做好民族团结示范创建“五进”活动，打造了小坝镇莺戈岩村少数民族特色村寨。开展宗教场所排查100余次，着力推动解决宗教领域突出问题。开展“泛海助学行动”，资助贫困大学生50名。开展“两节”送温暖困难职工慰问和“金秋助学”等活动，培育选树“毕节工匠”。开展贫困学生圆梦助学活动，资助大学生60人。开展“两癌”贫困母亲筛查、救助，解决家庭暴力、矛盾纠纷等维权案件，积极培育妇女手工企业，巩固和发展少数民族蜡染、刺绣手工业，将民间技艺逐步培育转化为指尖经济产业。建立农村科普知识宣传工作站，打造基层科普项目示范基地。实体化建设关工委队伍。开展各类主题宣讲活动，组建“五老”队伍开展关心关爱青少年活动、“尽责优教”大讲堂等，不断推进党建带“关建”工作。

【国土和规划】 及时调整《贵州毕节经济开发区控制性详细规划》，使新区规划编制更具科学性、指导性和可实施性，国土局推动对经开区12个地块用地性质及相关控制性指标进行调整。完成土地利用总体规划布局调整134个项目，调整总面积达5500亩。办理48个建设项目用地预审和规划审查、参与20个建设项目规划选址工作。开展用地报批，获省人民政府批复城镇建设用地3个批次1431.73亩；获省自然资源厅审查的报件5个批次3965.13亩；正在组织用地报件3个批次1414.17亩。办理矿山企业临时用地18宗320亩。组织挂牌出让国有建设用地35宗，成交26宗1570.27亩。办理各类不动产权籍调查41宗。启动4个乡（镇、办）农村房地一体宅基地、集体建设用地使用权确权登记颁证工作。办理各类不动产登记4848件。认真开展第三次全国土地调查，调查成果通过省级质检，已上报国家验收。完成3个矿山绿色矿山建设方案已编制。

【医疗卫生与健康养老】 乡镇卫生院都能提供中医药服务，标准化中医馆建成率达100%；基本药物制度执行率达100%；各类疫苗免疫规划接种率达95%以上、住院分娩率达95%。投入资金2853万元，落实健康扶贫“三个三”。全区医疗参保人数达240350人，落实50454名建档立卡贫困人口资助参保资金3081万元，贫困人口实现应保尽保。医疗保险报销比例为73.54%（建档立卡贫困人口住院报销比达91.61%）。建成使用3个老年人日间照料中心和11个互助幸福院，发放各类高龄补贴资金431万元。

【扶贫开发与农业农村】 率先在全省建立“精准云帮扶”应用系统，对干部帮扶贫困全过程进行管理。全力以赴抓实全排全查，补齐短板弱项，对排查出来的问题整改销号达100%。纵深推进农村产业革命，落实“七大区域”图斑2115个14.1万亩，多种措施重复覆盖建档立卡贫困户13819户54365人。大力推进就业扶贫、教育扶贫和健康扶贫，住房保障成果显著。锦绣金海、幸福小镇两个易地搬迁安置点的建设有序推进。完成对全区78个饮水工程项目围绕水质、水量、用水方便程度、供水保证率、运行管护等情况进行全面的现状摸排；对149个千人以下水源点采取保护措施。完成成片造林1393公顷，林业产业总产值达到7.7亿元。建移民安置房3679套，安置夹岩水利枢纽工程移民11119人。种植业、养殖业得到长足发展，实现农业总产值3.21亿元；农业增加值为2.24亿元，增速为6.67%；农村常住居民人均可支配收入为2950元，增速达9.6%；农产品加工转化率为40.2%；农产品销售额达1.43亿元。肉类总产量达1.34万吨，畜牧业产值达2.8亿元。继续加大对“非洲猪瘟”排查监管力度，出动排查人员23832人次，排查养殖场90.6万户次、生猪233万头次。

【财政与税收】 一般公共预算收入3.61亿元、同比增长8.84%。全区一般公共预算支出14.80亿元、同比增长24.59%，用于民生支出91，893万元，占一般公共预算支出的74.47%。全区政府性基金收入95，279万元，基金预算支出51，348万元，比上年下降50.37%。专项上解支出28502万元，补充预算稳定调节基金748万元，一般债券转贷支出8220万元。新区税务局2019年组织收入74131万元，同比增收12588万元，增长20.45%。其中税收收入71794万元，同比增收12446万元，增长20.97%；非税收入2337万元，同比增收142万元，增长6.47%；一般公共预算收入32010万元，同比增收3285万元，增长11.44%。组织收入增速居全市第一。完成社会保险费收入13727.4万元。通过强化跨区域税源登记管理，2019年共有8家保险公司在税务局办理跨区域税源登记，入库车船税532.33万元，改写了新区无车船税入库的历史。

【法治政府和平安建设】 依法打击“3·09”黑社会性质组织犯罪集团和“1·09”恶势力犯罪集团；对24个软弱涣散基层党组织进行整顿，对全区所有村（社区）“两委”成员开展政治审查，更换和调整了13人；扎实推进“黄赌毒”违法犯罪专项治理，抓获赌博、吸毒违法行为人103名，收戒吸毒人员2名，行政拘留赌博违法行为人44名并收缴赌资。“雪亮工程”650个监控探头已投入使用。新区群众安全感98.23%，较上年提升2.7个百分点。全面推进“345工作法”，开展“五个一”工程及反邪教警示教育活动。信访应办结总量490件全部办结。开展禁种铲毒踏查500余次；破获毒品案件1起，刑事拘留1人。“法治政府”建设工程、公正司法天平工程、全民守法宣教工程、法治惠民服务工程、生态文明法治工程、法治监督检查工程“六大工程”建设工作稳步推进。常丰村被评定为国家级民主法治示范村，创建大寨、普陆、锦绣、刘华4个省级民主法治示范村（社区）。

【城市管理和交通运输】 加强市容执法常态化管理，出动执法人员2410人次，开展联合执法254次。加强市政基础设施管理，提升市政管理水平。加大扬尘治理力度，确保城市空气质量标准，出动执法人员11270人次，出动执法车辆4560余次，开展联合执法500余次。联合相关部门处罚违法违规车辆894余辆。深入推进城市主次干道绿化管护力度。推进城乡生活垃圾体系建设，改善新区人居环境，新增清运垃圾箱1325个、太阳能果皮箱320个、果皮箱1580个。2019年，全区交通基础设施建设完成固定资产投资约2.82亿元，完成目标任务的240%。国省道固定资产投资约1.7亿元，占任务数的170%；农村公路固定资产投资约1.1亿元，占任务数的735%。

（撰稿：徐武　张炜）

毕节市2019年国民经济和社会发展统计公报

2019年，全市坚持以习近平新时代中国特色社会主义思想为指导，深入贯彻落实党中央、国务院和省委、省政府各项决策部署，坚持稳中求进工作总基调，贯彻新发展理念，紧盯“打赢攻坚战，建设示范区”目标，统筹推进稳增长、促改革、调结构、惠民生、防风险各项工作，为加快推进决胜脱贫攻坚、同步建成小康社会奠定坚实基础。

一、综合

初步核算，全市完成地区生产总值1901.36亿元，同比增长8.0%。其中，第一产业增加值439.36亿元，同比增长5.7%；第二产业增加值520.67亿元，同比增长6.8%；第三产业增加值941.33亿元，同比增长9.9%。第一产业增加值占地区生产总值的比重为23.1%，第二产业增加值占地区生产总值的比重为27.4%，第三产业增加值占地区生产总值的比重为49.5%。人均地区生产总值28378元，同比增长7.5%。

全市年末户籍人口937.76万人，比上年末增加7.48万人。其中，城镇人口338.53万人，户籍人口城镇化率36.10%，比上年末提高0.83个百分点。年末常住人口671.43万人，比上年末增加2.82万人，常住人口城镇化率44.30%，比上年末提高1.96个百分点。

2019 年年末户籍人口数及其构成

表 1

指　标	年末数（万人）	比重（%）
全市总人口	937.76	100.0
其中:城镇	338.53	36.1
乡村	559.23	63.9
其中:男性	492.18	52.5
女性	445.58	47.5
其中:0－17 岁	268.27	28.6
18－34 岁	276.22	29.5
35－59 岁	290.30	31.0
60 周岁及以上	102.97	11.0

全市出生人口 10.3 万人，出生率 13.75‰；死亡人口 5.09 万人，死亡率 7.25‰；自然增长率 6.5‰。

全市国有建设用地供应总量 2298.26 公顷，同比增长 42.1%。其中，工矿仓储用地 423.76 公顷，同比增长 156.9%；房地产用地 966.29 公顷（商服用地 271.54 公顷，住宅用地 694.75 公顷），同比增长 6.2%；其他用地 908.21 公顷，同比增长 67.4%。

二、脱贫攻坚

全市围绕“113 攻坚战”总体部署，借助各级各界倾力帮扶“东风”，发动脱贫攻坚“春季攻势”和“夏秋决战”，把脱贫攻坚作为推进经济社会发展的统揽，扎实推进脱贫攻坚各项工作。2019 年末全市剩余贫困人口 12.5 万人，比上年度净减少 31.9 万人，贫困发生率下降到 1.54%，出列贫困村 441 个，七星关区和织金县实现减贫摘帽。

图1 农村贫困人口及贫困发生率

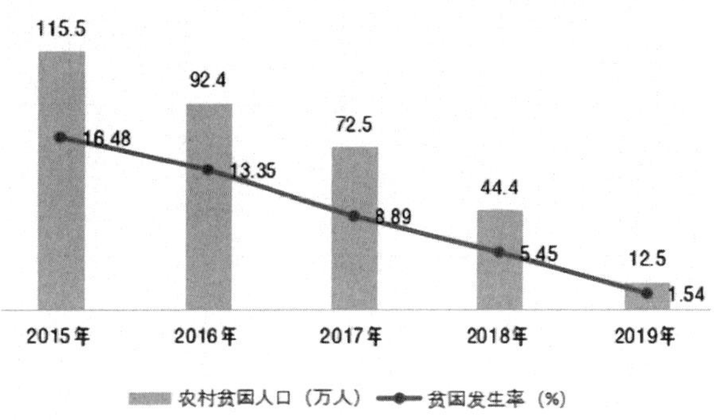

三、农业

全市农林牧渔业增加值 464.4 亿元，同比增长 5.7%。分行业看，种植业增加值 319.9 亿元，同比增长 8.5%；林业增加值 22.8 亿元，同比增长 8.0%；畜牧业增加值 94.8 亿元，同比下降 1.4%；渔业增加值 1.8 亿元，同比下降 5.6%；农林牧渔服务业增加值 25.1 亿元，同比增长 5.5%。

2015－2019 年全市农林牧渔业增加值

表 2　　单位：亿元

指标名称	2015 年	2016 年	2017 年	2018 年	2019 年
农林牧渔业增加值	324.7	365.5	401.5	439.6	464.4
种植业	204.4	227.5	254.8	293.4	319.9
林　业	15.7	18.5	20.3	20.9	22.8
畜牧业	83.3	96.1	100.8	98.3	94.8
渔　业	1.9	2.3	2.7	2.2	1.8
农林牧渔服务业	19.4	21.1	22.9	24.8	25.1

合理调减粮食作物种植面积，玉米种植面积减少65.9万亩。经济作物种植面积大幅增加，同比新增蔬菜种植面积7.6万亩，新增茶叶种植面积11.1万亩，新增园林水果种植面积78.4万亩。全市粮食作物种植面积1117.3万亩，同比下降1.4%；粮食产量238.4万吨，同比下降4%。

2019年全市主要农作物产品产量和播种面积

表3

指标名称	产量(万吨)	同比增长(%)	面积(万亩)	同比增长(%)
粮食作物	238.4	-4.0	1117.3	-1.4
#玉米	83.4	-19.0	280.3	-19.0
稻谷	14.3	11.5	34.8	8.1
小麦	5.6	-1.3	39.0	-1.3
薯类	116.7	6.4	502.9	10.4
油菜籽	12.3	-2.8	92.1	-3.9
烤烟	5.7	-11.1	56.1	-6.5
蔬菜及食用菌	387.1	7.2	406.99	1.9

全市肉类总产量40.65万吨，同比下降4.1%。其中，猪肉产量30.96万吨，同比下降8.7%；牛肉产量4.34万吨，同比增长8.7%；羊肉产量0.93万吨，同比下降0.5%。生猪出栏337.91万头，同比下降10.6%。

2018—2019年全市畜牧业主要产品产量

表4

指标名称	单位	2018年	2019年
肉类总产量	万吨	42.37	40.65
#猪肉	万吨	33.91	30.96
牛肉	万吨	4.00	4.34
羊肉	万吨	0.93	0.93
禽 蛋	万吨	3.26	3.73
家禽出栏	万只	2068.46	2587.57
猪出栏	万头	377.76	337.91
牛出栏	万头	31.48	33.73
羊出栏	万只	55.67	54.86

四、工业

全市规模以上工业增加值同比增长5.3%。分行业看，规模以上采矿业增加值同比增长20.2%，规模以上制造业增加值同比下降10.6%，规模以上电力、热力、燃气及水的生产和供应业增加值同比增长17.2%。

全年生产卷烟212.35亿支，同比增长5.2%；白酒产量10396.41千升，同比增长60.8%；发电量479.20亿千瓦时，同比增长7.4%。

2019年全市规模以上工业主要产品产量

表5

指标名称	单位	产量	同比增长(%)
发电量	亿千瓦时	479.20	7.4
卷烟	亿支	212.35	5.2
白酒	千升	10396.41	60.8
水泥	万吨	1275.23	6.5
商品混凝土	万立方米	803.53	12.5
服装	万件	2177.89	3.5
平板玻璃	万重量箱	1135.04	1.1

全市规模以上工业产销率98%。规模以上工业企业利润总额24.12亿元，同比增长47.6%；营业收入利润率4.4%，提高1.85个百分点；每百元营业收入中的成本80.88元，下降3.62元。

五、固定资产投资和房地产

全市固定资产投资同比增长0.9%。其中，工业投资同比增长34.1%，交通投资同比下降45.1%，房地产开发完成投资同比增长28.2%。

全市房屋施工面积2796.91万平方米，同比增长20.5%。商品房销售面积615.40万平方米，同比增长10.6%。其中，住宅销售面积545.34万平方米，同比增长15.4%；商品房销售额270.76亿元，同比增长8.9%。

2019年全市房地产开发和销售情况

表6

指标名称	单 位	完成数	同比增长(%)
房屋施工面积	万平方米	2796.91	20.5
#住宅	万平方米	1981.73	26.4
房屋竣工面积	万平方米	105.58	126.3
#住宅	万平方米	60.40	114.0
商品房销售面积	万平方米	615.40	10.6
#住宅	万平方米	545.34	15.4
商品房销售额	亿元	270.76	8.9
#住宅	亿元	224.24	24.8

1. 市场、消费和物价

全市年末市场主体总量45.87万户，注册资本5736.37亿元。其中，企业7.31万户，注册资本5182.49亿元；个体工商户37.06万户，资金数额278.95亿元；农民专业合作社1.5万户，出资总额274.93亿元。

全市社会消费品零售总额同比增长6.3%。按行业分，批发业同比增长5.7%，零售业同比增长4.8%，住宿业同比增长4.4%，餐饮业同比增长16.3%。按销售单位所在地分，城镇社会消费品零售额同比增长6.9%，乡村社会消费品零售额同比增长3.2%。全市网络零售额7.48亿元，同比增长54.6%。

全市城镇常住居民人均消费支出18716元，同比增长9.0%；农村常住居民人均消费支出9866元，同比增长10.6%。

2019年全市城乡常住居民人均消费支出

表7

单位：元

指标名称	绝对数	占消费支出的比重（%）	同比增长（%）
城镇常住居民人均消费支出	18716.14		9.02
食品烟酒	4943.83	26.41	12.62
衣着	1583.88	8.46	8.22
居住	3339.87	17.84	1.09
生活用品及服务	1024.15	5.47	-7.49
医疗保健	1354.49	7.24	-10.24
交通通信	3827.77	20.45	27.38
教育文化娱乐	2281.20	12.19	10.53
其它用品和服务	360.96	1.93	10.83
农村常住居民人均消费支出	9865.58		10.60
食品烟酒	2749.91	27.87	7.33
衣着	572.78	5.81	11.64
居住	2022.73	20.50	8.17
生活用品及服务	555.93	5.64	13.10
医疗保健	911.59	9.24	22.10
交通通信	1500.68	15.21	9.73
教育文化娱乐	1394.19	14.13	12.21
其它用品和服务	157.75	1.60	24.28

2019年全市每百户城镇常住居民家庭耐用消费品拥有量

表8

指标名称	绝对数	同比增长(%)
热水器(台)	84	6.33

续表

指标名称	绝对数	同比增长(%)
空调(台)	9	28.57
计算机(台)	53	17.78
移动电话(部)	306	7.75
彩色电视机(台)	108	2.86
电冰箱(柜)	101	7.45
摩托车(辆)	29	38.10
家用汽车(辆)	37	5.71

注:2017 年起耐用消费品指标有所调整,取消了摄像机。

2019 年全市每百户农村常住居民家庭耐用消费品拥有量

表 9

指标名称	绝对数	同比增长(%)
家用汽车(辆)	18	28.57
洗衣机(台)	95	3.26
摩托车(辆)	48	-2.04
彩色电视机(台)	97	2.11
热水器(台)	45	36.36
固定电话(部)	1	0.00
移动电话(部)	288	10.34
电冰箱(柜)	75	20.97

全市居民消费价格比上年同期上涨 1.6%。按类别分，食品烟酒类上涨 6.2%，衣着类上涨 0.1%，居住类下降 0.7%，生活用品及服务类下降 0.3%，交通和通信类下降 1.2%，教育文化和娱乐类下降 0.2%，医疗保健类上涨 1.1%，其他用品和服务类上涨 0.4%。

2019 年 12 月居民消费价格指数

表 10

指标名称	上年同期 = 100
居民消费品价格指数	101.6
一、食品烟酒	106.2
粮 食	100.0
鲜 菜	100.5
畜 肉	124.0

续表

指标名称	上年同期 = 100
水产品	99.5
蛋	108.8
鲜瓜果	114.1
二、衣着	100.1
三、居住	99.3
四、生活用品及服务	99.7
五、交通和通信	98.8
六、教育文化和娱乐	99.8
七、医疗保健	101.1
八、其他用品和服务	100.4

七、开放型经济

全市新增重点产业招商引资到位资金 606.08 亿元，新引进重点产业项目 687 个、合同约定投资 799.3 亿元。

全市进出口总额 22236 万美元，同比增长 2.5%。其中，进口总额 1548 万美元，同比下降 72.4%；出口总额 20688 万美元，同比增长 28.6%。

八、旅游发展和城市建设

全市接待境内外游客 12100 万人次，同比增长 21%。其中，接待国内游客 12090 万人次，接待入境游客 10 万人次。实现旅游总收入 1107 亿元，同比增长 33%。

2015－2019 年全市旅游业总人数、总收入

表 11

指标名称	2015 年	2016 年	2017 年	2018 年	2019 年
旅游总人数(万人次)	4094	5494	7700	10000	12100
旅游总人数同比增长(%)	20.0	34.0	40.2	29.9	21.0
旅游总收入(亿元)	313	444	641	833	1107
旅游总收入同比增长(%)	22	42	44	30	33

全市涉旅在建项目共 36 个，同比增长 5%。百里杜鹃景区、织金洞旅游景区等精品景区完成项目总投资 7.2 亿元；黔西中果河旅游景区成功创建国家 4A 级旅游景区，6 家景区通过国家 4A 级景区景观质量评审。建成 85 座旅游厕所并投入使用。评定 3 个乡村旅游品牌，其中甲级乡村旅游村寨 5 家，五星级农家乐 3 家，精品级客栈 2 家。旅游招商引资签约项目 11 个，到位资金 4.3 亿元。纳入贵州旅游精准扶贫云系统 356 个村，受益 6.12 万贫困人口。

全市城镇棚户区改造开工 9101 户，基本建成 6129 套。城市生活垃圾无害化处理率 92.73%。

九、交通运输与邮电通信

全市公路通车里程 32250 公里，比上年末增加 1.1%。其中，高速公路 981 公里，国道 1113

公里，省道2351公里。全面完成14640公里农村“组组通”硬化路建设任务，实现30户以上自然村寨100%通硬化路目标。全市境内铁路通车里程538公里。共有公交企业13家，公交车1054辆（其中新能源482辆）。共有出租汽车企业34家，出租车2776辆（其中新能源50辆，清洁能源951辆）。开通道路客运班线1258条，营运客车3423辆，班线客运量1666万人次。

年末全市民用汽车保有量58.59万辆（包括三轮汽车和低速载货汽车0.39万辆），同比增长12.8%。其中私人汽车保有量54.82万辆，同比增长13.1%。民用轿车保有量49.88万辆，同比增长12.3%。其中私人轿车保有量47.79万辆、同比增长12.4%。

全市邮政行业业务收入完成6.05亿元，同比增长10.0%；业务总量完成5.76亿元，同比增长10.2%。全市快递服务企业业务量完成1324.63万件，同比下降3.9%；业务收入完成2.8亿元，同比增长14.7%。

2015－2019年全市邮政业务主要情况

表12

指标名称	2015年	2016年	2017年	2018年	2019年
邮政行业业务收入(万元)	28318	35046	44494	54998	60513
同比增长(%)	13.5	23.8	27.0	23.6	10.0
邮政行业业务总量(万元)	25815	32868	41410	52270	57594
同比增长(%)	19.0	27.3	26.0	26.2	10.2
邮政函件(万件)	497.12	481.69	653.93	634.9	476.21
同比增长(%)	-35.6	-3.1	35.8	-2.9	-25.0
邮政包裹(万件)	4.5	1.1	1.2	1.35	0.46
同比增长(%)	-38.7	-75.6	9.1	12.5	-65.9
快递业务收入(万元)	8024	12005	17051	24370	27955
同比增长(%)	29.0	49.6	42.0	42.9	14.7
快递业务量(万件)	357.11	634.6	985.99	1378.5	1324.63
同比增长(%)	43.1	80.2	53.2	39.8	-3.9

全市实现电信业务总量599.35亿元，同比增长93.6%。年末全市移动电话用户622.57万户，比上年末增长3.9%；互联网宽带接入用户92.85万户，同比增长34%；移动互联网用户516.56万户，同比增长6.7%。

十、财政和金融

全市一般公共预算收入130.3亿元，同比增长0.2%。其中，税收收入94.1亿元，同比下降3.7%。

2015－2019 年全市财政收入主要情况

表 13　　单位：亿元

指标名称	2015 年	2016 年	2017 年	2018 年	2019 年	2019 年比 2018 年增长(%)
一般公共预算收入	107.6	112.6	123.8	130.1	130.3	0.2
#国内增值税	8.8	16.3	26.8	29.9	29.1	-2.7
营业税	17.2	10.5	0.3	0.2	—	—
企业所得税	4.3	3.9	5.2	6.8	7.7	13.2
个人所得税	2.5	2.3	3.6	3.9	2.2	-43.6
城市维护建设税	5.3	5.3	5.5	6.5	6.5	—
契税	12.0	14.9	7.1	7.9	10.0	26.6

全市一般公共预算支出 689 亿元，同比增长 19.9%。其中，教育支出 161.2 亿元，同比增长 8.0%；社会保障和就业支出 80.4 亿元，同比增长 19.8%；医疗卫生与计划生育支出 85.1 亿元，同比增长 10.4%；农林水支出 80.4 亿元，同比增长 48.6%。

2015－2019 年全市财政支出主要情况

表 14

指标名称	2015 年	2016 年	2017 年	2018 年	2019 年	2019 年比 2018 年增长(%)
一般公共预算支出(亿元)	409.7	452.2	527.7	574.8	689.0	19.9
#一般公共服务支出	36.3	42.3	43.8	47.6	54.6	14.7
教育支出	110.9	121.9	129.8	149.2	161.2	8.0
科学技术支出	2.8	3.2	10.7	15.7	18.5	17.8
文化体育与传媒支出	4.2	4.6	5.3	5.6	6.0	7.1
社会保障和就业支出	38.7	43.2	63.6	67.1	80.4	19.8
医疗卫生与计划生育支出	59.0	62.9	67.6	77.1	85.1	10.4
节能环保支出	11.7	14.9	12.7	16.7	30.3	81.4
农林水支出	55.0	53.1	62.5	54.1	80.4	48.6
交通运输支出	7.1	4.7	11.8	14.5	9.1	-37.2

全市年末金融机构人民币存款余额 1902.14 亿元,同比下降 0.5%,其中住户存款 1142.88 亿元。金融机构人民币贷款余额 1860.07 亿元,同比增长 17.6%,其中住户贷款 812.33 亿元。

2019 年年末全市金融机构人民币信贷收支情况

表 15

指标名称	年末数(亿元)	比年初增加额(亿元)
金融机构人民币各项存款	1902.14	-9.92
境内存款	1901.41	-9.87
1. 住户存款	1142.88	84.62
2. 非金融企业存款	402.03	-59.53
3. 广义政府存款	350.46	-40.48
4. 非银行业金融机构存款	6.05	5.51
金融机构人民币各项贷款	1860.07	267.80
境内贷款	1860.04	269.66
1. 住户贷款	812.33	132.44
(1)短期贷款	387.04	76.86
(2)中长期贷款	425.29	55.58
2. 非金融企业及机关团体贷款	1047.71	137.22

全市保险公司原保险保费收入 35.31 亿元，同比增长 11%。其中，财产险保费收入 19.70 亿元，同比增长 12.3%；人身险保费收入 15.61 亿元，同比增长 9.4%。保险公司赔付支出 17.45 亿元，同比增长 3.5%。其中，财产险赔付支出 10.59 亿元，同比增长 4.8%；人身险赔付支出 6.86 亿元，同比增长 1.6%。

2019 年全市保险业主要指标及增长速度

表 16

指标项目	本年累计(亿元)	同比增长(%)
一、原保险保费收入	35.31	11.0
1. 财产险业务	19.70	12.3
2. 人身险业务	15.61	9.4
#寿险	8.50	0.3
健康险	6.14	25.2
意外伤害险	0.96	8.7
二、赔付支出	17.45	3.5

续表

指标项目	本年累计(亿元)	同比增长(%)
1. 财产险业务	10.59	4.8
2. 人身险业务	6.86	1.6
#寿险	1.42	-43.1
健康险	5.16	30.4
意外伤害险	0.28	-7.1

十一、教育和科技

全市学前教育三年毛入园（班）率89.07%，小学适龄儿童入学率99.80%，初中阶段毛入学率96.04%，高中阶段毛入学率90.23%，高等教育毛入学率45.5%，“三残”儿童少年毛入学率94.25%。人均受教育年限9.2年，同比提高0.3年。小学寄宿生12.7万人，寄宿率14.94%；初中寄宿生25.07万人，寄宿率59.46%。

2018－2019年全市教育事业情况

表17

指标名称	单位	2018年	2019年
中等职业学校	所	15	15
招生	人	13671	14551
在校生	人	53961	36241
毕业生	人	12762	11494
教职工数	人	2270	2523
#教师数	人	1851	2045
普通中学	所	928	936
招生	人	215987	193093
在校生	人	641677	629946
毕业生	人	224619	215010
教职工数	人	45359	44911
#教师数	人	41428	41334
普通小学	所	1660	1663
招生	人	136515	145189
在校生	人	823226	851921
毕业生	人	146673	121954

续表

指标名称	单位	2018 年	2019 年
教职工数	人	43144	42150
#教师数	人	40094	40299
幼儿园	所	2085	2181
入园人数	人	169302	157697
在园人数	人	300757	299520
离园人数	人	147491	145221
教职工数	人	22284	23937
#教师数	人	14260	15460
特殊教育	所	9	9
招生	人	349	304
在校生	人	1865	1916
毕业生	人	213	175
教职工数	人	325	373
#教师数	人	304	344

全市建成国家农业科技示范园区 1 个，国家级高新技术产业化基地 1 个，省级农业科技示范园 18 个，省级科技企业孵化器 1 个，省级众创空间 3 个，市级众创空间 6 个，国家级星创天地 5 个，省级星创天地 6 个，省级院士工作站 2 个，省级工程技术研究中心 3 个，市级工程技术研究中心 8 个，市级重点实验室 6 个。高新技术企业增至 40 家，科技型企业成长梯队增至 15 家。

全市专利申请 2106 件，同比增长 11.7%。其中，发明专利申请 381 件，同比减少 13.8%。专利授权 1043 件，同比增长 24.6%。其中发明专利授权 17 件，同比减少 37%。全市拥有有效发明专利 174 件，同比减少 3.9%。

十二、文化和卫生健康

全市广播综合覆盖率 92.1%，其中农村广播综合覆盖率 92.1%。电视综合覆盖率 95.2%，其中农村电视综合覆盖率 95.1%。实施多彩贵州“广电云”村村通工程，新建通村广电光缆 3068.69 公里，实现全市所有行政村通有线电视网络。整合改造完成 157 个村综合文化服务中心、142 个文体小广场。成功举办乌蒙文化节·第七届文化艺术系列（声乐和舞蹈）大赛，各级文化单位下乡演出 450 场次。广播电视宣传工作稳中求新，全年在贵州电视台《贵州新闻联播》栏目的用稿 260 条。全市广电网络经营收入 4.3 亿元，同比增长 25.6%。

全市共有医疗卫生机构 5296 个。其中，医院 284 个，乡镇卫生院 285（社区服务中心）个。共有卫生机构床位数 42365 张，其中医院 32155 张，卫生院 9222 张。共有卫生专业技术人员 35047 人，同比增长 7.9%。其中执业（助理）医师 11726 人，同比增长 13.6%；注册护士 16338 人，同比增长 7.4%。

2015 年—2019 年全市卫生专业技术人员情况

表 18

指标名称	2015 年	2016 年	2017 年	2018 年	2019 年
卫生技术人员(人)	25448	27681	30409	32477	35047
#执业(助理)医师	7978	8315	9205	10321	11726
注册护士	10412	12146	13756	15220	16338

十三、人民生活与社会保障

全市城镇新增就业 85311 人，同比减少 0.3%。其中，失业人员再就业 16346 人，同比增加 0.4%。城镇登记失业人员 13861 人，城镇登记失业率 3.3%。

全市农民工总量 243.31 万人，同比减少 0.8%。其中，外出农民工 181.09 万人，同比减少 4.2%；本地农民工 62.22 万人，同比增长 10.7%。

全市城镇常住居民人均可支配收入 32638 元，同比增长 9.2%；农村常住居民人均可支配收入 10364 元，同比增长 10.8%。

2019 年全市城乡常住居民人均可支配收入

表 19

指标名称	绝对数（元）	占可支配收入的比重（%）	同比增长（%）
城镇常住居民人均可支配收入	32638	—	9.2
工资性收入	16468	50.46	11.9
经营净收入	9523	29.18	-3.0
财产净收入	2298	7.04	20.8
转移净收入	4347	13.32	26.1
农村常住居民人均可支配收入	10364	—	10.8
工资性收入	4617	44.56	6.9
经营净收入	3764	36.32	14.6
财产净收入	127	1.23	93.6
转移净收入	1855	17.90	10.1

全市城镇职工基本养老保险参保 54.88 万人，同比增长 8%；城乡居民基本养老保险参保 364.48 万人，同比增长 3.2%。失业保险参保 26.31 万人，同比增长 6.1%。工伤保险参保 39.9 万人，同比增长 7.6%。基本医疗保险参保 782.39 万人，其中职工医疗保险参保 36.84 万人，城乡居民医疗保险参保 745.55 万人。

年末全市享受城市居民最低生活保障 8.37 万人，同比增长 88.1%；享受农村居民最低生活保障 59.20 万人，同比增长 0.5%。各类提供住宿的社会服务机构收养救助 4703 人，养老服务机构收养救助 3495 人。全市销售社会福利彩票 1.88 亿元，同比下降 6.4%。

十四、生态环境和应急管理

全市森林面积 2336 万亩，森林蓄积 5872 万立方米。全市完成营造林 125 万亩，其中天保二期工程2.5万亩，长防三期工程0.4万亩，中央造林补贴项目11.08万亩，石漠化工程造林25.43万亩，森林抚育补贴项目17.8万亩，刺梨产业20万亩，皂角产业20万亩，市、县级植被恢复费项目1.42万亩，农业综合开发0.6万亩，国储林基地0.7万亩，国家珍贵树种培育0.2万亩，其他工程24.87万亩。治理石漠化面积169.82平方公里。

全市4个国控、15个省控河流断面水质优良比例达100%，17个县级以上、249个千人以上集中式饮用水源水质达标率100%。全市县城及以上污水处理厂处理能力27.7万方/天，同比增长1.5%；污水处理率为91.1%，同比下降0.6个百分点。

全市共发生各类生产安全事故137起、死亡142人，事故起数和死亡人数同比分别下降7.4%和5.3%，未发生重大及以上生产安全事故。

注释：

[1] 本公报所列各项数据为年度初步统计数据。

[2] 地区生产总值、规模以上工业增加值及其分类项目增长速度按可比价计算，为实际增长速度；其他指标除特殊说明外，按现价计算，为名义增长速度。根据第四次全国经济普查结果，对地区生产总值相关指标的历史数据进行了修订。

[3] 地区生产总值是指一个地区内所有常住单位在一定时期内生产的全部最终产品和服务的价值总和。

[4] 2016年后，贫困人口登记开展动态调整，存在新识别、返贫、人口自然增减影响，上下年度数据与减少贫困人口数据不闭合。

[5] 规模以上工业统计口径为年主营业务收入2000万元及以上工业企业。

[6] 固定资产投资是指以货币形式表现的在一定时期内完成的建造和购置固定资产的工作量以及与此有关的费用的总称，统计口径为计划总投资500万元及以上的固定资产项目投资和房地产开发项目投资。

[7] 社会消费品零售总额统计中限额以上单位是指年主营业务收入2000万元及以上的批发业企业（单位）、500万元及以上的零售业企业（单位）、200万元及以上的住宿和餐饮业企业（单位），社会消费品零售总额包括实物商品网上零售额，不包括非实物商品网上零售额。

[8] 居民消费价格指数是指反映一定时期内城乡居民所购买的生活消费品价格和服务项目价格变动趋势和程度的相对数。

[9] 交通数据来源于市交通运输局，通信数据来源于省通信管理局，邮政数据来源于市邮政管理局，财政数据来源于市财政局，金融数据来源于中国人民银行毕节支行，教育数据来源于市教育局，旅游数据、文化、广播电视数据来源于市文化广电旅游局，卫生及人口自然增长率数据来源于市卫生健康局，就业、社会保险数据来源于市人力资源和社会保障局，安全生产数据来源于市应急管理局，土地使用情况数据来源于市自然资源和规划局，林业数据来源于市林业局，社会保障数据来源于市民政局，扶贫数据来源于市扶贫办，汽车保有量数据来源于市交警支队，科技数据来源于市科技局，医疗保险数据来源于市医保局，市场、专利数据来源于市市场监管局，环保数据来源于市生态环境局，水资源数据来源于市水务局，城市建设数据来源于市住房城乡建设局，外贸、电子商务、外资项目数据来源于市商务局，招商引资数据来源于市投资促进局，商业保险数据来源于中国银行保险监督管理委员会毕节银保监分局。

毕节市统计局
关于修订2018年生产总值数据的公告

依据国民经济核算制度和第四次全国经济普查结果，按照贵州省统计局要求，毕节市统计局对2018年毕节市生产总值初步核算数进行了修订，修订结果为：2018年生产总值1753.30亿元，第一产业增加值414.76亿元；第二产业增加值486.64亿元；第三产业增加值851.90亿元。

索 引

使用说明

一、本索引采用内容分析索引法，按索引要目汉语拼音字母顺序排列。

二、索引标目后的数字表示内容所在的页码。

C

D

F

G

H

J

K

L

M

R

S

T

W

Z

图书在版编目(CIP)数据

毕节年鉴. 2020 / 中共毕节市委党史研究室,毕节市地方志编纂委员会办公室编. -- 北京: 方志出版社, 2020.8

ISBN 978-7-5144-4323-3

Ⅰ. ①毕… Ⅱ. ①中… ②毕… Ⅲ. ①毕节—2020—年鉴 Ⅳ. ①Z527.33

中国版本图书馆 CIP 数据核字(2020)第 172409 号

毕节年鉴(2020)

编　　者: 中共毕节市委党史研究室(毕节市地方志编纂委员会办公室)
责任编辑: 冯　松

出 版 者: 方 志 出 版 社
地址　北京市朝阳区潘家园东里 9 号(国家方志馆 4 层)
邮编　100021
网址　http://www.fzph.org
发　　行: 方志出版社图书经销中心
电话(010)67110500
经　　销: 各地新华书店
印　　刷: 成都市标点制版印务有限责任公司

开　　本: 889mm × 1194mm　1/16
印　　张: 47
字　　数: 1196 千字
版　　次: 2020 年 9 月第 1 版　2020 年 9 月第 1 次印刷
印　　数: 0001 ~ 1000 册

ISBN 978-7-5144-4323-3　定价: 180.00 元

作者简介：

李葆春（1925–2020），贵州省书法家协会第一届理事，毕节地区书协理事，大方县第一届书协主席。

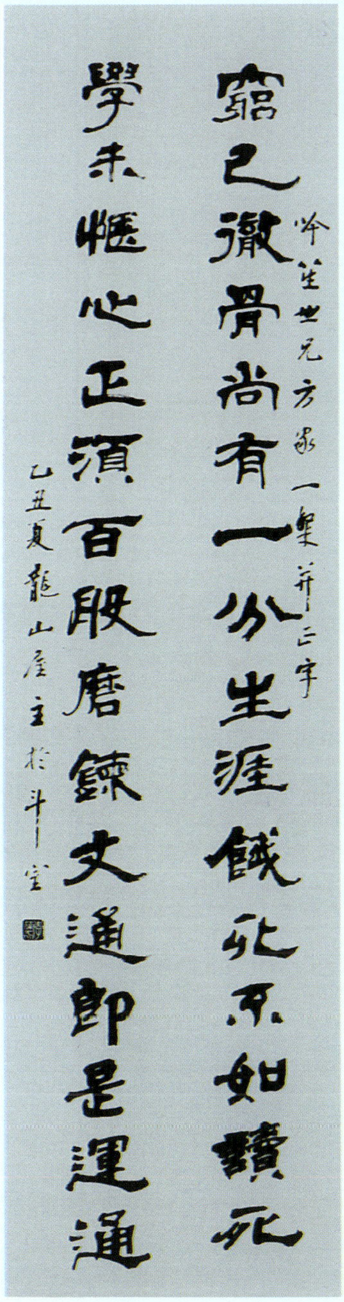

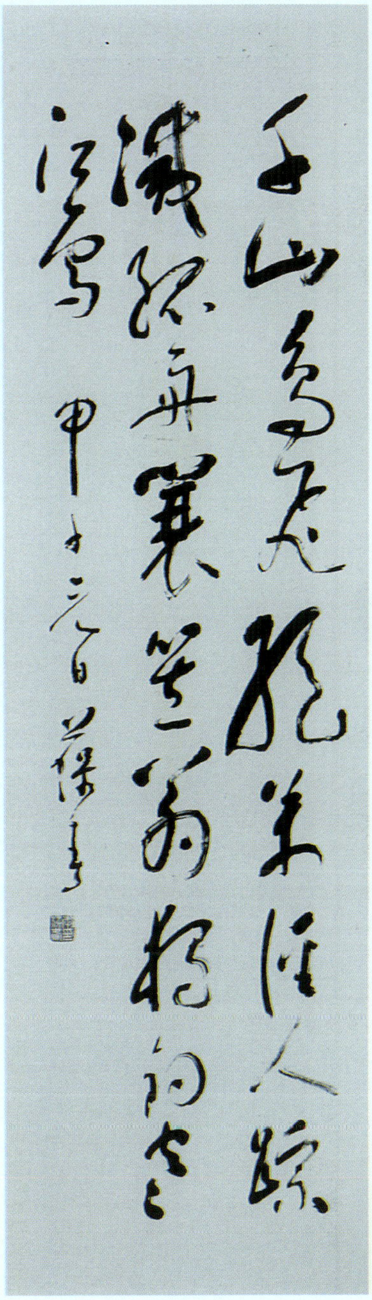

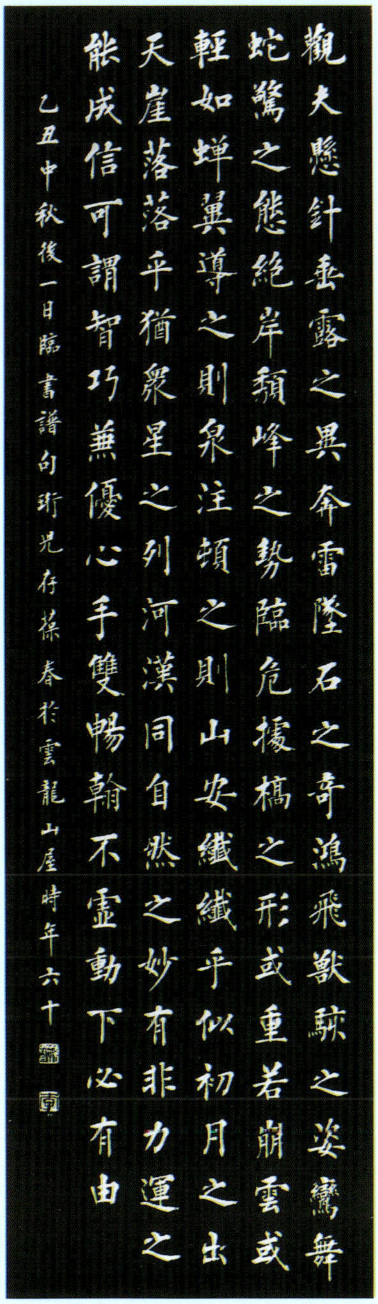

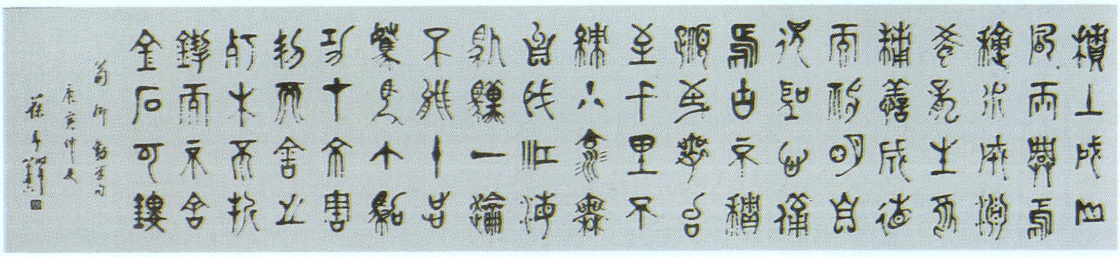

威宁自治县迤那万亩精品苹果基地

威宁自治县位于贵州省西部，属亚热带季风湿润性气候区，冬无严寒，夏无酷暑，日温差大，年温差小。年平均气温10℃，年均降水量654毫米，年均日照时数1800小时，无霜期206天，被气象学界命名为“阳光城”，是中国西南高原优质苹果适生区。

威宁自治县迤那万亩精品苹果基地按照“企业+合作社+基地+农户”的联建模式，于2015年7月启动建设，由全球最大的浓缩果汁生产及出口商、国家级农业产业化重点龙头企业——陕西海升集团建设，公司总投资2.4亿元（其中园区投资0.5亿元、加工厂投资1.9亿元），建成规模化、机械化、集约化、标准化于一体的国际苹果矮砧密植产业示范园及国际先进苹果加工厂。2016年辐射带动迤那镇新增种植苹果1万亩，牛棚镇新增种植苹果1.7万亩，同时带动周边5个乡镇种植苹果5万亩，带动全县种植精品苹果8万亩（矮化3万亩、乔化5万亩）。2017年挂果开始产生效益，有效促进群众增收致富，实现农户和企业双赢。

▲ 威宁苹果　（威宁县迤那镇人民政府　提供）

▲ 迤那镇海升苹果基地　（威宁县迤那镇人民政府　提供）

▲ 威宁自治县迤那镇海升苹果基地　（聂宗荣　摄）